Walter Brugger | Kleine Schriften zur Philosophie und Theologie

WALTER BRUGGER

Kleine Schriften zur Philosophie und Theologie

JOHANNES BERCHMANS VERLAG
MÜNCHEN

Gedruckt mit Unterstützung der
Augustin Bea Stiftung
und
der Rottendorf Stiftung

ISBN 3-87056-037-1

Printed in Hungary
Gesamtherstellung: Druckerei Szegedi, Szeged

INHALT

Vorwort

Diese „Kleinen Schriften zur Philosophie und Theologie" umfassen den Zeitraum von 1933 bis 1979. Zum größeren Teil sind sie schon einmal veröffentlicht worden, die älteren jedoch heute für viele nicht so leicht zugänglich. Außer den streng fachlichen Abhandlungen enthalten sie auch einige Aufsätze und Vorträge, die für ein breiter gestreutes Publikum bestimmt waren. Sie scheinen mir jedoch geeignet zu sein, Lesern, die aus einem anders gearteten geistigen Umfeld kommen, gewisse Begriffe und Thesen nahe zu bringen, was bei einer bloß abstrakten Darstellung nicht gelingen würde. Als Beispiel diene die Einführung des Analogiebegriffs in dem Vortrag „Die Liebe als Grundkraft des Alls".

Besprechungen, auch umfangreiche, wurden nur in seltenen Fällen aufgenommen, nämlich dort, wo es sich nicht nur um einen Bericht, sondern um eine gründliche Auseinandersetzung mit dem besprochenen Werk handelt.

Die Schriften wurden in einer sachlich-systematischen, bzw. philosophiegeschichtlichen Folge angeordnet, ohne Rücksicht auf ihre Entstehungszeit. Über diese gibt eine Zeittafel Auskunft. In diese Tafel wurden der Vollständigkeit halber auch eine Reihe von Lexikon-Artikeln aufgenommen, deren Text hier nicht abgedruckt wird, deren Fundort aber in der Tafel angegeben ist. Dasselbe gilt für einige Zeitschriften-Aufsätze, die zu zeitgebunden waren, als daß ihr Abdruck hier begründet werden könnte. Die Literaturangaben wurden in der Regel nicht weiter aktualisiert.

Zu jedem Beitrag gibt es eine Nachbemerkung, die Auskunft darüber gibt, ob und wo die Arbeit früher publiziert wurde, ob es davon eine Übersetzung gibt und dergleichen. Etwaige weitere Nachbemerkungen zum Text werden dort am Rande durch einen Buchstaben vermerkt. Die ursprünglichen Anmerkungen blieben in der Regel erhalten.

München, den 7. Juni 1983

Zeittafel zu den Arbeiten des Verfassers

Hinweis:

Die Jahreszahlen betreffen das Jahr der ersten Veröffentlichung bzw. des Vortrages.

Die eckigen Klammern weisen auf das Jahr der Entstehung hin.

Stehen Jahreszahlen in runden Klammern, so heißt dies, daß diese kleineren Arbeiten in dieses Werk nicht aufgenommen wurden. Die Fundstellen sind aber angegeben.

Sebastian Basso. Ein Vorläufer des Okkasionalismus (1621)	1933	—	118
Der Gottesbeweis aus der Kontingenz	1937	—	481
Die Wesensaufgabe der Philosophie. Ein Fragment in Briefen	[1937/8]	—	15
Zur Geschichte der neueren chinesischen Philosophie	1940	—	73
Kant und das Sein	1940	—	138
Die Modalität einfacher Aussageverbindungen	1942	—	209
Metaphysik als strenge Wissenschaft. Besprechung zu H. Scholz	1942	—	304
Der Subjektivismus als Zeitkrankheit, in: Stimmen der Zeit 139 (1947) 363—380	(1947)	—	
Christentum und Philosophie	1947	—	46
Wiederverkörperung	1948	—	406
Das Grundproblem metaphysischer Begriffsbildung	1948	—	252
Philosophie und Wirtschaft	ca 1950	—	567
Was ist Europa? Beiträge zu einer Diskussion, in: Humanitas (Brescia), 5 (1950) 864/5, 890—92, 905—07, 915/6. (ital.)	(1950)		
Dynamistische Erkenntnistheorie und Gottesbeweis	1950	—	262
Verleiblichung des Wollens	1950	—	398
Das Ziel des Menschen und das Verlangen nach der Gottesschau, in: Scholastik 25 (1950) 535—548. Siehe hier: Nachbemerkung S. 444	(1950)		
Der frühe Aristoteles und die Ideenlehre Besprechung von Paul Wilpert, in: Philos. Literaturanzeiger 3 (1951) 121—24.	(1951)		
Die Übermodalität der Notwendigkeit in logischer Betrachtung	1951	—	228
Albert von Orlamünde (Thüringen), Dominikaner, 13. Jht.	1952	—	116

Bandinus, Theologe des 12. Jhts.	ca	[1952]	—	117
Bartholomaeus von Brügge, scholastischer Philosoph und Arzt, +1356	ca	[1952]	—	117
Philosophisch-ontologische Grundlagen der Logistik		1952	—	231
Zur Geschichte der Philosophie		[1953]	—	71
Metaphysik (Ontologie und natürliche Theologie), in: Der Große Herder, 5. neubearb. Aufl., Bd. 10: Der Mensch in seiner Welt, Freiburg 1953, Sp. 1175—1194 (nicht gezeichnet)		(1953)		
Aszese und Mystik in den Religionen der Welt (Literaturbericht über Franz König, Hrsg., Christus und die Religionen der Erde), in: Geist und Leben 26 (1953) 388-392.		(1953)		
Wer die Natur kennt, muß an Gott glauben		1953	—	492
Die Liebe als Grundkraft des Alls		1954	—	339
Die besondere Natur des Gottesbeweises		1954	—	452
Gegenstandskonstitution und realistische Erkenntnistheorie		1954	—	245
Das Unbedinge in Kants „Kritik der reinen Vernunft“		1955	—	159
Aporetik, Analogie und Religion. Zur Grundlegung der Religionsphilosophie von Hans Wagner		1955	—	553
Stanislaw Gora und das Limitationsprinzip (Bespr.)		1955	—	312
Das H-Zeitalter wird eröffnet. Ein fiktives Interview für jedermann, in: Wort und Wahrheit 10 (1955) 762—767.		(1955)		
Das Mitsein. Eine Erweiterung der scholastischen Kategorienlehre		1956	—	326
Antinomie, in: Lexikon für Theologie und Kirche I (1957) 641/2		(1957)		
Scholastik, in: Fischer Lexikon (Christliche Religion), Fft. 1957, 288—291 (gegen Ms. gekürzt; nicht gezeichnet).		(1957)		
Thomas von Aquin, in: Fischer Lexikon (Christl. Religion) Fft. 1957, 310—11 (stark gekürzt, nicht gez.)		(1957)		
Wertbindung und freie Selbstbestimmung		1958	—	393
Beweger, erster, in: Lexikon f. Theol. u. Kirche, Bd. 2, 1958, 326—7		(1958)		
Henry Duméry und das Problem der Gotteserkenntnis		1959	—	425
Die Rolle der Weltidee in der Theologia naturalis		1960	—	444
Zur Kritik der materialistischen Naturdialektik	ca	[1960]	—	535
Regelmäßigkeit und Zufall	ca	[1960]	—	381
Philosophie und Reflexion, Bespr. zu Hans Wagner		1960	—	38
Die ontologische Problematik der Entwicklung und des dialektischen Materialismus		1960	—	356

Kontingenz, Kontingenzbeweis, in: Lex. f. Theol. u. Kirche, Bd. 6, 1961, 507—09		(1961)		
Kosmologischer Gottesbeweis, ebd. 574—75		(1961)		
Monismus, ebd. Bd. 7 (1962) 553—55		(1962)		
Moralischer Gottesbeweis, ebd. 598—99		(1962)		
Notwendigkeit, philosophisch, ebd. 1055—56		(1962)		
Quinque viae, ebd. Bd. 8 (1963) 943—44		(1963)		
Der Mensch, das fragende Wesen		1964	—	385
Seelenwanderung, in: Lex. f. Theol. u. Kirche, Bd. 9 (1964) 576—78		(1964)		
Stufenbeweis, ebd. 1112—23		(1964)		
Teleologie, ebd. 1344—45		(1964)		
Kant und das höchste Gut		1964	—	195
Was ist Toleranz?		1964	—	596
Gotteserkenntnis und Gottesglaube		1965	—	431
Gott: Das Gottesproblem in der Geschichte	ca	[1967]	—	422
Sprachanalytische Reflexion über den Atheismus-Dialog		1968	—	529
Methode der Metaphysik und der Einzelwissenschaften		1968	—	287
Gotteserkenntnis und Atheismus	ca	[1968]	—	508
Bild	ca	[1970]	—	354
Bemerkungen zur Unveränderlichkeit und Veränderlichkeit der menschlichen Natur und des Sittengesetzes		1971	—	580
Die Union der Kirchen		1971	—	613
Zur sittlichen Beurteilung der Abtreibung	ca	[1973]	—	593
Veränderlichkeit des Naturrechts?		1974	—	584
Substanz		1974	—	317
Sprachanalytische Überlegungen bei Thomas von Aquin		1974	—	92
Die Bedeutung Kants für die Gegenwart. 150 Jahre nach Kants Geburtstag		1974	—	206
Der Gottesbegriff der katholischen Theologie in der Neuzeit, in: Historisches Wörterbuch der Philosophie, hgb. v. Joachim Ritter, Bd. III, Basel-Stuttgart 1974, Sp. 808—811		(1974)		
Die Transzendentalienlehre der alten Ontologie, Bespr. zu Karl Bärthlein		1974	—	307
Komplexe Wissenschaftstheorie und ihre Beziehung zu Philosophie, Erkenntnistheorie und Ontologie		1975	—	270
Naturkatastrophen — ein Strafe Gottes? Wahre und falsche Sicht Gottes und der Welt		1976	—	503
Kontingenz. Der Begriff der Kontingenz in der Philosophie, in: Histor. Wörterbuch der Philos., hgb. v. Joach. Ritter (+) u. Karlfried Gründer, Bd. IV, Basel—Stuttgart 1976, Sp. 1027—1034		(1976)		
Metaphysik und christlicher Glaube		1976	—	50

I. PHILOSOPHIE ALLGEMEIN

DIE WESENSAUFGABE DER PHILOSOPHIE

Ein Fragment in Briefen

I.

Mein lieber Freund!

Du hast den Wunsch ausgesprochen, Dich brieflich mit mir über einige Fragen der Philosophie zu unterhalten, mir aber die Wahl des Vorwurfs freigestellt. Gern gehe ich auf Deinen Vorschlag ein und da Du mir die Freiheit dazu gibst, beginne ich mit dem, was mich zur Zeit am meisten beschäftigt.

Wer früher eine Reise machen wollte, musste nicht nur das Ziel seiner Reise kennen, sondern sich auch um die Kenntnis des rechten Weges bemühen; sonst machte er üble Erfahrungen. Heute ist das anders. Man geht zum Bahnhof, löst eine Fahrkarte, steigt in den Zug ein und befindet sich nach einigen Stunden am gewünschten Ort. Was für den Reisenden heute der vom Schienenstrang bestimmte Weg ist, ist für viele von uns, die philosophieren wollen, das Lesen von Büchern geworden. Wer heutzutage philosophieren will, kauft sich Bücher, und wenn er einen grossen Haufen davon zusammengelesen hat, glaubt er ein Philosoph zu sein, und seine Umgebung glaubt es mit. Ich habe nichts gegen Bücher und Bücherlesen. Aber dass es beim Philosophieren nicht so sehr aufs Lesen ankommt als aufs Denken, das will den Vielen, die sich mit Philosophie beschäftigen, nicht in der Kopf. Umso mehr bin ich erfreut, in Dir einen Menschen gefunden zu haben, den eine gütige Vorsehung vor diesem Aberglauben bewahrt hat.

Ehe wir uns also daran machen, ins Land der Philosophie einzudringen, wollen wir uns über den Weg dorthin vergewissern. Wir wollen uns fragen, was Philosophie und Philosophieren eigentlich ist. Wenn Du, um Antwort
a] auf diese Frage zu erhalten, ein philosophisches Wörterbuch aufschlägst, wirst Du Dich nach wenigen Minuten in einem Dickicht von Meinungen befinden; ein Hagel von Begriffsbestimmungen wird Dir um die Ohren brausen. Was die eine sagt, hebt die andere wieder auf, sodass Du am Schluss so klug bist wie zuvor. Ein Gedankenbau steht gegen den andern wie drohende Zwingburgen. Kann man da überhaupt vom Wesen und der Aufgabe *der* Philosophie sprechen?

Nun wirst Du mir entgegnen: Wir haben doch in den Jahren unserer Ausbildung eine Begriffsbestimmung der Philosophie gehört, die uns gut und brauchbar erschien: Philosophie ist die Wissenschaft von allen Dingen, die sich aus den mit dem natürlichen Lichte der Vernunft erfassten letzten Ursachen ergibt. Wir sind beide von der Wahrheit der Schulb] philosophie überzeugt, wenigstens von jenen Lehrsätzen, in denen alle Schulen übereinkommen, und diese Begriffsbestimmung gehört dazu. Was sollen wir uns noch bemühen? –

Ich habe als Anhänger der Scholastik keinen Grund, an der Richtigkeit dieser Begriffsbestimmung zu zweifeln. Ich möchte Dich aber doch auf einige Ungelegenheiten aufmerksam machen, die sich bei ihrer Anwendung auf unseren Gegenstand ergeben.

Nicht wahr, wir wollen uns darüber klar werden, was Philosophie ist? Und wir wollen das, um uns den Weg in das Land der Philosophie zu bahnen? Die Begriffsbestimmung der Philosophie wird im schulmäßigen Unterricht passenderweise gleich zu Beginn erläutert, damit die Zuhörer wissen, worum es sich in der vorliegenden Wissenschaft handle. Aber steht sie auch folgerichtig am Anfang der Schulphilosophie? Setzt sie nicht den ganzen Aufbau der Schulphilosophie voraus, und ist sie nicht dessen Ergebnis? Wenn diese Begriffsbestimmung der einzige Zugang zur Philosophie ist, kann Philosophie nur geglaubt werden, was niemand zugeben wird. Ich weiss wohl, dass man bei jeder Wissenschaft, die man erlernen will, zuerst glauben muß, um nachher wissen zu können. Aber wir wollen ja durch unsere Untersuchung gerade zum bewußten Besitz dessen gelangen, was wir bisher mehr geglaubt als gewußt haben. Diejenigen, die nicht das Zeug zum Philosophieren haben, tun allerdings besser daran, bei dem zu bleiben, was sie in der Schule gelernt haben. Der Wert und Nutzen der Überlieferung kann in dieser Hinsicht nicht hoch genug eingeschätzt werden.

Kant macht einmal in der „Kritik der reinen Vernunft“ den Unterschied zwischen historischer und rationaler Erkenntnis. Er sagt:[1] „Wenn ich von allem Inhalte der Erkenntnis, objektiv betrachtet, abstrahiere, so ist alles Erkenntnis, subjektiv, entweder historisch oder rational. Die historische Erkenntnis ist *cognitio ex datis,* die rationale aber *cognitio ex principiis*. Eine Erkenntnis mag ursprünglich gegeben sein, woher sie wolle, so ist sie doch bei dem, der sie besitzt, historisch, wenn er nur in dem Grade und so viel erkennt, als ihm anderwärts gegeben worden, es mag dieses ihm nun durch unmittelbare Erfahrung oder Erzählung, oder auch Belehrung (allgemeiner Erkenntnisse) gegeben sein. Daher hat der, welcher ein System der Philosophie z. B. das *Wolffische* eigentlich *gelernt* hat, ob er gleich alle Grundsätze, Erklärungen und Beweise, zusamt der Einteilung des ganzen Lehrgebäudes im Kopf hätte und alles an den Fingern abzählen könnte, doch keine andere als vollständige *historische* Erkenntnis der Wolfischen Philosophie; er weiß und urteilt nur so viel, als ihm gegeben war. Streitet ihm eine Definition, so weiß er nicht, wo er eine andere hernehmen soll. Er bildete sich nach fremder Vernunft, aber das nachbildende Vermögen ist nicht das erzeugende, d. i. das Erkenntnis entsprang bei ihm nicht aus Vernunft und, ob es gleich objektiv allerdings ein Vernunfter-

1 Der Transzendentalen Methodenlehre drittes Hauptstück: die Architektonik der reinen Vernunft, in: Kr V, B 863–865.

kenntnis war, so ist es doch subjektiv bloss historisch. Er hat gut gefasst und behalten, d. i. gelernt und ist ein Gipsabdruck von einem lebenden Menschen. Vernunfterkenntnisse, die es objektiv sind, (d. i. zu anfangs nur aus der eigenen Vernunft des Menschen entspringen können) dürfen nur dann allein auch subjektiv diesen Namen führen, wenn sie aus allgemeinen Quellen der Vernunft, woraus auch die Kritik, ja selbst die Verwerfung des Gelernten entspringen kann, d. i. aus Prinzipien geschöpft worden."

Vielleicht nimmst Du Ärgernis daran, das ich für meine Ansicht Kant anführe. Aber hat der hl. Thomas von Aquin nicht ähnliches getan, indem er in seinen Schriften so und so oft die bösen und damals wirklich gefährlichen Araber anführte? Oder glaubst Du etwa, dass ein gescheiter Mensch deshalb, weil er in wichtigen Dingen irrt, niemals etwas Wahres und Tüchtiges sagen könne? Alle Wahrheit, von wem sie auch ausgesprochen werden mag, kommt vom Heiligen Geist, meinte der hl. Thomas, indem er den Ambrosiaster zitierte.[2] Gott läßt seine Sonne über Gerechte und Ungerechte aufgehen und seinen Regen auf Gute und Böse herabkommen. Sollte das im Reiche des Geistes anders sein, sollte er das natürliche Licht der Vernunft nur den Gläubigen vorbehalten haben? Der Logos erleuchtet jeden Menschen, der in diese Welt kommt (Jo 1,9); von seinem Lichte haben die grossen Geister der Menschheit gelebt, auch die Ungläubigen, und gerade sie. Nur der Irrtum und Mangel, nur die Grenze war ihr Eigentum. Sie mischten Irrtum und Wahrheit zu unauflöslich scheinender Einheit. Wer wird das gefangene himmlische Licht aus der Macht der Finsternis befreien? Nur derjenige, in dem der Logos wohnt (Jo 1,14), nur der gläubige, vom Geiste Gottes erfüllte Mensch. Denn er, der Geistesmensch, unterscheidet und richtet alles, er selbst aber wird von niemand gerichtet (1 Kor 2,15). Wie töricht ist es, das Licht der Sonne deshalb nicht anzunehmen, weil es sich in einem Scherben widerspiegelt. Halten wir uns an den Rat des hl. Paulus: Prüfet alles, und was gut ist, behaltet (1 Thess. 5,21).

Übrigens urteilt der hl. *Thomas von Aquin* nicht weniger günstig über die Kraft der Vernunft, als es *Kant* tut. Aber er klärt uns mit seiner gewohnten Meisterschaft zugleich über das Verhältnis unserer Vernunft zur absoluten Vernunft auf, eine Aufklärung, die wir gerade bei Kant und seinen Nachfolgern so schmerzlich vermissen. Lies in diesem Zusammenhang einmal den ersten Artikel der *Quaestio de Magistro* nach.[3] Ich will nur den letzten Abschnitt hierhersetzen.

„Wenn einer einem andern etwas vorlegt, was in den an sich einsichtigen Ursätzen nicht enthalten ist, oder, wenn das Enthaltensein nicht aufgezeigt wird, wird er in ihm kein Wissen hervorrufen, sondern vielleicht Mutmassung oder Glauben; obwohl auch dieses irgendwie von den eingeborenen Ursätzen verursacht wird: aus den an sich einsichtigen Ur-

[2] Summa theologiae. I. II q. 109, a 1, arg. 1 et ad 1.
[3] QQ. disp. de verit. q. XI, a 1.

sätzen erkennt er nämlich, dass das, was notwendig aus ihnen folgt, mit Gewissheit anzunehmen, was ihnen jedoch zuwider, durchaus abzulehnen ist; anderem aber kann er seine Zustimmung geben oder versagen. Dieses Licht der Vernunft, durch die uns diese Ursätze einsichtig sind, ist uns aber von Gott anerschaffen, gleichsam als ein Abglanz der unerschaffenen Wahrheit, die in uns aufleuchtet. Da nun alle menschliche Belehrung nur aus der Kraft jenes Lichtes wirksam sein kann, ist es also Gott allein, der uns innerlich und in ursprünglicher Weise belehrt."

Das Wort Christi, daß sich seine Jünger nicht Lehrer nennen sollen, faßt er in der ersten Antwort dahin auf, daß es uns verbiete, einem Menschen die Belehrung in jener ursprünglichen Weise zuzuschreiben, die Gott zukommt, „als ob wir unsere Hoffnung auf die Weisheit der Menschen setzten, und uns nicht vielmehr über das, was wir von einem Menschen hören, bei der göttlichen Wahrheit Rats erholen müßten, die in uns spricht durch die uns eingeprägte Ähnlichkeit mit sich selbst, und kraft deren wir über alles urteilen können." Ich glaube, dass man die Macht unserer Vernunft sowie den tiefsten Grund dieser Macht nicht erhabener ausdrücken kann.

Wir sind von unserer Frage weit abgekommen und doch immer dabei geblieben. Denn ich wollte Dir durch Anführung dieser Texte zeigen, daß es in der Philosophie nicht genüge zu *lernen,* sondern daß man selber *denken* müsse. Das trifft auch auf die Wesenserklärung der Philosophie zu. Wir können sie nicht unbesehen und ungeprüft hinnehmen.

Wenn wir uns hier nach der Wesensaufgabe der Philosophie fragen, so soll die Antwort, die wir darauf geben, eine Verständigung zwischen den Philosophen der verschiedensten Richtungen möglich machen. Wenn ich Verständigung sage, meine ich die Möglichkeit einer gegenseitigen Aussprache, nicht ein allgemeines Einverständnis. Eine solche Aussprache setzt aber voraus, daß sich die Teilnehmer wenigstens über den *Gegenstand* ihrer Unterredung einigen. Betrachte nun unter dieser Rücksicht die schulmäßige Bestimmung der Philosophie. Sie schließt fast ebensoviele Philosophien aus dem Bereich der Philosophie aus, als sie Worte hat, wenigstens wenn man sie im Sinne der Schule versteht. Diese Philosophien werden dadurch nicht bloß als falsch bezeichnet, sondern es wird ihnen überhaupt jede philosophische Daseinsberechtigung abgesprochen.

Nach der Schulbestimmung ist die Philosophie zunächst eine Wissenschaft. Wissenschaft sagt geordnetes, begriffliches, mit Hilfe von Beweisen erschlossenes Wissen. Nach *Bergson* besteht aber das Wesen der Philosophie gerade darin, daß sie sich von solchem Wissen losringt und sich zur Intuition erhebt. Philosophie wird weiter als Wissenschaft von Dingen bestimmt. Der *Idealismus* erkennt aber keine außerhalb des Wissens bestehende Dinge an. Der *Monismus* in all seinen Schattierungen leugnet wenigstens die Vielheit der Dinge. Philosphie soll weiter die Wissenschaft von *allen* Dingen sein. Der *Empirismus* schränkt aber grundsätzlich die Philosophie auf einen weit engeren Bezirk ein. Den formbestimmenden Gegenstand der Philosophie sehen die Scholastiker in der Betrachtung der Dinge nach ihren letzten Ursachen. Solche letzte Ursachen gestehen aber weder der *Agnostizismus* noch der *Positivismus* zu. Endlich wird der Unterschied der Philosophie von der Theologie darin gefunden, daß jene ihre Erkenntnis aus dem natürlichen Lichte der Vernunft gewinnt, diese mit Hilfe eines höheren Lichtes. Die *Weisheitslehre des Ostens* bestreitet aber das Recht, eine solche Trennung vorzunehmen. So würde denn die Anwendung der Schulbestimmung auf diese Denkrichtungen ergeben, daß ein Bergson, Kant, Spinoza, Hume, Comte, Solowjew und viele andere aus der Liste der Philosophen zu streichen wären. Ja man kann sich fragen, ob überhaupt noch Philosophen, die nicht der Schule angehören, darauf stehen blieben. Das sind auf jeden Fall unmögliche Folgerungen, die anzeigen, dass die Schulbestimmung der Philosophie einer näheren Erläuterung fähig und bedürftig ist. Wir können sie nicht zum Ausgangspunkt unserer Untersuchung nehmen. Sie würde uns von vornherein wie eine chinesische Mauer von der Weltphilosophie abschließen.

Es ist nun an der Zeit, daß ich Dir die Frage, über die wir uns unterhalten wollen, genauer umschreibe. Sie heißt: welches ist die Wesensaufgabe der Philosophie? Unter Philosophie verstehe ich hier jene grosse Kulturerscheinung, die man gemeinhin als Philosophie bezeichnet; ich könnte auch sagen, die Geschichte der Philosophie, genauer die Geschichte der abendländischen Philosophie. Denn diese meinen wir zunächst, wenn wir von
c] Philosophie sprechen. Andere Kulturerscheinungen bezeichnen wir nur deshalb als Philosophie, weil sie mit der abendländischen Philosophie entweder die eigentümlichen Merkmale teilen, oder doch zu ihr im Ähnlichkeitsverhältnis stehen. Die abendländische Philosophie bietet uns in ihrer über zweitausendjährigen Geschichte das Bild eines geistigen Stromes, der bei aller Mannigfaltigkeit dessen, was er mit sich führt, dennoch ein Strombett hat, wodurch er sich klar von andern Kulturerscheinungen abhebt. Welches ist der Grund dieser trotz vielfacher Gegensätze sichtbaren Einheit?

Mit Absicht habe ich nicht nach dem Gegenstand der Philosophie gefragt. Philosophie wird hier als etwas Werdendes, etwas zu Erstrebendes betrachtet, nicht als ein Ergebnis, als stehende Erkenntnis, der ein Gegenstand eindeutig zugeordnet wäre. Ich spreche darum von der Aufgabe der Philosophie, von dem fernen Ziel, das letztlich jedem Philosophen vorschwebt. Wenn die Philosophen auch zu entgegengesetzten Ergebnissen – – sogar über die Möglichkeit der Philosophie – gekommen sind, so muss ihr Philosophieren doch ein und demselben Streben entspringen, so wie alle Menschen schliesslich darnach streben, glücklich zu werden, wenn sie die Verwirklichung des Glücks auch in den verschiedensten Richtungen suchen. Hätte nicht alles Philosophieren einen solchen Zielpunkt, an dem es sich ausrichtet, so wäre Philosophie als eine von andern sich abhebende Kulturerscheinung überhaupt nicht möglich und erkennbar.

Um die Aufgabe der Philosophie geht es, und zwar um die in ihrem Wesen begründete, mit ihrem Wesen zugleich gegebene Aufgabe; um jene Aufgabe, deren Aufhebung die Philosophie selbst aufheben würde. Wir wissen vorderhand nicht, ob die Philosophie noch andere Aufgaben hat, die nicht ihr Wesen selbst ausmachen, obwohl sie vielleicht kraft der Verbindung alles Lebendigen mit diesem notwendig verknüpft sind. Auf jeden Fall lassen wir sie hier außer acht und wenden unsere Aufmerksamkeit nur der Wesensaufgabe der Philosophie zu, ohne deren Lösung sie ja auch zur Lösung keiner anderen Aufgabe fähig ist. Denn die Lösung von Aufgaben in anderem Betracht wird umso vollkommener sein, je vollkommener die Philosophie ihr eigenes Wesen verwirklicht hat.

Die vorliegende Frage nach der Wesensaufgabe der Philosophie gehört zu den Fragen, die ich Fragen erster Ordnung nennen möchte. Zu diesen gehören z. B. Fragen wie: Welches ist das Wesen und der Ursprung der sittlichen Erkenntnis? – Welches ist der Sinn des menschlichen Lebens? Fragen dieser Art unterscheiden sich nicht nur inhaltlich, sondern auch als Fragen von den Fragen zweiter Ordnung wie z. B.: Besteht ein wirklicher Unterschied zwischen dem tätigen und dem leidenden Verstand? – Wie lassen sich die Freiheit und Unveränderlichkeit Gottes miteinander ohne Widerspruch vereinigen? – Die Fragen erster Ordnung knüpfen unmittelbar an die Gegenstände, die allen gegeben sind, an. Die Fragen zweiter Ordnung hingegen sind Fragen, die schon bestimmte Lösungen anderer Fragen voraussetzen. Die Grundfragen sind vor jedem Aufbau gegeben, die abgeleiteten Fragen nicht. Diese haben nur innerhalb eines betsimmten Aufbaus Bedeutung und Sinn, jene auch ausserhalb; sie gehen jeden denkenden Menschen an. Die jedem Aufbau vorgängigen Fragen verbinden; die nur innerhalb eines bestimmten Aufbaus möglichen Fragen trennen. Damit soll nichts gegen das zusammen- und unterordnende Denken gesagt sein. Es ist notwendig; denn jede Frage schreitet zu ihrer Lösung fort, und jede Lösung einer Frage wirft wieder neue Fragen auf. Die abgeleiteten Fragen ergeben sich somit notwendig aus den Urfragen, wie auch die Beantwortung jeder Frage sich in Übereinstimmung mit den schon gegebenen Lösungen befinden muß. Mehr noch: wie Du am Ende dieser Untersuchungen sehen wirst, entspringen alle philosophischen Fragen letztlich aus einer einzigen Urfrage, also muss auch die Antwort bei aller Vielfalt eine einzige sein. Das ist aber nur in der durch strenge Einheit der Vernunft beherrschten Vielfalt von Erkenntnissen möglich.

Von der rechten Stellung und Beantwortung der Grundfragen hängt das Schicksal der verschiedenen Richtungen der Philosophie in erster Linie ab. Es erhellt daraus die Bedeutung, welche unsere Frage hat, und mit welcher Sorgfalt ihre Beantwortung zu suchen ist. Sie ist eine Urfrage; denn sie wird uns unmittelbar von den Tatsachen, von der Kulturerscheinung, die wir als Philosophie bezeichnen, gestellt, und dort, in der Geschichte der Philosophie, ist auch ihre Lösung zu suchen.

Es geht nun allerdings nicht an, aus den verschiedensten philosophischen Richtungen gleichsam das Mittel zu ziehen. Die ausgesprochenen Lehren heben sich ja oft gegenseitig auf. Um das allen gemeinsame Wesen des Philosophierens zu finden, müssen wir vielmehr in die Tiefe steigen, um den geheimen Quell zu finden, der so verschieden geartete Brunnen speist. Natürlich werden wir auch das, was die Philosophen über das Wesen der

Philosophie gesagt haben, zu Rate ziehen. Doch wird uns das nicht immer weiter helfen. Wir werden uns dann fragen müssen, was sie denn eigentlich und im tiefsten Grunde mit ihrem Philosophieren erreichen wollten, ob sie sich dieses nun klar eingestehen oder nicht. Denn dasjenige, was alle Philosophen im letzten Grunde verwirklichen wollen, das muß doch die von ihrem Wesen selbst gestellte Aufgabe der Philosophie sein.

Ich glaube diesen Weg auch bei *Kant* angedeutet zu finden. Er schreibt in der „Kritik der reinen Vernunft":[4] „Niemand versucht es, eine Wissenschaft zustande zu bringen, ohne dass ihm eine Idee zugrunde liege. Allein, in der Ausbreitung derselben enspricht das Schema, ja sogar die Definition, die er gleich zu Anfang von seiner Wissenschaft gibt, sehr selten seiner Idee; denn diese liegt, wie ein Keim, in der Vernunft, in welchem alle Teile noch sehr eingewickelt und kaum der mikroskopischen Beobachtung kennbar, verborgen liegen. Um deswillen muss man Wissenschaften, weil sie doch alle aus dem Gesichtspunkte eines gewissen allgemeinen Interesses ausgedacht werden, nicht nach der Beschreibung, die der Urheber derselben davon gibt, sondern nach der Idee, welche man aus der natürlichen Einheit der Teile, die er zusammengebracht hat, in der Vernunft selbst gegründet findet, erklären und bestimmen. Denn da wird sich finden: daß der Urheber und oft noch seine spätesten Nachfolger um eine Idee herumirren, die sie sich selbst nicht haben deutlich machen...können."

Wie alle natürliche Wissenschaft, so ist auch die Philosophie aus der Vernunft entsprungen. Dort, in ihrem Ursprung wollen wir sie aufsuchen. Unsere Untersuchung ist deshalb auch nicht geschichtlich, wie es den Anschein haben könnte, sondern philosophisch. Es wird uns nicht darauf ankommen, festzustellen, was Dieser und Jener über unsere Frage gedacht hat, sondern wir wollen an Hand dessen, was tatsächlich gedacht wurde, dasjenige, was Vernunft überhaupt über unsere Frage zu denken gebietet, erkennen. Es wäre deshalb auch nicht zweckentsprechend, der Reihe nach alle Philosophen von der grauen Urzeit bis zum heutigen Tag durchzugehen. Müsste dabei doch Vieles, was jedem geläufig ist, der die Geschichte der Philosophie einigermaßen kennt, breitgetreten, und anderes immer wieder mit anderen oder gar denselben Worten wiederholt werden.

Eine ausführlichere Behandlung verdienen allerdings die *Vorsokratiker*. Hier, am Anfang der Philosophie, wo wir gleichsam zuschauen können, wie sich das philosophische Streben vom übrigen Kulturstreben der Menschheit abhebt, muß sich der philosophische Trieb am deutlichsten zeigen. Weiterhin wird sich uns das Wesen der Philosophie in sichtbarer Weise in den grossen Philosophen, die auf den Gang der Philosophiegeschichte einen entscheidenden Einfluss ausgeübt haben, offenbaren. Ich nenne da *Platon, Aristoteles, Augustinus, Thomas von Aquin, Descartes, Kant, Hegel.*

Ich glaube, daß sich uns aus dieser Uebersicht die Wesensaufgabe der

[4] Der Transzendentalen Methodenlehre drittes Hauptstück: Die Architektonik der reinen Vernunft, in: KrV, B 862.

Philosophie zur Genüge enthüllen wird, sodaß wir damit schliessen könnten. Es wird aber reizvoll sein und nicht ohne weitere Vertiefung unserer Erkenntnisse bleiben können, wenn wir das gefundene Ergebnis auch in Beziehung setzen zu andersgearteten Auffassungen der Philosophie, die das mühevoll geflochtene Band der Einheit zu sprengen scheinen.

Sollte sich aus dem gewonnenen Ergebnis weiter nicht auch ein gültiger Maßtab für die innere Güte und Wertigkeit – ich sage nicht Wahrheit – der geschichtlich gewordenen Gestalten der Philosophie ergeben? Und wird die erkannte Wesensaufgabe der Philosophie nicht auch wichtige Fingerzeige für das Wesen des philosophischen Arbeitsweges enthalten? Ja müsste sich von hier aus nicht eine ganze Lehre über den Arbeitsweg der Philosophie ausbauen lassen? Du siehst, die Früchte unserer Untersuchungen sind verheissungsvoll und lockend. Lass Dich deshalb die Mühe nicht verdrießen.

Schreibe mir bald, was Du über das vorgeschlagene Verfahren denkst. Für heute mag es genug sein. Auf ein Wiedersehen bei Thales von Milet freut sich

Rom, den 2. Januar 1937.

Dein Freund

Walter

II.

Mein lieber Freund!

Es gibt Leute, die immer am Messerwetzen sind, aber nie zum Schneiden kommen. Vielleicht hast Du mich beim Lesen des letzten Briefes auch dazu gerechnet. Ich will darum Deiner Antwort zuvorkommen und gleich mit dem Schnitt beginnen.

Ich habe Dich zu einem Stelldichein bei *Thales* von Milet eingeladen. Du kennst diesen alten, ehrwürdigen Herrn. Er „blühte“, wie die Philologen zu sagen pflegen, um das Jahr 600 v. Chr. Wir wissen nicht viel über ihn. Für uns ist hier der Umstand wichtig, dass Thales allgemein als der Vater der Wissenschaft und der Philosophie des Abendlandes bezeichnet wird. Es ist fast nur *ein* Satz, weswegen man ihm diese hohe Ehre antut. Er erklärte nämlich, daß der Urgrund aller Dinge das Wasser sei. Außerdem sind noch einige erklärende Bemerkungen über verschiedene Naturerscheinungen überliefert. So gab er als Grund für die jährliche Anschwellung des Nils an, daß ihm im Hochsommer die Nordostwinde des ägäischen Meeres entgegenwehen und ihn dadurch hindern, ins Meer auszufliessen.

Das scheinen geringfügige Nachrichten zu sein. Um ihre Bedeutung zu erkennen, muß man sie den Denkerzeugnissen seiner Vorgänger und Zeitgenossen gegenüberstellen. Als Proben lasse ich einige Texte folgen.[5]

Aus *Hesiods* „Theogonie“ (um 700): „Zuerst von allem entstand das Chaos, dann aber die breitbrüstige Gaia, der ewig feste Halt für alle Dinge, und der dunkle Tartaros im Innern der breitstraßigen Erde, und Eros, der schönste unter den unsterblichen Göttern, er, der, gliederlösend, in allen Göttern und Menschen den klaren Verstand und vernünftigen Willen in der Brust überwältigt. Aus dem Chaos aber wurde Erebos und die schwarze Nacht geboren, von der Nacht dann Aether und Heméra, die sie gebar, nachdem sie sich dem Erebos in Liebe vermählt hatte. Gaia aber gebar zuerst, gleich ihr selber, den gestirnten Uranos, damit er sie ganz umhüllte, auf dass er für immer den seligen Göttern ein sicherer Wohnsitz wäre.

Sie gebar auch die gewaltigen Berge, die lieblichen Behausungen der Götter. Sie gebar auch das unfruchtbare Meer, das im Wogenschwall daherbraust, den Pontos, doch ohne sehnsuchtserweckende Liebe. Und endlich gebar sie, nachdem sie sich mit Uranos vermählt hatte, den tiefstrudeligen Okeanos."[6]

Aus *Pherekydes* von Syros (gestorben um 540): Pherekydes von Syros sagt, dass Zas (=Zeus) ewig sei und Chronos und Chthonie, die drei Urprinzipien... Chronos aber habe aus seinem Samen Feuer und Lufthauch und Wasser gemacht... Aus diesen, die in fünf Schluchten voneinander getrennt waren, habe sich ein zahlreiches anderes Geschlecht von Göttern gebildet, die sogenannte Fünfschlucht."[7]

Solche Stellen liessen sich nach Belieben vermehren. Die angeführten mögen genügen, um den tiefgreifenden Unterschied zwischen der Denkweise des Thales und seiner geistigen Umwellt darzutun. Diese Umwelt dachte mythisch, Thales aber wissenschaftlich; und zwar ist er der erste, von dem wir das feststellen können. Darum gilt er als der Begründer der abendländischen Wissenschaft. Er beginnt, um der Sache willen zu forschen; er sucht als erster für natürliche Vorgänge natürliche Ursachen und macht sich so gleicherweise von der Ueberlieferung wie von der Herrschaft der wild wuchernden Phantasie, die beide für das mythische Denken bezeichnend sind, frei.

Der *Mythos* läßt sich als sinnenfälligen, in Personifikation gegebenen Ausdruck des gesamten inneren und äusseren Weltbildes des Menschen einer bestimmten Zeit bestimmen. Er spiegelt die Weltanschauung des ursprünglichen Menschen irgendeiner Zeit wieder. Das mythische Denken beruht nach *Walk* nicht auf prälogisch-irrationaler Geisteshaltung; es betätigt sich vielmehr rationallogisch, jedoch unter starker Anteilnahme der personifizierenden Phantasie. Dennoch schwächt das wissenschaftliche Denken, je weiter es vordringt, den Mythos ab, weil es den Einfluss der

[5] Wilhelm *Capelle,* Die Vorsokratiker, Die Fragmente und Quellenberichte übersetzt und eingeleitet von W. C., Kröner, Leipzig, 1935 [u. später]; im Folgenden immer mit „Capelle" zitiert. – Hermann *Diels,* Die Fragmente der Vorsokratiker – Griechisch und Deutsch, Berlin [4]1922 (3 Bde; nur die Fragmente selbst, nicht Quellenberichte in Deutsch); im folgenden: „Diels" zitiert.

[6] Capelle S. 27.

[7] nach Damaskios; Capelle S. 49. Diels 71 A 8.

Einbildungskraft zurückdrängt und sich von den Schranken der Ueberlieferung und der Umwelt frei zu machen sucht.[8]

Wie verhält sich nun der Mythos zur Philosophie? Ist er eine gewisse Ausprägung der Philosophie, die so in zwei Gestalten aufträte, einer rein vernünftigen und einer mythischen? Beide vermitteln doch ein Weltbild, eine Weltanschauung.

Daß der Mythos ein Vorläufer der Philosophie war, kann ohne weiteres zugegeben werden. Ausser dem Uebergangsstadium am Beginn der Philosophie, etwa bei Platon, finden wir ihn aber nirgends berücksichtigt in der Geschichte der Philosophie, obwohl er doch zeitlich auf keinen Abschnitt der Geschichte beschränkt ist. Mag man über das Wesen des Mythos denken, was man will, auf jeden Fall folgt aus dieser Tatsache, dass er etwas anderes ist als das, was man gewöhnlich unter Philosophie versteht. Willst Du den Mythos dennoch als eine Abart der Philosophie bezeichnen, so kann es sich dabei doch nur um eine Begriffsübertragung handeln, wobei der übertragene Sinn von der ersten und eigentlichen Bedeutung des Wortes Philosophie auszugehen hat.

Doch kehren wir wieder zu *Thales* zurück. Wie wir sahen, wird er deshalb der Begründer der Philosophie genannt, weil er das Wasser als den Urgrund aller Dinge bezeichnete. Sein wissenschaftliches Streben richtet sich zum erstenmal in etwa auf den Gesamtgegenstand der menschlichen Erkenntnis und suchte ihn vernunftgemäß zu erfaßen. „Alle Dinge", von denen er redet, sind zwar zunächst nur die sichtbaren Dinge, aber für die noch kindliche Denkungsart seiner Zeit, die noch ohne Selbstbetrachtung ganz nach aussen gewandt ist, kommt kein anderer Gegenstand in Betracht. Er sucht für diese Dinge einen letzten Erklärungsgrund und fragt nach dem, woraus schliesslich alles besteht, und was in allen Wandlungen der Dinge bleibt. Er glaubt diesen Urgrund im *Wasser* zu sehen. Was er für Gründe dafür hatte, ist uns nicht bekannt. Vielleicht wundert es Dich, dass er aus den vielen Stoffen, die uns umgeben, einen davon herausgriff und zum Urgrund der übrigen machte. Das hat seinen Grund wohl darin, dass er noch keine andere gedankliche Auflösung von Gegenständen kannte, als diejenige, die sich auch mit der bildlichen Vorstellungskraft vollziehen lässt. Bemerkenswert aber ist, dass er als Urgrund der ganzen, vielgestaltigen Welt einen einzigen, gleichartigen Stoff angibt. Daß er gerade auf das Wasser verfiel, dafür mochte er Anhaltspunkte in der Erfahrung vorgefunden haben; dass ihm aber ein einziger gleichartiger Stoff dazu tauglich erschien, dazu konnte ihm Erfahrung oder irgendwelche Feststellung von Tatsachen nicht verhelfen. Dazu konnte er nur durch Denken gelangen. Er wollte die Welt als Ganzes begreifen; deshalb mußte er sie als Einheit auffassen und ihr auch einen Grund der Einheit geben. Das war seine Frage, wie wir aus der gegebenen Antwort rückschließen können.

Wenn wir uns nun fragen, was Thales, als er sich diese Aufgabe stellte und sie auf seine Weise löste, getan hat, so ergibt sich, dass er anfing, über

[8] Vgl. L. Walk, im „Lexikon für Theologie und Kirche" (1. Aufl.), Art. „Mythologie".

den Gesamtgegenstand menschlicher Erkenntnis nachzudenken und durch dieses Nachdenken eine vernunftgemässe Erklärung für ihn als Ganzes zu gewinnen suchte. Dadurch ist er aber der Begründer der Philosophie geworden. Die gegebene Bestimmung wird also auch in einer ersten Näherung das Wesen des Philosophierens bezeichnen. Dieses Ergebnis werden wir im Folgenden nicht mehr abändern müssen, wohl aber genauer bestimmen und tiefer einsehen können.

Vielleicht hat Dich die Länge des ersten Briefes erschreckt. Darum will ich jetzt schließen und Dich heute durch Kürze erfreuen. Nachdem der erste „Schnitt" gelungen, wartet auf eine baldige Antwort

Rom, den 9. I. 1937.

Dein Freund

Walter

III.

Mein lieber Freund!

Ich hatte gefürchtet, meine Briefe seien Dir zu lang. Aus Deiner Antwort sehe ich aber, mit welchem Eifer Du Dich ins Meer der Philosophie gestürzt hast. Denn ein Meer ist es; Du wirst das andere Ufer nicht so bald erreichen. Unsere Sache ist es nur, uns strebend zu bemühen.

Gegen den Weg, den ich einschlage, hast Du das Bedenken, dass ich die Philosophie zu sehr in sich selbst betrachte, losgelöst von den übrigen Kulturbestrebungen. Du meinst, ihr letzter Zweck müsse sich doch gerade aus ihrer Stelle im lebendigen Ganzen der Kultur ergeben.

Ganz gewiss darf die Einordnung der Philosophie in das Kulturganze nicht vernachläßigt werden. Aber setzt eine solche Einordnung nicht schon Philosophie einer ganz bestimmten Gestalt voraus? Wenn ich wissen will, welche Beziehung die Leistung des Magens zu den Leistungen von Herz und Lunge und zum ganzen Lebewesen hat, so muss ich zuvor eine Vorstellung von der besonderen Leistung des Magens haben. Aehnlich ist es mit der Aufgabe der Philosophie. Um ihre Eigenart zu erkennen, muß ich die Philosophie in meiner Erkenntnis von den anderen Kulturerscheinungen erst einmal ablösen, darf dann aber allerdings nicht vergessen, sie wieder in Beziehung zum Ganzen zu setzen.

Ein anderes Bedenken hast Du bezüglich dessen, was ich über die Schulbestimmung der Philosophie sagte. Du kannst es nicht verstehen, wie ich die Schulerklärung der Philosophie richtig nenne, obwohl ich dann zeige, dass sie auf viele Gestalten der Philosophie, die ohne Zweifel wirklich Philosophie sind, nicht angewandt werden kann.

Dieser scheinbare Widerspruch hat darin seinen Grund, dass Philosophie ihrem „Weltbegriff" nach, wie Kant sagen würde, nicht als ruhende Erkenntnis von Gegenständen bestimmt werden kann, sondern nur als ein Streben nach einem im letzten Grunde einheitlichen Ziel, dem man sich mehr und mehr zu nähern sucht. Dieses Streben wird in den einzelnen

Philosophien so oder so verwirklicht sein. Dadurch werden sich verschiedene Gestalten der Philosophie ergeben, die sich, obwohl ein einiges Streben zugrunde liegt, gegenseitig ausschliessen. Jeder Gestalt der Philosophie entspricht ein „Schulbegriff“ der Philosophie. Die oben angeführte Begriffsbestimmung der Philosophie ist ein solcher Schulbegriff, in dem allerdings der Weltbegriff der Philosophie mit enthalten ist.

Nun wollen wir aber einen Schritt weiter gehen in unserer Untersuchung. Das philosophische Denken entfaltet sich aus seinen Anfängen wie die Blüte aus der Knospe. Wie in der Knospe schon die ganze Blüte enthalten ist und sich nur allmählich zur Blüte auseinanderfaltet, so ist eigentlich in dem einen Satze des Thales von Milet das ganze Philosophieren keimhaft enthalten. Es entfaltet sich für unser Auge nur deutlicher auseinander. Wir sehen das offenkundig bei des Thales Schüler und Nachfolger *Anaximander* (um 560 v. Chr.).

Anaximander ist nicht damit zufrieden, irgendein Ding der Erfahrungswelt zum Urgrund der übrigen zu machen. Er will die Erfahrungswelt d] als Ganzes erklären und muß deshalb, um ihren Urgrund zu finden über alle Erfahrung hinausgehen. Er bestimmt es schliesslich als das *ἄπειρον* das Unendliche.

Das Wasser, das Thales als Urgrund aller Dinge annahm, hatte außer seiner Bestimmung, Urgrund aller Dinge zu sein, auch noch Eigenschaften als dieses Erfahrungsding z. B. daß es schwerer ist als die Luft. Wenn nun auch alle Dinge durch die stoffliche Ableitung aus dem Wasser irgendwie in einen Vernunftzusammenhang gebracht wurden, so fielen aus diesem doch die dem Wasser als Erfahrungsgegenstand eigentümlichen Merkmale heraus, die selber weiterer Erklärung bedürfen. Anders ist die Sache bei Anaximander, dessen Apeiron überhaupt kein Gegenstand der Erfahrung, in und durch die Erfahrung also auch in keiner Weise bestimmt ist. Es ist das und nur das, wozu es von der Vernunft gefordert wird, nämlich der an sich unbestimmte, nur in den Dingen Gestalt annehmende, stoffliche Urgrund. Das ist seine ganze Bestimmung. Darüber hinaus bleibt kein zu erklärender Rest wie beim Wasser des Thales. Das Apeiron ist insofern ganz vernunftartig, Vernunftgegenstand. Darin sehe ich nun den Fortschritt, den das philosophische Denken in Anaximander gemacht hat, dass es tiefer in seinen Gegenstand eingedrungen ist, oder vielmehr ihn tiefer in sich selbst hineingenommen, seinem eigenen Wesen besser einverleibt hat. Der *gegebene* Gegenstand ist in höherem Masse ein (auch) *gedachter* Gegenstand geworden.

Anaximander hat dann weiter eine Art Dialektik des Unendlichen geliefert, in der er die Eigenschaften des Apeiron als des Anfanglosen und Unvergänglichen ableitet.

„Alles ist entweder Anfang (= Urgrund) oder (stammt) aus dem Anfang, von dem Unendlichen aber gibt es keinen Anfang. Denn dann gäbe es auch ein Ende von ihm. Ferner (muß es) als Anfang ungeworden und unvergänglich sein. Denn alles, was geworden ist, muß notwendig einmal ein Ende nehmen, und von jedem Untergang gibt es ein Ende. Daher gibt es, wie ich behaupte, keinen Anfang von diesem, sondern es scheint vielmehr dieses der Uranfang aller anderen Dinge zu sein und alles zu umfassen und alles zu lenken, wie jene behaupten, die nicht neben dem Unendlichen andere Endursachen annehmen, wie z. B. den Geist oder die Liebe. Und das sei das Göttliche. Denn es sei ‚unsterblich' und ‚unvergänglich', wie Anaximandros und die meisten der Naturforscher behaupten."[9]

Als Anaximander die Erfahrungsdinge begreifen wollte, mußte er über die bloße Erfahrung hinausgehen, um ihren Urgrund, das Apeiron, zu finden. Nun da er dieses denkt und denkend begreifen will, sieht er sich nicht mehr genötigt, über es hinauszugehen, denn es entspricht der ursprünglichen Forderung seiner Vernunft. Er bestimmt es in und durch sein Denken, indem er es *als* Urgrund, also im Gegensatz zu den davon abgeleiteten Erfahrungsdingen denkt und seinen inneren Bedeutungsreichtum entfaltet.

Noch in einem anderen Stück ist Anaximander über Thales hinausgegangen. Er fragt nicht nur nach der Einheit der Gesamtwirklichkeit, sondern er sucht den einheitlichen Urgrund auch wiederum in Beziehung zur Mannigfaltigkeit der Welt zu bringen, obwohl dieser Versuch recht mangelhaft ausfällt. Er entdeckt dabei die Begriffe des „Gegensatzes" und der „Gesetzmässigkeit", genauer der „Notwendigkeit des woraus und worein", und der in der Zeit sich auseinanderfaltenden Ordnung des Geschehens.

„Woraus aber die Dinge ihre Entstehung haben, darein finde auch ihr Untergang statt (= das Unendliche), gemäss der Notwendigkeit (*τὸ χρέων*). Denn sie leisten einander Sühne und Buße für ihr Unrecht, gemäß der Ordnung der Zeit."[10]

In der bloßen Erfahrung, wenn wir von allem denkenden Begreifen, das gleichwohl in irgendeinem Grade immer in sie eingeht, absehen, konnten ihm aber diese Begriffe nicht gegeben sein. Die Erfahrung läßt nur die Wahrheit von räumlich und zeitlich verschiedenen „Sätzen" feststellen; ihre Vereinigung zu „Gegen-Sätzen" geschieht jeweils nur im denkenden Begreifen des Gegebenen. Dasselbe gilt für die Gesetzmäßigkeit mit ihren Bestandteilen der Ordnung und Notwendigkeit. Nur derjenige, der das Geschehen begreifen will, wird darin Ordnung und Notwendigkeit finden, nicht aber wer bloß das denkvorgängig Gegebene feststellt. Wenn sich Ordnung und Gesetzmäßigkeit des Geschehens durch einfaches Zusehen feststellen ließen, wären die krausen Vorstellungen der alten Mythen unmöglich gewesen.

Du siehst selbst, daß das Denken des Anaximander in vieler Hinsicht philosophischer ist als das des Thales. Der Grund liegt darin, daß das Denken des Anaximander sich seines Gegenstandes viel entschiedener bemächtigt als bei Thales. Es bestimmt seinen Gegenstand viel mehr aus seiner eigenen Lebendigkeit heraus. Denke Dir nun diesen Vorgang ins

[9] Quellenbericht des Aristoteles aus „Physik" III 4. 203 b 6–15; s. Capelle „Anaximandros" 25 u. Diels, 2. Anaximandros. 15, 29–35.

[10] Bruchstück; Capelle ebd. 21. Diels 2, Anaximandros 9, 26–29.

Unendliche fortgesetzt. Ich sage nicht, daß wir Menschen das wirklich ausführen können. Aber wir können die einmal eingeschlagene Richtung in der Vorstellung weiter verfolgen. Wohin werden wir da am Ende gelangen? Oder ist es vielleicht ein Widerspruch, daß Du Dir diesen Vorgang ins Unendliche fortgesetzt denken und dabei beobachten sollst, wohin Du am Ende kommst? – Ich meine nur das: verfolge diesen Vorgang in Deiner Vorstellung weiter und weiter, solange das philosophische Denken seinen Gegenstand noch mehr bestimmen kann; mache erst dann ein Ende, wenn das Höchstmass an Denkbestimmung, das nicht mehr überschritten werden kann, erreicht ist. Dann hast Du in Deiner Vorstellung, wenn ich so sagen darf, die *reine Philosophie* erreicht, jenes letzte Ziel, das alle Philosophie anstrebt, und von dessen je grösserer Annäherung der Gehalt jeder Philosophie abhängt. Dieses Ideal ist nur dann erreicht, wenn alle Wirklich-
e] keit als Denkbestimmung abgeleitet ist – Denkbestimmung ist aber Begriff – also wenn alle Wirklichkeit in Begriff verwandelt ist. Ob das überhaupt möglich ist, noch weniger ob das menschenmöglich ist, das steht hier nicht zur Frage. Auf jeden Fall ist die Annäherung an dieses Ziel das höchste Sehnen des Philosophen, und diese Sehnsucht wünscht auch Dir

Rom, den 13. Jan. 1937.

Dein
Freund Walter

IV.

Mein lieber Freund!

Wer hätte gedacht, daß wir erst nach einem Jahre unseren philosophischen Briefwechsel wieder aufnehmen könnten? Ja wer hätte gedacht, daß wir jene Gedanken überhaupt jemals wieder fortführen könnten, nachdem es
f] schien, daß ich mein Leben bei einer ganz anderen Arbeit in einem anderen Weltteil zubringen sollte? War diese Unterbrechung ein Verlust? Ich glaube nicht. Gegenstand der Philosophie ist die Wirklichkeit. Je ausgebreiteter die Erfahrung des Philosophen ist, desto reicher und lebendiger wird auch seine Philosophie sein.

So wollen wir denn den Faden wieder aufnehmen, wo wir ihn fallen ließen. Ich brauche das Ergebnis unserer bisherigen Unterhaltung nicht zu wiederholen, da meine ersten Briefe über Thales und Anaximander noch in Deinem Besitze sind.

Während die ionischen Naturphilosophen den stofflichen Urgrund aller Dinge suchten, fragten die *Pythagoreer* zum ersten Mal nach dem Formgrund der Dinge. In der Zahl fanden sie einen solchen der Welt innewohnenden und dennoch unstofflichen Formgrund. Der gegebene Gegenstand ist wieder auf eine höhere Stufe des Geistes und der Innerlichkeit erhoben worden. Für die Pythagoreer ist die ganze Welt ein Einklang von Maß und Zahl, wie Du am folgenden Lehrstück des *Petron* von Himera (gegen 500 v. Chr.) erkennst.

„(Petron lehrte) es gebe 183 Welten, die in Form eines gleichseitigen Dreiecks geordnet seien, von dem jede Seite 60 Welten umfaße. Von den drei übrigen Welten sei je eine an einem der Winkel gelagert; es berührten aber die in jeder Reihe einander folgenden Welten einander, indem sie wie in einem Reigen ruhig herumkreisten."[11]

Auch *Xenophanes* von Kolophon (um 520 v. Chr.) sieht in der Welt Einklang, Vernunft und Geist. Doch führt er die ausgebreitete Vielfältigkeit der Vernunft, die nur im Ganzen ganz und sie selbst ist, auf die Eine Vernunft, den Einen Geist, auf Gott zurück.

„(Herrscht doch) nur ein einziger Gott, unter Göttern und Menschen der Grösste, weder an Aussehen den Sterblichen ähnlich noch an Gedanken. – Ganz sieht er, ganz denkt er, ganz hört er. – Doch ohne Mühe bewirkt er den Umschwung des Alls durch des Geistes Denkkraft. – Immer verharrt er am selbigen Ort, sich gar nicht bewegend; ziemt es sich doch nicht für ihn, zu gehen hierhin und dorthin."[12]

Nach einer Nachricht des Sextus Empiricus behauptete Xenophanes, das All sei eins, und die Gottheit sei mit der Gesamtheit der Dinge verwachsen,[13] womit er eine – allerdings unbeholfene – Beziehung zwischen der Urvernunft und dem Vernunftbestand der Welt herstellte. Sein Forschen richtete sich auf die Einheit und Vielheit der in der Welt sich offenbarenden Vernunft: auf die Einheit, weil die Vielheit an sich auseinanderstrebt; auf die Vielheit, weil diese sich auf irgendeine Weise aus der Einheit ergeben muß.

Bei *Heraklit* von Ephesus, dem „Dunklen" (um 500), tritt uns das Streben, die Welt als Ganzes aufzufassen und das All im Denken zu umspannen, mit urwüchsiger Macht entgegen. Das All läßt sich nur unter der Bedingung denkend umfaßen, daß es eins ist; daher die unbedingte Forderung der Einheit des Alls. Diese Forderung wird als eine Forderung des Denkens überhaupt hingestellt. Das philosophische Denken und seine Forderungen werden hier zum ersten Mal als Ausfluß und Ausdruck der Urvernunft erkannt, und zwar im Unterschied zur Willkür der Erkenntnis des Einzelnen.

„Wenn ihr nicht auf mich, sondern auf den Logos hört, ist es weise anzuerkennen, daß alles eins ist."[14] – Daß das All-Eins des Heraklit nicht im Sinne der Selbigkeit zu verstehen ist, ergibt sich schon aus dem Unterschied, den er zwischen sich und dem Logos macht, und aus den folgenden Bruchstücken.

„Daher muß man dem Gemeinsamen folgen. Obgleich aber das Welt-

[11] Quellenbericht Plutarchs; Capelle „Petron von Himera". Diels: 6. Petron [von Himera] 17–20.

[12] Bruchstücke; Capelle, „Xenophanes" 26–29. Diels: Xenophanes 11 B 23–26. Die Quellenberichte über Xenophanes scheinen seine Lehre zu sehr im Lichte der späteren eleatischen Schule zu sehen.

[13] vgl. Capelle, „Xenophanes" 36. Diels: Xenophanes 11 A 35, 10–19.

[14] Bruchstück; Capelle „Herakleitos" 9. Diels: Herakleitos 12 B 50.

gesetz (der Logos) allem gemeinsam ist, leben doch die Vielen, als ob sie eine eigene Denkkraft hätten. – Ernsthaft gesprochen: Man muß bauen auf das allen Gemeinsame, wie eine Stadt auf ihr Gesetz, und noch viel fester. Denn alle menschlichen Gesetze ziehen ihre Nahrung aus dem *einen* Göttlichen. Denn das herrscht, soweit es nur will; es genügt allem und ist stärker als alles."[15] – Die Einheit des Alls ist also eher als eine Ordnungseinheit, wie aus dem Vergleich mit dem Gesetz hervorgeht, denn als eine Selbigkeit aufzufassen. Zuzugeben ist allerdings, daß Heraklit keinen klaren und eindeutigen Begriff über das Verhältnis des Alls zum Logos erkennen läßt.

Die Philosophie, soweit sie sich uns bisher enthüllte, suchte die Erfahrungswirklichkeit zu begreifen. Damit ist aber eine Spannung zwischen Erfahrung und dem Begriff der Erfahrung angedeutet, die den Einklang beider gefährden kann. Begriff der Wirklichkeit ist nicht dasselbe wie die Vorstellung der Wirklichkeit, denn das Streben, die Wirklichkeit zu begreifen, setzt ja voraus, daß sie einem schon in einer Vorstellung gegeben sei, aber in einer noch nicht begriffenen. Was aber noch nicht begriffen ist, bleibt der Vernunft fremd, und sie sucht sich seiner auf alle Weise zu bemächtigen, denn sie ist eine Herrin, die die Erfahrung nur als Dienerin unter sich, nicht als Freundin neben sich haben kann. Solange also zwischen Begriff und Erfahrungswirklichkeit eine Spannung herrscht, können die Forderungen des Begriffs oder die Forderungen der Erfahrung vorbetont werden. Xenophanes ließ sich, wenn wir manchen Quellenberichten über ihn Glauben schenken wollen, durch die Forderung des Begriffs zur Einförmigkeit verführen. Diese Einseitigkeit erscheint bei Heraklit aufgehoben. Er kennt den Widerstreit der Natur, weiß aber auch, daß er im Einklang des Geschehens aufgehoben und in eine höhere Einheit übergeführt wird.

„Das Widerstrebende vereinige sich und aus den entgegengesetzten (Tönen) entstehe die schönste Harmonie, und alles Geschehen erfolge auf dem Wege des Streites" (sagt Heraklit).

„Es strebt wohl auch die Natur nach den Gegensätzen und wirkt aus ihnen den Einklang, nicht aus dem Gleichen. So führt sie das Männliche mit dem Weiblichen zusammen (und nicht etwa ein jedes zu seinesgleichen) und knüpft so den allerersten Bund durch die entgegengesetzten Naturen."

„Sie begreifen nicht, das es [das All-Eine], auseinanderstrebend, mit sich selber übereinstimmt: widerstrebende Harmonie wie bei Bogen und Leier."[16]

Wenn nach Heraklit auch alle vergänglichen Dinge in stetem Fluß sind, so löst er doch die Wirklichkeit nicht in blosse Bewegung und in ein bloßes Nacheinander auf. Der Fluß der Dinge ist ihm nur die wechselnde Erscheinung des an sich unveränderlichen Einen.

„Ein und dasselbe offenbart sich in den Dingen als Lebendes und Totes,

[15] Bruchstücke; Capelle „Herakleitos" 32–33. Diels 12 B 2 und 114.

[16] Bruchstücke; Capelle 25–27. Diels: Herakleitos, 12 B 8; 10; 51.

Wachendes und Schlafendes, Junges und Altes. Denn dieses ist nach seiner Umwandlung jenes, und jenes, wieder verwandelt, dieses.“[17]

Im Mittelpunkt des Heraklitischen Denkens steht nicht das berühmte *πάντα ῥεῖ*, sondern der Logos.

„Für den Logos aber, ob er gleich ewig ist, gewinnen die Menschen kein Verständnis, weder ehe sie von ihm gehört, noch sobald sie von ihm gehört haben. Obwohl nun alles nach diesem Logos geschieht, gebärden sie sich doch wie Unerprobte, wenn sie sich an solchen Worten und Werken versuchen, wie ich sie verkünde, indem ich ein jedes nach seiner Natur zerlege und klarmache, wie es sich damit verhält. Die andern Menschen wissen aber ebensowenig, was sie im Wachen tun, wie sie sich erinnern, was sie im Schlafen tun.“[18]

Das war seine große Erkenntnis, daß alles nach dem Logos geschehe, daß sich überall der Logos, die allwirkende Vernunft offenbare. Da er nun aus der Fülle dieser Erkenntnis seine Mitmenschen beschenken wollte, fand er bei ihnen kein Verständnis. Sie schwangen sich weder aus eigenem zur Erkenntnis des Logos empor, noch konnten sie ihm dorthin folgen. Er zerlegte ihnen die Natur der Dinge und zeigte ihnen, wie es sich damit verhalte, daß man nämlich nicht beim Einzelnen und Besonderen stehen bleiben dürfe, daß man die Wirklichkeit nur in ihrem Zusammenhang, da nach einem verborgenen Weltgesetz eins ins andere greife, verstehen könne. Aber das war zu hoch für sie, deren Vernunft noch nicht zum Bewußtsein ihrer selbst erwacht war wie in ihm.

Ich lese in dieser Klage nicht den Hochmut des Philosophen, der sich besser dünkt als die übrigen Menschen, sondern das ernste Bedauern, daß die Quelle aller Weisheit von so wenigen erkannt werde. Es ist das Gefühl des einsam Großen. Er konnte sich nicht wie die übrigen mit der Kenntnis des Einzelnen begnügen, denn er hatte erkannt:

„Nur eins ist weise, die Einsicht zu erkennen, die alles durch alles lenkt”.[19]

Diese Einsicht suchte er nicht im wechselnden Fluss der Dinge, sondern in sich selbst. „Ich erforschte mich selbst.“[20] „Der Seele Grenzen kannst du nicht ausfindig machen, wenn du auch alle Wege absuchtest; so tiefgründig ist ihr Wessen.“[21] Sie reicht in ihren Tiefen bis auf den Grund aller Dinge hinab, wo der Logos wohnt. „Der Seele ist der Logos eigen, der sich selber vermehrt.”[22] Was dieses Vermehren bedeutet, ist dunkel. Vielleicht meint er damit, daß der Logos zuerst bloß durch die noch schlum-

[17] Bruchstück; Capelle 18. Diels: 12 B 88.

[18] Bruchstück 1; vgl. Capelle „Herakleitos“ 31 und H. Diels, Die Fragmente der Vorsokratiker, Berlin ⁴1922, I: 12 B 1.

[19] Bruchstück; Capelle „Herakleitos“ 43; Diels: 12 B 41.

[20] Bruchstück; Capelle 85. Diels: 12 B 101.

[21] Bruchstück; Capelle 84. Diels: 12 B 45.

[22] Bruchstück; Capelle 86. Diels: 12 B 115.

mernde Denkkraft in der Seele sei, sich aber dann zur bewußten Welt des Gedankens entfalte.

Prüfstein der Wahrheit sind nicht die Sinne. Denn „Schlechte Zeugen sind Augen und Ohren für Menschen, wenn sie Barbarenseelen haben", was dasselbe besagt, wie wenn er gesagt hätte: „Es ist Art von Barbarenseelen, den vernunftlosen Sinneswahrnehmungen zu vertrauen". Die Vernunft dagegen erklärt er für den Prüfstein der Wahrheit, aber nicht etwa jede beliebige, sondern nur die gemeinsame und göttliche."[23]

Wie haben wir uns diese „gemeinsame" Vernunft zu denken? Gibt es da etwa einen Mehrheitsbeschluß der denkenden Menschen? Er selbst behauptet doch seine Erkenntnis gegen das Urteil der großen Menge. – Heraklit macht einen scharfen Unterschied zwischen gemeinsamer Vernunft und eigener Einsicht. Die eigene Einsicht ist trügerisch. „Das menschliche Wesen hat keine Erkenntnisse, wohl aber das Göttliche".[24] Die gemeinsame Vernunft ist der Logos, an dem *alle* teilhaben. Was der Mensch kraft dieser Teilhabe urteilt, ist wahr, was er nach seiner eigenen Weise urteilt, ist falsch. Nur sind sich die meisten Menschen dieser Teilnahme am Logos nicht bewußt.

„Mit dem Logos, mit dem sie doch vor allem dauernd in Verkehr stehen, (der die Welt durchwaltet), mit dem sind sie uneins, und worauf sie alle Tage stoßen, das kommt ihnen fremdartig vor".[25] Deshalb ist es möglich, daß einer im Widerspruch zu allen andern der allen gemeinsamen Vernunft folgen und zur wahren Einsicht gelangen kann.

Mit Heraklit haben wir den höchsten Gipfel der vorsokratischen Philosophie erstiegen. Ich stehe nicht an, ihn zu den ganz Großen zu zählen. Er überragt seine Vorgänger, auch Xenophanes, um Haupteslänge. Neu ist bei ihm die Lehre von der Teilhabe am Logos. Er sucht und findet die alles durchwirkende Vernunft nicht nur außer sich in den Dingen, sondern vor allem in sich selbst. Er ist sich dessen bewußt geworden, daß es ein und dieselbe Vernunft ist, die ihm so und so zu *denken*, und den Dingen so und so zu *sein* gebietet, daß Denken und Sein ursprünglich im Logos eins sind und deshalb sich auch in unserem Forschen begegnen.

Heraklit fügt zum Wissen um den Gegenstand auch das Wissen um sich selbst, ohne daß deshalb der Selbstbesitz des Geistes das Wissen um die Gegenstände aufheben oder beeinträchtigen würde. Im Gegenteil: das Wissen um den Gegenstand führt ihn zum Wissen um sich selbst, und aus diesem Wissen geht jenes auf eine neue Weise wieder hervor.

Wenn das Wissen vom Gegenstand aber zum Wissen um sich selbst geworden ist, und wenn das Wissen den Gegenstand, der ihm zuerst nur gegeben war, aus sich selbst in der Form der Vernunft wieder hervorgehen läßt, hat es seine höchste und letzte Stufe erreicht, die der Art nach nicht

[23] s. den Quellenbericht des Sextus Empiricus bei Diels 12 A 16 und Fragment 12 B 107, Capelle „Herakleitos" 91.

[24] Bruchstück; Capelle „Herakleitos" 94. Diels: 12 B 78.

[25] Bruchstück; ebd. 90. Diels: 12 B 72.

mehr überboten werden kann. Das aber scheint doch nach Uebereinstimmung aller von der philosophischen Erkenntnis zu gelten, daß es die der Art und dem Gegenstand nach höchste Erkenntnis sei, zu der der Mensch mit seinen Kräften gelangen kann.

So hat uns der Logos, indem er durch den stammelnden Mund eines Heraklit zu uns sprach, wieder einen Schritt näher zu unserem Ziele geführt. Mit ihm lasse ich Dich jetzt allein. Denn zu ihm Dich zu führen, ist die schönste Aufgabe

Pullach b. München, den 11. Jan. 1938.

Deines Freundes

Walter

V.

Mein lieber Freund!

Wir nähern uns dem Ende unserer Wanderung durch die vorsokratische Philosophie. Diese ersten Versuche des philosophierenden Geistes, von denen uns nur stammelnde Bruchstücke und der ferne Nachhall fremder Lehrberichte Kunde gibt, sind durch ihre Frische reizvoll wie jede Kindheit. Es gibt in der folgenden Entwicklung der Philosophie kaum einen tiefen Gedanken oder eine kennzeichnende philosophische Haltung, die nicht in der vorsokratischen Philosophie schon vorgebildet wäre, wie denn auch die Spiele des Kindes die spätere Art des Mannes vorausahnen lassen.

Das Bewußtsein, durch Vernunft und Denken das Sein ergründen zu können, tritt bei *Parmenides* (um 480) nicht weniger sieghaft als bei Heraklit hervor. Und doch herrschen zwischen beiden tiefgreifende Unterschiede. Heraklit schaut die Wirklichkeit des Seins in seiner bunten Fülle und sucht sie durch den Logos, der sich ihm auf dem Grunde seiner Seele offenbart, zu begreifen. Parmenides hingegen richtet seinen Blick auf den von allen Besonderungen losgelösten Seinsbegriff und setzt ihn mit jenem reinen, beziehungslosen Sein, das wir in all unserem Denken letztlich meinen, aber nicht begrifflich ausdrücken können, gleich.

„Denn dasselbe sind Denken und Sein,‘.[26]

„Dasselbe aber ist Denken und des Gedankens Ziel; denn nicht ohne das Seiende, indem es ausgesprochen ist, wirst du das Denken finden. Denn nichts anderes ist oder wird sein außer dem Seienden, da das Schicksal es dazu gebunden (genötigt hat) ganz und unbeweglich zu sein.“[27] – „Selbiges im Selbigen verharrend ruht es in sich selbst” *καθ᾽ἑαυτό* = in Bezug auf sich selbst, absolut).[28]

[26] Bruchstück; Capelle, „Parmenides“ 5. Da die Parmenidesbruchstücke bei Capelle manchmal ungenau übersetzt sind, habe ich sie nach dem griechischen Text verbessert. vgl. dazu den griech. Text in H. Diels, Die Fragmente der Vorsokratiker, Berlin [4]1922, I: 18 B 5. Auch Diels Übersetzungen sind nicht immer einwandfrei.

[27] Bruchst., bei Capelle, 8 (S. 167); Diels 18 B 8 (34–38).

[28] Bruchstücke, bei Capelle; Diels (29).

Wenn Seiendes einfachhin dasselbe ist wie das absolute Sein, ist nur das ganze, volle und absolute Sein möglich. Alles andere ist Nicht-Sein und Schein, und das Wissen von ihm ein bloßes Schein- und Wortwissen.

„Daher sind alles nur leere Namen, was die Sterblichen (durch die Sprache) festgesetzt haben im Glauben, es sei wahr: Werden und Vergehen, Sein und Nichtsein, Ortsveränderung und Wechsel der leuchtenden Farbe."[29]

Alles andere, was nicht das transzendente, beziehungslose Sein ist, ist für ihn Nichtseiendes. Das Nichtseiende kann aber nicht Gegenstand der Erkenntnis sein. „Das Nichtseiende kannst du weder erkennen (denn das ist unmöglich), noch aussprechen."[30]

Aehnlich wie Anaximander, nur ausführlicher, entwickelt er eine Dialektik des reinen und abgesonderten Seins. Wenigstens den Anfang davon will ich hierher setzen.

„So bleibt nur noch Kunde von Einem Wege: daß es *ist*. Darauf stehen gar viele Merkzeichen: weil ungeboren, ist es auch unvergänglich, ganz, eingeboren (einzig), unerschütterlich und ohne Ende. Niemals war es, niemals wird es sein, da es jetzt ist als Ganzes zugleich, eins und beständig. Denn was für einen Ursprung wolltest du für es erfinden? (Weder aus dem Seienden kann es hervorgegangen sein; sonst gäbe es ja ein anderes Sein vorher),[31] noch kann ich zulassen, daß du denkst oder sagst, daß es aus dem Nichtseienden geworden. Denn unaussprechbar und unausdenkbar ist es, daß es nicht ist. Welche Notwendigkeit hätte es denn früher oder später getrieben, mit dem Nichts anzufangen und zu wachsen? So muß es denn ganz und gar vorhanden sein oder überhaupt nicht."[32]

So großartig die Seinslehre des Parmenides auch ist, so einseitig ist sie auch. In Parmenides tritt uns zum ersten Mal ein Philosoph entgegen, der gewisse Seinsbereiche nicht bloß vernachläßigt – das haben auch andere vor ihm getan – sondern bewußt verleugnet. Werden und Vergehen, teilweises Sein und Nichtsein der Dinge, die ganze Welt des bunten Wechsels, die für ihn genau so augenscheinlich vorhanden war wie für uns, verbannte er aus dem Reiche der Philosophie und erklärte sie als bloßen Schein. Was mochte ihn dazu veranlaßt haben? Doch nicht bloße Willkür. Eine vorgefaßte Meinung? Aber sie mußte ihm doch als berechtigt, ja zwingend erscheinen. – Der letzte Grund seiner Einstellung war die – allerdings mißverstandene – Forderung nach der allgemeinen Begreifbarkeit des Seins. Er lehnte das Werden, die Gegensätze und überhaupt das ganze Reich des teilweise und hinfällig Seienden ab, weil er es nicht begreifen konnte und der Meinung war, daß es überhaupt und an sich unbegreifbar sei. Das Werden ist nicht denkbar ohne das Nichtsein. Das Nichtsein ist aber unbegreifbar. Also gibt es kein Werden. So lautet sein Schluss. Es ist nun allerdings wahr, daß das Werden und das dem Werden unterworfene Sein nicht im selben

[29] bei Capelle (S. 167/8); bei Diels (38–41).

[30] Bruchst., Capelle „Parmenides" 4; Diels 18 B 4 (7–8).

[31] Ergänzung von H. Diels.

[32] Bruchstück; Capelle „Parmenides" 8 (S. 166); Diels 18 B 8 (1–11).

Sinn begreifbar sind wie das absolute Sein. Das unreine Sein ist eben nicht in sich, sondern nur in Beziehung auf das reine Sein verständlich. Parmenides hat einen starren, ich möchte sagen, dinglichen Begriff von der Begreifbarkeit des Seins. Sein und Ding ist dasselbe. Er kann es nicht verstehen, daß es Dinge gibt, die nicht das *Sein* sind und dennoch durch ihre Beziehung zum Sein *sind.* In der Auffassung des Parmenides fallen Seiendes und Sein zusammen und folgerecht auch unsere begrenzte Vernunft mit der Urvernunft. Diesen Gedanken spricht er zwar nirgends aus, er bildet aber das notwendige Gegenstück zu seiner Seinsauffassung, ja diese geht aus jenem geradewegs hervor. Er unterwirft das Sein nicht nur den Forderungen der Vernunft an sich (der „gemeinsamen, göttlichen Vernunft" bei Heraklit), sondern auch den Bedingungen unserer endlichen und begrenzten Vernunft (der „eigenen Einsicht" bei Heraklit). Nach Heraklit bedeutet er deshalb ein Absinken von der Höhe des philosophischen Denkens. Die Logoslehre des Heraklit war nicht zu überbieten, nur noch auszudenken. – Unter den unmittelbaren Nachfolgern des Parmenides ist besonders dessen Schüler *Zeno* bekannt geworden. So reizend es nun auch wäre, seinen scharfsinnigen Trugschlüssen nachzuspüren, so würde es uns doch vom geraden Weg abbringen, denn Zenons Schlüsse gegen die Wirklichkeit der Bewegung haben nur als Verteidigung der Philosophie des Parmenides, nicht aber für sich selbst eine philosophische Bedeutung.

In der Folgezeit verzweigt und verästelt sich das philosophische Denken mehr und mehr. Die Zeit der großen, ursprünglichen Ansätze ist vorüber. Die Philosophen nehmen die Lehren ihrer Vorgänger auf, entwickeln die vorhandenen Keime weiter, oder begründen ihre eigene Lehre im Widerstreit und Kampf mit ihren Vorgängern. So wandelt ein *Melissos* in den Spuren des Parmenides; *Anaxagoras* bildet seine Lehre vom *Nous*, wenn auch mit beträchtlichen Verschiedenheiten, im Anschluß an Heraklit aus. *Empedokles,* der auf der eleatischen Seinslehre fußend die innere Unveränderlichkeit des Seins zugibt, andererseits aber auch die augenscheinliche Tatsache des Werdens nicht preisgeben will, kommt auf diese Weise zu seiner *Elementen*lehre, die dann von *Leukipp* und *Demokrit* weiter zur *Atom*lehre ausgebildet wird.

Immer weiter wird auch der Umkreis der philosophischen Fragen. So werden von den Sophisten *(Protagoras)* zum ersten Mal die Fragen nach dem Ursprung der menschlichen Kultur, Sprache und Religion erörtert. *Kallikles* und *Thrasymachos* nehmen in ihrer Rechts- und Moralphilosophie die „Herrenmoral" Nietzsches vorweg.

Auf eines muß ich Dich noch aufmerksam machen, was sich irgendwie in der ganzen vorsokratischen Zeit, nach Parmenides aber besonders stark, bemerkbar macht: der Drang, die Gegenstände der Erkenntnis nicht nur begreifbar, sondern auch anschaulich zu machen. Bei Parmenides und Melissos mag das aus der Notwendigkeit des Lehrvortrags zu erklären sein. Zwar nimmt man allgemein an, Parmenides habe das unendliche Sein mit der unbegrenzten Ausdehung gleichgesetzt. Man kann dafür manche Ausdrücke anführen, die das auszusagen scheinen und die von den Späteren auch so verstanden wurden. Aber haben sie bei Parmenides selbst nicht vielleicht einen übertragenen Sinn? Eine Aeußerung des *Melissos,* der sonst ein getreuer Schüler des Parmenides ist, und sich ihm sogar in den sprachlichen Ausdrücken anschließt, läßt mich diesen Zweifel hegen. Melissos sagt zwar einerseits:

„Auch gibt es kein Leeres. Denn das Leere ist nichts... Und es (das Seiende) kann sich deswegen auch nicht bewegen. Denn es kann nirgends hin ausweichen, sondern ist voll.“[33]

Dieser Stelle, die das Seiende als Körper erscheinen läßt, steht aber eine andere gegenüber:

„Wenn es aber überhaupt vorhanden ist, so muß es eins sein. Ist es aber eins, so darf es keinen Körper besitzen. Besäße es Dicke, so besäße es auch Teile und wäre dann nicht mehr eins."[34]

Wie dem auch sein mag, die Nachfolger des Parmenides, die seine Lehre zur Atomlehre umbildeten, faßten das Sein jedenfalls als ausgedehnten Körper auf.

Die Denkmittel des *Empedokles* (um 450) (seine Atome, die vier Elemente, der Sphairos, Liebe und Streit) sind den Vorstellungen der Einbildungskraft durchaus zugänglich. Seine Naturerklärung nähert sich der naturwissenschaftlichen Denkart, wo je eine Erscheinung aus einer anderen erklärt wird, die also als Erscheinung ihrerseits wiederum einer Erklärung bedarf, die sie durch sich selbst nicht geben kann.

Anaxagoras (um 440) scheidet das Denken zwar von der sinnlichen Wahrnehmung, doch vermag er es nicht von den Bedingungen der Einbildungskraft zu trennen.

Leukipp (um 430) jedoch denkt, um es grob zu sagen, eigentlich mehr mit der Einbildung als mit dem Verstand, was ganz seiner Erkenntnislehre, daß „die Sinneswahrnehmung und das Denken erfolgten, indem von aussen kleine 'Bilder' (an uns) herankämen,[35]“ entspricht.

Dieser äußerlichen und leblosen Auffassung des Denkens folgt die übrige Lehre des Leukipp. Sein Denken wird von der Erfahrung, der Vorstellungskraft und den Vorurteilen der eleatischen Seinslehre, nicht aber von den Forderungen der ursprünglichen Vernunft beherrscht. Woher die Bewegung komme, wie die besonderen Arteinheiten der zusammengesetzten Körper begründet seien, wie sie sich von zufälligen Mischungen unterscheiden, sind für ihn keine Fragen. Sein Beispiel dafür, daß aus denselben Atomen, je nach ihrer verschiedenen Lage, die verschiedensten Körper entstünden, wie aus denselben Buchstaben die Tragödie so gut wie die Komödie entstehe[36], zeigt ihn auf dem Gipfel der Geistlosigkeit, die auch dadurch, daß moderne Naturphilosophen daran teilhaben, nicht besser wird.

[33] Diels, 20 B 7 (7).

[34] Diels, 20 B 9.

[35] Lehrbericht des Aetius; bei Capelle, „Leukippos“ 32. Diels: 54, Leukippos: A 29.

[36] vgl. Capelle „Leukippos“ 7. Diels: 54. Leukippos A 9 (aus dem Bericht des Aristoteles, De generatione et corruptione: A 1, 315 b 6.

Die *Sophisten* endlich verwischen allen Unterschied zwischen Verstandes- und Sinneserkenntnis. Kein Wunder, daß sich das Denken, das den Bedingungen der Sinneserkenntnis unterworfen wurde, immer mehr in Widersprüche verwickelte, und ein seichter Skeptizismus die Gemüter ergriff. Für geistesgewaltigere Denker wie *Platon* und *Aristoteles* war damit die Frage nach dem Unterschied beider Erkenntnisarten und ihrer Bewertung für das philosophische Denken gegeben.

Wenn es Aufgabe der Philosophie ist, den ganzen Umfang menschlicher Erkenntnis denkend zu begreifen, muß sich das Denken in seiner Reinheit erhalten und vor den Störungen der sich immer wieder einmischenden Vorstellungskraft bewahren. Gerade daß sich das Denken der vorsokratischen Philosophie bei steigender Vermischung mit der Sinneserkenntnis, mehr und mehr zersetzte, ist ein Beweis dafür, daß es seine echte Aufgabe, die im reinen Begreifen lag, aus dem Auge verloren hatte.

Bevor wir nun zu Platon weiter gehen, um zu sehen, wie er die Aufgabe der Philosophie auffaßte, möchte ich Deine Meinung über meinen Gedankengang hören. Dein scharfer Geist wird schon die eine oder andere schwache Stelle erspäht und nur deshalb solange zurückgehalten haben, um den Angriff mit umso größerer Überlegung zu führen. Lassen wir die Wahrheit im Streite sich bewähren. Ihr will sich immerdar beugen

Pullach b. München, den 15. Februar 1938.

Dein Freund

Walter

Nachbemerkungen

Es handelt sich zwar um ein Fragment, das jedoch in der Reflexion auf die vorsokratische Philosophie einen gewißen Abschluß erreicht hat. Die Briefform ist eine literarische Fiktion. Die jeweils vermutete Antwort ist aus den Briefen selbst erkennbar. Da die Briefe zuerst ananyom bleiben sollten, waren sie im ersten Manuskript mit „Gerhard“ unterzeichnet. Dieser Name wurde im Hinblick auf meinen Schwager Gerhard Voigt gewählt, dem nun diese erste Publikation der Briefe gewidmet sei. – Die Literaturangaben wurden nicht auf die Gegenwart hin aktualisiert. Vgl. dazu neuere Handbücher.

a] Bald nachdem ich dies schrieb, begannen (Ende 1937) die ersten Vorbereitungen zu dem von mir herausgegebenen „Philosophischen Wörterbuch“.

b] Gemeint ist die neuscholastische Philosophie der zwanziger Jahre.

c] Damit sollten nicht die philosophischen Lehren des Ostens abgewertet, sondern nur der Bezugspunkt der Fragestellung für den Leser und seine Verständnismöglichkeiten genauer angegeben werden.

d] Besser als „erklären" würde man hier, und oben bei Thales, sagen: „verstehen“. Denn auf das Apeiron kann man zwar alles wie zu einem „Quell“ zurückführen, aber nicht, keinen „bestimmten Wasserlauf“, daraus ableiten.

e] Heute würde ich statt „abgeleitet“ sagen „zurückgeführt“. Vgl. d] f] Diese Worte beziehen sich auf meinen Aufenthalt im damaligen Britisch-Indien, wo ich 1937 das De Nobili Kolleg in Poona begann und einige Monate Fundamentaltheologie lehrte, bis mein schlechter Gesundheitszustand zu meiner Rückberufung nach Europa führte.

PHILOSOPHIE UND REFLEXION. BESPRECHUNG

a] Wagner, H., *Philosophie und Reflexion.* gr. 8⁰ (432 S.) München 1959, Reinhardt.

Gegenstand des Werkes ist die Philosophie selbst, ihr Wesen und ihre Möglichkeit. Die Philosophie ist wesentlich *Reflexion.* Aus diesem Prinzip heraus ergeben sich auch die Sonderdisziplinen der Philosophie, die an genau artikulierten Stellen aus dem Reflexionsgang der Philospbie entspringen. Daher enthält das Werk, obwohl die einzelnen Disziplinen bloß in den Umrissen vorgestellt werden, doch ein ganzes System der Philosophie. Inhalt wie Darstellung sind keine alltägliche Leistung und von hoher Qualität.

Im folgenden kann nur ein Kurzbericht des Inhalts gegeben werden, wobei allerdings die *theoretische Reflexion* ihrer grundlegenden Wichtigkeit wegen etwas ausführlicher dargelegt wird. Die ersten Paragraphen geben eine vorläufige Analyse der theoretischen Reflexion mit ihren vier Gliedern: theoretisches Subjekt, theoretischer Gegenstand, Erkenntnisakt (Noesis) und Erkenntnisgehalt (Noema). Diese Glieder sind als sich gegenseitig bedingende Glieder des Denkens aufzufassen, wobei dieses, als Prinzip genommen, sich weiter in der Sphäre des Erkennens, Liebens, Wollens, Wahrnehmens, Handelns usw. konkretisiert (27). Schon hier zeigt es sich, daß der Gehalt gegenüber dem Gegenstand jeweils in einer Geltungsalternative steht und Maßstäbe der Beurteilung voraussetzt. Obwohl das Noema eine Seinsseite hat, so läßt sich doch die Wahrheitsdifferenz, in der es steht, auf kein Seinsmoment des Noema reduzieren; selbst seiend, ist es bezüglich des (seienden) Gegenstandes geltungsdifferent: es kann von ihm gelten oder nicht. Die Geltungsdifferenz ist keine Seinsdifferenz (33 f.).

Die transzendentale Reflexion tritt in *drei Gestalten* auf: als noetische Reflexion, als noematische Konstitutionsreflexion und als noematische Geltungsreflexion. Die beiden ersten Subjektrückgänge ergeben den fundamentalontologischen, der dritte den fundamentallogischen Subjektsbegriff (59). Einzig mögliches Fundament einer allgemeinen Reflexionslehre kann die noematische Geltungsreflexion sein, da in ihr allein das Denken sich der Gültigkeit dessen, was es (als Prinzip) aufbaut, absolut sicher zu sein vermag (67 f.). In einer vorläufigen Untersuchung erweist sich das weltzugewandte Noema als theoretisches und axiotisches, dieses aber als teils sittliches, teils ästhetisches, teils wirtschaftlich-gesellschaftliches Noema. Die *Geltungsreflexion* trägt die Verantwortung für alle diese weltzugewandten Noemata, für die theoretischen unmittelbar, für die atheoretischen mittelbar, vor allem aber für die Reflexionsnoemata selbst.

Noemata, die sich nur noch auf Gegenstände beziehen, die in keiner Weise mehr Produkte des Aktlebens sind und denen in diesem Sinne ein Ansichsein zukommt, sind Erfahrungsnoemata, und das auf solche Gegenstände bezügliche Denken heißt in diesem Zusammenhang *Erfahrung* (88). Zwar schließt Erfahrung auch das Moment der Sinnlichkeit ein, aber der Sinnlichkeit kommt von Haus aus nur Zuständlichkeit, keine Gegenstandsbeziehung zu; diese erhält sie erst durch Einfügung in eine sie umgreifende Erkenntnisleistung (27).

Die Erfahrungsnoemata können nicht im vorhinein als gültig angesetzt werden. Es bedarf eines Prüfungsmaßstabes, um die gültigen von den ungültigen zu sondern. Damit er in seiner Geltung von dem zu Prüfenden unabhängig sei, muß er ein apriorisches, in sich selbst begründetes Wissen sein. Seine Prüfungsfunktion aber kann er nur ausüben, wenn er trotzdem auch ein Wissen über den Erfahrungsgegenstand ist (91).

Die Grundstruktur des theoretischen Noemas drückt sich im *Urteil* und seiner Kopula aus: es sagt aus, was und wie der Gegenstand ist (92). Dieses Sagen setzt voraus, daß das Subjekt um den Gegenstand weiß (93). Dem Gegenstand zwar eignet Bestimmtheit (Seiendheit) schon an ihm selbst. Dadurch allein aber ist er nicht schon gewußt. Das Wissen von ihm muß sich selbst erzeugen. Das Urteil ist demnach das sich mitbezug auf seinen Gegenstand selbsterzeugende Wissen (94). Im Urteil hat daher der Gegenstand die Stellung des erst zu Bestimmenden, die Bestimmtheit aber die Stellung des Prädikats. Die Kopula jedoch hat nicht nur die Funktion der Verbindung von Gegenstandsbegriff und Prädikatsbegriff, sondern bezieht eben dadurch auch das Urteilswissen auf den (an sich seienden) Gegenstand (95).

Der *Prädikatsbegriff* kann seine bestimmende Funktion nur übernehmen, wenn er selbst schon bestimmter Begriff ist (96). Diese seine Bestimmtheit (Seiendheit) kann ihm nicht aus der Sinnlichkeit zukommen; sie muß im Denken selbst ursprünglich erzeugt werden, was aber nur der Form nach möglich ist. Diese seine Form ist seine Bestimmtheit überhaupt, während die Unterschiede der Bestimmtheit zum Materialen der Prädikatsbegriffe gehören (97).

Die ursprüngliche Bestimmtheit des Denkens entfaltet sich in den ersten *Prinzipien der Logik*. Der erste Sinn des Identitätsprinzips beruht auf dem Wesen des Denkens, Setzung zu sein, d. h. aber Setzung genau dessen, was an ihm selbst, unabhängig von dieser Setzung, ist. Das ist aber nur möglich, wenn das Seiende so gesetzt wird, als was und wie es ist, d. h. wenn das Setzen auch Bestimmung ist (100). Damit ist die Forderung verbunden, daß der Prädikatsbegriff durch eine Urteilsreihe vollendet werde, bis der Subjektsbegriff mit der im Gegenstand liegenden Bestimmtheit zusammenfällt. Allerdings ist diese Identität für den Erfahrungsbegriff niemals abschließbar (101).

Das *Prinzip des Widerspruchs* verbietet den Widerspruch, sofern er

Setzung und Aufhebung derselben Bestimmtheit ist (102), sie fordert ihn aber, sofern jede Bestimmtheit nur im Widerspruch gegen andere, zuletzt aber gegen alle anderen derselben Gattung, also durch Limitation, sie selbst ist (109). Gattung wird dabei nicht als unbestimmter, abstrahierter Klassenbegriff gedacht, sondern als der die Arten umfassende und in ihrer Bestimmtheit zeugende Grund (112).

Die in den Gattungen sich auftuenden Widersprüche, die innerhalb der Gattungen nicht gelöst werden können, treiben zum Übergang in höhere Gattungen und führen schließlich zum Unbedingten, Unendlichen, *Absoluten* (des Begriffs), das nicht mehr Gattung sein kann (122). Es ist nur möglich als Selbstbeziehung auf ein von ihm selbst Begründetes und Unterschiedenes (die Bestimmtheit der Begriffe), mittels dessen es sich selbst seine Bestimmtheit gibt (128). Das aber ist das Denken als Prinzip (129) und als mögliches Selbstbewußtsein (130).

Zu diesem Absoluten ist das in sich selbst bestimmte und *unendliche Prädikat* zu suchen (133). Dieses erweist sich als eine Mannigfaltigkeit höchster Begriffe, die in der Form von Alternativen und Grundhinsichten (wie Subjekt-Objekt, Grund-Folge, Inhalt-Form usw.) auftreten und ein Einheitsgefüge darstellen (136). Mit diesem Inbegriff der Momente des Denkens definiert dieses sich selbst als das Absolute und als festen Boden alles Gedankens. Es ist zugleich der Inbegriff aller formalen Prinzipien (der Logik), die zwar nicht selbst Bestimmungen von Gegenständen sind, auf denen aber die Möglichkeit solcher Bestimmung beruht (die *primär-konstitutive Apriorität;* 150). Alle Gegenstandsbestimmung (Thema der Erkenntnistheorie) gründet in der Selbstbestimmung des Denkens (Thema der Logik), die jedoch auf jene bezogen bleibt. Sowohl der Relativismus wie der Skeptizismus bestätigen, wenn sie sich selbst vollbringen, den absoluten Boden des Gedankens (151).

Materiale Geltung für Gegenstände erhält der Gedanke erst, wenn er sich selbst setzt gemäß der Bestimmtheit des Gegenstandes. Der Inbegriff der Bedingungen, durch die das Denken gegenstands-gerichtet ist, heißt die *sekundär-konstitutive Apriorität.* Sie umfaßt ein Gefüge von Begriffen und Urteilen, durch die zuerst ein besonderes Seiendes erfahrbar und in seiner Seiendheit faßbar ist (Thema der Ontologie; 170). A priori entworfen ist dabei nicht das Seiende an ihm selbst, sondern der Begriff vom Seienden (174). Da das Seiende sich nicht in der begrifflich entwerfbaren Bestimmtheit erschöpft, bedarf es zu seiner Erkenntnis einer weiteren Erschließung in dem, wodurch es vom Denken verschieden ist, der Erfahrung (187). Erfahrung, wie sie hier gemeint ist, schließt Rezeptivität und Sinnlichkeit ein (188). Diese steht zwar als Naturgebilde unter Naturgesetzen und hat an sich keine theoretische Geltung (190); eine theoretische Relevanz erhält sie nur, sofern ihre Gegebenheiten vom Denken mittels der sekundär-konstitutiven Apriorität kritisch bedacht und beurteilt werden (192).

Um von den kritisch beurteilten Sinnesgegebenheiten zur Wissenschaft, d. i. der Theorie des Seienden und der Welt, zu gelangen, bedarf es der Prinzipien des Forschungsganges, die das Denken gleichfalls sich selbst zu entnehmen hat; dies sind die Prinzipien der *regulativen Apriorität* (194–204) und der *systematischen Apriorität* oder der unbedingten Totalität der Geltungsbedingungen überhaupt, auf deren Hintergrund erst eine unvollständige Induktion möglich ist (205–211). Dieses System ist zwar unabschließbar, gründet aber in der positiven Unendlichkeit des Absoluten (s. oben), von dem aus ein unendliches Feld möglicher Wahrheit entworfen ist: das Absolute als Idee des Seienden oder der Natur im Ganzen, wodurch es auch Idee seiner selbst ist (211–214). Die Vermittlung zwischen der apriorischen Ontologie und der Weltwissenschaft wird durch die Lehre vom Aufbau der realen Welt oder die Realphilosophie geleistet, der es zukommt, die fundamentalen Letztdefinitionen zu liefern und sie durch Zurückführung auf die Prinzipien der Ontologie zu legitimieren (215–223).

Alles Denken ist Selbstgestaltung. Deren Möglichkeiten sind jedoch nicht auf die Erkenntnis beschränkt. Nachdem die theoretische Geltungsreflexion durchgeführt ist, richtet sich die Geltungsreflexion auch auf andere der Geltungsdifferenz unterliegende, *axiotische Akte,* so der absoluten Selbstgestaltung des Willens in der Ethik (§ 26), des Gefühls in der Ästhetik (§ 27), des Realdaseins und der Arbeit in der Philosophie des Ökonomisch-Sozialen (§ 28).

Die Selbstgestaltung des Denkens schließt das Gestaltende und das zu Gestaltende, die Absolutheit und die *Faktizität des Subjekts* ein (§ 25). Die Philosophie der Faktizität des Subjekts bleibt zwar der absoluten Geltung unterworfen, ist aber selbst Konstitutionsreflexion, insbesondere mitbezug auf die grundsätzliche Endlichkeit und Geschichtlichkeit des faktischen Subjekts und die daraus folgende Geltungsendlichkeit einer Mehrheit von Subjekten, die ihre Ergebnisse an denen anderer Subjekte zu prüfen und zu ihnen in Beziehung zu setzen haben: philosophisch verstandene Philosophiegeschichte (§ 32) und Philosophie der historischen Wissenschaften (§ 33).

Zu den geltungsbetroffenen Gebilden des Subjekts gehört auch die *Religion.* Die von der Wertphilosophie versuchte Legitimation der Religion durch den spezifischen Wert des Heiligen leistet das Verlangte nicht. Denn Religion ist nicht bloß ein Feld absoluter Selbstgestaltung der Subjektivität (405). Ist die Metaphysik zu einer solchen Legitimation imstande und welche? Wenn Metaphysik als Setzung von erfahrungsjenseitigen Gründen überhaupt möglich sein soll, dann nur insofern sie im gesetzmäßigen Gang der philosophischen Reflexion an irgendeiner Stelle notwendig wird (408). Nach Hegel wird die Dimension des Metaphysischen und schlechthin Unbedingten schon mit der Absolutheit des Denkens und der Subjektivität erreicht, weil in dieser als dem Absoluten schlechthin die Faktizität des Subjekts als das Unwahre aufgehoben ist. So aber ist diese Faktizität nicht beschaffen. Zwar kommt dem Denken der Grund des Angewiesenseins auf die Welt nicht von außen; er fällt in das Denken selbst. Aber das Denken ist wahrhaft und wirklich von der Welt und Weltstücken bedingt und abhängig. Es ist nicht der Grund für das Sein des Seienden und der Welt, wie auch dieses nicht der Grund des Denkens ist (412).

Die bloß gegenständliche Zurückführung der Welt auf ein transzendentes Absolutes im Sinne der alten Metaphysik scheitert allerdings an deren unzureichendem Weltbegriff und an der vergeblichen Ableitung des Seinsmöglichen aus dem Denkmöglichen und des Seinsnotwendigen aus dem Denknotwendigen (413). Die wahrhaft metaphysische Reflexion setzt beim Subjekt an (415). Dieses weiß, daß es zwar der Welt gegenüber, aber damit doch nicht schlechthin absolut ist. Seine Absolutheit liegt nur in seiner Bestimmtheit als Subjekt, nicht in der Notwendigkeit seines Daseins, seiner Existenz. Es hat als Subjekt angefangen. Der Grund dieses Anfangs liegt weder in ihm noch in der Welt, von der es als Subjekt unabhängig ist. Es ist daher ein transzendenter Grund des Subjekts zu setzen, und zwar als absolute Existenz (417). Im übrigen darf das transzendente Absolute nicht so bestimmt werden, daß es das Grundsein des Subjekts oder der Welt einschränkt. Der transzendente Grund ist ferner nicht so Grund, daß er sich im Begründen erschöpft. Er fängt zwar an zu begründen, aber er fängt nicht an zu sein. Er hat, bevor er Sein für das zu Begründende hat, ein Fürsichselbstsein. Er ist subsistenter Grund, aber nicht subsistentes Sein. Denn das Sein selbst (die Einheit jenes Prinzipiengefüges, dank dem das Seiende ist und so ist, wie es ist) ist ein Grund, der sich im Begründen erschöpft. Der Gegenstand der Ontologie und der Metaphysik sind nicht miteinander identisch (419).

Das Subjekt konnte zwar ohne den Selbstbezug auf die Welt nicht zu seiner Selbstgestaltung kommen; aber ist diese einmal errungen, braucht sie, da sie auf dem absoluten Boden des Subjekts steht, nicht mit dessen Realsein in der Welt aufhören. Die Frage ist aber, ob der transzendente Grund das Subjekt *im Dasein erhält*. Um dies zu zeigen, muß die Metaphysik nachweisen, daß die absolute Selbstgestaltung des Subjekts zumindest einer der Zwecke ist, derentwillen der transzendente Grund das Subjekt ins Dasein gesetzt hat (421). Dieser Grund kann dann selbst nicht anders bestimmt werden denn als höchstes Subjekt. Damit aber ist die Grundlage für Anbetung und echte Religion gegeben. Religion ist mehr als Metaphysik, aber ihre Legitimierung setzt Metaphysik voraus. Das Autochthone der Religion, das auf Metaphysik nicht zurückführbar ist, muß doch an der Metaphysik gemessen werden (422).

Das Werk W. s ist, wenn wir vom letzten Paragraphen über die Metaphysik absehen, ein Ganzes von großer Geschlossenheit. Obwohl es vor allem als ganzheitliches Gefüge beurteilt werden muß, sollen doch zunächst einige *Einzelfragen* gestellt werden. – Hat Sinnlichkeit von sich aus nur eine zuständliche, gar keine intentionale Struktur (22)? Wie ist dann aber eine Umweltorientierung (190), so eingeschränkt sie bleiben mag, möglich und wie können dann der Rezeptivität des Subjekts irgendwelche Erfahrungsbestimmungen übermittelt werden? – Ist die Feststellung, daß jedes Noema unter die Alternative wahr-falsch fällt und die Geltung daher nicht auf seinsmäßige Momente zurückgeführt werden kann (32–34), nicht identisch mit der alten Unterscheidung von ontischer und logischer bzw. subjektiver und objektiver Wahrheit des Aktes und seiner Gehalte? – Muß man jede noetische Reflexion als zweiten Akt, der auf einen ersten zeitlich folgt (37), auffassen? Gibt es nicht auch eine Aufmerksamkeitslenkung auf das Akthafte innerhalb desselben Aktes, z. B. „bewußtes" Hören? Wie könnte sonst das Bewußtsein von einem Weltstück in verdeckter Weise auch Selbstbewußtsein sein (vgl. 48, 55)? – Bedeutet die Rückführung der Intentionalität und Gültigkeit des Aktes auf das Subjekt (53, 56) nicht auch deren Begründung durch ein besonders geartetes Seiende, wenn auch nicht eines aus der Art der welthaft Seienden, nämlich jenes, das Subjekt ist? Und ist diese Begründung so verschieden von der thomistischen These, daß die Wurzel dessen, was Erkenntnis ist, in der Immaterialität eines Seienden zu finden sei? – Ürigens hat auch die von W. so betonte Absolutheit des Subjekts ihr Gegenstück in der aristotelisch-thomistischen These vom intellectus agens. – Wird der Wille, als auf das gehend, was noch nicht ist, nicht zu einseitig als bloßer Vorsatzwille gefaßt? Gibt es nicht auch ein willentliches Zustimmen, ein Sein-lassen-Wollen? – Ist eine Letzbegründung von Erkenntnissen möglich durch ein Geflecht oberster Urteile (206), durch eine Totalität und einen Inbegriff von Gültigkeitsprinzipien (211), wenn diese nicht über alle disjungierenden Gegensätze, wie Subjekt-Objekt, Absolutheit und Faktizität des Subjekts, hinaus auf einen gemeinsamen transzendenten Grund bezogen sind?

Diese letzte Frage führt uns zu dem im letzten Paragraphen behandelten *Problem der Metaphysik*. W. s jetzige positive Einstellung zur Religionsphilosophie und Metaphysik geht zwar weit über seine frühere Position in seinem Buch „Existenz, Analogie und Dialektik" (1953) hinaus. Dennoch fällt dieses Kap. stark gegenüber dem übrigen Werk ab. Es bleibt ein unsicheres Tasten. Der Grund dafür ist nicht schwer anzugeben. Die innere Dynamik der philosophischen Reflexion führt W. tatsächlich über die Absolutheit des Subjekts zum schlechthin Unbedingten der Metaphysik. Aber es fehlt ihm die zur weiteren Bewältigung der Aufgabe nötige Begrifflichkeit. Sein in den anderen Paragraphen entwickeltes System hat sie sozusagen schon aufgebraucht. Insbesondere gilt das vom Seinsbegriff. Thematisch bedeutet das Seiende bei W. immer das dem Subjekt gegenüberstehende Objekt, die Welt in ihrem Ansichsein. Das Subjekt kann in seiner geltungstiftenden Absolutheit nicht auf das Sein zurückgeführt werden. Zwar kommt auch dem Subjekt Sein zu, aber nur in seiner Faktizität. W. schließt dann vom Dasein des anfangenden Subjekts auf das Dasein des transzendenten Grundes, wodurch auch diesem Sein, aber nicht in der ersten Intention des welthaften Seins, zugesprochen wird. Der transzendente Grund ist außerdem höchstes Subjekt. Beides, sein Sein und sein Subjektsein, hat er als subsistenter Grund, aber es soll von ihm nicht subsistierendes Sein gesagt werden können, denn das Sein erschöpft sich nach W. im Begründen des Seienden (und jedes Seienden) in seiner Seiendheit.

Aus der inneren Notwendigkeit des philosophischen Reflexionsganges wird W. dazu geführt, den Begriff des Seienden nicht nur auf das Ansich der Welt, sondern auch auf das Ansich des faktischen Subjekts, schließlich

aber auch auf das Ansich des transzendenten Grundes anzuwenden. W. sieht auch deutlich, daß dem transzendenten Grund ein Fürsichselbstsein „vorgängig" zu seinem Begründen zukommen muß. Aber er vermag die Modalität dieses Seins nicht zu bestimmen; der Ausdruck „subsistierendes Sein" ist für ihn widersinnig, weil *Sein* für ihn nur Seiendheit, nur die
b] Einheit eines Prinzipiengefüges ist. Sein Seinsbegriff ist essentialistisch. Die Alternative dazu ist nicht eine ebenso einseitige „Existenz"-Philosophie. Die Dualität von Essenz und Existenz läßt sich nur durch Rückgriff auf eine höhere Dimension überwinden. Diese (letzte) Dimension eröffnet sich durch die Priorität des reinen Seinsaktes vor und über jeder Essenz und jeder essenzbezogenen Existenz.

Was mit dem *Seinsakt* gemeint ist, läßt sich im Anschluß an W. s Terminologie am besten von der Setzung her erläutern. Das Sein des vom Subjekt Gesetzten ist nicht identisch mit dessen Setzen; es erschöpft sich auch nicht im Gesetztsein durch das Subjekt, sondern kommt dem Seienden an sich zu. Gerade deshalb ist das Sein nicht nur die Seiendheit des Seienden, sein Was und Wie es ist, sondern vielmehr dieses, daß sein Gesetztsein durch das Subjekt nur ein Nachvollzug dessen ist, was es selbst an ihm selbst aktuell vollzieht. Es ist setzbar, weil es primär an sich und in sich selbst schon gesetzt ist. Darin hat es seinen Seinsakt, sein Sein. Das aber, was und wie etwas ist, sind nur die Weisen solchen An-sich-Gesetztseins. Alles nun, worin die Weise des An-sich-Gesetztseins mit diesem selbst in Differenz steht, gleichviel ob es sich um ein welthaftes Objekt oder um ein welthabendes Subjekt handelt, verweist durch sein An-sich-selbst-Gesetztsein auf die ursprüngliche und absolute Selbstsetzung, in der jene Differenz aufgehoben ist. Wenn das Sein der Seienden so als Seinsakt verstanden wird, muß der transzendente Grund unabhängig von seinem Begründen auch subsistentes Sein genannt werden. Als absolute Selbstsetzung (actus purus) ist das subsistente Sein auch sich selbst vollziehendes Bei-sich-Sein und daher schlechthin absolutes Subjekt. Die Absolutheit des faktischen Subjekts aber ist nichts anderes als die im Setzungsmoment des Urteils sich kundtuende Offenheit auf den unendlichen Horizont des (im Nachvollzug und an ihm selbst) Setzbaren (Seienden) und die damit gegebene Ausrichtung des Denkens auf die absolute Selbstsetzung des schlechthin absoluten Subjekts (den actus purus des Seins). An dieser Ausrichtung hat das Subjekt in sich selbst den letzten Maßstab für die Gültigkeit seiner intentionalen Setzungen. – Dem Ref. will scheinen, daß das Philosophieren W. s von sich aus unterwegs ist zu einer so verstandenen Seinsphilosophie.

Nachbemerkungen

Diese ausführliche Besprechung zu Hans Wagner erschien in der „Scholastik" 35 (1960) 562–66.

a] Eine 2. unveränderte Auflage erschien 1967.

b] In seinem Beitrag „Ist Metaphysik des Transzendenten möglich? (Zu W. Cramers Philosophie des Absoluten)“ in der Festschrift für Wolfgang Cramer „Subjektivität und Metaphysik“ (Frankfurt 1966, Klostermann) S. 290–326 kommt Hans Wagner über die genannte Schwierigkeit nicht hinaus. Erst vom intensiven Sein (Seinsakt) und der tätigen Einheit von Sein und Denken her ist ein Übersteig der Subjekt-Objekt-Spannung möglich und das Was- und Gegenstandsein als abkünftig erkennbar.

II. PHILOSOPHIE UND CHRISTENTUM

CHRISTENTUM UND PHILOSOPHIE

Das Christentum ist keine Philosophie; es ist eine Heilslehre, eine Erlösungsreligion. Christus ist als Retter der Welt, als Heiland der Seelen gekommen, um uns durch den Kreuzestod zu erlösen. Wenn wir das bedenken, überrascht es uns vielleicht, wenn wir auf den Blättern seiner Leidensgeschichte lesen, wie er Pilatus auf seine Frage antwortete: „Mein Reich ist nicht von dieser Welt. Dazu bin ich geboren und in die Welt gekommen, um von der Wahrheit Zeugnis abzulegen" (Jo 18, 37). Schon früher hatte er seinen Jüngern gegenüber betont: „Wenn ihr in meiner Lehre verharrt..., werdet ihr die Wahrheit erkennen und die Wahrheit wird euch frei machen" (Jo 8, 31–2). Christus hat uns die Wahrheit gebracht. Mehr noch: Er ist die Wahrheit. „Ich bin der Weg, die Wahrheit und das Leben" (Jo 14, 6). Christus ist die persönliche und zugleich die absolute Wahrheit. „In ihm sind alle Schätze der Weisheit und Wissenschaft verborgen" (Kol 2, 3). Das Christentum ist demnach eine Religion der Wahrheit, der von Gott gesandten, uns in Christus geoffenbarten und geschenkten Wahrheit. Durch die Wahrheit sind wir befreit und erlöst.

Wie verhält sich das Christentum zur Philosophie? Der Inhalt des Christentums ist Christus selbst, der menschgewordene Logos, die menschgewordene, persönliche und absolute Vernunft. Kann nun diese persönliche und absolute Vernunft den Bemühungen und dem Suchen unserer menschlichen Vernunft gegenüber gleichgültig sein? Nein, das kann sie nicht. Der Logos ist ja das Licht der Menschen (Jo 1, 4), das wahre Licht, das jeden Menschen erleuchtet (Jo 1, 9). Von ihm geht alle gerade und gesunde Vernunft aus und zu ihm kehrt alles gerade und gesunde Denken zurück. Christus hat den ganzen Menschen erlöst, auch seine Vernunft; er hat sie befreit vom Irrtum und geöffnet für die Wahrheit. „Gott ist Licht und Finsternis ist nicht in ihm" (1 Jo 1, 5). Christus aber ist „das Licht der Welt" (Jo 8, 12). Dieses Licht hat den menschlichen Geist nicht verdunkelt, hat ihn nicht ausgelöscht, sondern erleuchtet, belebt und zu eigener, erhöhter Tätigkeit aufgerufen.

Das zeigt sich auch in der Geschichte des Christentums. Gewiß, es kam nicht als philosophische Schule, es wandte sich nicht in erster Linie an die Philosophen, sondern es kam als Heilslehre für alle Menschen, es kam als geoffenbarte, zu glaubende Wahrheit. Aber diese geglaubte Wahrheit schlug Wurzel im menschlichen Geist und weckte dort neues Leben. Zeuge dafür sind die Gestalten eines Augustinus, eines Thomas von Aquin, um von vielen nur die größten zu nennen. Sie bieten uns das großartige Schauspiel, die Welt des Glaubens zu denken; sie haben sich mit der Philosophie ihrer Zeit und Vorzeit auseinandergesetzt und versucht, sie in das System des Glaubens einzubauen. Es ist wahr: es hat auch Konflikte zwischen Christentum und Philosophie gegeben. Die Möglichkeit solcher Konflikte liegt in der Natur der Sache, wo es sich um eine Begegnung zwischen der absoluten Wahrheit mit dem mühsamen, dem Irrtum ausgesetzten Streben und Ringen um Wahrheit handelt. Die Größe dieser Konflikte aber wurde vermehrt durch menschliche Schwachheit und menschliche Schuld. Die Kirche Christi ist die Säule und Grundfeste der Wahrheit (1 Tim 3, 15). Sie muß die Lehren, die der in Christus geoffenbarten Wahrheit widersprechen, verwerfen. Denn sie ist die Hüterin des Erbes, das sie von Christus überkommen hat. Niemals verbietet die Kirche das Denken und Forschen. Angenommen, es stelle jemand den Satz auf, die Welt lasse sich verstehen und begreifen auch ohne Gott. Der christliche Glaube ist mit der Zustimmung zu diesem Satz unvereinbar. Nicht aber hindert der christliche Glaube die dazu berufen sind, daran, diesen Satz durchzudenken. Im Gegenteil: er fordert sie dazu auf, den ernsten Versuch zu machen, solche Sätze zu denken, aber gründlich zu denken, alle Schlußfolgerungen daraus zu ziehen. Denn gerade dann wird es sich herausstellen daß ein solcher Satz nicht zu Ende gedacht werden kann, sondern eine Unmöglichkeit ist.

Um den Glauben vor dem Wissen zu schützen, haben manche Denker und mit ihnen viele Christen im außerkatholischen Raum eine unüberbrückbare Scheidewand zwischen Glauben und Wissen aufgerichtet. Katholisch ist das nicht. Nach katholischer Auffassung stehen Glaube und Wissen miteinander in einer harmonischen Verbindung. Drei Bereiche von Wahrheiten können wir unterscheiden. Es gibt da einen Bereich der profanen Wahrheiten, die nur selten und zufällig in Berührung kommen mit dem Glauben, und es gibt einen Bereich des Glaubens, den das Wissen von sich aus niemals erreicht. Hierher gehören die eigentlichen Glaubensgeheimnisse wie Dreifaltigkeit und Menschwerdung Gottes. Dazwischen aber gibt es einen gemeinsamen Bereich. Hierher gehören z. B. das Dasein Gottes, die Unsterblichkeit der Seele, die Freiheit des Willens. Diese Wahrheiten sind auch dem natürlichen Wissen und Forschen zugänglich, wenngleich nicht ohne Schwierigkeiten. Um aber der menschlichen Schwäche zu Hilfe zu kommen, hat Gott durch seine Offenbarung diese Wahrheiten von sich aus bestätigt. Hier treffen sich also Wissen und Glauben. Aber der Glaube kann dem Denken die Arbeit nicht abnehmen, und das Wissen die religiöse Haltung zu Gott nicht ersetzen. Wissen und Glaube sind nicht dasselbe, aber sie reichen sich die Hand. Soviel zu der Frage: Christentum und Philosophie.

Wie aber stellt sich nun die Philosophie von sich aus zur Religion, und insbesondere zur christlichen Religion, die eine Offenbarungsreligion ist? Um diese Frage zu erörtern, müssen wir zuerst das Wesen der Philosophie kurz umschreiben.

Das erste, was uns an der Philosophie auffällt, ist der Umstand, daß sie nicht wie andere Wissenschaften einen besonderen, abgegrenzten Gegenstandsbereich besitzt. Die Physik beschäftigt sich mit den Zustandsänderungen der Körper, die Biologie mit dem lebendigen Sein, die Mathematik mit den Zahlen und Zahlbeziehungen, und so fort. Die Philosophie aber beschäftigt sich mit alledem. Man spricht von Naturphilosophie, von einer Philosophie des Organischen, von Philosophie der Mathematik. In der Philosophie finden sich Disziplinen wie die allgemeine Seinslehre, die allgemeine Erkenntnistheorie, die je auf ihre Weise allumfassend sind. Die gesamte Wirklichkeit, die materielle und geistige, die Wirklichkeit, wie sie vom Menschen in der Natur vorgefunden und durch die Kultur verändert und gestaltet wird, und darüber hinaus noch die notwendigen Strukturen und Beziehungen des bloß Möglichen: all das ist Gegenstand der philosophischen Bemühung. Welches Ziel hat diese Bemühung? Ist die Philosophie eine bloße Wiederholung der Einzelwissenschaften? Das wäre wenig sinnvoll und würde die Philosophie gerade jener Vorteile berauben, die die Spezialisierung der Einzelwissenschaften mit sich bringt. Die Einzelwissenschaften ordnen die Erscheinungen ihres Gebietes in ihren nächsten Zusammenhang ein; sie suchen sie aus den vorangehenden Erscheinungen nach Gesetzen zu erklären, oder aus den nächstgrößeren Sinnzusammenhängen zu verstehen. Aber was die Dinge eigentlich sind, erfahren wir auf diese Weise nicht. Das zu fragen, ist die Aufgabe der Philosophie. Indem die Philosophie diese Frage stellt, zeigt es sich, daß die Dinge ihrem innersten Sein nach nicht so isoliert sind, wie es scheint; daß man also die Frage nach dem eigentlichen Wesen der Dinge nicht stellen kann, ohne damit auch die alte Faustfrage aufzuwerfen, was es denn sei, „was die Welt im Innersten zusammenhält". Es ist also nicht Zufall oder Willkür, wenn die Philosophie auf keinen besonderen Gegenstandsbereich eingeschränkt ist, wenn sie auch dort, wo sie sich einem Teilbereich zuwendet, immer den letzten und allumfassenden Horizont im Auge behalten muß.

Wenn so der Gegenstand der Philosophie allumfassend und ihre Frage radikal bis zum Letzten gehend ist, welches ist das Erkenntnismittel, mit dem sie diese Aufgabe angreift? Es ist nicht eine höhere Offenbarung, die ihr die Antwort darauf gibt, nicht die Lehre irgend einer Autorität, die sie einfach annimmt, sondern die Selbsttätigkeit der Vernunft, die diese Fragen ihrem Wesen nach notwendig stellt und sie aus ihrem Eigenen heraus zu beantworten sucht.

Es ist nun klar, daß diese drei Bestimmungsstücke der Philosophie ihrerseits der philosophischen Diskussion unterliegen, daß sie von den verschiedenen philosophischen Systemen her verschieden gedeutet werden. Aber darüber dürfte Einmütigkeit herrschen, daß die Philosophie als Naturstreben des menschlichen Geistes sich in dem eben ausgesteckten Raume bewegt. Von hier aus verstehen wir nun, daß die Philosophie eine besondere Nähe zur Religion und zu Gott, dem Zielpunkt des religiösen Verhaltens haben muß. Der Gegenstand der Philosophie ist allumfassend. Er muß also auch Gott und das Gottesproblem sowie das religiöse Verhalten des Menschen zu Gott in sich fassen. Mehr noch. Die Philosophie fragt nach dem Letzten, sie sucht jene Antwort, die so genügt, daß über sie hinaus nicht weiter gefragt werden kann. Wenn es aber überhaupt ein solches Letztes gibt, dann ist es Gott. Das philosophische Fragen steht also von sich aus, auch wenn es sich um andere, entlegenere Probleme handelt, immer schon mitten drin in der Richtung auf die Gottesfrage. Das philosophische Denken stellt den Menschen, wenn es bis zum Letzten vorgetrieben wird, vor Gott.

Aber ergibt sich nicht trotzdem, vom dritten Bestimmungsstück her, ein Widerstreit zwischen Philosophie und Religion? Ist Religion nicht Sache des Gefühls, Philosophie aber Sache der reinen und bloßen Vernunft? Ist Religion nicht Sache der göttlichen Offenbarung, Philosophie aber Sache einer sich auf sich selbst stellenden und sich in sich verschließenden Vernunft?

Religion ist nach katholischer Auffassung nicht bloß Sache des subjektiven Gefühls, sondern Sache des ganzen, des fühlenden, wollenden und denkenden Menschen, wobei dem Denken die Führung zukommt. Ich glaube, daß sich diese Auffassung auch philosophisch rechtfertigen läßt. Ferner ist Religion nach katholischer Auffassung nicht ausschließlich Sache des sich offenbarenden und in uns wirkenden Gottes. Die göttliche Offenbarung wendet sich an den Menschen, den ganzen Menschen, aber durch das Organ der menschlichen Vernunft und verlangt, von ihr aufgenommen zu werden.

Es kann nun nicht geleugnet werden, daß die Vernunft sich in sich selber verschließen und die göttliche Offenbarung abweisen kann. Aber tut sie das notwendig als Vernunft? Sache der philosophierenden Vernunft ist es auch, sich über sich selbst, über das Wesen der Vernunft überhaupt und der menschlichen Vernunft klar zu werden. Ist die menschliche Vernunft als menschliche schon die absolute Vernunft oder hat sie bloß Teil an ihr? Wenn sie aber bloß Teil an ihr hat – wie immer man diese Teilhabe verstehen will – so muß sie doch, gerade weil sie Vernunft ist, den Äußerungen einer höheren Vernunft, sobald sie als solche erkannt ist, offenstehen. – Die Philosophie ist also von Haus aus religiös und muß sich auch einer Offenbarungsreligion, wie der christlichen, nicht notwendig verschließen.

Die Harmonie zwischen Glauben und Wissen, zwischen Philosophie und Religion, was mehr ist als ein bloßes Sich-nicht-Berühren fremder Gebiete, ist demnach nicht bloß grundsätzlich möglich, sie ist auch überaus wünschenswert und fruchtbar für die Philosophie und Theologie (als denkende Durchdringung der Offenbarungsreligion); geradezu notwendig aber ist sie für den Wiederaufbau des gesamten geistigen und materiellen Lebens. Die alle Fundamente des wirtschaftlichen und sozialen Lebens erschütternde Krise der Gegenwart ist zuerst und zutiefst eine Folge unserer Abirrung von den letzten Zielen und Horizonten des menschlichen Daseins. Die rechte Ordnung der Dinge und des Menschen wieder zu sehen und herzustellen und so die Krise von ihren Wurzeln her zu überwinden, dazu mögen sich alle Kräfte des Denkens und des Glaubens vereinigen, uns zum Heile und Gott zur Ehre.

Nachbemerkungen

Dieser Text wurde zuerst auf der liturgischen Abendfeier gesprochen, die anläßlich des 1. Deutschen Philosophenkongresses in Garmisch-Partenkirchen am 7. September 1947 in der Pfarrkirche von Partenkirchen stattfand. Er wurde dann von Paul E. H. Lüth in die von ihm herausgebene Festschrift „Alfred Döblin zum 70. Geburstst ag“ (Wiesbaden 1948, Limes Verlag) aufgenommen (S. 114–118). – Die letzten Sätze beziehen sich auf den damaligen Neubeginn auf allen Gebieten. Was für die Bewältigung einer Katastrophe nützlich war, bleibt auch hilfreich für die Vermeidung eines neuen Zusammenbruchs. – Am 31. 5. 1954 wurde der Text für Radio Vatikan auf Band gesprochen.

METAPHYSIK UND CHRISTLICHER GLAUBE

Daß Metaphysik und christliche Theologie etwas miteinander zu tun haben, war lange unbestrittene Überzeugung aller Theologen. Sie ist es heute nicht mehr. Nicht wenige Theologen sind der Auffassung, daß die Theologie auch ohne Metaphysik auskommen könne. Vielleicht wird das nicht so ausdrücklich gesagt, aber es ist die unausgesprochene Meinung. Wie wäre es sonst möglich, daß der Philosophie, insbesondere der von einer Metaphysik getragenen Philosophie, in der Ausbildung der Theologen kaum noch Raum gegeben wird?

Unsere Frage betrifft aber nicht die Beziehung von Metaphysik und christlicher Theologie, sondern von Metaphysik und christlichem Glauben. In der christlichen Theologie geht es um die wissenschaftliche Beschäftigung mit dem christlichen Glauben, darum, den Glaubensinhalt, soweit das möglich ist, auch zu denken. Daß es dazu nötig ist, sich der Metaphysik zu bedienen, läßt sich verständlich machen. Aber was soll die Metaphysik mit dem christlichen Glauben, dem vorwissenschaftlch gelebten christlichen Glauben zu tun haben? Muß etwa jeder zuerst ein Metaphysiker sein, um christlich glauben zu können? Das wird man nicht leicht zu behaupten wagen. Was soll also das Thema?

Zuerst eine Vorbemerkung darüber, was hier mit Metaphysik gemeint ist. Man könnte nämlich sofort fragen, welche historische Gestalt der Metaphysik gemeint sei, ob insbesondere die offiziell von den Päpsten empfohlene thomistische Metaphysik oder sonst eine andere. Soviel sich nun auch zugunsten einer besonderen, historisch vorliegenden Form der Metaphysik im Gegensatz zu anderen sagen ließe, unsere Frage ist grundlegender, und Metaphysik wird in bezug auf diese Frage auch grundlegender als metaphysiche Einstellung genommen, als eine Dynamik des Geistes, die sich das Fragen in keiner ihm möglichen Dimension, auch nicht als Reflexion auf Fragen überhaupt verbieten läßt. Die radikale Frage ist selbst Metaphysik, der Grund, aus dem alle Metaphysik entsprossen ist. Natürlich wird Metaphysik in diesem Sinn auch den historischen Formen der Metaphysik und ihren Antworten begegnen, sie prüfen, sich das eine assimilieren, das andere verwerfen; aber das ist sekundär und kann hier außer Betracht bleiben.

Was also hat Metaphysik in dem so bestimmten Sinn mit dem christlichen Glauben zu tun? Noch einmal möchte es scheinen: gar nichts. Denn im christlichen Glauben geht es nicht um Fragen und Wissen, sondern um die Ganzhingabe des Menschen an Gott. Wir glauben nicht in erster Linie an Sätze, sondern an Gott, an den sich in Christus uns offenbarenden Gott. Im Glauben geht es um das Heil und die Versöhnung mit Gott. Aber hat das gar nichts mit Wahrheit und Erkenntnis zu tun? Als Jesus dem von ihm geheilten Blindgeborenen wieder begegnete, fragte er ihn: „Glaubst du an den Menschensohn?“ Jener antwortete und sprach: „Und wer ist es, Herr, damit ich an ihn glaube?“ Jesus sprach zu ihm: „Du hast ihn gesehen. Der mit dir redet, der ist es.“ Da sprach er: „Ich glaube, Herr.“ Und er fiel vor ihm nieder (Joh 9, 35–38). Zwischen der durch die Frage ausgesprochenen Aufforderung zum Glauben und dem Glauben selbst steht eine Frage und eine Antwort, steht eine Erkenntnis. Wir müssen wissen, wem wir glauben. Auch Paulus bekennt: „Ich weiß, wem ich geglaubt habe.“ Oder dürfen wir einem beliebigen Scharlatan Glauben schenken? Daß der Glaube an Gott und an Christus auch etwas mit dem Glauben an Aussagen zu tun hat, geht aus dem Tadel hervor, den der Auferstandene an die Emmaus-Jünger richtete: „O ihr Unverständigen, wie träge ist euer Herz, an all das zu glauben, was die Propheten gesprochen haben!“ (Lk 24, 25).

Aber haben die heutigen Christen einen Glauben, der sich an der Wahrheit orientieren will? Nehmen wir die Christen, die Katholiken, die eine Glaubenserfahrung haben, eine Erfahrung, die sie im Rahmen des Überkommenen christlich interpretieren und christlich bekennen. Wie weit wird der Kreis solcher Menschen reichen? Werden es nicht nur kleine, eng begrenzte Zirkel sein? In früheren Zeiten war der Rahmen des geschichtlich Überkommenen fest gefügt. Heute sind die Grenzen fließend geworden. Der Anteil dessen, was an kirchlichem Lehrbestand Allgemeingut der Katholiken geworden ist, ist gering, die Auffassung von ihm verschwommen. Das spezifisch katholische und christliche Bekenntnis wird meist nur noch als historisch begründet übernommen, die religiöse Erfahrung zum Teil schon in den Formen anderer östlicher Religionen interpretiert, das Bekenntnis schon total relativiert. Aus der Tatsache, daß nicht nur die Christen einen Zugang zum Heil haben, wird – unter Mißachtung dessen, daß niemand außer durch Christus zum Heil kommen kann, ob er ihn nun kennt oder nicht – irrtümlich gefolgert, das Christentum sei nur eine von den vielen Formen, in denen den Weg zu Gott seinen Ausdruck findet.

Und wie kommt es zu diesen Auflösungserscheinungen, die viel weiter greifen, als die christlichen Führer es wahrnehmen können, da sie sich unter Beibehaltung der herkömmlichen Formen des Kultus vollziehen? Die Ursache davon ist der Mangel an Willen zur Wahrheit. Am meisten ist es der Fall bei denen, die am überlieferten Glauben ohne existentiell erfahrenen Glauben festhalten, weil es eben in der Familie, in der Sippe und in der Gesellschaft, in der sie verkehren, noch so der Brauch ist. Aber auch bei denen, die ihren Glauben existentiell leben, wird der kirchlich formulierte Glaube weniger als Ausdruck der Wahrheit aufgefaßt, einer Wahrheit, die überall anerkannt werden muß, auch wo sie mit Irrtum vermischt in der Umwelt begegnet, sondern als Gruppen- und Identitätssicherung, die sie in eine scharfe Abwehrstellung gegen eine andersdenkende Umwelt bringt. Die Kirche wird für sie zu einer Sekte, die weit entfernt ist von ihrem Auftrag, hineinzuwirken in die Welt. Der Glaube wird für sie zu einer Ideologie, die von niemandem und von nichts in Frage gestellt werden darf. Sie sind katholisch, weil sie katholisch sind. Zu fragen, warum sie es sind, wäre für sie eine Sünde gegen den Glauben.

Ob nun der kirchlich formulierte Glaube als sture Ideologie aufgefaßt wird, die der Angst und dem Drang zur Selbstbehauprung entspringt, oder als eine bloß historisch bedingte, im Grund beliebige Auslegung subjektiver Erfahrungen, beides hat zur gemeinsamen Voraussetzung, daß der christliche Glaube weder als existentielle Erfahrung noch als formulierte Aussage etwas mit dem radikalen Willen zur Wahrheit und damit auch nichts mit der Metaphysik zu tun hat. Ein Bekenntnis des Glaubens aber, aus dem nicht die Überzeugung absoluter Wahrheit – ohne alle ideologische Einengung – spricht, ist unglaubwürdig, steril und kraftlos. Sobald hingegen der Glaube als Anspruch der Wahrheit auftritt, muß er sich befragen lassen. Das „ich glaube, weil ich glaube" genügt dann nicht. Der Glaube muß dann Rechenschaft geben von sich. Wem? Jedem, der fragt, dem radikalen Willen zur Wahrheit.

Im Anspruch wahr zu sein, nicht nur im existentiellen Sinn, sondern auch in dem, was geglaubt wird, liegt unvermeidbar auch der Anspruch, vor jeder anderen, sonst schon bekannten Wahrheit bestehen zu können. Dies bedeutet nicht nur, daß keine Wahrheit, in dem Maß sie wahr ist, keiner anderen Wahrheit widersprechen kann, sondern auch, daß alle Wahrheit als Wahrheit mit jeder Wahrheit eine Verbindung und Einheit hat. Die frühere Apologetik suchte diese Verbindung in der Einheit eines Weltbilds. Als sich dies als unmöglich herausstellte, versuchten die Apologeten, alle erdenkbaren Einwände gegen die Glaubensinhalte dadurch zu immunisieren, daß sie sagten, die Wissenschaften, insbesondere die Naturwissenschaften, befaßten sich mit einer Wirklichkeit, die mit dem, wovon der Glaube spreche, keine Berührungspunkte habe, so daß grundsätzlich niemals ein Widerspruch von Glauben und Wissen auftreten könne. Damit schienen alle Schwierigkeiten beseitigt. Damit war aber auch aller Wirklichkeitscharakter dessen, wovon der Glaube spricht – er spricht ja nicht nur von Gott – zum größten Teil beseitigt, der Glaube zum subjektiven Erleben, seine Inhalte zu mythologischen Objektivationen des Subjekts verflüchtigt, der Anspruch auf Wahrheit aufgegeben. Wie aber kann ein Glaube, der diesen Anspruch aufgegeben hat, noch praktisch wirskam werden, es sei denn in den Fehlformen einer Ideologie?

Ein Glaube, der das Wort in Dokumenten ausgesprochen findet, die aus einer Zeit stammen, die ein anderes Weltbild hatte als wir, in Dokumenten, die sich der Mensch jener Zeit nur in den Formen seines Weltbilds verständlich machen konnte, ein solcher Glaube muß heute selbstverständlich unterscheiden zwischen den weltbildlich bestimmten Formen der Glaubensaussagen und dem darin Ausgesagten. Aber die den Glauben bezeugende Kirche muß dem Glaubenden, der sie befragt, das Ausgesagte trotz der

Loslösung von der weltbildlich bestimmten Form der Aussage als wirklich glaubhaft vorstellen können. Daß das nicht durch Übersetzung in unser wissenschaftliches Weltbild geschehen kann, darüber dürfte Einverständnis bestehen. Die in den Glaubensaussagen eigentümlich angezielte Wirklichkeit ist nicht Objekt der Wissenschaften.

Der den Glauben Lehrende und der den Glauben Befragende stehen vor der Differenz zwischen der den Erfahrungswissenschaften zugänglichen Wirklichkeit und der Wirklichkeit überhaupt, die nicht miteinander zur Deckung kommen. Sie stehen vor der Frage, ob diese Differenz nur ein Postulat des Glaubens ist oder ob sie vorgängig zur Glaubensverkündigung besteht. Ist sie nur ein Postulat des Glaubens, dann ist die Welt des Glaubens nur ein erträumtes Wolkenkuckucksheim und die Gotteserfahrung ohne jede metaphysiche Dimension, dann allerdings auch ohne jede objektive Bedeutung, eine bloße Fluoreszenz unseres Bewußtseins. Besteht sie hingegen erweisbar unabhängig von jeder historischen Form des Glaubens, dann gibt es von vornherein in jedem Menschen, ob gläubig oder ungläubig, einen möglichen Raum echten Glaubens.

Um sich von der Rechtmäßigkeit der besprochenen Differenz zu überzeugen, bedarf es in der Tat nicht des Glaubens; es genügt dazu der Wille zur radikalen Frage. Einem solchen Fragen zeigt sich unter anderem, daß das wissenschaftlich Erfaßbare immer durch seine Korrelativität zum erfassenden (beobachtenden, messenden) Menschen bestimmt ist. Das bedeutet, daß der wissenschaftlich forschende Mensch selbst ein Stück dieser Welt ist, die er erforscht; daß diese Welt, die sich dem forschenden Menschen darbietet, für ihn gar nicht anders sein kann, als sie ist, solange der forschende Mensch ein Stück dieser Welt ist; daß der Mensch als Bestandstück dieser Welt sich von einer anderen Welt, die nicht grundlegend die seine ist, nicht einmal eine Vorstellung machen kann, sich auf sie – wenn er Grund hat, eine andere anzunehmen – nur in Bildern aus dieser seiner gegenwärtigen Welt beziehen kann.

Indem aber der Mensch in seinem radikalen Wahrheitswillen, in seiner auf sich selbst reflektierenden Vernunft die genannte Korrelativität von Mensch und Erfahrungswelt nach ihrem Wirklichsein und dessen Unbedingtheit befragt, übersteigt er diese Korrelativität („Meta-physik") und erweist sich so durch seine Vernunft als ein Wesen, das eine Dimension hat, kraft deren er sich nicht mehr als ein bloßes Bestandstück in diese Welt integrieren läßt. Damit eröffnet sich die grundsätzliche Möglichkeit, daß der in der Vernunft sich zeigende personale Kern des Menschen auch in anderen Daseinsformen existieren kann, durch die sich ihm dann auch andere Grundformen einer Welt eröffnen, die ihm in der gegenwärtigen Daseinsform verschlossen sind.

Die Differenz zwischen dieser oder jener Art von besonderer, also relativer Wirklichkeit und Wirklichkeit überhaupt, die nicht mehr relativ bestimmt werden kann, zeigt sich demnach nicht erst angesichts eines Glaubens, sondern liegt in der Folgerichtigkeit des radikalen Fragens selbst. Jede Behauptung, daß unsere Subjektivität und die uns umgebende

Erfahrungswirklichkeit, die den Wissenschaften offensteht, die einzige Form der Wirklichkeit seien, daß andere Wirklichkeitsweisen, von denen etwa der christliche Glaube spricht, unmöglich und bloße Hirngespinste seien, jede solche Behauptung erweist sich demnach, da sie die genannte Differenz grundlos verneint, als in sich inkonsistent. Eine solche Behauptung ist nur möglich als Verneinung des Willens zur Wahrheit, als Unterdrückung der radikalen Frage überhaupt.

Hat also Methaphysik in dem umschriebenen Sinn etwas mit dem christlichen Glauben zu tun? Sehr wohl. Sie allein ermöglicht einen Glauben, der etwas anderes als eine fanatische Ideologie ist. Sie allein ermöglicht es in einem von der Wissenschaft geprägten Zeitalter, den Aussagen des Glaubens eine Wirklichkeitsbedeutung zu geben, die diese Inhalte nicht auf bloß innerweltliche Kategorien reduziert, sie nicht gewaltsam in ein wissenschaftliches Weltbild integriert und so denaturiert, sondern dieses Weltbild selbst in gebotener und entsprechender Weise relativiert.

Ist demnach jeder Gläubige ein Metaphysiker? Gewiß, so wie jeder Mensch als Vernunftwesen und der Anlage nach ein Metaphysiker ist, und darüber hinaus als ein Mensch, der die radikale Frage nach der Wahrheit gestellt und die Antwort darauf im Wort Gottes vernommen und angenommen hat. Wenn das aber der Fall ist, dann liegt es auf der Hand, daß der, der von Berufs wegen den Glauben verkündet – und zwar als Wort der Wahrheit, nicht als Fanatiker einer Ideologie –, nicht ungestraft an der Metaphysik vorbeigehen kann, daß er sich mehr als der einfache Gläubige darauf einlassen muß. Ähnliches gilt aber auch für den Gebildeten, und zwar je mehr er sich von Berufs wegen mit den Wissenschaften beschäftigt. Denn wenn er die genannte metaphysiche Differenz nicht erfaßt, verbaut er sich die Möglichkeit, in intellektueller Redlichkeit ein Christ zu sein.

Nachbemerkungen

Der Aufsatz erschien zuerst in den „Stimmen der Zeit“ 194 (1976) 604–608. In portugiesischer Übersetzung erschien er unter dem Titel „A Metafísica e a Fé Christã“ als Beitrag in „Pensamento Parcial e Total“ (1. vol. da Série: Investigações filosóficas de Atualidade) ed. St. Ladusans S. J., São Paulo, Edições Loyola 1977, 145–149.

CHRISTLICHES WELTBILD UND METAPHYSIK

Bevor wir den Beitrag der Metaphysik zu einem Weltbild in seiner besonderen, christlichen Gestalt betrachten, wollen wir kurz den Bezug von Weltbild und Metaphysik im allgemeinen erwägen. Dabei handelt es sich nicht nur um die tatsächlichen Beziehungen beider, sondern mehr noch um die Frage, wie weit sie für einander, in der einen oder anderen Richtung gesehen, maßgebend oder bestimmend sind. Das Verständnis einer solchen

Darlegung setzt voraus, daß die Bedeutung der beiden Beziehungsglieder bekannt ist, was also mit Weltbild, was mit Metaphysik gemeint ist. Was die *Metaphysik* anlangt, so ist mit ihr die Ontologie und das den einzelnen Wirklichkeitsbereichen zugewandte, ontologisch orientierte Denken gemeint, also auch die angewandte Metaphysik, sowie das der Quelle aller Wirklichkeit zugewandte Denken; kurz: jenes Denken, das auf die in jedem Denken und Erkennen und Streben innewohnende Transzendenz reflektiert, die letztlich auf das Unbedingte verweist. Um Mißverständnissen zuvorzukommen, muß allerdings hinzugefügt werden, daß Metaphysik hier nicht primär als Wesenswissenschaft, sondern als denkendes Bemühen um das Sein selbst verstanden wird, das dort, wo es unendlich und absolut ist, allem Kontingenten gegenüber absoluter Akt der Freiheit ist, der die Welt wirklich macht, ohne ein Bestandstück von ihr zu werden. Soviel zum Verständnis des Wortes „Metaphysik".

Wesentlich schwieriger ist die Angabe des anderen Bezugspunktes „*Weltbild*". *Josef de Vries*[1] schränkt im Artikel „Weltanschauung" des von mir herausgegebenen „Philosophischen Wörterbuchs" die Bedeutung von „Weltbild" gegenüber der „Weltanschauung", die auch den Sinn- und Werthorizont einbeziehe, auf die Zusammenfassung der Ergebnisse der Naturwissenschaften zu einer wissenschaftlichen Gesamtschau ein. So sehr das auch dem häufigsten heutigen Sprachgebrauch entspricht, so kann man dennoch nicht übersehen, daß „Weltbild" in der Diskussion um altes und neues Weltbild auch im Sinn der Weltanschauung gebraucht wird, worauf wir in der nun zu führenden Untersuchung Rücksicht nehmen müssen. Wir werden nicht umhin können, mehrere Bedeutungen von „Weltbild" zu unterscheiden, zumal in den Diskussionen um das Weltbild „von heute" häufig Bezug genommen wird auf „frühere" Weltbilder. Dementsprechend möchte ich zunächst zwischen Weltbild im weiteren und engeren Sinn unterscheiden.[2] Unter Weltbild *im weiteren Sinne* verstehe ich die vorstellungsmäßige Auffassung der Welt, wie sie sich aus der Gesamtheit der Welteindrücke und den Vorstellungen über den Ursprung, den Sinn und das Ziel der Welt ergibt, bezogen auf die Teilnehmer unserer durch die Naturwissenschaften mitbestimmten Kulturwelt; mit Weltbild *im engeren Sinn* meine ich die vorstellungsmäßige, im Grenzfall auch bloß denkend erfaßte Gesamtauffassung der sichtbaren Welt, wie sie sich nach den jeweils letzten Feststellungen der Einzelwissenschaften, insbesondere der Naturwissenschaften ergibt.

Unsere Darlegung bezieht sich weder ausschließlich auf das Weltbild im engeren noch ausschließlich auf das Weltbild im weiteren Sinne, sondern genau auf das Verhältnis beider und stellt die Frage, welche Rolle der Metaphysik in der Verhältnisbestimmung beider zukommt.

[1] Vgl. Art. Weltanschauung, in: *W. Brugger* (Hrsg.), Philosophisches Wörterbuch, Freiburg i. B. [15]1978.

[2] Vgl. dazu *J.* und *W. Grimm*, Deutsches Wörterbuch, Bd. XIV, 1, 1553–1555: Art. Weltbild.

Ein Wort sei noch gesagt über den Anlaß meiner Themawahl. Es ist die Diskussion um den Wechsel des Weltbildes, der durch *Kopernikus* und *Darwin* eingeleitet wurde, und die Klage, daß sich die Theologie bisher nicht um diesen Wandel des Weltbildes gekümmert habe. Diese Klage durchzieht *Hans Küngs* ganzes Buch „Existiert Gott?", in dem er an mindestens 38 zum Teil mehrere Seiten langen Stellen über dieses Thema spricht.[3] Über das Thema „Weltbild und Metaphysik" ist unter diesem Titel schon vor 20 Jahren ein eigenes Buch von *Albert Auer* und *Beda Thum* erschienen[4], dessen Ausführungen ich weitgehend beipflichte. Dennoch ist das Thema noch keineswegs erschöpft, wenigstens im Hinblick auf den Glauben und die Theologie. Es ist natürlich nicht möglich, im Rahmen eines Vortrags die in der Weltbilddiskussion geäußerten Meinungen näher zu behandeln.[5]

I

Wie gesagt, lautet unsere erste Frage, welche Rolle der Metaphysik in der Verhältnisbestimmung des Weltbilds im engeren und weiteren Sinn zukommt. Hat sie überhaupt ein Wort mitzureden? Als totale Reflexion auf die Gesamterfahrung des Menschen kommt ihr das auf jeden Fall zu. Wenn Weltbild im *engeren* Sinn des Wortes die von den Einzelwissenschaften bestimmte Gesamtauffaßung der sichtbaren Welt ist, dann muß natürlich nach dem Ursprung des Ausgriffs auf die Gesamtheit der sichtbaren Welt gefragt werden. Dieser Gesamtausgriff stammt nicht aus irgendeiner der Einzelwissenschaften, die alle ihre speziellen Objektbereiche haben. Das gilt auch von der Astronomie, die durch ihre Methoden der Beobachtung limitiert wird und die umfassende Ganzheit der extraterrestrischen Objekte niemals zur Beobachtung bringen kann, da sie sich dazu, samt ihren Instrumenten, außerhalb dieser Ganzheit stellen müßte, was unmöglich ist. Anderseits gehört der Ausgriff auf die unbedingte Gesamtheit alles Wirklichen zum vorwissenschaftlichen Bewußtsein, aus dem erst die Wissenschaften hervortreten und dem sie immer rückverbunden sind. Dieses Ausgreifen und Vorgreifen, sei es auf die sichtbare Welt, sei es auf die Gesamtheit des Wirklichen überhaupt, gehört in irgendeiner Form zum Wesen des Menschen. Es liegt sowohl dem mythischen Vorstellen wie dem philosophischen Denken und überhaupt aller wissenschaftlichen Betätigung, die bloß die spezielle und methodisch notwendige Eingrenzung jenes vorwissenschaftlichen Ausgreifens ist, zugrunde. Dies zu erwägen

[3] München–Zürich 1978, z. B. S. 19, 29, 45, 57–58, 127, 138–145, 151–152, 215–216, 373–374, 699.

[4] München 1958.

[5] Vgl. dazu *Albert Mitterer,* Wandel des Weltbildes von Thomas bis heute, I: Innsbruck 1935, II: Brixen 1936, III: Wien 1947, und die Literatur am Ende dieser Arbeit. Nützlicher scheint es mir zu sein, das Thema direkt anzugehen.

ist schon eine unverzichtbare Aufgabe der Metaphysik, die als Reflexion der Vernunft auf sich selbst auch die philosophische Erkenntnistheorie, die Wissenschaftstheorie und die Sprachanalyse umfaßt.

Was so schon vom Weltbild im engeren Sinne gilt, das gilt erst recht für das Weltbild im *weiteren* Sinn. Insofern es nämlich den Ursprung, den Sinn und das Ziel der Welt im ganzen genommen einbezieht, ist es sicher nicht mehr das Objekt weder einer Einzelwissenschaft noch ihrer additiven Gesamtheit. So sehr das auch feststeht, so erhebt sich dennoch gerade hier die Frage, ob nicht die durch die Naturwissenschaften herbeigeführte totale Änderung des naiven, auf dem Augenschein beruhenden Weltbildes auch zu einer fundamentalen Änderung der metaphysischen und im Gefolge davon auch theologischen Auffassungen führen müsse. Hat nicht die Kopernikanische Revolution des Weltbildes mit den Himmelsspären, an denen man sich die Sterne befestigt dachte, auch das darüber liegende Empyreum, die Wohnung Gottes, aus unserem Bewußtsein ausgelöscht und die Erde, einstmals das Zentrum des Weltalls zu einem geringen und einsamen Stäubchen darin gemacht? Wenn das Weltall, aus einem unerklärbaren Urknall entstanden, sich endlos weiter ausdehnt oder, nach einer anderen Hypothese, sich nur in einer Phase der Ausdehnung befindet, auf die nach einer Umkehr wieder eine Kontraktion erfolgt und so in endloser Wiederholung; wenn das Leben, wie zwar nicht bewiesen, aber vermutet, an vielen Stellen des Weltalls immer wieder aus der anorganischen Materie entsteht und in den entsprechenden Phasen des Weltalls wieder vergeht: Wenn das die Struktur und die Art der Bewegung des Weltalls ist, wie können da die alten Gottesbeweise noch ihre Geltung bewahren, wie kann es da ein christliches Weltbild geben mit Himmel, Hölle und Reinigungsort? Diese Fragen drängen sich vielen Menschen auf.

Um diese Fragen zu beantworten, ist wohl zu unterscheiden zwischen der Grundfrage der Metaphysik nach dem absoluten und transzendenten Grund der Weltwirklichkeit und den weiter angeschnittenen Fragen nach der Art und dem Umfang der Weltwirklichkeit. Zur *ersten* Frage muß klar und deutlich gesagt werden, daß das veränderte Weltbild der modernen Naturwissenschaften nicht weniger Anlaß und Grund zu jener metaphysischen Grundfrage bietet als das antik-mittelalterliche Weltbild.[6] Es muß weiter gesagt werden, daß sogar die Gedankengänge eines *Platon, Aristoteles, Augustinus* und *Thomas von Aquin* in ihrem eigentlichen Gehalt und in ihrer metaphysischen Geltung durch das in ihnen beiläufig mitgedachte und vorgestellte Weltbild keineswegs entkräftet sind, wie ich in meiner „Summe einer philosophischen Gotteslehre“ mehrfach dargetan habe. Da dies dort wohl begründet wird, übergehe ich diese Frage hier und wende mich der *zweiten* zu.

[6] „Die moderne Naturwissenschaft hat zwar mit vielen Naturauffassungen und Weltbildern früherer Zeiten aufgeräumt, die Grundauffassung der Ordnung aber in ungeahnter und umfassender Weise bestätigt.“ *W. Brugger*, Summe einer philosophischen Gotteslehre, München 1979, 124. 325.

II

Im Hinblick auf den Zusammenbruch des antik-mittelalterlichen Weltbildes, das für Himmel und Hölle bereitwillig einen Ort und ein Szenarium zur Verfügung stellte – das Innere der vulkanisch sich äußernden Erde und die äußerste, alles umfassende Himmelssphäre – ist die Forderung aufgestellt worden, daß in der heutigen Situation nur ein radikales Neudurchdenken des Christentums im Rahmen unserer heutigen Welterfahrung befriedigen könne.[7] Woran ich mich bei dieser Forderung stoße, ist der Ausdruck „im Rahmen unserer heutigen Welterfahrung", *innerhalb* dessen sich das neue Durchdenken des Christentums vollziehen soll. Mit diesem Rahmen ist die naturwissenschaftlich zugängliche Welterfahrung gemeint. Kann sie der unbedingte und letzte Rahmen, ich sage nicht: der Wirklichkeit überhaupt sein – das über das Absolute und Transzendente zu Sagende fällt nicht in ihre Kompetenz – kann sie auch nur der letzte Rahmen der *außergöttlichen* Weltwirklichkeit sein? Auch das muß verneint werden. Denn der Mensch besitzt in seinem Geist, der dem Seienden und dem Wahren und dem Guten als solchen wesenhaft zugewandt ist und dadurch imstande ist, auch sich selbst zu erfassen, eine „Dimension", die alle Kompetenz der Naturwissenschaften, wie überhaupt aller Einzelwissenschaften, auch der Psychologie und Soziologie, überschreitet. Der Mensch ist zwar in vieler Hinsicht auch Objekt der Naturwissenschaften, aber gerade nicht in seiner Eigenständigkeit als Mensch und Geist. Dennoch gehört er zur Welt, wenn diese als eine von Gott verschiedene Wirklichkeit verstanden wird. Weltwirklichkeit in diesem Sinne und natur- oder einzelwissenschaftlich erschließbare Wirklichkeit fallen nicht zusammen.

Von dem Selbstverständnis des Menschen her, der einerseits in seiner – vorsichtshalber gesprochen – diesseitigen Leiblichkeit ein Bestandstück der sichtbaren Welt ist, anderseits diese aber immer schon in seinem Geist überschritten hat, kann daher *sinnvollerweise* gefragt werden, ob es außer seiner geistigen, aber durch seinen Leib an diese sichtbare Welt gebannten Wirklichkeit noch andere, von der sichtbaren Welt verschiedene Existenzweisen und Welten gibt, d. h. der Sinn, die Richtung dieser Frage kann vom Menschen hinreichend verstanden werden. Die Frage nach der Tatsächlichkeit solcher Welten und nach den Möglichkeiten ihrer Vergewisserung muß dabei unterschieden werden von der Frage nach deren positiver Beschaffenheit, da für die Beantwortung der Frage nach der Tatsächlichkeit eine negative Abgrenzung gegenüber den Existenzweisen unserer sichtbaren Welt genügt, so sehr uns auch die weitere Frage nach dem positiven Wie interessiert.

Hat der Mensch auch *Veranlassung*, diese Frage nach der Tatsächlichkeit anderer Existenzweisen und Welten zu stellen? Er hat sie sowohl von der Religion und Offenbarung her als auch von seiner Erfahrung als Mensch. „Man kann die Mitte", schreibt Walter Kasper, „nur im Hinblick auf den

[7] So *N. Max Wildiers*, Weltbild und Theologie, Zürich, Einsiedeln, Köln 1974, S. 340.

Rahmen und die Peripherie definieren; ohne diese Peripherie ist die Mitte selbst ein spannungsloser und ausdehnungsloser Punkt. So ist auch im Glauben nicht nur das Wichtigste wichtig. Das Wichtigste, Gottes eschatologische Heilstat in Jesus Christus, kann in seiner Universalität auf die Dauer nur durchgehalten werden, wenn der universal-kosmologische Horizont beibehalten wird."[8] Die Frage stellt sich aber auch von der allgemein menschlichen Erfahrung her. Wenn der Mensch überhaupt über sich und die Welt nachdenkt, muß er sie sich stellen. Grund dafür ist die unbezweifelbare Tatsache des Todes, des Todes so vieler Menschen, die ich kannte; meines Todes, der unvermeidbar ist; des Todes aller Menschen, die jemals diese Erde bevölkern, ohne Rücksicht auf künftig vermutete oder angenommene Erfolge der medizinischen Wissenschaft, da die Erde nach einer zwar langen, aber astronomisch vorhersehbaren Zeit für alles Leben unbewohnbar werden wird. Der Tod ist das Ende der Existenzweise des Menschen, insofern er durch seinen Leib Teil und Bestandstück dieser sichtbaren Welt ist; er ist aber nicht das Ende der menschlichen Person im Sinne des persönlichen menschlichen Geistes. Das folgt nicht nur aus der unkörperlichen Wesensart des Geistes, sondern mehr noch aus seiner Personalität, die von Gott einmal frei in ihr selbst geschaffen, von ihm definitiv und unbedingt ins Dasein gerufen ist, da eine andere Weise, sie ins Dasein zu rufen, der Person als einem Zweck in sich selbst widerspricht, die daher von Gott nicht als bloßes Mittel zu irgendeinem außer ihr liegenden Zweck geschaffen werden kann, was aber der Fall wäre, wenn ihre Fortdauer von irgendeiner Weltbedingung abhängig gemacht würde. Wir können demnach als philosophisch sicher erwiesen davon ausgehen, daß es außer unserer sichtbaren Welt Personen gibt, die von Gott verschieden sind, die Personen der verstorbenen Menschen. Sie sind, obwohl nicht unserer sichtbaren Welt zugehörig, ein Teil der Weltwirklichkeit, diese als Gesamtheit der Schöpfung verstanden.

Bilden nun jene Personen der Verstorbenen für sich eine Welt oder gegebenenfalls auch mehrere Welten? Das muß ohne Zögern bejaht werden. Die menschliche Person ist wesentlich ein Sozialwesen, keine beziehungslose Monade. Von Welt in einem weiten Sinn kann man immer sprechen, wo eine Vielheit von begrenzten Wesen in einem wechselseitigen, gemeinsamen Rahmenbedingungen unterworfenen Wirk- und Mitteilungszusammenhang steht. Wenn die menschliche Person ein Sozialwesen ist, dann steht sie auch nach dem leiblichen Tode in solchen Wirk- und Mitteilungszusammenhängen, und zwar solchen, die ihrer neuen Existenzweise entsprechen. Diese Existenzweise ist dadurch charakterisiert, daß der Mensch, der durch das Leben in der sichtbaren Welt hindurch gegangen ist, sich im Vollzug seiner Freiheit zu dem gemacht hat, was er sein wollte, und sei es auch nur in jenem Freiheitsraum, der sich manchen Menschen vielleicht bloß im Todesgeschehen selbst eröffnet, das ja, wie neuere Untersuchungen über das Todeserlebnis medizinisch Gestorbener, die zum diesseitigen

[8] *Walter Kasper,* in: Kasper-Lehmann, Teufel Dämonen Besessenheit, Mainz 1978, S. 59.

Leben zurückkehrten,[9] zeigen, nicht punktuell zu denken ist, obwohl es natürlich zu einer Grenze führt, über die kein Rückweg mehr möglich ist. Während die sozialen Gliederungen der Menschen diesen im Diesseits zum größeren Teil und auf vielfältige Weise durch die Geburt und deren Folgen vorgegeben sind und nur zum Teil weiter frei gewählt und gestaltet werden können, liegt es im Gesamtsinn des Menschen, der zur freien Selbstgestaltung seiner Person berufen ist, daß die sozialen Gliederungen des Jenseits grundsätzlich der sittlichen Grundentscheidung des Menschen, die zugleich eine Grundentscheidung für oder gegen Gott ist, entsprechen und die Menschen, die sich definitiv für das Gute oder Böse entschieden haben, von einander endgültig trennen; daß aber die weitere soziale Gliederung und der aktuelle Vollzug des mitmenschlichen Lebens, insbesondere der Guten, deren Freiheit überlassen bleibt, einer Freiheit jedoch, die im Gebrauch ihrer diesseitigen Freiheit ihre Grundlage hat.

Noch ein anderes muß über die jenseitige Existenzweise des Menschen gesagt werden: sie kann nicht völlig leibfrei sein, sondern verlangt eine neue Art der Leiblichkeit, die seiner neuen Weltsituation angepaßt ist, ob diese nun ein Zustand der Läuterung, der endgültigen Offenbarkeit Gottes in der Liebesvereinigung mit ihm, oder der Ausschluß davon ist. Das ist nicht nur eine Forderung des christlichen Glaubens an die Auferstehung, sondern auch eine Forderung der Metaphysik der menschlichen Person und des menschlichen Geistes, wie schon vor Jahrzehnten *Karl Rahner*[10] dargetan hat. Die Seinweise des menschlichen Geistes bekundet sich in seinen Vollzugsweisen. Diese Vollzüge, Denken, Wollen und geistiges Fühlen lassen sich zwar nicht auf bloß körperlich-leibliche Vollzugsweisen zurückführen und erklärend aus ihnen herleiten; sie sind aber immer und unvermeidlich auf eine raum-zeitliche Mannigfaltigkeit zurückbezogen sowohl in der ersten Aufnahme von Inhalten als in deren Weitergestaltung und Reproduktion. Die Scholastiker drückten das aus durch die *conversio ad phantasmata,* die habituelle Zuwendung des Verstandes zur sinnlich vorstellenden Einbildungskraft, *Kant* durch die vom Verstand ergriffene und von ihm durchformte transzendentale Einbildungskraft, die ihrerseits den transzendentalen Formen von Raum und Zeit unterliegt. Aus der notwendig substantiellen Einheit des Menschen und des spezifisch menschlichen Wesensgrundes schloß *Thomas von Aquin* weiter auf die Identität des menschlichen Geistes mit der substantiellen *forma corporis* des Menschen, so daß der menschliche Geist in dem Körpergebilde, das sein Leib ist, nicht nur ein mit ihm verbundenes Werkzeug seiner Betätigung im körperlichen Bereich hat, sondern sein von ihm zu gestaltendes Ausdrucksfeld, durch das er in Kommunikation mit anderen Wesen, insbesondere mit seinen

[9] *Raymond A. Moody,* Leben nach dem Tod, Reinbek bei Hamburg 1977.

[10] *Karl Rahner,* Zur Theologie des Todes (Quaestiones disputatae, 2), Freiburg 1958, besonders S. 19–26. – Im selben Sinne äußerte sich *John. B. Lotz,* Tod als Vollendung. Von der Kunst und Gnade des Sterbens, Frkt. 1976.

Mitmenschen tritt. Diese Kommunikation wird durch den allen Menschen, Tieren, Pflanzen und anorganischen Körpern gemeinsamen Raum-Zeit-Bezug, tiefer liegend aber durch die allem Körpersein unserer Welt zugrunde liegende gemeinsame Weltmaterie ermöglicht.

Was der menschliche Geist so wesensmäßig ist, nämlich Materie- und Welt-bezogen, das bleibt er auch nach der Zerstörung seines von der Einheit der Seele geprägten Leibes, nach seinen Tod. Der menschliche Geist bleibt in seiner Wesenheit Form und so dem metaphysischen Gegenpol der Form zugewandt. Wie ist dieser Gegenpol zu denken? Da die Form als Form die Wesensbestimmtheit eines anderen und zwar letztlich des Anderen der Bestimmtheit überhaupt ist, meint dieser Gegenpol die unbestimmte Bestimmbarkeit überhaupt, die *Aristoteles* als die *Erste Materie* bezeichnet hat. Daraus folgt nicht notwendig, daß der menschliche Geist im Augenblick des Todes wieder einen Leib in den raum-zeitlichen Dimensionen erhalte, die denen unserer sichtbaren Welt vollkommen gleichartig und so identisch wären; denn das wäre keine neue Existenzweise. Der Tod, der zu einer gleichen Existenzweise führte, wäre sinnlos. Eine gleichartige Raum-Zeit-Welt neben der unsrigen würde für den gestorbenen Menschen wieder zu einer mit unserer sichtbaren Welt gemeinsamen Raum-Zeit-Welt führen, was in der Tat mit all dem, was wir über das astronomische Weltall wissen, nicht zu erwarten ist. Zum Reich der Verstorbenen gibt es offenbar keine Raumschiffahrt.

Aus dem Gesagten ergibt sich mit Notwendigkeit, daß der menschliche Geist sich aus der möglichen Mannigfaltigkeit der unbestimmten Bestimmbarkeit ein neues Feld der geistigen und personalen Vollzüge konstituiert, in dem er sich darstellt, mittels dessen er mit anderen Menschen derselben Welt in Beziehung tritt. M. a. W. er konstituiert sich in der Kraft, durch die er von Gott erschaffen und im Dasein erhalten wird, einen neuen, vom Leib unserer sichtbaren Welt unterschiedenen, aber mit ihm in personaler Kontinuität stehenden *Leib*. Dieser Leib kann mit Recht ein „spiritueller" Leib heißen, da er aus dem Geist hervorgeht und nicht in einen schon vorhandener Organismus eingeht, der durch die Körperentwicklung eines anderen Leibes entstanden ist, wie das beim Beginn der individuellen menschlichen Existenz der Fall ist.

Dieser „spirituelle" Leib muß nicht, wie nur angemerkt sein soll, in jedem Fall und schon gar nicht immer von Anfang an mit der sich vollauswirkenden Christus-Herrlichkeit überkleidet sein, von der wir bei der Auferstehung der Seligen sprechen. Ein Anfang solcher spiritueller Verleiblichung wäre schon damit gegeben, daß der menschliche Geist nach dem leiblichen Tode nicht nur des Selbstbewußtseins und des Denkens, sondern auch der Erinnerung und der konkreten Vorstellung der Einbildungskraft fähig wäre. Außerdem muß nach dem oben Gesagten damit gerechnet werden, daß sich diese spirituelle Verleiblichung des menschlichen Geistes in anderen als den drei Raum-Dimensionen und der dazugehörigen Zeit-Dimension unserer sichtbaren Welt vollzieht, da sich sonst wiederum eine Kontiguität und sogar Kontinuität jener Welt zu unserer diesseitigen Welt ergäbe, was den qualitativen Unterschied von Diesseits und Jenseits aufheben würde. Einen mehr als dreidimensionalen Raum können wir zwar denkend und rechnend – z. B. im Fortdenken von Linie, Quadrat und Würfel –, aber nicht mehr anschaulich vollziehen. Das Äußerste, was uns möglich ist, besteht darin, daß wir rechnerisch erfaßte Gebilde einer höheren Dimension auf die dritte Dimension projizieren und so in ihr anschaulich machen, ähnlich wie dies bei der Projektion der dritten in die zweite Dimension möglich ist. Dem menschlichen Geist, der durch den Tod aus der Fesselung des dreidimensionalen Leibes befreit ist, muß demnach die Fähigkeit zuerkannt werden, sich in anderen höheren Dimensionen zu konkretisieren. Das entspricht durchaus seinem Wesen als Materie-bezogener und zugleich Materie-überlegener Geist.

Aus der Verbleiblichung des menschlichen Geistes nach dem Tode folgt notwendigerweise auch die Konstitution einer ihr entsprechenden Welt. Persönliche endliche Wesen, wie es die Verstorbenen sind, können nicht ohne eine Umwelt leben, da sie wesentlich soziale Wesen sind. Sie haben eine, und zwar ihrem Seinsstand eigentümliche Umwelt und, da diese nicht rein subjektiv ist, sondern eine mit anderen Wesen derselben Art gemeinsame Umwelt ist, auch eine Welt, die sowohl von Gott als auch von unserer sichtbaren Welt verschieden ist. Zwischen der Welt, bzw. den Welten der Verstorbenen und unserer sichtbaren Welt gibt es selbstverständlich ontologische Beziehungen. Das folgt aus der Gemeinsamkeit des Schöpfers und der Zielsetzung der Schöpfung wie aus der analogen Gemeinsamkeit des Seins überhaupt. Diese Beziehungen können aber aus den schon angegebenen Gründen weder drei-dimensionale Raum- und Ort – noch gleichartige Zeitbeziehungen sein. Durch Raumfahrt und durch technische Eroberung des astronomischen Weltalls wird man demnach niemals ein Jenseits entdecken können.

III

Zum Weltbild der christlichen Offenbarungsquellen gehören aber nicht nur die ins Jenseits abgewanderten Personen, sondern noch andere von Gott und den Menschen verschiedene Wesen, die man trotz aller verschiedenen Benennungen als *Engel* und *Teufel* zusammenfassen kann. Was hat Metaphysik mit Engeln und Teufeln zu tun? Nun, von sich aus stellt die Metaphysik ihre Fragen im Hinblick auf die Gesamtwirklichkeit und ihre ontologischen Bedingungen der Möglichkeit. Wenn von irgendeiner Wissenschaft besondere Gegenstände behandelt werden, erstreckt sich auf sie auch der Frageimpuls der Metaphysik. Engel und Teufel sind aber u. a. fragliche Gegenstände der Theologie. Die Metaphysik hat darum Ursache nach ihnen zu fragen, zumal nach Feststellung von *Karl Rahner*[11] „eine ... ‚theoretische' Theologie über die Daten der kirchlichen Lehre nicht möglich

[11] Zur Theologie des Todes (Quaestiones disputatae, 2), Freiburg 1958, S. 11.

ist ohne ausdrückliche oder stillschweigende, reflex bewußte oder nicht bewußte Zuhilfenahme außertheologischer, also metaphysischer Methoden, Begriffe, Einsichten, Theoreme." Wir stellen demnach von der Metaphysik her die Frage, ob sich, auch abgesehen vom Wort der Offenbarung etwas über die Möglichkeit, das Dasein, die Weise des Seins und der Wirkweise von Geistwesen, die verschieden sind von Gott und dem menschlichen Geist, aussagen läßt. Die Meinung ist verbreitet, daß dies nicht möglich sei. Das entbindet uns aber nicht von der Verpflichtung, nach der Wahrheit oder Falscheit dieser Meinung zu forschen.

In dem Zusammenhang, in dem wir hier sprechen, verstehe ich unter *Geist* den subjektiven Geist, d. h. ein Subjekt von Tätigkeiten, denen ein von ihnen selbst erkennbarer Grundbezug zum unendlichen Sein und dem absoluten Wert innewohnt. Dem von Gott zu Gott hin geschaffenen Geist kommt daher eine tätige, bewußte oder doch des Bewußsteins fähige Unmittelbarkeit zu Gott zu, was den geschaffenen Geist von allen sonstigen Wesen unterscheidet. Die jedem Geist offene Dimension des unendlichen Wertes begründet in ihm auch die Freiheit des Wertvollzugs gegenüber allen endlichen Werten, darin, bei einem dem Sein nach endlichen Geist eingeschlossen, auch die Fehlbarkeit der Entscheidung, sogar Gott gegenüber, solange dieser ein verborgener Gott ist, und vor der endgültigen, von Gott selbst garantierten Entscheidung für oder gegen Gott Gottes Unendlichkeit noch wie ein Konkurrenzwert zum Eigenwert und Eigenwollen eines endlichen Geistes erscheinen kann. Der Sündenfall eines endlichen Geistes ist demnach prinzipiell möglich und bei der Annahme einer großen Zahl geschaffener Geistwesen sogar, auch philosophisch gesprochen, in einer Anzahl von Fällen sehr wahrscheinlich. Wenn man also überhaupt von geschaffenen, nicht-menschlichen Geistwesen spricht, muß auch von solchen gesprochen werden, die sich definitiv für und solchen, die sich definitiv gegen Gott entschieden haben, zumal unentschiedene oder korrigierbare Vorstadien solcher Entscheidungen der ontologischen Situation solcher Geistwesen zu widersprechen scheinen. Wenn die einen Engel, die andern Teufel heißen, ist gegen eine solche Benennung philosophisch nichts einzuwenden.

Bisher ging es nur um eine Feststellung der Namen. Der Zusammenhang zwischen Geist und Freiheitsvollzug blieb rein hypothetisch. Wie aber steht es mit der *Möglichkeit* und der *Existenz* von reinen, d. h. nichtmenschlichen, geschaffenen Geistwesen? Unsere Kennzeichnung des subjektiven Geistes war keine willkürliche Nominaldefinition. Sie hat vielmehr eine Grundlage im subjektiven Geist, den wir in uns selbst erfahren. Dieser Geist ist als um sich wissender auf die Unendlichkeit des Seins und des Wertes überhaupt und darin auf das in sich stehende absolute Sein, den in sich stehenden absoluten Wert, den wir Gott nennen, als deren ontologische Bedingung der Möglichkeit bezogen, obwohl unser Geist in sich selbst endlich ist. Geist ist demnach ontisch sowohl als endlicher wie als unendlicher Geist sowohl existent als auch möglich. Frage: ist auch endlicher Geist, der nicht ineins leibbezogener Geist ist, existent oder möglich?

Die Frage nach der Existenz solcher Wesen sei einstweilen zurückgestellt. Ohne Zweifel muß man die *Möglichkeit endlichen Geistes,* der nicht leibgebunden ist, soweit sie negativ verstanden wird, bejahen, da sich aus der Verneinung der wesentlichen Leibgebundenheit, die nicht notwendig jede Welt- oder Materie-Beziehung ausschließt, keine Verneinung des Geistes oder der Endlichkeit des Geistes ableiten läßt, diese Möglichkeit also nicht widersprüchlich ist. Sie ist überdies nicht nur eine rein negativ gedachte Möglichkeit, da der Gedanke dieser Möglichkeit von einem realen Fundament, unserem endlichen Geist ausgeht und für die Realisierung dieser Möglichkeit auch eine hinreichende Wirkursache, der unendliche, in seinem Wirken allerdings freie Geist vorhanden ist.

Können wir, abgesehen vom Zeugnis der Offenbarung, auch philosophische Gründe für die *Existenz* solcher Geistwesen beibringen? Wir wollen es erwägen. Existenz bekundet sich durch Tätigkeit und durch Wirkungen, die eine Tätigkeit voraussetzen. Die Art und das Sosein eines Existierenden und Tätigen aber erkennt man an der Art und dem Sosein der Wirkung und der sie hervorbringenden Tätigkeit. Gibt es in unserer Erfahrungswelt reale Phänomene, die auf eine Tätigkeit personaler, außerweltlicher Geistwesen schließen lassen? Um diese Frage zu beantworten, könnte man an die ontologische Bedeutung und Tragweite der quantenphysikalischen Unbestimmtheit denken. Diese ist vom Zufallsgeschehen im makrophysikalischen Bereich zu unterscheiden. Beim gewöhnlichen Zufallsgeschehen handelt es sich nicht um ein vollständig unregelmäßiges Geschehen, sondern um das weder durch ein Naturgesetz noch durch eine menschliche Absicht herbeigeführte Zusammentreffen mehrerer Ursachenreihen, die makrophysikalisch als notwendig wirkend betrachtet werden und in einer ganz bestimmten Ursachenkombination das zufällige Ereignis bewirken. Bei der mikrophysikalischen Unbestimmtheit handelt es sich jedoch – jedenfalls nach einer mehr und mehr vordringenden Interpretation – nicht um eine durch die Unkenntnis der mitbestimmenden physikalischen Faktoren begründete Unsicherheit, sondern um einen Übergang aus einer echten, realen Potentialität der Ausgangssituation, die in der physikalischen Wirklichkeit festgestellt wird, in den bestimmten Akt des Ereignisses. Wo ist die Determinante für diesen Übergang aus der objektiven Unbestimmtheit der Ursache oder Ursachenkombination in die Bestimmtheit der tatsächlichen Wirkung? Die Naturwissenschaft stellt nur die Größe dieser Unbestimmtheit fest (Heisenbergsche Unschärferelation), sei es als statistische Durchschnitts- oder als Mindestgröße. Man hat hier Freiheitsbetätigungen im anorganischen Weltgeschehen selbst sehen wollen, was völlig abwegig ist, da eine freie Selbstbestimmung im Bereich des Endlichen nur möglich ist im Ausgriff auf das Unendliche, was das Eigentümliche des Geistes ist und alle Möglichkeiten des bloß Materiellen überschreitet. Ein Rekurs auf die allgemeine göttliche Mitwirkung hilft nicht weiter, da diese alle endlichen, notwendigen oder freien Betätigungen ermöglicht, nicht aber in Konkurrenz zu den Zweitursachen tritt und daher die Frage nach diesen nicht überflüssig macht. Da substantielle Formen, Lebensprinzipien oder gar eine Weltseele aus Gründen, die hier übergangen werden können, nicht als Determinanten für die mikrophysikalische Unbestimmtheit in Frage kommen, könnte man versucht sein, die Quelle jener Determination in endlichen Geistwesen zu sehen, die einerseits in einem Grundbezug zur Weltmaterie stehen, ohne selbst raum-zeitlich organisiert zu sein, anderseits aber aus ihrer freien Selbstdetermination anderes determinieren können. Wäre dies der einzige Weg und die notwendige Bedingung der Möglichkeit der ontologisch geforderten Determination im mikrophysikalischen Bereich, dann wäre die Existenz solcher Geistwesen philosophisch erwiesen.

Dem ist jedoch nicht so, und zwar wegen der mangelnden Verhältnismäßigkeit von Ursache und Wirkung. Personale Geistwesen können nicht als Lückenbüßer für eine sonst fehlende Determination des anorganischen Geschehens dienen. Man könnte auch darauf hinweisen, daß die Naturwissenschaft mit ihren bisherigen Methoden und Hilfsmitteln die gesuchten Determinanten noch nicht gefunden habe und eben weiter suchen müsse. Diese Antwort genügt jedoch nicht, da der amerikanische Physiker *J. S. Bell* nachgewiesen hat, daß sich bei allen im Raum-Zeit-Schema angenommenen Determinanten notwendig Antinomien ergeben.[12] Eine naturphilosophische Bewältigung des Problems ist daher unausweichlich. *Wolfgang Büchel* plädiert für eine Über-Raum- und Über-Zeitlichkeit der Mikroobjekte. Diese Forderung steht der klassischen Ontologie nicht so fern, wie man meinen könnte, da nach dieser die Substanz der Körper als Prinzip ihrer Einheit nicht an sich quantitativ oder raum-zeitlich ist. Es bleibt demnach nichts anderes übrig, als einen nicht-raumzeitlichen Weltzusammenhang anzunehmen, der den Raum-Zeit-Zusammenhängen als Bedingung der Möglichkeit ihrer konkreten Beschaffenheit zugrunde liegt, wodurch jene Determinanten der mikrophysikalischen Unbestimmtheit noch nicht erklärt, aber als real möglich denkbar sind. Sie können sich nämlich unter dieser Voraussetzung zufällig aus dem makrophysikalisch nicht kontrollierbaren Bereich des Geschehens ergeben.

Ein schlüssiger Beweis für die Existenz reiner Geistwesen ist demnach aus der mikrophysikalischen Indetermination nicht möglich. Umso mehr weisen die dargelegten Tatsachen auf die Möglichkeit hin, daß das naturwissenschaftlich erfaßbare Weltgeschehen *offen* ist für etwa existierende Geistwesen. Dies ist ohne Aufhebung der Naturgesetze ebenso möglich wie das Geschehen der Technik und Kultur. Die Determinante eines sinnvollen Geschehens muß nicht in derselben Dimension liegen wie die es ermöglichenden Freiheitsspielräume. Solche Grade der einander überlagernden Bestimmungsebenen liegen z. B. vor bei einer Konzertaufführung, die zwar in allen ihren Teilen den physikalischen Gesetzen gemäß ist, ja diese sogar voraussetzt, sich aber *nicht* in ihrer gegliederten, ästhetischen Ganzheit von ihnen herleiten läßt. Die höheren Determinationen des

[12] Vgl. dazu *Wolfgang Büchel*, Eine philosophische Antinomie der Quantenphysik, in: Theologie und Philosophie 42 (1967) 187–207.

Geistes liegen in der Dimension des Sinnes und der Geschichte. Woran man bei der personalen, auf die Beförderung des Guten oder Bösen gerichteten Tätigkeit personaler Geistwesen vor allem zu denken hat, sind die Trends sowohl im Naturgeschehen, insoweit es Auswirkungen auf das Geschick der Menschen hat, als auch im Besonderen die zum Guten oder Bösen ausschlagenden Trends in der menschlichen Gesellschaft, die durch die Gleichrichtung der Aufmerksamkeit und durch die Stärkung oder Minderung niederer oder höherer Strebungen herbeigeführt werden, und zwar ohne Aufhebung der sittlichen Willensfreiheit und ohne Beeinträchtigung der naturgesetzlich, psychologisch oder soziologisch zu erwartenden Durchschnittswerte. Letzteres vor allem deshalb, weil diese Durchschnittswerte aus dem tatsächlichen Verhalten erhoben werden.

Es ist von vornherein klar, daß Geschehnisse solcher Art nicht zum Objekt der Naturwissenschaften gehören, ebensowenig wie die spezifischen Gehalte der Kulturdinge. Man muß sich auch klar darüber sein, daß solche
a] Geschehnisse, wenn sie stattfinden, nicht naturwissenschaftlich kontrollierbar sind oder einer allgemeinen Erfahrung beliebiger Beobachter zugänglich gemacht werden können. Könnten sie das, dann wären ihre Determinanten selbst Teile der Natur, wie das bei der materiellen Seite der Kulturdinge der Fall ist. In solchen Geschehnissen wird ein besonderer Sinngehalt in seiner Bedeutung für bestimmte Menschen oder Menschengruppen, oder durch deren Bezeugung für die ganze Menschheit faßbar. Das Kriterium für die Unterscheidung objektiv begründeter Sinnmitteilung von subjektiven Einbildungen liegt letztlich nur in der psychisch gesunden und ethisch höher führenden Erfahrung derer, denen sie zuteil wurden.

IV

„Christliches Weltbild und Metaphysik" hieß unser Thema, und es sollte im Hinblick auf die Theologie als das wissenschaftliche Glaubensverständnis gesichtet werden. Die Folgerungen aus den angestellten Überlegungen für die Theologie, auch für die Methoden einer Exegese der biblischen Texte, liegen nahe. In der Tat hat es die christliche Theologie, wie sich aus den Offenbarungsquellen unzweifelbar ergibt, nicht nur mit dem Menschen dieser Welt und mit dem absolut transzendenten Gott zu tun, sondern auch mit dem, was ich die „dritte Wirklichkeit" nennen möchte, mit Existenzweisen und mit Welten, die von Gott und von unserer sichtbaren Welt verschieden sind, mit Himmel und Hölle, mit dem Reinigungsort, gegebenenfalls auch mit einer Paradieseswelt, die man nicht einfach in eine Artenentwicklung einordnen kann.[13]

[13] Eine Bemerkung zu letzterem. Die Tatsachen der Stammesgeschichte des Menschen deuten darauf hin, daß der Mensch aus dem Tierreich entstanden ist. Ein Mensch, der so entsteht und geboren wird, ist seiner Natur nach sterblich. Eine Paradieseswelt, in der der Mensch dem Leibe nach der Krankheit und dem Tode enthoben ist, ist mit einer solchen Art der Entstehung

Über das als „dritte Wirklichkeit" Bezeichnete sollen hier keine theologischen Aussagen gemacht werden. Es genüge darauf hinzuweisen, daß eine konsequente Metaphysik des menschlichen Geistes und der Natur durchaus im Denken nachkontrollierbare Hinweise auf die entsprechenden Möglichkeiten theologischer Aussagen machen kann. Warum soll der Himmel einfach gleich sein mit Gott, wie manche Theologen[14] ausweichend meinen und nicht vielmehr der „Ort", die Welt der Offenbarkeit, der Herrlichkeit, Liebe und Barmherzigkeit Gottes für die, die sich durch Christus von seiner Liebe endgültig ergreifen lassen? Warum soll die Hölle nur ein Bewußtseinszustand, wenn nicht gar bloß eine mythische Vorstellung sein, und nicht vielmehr der „Ort", die Welt derer, die sich endgültig gegen die Liebe Gottes entschieden und verschlossen haben, seien es Menschen oder übermenschliehe Geistwesen, die sich selbst zur Hölle verdammt haben und gegenseitig zur Hölle werden? Warum soll es nicht einen „Raum" für jene geben, die sich zwar von der in Christus dargebotenen Liebe ergreifen ließen, aber noch der Vorbereitung auf die volle Offenbarkeit Gottes bedürfen, da sie nicht so pötzlich aus der Unwissenheit und Verstrickung in diese Welt in das unverhüllte Antlitz Gottes schauen können, eine Vorbereitung, die ihnen in dieser Welt versagt war oder die sie hier nicht genützt haben?

Wenn hier von „Ort" und „Raum" in Anführungszeichen die Rede ist, dann ist damit gemeint, daß dieser „Ort" und dieser „Raum" – entsprechendes gilt für die „Zeit" – nicht einfach mit dem dreidimensionalen Raum unserer sichtbaren Welt und dem darin erfolgenden Zeitablauf identisch ist, daß diese Bezeichnungen aber dennoch eine nicht nur bildliche, sondern reale unseren Raum und unsere Zeit umgreifende Bedeutung haben, als die reale Ermöglichung eines kommunikativen Zusammenseins personaler, diese unsere sichtbare Welt überschreitender Wesen.

Gegen die hier vorgetragenen Überlegungen könnte man einwenden, sie verfolgten eine schlaue, aber unberechtigte Immunitätsstrategie. Man könne solche, von unserer Welt verschiedene Welten zwar behaupten, aber durch keine Methode, sei es der Verifizierung für eine Bejahung oder Falsifizierung für eine Verneinung, nachprüfen. – Wenn mit einer Methode der Verifizierung oder Falsifizierung ein Nachweis durch naturwissenschaftliche Beobachtung oder Experiment gemeint ist, so ist eine derartige

---

unvereinbar. Die Entstehung aus dem Tierreich kann aber auch nicht als Ursünde bezeichnet werden. Diese und der Übergang zu einem sterblichen Leben muß also für den ersten (die ersten) Menschen – in umgekehrter Analogie zum Sterben – aus einer anderen Welt her stattgefunden haben, oder man sieht in der Paradieserzählung die Bekundung einer Absicht Gottes, die infolge der vorhergesehenen Schuld der Menschen, vereitelt wurde. Die Frage, ob das eine oder das andere oder gar ein drittes Verstehensmuster anzunehmen ist, ist nicht eine Frage der Metaphysik, sondern muß vom Glauben und der Theologie aus beantwortet werden. Die Metaphysik der Natur aber schließt die erste Vorstellung – die Verwandlung aus einer anderen Welt-nicht als unmöglich aus.

[14] Vgl. *Jörg Baur,* Himmel ohne Gott. Zum Problem von Weltbild u. Metaphysik, in: Neue Z. f. system. Theol. 11 (1969) 1–12.

Verifizierung oder Falsifizierung, die immer schon eine gemeinschaftliche, drei- bzw. vierdimensionale Raum-Zeit-Welt voraussetzt, innerhalb derer sich jene Verifizierung oder Falsifizierung vollziehen müßte, allerdings nicht möglich und in sich widersprüchlich. Daraus folgt jedoch nicht, daß sich die aufgestellten Thesen überhaupt nicht als wahr oder deren Verneinung als falsch erweisen lassen. Die Thesen der reinen Metaphysik, die nur Erfahrung überhaupt veraussetzen, sind entweder notwendig wahr oder notwendig falsch. Ein Mittleres, das durch empirische Verifikation oder Falsifikation als geltend oder nichtgeltend ausgemacht werden könnte, gibt es da nicht. – Wie aber steht es mit den Thesen der angewandten Metaphysik, wie der Naturphilosophie, der philosophischen Anthropologie, in deren Prämissen nicht nur Erfahrung überhaupt, sondern auch spezielle Tatsachen eingehen? Hier gibt es, im Hinblick auf diese mehr oder weniger sicheren Tatsachen sowie auf deren mehr oder weniger tief dringende ontologische Analyse, auch mehr oder weniger gesicherte Aussagen. Nicht anders als in der reinen Metaphysik besteht auch hier die Methode darin, daß man die sich auf die Fragen anbietenden Antworten testet, indem man sie zu verneinen versucht und deren Verneinung bis in deren logisch notwendigen Folgen weiter denkt. Ergeben sich dabei innere Widersprüche oder Widersprüche zu den formalen Prinzipien der reinen Metaphysik oder zu sonstigen unbezweifelbaren Tatsachen, so erweist sich die vermutete Antwort als falsch. Die Antwort auf die offenen und ontologisch notwendig zu stellenden Fragen muß dann in einer anderen Richtung gesucht werden, bis sie sich als die einzig mögliche herausstellt. Nach dieser Methode sind wir oben verfahren bei der Frage nach den Determinanten im mikrophysikalischen Geschehen. Sie erweist sich als wirksam auch in der Frage nach einer jenseitigen Welt.

Man versuche etwa, die leibhafte, wenn auch andersartige Existenzweise der Verstorbenen zu leugnen. Das führt, wenn es nicht nur leer behauptet, sondern weiter durchdacht wird, zu unmöglichen Folgerungen: entweder kommt es zur Verneinung der Personwürde und damit zur Verneinung der sittlichen Dimension des Menschen auch in dieser Welt, oder zur Verneinung der Sozialnatur des Menschen. Dadurch bewährt sich aber die entgegengesetzte positive Behauptung nicht bloß als denkbar und möglich, sondern als notwendigerweise wahr und für unsere Erkenntnis durch die Tatsache unserer besonderen Art des Menschseins begründet. Der Umstand, daß es bei dieser Art der Überlegung keine Möglichkeit der positiven empirischen Verifizierung oder der negativen empirischen Falsifizierung gibt (oder wenigstens nicht allgemein zugänglich gibt), spricht bei dem besonderen Charakter der Metaphysik, die auf die Gesamtheit der Bedingungen der Möglichkeit der Erfahrung überhaupt oder besonderer Erfahrungen und sogar aller empirischen Methoden ausgeht, nicht gegen, sondern für sie. Diese Methode ist keineswegs ein fauler Trick oder eine unberechtige, Verdacht erregende Immunitätsstrategie.

Zum Schluß noch ein Hinweis, der nicht ohne Bedeutung für die Verkündigung des Glaubens ist. Zum Weltbild gehört nicht nur eine gedankliche Auffassung der Welt und des Menschen, sondern auch eine anschauliche Darstellung. Wenn es auch nicht mehr möglich ist, die wertende Bezeichnung von Unten und Oben unmittelbar auf die räumliche Höhe des Himmels über den Sternen und die Unterwelt in den Mittelpunkt der Erde zu projizieren, so bleibt es uns dennoch unbenommen, diese Bezichnungen nach wie vor symbolisch in der religiösen Sprache und in der Kunst zu gebrauchen, da die Gefahr eines solchen Irrtums heute ausgeschlossen ist und wir ja auch sonst Bewertungen auf solche Weise ausdrücken, ohne in Gefahr zu kommen, das Höhere des Menschen mit dem Kopf und das Niedere mit den Füßen gleichzusetzen.[15]

[15] Außer der oben in den Anmerkungen angegebenen Literatur vgl. auch: *Beck*, Heinrich, Statische Wesensontologie oder modernes dynamisch-funktionales Weltbild? Die Aufgabe einer ek-in-sistentiellen Synthese, in: Salzb. Jahrb. f. Phil. 15/16 (1971/2) 21–25. *Claeys,* Karel, Die Bibel bestätigt das Weltbild der Naturwissenschaft: neues Beweisverfahren aus Etymologie, Kontext, Konkordanz und Naturwissenschaft, Stein a. Rh. 1979, Christiana Verlag. *Dijksterhuis, E. J.,* De Mechanisering van het Wereldbeeld, Amsterdam ³1977, Meulenhoff. *Ditfurth, H.* von, Im Anfang war der Wasserstoff, München 1975, Droemer; ders., Zusammenhänge. Gedanken zu einem naturwissenschaftlichen Weltbild, Reinbek 1977, Rowohlt. *Driesch,* Hans, Der Mensch und die Welt, Lpzg. 1928. *Einstein,* Albert, Mein Weltbild (hrsg. v. Carl Seelig), Frft 1979 (Erstdr. 1934), Ullstein. *Gabriel,* Leo Das neue Weltbild, in: Wissenschaft und Weltbild 4 (1951) 249–259. *Gipper,* Helmut, Gibt es ein sprachliches Relativitätsprinzip? Untersuchungen zur Sapir-Whorf-Hypothese, Frankfurt 1972. *Graebner,* Fritz, Das Weltbild der Primitiven, Mchn 1924. *Gummerer,* Gottfried, Weltbild ohne Illusionen: eine Bilanz der Menschheitgeschichte, ²1978, Pronsfeld, Lehweg 14. *Haering* Theodor L., Philosophie der Naturwissen. schaft. Versuch eines einheitlichen Verständnisses der Methoden und Ergebnisse der [anorg.] Naturwissenschaft. Zugleich eine Rehabilitation des vorwissenschaftlichen Weltbildes, München 1923. *Hamm,* Berndt, Religionen der Menschheit. Verständnis der Welt, München 1970. *Heckmann,* O., Sterne, Kosmos, Weltmodelle, München–Zürich 1976. *Heisenberg,* W., Naturwissenschaftliche und religiöse Wahrheit, in: Schritte über Grenzen. Ges. Reden u. Aufsätze, München ²1973, S. 335–351. *Loeschmann,* Fred, Philosophy of man and the universe, Roslyn Heights (NY) 1976, Libra Publishers. *Ludwig,* Günther, Das naturwissenschafliche Weltbild des Christen, Osnabrück 1962, Fromm. *Meurers,* Jos., Das Weltbild im Umbruch der Zeit. Eine Studie zur Situation der exakten Naturwissenschaften, Aschaffenburg 1958. *Müller*, Armin, Wandlung im naturwissenschaftlichen Weltbild unserer Zeit, in: Universitas 17 (1962) 663–671. *Naturforschung und Weltbild* (hrsg. v. Guntau, Martin). Eine Einführung in philosophische Probleme der modernen Naturwissenschaft, Berlin 1967. *Die neue Weltschau.* Internationale Aussprache über den Anbruch eines neuen aperspektivischen Zeitalters, veranstaltet von der Handels-Hochschule St. Gallen, Stuttgart 1952. *Nickel,* Erwin, Der Mensch und sein Weltbild, Nürnberg 1947; derselbe, Was „weiss" die Naturwissenschaft und was darf man von ihr erwarten? in: Vierteljahresschrift für Heilpädagogik und ihre Nachbargebiete (Luzern) 48 (1979) 259–271 [zu den Thesen von *Max Thürkauf* und der durch sie veranlaßten Kontroverse in der „Neuen Zürcher Zeitung" – Winter 1976/77]. *Oesterreich,* Traugott Konstantin, Das Weltbild der Gegenwart, Bln. 1920. *Piaget,* J., Der Aufbau der Wirklichkeit beim Kinde, Sttgt. 1978, Klett. *Planck,* Max, Das Weltbild der neuen Physik, Lpzg ¹³1955. *Ponshab,* August, Statisches und dynamisches Denken als Problem der Philosophie und des Weltbildes, in: Universitas 31 (1976) 525–531. *Portmann,* Adolf, An den Grenzen des Wissens. Vom Beitrag der Biologie zu einem neuen Weltbild, Wien, Düsseld. ²1974. *Precht,* Herbert, Das wissenschaftliche Weltbild und seine Grenzen, Mchn. 1960, E. Reinhardt. *Rohrbach,* Hans, Naturwissenschaft, Weltbild, Glaube, Wuppertal 1978, R. Brockhaus. *Saur,* Karl, Transzendenz als Wirklichkeit. Beiträge zu einem modernen

Diese Erwägungen wurden am 24. 11. 1979 zuerst unter dem Titel „Weltbild und Metaphysik“ bei der Akademischen Feier der Hochschule für Philosophie München, Philosophische Fakultät S. J. vorgetragen. Für die Aufnahme in die vorliegende Publikation wurde der Titel des Vortrags verdeutlicht und die Anmerkung 13 etwas erweitert.

a] Über die Unmöglichkeit sinnlicher Erkenntnis anderer körperlicher Welten vgl. auch W. Brugger, Der dialektische Materialismus und die Frage nach Gott, München 1980, S. 73.

Weltbild, Bd. 1, Hamburg 1965, Appel. *Schmucker,* Josef, Der Einfluß des Newtonschen Weltbildes auf die Philosophie Kants, in: Philos. Jahrb. 61 (1951) 52–58. *Schrey,* Hans Horst, Weltbild und Glaube im 20. Jahrhundert, Göttingen 1955, Vandenhoeck u. Ruprecht; ders. Gibt es ein modernes Weltbild?, in: Universitas 17 (1962) 139–148. *Schupp, F.,* Mythos und Religion (Texte zur Religionswissenschaft und Theologie, 1), Düsseldorf 1976. *Spülbeck,* Otto, Der Christ und das Weltbild der modernen Naturwissenschaft, Bln. 1950. *Strolz,* Walter, Der vergessene Ursprung. Das moderne Weltbild, die neuzeitliche Denkbewegung und die Geschichtlichkeit des Menschen, Freiburg 1959. *Theories of the Universe.* From Babylonian myth to modern science, ed. Munitz, Milton K., London 1965, Macmillan. *Teilhard de Chardin und das Problem des Weltbilddenkens.* Arbeitstagung der Görresges. für d. Begegnung von Naturwissensch. und Theologie, hrsg. v. N. A. Luyten, Freiburg 1968. *Van Oesch,* Jean, Das naturwissenschaftliche Weltbild – eine Hilfe für den Glauben? Trier 1976, Kath. Akademie. *Wagemann,* Ernst, Narrenspiegel der Statistik. Die Umrisse eines statistischen Weltbildes, Bern [3]1950. *Weinberg,* Steven, Die ersten drei Minuten. Der Ursprung des Universums, München–Zürich 1977, Piper. *Weizsäcker,* Carl Friedrich von, Zum Weltbild der Physik, Stuttgart [11]1970. *Weißmahr,* Béla, Kann Gott die Auferstehung Jesu durch innerweltliche Kräfte bewirkt haben? in: Zeitschr. f. kath. Theol. 100 (1978) 441 bis 469, vgl. bes. 446 u. Anm. 18. *Weltbild,* Art. in: Die Religion in Geschichte und Gegenwart, [3]VI, Tübingen 1962. *Wenzl,* Aloys, Das naturwissenschaftliche Weltbild der Gegenwart, Lpg. 1929. *Wittgenstein,* Ludwig, Über Gewißheit, hrsg. von G. E. M. Anscombe u. G. H. von Wright, Frft 1970 Suhrkamp. *Woltersdorf,* H. W., Die Schöpfung war ganz anders. Irrtum und Wende, Olten-Freiburg 1976, Walter.

III. GESCHICHTE DER PHILOSOPHIE

ZUR GESCHICHTE DER PHILOSOPHIE

Jede Wissenschaft hat ihre Geschichte. Sie tritt nicht fertig in die Welt, sondern entwickelt sich durch das Bemühen vieler Generationen. Kaum je auch ist eine Wissenschaft abgeschlossen. Immer ist sie unterwegs zu neuen Einsichten. Mehr als von anderen Wissenschaften gilt das von der Philosophie, die ja ihrem Wesen nach nicht Weisheit, sondern Streben nach Weisheit ist. Das hohe Ziel der Philosophie, Welt und Mensch nach ihren letzten Gründen zu erforschen, und die Abhängigkeit dieses Forschens von weltanschaulichen Vorgegebenheiten und von der Rückwirkung der Forschungsergebnssie auf den forschenden Menschen selbst zeigen, wie bedroht dieses Streben seinem Wesen nach ist. Man darf sich daher nicht so sehr wundern, wenn die Philosophiegeschichte von einer verwirrenden Fülle von Lehrmeinungen durchwogt ist. Eine der Aufgaben der Philosophiegeschichte wird es sein, diese Fülle durch Zurückführung auf typische Systeme, tragende Leitideen und Schulen überschaubar zu machen.

Die erste Aufgabe aber der Geschichte der Philosophie ist es, die Tatsachen zu vermitteln, zu zeigen, wie es war. Sie bedient sich dabei der gewöhnlichen Methoden und Hilfsmittel der Geschichtswissenschaft. Doch genügt das allein noch nicht. Denn der Gegenstand, um den es sich hier handelt, sind nicht in erster Linie äußere Ereignisse, sondern philosophische Gedanken. Um diese richtig zu interpretieren und in ihrer Bedeutsamkeit zu erfassen, bedarf es nicht zuletzt auch der philosophischen Durchdringung.

Die weitere Aufgabe der Geschichte der Philosophie besteht darin, die philosophischen Gedanken und Systeme in ihrer Entstehung, Ausbildung und ihrem Weiterwirken verständlich zu machen. Wenn wir nicht wissen, wie ein Philosoph zu seinen Gedanken kam, bleiben uns seine Theorien fremd. Anders wird das, wenn wir vernehmen, welche Fragen vor ihm gestellt und wie sie vor ihm beantwortet wurden. Ebenso verstehen wir einzelne Lehren nur im Zusammenhang des Systems und unter Berücksichtigung ihrer Voraussetzungen.

Man hat die Geschichte der Philosophie schon die Geschichte der menschlichen Irrtümer genannt. Ohne Zweifel zeigt sich das menschliche Irren in der Philosophiegeschichte deutlicher als anderswo. Aber wenn man aus der Tatsache so vielfältigen Irrens den Schluß ziehen wollte, der Inhalt der Philosophiegeschichte sei deshalb wertlos, würde man selber einem Irrtum verfallen. Schon Aristoteles hat darauf hingewiesen, daß
a] wir billigerweise nicht nur denen Dank schulden, deren Ansichten wir angenommen haben, sondern auch denen, die sich zu oberflächlich ausgesprochen haben. Denn auch diese, sagt er, sind uns von Nutzen gewesen, indem sie unsere Fassungskraft geübt haben. – Die Philosophen sind wie Pflüger, die den Dingen nicht immer auf den Grund gekommen sind. Aber

auch so hat die Pflugschar ihres Denkens den Boden aufgelockert und den Späteren die Arbeit leichter gemacht. Gerade das folgerichtige und systematische Durchdenken eines Prinzips bringt es an den Tag, was darin steckt und wieweit es geeignet ist, der Erkenntnis der Wirklichkeit zu dienen.

Philosophie ist nicht Sache eines Einzelnen, sondern der ganzen Menschheit. Nur durch die vereinte Arbeit der Besten aller Generationen und aller Völker können wii ihren hohen Zielen näherkommen. Denn kein einzelner Mensch besitzt die Vernunft nach der schrankenlosen Fülle ihrer Möglichkeiten. Eine solche Fülle kann allerdings auch nicht durch die Geschichte der Philosophie erreicht werden. Aber sie vermag doch in etwa die Mängel und Einseitigkeiten, die jedem, auch dem genialsten Menschen anhaften, auszugleichen. Sie ist wie ein großes über die Länder und Zeiten hinweg gesprochenes Gespräch. Die Denksysteme der großen Philosophen sind die Fragen und Antworten, die sie einander zurufen. Wer den einen hört, muß auch wissen, was der andere gesagt und gemeint hat, um das ganze Gespräch richtig verstehen zu können. Im Widerstreit der Philosophen und ihrer Systeme übt die menschliche Vernunft Kritik an sich selbst.

Wie das körperliche Leben so hat auch das geistige Leben seinen Erbgang und seine Überlieferung: die Begriffe und Problemstellungen haben ihre Geschichte. Nur die Kenntnis davon, wie sie entstanden und wie sie sich im Laufe der Geschichte verändert haben, läßt sie uns richtig verstehen und selbst erfolgreich anwenden. Denn das philosophische Fragen ist selbst in den Fluß der Geschichte hineingestellt. Der philosophierende Mensch stellt seine Fragen veranlaßt durch die Erlebnisse seiner Zeit und im Hinblick auf die Fragen und Lösungsversuche seiner Vorgänger. Manche Fragen, die später gestellt wurden, waren z. B. im Altertum noch nicht möglich, nicht nur, weil die Kulturlage und die Ergebnisse der Einzelwissenschaften andere wurden, sondern auch weil diese Fragen ein weiteres Überdenken der damaligen Lösungen zur Voraussetzung hatten. Oft birgt ja die Antwort auf eine Frage wie ein Keim schon wieder neue Fragen in sich.

Wie soll nun die Geschichte der Philosophie dargestellt werden? Soll sie zeigen, wie das Entstehen und die Entwicklung der philosophischen Gedanken auf das innigste mit der allgemeinen Geschichte, insbesondere mit der Kulturgeschichte verflochten ist (kulturgeschichtliche Methode)? Oder soll sie die Eigenart der philosophischen Systeme auf die Eigenart ihrer Gründer zurückführen, aus ihrer einmaligen Persönlichkeit erklären, nach dem Worte Fichtes „Was einer für eine Philosophie hat, hängt davon ab, was einer für ein Mensch ist“ (biographisch- geistesgeschichtliche Methode)? Oder soll sie endlich unter Umgehung dieser Zufälligkeiten sich den Problemen und Ideen selbst zuwenden, wie sie sich nach ihrer eigenen Dynamik mit Notwendigkeit auseinander ergeben (problem- und ideengeschichtliche Methode)?

Die genannten Betrachtungsweisen schließen sich nicht aus, sondern ergänzen sich. Die dem Gegenstand angemessenste und für die menschliche Bildung bedeutungsvollste Methode ist allerdings die problem- und ideengeschichtliche, die jedoch die anderen Gesichtspunkte nicht ganz außer

Acht lassen sollte. Die problem- und ideengeschichtlich aufgefaßte Geschichte der Philosophie wird so selbst zu einer philosophischen Betätigung, zu einem Teil der Philosophie. Sie setzt eine gewisse Kenntnis der systematischen Philosophie voraus, ohne die sie den Menschen leicht verwirrt, wie sie auch wieder zu einer Vertiefung der systematischen Philosophie hinführt.

Nachbemerkungen

Der Text wurde für den „Großen Herder", Bd. 10: Der Mensch in seiner Welt, 1953, vorbereitet, dort aber nicht gedruckt.

a] Aristoteles, Metaphysik, Buch II (Alpha elatton), Kap. 1.

ZUR GESCHICHTE DER NEUEREN CHINESISCHEN PHILOSOPHIE

Mit der „Geschichte der neueren chinesischen Philosophie" hat A. Forke sein monumentales Werk über die Geschichte der chinesischen Philosophie zum Abschluß gebracht[1]. Der erste, das Altertum behandelnde Teil erschien 1927, der zweite, das Mittelalter enthaltende 1934. Ein Band von 700 Seiten über die neuere chinesische Philosophie muß überraschen, auch wenn man sieht, daß er mit dem 10. Jahrhundert n. Chr. beginnt. Denn das Vorurteil, daß die Chinesen überhaupt keine Philosophie oder nur unbeholfene Anfänge hervorgebracht hätten, ist weit verbreitet. Auch die Spezialwerke Hackmanns und Zenkers behandeln nur das Altertum der chinesischen Philosophie gründlich und ausführlich, während das chinesische Mittelalter und die Neuzeit verhältnismäßig zu kurz kommen. Der Grund ist darin zu suchen, daß für die ältere Zeit genügendes Material der Sinologen vorliegt, während es für die neuere nur spärlich vorhanden ist. Das vorliegende Werk füllt nun diese Lücke auf Grund langjähriger Quellenstudien aus. Die Lehren der Philosophen werden mit zahlreichen Textstücken belegt und meist auch der chinesische Urtext in den Anmerkungen beigefügt.

Die *Sung-Epoche* (960–1280), mit der die Geschichte der neueren Philosophie beginnt, war eine Zeit großer politischer Schwäche, aber zugleich hoher Kultur, die das chinesische Geistesleben bis auf den heutigen Tag bestimmt hat. Im Altertum hatte man nur die Ethik gepflegt; dem alten Konfuzianismus fehlte die Metaphysik. Die Sung-Philosophen schufen sie. Namentlich die Begriffe: Urprinzip, Vernunft, Fluidum, Geist, Menschennatur wurden von allen Seiten untersucht und beleuchtet. Man nennt diese Richtung die *Hsing-li-Philosophie* (Hsing = Natur; li = Geist). Man hat diese Philosophie nicht mit Unrecht Neukonfuzianismus genannt. Man könnte sie auch als konfuzianische Scholastik bezeichnen. Die Sung-Philosophen

[1] A. Forke, Geschichte der neueren chinesischen Philosophie. 4⁰ (XVIII u. 693 S.) Hamburg 1938, Friederichsen, de Gruyter.

waren in erster Linie Kommentatoren der klassischen Texte und erst in zweiter Philosophen. Vom philosophischen Standpunkt ist aber das, was sie dem Konfuzianismus hinzugefügt haben, viel wichtiger als die konfuzianische Grundlage, von der sie ausgingen (1–8).

Die Hauptrichtungen dieser neueren chinesischen Philosophie, die geschichtlich nebeneinander hergehen, sind der *idealistische Monismus* und der *realistische Dualismus*. Andere Gruppen verschwinden daneben an Zahl oder Bedeutung. Man wird überrascht sein, in China zu einer so frühen Zeit den Idealismus vertreten zu finden. Die starke idealistische Strömung geht wohl auf den Einfluß des *Buddhismus* zurück, welcher in der in China heimisch gewordenen Form des Mahayana durchaus idealistisch ist. Die chinesischen Idealisten bevorzugen das intuitive Wissen und zeigen oft eine Vorliebe für Meditation und mystische Versenkung. Der Idealismus war ihnen weniger eine Antwort auf erkenntnistheoretische Fragen als ein Anliegen der nach Innerlichkeit drängenden, persönlichen Lebensgestaltung.

Nicht der erste, aber der bedeutendste Vertreter des Idealismus in der Sung-Periode war *Lu Tchiu-yuan* (1138–1191). Als intuitiv gerichteter Denker hat er seine Philosophie allerdings nicht zu einem vollständigen System entwickelt. Raum und Zeit sind nach ihm Schöpfungen des menschlichen Geistes. Dieser aber ist das Vernunftprinzip, das eines ist in der Welt und in allen Menschen. Aus der Einheit des Geistes leitet er die Pflicht ab, dem Egoismus zu entsagen.

Wang Schou-jên, gewöhnlich Wang Yang-ming genannt (1472 bis 1528), die bedeutendste Erscheinung der Ming-Zeit (14–17. Jahrh.), war seinen ausdrücklichen Worten nach zwar Identitätsphilosoph (Vernunftprinzip, Geist, Körper, Denken und Sein sind eins), der tatsächlichen Ausführung nach jedoch ebenfalls Idealist. Eine große Rolle spielt in seiner Philosophie das angeborene, intuitive Wissen. Vielleicht läßt sich nach Abstrich mancher Übertreibungen von diesem Lehrstück eine Auffassung gewinnen, die ein günstigeres Urteil ermöglicht, als dasjenige ist, das Forke darüber abgibt. Das angeborene Wissen ist nach Wang die Grundlage für das erworbene Wissen. Es besteht aus abstrakter Intelligenz und deutlicher Wahrnehmung. Eine Kennzeichnung des Inhalts gibt er nicht außer der, daß es der Wegweiser zur Unterscheidung des Guten und Bösen sei. Aus diesem Wissen gehen die Gedanken hervor. „Außerhalb des angeborenen Wissens gibt es kein Wissen und außerhalb der Ausdehnung des Wissens keine Wissenschaft. Das Wissen, welches jemand außerhalb des angeborenen sucht, ist falsches und verkehrtes Wissen, und Wissenschaft, welche er außerhalb der Ausdehnung des Wissens sucht, ist heterodoxe Wissenschaft“ (390). Nach Forke schleudert damit Wang Yang-ming sein Anathem gegen alles natürliche Wissen und alle durch logisches Denken erarbeitete Wissenschaft. Das Wissen gehe nicht dem Denken voraus, sondern umgekehrt.

Mir scheint, daß Wang Yang-ming mit seinen Worten dem nahekomme, was die Scholastik mit dem Ausdruck „intellectus vel habitus principiorum“ bezeichnet. Daß nämlich der Geist die ursprüngliche und angeborene Fähigkeit besitze, die Beziehungen zwischen gegebenen einfachen Begriffen leicht und deutlich zu erkennen und von diesem Grundbestand des Wissens aus sich weiteres Wissen zu erwerben. Darauf deuten die Worte Wangs: „Wissen ist die Substanz des Geistes. Dieser besitzt von selbst die Fähigkeit zu wissen“ (390), d. h. die Fähigkeit zu wissen ist ihm angeboren und diese Fähigkeit umschreibt sein Wesen, ohne die er nicht Geist wäre. Insofern Wang aber von einem angeborenen „Wissen“ spricht, unterscheidet er sich von der Scholastik, die den intellectus principiorum nur dem Anfang oder der Fähigkeit, nicht dem Inhalt oder den Ideen nach angeboren sein ließ[2]. Abgesehen von diesem Unterschied sind jedoch die Funktionen, die er dem „angeborenen Wissen“ zuweist, nicht unrichtig angegeben. Alles andere Wissen beruht auf ursprünglich einsichtigen Prinzipien. Das Denken als die Bewegung des Geistes von den Prinzipien zum Wissen geht deshalb auch aus dem „angeborenen Wissen“ hervor. Es ist die Substanz der Gedanken, d. h. die Wahrheit und Gewißheit des Wissens beruht auf der Zurückführung auf die Prinzipien. Außerhalb der „Ausdehnung des Wissens“ gibt es deshalb keine Wissenschaft, d. h. alle Wissenschaft ist nur eine Ausdehnung und Anwendung der Prinzipien. Das gilt nicht nur für das spekulative Wissen, sondern in gewissem Sinne auch für die Erfahrungserkenntnis, sofern sie Anspruch auf Wissenschaftlichkeit erhebt. Auch die Induktion setzt Prinzipien voraus, auf denen ihre logische Gültigkeit beruht[3]. Daß die Naturerkenntnis ihren Inhalt jedoch nur aus der äußeren Beobachtung herleitet, hat Wang Yang-ming zu seinem eigenen Schaden übersehen. Die Identifizierung des „angeborenen Wissens“ mit der allgemeinen Weltvernunft gehört natürlich in einen anderen Zusammenhang, obwohl sich auch hierin eine Spur der Wahrheit offenbart, daß nämlich die menschliche Vernunft in ihrer Grundanlage eine Mitteilung göttlichen Lichtes ist, weshalb sie auch immer Anspruch auf absolute Geltung erheben wird[4].

Außer dem Buddhismus ist die neukonfuzianische Philosophie – trotz des scharfen Gegensatzes zu beiden – auch dem *Taoismus des Laotse* verpflichtet. Vor allem geht auf ihn die vertiefte Auffassung des Tao zurück. Während Tao im Konfuzianismus bloß Norm und Gesetz bedeutet, hat es im Taoismus den Sinn des transzendenten Vernunftprinzips, eine Idee, die – unter verschiedenen Namen – zu den fruchtbarsten der chinesischen Philosophie gehört.

Die das Tao betreffenden Texte sind manchmal dunkel, was nicht immer vom Unvermögen der Schreiber, sondern zuweilen auch von der Tiefe des Gegenstandes herrührt. So könnte z. B. ein Text Hu Hung's (1100–1155), an dem Forke Anstoß nimmt, in einem tieferen Sinne verstanden

[2] Vgl. Thom. Aq. S. Theol. 1, 2 q. 51 a. 1.

[3] Vgl. Jos. de Vries, Denken und Sein, Freiburg 1937, 240–252.

[4] Rationis lumen, quo principia huiusmodi sunt nobis nota, est nobis a Deo inditum, quasi quaedam similitudo increatae veritatis in nobis resultantis: Thom. Aq., De Ver. q. 11 a. 1 c;
a] die angeführte Stelle in fine corp.

werden. Hu Hung schreibt: „Tao ist ein Gesamtname für Substanz und Funktion. Wohlwollen ist seine Substanz und Gerechtigkeit seine Funktion. Wenn Substanz und Gerechtigkeit vereint werden, dann haben wir Tao". Forke wendet dagegen ein: „Warum soll diese Liebe nur vorhanden sein, und sobald eine Tätigkeit erfolgt, nur Gerechtigkeit zustande kommen? Zwischen beiden Tugenden, Wohlwollen und Gerechtigkeit, besteht kein Gegensatz wie zwischen Substanz und Funktion" (124). Der Sinn des Textes besteht darin, das Tao als das Identische dessen zu zeigen, was in uns gerade nicht identisch ist. Es wird als dasselbe erklärt: Substanz – Funktion einerseits und Substanz – Wohlwollen, Funktion – Gerechtigkeit andererseits. Das Tao ist die Identität dieser zwei, bzw. vier. Die Vereinigung von Substanz und Gerechtigkeit stellt zugleich die Vereinigung von Wohlwollen und Funktion dar. Die Liebe ist also nach Hu Hung nicht bloß vorhanden, sie ist identisch Tätigkeit. Zwischen Substanz und Funktion besteht nur ein Gegensatz, wenn die Funktion nicht nur Tätigkeit, sondern zugleich (wie immer im endlichen Bereich) Veränderung des Tätigen ist, die Substanz also als Träger der Funktion aufgefaßt werden muß. Das Tao wird aber in Hu Hungs Worten gerade als dasjenige gekennzeichnet, was über der Ebene dieses Gegensatzes liegt.

Während die Idealisten die Identität des Tao mit dem menschlichen Geist verteidigten, hielten die Realisten an der Verschiedenheit beider fest. Den größten Rückhalt erhielt der realistische Dualismus am System des *Tschu Hsi*[5] (1130–1200), der als der größte Philosoph Chinas gilt. Er beherrschte das gesamte Wissen seiner Zeit. Verglichen mit den früheren Philosophen, die ihn teilweise an Originalität übertreffen, zeichnet er sich dadurch aus, daß er seine Behauptungen auch zu beweisen sucht und mit der größten Sorgfalt das Für und Wider abwägt. Bemerkenswert ist auch sein kritischer Sinn, mit dem er sich mit seinen Vorgängern auseinandersetzt[6].

Tschu Hsi führt die Wirklichkeit auf zwei Prinzipien zurück: die Vernunft (Li) und das Fluidum (Tch'i). Die immaterielle Vernunft geht dem materiellen Fluidum, das aus ihr entsteht, voran. Nachdem aber das Fluidum durch die Vernunft entstanden ist, trennt sich diese nicht mehr von ihm.

[5] Von manchen Autoren auch Tschu Hi geschrieben.

[6] Bei dieser Gelegenheit sei einer Anregung Ausdruck verliehen. Die Bedeutung Tschu Hsi's würde es wohl verdienen, daß sein philosophisches System dem Abendland in einer Übersetzung bekannt würde. Bisher sind nur Bruchteile übersetzt worden und die von Forke angeführten und übersetzten Stellen erwecken, so dankenswert sie sind, immer noch zu sehr den bei Tschu Hsi offenbar falschen Anschein des Aphorismenartigen. Für eine solche Übersetzung möchte ich aber im Namen aller, die keine Aussicht haben, sich des Chinesischen bemächtigen zu können und dennoch den Text nach Möglichkeit selbstständig beurteilen wollen, den Wunsch aussprechen, daß außer der Übersetzung auch die vom Übersetzer nicht gewählten Bedeutungen der Begriffszeichen, sei es in Fußnoten, sei es in einer anderen Weise – für die häufiger vorkommenden Begriffe vielleicht durch Wortlisten – mit angegeben werden. Dabei sollten auch die nicht-philosophischen, konkreten Bedeutungen und das chinesische Schriftzeichen nicht fehlen.

Die Vernunft ist dann die Natur oder das innerste Wesen von Himmel und Erde.

In einem Text Tschu Hsi's (171) steht zwischen Vernunft und Fluidum die Form (Wesen). Die Vernunft ist „das über die Form erhabene Prinzip", also das Prinzip der Form; das Fluidum ist „das der Form unterworfene Gefäß", also das Subjekt der Form. Das Fluidum als das Subjekt der Wesensform dürfte der aristotelischen materia prima nahekommen. Insofern Tschu Hsi jedoch sagt, daß die körperlichen Substanzen durch Zusammenziehung und Zusammenballung des Fluidums entstehen, erreicht er die intellektuelle Reinheit des aristotelischen Begriffes nicht.

Forke bemerkt, daß Li nicht überall, wo es vorkomme, Vernunft bedeute, sondern zuweilen auch menschliche Idee, Zweckbegriff. So in dem Text: „Frage: ‚Haben vertrocknete Dinge ein Prinzip?' – Antwort: Sobald es einen Gegenstand gibt, hat er ein Prinzip. Der Himmel erschafft keinen Pinsel, sondern die Menschen stellen ihn aus Hasenhaar her. Sobald es einen Pinsel gibt, hat er auch sein Prinzip" (172). Der Text ist lehrreich. Alle Dinge verwirklichen eine Idee. Die Kunstprodukte eine Idee des Menschen, die Naturprodukte eine Idee des Himmels. Der Himmel aber ist gleichbedeutend mit Vernunft (Li) (174). Wie nun die menschliche Vernunft nicht identisch ist mit der im Pinsel verkörperten Idee, so auch die himmlische Vernunft nicht mit den in den Dingen verkörperten Vernunftideen. Die himmlische Vernunft ist im Gegenteil das Prinzip dieser Vernunftideen oder Formen (s. oben). Gerade deshalb können aber diese Vernunftideen selbst auch wieder in einem abgeleiteten Sinn „Vernunft" genannt werden. Da „Li" aber nur im abgeleiteten Sinn identisch ist mit den Formen der Körper, so dürfte Forke die Übersetzung Le Galls, der Li mit forme wiedergibt, mit Recht ablehnen (171 Anm. 7). Die Begründung hingegen, daß diese aristotelische Auffassung den Chinesen sehr fern liege, scheint nicht durchschlagend zu sein. Die Vernunft ist in ihrem letzten Prinzip und in ihren Ergebnissen nicht chinesisch und nicht griechisch, sondern, wie alle großen Philosophen, auch Tschu Hsi, erkannt haben, eine (173). Je reiner die Lehren der Philosophen der Ausdruck dieser einen Vernunft sind, desto mehr Zusammenhang werden sie auch untereinander haben. Daß Tschu Hsi aber in manchen Stücken der aristotelischen Philosophie nahe kommt, ist unverkennbar. Li als das innere Prinzip der Körper ist das vernunftartige, das Fluidum ist das vernunftfremde Prinzip. Tschu Hsi unterscheidet auch, wenngleich nicht allerorts genügend, Li als das innere und das äußere Prinzip. So in dem Text: „Wenn man von Himmel, Erde und von allen Dingen spricht, so gibt es nur eine einzige Vernunft. Von den Menschen aber hat jeder seine besondere Vernunft" (173). Ohne die Unterscheidung Li's als äußerem und innerem oder mitgeteiltem Vernunftprinzip sind die Texte, in denen Li als das Urprinzip beschrieben wird, schwer mit jenen zu vereinbaren, in denen es in engster Wechselbeziehung zum Fluidum erscheint. Unter mitgeteilter Vernunft kann man dabei subjektive und objektive Vernunft verstehen.

Mißverständlich ist es, wenn Forke schreibt: „Für einen persönlichen

Gott ist in Tschu Hsi's System kein Raum" (179). Er meint damit, daß Tschu Hsi die volkstümlichen, anthropomorphen Gottesvorstellungen ablehnt. Das geht auch klar aus den Texten hervor. Mehr aber nicht. Tschu Hsi schreibt zwar: „Wie könnte es auch im Himmel eine Person geben, welche dies befiehlt?"(179–180), verwendet aber, wenn ich mich nicht täusche, in der die „Person" darstellenden Zeichengruppe auch das Begriffszeichen „Mensch" (180 Anm. 3). Auf jeden Fall ist die Vernunft nach ihm kein bloß abstraktes und formales Prinzip, sondern der wirkliche Ursprung aller Dinge, besitzt also selbst auch wirkliches, wenngleich dem unseren nur analoges Sein; sie verhält sich zur Welt erkennend und wollend. Damit sind aber die wesentlichen Bedingungen für ein persönliches Wesen gegeben.

In der Naturphilosophie lehrt Tschu Hsi den periodischen Wechsel von Schöpfung und Weltuntergang. Ob unter der Schöpfung die völlige Hervorbringung aus Nichts im Sinne der Scholastik zu verstehen ist, geht aus dem Mitgeteilten nicht mit voller Sicherheit hervor. Die Hervorbringung des Fluidums durch die Vernunft deutet darauf hin. Geschieht sie frei, oder aus Naturnotwendigkeit? Vielleicht hat sich Tschu Hsi diese Frage gar nie gestellt (182 bis 185).

Offenbar war es die Psychologie Tschu Hsi's, die Le Gall S. J. veranlaßt hat, Tschu Hsi wegen seines Materialismus einen „philosophe détestable" zu nennen (199). Tschu Hsi definiert nämlich den Geist als den feinsten und spirituellen Teil des Fluidum (185). Vielleicht wäre Le Galls Urteil vorsichtiger gewesen, wenn er sich daran erinnert hätte, daß auch ein Augustinus und die ihm folgende Philosophie von einer Materie des Geistes sprach. Thomas von Aquin hat diese Auffassung dahin berichtigt, daß er anerkannte, daß in jedem geschaffenen Wesen ein potentielles Prinzip enthalten sei, daß es aber nicht angehe, dieses Materie zu nennen. Sollte das, was Tschu Hsi hier meint, nicht dasselbe sein, was Augustinus gemeint, aber in Ermangelung geklärterer Begriffe mißverständlich ausgedrückt hat? Nach Tschu Hsi ist der Geist so fein und spirituell, daß er die Spitze eines Härchens durchdringt, und doch wieder so groß, daß alle sechs Himmelsrichtungen, Vergangenheit und Zukunft darin Platz finden (186). Er ist mit andern Worten über die Bedingungen von Raum und Zeit erhaben, was gerade das Kennzeichnende des Geistes ist. Forke meint hier, daß Tschu Hsi Denken und Sein vermische. Gewiß wird hier zunächst nur die Ungebundenheit des Geistes im Denken und Vorstellen ausgesprochen. Aber ist die objektive Ungebundenheit möglich, ohne daß der Geist dem subjektiven Sein nach jenseits der raum-zeitlichen Ordnung steht? Ein anderer Grund für materialistisch klingende Wendungen unseres Philosophen mag darin liegen, daß er den Geist als das Lebensprinzip und den Beherrscher des Körpers betrachtet. Vom Geist als Lebensprinzip ist es wohl auch zu verstehen, wenn er sagt, daß der Geist beim Tode des Menschen zugrunde gehe; nur die Vernunft wandle sich nicht (187–188). Auch in der Psychologie liegen die Anschauungen Tschu Hsi's noch lange nicht klar und eindeutig zutage. In den weiteren Abschnitten, die Forke über die Psychologie Tschu Hsi's bringt (189–192), ist auch noch von Geist und

Geistern in einem zwischen reiner Geistigkeit und Körperlichkeit liegenden Sinne die Rede. Tschu Hsi verwendet aber dabei, wie mir auffiel, ein anderes Schriftzeichen.

Hatte die Ming-Zeit noch einen Philosophen vom Range Wang Yangmings hervorgebracht, so verfiel die Philosophie Chinas in der *Mandschu-Periode* immer mehr, bis sie im 18. Jahrhundert ihren Tiefstand erreichte. Seit der Republik (1912) besteht die philosopische Bewegung hauptsächlich in der Aneignung neuer Gedanken aus dem Westen. Einen Philosophen von schöpferischer Bedeutung gibt es zur Zeit in China nicht. Forke hofft jedoch auf eine neue Blütezeit.

Die abweichende Auffassung, die hier von manchen Texten gegeben wurde, möchte das Verdienst Forkes in keiner Weise herabsetzen, sondern dem tieferen Eindringen in die Gedankenwelt der chinesischen Philosophen dienen.

Nachbemerkungen

Dieser kurze Beitrag – der Titel bezieht sich nicht auf die kommunistische Philosophie – erschien zuerst in „Scholastik“ 15 (1940) 233–239. Er ist eine Zusammenfassung dessen, was mir beim Lesen von Alfred Forkes großem Werk über die neuere chinesische Philosophie besonders auffiel. Da ich nicht Sinologe hin, mußte ich mich fragen, ob eine weitere Veröffentlichung angebracht sei. Ein Blick auf die in W. Totok, Handbuch der Geschichte der Philosophie, Bd. I (Fft 1964) angegebenen allgemeinen Darstellungen der chinesischen Philosophie (S. 52/3) und die Literatur zum Neukonfuzianismus (S. 65–67) beseitigte meinen Zweifel. Neuere Darstellungen in deutscher Sprache werden nicht angeführt. Eine solche über die Hsing-li-Schule und insbesondere über Dschu Hsi findet sich zwar im 1. Bd. des von Olaf Graf O. S. B. in den „Monumenta Nipponica Monographs“ (Nr. 12: Tôkyô 1953, Sophia University Press) herausgegebenen und kommentierten Werks von Dschu Hsi „Djin-si lu“. Das ist jedoch aus der bibliographischen Angabe bei Totok I 66 nicht ersichtlich.

a] „Das Licht der Vernunft, durch das uns solche Prinzipien bekannt sind, ist uns von Gott eingegeben, sozusagen als eine gewisse Ähnlichkeit mit der ungeschaffenen Wahrheit, die in uns widerstrahlt.“

b] Dieser Anregung entspricht – obwohl kaum durch sie veranlaßt – die oben erwähnte Edition O. Grafs. Ihr Inhalt: Bd. I (297 u. 27 S.): Einleitung; Bd. II: Text des „Djin-si lu“ mit Kommentar von Yä Tsai beides in deutscher Übersetzung; II, 1 (388 S.): Abschnitt 1–4; II, 2 (389–768 S.): Abschnitt 5–14; Bd. III (545 S.): kommentierende Anmerkungen des Herausgebers mit Wiedergabe und Erörterung auch der chinesischen Zeichen; auch Yä Tsai geht in seinem Kommentar auf die ursprüngliche Bedeutung vieler Zeichen ein. Leider blieb dieses Werk – zumindest im Westen – völlig unbeachtet.

0 Es sind nun (1976) dreißig Jahre her, daß der Verfasser des „Index Thomisticus"[1] zum ersten Mal den Gedanken zu einem Werk faßte, dessen ersten zehn Bände im Jahre 1974, siebenhundert Jahre nach dem Tod von Thomas von Aquin, erschienen sind[2]. Es ist nicht leicht, dem Leser eine hinreichend plastische Vorstellung dieser gigantischen Ausgabe zu vermitteln. Zweck dieser Rezension ist u. a. auch der, dem Benützer, der das Werk in größeren Bibliotheken finden wird, den Zugang dazu zu erleichtern. Denn ein gewöhnliches Nachschlagewerk ist es nicht. Es erfordert ein gewisses Studium der ganzen Anlage, um es sinnvoll zu verwerten.

1 Zunächst sei der Verfasser vorgestellt, *P. Roberto Busa*, S. J. Die von ihm verfaßte fünfsprachige Einführungsschrift, auf der Europäischen Pressekonferenz in Rom am 8.-Juni 1973 verteilt, spricht zwar bescheiden von *den* Verfassern, unter Hinweis auf die grundlegenden Beiträge vieler Gelehrter und Sachverständiger der automatischen Sprachanalyse, deren Verdienste nicht geschmälert werden sollen, aber der eigentliche Verfasser und geistige Urheber, der das Werk so vieler einte und mit zäher Ausdauer der Vollendung entgegenführte, ist doch P. Roberto Busa (geb. am 28. November 1913 in Vicenza, Professor an der Philosophischen Fakultät „Aloisianum" in Gallarate, Oberitalien). Er begann seine wissenschaftlichen Arbeiten[3] mit der Dissertation „La Terminologia Tomistica dell'Interiorità. Saggi di metodo per una interpretazione della metafisica della presenza" (Milano 1949, Bocca, 280 S.). – Bei der Vorbereitung auf diese Untersuchung, die das Aufsuchen, Abschreiben und Gruppieren von ca. 10 000 Textstellen erforderte, kam ihm zuerst der Gedanke an einen mit Hilfe von Lochkarten-Maschinen herzustellenden Index Thomisticus. Es war eine glückliche Konstellation der Wissenschaftsgeschichte, daß sich sein Wunsch mit den Plänen der „International Business Machines" (IBM) traf, die im Hinblick auf langfristige Entwicklungen, insbesondere der maschinellen Übersetzung, gern den umfangreichen Textbestand eines bedeutenden Autors maschinell analysiert hätte, um entsprechende, weiter verwertbare Programme daraus zu gewinnen. Dazu waren aber nicht nur Techniker und Linguisten notwendig, sondern auch ein Gelehrter, der den zu analysierenden Autor gründlich kannte und bereit war, ggfs. seine ganze Arbeitspotenz dafür einzusetzen. In Busa fand sich dieser Mann, der seinerseits ohne die organisatorische, technische und finanzielle Potenz

[1] Index Thomisticus. Sancti Thomae Aquinatis Operum Omnium Indices et Concordantiae in quibus verborum omnium et singolorum formae et lemmata cum suis frequentiis et contextibus variis modis referuntur quaeque auspice PAULO VI Summo Pontifice consociata plurium opera atque electronico IBM automato usus digessit ROBERTUS BUSA SI in Gallaratensi Facultate Philosophica Aloisiani Collegii Professor. Stuttgart: frommann-holzboog 1974–1976.

[2] Inzwischen sind alle 8 Bände der Sectio I (Indices) und sämtliche 23 Bände der Sectio II (Erste Konkordanz) erschienen.

[3] Ihre Bibliographie zählt (bis April 1975) 104 Publikationen, die meist der mechanischen Sprachanalyse und verwandten Problemen gewidmet sind.

eines interessierten Weltkonzerns seine wissenschaftlichen Pläne nie hätte verwirklichen können.

2 Der Weg zum Index Thomisticus. – Die Arbeiten begannen 1949 unter
20 B.s Leitung in Gallarate bei Mailand. 1967 – 69 wurden sie am Centro Nazionale Universitario di Calcolo Elettronico (CNUCE) der Universität Pisa, 1970 im IBM-Laboratorium Boulder (Colorado, USA) und seit 1971 im Centro di Ricerca der „IBM-Italien" in Venedig fortgesetzt. Bei seinem Unternehmen suchte und fand B. die Mithilfe zahlreicher Gelehrter und wissenschaftlicher Institutionen. Erwähnt seien besonders die Dominikanerpatres der Leonina-Kommission, welche die kritische Ausgabe der Werke des hl. Thomas von Aquin besorgen, die Wissenschaftler des „Thesaurus Linguae Latinae" in München u. a. sowie die inzwischen verstorbenen Jesuitenpatres René Arnou und Otto Faller. Zur Bewältigung der juridischen, finanziellen und organisatorischen Probleme waren zu verschiedenen Zeiten verschiedene Komitees tätig. In die Preiskalkulation der gedruckten Ausgabe des IT sind nur die Kosten der Veröffentlichung, nicht der Textherstellung des IT eingegangen. Den Spendern, die das Werk ermöglicht haben, sei dafür auch hier gedankt.

21 *Maschinengebrauch.* – Welche Bedeutung hat der Gebrauch der elektronischen Rechner für die Gestaltung des IT gehabt, welchen Nutzen erbrachte er? Die Erstellung einer bloßen Konkordanz hätte den großen Kostenaufwand, wie B. selbst bemerkt, nicht gelohnt. Das Ergebnis darf jedoch nicht nur quantitativ, von der Arbeitsschnelligkeit des Rechners her, beurteilt werden; qualitativ war es durch die Zusammenarbeit von Mensch und Maschine bestimmt: von den Anforderungen, die der Mensch an die Maschine stellte, aber auch von den Möglichkeiten, die die Maschine hatte und den Zielsetzungen, die sich daraus für den Menschen ergaben. Die durch die Maschinen ermöglichten Analysen – die Einführungsschrift zählt deren zwölf auf – und die dafür geforderten methodischen Strategien darzustellen, ist hier nicht der Ort.

Von großer Bedeutung für einwandfreie Drucklegung und eine große Ersparnis menschlicher Arbeitsleistung war die Verwendung einer Experimentiermaschine der IBM für die Vorbereitung der Drucklegung, indem der Text direkt vom Magnetband in eine Lichtsetzmaschine übernommen und dort mit Hilfe eines Magnetband-Programms zu einer druckfähigen Offset-Film-Matrize mit vollständigem Seitenumbruch gestaltet wurde, so daß alle weiteren Korrekturen entfielen.

22 Die *menschliche Arbeit*, die für das ganze Unternehmen erforderlich war, war dennoch beträchtlich. Es wurden mehr als eine Million menschliche Arbeitsstunden aufgewandt. Die Textmasse von insgesamt 1 700 000 Zeilen mußte Satz für Satz durchgegangen und für die Eingabe mit verschiedenen Kodierungen versehen werden; dabei wurde u. a. angegeben, welche Textteile originärer Text von Thomas sind, was wörtlich oder dem Sinne nach zitierter Text ist; was bloßer Hinweis auf andere Textstellen, was Verweis auf andere Autoren ist. Darauf erfolgte die Eingabe in die Maschinen durch Ablochen des gesamten Textes mit den beigefügten Kodierungen und

später die Übertragung auf Magnetband. Anhand des so aufgezeichneten Textes und der sich daraus ergebenden Wortlisten mußte durch Vergleichung mit Forcellinis „Lexicon totius Latinitatis" zuerst das elektronische Maschinenlexikon hergestellt, es mußte für die Formen das zugehörige Lemma festgestellt (siehe hier 51) und das Problem der Homographien (siehe hier 56) gelöst werden. Für all das und insbesondere für die Agglutination der Schlüsselworte (s. 54), für die Aufstellung der Syntagmata (s. 55), die Anordnung der Kontexte in den Konkordanzen (s. 58), für die verschiedenen Indizes (s. 30), für die Anordnung der Texte auf einer Druckseite (s. 21). waren die Programme der Maschinen aufzustellen und deren Ausführung zu überwachen.

Für die Zuverlässigkeit des Werkes (vgl. 31) waren die Kontrollen und Korrekturen von größter Bedeutung. Die 1 700 000 Textzeilen sind in verschiedenen Phasen der Herstellung Wort für Wort mindestens achtmal überprüft worden.

3 *Beschreibung des IT.*

30 Übersicht über die *Struktur des IT*. Der gesamte IT wird *Indizes* und *Konkordanzen* umfassen, und zwar Sammel-Indizes, die alle Werke betreffen, und spezielle Indizes, die den einzelnen Werken zugeordnet sind. Von den Konkordanzen betreffen zwei die Werke von *Thomas selbst,* andere den *Text anderer Werke,* die nicht von Thomas stammen, aber in den Thomas-Ausgaben enthalten sind. Der gesamte IT erscheint in *zwei Reihen,* von denen bisher nur die erste zur Subskription steht, die zweite zur Drucklegung vorbereitet wird. Die *erste* Reihe enthält die für die Theologie und Philosophie wichtigsten Teile, nämlich die *Sammelindizes* der Verteilung der Lemmata und der Wortformen (s. 4) und die *Erste Konkordanz* zu den
b] Thomaswerken selbst. Die *zweite* Reihe wird die übrigen Teile des IT enthalten: die *übrigen Indizes,* die *Zweite Konkordanz* (s. unten) und die *Konkordanzen* zu den Werken *anderer Autoren.*

31 Der *Einleitungsband,* der noch nicht erschienen ist, wird eine ausführliche Beschreibung und Begründung der Verfahrensweisen in der Herstellung des IT geben. Die für den Gebrauch des Werkes wichtigsten Informationen sind in den Bänden jeweils als *Vorspann* eingebunden. Dieser Vorspann bringt eine Liste der Personen, die den IT in wissenschaftlicher, technischer, finanzieller und organisatorischer Hinsicht gefördert haben. Die Herstellung der Bände – in hervorragender Qualität – oblag der Drukkerei Pizzi (Mailand). Die Publikation geschieht durch den Friedrich Frommann Verlag Günther Holzboog KG in Stuttgart. Die ganze, komplexe Organisation des Unternehmens stand unter der kundigen Leitung von P.
c] Enrico Pozzi S. J. Der Vorspann bringt weiter eine Erklärung der ständig gebrauchten besonderen Fachausdrücke, ein Abkürzungsverzeichnis mit Verweis auf die Abschnitte, wo sie im sachlichen Zusammenhang erklärt werden, und in den Konkordanzbänden eine genaue Beschreibung und Gebrauchsanweisung der Konkordanzen. In den Indizesbänden findet sich eine entsprechende Beschreibung. Es folgt die Tafel der Syntagmata (s. 55), die Tafel der Lemmata, die in solchen Syntagmata auftreten; dann eine

Fehlerliste. Sie enthält für alle 23 Bände der Ersten Konkordanz 17 (!) Fehler; diese treten dann zwar an mehreren Stellen auf, die jedoch genau angegeben sind.

32 Es schließt sich die *Liste der Werke* an, die in den IT aufgenommen wurden. Es sind vor allem die 118 echten (und zweifelhaften) Thomasschriften mit insgesamt 8 767 854 Worten. Zur Zahl 118 kommt man, da aus praktischen Gründen die größeren Teile einiger umfangreicher Werke, wie des Sentenzenkommentars und der Summa Theologiae, gesondert gezählt wurden. Die in den Autographen (vor allem der Summa contra Gentiles) von Thomas selbst gestrichenen Stellen werden unter einem eigenen Sigel zusammengefaßt und so auch im Text der Konkordanzen aufgeführt und als später getilgte Texte erkennbar. Die Zählung der Werke läßt sofort erkennen, welcher Gruppe sie angehören. So folgen auf die 19 Hauptwerke (001–019) die Opuscula[4] (020–049), die Kommentare[5] (050–076), die Reportationes[6] (077–100), schließlich die Schriften, deren Zuteilung an Thomas nicht unbestritten ist[7] (101–118). Eine weitere Gruppe umfaßt die Werke anderer (zum Teil bekannter, zum Teil unbekannter) Autoren. Darunter finden sich nicht nur die Thomas irrtümlich zugewiesenen Schriften oder fremde Einschübe in echten Schriften, sondern auch die Fortsetzungen unvollendet gebliebener Thomasschriften durch andere Autoren. Anhand der Werknummer (Grenze 100!) ist es somit leicht, sich zu orientieren, ob ein Text sicher von Thomas stammt. Die Sigel der wichtigeren Werke sind meist leicht verständlich. Wenn es von einem Werk eine kritische Ausgabe gibt, steht beim Sigel immer das Zeichen #. Sonst wurde die nach dem Urteil der Experten beste Druckausgabe zugrunde gelegt; soweit schon vorhanden, auch das noch ungedruckte Material der Leonina (Stichtag 31. Dez. 1971). Bei jedem Titel sind die zugrunde gelegten Editionen angegeben. Weiter wird die Anzahl der Worte angegeben, aus denen die Schrift besteht, sowie deren Addition zu den oben genannten Werkgruppen.

33 Ein aufmerksames Lesen des Vorspanns ist für einen ergiebigen Gebrauch des Werkes unerläßlich. Das Wichtigste daraus ist in einem *Faltblatt* enthalten, das den Bänden der Ersten Konkordanz jeweils beigefügt ist. Darin findet sich die Verteilung des Alphabets auf die 23 Bände der Ersten Konkordanz, eine Sigelliste der 118 Thomaswerke, die Liste der Lemmata, die sich mit anderen zu den sogenannten Syntagmata verbinden (s. 55), und zwei Agglutinationslisten (s. 54).

4 *Indizes.*

40 Dieser, dem Umfang (8 Bände) nach kleinere Teil der ersten Reihe des Gesamtwerkes, der ihm den Namen IT gegeben hat, dürfte vor allem den Sprachforscher interessieren; er ist aber auch für den Philosophen und

[4] Das entsprechende Werk-Sigel beginnt immer mit O.

[5] Die Werk-Sigel beginnen mit C.

[6] Die Werk-Sigel beginnen mit R.

[7] Die Werk-Sigel beginnen mit D.

Theologen von nicht zu unterschätzender Bedeutung im Hinblick auf die Begriffsgeschichte und die Erforschung systematischer Begriffszusammenhänge. Während die Konkordanzen die Kontexte der Worte wiedergeben, liefern die *Verteilungstafeln* (Tabulae Distributionis) den Nachweis, wie oft und in welcher Art jedes Wort in den „Thomaswerken" (s. oben 30) vorkommt. Dies geschieht einmal in einer summarischen Übersicht *(Prospectus)* und dann in Tafeln, die reichere Einzelinformationen bieten *(Singillata Distributio)*. Beide Tafeln sind in Tafeln der Lemmata (Stichwörter) und der einzelnen Wortformen unterteilt.

41 Wenden wir uns zunächst der summarischen Verteilungstafel der Lemmata *(Prospectus Distributionis Lemmatum)* zu. Sie füllt die ersten 412 Seiten des ersten Index-Bandes, also von Band I der Sectio prima: Indices. Der Prospectus Distributionis Lemmatum geht jeweils über zwei gegenüberliegende Seiten. Die linientreue Verbindung von der linken zur rechten Seite wird durch die Verwendung von je zwei Paaren von Scheibchen und Strichen hergestellt, so daß man die Identität der Zeile über beide Seiten hin leicht kontrollieren kann, auch ohne daß man ein Lineal zu Hilfe nimmt. Oben stehen die Werknummern, darunter in vertikaler Ordnung die Werksigel. Es folgt die Anzahl der Worte in Tausend, aus denen das betreffende Werk (bzw. die Werkgruppe) besteht. Auf der linken Seite rechts, ungefähr in der Mitte der beiden Seiten, stehen die Lemmata (insgesamt 18 167) mit ihren Kennummern[8], die wenigstens einmal in den „Thomas-Werken" vorkommen. Parallel zu den Lemmata und jeweils senkrecht unter dem betreffenden Werksigel stehen die Angaben über Anzahl und Art des Vorkommens. Diese Angaben bestehen aus drei Zeichen, von denen die ersten beiden die Größenordnung, das dritte die Art des Vorkommens angibt. Wenn die Anzahl des Vorkommens unter 100 bleibt, wird sie genau mit 01 bis 99 angegeben. Die Kombination einer Ziffer von 1 bis 9 und dem Buchstaben r steht für ein Vorkommen im Bereich von 100 bis 199 bzw. 200 bis 299 usw.; die Kombination von Ziffer und Buchstabe s für die Bereiche von 1000 bis 1999 usw.; die Kombination von Ziffer und Buchstabe t für die Bereiche 10 000 bis 19 999 usw. Das dritte, nicht-numerische Zeichen gibt die Art des Vorkommens, genauer die Herkunft, an, nämlich ob es ein Wort von Thomas (bzw. bei unechten Werken des betreffenden Verfassers) ist, oder ob es in Texten vorkommt, die von ihm wörtlich oder dem Sinn nach zitiert werden. Die Art des Zeichens gibt zugleich an, ob es in allen Fällen ein Wort von Thomas (oder dem betreffenden Verfasser) selbst ist, ob es niemals ein Thomaswort ist, also überall nur zitiert wird, ferner ob es zwar nicht immer, aber wenigstens zu zwei Dritteln, wenigstens zu einem Drittel oder darunter von Thomas ist. Den Bänden der Indices Distributionis liegt eine Tafel bei mit dem Schlüssel der Sigel und der Werke.

[8] Die Lücken in der Reihenfolge der Kennummern bedeuten, daß es im Alphabet dazwischen Lemmata gibt, die bei Thomas nicht vorkommen, die jedoch an der betreffenden Alphabetstelle im Forcellini stehen (s. 22).

42 Der Rest des Bandes von Seite 413–1064 wird vom *Prospectus Distributionis Formarum* für die Formen von A bis C ausgefüllt. Es sind 29 234. Die Gestaltung der Tafeln ist dieselbe wie beim Prospectus Distributionis Lemmatum. Zu beachten ist jedoch, daß die Formen rein alphabetisch nach der Schreibform geordnet sind, also nicht immer beim Lemma, zu dem sie gehören, manchmal sogar weit entfernt von ihm stehen. Formen, die in verschiedener Schreibweise, wie cuius und cujus, vorkommen, wurden für die Zählung dieses Prospectus zusammengefaßt und ihre Anzahl der gebräuchlichsten Form zugeordnet. Homographien werden hier nicht unterschieden, ebensowenig Angaben über die grammatikalische Gattung der Wörter gemacht. Für beides ist die Singillata Distributio einzusehen.

43 *Aufschließungstafeln der Verteilung*. Während die beiden Prospectus Distributionis Lemmatum und Formarum Übersichtsafeln sind, ist die *Singillata Distributio Formarum* bzw. *Lemmatum* eine Aufschlüsselungstafel. Sie ist jeweils so angeordnet, daß nach dem Titel – Lemma oder Wortform mit Lemma-Nummer – die Angabe folgt, ob und in welcher Konkordanz das Wort aufgenommen ist, z. B. C 1 für die Erste Konkordanz. Dann folgen von oben nach unten die Werknummern und Werksigel der Werke, in denen das Wort vorkommt, rechts davon zehn weitere Spalten mit Zahlen. Durch darüber gestellte Buchstaben (a-k) und Trennstriche sind diese, zum Teil (aus Platzgründen) eng aneinander gerückten, Zahlenspalten eindeutig lesbar gemacht. Zu beachten ist, daß die Ziffern der Spalte b nicht zu den Zahlen der Spalte c, die von g nicht zu h, die von i nicht zu k gezogen werden, in denen sich die mit einem Komma beginnenden Prozentzahlen befinden. – Spalte a enthält die Gesamtwortzahl der einzelnen Werke in Tausend; b die genaue Anzahl des Vorkommens des betreffenden Worts in den einzelnen Werken; c den Prozentanteil des Vorkommens in bezug auf die Gesamtwortzahl des Werks, gemessen bis zu vier Dezimalen nach dem Komma; d den prozentualen Anteil des Vorkommens in dem Werk zur Summe aller Vorkommen (zur Summe von b); e das Vorkommen in Sätzen von Thomas selbst; f das Vorkommen in Sätzen, die auf andere Stellen bei Thomas oder auf Stellen anderer Verfasser Bezug nehmen; g das Vorkommen in sinngemäßen Zitierungen anderer Autoren; h gibt den Anteil von g zu b in Prozenten; i das Vorkommen in wörtlichen Zitierungen anderer Autoren; k gibt den Anteil von i an b in Prozenten. – Unter diesen Spalten folgt die Summenzeile; ggfs. sind es zwei: eine für die Thomas-Werke und eine für die Werke anderer Autoren, deren Sigel alle – ab Nummer 119 – mit X beginnen. In der Summenzeile stehen bei den Spalten mit absoluten Zahlen deren Summen. In den Spalten mit Prozentzahlen beziehen sich die Zahlen in der Summenzeile von c auf das Verhältnis der Summe von b zur Summe von a (des Vorkommens des Wortes insgesamt zur Gesamtwortzahl der Werke, in denen es vorkommt), in der Summenzeile der Spalte d auf das Verhältnis des Vorkommens überhaupt (also der Summe von b) zur Gesamtwortzahl aller Werke von Thomas (bzw. der anderen Verfasser zusammen), in der Summenzeile von h auf den Anteil der Summe von g (Vorkommen in sinngemäßen Zitaten) an der Summe von

b (Vorkommen überhaupt), in der Summenzeile der Spalte k auf den Anteil der Summe von i (Vorkommen in wörtlichen Zitaten) an der Summe von b (Vorkommen überhaupt).

44 *Weitere Indizes* (der *zweiten* Reihe). Zu den Sammelindizes, die alle Werke von Thomas (bzw. der anderen Verfasser) betreffen, gehören noch:
a) das *Vokabularverzeichnis,* das alle Lemmata und alle Wortformen enthält mit ihren morphologischen (grammatikalischen) Codierungen, mit zusammenfassenden Frequenzangaben sowie – für Wortschatzuntersuchungen – mit Aufstellungen, die vom Wortende her geordnet sind (Index contrarius);
b) die *Frequenzindizes,* das sind Listen der Lemmata und Wortformen, die nach der absteigenden Häufigkeit des Vorkommens bei Thomas, nach der Zahl der Buchstaben, aus denen sie bestehen, nach der morphologischen Codierung und nach anderen Gesichtspunkten geordnet sind.

5 *Konkordanzen.*

50 Wie schon in der Übersicht über das Gesamtwerk (s. 30) angedeutet wurde, sind nicht nur die Konkordanzen zu den eigentlichen Thomas-Werken und die zu den Werken anderer Autoren zu unterscheiden, sondern bei beiden auch eine Erste und eine Zweite Konkordanz. Hier soll nun nur die Erste Konkordanz zu den eigentlichen Thomas-Werken besprochen und diese zugleich von der Zweiten Konkordanz, die erst in der Zweiten Reihe des IT erscheinen wird, abgegrenzt werden. Unter Konkordanz versteht man eine alphabetisch geordnete Auflistung aller oder einer Auswahl der in einem Autor, einem Werk oder einer Werkgesamtheit, wie etwa der Bibel, vorkommenden Worte zusammen mit einem Kontext bestimmter Länge und Angabe ihrer Fundstellen. Die *Erste Konkordanz* der Thomas-Werke hat die von den Bibel-Konkordanzen her gewohnte Gestalt, allerdings mit einigen Besonderheiten, von denen gleich die Rede sein wird. Sie enthält die flektierten Wörter des eigentlichen Thomas-Textes – also nicht der Zitate und bloßen Hinweise – der 118 echten oder als echt vermuteten Werke von Thomas. Nicht aufgenommen und der *Zweiten Konkordanz* zugewiesen
d] sind die Pronomina, Pronominaladjektiva, ferner die mit großer Häufigkeit vorkommenden Hilfs- und Modalverben und die sogenannten verba dicendi.

51 In der *Ersten Konkordanz* werden unter einer Wortüberschrift die Kontexte angeführt, in denen das Wort vorkommt, und die Fundstellen angegeben. Die Wortüberschrift verwendet als Stichwort die Grundform, *Lemma* genannt. Für das Verbum ist das nicht der Infinitiv, sondern die erste Person Einzahl des Praesens. Die zur Grundform gehörigen weiteren Wortformen, *Formen* genannt, folgen halbfett gedruckt mit ihren Texten. Jedes Lemma hat seine Nummer. Diese Nummern entsprechen der Alphabetfolge des Forcellini; ein zugesetzter Buchstabe zeigt an, daß das Wort bei Forcellini nicht vorkommt. Die Texte haben ihrerseits laufende Nummern, wobei jedoch jedes Wortvorkommen, auch wenn es sich im selben Text wiederholt, gezählt wird. Der *Umfang des Kontextes* ist ziemlich groß, nämlich 2 $^1/_2$ Zeilen mit ungefähr 20 Wörtern; bei einigen mit hoher Frequenz vorkommenden Wörtern (z. B. divinus, humanus) und bei den Eigennamen

(np) sind es 1 $^1/_2$ Zeilen. Das *Stichwort* steht nicht mechanisch in der Mitte des Kontextes, sondern mittels einer sinnreich kodierten Rangordnung der Textteile und Satzzeichen so, daß z. B. wenn das Wort am Satzende (vor einem Punkt) steht, der ganze vorausgehende Text aufgeführt wird; hingegen alles, was dem betreffenden Wort folgt, wenn es am Anfang eines Satzes steht. Die Erste Konkordanz enthält den Kontext von ungefähr 2 700 000 Worten in 23 Bänden mit jeweils ca. 1200 Seiten.

52 Kontexte, die *zum Teil Zitate dem Sinne nach* enthalten, sind durch ein der Fundstelle vorgesetztes Zeichen –S– gekennzeichnet. Dieses Zeichen entfällt in den Kommentaren (C) und den Reportationes (R), außer wenn dort sinngemäße Zitate anderer als der kommentierten Autoren verwandt werden, ferner in den Texten, die sowieso schon als Zitate dem Sinne nach ausgewiesen sind (z. B. ag = argumentum, obiectio). Dieses Zeichen –S– muß berücksichtigt werden, wenn man den dem Thomas eigentümlichen Wortschatz und Wortgebrauch beurteilen will. *Wörtlich zitierte Teile* des Kontextes sind kursiv gedruckt. [...] weist auf absichtlich ausgelassene – weil den Sinnzusammenhang unterbrechende – Sätze hin. Die Kontexte der im ausgelassenen Teil enthaltenen Worte werden an den entsprechenden alphabetischen Stellen dieser Worte gebracht.

53 Die *Trennung* der Wortteile am Zeilenende erfolgt automatisch, sobald die Zeile voll ist, mit der einzigen Regel, daß weder am Zeilenende noch am Anfang der nächsten Zeile nur ein einzelner Buchstabe steht. Für eine den bestehenden Gewohnheiten entsprechende Silbentrennung konnte nämlich keine für alle Fälle hinreichende und für die Maschinen eindeutige Regel und Programmierung gefunden werden. Wie sich der Ref. sagen ließ, liegt die nicht vermeidbare Fehlerquote bei 15%.

54 Die *Schlüssel-Worte,* zu denen die Kontexte gehören, sind in diesen selbst jeweils halbfett gedruckt, ebenfalls gewisse den Schlüsselworten unmittelbar benachbarte (vorangehende oder folgende) sogenannte „agglutinierte Worte". Der Sinn dieser *Agglutination* oder Beiordnung, die zunächst befremdlich erscheinen könnte, ist der, die längeren Kontexte der Ersten Konkordanz, wenn erforderlich, auch für die Zweite Konkordanz, die jeweils bloß drei Worte enthalten wird, verfügbar zu machen. Die so agglutinierten Wörter sind eben jene, welche sich ihrer hohen Frequenz wegen in der Zweiten Konkordanz befinden. Wenn das agglutinierte Wort eine Präposition ist, geht es dem Schlüsselwort voraus; sonst folgt es ihm nach. Über die agglutinierten Worte und ihre Position (vor oder nach dem Schlüsselwort) informieren zwei Listen auf dem den Bänden der Ersten Konkordanz beigegebenen Faltblatt. Dabei verweist L auf ein ganzes Lemma, F auf eine der Formen, H auf ein sogenanntes Homographum non divisum (s. 56).

55 Von den bloß agglutinierten Worten sind die *Syntagmata* zu unterscheiden, d. s. jene Schlüsselworte, die aus zwei oder mehreren an sich selbständigen Schlüsselworten bestehen, aber in der Regel zusammengenommen eine feste Bedeutung haben, wie etwa liberum arbitrium, Beatus Apostolus Paulus u. a. Die zugehörigen Kontexte werden, um Redundanz zu vermei-

den, nur bei einem der Bestandteile gebracht; bei den anderen Bestandteilen wird auf den Bestandteil verwiesen, bei dem alle Kontexte stehen. In der Überschrift wird das Syntagma durch die Verbindung der Lemmata dargestellt, z. B. acceptio+persona für acceptio personae, personarum. Das Syntagma wird wie ein eigenes Lemma behandelt, folgt also jeweils erst nach allen Kontexten des Lemmas, soweit dieses nicht Bestandteil eines Syntagmas ist, z. B. hinter allen Kontexten von acceptio und dessen agglutinierten Worten mit eigener Überschrift. Das jedem Band der Ersten Konkordanz beigelegte Faltblatt enthält eine Liste aller Lemmata, die mit anderen ein Syntagma bilden. Zugleich wird die Anzahl der zu einem Lemma gehörigen Syntagmata angegeben; die größte Zahl mit 37 ist bei „Christus" angegeben.

56 Den Schlüsselworten der Lemmata sind – aus dem elektronischen lateinischen Maschinen-Lexikon entnommen – die grammatikalischen Qualifikationen beigegeben. Bei den Schlüsselworten steht nicht selten die Anmerkung „hom non div" bzw. „hom div", d. h. homographum non divisum bzw. divisum. Bei den *Homographien* (dem Sinne nach verschiedenen, aber gleich geschriebenen Worten, wie z. B. ibis für eine Verbalform von ire und für den Namen eines Vogels) handelt es sich zum Teil um solche, deren eine Bedeutung so vorherrschend ist, daß die Wahrscheinlichkeit des Vorkommens der anderen Bedeutung in den Texten gering ist. Es handelt sich um 10 000 Formen, über welche die Indizes Auskunft geben werden. Diese Homographien wurden in den Konkordanzen nicht im einzelnen ausgewiesen, sondern durch den Zusatz „hom non div" bloß darauf aufmerksam gemacht, daß hier auch eine andere als die gewohnte Bedeutung des Wortes vorliegen kann. So steht z. B. bei mehreren Formen des Verbums „Dependeo" (2. Konjug.), etwa bei „dependet", „dependeret", der Vermerk „hom non div", weil es auch Formen des Verbums „Dependo" (3. Konjug.) sein könnten. – Die Anmerkung „hom div" besagt hingegen, daß bei diesen (mehr als 3000) Formen die Bedeutung aller Kontexte[9] einzeln durch menschliche Arbeit untersucht und die Formen entsprechend ihrem Lemma zugeordnet wurden, bevor man sie weiteren Maschinenprozessen aussetzte. So steht bei „dependentia" (1. Dekl. fem.) der Vermerk „hom div", da hier alle Kontexte dieses Substantivs von den Kontexten des Partizips Plural Neutrum „dependentia", die beim Verbum dependeo stehen, getrennt wurden.

57 Die *Stellenangabe* des Kontextes erfolgt mit Werknummer und Werk-Sigel; die weiter beigefügten Nummern (bis zu drei) beziehen sich auf die Teile des jeweiligen Werkes; es folgt eine Abkürzung für den letzten Absatz, z. B. co für corpus, dann nach einem Schrägstrich die Zahl der Zeile, in der sich das Schlüsselwort findet.

58 Die *Anordnung* der Texte ist etwas kompliziert, aber dadurch bedingt, daß sie mehreren Anforderungen der Zielsetzung und der Maschinen zugleich zu genügen hatte. Auf die Titel der Lemmata folgen die der einzelnen

[9] Es sind zusammengenommen mehrere Hunderttausend.

Formen; dann die Syntagmata (s. oben 55). Innerhalb der Lemmata oder Grundformen werden die Formen, soweit sie nicht den Verben zugehören, zuerst nach dem Grad (positiv, komparativ, superlativ) und in diesem nach der Schreibweise geordnet, die Verbalformen aber gemäß der Abfolge der grammatikalischen Paradigmata. Unter den betr. Formen kommen zuerst die agglutinierten Schlüsselworte (s. oben 54), und zwar zuerst die mit dem folgenden, dann die mit dem vorangehenden agglutinierten Wort, dann erst das bloße Schlüsselwort. Die Agglutination erfolgt nach den Lemmata, nicht nach den Formen, also z. B. zuerst est, dann fuit als zugehörig zu sum. In jeder dieser Gruppen folgen die Kontexte dann der Ordnungszahl der Werke und innerhalb dieser der Ordnung des Textes nach. Alle Spezialwörter, zu denen auch die Zahlen und Zahlwörter (z. B. duo, unus, trinus) gehören, werden erst nach dem Z aufgenommen werden.

Diese, die rein alphabetische Reihenfolge durch die Agglutination unterbrechende Anordnung ist zwar bei größeren Kontextmengen unbequem, hat jedoch auch ihre Vorteile, da sie es ermöglicht, viel gebrauchte Wortverbindungen, wie z. B. per accidens, ens rationis und ähnliche, leicht über alle verschiedenen Werke hinweg beisammen zu finden. Der zwingende Grund jedoch, der keine andere Wahl ließ, war die oben (54) genannte Korrelation der Ersten und Zweiten (Dreiwort-) Konkordanz. Denn die Ausdehnung der Zweiten Konkordanz mit Worten hoher Frequenz hätte eine ungeheure Redundanz zur Folge gehabt.

6 *Verwertung*

Der IT ist ein hervorragendes Hilfsmittel verschiedener Wissenschaften, sei es der Linguistik, der Alt-Philologie, der Kulturgeschichte, besonders aber der Philosophie und Theologie. Für die Linguistik sind es vor allem die Indizes und das elektronische lateinische Maschinenlexikon (aus dem Linguistiker gezielt Informationen abrufen können), die diese Funktion haben. Das Maschinenlexikon enthält die maschinengerechte Aufbereitung von ca 50% des lateinischen Wortschatzes, der uns aus der Antike überliefert ist, mit 25 018 Lemmata, 147 080 Wortformen und 2742 Wortendungen. – Wie alle Hilfsmittel, so bringt der IT jedoch nur so viel Nutzen, als man wirklich von ihm Gebrauch macht. Welche Möglichkeiten bietet er für die Theologie und Philosophie und deren Geschichte?

61 *Erste Konkordanz.* Welchen Nutzen eine Konkordanz im allgemeinen bietet, bedarf keiner Erklärung. Wie hoch der Nutzungsgrad wegen der Vielfalt, Genauigkeit und absoluten Vollständigkeit speziell dieser Konkordanz ist, ergibt sich von selbst aus den oben gegebenen Informationen. Man wird, wenn man sich auch nur ungefähr an einen Text erinnert, diesen mühelos mitsamt seiner Fundstelle identifizieren können.

611 Hier sollen nur einige wenige Eindrücke vermittelt werden, die man beim Durchblättern des einen oder anderen Bandes haben kann. Auf den ersten Blick sieht man schon den ungefähren Umfang der Texte, die zu einem Wort gehören (bei creare 40 Seiten mit 120 Spalten; bei Deus 850 Spalten; ohne die 32 Syntagmata sind et fast 40 000 Texte). Schon vor dem Erscheinen der Indizes kann man anhand der laufenden Numerierung ablesen,

daß creatio 1432 mal, creator 449 mal, creatura mit verschiedenen Syntagmata zusammen 7592 mal in den Thomastexten vorkommt. Man sieht, daß bei wichtigen Grundbegriffen das die Tätigkeit betonende Hauptwort, z. B. actus (ohne die 16 Syntagmata 19 385 mal), das die Form betonende abstrakte Substantiv, z. B. actualitas (nur 47 mal), der Zahl nach weit übertrifft. Man überblickt sofort, wie umfangreich das für die Untersuchung eines Begriffes zu verwertende Material ist. Zugleich bietet sich anhand der Fundstellen auch die Möglichkeit, einen Untersuchungsbereich sinnvoll einzugrenzen. Wenn man die Fundstelle zu lesen weiß, kann man sich vor Fehlzitierungen schützen, da man sofort sieht, daß z. B. der Satz „gratia autem facillime removetur" nicht die Meinung von Thomas wiedergibt, sondern zu einer Objektion (ag = argumentum) gehört. Der Kontext ist so lang, daß er manchmal schon für sich einen vollständigen Satz oder Sinnabschnitt eines Satzes umfaßt. Öfter allerdings wird man den weiteren Kontext im Werk selbst einsehen müssen. Dafür bieten die Textteile der Konkordanz beim Suchen bestimmter Zusammenhänge meist hinreichende Hinweise.

612 Die umfassenden Konkordanzen (Erste und Zweite) machen es möglich, ein *Wörterbuch zu den Thomas-Werken* zu erarbeiten, das die ganze – bei Thomas vorkommende – Bedeutungsmannigfaltigkeit eines jeden Wortes aufgliedert und exemplarisch – und doch nicht fragmentarisch – belegt. Ein Hinweis sei hier erlaubt. Wäre es nicht möglich, daß weltweit durch Dissertationen Teile eines solchen Wörterbuchs erarbeitet würden, etwa für Wortgruppen, die sachlich oder sprachlich zusammengehören? Wünschenswert wären dann allerdings gemeinsame Richtlinien, die vielleicht von der Leitung des „Thesaurus Linguae Latinae" oder einer eigenen Redaktion herausgegeben werden könnten. Dort sollten solche Arbeiten auch gemeldet und gesammelt und von dort aus noch unbearbeitete Themenlisten an die Fakultäten und Institute der Alt-Philologie oder Theologie versandt werden. Die Abrundung und Vollendung zu einem Wörterbuch des Thomaswortschatzes könnte dann in einem nicht allzu fernen Zeitpunkt gelingen.

62 *Indizes.*

621 Wie schon gesagt, sind diese insbesondere für die Linguistik von großer Bedeutung. Auch für den Philosophen und Theologen, der sich mit Thomas beschäftigt? Wie kann dieser sie verwerten? Das ist auf mehrfache Weise möglich. Nehmen wir das Wort „bonitas". Im *Prospectus Distributionis Lemmatum* betrachten wir die Angaben zu den Hauptwerken (bzw. deren Hauptteilen von 01–10). Im Vergleich zu „bonus" (wenige Zeilen darunter) sehen wir sofort, daß das Konkretum fast überall um eine ganze Größenordnung häufiger vorkommt (bonitas in Hunderten, bonus in Tausenden), was unseren oben (611) geäußerten Eindruck bestätigt. In diesem Index kann man sich auch leichter und schneller über die Textmassen orientieren, die den Benützer der Konkordanz erwarten; bei bonitas sind es allein aus den Hauptwerken 1800, bei bonus aber mehr als 10 000 Texte. Von diesen Texten stammen bei bonitas und bonus mehr als zwei Drittel von Thomas

selbst, also nicht aus Zitaten. Wenn dieser Anteil in anderen Werken gelegentlich unter zwei oder gar unter ein Drittel sinkt, zeigen die betr. Werktitel meist, daß es sich um Auseinandersetzungen mit anderen Meinungen in den Opuscula oder um Kommentare handelt. Dieser Prospectus zeigt auch sofort, in welchen Werken wir eine um bestimmte Begriffe kreisende Problematik, die wir untersuchen wollen, zu erwarten haben, und wo anderseits ein bestimmtes Begriffswort gar nicht oder nur selten vorkommt. Die entsprechenden Auskünfte erhalten wir auch im Prospectus Distributionis Formarum, aber jeweils nur für bestimmte Wortformen des Lemmas.

522 Die *Aufschlüsselungstafeln* (s. 43) und die weiteren Indizes (44) können dazu dienen, den Wortschatz der Werke, deren Verfasserschaft strittig ist, mit dem der sicheren Thomas-Werke ähnlicher Thematik zu vergleichen und dadurch zu größerer Wahrscheinlichkeit, wenn nicht Sicherheit der Autorschaft zu kommen. Dabei wird es förderlich sein, wenn nicht nur bedeutungswichtige Worte, die des Sachverhalts wegen fast unvermeidlich vorkommen, verglichen werden, sondern auch andere, weniger sachlich als stilistisch kennzeichnende Worte und Wortgruppen, wozu auch die Konkordanzen (auch die Zweite Konkordanz) dienlich sein werden.

Man wird bei Untersuchungen über Thomas von Aquin in systematischer oder geschichtlicher Absicht künftig nicht mehr vom IT absehen können und Arbeiten dieser Thematik u. a. auch danach beurteilen müssen, ob sie vom IT einen sinnvollen und zweckdienlichen Gebrauch gemacht haben. Dies bedeutet, daß wissenschaftliche Bibliotheken, die der philosophischen und theologischen Forschung dienen, auf die Anschaffung des IT nicht werden verzichten können.

Nachbemerkungen

Der Bericht über den „Index Thomisticus" erschien in „Theologie und Philosophie" 52 (1977) 435–444.

a] Das ist die erste Reihe. Zur zweiten Reihe siehe hier 30 und [b].

b] Inzwischen – 1979/80 – sind auch die 18 Bände der zweiten Reihe erschienen: d. s. die Zweite [Dreiwort-] Konkordanz (s. hier 50, 54, 58) zu den Werken von Thomas von Aquin in 8 Bänden; die Konkordanzen (erste und zweite) zu den Werken anderer Autoren (6 Bde. der ersten und 2 Bde. der zweiten Konkordanz); die Indizes zu den anderen Autoren (s. hier 32) in 2 Bden.

c] P. Enrico Pozzi starb im November 1979.

d] Zu den hier angegebenen Schlüsselworten zur Zweiten Konkordanz (sowohl der Thomastexte wie der Texte der anderen Autoren) kommen noch die Worte aus wörtlichen Zitaten und der Stellenangaben.

SPRACHANALYTISCHE ÜBERLEGUNGEN BEI THOMAS VON AQUIN

Die Rezeption thomanischer Gedanken wird immer maßgebend davon abhängen, wie weit Thomas einen Beitrag zu den in einer Zeit auftretenden Problemen und Fragestellungen zu geben vermag. Das heutige philosophische Bewußtsein ist vielerorts von dem Gedanken geprägt, daß menschliches Denken, wo immer es zu einer, sei es auch nur inneren, Artikulierung drängt, von allem Anfang an Sprachdenken ist und im Hinblick auf eine Sprachgemeinschaft auch eine dialogische Dimension hat. Diese Überzeugung bleibt nicht nur eine theoretische Einsicht, sondern sie drängt dazu, die Analysen des Denkens von einer Analyse der Sprache her, in der sich das Denken vollzieht und bekundet, anzugehen.

Ist diese Tendenz so neu und unserer Zeit zu eigen, daß sie keine Vorläufer hätte? Angewandt auf Thomas von Aquin lautet die Frage: Finden sich bei ihm – ohne Verwendung des Namens – sprachanalytische Untersuchungen und welches Gewicht haben sie bei ihm[1]? Die Frage ist hier nicht, ob sich für eine sprachanalytische Auffassung bei Thomas – etwa im Hinblick auf die Lehre von der conversio ad phantasmata oder allgemeine Erörterungen über die Philosophie der Sprache – eine theoretische Begrün-

[1] Es ist hier nicht der Ort, eine Bibliographie der zahlreichen Äußerungen zur Beziehung von Sprachanalyse und Theologie zu geben. Verwiesen sei nur auf einige Veröffentlichungen, die näher an unser Thema herankommen. Schon *M. Grabmann* hat sich in seiner Abhandlung „Die Entwicklung der mittelalterlichen Sprachlogik": MAtl. Geistesleben I (München 1926) 104–147 auch mit Thomas von Aquin beschäftigt und geäußert, über die Antwendung der Sprachlogik auf Probleme der Theologie bei Thomas von Aquin ließe sich eine umfassende Abhandlung schreiben (145). Seiner Anregung folgend, hat *F. Manthey* unter dem Titel „Die Sprachphilosophie des hl. Thomas von Aquin und ihre Anwendung auf Probleme der Theologie" (Paderborn 1937) eine allseitige Untersuchung veröffentlicht, die als grundlegend bezeichnet werden muß, aber leider wegen des 2. Weltkrieges wenig bekannt geworden ist. – Weitere Arbeiten zum Thema: *L. Martinelli,* Thomas d'Aquin et l'analyse linguistique (Montréal–Paris 1963) 80 S. Martinelli, der S. 14–27 auch einen Überblick über die mittelalterliche Analyse vor Thomas von Aquin gibt, betont mit Recht, daß für Thomas die Analyse (eine) Methode, nicht aber Objekt der Philosophie (und Theologie) ist. Weiter: *D. B. Burrell,* Aquinas on naming God, ThStud 24 (1963) 183–212; *Ellis W. Jr. Hollon,* Can Thomas' definition of God stand the test of logical analysis? DivThom (Pi) 17 (1967) 125–130; *L. C. Velecky,* Flew on Aquinas [A. Flew, God and philosophy, NY 1966], Philosophy 43 (1968) 213–230. *B. Mondin* handelt in seinem Buch „The principle of analogy in protestant and catholic theology" (The Hague, revised ed. 1968) 7–102 über Thomas von Aquin und 174–187 über The meaning of theological language. Die Sammelbände: L'Analyse du Language théologique und Débats sur le Language théologique, beide ed. *F. Castelli* (Paris 1969) bringen nur wenig zu unserem Thema: der 1. Bd. 395–401 *(H. Gouhier),* der 2. Bd. 129–131, 171–187. *J. R. Gironella,* Filosofía del lenguaje y la filosofía aristotélica de Tomás de Aquino; Pens 28 (1972) 29–79; *ders.,* Algunas notas sobre las relaciones entre filosofía del lenguaje y la metafísica de Santo Tomás: Scritti in onore di C. Giacon (Padova 1972) 217–257. – *B. J. Lonergan,* Verbum. Word and Idea in Aquinas, ed. *D. B. Burrell* (Notre Dame 1967) geht nicht auf linguistische Probleme ein. Auch *Th. Bonhöffer,* Die Gotteslehre des Thomas von Aquin als Sprachproblem: BeitrHistTheol 32 (Tübingen 1961) bleibt trotz des Titels ausschließlich im Raum der theologischen Problematik.

dung finden oder ob eine solche sich von seinen Grundlagen her geben läßt, sondern ob sich Thomas in der Praxis des Denkens, in seinem Philosophieren und Theologisieren, sprachanalytischer Methoden bedient hat. Unser Vorgehen dabei ist sehr einfach. Wir gehen ein Stück weit in die „Summa theologica" hinein und sehen zu, ob Thomas tatsächlich sprachanalytische Untersuchungen vornimmt und wie er dabei verfährt (I). Darauf werden wir das gefundene Material nochmals sichten, um uns Rechenschaft darüber zu geben, welche Prinzipien für Thomas bei diesen Untersuchungen maßgebend sind (II).

I

1. In der S. Th. I q. 3, a. 3 stellt Thomas die Frage: ‚Utrum sit idem Deus quod sua essentia vel natura?', eine Frage, die er bejaht. Auf den Einwurf (arg. 1), daß wir doch sagen, *in* Gott sei eine Wesenheit und Natur, die Gottheit, so daß eine Differenz zwischen Gott und Gottheit und daher eine Zusammensetzung in ihm sei, antwortet er:

‚dicendum quod de rebus simplicibus loqui non possumus, nisi per modum compositorum, a quibus cognitionem accipimus. Et ideo de Deo loquentes utimur nominibus concretis, ut significemus eius substantiam; quia apud nos non subsistunt nisi composita; et utimur nominibus abstractis, ut significemus eius simplicitatem. Quod ergo dicitur deitas vel vita vel aliquid huiusmodi esse in Deo, referendum est ad diversitatem quae est in acceptione intellectus nostri, et non ad aliquam diversitatem rei' (ad 1).

Wenn wir über Gott sprechen, sind wir auf die Sprachmittel angewiesen, die wir im Umgang mit den Gegenständen unserer Erfahrung (apud nos) entwickelt haben. Um diese zu verstehen, gebrauchen wir konkrete und abstrakte Namen und Begriffe, z. B. das Runde und die Rundung, wobei dieses Runde eine Münze, eine Uhr oder sonst etwas sein kann, wenn es nur eine Rundung hat. Die Rundung aber selbst bezeichnet gerade diese auszeichnende Qualität, die Grund ist, warum wir das Runde rund nennen. Dabei hat das Runde nicht nur immer noch andere Eigenschaften, sondern ist vor allem etwas Dingliches, ein selbständiger – konkreter – Gegenstand unserer Erfahrungswelt, während die Rundung immer an einem Runden erfahren wird und nur im begrifflichen Denken – abstrakt – losgelöst und für sich, gleichwohl aber immer in Beziehung auf ein unbestimmtes, nach ihr benanntes Rundes gedacht wird. Sowohl der konkrete als auch der abstrakte Name (der *von etwas* abstrahiert) weisen demnach auf eine Zusammensetzung hin (deren Art hier nicht weiter erörtert werden soll). Wenn wir nun Namen auf Gott anwenden, so haben wir keine anderen als konkrete und abstrakte Namen zur Verfügung. Beide aber weisen auf eine Zusammensetzung hin. Eine Anwendung auf Gott ist daher nur möglich, wenn durch eine zusätzliche Gebrauchsanweisung die sich in der konkreten wie abstrakten Form der Bezeichnungen und Begriffe bekundende Zusammensetzung auf die Form unseres Begreifens eingeschränkt und die Verwendung der konkreten oder abstrakten Namen entsprechend interpretiert wird; was in diesem Texte geschieht: konkrete Namen wie „Gott“ bezeichnen den Selbstand Gottes, abstrakte wie „Gottheit“ oder „Leben“ seine Einfachheit. Das führt dazu, daß es hier – im Gegensatz zur gewöhnlichen Sprechweise – sinnvoll ist, das Abstraktum mit dem Konkretum nicht nur in Beziehung zu setzen, wie etwa die Rundung des Runden, sondern in recto zu prädizieren: et sic... oportet quod Deus sit sua deitas, sua vita, et quidquid aliud sic de Deo praedicatur (corp. art.).

2. Die Frage, ‚utrum in Deo sit idem essentia et esse?‘ (I q. 3, a. 4) führt zu dem Einwand (arg. 1): ‚Videtur quod in Deo non sit idem essentia et esse. Si enim hoc sit, tunc ad esse divinum nihil additur. Sed esse cui nulla fit additio, est esse commune, quod de omnibus praedicatur. Sequitur ergo quod Deus sit ens commune praedicabile de omnibus. Hoc autem est falsum.‘ Der Einwand beruht darauf, daß bei der Identifikation von Wesenheit und Sein in Gott, Gott zum Sein ohne alle weitere Bestimmung, zum allgemeinen, bestimmungslosen Sein gemacht würde und so von allen Dingen aussagbar wäre, was falsch ist.

Thomas antwortet darauf (ad 1) mit einer Analyse der Namen, die etwas ohne weitere zusätzliche Bestimmung bezeichnen: „... dicendum quod aliquid cui non fit additio, potest intelligi dupliciter. Uno modo, ut de ratione eius sit quod non fiat ei additio; sicut de ratione animalis irrationalis est ut sit sine ratione.‘ Eine solche Bezeichnung ohne zusätzliche Bestimmung kann in doppelter Weise verstanden werden. Einmal so, daß der zugeordnete Begriff die zusätzliche Bestimmung ausschließt, wie das „unvernünftige Sinnenwesen“, das dadurch allein voll bestimmt ist, also das Tier, die Vernunft ausschließt. ‚Alio modo intelligitur aliquid cui non fit additio, quia non est de ratione eius quod sibi fiat additio: sicut animal commune est sine ratione, quia non est de ratione animalis communis ut habeat rationem; sed nec de ratione eius est ut careat ratione.‘ Das andere Mal wird etwas ohne zusätzliche Bestimmung so verstanden, daß der dem Namen zugeordnete Begriff eine solche Bestimmung nicht fordert, gegen sie indifferent ist; so der allgemeine Name „Sinnenwesen“, der die Vernunft nicht ein- aber auch nicht ausschließt. Primo igitur modo, esse sine additione, est esse divinum; secundo modo esse sine additione, est esse commune. Wird demnach das Sein in seiner vollen Bestimmtheit genommen, die keine zusätzliche Bestimmung zuläßt (da sie nur wieder eine Seinsbestimmung sein könnte), so ist Gott sein Sein. Nimmt man es aber als das allgemeine, begrifflich leere und unbestimmte Sein (das mindeste, was man von jedem sagen kann), dann kann man zwar auch von Gott aussagen, daß er ist (ad 2), aber in diesem Sinne, des esse commune, ist er nicht das Sein.

3. Von der Herkunft her ist der unmittelbare Wortsinn häufig so eingeschränkt, daß wir schon im alltäglichen Leben diese Schranke oft durchbrechen müssen. Wir verändern im Gebrauch nicht selten diesen ursprünglichen Sinn der Worte. Beim Buchstaben denkt niemand mehr an Stäbchen aus Buchenholz oder Buchenrinde. Noch notwendiger ist es, solche

Schranken unserer Sprache zu durchbrechen, wenn wir über Gott reden wollen. So lautet der Einwand gegen den Satz, daß Gott vollkommen sei: ‚Perfectum... dicitur, quasi totaliter factum. Sed Deo non convenit esse factum. Ergo nec esse perfectum' (I q. 4, a. 1, arg. 1). In deutscher Entsprechung könnte man sagen: was nicht gekommen, nicht geworden ist, kann auch nicht ins Volle, in seine Fülle, gekommen sein. Thomas sagt darauf (ad 1) mit Gregor dem Großen, daß wir, wenn wir von Gott sprechen, lallen, so gut wir können, und er gibt zu: ‚quod...*factum* non est, *perfectum* proprie dici non potest. Sed quia in his quae fiunt, tunc dicitur esse aliquid *perfectum*, cum de potentia educitur in actum, transsumitur hoc nomen, *perfectum*, ad significandum omne illud cui non deest esse in actu; sive hoc habeat per modum perfectionis, sive non." Was nicht ‚factum' ist, kann nicht im eigentlichen Wortsinn ‚per-fectum' genannt werden. Da aber im Werdebereich dasjenige, was aus seiner Potentialität in den Akt und die Wirklichkeit geführt wurde, ‚perfectum' genannt wird, gebrauchen wir eben dieses Nomen ‚perfectum', um all das zu bezeichnen, dem nichts an seiner Wirklichkeit fehlt, gleichviel ob es diese Wirklichkeit als gemachte oder gewordene hat oder nicht. Ohne solche Übertragungen und Änderungen des gewöhnlichen Sprachgebrauchs wäre ein Sprechen über Gott, obwohl auch dieses unvollkommen bleibt, unmöglich.

4. Bei der Frage, ‚utrum Deus sit omnino immutabilis?' (I q. 9, a. 1), wird der Einwand erhoben (arg. 3): ‚Appropinquare et elongari motum significant. Huiusmodi autem dicuntur de Deo in Scriptura (Jac. IV. 8): *appropinquate Deo, et appropinquabit vobis*. Ergo Deus est mutabilis.' Thomas antwortet darauf (ad 3): ‚dicendum quod huiusmodi dicunter de Deo in Scripturis metaphorice. Sicut enim dicitur sol intrare domum et exire, inquantum radius eius pertingit ad domum; sic dicitur Deus appropinquare ad nos, vel recedere a nobis, inquantum percipimus influentiam bonitatis ipsius, vel ab eo deficimus.' Daß Gott sich denen nähert, die zu ihm kommen (wollen), ist eine metaphorische Ausdrucksweise. Auch bei physikalischen Vorkommnissen bedienen wir uns ihrer (etwa bei der Erhellung eines Hauses: die Sonne „kommt und geht"). Sie beruht auf einem Vergleich der Erscheinungsweisen der Wirkungen, ohne etwas über deren Natur und deren Seinsgrundlage auszusagen. Über den Unterschied der bloßen Metapher von der ontologisch interpretierten Analogie siehe weiter unten (zu I q. 13, a. 3, ad 1; hier nr. I 11).

5. Schon bei der Besprechung des Gebrauches abstrakter und konkreter Bezeichungen (siehe oben zu I q. 3, a. 3, ad 1; hier nr. 1) hatte Thomas darauf hingewiesen, daß wir vom Einfachen nur mit Hilfe der Bezeichnungen für Zusammengesetztes sprechen können. Die Anwendung dieses Grundsatzes auf das Zusammengesetzte der Zeit ergibt eine wichtige Folgerung für die Verwendung von Negationen. Gegen die Ewigkeitsdefinition des Boëthius ‚aeternitas est interminabilis vitae tota simul et perfecta possessio' wird (I q. 10, a. 1, arg. 1) eingewandt: ‚Interminabile...negative dicitur. Sed negatio non est de ratione nisi eorum quae sunt deficientia; quod aeternitati non competit. Ergo in definitione aeternitatis non debet poni *intermina-*

bile.‘ Alle Negation beseitigt für unsere Auffassung und unseren Begriff etwas. Sie ist daher Ausdruck eines Fehlens und eines Mangels. Thomas antwortet darauf (ad 1): ‚dicendum, quod simplicia consueverunt per negationem definiri; sicut punctum est cuius pars non est; quod non ideo est, quod negatio sit de essentia eorum; sed quia intellectus noster, qui primo apprehendit composita, in cognitionem simplicium pervenire non potest, nisi per remotionem compositionis.‘ Da wir Einfaches nicht unmittelbar erfassen können, hat man von jeher versucht, es durch Negation, nämlich des Moments der Zusammensetzung zu bestimmen. So gehen wir auch in der Geometrie vor, wenn wir etwa vom Punkt sagen, er habe keine Teile (wobei natürlich die Zugehörigkeit des Punktes zum Räumlichen als Objekt der Geometrie vorausgesetzt wird). Damit sagen wir nichts über seine ihm eigene Seinsweise (essentia) aus; vielmehr zeigt sich darin unsere Auffassungsweise, das Zusammengesetzte (die Körper, das Ausgedehnte) zu erfassen und dann erst durch deren (schrittweise) gedankliche Aufhebung das Einfache des Punktes. Diese Antwort würde man gründlich mißverstehen, wollte man die Ewigkeit als einen in sich zwar zeitlosen, aber doch der Zeit zugehörigen Punkt, einen Zeit-Punkt, betrachten, wozu der Vergleich mit dem Punkt Anlaß geben könnte. Diese Auslegung ist jedoch durch das im corpus articuli Gesagte völlig ausgeschlossen. Die Negation in der Definition der Ewigkeit bezieht sich auf die Zeitordnung als ganze, da diese eine Geschehensabfolge zur Voraussetzung hat. Das wird durch die Antwort bestätigt, die Thomas (I q. 10, a. 2) auf einen Einwand (arg. 4) gibt. Dort wird gesagt: ‚de Deo dicuntur in Scripturis verba praesentis temporis, praeteriti et futuri. Ergo Deus non est aeternus.‘ Darauf Thomas (ad 4): ‚dicendum, quod verba diversorum temporum attribuuntur Deo, inquantum eius aeternitas omnia tempora includit; non quod ipse varietur per praesens, praeteritum et futurum.‘ Die Aussagen über Gott in Vergenangheit, Gegenwart und Zukunft sind demnach keine Außagen über Gott selbst, als ob er durch verschiedene Zustände oder Zeiten hindurchginge, sondern beruhen auf unserer Auffassungsweise (vgl. ad 3).

6. In Artikel 4 der folgenden Quaestio (I q. 11, a. 4) wird gefragt, ob Gott im höchsten Maße eins sei (utrum Deus sit maxime unus) und dagegen geäußert (arg. 1): ‚unum...dicitur secundum privationem divisionis. Sed privatio non recipit magis et minus‘, d. h. ‚als eins kann man nur benennen, was nicht geteilt ist. Negationen lassen aber kein Mehr oder Weniger zu. In seiner Antwort (ad 1) bemerkt Thomas: ‚licet privatio secundum se non recipiat magis et minus, tamen secundum quod eius oppositium recipit magis et minus, etiam ipsa privativa dicuntur secundum magis et minus.‘ D. h., obwohl die Privation, das formale Nicht-Bestehen einer aktuellen Teilung, kein Mehr oder Weniger zuläßt, so läßt doch das positive Gegenteil der aktuellen Teilung, wodurch diese ausgeschlossen wird, ein Mehr oder Weniger zu, denn (vgl. corp. art.) das Einfache schließt nicht nur die aktuelle Teilung, sondern auch deren Möglichkeit aus. Die Redeweise „mehr oder weniger eins“ richtet sich demnach nicht nach der formalen Ausschließung der Teilung, sondern nach dem, was deren ontologischer

Grund ist, und dieser läßt ein Mehr oder Weniger zu, so daß eine solche Redewendung von daher sinnvoll ist.

7. In I q. 12, a. 7, wird gefragt: ,Utrum videntes Deum per essentiam, ipsum comprehendant'? und in arg. 1 für eine comprehensio Phil. 3,12 in der Vulgata-Fassung geltend gemacht:

,Sequor autem, quo modo comprehendam.' Die Antwort ad 1 stellt heraus, ,quod comprehensio dicitur dupliciter. Uno modo stricte et proprie, secundum quod aliquid includitur in comprehendente. Et sic nullo modo Deus comprehenditur, nec intellectu, nec aliquo alio; quia cum sit infinitus, nullo finito includi potest, ut aliquid finitum eum infinite capiat, sicut ipse infinitus est. Et sic de comprehensione quaeritur. Alio modo comprehensio largius sumitur secundum quod comprehensio insecutioni opponitur. Qui enim attingit aliquem, quando iam tenet ipsum, comprehendere eum dicitur. Et sic Deus comprehenditur a beatis, secundum illud (Cant. 3, 14): Tenui eum, nec dimittam. Et sic intelliguntur auctoritates Apostoli de comprehensione.'

Das Wort comprehensio kann zweifach verstanden werden. Einmal im strengen und eigentlichen Sinn, nach dem etwas in einem Umgreifenden eingeschlossen wird. So kann es in keiner Weise auf Gott angewandt werden, weder in bezug auf den Verstand noch auf etwas anderes; denn da er unendlich ist, kann er von nichts Endlichem eingeschlossen werden, so daß etwas Endliches ihn auf unendliche Weise fassen könnte, wie er selbst unendlich ist. So aber wird hier die Frage nach der comprehensio, der Erfassung, dem Begreifen, gestellt. Zum anderen Mal aber nimmt man comprehensio im weiteren Sinn, sofern man darunter das Gegenteil von Verfolgen, Nachjagen versteht. Wenn nämlich einer jemanden faßt, ihn festhält, sagt man auch, er habe ihn ergriffen. Und in diesem Sinn wird Gott von den Seligen ergriffen, gemäß der Stelle Cant. 3, 14: Ich halte ihn und lasse ihn nicht mehr. Der Sinn eines Wortes ist u. a. auch durch den Kontext bestimmt, in dem es verwandt wird, und ändert sich mit diesem. Darum muß die Verwendung eines solchen Wortes in einer Lehraussage auch auf solche Sinnabwandlungen Rücksicht nehmen, sei es auch nur zur Abgrenzung gegenüber abweichenden Auffassungen.

8. Die ganze Quaestio XIII mit ihren 12 Artikeln handelt von den Namen Gottes (*de nominibus Dei*). Sie könnte genauso gut „Vom Reden über Gott" überschrieben sein. Schon die Einleitung stellt den Grundsatz auf: ,Unumquodque nominatur a nobis, secundum quod ipsum cognoscimus': Ein jedes wird von uns benannt nach der Weise, wie wir es erkennen. Da dies so ist, wird die Analyse der Benennungen und des Sprechens über etwas uns Hinweise gehen können, wie wir es erkennen und damit auch den Weg ebnen, es selbst zu erkennen. Art. 1 stellt die umfassende Frage: ,utrum aliquod nomen Deo conveniat?'; ob überhaupt ein Name auf Gott anwendbar sei. Die Antwort bezieht sich auf einen Grundsatz des Aristoteles in Perihermeneias lib. I. cap. 1: ,voces sunt signa intellectuum, et intellectus sunt rerum similitudines'; die Phoneme oder Lautgestalten sind Zeichen (Hinweise) auf Denkgestalten, Denkgebilde (Begriffe), und diese stehen

zu den Dingen selbst in Ähnlichkeitsbeziehungen. ‚Et sic patet quod voces referuntur ad res significandas mediante conceptione intellectus': so zeigt es sich, daß die Lautgebilde die Gegenstände bedeuten durch die Vermittlung der Denkgebilde (Begriffsinhalte) des Verstandes. ‚Secundum igitur quod aliquid a nobis intellectu cognosci potest, sic a nobis potest nominari': In dem Maße und der Weise also, wie etwas von uns durch den Verstand erkannt werden kann, kann es auch von uns benannt werden. ‚Ostensum est autem supra (quaest. praec. art 11), quod Deus in hac vita non potest a nobis videri per suam essentiam, sed cognoscitur a nobis ex creaturis secundum habitudinem principii, et per modum excellentiae et remotionis. Sic igitur potest nominari a nobis ex creaturis': Es wurde aber schon gezeigt, daß wir Gott in diesem Leben nicht durch seine Wesenheit (ohne alle Fremdvermittlung) schauen können; daß wir ihn jedoch aus den Geschöpfen erkennen können, sofern diese auf ihn als ihr Prinzip bezogen sind, und er sie überragt, sowie auf dem Weg der Verneinung. ‚Non tamen ita quod nomen significans ipsum, exprimat divinam essentiam secundum quod est': nicht aber so, daß ein Name, der ihn bedeutet, die göttliche Wesenheit so ausdrücken könnte, wie sie ist. Die Vermittlung durch das Denkgebilde, den Begriff, geschieht bei Gott nicht nach der Weise einer Definition.

Daraus ergeben sich die Antworten auf arg. 1–3. Ad 1: man kann daher in einem wahren und echten Sinne sagen, Gott sei namenlos oder über alle Namen erhaben. Denn seine Wesenheit ist über alles erhaben, was wir von ihm in Begriffen verstehen und durch Worte bezeichnen können. Ad 2: Thomas geht hier auf die schon besprochene Schwierigkeit ein, auf Gott abstrakte oder konkrete Bezeichnungen anzuwenden (vgl. oben zu I q. 3, a. 3; hier I 1) und löst sie in der angegebenen Weise. Zugleich betont er, daß beide Bezeichnungsweisen (abstrakte für Gottes Einfachheit, konkrete für seinen vollkommenen Selbstand) hinter seiner Seinsweise zurückbleiben[2].

Arg. 3 bringt Einwände gegen die verschiedenen Wortarten, die wir auf Gott anwenden: Nomina, welche die Substanz mit einer Qualität benennen; Verben und Partizipien, welche die Zeit mitbedeuten; Pronomina, die einen Hinweis oder eine Beziehung einschließen. All das komme Gott nicht zu. Darauf sagt Thomas ad 3: Die Nomina sind im Sinne der schon besprochenen konkreten Bezeichnungen zu verstehen. Sie meinen das suppositum cum natura vel forma determinata in qua subsistit, das selbständig Seiende mit seiner Natur oder bestimmten Form, in der es subsistiert. Die Verba mit ihren Zeitbestimmungen sind auf Gott anwendbar, weil seine Ewigkeit alle Zeit einschließt (ohne sich mit ihr zu erstrecken). ‚Sicut enim simplicia subsistentia non possumus apprehendere et significare, nisi per modum compositorum; ita simplicem aeternitatem non possumus intelligere vel voce experimere, nisi per modum temporalium rerum; et hoc propter connaturalitatem intellectus nostri ad res compositas et tem-

[2] Vgl. *Manthey* (s. o. Anm. 1) 223.

porales': Wie wir nämlich die auf einfache Weise subsistierenden Wesen nicht auffassen und bezeichnen können, außer nach der Weise von zusammengesetzten Wesen, so können wir die einfache Ewigkeit nicht verstehen oder im Wort ausdrücken, außer nach der Weise zeitlicher Dinge; dies aber verhält sich so wegen der Gleichheit der Natur unseres Verstandes mit den zusammengesetzten und zeitlichen Dingen (weil er der Verstand eines körperlichen Wesens ist). Demonstrativpronomina aber werden auf Gott angewandt, weil sie auf das hinweisen sollen, was (von Gott) verstanden wird, nicht auf das, was (von ihm) sinnlich wahrgenommen werden könnte. Im selben Sinne (bezüglich der genannten Wortarten) sind auch die relativen Pronomina zu verstehen[3].

9. Die Frage in I q. 13, a. 2 lautet: „Utrum aliquod nomen dicatur de Deo substantialiter?' Was damit genau gemeint ist, ergibt sich erst aus den Darlegungen des corp. art. Dort werden zunächst die Namen Gottes erwähnt, die ihn ausdrücklich negativ oder relativ bezeichnen. Diese bezeichnen ihn nicht in seiner Substanz, in seinem ihm eigenen Sein. Diesbezüglich kommen nur die absoluten und bejahenden Namen in Frage. Aber auch hier gibt es verschiedene Meinungen, nach denen solche Namen, wie gut, weise, lebendig, bezüglich Gottes nur einen negativen Sinn haben, indem sie das Gegenteil (schlecht, dumm, tot) von Gott fernhalten sollen, oder nach denen solche Namen Gott nur relativ, nämlich als Ursache solcher Geschöpfe (die gut, weise, lebendig sind) bezeichnen sollen[4].

Beide Auffassungen werden zurückgewiesen, weil weder die eine noch die andere einen Grund dafür angeben kann, warum man gewisse Bezeichnungen auf Gott anwenden kann, andere aber nicht. Denn man kann Gott zwar gut, nicht aber einen Körper nennen, obwohl Gott auch Ursache der Körper ist und obwohl mit der Bezeichnung Körper nach dieser Theorie auch die bloße Potentialität der Materie abgewehrt werden könnte. Ferner würde eine solche Interpretation der Absicht der über Gott Redenden widersprechen. Denn wenn sie Gott lebendig nennen, meinen sie damit etwas anderes, als daß er bloß Ursache der Lebewesen oder verschieden von unbelebten Körpern sei.

Solche Namen bezeichen vielmehr die göttliche Substanz selbst und sagen über Gott etwas auf substantielle Weise aus, obwohl das, was sie von ihm darstellen, hinter seiner Seinsweise zurückbleibt (deficiunt a repraesentatione eius). Die Namen bezeichnen Gott nämlich nach der Weise, wie unser Verstand ihn erkennt. ‚Intellectus autem noster, cum cognoscat Deum ex creaturis, sic cognoscit ipsum, secundem quod creaturae ipsum repraesentant': Unser Verstand aber erkennt Gott aus den Geschöpfen und darum so, wie diese ihn vergegenwärtigen. ‚Ostensum est autem supra (q. 3, a. 2) quod Deus in se praehabet omnes perfectiones creaturarum, quasi simpliciter et universaliter perfectus': Es wurde aber oben gezeigt, daß Gott alle Vollkommenheiten (alle positiven Seinsgehalte)

[3] Vgl. *Martinelli* (s. o. Anm. 1) 55–57.

[4] Vgl. *Manthey* 224–225.

der Geschöpfe in sich vorausenthält, als ein schlechthin und allseitig vollkommenes Wesen. ‚Unde quaelibet creatura in tantum eum repraesentat, et est ei similis, inquantum perfectionem aliquam habet': so daß jedes beliebige Geschöpf ihn so weit vergegenwärtigt und ihm so weit ähnlich ist, als es irgendeine Vollkommenheit (eine positive Seinsweise und ein positives Sein) hat; ‚non tamen ita quod repraesentet eum sicut aliquid eiusdem speciei, vel generis; sed sicut excellens principium, a cuius forma effectus deficiunt; cuius tamen aliqualem similitudinem consequuntur': nicht jedoch so, daß es ihn wie ein Wesen derselben Art oder Gattung vergegenwärtigen würde; sondern vielmehr als überragendes Prinzip, hinter dessen Form die Wirkungen zurückbleiben, von der und zu der sie aber eine gewisse Ähnlichkeit erhalten. So bezeichnen die genannten Namen zwar die göttliche Substanz, jedoch unvollkommen, wie auch die Geschöpfe sie nur unvollkommen vergegenwärtigen. ‚Cum igitur dicitur, *Deus est bonus*, non est sensus, Deus est causa bonitatis; vel Deus non est malus. Sed est sensus, id quod bonitatem dicimus in creaturis, praexistit in Deo; et hoc quidem secundum modum altiorem': Wenn man also sagt: „*Gott ist gut,* ist der Sinn nicht: Gott ist Ursache des Gutseins; oder: Gott ist nicht schlecht; sondern der Sinn ist: Das, was wir in den Geschöpfen Gutsein nennen, existiert zuvor schon in Gott, und zwar auf eine höhere Weise (als in den Geschöpfen). ‚Unde ex hoc non sequitur quod Deo competat esse bonum, inquantum causat bonitatem; sed potius, e converso, quia est bonus, bonitatem rebus diffundit; secundum illud Augustini (De doctr. christ. lib. I, cap. 32): ‚inquantum bonus est, sumus': Darum ist die Folgerung nicht, daß Gott das Gutsein zukommt, insofern er Ursache der Gutheit ist; sondern vielmehr umgekehrt: weil er gut ist, strömt er Gutheit aus in die Dinge; nach dem Ausspruch Augustins: Weil er gut ist, sind wir.

In der Antwort (ad 2) auf den Einwand (arg. 2), daß wir Gott nur mittelbar nach dem benennen können, was von ihm ausgeht, trifft Thomas die von ihm oft gebrauchte Unterscheidung, ‚quod in significatione nominum aliud est quandoque *a quo* imponitur nomen ad significandum; et aliud, *ad quod significandum: nomen* imponitur': bei der Bedeutung, die ein Name (ein Wort) hat, ist zuweilen das, wovon man den Namen hergenommen hat, etwas anderes als das, was man mit ihm bezeichnen will, d. h. die Etymologie ist nicht immer identisch mit dem, was man mit einem Wort bezeichnen will[5].

10. Schon bei der Anwendung abstrakter und konkreter Namen auf Gott (I q. 13, a. 1, ad 2) hat Thomas zwischen dem, *was* ein Name bezeichnen soll, und der Art, *wie* er bezeichnet, unterschieden. Diese Unterscheidung spielt auch bei der Frage (I q. 13, a. 3), ‚utrum aliquod nomen dicatur de Deo proprie?': ob es Namen gibt, die in ihrem eigentlichen Sinne auf

[5] Vgl. auch Thomas Aq. In III Sent. dist. 6, q. 1, a. 3, c.: ‚Dicendum quod in quolibet nomine est duo considerari: scilicet id a quo imponitur nomen, quod dicitur qualitas nominis; et id cui imponitur, quod dicitur substantia nominis. Et nomen, proprie loquendo, dicitur *significare* formam sive qualitatem, a quo imponitur nomen; dicitur vero *supponere* pro eo cui imponitur.'

Gott anwendbar sind, eine Rolle, entsprechend dem Grundsatz, daß wir die Dinge bezeichnen, wie wir sie erkennen. Die Wirklichkeiten aber, die uns Kenntnis von Gott geben, sind Wirklichkeiten dieser Welt, und dementsprechend bezeichnen wir sie. In den Bezeichnungen, die wir auf Gott anwenden, müssen wir daher das eine wie das andere beachten: ‚scilicet perfectiones ipsas significatas, ut bonitatem, vitam et huiusmodi; et modum significandi': die bezeichneten positiven Gehalte, wie Gutheit, Leben und dergleichen, und die Bezeichnungsweise. ‚Quantum igitur ad id quod significant huiusmodi nomina, proprie competunt Deo ‚et magis proprie quam ipsis creaturis et per prius dicuntur de eo': Was also den Gehalt selbst angeht, der durch solche Namen bezeichnet wird, so kommt er Gott im eigentlichen Sinne zu, ja sogar eigentlicher als den Geschöpfen, und er muß ihm zuerst zugesprochen werden (denn die Geschöpfe haben ihn von Gott, wo er zuerst und ursprünglich ist). ‚quantum vero ad modum significandi, non proprie dicuntur de Deo. Habent enim modum significandi qui creaturis competit': was jedoch die Bezeichnungsweise angeht, so wird diese von Gott nicht im eigentlichen Sinne ausgesagt. Denn diese Weisen der Bezeichnung kommen den Geschöpfen zu (rühren von der Seinsweise dieser Gehalte in den Geschöpfen her)[6].

11. Nun gibt es aber (arg. 1) auch Namen, die Gott nicht einmal vom bezeichneten Inhalt her zuerteilt werden können, wie Stein, Löwe und dergleichen. Die Antwort (ad 1) bringt daher eine wichtige Ergänzung des corp. art. Ein Teil nämlich der Namen bezeichnet die Gehalte, die von Gott in die Geschöpfe ausgegangen sind so, daß die unvollkommene Seinsweise, mit der die Geschöpfe an jenen göttlichen Gehalten teilnehmen, in der Namensbezeichnung selbst mit eingeschlossen ist. Stein z. B. besagt etwas auf materielle Weise Seiendes. Solche Namen können natürlich nur metaphorisch von Gott ausgesagt werden. ‚Quaedam vero nomina significant ipsas perfectiones absolute, absque hoc quod aliquis modus participandi claudatur in eorum significatione; ut *ens, bonum, vivens,* et huiusmodi. Et talia proprie dicunter de Deo': Ein anderer Teil der Namen jedoch bezeichnet die Vollkommenheiten (positiven Gehalte) absolut (an sich), ohne daß irgendeine Teilhabe-Weise in der Bezeichnung eingeschlossen wäre; wie etwa Seiendes, Gut, Lebender und ähnliche. Solche Namen werden von Gott im eigentlichen (nicht bloß metaphorischen) Sinn augesagt.

Wenn solche Namen zuweilen dennoch von Gott verneint werden, wie es in der negativen Theologie geschieht (arg. 1), so beruht das auf der Tatsache, daß jene Gehalte in Gott auf höhere Weise verwirklicht sind (als dies die Namen selbst nahelegen). Daher die Ausdrücke des Dionysius (Pseudo-Dionysius), daß Gott „über aller Substanz und allem Leben ist" (ad 2).

Die Unterscheidung von Namen, die positive Gehalte absolut, losgelöst von endlichen Existenzweisen, besagen, und solchen, die diese endlichen Weisen schon im Namen und Begriff ausdrücken, läßt sich – in einer späte-

[6] Vgl. *Manthey* 218–219.

ren Sprache – so formulieren: transzendentalontologische (auch transzendental-anthropologische) Begriffe lassen sich von Gott im eigentlichen, kategoriale Begriffe nur im metaphorischen Sinne aussagen. Letzteres ist möglich, weil der kategoriale und als solcher endliche Begriff dennoch transzendentale, also an sich unendliche Gehalte enthält, sie aber konkretisiert, partikularisiert und (nur) so verendlicht.

12. Wenn alle positiven Gehalte, die wir von Gott aussagen, in ihm in höherer Weise als in den Geschöpfen verwirklicht sind, d. h. aber in vollkommener Identität, dann entsteht notwendig die Frage, ob die jenen Gehalten entsprechenden Namen nicht synonym werden[7]. Dieser Frage geht der Art. 4 der Quaestio 13 nach. Die Synonymität liegt nahe. Denn jene Namen bezeichnen genau dasselbe in Gott: ‚omnino idem significant in Deo' (arg. 1). Die Lösung des Problems wird im corp. art. nach demselben Prinzip gefunden, das schon bisher die Untersuchungen über die Namen Gottes leitete: ‚Ratio enim quam significat nomen, est conceptio intellectus de re significata per nomen': Der bestimmte Gehalt nämlich, den ein Name (ein Wort) bezeichnet, ist das, was der Verstand von der durch das Wort bezeichneten Sache begriffen (in einer Begriffsgestalt erfaßt) hat. ‚Intellectus autem noster, cum cognoscat Deum ex creaturis, format ad intelligendum Deum conceptiones proportionatas perfectionibus procedentibus a Deo in creaturas': Unser Verstand aber erkennt Gott aus den Geschöpfen und formt so, um ihn zu erkennen, Begriffsgestalten, die den von Gott in die Geschöpfe ausgehenden Vollkommenheiten (positiven Gehalten) angemessen sind. ‚Quae quidem perfectiones in Deo praeexistunt unite et simpliciter; in creaturis vero recipiuntur divise et multipliciter': Diese positiven Gehalte existieren in Gott voraus (d. i. nicht der Zeit, sondern dem ontologischen Range nach!), und zwar geeint und einfach (in Einheit und Einfachheit); von den Geschöpfen aber werden sie in zerteilter und vielfacher Weise aufgenommen. ‚Sicut igitur diversis perfectionibus creaturarum respondet unum simplex principium repraesentatum per diversas perfectiones creaturarum varie et multipliciter; ita variis et multiplicibus conceptibus intellectus nostri, respondet unum omnino simplex, secundum huiusmodi conceptiones imperfecte intellectum': Wie daher den verschiedenen Vollkommenheiten der Geschöpfe ein einfaches Prinzip entspricht, das durch die verschiedenen Vollkommenheiten der Geschöpfe auf verschiedene und vielfache Weise vergegenwärtigt wird, so entspricht den verschiedenen und vielfachen Begriffen unseres Verstandes *ein* vollkommen Einfaches, das diesen Begriffen gemäß (nur) unvollkommen verstanden (dem Verstand nur unvollkommen vergegenwärtigt) wird. ‚Et ideo nomina Deo attributa, licet significent unam rem, tamen quia significant eam sub rationibus multis et diversis, non sunt synonyma': Daher sind die auf Gott angewandten Namen, obwohl sie *eine* Wirklichkeit bezeichnen, da sie diese Wirklichkeit durch *viele* und verschiedene Begriffsgestalten bezeichnen, dennoch keine Synonyma. Synonyma nämlich sind (verschiedene) Namen, die *eine* Sache

[7] Vgl. *Manthey* 225; *Martinelli* 59.

mit *demselben* Begriffsinhalt bezeichnen. Wenn sie nämlich – wie bei den Gottesbezeichnungen – *eine* Sache durch die Vermittlung *verschiedener* Begriffsinhalte bezeichnen, dann ist ihre Bedeutung nicht ursprünglich und an sich auf *eines* hinweisend: ‚non primo et per se unum significant' (ad 1).

Man könnte dem entgegenhalten: ‚Ratio cui non respondet aliquid re, est vana. Si ergo istae rationes sunt multae, et res est una, videtur quod rationes istae sind vanae' (arg. 2): Wenn einem begrifflichen Gehalt nicht etwas in Wirklichkeit entspricht, ist der Begriff leer. Wenn also jene Begriffe viele sind, und die Sache, die Wirklichkeit, nur eine, scheint es, jene Begriffe seien leer. Das ist jedoch nicht der Fall. ‚Rationes plures horum nominum non sunt cassae et vanae; quia omnibus eis respondet unum quid simplex, per omnia huiusmodi multipliciter et imperfecte repraesentatum' (ad 2): Die begriffliche Vielheit solcher Benennungen ist nicht vergeblich oder leer, da ihnen allen eine *Wirklichkeit* entspricht, die allerdings eine einfache Einheit ist, die durch alle diese Begriffe auf vielfache und unvollkommene Weise vergegenwärtigt wird.

In arg. 3 wird dem entgegengehalten, daß Gott die höchste Einheit ist: Deus est maxime unus. Dann aber müsse er in Wirklichkeit und dem Begriffe nach eins sein. Thomas antwortet darauf (ad 3), ‚quod hoc ipsum ad perfectam Dei unitatem pertinet, quod ea quae sunt multipliciter et divisim in aliis, in ipso sunt simpliciter et unite': Gerade das gehört zur vollkommenen Einheit Gottes (die nicht mit abstrakter Armut verwechselt werden darf), daß die Gehalte, die in anderen Wesen vervielfältigt und verteilt vorhanden sind, in ihm einfach und eins sind. ‚Et ex hoc contingit quod est unus re et multiplex secundum rationem; quia intellectus noster ita multipliciter apprehendit eum, sicut res multipliciter ipsum repraesentant': Und daraus ergibt sich, daß er eins in Wirklichkeit, aber vielfach dem (nämlich unserem) Begriff nach ist; weil unser Verstand ihn (nicht in direkter Schau, sondern) auf so vielfältige Weise (begrifflich) erfaßt, wie die Dinge ihn auf vielfältige Weise vergegenwärtigen. Die geforderte objektive Entsprechung zu unseren Begriffen wird demnach durch die alle Vielheit transzendierende, aber auch alles umfassende Einheit und Einfachheit Gottes erfüllt.

13. Der folgende Artikel (I q. 13, a. 5) steuert direkt die Frage der Ausagbarkeit der für Gott verwandten Begriffe, die doch aus dem geschöpflichen Bereich stammen, an. Die entschiedene Antwort lautet: Es ist unmöglich, über Gott und die Geschöpfe etwas univok, im vollkommen selben Sinne, auszusagen (corp. art.). Die Begründung ergibt sich aus dem Vorangegangenen: Die Seinsweise der Vollkommenheiten (Seinsgehalte) in Gott ist grundlegend anders als in den Geschöpfen, von denen unsere Begriffe stammen (s. oben zu a. 4). ‚Sic igitur, cum aliquod nomen ad perfectionem pertinens de creatura dicitur, significat illam perfectionem ut distinctam, secundum rationem definitionis, ab aliis; puta cum hoc nomen, *sapiens*, de homine dicitur, significamus aliquam perfectionem distinctam ab essentia hominis, et a potentia, et ab esse ipsius, et ab omnibus huiusmodi': Wenn

wir also ein Wort, das auf eine Vollkommenheit (einen positiven Seinsgehalt) hinweist, von einem Geschöpf (einen Wesen der von Gott verschiedenen Welt) aussagen, bezeichnet es diesen Gehalt als (einen, der Definition gemäß, von anderen Gehalten verschiedenen Gehalt; so bezeichnen wir mit dem Worte „weise", wenn wir es von einem Menschen aussagen, einen Gehalt, der verschieden ist von der Wesenheit dieses Menschen, von seinem (Wirk)vermögen, von seinem aktuellen Sein (Existieren) und allem derartigen. ‚Sed cum hoc nomen de Deo dicimus, non intendimus significare aliquid distinctum ab essentia, vel potentia, vel esse ipsius': Wenn wir jedoch dieses Wort von Gott aussagen, wollen wir damit nicht etwas von seiner Wesenheit oder seinem (Wirk)vermögen oder seinem aktuellen Sein Verschiedenes bezeichnen. ‚Et sic, cum hoc nomen, *sapiens,* de homine dicitur, quodammodo circumscribit et comprehendit rem significatam; non autem cum dicitur de Deo; sed relinquit rem significatam ut incomprehensam et excedentem nominis significationem': Und wenn wir so das Wort „weise" von einem Menschen aussagen, umgrenzen und umgreifen wir gewissermaßen den so bezeichneten Sachgehalt; nicht aber wenn wir (den Gehalt) von Gott aussagen; sondern (dann) beläßt er die bezeichnete Sache (Wirklichkeit) unumgriffen und als die Wortbedeutung überschreitend. ‚Unde patet quod non secundum eamdem rationem hoc nomen, *sapiens,* de Deo et de homine dicitur. Et eadem ratio est de aliis': Daraus ist ersichtlich, daß dieses Wort „weise" von Gott und den Geschöpfen nicht in derselben Weise und im selben Sinne ausgesagt wird. Und ebenso verhält es sich bei allen (Prädikaten und Worten).

Folgt daraus die Äquivokation, das Auseinanderfallen der Begriffsinhalte trotz des gemeinsamen Namens, was zur Folge hätte, daß von Gott nichts erkannt, nichts bewiesen werden könnte, da jeder Mittelbegriff in zwei Begriffe zerfallen würde? Das lehnt Thomas ab. Die Lösung des Problems ist für ihn, ‚quod huiusmodi nomina dicuntur de Deo et creaturis, secundum analogiam, id est, proportionem': daß solche Worte (wie die genannten) von Gott und den Geschöpfen der Analogie oder einem Verhältnis gemäß ausgesagt werden. (Das bedeutet nicht, daß von Gott nur Verhältnisbegriffe ausgesagt werden können [vgl. oben zu q. 13, a. 2], sondern nur, daß die Berechtigung, von Gott etwas auszusagen, auf dem Verhältnis der Geschöpfe zu Gott beruht.) ‚Quidquid dicitur de Deo et creaturis, dicitur secundum quod est aliquis ordo creaturae ad Deum, ut ad principium et causam, in qua praeexistunt excellenter omnes rerum perfectiones': Alles, was von Gott und den Geschöpfen ausgesagt wird, wird ausgesagt, insofern die Geschöpfe als auf ihr Prinzip und ihren Urheber hingeordnet sind, in dem alle Vollkommenheiten der Dinge in höherer Weise vorausexistieren. ‚Et iste modus communitatis medius est inter puram aequivocationem et simplicem univocationem': Diese Art der Gemeinsamkeit liegt in der Mitte zwischen der reinen Äquivokation (bloßen Worteinheit) und der einfachen Univokation (vollkommenen Begriffseinheit). ‚Neque enim in his quae analogice dicuntur, est una ratio, sicut est in univocis, nec totaliter diversa, sicut in aequivocis; sed nomen quod sic multipliciter dicitur, significat diversas proportiones ad aliquid unum‘: Was nämlich auf analoge Weise ausgesagt wird, enthält nicht einen mit sich vollkommen *einen* begrifflichen Gehalt, wie es bei den univoken Begriffen der Fall ist, aber auch nicht vollkommen verschiedene Begriffsgehalte, wie bei den äquivoken Worten, sondern das Wort (Prädikat), das auf mehrfache Weise ausgesagt wird, bedeutet verschiedene Beziehungsweisen zu einem Einen und Selben[8].

14. Die in dem folgenden Artikel (I q. 13, a. 6) gestellte Frage, ‚utrum nomina per prius dicantur de creaturis quam de Deo?‘, ob die Namen früher von den Geschöpfen als von Gott ausgesagt werden, scheint nach dem bisher Gesagten eindeutig entschieden zu sein, daß wir nämlich die Namen zuerst von den Geschöpfen aussagen, da wir die Dinge so benennen, wie wir sie kennen (arg. 1). Die Antwort muß jedoch differenzierter gegeben werden. Zunächst betont das corp. art., daß bei allen analogen Aussagen (die also in ihrer je verschiedenen Anwendung keine vollkommen einheitliche Bedeutung haben) die Beziehung auf *einen* Bezugspunkt hin notwendig ist und daß daher dieses Eine in der Definition, der bestimmten Begriffsgestalt (ratio nominis) aller analogen Aussagen vorkommen muß. Wenn daher ein Name nur durch die Beziehung zur Definition einer anderen Sache bestimmt werden kann, so kommt er der ersten Sache nur sekundär, der zweiten aber primär zu. Das ist der Fall bei allen metaphorischen, bloß übertragenen Ausdrücken, die ohne Beziehung zu einer anderen Sache nicht verständlich gemacht werden können. Sie werden früher von den Geschöpfen als von Gott ausgesagt. Bei den nichtmetaphorischen Namen wäre es ebenso, wenn sie von Gott nur im kausalen Sinn ausgesagt würden. Das Gutsein Gottes könnte dann nicht ohne Beziehung auf das geschöpfliche Gutsein ausgesagt werden. Das ist aber nach Art. 2 nicht der Fall. Das Gutsein kommt Gott wesenhaft, auch ohne Verursachung geschöpflichen Gutseins zu.

Die aus arg. 1 verbleibende Schwierigkeit ist durch die Unterscheidung der gegenständlichen und der sprachlichen Dimension zu beheben: (corp. art.:) ‚diendum est quod quantum ad rem significatam per nomen, per prius dicuntur de Deo quam de creaturis; quia a Deo huiusmodi perfectiones in creaturas manant; sed quantum ad impositionem nominis, per prius a nobis imponuntur creaturis, quas prius cognoscimus. Unde et modum significandi habent qui competit creaturis, ut supra dictum est‘ (a. 3): Was die durch Name und Wort bezeichnete Wirklichkeit angeht, so werden die (nicht-metaphorischen) Namen früher von Gott als von den Geschöpfen (d. h. als zuerst in Gott bestehend) ausgesagt, weil die betreffenden Vollkommenheiten von Gott in die Geschöpfe fließen (d. h. von Gott her in den Geschöpfen begründet sind); was aber die Namensgebung angeht, so werden diese Namen (Sprachbezeichnungen) von uns zuerst den Geschöpfen gegeben, die wir zuerst (früher als Gott) erkennen. Darum verbleibt diesen Namen auch die Bezeichnungsweise, die den Geschöpfen

[8] Vgl. *Manthey* 219–221; *Martinelli* 60–64; *Mondin* 29–33.

entspricht, wie oben (a. 3) gesagt wurde. In diesem Sinne wird arg. 1 zugegeben (ad 1).

15. Ein weiteres Problem bringen die relativen Namen Gottes mit sich, da Gott ewig, die Geschöpfe aber zeitlich sind[9]. Sind nun die Relationsbezeichnungen Gottes als ewige oder als zeitliche zu verstehen? ‚Utrum nomina quae important relationem ad creaturas dicantur de Deo ex tempore (I q. 13, a. 7). Ob die Namen Gottes, die eine Beziehung zu den Geschöpfen mit sich bringen, von Gott mit der Zeit anhebend ausgesagt werden. Solche Bezeichnungen sind z. B. Schöpfer, Herr, aber auch Wissen und Liebe, die sich auch auf die Geschöpfe erstrecken. Thomas entscheidet sich dafür, daß manche dieser Namen von Gott in der Zeit, nicht von Ewigkeit her ausgesagt werden. Es ist hier nicht der Ort, die Relationslehre des Aquinaten darzulegen. Es sei nur die Schlußfolgerung festgehalten, daß Gott nicht Bestandstück der geschöpflichen Ordnung ist, so daß zwar die Geschöpfe wirklich auf ihn, nicht aber er wirklich auf sie bezogen ist; daß jedoch die Beziehung der Geschöpfe zu ihm für uns begründet, daß wir auch ihm – in unserem Denken – eine Beziehung zu den Geschöpfen beilegen. Da diese Beziehung keine Realität in Gott selbst ist, besteht kein Hindernis, Gott auch zeitliche Beziehungen beizulegen.

Der Einwand in arg. 1 geht davon aus, daß alle Namen Gottes seine Substanz, die ewig ist, ausdrücken und ihm daher nur von Ewigkeit her zukommen können. Die Antwort (ad 1) unterscheidet zwischen relativen Namen, die primär und direkt die Beziehung (wie Herr – Knecht) ausdrücken und daher die Substanz nur indirekt, als Voraussetzung, und anderen (wie Schöpfer, Erlöser), welche zunächst eine Tätigkeit und damit die Substanz Gottes meinen, die Beziehung aber nur als deren Folge. Beide Arten von relativen Namen gelten von Gott, und zwar soweit sie eine Beziehung ausdrücken, zeitlich, soweit sie die Substanz Gottes meinen, aber ewig. Die Antwort ad 3 betrifft die relativen Namen, die sich auf intentionale Tätigkeiten in Gott (operatio intellectus et voluntatis) beziehen. Da diese Tätigkeiten im Tätigen selbst sind, gelten die entsprechenden Namen Gottes von Ewigkeit her (ab aeterno). Soweit jedoch in den Namen solcher Tätigkeiten eine von Gott verschiedene Wirkung mitverstanden wird (wie bei Erlöser, Schöpfer), gelten die Namen ex tempore (mit dem zeitlichen Beginn der Wirkung). Die ewige oder zeitliche Geltung solcher Bezeichnungen richtet sich demnach streng nach dem, was mit den Namen jeweils genau gemeint ist.

16. Die aus I q. 13, a. 2, ad 2 bekannte Unterscheidung dessen, wovon eine Benennung entnommen, und dessen, wozu sie zur Benennung gebraucht wird, spielt auch in der folgenden Frage (I q. 13, a. 8), utrum hoc nomen, Deus, sit nomen naturae?‘: ob der Name „Gott“ die Natur Gottes bezeichne eine entscheidende Rolle. Beides: wovon eine Bezeichnung entnommen wird und wozu sie verwandt wird, kann zusammenfallen oder auseinandertreten. Wie wir nämlich die Substanz einer Sache aus ihren Eigenschaften und

[9] Vgl. *Manthey* 223–224.

Tätigkeiten erkennen, so können wir sie auch von irgendeiner Tätigkeit oder Eigenschaft her benennen. ‚Sicut substantiam lapidis denominamus ab aliqua actione eius, quia laedit pedem; non tamen hoc nomen impositum est ad significandum hanc, sed substantiam lapidis': So benennen wir die Substanz des Steines (lapidis) von einer seiner Tätigkeiten her, weil er an den Fuß stößt (laedit pedem); aber der Name selbst dient nicht als Bezeichnung dieses Tuns, sondern um die Substanz des Steines zu benennen. Ob diese – ins Deutsche nicht übersetzbare – Etymologie stimmt oder nicht, ob man beim Stein von *einer* Substanz sprechen kann oder nicht, ist für die Kennzeichnung des Verfahrens unerheblich. Es gibt solche Beispiele auch in anderen Sprachen, im Deutschen etwa: Spinne, Maulwurf, Winde. ‚Si qua vero sunt, quae secundum se sunt nota nobis, ut calor, frigus, albedo, et huisumodi, non ab aliis denominantur': Wenn es sich aber um das handelt, was uns an sich selbst bekannt ist, wie Wärme, Kälte, Weiße und dergleichen (nämlich Erfahrungsqualitäten), so werden diese nicht von anderem her benannt. Gott aber ist uns nicht an sich bekannt, sondern nur durch seine Tätigkeiten und Wirkungen, weshalb wir ihn daraus benennen können. In diesem Sinn interpretiert Thomas dann die Bezeichnung ‚Deus'. ‚Imponitur enim hoc nomen ab universali rerum providentia... Ex hac autem operatione hoc nomen, *Deus*, assumptum, impositum est ad significandum divinam naturam': Dieser Name kommt von der umfassenden Vorsehung für die Dinge her ... Der aus dieser Tätigkeit genommene Name ‚Deus' wird dann zur Bezeichnung der göttlichen Natur gebraucht. Daß diese (und die in arg 1 vorgelegte und ad 1 übernommene) Etymologie nicht stimmt, entkräftet zwar den angestrebten Beweis, aber das dabei angewandte sprachanalytische Verfahren wird hinreichend klar für uns[10].

17. Die Frage im nächsten Artikel (I q. 13, a. 9) lautet: ‚Utrum hoc nomen, Deus, sit communicabile': ob dieser Name, Gott, mitteilbar, d. i. auch auf andere Wesen anwendbar, sei. Um diese Frage zu beantworten, unterscheidet Thomas zwei Weisen der möglichen Mitteilbarkeit eines Namens, eine im eigentlichen Sinne (proprie), die andere im uneigentlichen, bloß ähnlichen Sinne (per similitudinem). Im eigentlichen Sinne ist der Name mitteilbar, der nach seiner ganzen Namensbedeutung auf viele anwendbar ist, wie die Namen der Art, z. B. des Löwen, allen Individuen der Art mitteilbar ist. Durch Ähnlichkeit aber ist das mitteilbar, was nur nach einigen Elementen der Namensbedeutung (secundum aliquid eorum quae includuntur in nominis significatione) mitteilbar ist, wie etwa ein Wesen Löwe genannt wird, weil es etwas Löwenartiges an sich hat, ohne ein Löwe zu sein. Da nun die Natur Gottes, im eigentlichen Sinne genommen, nicht vervielfältigbar ist, folgt, daß auch der Name „Gott" im eigentlichen Sinn und der Wirklichkeit entsprechend (secundum rem) nicht übertragbar ist; übertragbar ist er nur der (irrigen) Meinung nach (secundum opinionem) oder im uneigentlichen Sinn. ‚Si vero esset aliquod nomen impositum ad

[10] Vgl. *Manthey* 215–217.

significandum Deum non ex parte naturae, sed ex parte suppositi, secundum quod consideratur ut *hoc aliquid*, illud nomen esset omnibus modis incommunicabile; sicut forte est nomen *tetragrammatum* apud Hebraeos. Et est simile si quis imponeret nomen soli, designans hoc individuum': Wenn es allerdings einen Namen gäbe, der Gott nicht aufgrund seiner Natur, sondern ihm als diesem Suppositum, insofern er nämlich als dieses bestimmte Einzelwesen betrachtet wird, gegeben würde, so wäre dieser Name auf jede Weise unmitteilbar, wie es vielleicht der Fall ist beim Tetragramm der Hebräer (gemeint ist der Name Jahwe). Ähnlich ist es, wenn jemand der Sonne einen Namen beilegte, der sie als dieses Individuum bezeichnet.

Das arg. 2 will die Mitteilbarkeit des Gottesnamens daraus erweisen, daß „Gott" kein Eigenname (nomen proprium) ist, da das Wort auch im Plural gebraucht wird. Die Antwort ad 2 gesteht zu, daß „Gott" kein Eigenname, sondern eine Benennung (nomen appellativum) ist, da er Gott wie einen bezeichnet, der die göttliche Natur hat (obwohl er sie ist). Denn die Bezeichnungen folgen – nach dem bekannten Grundsatz – nicht der Seinsweise, die den Dingen in sich selbst zukommt, sondern der Weise, die sie in unserer Erkenntnis haben. Der Wirklichkeit nach aber ist der Name „Gott" nicht mitteilbar.

18. Von Gott kann man nach dem Gesagten in dreifacher Bedeutung sprechen: im eigentlichen und uneigentlichen Sinn und „nach Meinung", nämlich derer, die sich über Gott irren. Wie verhalten sich diese Bedeutungen zueinander? Das ist die Frage in Artikel 10 (I q. 13 a. 10). Thomas antwortet, daß sie weder univok noch äquivok, sondern analog zueinander sind. Das ergibt sich daraus, daß bei der Definition der uneigentlichen die eigentliche Bedeutung verwandt werden muß, aber nicht umgekehrt. Bei der Bedeutung nach Meinung, daß nämlich etwas Gott sei, was in Wirklichkeit nicht Gott ist, wird einer geschöpflichen Wirklichkeit mit dem Wort „Gott" etwas zugeschrieben, was nur Gott selbst zukommt.

Arg. 1 plädiert für die Univozität im Gebrauch des Gottesnamens bei der Aussage über verschiedene Subjekte. Wenn ein Katholik sagt: das Idol ist nicht Gott, und der Heide: das Idol ist Gott, dann widersprechen sie sich. Der Widerspruch aber setzt Univozität des Prädikats voraus. Die Antwort (ad 1) stellt den Grundsatz auf, ‚quod nominum multiplicitas non attenditur secundum nominis praedicationem, sed secundum significationem': die Vielfalt der Namen (Begriffswörter) richtet sich nicht nach der Vielfalt der Aussagen (dessen, worüber ausgesagt wird), sondern nach der Vielfalt der (intendierten) Bedeutungen[11]. Das wird an dem Wort „Mensch" verdeutlicht, das nach derselben Bedeutung gebraucht wird, ob es nun wahr oder falsch (vom unrichtigen Objekt, z. B. einem Stein) ausgesagt wird. Anders wäre es, wenn der eine mit dem Wort „Mensch"

[11] Vgl. dazu auch Thomas Aq., In I Poster. Analyt. c. 2, lect. 4, nr.6: Definitio enim est ratio, quam significat nomen, ut dicitur in IV Metaphysicae [Comm., lect. 16]; *significatio* autem nominis accipienda *est ab eo, quod intendunt communiter loquentes* per illud nomen significare, unde et in II Topicorum [c. I, 5 et c. II, 5] dicitur, quod *nominibus utendum* est, *ut plures utuntur*.

den Inhalt von „Mensch“, der andere den Inhalt von „Stein“ verstehen würde. ‚Unde patet quod catholicus dicens, idolum non esse Deum, contradicit pagano hoc asserenti; quia uterque utitur hoc nomine, *Deus*, ad significandum verum Deum‘: Daraus ist ersichtlich, daß der Katholik, der sagt, das Idol ist nicht Gott, dem Heiden widerspricht, der das bejaht, denn beide bedienen sich dieses Namens „Gott“, um einen wahren (wirklichen) Gott zu bezeichnen. ‚Cum enim paganus dicit idolum esse Deum, non utitur hoc nomine secundum quod significat Deum opinabilem‘: Wenn nämlich der Heide sagt, das Idol ist Gott, bedient er sich dieses Namens nicht in der Bedeutung eines nur vermeintlichen Gottes. ‚Sic enim verum diceret, cum etiam catholici interdum in tali significatione hoc nomine utantur, ut cum dicitur (Ps. XCV, 5): ‚*Omnes dii gentium daemonia*‘: So nämlich würde er etwas Wahres sagen, da auch die Katholiken sich dieses Namens zuweilen in dieser Bedeutung bedienen, z. B. (nach Ps. 95,5): alle Götter der Heiden sind Dämonen.

Die Kontroverse darüber, ob Heide (als Götzenbild-Anbeter verstanden) und Katholik dasselbe mit dem Namen „Gott“ meinen, wird in arg. 5 noch einmal aufgenommen und in entgegengesetzter Richtung weitergeführt. ‚Nullus potset significare quod non cognoscit‘: Niemand kann bezeichnen, was er nicht erkennt. ‚Sed gentilis non cognoscit veram deitatem. Ergo cum dicit, Idolum est Deus, non significat veram deitatem‘: Der Heide kennt die wahre Gottheit nicht. Wenn er also sagt: das Idol ist Gott, bezeichnet er nicht die wahre Gottheit. ‚Hanc autem significat catholicus dicens unum esse Deum: Gerade diese aber bezeichnet der Katholik, der sagt: es ist *ein* Gott. ‚Ergo hoc nomen, *Deus*, non dicitur univoce, sed aequivoce de Deo vero et de Deo secundum opinionem‘: Also wird dieser Name „Gott“ nicht univok, sondern äquivok vom wahren Gott und dem Gott der Meinung nach ausgesagt. Thomas antwortet (ad 5): Die Natur Gottes, wie sie an sich selbst ist, erkennt weder der Katholik noch der Heide, sondern beide erkennen sie nach einer gewissen Weise der Kausalität oder des Vorrangs oder der Abweisung (remotionis) (unpassender Prädikate), wie oben gesagt wurde (q. 12, a. 2). ‚Et secundum hoc, in eadem significatione accipere potest gentilis hoc nomen, *Deus*, cum dicit: Idolum est Deus, in qua accipit ipsum catholicus, dicens: Idolum non est Deus. Si vero aliquis esset, qui secundum nullam rationem Deum cognosceret, nec ipsum nominaret: nisi forte sicut proferimus nomina quorum significationes ignoramus‘: Und dem entsprechend kann auch der Heide dieses Wort „Gott“ in derselben Bedeutung annehmen (gebrauchen), wenn er sagt: das Idol ist Gott, wie der Katholik, der sagt: das Idol ist nicht Gott. Wenn es aber jemand gäbe, der Gott in gar keiner Weise erkennen könnte, könnte er ihn auch nicht benennen, es sei denn vielleicht so, wie wir Namen bilden für das, was wir nicht kennen (fingierte Namen).

Soweit Thomas. Seine Darlegung über die Permanenz der identischen Wortbedeutung im Aussagengebrauch verlangt jedoch eine weitere Erörterung. Das allgemeine Prinzip (ad 1), wonach die Einheit oder Vielheit der Namen sich nicht nach der Einheit oder Vielheit der Aussagen, sondern nach den intendierten Bedeutungen der Worte richtet, wird man nicht bestreiten können. Die Frage ist jedoch, ob bei der Verwendung der Wörter in den Aussagen nicht in manchen Fällen eine Bedeutungsänderung eintritt. Bei den anerkannt univoken Aussagen gibt es keine Schwierigkeit. Wie aber ist es, wenn verschiedene Arten von Ausdrücken (eigentliche, uneigentliche, nach Meinung) miteinander in Konkurrenz treten? Die Antwort, daß diese Ausdrucksarten untereinander analog seien, trifft zwar zu, aber die Frage ist, welche der Bedeutungen bei den Ausdrücken nach Meinung als die eigentliche oder wahre angesehen wird. Und darüber besteht unter der Voraussetzung einer irrigen Meinung ein Dissens. Beide, Katholik und Heide, intendieren mit ihrer Aussage einen wahren, wirklichen Gott; aber was sie darunter verstehen (eben die Wortbedeutung), ist etwas Verschiedenes. Man ist versucht zu sagen etwas Grundverschiedenes, was jedoch nicht zutreffen dürfte. Die beiden verbinden mit dem Wort „Gott" trotz aller Unterschiede auch Gemeinsames. Erst wenn dieses Gemeinsame durch eine gründliche Sprachanalyse des einzelnen Falles gefunden ist, kann die beiderseitige Position definiert und diskutiert werden. Die Kennzeichnungen „wahrer" Gott oder Gott „nach Meinung" sind jedoch keine Bestandteile des Prädikatsbegriffes „Gott", sondern Kennzeichnungen der angenommenen oder bestrittenen Konformität des Begriffes mit der Wirklichkeit, also Reflexionsurteile, die den jeweils bestimmten Begriff des Prädikats bereits voraussetzen und daher ungeeignet sind, die Frage zu entscheiden, ob Katholik und Heide dasselbe meinen, wenn sie den Satz: das Idol ist Gott, bejahen oder verneinen. Ausserdem besteht Grund zu der Vermutung, daß auch durch den Ausdruck „ist Gott" keine uneingeschränkte und unmodifizierte Identität ausgesagt werden soll.

19. Artikel 11 (I q. 13, a. 11) untersucht die Frage, ‚utrum hoc nomen, qui est, sit maxime nomen Dei proprium‘: ob der Name „der ist" Gott am eigentümlichsten sei. Obwohl der Artikel im Sed contra an die Exodusstelle 3, 13 anschließt, so entwickelt er seinen Gedanken doch unabhängig davon. Drei Gründe nennt Thomas dafür, daß dieser Name Gott am meisten kennzeichnet. ‚Primo quidem propter sui significationem. Non enim significat formam aliquam, sed ipsum esse. Unde cum esse Dei sit ipsa eius essentia, et hoc nulli conveniat, ut supra ostensum est (q. 3, a. 4), manifestum est quod inter alia nomina hoc maxime proprie nominat Deum. Unumquodque enim denominatur a sua forma‘ Erstens wegen seiner Bedeutung. Denn er bedeutet nicht irgendeine (besondere) Form, sondern das Sein selbst. Da aber das Sein Gottes seine Wesenheit ist, wie oben gezeigt wurde, ist es klar, daß unter allen Namen dieser Gott am eigentümlichsten bezeichnet. Ein jedes nämlich wird von seiner Form her benannt. (An der zitierten Stelle – q. III a. 4 – aber hieß es: ‚esse est actualitas omnis formae vel naturae‘: das Sein ist die Wirklichkeit jeder Form und Natur[12]). ‚Secundo prop-

[12] Vgl. dazu die gründlich informierende Studie von *A. Zimmermann,* ‚Ipsum enim »est« nihil est‘ (Aristot, Perihermeneias I, c. 3). Thomas von Aquin über die Bedeutung der Kopula, in: Der Begriff der Repraesentatio im Mittelalter, Stellvertretung, Symbol, Zeichen, Bild (MiscMed 8) (Berlin 1971) 282–295.

ter eius universalitatem': Zweitens wegen seiner umfassenden Allgemeinheit. Denn alle anderen Namen sind entweder weniger allgemein oder, wenn sie gleich allgemein sind, fügen sie eine begriffliche Bestimmung bei, so daß sie das Sein weiter informieren oder bestimmen. Wir können aber Gott in diesem Leben nicht erkennen, wie er an sich selbst ist; darum bleiben wir in jeder weiteren Bestimmung dessen, was wir von Gott denken, hinter der Seinsweise Gottes zurück, Darum sind die Namen, je weniger bestimmt und je allgemeiner, absoluter sie sind, desto mehr dazu geeignet, daß wir sie von Gott aussagen... Jeder andere Name bestimmt eine Seinsweise der Substanz Gottes, nur dieser Name „der ist" bestimmt keine Seinsweise, sondern verhält sich unbestimmt zu allen. Darum bezeichnet er das unendliche Meer der Substanz selbst. – ,Tertio vero ex consignificatione': Drittens wegen der Mitbedeutung. Er bezeichnet nämlich das Sein in der Gegenwart. Und das kommt Gott am meisten zu, dessen Sein keine Vergangenheit und Zukunft kennt. Ad 1 gibt zu, daß der Name „Gott" der ihm eigenste Name ist, wenn man auf die Bezeichungsabsicht (,id ad quod significandum imponitur nomen') schaut, da „Gott" nicht mitteilbarer Name ist, nicht aber, wenn man auf den Bezeichnungsursprung (,id a quo imponitur nomen') schaut. Und er fügt hinzu: Noch bezeichnender ist das Tetragramma (Jahwe), da es gebraucht wird, um die Unmitteilbarkeit und Singularität auszudrücken. Wir würden heute sagen: den persönlich in der Geschichte Handelnden. Ad 2 geht auf den Einwand ein, daß Gott aufgrund seiner Gutheit universales Prinzip von allem, und also „das Gute" der bezeichnendste Name sei. Dieser Name „das Gute" bezeichnet nach Thomas Gott hauptsächlich, sofern er Ursache von allem ist, nicht aber schlechthin. Das Sein aber absolut genommen geht der Ursache im Denken voraus (esse absolute praeintelligitur causae).

Auf den dritten Einwand, daß Gott von uns nur aus den Geschöpfen erkannt werde, daß daher sein Name die Beziehung zu den Geschöpfen einschließen müsse, antwortet Thomas ad 3, daß dies nicht notwendig für alle Namen aus dem Vordersatz folge. Es genüge, daß der Name den Vollkommenheiten entnommen sei, die aus Gott hervorgehen, deren erste das Sein sei, von dem der Name „der ist" genommen wird.

20. Wenn Gott das Sein ist und dieses Sein keine Zusammensetzung hat, dann scheint keine Aussage positiver Art über Gott möglich zu sein, da eine einfache Form kein Subjekt für eine weitere Bestimmung ist. So arg. 2 im folgenden Artikel (I q. 13, a. 12), der fragt, ,utrum propositiones affirmativae possint formari de Deo?-: ob über Gott Bejahungssätze gebildet werden können. Thomas bejaht und begründet dies aus der allgemeinen Satzstruktur. In qualibet propositione affirmativa vera oportet quod praedicatum et subiectum significant idem secundum rem aliquo modo, et diversum secundum rationem': In jedem bejahenden wahren Satz muß das Prädikat und das Subjekt ein dem Gegenstande nach irgendwie Identisches und doch dem Begriff nach Verschiedenes bezeichnen. Das gilt für Sätze, die ein Akzidens aussagen, aber auch für Sätze mit einem substantiellen Prädikat. ,Manifestum est enim quod homo et albus sunt idem subiecto,

et differunt ratione': Der Mensch und das Weiße sind offenbar dasselbe Subjekt und dem Begriffe nach verschieden (in dem Satz: dieser Mensch ist weiß). – In heutiger Sprache würde man sagen: x ist ein Mensch und x ist weiß. Die beiden Prädikatsfunktionen werden durch dasselbe x erfüllt (es gibt ein x derart, daß...), wobei jedes grammatikalische Subjekt in das unbestimmte Subjekt x und eine Prädikatsfunktion auflösbar ist. – Dasselbe gilt nach Thomas auch von Sätzen wie: ,Homo est animal. In eodem enim supposito est et natura sensibilis, a qua dicitur animal; et natura rationalis, a qua dicitur homo': Im selben Suppositum (wirklichen konkreten Ganzen) ist (ontologisch gesehen) sowohl eine sinnenfähige Natur, von der es (logisch und sprachlich) Lebewesen (Sinnenwesen) genannt wird, und eine vernünftige Natur, von der es Mensch genannt wird. ,Sed et in propositionibus in quibus idem praedicatur de seipso, hoc aliquo modo invenitur, inquantum intellectus id quod ponit ex parte subiecti, trahit ad partem suppositi; quod vero ponit ex parte praedicati, trahit ad naturam formae in supposito existentis': Aber auch in den Sätzen, in denen dasselbe von sich selbst ausgesagt wird (auch denen, die formal identisch sind, wie z. B.: In Gott ist die Wesenheit das Sein), findet sich das irgendwie, insofern der Verstand das, was er als (grammatikalisches) Subjekt setzt, auf die Seite des Suppositums zieht; was er aber als Prädikat setzt, das zieht er zur Natur der im Suppositum seienden Form. Dieser der begrifflichen Ordnung angehörenden Verschiedenheit entspricht die Pluralität von Prädikat und Subjekt; die Identität des Wirklichen aber bezeichnet der Verstand durch die Komposition beider (die Kopula)[13]. Gott aber ist, in sich selbst betrachtet, ganz und gar eins und einfach; dennoch erkennt ihn unser Verstand nach verschiedenen Begriffen, weil er ihn nicht schauen kann, wie er in sich selbst ist. Obwohl er ihn aber unter verschiedenen Begriffen denkt, erkennt er dennoch, daß all seinen Begriffen ein und dieselbe einfache Wirklichkeit entspricht. Diese Vielheit, die begrifflicher Art ist (secundum rationem), vergegenwärtigt er (repraesentat) durch die Vielheit von Subjekt und Prädikat, die Einheit aber durch die Satzkomposition[14].

Auf den Einwand, jedes Verständnis (intellectus), das den Gegenstand (rem) anders versteht als er ist, ist (urteilt) falsch, antwortet Thomas (ad 3), daß der genannte Satz doppelsinnig ist. Denn „anders" (aliter) kann auf das Objekt (ex parte intellecti) oder auf das urteilende Subjekt (ex parte intelligentis) bezogen werden. Im ersten Sinne würde er bedeuten: Jedes Verständnis, das versteht (urteilt), daß sein Gegenstand anders ist, als er ist, ist falsch. Das aber trifft die Lösung des Artikels nicht, weil der Verstand, der einen Satz über Gott bildet, nicht sagt, daß Gott zusammengesetzt ist, sondern daß er einfach ist. Im zweiten Sinne ist der Satz (der die Falschheit des Verstandes darin sieht, dafs er anders versteht, als der Gegenstand ist) falsch. Denn anders ist die Weise des Verstandes im Verstehen (Urteilen)

[13] Vgl. *Zimmermann* (hier: Anm. 12).

[14] Vgl. *Martinelli* 64–66.

als die Weise des Gegenstandes in seinem Sein. Allgemein gesprochen: unser Verstand versteht die materiellen Dinge, die unter ihm sind, auf immaterielle Weise, nicht indem er versteht, sie seien immaterielle, sondern er hat eine immaterielle Weise, sie zu verstehen. Ähnlich versteht er die einfachen Gegenstände, die über ihm sind, gemäß seiner eigenen Weise, nämlich auf zusammengesetzte Weise (composite), nicht aber so, daß er verstehen würde, sie seien zusammengesetzt[15].

II

Weitere Sprachanalysen nimmt Thomas – wenn auch nicht überall mit solcher Häufung wie hier – auch sonst vor, insbesondere um Schwierigkeiten zu lösen[16]. Wir wollen hier unseren Bericht abschließen und uns der Reflexion über das gefundene Material zuwenden, um festzustellen, welche Grundsätze für Thomas bei seinem sprachanalytischen Verfahren maßgebend waren. Wir beschränken uns hierbei auf die sprachanalytischen Grundsätze, soweit sie in den besprochenen Texten zur Verwendung kamen. Selbstverständlich haben sie bei Thomas noch andere ontologische und erkenntnistheoretische Voraussetzungen. Wir begnügen uns ferner damit, die Grundsätze nur als Thesen, der Sache nach geordnet, zusammenzustellen und verweisen für die Erklärung auf die Nummern der in Teil I gegebenen Texterläuterungen.

1. Das grundlegende Verständnis der Sprachstruktur ergibt sich daraus, daß die Sprachzeichen (Phoneme, Grapheme) durch die Vermittlung von Denkgestalten (Begriffe) auf die bezeichneten Gegenstände (Dinge) bezogen sind. Grundlage dieser Vermittlung ist die Ähnlichkeit der Denkgestalten mit den Dingen selbst (8).
2. Die Möglichkeit, etwas zu benennen, beruht auf der Möglichkeit, es zu erkennen (8).
3. Unsere Erkenntnisweise hängt ab von unserer Seinsweise und dem Seinsverhältnis, in dem wir zu den Erkenntnisgegenständen stehen (8).
4. Die Sprech- und Benennungsweise folgt nicht der Seinsweise der Dinge, über die wir sprechen, sondern der Weise, wie wir zu ihrer Erkenntnis gelangen (8).
5. Was ein Wort bezeichnet, richtet sich nicht nach dem Gegenstand, sondern nach dem, was der Verstand vom Gegenstand erfaßt, nach dem Begriff vom Gegenstand (9).
6. Das Urteil über die Einheit oder Vielheit von Begriffswörtern (Synonymität) richtet sich nicht nach dem, worüber mit ihnen etwas ausgesagt wird, sondern nach der Einheit oder Vielheit der intendierten Bedeutung (18).

[15] Vgl. *Martinelli* 68; *Manthey* 226.

[16] *Grabmann* (s. o. Anm. 1) 144, Anm. 73 verweist besonders auf folgende weitere Texte: In I Sent. dist. 22; S. Th. I, q. 31; III q. 16; q. 78; S c. G. I 51; De pot q. 5.

7. In jedem bejahenden einfachen Satz bezeichnen Prädikat und Subjekt etwas der Sache nach Identisches, dem Begriffe nach jedoch Verschiedenes (20).
8. Die Andersheit von Verständnis und Gegenstand kann auf das Verständnis als das Verstandene oder auf die Weise des Verständnisses oder Verstehens bezogen werden. Nur die erste Art der Andersheit begründet den Irrtum (20, Einwand).
9. Das an sich selbst von uns nicht Erkennbare – und darum an sich selbst Unnennbare – kann [bei zutreffenden, hier nicht zu erörternden Voraussetzungen] durch etwas anderes [was zu ihm in Seinsbeziehung steht] erkannt und benannt werden (8).
10. Um eine Bezeichnung für einen Gegenstand zu verwenden, bedarf es eines Grundes; Bezeichnungen sind nicht beliebig (9)[17].
11. Ein solcher Grund ist der Sprachgebrauch (9; 18).
12. Die Sinngebung und Sinndeutung eines Wortes ist abhängig von der Absicht der Redenden (9; 18).
13. Die Verwendung von Bezeichnungen muß sich oft von der Beschränkung auf den ursprünglichen Wortgebrauch lösen (3).
14. Der Sinn eines Wortes wird letztlich durch die Verwendung in einer Aussage bestimmt[18] und so gegebenenfalls auch gegenüber einem anderen Wortgebrauch abgeändert (7).
15. Die Etymologie eines Wortes ist daher nicht immer identisch mit dem, was man mit einem Wort bezeichnen will (9; 16).
16. Es ist zu unterscheiden zwischen dem Inhalt einer Bezeichnung und der Bezeichnungsweise (10).
17. Die Bezeichnungsweise hängt von der Erkenntnisweise ab (12).
18. Bezeichungen können einen Gegenstand mehr oder weniger repräsentieren und vergegenwärtigen (9).
19. Bei der Übertragung einer Bezeichnung von einer Sache oder Wirklichkeitsdimension auf eine andere, aufgrund des Inhalts einer Bezeichnung, muß nicht, gegebenenfalls darf nicht auch die Bezeichnungsweise übertragen werden (10).
20. Ob die Bezeichnung einer Sache im eigentlichen oder uneigentlichen Sinn zu verstehen ist, hängt im gegebenen Fall davon ab, ob man dabei nur den Inhalt oder auch die Bezeichnungsweise im Auge hat (1; 4; 10; 11).
21. Bezeichnungen, die mit dem Gehalt und unabtrennbar von ihm auch eine Bezeichnungsweise übertragen, die dem Gegenstand, auf den sie übertragen werden, nicht angemessen ist, können für diesen Gegen-

[17] Zu II 10–12 vgl. auch S. Th. II II q. 85, a. 1, ad 3: significare conceptus suos est homini naturale, sed determinatio signorum est secundum humanum placitum. – S. Th. III q. 60, a. 5, ad 1: etsi idem potest per diversa signa significari, determinare tamen quo signo sit utendum ad significandum pertinet ad significantem.

[18] Dieser Grundsatz war der Ausgangspunkt für die sog. Suppositionslehre der Scholastik. In der Neuzeit wurde er wieder von Frege entdeckt.

stand nur im metaphorischen und uneigentlichen Sinn gebraucht werden (11).

22. Das Reden über Gott erfolgt mit den Mitteln der Sprache über Erfahrungsgegenstände (1).
23. Dies (hier: 22) schließt auch den Gebrauch von bildlich-metaphorischen Ausdrucksweisen ein (4).
24. Die Anwendung unserer Sprache auf Gott verlangt besondere Gebrauchsanweisungen, gegebenenfalls mit Änderung der Syntaktik (1).
25. Solche Anweisungen sind erforderlich für die Anwendung von Substantiven, Verben und Demonstrativpronomen auf Gott (8).
26. Es ist unmöglich, etwas über Gott und die Geschöpfe im univoken, vollkommen selben Sinne auszusagen (13).
27. Analoge Aussagen sind nur möglich durch die Beziehung auf einen gemeinsamen Bezugspunkt (14).
28. Bei manchen Namen ist zwischen der primären Hauptbedeutung und einer sekundären Mitbedeutung zu unterscheiden, was bei der analogen und übertragenen Anwendung zu beachten ist (15).
29. Über Einfaches kann man nur mit Hilfe der Bezeichnungen für Zusammengesetztes und der Negation reden (1; 5).
30. Der Gebrauch einer Negation bezieht sich nicht immer direkt auf Objekte, sondern zuweilen indirekt, durch Korrektur unserer Auffassungweise, indem sie die Übertragung dieser auf die intendierte Weise des Objekts verhindert (5).
31. Aussagen, die, allein vom Objekt her betrachtet, sinnlos erscheinen, können indirekt, durch die Beziehung auf den Grund des betreffenden Objekts, sinnvoll werden (6).
32. Die Ordnung und Abhängigkeit der Sprachbezeichnungen ist nicht identisch und auch nicht notwendig parallel zur gegenständlichen Ordnung des Bezeichneten (14).
33. Übertragbar im eigentlichen Sinne ist ein Name, wenn er auf anderes als das ursprünglich Benannte seiner ganzen Namensbedeutung nach übertragbar ist; im uneigentlichen Sinne aber, wenn nur einige Elemente der Namensbedeutung auf anderes übertragbar sind (17). Vgl. auch hier II 20; 21.
34. Die eigentliche und uneigentliche Bedeutung eines Namens verhalten sich analog zueinander (14; 18). Vgl. auch hier II 27).
35. Namen können als allgemeine Namen einer weiteren Bestimmung bedürftig sein, während sie als besondere Namen eine weitere (einschränkende) Bestimmung ausschließen (2).
36. Eigennamen sind, sofern sie ein bestimmtes Einzelwesen bezeichnen, nicht übertragbar (17).
37. „ist“ hat nicht nur die Funktion der Kopula, sondern zuerst eine Eigenbedeutung als Verb, nämlich die Wirklichkeit einer Form oder Natur zu bezeichnen (19). Vgl. auch Anm. 12.

Diese Abhandlung erschien in „Theologie und Philosophie“ 49 (1974) 437–463.

a] Die Definition ist die bestimmte Denkgestalt [Begriff], die der Name [das Wort] bezeichnet, wie im IV. Buch der Metaphysik gesagt wird; die Namensbezeichnung [das Wort] ist aber von dem herzunehmen, was die Sprechenden [eine Sprachgemeinschaft] für gewöhnlich durch jenen Namen bezeichnen wollen, weshalb es im II. Buch der Topik heißt, daß man die Namen so gebrauchen soll, wie die meisten sie gebrauchen.

b] Es kommt dem Menschen naturhaft zu, seine Begriffe zu bezeichnen, aber die Bestimmung der Zeichen geschieht nach menschlichem Ermessen. – Wenn auch dasselbe durch verschiedene Zeichen bezeichnet werden kann, ist es dennoch Aufgabe des Bezeichnenden zu bestimmen, welches Zeichen zur Bezeichnung gebraucht werden soll.

KURZBIOGRAPHIEN
(Mittelalter)

Diese Kurzbiographien wurden für die „Neue Deutsche Biographie“ geschrieben. Aufgenommen wurde nur der Text von Albert von Orlamünde: I (1952; Neudruck 1971) S. 134. – Die beiden anderen Namen wurden in der „Neuen Deutschen Biographie“ gestrichten.

Albert von Orlamünde (Thüringen)
Dominikaner, 13. Jh.

Nach dem zeitgenössischen Legendarium des Dominikanerklosters von Eisenach gehörte A. v. O. zu den Predigerbrüdern, die nach 1229 den Orden in Thüringen verbreiteten. Aus der Schule Alberts d. Gr. und Lector (Prof.) an einem Ordensstudium, ist er mit großer Wahrscheinlichkeit der Verfasser der später Albert d. Gr. zugeschriebenen „Philosophia pauperum“ (auch „Summa naturalium“, „Compendium de negotio naturali“ genannt). Sie ist ein kurzes (darum auch den armen Studenten erschwingliches), an den Stadtschulen des MA vielgebrauchtes und kommentiertes Lehrbuch der Naturphilosophie und Psychologie, dessen Inhalt zum großen Teil den Schriften Alberts d. Gr. entnommen ist.

Werke:

Die Philosophia pauperum ist unter den Werken Alberts d. Gr. gedruckt: ed. Jammy, Lyon 1651, tom. XXI; ed. A. Borgnet, Paris 1890, vol V, 445–536; Teile sind in kritischer Ausgabe veröffentlicht bei Geyer, s. u.

Literatur:

M. Grabmann, Die Philosophia pauperum u. ihr Verf., A. v. O., 1918 (Beitrr z. Gesch. d. Phil. d. MA, XX, 2) (dort ält. Lit.); ders., Mittelalterliches Geistesleben II 1936, 364–66 (weitere Lit. über die Verfasserfrage);

B. Geyer, Die Albert d. Gr. zugeschriebene Summa naturalium (Philosophia pauperum). Texte u. Untersuchungen, 1938 (Beitrr. z. Gesch. d. Phil. d. MA, XXXV, 1) (tritt f. A. v. O ein). Vgl. dazu: H. Weisweiler, in: Scholastik 1939, 429–31; M. Grabmann, in: Dt. Lit. Ztg. (Lpg) 1939, 331–33; F. Pelster, in: Gregorianum (Rom) 1939, 299–302; ders., in: Theol. Revue (Münster) 1939, 67–71 (Bedenken gg. Geyer). – Lex. f. Theol. u. Kirche I (1930) 210; Enc. Catt. I (1949) 692.

Bandinus, Theologe d. 12. Jhs.

B. ist nur bekannt durch seine „Libri quatour (auch: Summa) sententiarum", die 1516 durch Joh. Eck in einem Ms. der Abtei Melk a. d. Donau entdeckt wurden. Ein Ms. d. 13. Jhs enthüllte sie als einen (vortrefflichen) Auszug aus den Sentenzen des Petrus Lombardus (Abbreviatio magistri Bandini de Libro Sacramentorum magistri Petri Parisiensis episcopi fideliter acta).

Werke:

Verzeichnis d. Ausgaben (Wien 1519; Löwen 1557; diese auch in Migne PL 192, 1969–1112) u. d. Mss. bei F. Stegmüller, Repertorium Commentariorum in Sententias Petri Lombardi, 1947, I 48–49.

Literatur:

FW Rettberg, Comparatio inter Mag. Bandini libellum et Petri Lombardi l. 4 sententiarum, 1834; Migne PL 192, 965–970; P. Lehmann, Hildegundis oder Bandinus, in: Hist. Vjschr. 29 (1934) 177–179 (H. nicht Verf.); J. de Ghellink, Le mouvement théologique du XIIe siècle, Paris 1948², 270; Dict. d. Théol. cath. II (1909) 140; Lex. f. Theol. u. Kirche I (1930)946; Dict. d'Hist. et de Géogr. éccl. VI (1932) 488–489 (mit Bibl.)

Bartholomaeus von Brügge
scholastischer Philosoph und Arzt, + 1356

B. (zu unterscheiden von dem Phil. und Arzt B. de Alkeriis de Brixia = Brescia, zwischen 1329–39 ebenfalls an der Sorbonne) war ein angesehenes Mitglied der Sorbonne unter Jean de Vallibus (erwählt 1299, + 1315). Als magister artium kommentierte er 1307–1309 Schriften des Aristoteles (Physik, Meteore, Poetik, Nilüberschwemmungen; zu anderer Zeit: Entstehen u. Vergehen; Über die Seele). Erhalten sind außer mehreren Kommentaren die der Wahrheitssuche dienenden „Sophismata" de subiecto logicae („ein Meisterwerk" nach Grabmann) und de sensu agente (den er gg. Joh. de Janduno ablehnt). Andere Sophismata sind nur bezeugt. B. ist ferner Verf. verschiedener medizinischer Schriften und Urheber einer Pestregel (1348). Als Arzt und Inhaber mehrerer Pfründen mit reichen Einkünften versehen, stiftete er 1350 sieben Bursen für arme Studenten.

Werke: nicht gedruckt; Angaben über die Mss. s. L.

Literatur:

A Pelzer, Codices Vaticani Latini, Tom. II, Pars prior: Codices 679–1134, Ex bibl. Vatic. 1931, XXIV, 211; ders. Barthélémy de Bruges, philosophe et médecin du XIVe siècle (+1356), in: Rev. Néoscol. d. Phil. 36 (1934) 459–474; M. Grabmann, Die Sophismataliteratur des 12. u. 13. Jhs mit Textausgabe eines Sophisma des Boetius von Dacien. (Beitrr. z. Gesch. d. Phil. d. MA, XXXVI, 1) Münster 1940; Ch. V. Langlois, Barthélémy de Brugges, maître des arts et en médecine, in: Hist. Litt. de la France, XXXVII, Paris 1938, 238–250. – Dict. d'Hist. et Géogr. éccl. VI, 1932, 985–988.

SEBASTIAN BASSO
Ein Vorläufer des Okkasionalismus
(1621)

Die Handbücher der Philosophiegeschichte erklären die Entstehung des (neuzeitlichen) Okkasionalismus gewöhnlich aus der Weiterentwicklung des kartesianischen Systems, nämlich als Vorschlag einer Lösung des Problems der Wechselwirkung zwischen Seele und Leib. Obwohl diese Frage ohne Zweifel einen großen Einfluß auf die Entstehung des klassischen Okkasionalismus ausgeübt hat, scheinen andere, viel umfassendere Gründe manche Philosophen des 17. Jahrhunderts zum Okkasionalismus geführt zu haben.

Ein Beleg dafür ist die okkasionalistische Lehre des *Sebastian Basso*. Dieser vertritt die Lehre des Okkasionalismus, obwohl er das Wort „Gelegenheitsursache" nie gebraucht, der Sache nach aufs klarste schon lange, bevor die Werke Descartes' veröffentlicht wurden (1621). Über *Sebastian Basso*, der Arzt war, wissen wir nicht viel.[1] Nur eines steht fest, daß *Petrus Sinsonius*, der dem Aristoteles nicht sehr zugetan war, an der Academia Mussipontana (Pont à Mousson) sein Lehrer der Philosophie war. 1621 gab er einen Band heraus mit dem Titel „*Philosophiae Naturalis adversus Aristotelem Libri XII*"[2], worin er aufs schärfste für den Atomismus eintritt und keine andere Veränderung oder Bewegung in der Körperwelt zuläßt als die Ortsbewegung.[3]

Dieses Werk, schreibt *Laßwitz* „ist heute selten und kaum bekannt, aber sein Einfluß gerade auf die Pariser Kreise muß ein sehr lebhafter gewesen sein, und die älteren Autoren erwähnen Basso mit Achtung neben heute noch berühmten Namen".[4] „Bei ihm zuerst tritt ... die mechanistische

[1] Vgl *Basso,* Phil. Nat. pg. 12; *Lasswitz,* Giordano Bruno und die Atomistik, in: Vierteljahrschrift für wissenschaftl. Phil. 8 (1884) 48–49; *Brucker,* Hist. Phil. IV 467ª ss; *Ueberweg* [12]III 173.

[2] Genevae 1621 und Amsterodami 1649. Dia Genfer Ausgabe scheint selten zu sein, stimmt aber mit der Amsterdamer Ausgabe überein. Der Katalog der Nationalbibliothek Vittorio Emanuele in Rom verzeichnet unter der Signatur „12.4.B.1." auch eine editio Ameliana (?) 1621. Die Texte werden hier nach der Amsterdamer Ausgabe zitiert. Eigene Übersetzung.

[3] Vgl. Basso pg. 310. Eine kurze Darlegung des Systems findet sich auf pg. 7–12 und 112–113.

[4] *Kurd Laßwitz,* Geschichte der Atomistik vom Mittelalter bis Newton, 2 Bde., Hamb. 1889-1890, I 467. Weiteres über die Lehre und das Ansehen Bassos: I 467-481.

Auffassung der Natur hervor, indem er die örtliche Bewegung als die alleinige Ursache der Körperveränderungen systematisch durchführt".[5] „Die Atomistik Bassos [ist] das *erste* vollständig ausgebildete System der Korpuskularphilosophie".[6] *Descartes, Gassendi* und andere waren, wie es scheint, von seiner Lehre berührt. Daß *Descartes* das Werk Bassos kannte, steht aus seinem Brief an *Beeckmann* vom 17. Okt. 1630 fest.[7] Von daher scheint es nicht unwahrscheinlich zu sein, daß Basso auch die Lehren der Okkasionalisten, die nach Descartes entstanden sind, auf irgendeine Weise beeinflußt hat.

Die okkasionalistische Lehre Bassos scheint bis heute völlig unbekannt zu sein. In den Handbüchern wird sie nicht genannt; auch *Ludwig Stein* erwähnt sie nicht in seinen Artikeln über die Vorläufer und das Entstehen des Okkasionalismus.[8] Stein hält dafür, daß der erste Okkasionalist der neueren Philosophie *Cordemoy* war, der 1658 zuerst darüber geschrieben hat.

Die folgende Abhandlung soll *zuerst* aus den Texten zeigen, daß Basso in der Tat den Okkasionalismus gelehrt hat; *zweitens* soll dies gegenüber Schwierigkeiten, die erhoben werden könnten, genauer umschrieben werden; *drittens* sollen die systematischen Beziehungen zwischen Basso und den klassischen Okkasionalisten aufgewiesen werden.

I

Die „Philosophia Naturalis" Bassos enthält u. a. auch drei Bücher über die Form, in denen er gegen die Lehre des Aristoteles über die Form disputiert. Im zweiten Buch bekämpft er die Form, insofern sie ein inneres Prinzip des Wirkens ist. Er fragt nämlich „was denn das für ein inneres Agens sei in jeder Sache, das Ursprung seiner Bewegungen und seiner Tätigkeiten sei. Und davon ausgehend werden wir mit Beweisen, die klarer sind als das Mittagslicht, dartun, daß es eine solche Einzelform oder – natur in jeglichem Ding nicht gibt."[9] Nicht minder klar bekundet er nachher in der Vorrede zum zweiten Buch über die Form seine Meinung. „In diesem (Buch) sucht und findet man jenes Prinzip [abgehandelt], das jeder Sache inneseiend sie gliedert und formt und danach nährt und mehrt

[5] Lasswitz I 479.

[6] Laßwitz I 476.

[7] *Descartes,* Oeuvres (ed. Cousin) VI 146, bei *Laßwitz* zit. I 481; II 88.

[8] *L. Stein,* Zur Genesis des Occasionalismus, in: Archiv für Geschichte der Philo. 1 (1888) 53–61; Antike und mittelalterliche Vorläufer des Occasionalismus, ebd 2 (1889) 193–245, wo er für das Mittelalter den hl. *Bernhard [von Clairvaux]* und *Richard von S. Victor* nennt. Darin dürfte sich jedoch *Stein* getäuscht haben, indem er nicht darauf achtete, daß diese Autoren öfter über die mystischen Phänomene sprechen. – Der Okkasionalismus der arabischen Sekte der *Ascharīja* war schon im Mittelalter bekannt. Vgl. z. B. *Thomas von Aquin,* S. c. Gent. III 69 und QQ. disp. de potentia III 7 („loquentes in lege Maurorum" = Mutakallimum).

[9] Quodnam sit hocce in re qualibet agens internum, quod sit eius motuum, actionumque principium. Atque inde demonstrationibus luce meridiana clarioribus evincemus, non dari talem formam seu naturam in unquaque re singularem. *Phil. Nat.*, lib. I de Forma, pg. 123.

und der Urheber sowohl der Bewegung wie ihres Aufhörens ist, ein Prinzip, das *Aristoteles* und die Seinen seine substantive Natur und Form genannt haben. Wir also wollen untersuchen, was dieses innere, aktive Prinzip der Dinge, der Bewegung und des Zustandes sei."[10]

Dann teilt er den zu behandelnden Stoff in drei Fragen auf. „Darauf nämlich muß sich die ganze Kraft unserer Disputation richten, daß wir wissen: *Erstens* ob die Natur so, wie sie um eines Zieles willen wirkt, so auch Erkenntnis und Überlegung gebraucht, um ein solches Ziel zu suchen: wessen jene Erkenntnis sei, ob [Erkenntnis] der einzelnen Naturdinge, oder einer allgemeinen Urache, nämlich Gottes, der sie bewegt und regiert. *Zweitens,* wenn wir zugeben, daß Gott der Urheber und Beweger von allen Dingen sei, ob wir ihn so den Dingen anwesend anerkennen, daß er ihnen aufliegend oder vielmehr als ihr Innerstes sie unmittelbar formt und durch seinen Einfluß regiert? oder ob man annehme, daß er, gleichsam im Umkreis des Himmels eingeschlossen, durch eine Kraft, die er durch den Einfluß des Himmels herabsendet, dies alles regiert. *Drittens,* ob es unter der Annahme, daß der gegenwärtige Gott die selben Dinge formt, erschafft und führt, nichtsdestoweniger in jedem Ding ein eigenes Prinzip gibt, das den wirkenden Gott mit einer innewohnenden Kraft und eigenem Wirken begleitet: so daß beider, nämlich Gottes und jener einzelnen Ursachc *eine* Wirkung sei, die beiden als der hauptsächlichen und gleich ersten Ursache zugeschrieben wird; *oder ob Gott vielmehr so alles in allem sei, daß die Naturdinge, da er die Hauptursache aller Tätigkeiten sei, seine bloßen Instrumente seien.* Doch sei dazu bemerkt, daß wir nicht von der Vernunftseele[11] und auch nicht von den von der Materie getrennten Geistwesen sprechen."[12] – Er fragt also zuerst, ob die Naturdinge mit Erkenntnis wir-

[10] In eo (libro) enim quaeritur et invenitur illud Principium, quod unicuique rei intimum ipsam articulatim format factamque nutrit et auget, atque omnis cum motus, tum cessationis eius author est, quod quidem principium Aristoteles cum suis rei naturam formamque eius substantivam vocaverunt. Nos ergo quid sit hocce internum rerum motus statusque principium activum inquirimus. – Lib. II. de Forma, Propositio, pg. 163.

[11] Vgl. pg. 229, wo Basso mit *Platon* im Menschen drei Seelen annimmt, die vegetative, die Sinnes- und die Vernunftseele. Die Vernunftseele nennt er unsterblich, ist sich jedoch nicht sicher, daß sie den Menschen als innewohnende Form bestimmt (vgl. pg. 144–145).

[12] Huc igitur omnes nostrae disputationis nervi sunt contendendi, ut sciamus; *Primo,* an ut natura propter finem agit, ita cognitione ac deliberatione ad talem finem quaerendum utatur: cuiusque sit illa cognitio, an singularum rerum naturalium, an alicuius causae universalis, Dei scilicet, qui eas moveat atque regat. *Secundo,* si maxime demus, Deum rerum omnium authorem ac motorem, an ita rebus ipsis praesentem agnoscamus, ut illis incumbens, aut potius intimus eas proxime formet, impulsuque suo ac regimine ducat? an vero caeli ambitu, quasi conclusus, virtute quadam quam caelorum influxu in haec inferiora mittat, haec omnia ... regere censeatur. *Tertio,* an dato quod Deus praesens res ipsas formet, creet, ac ducat; sit nihilominus in re quavis proprium aliquod principium, quod vi insita actioneque propria Deum agentem comitetur: ita ut utriusque, Dei nimirum, et illius causae singularis sit unus effectus, qui utrique tamquam agenti principali aeque primo adscribatur; *an vero Deus ita sit omnia in omnibus, ut cum sit omnium actionum causa principalis, res naturales sint mera ipsius instrumenta.* In quibus tamen nota, nos de

ken, was er bejaht. Da aber in den Dingen selbst eine solche Erkenntnis sich nicht findet, sondern Gott zugeschrieben werden muß, fragt er zweitens, ob Gott, der die Dinge bewegt, ihnen zuinnerst gegenwärtig sei. Dann geht er zur dritten Frage über, die am meisten unseren Fragepunkt betrifft, ob Gott in den Naturdingen so ausschließlich wirke, daß sie nur mehr seine bloßen Instrumente sind. Der Ausdruck „Instrumentum' wird unten genauer definiert werden.

Es folgen nun der Reihe nach die Texte Bassos.

Buch II über die Form. – Intentio I. „Ob die Natur durch Erkenntnis wirke?" – Art. I. „Welches der Sinn der Frage sei".

„Der gegenwärtige Zweifel kann einen zweifachen Sinn haben: erstens, ob die Natur vollkommen ohne jede gegenwärtige oder vergangene Überlegung wirke." Daran hat er keinen Zweifel: „Denn wer vermöchte zu verneinen, daß der Urheber der Natur wenigstens über die Eigentümlichkeiten und Beschaffenheiten der einzelnen Arten Überlegungen anstellte, daß Leichtes nach oben, Schweres nach unten getragen wird? ... Auch meine ich nicht, daß es vieler Beweise bedurfte – davon kann ich mich nicht überzeugen – daß das Gegenteil irgend jemanden, er sei denn wahnsinnig oder völlig stumpfsinnig gewesen, in den Sinn kommen konnte.

Der Sinn der vorgelegten Frage ist: ob die Natur durch eine gegenwärtige Überlegung und eine Kenntnis ihrer einzelnen Wirkungen zum Wirken gebracht werde. Und wenn ein Mensch, ein Rind ... entsteht, ob da die Natur oder die Hauptursache, welche die Ordnung der Teile des Dinges bestimmt, das, was sie tut, erkennt und wahrnimmt: oder ob [sonst] irgendeine Kraft sei, die eine so schöne und wunderbare Ordnung ohne gegenwärtige Erkenntnis einhalten könne."[13]

Art. II. „Welches die gemeinsame Ansicht der Theologen sei". „Die überwiegende Meinung der Theologen und Peripatetiker lautet, jenes Prinzip, das in jeder Sache durch den Einzelnamen der Natur bezeichnet wird, sei etwas, das ohne allen Sinn und Erkenntnis sei; es werde jedoch von dem erkennenden und leitenden Gott selbst auf die sicherste Weise

---

anima rationali, ut neque de mentibus illis a materia separatis, verba non facere. – Lib. II. de Forma, Propositio, pg. 164–165. – Die Auszeichnung des Textes stammt von mir.

[13] Lib II. de Forma. – Intentio I. „An natura cognitione agat?" – Art. I. „Quis sit sensus quaestionis." Duos potest habere sensus praesens dubitatio: primum, an sine ulla prorsus ullius vel praesenti vel praeterita deliberatione natura agat. ... Quis enim neget, naturae authorem saltem de singularum specierum proprietatibus atque affectionibus deliberasse, ut levia sursum, gravia deorsum ferrentur? ... Nec opinor, opus, fuisse multa concertatione, quod mihi persuadere non possim, contrarium, mentem cuiusquam, nisi aut insani, aut prorsus stupidi intrare potuisse.

Sensus ergo propositae quaestionis est, an natura praesenti deliberatione, atque singulorum, suorum efectuum notitia ferratur ad agendum. Et cum vel homo, vel bos ... fit, an natura seu causa praecipua, quae huius rei partium ordinem disponit, id quod facit, norit, atque speculetur: an vero vis ulla sit, quae tam pulchrum mirabilemque ordinem sine praesenti cognitione possit observare. – Pg. 165–166.

zu seinem Ziel getrieben."[14] Dann zitiert er die *Conimbricenses* und *Toletus*, unterscheidet aber nicht hinreichend zwischen der inneren Finalität, kraft deren die Dinge aus ihrer zielbezogenen Natur heraus zu einem Ziel streben und der äußeren Finalität, durch die etwas rein passiv und äußerlich von einem anderen zu einem Ziel bewegt wird.

In den folgenden Artikeln begründet Basso, daß die Naturtätigkeiten nicht möglich sind ohne eine gegenwärtige Erkenntnis. Daß aber die Naturdinge keine solche Erkenntnis besitzen, macht er aus den absurden Folgerungen der entgegengesetzten Annahme deutlich. Am Ende von Artikel VII[15] faßt er seinen Gedanken so zusammen: „Was immer auch nur das Geringste der Lebewesen konstruiert hat, hat es unter der Leitung von Vernunft und Einsicht konstruiert; nun gibt es aber keine Einzelwesen der Natur, die solche Dinge durch eigene Einsicht herzustellen vermöchten, also entstehen sie durch eine gewisse Gesamtnatur, die fürwahr keine andere sein kann als Gott selbst. Durch offensichtliche Gründe ist es also erwiesen, daß der beste und größte Gott ständig alles bewirkt, es durch sich selbst bewegt und zu dem jedem eigenen Ziel führt."[16]

Intentio II. „Ob Gott die Dinge so bewege, daß zu dieser Bewegung seine Gegenwart erfordert werde." B. bejaht diese Frage; er verteidigt sein Urteil in zehn Artikeln und bekämpft die Meinung derer, die sagen, Gott bewege unmittelbar nur den ersten Himmel, mittelbar aber die übrigen Dinge, so daß er nicht in dieser (unserer) Körperwelt gegenwärtig sei.[17] Die Intentio II beschließt er dann mit diesen Worten: „Soviel über die zweite Frage, in der außer der Offenbarung der heiligen Schrift, außer der Übereinstimmung aller Kirchenlehrer und der Zustimmung aller Alten, (aber) entgegen den *Averroisten* und gegen *Aristoteles* selbst, die sichersten und klarsten Gründe es bewiesen haben, *daß Gott überall gegenwärtig ist und alles unmittelbar bewirkt*."[18]

[14] Art. II. Quae sit communis Theologorum sententia. Communior Theologorum Peripateticorumque sententia est illud quidem principium, quod in re qualibet agnoscunt singulare naturae nomine designatum, rem quandam esse omnis sensus, ac cognitionis expertem; tamen a Deo ipso cognoscente ac dirigente in finem suum ratione certissima impelli. – Pg. 166

[15] In Wirklichkeit ist es Art. VI. Denn in der Amsterdamer Ausgabe tragen die Artikel IV, V, VI die Überschrift V, VI, VII. Damit die Stelle leichter gefunden werden kann, zitiere ich jene Artikel so, wie sie in der Amsterdamer Ausgabe numeriert sind.

[16] Quidquid minimam ex rebus animatis construit, ratione ac intelligentia duce eam construit; at non dantur Naturae singulares quae intelligentia propria res eiusmodi fabricentur, ergo fiunt a Natura quadam universali, quae sane alia quam Deus ipse esse nequit. Manifestis igitur rationibus convincitur *Deum Opt. Max. omnia continue facere, eaque seipso movere*, atque ad proprium cuiusque finem perducere. – Pg. 177.

[17] An ita Deus res ipsas moveat, ut ad hunc motum eius praesentia requiratur. Intentio II, adt. I, pg. 177.

[18] Hactenus de secunda quaestione, in qua, sacra Scriptura revelante, concordantibus universis Ecclesiae doctoribus, summo Veterum omnium consensu, adversus Averroistas, ipsumque Aristotelem, rationes certissimae atque evidentissimae, *Deum ubique praesentem, omniumque proxime operantem* adstruxerunt. – Intentio II, art. X, pg. 198.

Intentio III. „Ob Gott so in allen Dingen wirke, daß die Dinge dennoch als Hauptursachen tätig seien." – Art. I, „worin der Fragepunkt dargelegt wird."

„Es ist nicht die Frage, ob Gott gegenüber, der alles bewegt und durch es wirksam ist, alle anderen Dinge für Werkzeugursachen zu halten seien; was von allen bezeugt wird. Vielmehr besteht ein Zweifel über die Art der Werkzeuglichkeit, auf welche Weise nämlich die Naturdinge Werkzeuge Gottes heißen: *Ob sie nämlich nur Instrumente sind, so daß* sie, obwohl sie zu ihrer Wirkung eine Eignung haben, nicht anders als die Säge zum Schneiden und der Hammer zum Schlagen, sich dennoch selbst nicht mehr bewegen als die Säge oder der Hammer, sondern *ihre ganze Bewegung und (ihr ganzer) Antrieb von Gott, dem einzig hauptsächlich Wirkenden herkommt:* Oder ob Gott so, als erstes Wirkendes, durch jene wirke, daß sie dennoch durch sich selbst mit Gott in derselben Tätigkeit auf ursprüngliche Weise zusammenwirken; so daß dieselbe Handlung Gott und jene Dinge als Ursachen hat, die als Hauptursachen in die Wirkung einfließen."[19]

Zum Verständnis dessen, was B. hier sagt, ist eine Unterscheidung hilfreich, die *Thomas von Aquin* zwischen einem Werkzeug im eigentlichen und einem weiteren Sinn macht. „Zum fünften (Einwand) ist zu sagen, daß „Instrument" in zweifachem Sinn gebraucht wird. Auf eine Weise im eigentlichen (Sinne); wenn nämlich etwas so von einem anderen bewegt wird, daß ihm von dem Bewegenden nicht irgendein Prinzip einer solchen Bewegung mitgeteilt wird; wie die Säge vom Stellmacher bewegt wird ... Auf andere Weise wird Instrument allgemeiner all das genannt, was von einem anderen her bewegend ist, ob es nun das Prinzip seiner Bewegung in sich hat oder nicht ... Es kann etwas von einem anderen her in Bewegung sein, was dennoch sich selbst bewegt."[20] Offenbar ist das, was Basso „nur Instrument" nennt, bedeutungsgleich mit dem, was Thomas von Aquin „Instrument im eigentlichen Sinn" nennt. Die *Frage* stellt sich also, *ob die Dinge, trotz der Bewegung und des aktuellen Einflusses Gottes,* den Basso ohne

[19] Intentio III. An ita Deus in omnibus operetur: ut res ipsae nihilominus agant ut causae principales. – Art. I. Quo status quaestionis exponitur. Non quaeritur an Dei respectu omnia moventis, ac per ipsa agentis, res aliae instrumentales causae censeantur; quod in confessione est apud omnes. Verum de instrumentali ratione ambigitur, quomodo nimirum res naturales Dei instrumenta vocentur: *An scilicet mere sint instrumenta, ita ut* quamvis ad effectum, habeant aptitudinem, haud secus quam serra ad scindendum, et malleus ad tundendum, non magis tamen seipsas moveant, quam serra, vel malleus; sed *totus eorum motus atque impulsus a Deo proveniat solo agente principali:* An vero ita Deus, ut primum agens, per illas agat, ut nihilominus illae seipsis cum Deo in eadem actione principaliter concurrant; atque eadem actio Deum, et res illas, ut causas principaliter in effectum influentes sortiatur. – pg. 198.

[20] Ad quintum dicendum, quod instrumentum dupliciter dicitur. Uno modo proprie; quando scilicet aliquid ita ab altero movetur quod non confertur ei a movente aliquod principium talis motus; sicut serra movetur a carpentario. ... Alio modo dicitur instrumentum magis communiter quidquid est movens ab alio motum, sive sit in ipso principium sui motus, sive non. ... Aliquid potest esse ab alio motum, quod tamen seipsum movet... Quaest. disp. de veritate q. 24, a. 1, ad 5.

weiteres annimmt, *dennoch als Hauptursachen, d. h. aus einem inneren und dauerhaften Prinzip wirken*. B. *verneint* das.

Nachdem er mehrere Autoren zitiert hat, die mit ihm übereinstimmen[21], stellt er die Lehre der Peripatetiker dar. „Die entgegengesetzte Lehre vertreten gemeinhin die Peripatetiker, die behaupten, daß auch die Naturdinge aus einer ihnen innewohnenden Kraft als Hauptursachen wirken: in der Art und Weise stimmen sie jedoch nicht überein.

[1] *Averroes* ... hält zwar dafür, daß sie durch sich wirken; er verneint aber, daß Gott – den er in den Grenzen des ersten Beweglichen einschließt [gemeint ist die äußerste Himmelssphäre] – mit ihnen auf eine andere Weise als durch den Einfluß der Himmel [ssphären] zusammenwirke.

[2] Dieser Ansicht ... widersprechen gemeinhin die *Theologen* und die *übrigen Philosophen,* die behaupten: wenn auch die Naturdinge durch ein inneres Prinzip zu ihren je eigenen Tätigkeiten gebracht würden, bedürften sie dennoch der Führung und Hilfe des gegenwärtigen Gottes, ohne dessen Mitwirkung jene den Dingen eigene Kraft unnütz wäre. Aber auch sie stimmen nicht unter sich überein.

[a] „*Thomas* mit den seinen" lehre eine Mitwirkung durch eine „Vorherbewegung";

[b] „Die *Conimbricenses* [gemeint ist das Lehrwerk der Jesuiten von Coimbra] aber mit den übrigen ihres Ordens und anderen sehr gelehrten Männern gestehen zwar, daß die Naturdinge der Mitwirkung Gottes bedürfen, verneinen jedoch eine solche der Natur nach frühere Bewegung Gottes; sie behaupten daß die Dinge selbst zugleich und gleicherst mit Gott wirken. – Aus der Prüfung dieser Meinungen wird sich die Lösung der vorgelegten Hauptfrage ergeben."[22]

Nachdem B. die Lehre des Averroes schon in der Intentio II widerlegt hat, diskutiert er die Auffassung der *Thomisten* in Artikel V der Intentio III. – „Wenn die Thomisten wollen, daß jene Dinge, von Gott geweckt und sozusagen vom Schlafe gelöst, nachher mit ihm als Hauptursachen zusammenwirken, dann sprechen sie mit wenig Umsicht. So wird nämlich jene

[21] Er zitiert Pythagoras, Anaxagoras, Parmenides, Demokrit, Platon, die Akademiker, einige Araber; pg. 201–203.

[22] Contrariam sententiam tenent Peripatetici communiter, qui et res naturales vi sibi insita, principaliter agere contendunt: non tamen in modoconsentiunt.

[1] *Averroes* ... ita censet eas agere per se, ut neget Deum – quem primi mobilis finibus concludit – aliter cum illis, quam per influxum caelorum, concurrere.

[2] Huic sententiae ... reclamant communiter *Theologi, et Philosophi reliqui*, asserentes quidem res naturales; etsi interno principio in proprias quaeque actiones ferantur, egere tamen Dei praesentis ductu atque auxilio, sine cuius concursu vis illa rerum propria sit inutilis. Sed nec ipsi inter se concordant.

[a] „*Thomas* cum suis" concursum per „praeviam motionem" docet;

[b] „*Conimbricenses* vero cum reliquis sui ordinis nec non aliis viris doctissimis, etsi fatentur res naturales Dei concursu... indigere; negant tamen, talem Dei motum natura priorem; asseruntque res ipsas simul, atque aeque primo cum Deo agere. – Ex harum opinionum examine patebit solutio propositae quaestionis principalis." – Lib. II., de Forma, intentio III, art. IV., pg. 204–205.

Natur ...nichts von dem, was sie tut, auch zu tun erstreben: sondern weil Gott sie nach dieser oder jener Seite führt, wird sie hier oder dorthin folgen... Warum formt (die Natur) eher den Leib eines Menschen als eines Stieres oder eines Frosches? Weil sie so von Gott gelenkt wird; aus sich wird sie ja nicht mehr zum einen als zum anderen geführt. ... Wenn man das vom Instrument sagt, stimmt es zwar; wer solches aber über eine Hauptursache vorbringt, gehört von Aristoteles mit dem Stock aus dem Lykeion verjagt."[23]

Dem *Einwand* jedoch, daß die Natur unter der zuvorkommenden göttlichen Bewegung verschiedenes tut, weil sie eine verschiedene Eignung hat, kommt er so zuvor: „Oder weil verschiedene Wesen eine verschiedene Eignung haben? und diese Natur sich zur Hervorbringung eines menschlichen Leibes, jene eines Rindes, jene eines Wolfsleibes schickt? Aber auch die Hacke und die Säge unterscheiden sich durch ihre Eignung: Oder ist etwa diese Natur, sobald sie die Bildung des Herzens vollendet hat, nicht gleich geeignet, daß sie ein anderes Herz zusammenfüge: und (die Natur), die das Auge im Gesicht gemacht hat, nicht gleich geeignet, daß sie eines am Fuße bilde? Daß sie es also nicht getan hat, ist nicht ihrer Eignung zuzuschreiben ... so oft die Handlung (in der Herstellung des Menschen zu ändern war, so oft hat Gott diese Natur bewegt, als bloßes Werkzeug; und wie der Handwerker das Schnitzmesser oder die Hacke anders und anders regiert." Und am Ende des Art. V ruft er aus: „Was bleibt also für diese Natur noch übrig, daß man dafür hält, sie handle wie eine Hauptursache?"[24] In der Tat bleibt nichts übrig.

Nachher wendet er sich in Art. VI[25] gegen die *Conimbricenser,* nach denen die ganze Tätigkeit und die ganze Wirkung der Zweitursachen zugleich von Gott und den Zweitursachen ausgeht. „Aber hier bedrängt der Hund, dort ängstigt der Wolf. Wenn wir nämlich mit den Conimbricensern behaupten, daß die Natur zugleich mit Gott von sich selbst her zum Wirken erregt wird, werden wir in der Tat das zugestehen, was als durchaus falsch... (auch) sie selbst bekämpfen, daß nämlich die Natur durch Überlegung und

[23] Si Thomistae res illas ita excitatas a Deo, et quasi somno solutas, ipsi postea coagere volunt, ut causas principales; parum circumspecte loquuntur. Sic enim natura illa ... nihil horum, quae facit appetet facere: sed quia Deus ad hanc, vel illam partem ducit, huc vel illuc sequetur ...Cur (natura) potius hominis, quam bovis, aut ranae corpus fingit? Quia sic a Deo dirigitur; ex se quippe non magis ad unum quam ad aliud ferebatur. ... Quae si de instrumento dicuntur recte; de causa vero principali talia proferentem Aristoteles baculo abigat ex Lyceo. – Lib. II. de Forma, intent. III, art. V., pg. 205–206.

[24] An quia diversam diversa habent aptitudinem? et haec Natura humani corporis, illa bubuli, illa lupini fabricae convenit? At dolabra etiam, et serra differunt aptitudine: Quin haec natura ubi structuram cordis absolverit, aeque apta erit, ut aliud cor construat; et quae oculum fecit in fronte, aeque apta ut in pede! Quod igitur non fecit, non eius aptitudini tribuendum... *quoties mutanda fuit actio* (in hominis fabrica), *toties Deus hanc naturam movit, ut merum instrumentum;* et ut faber scalprum, aut dolabrum aliter atque aliter regit. ... Quid ergo reliquum est huic naturae, ut tamquam causa principalis agere censeatur? Lib. II de Forma, intent. III, art. V, pg. 206–207.

[25] Art. VI ist in der Amsterdamer Ausgabe mit Art. V überschrieben; vgl. oben Anm. 15.

Urteil zum Wirken bewogen wird. Das müssen sie, sage ich, notwendigerweise selbst wider Willen zugeben." Die Folgerichtigkeit beweist er so: Gott muß die Natur regieren. Aber „dies hat sicher eine Leitung und eine mit der Fessel der Notwendigkeit erfolgende Anordnung an sich: daß das, was geleitet wird, keine entschiedene und bestimmte Bewegung hat, sondern unterschiedslos nach dem Willen des Leitenden in jede beliebige Richtung bewegt werde. Daß bei dieser Verschiedenheit der Richtung das, was geleitet wird, dem Leitenden folge, dazu ist eins von beiden notwendig: *entweder* daß es vom Leitenden bewegt werde *wie ein Werkzeug,* was diese (die Conimbricenser) leugnen; *oder* daß es, wenn es aus sich selbst folgt, *dies sicher durch eine Erkenntnis tut,* die es im Verstand oder in den Sinnen empfängt. Sonst nämlich stellt sich, wie wir mit Recht erforscht haben, die Frage, wie denn eine Sache, die ganz ohne Bewußtsein ist, auf diese oder jene Weise wirken (könne); gleichermaßen fragen wir, woher es komme, daß sie (die Sache), die nicht weiß, daß Gott wirke, mit ihm wirke; die nicht weiß, daß er aufhöre, mit ihm aufhöre; denn weder zuvor strebte sie nach Wirken, noch danach."[26]

Ferner strebt die Natur nach den Conimbricensern etwas Bestimmtes an. „Aber, sagst du, unter Gottes Leitung. Im Gegenteil. Ich frage, ob Gott, der mit ihr wirkt und sie leitet, sie dorthin führt, wohin sie selbst hinneigt, oder nicht. Wenn nicht dorthin, wohin sie geneigt ist, dann also gegen ihr Streben: dann aber ist die Bewegung gewaltsam, die dem Streben der Natur widerstreitet. Wenn dorthin, wohin sie selbst schon strebt, dann wird sie nicht von Gott geleitet. Warum soll sie denn noch geleitet werden, wenn sie selbst schon und mit eigener Bewegung dorthin strebt, wohin sie geleitet wird? Wenn sie daher durch sich selbst strebt, wird sie durch sich selbst geordnet, wenn sie durch sich selbst geregelt wird, erkennt sie, auf Grund des besagten Zusammenhangs der Dinge. Wenn sie aber durch sich nicht strebt und sich (nach nichts) ausstreckt, sondern nur insofern sie von Gott bewegt wird, dann ist sie, was (schon) *Platon* erwogen hat, ein bloßes Werkzeug Gottes."[27] Da Basso nicht zwischen dem Naturstreben und dem

[26] Verum hac urget canis, hac lupus angit. Si enim cum Conimbricensibus naturam simul cum Deo ad agendum seipsa excitari asseramus, fatebimur reipsa, quod ut falsissimum ... ipsimet impugnant, Naturam videlicet deliberatione, atque iudicio ad agendum ferri. Hoc, inquam, admittant vel inviti, necesse est... id certe habet directio, atque ordinatio vinculis necessitatis sibi annexum; ut quod regitur, non habeat certum, ac determinatum motum; sed quoquoversum ad dirigentis nutum indifferenter feratur. In qua motus diversitate, ut quod dirigitur, rectorem sequatur; alterum e duobus est necessarium; *aut,* ut a dirigente moveatur, *sicut instrumentum,* quod hi negant; *aut* certe ut, si seipso sequatur, *cognitione id faciat,* vel intellectu, vel sensu concepta. Alioquin, quemadmodum merito quaerebamus, quomodo res prorsus inscia hoc vel illo modo agat; pari ratione petemus; qui fiat, ut quae nesciat Deum agere, cum illo agat: quae nesciat eum cessare, cum illo cesset; neque enim prius appetebat agere, neque ultra appetit. – Ebd. pg. 207–208.

[27] At, inquis, dirigente Deo. Contra. Quaero num Deus agens cum illa, eamque dirigens, ducat quo propendet ipsa nec ne. Si non quo inclinat, ergo contra ipsius appetitum: ac proinde motus is violentus est, qui naturae appetitui repugnat. Si quo per seipsa tendit. Ergo non a Deo dirigitur. Cur enim regatur, quae seipsa motuque proprio tendat illuc quo dirigitur? Itaque si per

bewußten Streben unterscheidet, kann er argumentieren: Die Natur „erkennt (ein Ziel), wenn sie es anstrebt; sie strebt es aber an, wenn sie handelt. Denn bei Dingen, die kein Streben haben, gibt es nach *Aristoteles,* lib. 1 moralium c. 9, auch keine Handlung."[28]

Obwohl Basso sich nicht viel mit der Psychologie befaßt, verrät er uns doch an einer Stelle des Buches II über die Form, wie er seine Theorie auf das Gefüge des *Menschen* anwendet. Nachdem er dargetan hat, daß die vegetative Seele[29] nichts anderes sei als die gehörige Harmonie der Teile (des Körpers), fragt er, „ob auch die Sinnesseele verfließe [sterblich sei], wie die vegetative Seele. – Es bleibt ein nicht leicht zu lösender Zweifel; ob das von der vegetativen Seele Gesagte, auch von der Sinnesseele zu verstehen sei, denn bei der Vernunftseele ist die Begründung anders. Ich antworte, es sei nicht klar, ob die Gründe, die das Verfließen der vegetativen Seele beweisen, dasselbe auch für die Sinnesseele überzeugend dartun. Denn es besteht kein geringer Zweifel daran, wie die Sinnesseele nichts anderes sei als eine solche Harmonie der Teile. Wie soll denn eine Harmonie, die ein bloßes Akzidens ist, empfinden? Ich könnte zwar antworten, weder eine Harmonie noch eine Seele empfinde, sondern es sei ein Grund des Empfindens im Subjekt, der indessen im übertragenen Sinne empfindend genannt werde, wie auch der Tod bleich genannt wird, weil er die Menschen bleich macht. ... Das Ganze, Zusammengesetzte empfindet also, aber durch die Seele, wie gesagt, durch jene Harmonie. Nicht als ob dieser Zusammenklang allein eine solche Sinnesempfindung hervorbrächte: Wer möchte das glauben? Sondern weil ein Grund notwendig ist, auf den eine solche Empfindung folgt. Woher (kommt) diese Empfindung? Frage Platon. Von der Idee, sagt er; ich möchte lieber sagen, von jener Gesamtursache, die wir schon mehrfach als Gott erwiesen haben. ... Wenn du dich wunderst, daß durch den bewegenden Gott diese Fleischmasse eine Sinnesempfindung erhalte, dann ist es noch viel mehr zu verwundern, wie dieses Fleisch durch eine bewegende Seele mit Sinnesempfindung versehen wird. Mehr (darüber), wenn wir, so Gott will, dem Plan entsprechend die Abhandlung über die Seele beginnen werden."[30]

---

se tendit, per se ordinatur, si per se ordinatur, cognoscit, per dictam ipsorum rationem. Quod, si per se non appetit, nec tendit, sed tantum quatenus a Deo movetur; iam, quod Plato volvit, merum est Dei instrumentum". – Ebd. pg. 210.

[28] (Natura finem) novit, si appetivit: appetivit autem si egit. Quae enim appetitu carent, eorum nulla est actio ex Aristotele lib. I, moralium c. 9. – Ebd. pg. 210.

[29] Vgl. Anm. 11.

[30] ...an etiam anima sentiens fluat, ut vegetans. – Superest dubium non facile solvendum; an quod de anima vegetante dictum est, etiam de sentiente intelligatur, nam rationalis diversa est ratio. Respondeo clarum non esse, rationes quae vegetantis fluxum probant, idipsum de sentienti convincere. Non enim leve est dubium, quomodo anima sentiens nihil aliud sit quam talis harmonia. Quomodo namque harmonia sentiat, quae purum est accidens? Possim tamen respondere neque harmoniam neque animam sentire, sed rationem esse sentiendi in subiecto, vocari tamen sentientem metonymice, quemadmodum et mors pallida dicitur, quia pallidos homines

All dies, besonders was er gegen die Thomisten sagt, zeigt klar, *daß Basso den Naturdingen jedes innere aktive Prinzip abspricht, so daß Gott zwar in ihnen, nicht aber eigentlich durch sie oder mit ihnen wirkt.* Bei dieser Sachlage sehe ich nicht, wie seine Lehre sich von der Lehre der Okkasionalisten unterscheidet.

II

Obwohl die Ansicht Bassos aus dem II. Buch über die Form klar hervorgeht, fehlt es, besonders in den übrigen Teilen des Werkes dennoch nicht an Redewendungen oder Überlegungen, die der erwiesenen These zu widersprechen oder sie zu verdunkeln scheinen. Es wird also nützlich sein, diese *Schwierigkeiten* zu erwägen, damit durch die Auseinandersetzung mit ihnen der Gedanke Bassos noch klarer hervortritt.

Zuerst wundert sich der Leser, daß der Verfasser da und dort bemerkt, die Dinge seien zwar „bloß Instrumente“,sie hätten aber eine gewisse „Eignung“ zur Wirkung. Diese Eignung bestehe nicht bloß darin, daß die Dinge der göttlichen Bewegung nicht widerstreben, sondern in einem positiven Verhältnis zur Wirkung.

Er führt nämlich aus: Nach den Alten besteht die Form „in einer gewissen Zusammensetzung und einem Verhältnis der Teile ... Daher fällt es den Alten leicht zu zeigen, wie die Form wird, woher und woraus sie wird: Aus bestimmten Teilen nämlich (d. i. den Elementen), die auf bestimmte Weise zusammenkommen, wird sie zusammengesetzt, bis der Werkmeister, der sie zusammengefügt hat, sie, so geeignet, dann auch bewegt. Das ist wie bei einem Rad, das aus der Zusammenfügung von Teilen entsteht: solange einer der Teile fehlt oder zuviel ist, ist es ungeeignet; sobald aber der Bau vollendet ist und die Hindernisse beseitigt sind, bewegen es Wasser oder Wind. Auf dieselbe Weise hat auch ein Ding (noch) nicht seine Form, solange in seinem Bau einige notwendige Teile fehlen oder etwas übersteht, noch kann es die ihm zustehende Bewegung von der Hauptursache empfangen.“[31]

---

reddit. ... Totum igitur compositum sentit, sed per animam, per illam, inquam harmoniam. Non quod hic concentus solus talem sensionem pariat: Quis hoc putet? Sedquia ratio est necessaria, quam talis sensio consequitur. Unde haec sensio? Pete a Platone. Ab idea inquit, malim dicere ego ab illa causa universali, quam toties Deum Opt. Max. esse ostendimus. ...si mireris quomodo movente Deo moles haec carnea sensum recipiat, longe mirabilius est quomodo anima movente eadem caro sensu praedita sit. Plura si Deus dabit, cum ex instituto tractatum de anima suscipiemus. – Lb. III, de Forma, intent. II, art. X (in der Amsterdamer Ausgabe IX), pg. 276–277. – Am Ende des Werkes heißt es: Si haec prima pars, quam a me preces amicorum extorserunt, Lectori placuerit, et eam ampliorem, et plura alia suo tempore accipiet. Finis. („Wenn dieser erste Teil, den die Bitten der Freunde erzwungen haben, dem Leser gefallen hat, wird er noch einen umfangreicheren und mehreres andere zu seiner Zeit erhalten. Ende.“) – Es scheint aber nichts vorhanden zu sein.

[31] (Forma rei consistit) ... in certa rei partium compositione ac proportione ... Hinc facile est Veteribus, quomodo forma fiat, a quo et ex quo fiat ostendere: Ex certis partibus scilicet (i. e.

Andere Texte hingegen offenbaren uns, wie diese Eignung zu verstehen ist. Ja sogar schon in dem eben zitierten Text behebt der Verfasser unseren Zweifel, indem er sagt, solange der Bau der Sache noch nicht abgeschlossen sei, könne sie die ihr zustehenden Bewegungen nicht von der Hauptursache *empfangen*. Im Liber de Actione schreibt er: „Eine ist die mächtigste und weiseste Universalursache, die einer jeden Sache zuinnerst ihre Teilchen nach dem von ihr vorgeschriebenen Gesetz bewegt, und zwar so wie jeder Teil *geeignet ist bewegt zu werden*"[32] und im Liber de Natura et Anima mundi heißt es: „sie bewegt aber jene (Materie) nur, insoweit sie *geeignet ist bewegt zu werden*".[33]

Die *Eignung*, um die es sich handelt, ist demnach nicht eine aktive oder zum Bewegen, sondern eine rein passive oder zum Bewegtwerden. Diese Eignung ist der nächste Grund dafür, daß die Sache in solcher Richtung und Geschwindigkeit bewegt wird; letzter Grund dafür aber ist jenes von der Universalursache (von Gott) vorgeschriebene Gesetz. Den Dingen aber ist keinerlei aktive Natur zuzuschreiben.

Diese Überlegung ist auch nützlich, um eine *andere Schwierigkeit* zu lösen. Bei der Erwähnung derer, die mit ihm eines Sinnes sind, schreibt Basso: „Ja sogar mehrere aus der Schule der Peripatetiker sind zu dieser Ansicht gekommen, die Toletus (lib. 2 Phys. cap. 3, q. 8) einigen *Arabern* zuschreibt, allerdings übel verdreht, wie es Sitte ist. Dies sind seine Worte: ‚Es gab nämlich die Lehrmeinung gewisser Araber, deren Averroes (9. metaph. Comm. 7 und disput. 3, cap. 18) gedenkt, die sagten, daß die welthaften Ursachen nichts bewirken, sondern Gott allein ihrer Gegenwart entsprechend ihre Wirkungen hervorrufe, so daß Gott allein auf die Gegenwart des Feuers hin (etwas) verbrennt, bei der Gegenwart irgendeiner anderen Ursache wirkt, die Einzelursachen selbst aber sich nur wie Zeichen der göttlichen Tätigkeit verhalten'."[34]

---

elementis) certa ratione coëuntibus paulatim componi: donec qui eam construxit Artifex iam aptam moveat. Quemadmodum rota partium coagmentatione componitur, quarum quamdiu aliqua deest aut redundat, inepta est: Absoluta autem constructione, sublatisque impedimentis, aqua vel ventus eam movet. Eundem in modum quamdiu in structura rei partes aliquae necessariae desiderantur vel redundat aliquid: non habet suam formam, neque motus sibi debitos potest a principali causa suscipere. – Pg. 145; vgl. auch pg. 198 und 206.

[32] una est causa universalis potentissima et sapientissima quae rei cuique intima particulas illas secundum legem a se praescriptam moveat, ac prout pars quaeque *apta est moveri*. – Phil. nat., Lib. de Actione, pg. 413.

[33] non movet autem illam (materiam), nisi quantum *moveri apta est*. – Phil. nat., Lib. de Natura et Anima mundi, pg. 301; vgl. auch 307–308.

[34] Quin plures ex Peripateticis in hanc venere sententiam, quam Toletus lib. 2. Phys. cap. 3, q. 8, quibusdam tribuit Arabibus, prave tamen torsam, ut moris est. haec sunt eius verba: „fuit enim sententia quorundam Arabum, quorum meminit Aver. 9. metaph. Comm. 7 et disput. 3, cap 18, qui dicebant causas has inferiores nihil operari, sed Deum solum ad ipsarum praesentiam effectus facere, unde solus Deus ad praesentiam ignis comburit, ad praesentiam cuiusque alterius agentis operatur, ipsae particulares causae solum se habent, ut signa actionis divinae". – Pg. 203. Vgl. oben Anm. 21.

Er verwirft demnach die Lehre der Araber, wie sie von *Toletus* dargestellt wird, die jedoch ohne Zweifel wirklich okkasionalistisch ist. Aber daraus kann man nicht mit Recht schließen, daß *Basso* keinen Okkasionalismus gelehrt hat. Denn daraus, daß jemand die eine Form des Okkasionalismus zurückweist, folgt nicht, daß er von jeder Art von Okkasionalismus frei ist. Basso schreibt den Dingen gewiß mehr zu, als daß sie bloße „Zeichen der göttlichen Tätigkeit" seien, ohne daß diese Tätigkeit sie auf irgendeine Weise berühre. Nach ihm werden die Dinge selbst von Gott wirklich bewegt und tragen durch ihre passive Eignung zu dieser Bewegung bei; aber er geht nicht so weit, daß er den Dingen irgendein aktives Prinzip zuschriebe.

Basso lag es als Arzt nahe, seine Beispiele meist aus der organischen Welt zu wählen. Seine Schlußfolgerungen schränkt er jedoch keineswegs auf die Lebewesen oder die zusammengesetzten Körper ein. „Es wurde gefragt", sagt er, „da jene Dinge ihr Ziel nicht kennten, ob die schweren Dinge nicht anders als die leichten von Gott bewegt würden; wodurch es geschehe, daß die Natur der schweren Dinge sich eher geradewegs nach unten stürze, statt nach oben, nach rechts, nach links, vorwärts oder sonst wohin."[35] Daraus wird ersichtlich, daß Basso sein Argument aus der fehlenden Erkenntnis auch auf die Elemente und die Elementarbewegungen übertrug.

Es fehlt nicht an Stellen, in denen Basso den Dingen einen Schwung (impetus) oder auch eine innewohnende Kraft zuzuschreiben scheint. Aber er selbst belehrt uns, wie diese Redewendungen zu verstehen sind. „Um es mit einem Wort zu sagen: in den zusammengesetzten Naturkörpern gebraucht (die Universalursache) deren Tätigkeit nicht anders, als wenn die Einzelkörper, durch sich tätig, nichts anderes als ihre eigenes Ziel zu erlangen versuchten. Den Schwung (impetum) nämlich, den sie den Einzelnen von Anfang an gab, oder vielmehr die Eignung, die sie jedem zu einem bestimmten, ihm eigenen Ziel gab, eben diese bewahrt sie ihm auch immer ... Nehmen wir (einmal) an, daß diese Prinzipien, ein jedes mit der ihm innewohnenden Kraft sein eigenes Ziel erstrebe. Es ist nämlich gleich, ob du sagst, daß sie durch sich selbst tätig sind, da nun einmal Gott durch sie wirkt, nicht anders als ob sie durch sich selbst bewegt würden. Das also wollen wir zum leichteren Verständnis voraussetzen".[36]

[35] Quaerebatur, cum res illae finem suum non norint, si non aliter a Deo gravia, quam levia, moveantur; qui fiat, ut natura gravium potius recta deorsum, quam sursum, dextrorsum, laevorsum, prorsum, aut quoquoversum se proripiat. – Pg. 189.

[36] Atque ut uno verbo dicam, non aliter illorum actione in compositis naturalibus utitur, quam si singula per se agendo, nihil aliud, nisi finem proprium assequi conarentur. Quem enim singulis dedit impetum a principio, seu potius quam unicuique dedit ad certum finem sibi proprium, aptitudinem, eandemque semper ipsi servat ... ponamus haec principia vi sibi insita unumquodque in finem proprium contendere. Perinde enim est, si ea dicas seipsis agere: quando quidem Deus per illa agit, haud aliter ac si se ipsis illa moverentur. Id igitur ad faciliorem intelligentiam supponamus. – Pg. 284–285.

Eine gewisse Schwierigkeit bereitet die Lehre Bassos über die „*Weltseele*", über die er so denkt: „Aufs einleuchtendste haben wir also bewiesen und unumstößlich dargetan, daß wir, wenn wir nicht zwischen den Teilen eine Leere (vacuum), vor der die Natur zurückschreckt, zugestehen wollen, (dort) eine körperliche Substanz annehmen müssen, und zwar eine überaus feine, die z. B. bei einer Verdünnung der Luft sich zwischen die Teile der Luft einschmiegt und sie auseinander führt, so daß sie mehr Platz einnehmen, indem eine solche Substanz den Raum, den sie übrig lassen, ausfüllt, der sonst leer geblieben wäre."[37] Diese körperliche Substanz nennt er, den Stoikern folgend, Hauch (spiritus) oder Weltseele. Wir würden sagen: Weltäther. Über ihre Natur fügt er dieses hinzu: „Sie ist in allen Dingen, oder wie die Form von allem; oder vielmehr wie das nächste und universale Werkzeug, das jener weiseste Geist (mens) gebraucht zur gebührenden Bewegung aller Dinge;"[38] und wenig später: „Obwohl jener göttliche Geist (mens) als Universalursache da ist, gebraucht er dennoch die Weltseele, die nichts anderes ist als dieser Hauch (spiritus) des Universums."[39] Die Beziehung zwischen der Natur und der Weltseele stellt er ausführlicher dar: „Ich antworte: derselbe Unterschied besteht zwischen der Natur und der Weltseele wie zwischen einem Werkzeug und der Hand, die jenes bewegt. Bei den Werkzeugen ist eine bestimmte Eignung erfordert: bei der Hand aber eine Kraft, die jedes Werkzeug betätigt, wie es eines jeden Eignung zuläßt. Die Natur der Dinge besteht in einer solchen sozusagen werkzeuglichen Eignung, die daher in den verschiedenen (Dingen) verschieden ist. Die (besondere) Art aber der Weltseele liegt in der Kraft, mit der sie, gleichsam als Hand jenes weisesten Geistes (Mentis), jedes Ding, wie es (ihm) gegeben ist bewegtzuwerden, antreibt. Daher gehört jenes Verhältnis der Bewegung sowohl zur Natur als auch zur Weltseele. Zur Natur nämlich, insofern zur Natur der Dinge eine solche Bewegung erfordert wird. Zur Weltseele, insofern sie jene Bewegung bewirkt."[40] Wie sind diese letzten

[37] Habemus igitur illud luculentissime demonstratum, atque evictum, ni concedamus vacuum inter partes a quo natura abhorret, admittendum esse substantiam aliquam corpoream, tenuissimam quidem, quae aëris, verbi gratia, rarefactione, in partes aëris sese insinuans alias ab aliis diducat, ut plus loci occupent, tali substantia spatium quod relinquunt, adimplente, quod alioquin vacuum remaneret. – Pg. 300.

[38] Estque in rebus omnibus, vel sicut omnium forma; vel potius sicut instrumentum proximum et universale, quo mens illa sapientissima utitur ad rerum omnium debitam motionem. – Pg. 301.

[39] Quamvis adsit mens illa divina ut causa principalis; utitur tamen anima mundi, quae nihil aliud est, quam hic spiritus universi. – Pg. 302.

[40] Respondeo idem esse discrimen inter Naturam, et Animam mundi, quod inter instrumentum et manum quae illud movet. In instrumentis quidem certa requiritur aptitudo: in manu vero vis quae quodque instrumentum agat, prout ipsius fert aptitudo. Natura rerum consistit in eiusmodi quasi instrumentali aptitudine quae proinde in diversis diversa est. Animae vero mundi ratio in ea vi posita est, qua veluti Mentis illius sapientissimae manus rem quamque, prout data est, moveri, impellit. Itaque illa motus proportio pertinet et ad naturam, et ad mundi animam. Ad naturam quidem, quatenus rerum naturae talis motus debetur. Ad animam mundi quatenus eum motum efficit. – Pg. 307–308.

Worte zu verstehen? Wir haben schon von Gott erfahren, daß die Weltseele ein Werkzeug in der Hand Gottes ist. Aber was für eines? „Ich antworte, daß (dieser Hauch) weder schwer noch leicht ist, sondern sich unterschiedslos verhält zu jeder beliebigen Bewegung; je nach der Natur der Materie aber, in die er sich einmengt, bestimmt er seine Bewegung, ... bewegt (aber) wird er... insofern er Teil des zusammengesetzten Körpers ist, dessen Natur er folgt.“[41] Gott also bewegt die Weltseele, die die Natur bewegt. Und innerhalb der Natur bewegt wiederum ein Körper den anderen. Aber alle bewegen sich durch die unmittelbare Kraft Gottes, ohne daß sie ein inneres Prinzip der Tätigkeit hätten; das gilt auch von der Weltseele. Denn so, wie sie beschrieben wird, hat sie keine Erkenntnis; darum kann sie nach dem Prinzip Bassos nicht wirken. Allerdings wendet er dieses Prinzip nicht wiederum mit ausdrücklichen Worten an, da er hier von einer anderen Sache handelt.

Damit man von jemand sagen kann, er bekenne sich zum Okkasionalismus, genügt es nicht, daß er den Dingen jedes innere Prinzip der Tätigkeit abspricht, sondern dazu gehört auch, daß er diese Kraft allein Gott als einem von der Welt unterschiedenen Wesen zuspricht. *Pantheismus* und *Okkasionalismus* schließen sich, wenigstens nach dem Urteil der Autoren, die sie vertreten, gegenseitig aus, obwohl man nicht leugnen kann, daß der Okkasionalismus in dem, was aus ihm logisch folgt, fast an den Pantheismus heranreicht. Nicht ohne Grund wollen wir daher sehen, was Basso über das Verhältnis der Welt zu Gott sagt.

Kurd Laßwitz hat Bassos Lehre in seinem sonst vortrefflichen Werk über die „Geschichte der Atomistik“[42] in dieser Sache nicht richtig verstanden und schreibt ihm fälschlich den Pantheismus zu. Er sagt: „Die peripatetische Lehre von den Formen wird durch Basso von Grund aus verworfen, an ihre Stelle tritt die unmittelbare Schöpfung der verschiedenen und unveränderlichen Elementarsubstanzen durch Gott. Die Kraft, welche durch sich und als erste Ursache alles bewegt und lenkt, nennt man *Natur*. Die Natur selbst aber ist nichts anderes als jene vollkommene Ordnung, welche in der Schöpfung und Erhaltung der Dinge waltet. *Daher ist Gott und Natur dasselbe* (A. a. O. pg. 278, Liber da natura et anima mundi)“.[43] „Daß *Basso* von (Giordano) *Bruno* beeinflußt ist, kann kaum einem Zweifel unterliegen. Zu deutlich spricht dafür die Identifizierung von Natur und Gott und die Einigung des Weltalls im Weltgeist, welche wir ebenso in *Brunos* Metaphysik finden.“[44] – Aber *Basso* unterscheidet auf derselben Seite, die Laßwitz

[41] Respondeo (spiritum hunc), neque esse grave neque leve, sed indifferenter se habere ad quemvis motum; pro materiae vero natura, cui sese immiscet, motum suum...determinat. ...movetur... quatenus est pars corporis compositi, cuius naturam sequitur. – Pg. 304.

[42] Geschichte der Atomistik vom Mittelalter bis Newton, 2. Bde, Hamburg 1889–1890.

[43] Geschichte der Atomistik I 474 und mit denselben Worten in dem oben zit. Artikel (s. Anm. 1) „Giordano Bruno und die Atomistik“. – In dieser Sache schließt sich auch *Ueberweg* (Grundriß der Geschichte der Philosophie, [12]III, neu bearbeitet von M. Frischeisen-Köhler und W. Moog, S. 173) Laßwitz an, indem er über die Lehre Bassos schreibt: „Die Einheit der Natur beruht auf dem universalen Weltäther, der auch das Prinzip der Wirksamkeit und das bewegende

zitiert, einen zweifachen Sinn des Wortes *Natur:* „Weiter oben haben wir Gott und das Wort Gottes, Gott selbst Natur genannt. Aber [dort] in einer anderen Bedeutung, indem wir unter Natur jene Kraft verstanden, die alles bewegt und durch sich als Hauptursache regiert. Jetzt aber bezeichnen wir mit dem Namen Natur jene beste Ordnung, die sowohl in der Schöpfung der Dinge wie auch in der Erhaltung derselben erstellt wurde."[45] Die Natur also, die als die alles bewegende Kraft verstanden wird, ist dasselbe wie Gott. Von ihr aber unterscheidet Basso mit Absicht die Natur, die in der Ordnung der Schöpfung und Erhaltung der Dinge besteht, und von der er nirgendwo sagt, sie sei dasselbe wie Gott. Was aber die Weltseele betrifft, sagt er von ihr ausdrücklich, sie sei ein Werkzeug Gottes und eine körperliche Sache, so daß man „anima mundi", wörtlich = Weltseele, mit *Weltäther* wiedergeben kann. Klar hält er die Welt und ihren Schöpfer („factorem") auseinander. „Ich sehe nicht ein, warum ich nicht auch mein eigenes Interesse betreiben soll, wenn ich die Meinung, die weite Kreise über die Ärzte haben, zerstöre, als ob sie durch die Macht der Naturwissenschaft zum Atheismus geführt würden: was die Sache selbst als so sehr der Vernunft fremd beweisen wird, daß man urteilen wird, keine andere Fakultät brenne dem Geiste ein höheres Kennzeichen der Gottheit oder drücke dem Herzen einen geschärfteren Sinn für ihre Tätigkeit ein als die medizinische Erkenntnis."[46] Und nach einer Betrachtung über die wunderbare Ordnung des menschlichen Leibes ruft er aus: „Und gibt es einen atheistischen Arzt, der kein Vieh ist, wenn er, dies sehend, dessen Schöpfer nicht kennt?"[47] Wobei zu bemerken ist, daß zu jener Zeit die Pantheisten oft Atheisten genannt wurden. Der Einfluß *Giordano Brunos* auf Basso geht auf jeden Fall nicht so weit, wie Laßwitz gemeint hat.

Agens ist. Er ist das Mittel, durch welches die göttliche Weisheit sich als Natur darstellt. Gott oder Natur ist daher dasselbe."

[44] *Laßwitz*, Gesch. d. Atomistik, I 480.

[45] Superius Deum Deique verbum, Deum ipsum Naturam vocavimus. Verum in alia significatione per naturam intelligentes vim illam quae omnia movet, ac regit per se et ut causa principalis. Nunc vero nomine Naturae denotamus optimum illum ordinem cum in rerum creatione, tum in earundem conservatione constitutum. – *Basso*, Phil. Nat., pg. 278.

[46] Non ... video, cur non quoque meam rem agam; si eam, quae vulgo percrebuit de medicis, opinionem convellero, quasi naturalis scientiae vi in atheismum ducantur: quod adeo a ratione alienum res ipsa demonstrabit, ut nulla facultas altiorem divinitatis notam mentibus inurere, acutioremve eius operationis sensum cordibus imprimere, quam medica speculatio iudicetur. – Phil. Nat., pg. 193–194.

[47] Et medicus ulla Atheus est qui non bestia, cum haec videns eorum factorem ignoret? – Pg. 195.

III

Wenn wir das, was *Geulincx, Malebranche* und die anderen Okkasionalisten geschrieben haben, vergleichen, nehmen wir sofort wahr, daß sie übereinstimmend die wahre Kausalität der geschaffenen Dinge leugnen und sie ganz Gott zuschreiben. Nach ihnen wirkt die erste Ursache alles, die zweiten Ursachen bewirken nichts. Sie stimmen auch darin überein, daß die Tätigkeit Gottes auf irgendeine Weise mit den geschaffenen Dingen verbunden ist. Welches aber diese Weise ist und welche Rolle die Zweitursachen spielen, darin besteht keine Übereinstimmung.

Geulincx nimmt an, die geschaffenen Dinge seien *Werkzeuge Gottes,* aber er nennt sie „ungeeignet".[48] Wozu ungeeignet beurteilt er sie? Gewiß dazu, daß sie aus eigener Kraft tätig sind und (etwas) bewegen. Oder auch dazu, daß sie in Tätigkeit versetzt und bewegt werden? Das muß man wohl verneinen, da sonst der Begriff des Werkzeugs nicht mehr den geringsten Sinn hätte. Wenn Geulincx die geschaffenen Dinge ungeeignete Werkzeuge nennt, sagt er kaum etwas anderes als Basso, wenn er ihnen eine Eignung zuschreibt, nicht mit der sie bewegen, sondern wodurch sie bewegt werden.

Etwas verschieden ist der bejahende Teil des Okkasionalismus, wie er von *Malebranche* vorgebracht wird. Nach ihm sind die Dinge keine Werkzeuge in der Hand Gottes, sondern nur *Bedingungen* der göttlichen Wirksamkeit, die in den allgemeinen Gesetzen der Ortsbewegung ausgedrückt sind.

Demnach unterscheidet sich die Lehre Bassos vom verneinenden Teil des Okkasionalismus in keiner Weise; im bejahenden Teil aber rückt er ganz nahe an die Meinung von *Geulincx* heran.

Unter den verschiedenen Argumenten, die Geulincx und Malebranche zum Beweis ihrer Lehre anführen, setzen einige das System *Descartes'* voraus und erklären durch den Okkasionalismus zunächst nur das Verhältnis zwischen Leib und Seele; andere aber sind von den kartesianischen Voraussetzungen unabhängig und führen zu einem allgemeinen Okkasionalismus. Unter diesen Argumenten nimmt das *Argument aus der Abwesenheit der Erkenntnis* nicht den letzten Platz ein.

Geulincx etwa sucht seine Lehre so zu beweisen: „Aber das ist unsere kennzeichnende Dummheit: während wir uns nämlich (ausgenommen den einzigen Fall der Bewegung unserer Glieder)[49] das, was ohne unser Wissen geschieht, leicht entziehen lassen [uns nicht zurechnen], ist es zu verwundern, daß wir bei jenen tierischen Lebewesen nicht dasselbe Argument gebrauchen. Die so in der wahren Philosophie unterrichtet sind, erkennen aufs gewisseste, daß es weder die Sonne ist, die das Licht, noch das Feuer,

[48] Cum enim ineffabilis sit (Deus) agendo in nos instrumentis tam inidoneis: Opera philosophica (ed. Land) II 194 und ähnlich auch sonst.

[49] Vgl. „Metaphysica vera" P. I. De meipso; Quinta et Nona scientia, Opera (ed. Land) II, 150 und 154.

das die Wärme, noch die schweren Dinge sind, die den Fall bewirken, sondern der Beweger, der dies alles zunächst und unmittelbar hervorbringt, den einen und den anderen Teilen der Materie eine verschiedene *Bewegung verleiht* und durch die verschiedene Bewegung und ohne alle sonstige Dazwischenkunft jene verschiedenen Körper ... herstellt, jene für unsere Wahrnehmung verschiedenartigsten Wirkungen hervorbringt, den Gebrauch und die Bewegung auch, die er den verschiedenen Teilen der Materie *als seinen Werkzeugen einprägt*. Wenn es uns nämlich auch durchaus einleuchtet, daß der nicht der Täter ist, der nicht, was und wie er wirkt, weiß, so sehen wir doch auch aufs klarste ein, daß (etwas) ein Werkzeug des Werkmeisters sein kann, was nicht weiß, was durch es und wie es geschieht. Darum muß man sich (um wenig zu sagen) nur wundern über jene Unverschämtheit der Peripatetiker, die jene Naturdinge in den Rang von Wirkursachen erheben, obwohl es doch zur Rettung der Phänomene ... genügen würde, sie unter die Zahl der Werkzeuge zu rechnen. Aber mit diesen Erfindungen haben sie freilich geflissentlich Gott für sich ins Dunkel gestellt, der sofort aus diesem Axiom, *was du nicht weißt, wie es geschieht, das tust du nicht,* aufs hellste hervortritt."[50]

Malebranche aber geht so voran: „...wie könnten wir unseren Arm bewegen? Um ihn zu bewegen, muß man Lebensgeister haben, sie durch bestimmte Nerven schicken, in bestimmte Muskeln, um sie zu erweitern und sie zu verkürzen: denn so bewegt sich der Arm, der daran festgemacht ist, oder nach der Meinung einiger anderer weiß man noch nicht, wie das geschieht. Und wir sehen, wie die Menschen, die noch nicht einmal wissen, daß sie (Lebens)geister, Nerven und Muskeln haben, ihren Arm bewegen, und ihn sogar mit mehr Geschichklichkeit und Leichtigkeit bewegen als die, welche die Anatomie am besten wissen. Es ist also so, daß die Menschen den Arm bewegen wollen, und daß nur Gott es ist, der ihn zu bewegen vermag und ihn zu bewegen weiß ... Diese Dinge scheinen mir einleuchtend zu sein..."[51]

50 Sed haec est insignis nostra stoliditas: cum enim nobis ipsis facile detrahi patiamur (expto unico illo casu de motu membrorum nostrorum) [vgl. Anm. 49] ea, quae nescimus quomodo fiant, mirum est, nos in rebus illis brutis non eodem uti argumento. Qui ita vera Philosophia initiati sunt, noverunt quam certissime, nec solem esse, qui lumen, nec ignem, qui calorem, nec gravia, quae lapsum faciant; sed Motorem haec omnia proxime et immediate producere, imprimendo diversum motum aliis ac aliis partibus materiae, eoque diverso motu et nullo alio interveniente diversa illa corpora... constituere, diversissimosque illos ad sensum nostrum effectus producere, usum et motu(m) pariter, et diversis partibus materiae quibus illum imprimit, tanquam suis instrumentis. Etiamsi enim clarissimum nobis sit, eum non esse actorem, qui quid et quomodo agit nesciat, clarissime tamen etiam intelligimus, instrumentum posse esse opificis, quod, quid per ipsum, et quomodo agatur nesciat. Unde mirari subit impudentiam illam (ut levissime dicam) Peripateticae scholae, quae constituit res illas naturales in censu causarum efficientium, cum ad salvandum phaenomena ... satis esset, eas in instrumentorum numero habere; Sed (!) nimirum dedita opera commentis istis Deum sibi obscurum reddiderunt, qui statim ex hoc axiomate, *quod nescis quomodo fiat, non facis,* clarescit. – *Geulincx,* Annotata ad Ethicam. Ad tract. I, cap. 2, s. 2, § 2, nr. 9 (Opera, ed. Land, III 207).

51 ...comment pourrions-nous remuer notre bras? Pour le remuer il faut avoir des esprits

Der Okkasionalismus ist nicht nur aufgestellt worden, um den Schwierigkeiten des kartesianischen Systems zu entgehen, sondern fließt aus viel tiefer liegenden Quellen. *Basso, Descartes*[52], *Geulincx* und *Malebranche sind Mechanizisten,* d. h. sie erklären die ganze Körperwelt und alles, was in ihr geschieht, durch unveränderliche Korpuskeln (die mit der Ausdehnung identifiziert werden) und die Ortsbewegung; sie sprechen den Körpern jede innere, substantielle oder akzidentelle Bewegung ab. Ohne Veränderung gibt es aber (in einem Körper) auch keine Tätigkeit. Denn jede Tätigkeit, die aus einem Körper hervorgeht, bringt notwendig auch irgendeine Veränderung, wenigstens im tätigen Körper, mit sich. Aus dem Zustand des Nicht-Tätigseins (gegenüber einem anderen Körper) geht er über in den Zustand des Tätigseins und aus dem Tätigsein ins Nicht-Tätigsein, was ohne innere Veränderung nicht geschehen kann. Wenn nämlich ein Wirken in der Tat aus einem inneren Prinzip hervorgeht, ist der Körper vor dem Wirken nicht aktuell, wohl aber der aktiven Möglichkeit nach tätig. Der Übergang aus dem einen Zustand in den anderen ist eine innere Veränderung, nicht bloß eine relative Ortsveränderung. Wer also jede innere Veränderung der Körper leugnet, muß folgerichtig auch leugnen, daß die Körper innere Prinzipien des Wirkens haben oder wirklich Ursachen sind. Wie aber diese Leugnung unter der Voraussetzung des wirklichen Unterschieds von Welt und Gott zum Okkasionalismus führt, haben wir bereits gesehen.

Die Mechanizisten schließen es aus, daß irgendetwas in und von der Welt her im eigentlichen Sinne wird; denn wenn etwas beginnt, beginnt es total von seinem Nichtsein her; die Tätigkeit, durch die etwas so hervorgebracht wird, ist Schöpfung; wenn man daher den geschaffenen Dingen eine wahre Wirkkausalität zusprechen würde, spräche man ihnen damit die Schöpfungsmacht zu; wenn die Dinge wirken, sind sie Götter. *Malebranche* argumentiert in diesem Sinne: „Und wenn es notwendig ist anzuerkennen, daß nur Gott es ist, der die wahre Ursache der verschiedenen Mitteilungen der Bewegungen ist, dann muß man mit umso stärkerem Grund urteilen,

---

animaux, les envoyer par de certains nerfs, vers de certains muscles pour les enfler et les racourcir: car c'est ainsi que le bras qui y est attaché se remue, ou selon le sentiment de quelques autres, on ne sçait encore comment cela se fait. Et nous voyons que les hommes qui ne sçavent pas seulement s'ils ont des esprits, des nerfs et des muscles, remuent leur bras, et le remuent même avec plus d'adresse et de facilité, que ceux qui sçavent le mieux l'anatomie. C'est donc que les hommes veulent remuer le bras, et qu'il n'y a que Dieu qui le puisse et qui le sçache remuer ... Ces choses me paroissent évidentes... *Malebranche,* De la Recherche de la vérité, liv. 6, part. 2, chap. 3; Paris 1736, tom. III, pg. 116–117. – Vgl. auch Méditations chrétiennes et métaphysiques, méd. VI, nr. 11.

[52] Auch bei *Descartes* gibt es Texte, wo er kaum anders spricht als die Okkasionalisten. So sagt er z. B. in den „Principia Philosophiae (P. II, cap 36–37), Gott sei die universale und erste Ursache der Bewegung; die zweiten und partikulären Ursachen seien nicht die Dinge, sondern die Naturgesetze. Schon *Malebranche* war der Meinung, daß an dieser Stelle seine Theorie präformiert sei. Vgl. De la Recherche de la vérité, XV. Eclaircissement sur le chap. 3. de la 2. part. du 6. livre, Rép. à la preuve VII (Paris 1736, tom. IV, pg. 404–405).

daß nur er es ist, der die wirklichen Qualitäten und die substantiellen Formen schaffen und vernichten kann. Ich sage schaffen und vernichten, weil es mir scheint, daß es mindestens ebenso schwierig ist, eine Substanz, die nicht dort war, aus einer Materie zu ziehen oder sie dorthin zu bringen, ohne daß sie dort sei, wie sie zu schaffen oder sie zu vernichten."[53]

Im übrigen hat *Basso* richtig gesehen, daß *die Wirk- und die Zielursächtlichkeit* im selben Träger nicht getrennt werden können. Ein Körper, der kein inneres Prinzip der Zielordnung hat, hat auch kein inneres Prinzip der Wirksamkeit. Darum läßt sich aus der Abwesenheit der Zielkausalität auch die Abwesenheit der Wirkkausalität erschließen. Aber er irrte, wenn er für eine naturhafte Zielordnung in deren Träger auch einen Erkenntnisvollzug forderte. Zu diesem Irrtum führten ihn aber zwangsläufig die Prinzipien des *Mechanizismus*. Denn die Mechanizisten anerkennen den Körper nur, soweit er ausgedehnt ist, weshalb sie ihn als ein untätiges und rein passives Ding betrachten. Mit einem Wort, sie verwechseln die sogenannte erste, unbestimmte Materie, die kein Körper, sondern das Teilprinzip eines solchen ist, mit der zweiten Materie, dem vollbestimmten Körper. Ein so konstruiertes Wesen ist allerdings in sich selbst jeder verständigen Form bar. Wenn es dennoch auf eine verstehbare Weise tätig ist, kann dies nur durch eine ihm fremde verständige Ursache geschehen.

Diese Hinweise mögen genügen, um erkennen zu lassen, daß *Basso* wie auch die anderen Mechanizisten, kraft einer inneren Verknüpfung der Ideen vom Mechanizismus zum Okkasionalismus geführt worden ist.

Nachbemerkungen

Auf Sebastian Basso als einen wichtigen Autor des Mechanizismus machte mich während meiner Repititorenzeit im Germanikum (1929–31) P. Petrus Hoenen S. J. (1880–1961), Prof. für Naturphilosophie an der Päpstlichen Universität „Gregoriana" in Rom, aufmerksam. Die Untersuchung über Basso, in: „Gregorianum" 14 (1933) 521–539), unter dem Titel „De Sebastiano Basso Occasionalismo praeludente", in lateinischer Sprache geschrieben und „veröffentlicht", blieb soviel wie unbekannt. Weder A. de Lattre, L'occasionalisme d'Arnold Geulincx, Étude sur la constitution de la doctrine, Paris 1967, noch G. Malbreil, L'occasionalisme d'Arnold Geulincx, in: Archives de Philosophie 37 (1974) 77–105, der über das Werk

[53] Et s'il est necessaire de reconnoître qu'il n'y a que Dieu qui soit la véritable cause des différents communications des mouvemens, on doit à plus forte raison juger qu'il n'y a que lui qui puisse créer et anéantir les qualités réelles, et des formes substantielles. Je dis créer et anéantir, parce qu'il me semble qu'il est pour le moins aussi difficile de tirer de la matière une substance qui n'y étoit pas, ou de l'y faire rentrer sans qu'elle y soit, que de la créer ou de l'anéantir. – De la Recherche de la vérité, XV. Eclaircissement (tom. IV, pg. 352–353). Vgl. auch tom. III, 117–122.

von A. de. Lattre berichtet, erwähnen Sebastian Basso. – Der deutsche Text meines Artikels über Sebastian Basso wird hier, in meiner Übersetzung, zum ersten Mal in deutscher Sprache publiziert.

KANT UND DAS SEIN

Es ist niemals ohne Bedeutung, was ein Philosoph über das Sein gedacht hat; am wenigsten, wenn es sich um einen Mann von der geschichtlichen Bedeutung Kants handelt. Das Sein ist dem Gedanken so innerlich, daß kein Gedankenbau Bestand haben kann ohne eine bestimmte Seinsauffassung. Überdies hat die Auseinandersetzung zwischen Kant und der Scholastik eine besondere Nähe zum Seinsbegriff. Die Metaphysik der Scholastik ist Seinsmetaphsyik. Auch ohne ausdrückliche Erklärung ist ihr bloßes Dasein ein Bekenntnis zur Möglichkeit, transzendentes oder erfahrungsjenseitiges Sein zu erkennen. Kant bestreitet diese Möglichkeit. Der Seinsbegriff erlaubt also, die beiderseitige Stellungnahme und den Fragepunkt aufs schärfste zu bestimmen. Voraussetzung dafür ist allerdings, daß es gelingt, die Seinsbegriffe beider in ein bestimmtes Verhältnis zueinander zu bringen; was für den von der Scholastik kommenden wieder zur Voraussetzung hat, daß er sich über den Kantischen Seinsbegriff Klarheit verschaffe.

Im folgenden soll versucht werden, die Gedanken Kants über das Sein aufzugreifen, sie im Lichte der scholastischen Philosophie zu prüfen und den Versuch Kants, das Sein als Setzung an sich zu denken, folgerichtig weiterzuführen. Es wird sich zeigen, daß dieser Versuch Kants, der in seinem System leider keine ausschlaggebende Stellung erlangt hat, folgerichtig zu Ende gedacht, zur Erkenntnis des transzendenten Seins und damit zur Seinsmetaphysik führt. Die Abhandlung umschließt drei Teile: I. die Darlegung des kantischen Seinsbegriffs; II. dessen Prüfung; III. dessen Weiterführung.

I. Darlegung des Kantischen Seinsbegriffs

Nach Sein als solchem kann in der Philosophie nur an zwei Orten gefragt werden: in der Metaphysik und in der Kritik der Metaphysik. Da Kant keine theoretische Seinsmetaphysik kennt, bleibt als Raum unserer Untersuchung die „Kritik der reinen Vernunft“. Der Ausdruck „Sein“ kommt in der KrV verhältnismäßig selten vor. Als sinngleich oder doch sinnverwandt können vorläufig gelten: Dasein, Existenz, Realität und Wirklichkeit.

Der Sache nach spricht Kant in der KrV zweimal ausführlicher über das Sein: in der tr Analytik und in der tr Dialektik. In der tr Analytik treten Realität und Dasein als Kategorien auf: jene als die erste Kategorie der Qualität und im Gefolge der logischen Funktion bejahender Urteile, dieses als die zweite Kategorie der Modalität und im Gefolge der logischen Funktion assertorischen Urteile (80/105)[1]. Wie die andern Kategorien sind auch Realität und Dasein bestimmte Weisen des Verstandes, den sinnlich gegebenen Stoff zu einem Gegenstand in der Erscheinung zu verknüpfen, und beschränken sich deshalb auf das Feld möglicher Erfahrung. Genaueres über Realität und Dasein erfahren wir im Abschnitt „Von dem Schematismus der reinen Verstandesbegriffe". Während die Kategorie ein Erzeugnis des reinen Verstandes ist, wird das ihr entsprechende Schema unter dem Einfluß des Verstandes von der Einbildungskraft hervorgebracht. Es ist das allgemeine Verfahren der Einbildungskraft, einem Begriff sein Bild zu verschaffen. Im einzelnen bestimmen sich die Schemata durch das Verhältnis der Kategorien zur Zeit als der allgemeinen Form möglicher Erfahrung.

Realität ist im reinen Verstandesbegriff das, was einer Empfindung überhaupt korrespondiert; dasjenige also, dessen Begriff an sich selbst ein Sein (in der Zeit) anzeigt. Da die Zeit nur die Form der Anschauung, mithin der Gegenstände, als Erscheinungen ist, so ist das, was an diesen [Gegenständen als Erscheinungen] der Empfindung entspricht, die transzendentale Materie aller Gegenstände, als Dinge an sich (die Sachheit, Realität) (143/182). Der Gegenstand bedarf, um im Bewußtsein zu erscheinen, nicht bloß der Form, sondern auch des Stoffes, der Empfindung. Diesem bewußtseinsinneren Stoff entspricht die transzendentale Materie aller Gegenstände, d. h. die Vorstellung von Gegenständen als Dingen an sich, oder die Vorstellung von Sachheit, Realität. Die Beziehung der Realität zur Zeit ergibt das Schema einer Realität, als der Quantität von etwas, sofern es die Zeit erfüllt (ebd.).

Die Kategorie des *Daseins* unterscheidet sich von der Kategorie der Realität dadurch, daß sie nicht auf den Inhalt des Gegenstandes geht, sondern auf dessen Beziehung zum Denken überhaupt (vgl. 74/99); sie gehört zu den Kategorien der Modalität. Wenn der Begriff schon ganz vollständig ist, also auch die Sachheit oder Realität enthält, so kann ich doch noch von diesem Gegenstande fragen, ob er bloß möglich, oder auch wirklich, oder, wenn er das letztere ist, ob er gar auch notwendig sei? Hierdurch werden keine Bestimmungen mehr im Objekte selbst gedacht, sondern es fragt sich nur, wie es sich (samt allen seinen Bestimmungen) zum Verstande, zur empirischen Urteilskraft und zur Vernunft verhalte. Für das Dasein oder die Wirklichkeit gilt: Was mit den materialen Bedingungen der Erfahrung (der Empfindung) zusammenhängt, ist wirklich [= zweites Postulat des empirischen Denkens überhaupt] (218–219/265–266). Das Schema aber der Wirklichkeit ist das Dasein in einer *bestimmten* Zeit [während das Schema der Möglichkeit die Vorstellung eines Dinges auf irgendeine Zeit bezieht, das der Notwendigkeit aber auf alle Zeit] (144–145, 183–184).

Als Kategorien haben Realität und Dasein nur im Felde der möglichen Erfahrung objektive Gültigkeit. Werden sie darüber hinaus angewandt,

[1] Die beiden durch einen Strich getrennten Zahlen geben die Seitenzahl der 1. und 2. Auflage an. Texte, die nur in der 1. oder 2. Auflage stehen, werden wie üblich mit A und B angegeben.

so weiß man nie, ob dadurch überhaupt ein Gegenstand vorgestellt werde. So weit es sich nicht bloß um leeres Denken, sondern um inhaltliche Erkenntnis handelt, kann nur das als seiend angesprochen werden, was in der inneren oder äußeren Erfahrung wahrnehmbar ist. In diesem Sinne sind Seiendes und Erfahrbares, Sein und Erfahrbarkeit vertauschbare Begriffe. Das Sein übersteigt zwar den einzelnen Gegenstand, nicht aber die gesamte Erfahrung (relative Transzendenz). Die Seinsordnung ist gleich dem Felde möglicher Erfahrung.

Das Verhältnis von Realität und Dasein (Wirklichkeit) läßt sich an dem scholastischen Begriffspaar essentia und esse näher erläutern. Die Realität oder Sachheit entspricht dem ersten, das Dasein oder die Wirklichkeit dem zweiten, wobei jedoch die Beschränkung beider Begriffe auf die bloße Erfahrungsordnung nicht vergessen werden darf. Die Washeit ist für Kant immer die Sachheit des erfahrbaren Dinges, die Wirklichkeit dessen Erfahrbarkeit zu einer bestimmten Zeit.

Da die Kategorien Realität und Dasein nur im Rahmen der tr Deduktion und der sich daran anschließenden Kategorienlehre Kants Sinn und Bedeutung haben, kann auch ihre kritische Erörterung nur in der Untersuchung jenes größeren Zusammenhangs erfolgen. Das würde aber die a] Grenzen, die sich die vorliegende Arbeit gesteckt hat, überschreiten. Kant hat sich jedoch auch außerhalb jenes Rahmens über das Sein ausgesprochen: in der tr Dialektik. Die Untersuchung des ontologischen Gottesbeweises veranlaßte ihn, auch dem überkategorialen Sinn des Seinsbegriffs seine Beachtung zu schenken.

Kant schreibt in diesem Zusammenhang: „Sein ist offenbar *kein reales Prädikat,* d. i. ein Begriff von irgend etwas, was zu dem Begriffe eines Dinges hinzukommen könne“ (598/626). Durch das Hinzutreten des Seins wird das Wesen keiner Sache vermehrt oder vermindert. Das Sein ist ganz außerhalb des Bereiches der Washeit und des Begriffs. Denn Begreifen heißt nach Kant ein Sosein bestimmen.

Unmittelbar zuvor hatte Kant den Unterschied zwischen logischen und realen Prädikaten dargelegt. „Zum logischen Prädikate kann alles dienen, was man will, sogar das Subjekt kann von sich selbst prädiziert werden; denn die Logik abstrahiert von allem Inhalte. Aber die Bestimmung ist ein Prädikat, welches über den Begriff des Subjekts hinzukommt und ihn vergrößert. Sie muß also nicht in ihm schon enthalten sein“ (ebd.). Das reale Prädikat ist die Bestimmung eines Dinges, oder dasjenige, was hinzukommen muß, um den Begriff eines Dinges bestimmt zu machen. Als hinzutretende Bestimmung darf sie nicht schon im Begriff des Subjekts enthalten sein, sondern muß durch ihr Hinzutreten seinen Begriff vergrößern. Diese letzte Forderung ist beachtenswert. Sein ist kein reales Prädikat, eben weil es den Begriff keines Subjekts vergrößert. Es liegt also ganz außerhalb der Ebene der Begriffe und kann deshalb auch niemals durch Begriffszergliederung gefunden werden.

Wenn Sein kein reales Prädikat ist, gehört es zu den *logischen Prädikaten.* Das schließt zweierlei ein: erstens, daß das Sein kein reales Prädikat ist, daß es also dem Begriff des Gegenstandes, von dem es ausgesagt wird, in der Linie des Begriffes nichts hinzufügt; und zweitens, daß es dennoch sinnvoll in einer Aussage an der Stelle des Prädikats stehen kann. Diesen beiden Bedingungen genügt das Sein nur, wenn es eine *außerbegriffliche Bestimmung* ist. Eine Bestimmung des Subjekts muß es sein, sei es an sich oder in Bezug auf anderes, da sonst überhaupt nichts ausgesagt würde; außerbegrifflich muß diese Bestimmung sein, da sonst der Subjektsbegriff vergrößert würde.

Welcher Art ist nun diese außerbegriffliche Bestimmung? „Sein", sagt uns Kant. „ist bloß die *Position eines Dinges oder gewisser Bestimmungen an sich selbst*" (598/626)[2]. Die Einschränkung „bloß" will nur das Mißverständnis abwehren, daß überdies der Subjektbegriff vermehrt werde. Zweierlei kann durch das Sein gesetzt werden: das Ding selbst und seine Bestimmungen oder realen Prädikate. Denn ein Prädikat heißt nicht deshalb real, weil es existiert, sondern weil es den Subjektsbegriff vermehrt. Die Aufstellung, Sein ist kein reales, sondern bloß ein logisches Prädikat, bedeutet deshalb keineswegs, daß das Sein ein bloßes Gedankending sei. Kant macht denn auch im folgenden einen Unterschied zwischen dem logischen und einem andern Gebrauch des Seins, den er nicht näher bezeichnet, der aber auf Grund des vorgebrachten Beispiels als realer Gebrauch angesehen werden muß. Dabei ist aber zu beachten, daß realer Gebrauch und reales Prädikat nicht dasselbe bedeuten. Das Sein im realen Gebrauch ist kein reales, sondern ein logisches Prädikat, während das Sein im logischen Gebrauch überhaupt kein Prädikat, sondern bloße Kopula ist. Doch haben wir damit dem Text Kants schon vorgegriffen.

Um zu erklären, was er unter der Position eines Dinges oder gewisser Bestimmungen an sich selbst verstehe, geht Kant vom *logischen Gebrauch* des Seins aus. „Im logischen Gebrauchte ist es lediglich die Kopula eines Urteils. Der Satz: *Gott ist allmächtig,* enthält zwei Begriffe, die ihre Objekte haben: Gott und Allmacht; das Wörtchen: *ist*, ist nicht noch ein Prädikat obenein, sondern nur das, was das Prädikat *beziehungsweise* aufs Subjekt setzt" (598–599/626–627). Die Setzung selbst ist das, was durch das Wörtchen *ist* bezeichnet wird; das was gesetzt wird, ist das Prädikat. Es liegt in der Natur des realen Prädikats, daß es nur als Bestimmung eines andern, also in Beziehung auf das Subjekt gesetzt werden kann. Kant widerspricht hier nicht seiner vorigen Festsetzung, daß das Sein die Position eines Dinges oder gewisser Bestimmungen an sich selbst sei. Die Worte *an sich selbst* beziehen sich nicht auf das, was gesetzt wird, sondern auf die Setzung. Das was gesetzt wird, wird so gesetzt, wie es seiner Natur entspricht: das Relative als ein Relatives, das Absolute als ein Absolutes. Prädikate sind aber ihrer Natur nach relativ zum Subjekt. Sie können also nur beziehungsweise zum Subjekt, gesetzt werden. Die Setzung selbst hingegen geschieht an sich selbst, also nicht nur bedingungsweise oder bloß in Beziehung auf das setzende Bewußtsein.

[2] Hervorhebung des Autors.

Es ist bemerkenswert, daß Kant hier – außer dem Rahmen der transzendentalen Deduktion – eine *andere Auffassung* von der Kopula vertritt als in der tr Analytik. Während er dort, in der rationalistischen Auffassung verbleibend, die Kopula eine Vorstellung nannte, eine Vorstellung zwar eigener Art, die das objektive Verhältnis zweier Begriffe betreffe, aber immerhin bloß eine Vorstellung, betrachtet er die Kopula hier tiefer und besser als Setzung (vgl. B 140–142).

Kant geht nun zum *realen Gebrauch* des Wortes *ist* über, in dem die Kopula als Prädikat gebraucht wird. „Nehme ich nun das Subjekt (Gott) mit allen seinen Prädikaten (worunter auch die Allmacht gehört) zusammen und sage: *Gott ist*, oder: es ist ein Gott, so setze ich kein neues Prädikat zum Begriffe von Gott, sondern nur das Subjekt an sich selbst mit allen seinen Prädikaten und zwar den Gegenstand in Beziehung auf meinen Begriff" (599/627). Sein im realen Gebrauche ist hier soviel wie Existenz, und Existenz soviel wie Setzung an sich selbst des im Subjekt gedachten Gegenstandes.

Die letzten Worte Kants erregen allerdings ein Bedenken wider diese Auffassung. Der Gegenstand soll im Existenzurteil in Beziehung auf meinen Begriff gesetzt werden. Soll damit die Identität zwischen dem Gegenstand und meinem Begriff ausgedrückt sein, so daß der Gegenstand nur als ein im Begriff gedachter gesetzt würde? So aufgefaßt wäre das Urteil: *Gott ist*, sinngleich mit dem Urteil: *Gott ist Gott;* es wäre kein Existenz-, sondern ein Identitätsurteil. Abgesehen davon, daß wir Kant eine so grobe Verwechslung nicht zutrauen dürfen, hätte er dadurch den entscheidenden Trumpf aus der Hand und die Möglichkeit des ontologischen Gottesbeweises zugegeben. Ein Unterschied zwischen der Begriffs- und Daseinsordnung bestünde unter dieser Voraussetzung überhaupt nicht mehr. Diesen Unterschied aber scharf hervorzuheben, ist gerade der Zweck, den Kant in diesem Abschnitt verfolgt. Jene Worte können also nicht dahin verstanden werden, daß der Gegenstand nur als ein im Begriffe gedachter gesetzt werde; er wird vielmehr, wie es den vorausgehenden Feststellungen Kants entspricht, an sich selbst gesetzt. Der Zusatz, daß der Gegenstand in Beziehung auf meinen Begriff gesetzt werde, ist also keine Einschränkung der Setzung, sondern bloß eine *Einschränkung des zu Setzenden*. Der Gegenstand wird im Existenzurteil gesetzt nach Maßgabe des Begriffes, durch den er im Subjekt gedacht wurde. Was im Subjektsbegriff nicht gedacht wurde, wird weder gesetzt noch verneint.

„Beide [der Gegenstand, sofern er zu setzen ist, und mein Begriff] müssen genau einerlei enthalten und es kann daher zu dem Begriffe, der bloß die Möglichkeit ausdrückt, darum, daß ich dessen Gegenstand als schlechthin gegeben (durch den Ausdruck: er ist) denke, nichts weiter hinzukommen" (599/627). Einen Gegenstand an sich selbst setzen heißt also: *ihn als schlechthin gegeben denken*. Denken steht hier nicht im engeren Sinn der begrifflichen Bestimmung, sondern als Handlung des Verstandes überhaupt, ohne daß Kant ihre Art näher angibt. Der Nachdruck liegt aber auf dem Worte schlechthin. Nicht darauf kommt es an, daß der Gegenstand *mir* gegeben sei, auch nicht, daß er mir in einer möglichen

Erfahrung gegeben sei, wie es in der tr Analytik hieß, sondern daß er schlechthin oder an sich selbst gegeben sei. Ob Kant die objektive Möglichkeit solcher Existenzurteile anerkenne, davon ist hier noch nicht die Rede, sondern vom *Sinn* des überkategorialen Existenzurteils[3]. Die Gleichstellung von „Setzen an sich selbst" und „Etwas als schlechthin gegeben denken" deutet darauf hin, daß Kant das Setzen im Existenzurteil nicht als ein ursprüngliches Setzen betrachtet, sondern als das Setzen eines schon Gesetzten, eines Vor-Gegebenen. Dem Denken, *daß* etwas schlechthin gegeben sei, tritt der Gegenstand als ein schlechthin *Gegebener* gegenüber, dem Setzen des urteilenden Verstandes das Gesetztsein des Gegenstandes an sich selbst.

„Und so enthält das Wirkliche nicht mehr als das bloß Mögliche [dem Was nach, das in Begriffen ausgedrückt wird, dürfen wir im Sinne Kants hinzufügen]. Hundert wirkliche Taler enthalten nicht das mindeste mehr als hundert mögliche. Denn, da diese den Begriff, jene aber den Gegenstand und dessen Position an sich selbst bedeuten, so würde, im Fall dieser mehr enthielte als jener, mein Begriff nicht den ganzen Gegenstand ausdrücken und also auch nicht der angemessene Begriff von ihm sein" (599/627). Die Wirklichkeit unterscheidet sich also von der Möglichkeit durch *die Position des Gegenstandes an sich selbst.* Der Begriff drückt zwar den ganzen Gegenstand, aber nicht dessen Position an sich selbst oder seine Wirklichkeit aus. Der Gegenstand ist nicht mehr, wenn er existiert, als wenn er bloß möglich ist; aber *es* ist mehr. Der Sinngehalt ist derselbe, die Wirklichkeit eine andere.

„Aber in meinem Vermögenszustande ist mehr bei hundert wirklichen Talern, als bei dem bloßen Begriffe derselben (d. i. ihrer Möglichkeit). Denn der Gegenstand ist bei der Wirklichkeit nicht bloß in meinem Begriffe analytisch enthalten, sondern kommt zu meinem Begriffe (der eine Bestimmung meines Zustandes ist) synthetisch hinzu, ohne daß durch dieses Sein außerhalb meinem Begriffe diese gedachten hundert Taler selbst im mindesten vermehrt werden" (ebd.). Diese Worte drücken die Denkunabhängigkeit des Seins aus und bestätigen so, daß das Urteil zwar Setzung, aber nicht ursprüngliche Setzung ist. Noch deutlicher spricht das Kant an einer anderen Stelle aus: „Ebendarin besteht die Erkenntnis der *Existenz* des Objekts, daß dieser *außer dem Gedanken* an sich selbst gesetzt ist" (639/667).

Kant unterscheidet – das geht aus dem bisher untersuchten Text hervor – scharf zwischen Washeit und Sein. Sein ist für ihn soviel wie Existenz. Da analytische Urteile auf der Zergliederung von Begriffen beruhen,

[3] Kanterklärer, welche die tr Analytik zu sehr im Auge haben, neigen dazu, Kant überhaupt jeden Blick für das überkategoriale Sein abzusprechen. Vgl. C. Nink, Kommentar zu Kants Kritik der reinen Vernunft. 1930, 265: „Das Sein (Existieren)", erklärt Nink unseren Text der tr Dialektik, „... besagt bloß, daß ein Ding oder gewisse Bestimmungen an einem Gegenstande (als Erscheinung) gesetzt sind." Man vergleiche damit den oben angeführten Text Kants. Der erklärende Einschub „an einem Gegenstande (als Erscheinung)" steht hier an Stelle der Worte „an sich selbst".

Existenz aber außer allen Begriffen liegt, müssen Existenzurteile *synthetisch* sein (vgl. 597/625). Kant geht aber noch über diese Forderung hinaus: er verlangt für die Existenz, daß die Erkenntnis eines existierenden Objekts auch *a posteriori* möglich sei. „Denke ich mir nun ein Wesen als die höchste Realität (ohne Mangel), so bleibt noch immer die Frage: ob es existiere oder nicht. Denn, obgleich an meinem Begriffe, von dem möglichen realen Inhalte eines Dinges überhaupt nichts fehlt, so fehlt doch noch etwas an dem Verhältnisse zu meinem ganzen Zustande des Denkens, nämlich: daß die Erkenntnis eines Objekts auch a posteriori möglich sei“ (600/628). Was unabhängig von meinem Denken gesetzt ist, muß von meiner Erkenntnis angetroffen, als vorhanden festgestellt werden können. Ein existierender Gegenstand muß fähig sein, meine Erkenntnis zu bestimmen. Kann er das nicht, so ist er für mich seiner Existenz nach unerkennbar.

Da diese Bestimmung jedoch nur durch Erfahrung geschehen kann, verengert sich der Begriff der (erkennbaren) Existenz noch weiter. „Wäre von einem Gegenstande der Sinne die Rede, so würde ich die Existenz des Dinges mit dem bloßen Begriffe des Dinges nicht verwechseln können. Denn durch den Begriff wird der Gegenstand nur mit den allgemeinen Bedingungen einer möglichen empirischen Erkenntnis überhaupt als einstimmig, durch die Existenz aber als in dem Kontext der gesamten Erfahrung enthalten gedacht“ (600/628). Es werden hier zwei Gedanken ausgesprochen: erstens, daß Existenz nicht nur „Gesetztsein“, sondern auch „in einen Zusammenhang hinein Gesetztsein“ bedeutet; und zweitens, daß dieser Zusammenhang *der Kontext der Erfahrung* sein müsse. Kant sieht richtig, daß die existierenden Gegenstände als solche zusammengehören, daß sie nicht nur unter einen „Begriff“ fallen, sondern eine gemeinschaftliche, vom Bereich der bloßen Möglichkeit abgehobene Ordnung bilden, in der Verhältnisse und Bestimmungen herrschen, gegen die die bloße Möglichkeitsordnung gleichgültig ist. Es genügt darum nicht, daß existierende Gegenstände gesetzt seien, sie müssen in einem Zusammenhang gesetzt sein. Durch den Begriff werden die Gegenstände bloß als in diesen Zusammenhang einordnungs*fähig* gedacht, durch das Existenzurteil werden sie *eingeordnet*. Während eine solche Einordnung bei Gegenständen der Sinne möglich ist, kann sie nach Kant bei Gegenständen bloßer Begriffe nicht vorgenommen werden, da die reine Kategorie kein Merkmal angibt, Existenz von der bloßen Möglichkeit zu unterscheiden (vgl. 601/629).

Kant bestimmt nun weiter die Art der Einordnung in den Zusammenhang der Erfahrung. Es ist dazu nicht unmittelbare Wahrnehmung erfordert; es genügt der *Zusammenhang mit wirklicher Wahrnehmung*. Dieser Zusammenhang muß jedoch *nach empirischen Gesetzen* bestehen. Hier ist der Stein des Anstoßes. Die Forderung nach Zusammenhang mit wirklicher Wahrnehmung würde an sich einen Überstieg der Erfahrung nicht unmöglich machen; auch die Scholastiker fordern ihn. Nach Kant jedoch muß nicht nur die Wahrnehmung, von der aus, sondern auch der Gegenstand, auf den als existierenden geschlossen wird, im empirischen Zusammenhang stehen. Die Zuerteilung von Existenz geschieht „bei Gegenständen der Sinne durch den Zusammenhang mit irgendeiner meiner Wahrnehmungen nach empirischen Gesetzen; aber für Objekte des reinen Denkens ist ganz und gar kein Mittel, ihr Dasein zu erkennen, weil es gänzlich a priori erkannt werden müßte, unser Bewußtsein aller Existenz aber (es sei durch Wahrnehmung unmittelbar oder durch Schlüsse, die etwas mit der Wahrnehmung verknüpfen) gehört ganz und gar zur Einheit der Erfahrung und eine Existenz außer diesem Felde kann zwar nicht schlechterdings für unmöglich erklärt werden; sie ist aber eine Voraussetzung, die wir durch nichts rechtfertigen können" (601/629).

Wie Kant sich die *Verknüpfung nach empirischen Gesetzen* denkt, sagt er uns in der tr Analytik. „Man kann aber auch vor der Wahrnehmung des Dinges und also komparative a priori das Dasein desselben erkennen, wenn es nur mit einigen Wahrnehmungen, nach den Grundsätzen der empirischen Verknüpfung derselben (den Analogien) zusammenhängt. Denn alsdann hängt doch das Dasein des Dinges mit unsern Wahrnehungen in einer möglichen Erfahrung zusammen, und wir können nach dem Leitfaden jener Analogien, von unserer wirklichen Wahrnehmung zu dem Dinge in der Reihe möglicher Wahrnehmungen gelangen" (225–226/272 bis 273). Die empirischen Gesetze, nach denen der Zusammenhang mit wirklichen Wahrnehmungen hergestellt werden muß, sind „die Analogien der Erfahrung". Ihr gemeinsamer Grundsatz lautet in der ersten Ausgabe: „Alle Erscheinungen stehen, ihrem Dasein nach, a priori unter Regeln der Bestimmung ihres Verhältnisses untereinander in einer Zeit" (A 176–177); in der zweiten Ausgabe: „Erfahrung ist nur durch die Vorstellung einer notwendigen Verknüpfung der Wahrnehmungen möglich" (B 219). Wir wissen jetzt, was es heißt, daß das Bewußtsein aller Existenz ganz und gar zur Einheit der Erfahrung gehöre: was existiert, muß *Teil* der möglichen Erfahrung sein.

Kant geht bei der Entwicklung des Seinsbegriffes im Zusammenhang mit der Kritik des ontologischen Gottesbeweises von dem Satze aus: Sein ist die Setzung eines Gegenstandes an sich selbst. Sowohl dieser Ausgangspunkt wie die sich anschließenden Schritte sind noch frei von der einengenden Bedingung der tr Analytik. Sein kann auf dieser Stufe der Entwicklung noch im überkategorialen Sinne verstanden werden. Die Verengerung des Seins zur Kategorie des Daseins wird für Kant erst notwendig, wenn er die Frage nach der Erkennbarkeit des Seins stellt. Sein als solches ist nicht notwendig Kategorie, wohl aber Sein als erkennbares Sein.

II. Prüfung des Kantischen Seinsbegriffs

Um die Prüfung der Anschauungen Kants über das Sein zu erleichtern, fasse ich seine Ausführungen in der tr Dialektik in folgende Sätze zusammen:

1. Sein drückt keine Washeit aus; es ist bloß die Setzung eines Dinges oder gewisser Bestimmungen an sich selbst.
2. Einen Gegenstand setzen heißt ihn als schlechthin gegeben denken.

3. Bei der Wirklichkeit ist mehr als beim bloßen Begriff des Gegenstandes, nämlich dessen Setzung an sich selbst.

4. Obwohl das Sein kein Prädikat ist, das zum Begriff des Subjekts etwas hinzufügt, kann es doch die Stelle eines Prädikats vertreten.

5. Existenzurteile sind synthetische Urteile.

6. Damit ich urteilen könne: ein Gegenstand existiert, muß seine Erkenntnis auch a posteriori möglich sein.

7. Im Existenzurteil denke ich den Gegenstand als in dem Kontext der gesamten Erfahrung enthalten.

8. Existenz außer aller Erfahrung kann weder behauptet noch bestritten werden.

Den genauen Sinn dieser Sätze kennen wir aus dem ersten Teil. Satz 1–5 dürften, recht verstanden, bei Scholastikern kaum auf Widerspruch stoßen. Das Sein, von dem Kant spricht, ist der *actus essentiae,* der auch in der Scholastik der essentia oder quidditas gegenübergestellt wird. Allerdings herrscht in scholastischer Sicht zwischen Existenz und Wesen eine innere Verwandtschaft, die ihre Wurzeln im überkategorialen Bereich hat, während bei Kant zwischen beiden ein Abgrund klafft, weil er den kategorialen Bereich nicht überschreiten zu können glaubt. Für den kategorialen Bereich, und nur für diesen, hat Kant allerdings recht, daß weder die Washeit aus der Setzung, noch die Setzung aus der Washeit abgeleitet werden kann.

Befremden könnte auch erregen, daß Kant das Sein als *Setzung* an sich selbst bezeichnet, zumal wenn man dabei bloß an die Setzung durch das urteilende Subjekt denkt. Es ist schon im ersten Teil darauf hingewiesen worden, daß man dadurch dem Texte Kants nicht gerecht wird. Nicht jede Setzung ist Urteilssetzung. Sein als Setzung an sich eines Gegenstandes dürfte dem entsprechen, was der hl. Thomas mit actus essentiae bezeichnet:

b] „Uno modo dicitur esse ipsa quidditas vel natura rei, sicut dicitur quod definitio est oratio significans quid est esse; definitio enim quidditatem rei significat. Alio modo dicitur esse ipse actus essentiae; sicut vivere, quod est esse viventibus, est animae actus; non actus secundus, quo est operatio, sed actus primus. Tertio modo dicitur esse quod significat veritatem compositionis in propositionibus, secundum quod *est* dicitur copula: et secundum hoc est in intellectu componente et dividente quantum ad sui complementum; sed fundatur in esse rei, quod est actus essentiae" (Thomas v. Aquin, in I Sent. dist. 33 q. 1 a. 1 ad 1).

Setzung und actus bezeichnen zunächst eine Tätigkeit. Darauf deutet sowohl der Vergleich mit dem vivere viventium, als auch actus als Substantiv von agere. Der actus essentiae wird von der operatio oder der Tätigkeit in gewöhnlichen Sinne dadurch unterschieden, daß die operatio als actus secundus den actus essentiae als den actus primus notwendig im Geschaffenen zur Voraussetzung hat und ihn ergänzt. Diese Rangordnung kommt aber daher, daß der actus essentiae Vollzug des Wesens rein an sich ist, während die operatio Vollzug des Wesens (als Subjekt), in Beziehung auf ein anderes (als Objekt) ist, sei dieses Objekt mit dem Subjekt real identisch oder nicht. Daß das esse als actus essentiae in Analogie zur Tätigkeit steht, wird auch dadurch nahegelegt, daß es sprachlich mit dem esse der Urteilsfunktion verwandt und sachlich der Zielpunkt der schaffenden Tätigkeit Gottes ist. Da der actus essentiae jedoch Vollzug eines in sich geschlossenen Wesens ist, erscheint er auch selbst als in sich ruhend, was auch im Ausdruck „Setzung“ zutage tritt. Daß dabei von keiner actio immanens die Rede sein kann, geht schon daraus hervor, daß die Setzung an sich nur ein Analogon zur eigentlichen Tätigkeit ist.

Satz 4 drückt nichts Geringeres als die Möglichkeit und Notwendigkeit der *Analogie des Seins* aus. Sein als solches übersteigt den kategorialen Bereich der Washeit. Es wird aber dennoch auf ein kategoriales Was bezogen und von ihm ausgesagt, und zwar in der Form eines Prädikats oder eines Was. Das Sein wandelt sich also von Was zu Was, ohne sich doch im Sein als Sein zu wandeln. Als alle Washeit übersteigendes ist es eins, als sich in die Washeit einsenkendes ist es verschieden. Die Analogie des Seins ist also die Voraussetzung für die Möglichkeit des Existenzurteils, somit zumindest logisch möglich und notwendig.

Daß Existenzurteile *synthetische Urteile* sind (Satz 5), kann in einem doppelten Sinn verstanden werden: erstens so, daß Existenz außerhalb der eigentlichen Washeit liegt und deshalb im Urteil zur Washeit hinzukommt; zweitens so, daß die Existenz etwas zu meinem Denken des Gegenstandes hinzufügt. Während die erste Auffassung im ganzen Gedankengang Kants begründet ist, wird die zweite nur durch eine beiläufige Bemerkung Kants nahegelegt [der Gegenstand komme bei der Wirklichkeit zu meinem Begriffe (der eine Bestimmung meines *Zustandes* ist) synthetisch hinzu (599/627)]; sie ist auch mehr eingeschränkter Art, da sie bei Existenzurteilen über das eigene Denken keine Anwendung findet.

Mit Satz 6 beginnen die *einschränkenden Bedingungen* für die Erkennbarkeit des Seins. Die Möglichkeit, Existenz *a posteriori*[4] zu erkennen, wird nicht

[4] Da im folgenden häufig die Rede von *a priori* und *a posteriori* ist, sei der genaue Sinn dieser Ausdrücke angegeben, wie sie hier im Anschluß an Kant zur Verwendung kommen. Beide Begriffe beziehen sich auf die Erfahrung. Erfahrung aber kann in einem doppelten Sinn genommen werden: entweder versteht man darunter den Inbegriff dessen, was uns durch das Zusammenspiel unserer äußeren und inneren Fähigkeiten als tatsächlich bewußt wird, oder man scheidet aus diesem Inbegriff durch Abstraktion alles aus, was zum Zustandekommen jenes Bewußtseins notwendige und unerläßliche Bedingung vonseiten des Subjekts ist (ohne daß damit geleugnet wird, daß diese Bedingungen auch vonseiten das Objekts vorhanden seien). Der Rest kann dann der Stoff der Erfahrung heißen; die Erfahrung im ersten Sinn hingegen konkrete Erfahrung. A posteriori ist alles, was dem Stoff der Erfahrung angehört, a priori alles, was nicht a posteriori ist. Beides aber kann in ungeschiedener Einheit der konkreten Erfahrung angehören oder daraus durch Abstraktion und Schlußfolgerung erkannt werden. – Der Unterschied zwischen a priori und a posteriori, wie er hier angegeben wurde, ist der Sache nach dem scholastischen Denken nicht so fremd, wie es scheinen möchte. Der hl. Thomas stellt im Comp. theol. I 79 das Prinzip
c] auf: recipiens autem oportet esse denudatum ab eo quod recipitur. Nun bezeichnet aber die Erkenntnis per modum receptionis die Erfahrungserkenntnis. Was per receptionem erkannt wird, wird a posteriori erkannt. Der Verstand kann aber sich selbst und sein Verhältnis zum Gegenstand nicht per receptionem oder als ein receptum erkennen, also auch nicht *durch* Erfahrung oder

für die Existenz als solche gefordert, auch nicht für deren Erkennbarkeit an sich, sondern nur, damit sie für mich erkennbar sei. Auf den ersten Blick scheint es, daß man diesen Satz zugeben könne, ohne daß man damit schon etwas über die Erkennbarkeit des transzendenten Seins vorentscheide. Der Gedanke liegt nahe, auch den *Schluß* aus der Erfahrung auf das übersteigende Sein als Erkenntnis a posteriori gelten zu lassen. Kant läßt aber diesen Schluß nicht zu; was mehr ist: er bestreitet, daß diese Schlußart überhaupt Erkenntnis a posteriori oder aus dem Stoff der Erfahrung sei. Wenn das wahr ist, hebt Satz 6 die Möglichkeit, das übersteigende Sein zu erkennen, auf.

Der Hinweis, daß jener Schluß doch zugestandenermaßen seinen Ausgang in der Erfahrung nehme und auf der Erfahrung aufruhe, verfängt gegen Kant nicht. Nicht darauf kommt es ihm an, ob der Schluß Prämissen aus der konkreten Erfahrung enthalte, sondern ob das Gesetz, das zum Überstieg der Erfahrung zwingt, dem Stoff der Erfahrung entnommen sei. Daß dies nicht der Fall ist, ist leicht einzusehen. Die Erfahrung bürgt nur für den Zusammenhang solcher Glieder, die selbst im Umkreis der Erfahrung liegen. Sie kann zwar als Ganzes oder unter bestimmten Gesichtspunkten Nichterfahrbares als notwendige Voraussetzung fordern, die Notwendigkeit dieser Forderung jedoch kann nicht *durch* Erfahrung oder aus dem Stoff der Erfahrung erkannt werden.

Die Scholastik verweist hier auf die ersten Seins- und Denkprinzipien, deren Herkunft sie letztlich durch den „tätigen Verstand" erklärt. Kann aber die Abstraktion des tätigen Verstandes als Erkenntnisweise a posteriori im Sinne Kants verstanden werden? Aufgabe des tätigen Verstandes ist es, das sensibile, das nur ein intelligibile in potentia ist, auf die Stufe des intelligibile in actu zu erheben. Das sensibile ist ihm gegeben; die Funktion jedoch es zum intelligibile zu erheben, kommt ihm unabhängig vom Gegebenen, also *a priori* zu. Auf das psychologische Wie dieser Erhebung braucht hier nicht eingegangen zu werden. Bedeutungsvoll aber ist die Frage, was nun eigentlich mit der Erhebung auf die Stufe des intelligibile erreicht ist oder was die *intelligibilitas* bedeutet. Intelligibile ist etwas, insofern der Verstand es nach seinem Wesensgesetz begreifen kann. Das Wesensgesetz des Verstandes spricht sich aber in seinem Formalobjekt aus. Da das Formalobjekt des Verstandes das Seiende als solches ist, ist intelligibile in actu etwas, insofern es *als Seiendes* begriffen wird. Wenn aber die Erhebung des sensibile zum intelligibile in actu eine apriorische Funktion des tätigen Verstandes ist, zu der er vom sensibile nicht bestimmt wird, dann ist auch das Begreifen des Gegenstandes als eines Seienden eine apriorische Funktion des Verstandes.
d] „Requiritur enim lumen intellectus agentis, per quod immutabiliter veritatem in rebus mutabilibus cognoscamus et discernamus *ipsas res* a similitudinibus rerum" (Thom. v. Aq., Summa theologiae I q. 84 a. 6 ad 1). Daß *dies oder jenes* Seiende begriffen wird, geht auf das a posteriori

---

a posteriori, sondern nur als Bedingung für die Möglichkeit der Erfahrung, also a priori, obwohl er das nie außer der Erfahrung erkennt, sondern recipiendo aliquid aliud.

Gegebene zurück; daß dies und jenes aber *als Seiendes* begriffen wird, hat e] seinen Grund nicht in der Erfahrung. „Non potest dici quod sensibilis cognitio sit totalis et perfecta causa intellectualis cognitionis, sed magis quodammodo est *materia* causae“ (I q. 84 a. 6 c.).

Dieselbe Reflexion jedoch, die die apriorische Funktion des tätigen Verstandes aufweist, zeigt auch den Anteil des sinnlich Gegebenen. Es tritt dem Verstand nicht als ein völlig fremder und chaotischer Stoff gegenüber, sondern als *intelligibile in potentia,* als eine Erscheinung, die die Seinsstruktur konkretisiert in sich enthält, so daß die Tätigkeit des Verstandes als ein wirkliches *intus legere* bezeichnet werden muß. Es ist aber die tätige Loslösung des abstrakten Seins (des Seins als solchen), nicht dessen konkrete Verwirklichung, die die transzendente Gültigkeit unserer Begriffe und Prinzipien begründet. Da nun diese transzendente Geltung die notwendige Voraussetzung für den Überstieg aller Erfahrung ist, kann der Schluß aus der Erfahrung auf ein übersteigendes Sein nicht als eine Erkenntnis a posteriori im Sinne Kants bezeichnet werden[5].

Die Einsicht, daß das übersteigende Sein nicht a posteriori im Sinne Kants erkannt werden könne, zwingt uns zu der Auseinandersetzung mit Satz 6, der die Möglichkeit einer *Erkenntnis a posteriori* für jedes Existenzurteil fordert. Es soll hier zunächst nur die Frage erörtert werden, ob diese Forderung auf Grund der vorangehenden, von uns angenommenen Sätze über das Sein notwendig ist. Die weitere Frage, ob Kants Grundsätze über das Sein die mit Satz 6 beginnenden Einschränkungen der Erkennbarkeit vielleicht gar ausschließen, soll dem dritten Teil vorbehalten bleiben.

Die Verfänglichkeit der Forderung Kants beruht darauf, daß man bei Existenz zunächst nur an die *kategoriale* und endliche Existenz denkt. Diese ist sowohl an sich als für unsere Erkenntnis zufällig, also a posteriori. Gilt dies aber auch für Existenz-überhaupt? Gibt es – da Existenz-überhaupt vom Unterschied des Kategorialen und Überkategorialen abstrahiert – nicht vielleicht eine *überkategoriale* Existenz, deren Wirklichkeit für unsere Erkenntnis nicht zufällig, sondern notwendig ist? Von einer analytischen Notwendigkeit kann nicht die Rede sein, denn Existenz als Wirklichkeit wird uns durch keinen bloßen Begriff gegeben. Mit dem Ausschluß der analytischen Notwendigkeit bleibt jedoch die Frage nach der *synthetischen Notwendigkeit* offen. Eine solche wäre anzunehmen, wenn überkategoriale Existenz eine notwendige, apriorische Bedingung für die Synthesis unserer

[5] Daß dieser Schluß im Sinne der Scholastik ein *argumentum* a posteriori bleibt, ist selbstverständlich, da diese Bezeichnung in der älteren Scholastik nicht der logischen Abhängigkeit in Bezug auf den *Stoff der Erfahrung,* sondern der realen Ordnung der *Gegenstände* entnommen wurde. Wenn die neuere Scholastik lehrt, daß alle Erkenntnis ihrem *Inhalte* nach a posteriori sei, so lehnt sie dadurch mit Recht jede idea innata ab. Damit steht jedoch nicht in Widerspruch, daß die Erkenntnis ihrer *Form* nach vom Verstand her bestimmt wird. Durch eine Reflexion auf die Natur seiner Tätigkeit erkennt der Verstand, daß dieses funktionale Apriori zum Objekt, wie es an sich ist, nichts Inhaltliches hinzutut. Über seine positive Funktion vgl. den vorigen Abschnitt.

Vorstellungen im Urteilen wäre[6]. Dann wäre unsere Erkenntnis a posteriori ohne überkategoriale Existenz gar nicht möglich, infolgedessen aber, entgegen der Forderung Kants, überkategoriale Existenz als apriorische Bedingung der Erfahrung erkennbar.

Die Sätze Kants über das Sein schließen jedoch eine synthetische Notwendigkeit von überkategorialer Existenz nicht aus, es sei denn unter *zwei* stillschweigenden *Bedingungen,* die weder unmittelbar einsichtig, noch durch Kant jemals bewiesen worden sind. Die *erste* dieser Bedingungen lautet: die apriorischen Bedingungen der menschlichen Erkenntnis erschöpfen sich in den Formen der Sinnlichkeit und den Kategorien des Verstandes, oder, was dasselbe ist: die Konstitution des Gegenstandes vollendet sich in der erscheinenden *Washeit.* Existenz liegt aber außerhalb der Washeit. Also trägt sie nichts zur apriorischen Konstitution des Gegenstandes bei. Die *zweite* Bedingung lautet: das a posteriori Gegebene und die Bedingungen der Erkenntnis a priori können weder auf einander (was zugegeben wird), noch auf ein *gemeinsames Drittes,* das beide übersteigt, zurückgeführt werden. Überkategoriale Existenz müßte, auch wenn sie apriorische Bedingung unserer Erkenntnis wäre, auch über den Weg der kategorialen Existenz a posteriori angetroffen werden können. Das ist jedoch nur möglich, wenn die überkategoriale Existenz auch Bedingung der Möglichkeit des a posteriori Gegebenen ist. Treffen jedoch die Bedingungen a posteriori und a priori nur im empirischen Bewußtsein zusammen, ohne einen gemeinsamen tragenden Grund außerhalb des empirischen Bewußtseins, dann gibt es auch keine synthetische Notwendigkeit für die überkategoriale Existenz.

Satz 6 – und damit auch Satz 7 und 8, die bloß Folgerungen aus Satz 6 sind – erweist sich somit als eine Einschränkung der Erkennbarkeit des Seins, die nicht aus dessen Natur als Setzung hervorgeht, sondern eine Folge des verneinenden Ergebnisses der tr Analytik ist. Es bleibt also noch die Frage, ob das Sein als Setzung diese Einschränkung nicht von innen her unmöglich mache.

III. Weiterführung des Kantischen Seinsbegriffs

Es soll nun versucht werden, die Folgerungen aus dem zu ziehen, was Kant in der tr Dialektik über das Sein und das Urteil gesagt hat. Es ist dabei zu zeigen, daß seine dort geäußerten Auffassungen in einem notwendigen Zusammenhang stehen mit der Transzendenz des Seins an sich und als apriorische Bedingung des Urteilens.

[6] Daß die Tätigkeit des menschlichen Erkenntnisvermögens auch in der Scholastik als eine fortschreitende Synthesis gegebener Elemente betrachtet werden kann, wobei das vorläufig Geformte jeweils der Formkraft einer höheren Erkenntnisfähigkeit unterliegt, hat J. B. Lotz, Einzelding und Allgemeinbegriff (Schol 14 [1939] 321–345) gezeigt.

1. Transzendenz und absolute Geltung des Urteils[7]

Die Transzendenz des Seins kann im logischen oder metaphysischen Sinn aufgefaßt werden. Unter Transzendenz im *logischen* Sinn versteht man die Eigenschaft des allgemeinen Seinsbegriffs, weder auf eine einzelne, noch auf die Gesamtheit der Kategorien eingeschränkt zu sein. Diese Eigenschaft betrifft zunächst den Inhalt und die Bedeutung des Seinsbegriffs, von da aus aber auch die Beziehung auf die Mannigfaltigkeit der Gegenstände, auf die er angewandt werden kann. Es ist deshalb nicht nur möglich, sich durch den Seinsbegriff auf Gegenstände beliebiger Kategorien zu beziehen, es besteht auch die wenigstens negative Möglichkeit, sich durch ihn auf einen Gegenstand *über* allen Kategorien zu beziehen.

Der bloß logischen Transzendenz des Seins steht, sie begründend, die *metaphysische* Transzendenz des Seins gegenüber. Transzendenz in diesem Sinne umschließt drei Gedanken. Erstens: Das reale Sein ist nicht auf das Seiende der Kategorie eingeschränkt. Es gibt über die Schranken der Kategorie hinaus noch reales und existierendes Sein, und zwar nicht zufällig, sondern notwendig, so notwendig, daß zwar das Existierende *in* der Kategorie fehlen könnte, niemals aber die Existenz *über* der Kategorie. Zweitens: Das kategorial Existierende steht nicht getrennt und zusammenhanglos neben der überkategorialen Existenz, sondern gründet in ihr und verweist deshalb notwendig auf sie. Drittens: Alles kategorial Existierende steht auf Grund seiner Beziehung zur überkategorialen Existenz in einem notwendigen und letzten Zusammenhang: es steht im absoluten „Raum" des Seins.

Transzendenz in dieser dreifachen Ausfaltung des Gedankens gibt die metaphysische Begründung ab für die absolute Geltung des Urteils sowohl dem Anspruch nach, der von jedem Urteil erhoben wird, als auch was die Erfüllung dieses Anspruchs angeht, wie er im wahren Urteil statthat.

Absolute Geltung ist soviel wie bedingungslose Geltung. Insbesondere wird dadurch die Einschränkung der Geltung auf eine bestimmte Klasse erkennender Subjekte ausgeschlossen. Das Urteil tritt mit dem Anspruch auf, für jedes, auch für das unendliche, allwissende Subjekt zu gelten. Ferner schließt die absolute Geltung des Urteils dessen Einschränkung auf einen bestimmten Gegenstandskreis aus. D. h. die Behauptung muß mit jeder anderen rechtmäßigen Behauptung zusammen bestehen können. Das aber hat zur Voraussetzung, daß das, was behauptet wird, mit allem andern, was der Behauptung fähig ist, in einem gemeinsamen Zusammenhang steht.

Diese beiden Ansprüche der absoluten Geltung gehören innerlich zusammen. Wenn zwei behauptete Gegenstände zwei beziehungslos verschiedenen Gegenstandskreisen angehören könnten, wären grundsätzlich auch zwei beziehungslos verschiedene Erkenntnissubjekte denkbar, von denen das eine diesem, das andere jenem Gegenstandskreis angehören könnte. Für

[7] Vgl. zu diesem Abschnitt J. B. Lotz S. J., Sein und Wert. I.: Das Seiende und das Sein. Paderborn 1938.

diese Erkenntnissubjekte hätten die Behauptungen des je anderen Gegenstandskreises nur relative, also keine absolute Geltung. Denn eine solche Geltung würde eine *Beziehung* zwischen den beiden Gegenstandskreisen voraussetzen.

Nun ist es aber gerade die Transzendenz des Seins im metaphysischen Sinn, die eine solche Beziehungslosigkeit verschiedener Gegenstandskreise ausschließt. Denn die Transzendenz besagt die notwendige Beziehung alles kategorial Existierenden zur überkategorialen Existenz. Diese aber ist als subsistierendes Sein wesentlich eins. Wo aber zwischen Vielem und Einem eine Beziehung herrscht, herrschen auch notwendig Beziehungen unter dem Vielen.

Die Transzendenz des Seins reicht jedoch nicht hin, die absolute Geltung von Erkenntnis zu begründen, wenn sie bloß den Gegenständen *an sich* zukommt; sie muß auch die *Form* der Erkenntnis sein, die Anspruch auf absolute Geltung erhebt. D. h. das Erkenntnissubjekt muß seine Gegenstände unter der Rücksicht der Transzendenz betrachten. Hat es, wie z. B. in der Sinneserkenntnis, einen engeren Horizont, so haben seine Erkenntnisse nicht ohne weiteres Geltung für andere Erkenntnissubjekte. Obwohl kein endliches Erkenntnissubjekt in der Mitte des Seins steht, muß es doch, wenn sein Urteil absolute Geltung haben soll, auf die Mitte des Seins ausgerichtet sein. Nur so ist es möglich, daß das, was für es Geltung hat, schlechthin Geltung besitzt.

Wenn hier in der Transzendenz des Seins der letzte Grund für die absolute Geltung des Urteils gesehen wird, so ist von dieser letzten metaphysischen *Begründung* die unmittelbare und erkenntnistheoretisch zunächst hinreichende *Sicherung* der absoluten Geltung des Urteils wohl zu unterscheiden. In jedem Urteil liegt eine Reflexion auf die Natur des urteilenden Verstandes eingeschlossen, in der der Verstand sich selber als auf das Ansich des Gegenstandes ausgerichtet offenbar wird (vgl. Thomas v. Aquin, de Ver. q. 1 a. 9). Da er nämlich erkennt, daß bloß Relatives ohne ein absolutes Prinzip unmöglich ist und sich selbst aufhebt, sieht er, daß kein Gegenstand bloß für ihn Geltung haben kann, ohne daß wenigstens diese Geltungsbeziehung an sich und absolut Geltung besitzt. Diese einschlußweise Reflexion auf die Natur des Verstandes genügt zwar vorerst zur Rechtfertigung der absoluten Urteilsgeltung; sie muß aber einer weiteren metaphysischen Entfaltung zugänglich sein, soll ihr gutes Recht nicht in schlechten Verdacht geraten.

2. Setzung an sich und Urteilssetzung

Was wir mit dem Worte „Setzung" für eine Bedeutung verbinden, wollen wir zunächst am *körperhaften* Setzen, woher der Begriff ursprünglich genommen ist, erläutern. Ich setze z. B. diesen Füllhalter auf den Tisch. Ich weise ihm dadurch eine bestimmte Stelle an unter anderen wirklichen Gegenständen im Raum; er erhält zu diesen Gegenständen bestimmte räumliche Beziehungen, die er vorher nicht hatte. Die Anweisung einer solchen Stelle geschieht nicht bloß in meiner Vorstellung, sondern ich bewirke sie durch meine Tätigkeit. Vielleicht war ich beim Aufsetzen des Füllhalters ungeschickt, so daß er auf der Tischplatte ins Rollen kam. Dann konnte ich nicht sagen: ich setze ihn. Gesetzt wird er nur, wenn er durch meine Tätigkeit in Ruhe kommt. Setzung in diesem ersten körperlichen Sinn bedeutet also eine Tätigkeit, durch die einem Körper eine bestimmte und feste Lage zu andern Körpern zugewiesen wird. Daß der Körper dabei nicht überhaupt und erstmals eine bestimmte Lage erhält, sondern nur statt der früheren eine andere, ist klar. Klar ist aber auch, daß eine Tätigkeit, die dem Körper überhaupt und erstmals eine bestimmte Lage zu andern Körpern zuerteilte, Setzung genannt werden müßte, selbst wenn sie ohne jede Veränderung vor sich ginge. Veränderung ist also nicht wesentlich für die Setzung.

Nicht jede Tätigkeit ist Setzung oder Setzen. Damit sie Setzung sei, muß durch sie eine bestimmte und feste Ordnung des Gesetzten zu andern Gegenständen und vor allem zum Setzenden begründet werden. Diese Eigenheit der Setzung gibt den Gesichtspunkt an die Hand, nach dem wir auch im übertragenen, nicht körperhaften Sinn von Setzung sprechen können.

Kant nennt das *Urteil* eine Setzung. Nicht als ob das Urteil bloß Setzung wäre. Es ist auch Verbindung von Subjekt und Prädikat. Aber das Entscheidende, Abschließende an ihm ist die Setzung. Durch sie unterscheidet es sich von der zusammengesetzten Vorstellung. Das Urteil „dieser Tisch ist grün“ und die Vorstellung „grüner Tisch“ sind beides Tätigkeiten. Beide drücken auch ein Verhältnis aus. Während dieses jedoch in der Vorstellung willkürlich und wandelbar bleibt, wird es durch das Urteil auf einen von meiner Willkür unabhängigen Gegenstand bezogen und kommt so zu Ruhe. Mehr noch: der durch dieses Verhältnis bestimmte Gegenstand wird dadurch auch zum Urteilenden und zu allen denkbaren Gegenständen in einem bestimmten oder bestimmbaren und festen Verhältnis stehend gedacht. Er wird so als schlechthin gegeben und vom Urteilenden unabhängig betrachtet. Diese Ablösung vom Urteilenden ist so wesentlich, daß ohne sie überhaupt kein Urteil und keine Erkenntnis eines Gegen-standes möglich ist. Aus all dem geht hervor, daß das Urteil mit Recht eine Setzung genannt wird. Zugleich erhellt aber auch daraus, daß das Urteil nicht die ursprüngliche Setzung des Gegenstandes sein kann, sondern diese voraussetzt.

Wenn nun der Gegenstand dem Urteil vor-gesetzt ist, und Setzung an sich nach Kant Sein im Sinne von Existenz ist, so bleibt die Frage offen ob das Urteil notwendig eine Beziehung zur *Existenz* habe[8]. Diese Frage ist zu bejahen, obgleich nicht alle Urteile Existenzurteile sind. Wir können dreierlei Urteile unterscheiden: reine Existenzurteile, einschlußweise Exi-

[8] Vgl. zu dieser Frage P. Hoenen, De Oordeelstheorie van Thomas van Aquino. II: Oordeel en Existentie (BijdrNedJez 3 [1940] 73–110).

stenzurteile und Wesensurteile. *Reine Existenzurteile* sagen bloß die Existenz aus: dieser Tisch ist. Sie setzen das Subjekt des Satzes überhaupt in Beziehung zur Existenzordnung, d. h. zu allen erkennbaren existierenden Gegenständen, ohne jedoch die bestimmte Art des Verhältnisses anzugeben. *Einschlußweise Existenzurteile* sind Urteile wie: dieser Tisch ist grün. Sie haben wegen der Beziehung zur unmittelbaren Sinneserfahrung nur in der Existenzordnung Sinn. Obwohl ausdrücklich nur das Grünsein behauptet wird, wird doch die Existenz mitausgesagt; der Gegenstand wird mittels des Prädikats zu andern existierenden Gegenständen in ein bestimmtes Verhältnis gebracht. Im *Wesensurteil* wird Existenz weder ausdrücklich noch einschlußweise behauptet. Trotzdem liegt auch in ihm eine Existenzbeziehung verborgen. Als Setzung bringt das Wesensurteil Subjekt und Prädikat des Satzes untereinander und zum urteilenden Subjekt in ein festes Verhältnis. Obwohl dieses Verhältnis zunächst nur zwischen Washeiten besteht, so wird es doch notwendig als ein behauptbares, setzbares aufgefaßt. Ja, das Wesensurteil besteht in gar nichts anderem als gerade darin, daß die *Setzbarkeit* gewisser Washeiten und ihrer Beziehungen behauptet wird. Setzbar ist aber das, was an sich gesetzt sein kann, d. h. was existenzfähig ist. Also wird in jedem Wesensurteil die Vereinbarkeit mit Existenz ausgesagt: es wird Setzbarkeit oder Existenzfähigkeit behauptet. Alle Urteile beziehen sich somit notwendig, sei es mittelbar oder unmittelbar, auf Existenz oder auf das, was an sich gesetzt ist.

Sein ist nach Kant Setzung eines Gegenstandes oder seiner Bestimmungen an sich selbst. Setzung aber kann zweierlei bedeuten: Setzen oder Gesetztsein, wobei, wenigstens im endlichen Bereich, das Setzen als der Weg zum Gesetztsein betrachtet wird. Als seiend oder existierend betrachten wir aber nicht, was auf dem Wege ist, oder was wird, sondern was ist. Sein als Setzung ist also im endlichen Bereich soviel wie das *Gesetztsein* eines Gegenstandes. Es wird damit ausgedrückt, daß er mit anderen auch gesetzten oder setzbaren Gegenständen in einem festen und bestimmten Zusammenhang steht, dessen Prinzip ein gemeinsames *Setzendes* ist. Denn ohne ein solches gemeinsames Prinzip wäre der Zusammenhang nicht begründet. Setzung oder Gesetztsein allein kennzeichnet aber das Sein noch nicht; erst das An-sich-gesetzt-sein macht den Gegenstand zum Seienden. An-sich-gesetztsein heißt soviel wie In-Beziehung-auf-sich-selbst-gesetzt-sein. Was *an sich* gesetzt ist, ist nicht, wie die Idealisten meinen, dem entgegengesetzt, was *für ein anderes* gesetzt ist, sondern dem, was ausschließlich und *bloß* für ein anderes gesetzt ist. Wenn aber die Gegenstände, deren Existenz hier in Frage steht, bloß durch das ihnen allen gemeinsame Prinzip des Setzenden gesetzt wären, wären sie in keiner Weise in Beziehung auf sich selbst, sondern *ausschließlich* für ein anderes gesetzt, hätten also keine Existenz (außer im Sinne des Idealismus, der die Existenz mit dem Ideesein verwechselt). Die Setzung an sich eines Gegenstandes fordert also außer dem Setzen von einem gemeinsamen Prinzip des Setzenden her auch in jedem Gegenstand ein *inneres* Prinzip des Gesetztseins. Dieses innere Prinzip des Gesetztseins muß aber seinem Wesen nach eine *doppelte* Beziehung ausdrücken: eine zum Gegenstand, der durch dieses innere Prinzip ein an sich gesetzter ist; und eine andere zu jenem allgemeinen äußeren Prinzip des Setzenden. Ohne die erste Beziehung wäre der Gegenstand kein *an sich* gesetzter, ohne die zweite wäre er kein in einem *Zusammenhang* gesetzter. Da dieses innere Prinzip dasjenige ist, wodurch etwas in sich selbst gesetzt ist, dürfen wir es Selbstsetzung nennen. Scholastisch ausgedrückt heißt es: esse existentiae oder actus essentiae.

3. Die zwei Wege zur reinen Setzung und zur metaphysischen Transzendenz

Schon bei der Erklärung der Begriffe „Transzendenz" und „absolute Urteilsgeltung" in Abschnitt 1 konnte auf die enge Verbindung beider hingewiesen werden. Die notwendige Verknüpfung beider soll hier nun ausführlicher unter Verwendung des Kantischen Setzungsbegriffs dargelegt und bewiesen werden. Als Mittelbegriff soll uns dabei der Begriff der reinen Setzung dienen. Unter reiner Setzung verstehen wir eine Setzung, bei der das, *was* gesetzt ist, und das *Gesetztsein* in der Form des Setzens vollkommen *eins* sind, während was gesetzt ist und das Gesetztsein in der *nicht* reinen Setzung nur tatsächlich *vereinigt* ist. Zur reinen Setzung und damit zur metaphysischen Transzendenz gelangen wir auf zwei Wegen: auf dem Weg über das *Objekt* oder die Setzung an sich der Gegenstände, und auf dem Weg über das *Subjekt* oder die absolute Urteilssetzung.

Der *erste Weg* führt über die dem Urteil vorgegebene Selbstsetzung oder das in sich selbst Gesetztsein des Gegenstandes. Wie wir sahen, enthält diese Selbstsetzung außer der Beziehung auf das Gesetzte auch eine Beziehung auf das äußere Prinzip, woher es gesetzt ist oder das Setzende. Sie ist wegen der mangelnden Einheit zwischen Setzung und Gesetztem, wegen des Auseinandertretens dessen, *was* gesetzt, ist, und des *Gesetztseins* eine nicht selbstverständliche, sondern von einem andern Prinzip verständlich zu machende und abhängige Selbstsetzung. Grundsätzlich gilt das für jede nicht reine Selbstsetzung. Das Prinzip aber, auf das alle nicht reine Selbstsetzung verweist, muß selbst auch Setzungscharakter tragen; denn es verhält sich der nicht reinen Selbstsetzung gegenüber setzend Was aber setzend ist, muß selber auch gesetzt sein. Und was ursprünglich setzend ist, muß nicht bloß *in* sich selbst, sondern auch durch sich selbst gesetzt sein mit Ausschluß jedes anderen setzenden Prinzips. Nun fordert aber jede *nicht reine* Selbstsetzung ein anderes setzendes Prinzip. Also muß die ursprüngliche Selbstsetzung *reine* Selbstsetzung sein, d. h. wie oben schon gesagt: eine Setzung, bei der das Setzende und das Gesetzte durch die Form des Setzens vollkommen eins sind, wobei hier Setzen nicht mehr als Übergang vom Nichtgesetztsein zum Gesetztsein, sondern als der reine und tätige Vollzug des Gesetztseins verstanden wird.

Die reine Setzung ist wesentlich *eine*, so daß jede Verdoppelung einen Widerspruch in sich schließt. Gäbe es noch eine andere reine Setzung, so müßte sie mit der ersten darin übereinkommen, daß sie reine Setzung oder reines und bloßes Setzen wäre, und sich in einem anderen von ihr unterscheiden. Durch dieses andere aber wäre sie nicht mehr reine Setzung. Denn alles, was die reine Setzung sonst noch in sich schließt, ist sie durch die reine Setzung. Wenn aber einerseits die reine Setzung wesentlich und notwendig *eine* ist und andererseits alles Gesetzte ebenso wesentlich und notwendig von der reinen Setzung abhängig ist, dann steht auch alles Gesetzte und Setzbare unter sich und mit der reinen Selbstsetzung in einem geschlossenen und festen Zusammenhang, so zwar, daß die abhängige und nicht reine Selbstsetzung fehlen kann, niemals aber die reine Selbstsetzung. Das aber ist die *metaphysische Transzendenz* des Seins. Das Sein als Setzung an sich der Gegenstände führt also über die reine Setzung zur Transzendenz des Seins. Was außer diesem Zusammenhang mit der reinen Setzung noch gedacht und angenommen werden mag, ist nicht das Nicht-Gesetzte, sondern das Nicht-Setzbare, das innerlich Unmögliche, das absolute Nichts.

Dasselbe *scholastisch* ausgedrückt: die Kopula *est* des Urteils gründet nach der objektiven Seite hin im „esse rei, quod est actus essentiae". Dieses esse rei genügt sich aber nicht selbst. Es steht in Spannung zur essentia, deren Akt es ist, und ist mit ihr bloß tatsächlich, nicht ursprünglich eins. Es verweist deshalb notwendig auf eine ursprüngliche Einheit von esse und essentia, auf das esse subsistens oder den actus purus.

Der *zweite Weg* zur reinen Setzung und zur Transzendenz führt über die subjektiven Bedingungen der Urteilssetzung. Das Eigentümliche der Urteilssetzung ist, daß sie immer und auf jeden Fall Anspruch erhebt auf *absolute Geltung*. Das gilt vom wahren Urteil, das seinen besonderen Gegenstand trifft, wie vom falschen Urteil, das seinen besonderen Gegenstand verfehlt. Es gilt vom schlechthin behauptenden wie vom einschränkenden Urteil (z. B. Wahrscheinlichkeitsurteil). Denn in diesem wird wenigstens die Einschränkung (z. B. Wahrscheinlichkeit) schlechthin behauptet.

Nun haben wir aber oben (unter 1) gesehen, daß absolute Geltung von Erkenntnis nur dadurch gewährleistet wird, daß das Erkenntnissubjekt seine Gegenstände unter dem Gesichtspunkt der Transzendenz des Seins betrachtet. Für die Urteilssetzung bedeutet das, daß der Urteilende die Gegenstände notwendig in den letzten und allumfassenden Zusammenhang des Seins hineinstellt. Die Hinordnung auf den transzendenten Seinszusammenhang f] ist also die *Form* des Urteilens, seine apriorische Bedingung, ohne die das Urteil als absolute Setzung unmöglich wäre. Der Seinszusammenhang ist aber der Zusammenhang alles (real) Gesetzten und Setzbaren mit der reinen Selbstsetzung. Das Urteil ist deshalb *interpretative* immer auch die Setzung dieses Zusammenhangs und seines Prinzips, der reinen Selbstsetzung.

Die Hinordnung auf die Transzendenz des Seins als Form des Urteilens ist zwar apriorische, aber noch nicht die letzte apriorische Bedingung des Urteilens. Das Urteil birgt in sich einschlußweise auch die Setzung der reinen Selbstsetzung. Die reine Selbstsetzung kann aber durch nichts anderes, auch nicht im Nachvollzug, gesetzt werden, als in Kraft ihrer selbst.

Folglich ist der Urteilende in Kraft der reinen Selbstsetzung auf die Transzendenz des Seins ausgerichtet und diese so durch jene weiter apriorisch bedingt. Die *letzte* apriorische Bedingung für die absolute Geltung des Urteils ist also die reine Selbstsetzung.

Wenn hier gesagt wurde, daß wir in jedem Urteil interpretative auch die reine Selbstsetzung setzen, so wird damit durchaus nicht gesagt, daß wir in jedem Urteil Gott *erkennen* oder gar Gott zuerst erkennen müssen, um irgend etwas anderes zu erkennen. Von Erkenntnis im eigentlichen Sinn des Wortes kann man erst sprechen, wenn das zu Setzende seinem Was nach irgendwie (sei es auch nur analog) bestimmt wird. Das geschieht aber in der einschlußweisen Setzung der reinen Selbstsetzung nicht. Die Setzung im Urteil ist nicht das ganze, konkrete Urteil (sonst müßte auch die reine Setzung ein Urteil sein, was widersinnig ist), sondern dasjenige, was der Urteilsaussage die Beziehung auf die Seinsordnung als solche verleiht; sie ist nicht Erkenntnis, sondern ein Prinzip der Erkenntnis.

Ferner ist das Eingeschlossensein in einer *Setzung* wohl zu unterscheiden vom Eingeschlossensein in einem *Begriff*. Was in einem Begriff als dessen Merkmal eingeschlossen ist, kann daraus durch bloße *Zergliederung* erkannt werden. Was hingegen in einer Setzung eingeschlossen ist, kann daraus nur durch *Schlußfolgerung* erkannt werden.

Auch der zweite Weg, über das Subjekt, zur reinen Selbstsetzung sei noch einmal in *scholastischer* Sprache wiedergegeben. – Das *est* der Kopula ist die notwendige Form des Urteils. Es verbindet zunächst Subjekt und Prädikat des Satzes. Bei dieser Verbindung steht aber das Subjekt für die Sache an sich, das Prädikat für die Sache, wie sie vom Verstand gedacht und begriffen wird. Nam (intellectus) in omni propositione aliquam formam significatam per praedicatum, vel applicat alicui rei significatae per subiectum, vel removet ab ea (Thomas v. Aquin, S. theol. I q. 16 a. 2 c.). Das *est* des Urteils drückt also die Übereinstimmung zwischen Denken und Ansich-sein aus. Da aber das Urteil die notwendige Form der menschlichen Erkenntnis überhaupt ist, soweit durch sie die Wahrheit erkannt werden kann und innerhalb derer sowohl die beabsichtigte wahre, wie zuweilen auch die unbeabsichtige falsche Erkenntnis zustande kommt, drückt das *est* der Kopula überhaupt die Hinordnung des menschlichen Verstandes auf das Sein aus. Die Spannungseinheit von Erkennen und Sein verlangt aber nach einer ursprünglichen Einheit, die nur im Intelligere subsistens identisch dem Esse subsistens zu finden ist.

Es kann hier noch nach dem gegenseitigen Verhältnis der beiden Wege zur reinen Selbstsetzung gefragt werden. Der erste Weg folgt der *objektiv-metaphysischen* Methode, die die absolute Geltung des Urteils wenigstens als vorläufig gesichert voraussetzt. Der zweite Weg hingegen folgt der *kritisch-transzendentalen* Methode, die die letzte Begründung der absoluten Geltung des Urteils mit sich bringt. Man kann also nicht sagen, daß die Metaphysik ohne die kritisch-transzendentale Betrachtungsweise kein Fundament habe; wohl aber wird man sagen müssen, daß die Metaphysik ohne diese Betrachtung noch nicht die ganze, ihrer Vollkommenheit gemäße, reflexe Erkenntnis ihres Fundamentes besitze (vgl. S. theol. I q. 85 a. 8 ad 1).

Oben schon wurde darauf hingewiesen, daß die im Urteil eingeschlossene Setzung der reinen Selbstsetzung nicht die unmittelbare Gottesschau des Ontologismus mit sich bringt. Es könnte aber in dem kritisch-transzendentalen Weg auch eine Beeinträchtigung der traditionellen Gottesbeweise gesehen werden. Der *Einwand* läßt sich folgenderweise darstellen: Ohne transzendente Geltung der Seinsprinzipien gibt es keine Gottesbeweise. Die transzendente Geltung der Seinsprinzipien hängt aber ab von der erkannten Transzendenz des Seins; diese aber nach Obigem von der erkannten Hinordnung des Verstandes auf die reine Selbstsetzung oder Gott. Also gibt es ohne zuvor erkannten Gott keine Gottesbeweise.

Darauf ist zu *antworten,* daß man zwischen dem unterscheiden muß, was in einem Gottesbeweis einschlußweise miterkannt wird, und dem, was ein Gottesbeweis ausdrücklich als Prämisse zur Voraussetzung hat. Voraussetzung für jeden Gottesbeweis ist die Transzendenz des Seins nur, wie sie in der vorläufigen Sicherung der absoluten Urteilsgeltung erkannt wird. Die volle Tragweite der Transzendenz aber wird erst im Gottesbeweis selbst einschlußweise miterkannt. Es gibt aber eine kritische Haltung den Gottesbeweisen und der Metaphsyik überhaupt gegenüber, die es nötig macht, diese einschlußweise Erkenntnis ins ausdrückliche Bewußtsein zu bringen und den letzten Grund der Seinsoffenheit des Verstandes aufzuzeigen. Ein solcher Aufweis ist zugleich ein Gottesbeweis. Er unterscheidet sich von den gewöhnlichen Gottesbeweisen, deren Wert unangetastet bleibt, nur dadurch, daß er die sonst nur miterkannte Hinordnung des Verstandes auf Gott zu seinem ausdrücklichen Thema macht, wie es oben im zweiten Weg geschehen ist.

Wir haben nach den beiden vorbereitenden Abschnitten (1, 2) in diesem dritten Teil gesehen, daß man weder das Sein als Setzung an sich eines Gegenstandes, noch das Urteil als absolute Setzung auffassen kann, ohne dadurch folgerichtig zur reinen Selbstsetzung und zur Transzendenz des Seins zu gelangen. Zugleich ist damit die aus dem zweiten Teil übriggebliebene Frage beantwortet, ob überkategoriale Existenz als apriorische Bedingung jeder anderen Erkenntnis erkennbar sei. Denn es zeigte sich, daß die in der reinen Selbstsetzung als ihrem Prinzip gipfelnde Transzendenz des Seins nicht nur als offenes Feld vor dem menschlichen Verstand liegt, sondern daß diese selbe Transzendenz auch das subjektive Gesetz oder die apriorische Bedingung seines Handelns ist, ohne die kein Urteil möglich wäre.

Nachbemerkungen

Diese Untersuchung erschien zuerst in der „Scholastik" 15 (1940) 363–385.

a] Die Auseinandersetzung im größeren Rahmen erfolgt in „Kant und die Scholastik heute", hrsg. von Joh. B. Lotz (Pullacher Philosophische

Forschungen, Bd. I) Pullach 1955. Was den hier erwähnten Fragepunkt angeht, vgl. insbesondere bei J. B. Lotz „Die transzendentale Methode in Kants ‚Kritik der reinen Vernunft' und in der Scholastik" den Abschnitt „Das geistige Erkennen" (S. 96–108) und von mir „Das Unbedingte in Kants ‚Kritik der reinen Vernunft' " im selben Bd. S. 109–153 und hier S. 159–195.

b] „Auf *eine* Weise wird Sein die Wesenheit oder Natur einer Sache genannt, wie man sagt, die Definition sei eine Rede, die ausdrückt, was das Sein [einer Sache] ist; denn die Definition bezeichnet die Washeit einer Sache. Auf *andere* Weise heißt Sein der Vollzug (die Wirklichkeit) einer Wesenheit, wie Leben, das Sein für Lebendiges ist, die Wirklichkeit der Seele ist; nicht die zweite Wirklichkeit, welches die Tätigkeit ist, sondern die erste Wirklichkeit. Auf eine *dritte* Weise spricht man vom Sein, das die Wahrheit einer Zusammenfügung in Sätzen [von Satzaussage und Satzgegenstand] bezeichnet, insofern „ist" die Kopula genannt wird; und auf diese Weise ist es (das Sein) im zusammensetzenden (bejahenden) und trennenden (verneinenden) Verstand als dessen Vollendung; das aber ist begründet im Sein der Sache, das die Wirklichkeit der Wesenheit ist."

c] „Das Aufnehmende aber muß von dem entblößt sein, was aufgenommen wird."

d] „Es bedarf nämlich des Lichtes des tätigen Verstandes, durch das wir auf unveränderliche Weise die Wahrheit in den veränderlichen Dingen erkennen und die *Dinge selbst* von den Ähnlichkeiten der Dinge [Abbildungen, Vorstellungen in uns) unterscheiden."

e] „Man kann nicht sagen, daß die sinnliche Erkenntnis die totale und vollkommene Ursache der Verstandeserkenntnis ist; sie ist vielmehr in gewissem Sinne die Materie der Ursache."

f] „Auslegbar" nicht beliebig, sondern notwendig in der schlußfolgernden Analyse, die nach den Bedingungen der Möglichkeit fragt; daher aber auch verborgen, solange diese Analyse nicht vorgenommen wird.

g] „Denn (der Verstand) [verfährt so, daß er] in jedem Satz eine Form, die durch das Prädikat bezeichnet wird, entweder auf eine Sache anwendet, die durch das Subjekt (des Satzes) bezeichnet wird, oder sie (die Form) von ihr (der Sache) entfernt."

DAS UNBEDINGTE IN KANTS «KRITIK DER REINEN VERNUNFT»

Wer sich mit Kants „Kritik der reinen Vernunft" als einer Kritik aller Metaphysik beschäftigt, wird dabei bald auf den Begriff des Unbedingten stoßen. Schon in der Vorrede zur zweiten Auflage (B XX) steht der Satz: „das, was uns notwendig über die Grenze der Erfahrung und aller Erscheinungen hinaus zu gehen treibt, ist das Unbedingte, welches die Vernunft in den Dingen an sich selbst notwendig und mit allem Recht zu allem Bedingten... verlangt." Mehr noch: Kant sieht in dem Umstand, daß (nach ihm) das Unbedingte sich nur unter Voraussetzung des Kritizismus ohne Widerspruch denken lasse, eine Bestätigung für seine Erkenntnistheorie und seine Auffassung von der Metaphysik (B XX). Wer diese Auffassung nicht teilt, wird daher eine Untersuchung dessen, was Kant über das Unbedingte lehrt, nicht umgehen können.

Eine solche Untersuchung wird zwar auch Fragen exegetisch-historischer Art stellen müssen. Denn es zeigt sich, daß der Begriff des Unbedingten bei Kant nicht so eindeutig ist, wie es auf den ersten Blick scheinen möchte. Unser Hauptinteresse wird sich jedoch auf die spekulative Seite dieser Frage konzentrieren. Von der ontologisch orientierten Scholastik kommend, wollen wir vor allem wissen: Existiert das Unbedingte (in irgendeiner Form) *nur* in der Idee oder *auch an sich* selbst? Wer Kants System im großen und ganzen kennt, weiß sofort: vom Standpunkt der theoretischen Philosophie aus gesehen, existiert es *nur* in der Idee. Eine ins einzelne gehende Untersuchung wird das nur bestätigen. Historisch gesehen, ist es unmöglich, Kant im letzten ontologisch umzudeuten. Unsere Absicht ist es nicht, diese grundlegende Verschiedenheit zu leugnen. Es lohnt sich jedoch zu fragen, wo sich die Wurzeln dieser Verschiedenheit finden, wo der Punkt ist, von dem aus sich die Wege trennen. Nur so können wir es vermeiden, Stellungen zu verteidigen, die gar nicht verteidigt werden müssen, oder Ergebnisse anzugreifen, die gar nicht angegriffen werden können, da wir mit ihnen, vielleicht unter einer anderen Terminologie, einverstanden sind.

Haben wir den Punkt gefunden, wo unsere Wege sich trennen, werden wir uns ferner fragen, welche Korrekturen an Kants Auffassungen anzubringen sind, nicht um sie unserem Standpunkt willkürlich anzunähern, sondern weil und sofern die Sache selbst und die Vernunft es verlangen. Wir werden uns ferner fragen, ob nicht bei Kant selbst Ansatzpunkte für diese Korrekturen vorhanden sind, deren logisch konsequente Auswertung zur Sprengung seines Systems und zu einer ontologisch orientierten Metaphysik führen würde.

Diesen ganzen Fragenkomplex wollen wir dabei ausschließlich auf dem Boden der *theoretischen* Philosophie verhandeln, unter Ausschluß der praktischen Philosophie Kants. Es läßt sich nicht bestreiten, daß Kant auf dem Wege der praktischen Postulate zu einer wahren Anerkennung des Unbedingten an sich selbst gelangt, ohne jedoch jemals eine theoretische, wenn auch nur indirekte, Geltung des Verfahrens zuzugeben. Gerade der rein theoretische Zugang zum Unbedingten an sich selbst steht jedoch im Mittelpunkt unseres Fragens.[1]

[1] Die späteren Schriften Kants, wie etwa „Über eine Entdeckung usw.“, „Welches sind die wirklichen Fortschritte usw.“ sowie das „Opus postumum“ bleiben für jetzt außerhalb des Umkreises unserer Betrachtung.

1. Das Unbedingte im Ganzen der transzendentalen Dialektik

Die Erkenntnis beginnt nach Kant mit der Affektion unserer Sinnlichkeit oder der Empfindung. Die Empfindungen ordnen sich gemäß den Formen unserer Rezeptivität nach Raum und Zeit. Der in diesen Formen sich darstellende, aber noch begrifflich unbestimmte Gegenstand ist Erscheinung. Die begriffliche Bestimmung selbst erfolgt mittels der Schemata der Einbildungskraft und unter Leitung der Kategorien durch den Verstand. Erst die so verstandene Erscheinung ist Objekt. Die objektive Gültigkeit der Kategorien oder der Grundweisen des Denkens von Gegenständen weist Kant dadurch nach, daß er zeigt, wie die Kategorien, die a priori aus dem Verstand entspringen, Bedingungen der Möglichkeit wissenschaftlicher Erfahrung, d. h. des Denkens von Gegenständen der Anschauung, oder der Objekte als verstandener Erscheinungen sind. Das Ding an sich, das der Erscheinung zugrundeliegt (B 428), bleibt dabei zwar als für sich wirklich, aber von uns unerkannt liegen (B XX).

Während die Einheit, die der Verstand durch die Kategorien in den Erscheinungen stiftet, immer auf den Zusammenhang möglicher Erfahrungen bezogen und daher jeder Zeit durch den Zusammenhang der Erscheinungen, die bloße Vorstellungen sind, bedingt bleibt, verlangt die Vernunft nach der unbedingten Totalität alles Gegebenen und da diese nur durch das Unbedingte selbst möglich ist, nach dem Unbedingten selbst. Ihr Prinzipium ist, „daß man annimmt: wenn das Bedingte gegeben ist, so sei auch die ganze Reihe einander untergeordneter Bedingungen, die mithin selbst unbedingt ist, gegeben, (d. i. in dem Gegenstande und seiner Verknüpfung enthalten). Ein solcher Grundsatz der reinen Vernunft ist aber offenbar *synthetisch;* denn das Bedingte bezieht sich analytisch zwar auf irgendeine Bedingung, aber nicht aufs Unbedingte.“ (B 364) „Das Unbedingte aber, wenn es wirklich statthat, kann besonders erwogen werden, nach allen den Bestimmungen die es von jedem Bedingten unterscheiden, und muß dadurch Stoff zu manchen synthetischen Sätzen a priori geben. Die aus diesem obersten Prinzip der reinen Vernunft entspringenden Grundsätze werden aber in Ansehung aller Erscheinungen *transzendent* sein, d. i. es wird kein ihm adäquater empirischer Gebrauch von demselben jemals gemacht werden können... Ob nun jener Grundsatz ... seine objektive Richtigkeit habe oder nicht (B 365)...: das [zu entscheiden] wird unser Geschäft in der transzendentalen Dialektik sein.“ (B 366) Mit dieser Frage nach der objektiven Gültigkeit synthetischer Sätze a priori, die auf das allen Erscheinungen transzendente Unbedingte gehen, hat Kant unsere Frage nach der Möglichkeit einer Metaphysik umrissen.

Vorstellungen, die auf die Totalität der Bedingungen gehen, sind Vernunftbegriffe oder transzendentale Ideen. „Wenn sie das Unbedingte enthalten, so betreffen sie etwas, worunter alle mögliche Erfahrung gehört, welches selbst aber niemals ein Gegenstand der Erfahrung ist. ...Haben dergleichen Begriffe dessen ungeachtet, objektive Gültigkeit, so können sie conceptus ratiocinati (richtig geschlossene Begriffe) heißen; wo nicht...

conceptus ratiocinantes (vernünftelnde Begriffe) genannt werden." (B 367) bis 368) „Also ist der transzendentale Vernunftbegriff kein anderer, als der von der Totalität der Bedingungen zu einem gegebenen Bedingten. Da nun das Unbedingte allein die Totalität der Bedingungen möglich macht, und umgekehrt die Totalität der Bedingungen jederzeit selbst unbedingt ist; so kann ein reiner Vernunftbegriff überhaupt durch den Begriff des Unbedingten, sofern er einen Grund der Synthesis des Bedingten enthält, erklärt werden." (B 379) Unter der Idee aber versteht Kant „einen notwendigen Vernunftbegriff, dem kein kongruierender Gegenstand in den Sinnen gegeben werden kann. Also sind unsere jetzt erwogenen reinen Vernunftbegriffe transzendentale Ideen." (B 383)

Der transzendentale Vernunftbegriff geht „jederzeit nur auf die absolute Totalität in der Synthesis der Bedingungen, und endigt niemals, als bei den [dem?] *schlechthin,* d. i. in jeder Beziehung Unbedingten" (B 382), und die Vernunft „sucht die synthetische Einheit, welche in der Kategorie gedacht wird, bis zum Schlechthinunbedingten hinauszuführen." (B 383) Trotz dieser Betonung des in jeder Beziehung und schlechthin Unbedingten ist zu beachten, daß Kant *mehrere* Unbedingte unterscheidet, die also nur schlechthin unbedingt sind, sofern sie Grund zu einer gewissen Synthesis des Bedingten enthalten und die also nur in Beziehung darauf schlechthin unbedingt sind. Entsprechend der möglichen Beziehung unserer Vorstellungen auf das Subjekt oder auf Objekte, und zwar entweder als Erscheinungen oder als Gegenstände des Denkens überhaupt, unterscheidet Kant *drei Klassen* von transzendentalen Ideen, „davon die erste die absolute (unbedingte) Einheit des denkenden Subjekts, die zweite die absolute Einheit der Reihe der Bedingungen der Erscheinung, die dritte die absolute Einheit der Bedingung aller Gegenstände des Denkens überhaupt enthält." (B 391) Nur diese letzte, die Kant später als das Ideal der reinen Vernunft bestimmt, entspricht der Definition des schlechthin, d. i. in jeder Hinsicht, Unbedingten vollkommen.

Der Übergang vom Bedingten zu den Bedingungen und schließlich zum Unbedingten ist die Aufgabe des transzendentalen *Vernunftschlusses.* Gemäß dem allgemeinen Prinzip der reinen Vernunft ist er nur in *aufsteigender* Richtung möglich, da nur dort die Vollständigkeit der Bedingungen vorausgesetzt werden darf, während in absteigender Richtung zum Bedingten die Folgerungen als eine unfertige und werdende Reihe gedacht werden.

Für den transzendentalen Vernunftschluß ist folgende Feststellung Kants von größter Bedeutung: „Wenn das Bedingte sowohl, als seine Bedingung, Dinge an sich selbst sind, so ist, wenn uns das Erstere gegeben worden, nicht bloß der Regressus zu dem Zweiten *aufgegeben,* sondern dieses ist dadurch schon wirklich mit *gegeben*...mithin auch das Unbedingte dadurch zugleich gegeben, oder vielmehr vorausgesetzt... Hier ist die Synthesis des Bedingten mit seiner Bedingung eine Synthesis des bloßen Verstandes, welcher die Dinge vorstellt, *wie sie sind,* ohne darauf zu achten, ob und wie wir (B 526) zur Kenntnis derselben gelangen können. Dagegen, wenn ich es mit Erscheinungen zu tun habe, ... so kann ich nicht in eben der

Bedeutung sagen, wenn das Bedingte gegeben ist, so sind auch alle Bedingungen (als Erscheinungen) zu demselben gegeben... Denn *die Erscheinungen* sind in der Apprehension selber nichts anderes, als eine empirische Synthesis (im Raum und in der Zeit) und sind also nur *in dieser* gegeben." (B 527) Wir merken an, daß Kant hier von *zwei Verhältnissen* des Bedingten zu seiner oder seinen Bedingungen spricht: eines, bei dem beide, das Bedingte und die Bedingung, im Bereiche der Dinge an sich, und eines, bei dem beide im Bereiche der Erscheinungen liegen. *Nicht* die Rede ist jedoch hier von dem Verhältnis, bei dem das Bedingte der Erscheinung, die unbedingte Bedingung jedoch dem Bereich der Dinge an sich angehört. Davon spricht Kant im Zusammenhang mit den dynamischen Ideen. „Der Verstand erlaubt unter Erscheinungen keine Bedingung, die selbst empirisch unbedingt wäre. Ließe sich aber eine intelligible Bedingung, die also nicht in die Reihe der Erscheinungen, als ein Glied, mit gehörte, zu einem Bedingten (in der Erscheinung) gedenken, ohne doch dadurch die Reihe empirischer Bedingungen im mindesten zu unterbrechen: so könnte eine solche als empirisch unbedingt zugelassen werden." (B 559 Anm.)

2. Vom Ansatzpunkt für die Beantwortung der Frage nach der objektiven Geltung der Idee des Unbedingten

Das Unbedingte, dem unsere Untersuchung in letzter Absicht gilt, ist die absolute Einheit der Bedingung aller Gegenstände des Denkens überhaupt, oder das transzendentale Ideal der reinen Vernunft, da sich an ihm das Vermögen der Vernunft überhaupt entscheidet. Da wir jedoch mit Kant darin einig sind, daß wir zu diesem Unbedingten keinen unmittelbaren Zugang haben, können wir unsere Untersuchung hier nicht beginnen. Noch weniger eignet sich dazu die absolute Einheit der Reihe der Bedingungen in der Erscheinung, mit der sich das Antinomienproblem beschäftigt. Denn wir sind mit Kant ebenso der Meinung, daß das Unbedingte nirgends in der Erscheinung als solcher gegeben ist (selbst wenn wir die Erscheinung, anders als Kant, nicht als bloße Vorstellung betrachten). Es bleibt als Ausgangspunkt unserer Untersuchung demnach nur noch die absolute Einheit des denkenden Subjekts, falls wir uns auf die von Kant angegebenen Arten des Unbedingten beschränken wollen. Man könnte allerdings über dies hinaus noch an das den Erscheinungen zugrundeliegende Ding an sice denken. Doch dürfte eine Untersuchung, die hier beginnt, zu keinem Ergebnis führen, da das Ich, wie Kant sagt, sich als „das Korrelatum alles Daseins" denkt, „aus welchem alles andere Dasein geschlossen werden muß." (A 402). Wir werden also gut daran tun, den Hebel beim Selbstbewußtsein des Ich anzusetzen.

3. Das Unbedingte des transzendentalen Subjekts

a) Formaler oder objektiver Charakter der Ich-Vorstellung

Die Zurückführung unseres Denkens auf das transzendentale Subjekt hat nach Kant keine objektive Bedeutung. „Weil wir beim Denken überhaupt von aller Beziehung des Gedankens auf irgendein Objekt (es sei der Sinne oder des reinen Verstandes) abstrahieren: so ist die Synthesis der Bedingungen eines Gedankens überhaupt gar nicht objektiv, sondern bloß eine Synthesis des Gedankens mit dem Subjekt, die aber fälschlich für eine synthetische Vorstellung eines Objekts gehalten wird." (A 397). Kurz zusammengefaßt heißt das: da Denken, rein als Funktion, gerade von allem Objekt abstrahiert, kann es, insofern es so abstrahiert von allem Objekt, nicht selbst Vorstellung eines Objekts, nämlich des denkenden Ich sein.

„Weil ferner – wieder nach Kant – die einzige Bedingung, die alles Denken begleitet, das Ich, in dem allgemeinen Satze Ich denke, ist, so hat die Vernunft es mit dieser Bedingung, sofern sie selbst unbedingt ist, zu tun. Sie ist aber nur die formale Bedingung, nämlich die logische Einheit eines jeden Gedankens, bei dem ich von allem Inhalt abstrahiere, und wird gleichwohl als ein Gegenstand, den ich denke, nämlich: Ich selbst und die unbedingte Einheit desselben, vorgestellt" (A 398). Da jedoch die bloß formalen Bedingungen des Denkens, ohne daß ihnen ein Material der Anschauung untergelegt wird, niemals zu Vorstellungen von Objekten zureichen, gibt auch die bloß formale Bedingung des: Ich denke, noch keine objektive Vorstellung vom Ich. Insofern aber Affektionen des Ich in diese Vorstellung eingehen, wird es eben dadurch als bedingt vorgestellt, und die Ich-Vorstellung ist dann keine Vorstellung des Unbedingten mehr.

„Daß aber das Wesen, das in uns denkt, durch reine Kategorien, und zwar diejenigen, welche die absolute Einheit, unter jedem Titel derselben, ausdrücken, sich selbst zu erkennen vermeine, rührt – [nach Kant] – daher. Die Apperzeption ist selbst der Grund der Möglichkeit der Kategorien, welche ihrerseits nichts anderes vorstellen, als die Synthesis des Mannigfaltigen der Anschauung, sofern dasselbe in der Apperzeption Einheit hat. Daher ist das Selbstbewußtsein überhaupt die Vorstellung desjenigen, was die Bedingung aller Einheit, und doch selbst unbedingt ist. Man kann daher von dem denkenden Ich ... sagen: daß es nicht sowohl sich selbst durch die Kategorien, sondern die Kategorien, und durch sie alle Gegenstände, in der absoluten Einheit der Apperzeption, mithin durch sich selbst erkennt." (A 401–402). Die Kategorien sind also dasjenige, wodurch das Selbstbewußtsein ein Gegebenes der Anschauung in eine Synthesis bringt und so als Objekt erkennt. Sie können demnach nicht rückwärts auf dieses Selbstbewußtsein bezogen werden, es sei denn mittels irgendwelcher Zuständlichkeiten, worin es aber gerade nicht mehr als das Unbedingte angetroffen wird. Kant fährt deshalb weiter: „Nun ist zwar einleuchtend: daß ich dasjenige, was ich voraussetzen muß, um überhaupt ein Objekt zu erkennen, nicht selbst als Objekt erkennen könne, und daß das bestimmende Selbst (das Denken) von dem bestimmbaren Selbst (dem denkenden Subjekt), wie Erkenntnis vom Gegenstande unterschieden sei. Gleichwohl ist nichts natürlicher und verführerischer, als der Schein, die Einheit in der Synthesis der Gedanken für eine wahrgenommene Einheit im Subjekt dieser Gedanken zu halten. Man könnte ihn die Subreption des hypostasierten Bewußtseins (apperceptiones substantiatae) nennen." (A 402) „Das Subjekt der Kategorien kann also dadurch, daß es diese denkt, nicht von sich selbst als einem Objekt der Kategorien einen Begriff bekommen; denn um diese zu denken [d. h. um für diese Bedingung zu sein], muß es sein reines Selbstbewußtsein [als das Unbedingte], welches doch hat erklärt werden sollen [was nur durch Subsumption unter eine Bedingung möglich ist], zum Grunde legen." (B 422) Um etwas als ein Objekt zu denken, muß man es nach Kant begrifflich bestimmen, was nur durch die Kategorien möglich ist. So aber wird es unter Bedingungen, nämlich unter die Kategorien gestellt. Das Unbedingte als ein solches kann aber nicht unter Bedingungen gestellt, also auch nicht durch Kategorien gedacht und als Objekt erkannt werden.

b) Existenzcharakter des „Ich denke"

An diesem Gedankengang Kants ist ohne Zweifel richtig, daß das Ich, das allem Denken zugrunde liegt, nicht im selben Sinn Objekt sein kann, wie dasjenige, was ihm als ein von ihm verschiedenes Objekt, zum Denken gegeben ist. Auch ist es nicht möglich, daß die Kategorien als Gesetze der Synthesis des anschaulich Gegebenen – wir würden sagen als Begriffe, die von einem phantasma abstrahiert sind und auf es zurückbezogen bleiben – im selben Sinn auf das Ich angewandt werden. Folgt daraus, daß von ihm überhaupt und in keinem Sinn eine Kenntnis möglich ist? Das wohl nicht, da wir von ihm sprechen und es als Selbstbewußtsein charakterisieren. In einer wichtigen Anmerkung zu B 422 sagt Kant: „Das Ich denke ... enthält den Satz, Ich existiere, in sich. Ich kann aber nicht sagen: alles, was denkt, existiert [sonst würden alle denkenden Wesen notwendig existieren]... Er drückt eine unbestimmte [d. h. begrifflich-kategorial nicht bestimmte] empirische Anschauung, d. i. Wahrnehmung aus, geht aber vor *der* Erfahrung vorher, die das Objekt der Wahrnehmung durch die Kategorie in Ansehung der Zeit bestimmen soll, und die Existenz ist hier noch keine Kategorie [sic!], als welche nicht auf ein unbestimmt gegebenes Objekt, sondern nur ein solches, davon man einen Begriff hat, und wovon man wissen will, ob es auch außer diesem Begriffe gesetzt sei oder nicht [dies der kategoriale Sinn der Existenz], Beziehung hat. Eine unbestimmte Wahrnehmung bedeutet hier nur etwas Reales, das gegeben worden, und zwar zum Denken überhaupt, also nicht als Erscheinung, auch nicht als Sache an sich selbst (Noumenon), sondern als etwas, das in der Tat existiert, und in dem Satze, ich denke, als ein solches bezeichnet wird." (B 422 Anm.)

Es gibt demnach nach Kant auch einen von der Kategorie der Existenz verschiedenen Sinn von Existieren, der im Selbstbewußtsein eingeschlossen ist und jeder anderen Erfahrung, die durch Kategorien konstituiert wird, vorausgesetzt ist. Wenn Kant sagt, man könne, vom Selbstbewußtsein ausgehend, nicht sagen: alles, was denkt, existiert, so meint er damit, daß Wesen, die in ihrem Sosein oder Begriff durch Denken charakterisiert sind, damit nicht auch schon existieren, ebensowenig wie ein Ding, das ich als ein existierendes denke, deshalb schon eine Existenz außerhalb dieses Begriffes hat.

Ist aber dadurch, daß Kant sagt, im Selbstbewußtsein kündige sich etwas an, „das in der Tat existiert" nicht schon alles zugegeben, was wir verlangen können, und wie kommt Kant dazu, dieses Existierende dennoch nicht als Sache an sich selbst gelten zu lassen? – Dies letztere begründet Kant, indem er weiter fortfährt: „Denn es ist zu merken, daß, wenn ich den Satz, ich denke, einen empirischen Satz genannt habe, ich dadurch nicht sagen will, das Ich in diesem Satze sei empirische Vorstellung, vielmehr ist sie rein intellektuell, weil sie zum Denken überhaupt gehört. Allein ohne irgendeine empirische Vorstellung, die den Stoff zum Denken abgibt, würde der Aktus, Ich denke, doch nicht stattfinden, und das Empirische ist nur die Bedingung der Anwendung oder des Gebrauches des reinen intellektuellen Vermögens." (B 422 Anm.)

c) Ich und Ding an sich

Vergegenwärtigen wir uns das Gesagte. Das, ich denke, und damit auch das, ich existiere, ist, da zum Denken überhaupt gehörend, an sich rein intellektuell, und zwar nach obigem, intellektuelle, vorkategoriale Wahrnehmung. Dennoch ist der Satz, der sie ausdrückt, und in etwa auch sie selbst, empirisch, weil sie nicht ohne irgendeine Affektion der Sinnlichkeit, die den Stoff zum Denken abgibt, stattfinden würde, wobei die Empfindung und das Empirische der Sinnlichkeit jedoch nicht Grund und Ursache, sondern nur conditio sine qua non jener Wahrnehmung des Selbstbewußtseins ist. In unserer Terminologie ausgedrückt heißt das: das Selbstbewußtsein ist keine Intuition im strengen Sinne, da es nur als Reflexion (was nicht notwendig heißt: durch einen zweiten, gesonderten Akt!) stattfinden kann, die nicht ohne den direkten Akt, bzw. die intentio directa auf ein vom Ich ver-
a] schiedenes Objekt und eine conversio ad phantasmata möglich ist.

Dasjenige aber, was auf solche Weise wahrgenommen wird, kann Kant im Sinne seiner Definition vom Ding an sich nicht mehr Sache an sich selbst nennen. Denn Ding an sich im positiven Sinn hat er definiert als Objekt einer nichtsinnlichen Anschauung, nämlich der intellektuellen, „die aber nicht die unsrige ist, von welcher wir auch die Möglichkeit nicht einsehen können." (B 307) Insbesondere habe ich von meinem substantiellen Ich keine intellektuelle Anschauung, da ich von ihm, abgesondert von seinen Prädikaten, den Gedanken, nur die leere und unbestimmte Vorstellung eines Etwas überhaupt habe (vgl. B 404).

Ohne Zweifel behauptet Kant mit Recht, daß wir keine intellektuelle Anschauung im vollen und uneingeschränkten Sinn dieses Wortes haben. Scholastisch gesprochen würde sie einen reinen Geist (oder doch Geist im leibfreien Zustand) voraussetzen. Wenn Dinge an sich definitionsgemäß nur durch eine solche Anschauung nachweisbar sind, wissen wir tatsächlich nichts von ihnen, dann kennen wir auch unser Ich nicht als Ding an sich. Zwischen der intellektuellen Anschauung im uneingeschränkten Sinn und der bloß sinnlichen Anschauung, die auf der Affektion unserer Rezeptivität beruht, steht aber nach Ausweis unseres Bewußtseins und auch nach Kants eigenen Worten die reflexive intellektuelle Anschauung, die nicht auf Rezeptivität, sondern auf der unmittelbaren Gewißheit des Aktus, Ich denke, beruht, durch den uns das Ich als „Etwas" gegeben ist, „das in der Tat existiert" (B 422, Anm.).

d) Allgemeingültigkeit der Icherfassung

Ich erfasse also im Vollzug des Denkens mein wirkliches Existieren und mein Dasein, dessen Erfassen Voraussetzung für jedes Erfassen anderen Daseins ist (vgl. A 402 und oben S. 163). Ist damit schon eine allgemeingültige, auch für alle anderen Subjekte des Denkens gültige Erkenntnis gewonnen? Kant trägt Bedenken, dies zuzugestehen: „Es muß aber gleich anfangs befremdlich scheinen, daß die Bedingung, unter der ich überhaupt denke [das Ich und seine Existenz], und die mithin bloß eine Beschaffenheit meines Subjekts ist, zugleich für alles, was denkt, gültig sein solle, und daß wir auf einem empirisch scheinenden [sic!] Satz ein apodiktisches und allgemeines Urteil zu gründen uns anmaßen können, nämlich: daß alles, was denkt, so beschaffen sei, als der Ausspruch des Selbstbewußtseins es an mir aussagt." (B 404)

Selbstverständlich kann ich nicht beliebige oder gar empirische Beschaffenheiten meines Selbstbewußtseins auf andere, geschweige denn auf alle denkenden Wesen ausdehnen. Insbesondere ist mein Ich und meine Existenz als *meine* nicht die Bedingung der Möglicgkeit für alles Denken. Aber die Form des Ich denke, und das „Existieren in der Tat" irgendeines Ich, Du, Er oder Es, das denkt, gehört zum Wesen und liegt im „Begriff" des „Denkens im Vollzug". Daß dies so ist, weiß das Denken im Vollzug, gleichviel worauf es sich im übrigen richten mag, und zwar nicht durch Anwendung irgendwelcher Kategorien der Synthesis auf ein anderswoher Gegebenes der Anschauung, sondern einfach dadurch, daß es im Vollzug oder Aktus des Denkens bei sich selber ist. Darin ist ihm auch, und zwar a priori, die *intelligible* Mannigfaltigkeit des Denkens, des im Denken existierenden Ich und der intentionalen Beziehung auf ein zu Denkendes oder Gedachtes (das nicht notwendig ein vom Denken oder dem Ich verschiedenes Objekt sein muß) gegeben. Kraft dieser Einsicht sind auch hypothetisch gültige Sätze über den Denkvollzug anderer Iche möglich.

Nach Kant ist die genannte Ausweitung von Kenntnissen, die am Selbstbewußtsein gewonnen wurden, bloß durch eine subjektiv bedingte Analogie möglich. „Die Ursache aber hiervon [jener Ausweitung] liegt darin: daß wir den Dingen a priori alle die Eigenschaften notwendig beilegen müssen, die die Bedingungen ausmachen, unter welchen wir sie allein denken. Nun kann ich von einem denkenden Wesen durch keine äußere Erfahrung, sondern bloß durch das Selbstbewußtsein die mindeste Vorstellung haben. Also sind dergleichen Gegenstände nichts weiter, als die Übertragung dieses meines Bewußtseins auf andere Dinge, welche nur dadurch als denkende Wesen vorgestellt werden." (B 405) – Demgegenüber ist zu bemerken, daß wir sehr wohl zu unterscheiden wissen zwischen Bedingungen des Denkens, die nur für uns, sei es als individuelle, sei es als diskursiv denkende Wesen, zutreffen, und solchen, wie die oben genannten, deren Aufhebung das Denken (allgemein als eines Bewußtseins von etwas überhaupt aufgefaßt) überhaupt aufhebt. Welches aber die Bedingungen seien, unter welchen ich das Recht habe, assertorisch von der Existenz anderer denkender Wesen zu reden, als ich selber bin, das steht hier nicht in Frage.

Was Kant entschieden und mit Recht verneint, ist die Übertragung und Anwendung der Kategorien des gegenständlichen Denkens, im gewöhnlichen, dinglich-anschaulichen Sinn des Wortes, auf das Ich. „Wenn ich mich hier [im Selbstbewußtsein] als Subjekt der Gedanken, oder auch als Grund des Denkens, vorstelle, so bedeuten diese Vorstellungsarten nicht die Kategorien der Substanz, oder der Ursache, denn diese sind Funktionen des Denkens (Urteilens) schon auf unsere sinnliche Anschauung angewandt, welche freilich erfordert werden würden, wenn ich mich *erkennen* wollte." (B 429) Die Erkenntnis wird hier nur in dem univoken Sinn der gewöhnlichen Dingerkenntnis durch Kategorien verneint.

e) Das Ich als Substantiale

Befremdend mag es scheinen, daß Kant das Ich auch nicht als Substanz betrachten will, es sei denn in der Erscheinung. Das hat seinen Grund darin, daß die Substanz als Kategorie nur auf eine *bestimmte* Substanz hinweist, wenn in der Anschauung etwas im Wechsel der Zeitbestimmungen *Beharrliches* gegeben ist. Was aber in der Zeit beharrt, ist bloß Erscheinung und nicht Ding an sich. Außerdem ist Kant, im Hinblick auf die Substanz als phaenomenon realitas, der Ansicht, daß die Akzidentien der Substanz nicht eigentlich subordiniert sind, sondern nur die Art zu existieren der Substanz selber sind. Der Begriff vom Gegenstande überhaupt, welcher subsistiert, sofern man an ihm bloß das transzendentale Subjekt ohne alle Prädikate denkt, wäre nach ihm der Begriff des „Substantiale".

Ist dieses Substantiale des Selbstbewußtseins als ein Unbedingtes der Vernunft zu charakterisieren? Der zeitliche Fluß unseres Bewußtseins gehört auf jeden Fall zu den sinnlichen Bedingungen dynamischer Art. Diese aber lassen nach Kant „doch noch eine ungleichartige Bedingung zu, die nicht ein Teil der Reihe ist, sondern als bloß intelligibel, außerhalb der Reihe liegt, wodurch denn der Vernunft [die nach dem Unbedingten sucht] ein Genüge getan und das Unbedingte den Erscheinungen vorgesetzt wird, ohne die Reihe der letzteren ... abzubrechen." (B 558/9) „Ließe sich aber eine intelligible Bedingung...gedenken..., so könnte eine solche als empirisch unbedingt zugelassen werden..." (B 559 Anm.) Nach dem oben Gesagten ist nun allerdings das spontane Selbstbewußtsein nicht in jeder Hinsicht unbedingt. Denn es findet als Aktus nur statt, wenn der Rezeptivität der Sinne irgend etwas gegeben ist. Gleichwohl muß es, *insofern* es Spontaneität und alle Erscheinungen der Sinnlichkeit bestimmend ist, als unbedingt betrachtet werden.

f) Das Ich als intelligibler Gegenstand

Bekanntlich unterscheidet Kant Kausalität als Natur und Kausalität aus Freiheit. Die Freiheit im kosmologischen Verstande ist nach ihm „das Vermögen, einen Zustand von selbst anzufangen" (B 561). Diese Freiheit ist im Rahmen der theoretischen Philosophie nur ein problematischer Vernunftbegriff, von dem ich weder die Tatsächlichkeit noch die positive Möglichkeit einsehen kann, obwohl er sich auch nicht widerspricht. Im Hinblick auf diese Freiheit sagt Kant: „Ich nenne dasjenige an einem Gegenstand der Sinne, was selbst nicht Erscheinung ist, intellegibel. Wenn demnach dasjenige, was in der Sinnenwelt als Erscheinung angesehen werden muß [wie etwa der Mensch], an sich selbst auch ein Vermögen hat, welches kein Gegenstand der sinnlichen Anschauung ist [wie etwa die Freiheit], wodurch es aber doch die Ursache von Erscheinungen sein kann: so kann man die Kausalität dieses Wesens auf zwei Seiten betrachten, als *intelligibel* nach ihrer Handlung als eines Dinges an sich selbst, und als *sensibel,* nach den Wirkungen derselben, als einer Erscheinung in der Sinnenwelt. ...Eine solche doppelte Seite, das Vermögen eines Gegenstandes der Sinne sich zu denken, widerspricht keinem von den Begriffen, die wir uns von Erscheinungen und von einer möglichen Erfahrung zu machen haben. Denn, da diesen, weil sie an sich keine Dinge sind, ein transzendentaler Gegenstand zum Grunde liegen muß, der sie als bloße Vorstellungen bestimmt, so hindert nichts, daß wir diesem transzendentalen Gegen- (B 566) stande, außer der Eigenschaft, daß er erscheint, nicht auch eine Kausalität beilegen sollten, die nicht Erscheinung ist, obgleich ihre Wirkung dennoch in der Erscheinung angetroffen wird." (B 567) Kant fügt dann weiter hinzu: „Dieser intelligible Charakter könnte zwar niemals unmittelbar gekannt [erkannt] werden, weil wir nichts wahrnehmen können, als sofern es erscheint, aber er würde doch dem empirischen Charakter gemäß gedacht werden müssen, so wie wir überhaupt einen transzendentalen Gegenstand [das Etwas überhaupt] den Erscheinungen in Gedanken zum Grunde legen müßen, ob wir zwar von ihm, was er an sich selbst sei, nichts wissen." (B 568)

Es besteht also auch nach Kant durchaus die Möglichkeit, ein Wesen sowohl in der Erscheinung als auch als intelligiblen Gegenstand zu betrachten, und ihm als intelligiblem Gegenstand eine intelligible Kausalität zuzuschreiben. Dies ist ganz in Übereinstimmung damit, daß wir überhaupt den Erscheinungen einen transzendentalen Gegenstand zum Grunde legen müssen, von dem her sie bestimmt werden. Kants Einschränkung, daß dieser transzendentale Gegenstand nur zu den Erscheinungen als deren Grund hinzugedacht werde, ohne daß wir ihn doch an sich selbst, d. h.

außer durch die bloße Wahrnehmung seiner Erscheinung, erkennen könnten, trifft für das Selbstbewußtsein jedenfalls nicht in vollem Umfang zu. Denn von ihm habe ich eine über den bloßen Erscheinungen liegende unmittelbare Wahrnehmung, wie oben gezeigt wurde (S. ...). Ob im Selbstbewußtsein unmittelbar die intelligible Kausalität als Freiheit wahrgenommen werde, soll hier nicht untersucht werden. Aber abgesehen davon, offenbart sich in ihm überhaupt der Verstand und die Vernunft als intellektueller Bestimmungsgrund der Erscheinungen. „Der Mensch, der die ganze Natur sonst lediglich nur durch die Sinne kennt, erkennt [sic!] sich selbst auch durch bloße Apperzeption, und zwar in Handlungen und inneren Bestimmungen, die er gar nicht zum Eindrucke der Sinne zählen kann, und ist sich selbst freilich einesteils Phänomen, anderenteils aber, nämlich in Ansehung gewisser Vermögen, ein bloß intelligibler Gegenstand, weil die Handlung desselben (B 574) gar nicht zur Rezeptivität der Sinnlichkeit gezählt werden kann. Wir nennen diese Vermögen Verstand und Vernunft, vornehmlich wird die letztere ganz eigentlich und vorzüglicherweise von allen empirisch bedingten Kräften unterschieden, da sie ihre Gegenstände bloß nach Ideen erwägt und den Verstand danach bestimmt." (B 575) Wir sind also berechtigt, das Ich der Apperzeption oder des Selbstbewußtseins, sofern es Verstand und erst recht, sofern es Vernunft ist, als ein empirisch und sinnlich Unbedingtes zu betrachten. In diesem Zusammenhang sagt Kant auch: „Die Vernunft ist also die beharrliche Bedingung aller willkürlichen Handlungen, unter denen der Mensch erscheint." Damit wäre aber auch eine rein intelligible Bestimmung der Beharrlichkeit und damit eine Anwendbarkeit des Substanzbegriffes auf das übersinnliche Ich gegeben.

Obwohl das Ich des Selbstbewußtseins den Erscheinungen des Bewußtseins gegenüber in seiner Spontaneität ein Unbedingtes ist, so ist es doch keinesfalls in jeder Hinsicht unbedingt. Da aber die Vernunft auf das Unbedingte schlechthin geht, sofern es einen Grund der Synthesis des Bedingten enthält (vgl. B 379), so kann unser Denken beim Unbedingten des Subjektes der Gedanken nicht stehen bleiben. „Von der Erkenntnis seiner selbst (Seele) zur Welterkenntnis, und, vermittels dieser, zum Urwesen fortzugehen, ist ein so natürlicher Forschritt, daß er dem logischen Fortgange der Vernunft von den Prämissen zum Schlußsatze ähnlich scheint" (B 394/5). Wir wenden uns daher zunächst dem Unbedingten zu, das die Vernunft in der Welt der äußeren Erscheinungen sucht.

4. Das Unbedingte in der Kosmologischen Idee

Die Welt der Erscheinungen ist uns immer nur in Bruchstücken gegeben. Dennoch sprechen wir von einer Erscheinungs*welt*. Wir ergänzen das uns Gegebene, stellen es immer in ein größeres Ganze hinein, das uns als solches in der Erfahrung gar nicht gegeben ist, ja uns als das Weltganze sogar nach den Bedingungen unserer Sinnlichkeit niemals gegeben sein kann. Wenn wir es dennoch denken, so kann dies nur durch eine Idee geschehen. Kant nennt „alle transzendentalen Ideen, sofern sie die absolute Totalität in der Synthesis der Erscheinungen betreffen, *Weltbegriffe,* teils wegen eben dieser unbedingten Totalität, worauf auch der Begriff des Weltganzen beruht, der selbst nur eine Idee ist, teils weil sie lediglich auf die Synthesis der Erscheinungen, mithin die empirische [Totalität], gehen, da hingegen die absolute Totalität, in der Synthesis der Bedingungen aller möglichen Dinge überhaupt, (B 434) ein Ideal der reinen Vernunft veranlassen wird, welches von dem Weltbegriffe gänzlich unterschieden ist, ob es gleich darauf in Beziehung steht." (B 435) Zwei Momente sind es also, die im Weltbegriff zusammentreffen: die unbedingte Totalität und die Synthesis der Erscheinungen. Da die unbedingte Totalität bloß die Synthesis in der Erscheinung, nicht mögliche Dinge überhaupt betrifft, ist sie auch nur empirisch. Darin kündet sich sofort ein Widerspruch an. Denn die Idee ist ja nach Kant ein Begriff, dem kein Gegenstand in der Erscheinung gegeben werden kann. Der Weltbegriff aber soll sich auf Synthesis nicht nur *der,* sondern auch *in der* Erscheinung beziehen. Denn nur so ist ihre Totalität empirisch. Aus demselben Grund kann das Unbedingte, um das es hier geht, auch nicht in einem Substantiale gesucht werden, „da dieses nichts anderes bedeutet, als den Begriff vom Gegenstande überhaupt, welcher subsistiert, sofern man an ihm bloß das transzendentale Subjekt ohne alle Prädikate denkt, hier aber nur die Rede vom Unbedingten in der Reihe der Erscheinungen ist" (B 441). Die Idee des Weltganzen ist demnach „eine Idee, die sich mit Erscheinungen nicht vereinbaren läßt" und deren falscher und blendender Schein in den Antinomien der reinen Vernunft zutage tritt (vgl. B 435).

Den Antinomien und der Lösung *Kants* durch den transzendentalen Idealismus im einzelnen nachzugehen, ist hier nicht der Ort. Es sei nur betont, daß die Antinomien als Entfaltung der Idee der unbedingten Totalität in der Erscheinung durchaus ernst zu nehmen sind und einen echten und, unter den gegebenen Voraussetzungen, notwendigen Widerspruch darstellen. Das Unbedingte kann in den Erscheinungen als solchen nicht gefunden werden, weil Erscheinungen als solche immer bedingt sind durch ihresgleichen. Wo aber der Schritt ins Transzendente getan wird, befinden wir uns nicht mehr in der Erscheinung und demnach außerhalb der gemachten Voraussetzung.

Man könnte darum das ganze Denken der Vernunft auf diesem Gebiet für ein eitles und leeres Spiel halten. Das ist es aber nicht. Diesen Anschein hat es nur unter der Annahme Kants, daß den Erscheinungen zwar Dinge an sich zugrundeliegen, von uns aber mittels der Erscheinungen in keiner Weise erkannt werden können. Wir haben aber im Falle des Selbstbewußtseins ein Unbedingtes gefunden, das zu den Erscheinungen als dem Bedingten nicht nur hinzugedacht wird, sondern das sich als ein Unbedingtes in seiner Spontaneität unmittelbar selbstgewiß ist. Diese Spontaneität aber ist die Spontaneität einer Synthesis des Gegebenen, und das daraus resultierende Bewußtsein zugleich Erscheinung des Ich *und* der Gegenstände der Erfahrung. Die Erscheinung als Ergebnis dieser Synthesis geht demnach zum Teil aus der Spontaneität des Ich hervor und ist insofern dessen Folge und Ausdruck. Das Ich muß darum so beschaffen sein, daß die Erscheinung ihrer Spontaneität nach aus ihm hervorgehen kann. Die Erscheinung wird auf diese Weise zu einem Mittel, das Ich, wenigstens zum Teil, auch in seinen Beschaffenheiten und seinem Sosein zu erkennen. Dabei muß jedoch betont werden, daß diese Erkenntnis nicht die unmittelbare Kenntnis der auf Selbstaffektion beruhenden Innenerfahrung ist, nicht die Erscheinung, durch die (als solche) Dinge in sich nicht erkannt werden, sondern eine Erkenntnis, die erst mittelbar und diskursiv aus der Erscheinung gewonnen wird. Denn in der Erscheinung verbinden sich Spontaneität und Rezeptivität zu einem ungeschiedenen Ganzen, das zugleich Erscheinung des Ich und der Gegenstände der Erfahrung ist, weshalb das Ich und diese Gegenstände nach dem, was sie an sich selbst sind, erst durch eine regressive, d. i. in den Grund zurücksteigende Analyse bestimmt werden können.

Dasselbe Verfahren muß auf die Erscheinung auch angewandt werden, sofern sie durch Rezeption zustandekommt. Wenn die Spontaneität des Ich ontologisch verstanden werden muß (vgl. dazu oben S. 165), dann auch seine Rezeptivität. Das eine ist nicht ohne das andere möglich. Eine ontologisch verstandene Rezeptivität aber setzt ihrerseits voraus, daß auch die Quelle dessen, was rezipiert wird, der Existenzordnung angehört. Die Erscheinungen sind also, ihrer Materie nach betrachtet, Erscheinungen von etwas Existierendem, das sich in diesen Erscheinungen kundgibt und so beschaffen sein muß, daß Erscheinungen, und zwar dieser Art, soweit die Materie der Erscheinungen in Frage kommt, möglich sind. Zumindest muß ihnen dasjenige mit apodiktischer Gewißheit zugeschrieben werden, dessen Verneinung ihre Unmöglichkeit zur Folge hätte, wie z. B. das Existieren, und zwar im Sinn wirklicher, nicht bloß von Erfahrungs-existenz, oder die Kausalität bezüglich der Erscheinungen, die allerdings eine andere ist als die Kausalität der Erscheinungen untereinander. Daß *Kant* mit einer solchen Kausalität grundsätzlich rechnet, wurde oben schon gezeigt (S. 169).

Kants ganze Bemühung im Antinomienabschnitt läuft darauf hinaus zu zeigen, daß die Ideen, auf den Bereich der Erscheinungen angewandt, zu Widersprüchen führen, der eigentliche Gegenstand der Ideen, das Unbedingte, also nicht dort gesucht werden dürfe. Darin stimmen wir mit ihm überein. Die Frage nach der Totalität und dem Unbedingten sowie nach dem Verhältnis der beiden, erhält aber sofort ein neues Gesicht, wenn man die Erscheinung nicht gänzlich von den Dingen, wie sie an sich selbst sind, loslöst, sondern sie auf die Spontaneität eines existierenden Ich und die Kausalität existierender Gegenstände zurückführt. Der Grundsatz der Vernunft „Wenn das Bedingte gegeben ist, so ist auch die ganze Summe der Bedingungen, mithin das schlechthin Unbedingte gegeben, wodurch jenes allein möglich war" erhält dann seine volle Anwendung auf den Inbegriff der existierenden Gegenstände, das Ich mit eingeschlossen, zurück. Damit aber, so sollte man meinen, wird der Unterschied zwischen der absoluten Totalität in der Synthesis der Erscheinungen und der absoluten Totalität in der Synthesis aller möglichen oder doch existierenden Dinge überhaupt (vgl. B 434) hinfällig. Dem ist jedoch nicht so. Obwohl die Erscheinungen auf wirklich existierende Dinge verweisen, so gilt doch das, was von diesen an sich selbst als existierenden gilt, nicht ohne weiteres von ihnen, sofern sie Gegenstände sind, die sich in der Erscheinung kundtun. Diese können Bedingungen haben und haben sie auch tatsächlich, welche nicht identisch sind mit den Bedingungen des Seins und Existierens überhaupt.[2] Es ist also bei der Frage nach der Totalität und dem Unbedingten in der Welt der Erscheinung sehr genau zwischen den Gegenständen als erscheinenden und als an sich existierenden zu unterscheiden.

Diesen Unterschied berührt *Kant*, wenn er schreibt: „Die Ideen, mit denen wir uns jetzt beschäftigen, habe ich oben kosmologische Ideen genannt, teils darum, weil unter Welt der Inbegriff aller Erscheinungen verstanden wird, und unsere Ideen auch nur auf das Unbedingte unter den Erscheinungen gerichtet sind, teils auch weil das Wort Welt, im transzendentalen Verstande, die absolute Totalität des Inbegriffs existierender Dinge bedeutet, und wir auf die Vollständigkeit der Synthesis (wiewohl nur eigentlich im Regressus zu den Bedingungen) allein unser Augenmerk richten" (B 447). Ich sage, daß *Kant* diesen Unterschied hier berührt; zugleich aber hebt er ihn auf, indem er beide in der kosmologischen Idee vermengt, wie auch aus seinen unmittelbar darauf folgenden Worten hervorgeht: „In Betracht dessen, daß überdem diese Ideen insgesamt transzendent sind, und, ob sie zwar das Objekt, die Erscheinungen, *der Art nach* nicht überschreiten, sondern es lediglich mit der Sinnenwelt (nicht mit Noumenis) zu tun haben, dennoch die Synthesis bis auf einen *Grad*, der alle mögliche Erfahrung übersteigt, treiben, so kann man sie insgesamt meiner Meinung nach ganz schicklich Weltbegriffe nennen" (B 447). Diese Ideen sollen also transzendent sein und dem Grad nach alle mögliche Synthesis der Erfahrung übersteigen, anderseits aber keine Noumena sein und die Erscheinungen der Art nach nicht überschreiten. Was soll das bedeuten? Doch nichts anderes, als daß die Vernunft in diesen Ideen zum Inbegriff der Erfahrung etwas hinzufüge, was nicht zu diesem Inbegriff gehört und doch der Art nach mit Gegenständen der Erfahrung gleich ist. D. h. aber, daß die Vernunft zum Inbegriff aller Erfahrungsdinge noch ein Erfahrungsding hinzufingiere. Auf diese Weise ist allerdings eine Transzendenz der Erfahrung nicht möglich. Der Inbegriff alles Seienden kann nicht eine Welt sein.

Was die Vernunft in der kosmologischen Idee sucht, ist nicht in erster Linie die Totalität der Erscheinungen, sondern das Unbedingte (vgl. B 443 und 445). Das Unbedingte, das die Vernunft sucht, führt dann zur Idee der Totalität. Denn die Totalität ist jederzeit unbedingt, enthält also in der oder jener Form auch das Unbedingte (vgl. B 444), wobei gefragt werden muß, wie (vgl. B 445 Anm.). „Dieses Unbedingte kann man sich nun gedenken,

[2] Es ist demnach ein Fehlschluß, wenn Kant meint, wer die Bedingungen von Raum und Zeit zu Eigenschaften von an sich selbst existierenden Dingen mache, behaupte damit, daß kein Ding außer in Raum und Zeit existieren könne. Das würde nur folgen, wenn jemand Raum und Zeit zu Eigenschaften des an sich Existierenden *als solchen* machen würde.

entweder als bloß in der ganzen Reihe bestehend, in der also alle Glieder ohne Ausnahme bedingt und nur das Ganze derselben schlechthin unbedingt wäre, und dann heißt der Regressus unendlich; oder das absolut Unbedingte ist nur ein Teil der Reihe, dem die übrigen Glieder derselben untergeordnet sind, der selbst aber unter keiner anderen Bedingung steht" (B 445). Beides aber führt zu Widersprüchen.

Auf den Widerspruch im *Ersten* hat *Kant* selbst in der Antithese der vierten Antinomie hingewiesen: Setzet „die Reihe selbst wäre ohne allen Anfang, und, obgleich in allen ihren Teilen zufällig und bedingt, im Ganzen dennoch schlechthin notwendig und unbedingt, welches sich selbst widerspricht, weil das Dasein einer Menge nicht notwendig sein kann, wenn kein einziger Teil derselben ein an sich notwendiges Dasein besitzt" (B 481). Das *Zweite* widerspricht sich nicht weniger. Denn sobald das Unbedingte zum ersten Glied einer Reihe gemacht wird, untersteht es natülich dem Gesetz der Reihe und ist infolgedessen kein Unbedingtes mehr.

Wenn also das Unbedingte im Weltganzen weder als eben dieses Ganze noch als sein Teil enthalten ist, wie ist es dann in ihm enthalten? *Kant* sagt: nur als Idee, nur als unendliche, niemals vollendbare Aufgabe. Das Unbedingte zu allem Bedingten ist uns in der Welt nicht *gegeben,* sondern der Regressus in der Reihe aller Bedingungen ist uns nur *aufgegeben* (B 526). Das gilt jedoch nur für die Welt als den Inbegriff von Erscheinungen. Anders in der „Synthesis des bloßen Verstandes, welcher die Dinge vorstellt, *wie sie sind*, ohne darauf zu achten, ob, und wie wir zur Kenntnis derselben gelangen können". Denn dann ist mit dem Bedingten zugleich auch das Unbedingte gegeben, oder vielmehr vorausgesetzt (B 526/7). Unsere Frage, wie nun das Unbedingte im Weltganzen gegeben sei, kehrt demnach zurück. Wir antworten mit *Kant:* der Idee nach. Denn das Weltganze ist in der Tat nicht durch Synthesis in der Erscheinung vollziehbar. Sein Begriff beruht auf der Forderung der Vernunft, die in allem, auch den Dingen der Erscheinung, nach dem Unbedingten sucht. Solche Begriffe aber sind Vernunftbegriffe, Ideen.

Kant macht einmal die Bemerkung, „daß nur der Verstand es sei, aus welchem reine und transzendentale Begriffe entspringen können, daß die Vernunft eigentlich gar keinen Begriff erzeuge, sondern allenfalls nur den *Verstandesbegriff,* von den unvermeidlichen Einschränkungen einer möglichen Erfahrung, *frei mache*, und ihn also über die Grenzen des Empirischen, doch aber in Verknüpfung mit demselben zu erweitern suche" (B 435). Wenn nun die Vernunft nur den Verstandesbegriff von den Einschränkungen einer möglichen Erfahrung frei macht, so ist dieser im Grunde genommen, eigentlich immer schon ein Vernunftbegriff und eine Idee. Von seinen Einschränkungen frei gemacht, ist er eigentlich erst bei sich. Damit ist aber gesagt, daß das Denken der Vernunft über alle Erfahrung hinaus keine willkürliche, grundlose Erweiterung ist, daß im Gegenteil selbst das Verstandesdenken im Bereich der Erfahrung nur durch das in ihm investierte Vernunftdenken seine Gültigkeit hat. Eben darum muß auch das Vernunftdenken, wenn es über alle Erfahrung hinausgeht, dennoch mit der

Erfahrung in Verbindung bleiben. Was am Vernunftdenken über alle Erfahrung hinaus fiktiv und falsches Blendwerk ist, ist nicht das Hinausschreiten der Vernunft über alle Erfahrung, sondern das Mithinausnehmen der Erfahrungsbedingungen in einen Bereich, wo sie nicht mehr sinnvoll anwendbar sind. Nicht daß die Vernunft überhaupt zur Welt und jenseits von ihr ein Unbedingtes annehme, das nicht mehr auf die Welt rückbezogen ist (denn dann wäre es nicht mehr ein Unbedingtes), sondern daß sie es entweder als Ganzes oder Teil oder als Anfang einer Reihe mit zur Welt rechne, das ist antinomisch im Verfahren der „reinen Vernunft", die sich darin allerdings gerade nicht als *reine Vernunft* erweist.

5. Das Unbedingte als transzendentales Ideal

Das Unbedingte ohne jede Einschränkung heißt bei Kant das Ideal der reinen Vernunft. Während die Idee ein notwendiger Vernunftbegriff ist, dem kein ganz adäquater Gegenstand in den Sinnen gegeben werden kann (vgl. B 383), ist das Ideal der reinen Vernunft die Idee, sofern sie nicht nur in concreto, sondern sogar in individuo, d. i. als ein einzelnes, durch die Idee allein bestimmbares, oder gar bestimmtes Ding vorgestellt wird (vgl. B 596). Die menschliche Weisheit in ihrer ganzen Reinheit z. B. ist eine Idee. „Aber *der* Weise (des Stoikers) ist ein Ideal, d. i. ein Mensch, der bloß in Gedanken existiert, der aber mit der Idee der Weisheit völlig kongruiert"... (B 597)

Um zu verstehen, was Kant mit dem Ideal der reinen Vernunft meint, und inwiefern es das Schlechthinunbedingte ist, müssen wir uns mit dem Grundsatz der durchgängigen Bestimmung alles Existierenden befassen. Ein jedes Ding steht seiner Möglichkeit nach unter diesem Grundsatz, wonach „ihm von allen möglichen Prädikaten der Dinge, sofern sie mit ihren Gegenteilen verglichen werden, notwendig eines zukommen muß. Dieses beruht nicht bloß auf dem Satze des Widerspruchs; denn es [das Prinzip der durchgängigen Bestimmung] betrachtet, außer dem Verhältnis zweier einander widerstreitenden Prädikate, jedes Ding noch im Verhältnis auf die gesamte Möglichkeit, ... und indem es solche als Bedingung a priori voraussetzt, so stellt es ein jedes Ding so vor, wie es von dem Anteil, den es an jener gesamten Möglichkeit hat, seine eigene Möglichkeit ableite. Das Prinzipium der durchgängigen Bestimmung betrifft also den Inhalt, und nicht bloß die logische Form ... und enthält eine transzendentale Voraussetzung, nämlich (B 600) die der Materie zu aller Möglichkeit, welche a priori die Data zur besonderen Möglichkeit jedes Dinges enthalten soll." (B 601)

In einer Anmerkung betont Kant, wie durch dieses Prinzip alle Dinge ihrer Möglichkeit und damit ihrem Wesen nach in eine innere Verwandtschaft kommen. Diese innere Verwandstchaft oder Affinität kann man nicht anders als eine Art von analogia entis bezeichnen. Kant sagt: „Es wird also durch diesen Grundsatz jedes Ding auf ein gemeinschaftliches Korrelatum, nämlich die gesamte Möglichkeit bezogen, welches, wenn sie (d. i. der Stoff zu allen möglichen Prädikaten) in der Idee eines einzigen Dinges angetroffen würde, eine Affinität alles möglichen [Möglichen?] durch die Identität des Grundes der durchgängigen Bestimmung derselben beweisen würde." (B 600 Anm.)

„Ob nun zwar diese Idee von dem Inbegriffe aller Möglichkeit, sofern er als Bedingung der durchgängigen Bestimmung eines jeden Dinges zum Grunde liegt, in Ansehung der Prädikate, die denselben ausmachen mögen, selbst noch unbestimmt ist, ... so finden wir doch bei näherer Untersuchung, daß diese Idee, als Urbegriff, eine Menge von Prädikaten ausstoße, die als abgeleitet durch andere schon gegeben (B 601) sind, oder nebeneinander nicht stehen können, und daß sie sich bis zu einem durchgängig a priori bestimmten Begriffe läutere, und dadurch der Begriff von einem einzelnen Gegenstande werde, der durch die bloße Idee durchgängig bestimmt ist, mithin ein *Ideal* der reinen Vernunft genannt werden muß." (B 602)

Dieses transzendentale Substratum der durchgängigen Bestimmung aller Dinge ist „die Idee von einem All der Realität (omnitudo realitatis). Alle wahren Verneinungen sind alsdann nichts als *Schranken,* welches sie nicht genannt werden könnten, wenn nicht das *Unbeschränkte* (das All) zum Grunde läge. Es ist aber auch durch diesen Allbesitz der Realität der *Begriff eines Dinges an sich selbst,* als durchgängig bestimmt, vorgestellt... Also ist es ein transzendentales Ideal, welches der durchgängigen Bestimmung, die notwendig bei allem, was existiert, angetroffen wird, zum Grunde liegt, und die oberste und vollständige materiale Bedingung seiner Möglichkeit ausmacht, auf welche[r] alles Denken der Gegenstände überhaupt zurückgeführt werden muß". (B 604)

Im Übergang von der beschränkten zur unbeschränkten Realität klingt der klassische Stufenbeweis an, noch mehr aber der Possibilienbeweis, den Kant früher den einzigmöglichen Demonstrationsgrund für die Existenz Gottes nannte. Was hier vorliegt, gibt den Grundgedanken des Possibilienbeweises in der Form wieder, die Kant allein glaubt in der Kritik der reinen Vernunft verantworten zu können. Er übt damit, ohne ihn besonders zu nennen, auch Kritik an jenem Beweis.

6. Kants Ablehnung der Existenzbedeutung des transzendentalen Ideals

Wir müssen uns jetzt fragen, ob die Notwendigkeit des transzendentalen Substrats für die durchgängige Bestimmung der existierenden Dinge schon die *Existenz* des transzendentalen Ideals, das ja nur als Ding an sich begriffen werden kann, beweise. Das ist aber nach Kant *nicht* der Fall. Der Begriff eines Dinges an sich selbst ist ja nicht dasselbe wie seine Existenz, denn da wird ja gerade danach gefragt, ob ein solches Ding auch *außer* seinem Begriff an sich selbst gesetzt sei. (Vgl. B 667)

„Es versteht sich von selbst, daß die Vernunft zu dieser ihrer Absicht, nämlich sich lediglich die notwendige durchgängige Bestimmung der Dinge vorzustellen, nicht (B 605) die *Existenz* eines solchen Wesens, das dem Ideale gemäß ist, sondern nur die *Idee* desselben voraussetze, um von einer unbedingten Totalität der durchgängigen Bestimmung die bedingte, d. i. die des Eingeschränkten abzuleiten." (B 606) „Der bloß in der Vernunft befindliche Gegenstand ihres Ideals" heißt Urwesen (ens originarium), das höchste Wesen (ens summum) und Wesen aller Wesen (ens entium). „Alles dieses aber bedeutet nicht das objektive Verhältnis eines wirklichen Gegenstandes zu anderen Dingen, sondern [das Verhältnis] der *Idee zu Begriffen,* und läßt uns wegen der *Existenz* eines Wesens von so ausnehmendem Vorzuge in völliger Unwissenheit." (B 607)

Wenn wir dieser unserer Idee von der höchsten Realität, indem wir sie hypostasieren, ferner nachgehen, kommen wir zum Begriff von *Gott* in transzendentalem Verstande gedacht. „Indessen würde dieser Gebrauch der transzendentalen Idee [als Hypostase] doch schon die Grenzen ihrer Bestimmung und Zulässigkeit überschreiten. Denn die Vernunft legte sie nur, als den *Begriff* von aller Realität, der durchgängigen Bestimmung der Dinge überhaupt zum Grunde, ohne zu verlangen, daß alle diese Realiine objektiv gegeben sei und selbst ein Ding ausmache. Dieses letztere ist etät bloße Erdichtung, durch welche wir das Mannigfaltige unserer Idee in einem Ideale, als einem besonderen Wesen zusammenfassen und realisieren, wozu wir keine Befugnis haben, sogar nicht einmal die Möglichkeit eine[r] solche[n] Hypothese geradezu anzunehmen, wie denn auch alle Folgerungendie aus einem solchen Ideale [als hypostasierter Idee] abfließen, die durch, gängige Bestimmung der Dinge überhaupt, als zu deren Behuf die Idee allein nötig war, nicht angehen, und darauf nicht den mindesten Einfluß haben." (B 608)

Kant sucht dann zu zeigen, wie es auf eine ganz natürliche Weise dazu kommt, daß die Vernunft alle Möglichkeit der Dinge als abgeleitet von einer einzigen, die zum Grunde liegt, nämlich der der höchsten Realität ansieht, und diese sodann, als in einem besonderen Urwesen enthalten, voraussetzt. (Vgl. B 609) Er glaubt, daß dies dadurch geschehe, daß wir einen Grundsatz, der nur für die Sinnlichkeit gelte, auf alle möglichen Dinge überhaupt ausdehnen. In der sinnlichen Erfahrung gelte nämlich der Grundsatz, daß nichts für uns real (d. i. möglicher Gegenstand) sein kann, was nicht im Kontext der gesamten Erfahrung enthalten ist. Damit setze jede Realität oder Möglichkeit eines Einzelgegenstandes immer die Realität oder Möglichkeit der Einheit der Erfahrung voraus. Dieses empirische Prinzip der Möglichkeit der Dinge werde durch Weglassung der Einschränkung auf sinnliche Dinge für ein Prinzip der Möglichkeit der Dinge überhaupt gehalten. Außerdem verwandle man dialektisch die distributive Einheit der Erfahrung in eine kollektive und denke sich daran ein einzelnes Ding, das alle empirische Realität in sich enthalte. (Vgl. B 610)

Daß zwischen dem Verhältnis des empirischen Einzelgegenstandes zur Gesamtheit des Erfahrungszusammenhangs und der Möglichkeit des Einzelgegenstandes zur Grundmöglichkeit des Seins überhaupt eine gewiße Analogie besteht, kann nicht geleugnet werden. Aber die Behauptung *Kants,* die Zurückführung der Möglichkeit des Einzeldinges auf eine zugrundeliegende Gesamtmöglichkeit beruhe nur auf der Verwechslung mit einem Prinzip der Erfahrungsmöglichkeit, ist grundlos. Jene Zurückführung ist nichts anderes als der aufsteigende Vernunftschluß vom Bedingten zu seiner conditio sine qua non, der nach *Kant* das eigentliche Wesen der Vernunft zum Ausdruck bringt. (Vgl. B 388 f.) Außerdem wird es sich zeigen, daß wir das transzendentale Ideal nicht nur mit der Notwendigkeit der Vernunft *denken,* sondern mit Recht auch als real *setzen* (oder behaupten).

Dies kann auf *doppelte Weise* geschehen: auf dem Weg der gewöhnlichen Gottesbeweise und durch weitere Untersuchung der Idee des Unbedingten.

7. Transzendentales Ideal und Kontingenzbeweis

Für die Existenz des transzendentalen Ideals können wir uns zunächst auf den Gottesbeweis aus der Kontingenz berufen. Denn es läßt sich unschwer zeigen, daß Kants Kritik diesen in seiner klassischen Form *nicht* trifft. Außerdem hat Kant mehr als einmal eingeräumt: „Wenn etwas, was es auch sei, existiert, so muß auch eingeräumt werden, daß irgend etwas notwendigerweise existiere“ (B 612; vgl. auch B 526/7 und oben S. 162). Nun haben wir aber oben gezeigt, daß uns zumindest im Selbstbewußtsein ein „Existieren in der Tat“ und zwar auf intelligible Weise, also nicht nur als Erscheinung, gegeben ist. Also behält der Schluß auf eine notwendige Existenz seine volle Gültigkeit. Ist damit auch schon die Existenz des transzendentalen Ideals und damit Gottes bewiesen? Kant bestreitet das. (Vgl. B 613–616) Für ihn gibt es keinen logisch gültigen Übergang vom notwendig existierenden Wesen zum transzendentalen Ideal und umgekehrt.

Kants Schwierigkeit kommt von einer ungenügenden Analyse von Wesenheit und Existenz. Bei der Besprechung der transzendentalen Prädikate sagt Kant: „Eine transzendentale Verneinung bedeutet... das Nichtsein an sich selbst, dem die transzendentale Bejahung entgegengesetzt wird, welche ein Etwas ist, dessen Begriff an sich selbst schon ein *Sein* ausdrückt, und daher Realität (Sachheit) gebannt wird, weil durch sie allein, und so weit sie reicht, Gegenstände Etwas (Dinge) sind.“ (B 602) Offenbar versteht hier Kant unter Sein das *Wesenssein,* jenes Sein, das durch das bloße Etwas schon ausgedrückt ist. Daher kommt es, daß nach Kant auch das All der Realität, das transzendentale Ideal, nicht ohne weiteres *existent* ist, wie auch umgekehrt ein notwendig existierendes Wesen nicht deshalb schon das uneingeschränkte All der Realität ist. Denn nach Kant kann man nicht schließen, „daß der Begriff eines eingeschränkten Wesens, das *nicht* die höchste Realität hat, darum der absoluten Notwendigkeit widerspreche. Denn, ob ich gleich in seinem Begriffe nicht das Unbedingte antreffe, was das All der Bedingungen schon bei sich führt, so kann daraus doch gar nicht gefolgert werden, daß sein Dasein eben darum bedingt sein müsse; so wie ich in einem hypothetischen Vernunftschlusse nicht sagen kann: wo eine gewisse Bedingung (nämlich hier der Vollständigkeit nach Begriffen) nicht ist, da ist auch das Bedingte nicht. Es wird uns vielmehr unbenommen bleiben, alle übrigen eingeschränkten Wesen ebensowohl für unbedingt notwendig gelten zu lassen, ob wir gleich ihre Notwendigkeit aus dem allgemeinen Begriffe, den wir von ihnen haben, nicht schließen können. Auf diese Weise aber hätte dieses Argument uns nicht den mindesten Begriff von Eigenschaften eines notwendigen Wesens verschafft, und überall gar nichts geleistet". (B 616)

Kant unterscheidet also ein Unbedingtes in der *Existenz* und ein Unbedingtes als *All der Realität,* die nicht notwendig und wechselseitig eins sind. Auch ein eingeschränktes Wesen kann in seiner Existenz unbedingt notwendig sein, wenngleich ich dies nicht aus seinem Begriff schließen kann.

Kant kennt aber auch noch ein anderes Sein, das nicht Wesenssein, sondern genau und exakt *Existenz,* und zwar nicht bloß im Sinne der Kategorie bedeutet. Bei der Besprechung des ontologischen Gottesbeweises sagt er: „Sein ist offenbar kein reales Prädikat, d. i. ein Begriff von irgend etwas, was zu dem Begriff eines Dinges hinzukommen könn[t]e. Es ist bloß die *Position eines Dinges,* oder gewisser Bestimmungen *an sich selbst.*" (B 626) Diese beiden Seinsbegriffe werden von Kant nicht im Beziehung zueinander gebracht. Sie müssen aber von der Sache her in eine solche Beziehung gebracht werden. Die Existenz als absolute Position eines Dinges setzt das Ding als sinnvolles *Etwas*, als transzendentale Bejahung voraus. Das bloße Nichtsein kann nicht absolut gesetzt werden. Denn „eine transzendentale Verneinung bedeutet ... das Nichtsein an sich selbst, dem die transzendentale Bejahung entgegengesetzt wird, welche ein Etwas ist, dessen Begriff an sich selbst schon ein Sein ausdrückt... die entgegenstehende Negation hingegen einen bloßen Mangel bedeutet, und, wo diese allein gedacht wird, die Aufhebung alles Dinges vorgestellt wird." (B 602/3) Umgekehrt ist aber auch das Etwas nicht möglich ohne die Beziehung auf das Sein im Sinne der Setzung an sich selbst. Denn ein Ding, das nicht existieren kann, ist ein Unding. Denn angenommen auch, es sei ein bloßes Gedankending, das nur in Gedanken existieren kann, so müßte doch eben dieser Gedanke oder das Ich, dessen er ist, letztlich an sich selbst existieren können. Die Beziehung des Etwas auf irgendeine Setzung an sich selbst ist nicht zu umgehen. Mögliche Setzung an sich selbst aber setzt wiederum aktuelle Setzung an sich selbst voraus. Denn angenommen, alle Wirklichkeit sei nur mögliche Setzung an sich selbst, so wäre doch diese Möglichkeit an sich selbst gesetzt. Setzung an sich selbst aber ist, nach *Kant*, Existenz (vgl. B 626). Der Möglichkeit von Setzung an sich selbst liegt also immer schon Setzung an sich selbst und damit Existenz zugrunde.

Wie verhält sich unter diesen Voraussetzungen nun das notwendig existierende Dasein zu seiner Wesenheit? Als notwendig existierendes Wesen ist es nicht nur an sich selbst gesetzt, sondern so gesetzt, daß es an sich selbst *nicht* nicht gesetzt sein kann. Denn wenn es nur durch ein anderes gesetzt ist, ist es gerade nicht unbedingt notwendig. Solange aber eine Wesenheit, ein Etwas, nicht identisch die Position seiner selbst an sich selbst ist, ist diese Position des Dinges nicht notwendig, sondern eben nur möglich.

Dann trifft auch die abmindernde Ausdrucksweise Kants zu, daß das Sein als Existenz „bloß“ die Position eines Dinges an sich selbst ist. Nur dann kann also etwas *notwendig* existieren, wenn seine Wesenheit die absolute Position oder das reine Sein selbst ist.

Ist eine solche Wesenheit notwendig *uneingeschränkt?* Um dieses festzustellen, wollen wir näher auf Kants Auffassung vom uneingeschränkten All der Realität eingehen. – Es ist uns vielleich schon aufgefallen, daß Kant das transzendentale Substrat der durchgängigen Bestimmung aller Dinge das *All* der Realität nennt (B 604) und die *Materie* zu aller Möglichkeit (B 601). „Alle Mannigfaltigkeit der Dinge ist nur eine eben so vielfältige Art, den Begriff der höchsten Realität, der ihr gemeinschaftliches Substratum ist, einzuschränken, so wie alle Figuren nur als verschiedene Arten, den unendlichen Raum einzuschränken, möglich sind.“ (B 607) Diese Redeweisen sind jedoch nur vorläufig.

„Weil man auch nicht sagen kann, daß ein Urwesen aus *viel*[3] abgeleiteten Wesen bestehe, indem ein jedes derselben jenes voraussetzt, mithin es nicht ausmachen kann, so wird das Ideal des Urwesens auch als *einfach*[3] gedacht werden müssen. – Die Ableitung aller anderen Möglichkeit von diesem Urwesen wird daher, genau zu reden, auch nicht als eine *Einschränkung* seiner höchsten Realität und gleichsam als eine *Teilung* derselben angesehen werden können; denn alsdann würde das Urwesen als ein bloßes Aggregat von abgeleiteten Wesen angesehen werden, welches nach dem vorigen unmöglich ist, ob wir es gleich anfänglich im ersten rohen Schattenrisse so vorstellten. Vielmehr würde der Möglichkeit aller Dinge die höchste Realität als ein *Grund* und nicht[s] als *Inbegriff* zum Grunde liegen, und die Mannigfaltigkeit der ersteren nicht auf der Einschränkung des Urwesens selbst, sondern seiner vollständigen Folge beruhen, zu welcher denn auch unsere ganze Sinnlichkeit, samt aller Realität in der Erscheinung, gehören würde, die zu der Idee des höchsten Wesens, als ein Ingredienz, nicht gehören kann.“ (B 607)

In diesem Abschnitt bekundet Kant ein bemerkenswertes Verständnis für die Natur des höchsten Wesens; aber die Beziehung zur Existenz ist darin wieder nicht geklärt. Eine solche Beziehung gehört notwendig zum Begriff der Realität. Realität ohne Existenzmöglichkeit ist keine Realität. Nun sieht aber Kant sehr wohl, daß die höchste Realität als bloßer Inbegriff oder als Zusammenfassung alles Realen nicht existieren kann. Darum transzendiert er diesen Inbegriff auf seinen Grund hin, der vollkommen einfach sein muß. Dieser einfache Grund ist keine Vielheit von Seinsweisen. Was ist er dann? Solange die Rede von einem Etwas ist, dem eine Position an sich selbst zukommen kann, ohne daß es diese Position durch sein bloßes Etwas *ist,* kann die Vielheit der Seinweisen nicht überstiegen werden; denn sonst ist es selbst *eine* Seinsweise. Der einfache Grund aller Realität kann also nichts anderes sein als *das Sein selbst* im Sinne der reinen Position an sich selbst oder der unbedingt notwendigen Existenz. Aber diese ist ihrerseits auch

[3] Hervorhebung von mir.

immer und notwendig der einfache Grund aller Realität. Denn keine Realität ist möglich ohne die Beziehung auf das Sein selbst als absolute Position. Also ist das Unbedingte im Dasein auch notwendig das Unbedingte der Realität und umgekehrt.

Damit haben wir den einen Weg zur Realsetzung des transzendentalen Ideals über den Kontingenzbeweis durchschritten. Zugleich haben wir uns den Boden bereitet für den *zweiten Weg* durch eine weitere Untersuchung der Idee des Unbedingten.

8. Unbedingtheit und Existenz des transzendentalen Ideals

a) Die Natur der Vernunftbegriffe

Vergegenwärtigen wir uns noch einmal Kants Charakterisierung der Vernunft. Die Totalität der Bedingungen und das Unbedingte sind die gemeinschaftlichen Titel aller Vernunftbegriffe (B 380). „Der transzendentale Vernunftbegriff ist kein anderer, als der von der Totalität der Bedingungen zu einem gegebenen Bedingten. Da nun das Unbedingte allein die Totalität der Bedingungen möglich macht [d. h. condicio sine qua non jener Totalität ist], und umgekehrt die Totalität der Bedingungen [eben durch jenes Unbedingte] jederzeit selbst unbedingt ist, so kann ein reiner Vernunftbegriff überhaupt durch den Begriff des Unbedingten, sofern er einen Grund der Synthesis des Bedingten enthält, erklärt werden.“ (B 379) Ferner „geht der transzendentale Vernunftbegriff jederzeit nur auf die absolute Totalität in der Synthesis der Bedingungen, und endigt niemals, als bei den [dem] schlechthin, d. i. in jeder Beziehung [nicht nur an sich selbst], Unbedingten (B 382) ... So bezieht sich demnach die Vernunft nur auf den Verstandesgebrauch [nicht auf die synthetische Einheit der Anschauung in der Kategorie], und zwar nicht, sofern dieser den Grund möglicher Erfahrung enthält, (denn die absolute Totalität der Bedingungen ist kein in einer Erfahrung brauchbarer Begriff, weil keine Erfahrung unbedingt ist), sondern um ihm die Richtung auf eine gewisse Einheit vorzuschreiben, von der der Verstand keinen Begriff hat, und die darauf hinausgeht, alle Verstandeshandlungen, in Ansehung eines jeden Gegenstandes, in ein absolutes Ganze[s] zusammenzufassen. Daher ist der objektive Gebrauch der reinen Vernunftbegriffe [wenn es einen solchen gibt, was Kant verneint] jederzeit transzendent.“ (B 383) Die transzendentalen Vernunftbegriffe gehen also wesentlich auf die absolute Totalität der Bedingungen zu einem gegebenen Bedingten und damit auf das schlechthin Unbedingte, das notwendig jenseits aller Erfahrung [im Sinne der kantischen Rezeptivität] ist.

Die so erwogenen reinen Vernunftbegriffe sind transzendental, d. h. sie entspringen a priori aus der Vernunft und durch sie allein werden gewisse synthetische Erkenntnisse a priori möglich, nämlich die absolute Einheit des Systems. Diese Vernunftbegriffe „sind nicht willkürlich erdichtet, sondern durch die Natur der Vernunft selbst aufgegeben, und beziehen sich daher notwendigerweise auf den ganzen Verstandesgebrauch." (B 384) Sie charakterisieren also wirklich das Wesen der Vernunft, so daß, wenn sich in ihnen ein Widerspruch hervortäte, die Vernunft mit sich selbst in Widerspruch geriete und aufhörte Vernunft zu sein.

b) Die Idee des Unbedingten und das Unbedingte an sich selbst

Die Idee des Unbedingten besagt demnach eine ihr wesentliche Beziehung zum Unbedingten selbst. Denn ohne diese Beziehung wird durch den Vernunftbegriff des Unbedingten schlechterdings nichts Unterscheidbares vorgestellt. Daraus folgt aber, daß die Idee des Unbedingten *durch das Unbedingte selbst,* mag es an sich sein, was es will, *bedingt ist* und in ihm den Grund und Richtpunkt ihrer Beziehung hat. Wer dies leugnen will, muß folgerichtig die wesentliche Bezogenheit der *Idee* des Unbedingten zum Unbedingten *selbst* leugnen und statt dessen diese Idee zum Unbedingten an sich selbst machen, wodurch jedes von der Idee des Unbedingten verschiedene Unbedingte als unmöglich und widersprechend gesetzt wird. Ein solches Unbedingte, das vollkommen identisch ist mit seiner Idee, kann aber auch nicht mehr die Idee einer Vernunft sein, die als Grund und damit als Bedingung dieser Idee aufgefaßt wird. Vernunft, Idee und das Unbedingte selbst müssen dann identisch sein. Damit hätten wir ohne weiteres das transzendentale Ideal in seinem zugleich realen und idealen Sein. Das ist der Standpunkt des Deutschen Idealismus, aber nicht der Standpunkt *Kants,* wenn wir uns auf die Untersuchung der „Kritik der reinen Vernunft" beschränken und vom „Opus postumum" absehen. Denn die praktische Philosophie *Kants* zeigt, daß er – wenn auch nur aus praktischen Gründen – das Ansichsein des Unbedingten *außer* unserer Idee annimmt, was auch nach ihm nur möglich ist, wenn das Unbedingte an sich selbst wenigstens nicht widersprechend ist.

Diese Idee *wäre* aber in sich *widersprechend,* wenn sie zugleich das Unbedingte an sich selbst wäre und doch auch das Unbedingte außer ihr zulassen würde. Der Standpunkt des absoluten Idealismus ist deshalb im Rahmen der Kritik der reinen und der praktischen Vernunft unmöglich. Ferner ist nach *Kant* (und dem Ausweis unseres Selbstbewußtseins) die Funktion der Vernunft in ihren Ideen auf den Verstand und, zumindest was den Akt des Verstandes angeht, auch auf ein Gegebenes der Sinnlichkeit angewiesen, was wiederum ausschließt, daß die Idee des Unbedingten unmittelbar und identisch das Unbedingte an sich selbst ist.

c) Möglichkeit und Existenz des Unbedingten

Kehren wir daher zur ersten Annahme zurück, daß die Idee des Unbedingten durch dieses selbst als einem Jenseits der Idee bedingt ist. Ist damit schon die *Existenz* des Unbedingten bewiesen? Das hängt davon ab, ob man zwischen Möglichkeit und Existenz des Unbedingten einen Unterschied zuläßt. Wohlgemerkt, handelt es sich dabei nicht um die bloß negative Möglichkeit des Nichtwiderspruchs in unseren Begriffen, die wir mit *Kant* bereits voraussetzen können, sondern um die positive Möglichkeit des Unbedingten an sich selbst. Es fragt sich also, ob das Unbedingte an sich selbst möglich ist und ob diese seine Möglichkeit, nicht in unseren Begriffen, sondern an sich selbst, von seiner etwaigen Existenz verschieden sei oder auch nur verschieden sein könne.

Die Idee des Unbedingten ist in uns wirklich und notwendig mit der Vernunft gegeben, und zwar in dem Sinne, daß sie die Natur der Vernunft zum Ausdruck bringt, daß die Verneinung dieser Idee eine Verneinung der Vernunft selbst wäre. *Kant* selbst betont, daß „die reinen Vernunftbegriffe von der Totalität in der Synthesis der Bedingungen wenigstens als Aufgabe, um die Einheit des Verstandes, womöglich, bis zum Unbedingten fortzusetzen, notwendig und in der Natur der menschlichen Vernunft gegründet" sind. (B 380) Nun ist aber die Idee des Unbedingten, und damit auch die Vernunft, deren Natur sie zum Ausdruck bringt, nicht möglich ohne das Unbedingte selbst. Also muß notwendig auch dieses, und zwar an sich selbst, möglich sein. Das Unbedingte aber ist niemals möglich, ohne notwendig zu sein im Sinne der absoluten Setzung oder der Existenz. Denn ein *bloß* Mögliches, das an sich noch indifferent ist zu Sein oder Nichtsein, zu Existenz oder Nichtexistenz, bedarf noch einer Determinierung und ist deshalb nicht unbedingt. Das Unbedingte ist also an sich selbst möglich, notwendig und existent.

9. Tatsache und Natur der objektiven Gültigkeit der transzendentalen Ideen und des transzendentalen Ideals

Die objektive Gültigkeit gewisser transzendentaler Ideen und insbesondere des transzendentalen Ideals steht zwar nach dem Gesagten fest und wir können diese Begriffe fortan mit Recht „conceptus ratiocinati" (richtig geschlossene Begriffe) heißen (vgl. B 368). Aber wir haben das Verhältnis von Verstand und Vernunft noch nicht genügend erörtert, um die Bedeutung und den Sinn dieser objektiven Gültigkeit voll ermessen zu können.

Objektiv gültig ist nach scholastischem Sprachgebrauch eine Vorstellung oder ein Begriff, wenn sein vorgestellter Inhalt auch an sich selbst, wenngleich nicht in derselben Weise, verwirklicht ist. Es hängt mit der Lösung, die *Kant* dem Erkenntnisproblem gibt, zusammen, daß für ihn der Ausdruck „objektive Geltung" eine besondere und der scholastischen gegenüber verschiedene Bedeutung hat. Weil nach ihm das Objekt unserer Erkenntnis identisch ist mit dem durch uns selbst konstituierten Gegenstand und wir an diesem nur das erkennen, was wir an formalen Bestandteilen in ihn hineingelegt haben, während das Ding an sich für uns unerkannt bleibt, bedeutet „objektiev Gültigkeit" für ihn, daß ein Inhalt entweder der transzendentalen Gesetzlichkeit entsprechend aus Materie und Form der Erkenntnis konstituiert ist, wie etwa unsere Wahrnehmungen, oder daß er, wie etwa unsere auf die Erfahrung anwendbaren Begriffe, eine mögliche

Form solcher Gegenstände ist. Ein Begriff besitzt also nur objektive Geltung, sofern er in die Konstitution eines Erfahrungsgegenstandes eingehen kann. Daher sind die Kategorien objektiv, die Ideen hingegen, die definitionsgemäß alle Erfahrung übersteigen, nicht.

Aus den Ideen ergeben sich Grundsätze, die nach *Kant* zugleich synthetisch und transzendent sind (vgl. oben S. 161 und B 364–366), synthetisch, weil das Unbedingte nicht analytisch im Begriffe des Bedingten liegt, transzendent, weil das Unbedingte niemals empirisch gegeben sein kann, wie auch die Antithetik der reinen Vernunft bestätigt hat (s. oben S. 171 ff.). Die Synthesis des Bedingten und Unbedingten hat jedoch nach *Kant* keine konstitutive Bedeutung für die Objekte unserer Anschauung. Sie ist nur subjektiv aus der Natur unserer Vernunft, die eine systematische Einheit in ihren Erkenntnissen sucht, notwendig, hat also keine objektive Geltung. Aus demselben Grund entbehrt auch der Übergang von den Ideen zum Ideal der objektiven Geltung.

Eine nähere Untersuchung zeigt jedoch, daß sowohl die Gegenstände der Erfahrung durch die Ideen und Grundsätze der Vernunft, wie diese wiederum durch die im „Ideal" sich kundgebende Ausrichtung der Vernunft auf das Unbedingte an sich selbst *konstitutiv bedingt* sind. Mit anderen Worten: weil das Unbedingte *ist*, ist in der vollen und unumschränkten Bedeutung dieses Wortes, weil ferner die Vernunft wesentlich ein auf das Unbedingte ausgerichtetes Vermögen ist und darum alles Denken, alle Erkentnisse und Erfahrung in irgendeiner Beziehung zum Unbedingten stehen, deshalb besitzt unsere Erfahrung objektive Wahrheitsgeltung. Die Ausrichtung auf das Unbedingte ist demnach konstitutiv auch für die Erfahrung. Nicht das Unbedingte selbst, wohl aber die Ausrichtung auf das Unbedingte geht in die Erfahrung ein und konstituiert sie mit. Denn ohne die Beziehung zum Unbedingten gibt es keine absolute Geltung der Erkenntnis.

Diese wird zwar von *Kant* nicht geradewegs ausgesprochen und behauptet, ergibt sich aber mit logischer Notwendigkeit aus dem, was er im „Resultat dieser Deduktion der Verstandesbegriffe" sagt: „Wollte jemand zwischen den zwei genannten einzigen Wegen noch einen Mittelweg vorschlagen, nämlich, daß sie [die Verstandesbegriffe] weder *selbstgedachte* erste Prinzipien a priori unserer Erkenntnis, noch aus der Erfahrung geschöpft, sondern subjektive, uns mit unserer Existenz zugleich eingepflanzte Anlagen zum Denken wären, die von unserem Urheber so eingerichtet worden, daß ihr Gebrauch mit den Gesetzen der Natur, an welchen Erfahrung fortläuft, genau stimmte (eine Art von *Präformationssystem* der reinen Vernunft), so würde (außer dem, daß bei einer solchen Hypothese kein Ende abzusehen sei, wie weit man die Voraussetzung vorbestimmter Anlagen zu künftigen Urteilen treiben möchte) das wider gedachten Mittelweg entscheidend sein: daß in solchem Falle den Kategorien die *Notwendigkeit* mangeln würde, die ihrem Begriffe wesentlich angehört. Denn z. B. der Begriff der Ursache, welcher die Notwendigkeit eines Erfolges unter einer vorausgesetzten Bedingung aussagt, würde falsch sein, wenn er nur auf einer beliebigen uns eingepflanzten subjektiven Notwendigkeit, gewisse empirische Vorstellungen nach einer solchen Regel des Verhältnisses zu verbinden, beruhte. Ich würde nicht sagen können: die Wirkung ist mit der Ursache im Objekte (d. i. notwendig) verbunden, sondern ich bin nur so eingerichtet, daß ich diese Vorstellung nicht anders als so verknüpft denken kann; welches gerade das ist, was der Skeptiker am meisten wünscht; denn alsdann ist alle unsere Einsicht, durch vermeinte objektive Gültigkeit unserer Urteile, nichts als lauter Schein, und es würde auch an Leuten nicht fehlen, die diese subjektive Notwendigkeit (die gefühlt werden muß) von sich nicht gestehen würden; zum wenigsten könnte man mit niemandem über dasjenige hadern, was bloß auf der Art beruht, wie sein Subjekt organisiert ist." (§ 27, B 167–168) Die Kategorien sind also nach *Kant* objektiv und konstitutiv, sofern sie nicht bloß für ein Subjekt oder eine Subjektsart, sondern schlechterdings für jedes mögliche diskursive Subjekt gelten. Was aber so gilt, ist entweder an sich selbst unbedingt, oder es ist letztlich vom Unbedingten bedingt. Denn das Beziehungsgefüge „Objekt – Subjekt überhaupt" kann zuletzt nicht anders als „absolut" sein. „Absolut" aber ist nur ein anderes Wort für „unbedingt". Nun ist aber jeder Begriff, der aufs Unbedingte geht, nach *Kant* eine Idee. Also muß auch die Kategorie, wenn sie schon nicht das Unbedingte selbst repräsentiert, doch einen gewissen Anteil an der Idee haben, kraft deren sie auf das Unbedingte bezogen ist. Also ist die Kategorie als Prinzip objektiv gültiger und schlechthin wahrer Erkenntnis durch die Idee bedingt. Dasselbe gilt aber auch für das Verhältnis der Idee zum Ideal und, wie wir gesehen haben, für das Ideal zum Unbedingten an sich selbst. Also ist die Beziehung zum Unbedingten an sich selbst konstitutiv für jede Erfahrungserkenntnis.

10. Ontologischer und transzendentallogischer Gottesbeweis

Wenn so die Idee des Unbedingten objektive Geltung hat, entsteht die weitere Frage, wieso die Idee des Unbedingten vom Unbedingten verschieden sein und es doch in sich „enthalten" (B 367) könne. Das schlechthin Unbedingte ist, wie wir gesehen haben, auch das Unumschränkte. Wie kann aber die Idee einer endlichen Vernunft das Unendliche in sich „enthalten"? Die Idee des Unbedingten ist der Wesensausdruck der Vernunft. Die menschliche Vernunft aber enthält das Unbedingte nicht als ein Gegebenes, nicht wie ihre eigene Form, sondern als ein Aufgegebenes, als Ziel ihrer Wesensaktivität. Nicht das Unbedingte selbst, sondern das Hin-zu-dem-Unbedingten ist ihre Wesensform, die ihr in der Idee des Unbedingten zum Bewußtsein kommt.

Von hier aus wird es nun verständlich, warum der Schluß von der Idee des Unbedingten auf dessen Existenz keineswegs dasselbe wie der ontologische Gottesbeweis ist.[4] Denn die Gottesidee, die hier zugrunde gelegt

[4] Der Ausdruck „ontologischer Gottesbeweis" wird hier nur in dem historisch festliegenden Sinn gebraucht, als eines Beweises aus dem bloßen Begriff Gottes.

wird, ist keine beliebige, willkürlich erdachte und historisch angenommene, sondern eine aus der Natur der Vernunft, so sie sich nur selbst erkennt, notwendig zu bildende Idee.[5] Außerdem, und das ist entscheidend, geht der Schluß nicht vom Inhalt der Idee auf deren Gegenstand über, sondern vom wesentlichen Streben der Vernunft, das durch die Idee des Unbedingten umschrieben und gekennzeichnet wird, auf die notwendige Bedingung der Möglichkeit dieses Strebens. „Denn das, was uns notwendig über die Grenze der Erfahrung und aller Erscheinungen hinaus zu gehen treibt, ist das Unbedingte [es selbst, an sich: denn *nur so* ist es unbedingt], welches die Vernunft in den Dingen an sich selbst notwendig und mit allem Recht zu allem Bedingten, und dadurch die Reihe aller Bedingungen als vollendet, verlangt." (B XX) Zu beachten ist dabei nur, daß die unbedingte Bedingung nicht mit den bedingten in einer Reihe stehen kann. Der Schluß von der Idee des Unbedingten, dem transzendentalen Ideal, auf das Unbedingte selbst ist also nichts anderes als ein transzendental-logischer Beweis aus der Natur unserer Vernunft auf deren letzte und notwendige Bedingung der Möglichkeit.

Kant allerdings betrachtet die Realisierung und Hypostasierung der Idee des Unbedingten (vgl. B 611 Anm.) als eine Unterschiebung, welche „sich dadurch offenbart, daß, wenn ich nun das oberste Wesen, welches respektiv auf die Welt schlechthin (unbedingt) notwendig war, als Ding an sich betrachte, diese Notwendigkeit keines Begriffes fähig ist und also nur als formale Bedingung meines Denkens und in meiner Vernunft anzutreffen gewesen sien müsse". (B 647) Auch anderswo, bei Besprechung des ontologischen Gottesbeweises, macht *Kant* gegen die objektive Geltung des Unbedingten die Leerheit seines Begriffes geltend. „Denn alle Bedingungen, die der Verstand jederzeit bedarf, um etwas als notwendig anzusehen, vermittelst des Wortes: *Unbedingt* wegwerfen, macht mir noch lange nicht verständlich, ob ich alsdann durch einen Begriff eines Unbedingtnotwendigen noch etwas, oder vielleicht gar nichts denke." (B 621)

Was *Kant* hier sagt, ist berechtigt, wenn man sich dem Unbedingten bloß durch seinen rein negativen Begriff nähern will. Aber das war nicht unser Weg. Alle Inhaltlichkeit des Bedingten, Endlichen, ist im Unbedingten, Unendlichen aufgehoben und aufbewahrt, wenngleich ohne die Form des Endlichen, Bedingten, Diskursiven, was *Kant* selbst beim Entwurf des transzendentalen Ideals zugibt (vgl. B 604). Nicht der Verstand, sondern die Vernunft ist es, die zum reflexen Bewußtsein des Unbedingten gelangt, und auch sie nicht in der endlichen Umschriebenheit eines „Begriffs", sondern in einer Bewegung des Transzendierens, zu der der Vernunftbegriff nur mehr das Gesetz vorschreibt, ohne das Ziel selbst in sich umfassen zu können.

[5] So hat übrigens schon Bonaventura den Anselmischen Beweis aufgefaßt. Er schloß nicht so sehr aus dem Gottesbegriff, als vielmehr aus dem im Geiste ausgeprägten Gottesbild und dem daraus entspringenden Gottesstreben auf Gott. Vgl. Bonaventura, Quaestiones disputatae de mysterio trinitatis, quaest. I, art. 1, Tertia via, Respondeo.

Nach *Kant* müssen wir allen Erscheinungen einen transzendentalen Gegenstand in Gedanken zum Grunde legen (vgl. B 568). Damit werden die Erscheinungen als bedingt gedacht durch den transzendentalen Gegenstand, jenes Etwas überhaupt, das damit seinerseits, zumindest den Erscheinungen gegenüber, als *unbedingt* gedacht wird, wenn Kant das auch nicht ausdrücklich sagt. Es erhebt sich nun die Frage, welcher Realitätswert dem transzendentalen Gegenstand nach Kant zukommt und wie er sich zu dem Unbedingten im psychologischen, kosmologischen und absoluten Sinn, von dem wir bisher gehandelt haben, verhält.

Im Zuge der transzendentalen Deduktion der Kategorien (Ausgabe A) fragt Kant: „Was versteht man denn, wenn man von einem der Erkenntnis korrespondierenden, mithin auch davon unterschiedenen, Gegenstand redet? Es ist leicht einzusehen, daß dieser Gegenstand nur als etwas überhaupt = X müsse gedacht werden, weil wir außer unserer Erkenntnis doch nichts haben, welches wir dieser Erkenntnis als korrespondierend gegenübersetzen könnten. Wir finden aber, daß unser Gedanke von der Beziehung aller Erkenntnis auf ihren Gegenstand etwas von Notwendigkeit bei sich führt, da nämlich dieser als dasjenige angesehen wird, was dawider ist, daß unsere Erkenntnisse nicht aufs Geratewohl, oder beliebig, sondern a priori auf gewisse Weise bestimmt seien, weil, indem sie sich auf einen Gegenstand beziehen sollen, sie auch notwendigerweise in Beziehung auf diesen untereinander übereinstimmen, d. i. diejenige Einheit haben müssen, welche den Begriff von einem Gegenstande ausmacht. Es ist aber klar, daß, da wir es nur mit dem Mannigfaltigen unserer Vorstellungen zu tun haben, und jenes X, was ihnen korrespondiert (der Gegenstand), weil er etwas von allen unseren Vorstellungen Unterschiedenes sein soll, für uns nichts ist, die Einheit, welche der Gegenstand notwendig macht, nichts anderes sein könne, als die formale Einheit des Bewußtseins in der Synthesis des Mannigfaltigen der Vorstellungen.“ (A 104–105; im gleichen Sinne auch 108–109)

Nicht anders bestimmt *Kant* den Gegenstand als solchen auch in der Ausgabe B. So heißt es dort: „Verstand ist, allgemein zu reden, das Vermögen der Erkenntnisse. Diese bestehen in der bestimmten Beziehung gegebener Vorstellungen auf ein Objekt. *Objekt* aber ist das, in dessen Begriff das Mannigfaltige einer gegebenen Anschauung *vereinigt* ist. Nun erfordert aber alle Vereinigung der Vorstellungen Einheit des Bewußtseins in der Synthesis derselben. Folglich ist die Einheit des Bewußtseins dasjenige, was allein die Beziehung der Vorstellungen auf einen Gegenstand, mithin ihre objektive Gültigkeit, folglich, daß sie Erkenntnis werden, ausmacht, und worauf folglich selbst die Möglichkeit des Verstandes beruht.“ (B 137)

Aus dem Gesagten ergibt sich mit hinreichender Deutlichkeit, daß der transzendentale Gegenstand nach *Kant* zwar als an sich und damit in gewissem Sinne als unbedingt *gedacht* wird, aber selbst eben doch nicht an sich *ist*. Seine Rolle, dem Fluß der Erscheinungen einen festen und unverrückbaren Punkt der Identität zu geben, spielt er nur in Funktion der formalen und eben darum konsistenten Gesetzlichkeit des Bewußtseins. Außerdem wird diese formale Gesetzlichkeit des Bewußsteins auf einen Verstand eingeschränkt, welcher der materialen Erfüllung durch ein Mannigfaltiges der Erscheinung bedarf (B 138). Der transzendentale Gegenstand ist also nach Kant nicht ein Unbedingtes an sich selbst, sondern nur eine Objektivierung der formalen Beschaffenheit des Bewußtseins, kraft deren den Erscheinungen ein Gegenstand überhaupt zugrunde gelegt wird.

Dieser transzendentale Gegenstand wird auch als „Grund" (B 333), „unbekannter Grund" (A 380) oder als „Ursache der Erscheinung", der, „mithin selbst nicht Erscheinung ist" gedacht (B 344). *Kant* wehrt sich aber dagegen, den transzendentalen Gegenstand als Ding überhaupt, ohne alle sinnlichen Bestimmungen aufzufassen oder ihn durch die bloßen Kategorien, die doch nur auf Gegenstände der Anschauung anwendbar sind, zu bestimmen (B 344). Über solche Gegenstände können wir „nach demjenigen, was sie an sich selbst, d. i. ohne alle Beziehung auf die Sinne sein mögen", keine Erkundigung anstellen. (A 380) Wir können dieses Objekt zwar Noumenon nennen, aber doch nur im negativen Sinne, weil die Vorstellung von ihm nicht sinnlich ist, und so, daß diese Vorstellung für uns leer bleibt. (B 345) Wir wissen also nicht, ob dieser Gegenstand ohne die Sinnenwelt bliebe, oder mit ihr zugleich aufgehoben würde. (B 344)

Wie wir jedoch oben (9., S. 183 ff.) gesehen haben, ist alle Erfahrungserkenntnis von Objekten als solchen letztlich konstitutiv bedingt von der in der Idee des Unbedingten zutage tretenden Ausrichtung der Vernunft auf das Unbedingte an sich selbst. Daß der transzendentale Gegenstand Ausdruck der formalen Gesetzlichkeit des Bewußtseins überhaupt ist, heißt demnach, daß er in seiner Gesetzlichkeit bedingt ist durch das Unbedingte an sich selbst. Damit aber wird er zu etwas, das, insofern es vom Unbedingten her gesetzt ist, selbst unbedingt gesetzt werden kann. Daß es aber vom Unbedingten her gesetzt ist, ist uns nur auf Grund dessen, daß wir es wahrnehmen, bekannt. Und was es – inhaltlich gesehen – ist, wird uns gleichfalls nur durch die Sinne faßbar. Darin aber liegen zugleich formale Bestandteile, deren Verneinung das Objekt nicht nur als Objekt eines möglichen Bewußtseins, sondern auch in seiner Bedingtheit durch das Unbedingte aufheben würde. Die sich so ergebende Erkenntnis des transzendentalen Gegenstandes ist zwar formal, und insofern leer, formal jedoch nicht im logischen, sondern im onto-logischen Sinn. In ihr erfassen wir nicht bloß die Formen möglichen *Bewußtseins* (Kategorien im kantischen Sinn), sondern Formen möglichen *Seins überhaupt* (Kategorien im aristotelischen (Sinn).

Wie verhält sich nun der so verstandene transzendentale Gegenstand zum *Unbedingten im kosmologischen Sinn?* Kennzeichnend für die kosmologische Idee ist die unbedingte Totalität und die Synthesis in der Erscheinung (vgl. B 434). Durch beide Momente unterscheidet sich die kosmologische Idee vom transzendentalen Gegenstand. Dieser liegt zwar allen Gegenständen der Erscheinung ohne Unterschied zugrunde (A 107), ohne jedoch deren Totalität zu bestimmen. Was aber die Synthesis in der Erscheinung betrifft, so bestimmt der transzendentale Gegenstand zwar die formale Gesetzlichkeit des Erscheinenden überhaupt, nicht jedoch ist er hinreichende Bedingung für die gegliederte und konkrete Totalität des Besonderen der Erscheinungen oder für die Welt. M. a. W. der transzendentale Gegenstand begründet zwar die abstrakte Allgemeinheit von Gegenständen der Sinne überhaupt, nicht aber ist er Weltbegriff oder Weltidee.

Was das Verhältnis des transzendentalen Gegenstandes zur Idee des *Unbedingten im psychologischen Sinne* angeht, so ist das Unbedingte des Ich, wie wir gesehen haben, intelligible Wirklichkeit (3., S. 164 ff.) und demnach einerseits mehr als bloße transzendentale Gesetzlichkeit, anderseits aber auch mehr als bloße Faktizität eines Subjekts. Es ist Subjekt, das in seiner Existenz die formalen Bedingungen des Bewußtsein überhaupt verwirklicht, wozu (nach 9., S. 184 ff.) auch die Ausrichtung auf das Unbedingte an sich selbst gehört. Eben deshalb ist der Begriff des transzendentalen Gegenstandes (Etwas überhaupt) auch auf das Ich – *welches*, nicht *sofern* es Subjekt ist – anwendbar. Denn „Etwas überhaupt" kann all das genannt werden, was, sofern es vom Unbedingten her gesetzt (bzw. setzbar) ist, unbedingt ist.

Weil endlich der transzendentale Gegenstand das, was er ist, nur in Funktion des Unbedingten an sich ist, deshalb kann man die Bezeichnung „Etwas überhaupt" im analogen Sinn auch auf das *Unbedingte im absoluten Sinn* übertragen, ohne daß man deshalb sagen dürfte, das Unbedingte sei begrifflich identisch mit dem transzendentalen Gegenstand. Es ist vielmehr der letzte Grund für Gegenständlichkeit überhaupt und für alles, was an ihr teilhat.

12. Unbedingtes und Ding an sich

Eine letzte Frage bleibt zu klären: wie sich Unbedingtes und Ding an sich zueinander verhalten. Zum Teil hängt diese Frage vom Verhältnis des Dings an sich zum transzendentalen Gegenstand ab. Nach *Bruno Bauch* ist der transzendentale Gegenstand als Gegenstand überhaupt der Ausdruck der formalen Beschaffenheit des Bewußtseins, während das Ding an sich diese Gesetzlichkeit auf einen besonderen Gegenstand der Erfahrung bezieht, also als nichterscheinender Grund für bestimmte, besondere Gegenstände der Erfahrung gedacht wird.[6] Obwohl manche Texte *Kants* dies durch den Gebrauch der Worte „Ding an sich" und „Dinge überhaupt" andeuten (z. B. B XXVI, XXVII, B 45, 51, 298), so lassen sich doch andere Texte (z. B. B 310 ff.) nicht gut auf diesen einfachen Nenner bringen. Auf jeden Fall ist der transzendentale Gegenstand oder der Gegenstand (Ding) überhaupt nicht immer gleichbedeutend mit Ding (Gegenstand) an sich. Denn Gegenstände überhaupt können sowohl als Gegenstände an sich wie als Gegenstände der Sinne vorgestellt werden, da sie von beiden abstrahieren. Oft

[6] Vgl. B. Bauch, Immanuel Kant, 1917, 265–266.

allerdings gebraucht *Kant* den Ausdruck „Dinge an sich" in dem bloß abstraktiv allgemeinen Sinn, so wenn er sagt: „daß der Raum alle Dinge befasse, die uns äußerlich erscheinen mögen, aber nicht alle Dinge an sich selbst, sie mögen nun angeschaut werden oder nicht, oder auch von welchem Subjekt man wolle" (B 43). Hier sind die Dinge an sich und Dinge überhaupt gleichbedeutend.[7]

Die Dinge an sich, sofern man sie von Dingen überhaupt unterscheidet, sind nach *Kant* (a) entweder Dinge, die zwar erscheinen, die aber so gedacht werden, daß man von der Art, wie wir sie anschauen und wie sie uns erscheinen, abstrahiert (vgl. B 307), d. i. das Ding an sich als logisch notwendig zu denkendes Korrelat der Dinge der Erscheinung (vgl. B 306), damit aber nichts anderes als das transzendentale Objekt (sei es allgemein oder auf ein bestimmtes Ding der Erscheinung bezogen), oder auch (b) andere mögliche Dinge, die gar nicht Objekte unserer Sinne sind, die als Gegenstände bloß durch den Verstand gedacht und den möglichen Gegenständen der Sinne gleichsam gegenübergestellt werden und Verstandeswesen (Noumena im negativen Sinn) heißen (vgl. B 306), oder endlich (c) Objekte einer besonderen, nichtsinnlichen, intellektuellen Anschauung, die aber nicht die unsere ist, von welcher wir auch die Möglichkeit nicht einsehen; und dies wären die Noumena in positiver Bedeutung (vgl. B 307).

Der Begriff eines Noumenon in negativer Bedeutung ist in sich nicht widersprechend und als Grenzbegriff sogar notwendig, um Gegenstände der Erscheinung als solche zu denken. Ja selbst der Begriff eines Noumenon im positiven Sinne enthält keinen Widerspruch; nur kann man ihm nach Kant keinen bestimmten Gegenstand zuordnen (B 311).

Für das Ding an sich als Noumenon negativum, das nicht willkürlich gedacht, sondern den Erscheinungen notwendig zugrunde gelegt wird, gilt nach *Kant* ein Dreifaches: 1. daß es als ein Etwas überhaupt, 2. daß es als Grund der Erscheinungen (Etwas, *was* da erscheint) gedacht werde, und 3., daß das Erscheinende als Ding an sich gleichwohl unbekannt bleibe. Welche Abänderungen auf Grund unserer Ausführungen am ersten und zweiten Punkt anzubringen sind, darüber vergleiche man den Abschnitt 11 über das transzendentale Objekt. Hier sei die Aufmerksamkeit auf den dritten Punkt gerichtet.

Mit der grundsätzlichen Unbekanntheit des der Erscheinung zugrundeliegenden Dinges an sich hängt es wohl zusammen, daß *Kant* zwischen dem Gebrauch des Plurals (Dinge an sich) und der Einzahl (Ding an sich) schwankt. Daß aber das Ding an sich, obwohl es als Grund der Erscheinungen gedacht werden muß, dennoch unerkannt bleibt, das bedeutet ein Doppeltes: daß weder von der Beschaffenheit des Dinges an sich auf die Beschaffenheit der Erscheinung, noch von der Beschaffenheit der Erscheinung auf die Beschaffenheit des Dings an sich geschlossen werden kann. Das

[7] Vgl. auch B 344: „... so denkt er (der Verstand) sich einen Gegenstand an sich selbst, aber nur als transzendentales Objekt..."

erstere hat seinen Grund nicht nur darin, daß uns das Ding an sich, abgesehen von seiner Erscheinung, gar nicht bekannt ist, sondern noch mehr darin, daß es schlechterdings keine Regel (keinen gültigen Bedingungssatz: Wenn A = das Ding an sich ist so und so beschaffen, dann B = die Erscheinung ist so und so beschaffen) für das Verhältnis beider gibt. So sagt *Kant* im Hinblick auf den intelligiblen und empirischen Charakter: „Warum aber der intelligible Charakter gerade diese Erscheinungen und diesen empirischen Charakter unter vorliegenden Umständen gebe, das überschreitet so weit alles Vermögen unserer Vernunft es zu beantworten, ja alle Befugnis derselben nur zu fragen, als ob man früge: woher der transzendentale Gegenstand unserer äußeren sinnlichen Anschauung gerade nur Anschauung im Raume und nicht irgendeine andere gebe." (B 585)

Aber auch umgekehrt kann man nicht direkt aus der Beschaffenheit der Erscheinung auf die Beschaffenheit des Dinges an sich schließen. Hier ist zwar das eine Glied, die Beschaffenheit der Erscheinung, bekannt; wieder aber fehlt die Regel, nach der man schließen könnte (der gültige Bedingungssatz: Wenn die Erscheinung so und so beschaffen ist, dann ist notwendig auch das Ding an sich so und so beschaffen). Denn die Regeln, die für den Zusammenhang der Erscheinungen untereinander gelten, können nicht auf den Zusammenhang der Erscheinung mit ihrem nichterscheinenden, intelligiblen Grund angewandt werden. In diesem Sinne weist *Kant* z. B. den Versuch zurück, die Wirklichkeit der Freiheit als einer Ursache der Erscheinungen darzutun. „Denn, außer daß dieses gar keine transzendentale Betrachtung, die bloß mit Begriffen zu tun hat, gewesen sein würde, so könnte es auch nicht gelingen, indem wir aus der Erfahrung niemals auf etwas, was gar nicht nach Erfahrungsgesetzen gedacht werden muß, schließen können." (B 586)

Es ist jedoch zu erwägen, ob sich das Verhältnis von Ding an sich und Erscheinung oder umgekehrt nur im Verhältnis der Bedingung zum Bedingten und nicht etwa auch durch das Verhältnis des Bedingten zu seiner condicio sine qua non denken lasse (also etwa: Wenn das Ding an sich nicht so oder so beschaffen ist, dann kann auch die Erscheinung nicht so oder so beschaffen sein). Falls sich dieser Zusammenhang erweisen ließe, dann könnte gegebenenfalls aus der Tatsache, daß die Erscheinung so oder so beschaffen ist, auch geschlossen werden, daß das Ding an sich so oder so beschaffen ist. Es wäre dies aber nichts anderes als das Grundgesetz der Vernunft „wenn das Bedingte gegeben ist, so ist auch die ganze Summe der Bedingungen, mithin das schlechthin Unbedingte gegeben, wodurch jenes allein möglich war." (B 436) Vom Bedingten läßt sich nämlich auf die Bedingung nur schließen, sofern ein notwendiger Zusammenhang zwischen dem Nichtbestehen einer Bedingung und dem Nichtbestehen eines Bedingten vorliegt.

Dabei muß zwischen der gegenständlichen und der Erkenntnisordnung unterschieden werden. Obwohl in der Erkenntnisordnung jeder Begründungszusammenhang als Bedingungssatz aufgefaßt werden kann (wenn p, dann q; nun aber p, also q), so ist doch der fragliche und zugrunde zu legende Zusammenhang von der gegenständlichen Ordnung herzunehmen und zwar, wie eben dargetan worden, nicht der Zusammenhang der Bedingung zum Bedingten, noch des Bedingten zur einfachen Bedingung, sondern des Bedingten zu seiner condicio sine qua non.

Daß ein solcher Zusammenhang überhaupt besteht und erkennbar ist, gibt auch *Kant* zu, wenn er sagt, daß wir den Erscheinungen *notwendig* Dinge an sich zugrunde legen und sie notwendig als *Grund* der Erscheinungen betrachten. Dies führt jedoch nach *Kant* deshalb zu keiner Kenntnis von Dingen an sich, weil diese kraft jenes Zusammenhangs nur als transzendentale Objekte (ein Etwas überhaupt) angenommen werden müssen und diese ihrerseits nichts anderes darstellen als die formale Einheit des Bewußtseins überhaupt. Nachdem aber feststeht, daß die transzendentalen Objekte, sofern sie als vom Unbedingten her gesetzt gegeben sind (und das sind sie, sobald sie wahrgenommen werden), auch unbedingt setzbar sind, so können sie mit Recht als Dinge an sich selbst nicht nur *gedacht,* sondern auch *behauptet* werden, und es ist ihnen kraft dieser Behauptung (die sich virtuell bis zum Unbedingten an sich selbst erstreckt) all das zuzuerkennen oder abzusprechen, dessen Verneinung, bzw. Bejahung, diese Behauptung (mit all dem, was sie virtuell einschließt) wieder aufheben würde. Daß es sich dabei nicht um inhaltliche, sondern formale Aussagen der Ontologie handelt, das ist oben (S. 187–189) schon gezeigt worden.

Trotz der Zurückweisung des Kantischen Agnostizismus in Sachen der Ontologie ist dagegen einzuräumen, daß wir tatsächlich nicht wissen, wie die „Dinge an sich" sich einer anderen Anschauung als der unseren kundgeben, noch wie sich die Erscheinungen unserer Anschauungswelt positiv aus den Dingen an sich ergeben, ja nicht einmal, ob diese Dinge an sich – die nur als condicio sine qua non unserer Erscheinungswelt erfaßt werden können – *außerdem* oder auch *statt dessen* noch in anderer Weise erscheinen können. Dieses philosophische Nichtwissen ist theologisch bedeutsam in Anbetracht mancher Glaubensaussagen, z. B. über die bis in die Naturgesetzlichkeit hinein von der unseren ganz verschiedene Welt des Paradieses oder der Auferstehung bei gleichwohl bestehender Zuordnung zu denselben „Dingen an sich", die teilweise auch unserer Erscheinungswelt zugrundeliegen. Dieselbe Unmöglichkeit, aus den ontologischen Grundbestimmungen unsere konkrete Welt und ihre konkrete Gesetzlichkeit abzuleiten, ist eines der Argumente gegen den absoluten Idealismus. Durch sie wird ferner, gegenüber einem philosophisch nicht haltbaren Totalitätsanspruch des naturgesetzlichen Zusammenhangs unter Erscheinungen, die Möglichkeit offengelassen, daß zwischen den Dingen unserer auf Raum und Zeit bezogenen Erscheinungswelt noch andere, dem Raum und der Zeit nicht unterworfene Beziehungen bestehen, wie sie uns die parapsychologischen Versuche nahelegen oder gar schon beweisen.

Auf Grund des Gesagten läßt sich nun die Frage nach dem Verhältnis des Unbedingten zum Ding an sich beantworten: Vom Ding an sich aus läßt sich sagen, daß dieses in der Weise, wie es genommen wird (als gedachtes oder wirklich bestehendes) immer auch in einem gewissen Sinn unbedingt ist, nämlich zumindest gegenüber den Erscheinungen, denen es zugrundegelegt wird. Sofern dies nicht nur in Gedanken, sondern kraft gültiger Setzung geschieht, schließt das Ding an sich in seiner relativen Unbedingtheit immer auch virtuell die Setzung des Unbedingten schlechthin ein.

Umgekehrt ist aber auch jedes Unbedingte, in dem Maße und dem Sinne es unbedingt ist (oder gedacht wird), auch Ding an sich (oder wird als solches gedacht). Dem entsprechend ist zu sagen, daß das *kosmologisch Unbedingte* zwar bei Kant nur als uns unbekanntes Totalitätsgesetz auftreten kann (vgl. B 589), in Anbetracht der von uns angebrachten Korrekturen jedoch außer dem Totalitätsgesetz mit seiner heuristischen Bedeutung auch ein echtes, allerdings außer dem ganzen Zusammenhang der Erscheinungen (bzw. der den Erscheinungen unmittelbar zugehörenden Dinge) liegendes Unbedingte anzunehmen ist, das condicio sine qua non jenes Totalitätszusammenhangs (der Welt) ist.

Daß auch das *Unbedingte im psychologischen Sinn* Ding an sich im negativen, aber doch ontologischen Sinn genannt werden muß, bedarf nach dem unter 3. und hier Gesagten keiner weiteren Erläuterung mehr. Aus 3. geht ferner hervor, daß es sogar ein Ding an sich im positiven Sinne ist, wenn auch in abgemindertem Maß (vgl. oben S. 166 ff.).

Im vollen und uneingeschränkten Maß hingegen ist das *Unbedingte schlechthin* Ding an sich zu nennen. Um dies zu zeigen, müssen wir das früher (7.–9.) über das Verhältnis der Idee des Unbedingten zum Unbedingten selbst, bzw. des transzendentalen Ideals zum Unbedingten schlechthin, Gesagte noch einmal aufnehmen. Wir haben dort besonders die Verschiedenheit der Idee des Unbedingten (welche die Naturtendenz unserer Vernunft zum Unbedingten zum Ausdruck bringt) und des Unbedingten an sich selbst betont. Diese Betonung war nötig, solange es sich um die Frage handelte, ob das Unbedingte außer unserer Idee von ihm wirklich sei. Es kann damit aber nicht gemeint sein, daß das Unbedingte an sich selbst keine intellektuelle Selbstanschauung sei. Nur ist diese Selbstanschauung nicht mit unserer diskursiven Idee des Unbedingten zu verwechseln. Daß aber das schlechthin und an sich selbst Unbedingte intellektuelle Selbstanschauung ist, erhellt daraus, daß es sonst nicht absolut erste Bedingung der Möglichkeit für die Vernunft und ihre Ausrichtung auf das Unbedingte sein könnte. Denn alle diskursive Tätigkeit der Vernunft zielt ihrer Natur nach immer auf ein Nicht-Diskursives. (Vgl. B 33) Das Nicht-Diskursive der Vernunft aber ist intellektuelle Selbstanschauung. Denn die nicht-diskursive Tätigkeit der Vernunft ist der Selbstvollzug der Vernunft in ihrem Bei-sich-sein, und Selbstvollzug der Vernunft in ihrem Bei-sich-sein ist intellektuelle Selbstverwirklichung und Selbstanschauung. Nun ist aber die menschliche und jegliche diskursive Vernunft auf das Unbedingte an sich selbst gerichtet, d. h. sie findet nur in ihm den eigentlichen Zielpunkt ihrer Natur. Der Zielpunkt der diskursiven Vernunft als solcher aber ist das Nicht-Diskursive der Vernunft. Also ist jener Zielpunkt, nämlich das Unbedingte an sich selbst, das schlechthin Nicht-Diskursive der Vernunft oder reine und absolute intellektuelle Selbstanschauung. Was aber „Gegenstand“ (der nicht vom Anschauenden verschieden sein muß) einer intellektuellen Anschauung ist, ist Ding an sich im positiven und uneingeschränkten Sinn. Also ist das schlechthin und an sich Unbedingte Ding an sich im positiven und uneingeschränkten Sinn.

13. Schluß

Überblicken wir den durchlaufenen Weg noch einmal in seinen Hauptstrecken. Wir sind von der Idee des „Unbedingten“, die im Mittelpunkt der transzendentalen Dialektik *Kants* steht, ausgegangen. Sie sollte im Rahmen der „Kritik der reinen Vernunft“ nach ihrer objektiven Geltung untersucht werden. Als Ansatzpunkt ergab sich uns die Untersuchung der absoluten Einheit des denkenden Subjekts. Diese führte uns in eingehender Analyse des Kantischen Textes auf den Existenzcharakter des „Ich denke“ und auf das Ich als Substantiale und intelligiblen Gegenstand. Damit ist aber der Bereich der bloßen Erscheinungen überschritten. Das Unbedingte war dann weiter in der Welt der äußeren Erscheinungen zu suchen. Es zeigte sich dabei jedoch, daß das Unbedingte in den Erscheinungen als solchen nicht gefunden werden, daß es im Weltganzen weder als eben dieses Ganze noch als sein Teil enthalten sein kann. Es ist dort nur der „Idee“ nach, also als Anleitung der Vernunft, es jenseits der Welt zu suchen, vorhanden. Wir werden so zur Untersuchung des transzendentalen Ideals geführt. Diesem will *Kant* keine theoretisch nachweisbare Existenzbedeutung zuerkennen. Nachdem wir aber den Bereich der Erscheinungen schon einmal überschritten haben, läßt sich die Existenz des transzendentalen Ideals nach *Kants* eigenen Prinzipien nicht mehr umgehen. Darauf führt nicht nur der, unter diesen Voraussetzungen gültige, Kontingenzbeweis, sondern auch, ohne in den ontologischen Gottesbeweis einzumünden, die voll durchdachte Unbedingtheit des transzendentalen Ideals selbst.

Von dem erreichten Standort aus konnte einsichtig gemacht werden, daß zwar nicht das Unbedingte selbst, wohl aber die Ausrichtung der Vernunft auf das Unbedingte in die Erfahrung selbst eingeht und sie (durch die Kategorien vermittelt) letztgültig konstituiert. Daraus wird dann verständlich, warum der Schluß von der Idee des Unbedingten – die ja nur die Form des wesentlichen Strebens der Vernunft ist – auf das Unbedingte selbst kein „ontologischer“, sondern ein transzendental-logischer Gottesbeweis aus der Natur der Vernunft ist. Ferner gelingt es von hier aus, dem transzendentalen Objekt und den Kategorien einen wirklich onto-logischen Sinn zu verleihen und so die Möglichkeit formaler Aussagen der Ontologie zu begründen. Die Vergleichung endlich des Unbedingten mit dem Ding an sich zeigt, daß das Unbedingte schlechthin auch Ding an sich im uneingeschränkten Sinn ist.

Ausgehend von den Aufstellungen *Kants* über die Idee des Unbedingten in der „Kritik der reinen Vernunft“ und sie folgerichtig von gewissen Ansatzpunkten aus, die sich bei *Kant* selbst finden, weiter entwickelnd, glauben wir damit gezeigt zu haben, daß sich aus diesen Voraussetzungen mit logischer Notwendigkeit die Existenz des Unbedingten an sich selbst und damit auch die Möglichkeit und Notwendigkeit einer Ontologie und Seinsmetaphysik ergibt.

Nachbemerkungen

Die Abhandlung wurde zuerst veröffentlicht in „Kant und die Scholastik heute" (Pullacher Philosophische Forschungen, Band I) hrsg. von J. B. Lotz, Pullach b. München, Verlag Berchmanskolleg [jetzt: Johannes Berchmans Verlag, München] 1955, S. 108–153.

a] Zuwendung zu sinnenhaften Vorstellungen

KANT UND DAS HÖCHSTE GUT

1. Kants Lehre

Das höchste Gut als Gegenstand des reinen Willens enthält nach Kant[1] ein doppeltes: Tugend und Glückseligkeit, die Tugend als „oberste Bedingung alles dessen, was uns nur wünschenswert scheinen mag, mithin auch aller unserer Bewerbung um Glückseligkeit"[2], die Glückseligkeit als Ergänzung des obersten Gutes, wodurch dieses erst zu einem vollendeten Gut wird[3]. Beide sind miteinander notwendig, als Grund und Folge verbunden, dies aber nicht analytisch, sondern synthetisch, im Sinne einer realen Verbindung durch Kausalität[4]. Die analytische Verbindung von Tugend und Glückseligkeit, nach der „die Bestrebung, tugendhaft zu sein, und die vernünftige Bewerbung um Glückseligkeit nicht zwei verschiedene, sondern ganz identische Handlungen wären", lehnt Kant ab[5]. Eine solche Identität könnte entweder die Tugend als Grundbegriff zugrunde legen, wie die Stoiker taten, oder die Glückseligkeit, wie die Epikureer es versuchten[6]. Die Maximen der Tugend und der eigenen Glückseligkeit sind jedoch ganz ungleichartig und schränken einander in demselben Subjekt sehr ein[7]. Dennoch gehören sie beide zum höchsten Gut, so daß die Frage bleibt: wie ist das höchste Gut möglich?[8] Die Verbindung beider Elemente

[1] Kritik der praktischen Vernunft (KPV), 1787, 196–198.
[2] KPV 198.
[3] KPV 199.
[4] KPV 199–200.
[5] KPV 200.
[6] KPV 200.
[7] KPV 202.
[8] KPV 203.

kann nicht aus der Erfahrung abgeleitet werden, denn es ist a priori und praktisch notwendig, das höchste Gut durch Freiheit des Willens hervorzubringen. Darum muß auch die Begründung dieses Begriffes transzendental sein, d. h. auf einer Bedingung a priori der Möglichkeit desselben beruhen[9].

Da die Verbindung der beiden im höchsten Gut gedachten Elemente nur synthetisch, und zwar als Verknüpfung von Ursache und Wirkung in unseren Handlungen möglich ist, muß entweder die Begierde nach Glückseligkeit die Bewegursache zu Maximen der Tugend, oder die Maxime der Tugend muß die wirkende Ursache der Glückseligkeit sein. Beides aber ist, wie die Antinomie der praktischen Vernunft ausführt, unmöglich. Das erste, weil (wie in der Analytik bewiesen worden) Maximen, die aus dem Verlangen nach Glückseligkeit hervorgehen, gar nicht moralisch sind und keine Tugend gründen können; das zweite, weil die realen Folgen unserer Willensbestimmungen in der Welt sich nicht nach den moralischen Gesinnungen des Willens, sondern nach der Kenntnis der Naturgesetze und dem physischen Vermögen sie zu nutzen und noch nach vielem anderen richten, was gänzlich von unserem Willen unabhängig ist[10]. Es besteht daher keine notwendige, zum höchsten Gut zureichende Verknüpfung von Tugend und Glückseligkeit als Folge der Beobachtung der moralischen Gesetze. Da jedoch das höchste Gut ein a priori notwendiges, durch unseren Willen zu bewirkendes Objekt ist und mit dem moralischen Gesetz unzertrennlich zusammenhängt, folgt aus der Unmöglichkeit, das höchste Gut nach praktischen Regeln zu bewirken, auch die Unmöglichkeit des moralischen Gesetzes selbst[11]. So lautet die Antinomie der praktischen Vernunft.

Kant löst die Antinomie dadurch auf, daß er zwar zugesteht, es sei schlechterdings falsch zu meinen, man könne durch das Streben nach Glückseligkeit die Tugend hervorbringen, hingegen sei der Satz von der Hervorbringung der Glückseligkeit durch die Tugend nicht schlechterdings, sondern nur bedingterweise falsch, solange man nämlich dem Dasein des vernünftigen Wesens und seiner Kausalität nur eine Existenz in der Sinnlichkeit zuschreibe. Da ich jedoch im moralischen Gesetz einen intellektuellen Bestimmungsgrund meiner Kausalität, und zwar auch auf die Sinnenwelt habe, so ist es nicht unmöglich, daß die Sittlichkeit der Gesinnung einen wenigstens mittelbaren, aber doch notwendigen Zusammenhang als Ursache zu einer Wirkung hat, wobei die Vermittlung durch den intelligiblen Urheber der Natur stattfindet[12]. Diese Lösung der Antinomie führt dann Kant weiter aus in der Lehre von den Postulaten der praktischen Vernunft. Auf ihre Darlegung kann an dieser Stelle verzichtet werden. Nur auf eine Folgerung, die Kant dabei machen muß, sei noch kurz hingewiesen.

[9] KPV 203.

[10] Vgl. Kritik der Urteilskraft, § 87.

[11] KPV 205.

[12] KPV 205–207.

Er muß nämlich beim höchsten Gut nicht nur dessen innere Gliederung (in Tugend als höchste Bedingung und Glückseligkeit als Ergänzung), sondern außerdem noch ein abgeleitetes und ein ursprüngliches höchstes Gut unterscheiden, wobei das abgeleitete höchste Gut mit der durch die Tugend bedingten Glückseligkeit oder der besten Welt, das ursprüngliche höchste Gut aber mit Gott identisch ist[13].

2. Problematik der Lehre Kants

Kants Lehre vom höchsten Gut hat viel Kritik gefunden. Es sei hier nur an Paulsen[14], der von der „unglückseligen Glückseligkeit" spricht, besonders aber an Hermann Cohen[15] erinnert. Eine der Schwierigkeiten ist die Definition der Glückseligkeit, die Kant gibt. Sie ist nach ihm „das Bewußtsein eines vernünftigen Wesens von der Annehmlichkeit des Lebens, die ununterbrochen sein ganzes Dasein begleitet"[16]. Sie ist darum nur insofern praktisch, als die Empfindung der Annehmlichkeit oder die Lust, die das Subjekt von der Wirklichkeit des Gegenstandes erwartet, das Begehrungsvermögen bestimmt. Alle materialen Prinzipien sind demnach von einerlei Art und gehören zum Prinzip der Selbstliebe oder der eigenen Glückseligkeit[17]. Die aus ihnen entnommenen praktischen Regeln bestimmen den Willen im unteren Begehrungsvermögens, während das obere allein durch formale Gesetze bestimmt wird[18]. Weil der materiale Bestimmungsgrund von dem Subjekt bloß empirisch erkannt werden kann, gibt er kein Gesetz ab, „weil dieses als objektiv in allen Fällen und für alle vernünftigen Wesen ebendenselben Bestimmungsgrund des Willens enthalten müßte. Denn obgleich der Begriff der Glückseligkeit der praktischen Beziehung der Objekte aufs Begehrungsvermögen allerwärts zum Grunde liegt, so ist er doch nur der allgemeine Titel der subjektiven Bestimmungsgründe und bestimmt nichts spezifisch[19]." „Worin nämlich jeder seine Glückseligkeit zu setzen habe, kommt auf jedes sein besonderes Gefühl der Lust und Unlust an, und selbst in einem und demselben Subjekt auf die Verschiedenheit des Bedürfnisses nach den Abänderungen dieses Gefühls, und ein subjektiv

[13] KPV 226.

[14] Friedrich Paulsen, Immanuel Kant. Sein Leben und seine Lehre, Stuttgart ^{8}1924, 326.

[15] Hermann Cohen, Kants Begründung der Ethik, nebst ihren Anwendungen auf Recht, Religion und Geschichte. Berlin ^{2}1910, 344–369.

[16] KPV 40. Vgl. auch KPV 224: „Glückseligkeit ist der Zustand eines vernünftigen Wesens in der Welt, dem es im Ganzen seiner Existenz alles nach Wunsch und Willen geht, und beruht also auf der Übereinstimmung der Natur zu seinem ganzen Zwecke, imgleichen zum wesentlichen Bestimmungsgrunde seines Willens." Diese Begriffsbestimmung ist enger als die im Text angeführte, da sie die Glückseligkeit in eine wesentliche Verbindung mit dem Willen und der Sittlichkeit bringt, zu der sie proportioniert sein muß, ohne durch sie bewirkt werden zu können.

[17] KPV 40–41.

[18] KPV 41.

[19] KPV 45–46.

notwendiges Gesetz (als Naturgesetz) ist also objektiv ein gar sehr zufälliges praktisches Prinzip, das in verschiedenen Subjekten sehr verschieden sein kann und muß, mithin niemals ein Gesetz abgeben kann[20]." Selbst wenn sich also die Objekt-Lust-Beziehung naturgesetzlich festlegen ließe, wäre damit noch immer kein für jeden, auch einen nicht-menschlichen Willen, geltendes Gesetz und Prinzip gewonnen. Und selbst wenn alle endlichen vernünftigen Wesen über das, was sie als Objekte ihrer Gefühle des Vergnügens oder Schmerzes anzunehmen hätten, durchgehends einerlei dächten, „so würde das Prinzip der Selbstliebe dennoch von ihnen durchaus für kein praktisches Gesetz ausgegeben werden können; denn diese Einhelligkeit wäre selbst doch nur zufällig"[21].

3. Umformung des Begriffs der Glückseligkeit

Dieser von Kant vertretenen Auffassung gemäß, ist es allerdings unmöglich, daß die Glückseligkeit ein praktischer Bestimmungsgrund des Willens und der Sittlichkeit sei. Man sieht aber nach denselben Voraussetzungen ebensowenig ein, wieso diese selbe Glückseligkeit mit der Tugend ein Ganzes, das vollendete Gut ausmachen könne[22], und zwar derart, daß die Verbindung beider, obwohl synthetisch, so doch a priori, mithin praktisch notwendig, folglich nicht als aus der Erfahrung abgeleitet erkannt werde, und die Möglichkeit des höchsten Guts also auf keinen empirischen Prinzipien beruhe[23]. Denn es scheint nicht möglich zu sein, ein festes und zudem noch a priori gültiges Verhältnis zweier Größen anzugeben, wenn die eine von ihnen a priori völlig unbestimmt oder doch beliebig variabel ist.

Im Hinblick auf die theoretische Philosophie Kants könnte man allerdings entgegnen, daß auch bei der Konstitution der Erkenntnis der unbestimmte oder doch beliebig variable Faktor der chaotischen Sinnesempfindungen eben durch die apriorischen Formen der Sinnlichkeit und des Verstandes zu diesen in ein bestimmtes Verhältnis gebracht werde. Darin allerdings erweist sich das System als mit sich selbst in Übereinstimmung befindlich. Nur scheint es, daß man den gegen die praktische Philosophie erhobenen Einwand auch gegen die theoretische Philosophie erheben kann. Wie immer sich aber das auch bei der Erkenntniskonstitution verhalten mag, auf jeden Fall sind die Befriedigungen, deren Summe Kant als die Glückseligkeit bezeichnet, zwar variabel, aber nicht etwas völlig Unbestimmtes und Gestaltloses. Nun kann man sich die Variabilität der Befriedigungen im höchsten Gut dadurch eingeschränkt denken, daß sie von der Tugend bedingt und durch sie notwendig gemacht sind. Dann aber muß man zwischen Bestrebungen der Glückseligkeit unterscheiden, die sich

[20] KPV 46.
[21] KPV 47.
[22] KPV 199.
[23] KPV 203.

zum Stoff der Tugend eignen, und solchen, die ihr widerstreiten und daher von ihr nicht bedingt sein können. Diese Unterscheidung aber kann man nicht von der subjektiven Seite der Glückseligkeit und von der Erlebnisqualität der Lust oder Unlust her begründen. Die Möglichkeit einer solchen Unterscheidung steht vielmehr unter der Bedingung, daß es zwischen den möglichen Objekten der Begehrungen und den diesen Begehrungen zugrundeliegenden Gesamtanlagen eines vernünftigen Wesens ein bestimmtes, durch Vernunft erkennbares Verhältnis gibt. Ohne ein solches bestimmtes Verhältnis wäre auch eine Konkretisierung der Ethik auf den Menschen hin, wie Kant sie in der Metaphysik der Sitten gibt, unmöglich. Wenn es aber ein solches bestimmtes Verhältnis gibt, muß es sich ebensosehr und noch mehr auf das obere als auf das untere Begehrungsvermögen beziehen, und auf beide nicht nach Maßgabe einer erst empirisch feststellbaren Lust[24], sondern nach der Regel a priori dieser Vermögen oder, scholastisch ausgedrückt, nach deren Formalobjekt. Unter den gemachten Voraussetzungen, die unvermeidbar scheinen, wenn zwischen Glückseligkeit und Tugend ein a priori bestimmbares Verhältnis herrschen soll, bestimmt sich die Glückseligkeit von ihrem Objekt her als das Gesamtgut des vernünftigen Wesens.

Dieser Begriff der Glückseligkeit ist sehr weit, da er nicht auf endliche und bedürftige Wesen eingeschränkt ist. Er ist aber auch noch nicht genügend bestimmt, da er noch sittlich neutral ist. Denn es ist durch diesen Begriff noch nicht bestimmt, worein nun ein vernünftiges Wesen sein Gesamtgut setzt, ob es zwar durch Vernunft, aber nicht dem Gesetz der Vernunft gemäß dabei verfährt, also sich praktisch irrt, oder ob es dem Wesensgesetz der Vernunft gemäß verfährt und die wahre Glückseligkeit erstrebt. Die wahre Glückseligkeit ist demnach das Gesamtgut des vernünftigen Wesens, sofern es ein vernünftiges Wesen ist. Damit aber erweist sich die wahre Glückseligkeit als wesentlich durch die Sittlichkeit bedingt. Sie ist zwar nicht Sittlichkeit, aber sie enthält sie als ihre inneres Wesensgesetz. Es besteht demnach ein a priori notwendiger Zusammenhang zwischen Glückseligkeit und Sittlichkeit[25] wenigstens in der Art, daß wahre Glückseligkeit nicht ohne Sittlichkeit möglich ist.

Muß man aber auch umgekehrt sagen, daß die Sittlichkeit (der sittlich gute Wille) notwendig die Glückseligkeit fordert? Hermann Cohen glaubt, sich der Glückseligkeit in der Ethik überhaupt entschlagen zu können, ja er meint, daß sie von Kant nur zum Schaden der Ethik in eine so enge Ver-

[24] Die bloße Annehmlichkeit des Lebens ist nur eine Bedingung, nicht der eigentliche Gegenstand der Glückseligkeit eines vernünftigen Wesens, wenn der Zustand der Glückseligkeit „auf der Übereinstimmung der Natur zu seinem [des vernünftigen Wesens] ganzen Zwecke, imgleichen zum wesentlichen Bestimmungsgrunde seines Willens" beruhen soll (vgl. KPV 224).

[25] Da die Glückseligkeit nicht bloß auf endliche und bedürftige Wesen eingeschränkt ist, besteht der Zusammenhang nicht nur zwischen Glückseligkeit und Tugend, sondern allgemein zwischen Glückseligkeit und Sittlichkeit, also mit Einschluß der Heiligkeit Gottes.

bindung mit ihr gebracht worden sei[26]. Soweit er den von Kant gegebenen, rein subjektiven Begriff der Glückseligkeit zugrundelegt, hat Cohen auch recht. Er hat keine andere Wahl, als für die Position der Stoiker zu optieren. Das oberste Gut ist für ihn unmittelbar und durch sich selbst auch das vollendete Gut, vollendet allerdings nur in der Idee, niemals in der Ausführung[27]. Eine solche Einschränkung des Gegenstandes der Vernunft auf die Tugend widerspricht jedoch der Natur der Vernunft. Als Vermögen des Unbedingten geht sie jederzeit auf das Gesamtgut. Das Gesamtgut aber kann nicht nur in der formalen Richtigkeit des Wollens bestehen. Es muß zumindest die Person des Wollenden selbst als Zweck an sich selbst mit einschließen. Täte es das nicht, so wäre die Autonomie aufgehoben und Sittlichkeit unmöglich. Josef Schmucker[28] hat überzeugend nachgewiesen, daß die Ethik Kants nicht in dem Sinne einer bloßen objektiven Regelrichtigkeit formal ist, wie man lange gemeint hat, sondern daß sie auch als reine, apriorische Ethik, noch vor ihrer Anwendung auf den Menschen, ein eminent inhaltliches Element und Prinzip enthält, nämlich die Person, das selbständige Vernunftwesen an sich selbst. Er hat unwiderleglich bewiesen, daß die drei Formeln des kategorischen Imperativs, wie Kant ja auch selbst ausdrücklich sagt[28a], wirklich nur drei Formeln sind, von denen jede auf jede andere zurückgeführt werden kann. Das vernünftige Wollen eines Vernunftwesens schließt daher immer sich selbst und jede andere Person als Zweck an sich selbst ein. Wenn aber etwas als Zweck an sich selbst gewollt wird, dann wird damit auch alles, was auf diesen Zweck als Zweck an sich selbst bezogen ist, mitgewollt. Das der Vernunftregel entsprechende Wollen eines Vernunftwesens geht daher jederzeit auf sein Gesamtgut[29] und das Gesamtgut jedes anderen Vernunftwesens. Also liegt in der Sittlichkeit (d. i. in dem durch die Vernunft als Vernunft bestimmten Wollen) auch notwendig die Forderung der Glückseligkeit.

Die Bestimmung des Objektes der Glückseligkeit und seines Verhältnisses zur Sittlichkeit ist jedoch nur möglich, wenn sich auch über die subjektive Seite der Glückseligkeit oder den Genuß eines Gutes gewisse allgemeingültige Aussagen machen lassen. Jedes Vermögen, das ins Spiel kommt, hat im Vollzug seiner Tätigkeiten eine gewisse, unmittelbare

[26] Hermann Cohen, Kants Begründung der Ethik, 344–369, bes. 354–355.

[27] Hier begegnet uns eine weitere Schwierigkeit: der unendliche Fortschritt in der Zeit, der eine Fortdauer des Menschen nach dem Tode in einer nicht nur intelligiblen, sondern auch sinnlichen Daseinsweise fordert. Auf diese Schwierigkeit und die Diskussion ihrer Lösungen braucht hier, im Hinblick auf das Folgende, nicht eingegangen zu werden.

[28] Josef Schmucker, Der Formalismus und die materialen Zweckprinzipien in der Ethik Kants, in J. B. Lotz (Hgb.), Kant und die Scholastik heute (Pullacher Philosophische Forschungen, Bd. 1), Pullach b. München 1955, 155–205.

[28a] Grundlegung zur Metaphysik der Sitten. Akademie-Ausgabe, IV, 436.

[29] Das Gesamtgut des vernünftigen Wesens umfaßt mehr als nur die sittlich gute Gesinnung. Wenn es anders wäre, könnte man eine Person all ihrer Güter berauben unter dem Vorwand, ihr Gesamtgut als Vernunftwesen, nämlich die sittlich gute Gesinnung, werde dadurch nicht beeinträchtigt.

Kenntnis seines Zustandes, die untrennbar ist von dem, was man Bewußtsein nennt. Diese unmittelbare Kenntnis wird nur erlebt, gefühlt, nicht auf Begriffe gebracht. Diese Kenntnis ist aber notwendig anders, wenn die Tätigkeit, auf der sie beruht, der Natur des Subjektes und seiner Vermögen angepaßt und ohne Störungen auf das eigentümliche Objekt geht, und wieder anders, wenn bei dieser Tätigkeit etwas geschieht, was diesen Bedingungen zuwiderläuft, insbesondere, wenn eine Hemmung der naturgemäßen Tätigkeit und eine Störung des naturgemäßen Zustandes auftritt. Das Gefühl im ersten Fall nennt man Lust, das im zweiten Fall Unlust, wobei, wie Kant selbst zugibt, beides auch im höheren Begehrungsvermögen, im Willen selbst auftreten kann[30]. Nur will Kant die Lust dort nicht zur Glückseligkeit rechnen, nachdem er diese einmal auf das untere Begehrungsvermögen beschränkt hat. Obwohl noch niemand die Erfahrung der vollen Glückseligkeit gemacht hat, kann man doch a priori sagen, daß die subjektive Glückseligkeit der restlosen Befriedigung notwendig mit dem ungestörten Besitz des Gesamtgutes eines vernünftigen Wesens gegeben ist.

4. Umformung der Definition des Begehrungsvermögens

Allerdings muß in diesem Zusammenhang und als Bedingung für eine Bestimmung des Verhältnisses von Glückseligkeit und Sittlichkeit, noch eine Definition Kants revidiert werden, die Definition des Begehrungsvermögens und des Willens. Kant definiert das Begehrungsvermögen als das Vermögen eines Wesens, durch seine Vorstellungen Ursache von der Wirklichkeit der Gegenstände dieser Vorstellungen zu sein[31]. Ohne Zweifel gibt es in jedem Lebewesen, das Vorstellungen haben kann, ein solches Vermögen. Welches aber sind die Gegenstände, die über den Weg der Vorstellungen zur Wirklichkeit gebracht werden sollen? Es können das zwar auch äußere Gegenstände sein, die als Mittel zur Bedarfsdeckung verwirklicht werden sollen. Aber in der Primitivregung ist es die Änderung des gegenwärtigen Zustandes des Lebewesens, also die Wirklichwerdung eines künftigen Zustandes, und abhängig davon die Ergreifung, Einverleibung, Bewegung oder sonstige Änderung äußerer Gegenstände oder des eigenen Leibes als Mittel zur Herbeiführung jener Änderung des subjektiven Zustandes. Dieser ganze Vorgang hat aber als Bewirkung eines noch nicht wirklichen Zustandes mittels einer Vorstellung eine positive, gelebte Haltung des Lebewesens zu dem vorgestellten Zustand zur Voraussetzung. Diese Voraussetzung selbst ist das Begehren, während jener Vorgang der Bewirkung mittels der Vorstellung des Begehrten nur dessen Folge und Ausführung ist. Das Begehren selbst aber ist die Hinneigung des Lebewesens zu dem Gegenstand (hier der Veränderung seines Zustandes), der ihm als Gut, d. i. als Erfüllung seiner Naturanlagen vorgestellt wird, die auf diese

[30] KPV 133–135.
[31] KPV 16, Anm.

Erfüllung nach einem Ganzheitsplan (einer Naturidee des zu Verwirklichenden) hingeordnet sind. Erst aus dieser Hinneigung zum Gut geht die Verwirklichung dieses Gutes hervor. Die Begehrungen selbst gehen aber durchaus nicht immer von der Vorstellung einer schon einmal gehabten Lust aus. Die Erfahrung zeigt vielmehr, daß es auch ursprüngliche Triebe und Begehrungen gibt, die von keiner zuvor gemachten Erfahrung herrühren.

Außerdem zeigt die Analyse des Begehrens, daß dessen Tätigkeit zwar am auffälligsten in die Erscheinung tritt, wenn es sich um die Änderung eines Zustandes handelt. Selbstverständlich aber richtet sich dieses „Begehren" auch auf diesen Zustand, nachdem er eingetreten ist, also auf dessen Fortdauer, solange er als lebensgemäß empfunden wird. Daß dies der Fall ist, erkennt man daran, daß ein des Begehrens fähiges Lebewesen sich sofort gegen eine Störung in dem erstrebten und erlangten Zustand wehrt, ob es nun ein Zustand der Ruhe oder der Tätigkeit ist. Die Tätigkeit des Begehrungsvermögens hört demnach mit der Erlangung des Begehrten nicht auf, sondern setzt sich in einem aktiven Genießen und aktiven Besitzen fort. Der Name „Begehrungsvermögen" stammt daher von der auffälligsten Tätigkeit dieses Vermögens, bezeichnet aber nicht den ganzen Umfang dieses Vermögens, zu dem ohne Zweifel auch das aktive Genießen und Besitzen gehört. Dieses Genießen und Besitzen bezieht sich zwar auf die Wirklichkeit seines Gegenstandes, aber nicht notwendig auf dessen kausale Verwirklichung[32].

Was hier über das Begehrungsvermögen und seine Definition gesagt wurde, gilt sowohl für das untere wie das obere Begehrungsvermögen. Kant bestimmt das letztere als dasjenige, das durch bloß formale Gesetze hinreichend bestimmt werden kann. Formal bedeutet hier: nicht durch das wie immer vorgestellte Gefühl der Lust, sondern durch den kategorischen Imperativ. Dieser aber schließt, wie wir gesehen haben, auch die Beziehung auf die Person als Zweck an sich selbst ein.

Daß man das Begehrungsvermögen, und insbesondere den Willen, nicht als Vermögen der Verwirklichung eines Gegenstandes, und sei es auch nur der eigenen Handlungen, definieren kann, stimmt übrigens auch besser mit dem zusammen, was Kant sonst über den Willen sagt. Die kategorischen Imperative und praktischen Gesetze bestimmen nach ihm „den Willen als Willen, noch ehe ich frage, ob ich gar das zu einer begehrten Wirkung erforderliche Vermögen habe"[33]. Zwar hat jedes Begehrungsvermögen in allen seinen Betätigungen, auch dort wo es sich nicht um ein Begehren im

[32] Darum besteht auch von hier aus kein Hindernis, die Glückseligkeit in Gott, in dem sie nicht bewirkt werden kann, sondern seine Wirklichkeit selbst ist, anzunehmen. – John R. Silber hingegen geht in seiner im übrigen bemerkenswerten Interpretation ganz von der Voraussetzung aus, daß die Glückseligkeit durch den menschlichen Willen bewirkt werden müsse: Kant's conception of the highest good as immanent and transcendent, in: Philosophical Review 68 (1959) 469–492.

[33] KPV 37.

engeren Sinn des Wortes handelt, einen Bezug auf die Wirklichkeit seines Objekts. Aber dieser kann sehr verschieden sein. Es muß sich nicht immer um eine Verwirklichung handeln. Der Wille kann sich daher auch auf einen wirklichen Zweck an sich selbst richten im Sinne einer Bejahung, Anerkennung oder jener Selbstidentifizierung mit dem anderen Selbst, die wir personale Liebe nennen. Diese ist ihrem Wesen nach nicht pathologisch und sinnlich, obwohl sie sich auch im Bereich der Sinnlichkeit ausdrücken und repräsentieren kann. Gerade wenn von der Glückseligkeit als dem Gesamtgut eines vernünftigen Wesens, sofern es vernünftig ist, gehandelt wird, darf man dieses Gesamtgut nicht auf die Summe der begehrten Güter, also auf Güter, die nur einen Nutz- und Dienstwert haben, beschränken[34]. Diese Güter sind nur zweitrangige Nebengegenstände der Glückseligkeit eines Wesens, das auch der sinnlichen Sphäre angehört. Das zentrale Gut der Glückseligkeit liegt in der Linie der personalen Liebe. Dies ist es auch, was die Menschen gewöhnlich unter Glück verstehen. Gewiß ist die Berufung darauf kein a priori einsichtiger Beweisgrund. Aber die Philosophen tun gut daran, solche Hinweise der Erfahrung nicht zu übersehen.

In der personalen Liebe ordnet nicht eine Person die andere sich als Mittel ihrer Begehrungen unter. Die personale Liebe ist auch kein Prinzip der bloßen Gleich- und Nebenordnung, so sehr sie die Anerkennung des anderen als eines in sich selbständigen Wertes anerkennt. Sie ist vielmehr ein Prinzip der gegenseitigen Selbstmitteilung unter Wahrung der personalen Selbständigkeit, ein gegenseitiges Eröffnen dessen, was ein jedes hat und besitzt, nicht nur des äußeren Besitzes, sondern vor allem des inneren Reichtums.

5. Das Unbedingte der Glückseligkeit

Da die Vernunft das Vermögen des Unbedingten ist, muß auch im Gesamtgut eines vernünftigen Wesens, sofern es ein vernünftiges ist, das Unbedingte gesucht werden. Dieses Unbedingte kann nicht das einzelne endliche Vernunftwesen sein. Denn dadurch würden die Maximen seines Handelns auf seinen Eigennutz eingeschränkt und so untauglich zu einem praktischen Gesetz der Sittlichkeit. Ebensowenig kann das Unbedingte des Gesamtgutes bloß in einer von der Tugend bedingten ständigen und sichergestellten Annehmlichkeit des Lebens bestehen. Denn so läßt sich, wie wir gesehen haben, kein a priori notwendiger Zusammenhang zwischen Sittlichkeit und Glückseligkeit herstellen und daher auch nicht die Existenz eines Garanten dieser Verbindung postulieren. Die Frage drängt sich auf, ob das Unbedingte der Glückseligkeit nicht in der gegenseitigen personalen Liebe endlicher Personen zu finden sei. Diese Lösung scheitert jedoch aus demselben Grund wie die erste. Denn sobald eine solche Liebe, auf

[34] Der Vorwurf, den man oft gegen Kant erhoben hat, daß er Gott in die unwürdige Rolle eines Dienstmannes gedrängt habe, ist nicht ganz unbegründet.

endliche Personen eingeschränkt, zum Unbedingten gemacht wird, wird sie partikularistisch und tritt in Gegensatz zur Sittlichkeit, statt von ihr bedingt zu sein.

Die einzige personale Liebe, die unbedingt gesetzt, nicht notwendig in Gegensatz zur Sittlichkeit tritt, sondern mit ihr, um das mindeste zu sagen, notwendig vereinbar ist, ist die personale Liebe zu der Person, deren Wollen nicht bloß von einer (allezeit gefährdeten und nie vollendeten) Tugend bestimmt wird, sondern deren Wollen die absolute Heiligkeit selbst ist, d. i. die Liebe zu Gott. Er allein ist nicht bloß, wie jede andere Person, Wert oder, um mit Kant zu sprechen, „Zweck" an sich selbst, sondern das Ziel aller Werte an sich selbst, das eigentlich konstitutive Gut des Gesamtgutes eines vernünftigen Wesens, sofern es vernünftig ist. Er allein erfüllt die „Bedingungen" des Unbedingten in jeder Hinsicht. Dazu gehört nämlich nicht nur, daß er als sich selbst eröffnend und mitteilend die letzte Wirkursache, sondern auch die höchste Zielursache der Glückseligkeit und so ihr eigentlicher Gegenstand ist. Es gehört dazu nicht nur, daß das Streben nach Glückseligkeit mit dem sittlichen Wollen vereinbar, sondern von ihm wirklich bedingt ist. Das aber ist bei der personalen Liebe zu Gott (die eine Liebe des Willens, nicht pathologischer Gefühle[35] ist), der Fall. Denn die personale Liebe will den Geliebten um seiner selbst willen, nicht um der Erfüllung willen, die sie von ihm erhofft. In diesem Sinne fordert das Christentum die Liebe zu Gott über alles, also auch, daß man ihn mehr liebe und schätze als sich selbst. Diese Liebe zu Gott ist darum auch notwendig die Liebe zu der in Gottes Wesen und Sein (nicht in seiner Willkür) gründenden sittlichen Norm. Durch sie wird das erreicht, was wirklich das Unbedingte ist, nämlich jenes gemeinsame Prinzip, aus dem sich notwendig sowohl das praktische Gesetz als auch, in Unterordnung zu ihm, die Glückseligkeit ergibt.

Man wende nicht ein, das praktische Gesetz sei ein Urfaktum der Vernunft, das keine Ableitung zulasse. Es handelt sich hier nicht um eine Ableitung des praktischen Gesetzes aus einem anderswoher eingeführten Prinzip, sondern um die Rückführung des genannten Faktums auf die notwendigen Bedingungen seiner Möglichkeit. Ein *Faktum* ist das praktische Gesetz, sofern es ohne alle theoretische Konstruktion sich in den sittlichen Entscheidungen jedes Menschen kundgibt. Da es aber ein Faktum der *Vernunft* ist, verlangt es die Rückführung auf das schlechthin Unbedingte, das nur dort gefunden werden kann, wo die absolute Norm und das absolute Wollen, Idee und Wirklichkeit[36], nicht mehr zwei, sondern vollkommen eins sind. Das aber ist Gott.

[35] Im Sinne Kants.

[36] Über das Unbedingte als Idee und Wirklichkeit vgl. W. Brugger, Das Unbendingte in Kants „Kritik der reinen Vernunft", in J. B. Lotz (Hgb.), Kant und die Scholastik heute, 109–153, besonders 130–153; ferner hier S. 159.

6. Folgerungen

Es sei noch angemerkt, daß unter den gemachten Voraussetzungen (die dadurch nicht als beliebig hingestellt werden sollen) das Wollen Gottes nicht nur wesentlich heilig, sondern auch wahrhaft frei ist. Damit ist keine aller Sittenordnung vorgängige Willkür gemeint, sondern jene Freiheit, die der personalen Liebe eignet, insbesondere wenn der Gegenstand dieser Liebe persönliche Wesen sind, die dieser Liebe nicht vorgegeben sind, sondern erst durch sie entstehen. Ein weiteres folgt aus der personalen Liebe des Schöpfers zu denjenigen seiner Geschöpfe, die selbst persönliche Wesen, also Werte an sich selbst sind: daß nämlich sein Wille die einmal begonnene Existenz dieser Wesen garantiert. Denn die wahrhaft personale Liebe, und schon gar eine im strengen Sinn des Wortes schöpferische Liebe, ist unwiderruflich. Die Vernichtung eines persönlichen Wesens durch Gott ist auch dann unmöglich, wenn dieses Wesen sich gegen Gottes Heiligkeit und Liebe entscheidet. Denn durch eine Vernichtung würde Gott dieses Wesen zu einem bloßen Mittel zum Zweck machen, was seiner absoluten Heiligkeit widerspricht.

7. Schluß

Wir haben in Vorstehendem ausgehend von der Darlegung der kantischen Lehre über das höchste Gut[37] gesehen, daß diese keinen geringen Bedenken unterliegt. Wir haben versucht, den Gründen der zutage tretenden Mängel nachzugehen und sie in der mangelhaften Definition der Glückseligkeit und des Begehrungsvermögens gefunden. Wir haben gesehen, daß eine synthetische Verbindung a priori zwischen Glückseligkeit und Sittlichkeit nur möglich ist, wenn die Glückseligkeit von ihrem konstitutiven Objekt her bestimmt wird. Dies aber kann wegen der notwendigen Unterordnung der Glückseligkeit unter die Sittlichkeit nur durch die Beziehung auf einen Wert an sich selbst geschehen. Der einzige Wert an sich selbst, der jedoch der Forderung der Vernunft nach Unbedingtheit in jeder Hinsicht genügt, ist jener, dessen Wille absolute Heiligkeit und personale Liebe ist. Dieser aber ist Gott. In strenger Anwendung der kantischen transzendentalen Methode sind wir demnach zu Gott als dem Unbedingten der praktischen Vernunft gelangt. Seine Existenz ist daher nicht nur ein wegen der Brüchigkeit einer Konstruktion bloß zu glaubendes Postulat, sondern die Bedingung der Möglichkeit der praktischen Vernunft und darum ebenso gewiß wie diese selbst.

[37] Wie sie in der KPV vorliegt. Zur historischen Entwicklung der Ethik Kants vgl. Josef Schmucker, Die Ursprünge der Ethik Kants in seinen vorkritischen Schriften und Reflexionen (Monographien zur philosophischen Forschung, 23). Meisenheim am Glan 1961, Hain. Zum Problem des höchsten Gutes besonders S. 45, 223, 228, 313–315, 355–360.

Diese Abhandlung wurde zuerst in der „Zeitschrift für philosophische Forschung“ 18 (1964) 50–61 veröffentlicht.

DIE BEDEUTUNG KANTS FÜR DIE GEGENWART

150 Jahre nach Kants Geburtsjahr

Daß Kant in der Philosophie eine für immer bleibende Bedeutung behalten wird, dürfte unter Philosophen unwidersprochen sein, ob sie nun seiner Philosophie im ganzen zustimmen oder nicht. Wie aber steht es mit der Bedeutung Kants für die Gegenwart, unsere Gegenwart? Dies ist nicht als eine Tatsachenfrage gemeint: ob er *in* der Gegenwart eine Bedeutung habe; sondern als eine Wert- und Sollensfrage: Welches sind die Gedanken Kants, die es verdienen, daß sie gerade heute nach-gedacht, daß sie zu Ende gedacht werden? Ist sein Denken von der Art, daß gerade die Gegenwart es nötig hat, es in sich aufzunehmen und fruchtbar werden zu lassen? Daß Kants Denken dies verdient und daß die Gegenwart dieses Denken nötig hat, dies ist meine entschiedene Meinung, obwohl ich kein Kantianer bin.

Die Bedeutung Kants für die Gegenwart sehe ich darin, daß er, bei aller Auseinandersetzung mit dem naturwissenschaftlichen Denken seiner Zeit und dem Versuch einer Begründung der Naturwissenschaft, ein Denker der Vernunft und damit ein *Denker des Unbedingten* ist. Ich will versuchen, dies zu erläutern. Die Vernunft ist nach Kant das Vermögen des Unbedingten, und dies sowohl als theoretische wie als praktische Vernunft. Aufgabe des Verstandes ist es, die Erscheinungen, das durch die Sinne Gegebene, auf Begriffe zu bringen, es zu ordnen und überschaubar zu machen. So wird es für den Menschen griffig. Der Verstand lehrt uns, beliebige Zwecke in der Erscheinungswelt zu verwirklichen. Darin haben wir es zur Meisterschaft gebracht. Aber ob sich das so in Wissenschaft und Technik Erreichte oder Angestrebte für den Menschen als Ganzes schickt, darüber schweigen Wissenschaften und Technik, darüber schweigt der Verstand. Darüber nachzudenken, darüber zu befinden, ist Sache der Vernunft. Denn nur die Vernunft bringt den Menschen als Ganzes, den Kosmos, in dem der Mensch steht, und beide zusammen ins Gesichtsfeld und fragt nach dem letzten Sinn von allem. Sie sucht nach dem Unbedingten und in sich Fraglosen, weil sie immer schon in die Beziehung zu ihm gestellt ist und sich in dieser Beziehung zu ihm vorfindet.

Kant fragt: Was können wir erkennen? Und er beschränkt diese Möglichkeit auf die Wissenschaften des Erfahrbaren. Er fragt: Was sollen wir tun? Und er antwortet: Was der kategorische Imperativ von dir verlangt, ein Imperativ der unbedingten Forderung, nach der mit sich in Übereinstimmung bleibenden Vernunft zu handeln, d. h. sich selbst und jeden anderen als Zweck an sich selbst zu behandeln. Er fragt weiter: Was können wir hoffen? Er antwortet: Daß eine weise Allvernunft die Ordnung des Wirklichen einmal mit der Ordnung des Sittlichen in eine vollkommene Harmonie bringen werde.

Die Bedeutung Kants für die Gegenwart besteht m. E. einerseits darin, daß er die Forderungen der Vernunft gegenüber allem Betrieb von Wissenschaft und Technik und allem Wettlauf der Eigensucht deutlich und unüberhörbar ausgesprochen hat, Forderungen und Fragen, die nicht von außen, nicht von Kant an den Menschen herangetragen werden, sondern aus seinem tiefsten Wesen selbst immer wieder aufbrechen. Dies einerseits. Anderseits aber besteht die Bedeutung Kants für unsere Gegenwart, und das will heißen, die Aufgaben, die er uns stellt, paradoxerweise darin, daß er selbst die Fragen und Forderungen der Vernunft, die auf das Unbedingte gehen, zwar in unser Bewußtsein gerückt, aber keineswegs bis zum Ende durchgedacht hat. Nicht bedacht ist z. B. die auch von Kant behauptete Einheit von theoretischer und praktischer Vernunft, das Verhältnis von Form und Inhalt des sittlichen Gesetzes, das Verhältnis von Sinnlichkeit und Verstand in bezug auf ihre gemeinsame Wurzel, das Verhältnis von Verstand und Vernunft, wobei zu bedenken wäre, daß die Vernunft als regulierendes Prinzip des Verstandesgebrauchs diesem nicht äußerlich beigegeben sein kann, sondern ihm zuinnerst eins ist, so daß Vernunft zur Bedingung der Möglichkeit von Verstand wird, wodurch dann die schroffe Entgegensetzung von objektiver Geltung und bloß subjektivem Bedürfnis der Vernunft überbrückt würde. Mit anderen Worten: Es fehlt bei Kant – und eben dies ist uns aufgegeben – eine letzte Reflexion über die Einheit all der Prinzipien, die er mit seinem analysierenden Denken aufgefunden hat, es liegt nahe zu sagen: eine letzte Synthese. Man denke an den Deutschen Idealismus. Gerade dagegen aber hat Kant sich mit Recht gewehrt. Eine solche Synthese ist entweder unverbindlich und bleibt unverifizierbare Hypothese oder sie gibt sich als Ableitung, wodurch das Prinzip mit dem Prinzipiat durch eine Notwendigkeit verbunden wird und wodurch es aufhört, unbedingtes Prinzip zu sein. Eine solche Synthese wäre nur aus der Sicht des Unbedingten selbst möglich, nicht jedoch aus der Perspektive zum Unbedingten hin. Was jedoch möglich ist, ist die konsequente Anwendung der transzendentalen Methode Kants, das heißt das konsequente Fragen nach den Bedingungen der Möglichkeit alles Bedingten, ohne die Einschränkung, bei einem letzten Subjekt stehenbleiben zu müssen, das in unaufhebbarem Gegensatz zu einem Objekt überhaupt verbleibt. Denn gerade so wird das Unbedingte verfehlt. Die begriffliche Vermittlung zu diesem, alle Entgegengesetzungen transzendierenden Unbedingten durch alle, nicht überspringbaren Stufen hindurch, kann hier nicht durchgeführt werden, noch viel weniger der historische Nachweis, daß dieses Unbedingte, mit anderen Namen und in je verschiedenen systematischen Sichtweisen, die Idee des Guten, das sich selbst denkende Denken, das subsistierende Sein, Erkennen und Wollen, die Einheit von absoluter Notwendigkeit und freier Entscheidung genannt worden ist.

Wenn Kant die Erkenntnis des Menschen als begriffliche Erfassung des

Gegebenen auf den Bereich der möglichen Erfahrung beschränkt hat, so hat er damit die Situation des Menschen als eines begrenzten und in den Kosmos selbst eingebundenen Wesens beschrieben, worin er sich von Aristoteles und Thomas nicht wesentlich unterscheidet. Wenn er der theoretischen Vernunft dennoch ein subjektives Bedürfnis nach dem Unbedingten zuschreibt, das sich in den notwendigen Vernunftideen äußert, so anerkennt er damit das naturhafte Verlangen der endlichen Vernunft nach der Schau des Unbedingten, von der aus allein die volle synthetische Erkenntnis der Gesamtwirklichkeit möglich ist, eine synthetische Schau, die die endliche Vernunft des Menschen mit ihren Kräften niemals erreichen kann. Es ist die Situation des Menschen, aus der er nur von der unendlichen Vernunft her befreit werden kann, und zwar durch freie, sich selbst mitteilende Liebe. Von ihr kündet die christliche Offenbarung, so daß die Frage „Was können wir erhoffen?" nicht mehr offen und unverbindlich bleibt, sondern durch Gott selbst mit sich selbst beantwortet wird.

Nachbemerkungen

Dieser Text wurde zuerst mündlich auf einem Kant-Symposion in München zum Gedenken an Kants Geburtsjahr (1724) vorgetragen und dann in den „Stimmen der Zeit" 192 (1974) 713–714 gedruckt.

IV. LOGIK UND LOGISTIK

DIE MODALITÄT EINFACHER AUSSAGEVERBINDUNGEN

Im vergangenen Jahrzehnt haben sich die Logiker verschiedentlich mit den Fragen der Modalitätslogik beschäftigt[1]. Es handelte sich vor allem darum, den Sinn der verschiedenen Modalitäten und ihre Beziehungen untereinander und zur Aussagenlogik klarzustellen. Eine Untersuchung über die Frage, welche Modalitäten sich für Aussageverbindungen ergeben unter Zugrundelegung bestimmter Modalitäten der Elementarsätze, ist mir bisher nicht zu Gesicht gekommen. Diese Frage soll hier behandelt werden. Der Nutzen einer solchen Arbeit liegt in zwei Richtungen: erstens beleuchtet, berichtigt und erweitert sie ein Kapitel der traditionellen Logik; zweitens vermittelt sie eine weitere Kenntnisnahme einiger Grundbegriffe der umstrittenen Logistik. Umstritten ist allerdings weniger sie selbst als ihr philosophischer Sinn und ihre Anwendung auf philosophische Probleme. Die in dieser Untersuchung zu stellende Frage hätte jedenfalls ohne wenigstens beschränkte Verwendung der logistischen Zeichensprache in ihrem ganzen Umfang kaum beantwortet werden. können[2].

1. Vorbegriffe

Von Modalität ist im folgenden im aristotelischen Sinne die Rede. Nach Aristoteles ist Modalität die zuletzt im *Gegenstand* begründete Weise der Verknüpfung von Subjekt und Prädikat. Es kommen als Modalitäten in Frage: möglich, unmöglich, notwendig und kontingent. Nicht berücksichtigt werden hingegen jene Aussagenweisen, die sich aus der Beziehung der Aussage auf das subjektive Fürwahrhalten oder den Grad der Verknüpfung mit anderen Erkenntnisinhalten ergeben (Gewißheit und Wahrscheinlichkeit in ihren verschiedenen Graden; Fraglichkeit und Beweis-

[1] *J. Lukasiewicz*. Philosophische Bemerkungen zu mehrwertigen Systemen des Aussagekalküls: Comptes rendus des séances de la Société des Sciences et des Lettres de Varsovie 23 (1930) Cl. III, 51–77. – *O. Becker*, Zur Logik der Modalitäten: Jahrb. f. Philos. u. phänomenol. Forschg. 2 (1930) 496–548. – Vgl. ferner Implication, modality and intension in symbolic logic. Monist 43 (1933) 119–153. – *F. Fitch*, Modal Functions in two-valued logic: Journal for Symbolic Logic 2 (1937); 125–128. – *L. O. Kattsoff*, Modality and Probability: Philos. Review 46 (1937) 78–85. – *H. B. Smith*, Modal Logic. A revision. 1937 (in: Philosophy of Science). – Vgl. auch Anm. 3 und 4.

[2] Über die philosophische Bedeutung und die Anwendungsmöglichkeit der Logistik auf inhaltliche Fragen der Philosophie wird hier nicht geurteilt. Vgl. zu diesen Fragen: *C. Nink S. J.*, Die mathematisch-logistische Symbolsprache in philosophischer Sicht: Schol 15 (1940) 57–62. *J. de Vries S. J.*, Logistische Zeichensprache und Philosophie: Schol 16 (1941) 367–379; ferner meine Besprechung von H. Scholz, Metaphysik als strenge Wissenschaft: Schol 17 (1942) 95–98.

barkeit). Ebenso bleibt außer Betracht die gewöhnlich als Qualität bezeichnete Aussageweise (Bejahung und Verneinung)[3]. Hingegen soll nicht ausgeschlossen sein jene Aussageweise, die sich aus der objektiven Verknüpfung mehrerer Inhalte ergibt. So kann z. B. nach der Modalität von a+b gefragt werden unter der Voraussetzung bestimmter Modalitäten für a bzw. b.

Mit Vorbedacht wurde die aristotelische Modalität als eine „*zuletzt* im Gegenstand begründete Verknüpfung von Subjekt und Prädikat" gekennzeichnet. Denn unmittelbar gründet die Modalität nur dort im Gegenstand, wo dieser selbst als Subjekt einer Aussage auftritt. Wo hingegen Aussagen zum Subjekt neuer Aussagen werden, ist dies nur noch mittelbar so. Wenn p und q Aussagen sind, so kann von ihnen z. B. ausgesagt werden, daß sie beide zusammen wahr sind. Die Modalität dieser neuen Aussage hängt nicht mehr bloß von den p und q entsprechenden Gegenständen, sondern auch von der Natur der logischen Konjunktion ab.

Wenn hier von aristotelischen Modalitäten gesprochen wird, bedarf das noch einer genaueren Festsetzung. Der Sprachgebrauch für „möglich" und „kontingent" ist in den aristotelischen Schriften schwankend[4]. Beide Ausdrücke werden hier so genommen, wie weiter unten festgelegt wird.

Die Modalität betrifft die Kopula. Jene Bestandteile, die nicht unmittelbar durch die Kopula verbunden werden, haben auf sie keinen bestimmen-
b] den Einfluß. „Veritas propositionis non variatur per necessitatem et contingentiam, ex eo quod materialiter in locutione ponitur: sed solum ex principali compositione in qua fundatur veritas propositionis, unde eadem ratio necessitatis et contingentiae est in utraque istarum: ego cogito hominem esse animal, et: ego cogito Petrum currere"[5].

Es sind zu unterscheiden: Aussage, Urteil und Satz. Unter Aussage soll ein Inhalt verstanden werden, der wahr oder falsch sein kann. Die Aussage ist das, worüber geurteilt wird oder geurteilt werden kann, ohne die Stellungnahme zu dessen Wahrheit oder Falschheit. Das *Urteil* sei dann die Aussage, insofern sie behauptet wird, und *Satz* der sprachliche Ausdruck der Aussage.

Bei *zusammengesetzten* Aussagen kann man nicht von einer eigenen, das Ganze betreffenden Modalität sprechen. Denn zusammengesetzte Aussagen sind sprachlich zwar *ein* Satz, logisch aber mehrere Aussagen. Entweder werden über ein Subjekt mehrere Aussagen gemacht, oder es wird über mehrere Subjekte, insofern sie viele sind, also nicht sofern sie eine Einheit bilden, dasselbe ausgesagt, oder es werden über mehrere Subjekte mehrere Aussagen gemacht. In allen diesen Fällen handelt es sich also um eine

[3] Vgl. R. *Feys*, Les logiques nouvelles des modalités: RevNéoscolPh (1937) 517–518.

[4] Vgl. *A. Becker*, Die aristotelische Theorie der Möglichkeitsschlüsse, Berlin 1933; *J. M. Bochenski*, Notes historiques sur les propositions modales: RevScPhTh 26 (1937) 673 ff.; ferner *A. Faust*, Der Möglichkeitsgedanke I, Heidelberg 1931.

[5] Thomas v. Aq., De Ver. q. 2 a. 12 ad 7.

logische Vielheit von Aussagen, über deren Verbindung oder Verhältnis nichts weiteres ausgesagt wird.

Anders sind die Aussageverbindungen geartet. Dort wird eine bestimmte Art der Verbindung zwischen den Aussagen behauptet. Bei den zusammengesetzten Aussagen wird jede Teilaussage für sich behauptet und ist bloß für sich wahr oder falsch. Bei den Aussageverbindungen hingegen werden nicht die Einzelaussagen, wenigstens nicht unmittelbar und nicht notwendig, sondern nur ihre bestimmte Art der Verbindung behauptet. Sprachlich tritt der Unterschied nicht immer klar hervor. So kann der Satz: „Fritz und Wilhelm stehen im Felde“ ein zusammengesetzter Satz oder eine Satzverbindung sein, je nachdem ob der Nachdruck auf den einzelnen Namen oder auf dem verbindenden „und“ liegt. Angenommen, Fritz stehe nicht im Felde, so ist im ersten Falle der Satz teilweise wahr, teilweise falsch, im zweiten Falle hingegen schlechthin falsch.

Über Aussageverbindungen handelt die traditionelle Logik unter dem Titel „Hypothetische Urteile“. Sie werden dort definiert als „Urteile, deren Gegenstand die Verbindung mehrerer Urteile ist“. Der Titel „Hypothetische Urteile“ und die angegebene Definition stimmen aber schlecht zueinander, sofern man, wie das Wort doch andeutet, unter hypothetischem Urteil einen Konditionalsatz oder ein Gefüge von Konditionalsätzen versteht. Als hypothetische Sätze werden gewöhnlich aufgezählt: der Konditionalsatz, der eigentliche und der uneigentliche Disjunktivsatz und der Konjunktivsatz. Von diesen Sätzen ist der uneigentliche Disjunktivsatz (das schwache „oder“, welches das „und“ nicht ausschließt) sicher kein hypothetischer Satz, d. h. kein Gefüge von Konditionalsätzen. Dennoch ist er ein Urteil, dessen Gegenstand die Verbindung mehrerer Urteile ist. Solche Aussagen würde man besser mit dem allgemeinen Namen ‚Aussageverbindungen‘ benennen. *Aussageverbindungen* seien also Aussagen über die Verbindung mehrerer Aussagen. *Einfache* Aussageverbindungen seien Aussagen über die Verbindung von nur zwei Aussagen. Die hypothetischen Aussagen sind demnach eine Unterart der Ausageverbindungen. Aussageverbindungen sind an sich mit keinen Modalitätsbestimmungen versehen. Die hypothetischen Aussagen hingegen tragen alle die Modalität der Notwendigkeit. Dennoch sind nicht alle notwendigen Aussageverbindungen auch hypothetische Aussagen.

Aussageverbindungen sind als Aussagen entweder wahr oder falsch. Bei gegebener Art der Aussageverbindung hängt die Wahrheit oder Falscheit entweder von der Form der Aussageverbindung oder von der Wahrheit bzw. Falschheit der verbundenen Aussagen ab. Wahrheit oder Falschheit einer Ausage sollen hinfort ihre „Wahrheitswerte“ heißen.

p und q seien Zeichen für beliebige, aber subjektverschiedene Aussagen. Ein Ausdruck, in dem p oder q vorkommt, heiße eine *Funktion.* Eine einfache Aussageverbindung ist also eine Funktion von p und q oder eine Satzfunktion. Jene Satzfunktionen, deren Wahrheitswert nur vom Wahrheitswert von p und q abhängt, sollen Wahrheitsfunktionen heißen. Da die Wahrheitsfunktionen von ihren Elementen abhängen, haben sie keine eigene, von diesen unabhängige Modalität. Die gesetzmäßige Abhängigkeit ihrer Modalität von der Modalität der Elemente aufzuweisen, ist gerade das Ziel der vorliegenden Arbeit.

Wieviele Wahrheitsfunktionen möglich sind, ist nicht dem Raten anheimgegeben, sondern läßt sich aus dem Obigen errechnen. Der Wert „wahr" werde durch die Ziffer 1 bezeichnet, der Wert „falsch" durch die Ziffer 0. (Die beiden Ziffern haben in diesem Zussammenhang keine arithmetische Bedeutung.)

Bei Funktionen mit nur einer Variablen p sind nur zwei Wahrheitsfunktionen möglich, die eine mit dem Wert „wahr", wenn p wahr ist, und „falsch", wenn p falsch ist; die andere mit dem Wert „wahr", wenn nicht-p falsch ist, und „falsch", wenn nicht-p wahr ist. p selbst kann nur die Werte 1 oder 0 haben. Bie Bejahung von p werde p geschrieben, die Verneinung –p[6]. Für die beiden Funktionen von p gilt dann entweder die Entsprechung (1, wenn p 1 ist, und 0, wenn p 0 ist), oder die Umkehrung (1, wenn –p 0 ist, und 0, wenn –p 1 ist). Die Entsprechung ergibt in ihrem Sinn die Funktion der Bejahung, die Umkehrung der Werte die Funktion der Verneinung.

Eine Funktion mit zwei Variablen p und q hängt nicht bloß vom Wahrheitswert der Variablen selbst, sondern auch von ihren Kombinationen ab. Diese sind an Zahl $2^2=4$ und lauten:

p	1	1	0	0
q	1	0	1	0

Wenn nun eine Funktion mit den beiden Variablen p und q *die* Form hat, daß sie dann und nur dann wahr ist, oder den Wert 1 hat, wenn sowohl p als q den Wert 1 haben, dann läßt sich diese Form der Funktion eindeutig durch die vollständige Aufzählung der Wahrheitswerte bei den verschiedenen Kombinationen der Werte von p und q bestimmen. Es ergeben sich im angeführten Beispiel die Werte 1, 0, 0, 0, deren Richtigkeit sich an folgendem Schema ablesen läßt:

p	1	1	0	0
q	1	0	1	0
	1	0	0	0

d. h. die so beschriebene Funktion ist wahr, wenn p und q beide zusammen den Wert 1 besitzen, aber immer falsch, wenn eine von beiden, oder beide

[6] Der Verf. hätte sich bei der Auswahl der Zeichen am liebsten einer der bestehenden Schreibweisen angeschlossen. Drucktechnische Gründe geboten aber die Beschränkung auf Buchstaben, Ziffern und sonst gebräuchliche Zeichen. Die Wahl der Schreibweise des Lukasiewicz, die sich unter dieser Rücksicht empfahl, verbot sich durch die Schwierigkeiten, die sie dem Leser bietet. – Es werden hier nur jene Zeichen eingeführt, die unmittelbar dem Verständnis der Untersuchung dienen, und zwar jeweils an dem Ort, wo sie erstmals verwandt werden.

zusammen den Wert 0 haben. Die so beschriebene Funktion soll *Konjunktion* heißen und mit + bezeichnet werden. Es soll folgende Definition gelten:

$$\text{Def } p+q=(1000)pq$$

d. h. die Konjunktion p + q soll auch durch Angabe ihrer kennzeichnenden Werte, die in eine Klammer gesetzt werden, geschrieben werden dürfen. Wir können also schreiben p+q oder (1000) pq.

Auf ähnliche Weise lassen sich nun auch die übrigen Funktionen von p und q feststellen. Es werden deren so viele zu erwarten sein, als es Kombinationen gibt zwischen den Funktionswerten 1 und 0 und den Wertkombinationen von p und q, also $4^2=16$. Sie lauten in einer Tabelle angeordnet:

p	q																
1	1	1	1	1	1	0	1	0	0	1	1	0	1	0	0	0	0
1	0	1	1	1	0	1	1	1	0	0	0	1	0	1	0	0	0
0	1	1	1	0	1	1	0	1	1	0	1	0	0	0	1	0	0
0	0	1	0	1	1	1	0	0	1	1	0	1	0	0	0	1	0

Von den so gekennzeichneten Funktionen sind *nicht alle* Wahrheitsfunktionen. Als solche scheiden aus die erste und die lezte, also (1111) und (0000). Das Kennzeichnende dieser Funktionen ist, daß sie *nicht* von den Wahrheitswerten p und q oder deren Kombinationen abbängen. Die Funktion (1111) pq ist immer wahr, die Funktion (0000) pq immer falsch, mögen die Werte von p und q und deren Kombinationen sein, welche sie wollen. Das heißt aber: die Funktion (1111) pq und die Funktion (0000) pq sind wahr bzw. falsch bloß auf Grund ihrer Form. Eine Funktion, die bloß auf Grund ihrer Form, unabhängig von jedem Inhalt (hier: p und q), wahr ist, nennt man ein *logisches Gesetz*. Eine Funktion hingegen, die bloß auf Grund ihrer Form falsch ist, ist ein *Widerspruch* von der Form p+—p, oder läßt sich auf einen solchen zurückführen.

Diese beiden Funktionsarten scheiden aus unserer weiteren Betrachtung aus. Die Modalität beider ist eindeutig durch ihre Form gegeben. Sie kann nur die der Notwendigkeit sein. Logische Gesetze sind notwendig wahr, logische Widersprüche notwendig falsch.

Im folgenden haben wir es nur noch mit den Wahrheitsfunktionen von p und q zu tun. Ihre Anzahl beträgt demnach 16—2=14. Bevor wir die Antwort auf unsere Frage nach der Abhängigkeit ihrer Modalität von der ihrer Elemente geben können, haben wir die Form dieser Funktionen im Einzelnen festzustellen.

Zur leichteren Übersicht teilen wir die Funktionen in *mehrere Gruppen*. Die *erste Gruppe* wird gebildet durch jene Funktionen, bei denen für die verschiedenen Kombinationen der Werte von p und q nur einmal der Wert 1 auftritt: (1000), (0100), (0010), (0001). Wir haben hier jedesmal die schon behandelte *Konjunktion* vor uns, nur mit je verschiedenen Vorzeichen von p oder q. Sie können alle in derselben Form definiert werden:

c] Def (1000) $pq = p + q$ (zu lesen: sowohl p als q)
Def (0100) $pq = p + -q$
Def (0010) $pq = -p + q$
Def (0001) $pq = -p + -q$

Die *zweite Gruppe* umfaßt jene Funktionen, bei denen der Wert 0 nur einmal für je eine der verschiedenen Wertekombinationen von p und q auftritt. Es sind die Funktionen: (1110), (0111), (1011), 1101). Obwohl sich alle vier, ähnlich wie die vorige Gruppe, auf eine Grundfunktion zurückführen lassen, erhalten zwei von ihnen wegen ihrer besonderen logischen Wichtigkeit ein besonderes Zeichen.

Die Funktion (1110) ist dadurch gekennzeichnet, daß sie immer wahr ist, außer wenn sowohl p als q falsch sind. Es gilt also p oder q oder beide zusammen.

Def (1110) $pq = p \vee q$ (zu lesen: p oder q).

Wir nennen diese Funktion die *kleine Alternative*. Sie entscpricht der uneigentlichen Disjunktion der traditionellen Logik. (0111) ist dieselbe Funktion mit negativen Elementen. Sie ist immer wahr, wenn p oder q oder beide zusammen falsch sind.

Def (0111) $pq = -p \vee -q$

Def $p/q = -p \vee -q$ (zu lesen: p und q schließen sich aus).

d] Diese Funktion heiße die *Ausschließung*. Sie steht der konjunktiven Aussage der herkömmlichen Logik nahe.

Die wichtigste Wahrheitsfunktion ist (1011). Sie ist immer wahr außer in dem Fall, wo p wahr und q falsch ist. Wenn wir uns das Schema der Kombinationen von p und q vergegenwärtigen,

p	p	−p	−p
q	−q	q	−q
1	0	1	1

können wir sagen, sie ist immer wahr, wenn p falsch und immer wahr, wenn q wahr ist. Auf die kleine Alternative zurückgeführt heißt das: $-p \vee q$.

Def (1011) $pq = -p \vee q$
Def $p \mathrel{F} q = -p \vee q$ (zu lesen: wenn p, dann q;
oder: p impliziert q).

Wir nennen diese Funktion die *Implikation*. Erfahrungsgemäß macht ihr Verständnis gewisse Schwierigkeiten. Sie wird leicht mit der notwendigen oder inhaltlichen Folge, oder mit dem gewöhnlichen Bedingungssatz verwechselt. In der bloßen (oder materialen) Implikation brauchen aber p und q inhaltlich nichts miteinander zu tun haben. Auf Grund der Implikation folgt nicht q *aus* p. Der Satz: „Wenn zweimal zwei vier sind, geht Petrus spazieren“ ist eine echte Implikation, aber falsch, sooft Petrus nicht spazieren geht. Auch wenn eine inhaltliche Beziehung da ist, muß kein notwendiger Zusammenhang herrschen zwischen p und q. Als Beispiel diene der Satz: „Wenn es regnet, werden die Leute naß", was nur unter gewissen Voraussetzungen zutrifft. Der Unterschied der materialen Implikation vom Konditionalsatz geht schon daraus hervor, daß der echte Konditionalsatz notwendig ist, während die materiale Implikation als Wahrheitsfunktion von jeder Modalität abstrahiert, also von sich aus verschiedener Modalitäten fähig ist. Die Ausdrücke „Wenn...dann" und „impliziert" haben also in der materialen Implikation einen anderen Sinn als im gewöhnlichen Konditionalsatz: es fehlt die Notwendigkeit. Der Ausdruck „folgt" hingegen soll hier immer der notwendigen Implikation vorbehalten bleiben. Gemeint ist bei der Implikation das und nur das, was die Definition angibt.

Implikation und Bedingungssatz sind sich, wie aus dem Gesagten hervorgeht, also durchaus nicht fremd. Die Implikation ist sozusagen die Materie zum Bedingungssatz. Man nennt sie deshalb auch materiale Implikation. Beide sind wesentlich verschieden, stehen aber doch in Analogie zueinander. Leider wird diese Verschiedenheit von vielen Logistikern übersehen.[7] Die Bedeutung der materialen Implikation liegt in der Rolle, die sie im systematischen Aufbau der Logistik spielt.

In einem ähnlichen Verhältnis wie die materiale Implikation und der Konditionalsatz stehen die große Alternative und die eigentliche Disjunktion, und auch die Ausschließung und die Konjunktivaussage der traditionellen Logik zueinander.

(1101) ist die *Implikation* negativer Sätze. Sie ist immer wahr, außer wenn —p und q zutrifft, oder immer wahr, wenn p wahr oder q falsch ist.

Def (1101) pq=p v —q
Def —p F —q=p v —q

Die *dritte Gruppe* umfaßt jene Funktionen, bei denen der Wert 1 zweimal auftritt. Das trifft 6 mal zu, 4 mal unsymmetrisch [(1100), (0011), (1010), (0101)] und 2 mal symmetrisch [(1001), (0110)].

Wenden wir uns zunächst den Funktionen zu, deren Werte 1 unsymmetrisch angeordnet sind. An Hand des Schemas

p	p	—p	—p
q	—q	q	—q
1	1	0	0
1	0	1	0

läßt sich leicht feststellen, daß jeweils entweder p oder q oder —p oder —q bevorzugt sind, daß also

(1100) pg wahr ist, wenn wenigstens p wahr ist,
(0011) pq wahr ist, wenn wenigstens —p wahr ist,
(1010) pq wahr ist, wenn wenigstens q wahr ist,
(0101) pq wahr ist, wenn wenigstens —q wahr ist,

[7] Vgl. die treffenden Bemerkungen von *J. M. Bochenski:* Nove lezioni di logica simbolica, 39.

gleichviel wie es um den Wert der andern Aussage steht. Man kann diese Funktion die *Minimalaussage* nennen. Von der kleinen Alternative unterscheidet sie sich dadurch, daß das, was wenigstens wahr ist, nicht unbestimmt gelassen wird.

Def (1100) $pq = p + (q \text{ v } -q)$
e] Def $Wp\bar{q} = p + (q \text{ v} -q)$ (zu lesen: was immer mit q sei, wenigstens p ist wahr.)
Def (0011) $pq = -p + (q \text{ v} -q)$
Def $W-p\bar{q} = -p + (q \text{ v} -q)$
Def (1010)$pq = q + (p \text{ v } -p)$
Def $Wq\bar{p} = q + (p \text{ v} -p)$
Def (0101)$pq = -q + (p \text{ v } -p)$
Def $W-q\bar{p} = -q + (p \text{ v } -p)$

Es bleiben die beiden Funktionen (0110) und (1001), deren Werte symmetrisch angeordnet sind. (0110) ist die Funktion der strengen oder *großen Alternative*. Sie ist immer und nur dann wahr, wenn die Werte von p und q einander entgegengesetzt sind. Sie ist das Analogon zur eigentlichen Disjunktion der traditionallen Logik.

Def (0110) $pq = (p \text{ F } -q) + (q \text{ F } -p)$
Def $p \text{ V } q = (p \text{ F } -q) + (q \text{ F } -p)$ (zu lesen: entweder p oder q).

Die Funktion (1001) ist immer und nur dann wahr, wenn p und q gleichwertig, also zusammen wahr oder zusammen falsch sind. Sie heißt *Äquivalenz*.

Def (1001) $pq = (p \text{ F } q) + (q \text{ F } p)$
Def $p \text{ H } q = (p \text{ F } q) + (q \text{ F } p)$ (zu lesen: p ist äquivalent mit q).

2. Ausführung

Die *aristotelischen Modalitäten* werden im folgenden durch die Buchstaben. M, U, N, K bezeichnet. M steht für Möglichkeit oder möglich, U für Unmöglichkeit oder unmöglich, N für Notwendigkeit oder notwendig und K für Kontingenz oder kontingent. Sie bezeichnen Funktionen, die sowohl p und q für sich als auch deren Funktionen betreffen können.

Möglichkeit wird hier, soweit es sich um einfache, gegenstands-unmittelbare Aussagen handelt, im Sinn der absoluten Möglichkeit oder der *inneren Widerspruchsfreiheit* genommen. Bei den Aussageverbindungen stellt sich die Möglichkeit sinngemäß als durch die Natur der Verbindung mitbedingt dar. Bei Zugrundelegung der relativen Möglichkeit (sei es physische oder moralische M, Beweisbarkeit oder irgend eine andere) ist nicht ohne weiteres ersichtlich, daß die Ergebnisse dieser Untersuchung analoge Gültigkeit f] behalten. So ist z. B. der Satz (p+M—p) möglicherweise wahr, wenn M als absolute M genommen wird (in sensu diviso), aber unmöglich wahr, wenn M relativ zur Wahrheit von p genommen wird (in sensu composito). Denn unter der Voraussetzung, daß p wahr ist, ist es unmöglich, daß p nicht wahr ist.

Wenn der Sinn von M als bekannt vorausgesetzt wird, lassen sich für die andern Modalitäten folgende *Definitionen* aufstellen:

Def Up=—Mp
Def Np=—M—p
Def Kp=Mp+M—p

Kp wird manchmal auch definiert: M—p. Man kann das gewiß tun. Nur muß man dann eine doppelte Kontingenz unterscheiden, eine bei der K^1p=—Np=M—p, und eine bei der K^2p=Mp+M—p. Wir ziehen die obige Definition vor, weil die Implikationsverhältnisse der Modalitäten dabei klarer zum Ausdruck kommen. Wir unterscheiden also

Mp, M—p } einseitige Möglichkeit

Mp+M—p=Kp: beiderseitige Möglichkeit oder Kontingenz
Mp v M—p=?: disjunktive Möglichk. od. Unentscheidbarkeit.

Die Notwendigkeit impliziert wohl Mp, aber nicht Kp, die Unmöglichkeit wohl M—p, aber nicht Kp. Ferner ist zu unterscheiden: das bloß Mögliche, das kontingent Zutreffende und die Kontingenz selbst; also:

—p+Mp   p+M—p   Mp+M—p

Der Unterschied von M und K werde noch durch folgende Äquivalenzen näher bezeichnet: (die dem Zeichen H oder einem anderen Funktionszeichen beigegebenen Punkte dienen der stärkeren Abhebung von den Variablen, auf die sich das Zeichen bezieht)

Mp .H. —Up [M steht nur im Gegensatz zu U]
Kp .H. —Up+(—Np) [K steht im Gegensatz zu U und N]
g] Mp :H: Mp+(—M—p) .V. Mp+M—p
Mp .H. Np V Kp
Kp .H. Mp+(—Np)

Die verschiedenen Modalitäten implizieren sich, wie folgt:

h] Np .F. p .F. Mp
Up .F. —p .F. M—p
—p+Mp .F. Kp
p+M—p .F. Kp

Für die Modalität verneinter Ausdrücke gilt folgende Beziehung: hat eine Aussage eine beliebige Modalität S, so hat die verneinte Aussage dieselbe Modalität ihrer (doppelten) Verneinung und umgekehrt, d. h.

Sp .H. S—(—p)

Diese Beziehung heiße die Regel der Modalität verneinter Aussagen. Zur Umwandlung der Modalität von Verneinungen in einfache Modalitäten dienen folgende Äquivalenzen:

N —p .H. Up
U —p .H. Np
K —p .H. Kp

Für M —p gibt es keine entsprechende Äquivalenz: M —p .—H. Mp

Die *Frage* lautet nun, ob sich aus den verschiedenen Modalitätswerten von p und q und deren Kombinationen auch für die verschiedenen Wahrheitsfunktionen von p und q eindeutig verschiedene Modalitätswerte ergeben und welche. Diese Frage hat einen doppelten Sinn, je nachdem ob in der zu modifizierenden Wahrheitsfunktion die Modalität von p und q beibehalten werden soll oder nicht. Die Funktion M(Mp+Mq) ist offenbar eine andere als die Funktion M(p+q). Im ersten Fall handelt es sich um ein mögliches Zugleichsein von Möglichkeiten, im zweiten um die Möglichkeit des Zugleichseins selbst. Im ersten Fall haben wir eine Funktion von
i] Modalitäten. Solche Funktionen sind immer notwendig wahr oder notwendig falsch, da das Verhältnis der Modalitäten untereinander notwendig ist. Die Frage in diesem Sinne scheidet also aus unserer Untersuchung aus. Die vorausgesetzte Modalität der Aussagen soll daher im folgenden nicht in die Aussagefunktion hineingenommen werden. Wenn X eine beliebige Wahrheitsfunktion ist, wird gefragt, welche Modalität dem Ausdruck p X q zuzuerteilen ist unter Voraussetzung der verschiedenen Modalitäten von p und von q. S, T, Z seien Modalitäten. Wenn gegeben ist: Sp, Tq, wird gesucht: Z(p X q).

Von größter Wichtigkeit für die Entscheidung dieser Frage ist es, daß die Modalitäten *keine Wahrheitsfunktionen* sind. Die Modalität einer Aussage oder Aussageverbindung hängt nicht von der Wahrheit oder Falschheit der Aussagen ab. So kann Mp sein, gleichviel ob der Wert von p gleich 1 oder 0 ist. Die Beantwortung unserer Frage wird demnach nur durch die Besinnung auf die Wesensart der betreffenden Aussageverbindungen und ihrer Modalitäten möglich sein.

In den folgenden Diagrammen enthält die erste (senkrechte) Spalte die vorauszusetzenden Modalitäten von p, die erste (wagrechte) Zeile die vorauszusetzenden Modalitäten von q. Die übrigen Felder zeigen die Modalitäten an, die sich für die in der Überschrift des Diagramms bezeichnete Funktion ergeben.

Erinnert sei noch einmal, daß p und q hier Zeichen sein sollen für Aussagen, die dem Begriff und der Sache nach weder subjektidentisch noch mit subjektidentischen Aussagen äquivalent sind. So sind z. B. die Sätze „A ist der Vater des C“ und „B ist der Vater des C“ subjektverschieden, aber jeweils äquivalent mit den subjektidentischen Sätzen „C hat den A zum

Vater“ und „C hat den B zum Vater“. Die folgenden Diagramme und Regeln beziehen sich nur auf Sätze, die in diesem Sinne subjektverschieden sind.

Die Modalität N sagt, daß nur der Wert 1, die Modalität U, daß nur der Wert 0, die Modalität K, daß sowohl 1 als 0 auftreten kann. M sagt nur, daß 1 auftreten kann; M— sagt nur, daß 0 auftreten kann. Die Formeln stellen Gesetze dar, keine bloßen Wahrheitsfunktionen. Dem Operator F ist deshalb ein N beigefügt: NF.

Wie wir gesehen haben, verwirklichen nicht alle Wahrheitsfunktionen einen neuen Funktionstyp. Manche von ihnen lassen sich in einer Gruppe zusammenfassen, deren Glieder sich nur durch die verschiedenen Vorzeichen von p oder q unterscheiden. Wir untersuchen deshalb nur sieben Funktionen, nämlich die Konjunktion [als ihren Vertreter: (1000)], die kleine Alternative, die Ausschließung, die Implikation [als ihren Vertreter (1011)], die große Alternative und die Äquivalenz.

a) Die Konjunktion: p+q

q=	N	M	K	U
p=N	N	M	K	U
M	M	M	K	U
K	K	K	K	U
U	U	U	U	U

Regeln der Konjunktion:

1. Für p+q ergibt sich immer U, sobald p oder q unmöglich ist. Im Diagramm: Das U—Eck der U—Spalte und U—Zeile.

Up v Uq .NF. U(p+q)

2. Wenn hingegen sowohl p als q notwendig sind, dann ist auch p+q notwendig. Im Diagramm: N in der Vierung der N—Spalte und N—Zeile.

Np+Nq .NF. N (p+q)

3. Sobald ein Teil möglich ist, ohne daß der andere Teil unmöglich oder kontingent ist, ist auch p+q möglich. Im Diagramm das M—Eck der M—Spalte und M—Zeile.

Um die distributive Anwendung von Modalitäten auf Funktionsglieder deutlich zu machen, führen wir eine neue Schreibweise ein. Wenn p X q jede beliebige Wahrheitsfunktion zweier Variablen bezeichnet und S, T die Modalitäten, die mit p und q in beliebiger Kombination zu verbinden sind, -Y, -Z aber diejenigen Modalitäten, die nicht mit p oder q zu verbinden sind, dann soll das wiedergegeben werden mit dem Ausdruck: [ST+ (-Y, -Z)] (p X q). Wenn wir nur den einen Fall bezeichnen oder ausschließen wollen, wo sowohl p als q dieselbe Modalität haben, werde das Modalitätszeichen mit einer hochgestellten^2 versehen; z. B. S^2, $-Y^2$.

k] Wir können jetzt die 3. Regel der Konjunktion schreiben:

[M+(−U−K)] (p v q) .NF. M(p+q)
oder [MN+(−N²)] (p v q) .NF. M(p+q)

4. Sobald wenigstens ein Teil kontingent ist, ohne daß der andere Teil unmöglich ist, ist p+q kontingent. Im Diagramm: das K—Eck der K—Spalte und K—Zeile.

[K+(−U)] (p v q) .NF. K(p+q)

5. Wenn wir jene Modalität, die der Wahrheit am günstigsten ist, als die „beste" bezeichnen und jene, die der Wahrheit am ungünstigsten ist, als die „schlechteste", lassen sich die Modalitäten von der „besten" zur „schlechtesten" anordnen: N M K U. Dies vorausgesetzt können wir die Regeln der Konjunktion in die eine Regel zusammenfassen: Die Konjunktion folgt immer der „schlechtesten" Modalität von p oder q.

Bemerkungen: 1. Bei *subjektidentischen* oder diesen äquivalenten Aussagen müßte im Diagramm bei MM (im zweiten Feld der M—Ziele) statt M ein Fragezeichen? stehen, da aus der Möglichkeit zweier Subjektbestimmungen für sich allein nicht auf die Möglichkeit des Zusammenseins im selben Subjekt geschlossen werden kann. Peter kann z. B. nicht zugleich sitzen und gehen, obwohl beides für sich allein möglich ist. Hingegen kann zugleich Peter sitzen und Paul gehen. – Auch MK, KM und KK sind bei subjektidentischen Aussagen auf Grund der bloßen Form unentscheidbar.

2. Die zweite Regel, die analog auch für beliebig viele Elemente gelten würde, zeigt an, daß alle notwendigen Sätze einem gemeinsamen, geschlossenen Feld der Notwendigkeit angehören.

b) Die kleine Alternative: p v q

q=	N	M	K	U
p=N	N	N	N	N
M	N	M	M	M
K	N	M	K	K
U	N	M	K	U

Regeln der kleinen Alternative:

1. p v q ist notwendig, wenn p oder q notwendig ist. Im Diagramm: das N—Eck in der N—Spalte und N—Zeile.

Np v Nq .NF. N(p v q)

2. Wenn sowohl p als q unmöglich sind, ist auch p v q unmöglich. Im Diagramm: U in der Vierung der U—Spalte und U—Zeile.

Up+Uq .NF. U(p v q)

3. Wenn p oder q möglich ist, ohne daß der andere Teil notwendig ist, ist p v q möglich. Im Diagramm: das M—Eck der M—Spalte und M—Zeile.

[M+(—N)] (p v q) .NF. M(p v q)

4. Wenn der eine Teil kontingent und der andere Teil auch kontingent oder unmöglich ist, dann ist p v q kontingent. Im Diagramm: das K—Eck der K—Spalte und K—Zeile.

[KU+(—U^2)] (p+q) .NF. K(p v q)

5. Die Regeln der kleinen Alternative lassen sich ähnlich wie die der Konjunktion zusammenfassen in die eine Regel: die kleine Alternative folgt immer der „besten" Modalität von p oder q.

c) Die Ausschließung: p/q

q=	N	M	K	U
p=N	U	M—	K	N
M	M—	M—	K	N
K	K	K	K	N
U	N	N	N	N

Regeln der Ausschließung:

1. p/q ist notwendig, sobald p oder q oder beide unmöglich sind. Im Diagramm: das N—Eck der U—Spalte und U—Zeile.

Up v Uq .NF. N(p/q)

2. p/q ist unmöglich, wenn sowohl p als q notwendig sind. Im Diagramm: U in der Vierung der N—Spalte und N—Zeile.

Np+Nq .NF. U(p/q)

3. Wenn der eine Teil möglich und der andere Teil auch möglich oder notwendig ist, dann ist es möglich, daß p/q nicht zutrifft. Denn angenommen p und q seien möglich, dann kann ihr Wert=1 sein. In diesem Falle trifft aber p/q nicht zu, da p/q nur wahr ist, wenn wenigstens ein Teil den Wert 0 hat. Ob aber p/q auch zutreffen kann, wenn p und q beide möglich sind, kann nicht ermittelt werden, da Mp nach unseren Definitionen d—M nicht impliziert. Die gleiche Überlegung findet statt, wenn der eine Teil möglich und der andere notwendig ist. Im Diagramm wird die Möglichkeit des Nichtzutreffens von p/q ausgedrückt durch M mit nachgestelltem Verneinungszeichen. Siehe dort M— in der Vierung der M—Spalte und M—Zeile und in den Treffpunkten der M—Spalte und N—Zeile und der M—Zeile und N—Spalte.

[MN+(—N^2)] (p+q) .NF. M—(p/q)

4. Ist wenigstens der eine Teil kontingent und der andere Teil nicht unmöglich, dann ist p/q möglich ohne notwendig zu sein, also kontingent. Im Diagramm: das K—Eck der K—Spalte und K—Zeile.

[K+(—U)] (p v q) .NF. K(p/q)

Bemerkungen: 1. Bei subjektidentischen Aussagen sind folgende Fälle
l] auf Grund der bloßen Form in Bezug auf Ausschließung unentscheidbar: MM, MN, MK, NM, KM, KK.

2. Die erste Regel zeigt an, daß U das Feld des Widerstreits mit sich und allem anderen ist. – Die zweite Regel bestätigt die zweite Bemerkung zur zweiten Regel der Konjunktion.

d) Die Implikation: p F q

q=	N	M	K	U
p=N	N	M	K	U(N—)
M	N	M	K	M—
K	N	M	K	K(K—)
U	N	N	N	N(U—)

Regeln der Implikation:

1. p F q ist notwendig wahr, wenn q notwendig oder p unmöglich ist. Zur Begründung vergleiche die Einführung des Implikationsbegriffs. Im Diagramm: Das N—Eck auf der N—Spalte und U—Zeile.

Up v Nq .NF. N(p F q)

2. Wenn q möglich ist, ohne daß p unmöglich ist, ist p F q möglich. Im Diagramm: die M—Linie in der M—Spalte.

Mq+(—Up) .NF. M(p F q)

3. Wenn q kontingent ist, ohne daß p unmöglich ist, oder wenn p kontingent ist und q unmöglich, ist p F q kontingent. Im Diagramm: Das K—Eck in der K Spalte und K—Zeile.

[Kq+(—Up)] v [Kp+Uq] .NF. K(p F q)

4. Wenn q unmöglich ist, hängt die Modalität von p F q ganz von der Modalität von —p ab; denn p F q ist==—p v q. Nach der Regel der Modalität verneinter Aussagen (s. oben) ist aber Sp .H. S—(—p). Die Modalität von —(—p), und dasselbe gilt bei unmöglichem q auch für —(—p v q) und —(p F q), ist demnach gleich der Modalität von p. Die sich so ergebenden Modalitäten der verneinten Implikation lassen sich dann durch Anwendung mehrerer Äquivalenzregeln (s. oben) in drei Fällen in Modalitäten der Implikation selbst verwandeln.

m] Wenn p notwendig ist, ergibt sich N—(p F q) und auf Grund von N—p .H. Up weiter U(p F q).

Wenn p möglich ist, ergibt sich M—(p F q).

Wenn p kontingent ist, ergibt sich K—(p F q) und auf Grund von K—p .H. Kp weiter K(p F q).

Wenn p unmöglich ist, ergibt sich U—(p F q) und auf Grund von U—p .H. Np weiter N(p F q).

Zusammenfassend läßt sich sagen: wenn q unmöglich ist, ist die Modalität von p F q jene, die sich aus der Äquivalenz mit der Modalität von p für die verneinte Implikation ergibt. Es sei S eine beliebige Modalität, dann gilt also:

Uq+Sp .NF. S—(p F q)

Bemerkungen: Was in sich notwendig ist, wird auch von dem impliziert, was in sich nicht notwendig ist. – Das Unmögliche und Widersprüchliche impliziert alles. – Das Unmögliche wird nur vom Unmöglichen notwendig impliziert: die Grundlage der indirekten Beweisart.

e) Die Minimalaussage: $Wp\bar{q}$

q=	N	M	K	U
p=N	N	N	N	N
M	M	M	M	M
K	K	K	K	K
U	U	U	U	U

Regel der Minimalaussage:

Die Modalität von $Wp\bar{q}$ folgt der von p. – Wenn S eine beliebige Modalität ist, gilt:

Sp .NF. S($Wp\bar{q}$)

Bemerkung: Die Minimalaussage zeigt an, daß nicht alles ausgesagt werden muß, was ausgesagt werden kann, daß Eines ausgesagt werden kann, ohne daß dadurch der Zusammenhang mit dem Andern geleugnet wird. Dadurch sind wir instandgesetzt, z. B. eine Folgerung auch für sich allein zu behaupten, ohne den Folgerungszusammenhang oder die Vordersätze ausdrücklich mitzubehaupten.

f) Die große Alternative: p V q

q=	N	M	K	U
p=N	U	M—	K	N
M	M—	M—	K	M
K	K	K	K	K
U	N	M	K	U

Regeln der großen Alternative:

1. Wenn p oder q kontingent sind, ist auch p V q kontingent. Im Diagramm: das K—Kreuz in der K—Spalte und K—Zeile.

Kp v Kq .NF. K(p V q)

2. Wenn p und q beide unmöglich oder beide notwendig sind, ist p V q unmöglich. Im Diagramm: U in den Treffpunkten der U—Spalte und U—Zeile und der N—Spalte und N—Zeile.

$$[U^2N^2]\ (p+q)\ .NF.\ U(p\ V\ q)$$

3. Ist der eine Teil notwendig und der andere Teil unmöglich, so ist p V q notwendig. Im Diagramm: N in den Treffpunkten der N—Spalte und U—Zeile und der U—Spalte und N—Zeile.

$$[NU+(-N^2-U^2)]\ (p+q)\ .NF.\ N(p\ V\ q)$$

4. Ist der eine Teil möglich und der andere Teil unmöglich, so ist p V q möglich. Im Diagramm: M in den Treffpunkten der U—Spalte und M—Zeile und der M—Spalte und U—Zeile.

$$[MU+(-M^2-U^2)]\ (p+q)\ .NF.\ M(p\ V\ q)$$

5. Ist der eine Teil möglich und der andere Teil auch möglich oder notwendig, so ist es möglich, daß p V q nicht zutrifft. Denn der Ausdruck p V q ist gemäß seiner Definition nur wahr, wenn p und q entgegengesetzte Wahrheitswerte haben. Wenn aber der eine Teil möglich und der andere Teil auch möglich oder notwendig ist, besteht die Möglichkeit, daß beide den gleichen und zwar positiven Wahrheitswert haben, p V q also falsch ist. Ob p V q unter diesen Umständen auch wahr sein könne, läßt sich nicht ermitteln, da Mp gemäß unseren Definitionen M—p nicht impliziert. – Im Diagramm: M— in der Vierung der M—Spalte und M—Zeile und in den Treffpunkten der M—Spalte und N—Zeile und der N—Spalte und M—Zeile.

$$[MN+(-N^2)[\ (p+q)\ .NF.\ M-(p\ V\ q)$$

Bemerkung: Bei subjektidentischen Aussagen lassen sich MM, MK, KM KK auf Grund der bloßen Form nicht entscheiden.

g) Die Äquivalenz: p H q

q=	N	M	K	U
p=N	N	M	K	U
M	M	M	K	M—
K	K	K	K	K
U	U	M—	K	N

Regeln der Äquivalenz:

1. Ist der eine Teil möglich und der andere Teil notwendig oder auch möglich, dann ist p H q möglich. Im Diagramm: M in der Vierung der M—Spalte und M—Zeile und in den Treffpunkten der M—Spalte und N—Zeile und der N—Spalte und M—Zeile.

$$[MN+(-N^2)]\ (p+q)\ .NF.\ M(p\ H\ q)$$

o] 2. Wenn p und q beide notwendig oder beide unmöglich sind, ist p H q notwendig. Im Diagramm: N in den Treffpunkten der N—Spalte und N—Zeile und der U—Spalte und U—Zeile.

$[U^2N^2]$ (p+q) .NF. N(p H q)

3. Wenn p notwendig und q unmöglich ist, oder umgekehrt, ist p H q unmöglich. Im Diagramm: U in den Treffpunkten der N—Spalte und U—Zeile und der U—Spalte und N—Zeile.

$[NU+(-N^2-U^2)]$ (p+q) .NF. U(p H q)

4. Ist der eine Teil möglich und der andere unmöglich, so ist es möglich daß p H q nicht zutrifft. Denn p H q ist der Definition gemäß nur wahr, wenn die Werte von p und q gleich sind. Im Diagramm: M— in den Treffpunkten der U—Spalte und M—Zeile und der M—Spalte und U—Zeile.

$[MU+(-M^2-U^2)]$ (p+q) .NF. M—(p H q)

5. Ist wenigstens ein Teil kontingent, so ist auch p H q kontingent. Im Diagramm: das K—Kreuz in der K—Spalte und K—Zeile.

[K] (p v q) .NF. K(p H q)

Bemerkung: Bei subjektidentischen Aussagen läßt sich für MM, KM, MK, KK die Modalität nicht entscheiden auf Grund der bloßen Form.

Die folgende *Tabelle* beantwortet die Frage, wie oft die verschiedenen Modalitäten in den Aussageverbindungen unter den verschiedenen Voraussetzungen auftreten.

	Konj.	Kl. Altern.	Ausschl.	Impl.	Min.	Gr. Altern.	Äqu.
M	3	5	0	3	4	2	3
M—	0	0	3	1	0	3	2
U	7	1	1	1	4	2	2
N	1	7	7	7	4	2	2
K	5	3	5	4	4	7	7

Bei *subjektidentischen* Aussagen sind als unentscheidbare Fälle abzuziehen:

?	4	0	6	0	0	4	4

Die *Formverwandtschaft* mancher Funktionen zeigt sich auch in den Diagrammen und in der Tabelle. – So bzgl. der Ausschließung und der Konjunktion. Da p/q=—p v —q ist, ist die Ausschließung äquivalent zur
p] verneinten Konjunktion (p/q) .H. —(p+q). In den Diagrammen kommt das dadurch zum Ausdruck, daß vertauscht sind: N mit U und M mit M—. Die bivalenten K bleiben an ihrer Stelle. Siehe auch die umgekehrten Zahlen in der Tabelle.

Die kleine Alternative und die Ausschließung haben dieselbe Form, aber mit anderen Elementen: kl. Altern. = p v q; Ausschl. = p/q = —p v —q. Die Vertauschungsverhältnisse in den Diagrammen und der Tabelle sind verwickelter.

Die große Alternative ist die Umkehrung der Äquivalenz. In den Diagrammen kommt das zum Ausdruck durch die Vertauschung von M und M—, sowie von N und U. Die bivalenten K bleiben an ihrer Stelle.

Die Implikation ist am nächsten verwandt mit der kleinen Alternative: p F q = —p v q. Die Formverwandtschaft ist in den Diagrammen nur ersichtlich, wenn man berücksichtigt, daß die Implikation im Gegensatz zur kleinen Alternative keine symmetrische Funktion ist[8].

Nachbemerkungen

Diese Abhandlung wurde zuerst in der Zeitschrift „Scholastik" 17 (1942) 217–235 veröffentlicht. Sie scheint ein bloßes Stück formaler Kombinationslogik zu sein. Ihr Sinn und ihre Bedeutung wird erst ersichtlich in Verbindung mit den Abhandlungen „Die Übermodalität der Notwendigkeit" (hier S. 228–231) und insbesondere mit „Philosophisch-ontologische Grundlagen der Logistik" (hier: S. 231–244). – Leider finden sich in der Erstveröffentlichung einige sinnstörende Fehler, die hier berichtigt sind; vgl. dazu auch die Nachbemerkungen [c], [o] und [p].

a] Die Besprechung von Scholz siehe hier S. 304–307.

b] In deutscher Übersetzung: „Die Wahrheit eines Satzes ändert sich, was seine Notwendigkeit und Kontingenz angeht, nicht auf Grund dessen, was inhaltlich (materialiter) in der Rede gesagt wird, sondern nur auf Grund der hauptsächlichen Verbindung, auf der die Wahrheit des Satzes beruht, weshalb die Weise der Notwendigkeit und der Kontingenz in diesen beiden Sätzen dieselbe ist: Ich denke, daß der Mensch ein Lebewesen ist; und: Ich denke, daß Petrus läuft." – D. h. beide Sätze sind kontingent, da der kontingente Akt des Denkens ausgesagt wird.

c] Auf S. 222 der Erstveröffentlichung findet sich in der zweiten Zeile der Definitionsgruppe der Konjunktion ein sinnstörender Druckfehler. Es muß statt: Def (0100) pq = p + q richtig heißen: Def (0100) pq = p + —q

d] Die Ausschließung darf nicht mit der großen Alternative (s. unten S. 216) verwechselt werden.

e] Die Schreibweise $\overline{p}$ für (p v —p), bzw. von $\overline{q}$ für (q v —q) ist vielleicht für manche Leser verwirrend, da in einem der Zeichensysteme der mathematischen Logik der Strich über dem p, bzw. q dessen Verneinung bedeutet. Die Schreibweise wurde jedoch im Neuabdruck nicht geändert, da die Definition ein Mißverständnis genügend abwehrt.

[8] Was die weitere Ausgestaltung dieser Arbeit angeht, bin ich Jos. de Vries für eine Reihe von Anregungen zu Dank verpflichtet.

f] M—p in sensu diviso meint die Möglichkeit von —p getrennt, für sich genommen, als bloße Widerspruchsfreiheit; z. B. die absolute Möglichkeit, „daß Luwig nicht spazierengeht" besteht, obwohl er tatsächlich spazierengeht: also (p+M—p). Anders, wenn M—p in sensu composito, d. h. in Verbindung zusammen mit p, also relativ zu p verstanden wird. Dann ist (p+M—p) falsch: d. h. wenn Ludwig spazierengeht, ist es unter dieser Voraussetzung nicht möglich, daß er nicht spazierengeht. Diese relativ verstandene Möglichkeit M—p bleibt im folgenden außer Betracht.

g] Die Formeln der dritten bis fünften Zeile in Worten: Die Möglichkeit von p ist entweder so beschaffen, daß sie die Unmöglichkeit seiner Verneinung einschließt, oder so, daß sie die Möglichkeit seiner Verneinung zuläßt. Anders ausgedrückt (in Zeile vier): Die Möglichkeit von p ist äquivalent mit der großen Alternative der Notwendigkeit von p oder der Kontingenz von p. – Die Kontingenz von p aber ist äquivalent mit der Möglichkeit von p und seiner Nicht-Notwendigkeit.

h] In Worten: Die Notwendigkeit von p impliziert p und dieses die Möglichkeit von p. – Die Unmöglichkeit von p impliziert nicht-p und dies die Möglichkeit von nicht-p. – Nicht-p zusammen mit der Möglichkeit von p impliziert die Kontingenz von p. p zusammen mit der Möglichkeit von nicht-p impliziert ebenfalls die Kontingenz von p.

i] Vgl. dazu „Die Übermodalität der Notwendigkeit in logischer Betrachtung", hier S. 228–231.

k] In Worten: Wenn p oder q die Modalität der Möglichkeit hat und keines von beiden die der Unmöglichkeit oder der Kontingenz, dann folgt notwendig, daß auch die Konjunktion (p+q) möglich ist. – Wenn p oder q möglich oder notwendig ist, nicht aber beide zusammen notwendig sind, dann folgt notwendig die Möglichkeit der Konjunktion (p+q).

l] Ein Beispiel für MM, MK, KM, KK: Ludwig schläft; Ludwig wacht (Ausschließung). Ludwig sieht; Ludwig hört (keine Ausschließung). – Für MN, NM: Ludwig ist mit sich identisch; Ludwig schwimmt im Wasser (keine Ausschließung). Ludwig ist mit sich identisch; Ludwig fliegt längere Zeit ohne Apparat in der Luft (Ausschließung). – D. h. über Ausschließung oder Nicht-Ausschließung entscheidet nicht die bloße Form der getrennten Modalitäten [der Prädikate], sondern der konkrete Inhalt im selben Subjekt.

m] Beides unter der Voraussetzung, daß q unmöglich ist.

n] Vgl. die 1. Regel der Implikation.

o] In der Erstveröffentlichung (S. 234) steht in Nr. 2 nach p H q fälschlicherweise derselbe Text wie in Nr. 3. Richtig muß es heißen: ... ist p H q notwendig. Im Diagramm: N in den Treffpunkten der N-Spalte und N-Zeile und der U-Spalte und U—Zeile. So jetzt im Text.

p] In der Erstveröffentlichung ist auf S. 235, Zeile drei der Ausdruck falsch geschrieben. Richtig heißt er: (p/q) .H. —(p+q)

DIE ÜBERMODALITÄT DER NOTWENDIGKEIT IN LOGISCHER BETRACHTUNG

Der Zweck dieser wenigen Zeilen ist ein sehr bescheidener. Sie wollen nur die Aufmerksamkeit auf einen, wie es scheint, wenig beachteten Umstand der Modalitätenlogik lenken, der sowohl für die Natur der Logik selbst, wie auch für eine Reihe von philosophischen Fragen weittragende Folgen hat.

Wenn wir von der Dreiteilung der Modalitäten, wie *Kant* sie vornimmt, absehen, so unterscheidet man gewöhnlich vier Modalitäten: möglich, unmöglich, notwendig und kontingent. Die Kantschen Modalitäten: problematisch, assertorisch, apodiktisch scheinen sich zwar zum Teil mit den üblichen vier Modalitäten zu decken. Aber das ist nur Schein. Problematisch ist nicht dasselbe wie möglich. Auch das Notwendige und das Unmögliche kann für uns problematisch sein. Und apodiktisch deckt sich weder ausschließlich mit notwendig noch mit unmöglich. Es kommt hier nicht auf eine äußerliche Vergleichung der einzelnen Modalitäten an, sondern auf den grundsätzlichen Unterschied der beiden Reihen, auf den besonderen Gesichtspunkt, unter dem Kant und die Tradition, die Modalitäten sehen. Bei *Kant* kann ein und derselbe Satz die drei Stadien der Modalitäten durchlaufen: er ist zuerst problematisch, fraglich, wird dann etwa an Hand der Erfahrung assertorisch und endlich (wenigstens bei gewissen Sätzen, die dessen fähig sind) durch die Ableitung aus Prinzipien der Vernunft apodiktisch (vgl. Kr. d. r. Vernunft, B 101). Wie man sieht, geht es hier um die Aneignung eines Sachverhalts durch das erkennende Subjekt. Die Modalität betrifft nicht den Inhalt des Satzes an sich, das Verhältnis des Prädikats zu dem im grammatikalischen Subjekt Ausgedrückten, sondern um das Verhältnis des Satzinhalts zum erkennenden Subjekt, womit nicht geleugnet sein soll, daß das erste Verhältnis auf das zweite einen Einfluß ausübt. Aber es ist nicht dasselbe. Und vor allem: die auf dem Verhältnis von Inhalt und Erkenntnissubjekt beruhende Modalität gehört nicht in die formale Logik, sondern in die Erkenntnistheorie. In die formale Logik gehören nur die traditionellen, auf dem Satzinhalt selbst beruhenden Modalitäten, von denen daher im folgenden allein die Rede sein wird.

Die Modalitäten sind keine Qualitäten des Subjekts oder des Prädikats, sondern der Copula. Das in der Copula sich ausdrückende Verhältnis von Subjekt und Prädikat kann also selbst zu einem Satzgegenstand gemacht werden, von dem eine bestimmte Qualität, nämlich die Modalität ausgesagt wird. Solche Sätze sind ihrer Natur nach Sätze zweiter Ordnung. Bei Modalsätzen, in denen das Dictum als Subjekt und der Modus als Prädikat figuriert, kann man aber noch einmal nach dem Modus der Copula fragen. Diese Frage scheint zunächst überflüssig und spitzfindig zu sein, und man hat den Eindruck, es ergebe sich daraus ein regressus in infinitum, was ein Anzeichen dafür wäre, daß die Frage nicht sinnvoll gestellt wurde. So ist es aber nicht. Denn, wenn man die Frage doch einmal stellt und die Antwort darauf sucht, begegnet das Merkwürdige, daß sich die Modalitäten ändern, wenigstens in drei Fällen, und, wie wir gleich sehen werden, auch im vierten Fall.

Angenommen, es handle sich um den Modus der Unmöglichkeit. Obwohl vom Dictum gilt, daß es unmöglich ist, so gilt doch von diesem Modus selbst nicht die Unmöglichkeit, sondern die Notwendigkeit. Denn wenn der Modus der Unmöglichkeit selbst unmöglich wäre, wäre überhaupt nichts gesagt.

Ebenso ist es mit der Möglichkeit und der Kontingenz. Das Dictum sei möglich. Welcher Modus kommt dann dem Modus der Möglichkeit zu? Möglichkeit enthält wesenhaft die Beziehung zur Wirklichkeit. Für sich selbst, ganz absolut betrachtet, ist Möglichkeit nichts. Welcher Modus aber kommt dieser Beziehung der Möglichkeit zur Wirlichkeit zu? Der Modus der Notwendigkeit. D. h. wenn diese Beziehung verneint wird, wird auch die Möglichkeit selbst verneint. Die Verneinung dessen, was möglich ist, hebt nicht dessen Möglichkeit auf, wohl aber die Verneinung der Möglichkeit selbst. Diese letztere ist also nicht bloß möglich, sondern notwendig.

Gehen wir weiter zur Kontingenz. Kontingent ist, was möglicherweise ist oder nicht ist. Was im Dictum ausgedrückt wird, kann sein oder nicht sein. Auch hier handelt es sich um eine Beziehung des Möglichen, aber nicht einfach zum Sein, sondern alternativ zu Sein oder Nichtsein, wobei sich zwar Sein und Nichtsein, nicht aber die Möglichkeit zum Sein und die Möglichkeit zum Nichtsein ausschließen, sondern beide im Gegenteil identisch sind. Diese Beziehung der einen Möglichkeit zu Sein und Nichtsein ist die Kontingenz. Welcher Modus kommt ihr zu? Der Modus der Notwendigkeit. Denn wird diese Beziehung verneint, verneint man die Kontingenz selbst. Die Kontingenz ist nicht selber kontingent; sonst wäre sie nicht, was sie ist. Die Modalität der Notwendigkeit scheint keiner besonderen Beachtung zu bedürfen, indem es als selbstverständlich scheinen mag, daß sie selbst wiederum notwendig ist. Gerade hier aber ist besondere Überlegung notwendig, da sich sonst verhängnisvolle Verwechslungen ergeben. Ohne Zweifel ist es, wenn etwas (das Dictum) notwendig ist, auch notwendig, daß diese Notwendigkeit besteht. Denn wäre der Modus, mit dem die Modalität dem Dictum zukommt, möglicherweise auch ein anderer als der der Notwendigkeit, so wäre unter dieser Voraussetzung auch das Dictum nicht mehr notwendig. Wie gesagt, scheint das selbstverständlich zu sein. Man vergißt dabei aber allzuleicht, daß es sich hier um einen neuen Modus handelt, der mit dem ersten, der Modalität des Dictum, nicht identisch ist. Das läßt sich daran zeigen, daß die Modalität der Notwendigkeit auf der ersten Stufe im Gegensatz zur Modalität der Unmöglichkeit und der Kontingenz steht. (Auf das Verhältnis zur Modalität der Möglichkeit soll hier nicht näher eingegangen werden). Eine solche Gegensätzlichkeit und Ausschließlichkeit hat jedoch bei den Modi der zweiten Stufe nicht mehr statt. Wir haben es hier überhaupt nicht mehr mit einer Mehrheit von Modi zu tun, sondern nur mit dem einen Modus der Notwendigkeit. Dieser aber muß scharf vom Modus der Notwendigkeit auf der ersten Stufe unterschieden werden. Er wird deshalb im folgenden *Übermodalität der Notwendigkeit* genannt.

Wir haben demnach Sätze erster, zweiter und dritter Ordnung zu unterscheiden, von denen die Sätze erster Ordnung dem Dictum, die Sätze zweiter Ordnung dem gewöhnlichen Modalsatz, die Sätze dritter Ordnung den Sätzen entsprechen, welche die Übermodalität der Notwendigkeit zum Ausdruck bringen. Den Sätzen zweiter und dritter Ordnung entsprechen dann die Modi der ersten Stufe und der eine, allumfassende Modus der zweiten Stufe. Noch einmal nach dem Modus *dieses* Modus zu fragen, ist zwar in der Reflexion immer möglich, führt jedoch inhaltlich nicht mehr weiter. Die logische Reflexion ist hier am Ende, wenn auch noch ontologische Fragen möglich sind.

Es ist jedoch nötig, daß wir uns noch näher mit dem Unterschied der Modalitäten und der Übermodalität der Notwendigkeit befassen. Denn bisher haben wir diesen Unterschied nur festgestellt. Worauf beruht er? Die einfache Modalität betrifft immer die Verbindung von Subjekt und Prädikat. Diese Verbindung kann verschieden sein und die verschiedenen Arten dieser Verbindung sind eben die vier Modalitäten. Die Übermodalität hingegen bezieht sich nicht unmittelbar auf die Verbindung von Subjekt und Prädikat, sondern bloß auf die vier Arten dieser Verbindung. Sie ist die Artung dieser Arten, ihr in aller Verschiedenheit Gemeinsames. Die Arten der Modalitätsverbindungen sind, was sie sind, durch ihr Identischsein mit sich selbst. Das, was im Dictum verbunden (und so in einem gewissen Sinn identisch) vorgestellt wird, und die Arten, wie es als verbunden (bzw. identisch) gedacht wird, sind verschieden. Jede Art ist auf ihre Art mit sich identisch: die Möglichkeit auf die Weise der Möglichkeit, die Kontingenz auf die Weise der Kontingenz, die Notwendigkeit auf die Weise der Notwendigkeit, die Unmöglichkeit auf die Weise der Unmöglichkeit. Aber über und in diesen Weisen des Identischseins ist das Identischsein an sich: die eine und absolute Notwendigkeit der Übermodalität. Dadurch also unterscheidet sich die Modalität der Notwendigkeit von der Übermodalität der Notwendigkeit, daß die Modalität der Notwendigkeit die Notwendigkeit einer Verbindung ist, während die Übermodalität der Notwendigkeit die Notwendigkeit des Identischsein als solchen ist.

Die Logik ist eine formale Wissenschaft, d. h. sie sieht von allem besonderen Inhalt der Sätze, die sie betrachtet, ab. Daraus folgt jedoch nicht, daß die Logik die Form des Logischen schon ganz auf der ersten Stufe der Abstraktion erfaßt oder daß die Formen, die sie erfaßt, alle einerlei Art und von einer Stufe sind. Es ist hier nicht der Ort, die ganze Hierarchie der im Objekt der Logik hervortretenden formalen Gesichtspunkte aufzuzeigen. Daß es eine solche Stufung der Form jedoch gibt, offenbart sich u. a. schon an den obengenannten Sätzen erster, zweiter und dritter Ordnung. Unsere Überlegungen aber zeigen zugleich, daß die Stufen des Logisch-Formalen einen Höchstpunkt haben, der im Bereich des Logischen nicht überschritten werden kann, und dieser ist die absolute Notwendigkeit der reinen Identität, des Identischsein an sich mit sich selbst. Damit, daß diese

Notwendigkeit als Höchstform des Logischen nachgewiesen wurde, ist auch das Wesen der Logik in ein neues Licht gerückt. Dieses ist in der Tat Identität, jedoch nicht die leere Identität des vollkommen Unterschiedslosen, sondern jene absolute Identität der übermodalen Notwendigkeit, welche die formale Verschiedenheit unter sich nicht ausschließt, sondern übersteigt. Das ist besonders zu betonen im Hinblick auf die einfache Modalität der Notwendigkeit. Denn diese steht zwar auf ihrer Ebene im ausschließenden Gegensatz zur Kontingenz, was aber nicht ausschließt, sondern im Gegenteil zur Voraussetzung hat, daß beide unter dem Gesetz der Übermodalität der Notwendigkeit stehen und an ihr partizipieren.

Die erkenntnistheoretischen und ontologischen Überlegungen, die sich hier anknüpfen liessen, gehören nicht mehr zu unserem Thema.

Nachbemerkungen

Dieser Aufsatz erschien zuerst in der Festgabe zum 60. Geburtstag von Professor W. Britzelmayr „Kontrolliertes Denken. Untersuchungen zum Logikkalkül und zur Logik der Einzelwissenschaften." Hrsg. von Albert Menne u. a., Freiburg–München 1951, Karl Alber (S. 18–21). – Die hier im logischen Bereich aufgewiesene Übermodalität der Notwendigkeit, die nicht im Gegensatz zur logischen Kontingenz steht, sondern auf einer höheren Stufe Notwendigkeit und Kontingenz umgreift, ist in metaphysischer Betrachtung nicht ohne Folgen für das Problem der Vereinbarkeit der Notwendigkeit des absoluten Seins und dessen Freiheit.

PHILOSOPHISCH-ONTOLOGISCHE GRUNDLAGEN DER LOGISTIK

Das Symposion „Philosophische Grundlagen der Logistik" auf dem Bremer Philosophenkongreß 1950 hat gezeigt, daß das Verhältnis von Philosophie und Logistik (wie auch das der Logik zur Logistik und der Logistik zur Mathematik) noch keineswegs geklärt ist. Die Schwierigkeiten kommen schon bei der Frage nach dem Wesen und der Aufgabe der Logistik. Manche wollen der Logistik bloß die Konstruktion „abstrakter" Kalküle, d. i. bedeutungsloser Zeichensysteme mit den dazugehörigen Operationsregeln zuweisen. Andere verlangen von ihr die Aufstellung eines gedeuteten Kalküls, der den Grundforderungen der Logik (den logischen Prinzipien des Nichtwiderspruchs und des ausgeschlossenen Dritten) entspricht und so die (oder: eine) Logik in formalisierter Sprache darstellt. Wieder andere weisen der Logistik als weitere Aufgaben die mathematische Grundlagenforschung, die logische Analyse nicht formalisierter (natürlicher) Sprachen, die Aufstellung axiomatisch-deduktiver Systeme für Physik, Biologie und andere Wissenschaften und ähnliches zu. Nicht wenige endlich glauben, von ihr auch metalogische Untersuchungen[1] über Möglichkeit und Voraussetzungen der Kalküle und ihrer Deutungen verlangen zu müssen.

Unter diesen Umständen ist es nicht leicht, die Frage nach den philosophischen Grundlagen der Logistik genau und unmißverständlich zu stellen, selbst wenn wir davon absehen, daß bei der Auffassung vom Wesen der Philosophie weitere Schwierigkeiten entstehen können. Im folgenden wollen wir das Problem, um das es geht, möglichst genau zu umschreiben versuchen, ohne in der Frage nach dem Wesen und den Aufgaben der Logistik eine abschließende Entscheidung zu treffen, die vielleicht doch nicht auf allgemeine Zustimmung rechnen könnte.

Ferner wollen wir, nachdem wir das Verhältnis von Logistik und Philosophie im allgemeinen betrachtet haben, die philosophischen Voraussetzungen nur in der ontologischen Richtung verfolgen, nicht hingegen auf dem anthropologischen Gebiet, wo sie auch zu untersuchen wären. So könnte man z. B. fragen, wie der Mensch beschaffen sein müsse, damit ein Aussagenkalkül (AK) zustande kommen könne. Die Logistik abstrahiert bei den Aussagen zwar vollkommen von der Funktion des Aussagens und schenkt nur der Form des Aussageinhaltes, im AK unter der alleinigen Rücksicht von Wahr und Falsch, ihre Aufmerksamkeit. Die philosophische Betrachtungsweise jedoch müßte auch die Frage nach der Aussagefunktion stellen, ohne die es zu keinem Bewußtsein vom Aussageinhalt und seiner Form und damit zu keiner Wissenschaft über die Aussageinhalte käme. Die Logistik und insbesondere der AK hat demnach auch anthropologische Voraussetzungen, sowohl im Hinblick auf die Erkenntnis- wie auf die Zeichenfunktion. Diesen näher nachzugehen, wäre zwar reizvoll, würde jedoch eine besondere Untersuchung erfordern.

1. Logistik und Philosophie

Geschichtlich gesehen, hat die Logistik ihren Ausgang von der klassischen Logik genommen. Gewiß darf dabei der Anteil der Mathematik nicht übersehen werden; aber er betraf doch wohl mehr das Wie und den Weg als das Was und das Ziel. Die Logik wollte es der Mathematik gleichtun in der Anwendung einer der Mathematik nachgebildeten Zeichensprache, um so womöglich zu einer der Mathematik ähnlichen Eindeutigkeit und Sicherheit der Ergebnisse zu gelangen. Was man auf diesem Wege erreichen wollte, war eine Verbesserung und ein weiterer Ausbau der Logik. Erst später machten sich Bestrebungen geltend, die Logistik zu einem allgemeinen, nicht auf die Logik eingeschränkten Verfahren zu machen, mit dessen

[1] Die Metalogik im engeren Sinne oder Semiotik behandelt die Beziehungen zwischen den Symbolen (logische Syntax), zwischen den Symbolen und dem Bezeichneten (Semantik) sowie zwischen den Symbolen und dem, der sie gebraucht (Pragmatik). Sie stellt somit eine allgemeine Theorie der (in der Logistik und anderswo verwandten) Symbole und ihres Gebrauchs dar.

Hilfe man ungedeutete Kalküle zur beliebigen Verwendung herzustellen vermag.

Was man von der Anwendung der Logistik auf die verschiedenen Gebiete auch denken mag, als Anwendungen setzen sie jedenfalls die Logistik selbst in ihrem Wesen konstituiert voraus. Die metalogischen Untersuchungen über Möglichkeit und Grundlagen der Logistik jedoch sind selbst schon philosophischer Natur. Ob man sie noch zu den Aufgaben der Logistik rechnen darf, bleibe einstweilen dahingestellt.

Auf Grund dieser Erwägungen und im Hinblick auf die folgende Untersuchung wollen wir unter Logistik nur die im Sinne einer Logik gedeuteten Kalküle verstehen oder die Logik, sofern sie sich einer der Mathematik nachgebildeten formalisierten Sprache bedient. Als Paradigmata dafür können etwa die einführender Lehrbücher von Carnap[2], Hilbert-Ackermann[3], Tarski[4], Bochenski[5] und ähnliche angesehen werden.

Wenn wir nach den philosophischen Grundlagen der so umschriebenen Logistik fragen, so hat diese Frage, falls die Logistik eine an sich nicht philosophische Wissenschaft ist, eine andere Bedeutung, als wenn sie selbst ein Teil der Philosophie ist. Es muß daher zuerst die Frage geklärt werden, ob die Logistik ein Teil der Philosophie ist. Die Logistik, wie wir sie hier verstehen, ist Logik in formalisierter, symbolischer Kunstsprache. Die Sprache, in der sie sich darstellt, kann jedenfalls ihren philosophischen Charakter nicht bedingen. Denn ihrer bedient sich auch eine nicht philosophische Wissenschaft, die Mathematik. Wenn die Logistik Philosophie ist, dann nur, insofern sie Logik ist. Ist die Logik, in ihrer klassischen oder modernen Gestalt, Philosophie oder Teil der Philosophie? Oder ist sie eine Einzelwissenschaft?

Bevor wir uns an die Beantwortung dieser Frage machen, wollen wir uns daran erinnern, daß die Logik nicht nur die Methode aller deduktiven Wissenschaften begründet, sondern auch, in einem gewissen Ausmaß, in alle anderen Wissenschaften eingeht. Freilich ist es nicht die formale Logik allein, welche die Methode der empirischen Wissenschaften bestimmt; aber zumindest darf kein wissenschaftliches Ergebnis dem Grundprinzip der Logik, dem Gesetz des Nichtwiderspruchs, zuwider sein. Insofern kommt der Logik eine allgemeine, allumfassende Stellung gegenüber allen Wissenschaften zu. Von der stofflichen Seite her kann sie nicht zu den Einzelwissenschaften zählen, da sie mindestens teilweise die Form aller Wissenschaften ausmacht. In diesem Sinn haben auch die Herausgeber der aristotelischen Schriften die Logik als „Organon" den übrigen Wissenschaften gegenübergestellt. Dennoch scheint Aristoteles die Logik nicht als Teil der Philosophie betrachtet zu haben; wenngleich zu beachten ist, daß bei Aristoteles,

[2] R. Carnap, Abriß der Logistik, Wien 1929.

[3] D. Hilbert und W. Ackermann, Grundzüge der theoretischen Logik, Berlin ³1949.

[4] A. Tarski, Introduction to Logic, New York ²1949.

[5] I. M. Bochenski, Précis de Logique mathématique, Bussum 1948.

und noch lange nach ihm, der Unterschied zwischen der Philosophie und den (übrigen) Wissenschaften noch nicht klar hervortritt.

Wie dem auch sein mag, und trotz einer formalen Überordnung der Logik über die Einzelwissenschaften, scheint die Logik zumindest in ihrer modernen Gestalt, kein Teil der Philosophie zu sein. Von einer philosophischen Disziplin muß man verlangen, daß sie nach dem Wesen und Warum ihres Gegenstandes fragt, ohne diesen Fragen prinzipiell eine andere Grenze zu setzen als diejenige, die mit dem Wesen des menschlichen Geistes selbst gegeben ist. Die moderne Logik hat jedoch einen eng umschränkten Fragebereich (was nicht heißen soll: einen engen Gegenstandsbereich), indem sie nach „den formalen Gesetzen der Verknüpfung von Denkinhalten" fragt und sich in der Beantwortung dieser (in ihrer Art unendlichen) Frage erschöpft. Sie fragt hingegen nicht, was logisches Denken eigentlich ist, wie es sich zu seinen Gegenständen verhält, wie es im Menschen möglich ist usw.

Von einer philosophischen Disziplin verlangt man weiter, daß sie ihren Gegenstand, auch wenn es ein Einzelgegenstand oder ein Einzelbereich sein sollte, im Zusammenhang mit allen übrigen Bereichen, ja aus dem letzten, dem Menschen erreichbaren Zusammenhang zu begreifen sucht. Die Logistik hingegen schränkt sich selbst auf einen Bereich, den Bereich des Logischen, ein und bewegt sich ausschließlich in ihm, indem sie von anderen Bereichen, Gegenständen und Fragestellungen absieht. Wo dieser Bereich und die ihm eigentümliche Sichtweise überschritten werden, handelt es sich um Metalogik (im weiteren Sinn), um ein Jenseits der Logistik, also nicht mehr um diese selbst.[6]

Für das Verhältnis zur Philosophie folgt daraus sofort, daß die Logistik ihren eigenen Gegenstand und ihre eigenen Methoden hat, kraft deren sie ihre Ergebnisse eigenständig gewinnt. Die Logistik hat darum keine philosophischen Grundlagen und Voraussetzungen in dem Sinne, daß sie ihre Sätze aus philosophischen Vordersätzen ableiten müßte. Es gibt eine logische und logistische Forschung ohne vorgängige Philosophie und unabhängig von ihr. Die Geschichte der Logistik bestätigt das. In der Logistik versteht man sich und kann man arbeiten trotz verschiedener, einander entgegengesetzter philosophischer Anschauungen. Es gibt Logistiker mit positivistisch und metaphysisch orientierten Grundanschauungen, und sie pflegen dieselbe Logistik.

Wenn aber die Logistik eine selbständige, nicht-philosophische Wissenschaft ist, ist es ihre Aufgabe nicht, über sich selbst nachzudenken, sich selbst zum Gegenstand ihrer Untersuchung zu machen, sondern sich in unreflexer Weise ihrem eigentümlichen Gegenstand, der Konstruktion

[6] Wo von „philosophischer Logik" gesprochen wird, wie z. B. in der Arbeit von G. Stammler „Zur philosophischen Neugestaltung der logischen Urteilslehre" in: „Kontrolliertes Denken. Untersuchungen zum Logikkalkül und zur Logik der Einzelwissenschaften" (Festschrift für W. Britzelmayr), hrsg. von A. Menne, A. Wilhelmy, H. Angstl (Freiburg i. Br. – München 1951), handelt es sich in der Tat um Philosophie der Logik.

logischer Kalküle, zuzuwenden. Sie hat so zwar, wie jede Wissenschaft, ein Wissen von sich im Vollzug ihrer wissenschaftlichen Bemühung um ihren Gegenstand, nicht aber macht sie diesen Vollzug selbst zu ihrem Gegenstand. Das heißt natürlich nicht, daß es dem Logistiker verboten sei, über seine Wissenschaft nachzudenken, sie in größere Zusammenhänge einzuordnen. Aber wenn er das tut, handelt er nicht mehr als Logistiker, sondern als Metalogiker, und wenn er so zu den letzten Fragen und Zusammenhängen vorstoßen will, als Philosoph. In jedem von uns steckt von Natur aus ein Philosoph, der sehen will, wie sich das Sondergebiet, das er erforscht, zum Ganzen verhält. Aber es kann wohl nicht geleugnet werden, daß es in der Philosophie ebenso wie in den Sonderwissenschaften besondere Methoden gibt, deren sichere Handhabung eine besondere Schulung voraussetzt und daß diese Schulung nicht mit der Schulung für eine Sonderaufgabe in einer anderen Wissenschaft notwendig verbunden und mitgegeben ist. Der Logistiker setzt sich, wie übrigens jeder andere Wissenschaftler, wenn er philosophieren will, der Gefahr aus, die Methoden seiner Wissenschaft ohne weiteres auf die Philosophie zu übertragen. Das wirkt sich jedoch, wenn es ohne Einschränkung und ohne Berücksichtigung der veränderten Objektsbeziehung geschicht, nur zum Schaden der Philosophie und rückwirkend auch hemmend für die Entwicklung der Logistik aus. Im Idealfall ist der Logistiker Philosoph und der Philosoph Logistiker in Personalunion, was aber die Verschiedenheit der konstitutiven Methoden nicht aufhebt. Einer teilweisen, nicht-konstitutiven Anwendung der logistischen Methode in der Philosophie steht jedoch nichts im Wege.

Als Wissenschaft von (logischen) Gegenständen ist die Logistik demnach selbst wieder Gegenstand der Wissenschaftslehre, die, soweit sie nicht bloß beim Methodisch-Technischen verharrt, sondern die Wesens- und Warumfrage stellt, ein Zweig der Philosophie ist. Denn ein Wissenschaftsgebiet kann von den übrigen nur dann richtig abgegenzt und in seiner intelligiblen Struktur voll gewürdigt werden, wenn diese Wissenschafts- bzw. Gegenstandsgebiete im Lichte einer allgemeinen Ontologie betrachtet werden. Der Ontologie kommt es ja zu, nicht nur die transzendentalen und allgemeinen Bestimmungen des Seins zu durchforschen, sondern auch dessen kategoriales Gefüge, und so jeder Wissenschaft den Ort in der Systematik seinsgerecht zuzuweisen.

Wie jede andere Wissenschaft steht auch die Logistik unter Bedingungen ihrer Möglichkeit, die vorgängig sind zu jedem Vollzug des logistischen Denkens und darum nicht zum Gegenstand der Logistik gehören können, sondern Gegenstand philosophischer Untersuchungen sind. Da das Nichtbestehen, bzw. Nichtgelten dieser Bedingungen die Unmöglichkeit der Logistik zur Folge hätte, nennt man diese Bedingungen der Möglichkeit der Logistik mit Recht „Grundlagen der Logistik", und da diese Grundlagen nicht von der Logistik selbst erforscht werden können, sondern von der Philosophie untersucht werden müssen, können diese Grundlagen „philosophische", d. h. in das Forschungsgebiet der Philosophie gehörige, genannt werden. Dadurch wird nicht die Philosophie selbst, sondern ihr

Gegenstand zur Grundlage der Logistik gemacht; denn Grundlage der Logistik und Wissenschaft von den Grundlagen der Logistik sind nicht dasselbe.

2. Ontologische Grundlagen des Aussagenkalküls

a) Die Seinsordnung als Bedingung der Möglichkeit für den Aussagenkalkül (AK)

Wenn man eine Untersuchung über die Grundlagen der Logistik anstellen will, so kann das von verschiedenen Theorien der Logistik her und in verschiedener Richtung geschehen. Im folgenden wollen wir der Untersuchung jenen Teil der Logistik zugrunde legen, der am gesichertsten ist und sich nicht mehr, wie manche andere Teile, z. B. die Modalitätenlogik, im Flusse der Entwicklung befindet, nämlich den Aussagenkalkül. Man versteht darunter den Kalkül der Aussagenlogik, d. i. jene Seite der Logistik,
a] welche die Beziehung ganzer, nicht weiter analysierter Aussagen unter dem Gesichtspunkt von Wahr und Falsch zum Ausdruck bringt. Beim AK aber setzen wir den Hebel an jenem Punkt an, der entscheidend ist für seinen
b] Aufbau: bei der grundsätzlichen und ausschließenden Entgegensetzung von Wahr und Falsch.

Die Definition der Aussage als eines Satzes, von dem es sinnvoll ist, zu behaupten, daß sein Inhalt wahr oder falsch ist, ist für den Aufbau des AK unentbehrlich. Diese Definition aber hat zur Bedingung ihrer Möglichkeit, daß ein Inhalt nicht deshalb, weil er ausgesagt wird, wahr bzw. falsch ist, sondern im Hinblick auf einen Maßstab, an dem Wahrheit oder Falschheit des ausgesagten Inhalts gemessen werden. Der Maßstab, an dem sich die Wahrheit oder Falschheit einer Aussage entscheidet, muß einen von unseren Aussagen als solchen unabhängigen Bestand haben. Wahrheit und Falschheit betreffen an sich nicht den Vollzug oder eine Qualität der Aussagefunktion, sondern den Inhalt der Aussage, und zwar gleichgültig, ob er tatsächlich ausgesagt wird oder nicht. Es ist demnach zu unterscheiden zwischen dem *Aussagen,* dem, *was* ausgesagt wird, und dem, *worüber* ausgesagt wird. Wahrheit oder Falschheit betrifft das, *was* ausgesagt wird. Die Entscheidung darüber, ob dieses Was wahr oder falsch sei, kann nicht vom Aussagen kommen, da sowohl wahre wie falsche Aussagen gemacht werden können. Sie kommt allein von dem, *worüber* ausgesagt wird.

Es kann nun allerdings der Fall eintreten, daß dasjenige, was ausgesagt wird, der Sache nach dasselbe ist wie das Aussagen; so z. B. in der reflexiven Aussage „Ich sage aus", oder daß es dasselbe ist wie das, worüber ausgesagt wird, z. B. in der formalen Identitätsaussage „a ist a". Dabei bleibt aber immer bestehen, daß das Aussagen im ersten Fall und das Was im zweiten Fall logisch eine doppelte Funktion haben: als Aussagen und als Aussagegegenstand, bzw. als Was und als Worüber. Als Maßstab für die Wahrheit oder Falschheit von Aussagen kann demnach alles Mögliche auftreten, nämlich all das, worauf sich Aussagen beziehen können.

Man kann hier die Frage aufwerfen, ob das Worüber der Aussage der vollständige Maßstab der Wahrheit oder Falschheit ist oder ob dazu noch die Möglichkeit gehört, die Entscheidung im Hinblick auf das Worüber zu treffen, m. a. W. ob Sätze nur dann in ausschließender Weise wahr oder falsch sind, wenn ihre Wahrheit oder Falschheit in bestimmter Weise angebbar und verifizierbar ist. Die positivistisch eingestellten Logistiker werden dies bejahen, die Nicht-Positivisten verneinen. Diese Meinungsverschiedenheit ist ein Anzeichen dafür, daß es sich hier nicht mehr um eine innerlogistische, sondern um eine philosophische Frage handelt. Die Verifizierbarkeit (im weiten, nicht notwendig empiristischen Sinne) ist zwar eine Bedingung dafür, daß die Wahrheit oder Falschheit in bestimmter Weise erkannt werde, nicht aber Maßstab der Wahrheit oder Falschheit selbst. Die Richtigkeit dieser Auffassung wird dadurch bestätigt, daß man die Frage, ob wahr oder falsch, an Hand des Gegebenen (oder irgendeines andern Maßstabs) entscheiden will. Man findet demnach die Wahrheit oder Falschheit vor; man macht sie nicht. Wer bei der Verifizierung nicht richtig vorgeht, wird sich irren, d. h. er wird einen Satz für wahr halten, obwohl er falsch ist, oder umgekehrt. Irrtum und Falscheit sind demnach nicht dasselbe. Eine Aussage kann wahr sein, obwohl ich mich über sie irre, wenn ich sie etwa für falsch halte. Die Verifizierbarkeit ist Bedingung für die Erkenntnis von Wahrheit und Falschheit von Sätzen, nicht für deren Wahrheit oder Falschheit selbst.

Wir haben gesehen, wie als Maßstab der Wahrheit von Aussagen all das gelten kann, worauf sich Aussagen beziehen können. Man mag nun „all das“ so verschieden deuten, wie man will. Aber „all das“ kommt doch in einem überein, daß es nämlich das ist, worauf sich Aussagen beziehen können, und daß „all dem“ der Charakter des Maßgeblichen, über Wahrheit oder Falschheit gegebener Aussagen Entscheidenden, zukommt. „All das worauf“ bildet den Inbegriff dessen, worauf sich Aussagen beziehen können und woran sie ihren Maßstab im Hinblick auf Wahrheit und Falschheit haben. Um diese Funktion auszuüben, muß „all das“ der Bedingung genügen, daß es an sich einen von der Aussagefunktion unabhängigen Bestand hat. (Zu den reflexiven Aussagen vgl. oben S. 236.) Den Inbegriff all dessen, worauf sich Aussagen beziehen können und was einen von der Aussagefunktion als solcher unabhängigen Bestand hat, wollen wir den an sich bestehenden „Wahrheitszusammenhang“ (= WZ) nennen, wobei Wahrheitszusammenhang eine Benennung dieses Inbegriffs ist, die sich von der für die Wahrheit der Aussagen maßgeblichen Funktion von „all diesem“ herleitet, und wobei die Aussagefunktion, nicht als solche, sondern als möglicher Gegenstand einer reflexiven Aussage, von diesem WZ nicht ausgeschlossen ist[7].

[7] Wenn wir die Gesamtheit all dessen, was je als Norm für wahre Sätze auftreten kann, WZ nennen, so möchten wir damit keineswegs die These Bolzanos von den freischwebenden „Wahrheiten, Vorstellungen und Sätzen an sich“ vertreten.

Der an sich bestehende WZ ist also der Inbegriff dessen, was Gegenstand einer zutreffenden (= wahren) Aussage werden kann. Das aber ist all das, wovon in einer zutreffenden Aussage gesagt werden kann „es ist..." Damit ist nicht etwa nur das Existierende gemeint, auch nicht nur das Realmögliche, sondern auch, was als geltend hingestellt oder in irgendeiner bestimmten, nach Wahr oder Falsch entscheidbaren Weise gedacht werden kann. Es ist die ganze Sphäre des Ist-Sagens = Behauptens (Als-wahr-Hinstellens) gemeint, sofern sie alle besonderen Weisen und Bedeutungen des Ist-Sagens übersteigt. Wenn diese Späre nicht ein an sich bestehender, keineswegs durch die Aussagefunktion als solche konstituierter Zusammenhang ist, kann sie nicht durchgängige Norm für alle möglichen, unter sich im Hinblick auf Wahr oder Falsch vergleichbaren Aussagen sein. Ist sie aber ein an sich bestehender, auch die Aussagefunktion und das aussagende Subjekt, sofern über sie etwas ausgesagt wird, einschließender Zusammenhang all dessen, wovon in irgendeiner Weise „es ist..." ausgesagt wird, so muß sie als an sich bestehende Seinsordnung (SO) interpretiert werden. Denn der Inbegriff dessen, wovon man sagt „es ist..." (sei es im Sinne von realer Existenz, realer Bestimmung, des Geltens, des Gedacht- oder Gemeintseins, oder wie immer) ist der Inbegriff dessen, *was* auf irgendeine Weise *ist*, oder das transzendentale Seiende. WZ und SO sind demnach äquivalent. Was von dem einen gilt, gilt auch von der anderen.

WZ äq SO

Die SO heißt WZ, sofern sie der Maßstab für die Wahrheit möglicher Aussagen ist. Der WZ aber ist SO, sofern er die Sphäre des an sich Bestehenden, nicht durch die Aussagefunktion als solche Konstituierten ist.

Da der AK von der unentbehrlichen Definition der Aussage als eines Satzes, von dem es sinnvoll ist zu behaupten, daß sein Inhalt entweder wahr oder falsch ist, getragen wird, diese Eigenschaft der Aussage aber den an sich bestehenden WZ als einzig möglichen Maßstab für wahr oder falsch zur Voraussetzung hat, ist der an sich bestehende WZ und die mit ihm äquivalente SO die Bedingung der Möglichkeit des Aussagenkalküls. Die Verneinung der SO ($\overline{\text{SO}}$) impliziert die Verneinung des Aussagenkalküls (AK) ebenso wie der AK die SO impliziert.

$$\overline{\text{SO}} \rightarrow \overline{\text{AK}} \quad \text{äq} \quad \text{AK} \rightarrow \text{SO}$$

Vonseiten der Aussage offenbart sich der notwendige Bezug zur SO dadurch, daß eine Aussage nur dann in bestimmter Weise als wahr oder falsch bezeichnet werden kann, wenn ihr Inhalt behauptet, d. h. auf die SO bezogen und als mit ihr übereinstimmend hingestellt wird. (Vgl. dazu das Behauptungszeichen in den „Principia mathematica" von Russell-Whitehead: $\vdash$) Zwar sind die Aussagen, sofern sie einen bestimmten Inhalt haben, auch vorgängig zur aktuellen Behauptung wahr oder falsch, aber nicht ohne Beziehung zu ihr. Als entweder wahre oder falsche sind sie wenigstens „behauptbar“, d. h. auf die SO aktuell beziehbar und in und mit ihre setzbar[8].

b) Logisches und ontologisches Kontradiktionsprinzip

Zwischen wahren und falschen Aussagen als solchen besteht, abgeschen von ihrem besonderen Inhalt, bloß sofern sie als wahr oder falsch, im übrigen aber als inhaltsgleich betrachtet werden, ein kontradiktorischer Gegensatz, also wie zwischen X únd $\overline{X}$. Der kontradiktorische Gegensatz zwischen einer Aussage und ihrer Verneinung ist an sich rein logisch. Er sagt nichts darüber aus, ob die Aussage oder ihre Verneinung wahr, bzw. falsch ist. Rein logisch gilt nur, daß die Wahrheit der Aussage äquivalent ist mit der Falschheit ihrer Verneinung, und umgekehrt. Die bestimmte Zuordnung von Wahrheit, bzw. Falschheit und Aussage ergibt sich erst aus der Beziehung der Aussage auf den an sich bestehenden WZ (s. oben S. 237.) Der bestimmte, angebbare kontradiktorische Gegensatz von wahren und falschen Aussagen beruht demnach darauf, daß dem Widerspruch einer wahren zu einer falschen Aussage der Widerspruch der falschen Aussage zum an sich bestehenden WZ zugrunde liegt. Eine falsche Aussage ist daher ursprünglich nicht deshalb falsch, weil sie einer wahren Aussage widerspricht (rein innerlogische Betrachtungsweise, bei der die Rollen vertauscht werden können), sondern weil sie dem an sich bestehenden WZ (der transzendentalen SO) widerspricht (metalogische und hier ontologische Betrachtungsweise, bei der die Rollen nicht vertauscht werden können). Eine wahre Aussage aber widerspricht einer falschen, sofern sie dem Widerspruch der falschen Aussage zur SO widerspricht. Symbolisch ausgedrückt:

$$X \quad \text{äq} \quad \overline{\overline{X}}$$

Der mögliche Widerspruch von Wahr und Falsch bezieht sich demnach entweder auf Aussagen unter sich oder, dem zugrunde liegend, auf Aussagen gegenüber der transzendentalen SO. In dieser selbst findet hingegen kein
c] Widerspruch statt. Der Satz, der den Widerspruch in der SO ausschließt, ist das ontologische Kontradiktionsprinzip oder, besser formuliert, das ontologische Prinzip des Nichtwiderspruchs (NWP). Es lautet: Ein Seiendes als solches kann, sofern und insoweit es ein Seiendes ist, unter dieser selben Rücksicht nicht ein Nichtseiendes sein. Gegenstandstheoretisch kann es auch formuliert werden: Der Gegenstand einer möglichen Aussage, der dem an sich bestehenden WZ (der transzendentalen SO) angehört, kann, sofern und in dem Sinn, in dem er ihm angehört, ihm nicht im selben Sinn nicht angehören. Die Nichtgeltung dieses Prinzips würde jede Konsistenz der SO aufheben und dadurch *jede* bestimmte Aussage, sofern sie Anspruch erhebt, im Hinblick auf Wahr oder Falsch beurteilt zu werden, unmöglich

[8] Zur Setzungsfunktion vgl. meine Arbeit „Das Grundproblem metaphysischer Begriffsbildung“: ZPhForsch: 4 (1949) 225–234; hier 252.

machen. Da aber die transzendentale SO, wie wir gesehen haben, die Bedingung der Möglichkeit des AK ist, würde die Nichtgeltung des ontologischen NWP also auch die Unmöglichkeit des AK bedingen. Die Geltung des ontologischen NWP ist demnach eine unabdingbare Voraussetzung des AK.

Dasselbe läßt sich auch auf dem Weg über das logische NWP zeigen. Nach dem logischen NWP ist die Konjunktion einer Aussage und ihrer Verneinung immer falsch und daher als selbständige Behauptung immer zu vermeiden. Dies ist eine These des AK. Sie hat zur Bedingung ihrer Möglichkeit die Geltung des ontologischen NWP.

$$(\overline{\text{ontNWP}} \rightarrow \overline{\text{logNWP}}) \quad \text{äq} \quad (\text{logNWP} \rightarrow \text{ontNWP})$$

Daß dies so ist, ergibt sich aus folgendem: Wenn etwas, sofern es dem an sich bestehenden WZ (der SO) angehört, ihm unter derselben Rücksicht (die in der Aussage ausgesprochen wird) zugleich nicht angehört, dann kann die entsprechende Aussage zugleich wahr oder falsch sein; wahr, sofern das Ausgesagte der SO angehört, und falsch, sofern es der SO nicht angehört, und auch umgekehrt, da das Angehören (voraussetzungsgemäß) im selben Sinn auch ein Nicht-Angehören ist. Daß aber ein und dieselbe bestimmte Aussage ihrem Inhalt nach zugleich wahr und falsch sei und darum zugleich bejaht und verneint werden könne, ist nach dem logischen NWP unmöglich. Denn wenn das möglich wäre, würde der unaufhebbare Gegensatz von wahrer und falscher Aussage hinfällig und damit die Aussage in ihrem Wesen ver-nichtet und zu einer Nicht-Aussage.

Zu beachten ist dabei, daß eine Aussage im Sinne des AK nur vorliegt, wenn sie voll bestimmt ist. Denn nur dann ist das Entweder-Oder von Wahr und Falsch möglich. Nicht vollbestimmte Aussagen, wie etwa „es regnet“ sind weder wahr noch falsch. Anders wenn die Aussage voll bestimmt wird; etwa: „es regnet hier und jetzt“ (an dem Ort und zu der Zeit, wo ich dieses schreibe). Die Geltung des ontologischen NWP ist demnach die Voraussetzung für die Geltung des logischen NWP und damit auch für die Möglichkeit des AK.

Nicht-Logistiker haben oft Ärgernis daran genommen, daß das NWP im AK als abgeleitete These auftritt, statt als ein unableitbares erstes Prinzip, wie es Aristoteles und die traditionelle Logik darstellt. Diese Kritiker haben den Unterschied zwischen dem ontologischen und logischen NWP übersehen, der auf dem Unterschied des Widerspruchs von Aussagen unter sich und des Widerspruchs von Aussagen zur transzendentalen SO beruht. Die im AK erfolgende Ableitung hat natürlich wie der ganze AK das ontologische NWP zur Voraussetzung. Ohne dessen Geltung wäre überhaupt keine eindeutige Aussage möglich. Dem widerstreitet aber nicht, daß die *Formulierung* des logischen NWP aus anderen Formulierungen *abgeleitet* wird. Ableitung heißt hier ja nichts anderes als die Gewinnung einer Zeichengruppe aus einigen anderen angenommenen Grundzeichen gemäß einer aufgestellten Regel.

Obwohl das logische NWP das ontologische NWP zur Voraussetzung hat, kann das logische NWP doch in seinem Sinn verstanden und in seiner relativen Notwendigkeit für die Möglichkeit des Denkens begriffen werden, ohne daß man auf das ontologische NWP zurückgreift. Nicht als ob man das ontologische NWP verneinen und das logische NWP zugleich bejahen könnte, ohne dabei gegen das logische NWP selbst zu verstoßen. Aber man kann vom ontologischen NWP abstrahieren. Es ist möglich, daß man in innerlogischer Betrachtungsweise überhaupt nicht an es denkt. Man kann die Beziehungen der Aussagen untereinander betrachten, ohne die Gesetzmäßigkeiten in Betracht zu ziehen, die der transzendentalen SO zugrunde liegen. So verfahren tatsächlich die Logistiker, und auf Grund des besonderen Gegenstandes ihrer Untersuchung sind sie zu nichts anderem verpflichtet. Als Logistiker müssen sie keine Ontologie treiben. Wer jedoch das ontologische NWP verneinen würde, würde schon eine translogische, ontologische Aussage machen und eine mit der Logistik als Ganzem in Widerspruch stehende Behauptung aufstellen.

c) Die eigentümliche Struktur der transzendentalen SO

Der AK gilt für Aussagen überhaupt. Welchen Bereichen diese Aussagen von ihrem Inhalt her gesehen, angehören, ist für den AK und seine Gesetze gleichgültig. Das einzige, was für den AK von Belang ist, ist der sog. Wahrheitswert, d. i. die Eigenschaft, entweder wahr oder falsch zu sein. Ob der WZ seinerseits ein einförmiger Bereich ist oder ob er so verschiedene Bereiche enthält, wie sie etwa durch folgende (wahre oder falsche) Aussagen vertreten werden: „der Schnee ist schwarz", „neun ist eine Primzahl", „Gott gehört der an sich bestehenden SO an", „Gerechtigkeit ist eine Tugend", „der absolute Raum ist ein Gedankending" u. ä., das kann nicht dem AK entnommen, sondern muß aus translogischen Quellen ausgemacht werden. Wenn aber Aussagen wie die obigen wahr oder falsch sein können, kennzeichnen sie Bereiche, welche, so verschieden sie auch immer im übrigen sein mögen, doch untereinander soweit in Beziehung stehen, daß sie in irgendeiner (wenn auch nicht gleichen oder gleich unmittelbaren) Weise der transzendentalen SO zugehören. Da der AK von allen Besonderungen des Aussage-Inhaltes und damit von allen besonderen Gegenstandsbereichen absieht, vermag er Aussagen aus den verschiedensten und entlegensten Bereichen miteinander logisch zu verknüpfen. Das aber wäre wiederum nicht möglich ohne die durchgehende und alles umgreifende Geltung des logischen und, grundlegend dafür, auch des ontologischen NWP. Das logische und ontologische NWP beziehen sich daher nicht bloß auf Aussagen, bzw. Gegenstände je eines Bereiches untereinander, sondern auch auf Aussagen und Gegenstände, die verschiedenen Bereichen angehören. Das ontologische NWP fordert daher eine solche begriffliche Bestimmung der Bereiche, daß sie nicht untereinander in den formalen Widerspruch treten.

Wenn so von verschiedenen Bereichen der an sich bestehenden SO gesprochen wird, soll damit nicht der Gedanke nahegelegt werden, als ob diese Bereiche, wie etwa verschiedene Raumteile, nebeneinander liegen müßten; vielmehr durchdringen sie sich und sind nur durch das Denken auf eine unanschauliche Weise voneinander abhebbar.

Wenn demnach das logische und ontologische NWP auch für das Verhältnis der Bereiche untereinander maßgebend ist, so betreffen diese Prinzipien nicht nur das Gemeinsame dieser Bereiche, sondern auch deren Unterschiede oder das, was jedem von ihnen eigentümlich ist und den Bereich als solchen konstituiert. Daraus folgt, daß kein Bereich des an sich bestehenden WZ so verschieden von einem andern sein kann, daß er nicht zu den anderen in einem wenigstens mittelbaren und logisch ausdrückbaren, d. h. aber grundsätzlich nach Wahrheit oder Falschheit entscheidbaren Zusammenhang stünde.

Das aber bedeutet, daß der an sich bestehende WZ vollkommen universal und die SO wirklich transzendental und die der transzendentalen SO zugeordnete Wissenschaft, die Ontologie, schlechthin allumfassend und von ihrem Gegenstand her Philosophia prima ist. Denn das schlechthin Allumfassende ist auch das an sich Erste oder enthält es. Weiter ergibt sich daraus, daß die Ontologie auch die Wissenschaft ist, welche die Grenzen der Gegenstandsgebiete für die ihnen zugeordneten Wissenschaften zu erforschen hat. Als Ontologie ist sie grundlegend für eine allgemeine und philosophische Wissenschaftslehre.

Ohne auf die Gliederung der transzendentalen SO im einzelnen einzugehen, sei nur noch über ihre Struktur im Zusammenhang mit dem AK eines vermerkt: Diese Struktur kann, irgendeine Vielfalt vorausgesetzt, nicht die einer univoken Einförmigkeit sein. Das heißt, es kann in einer Ontologie nicht nur univoke, vollkommen eindeutige Aussagen geben. Mehr noch: alle univoken Aussagen, die etwa für einen einförmigen Bereich aufgestellt werden, wie z. B. „alle Hunde sind Säugetiere", sind nur dann ontologische, d. h. zugleich für die Gesamtheit der SO bedeutungsvolle Aussagen, wenn sie unter ihrer univoken Bedeutung auch eine proportional mehrdeutige Aussage miteinschließen; im angegebenen Beispiel etwa: „sind Seinsmögliches (der und der Art)", wobei eben das Seinsmögliche als solches nicht adäquat identisch ist mit: „der und der Art." M. a. W., die notwendige Einheit der SO, die Bedingung der Möglichkeit des AK ist, läßt sich nur aufrecht erhalten, wenn das Gemeinsame aller Bereiche den Besonderungen der Bereiche nicht reinlich geschieden gegenübersteht und so univok von ihnen aussagbar ist, sondern wenn es auf je verschiedene Weise in den Besonderungen wirklich ist, ohne doch in einer von ihnen so unterzugehen, daß es nicht auch in anderen Weisen wirklich sein könnte; woraus folgt, daß dies Gemeinsame nur als ein verhältnismäßig, nicht vollkommen Gleiches, d. h. aber als ein je und je in seiner Verschiedenheit Gemeinsames, wirklich sein kann. Dies ist der Grundgedanke der „analogia entis", die somit eine wahre ontologische Voraussetzung des AK und damit der Logistik ist.[9]

Dies ist um so bemerkenswerter, als gerade die Logistik den größten

Wert auf eindeutige Bestimmung ihrer Zeichen legt und dies geradezu zu ihrem Ziel macht. Es ist ihre Stolz, die verschiedenen Bedeutungen der „Existenz" aufgedeckt und voneinander auch in der Bezeichnung unterschieden zu haben[10]. Dieses Bestreben ist legitim, hat aber in seiner Legitimität die Analogie des Seins, wie wir sahen, zur Voraussetzung. Eine Formalisierung der Ontologie, wenn man sie für möglich oder wünschenswert hält, müßte diesem Umstand Rechnung tragen[11]. Eine unüberwindbare Schwierigkeit scheint nicht zu bestehen, da die Mehrdeutigkeit der Seinsanalogie nicht amorph und gesetzlos ist. Die im Seienden als solchem enthaltenen Seinsmodi sind bestimmter Art, wenngleich sie zunächst nicht auf bestimmte Art ausgedrückt und auch nicht in jedem Urteil auf bestimmte Weise ausgesprochen und einem Gegenstand aut bestimmte Weise zugesprochen werden können.

Rückblickend können wir sagen: Die Logistik ist eine eigenständige, nichtphilosophische Wissenschaft, die jedoch als Wissenschaftsganzes Gegenstand philosophischen Fragens wird. Eine Untersuchung des Aussagenkalküls nach den Bedingungen seiner Möglichkeit ergibt, daß dazu vor allem die transzendentale Seinsordnung gehört; daß insbesondere die Geltung des ontologischen Nichtwiderspruchprinzips Bedingung der Möglichkeit des logischen Nichtwiderspruchprinzips ist; daß endlich die letzten Seinsbereiche zueinander in einem Verhältnis der Seinsanalogie stehen müssen.

Nachbemerkungen

Diese Abhandlung erschien zuerst in der „Scholastik" 27 (1952) 368–381.

a] Solche Aussagen können einfache oder komplexe Aussagen, aber auch Aussage-Verbindungen sein, wie z. B. in Bedingungssätzen. In solchen Fällen beziehen sich Wahr und Falsch auf die Aussagen-Verbindung als solche.

b] In der Logistik gibt es zwar außer den zweiwertigen auch mehrwertige Logikkalküle, z. B. mit den Werten: gewiß wahr, wahrscheinlich, gewiß falsch. Aber alle diese und andere Formen der mehrwertigen Kalküle setzen immer und überall, ob ausdrücklich oder stillschweigend, den unaufhebbaren Gegensatz von Wahr und Falsch voraus, den sie dann zusätzlich durch die Art, wie beide dem urteilenden Subjekt zugänglich sind, weiter bewerten, wodurch es erst zum mehr als zweiwertigen Kalkül kommt. Jede noch so differenzierte Aussageweise, wie wahrscheinlich, gewiß, zweifelhaft

[9] Hiermit ist noch keine bestimmte Form der Analogie des Seins behauptet, wie sie etwa die Sonderung in ens a se und ens ab alio mit sich brächte. Es sollte nur gezeigt werden, wie unter der Voraussetzung mehrerer Bereiche und bei Geltung des AK jene Bereiche zuletzt zueinander nicht in einem univoken Verhältnis stehen können.

[10] Vgl. dazu etwa Bochenski, Précis de logique mathématique, 15. 51 bis 15. 53.

[11] Einen ersten Versuch, die Analogie des Seins logistisch zu bewältigen, hat I. M. Bochenski gemacht: On Analogy: The Thomist 2 (1948) 428–447.

u. s. w, muß schließlich bejahend oder verneinend behauptet oder als behauptbar hingestellt werden. Ohne den unhintergehbaren Gegensatz von Ja und Nein gibt es weder eine Aussage noch ein bestimmtes Zeichen oder eine Zeichenfunktion in einem Kalkül.

c] Denn alles Seiende als Seiendes ist mit allem Seiendem als Seiendem verträglich. Die sogenannten „realen Widersprüche", in denen das eine dem anderen entgegen ist und das Sein des einen das Sein des anderen ausschließt, beruhen auf der Andersheit im Sein, setzen immer das So und nicht-So der Endlichkeit voraus, während das Seiende als solches zum Unendlichen hin offen ist, ja durch es in seiner Möglichkeit bedingt ist. In der SO findet so im Letzten kein Widerspruch statt.

V. ERKENNTNISTHEORIE/WISSENSCHAFTSTHEORIE

GEGENSTANDSKONSTITUTION UND REALISTISCHE ERKENNTNISTHEORIE

Die moderne Erkenntnistheorie seit *Kant* kreist um das Problem der Gegenstandskonstitution. Während das naive Bewußtsein einfach beim Gegenstand ist, ohne sich darüber Gedanken zu machen, wie das zugeht, bemerkt der Mensch schon nach verhältnismäßig kurzer Erfahrung, daß die Gegebenheiten der Gegenstände zu verschiedenen Zeiten oder auch gleichzeitig, aber durch verschiedene Sinne, nicht immer integriert werden können. Daraus ist von je die Frage nach dem Wie und nach der Geltung der Erkenntnis entstanden. Die kritische Untersuchung nahm jedoch zuerst die Richtung auf den Gegenstand. Man unterschied in ihm, der immer noch als ein echtes Gegenüber zum Erkennenden aufgefaßt wurde, verschiedene Seinsarten, ein beharrliches und identisches Inneres und ein wechselndes, bzw. verschiedenen Sinnen zugeordnetes Äußeres. In der Begegnung dieses Äußeren mit dem erkennenden Subjekt glaubte man den Grund für die objektive, d. h. auf ein Objekt, ein Gegenüber verweisende Beschaffenheit der Erkenntnis zu finden, wenigstens soweit es sich um Gegenstände der sinnlichen Erfahrung handelte. Der Anteil der Aktivität der beiden Partner, dem damit ein bestimmter Grad der Passivität des erkennenden Subjekts entsprach, wurde dabei verschieden auf die beiden verteilt. Der englische *Empirismus* ging bis rzueß əmuärsten Extm der Passivität des Subjekts. Was etwa aktiv hinzutrat, hatte überhaupt keine gegenständliche Bedeutung. Dem gegenüber schränkt der *Rationalismus* den Beitrag der Gegenstandswelt auf eine bloße Bedingung der Erkenntnis ein, läßt aber deshalb nicht immer den Begriff aus der Aktivität des Subjekts hervorgehen. Dort jedoch, wo die Ideen aus angeborenen Dispositionen entstehen, wie etwa bei *Descartes* und *Leibniz*, sind sie nicht von sich aus auf eine Synthese mit dem sinnlichen Material hingeordnet. Diesen Theorien sah sich *Kant* gegenüber. Daß geschichtlich gesehen hinter dem Empirismus und Rationalismus noch andere Auffassungen von der Erkenntnis lagen, die dem Subjekt in der Begegnung mit dem sinnlich Gegebenen eine wirkliche und zugleich objektiv gültige Aktivität zuschrieben, dessen war sich *Kant* nicht bewußt. Ich denke hier an den „intellectus agens" der aristotelischen Scholastiker[1], aber auch an die Illuminationstheorie der augustinischen Schule[2], die nicht mit der Lehre von den angeborenen Ideen verwechselt werden darf. *Kants* große

[1] *Z. B. Thomas Aquinas,* Summa theol. I., quaest. 79, art. 3–5; und: Quaestio de anima art 4.

[2] *Z. B. Bonaventura,* In secundum libr. sententiarum, dist. XXIV, pars I, art. 2, quaest. 4 (ed. Quaracchi, tom II, pag. 567 ff). Vgl. bes. „Primus modus": die Illumination allein genügt nicht; „Tertius modus": Ablehnung der cognitio universalium innata.

Tat war die Wiederentdeckung der aktiven und zugleich gegenständlich bedeutsamen Rolle, die dem Subjekt der Erkenntnis zukommt.

Während aber bisher in allen Theorien, *Berkeley* ausgenommen, das eigentlich Erkannte, also der Gegenstand der Erkenntnis, als ein der Erkenntnis Gegenüberstehendes gedacht wurde, verlegte *Kant* dieses Erkannte in die Erkenntnis selbst. Das treibende Motiv dafür war der erst später formulierte Grundsatz, daß nur das erkannt und bewußt werden kann, was durch Erkennen und Bewußtsein konstituiert ist. Nicht Dinge an sich, sondern Erscheinungen werden erkannt. Dabei hat jedoch „Erscheinung" nicht mehr wie früher die Bedeutung eines von Subjekt zu Subjekt, bzw. zu den verschiedenen Raum- und Zeitpositionen, wechselnden Anblicks der Dinge, sondern es handelt sich dabei gerade um das all diesen wechselnden Anblicken gegenüber Bleibende, Objektive, Allgemeingültige[3], das in das Subjekt hineinverlegt wird. Das ist natürlich nur dadurch möglich, daß im Subjekt selbst eine variable und eine invariable, die Einzelsubjekte übergreifende Seite unterschieden und die objektive Erscheinung auf die letztere, das transzendentale Subjekt bezogen wird.

Von jeher hat man zwar auch in der Erkenntnis selbst zwischen dem Moment der Tätigkeit oder der subjektiven Seite und dem Moment der Gegenständlichkeit oder der objektiven Seite unterschieden. Aber man nannte diese letztere nicht Gegenstand, sondern „intentio" oder „esse intentionale"[4], später jedoch „conceptus obiective spectatus" oder „objektiven Inhalt"[5], der seinerseits auf das Objekt oder den Gegenstand selbst verweist. Da auch nach *Kant* die Erscheinung noch auf das Erscheinende verweist[6], könnte man den Unterschied für einen bloß terminologischen halten. Darin würde man sich jedoch irren. Denn der objektive Verweis des Inhalts auf das Objekt ist in der Absicht der älteren Erkenntnistheorie eine wirkliche, wenn auch nicht allseitige Darstellung und Gegenwärtigsetzung des Gegenstandes, während die Erscheinung bei *Kant* nur in einem unbestimmten, vagen, ja sogar grundsätzlich unbestimmbaren Sinn auf das Erscheinende verweist[7].

[3] Vgl. *Kant,* Kritik d. rein. Vern. B 62/3.

[4] So unterscheidet Thomas von Aquin „esse naturale" und „esse intentionale", bzw. „intelligibile" (S. theol. I, q 56, a 2, ad 3).

[5] So bei *J. de Vries,* Logica 1950, nr. 153; Denken und Sein 1937, S. 73 ff., 140. – *Pesch-Frick,* Institutiones logicae et ontologicae 1914. nr. 76 sprechen von „conceptus obiectivus", den sie dem „conceptus formalis" oder „subiectivus" gegenüberstellen. Bei *Suarez* jedoch (Disputationes metaphysicae, disp. II, sect 1, nr. 1) steht „conceptus obiectivus" für den Gegenstand selbst, „conceptus formalis" hingegen für den Akt, durch den der Gegenstand begriffen wird, ohne daß dabei noch einmal die Subjekt- und Objektbeziehung des Aktes terminologisch unterschieden wird. Bei *Thomas von Aquin* (S. theol. I, quaest. 85, art 2) findet sich die Unterscheidung des „id quo intelligitur" und des „id quod intelligitur", die dem „conceptus formalis" und „obiectivus" in Sinne Suarez' entspricht.

[6] *Kant,* Kritik d. rein. Vernunft, B XXVI/XXVII; A 251/2.

[7] Das Ding an sich wird nur gedacht, nicht erkannt. Vgl. B 45.

Es ist bekannt, wie die weitere Entwicklung des philosophischen Denkens gerade bei diesem Verweis der Erscheinung auf das „Ding an sich" einsetzte. So unvermeidlich dieser Verweis war, um den Standpunkt des *Idealismus* einzunehmen, so störend war er im weiteren Ausbau des Systems. *Fichte* suchte deshalb in seiner Wissenschaftslehre zu zeigen, wie das absolute Ich als produktive Einbildungskraft den Anstoß zur Erkenntnis gibt, ohne daß diese um die Subjektbedingtheit dieses Anstoßes weiß[8]. Nur die „praktische Wissenschaftslehre" ist befähigt, den Anstoß zu deduzieren; die „theoretische Wissenschaftslehre" muß ihn als gegeben hinnehmen[9]. Damit ist aber eine Bewußtseinstranszendenz des Objekts gegenüber dem empirischen Ich zugegeben, wenngleich die Konstitution durch das absolute Ich beibehalten wird. Der Grund für die Notwendigkeit einer solchen Konstitution kann nun nicht mehr darin gefunden werden, dass nur das bewußt werden kann, was durch das Bewußtsein eben desselben, dem etwas zu Bewußtsein kommt, konstituiert wird, sondern nur darin, daß nur das bewußt werden kann, was von vornherein und ursprünglich mit dem Bewußtsein und dem Ich verwandt ist, was ihm nicht vollkommen fremd und entgegengesetzt ist.

Hier ist nun der Ort, einiges über den Ausdruck „Ding an sich" zu bemerken. *Kant* gebraucht ihn als Grenzbegriff im negativen Verstande, um damit etwas zu bezeichnen, sofern es nicht erscheint, also gerade sofern es *nicht* Gegenstand und Objekt für uns ist. Ob es überhaupt für irgend einen Verstand, der nicht der unsrige zu sein braucht, Objekt ist, bleibt in der theoretischen Philosophie ebenso problematisch wie jener Verstand selbst[10].

Bei *Fichte* wird das „Ding an sich" etwas, das vollkommen intelligenz- und ich-fremd ist, was deshab für *kein* Ich und keinen Verstand Gegenstand einer Erkenntnis und deshalb überhaupt nicht sein kann[11], obwohl das theoretische Ich Vorstellungen von realen Dingen produziert, ohne jedoch (die letzte Reflexionsstufe ausgenommen) davon zu wissen, daß das Ich selbst das Nicht-Ich setzt, dieses also in Wirklichkeit kein Ding an sich ist[12].

Wohl am gründlichsten hat sich später *Bruno Bauch* mit der Problematik des „Ding an sich" beschäftigt[13]. Auch er bemängelt, daß *Kants* Auffassung einen Rest von „Dogmatismus" übrig lasse, und lehnt jede Hypostasierung des „an sich" zu einem absoluten Ding ab[14]. Das Verweisen der Erscheinung auf ein Ding an sich ist ihm nur der Index dafür, daß der Gegenstand mehr als bloße Erscheinung ist, daß er nicht aufgeht in der subjektiven Erkenntnismaterie der Sinnlichkeit, daß ihm hingegen eine Unabhängigkeit

[8] *J. G. Fichte,* Grundlage der gesamten Wissenschaftslehre (ed. I. H. Fichte, I 234).

[9] Ebd. I 248.

[10] *Kant,* Kritik d. rein. Vern. B 306–309.

[11] *J. G. Fichte,* Erste Einleitung in die Wissenschaftslehre (I 436 ff.)

[12] Ebd. I 440–441.

[13] Vgl. dazu *W. Ritzel,* Studien zum Wandel der Kantauffassung. Meisenheim 1952, 114.

[14] *Bruno Bauch,* Immanuel Kant 1917, 163, Anm. 1.

von Subjektivität und Sinnlichkeit eignet. Diese Unabhängigkeit ist aber nicht im Sinn von „Dingen" zu verstehen, die jenseits der Erscheinung liegen und diese verursachen, sondern als eine invariable, durch einen „reinen Verstand" gesetzte Geltungsbeziehung. Diese Geltungsbeziehung ist das „Etwas überhaupt" als Zielpunkt aller Synthesis, der transzendentale Gegenstand als Korrelat des „reinen Verstandes". Dessen Sein ist logische Geltung. Zur Gegenstandskonstitution gehören demnach nicht nur die Formen der Sinnlichkeit und die Kategorien des Verstandes, sondern zuerst und vor allem das durch den „reinen Verstand" begründete Gesetz der Gegenständlichkeit überhaupt und in seiner Zuordnung zur besonderen Materie der Sinnlichkeit[15].

Was soll dem gegenüber „Ding an sich" heißen, wenn eine realistische Erkenntnistheorie behauptet, daß wir nicht bloß Erscheinungen, sondern die Dinge an sich selbst erkennen? Damit kann natürlich nicht bloß der Unterschied zwischen dem oben erwähnten wechselnden Anblick und dem, was allen Anblicken gegenüber unverändert bleibt, gemeint sein. Die These muß sich vielmehr auf die Erscheinung im Kantischen Sinn beziehen. Ding an sich ist dann das zwar in und durch die Erscheinung Erscheinende, aber nicht sofern es erscheint, sondern sofern es unabhängig vom Erkennenden und seiner Erkenntnis Bestand hat. Es ist klar, daß das Ding an sich in diesem realistischen Sinn der Sinneserkenntnis als solcher nicht zugänglich ist. Ob es Dinge an sich in diesem Sinne gibt und in welchem Verhältnis sie zu den Erscheinungen stehen. kann nur die Reflexion der Verstandeserkenntnis entscheiden.

Wir kommen nun zum Kernpunkt der Frage: sind Gegenstandskonstitution und realistische Erkenntnistheorie mit einander vereinbar, oder schließen sie sich notwendig aus? – Ohne Zweifel, wenn das Ding an sich von vorneherein als das Nicht-Erscheinende oder gar als das Nicht-Erkennbare definiert wird, dann ist unsere Frage schon entschieden, entschieden aber nicht durch Gründe, sondern durch einen dogmatischen Machtspruch. Aber auch ohne einen solchen Machtspruch scheint eine Unvereinbarkeit vorzuliegen. Dies jedoch wiederum infolge einer unnötig eingeschränkten Definition des *Realen*. Unter der Voraussetzung des Idealismus ist nämlich das Reale nur Erscheinungswirklichkeit, nur Gegebenheit, sofern sie wahrgenommen wird. Dasjenige, was Grund dieser Gegebenheit ist, kann dann allerdings nicht mehr im selben Sinn real sein. Es besteht jedoch keine Notwendigkeit, „real" im Sinne von „Erscheinungsrealität" zu nehmen; im Gegenteil, dies ist sogar der ursprünglichen Wortbedeutung

[15] Ebd. 261–269. – Bruno Bauch versteht dabei unter dem „transzendentalen Gegenstand" eben jene Gesetzlichkeit überhaupt, unter dem „Ding an sich" jedoch die einer einzelnen Erscheinung zugeordnete Besonderung des transzendentalen Gegenstandes. Für die logische Einheit von Materie und Form aller Erkenntnis aber nimmt er im Anschluß an Kants Sprachgebrauch (vgl. Kritik der Urteilskraft, Ges. Schriften V 476–477) einen „höchsten Verstand" als deren Möglichkeitsbedingung an, auch diesen nicht im Sinne gegenständlichen Seins und Wirkens, sondern der rein logischen Geltungsbedingung und Kondizionalität (S. 461–466).

zuwider. Denn die Zusammensetzung des Wortes „Erscheinungsrealität" weist gerade durch das Bestimmungswort „Erscheinung" auf einen an sich weiteren Begriff des Wortes „Realität" hin.

Die oben angeführten Versuche, die Problematik des Dinges an sich vom idealistischen Standpunkt aus zu bewältigen, zeigen ferner, daß Realität im Sinne des „von der Erkenntnis oder von dem durch uns Erkanntwerden Unabhängigen" ein Begriff ist, mit dem auch der Idealismus zu rechnen und dessen unvermeidbaren „Schein" auch er zu erklären hat. Daß das Bewußtseinsprinzip nicht allgemein gültig sein kann, zeigt die Geschichte des Idealismus selbst, der überall dort, wo er nicht in einen unsinnigen Solipsismus verfiel, über die Konstitution im empirischen Subjekt auf eine dem empirischen Subjekt un- oder vorbewußte Konstitution durch ein transzendentales Subjekt zurückgegriffen hat.

Anderseits zeigt die Geschichte der Philosophie, daß es auch bei realistischer Erkenntnisauffassung eine Gegenstandskonstitution zumindest in dem Sinne geben kann, daß der objektive, d. h. auf ein Objekt verweisende und für es gültige, Inhalt einer Erkenntnis weitgehend vom Erkenntnissubjekt her konstitutiert wird. Zeuge dafür ist die schon genannte aristotelisch-scholastische Lehre vom „intellectus agens" und von den sogenannten inneren Sinnen, die in der Auseinandersetzung mit *Kant* besonders von *Joseph Maréchal*[16], aber auch durch viele andere Neuscholastiker weiter ausgebaut wurde. Die nach dieser Auffassung im Schoße der Erkenntnis selbst sich vollziehende Konstitution des objektiven Inhalts ist als ein Nachvollzug der Struktur anzusehen, die im Objekt selbst, wenn auch auf unsinnliche Weise, vorhanden ist.

Von der Gegenstandskonstitution im scholastischen Sinn kann hier natürlich nur ein kurzer Aufriß gegeben werden. Wenn *Kant* sagt, alle Erkenntnis hebe zwar mit der Erfahrung an, entspringe aber deshalb nicht alle aus der Erfahrung, so sind ihm darin *Aristoteles* und *Thomas von Aquin* nicht entgegen. Unser Verstand als ein hinnehmender Verstand bedarf einer Sinnlichkeit, die im Medium von Raum und Zeit Eindrücke empfängt, ohne die dem Verstand kein Objekt ursprünglich gegeben ist und die zumindest Bedingung jeder anderen Gegebenheit sind. Ein Subjekt, das in seiner Empfänglichkeit dem Raum und der Zeit unterworfen ist, kann aber keine anderen Eindrücke haben und demgemäß in erster Intention keine anderen Objekte vorstellen als solche, die ebenso von Raum und Zeit bestimmt sind. Raum und Zeit sind daher notwendige Formen der Anschauung. Daraus folgt aber nach scholastiscker Auffassung nicht ohne weiteres, daß nur das Subjekt, nicht aber die vom Subjekt unabhängigen Quellen der Eindrücke, raum-zeitlich sei. Vielmehr zeigt eine, allerdings ontologisch orientierte, Analyse des sinnlichen Eindrucks, daß dieser raum-zeitlich nur möglich ist, wenn er auch von seinen aktiven Quellen

[16] *Joseph Maréchal,* Le point de départ de la métaphysique, Bruxelles 1923–1926, darunter Cahier V: Le Thomisme devant la Philosophie critique (^{2}1949). Vgl. auch Mélanges Maréchal I–II, Bruxelles 1950.

her raum-zeitlich vermittelt wird und also auch diese selbst dem Raum und der Zeit unterstehen.[17]

Das Verstehen des sinnlich Gegebenen, das für alle noch so weit von der Erfahrung sich entfernende Verstandes- und Vernunfterkenntnis Ausgangs- und Stützpunkt ist, ist jedoch nur durch die aktive, formende Funktion des Verstandes selbst möglich. Die Tätigkeit des Verstandes aber in seinen typischen Funktionen ist a priori zu aller Erfahrung bedingt durch den Verstand selbst und dessen Ausrichtung auf sein „obiectum formale", auf das Seiende als solches. Das bedeutet: alles, was dem Verstand von den Sinnen gegeben ist, wird von ihm nach seiner Weise gedacht; seine Weise aber besteht darin, daß er das Gegebene der Gesetzlichkeit des Seienden als solchen unterwirft und so als Seiendes begreift. Die Gesetzlichkeit des Seienden als solchen aber ist keine andere als die Gesetzlichkeit des Seins selbst. Sein darf dabei allerdings nicht als bloßes Abstraktum für Seiendes überhaupt genommen werden. Es ist, wie es hier verstanden wird, vielmehr dasjenige, worin und wodurch Seiendes auf je verschiedene Weise es selbst, also gerade Seiendes ist. Was aber ist die Gesetzlichkeit des Seins? Identität der Position mit sich selbst. Sein mag man in vielfacher Bedeutung nehmen: als gedacht-sein, als geliebt-sein, als so oder anders real-sein. Aber an sich und absolut ist es eben nur Position an sich selbst[18], und das wesentliche Gesetz dieser Position an sich selbst, ohne die sie nicht ist, was sie ist, ist ihre Identität mit sich selbst. Das klingt sehr formal und ist es auch. Aber dieses Formalste des Formalen ist das höchste Prinzip aller Synthesis des Verstandes. Was immer seiend ist, ist es nur kraft seines Gesetztseins, bzw. seiner Setzbarkeit, und damit kraft der Teilnahme an der Identität seiner Position. Es ist seiend, soweit und sofern es in seinen verschiedenen Bestimmungen „es selbst" ist. Aus diesem Grundgesetz ergeben sich eine Reihe von Alternativen, wie z. B. alles Seiende ist entweder absolut oder relativ; alles Seiende ist entweder endlich oder unendlich; alles real Seiende ist entweder selbständig Seiendes oder unselbständige Bestimmung an einem Seienden oder mehreren Seienden; alles selbständig Seiende ist entweder als solches voll konstituiert oder aufbauendes Teilprinzip des voll konstituierten Seienden, und ähnliche, die entscheidend sind für die weitere Durchleuchtung der dargebotenen Phänomene und die weitere apriorische und metaphysische Durchgliederung des Seienden.

Es handelt sich dabei um ein Apriori, das konstitutiv für die Objekte des Verstandes ist, so daß nichts Objekt für irgend einen Verstand werden kann, was dieser Gesetzlichkeit widerspricht. Zugleich kann dieses Apriori, weil es identisch ist mit der Gesetzlichkeit des An-sich-Seins, nicht auf eine bloß willkürliche Institution unseres Verstandes durch einen göttlichen Urheber und eine Art von „Präformationssystem"[19] oder „harmonia prae-

[17] Vgl. *J. Lotz*, Die Raum-Zeit-Problematik in Auseinandersetzung mit Kants transzendentaler Ästhetik, in: Zeitschrift für philosophische Forschung 8 (1954) 30–43.

[18] Vgl. *Kant*, Kritik d. rein. Vern. B 626.

[19] Vgl. *Kant*, Kritik d. rein. Vern. B 167/168.

stabilita" zurückgeführt werden, eine Ausflucht, die *Kant* z. B. gegen *Leibniz* mit Recht ablehnt.

Damit der Verstand aber ein Gegebenes der Sinnlichkeit nach den Gesetzen des Seins und zugleich nach all seinen Besonderungen voll verstehen könne, muß dieses Material nicht nur in Raum und Zeit vorgestellt werden, sondern auch weiter gestaltmäßig gegliedert sein. Diese Gliederung, auf die ich hier nicht mehr näher eingehen kann, kommt nach der Scholastik durch die sogenannten inneren Sinne, wie Gemeinsinn, Gedächtnis und die „vis aestimativa" bzw. „cogitativa" zustande, ein Lehrstück, das viel Gemeinsames mit dem Schematismus-Kapitel der „Kritik der reinen Vernunft" hat.[20]

Wenn wir so die Konstitution des Gegenstandes als einen Nachvollzug der Seinsstruktur selbst betrachten, erhebt sich die Frage aufs neue: Ist die Struktur des Gegenstandes, hier also des Dinges an sich im realistischen Sinne, nur dinglicher Art, oder ist sie ursprünglich vollzogen durch ein Subjekt? Eine rein dingliche, intelligenz-fremde Konstitution des Dinges an sich würde es in der Tat zu jenem Monstrum machen, das *Fichte* und die Idealisten mit Recht ablehnen. Ein bloß Dingliches, bei dem man ganz vergessen hat, daß das *Dingliche* doch eigentlich, wie es wohl auch die Sprache andeutet, ein *Denkliches* ist, das ein ursprünglich *Gedachtes* sein muß – ein so von seinem Ursprung ganz losgerissenes Ding in seiner nackten Vorhandenheit kann niemals ein intelligibler Gegenstand sein. Aber so ist das Ding an sich in der klassischen Seinsphilosophie gewiß nicht gemeint. Nach ihr gilt der Satz „ens et verum convertuntur", wobei das „verum" gerade durch die Beziehung auf die Intelligenz konstituiert wird, und zwar auf eine Intelligenz, welche das Seiende, das uns als Gegenstand gegeben ist, gerade durch diese Wahrheitskonstitution auch als ein Seinsmögliches begründet. An jener Intelligenz hat unser Verstand nicht nur einen abbildlichen Anteil, sondern er wird auch von ihr in all seinen nachvollziehenden Konstitutionsakten dynamisch bewegt. Offenbar kann jene, das endlich Seiende als ein „verum" und „intelligibile" konstituierende Intelligenz nur dort angesetzt werden, wo „esse" und „intelligere" ursprünglich identisch sind, wo also die Forderung des Idealismus endgültig erfüllt ist. Diese Intelligenz steht als absolute Intelligenz über dem Gegensatz der realen und idealen Ordnung, weil sie die Quelle für beide ist. Als Quelle des realen Seins ist sie auch dessen Quelle der Intelligibilität.

Mit der Konstitution des „verum" durch die absolute Intelligenz ist nun eine Gegenstandskonstitution im vollen Sinne gegeben, ohne daß daraus der erkenntnistheoretische *Idealismus* folgen würde. Die Objektivität, d. h. die Unabhängigkeit des Gegenstandes von unserer Subjektivität und Sinnlichkeit, und die Intelligibilität des Gegebenen bleibt bei einer so verstandenen realistischen Auffassung der Erkenntnis voll gewahrt.

Eines aber bleibt noch zu bedenken: die augenscheinliche Faktizität und *Kontingenz* des Gegenstandes. Sie wird durch die Konstitution von-

[20] Vgl. *J. Lotz*, Einzelding und Allgemeinbegriff, in: Scholastik 14 (1939) 321–345.

seiten des absoluten, aber bloß erkennenden Subjekts allein nicht erklärt. Dem erkenntnistheoretischen Idealismus bleiben allerdings keine weiteren Erklärungsmöglichkeiten. Anders der realistischen Auffassung. Nach ihr ist die absolute Intelligenz nicht nur Intelligenz, sondern auch freie Entscheidungsmacht. Sie konstituiert darum den Gegenstand nicht nur in seiner *idealen* Geltung als ein „verum", sondern gegebenenfalls auch in seinem *Realsein* als ein „ens realiter existens". Diese Konstitution ist aber nicht mehr notwendig wie die Konstitution der Realmöglichkeit, sondern frei und begründet daher das Konstitutum der endlichen Realexistenz in seiner Kontingenz und Faktizität, der gegenüber unser Verstand passiv hinnehmend ist, eine Eigenschaft, welche der erkenntnistheoretische Idealismus nicht befriedigend zu erklären vermag. Gegenstandskonstitution und realistische Erkenntnistheorie sind also miteinander vereinbar; ja es zeigt sich sogar, daß die klassische Seinsphilosophie dem Anliegen der Gegenstandskonstitution und des Idealismus umfassender gerecht zu werden vermag als der Idealismus selbst, wenn er sich in Gegensatz zum Realismus setzt.

Nachbemerkungen

Zuerst als Vortrag gehalten, auf dem Deutschen Philosophenkongreß in Stuttgart am 28. 9. 1954, wurde der Text gedruckt in der Zeitschrift für philosophische Forschung 9 (1955) 287–295. – Ergänzend zu den in Anm. 17 und 20 zitierten Arbeiten von J. B. Lotz kann weiter auf dessen Abhandlung „Die transzendentale Methode in Kants ‚Kritik der reinen Vernunft' und in der Scholastik" in: Kant und die Scholastik heute (Pullacher Philosophische Forschungen, Band 1) Pullach 1955, S. 35–108 sowie auf diesen ganzen Band hingewiesen werden.

DAS GRUNDPROBLEM METAPHYSISCHER BEGRIFFSBILDUNG

Jahrtausende lang hat sich die philosophierende Menschheit mit der Metaphysik beschäftigt in der Hoffnung, durch sie ein begriffliches und gesichertes Wissen von metaphysischen Gegenständen zu erhalten. „Es war", um mit Kant zu reden, „eine Zeit, in welcher sie die Königin aller Wissenschaften genannt wurde." (Vorrede zur ersten Auflage der „Kritik der reinen Vernunft".) Die Metaphysiker rationalistischen Stils waren es, ein Descartes und Spinoza, ein Leibniz und Christian Wolff, welche die Metaphysik durch die Mißkennung ihrer erkenntnistheoretischen Grundbedingungen und der Eigentümlichkeiten ihres Verfahrens in Verruf brachten und so den Angriffen des Empirismus ein leichtes Spiel boten. Gegen diese rationalistische Gestalt der Metaphysik zog Kant zu Felde und wies sie mit Recht in ihre Schranken. Man täuscht sich jedoch, wenn man meint, Kant habe damit jeder Metaphysik den Boden entzogen. Schon

Schopenhauer hat sich darüber gewundert, daß Kant die Irrtümer der Wolffischen Vernunft für notwendige Täuschungen der allgemeinen Menschenvernunft ansah. Überdies wissen wir heute, daß Kant auf den Tatsachen des sittlichen Bewußtseins eine wirkliche Metaphysik aufbauen wollte, wenngleich er ihr nur eine praktische, keine theoretische Geltung zuschrieb.

Was Metaphysik ist, soll hier nicht inhaltlich angegeben werden, indem wir sie etwa mit Aristoteles als Wissenschaft vom Seienden als solchem definieren. Abgesehen davon, daß man darin eine petitio principii sehen könnte, haben wir in der Gegenwart das Beispiel Nikolai Hartmanns vor uns, der eine Ontologie völlig nicht-metaphysischen Charakters aufzurichten versucht hat. Wir wollen daher die Metaphysik ohne jede inhaltliche Bestimmung im Sinne Kants nur vom erkenntnis-theoretischen Standpunkt aus betrachten als den Versuch eines Wissens vom Jenseits aller, äußeren und inneren, Erfahrung, wobei das Bestehen und die Beschaffenheit eines Unerfahrbaren vorerst durchaus problematisch bleibt.

Das Grundproblem metaphysischer Begriffsbildung ist kein anderes als die Frage nach der Möglichkeit von Begriffen, die darauf abzielen, metaphysische, d. h. prinzipiell unerfahrbare, Gegenstände vorzustellen. Damit wird jedoch eine Doppelfrage aufgeworfen. Erstens: Trifft unser begriffliches Denken überhaupt metaphysische Gegenstände an – das Problem der Realisierung metaphysischer Gegenstände, das eigentliche Grundproblem metaphysischer Begriffsbildung; und zweitens: Wie stellt unser Denken die metaphysischen Gegenstände vor – die Frage nach der Art und dem Ursprung der metaphysischen Begriffe, die wir nur kurz, als Folgerung aus der Antwort auf die erste Frage behandeln wollen.

I. Das Problem der Realisierung metaphysischer Gegenstände

Nach einigen Vorbemerkungen werden wir uns der Beantwortung der Frage selbst zuwenden.

a) Vorbemerkungen

Um unserer Untersuchung die nötige Deutlichkeit zu geben, ist es nötig, daß wir uns über den Sinn einiger Ausdrücke verständigen. Wir gehen dabei von unserer gewöhnlichen, nicht-metaphysischen Erkenntnis aus.

Gegenstand nennen wir alles, was wir uns in unserem Denken gegenüberstellen. Als real aber meinen wir jene Gegenstände, denen wir das Gegenübergestelltsein (oder dessen Möglichkeit) an sich, auch ohne die Gegenüberstellung durch das Denken zuschreiben. Als bloße Gedankendinge aber meinen wir jene Gegenstände, die wir uns so gegenüberstellen, daß wir dabei der Auffassung sind, das Gegenübergestellte bestehe als etwas vom Denken Verschiedenes nur durch die Gegenüberstellung und es könne ohne sie nicht selbständig sein. Einen Grenzfall bietet dabei das Denken selbst. Das Denken kann zwar nicht ohne den Prozeß des Denkens Bestand

haben, wohl aber ohne Gegenüberstellung durch das Denken, indem das Denken sich auch geradewegs auf einen anderen Gegenstand richten kann.
a] Das Denken als Prozeß gehört also zu den realen Gegenständen.

Genau in diesem und sonst in gar keinem anderen Sinn meinen wir die Frage nach metaphysischen als realen Gegenständen. Ein realer Gegenstand ist also nicht ohne weiteres, vi definitionis, ein Erfahrungs- oder, wie die Alten sagen würden, ein „physischer" Gegenstand. Die Realität, wie wir sie hier verstehen, ist vielmehr ein Oberbegriff, dem „physisch" und „metaphysisch" nachgeordnet sind. Ob die Rubrik „metaphysisch" voll oder leer ist, bleibe einstweilen dahingestellt.

Bisher war nur die Rede von Gegenständen, die als real gemeint sind. Trifft diese Meinung zu, besteht der gemeinte Gegenstand an sich oder kann er ohne die Gegenüberstellung durch den erkennenden Akt bestehen, so ist er real. Der Übergang von der Realmeinung zur eigentlichen Erkenntnis der Realität selbst vollzieht sich in der Realisierung, d. i. der Verifizierung der real gemeinten Gegenstände als realer.

Die Feststellung, daß die Meinung des Denkens über die Realität eines Gegenstandes zutrifft, kann auf dem Wege der Erfahrung oder des Denkens versucht werden.

Daß Gegenstände der Erfahrung durch Erfahrung verifiziert werden, ist selbstverständlich. Wir wollen uns jedoch des Vorgangs dieser Art von Verifizierung ausdrücklich bewußt werden, um daran zu erkennen, wie die Verifizierung metaphysischer Gegenstände nicht beschaffen sein kann. – Wir halten einen Gegenstand, meinetwegen dieses Blatt Papier, für real, indem wir darauf achten, daß es in unserer Erfahrung, unabhängig von unserem reflektierenden Akt angetroffen wird. Der erfassende Akt des Bewußtseins wird von ihm betroffen, berührt, modifiziert. Als sinnlich wahrnehmender und begrifflich formulierender Akt schmiegt er sich dem vorgegebenen Gegenstand an, richtet sich nach ihm. Die Prägung des Gegenstandes übernimmt er als seine eigene: er kon-formiert sich ihm. Die so gewonnene begriffliche Form, die der Prägung und „Form" des Gegenstandes unmittelbar kon-form ist, ist ein Eigenbegriff, der so erfaßte Gegenstand ein Erfahrungsgegenstand.

Die rationalistischen Metaphysiker – alle gekennzeichnet durch den Versuch des ontologischen Gottesbeweises – wie Anselm von Canterbury, Descartes, Leibniz, Wolff, haben eine Realisierung von Denkgegenständen durch bloßes Denken versucht anhand des Satzes vom Widerspruch. Kant hat dem mit Recht entgegengehalten, daß die Vermeidung des Widerspruchs zwar ein negatives Kriterium ist, dem Genüge geschehen muß und ohne das überhaupt kein Gegenstand gedacht wird, daß es aber keineswegs für sich allein hinreicht, die Realität eines Gegenstandes gewiß zu machen. Dazu bedarf es vielmehr der Erfahrung.

Als dritten Weg einer Realisierung bietet sich uns somit die Verbindung von Denken und Erfahrung an, ein Denken, das sich auf die Erfahrung stützt, von ihm seinen Ausgang nimmt. Nach Kant kann dieser Weg jedoch nur wieder auf ein anderes Stück der Erfahrung führen. Das in seiner

Realität Erschlossene muß selbst zum „Kontext der Erfahrung" gehören. Sonst kann es keinen Anspruch auf Realität machen. Realisierung in diesem Sinn wäre aber nur mittelbare Erfahrung und daher von der Realisierung durch bloße Erfahrung nicht wesentlich verschieden. Unsere Frage aber lautet, ob es möglich ist, auf der Erfahrung fußend die Erfahrung in ihrer Gesamtheit zu übersteigen, dabei aber, im Fußen auf der Erfahrung, der Realität dessen, wohin der Überstieg führt, gewiß zu sein.

b) Beantwortung der Frage

Wenden wir uns nun der Beantwortung unserer Frage zu. Ohne Zweifel kann unser Denken die Richtung auf das Jenseits aller Erfahrung nehmen. Beweis dafür ist die Geschichte der Philosophie und der Religionen. Diese Ausrichtung ist, wie auch Kant gesehen hat, subjektiv notwendig und unvermeidbar. Aber gelangt das Denken in dieser Richtung zu Gegenständen, die als metaphysische, als jenseits aller Erfahrung bestehende realisiert, die als solche begrifflich unterschieden und erfaßt werden können, über die sich Aussagen machen lassen, die als wahr oder falsch entscheidbar sind? Oder ist das Denken, das die Richtung auf das Jenseits aller Erfahrung nimmt, notwendig zum Scheitern verurteilt (Jaspers)? Reflektiert es sich notwendig an den Grenzen der möglichen Erfahrung? Geht es ganz ins Leere und Unbestimmte? Ist es bloße Dichtung, die nicht realisiert werden kann? Oder ist es gar sinnlos, weder wahr noch falsch (Wiener Kreis)?

Die Beantwortung dieser Frage wird uns in vier Schritten möglich sein. Ausgehend vom Urteil wird sich uns zuerst zeigen, daß die Urteilssetzung wesentlich eine Beziehung zur Seinsordnung einschließt. Diese Seinsordnung aber werden wir zweitens als eine metaphysische, die Grenzen der Erfahrung überschreitende erkennen. Drittens werden wir sehen, daß das Metaphysische Gegenstandscharakter hat, und viertens endlich, daß wir es als real bezeichnen müssen.

1. Die Urteilssetzung und ihre Beziehung zur Seinsordnung

Gehen wir von der einzigen bisher feststehenden und allgemein zugegebenen Tatsache aus, daß das Denken tatsächlich die Grenzen der möglichen Erfahrung zu überschreiten versucht. Erinnern wir uns, daß dieser Versuch dem Denken nicht so zufällig und äußerlich ist, wie der Positivismus wahrhaben möchte. Gehört aber die Ausrichtung auf das Jenseits aller Erfahrung mit zur Natur unseres Denkens, dann muß sie irgendwie in all unserem Denken verborgen sein und sich darin nachweisen lassen.

In der Tat ist das der Fall. Nicht alles Denken vollzieht sich zwar in Urteilen, wohl aber kommt es darin zur Reife. Das bloß begriffliche Erfassen bietet die Prädikate zu möglichen Aussagen und dient dem Urteilen, d. h. dem die Begriffe auf Gegenstände beziehenden Denken. Indem aber das Urteil einen Begriff auf einen Gegenstand bezieht, setzt es zugleich diesen Gegenstand mitsamt seinen Prädikaten. Diese Setzung kommt in der Copula „ist" zum Ausdruck. Sie meint nicht immer unmittelbar Existenz. Wohl aber zielt sie auf die absolute Geltung[1] des ausgesagten Sachverhalts ab.

Ein Urteil ist nur ein Urteil, wenn es in allem Ernst behauptet, das Ausgesagte verhalte sich so, wie es ausgesagt ist, für jedes, auch für ein nichtmenschliches, sogar für ein (hypothetisches) absolutes Subjekt, und es sei nichts, aber auch gar nichts denkbar, was dieser Setzung widersprechen und zugleich Geltung haben könnte. Angenommen, daß dieser Sachverhalt unter Bedingungen stünde, ohne die er nicht möglich wäre oder keinen Bestand hätte, wären diese Bedingungen[1a] allesamt ebenso kategorisch mitgesetzt, gleichviel ob sie in ihrer Besonderheit erkannt wären oder nicht. Mit anderen Worten: niemand kann etwas im Ernst und verantwortlich behaupten, ohne damit an jedes erkennende Subjekt den Anspruch auf Anerkennung des behaupteten Sachverhalts zu erheben; niemand kann im Ernst urteilen, ohne damit die kategorische Forderung aufzustellen, jede andere Aussage müsse mit der behaupteten Aussage in objektiver Übereinstimmung stehen, d. i. den Widerspruch vermeiden; niemand endlich kann etwas behaupten, ohne damit auch sämtliche Bedingungen des behaupteten Sachverhalts mitzusetzen[2].

Jedes Urteil enthält somit innerlich und unabtrennbar eine Beziehung zu einem Inbegriff möglicher Erkenntnissubjekte, zu einem Inbegriff möglicher Sachverhalte und zu einem Inbegriff notwendiger Bedingungen. Dieser Inbegriff aller möglichen Subjekte, Sachverhalte und notwendigen Bedingungen wird regiert von einem gemeinsamen Gesetz, dem Gesetz des Nicht-Widerspruchs.

Beim Gesetz des Nicht-Widerspruchs handelt es sich, in diesem Zusammenhang, nicht bloß um ein subjektives Denkgesetz. Indem das urteilende Denken Anspruch auf absolute Gültigkeit erhebt, setzt es den ausgesagten Sachverhalt (selbst wenn es sich um einen subjektbezüglichen handeln sollte) mitsamt seinen Zusammenhängen an sich, also als seiend. Wir dürfen daher diesen Zusammenhang von Erkenntnissubjekten, Sachverhalten und Bedingungen als Seinsordnung und das Widerspruchsgesetz als Seinsgesetz bezeichnen. Das urteilende Denken ist also wesentlich auf das

[1] Es ist leicht einzusehen, daß auch die relative Geltung von Wahrscheinlichkeitsaussagen doch wieder von einem absolute Geltung heischenden Urteil über die Wahrscheinlichkeit umschlossen ist.

[1a] Diese Bedingungen müssen nicht ohne weiteres kausaler Natur sein; sie können auch, je nachdem, real identisch sein mit dem Bedingten.

[2] Vgl. dazu und zum folgenden Jos. *Maréchal*, Le point de départ de la métaphysique, Cahier V. Le Thomisme devant la Philosophie critique, Paris 1926, besonders S. 406–436; dazu Engelbert *Wingendorf*, Das Dynamische in der menschlichen Erkenntnis – Maréchal, Ein neuer Lösungsversuch des erkenntnistheoretischen Grundproblems (der Objektivität unserer Erkenntnis), Bonn 1939/40, besonders Bd. II, S. 1–55; Joh. *Lotz*, Sein und Wert. I. Das Seiende und das Sein. Paderborn 1938; Walter *Brugger*, Kant und das Sein, in „Scholastik" 15 (1940) 363–385, besonders 377 ff. (hier S. 138–159.)

An-sich der Seinsordnung ausgerichtet. Was immer man vom Sein selbst halten mag, das Urteil meint auf jeden Fall das Sein, und zwar in dem gekennzeichneten Umfang. Was immer man ferner von seinem Anspruch auf absolute Geltung denken mag, ob man ihn in der philosophischen Reflexion anerkennt oder nicht, das Urteil erhebt ihn notwendigerweise im direkten Vollzug und kann nicht ablassen, ihn zu erheben, ohne sich selbst zu zerstören. Nur um diese Intentionalität des Urteils auf das Sein handelt es sich hier zunächst, noch nicht um das Sein selbst.

2. Der metaphysische Charakter der Seinsordnung

Wie verhält sich nun diese von jedem Erfahrungsurteil implizit angezielte Seinsordnung zu den Grenzen möglicher Erfahrung? Deckt sie sich mit ihnen, oder schreitet sie darüber hinaus? Alle Erfahrung (wie sie hier im Gegensatz zum Metaphysischen verstanden wird[3]) ist ein passives Betroffenwerden des erkennenden Subjekts. Kein Subjekt kann aber vollständig von sich selbst passiv betroffen werden. Zumindest sind davon jene apriorischen Bedingungen und Strukturen ausgeschlossen, die Grund der Möglichkeit des passiven Betroffenwerdens sind. Es muß also in jedem Erfahrungssubjekt Bezirke des Seins geben, die der Erfahrung (im angegebenen Sinn) grundsätzlich entzogen sind. Die Seinsordnung, auf die alles Urteilen ausgerichtet ist, meint aber das Ansich aller möglichen Subjekte, geht also über die Grenzen der möglichen Erfahrung hinaus.

Weiter: zur Seinsordnung gehört der Inbegriff aller denkbaren Sachverhalte, die unter der Forderung stehen, einem behaupteten Urteilsinhalt nicht zu widersprechen und zugleich gelten zu dürfen. Nun lassen sich aber über den Umkreis möglicher Erfahrung hinaus Sachverhalte denken, die dieser Forderung entsprechen, bzw. nicht entsprechen. Das Urteilen muß also mit diesem erfahrungstranszendenten Bezirk rechnen. Es hat eine Wesensbeziehung über die Erfahrung hinaus.

Zur Seinsordnung gehört endlich der Inbegriff aller Bedingungen, die mit jedem Erfahrungsinhalt mitgesetzt werden. In jedem Urteil wird der Erfahrungsinhalt absolut gesetzt. Das ist aber nur möglich, wenn der Erfahrungsinhalt entweder in sich selbst unbedingt ist, oder wenn er unter Bedingungen steht, die letzlich von einer Bedingung abhängen, die in sich

[3] Wenn man, wie das hier aus methodischen Gründen und im Anschluß an Kant geschah, das Metaphysische als das Unerfahrbare definiert, so ist unter Erfahrung die uns allen zugängliche, gewöhnliche Erfahrung zu verstehen. Das Problem einer sogenannten „metaphysischen Erfahrung", wie es uns etwa durch die Tatsachen der Mystik nahegelegt wird, soll hier nicht untersucht werden. Was aber die innere Erfahrung angeht, so besteht sie allerdings nicht bloß in einem pssaiven Betroffenwerden, sondern überdies in einem aktiven Selbstbewußtsein, in welchem auch die metaphysische Seite des Bewußtseins offenbar wird. Dennoch kann man nicht von einer Intuition des Seins sprechen, da dieses aktive Selbstbewußtsein in uns nur möglich ist durch einen Anstoß von außen. Auch hier wird das Unerfahrbare bloß durch die Erfahrung hindurch zugänglich.

selbst unbedingt ist. Aller einzelne Erfahrungsinhalt ist aber wesentlich bedingt. Denn kein Teil der Erfahrung könnte so sein wie er ist, wenn ein anderer Teil Erfahrung anders beschaffen wäre. (Vgl. die Naturgesetze.)

Abgesehen davon, daß der Gesamtinhalt aller Erfahrung wegen der raum-zeitlichen Beschränkung der erfahrenden Subjekte nie Gegenstand der Erfahrung werden, sondern bloß durch Denken erkannt werden kann, ist dieser Gesamtinhalt auch selbst nicht unbedingt. Denn er steht selbst in einer notwendigen Beziehung zu den erfahrenden Subjekten. Ferner stehen auch diese untereinander und zum Erfahrungsinhalt in einem gegenseitigen Bedingungsverhältnis. Das Unbedingte muß demnach über den einzelnen Erfahrungssubjekten und auch über dem Gegensatz von Erfahrungssubjekt und -objekt gesucht werden, ist also wesentlich erfahrungstranszendent. Damit erweist sich aber aufs neue, daß das Denken seinem Wesen nach auf das Jenseits aller Erfahrung bezogen ist.

3. Die Gegenständlichkeit des metaphysischen Seins

Hat aber, das ist weiter zu fragen, das Jenseits aller Erfahrung auch eine Gegenstandsbedeutung? Gegenstand nannten wir oben das, was immer wir uns in unserem Denken gegenüberstellen. In einem Erfahrungsurteil stellen wir uns jedoch bloß Gegenstände der Erfahrung gegenüber. Über dieses Denken der ersten Stufe, wie wir es nennen wollen, kann sich aber ein Denken zweiter Stufe erheben, das das Denken der ersten Stufe zum Inhalt hat. Während sich das Denken der ersten Stufe (das physische oder Erfahrungsdenken) dem Inhalt der Erfahrung zuwendet, beschäftigt sich das Denken der zweiten Stufe (das meta-physische Denken) mit den unausgesprochenen, aber mitgesetzten Hintergründen der Erfahrung. Die im gewöhnlichen Denken bloß implizit (d. h. ohne begriffliches Bewußtsein davon) gesetzte Seinsordnung wird im metaphysischen Denken explizit gemacht und so als gegenständlich gesetzt.

4. Die Realität des Metaphysischen

Wir kommen nun zur Kardinalfrage: Läßt sich die metaphysische Seinsordnung, die vom Denken als reale gemeint ist, auch realisieren oder als real erweisen? Oder ist sie vielleicht bloß etwas, was wir uns zur Erfahrungswelt hinzudenken oder erdichten?

Zunächst einmal geht aus dem Obigen zur Genüge hervor, daß sich das metaphysische Denken dem Erfahrungsdenken nicht einfach, wie man oft meint, aus psychologischen, historischen oder anderen Gründen auf derselben Stufe des Denkens mehr oder weniger zufällig beigesellt. Der tatsächliche Vollzug oder Nichtvollzug des Denkens der zweiten Stufe ist für die innere Notwendigkeit des metaphysischen Denkens belanglos. Diese Notwendigkeit ist vielmehr gegenständlicher Natur. Das auf der ersten Stufe Gedachte verlangt seinem Inhalt nach, sobald es nur wirklich und im Ernst behauptet wird, das auf der zweiten Stufe zu Denkende. Das metaphysische Denken ist also nichts anderes als die Enthüllung der Bedingungen möglicher Erfahrung. Das ist seine Rechtfertigung. Indem wir die metaphysische Seinsordnung als real verbunden mit der Realität der Erfahrung erkennen, realisieren wir sie.

Doch darf man in dieser Realisierung keine Relativierung des metaphysichen Seins erblicken. Obwohl das metaphysische Sein Bedingung unserer Erfahrung und darin für uns als real erkennbar ist, ist es nicht etwa nur ein Korrelat der Erfahrung. Denn letztgültige Bedingung der Erfahrung kann es bloß unter der Bedingung sein, daß es eben nicht bloß Bedingung, nicht bloßes Korrelat, sondern wahrhaft an sich ist.

II. Art und Ursprung der metaphysischen Begriffe

Durch das Gesagte haben wir den Boden geschaffen für die Beantwortung unserer zweiten Frage nach der Art und dem Ursprung der metaphysischen Begriffe. Eine ausführliche Theorie der metaphysischen Begriffsbildung würde allerdings vielleicht ein ganzes Buch füllen. Hier kann es nur darum gehen, aus dem Bisherigen einige Folgerungen zu ziehen und einige Umrisse anzudeuten, die die Möglichkeit und Eigenart solcher Begriffe, und damit der Metaphysik als Wissenschaft, verstehen lassen.

Die Antwort auf unsere Frage finden wir durch eine Besinnung auf das, was wir oben getan haben. Unsere Ableitung des metaphysischen, erfahrungsjenseitigen Seins ist ein Paradigma des metaphysischen Denkens überhaupt, an dem wir sowohl die Möglichkeit wie den Ursprung und die Eigenart der metaphysischen Begriffe ablesen können.

Es ist von vornherein klar, daß sich die Gegenständlichkeit des Metaphysischen dem begreifenden Erfassen und Vorstellen nicht auf dieselbe Weise darbietet wie die Gegenstände der Erfahrung. Die Begriffe der zweiten, der metaphysischen Denkstufe setzen immer die ersten, der Erfahrungsstufe, voraus und sind nur im Durchschreiten der ersten Stufe erreichbar. Das Metaphysische gibt sich uns niemals unmittelbar in irgend einem Eigenbegriff. Es zeigt sich immer bloß vom Physischen, von der Erfahrung her. Es wird bloß sichtbar für uns, sofern die Erfahrung (sowohl von ihrer Subjekt- wie Objektseite her) wesentlich Beziehung ist auf das Unerfahrbare, Metaphysische. Was im Metaphysischen begrifflich faßbar wird, wird also immer Physisches sein, das der konkreten Seinsweise des Physischen (im Denken der zweiten Stufe) entkleidet und so durchscheinend für das Metaphysische gemacht wurde. Begriffe dieser Art nennt die Scholastik analoge Begriffe.

Verdeutlichen wir das Gesagte am Begriff des Unbedingten. Wir gewinnen ihn, indem wir vom Gegebenen der Erfahrung zu dessen Bedingungen fortschreiten. Wir entkleiden diese Bedingungen schließlich ihres Erfahrungscharakters durch die Erwägung, daß die Gesamtheit der Erfahrung nicht wiederum durch Erfahrung bedingt und die Gesamtheit der Bedingungen überhaupt nicht mehr bedingt sein könne. Der Begriff des metaphysisch Unbedingten enthält somit immer die Negation der Seinsweise der Physischen, ohne doch dessen Gehalt, der niemals ganz und gar physisch ist, zu verleugnen. Stammt doch das Physische aus dem Metaphysischen und deutet infolge dieser Abstammung auch wieder auf das Metaphysische zurück.

Wir kommen zum Schluß. Die Erfahrung ist niemals bloß Erfahrung. Sie steht immer schon im Jenseits der Erfahrung, auf das sie wesentlich bezogen ist. Diese Beziehungen gehen nicht etwa bloß in eine leere Unbestimmtheit. Sie sind bestimmter Natur und eindeutig charakterisierend. Die Seinsordnung hat sich uns gegliedert in einen Inbegriff möglicher Subjekte, Sachverhalte und Bedingungen. Diese Bedingungen können in der Richtung des Subjekts und des Objekts gesucht und endlich über beide hinaus bis in eine ursprüngliche Einheit beider verfolgt werden.

Zusammenfassend dürfen wir sagen: Das Unerfahrbare läßt sich vom Erfahrbaren her in einer Reflexion auf dessen Bedingungen gegenständlich erfassen und, wenn auch recht unvollkommen, begrifflich ausdrücken. Über das Unerfahrbare können wir infolgedessen auch sinnvolle Aussagen machen. Denn diese Aussagen stehen mit den Erfahrungstatsachen in einem eindeutigen Zusammenhang. Endlich sind diese Aussagen über das Unerfahrbare als wahr oder falsch entscheidbar, da das Denken durch Selbstprüfung feststellen kann, ob diese Aussagen auf das Gemeinte zutreffen oder nicht.

DISKUSSION

auf dem deutschen Philosophen-Kongreß Mainz 1948

Theodor Litt (Bonn). Das Wagnis dieses Wegs zur Metaphysik ist zu begrüßen, weil er nicht nur von Stimmungsgehalten ausgeht, sondern logisch Rechenschaft gibt und auf diese Weise versucht, bis zu den Voraussetzungen des Erfassens von Welt und Wirklichkeit durchzudringen. Auch die Eingebung müßte ja, um Philosophie zu sein, erst die Form des Begriffs annehmen. Brugger unterscheidet zwei Stufen des Denkens: die Hingabe an die Welt der Erfahrung und die rückwärts gewandte Besinnung. Dabei wird das in der Erfahrung Vorausgesetzte gesetzt und ins Bewußtsein gehoben. Liegt aber nicht eine Grenze der kantischen Philosophie darin, daß Kant nur die Voraussetzungen des naturwissenschaftlichen Denkens geprüft hat, nicht die seines eigenen philosophischen Denkens? Ich kann mir die Wahrheit nicht schenken lassen von irgendeinem Absoluten, sondern nur das als Wahrheit anerkennen, was durch das Medium meines Denkens hindurchgegangen ist. Was sich dann in der Form der letzten Besinnung vollzieht, ist das Vorausgesetzte schlechthin. Aber haben wir auch das Recht, dieses Vorausgesetzte als „das Unbedingte" zu bezeichnen? Es gibt zudem wohl auch Situationen, in denen das Suchen nach Voraussetzungen gegenstandslos wird.

Hans Heinz Holz (Frankfurt a. M.) Die Bedingungen möglicher Erfahrung sind nur der Sinnhorizont, der im transzendentalen Denken erschlossen wird. Es scheint mir aber nicht möglich zu sein, logisch sinnvoll auf der Erfahrung fußend die Erfahrung zu übersteigen und zu einem metaphysischen Sein zu gelangen.

Paul Wilpert (Passau). Brugger beansprucht Metaphysik immanent als philosophisches Gebiet. Der Philosoph sollte sich nicht in die Bescheidenheit des Naturforschers hineindrängen lassen, daß er nur bis zu einem bestimmten Punkt gehen darf und dann aufhören muß. Hier sollten Begriffe, die an der Erfahrung gewonnen sind, der Erfahrung entkleidet werden und per analogiam auf die Metaphysik Anwendung finden. Ob die Analogie aber ein zureichendes Erkenntnismittel zu sein vermag, ist eine schwierige Frage, die erst zu klären wäre.

Hermann Wein (Göttingen). Brugger berief sich in seiner Urteilsanalyse darauf, daß das auf der ersten Stufe Gedachte, wenn es im Ernst behauptet wird, das auf der zweiten Stufe zu Denkende (das Meta-Physische) verlangt. Aber doch nur mit Denknotwendigkeit, d. h. als logische Bedingung. Brugger aber hat an diesem entscheidenden Punkt Kants „Bedingungen der Möglichkeit der Erfahrung" zitiert. Wie ist es möglich, Kant in dieser Weise zu verwenden, um Kant umzudrehen, das heißt aus Kants Kritik der Metaphysik eine Apologie der Metaphysik zu machen? — „Bedingungen der Möglichkeit der Erfahrung" oder der Erkenntnis ist doppelsinnig. Kant hat sich für den nichtontologischen Sinn entschieden. Wir sehen heute freilich, daß dies gerade die Begrenztheit seiner Sichtweise ist. Er verwendet den anderen Sinn: die ontologische Bedingung für die Möglichkeit von Erkennen überhaupt, die nicht selbst vom Denken gesetzt sein kann. Aber reichen die Möglichkeiten unseres Denkens auch nur zur adäquaten Fragestellung nach dem hier Gefragten, nämlich der Bedingung von Denken und Fragen selber? Hier ist doch zunächst einmal die Frage: Stehen wir hier vor der Aporie des Münchhausenschen Reiters – oder vor modern-ontologischer, d. h. unvoreingenommener, kritischer Problematik der Ontologie?

Theodor Ballauff (Köln) fragt, wie Brugger sich denn den Aufbau einer solchen Metaphysik denke.

Schlußwort Bruggers. Die Rechenschaftsablage muß sich natürlich in einer viel reicheren Folge von Denkstufen vollziehen, als in dem kurzen Vortrag dargetan werden konnte. Im Ergreifen der Erfahrungsrealität wird diese nicht ihres Gehalts, sondern nur ihres Erfahrungscharakters entkleidet. Damit aber ist der Raum des Transzendentalen bereits überschritten. Kant sollte hier nicht zum Scholastiker oder Metaphysiker gemacht werden; er hat bei der Erwägung der Möglichkeit einer Metaphysik vielleicht nicht tief genug gebohrt. Den transzendentallogischen Bedingungen der Erfahrung müssen transzendental-ontologische an die Seite gestellt werden, und die gilt es zu entdecken. Vielleicht muß man in der Tat das Unbedingte in mancher Hinsicht noch anders benennen. – Wenn nach dem konkreten

Aufbau einer solchen Metaphsyik gefragt wurde, so kann ich nur antworten: Sie ist schon längst verwirklicht von Aristoteles, Augustinus, Thomas von Aquino.

Nachbemerkungen

Dies war das Thema meines Vortrags am 3. 8. 1948 auf dem deutschen Philosophen-Kongreß in Mainz. Ein kurzer Abriß davon – der hier nicht wiedergegeben wird – mit Diskussionsbemerkungen erschien zuerst in „Philosophische Vorträge und Diskussionen. Bericht über den Philosophen-Kongreß Mainz 1948", hrsg. von Dr. Georgi Schischkoff (Sonderheft 1 der „Zeitschrift für philosophische Forschung"), Wurzach/Württ. Den vollen Text brachte die selbe Zeitschrift 4 (1951) 224–234. Er wird hier abgedruckt mit den Diskussionsbeiträgen aus dem genannten Sonderheft.

a] Denken als Prozeß: Der Ausdruck ist ungenau. Das Denken selbst als reines Verstehen ist prozeßhaft nicht an sich selbst – als solches ist es Tätigkeit –, sondern infolge seiner ihm als menschlichem Denken wesensgemäßen Hinwendung zum zeitlichen Prozeß der Sinnesvorstellungen und -eindrücke.

DYNAMISTISCHE ERKENNTNISTHEORIE UND GOTTESBEWEIS

Unter den Einwänden, die gegen die dynamistische Erkenntnistheorie Maréchals erhoben werden, verdient derjenige, der diese Theorie in Gegensatz zu den sonst vorgebrachten Gottesbeweisen stellt, besondere Aufmerksamkeit. Die dynamistische Erkenntnistheorie will, so wendet man ein, ein Gottesbeweis sein, ist es aber nicht; zugleich schliesst sie jedoch die Gültigkeit aller anderen Gottesbeweise aus oder stellt sie doch in Frage. Die dynamistische Erkenntnistheorie macht damit jede natürliche Gotteslehre unmöglich[1].

Besinnen wir uns auf das Wesen der dynamistischen Erkenntnislehre. Worin besteht die kritische Reflexion Maréchals? In der vollen Bewußtmachung der Ausrichtung des Verstandes auf das Absolute, d. i. auf die letzte Ordnung alles Objektivierbaren, insofern es die letzte ist, das ist aber die Ordnung des Seienden als solchen, die nicht sein kann ohne das «Sein selbst», ohne Gott. Die dynamistische Erkenntnistheorie ist demnach in ihrem innersten Kern ein Gottesbeweis[2]. Dagegen erheben sich jedoch schwere Bedenken.

[1] Vgl. *P. Descoqs, S. J., Praelectiones theologiae naturalis,* Paris, 1932, t. I, p. 89–96; *J. de Vries, S. J., Theologia naturalis,* Pullach, 1944 (pro auditoribus), nr. 238–246.

[2] Als Gottesbeweis wird sie auch von manchen ihrer Vertreter geradewegs vorgetragen, wie z. B. von *A. Grégoire: Immanence et Transcendance,* Paris, 1939, p. 80–137, und früher schon in etwa von *Lemaitre* in seiner Auslegung der quarta via: «*La preuve de l'existence de Dieu par les degrés des êtres*» in: *Nouvelle Revue Théologique,* LIV, 1927, p. 321 ff., 436 ff., zit. bei *Grégoire,* p. 56.

Das erste Bedenken ergibt sich aus der angewandten Methode. Ziel der dynamistischen Erkenntnistheorie ist der Erweis der ontologischen Gültigkeit unserer Urteile. Mittel zu diesem Ziel ist der Gottesbeweis: das auf das Absolute gerichtete Streben unseres Verstandes verleiht auch den teilweisen Realisierungen auf dem Weg zum Absoluten einen entsprechenden Absolutheitscharakter. Der Erweis der ontologischen Geltung unserer endlichen Erkenntnisse erfolgt also durch den Nachweis der Existenz des Absoluten. Nun setzt aber jeder Gottesbeweis schon ontologisch gültige Urteile voraus. Also bewegt sich das ganze Verfahren im Kreise[3]. Mit anderen Worten: wenn die absolute Geltung der ersten Prinzipien in ihrer Beziehung zum Absoluten gründet, wie ist dann diese Beziehung zu rechtfertigen, wenn nicht wieder durch andere Prinzipien, die wieder eine solche Beziehung einschliessen, und so ohne Ende[4]?

Am Rande bemerkt sei zu diesen Einwürfen zunächst, dass der Nachweis der Existenz eines Absoluten nicht gleichbedeutend ist mit dem Gottesbeweis. Ein Absolutes nehmen sowohl die Pantheisten wie die Materialisten an. Der Nachweis des Absoluten macht daher die Gottesbeweise noch keineswegs überflüssig. Der angeführte Einwand bleibt jedoch gegenüber dem Nachweis des Absoluten, dem ersten notwendigen Schritt jedes Gottesbeweises, in seiner vollen Schärfe bestehen und bedarf daher näherer Untersuchung.

Der Ausdruck «ontologische Geltung» kann ein Doppeltes besagen: Realgeltung und metaphysische Geltung. Unsere Erkenntnis besitzt Realgeltung, wenn sie imstande ist, etwas zu erfassen, was von ihr verschieden ist, sei es innerhalb oder ausserhalb des Bewußtseins. Dies wird dabei als Seiendes erfasst, aber noch nicht darin das Sein des Seienden als Sein herausgehoben. Metaphysische Geltung jedoch kommt der Erkenntnis zu, sofern sie sich einem Gegenstand zuzuwenden vermag, der ihr in keiner Erfahrung gegeben werden kann. Hierhin gehört z. B. das Sein des Seienden als Sein sowie die allumfassende Seinsordnung, hierhin gehören aber auch die Erfahrungsgegenstände selbst, insofern sie *als* Glieder der allumfassenden Seinsordnung betrachtet werden.

Die Rechtfertigung der ontologischen Geltung der Erkenntnis enthält demnach zwei Stufen: den Nachweis der Realgeltung und darüber hinaus den Nachweis der metaphysischen Geltung der Erkenntnis. Die erste Stufe führt zum Seienden, sofern es in irgend einer Erfahrung angetroffen werden kann, ob es sich nun um die innere oder äussere, um passive oder aktive Erfahrung handelt. Der Begriff des Seienden und die allgemeinen Seinsprinzipien haben allerdings eine weitreichendere Bedeutung, indem sie nicht auf den Umkreis möglicher Erfahrung eingeschränkt sind. Doch wird dieses Übersteigen aller möglichen Erfahrung beim erfahrungsimmanenten Gebrauch noch nicht zum Problem und bedarf auf dieser Stufe daher noch keiner kritischen Rechtfertigung. – Diese erfolgt erst auf der

[3] *De Vries, op. cit.,* nr. 238.
[4] *Descoqs, op. cit.,* t. I, p. 89.

zweiten Stufe. Das ist jedoch nicht so zu verstehen, als ob der Seinsbegriff und die Seinsprinzipien ursprünglich nur eine eingeschränkte Bedeutung gehabt hätten und ihre transzendente Ausweitung erst auf dieser Stufe der Kritik erführen. Die kritische Rechtfertigung der Begriffe und Prinzipien gibt diesen keinen neuen Erkenntniswert, den sie vorher nicht gehabt hätten, sondern erhebt ihn, der auch vorher, auf der ersten Stufe der Kritik und im direkten Vollzug der Erkenntnis, schon vorhanden war, zum ausdrücklichen und reflexen Bewußtsein.

Der Nachweis der metaphysischen Geltung des Seinsbegriffs und der Seinsprinzipien kann jedoch in zweifacher Richtung geführt werden: durch Untersuchung des ontologischen Objekts oder des transzendentalen Subjekts. Beide müssen jedoch ihren Ausgang vom Urteil nehmen, sei es vom Gegenstand des Urteils, sofern er ein «geurteilter», gesetzter, d. i. als seiend festgestellter betrachtet wird, sei es vom Akt des Urteilens und Setzens her.

Auch Maréchal hat die transzendentale Betrachtungsweise keineswegs als die einzig mögliche und die einzig berechtigte hingestellt. Die metaphysische Kritik der Alten ist auch für ihn das natürliche Verfahren, die transzendentale Kritik hingegen ein methodischer Kunstgriff, der den bloss phänomenalen Standpunkt als in sich unmöglich nachweist. Beide Kritiken ergänzen sich und führen, folgerichtig durchgeführt, zum selben Ergebnis. Das ontologische Objekt, mit dem sich die alte Kritik beschäftigt, umschliesst auch das transzendentale Subjekt; und das transzendentale Subjekt, mit dem sich die moderne Kritik abgibt, fordert das ontologische Objekt[5]. Maréchal schickt seiner transzendentalen Analyse ein «kritisches Praeambulum» voraus, in dem er nachweist, dass die Seinsbehauptung eine Denknotwendigkeit ist, die sich nicht auf eine nur subjektive Erscheinung zurückführen lässt[6]. Dieses Praeambulum ist nicht eine bloße Behauptung, wie Descoqs meint[7], sondern eine gedrängte Zusammenfassung der transzendentalen Deduktion selbst, die objektiv vollkommen zureichend ist als Ausgangspunkt einer Metaphysik.

Werfen wir zunächst einen Blick auf die objektiv-metaphysische Richtung der Untersuchung. Sie nimmt den Ausgang vom Erfahrungsgegenstand, dies jedoch nicht, sofern er Gegenstand der Erfahrung ist, sondern sofern er in einem Urteil als seiend, d. i. an sich, unabhängig vom Urteilenden als solchem, gesetzt ist. Was aber so gesetzt ist, ist mit all seinen notwendigen Bedingungen gesetzt. Diese können daher unter dieser Voraus-setzung nicht mehr verneint werden. Mögen sie sein, wie sie wollen, sie sind immer schon - in jedem Urteil - mitgesetzt, aber nicht miterkannt. Die Setzung hat eine andere Dimension als der Begriff. Wer die Existenz eines bestimmten Menschen, sagen wir des Apostels Petrus, urteilend anerkennt, setzt damit auch die Existenz seiner sämtlichen Vorfahren, ob er sie kennt oder nicht.

[5] *J. Maréchal, Le Point de départ de la Métaphysique, Cahier V,* I^e^ édit., p. 30–31; 2e édit, p. 68–70.

[6] *J. Maréchal, Cahier V,* I^e^ édit, p. 38–53, besonders 51–52; 2e édit., p. 81–99 (96–98).

[7] *Descoqs, op. cit.,* t. I, p. 90; vgl. dazu *Maréchal, Cahier V,* I^e^ édit., p. 232 und 374–384; 2e édit., p. 318 und 493–504.

Diese Mitsetzung aller Vorbedingungen im urteilenden Setzen ist der Grund, warum ich von dem unmittelbar Gesetzten unter Umständen auch die mitgesetzten Vorbedingungen erschliessen, d. i. durch Schlussfolgerung erkennen kann. Das ist jedoch nicht immer möglich, sondern nur, wenn das Gesetzte die nötigen Anhaltspunkte dafür liefert. Für eines jedoch liefert das Gesetzte immer einen Anhaltspunkt, und zwar durch sein Gesetztsein: dass es nämlich entweder selbst unbedingt ist oder ein Unbedingtes zur Voraussetzung hat. Denn alles Bedingte hat ein anderes als Bedingung und das Bedingte *als solches* ein anderes, das zum Bedingten als solchem im Gegensatz des Nichtbedingten oder Unbedingten steht.

Eine weitere Untersuchung, die hier nicht zu unserer Aufgabe gehört, würde ergeben, dass die Region des Unbedingten, zu der jedes Urteil vorstösst, auch die Region des allumfassenden und metaphysischen Seins ist[8]. Die nähere begriffliche Bestimmung des Unbedingten aber führt zum Gottesbegriff. Die objektiv-metaphysische Rechtfertigung des Seinsbegriffs und der Seinsprinzipien durch Untersuchung der Bedingung der Möglichkeit der Gegenstände der Erfahrung schliesst demnach einen Gottesbeweis ein oder bahnt ihn zumindest an. Und umgekehrt: die letzte erkenntnistheoretische Analyse aller Gottesbeweise ist immer auch eine Rechtfertigung der dabei verwandten Begriffe und Prinzipien.

Der Grundansatz aller Gottesbeweise aus der Kausalität lässt sich etwa so formulieren: Was kontingent existiert, ist von einem nicht kontingent Existierenden verursacht. Nun existiert aber etwas kontingent. Also existiert auch seine nicht kontingente Ursache. – In diesem Schluss sagt das im Obersatz verwandte Kausalitätprinzip nichts anderes, als dass derjenige, der ein kontingent Seiendes als existierend setzt, damit auch schon dessen Vorbedingungen setzt, d. h. mitbehauptet, nicht aber miterkennt, wenigstens wenn unter Erkenntnis die begriffliche Formulierung verstanden wird. Weil die Setzung des Kontingenten die Setzung des Nichtkontingenten miteinschliesst, kann derjenige, der die Existenz des Kontingenten setzt, die Existenz des Nichtkontingenten nicht mehr verneinen. Die Existenz des Nichtkontingenten (der Ursache des Kontingenten als solchen) wird nicht aus dem Begriff des Kontingenten erschlossen, sondern aus seiner Setzung. Es ist dies eine metaphysische Analyse der in der Setzung gegebenen Seinsgründe, nicht eine logische Analyse der Begriffe.

Aber, wendet man hier ein, eine solche Setzung ist doch blind und bedarf erst der logischen Rechtfertigung. – Blind ist diese Setzung, deren begriffliche Formulierung das metaphysische Kausalitätsprinzip ist, nicht. Wird dieses Prinzip doch von manchen als unmittelbar evident betrachtet, und dies insofern mit Recht, als es die naturhafte Ausrichtung des Verstandes auf das Absolute zum Ausdruck bringt, der Verstand aber in seinem Vollzug sich selbst am allerwenigsten verborgen sein kann. Allerdings ist

a] [8] Vgl. meinen Vortrag auf dem Mainzer Philosophenkongress 1948, der in der *Zeitschrift für philosophische Forschung* erscheinen wird.

diese unmittelbare Evidenz im Vollzug noch einer reflexen Betrachtung fähig, was uns zur anderen Seite unserer Untersuchung führt.

Der Nachweis der metaphysischen Geltung des Seinsbegriffs und der Seinsprinzipien kann nämlich auch in subjektiver Richtung durch Untersuchung der Bedingungen der Möglichkeit der Erfahrung selbst geführt werden. Die Erfahrung erhält ihren vollen Erkenntnischarakter erst im Urteil, das ihren Inhalt als seiend hinstellt. Unter den Möglichkeitsbedingungen des Urteilens aber ist die erste und grundlegende die Ausrichtung des urteilenden Verstandes auf das Seiende als solches. Da dies jedoch nur ein formaler Gesichtspunkt ist, der Verstand aber in seinem Vollendungszustand (der ergriffenen Wahrheit) nicht mit einem abstrakten Gesichtspunkt eins ist, sondern mit einem Seienden, so bleibt das Seiende zu suchen, das seinem Formalobjekt, dem Seienden als solchen, voll entspricht und imstande ist, das Weiterstreben des Verstandes über jedes endliche Objekt hinaus zu begründen. Dieses «Seiende» kann aber nur das unendliche und subsistierende Sein sein. Die Ausrichtung auf das unendliche und subsistierende Sein ist also Bedingung der Möglichkeit des Urteilens überhaupt.

Verbürgt nun diese Ausrichtung unseres Verstandes auf das unendliche und subsistierende Sein dessen Wirklichkeit? Die Anhänger der dynamistischen Erkenntnistheorie behaupten das, ihre Gegner verneinen es. Man räumt ein: «Jedes Streben ist notwendig Streben nach etwas (hat ein Ziel), selbstverständlich. Aber damit ist zunächst nichts gesagt über die Möglichkeit des Ziels. Das Ziel ist seinem Sosein nach irgendwie bestimmt. Aber damit ist seine Möglichkeit nicht ohne weiteres gegeben. Der Satz gilt ja offenbar auch vom bewussten Streben; dies kann sich aber auf ein unmögliches Ziel richten (wenn es nur für möglich gehalten wird). Die Notwendigkeit eines realmöglichen Ziels müsste also aus der Eigenart gerade des Naturstrebens erwiesen werden. Aber wie? Es dürfte nicht möglich sein, solange ich nur den anfänglichen Begriff des Naturstrebens, wie er sich aus der Analyse des Wirkens ergibt, habe[9].»

Zur Beantwortung der Frage ist zwischen zwei Zielen zu unterscheiden, zwischen kontingenten Zielen, auf die sich ein Streben richten kann, aber nicht muss, und einem notwendigen Ziel, das Bedingung der Möglichkeit eines Strebens ist. Das Streben nach kontingenten Zielen verbürgt deren Wirklichkeit oder Möglichkeit auf keine Weise. Anders ist es mit dem notwendigen Ziel, ohne dessen Wirklichkeit, bzw. Möglichkeit auch das Streben selbst unmöglich wäre.

Es soll hier nicht die allgemeine Frage nach dem Prinzip der Zielsicherheit aufgerollt werden. Unsere Frage bsechränkt sich vielmehr auf den besonderen Fall des im Verstande liegenden Naturstrebens nach der Erkenntnis des unendlichen und subsistierenden Seins. Das subsistierende Sein ist entweder absolut notwendig oder absolut unmöglich; ein drittes gibt es nicht. Wenn es nicht wirklich ist, ist es nicht nur ein relatives Nichts

[9] So *de Vries* nach einer persönlichen Mitteilung.

der Existenz, sondern ein absolutes Nichts des Soseins. Ein Streben, das naturhaft auf ein absolutes Nichts des Soseins ausgerichtet wäre, wäre kein Streben mehr. Es hätte nicht mehr bloss nicht «dieses» Ziel, sondern wäre überhaupt ziellos. Es würde nicht bloss dieses oder jenes Etwas verfehlen, sondern wäre überhaupt kein Streben nach Etwas. Die Ausrichtung auf Nichts ist ein Nichts der Ausrichtung. Wenn das subsistierende Sein unmöglich ist, ist auch die naturhafte Ausrichtung auf das subsistierende Sein unmöglich. Sie ist aber möglich und wirklich. Also ist auch das subsistierende Sein möglich, notwendig und wirklich.

Man könnte hier einwenden, das Naturstreben des Verstandes ginge im Falle der Unmöglichkeit des subsistierenden Seins auf das endlich Seiende. Dem ist jedoch nicht so. Denn die Erfassung jedes endlich Seienden als Seiendes ist durch jenes alles endlich Seiende überschreitende Streben bedingt. Das endlich Seiende ist nur Durchgangspunkt, nicht Ziel des Naturstrebens. Ist dieses Ziel in sich Nichts (unmöglich), dann ist auch das Naturstreben und die durch es bedingte Erfassung des Einzelseienden als Seiendes nichtig (unmöglich).

Damit ist aber auch einem anderen Einwand schon begegnet. Nach Descoqs[10] will die dynamistische Theorie Gott als im Verstandesstreben impliziert erweisen. Das kann sie jedoch nur durch Prinzipien der Analyse und Synthese, die ihn wiederum implizieren und selbst nur objektive Geltung haben, soweit sie das Absolute voraussetzen. – Das Naturstreben unseres Verstandes auf das Absolute wird in unserer Erkenntnis durch Analyse nachgewiesen. Diese Analyse bedarf keiner äusseren Prinzipien, aus denen sie hergeleitet würde. Der Verstand ist sich in seinem Vollzug selbst das Bekannteste. Dass aber ein zielloses Streben kein Streben ist, ist wiederum analytisch gewiss, wie eben gezeigt wurde.

Will die dynamistische Erkenntnistheorie ein Gottesbeweis sein? Sie selbst will es nicht, d. h. sie macht den Gottesbeweis nicht zu ihrem Ziel und Thema[11]. Sie setzt auch keinen Gottesbeweis voraus, um aus ihm die metaphysische Geltung der Grundbegriffe und Prinzipien abzuleiten. Wohl aber ist sie einschlussweise und logisch zugleich eine Gedankenentwicklung, die einem Gottesbeweis, bzw. seinem ersten entscheidenden Schritt zum subsistierenden Sein, gleichkommt. Dass dieser Gedankengang Anspruch auf objektive Geltung erheben kann, dürfte nach dem Gesagten nicht mehr zweifelhaft sein.

Schliesst nun, um zum zweiten Bedenken zu kommen, die dynamistische Erkenntnistheorie nicht zum mindesten alle anderen Gottesbeweise aus und setzt sich so in Gegensatz zu den klassischen Beweisen, die Gottes Existenz aus dem, was er gemacht hat, zu erweisen suchen? Man schliesst:

[10] *Op. cit.*, t. I, p. 91.

[11] «Qu'on veuille aussi ne point chercher dans notre texte un essai de présentation nouvelle de la preuve de l'existence de Dieu» (*Maréchal, Cahier V,* Iᵉ édit, p. 337, note I; 2ᵉ édit, p. 450, note I).

Ein Gottesbeweis ist nur möglich unter Voraussetzung gewisser ontologischer Grundbegriffe. Diese aber sind nach Ansicht der dynamistischen Erkenntnistheorie einerseits nur auf dem Wege einer transzendentallogischen Untersuchung der Urteilsfunktion als metaphysisch geltend zu erweisen, anderseits schliesst dieser Beweis einen Gottesbeweis ein. Also ist jeder fernere Beweis nur eine petitio principii, bei der das Beweisziel schon vorausgesetzt werden muss[12].

Es ist schon darauf hingewiesen worden, dass zwischen zwei Stufen der ontologischen Geltung, der Realgeltung und der eigentlich metaphysischen Geltung des Seinsbegriffs und der Seinsprinzipien, zu unterscheiden ist. Die Realgeltung muss durch die erkenntnistheoretische Reflexion auf den Vollzug und Akt des Denkens gesichert werden. Sie ergibt sich aus der unmittelbaren Selbstgewissheit des Denkens. Der daran gewonnene Seinsbegriff und die sich an diesen anschliessenden Prinzipien haben nicht bloss eine auf Erfahrung eingeschränkte Geltung, aber die weiterreichende metaphysische Bedeutung ist auf dieser Stufe noch nicht als solche kritisch geprüft. Eine solche Prüfung findet einschlussweise und im Hinblick auf ein ganz bestimmtes Beweisziel in jedem Gottesbeweis statt, wie schon gezeigt worden ist. Ausdrücklich und thematisch wird sie in der transzendentallogischen Analyse vorgenommen[13].

Man wirft nun weiter ein: Die transzendentallogische Analyse kann die metaphysische Geltung jener Begriffe und Prinzipien nur dartun, wenn sie schon in der direkten Erkenntnis enthalten ist. Ist sie aber in ihr enthalten, dann ist sie auch in ihr erkannt. Darauf ist zu antworten, dass nicht alles, was in der direkten Erkenntnis enthalten ist, auch schon thematisch erkannt sein müsse. Es genügt, dass es darin so enthalten ist, dass es durch weitere Bemühung (Analyse, Reflexion) erkannt werden kann. Die Analyse aber, die hier angewandt wird, ist nicht eine Zerteilung und Auflösung der Vorstellung, sondern eine Besinnung auf die Art, wie sie (im Urteil) gegeben ist, verbunden mit einem Rückgriff auf die Bedingungen ihrer Möglichkeit[14].

[12] Vgl. *Desoqs, op. cit.*, t. I, p. 91–94.

[13] «Les «cinq voies» de saint Thomas – que nous avons enseignées noumême, en leur sens littéral – fixent définitivement le type métaphysique (parfaitement efficace) de cette preuve. Mais il reste vrai qu'en approfondissant quelque object de pensée que ce soit – essence, relation, ou même privation – on rencontre Dieu, inévitablement; c'est ce qui nous arrive ici, pour limité que soit le point de vue où nous nous enfermons» *(Maréchal, Cahier V. loc. cit.)*. Vgl. Anm. 11).

[14] «Est connu implicitement *(exercite)*, dans un acte élicite de connaissance, tout ce qui s'y trouve à l'état de «connaissable» immanent, sans néanmoins être actuellement aperçu. L' «implicitement connu» doit donc pouvoir entrer dans la conscience claire par la seule réflexion du sujet sur son acte élicite. Il y a, dans une représentation intellectuelle, deux espèces d'implicite: *l'implicite purement analytique,* c'est-à-dire tout ce que la dissociation analytique peut tirer de cette représentation; ensuite, *l'implicite subjectif* (véritable implicite transcendantal, au sens kantien) c'est-à-dire l'ensemble des conditions à priori, des exigences fonctionelles de l'intelligence comme telle, mise en acte dans la connaissance objective, dont elles sont les conditions subjectives de possibilité. Elles peuvent être reconnues du sujet, par réflexion sur lui-même, et introduites alors

Man hat im Lager der dynamistischen Erkenntnistheorie die These aufgestellt, die Leugnung Gottes schliesse einen Widerspruch ein, sie sei also logisch unmöglich[15].

Wie schon gezeigt worden, hat die einschlussweise Behauptung der Existenz Gottes in jedem Urteil keineswegs eine unmittelbare Schau Gottes zur Voraussetzung. Die einschlussweise Setzung der Existenz Gottes wird erst durch den Schluss mit Hilfe eines abstrakten Prinzips oder durch die ein solches Prinzip liefernde metaphysische Analyse (die virtuell ein Schluss ist) bewusst. Da die einschlussweise gesetzte Existenz Gottes nicht auf vorstellende, begriffliche Weise gesetzt ist, kann auch der aus der Leugnung Gottes sich ergebende Widerspruch nicht auf der Ebene des formellen, begrifflichen Widerspruchs liegen. Er ist nicht der Widerspruch zwischen der Bejahung und Verneinung eines im Begriff vorgestellten Gegenstandes, sondern zwischen dem Akt der Verneinung der Existenz Gottes (der selbst als Akt etwas Positives ist) und der (einschlussweise) ausgesprochenen Verneinung der Möglichkeit dieses Aktes. Aus dieser Art des Widerspruchs kann allerdings auch der Widerspruch bezüglich der Leugnung des Gegenstandes (der Existenz Gottes) gefolgert werden. Die Existenz Gottes ist also, trotz der unmittelbaren Setzung in jedem Urteil (auch im Urteil der Gottesleugnung), als erkannte nicht unmittelbar evident[16].

Damit dürfte sich hinlänglich gezeigt haben, dass die Bedenken, die man von seiten der natürlichen Gotteslehre gegen die dynamistische Erkenntnistheorie erhoben hat – nur unter diesem Gesichtspunkt stand sie hier in Frage – nicht begründet sind.

---

dans une déduction rationelle qui leur confère un caractère de nécessité *objective*» (*Maréchal, Cahier V,* Ie édit., p. 345–346; 2e édit., p. 460).

b] Ich ziehe es vor, um Missverständnisse zu vermeiden, das «einschlussweise Erkannte» «einschlussweise Behauptetes» zu nennen. Thomas allerdings scheut sich nicht zu sagen: *Omnia cognoscentia cognoscunt implicite Deum in quolibet cognito* (*De ver.*, q. 22, a. 2, ad I).

15 Vgl. *A. Grégoire, Immanence et Transcendance,* Paris, 1939, p. 122. Grégoire fügt aber hinzu: «Sans doute, il n'y aurait pas contradiction «in terminis»; mais il y aurait contradiction dans l'acte même d'intelligence».

16 Vgl. dazu, wie *Maréchal* den analogen Fall des Satzes «Es gibt keine objektive Wahrheit» erläutert, der sich ebenfalls selbst aufhebt: « La contradiction invoquée ici comme sanction de toute infidélité aux exigences absolues de l'affirmation, n'est pas directement une contradiction formelle entre termes conceptuels *(contradictio in terminis)*, mais une contradiction entre l'*implicite* et l'*explicite* d'un jugement. D'ailleurs une simple contradiction logique «in terminis», indépendamment de toute position, affirmation ou présupposition plus ou moins cachée, ne saurait, par choc en retour, nous donner du Réel (possible ou actuel): vouloir démontrer la nécessité absolue de l'être par pure et exclusive analyse de concepts – fût-ce par la désagrégation logique de l'idée de néant – c'est commettre l'erreur caractéristique de l'argument ontologique ou du postulat rationaliste cartésien» (*Cahier V,* Ie édit., p. 376–377; 2e édit., p. 496).

Dieser Beitrag erschien zuerst in den dem Andenken von Joseph Maréchal (1878–1944) gewidmeten „Mélanges Joseph Maréchal" (Tome I: Oeuvres; Tome II: Hommages), Bruxelles, Paris 1950, II 110–120. – Er begegnet den Einwänden gegen die Erkenntnistheorie Maréchals, denen zufolge diese Erkenntnistheorie jede natürliche Gotteslehre unmöglich mache.

a] Der Titel des hier angekündigten Vortrags lautet „Das Grundproblem metaphysischer Begriffsbildung". Er ist hier abgedruckt auf S. 252–262.

b] Für den hier berührten Tatbestand gebraucht man heute oft den Ausdruck „einschlußweise Gotteserfahrung". Über meine Zurückhaltung diesem Ausdruck gegenüber vgl. meine „Summe" Nr. 127. 62.

KOMPLEXE WISSENSCHAFTSTHEORIE IN IHRER BEZIEHUNG ZU PHILOSOPHIE, ERKENNTNISTHEORIE UND ONTOLOGIE[1]

Die Philosophie hat sich zwar schon früh mit der Gewißheit ihrer Aussagen und mit Begründungsfragen beschäftigt, aber erst die in der neuzeitlichen Philosophie entwickelte Erkenntnistheorie hat thematisch und allgemein die Frage nach der Möglichkeit von Wissenschaft überhaupt und bestimmter Wissenschaftstypen gestellt. Wie die Einzelwissenschaften und die formale Logik sich von der Philosophie losgelöst und verselbständigt haben, so auch (besonders als Folgewirkung der Analytischen Philosophie) die Wissenschaftstheorie, d. i. die Wissenschaftslogik, welche die innere Struktur (Semantik und Syntaktik) der Wissenschaftssprachen untersucht, und die Methodologie der Wissenschaften. Beide verstehen sich zwar als Metawissenschaften, nicht aber als Philosophie der Wissenschaft, die sich ihrerseits auch mit den Voraussetzungen und Konsequenzen der Wissenschaftstheorie selbst beschäftigt. Die vor allem an der Naturwissenschaft orientierte Wissenschaftstheorie hat sich gegenüber den sog. Geistes- und Humanwissenschaften aber als unzulänglich erwiesen. Diesem Übelstand will die von Rupert Lay entwickelte „Komplexe Wissenschaftstheorie" abhelfen. „Komplex" nennt er sie, weil sie die Wissenschaften aller Typen (Natur- Geistes- und Sozialwissenschaften) umfassen und auch wissenschaftstheoretische Fragen der Philosophie und Theologie nicht ausschließen will. Das praktische Interesse der Unternehmung richtet sich auf die kritische Unterscheidung von wissenschaftlicher und ideologischer, sich als wissenschaft-

[1] Vgl. R. *Lay*, Grundzüge einer komplexen Wisenschaftstheorie. – 1. Bd.: Grundlagen und Wissenschaftslogik (354 Sn.); 2. Bd: Wissenschaftsmethodik und spezielle Wissenschaftstheorie (631 Sn.) (Frankfurt 1971 u. 1973, Knecht).

lich tarnender Erkenntnis[2]. Lay betont dabei den noch unfertigen und mangelhaften Versuchscharakter seines Werkes[3].

Vor der Erörterung der Bezüge zur Philosophie, Erkenntnistheorie und Ontologie sei es in seinen Grundzügen vorgestellt und auf einige Vorzüge und Mängel hingewiesen. Nach der Beantwortung der Frage „Was ist und will Wissenschaftsheorie?“ handeln die „Wissenschaftsphilosophischen Überlegungen“ des 1. Bandes über Erkenntnis, wissenschaftliche Erkenntnis und Wissenschaft. Die „Wissenschaftslogik“ behandelt in 15 Kap. den „Satz“ (Aussage, Satz, Sachverhalt, Sinn und Bedeutung, problematische Aussagen: Basisaussagen, synthetische Aussagen a priori, Allaussagen, quasi-ontologische Aussagen, futurische Aussagen – Wahrheit, Falschheit, Wahrscheinlichkeit, Gewißheit, Verifikation, Falsifikation, empirische Wahrheit, Theorien, Definitionen) und in 5 Kap. „Wörter“ (Zeichen, Namen, Prädikatoren, Kennzeichnungen, Begriffe).

Der 1. Bd. schließt mit einem Anhang über das Gerüst des Aussagen- und Prädikatenkalküls. Der 2. Bd. entwickelt zuerst eine Methodologie der Wisssenchaften mit dem Schwerpunkt einer Hermeneutik, die den größten Teil dieses Bandes ausmacht (II 1–434). Es folgen ein Abschnitt über Wissenschaftsklassifikation (II 435–464) und eine Spezielle Wissenschaftstheorie (II 467–587) mit Anwendungen auf Theoretische Mechanik, Geschichtswissenschaft, Ontologie und theologische Dogmatik. Eine ausgewählte Bibliographie[4] (mit 554 Titeln und einem Nachtrag von 112 Neuerscheinungen), ein Namen- und ein Stichwortregister[5] beschließen das Werk.

Ein Bericht über die Positionen Lays wird nicht nur durch die Fülle des Stoffes, sondern auch durch die Weise seiner Darstellung erschwert. Denn L. stellt in Zusammenfassungen und Zitaten zunächst die Auffassungen anderer dar, zu denen er kommentierend und kritisch Stellung nimmt, ohne daß es immer möglich ist, genau zu unterscheiden, was er bloß referiert und was er zitierend sich zu eigen macht. (Die „Vorüberlegungen“ zum Verstehen und zur Hermeneutik und die Auseinandersetzungen mit anderen Meinungen umfassen im 2. Bd. mehrere hundert Seiten!) Trotz mancher Beanstandungen muß man es begrüßen, daß hier – m. W. zum ersten Mal – der groß angelegte Versuch gemacht wurde, die gesamte moderne Wissenschaftstheorie mit ihren zahlreichen Differenzierungen von der.

[2] I 10–11. – Die Ziffern ohne weitere Angaben beziehen sich auf das Werk von Lay (s. Anm. 1)-

[3] I 9; II 587. Damit stimmen allerdings manche beiläufig geäußerten und apodiktisch klingen den Verwerfungsurteile nicht gut zusammen.

[4] Obwohl der Verf. sich im Text und in den Anmerkungen ggfs. auf die einschlägige fremdsprachliche Literatur bezieht und sie dort bei der ersten Verwendung nennt, enthält die Bibliographie Buchveröffentlichungen nur, soweit sie in dt. Sprache vorliegen, aber auch hier nicht alle zit. Literatur. Das ist mißlich, zumal wenn entsprechende Übersetzungen fehlen, oder die Angaben durch a. a. O. irgendwo in entlegenen Anmerkungen gesucht werden müssen. Ein Nummernverweis auf ein vollständiges Verzeichnis der benützten Literatur hätte keinen größeren Raum beansprucht.

[5] Wesentlich erweitert, bezieht sich das Stichwortverzeichnis im 2. Bd. auf beide Bände und ersetzt das unzureichende Register des 1. Bd.s.

Philosophie her kritisch zu durchmustern. Anerkennenswert ist das Streben nach einer komplexen, allumfassenden Wissenschaftstheorie ohne Methodenmonismus. Die Anmerkungen L. s sind oft treffend und scharfsinnig[6]. Aus der Fülle des dargebotenen Materials sollen im folgenden einige Fragen herausgegriffen werden.

I

Die erste betrifft den *Zusammenhang von Philosophie und Wissenschaftstheorie* sowie die allgemeinen Kriterien, denen alle Wissenschaften genügen müssen, um als solche gelten zu können. Im 1. Bd. heißt es darüber: „Wissenschaftstheorie hat Wissenschaft im allgemeinen und Wissenschaften in ihrer Besonderung zum Gegenstand“ (I 13). L. versteht sie ausschließlich als Metawissenschaft, so daß die philosophischen Aspekte nicht eigentlich zur Wissenschaftstheorie zählen, weshalb sie vorwiegend in einem „Vorspann“ behandelt werden (I 15). Wissenschaftstheorie (WTh) ist – entgegen der Forderung des Positivismus – nicht identisch mit analytischer WTh. Zur WTh gehören auch Hermeneutik und Erkenntnistheorie, d. i. die Wissenschaft von den Möglichkeiten und Grenzen menschlicher Erkenntnis überhaupt. „Ohne sie bliebe sie ein Torso, ein aus Willkür gesetztes und mit Willkür verfahrendes Denkinstrument“ (I 15). Der Ausschluß „ontologischer“ Interessen, die sich in hermeneutischen und erkenntnistheoretischen Fragestellungen repräsentieren, doch keineswegs erschöpfen, würde ihren Inhalt durch Verbannung vieler Geisteswissenschaften sowie der Ethik verstümmeln (I 16). Zustimmend zitiert L. jedoch H. Seiffert, nach dem „eine saubere analytische Entwicklung der Grundbegriffe das Fundament aller Wissenschaften ist“ (I 16). Die Frage bleibt demnach – sie wird weder gestellt noch beantwortet –, ob der philosophische Anteil der komplexen WTh und ob Philosophie überhaupt Wissenschaft ist und in welchem Sinne; ferner, ob die Wth und die Philosophie in der Wissenschaftslogik ihr Fundament und ihren Maßstab haben oder nicht. Von der Metaphysik heißt es allerdings einmal, sie erscheine allenfalls noch als Wissenschaft unter Wissenschaften „akzeptabel“ (I 9).

„Wissenschaftliche Erkenntnis liegt genau dann vor, wenn die zu repräsentierenden Objekte (Eigenschaften, Relationen...) aus einem wohldefinierten Objektbereich in zusammenhängenden Sätzen, bzw. Satzsystemen, die theoretische Begriffe (Erklärungsbegriffe, die nicht in Protokollaussagen

[6] So z. B. zum Positivismus und Empirismus (I 17, 56 ff., 74 f., 77, 87); über irreduzible theoretische Terme, darunter die Kritik des Craigschen Theorems (I 242); zum Behaviorismus und dem Problem des Fremdpsychischen (I 28, 296 ff.); zur marxistischen und neomarxistischen Auffassung, die die Wissenschaft völlig dem praktischen Interesse ausliefern will (I 37 ff, 95); zur Theorie der Einheitswissenschaft (I 133 ff.); zum Konventionalismus (I 136); zu den Dispositionsprädikatoren (I 301); zum Verhältnis von Geschichtstheologie und Geschichtsphilosophie (II 374, 381); zur Wissenschaftsklassifikation (II 458–464); zur Evidenz (II 477).

auftauchen, sondern produktiv von Menschen gebildet werden) enthalten, erklärend abgebildet werden" (I 70–71). Es gibt Wissenschaften, wie die Mathematik, für die es genügt, einen Widerspruchsfreiheitsbeweis zu führen, und andere, die außerdem mittelbar oder unmittelbar an der Erfahrung überprüft werden müssen (I 71). Als Grundlage werden nur Erfahrungen gewählt, die zureichend regelmäßig, gleichförmig und beständig sind (I 72). Im Sprachraum werden alle Termini eliminiert, die äquivok, die „leer" (weder empirisch noch funktional-operational rechtfertigbar) und die nicht nach Möglichkeit wohl definiert sind. Jedoch hat die wissenschaftliche Erkenntnis kognitiver (nicht rein axiomatisch-operativer) Wissenschaften auch transempirische Implikate und Voraussetzungen, wie die theoretischen Begriffe, die apriorischen Denkvorgaben, die uns gestatten, Regelmäßigkeit und Beständigkeit der Objekte zu erkennen (I 74). Nur auf nichtempirische Weise lassen sich Fragen entscheiden, warum reine Denkstrukturen der Mathematik auch Strukturen empirischer Inhalte repräsentieren, warum Kommunikation zwischen Menschen möglich ist (I 75), warum transempirische Modelle die Forschung vorantreiben (I 76) u. a. Im Anschluß an eine Reihe von Postulaten und „Obligaten" wissenschaftlicher Erkenntnis weist L. verschiedene philosophische Grundpositionen zurück, wie Rationalismus, Empirismus und Pragmatismus (I 85–90). Nach einem (sehr fragmentarischen) historischen Überblick (I 91–92) definiert er die Wissenschaft funktional als: a) erkenntnismäßiges Vordringen zu den Begründungszusammenhängen eines erkennbaren Sachverhalts (die nicht notwendig Ursachenzusammenhänge sind), das b) diesen Sachverhalt zusamt seiner Begründung einem bestimmten Sachgebiet zuordnet, das sich c) im Hinblick auf die Eigenart des Sachgebiets Rechenschaft über die Methode seines Vorgehens gibt, und d) so zu objektivierbaren Aussagen kommt (I 92).

Das leitende Paradigma der ganze Wissenschaftslogik, wie sie im ersten Bande dargestellt wird und die allgemeine WTh begründen soll, ist das der Naturwissenschaft. Einschränkende Bemerkungen werden zwar da und dort gemacht (z. B. I 232), aber man sieht nicht, wie sie sich mit den allgemeinen Aussagen in Einklang bringen lassen. Kurz, das Fundament scheint zu schmal zu sein. Daß dies sich so verhält, zeigt dann auch der 2. Bd. mit seiner Vorrede. Da heißt es (II 9), dieser Band hebe einiges, was im 1. Bd. gesagt wurde, aufgrund einer erneuten Reflexion über wissenschaftsheoretische Fragen, dialektisch auf; die komplexe Behandlung erfordere manche Modifikationen. Es werde sich herausstellen, daß die Behandlung von Termen, wie Subjekt, Objekt, Gegenstand, Begriff, Wort, Erkennen, Verstehen, Erklären, bislang in nur unzureichender „Vorläufigkeit" fixiert worden sei; im Rahmen einer komplexen WTh müßten diese Terme neu gefaßt werden, was aber nicht bis an die Grenzen der bloßen Negation gehen müsse. Das im 1. Bd. Gesagte solle als ein „Partialmodell" der komplexen WTh verstanden werden. M. a. W. heißt das aber doch, daß die allgemeine Grundlegung ungenügend war und erst nach einer auch auf den Inhalt des 2. Bd.s bezogenen Bearbeitung hätte erscheinen dürfen. Obgleich dieser nun die Geistes- und Sozialwissenschaften breit unterbaut und auch das erkenntnistheoretische Problem der Erkenntnis von „Sachverhalten an sich" angegangen wird, bleibt die Frage nach dem Verhältnis von Philosophie und WTh weitgehend ungeklärt, wie sich auch bei der Frage nach der Ontologie zeigen wird.

II

Bevor wir die Frage der Beziehung der komplexen WTh zur Ontologie stellen, ist es unerläßlich, daß wir uns zuvor mit der Beziehung von Wissenschaftstheorie und *Erkenntnistheorie* befassen; denn diese ist im philosophischen Verständnis und mit Bezug auf die Ontologie nichts anderes als die Reflexion der Ontologie auf sich selbst, mit der Frage nach den notwendigen Bedingungen ihrer Möglichkeit. Zu diesen gehört offensichtlich auch die Erkennbarkeit des Seienden; diese selbst aber ist, wenn sie besteht, wegen der absoluten Transzendentalität des Seienden wiederum eine kennzeichnende Eigenschaft des Seienden. – Welche Rolle weist L. der Erkenntnistheorie zu? Wie verhält sich die Erkenntnistheorie zur WTh und zur Philosophie? Ist die Erkenntnistheorie, wie L. sie versteht, imstande, die erkenntnistheoretische Reflexion der Ontologie auf sich selbst zu vollziehen? Um diese Fragen zu beantworten, seien die Ausführungen L. s. zur Erkenntnistheorie zusammenfassend dargestellt[7].

In der Einleitung zur speziellen WTh (II 467) führt L. aus, daß die spezielle WTh eine *Anwendungswissenschaft* der allgemeinen WTh sei mit dem Zweck, die einzelnen Wissenschaften auf die Berechtigung ihres Anspruchs, Wissenschaft zu sein, zu überprüfen. Zum andern aber sei „ihre Aufgabe die der Philosophie", nämlich von Zwängen, die von Pseudowissenschaften ausgehen können und die den Menschen sich selbst, seiner Welt und Gesellschaft entfremden, zu befreien. Dazu stellt ihnen die allgemeine WTh ein grundlegendes Instrumentar zu Verfügung, obwohl dieses im Einzelfall nicht ausreicht. Da einige Wissenschaften explizit, andere implizit das Ansich betreffen, ist es *eine erste Aufgabe der speziellen WTh*, die Möglichkeit oder Unmöglichkeit wissenschaftlich begründeter Ansich-Erkenntnis und damit die Bedingung der Möglichkeit von Ansichwissenschaften aufzuweisen. Das aber führt mitten in die *Erkenntnistheorie* hinein (II 467–68). Der Abschnitt über die Erkenntnistheorie „möchte die wissenschaftsphilosophischen Überlegungen des 1. Bd.s weiterführen" (II 469).

Auch hier drängt sich wieder die Unklarheit der Aussagen L. s über die Beziehung von WTh und Philosophie auf. Einerseits ist die spezielle WTh eine Anwendungswissenschaft der allgemeinen WTh, die ihrerseits keine Philosophie sein soll; anderseits wird hier der speziellen WTh eine philosophische Aufgabe zugewiesen, nämlich eines der wichtigsten Probleme der Erkenntnistheorie, also einer philosophischen Disziplin, zu lösen: Möglichkeit oder Unmöglichkeit der Ansich-Erkenntnis auszumachen.

[7] II 467–514: 4. Hauptteil: Spezielle WTh, 1. Abschnitt: Erkenntnistheorie.

Daß dies mit einer wissenschaftlich verantwortbaren Begründung geschehen muß, ist auch für eine philosophische Disziplin selbstverständlich.

Der Abschnitt über die Erkenntnistheorie greift die Frage nach dem Ansich von Gegenständen und Sachverhalten auf. Dieses „Ansich" meint hier die Eigenschaft eines „Gegenstandes" oder „Sachverhalts", auch unabhängig von der Erkenntnistätigkeit des Menschen bestehen zu können oder bestimmte Eigenschaften zu haben. Mit dem Ausdruck „An sich" ist weder ein „Ding an sich" als positives Noumenon noch ein „Ansich" im Sinne Hegels als Begriff im Gegensatz zum Gegenstand (für ein Anderes) gemeint, sondern der transzendentale Gegenstand, der als Bedingung der Möglichkeit von Erscheinung gefordert wird und der unsere Sinnlichkeit affiziert (II 469, Anm. 1).

Indem L. das Ansich als das definiert, was unabhängig von der Erkenntnistätigkeit des Menschen existieren kann, entsteht sofort die Frage, wie es denn mit dem Ansich dieses Menschen steht, der da etwas erkennt. L. stellt daher im 1. Kap. die Frage nach dem Ich als Gegenstand an sich (II 472). In Auseinandersetzung mit Marx und Husserl zeigt er, daß die Basis erkenntnistheoretischer Überlegungen weder ein von den konkreten gesellschaftlichen, historischen, kosmischen Bezügen losgelöstes Individuum (II 473–75) noch das reine Ich sein kann, da sich in allen wechselnden Akten vollkommen identisch bleibt, sondern ein Ich, das in seinen Akten um sein Inweltsein, Mitmenschsein und Vorzeitsein weiß, worin sich eine die Grenzen von Ich und Nicht-Ich aufhebende Dialektik bekundet (II 475–79). Diesem so beschriebenen, empirischen Ich entspricht ein Ansich, das transzendentale Ich im Sinne eines realen, nicht bloß fiktiven Modells der Wirklichkeit; das empirische Ich ist nicht bloß Erscheinung (Halluzination), sondern „Etwas an sich" und darf als solches in analoger Weise selbst als „Ich" bezeichnet werden (II 479). Daß sich das so verhält, ergibt sich nach L. daraus, daß wir von dem in „propositions" (d. h. Sätzen mit dem Anspruch auf Wahrheit) auftauchenden Ich (dem Ich der Ich-Aussagen), zusammen mit seinen Mit-, Vor- und In-Bezügen und in Unterscheidung von ihnen, ein unmittelbares Wissen haben, dem ein Ansich entspricht, da ein unmittelbares Wissen „nicht radikal vertäuscht sein kann" wegen der materialen Identität von wissendem und gewußtem Ich. Das erkennende Ich erfährt sich dynamisch, und damit ist auch das als erkannt bezeichnete Ich als dynamisch zu bezeichnen. Gleichwohl soll damit nicht behauptet werden, „daß das Ich substantiell (oder sonstwie subsistierend) sei, wohl aber, daß es genidentisch mit sich selbst Etwas an sich ist" (II 479–80).

Das Verdienst solcher Überlegungen im Hinblick auf eine erkenntnistheoretische Grundlegung objektiver Wissenschaften, etwa der Psychologie, soll nicht geschmälert werden. Die Frage stellt sich jedoch, ob diese Überlegungen hinreichen, um eine Ontologie zu begründen. Die Aussage von der dynamischen Auffassung des erkennenden und des erkannten Ich scheint den Hinweis auf ein wirklich und an sich seiendes Ich zu enthalten. Er wird aber sofort entkräftet, da kein substantielles oder sonstwie subsistierendes Ich damit behauptet werde. Entkräftet wird er auch, wenn dem „nicht radikal vertäuschbaren", unmittelbaren Wissen ein Ansich nur „entsprechen" soll, wenn dieses also nicht selbst unmittelbar um sich als einen Modus des wirklichen Ansichseins weiß.

Bei der für das Ich beanspruchten „Genidentität", die sein Ansichsein ausmachen soll, handelt es sich nach L. um ein Postulat wissenschaftlicher Erkenntnis, d. h. um eine sachlich (oder begrifflich) notwendige Annahme, die obschon unbeweisbar, durchaus glaubhaft und als „gültig", was aber nicht dasselbe wie „wahr" ist (I 76), einzusehen ist. Da solche Annahmen, obwohl sachlich oder begrifflich notwendig, dennoch nicht beweisbar sind, kann es sich bloß um zweckbedingt notwendige Annahmen handeln, die also die menschliche Form der Wissenschaft betreffen, nicht das Ansich, denn sonst wäre die Einsicht ihrer Notwendigkeit ein Erweis nicht nur ihrer Gültigkeit, sondern auch ihrer Wahrheit. Das bedeutet aber, daß solche Annahmen oder Postulate keine Begründung für ein ontologisch bedeutsames Ansich abgeben können. – Das Postulat der Genidentität insbesondere besagt, daß eine „individuelle" Erscheinung wenigstens für einige Zeit mit sich selbst identisch bleiben muß, so daß es möglich ist, einen konstanten Individuenterm für einige Zeit auf einen konstanten Namensträger anzuwenden. L. merkt dazu u. a. an, daß dieses Postulat nicht theoretische Begriffe betreffe, auch nicht solche, die mit dem Schein von Individuennamen eingeführt werden, wie „Psyche" oder „Gott". Ferner sei die Genidentität nicht mit „Substantialität" zu verwechlseln. Bei der Genidentität werde nicht nach der Bedingung der Möglichkeit der Gen-Identität gefragt (I 78–79). In der Tat wäre der Tatbestand der hier beschriebenen Genidentität auch bei einem Wasserfall erfüllt, wenn er nur einige Zeit hindurch annähernd die gleiche Konfiguration beibehält. Was aber, wird man sich fragen, bedeutet in einem solchen Verständnis dann noch das Ich an sich? Es ist nichts anderes als eine besondere, sich von den Objektbezügen deutlich abhebende Soseinskonstante, wobei die Konstanz nur eine, die vorübergehenden Akte irgendwie überschreitende Beharrung der So-Beschaffenheit in der Zeit bedeutet. Das ist auch nach Kant mehr als Schein und Halluzination, aber nicht mehr als Erscheinung, was nicht aus- sondern einschließt, daß das Ich eine besondere, von allem anderen verschiedene Erscheinung ist, die auch bei Kant der Kategorie der Substanz (als dem Beharrlichen in der Zeit) unterliegt. Die ontologische Fragestellung der Erkenntnistheorie ist damit noch nicht erreicht. Diese würde sich erst eröffnen, wenn nach der letzten inneren (d. h. der Erscheinung zugehörigen) Bedingung der Möglichkeit einer solchen, allerdings besonderen Gen-Identität, nämlich der Identität des dynamischen Zentrums, oder nach dem Bezug zum Seienden als solchen gefragt würde.

Dies ist im Auge zu behalten, wenn L. von O-wahr=ontologisch wahr im Rahmen einer nicht-analytischen WTh spricht, dabei aber nur die beschriebenen „Sachverhalte an sich" meint und von der klassischen Ontologieproblematik gänzlich absieht (II 491–92). Auch der Abschnitt e) dieses Kapitels, überschrieben mit „Das mit ‚Ich' bezeichnete Etwas ist das transzendentale Ich" (II 492–93) führt über diesen Standpunkt nicht hinaus, da die Bedingung der Möglichkeit der transzendentalen Einheit des Ich-Etwas im Bereich des Idealen verbleibt. L. versucht daher den nach ihm selbst unbefriedigenden Ausweg einer definitorischen Festlegung: das ideale Ansich, „Apperzeptions-Ich“, entspricht dem realen Ansich, dem „Ich-Etwas“ etwa wie ein Begriff einem Gegenstand entspricht (II 493). Da diese Entsprechung aber wiederum eine So-Beschaffenheits-Entsprechung ist und das reale Ansich immer nur das Etwas-überhaupt meint, tritt die Wirklichkeit, die sich im Vollzug und der Tätigkeit als solcher bekundet, nicht ins Blickfeld. – Das wird auch durch die Ausführungen im 2. Kap. „Sachverhalte an sich“ bestätigt. L. behandelt dort den Satz vom Nichtwiderspruch (II 494 ff.). Er schließt sich inhaltlich der Bestimmung des Satzes bei Aristoteles an, jedoch unter Vermeidung des Pseudoprädikators „seiend“. Wortfolgen, in denen „seiend“ vorkommt, sind keine Aussagen, die als wahr oder falsch beurteilt werden können, sondern Aussage*funktionen,* in denen die Variable „x” als „seiend“ gelesen wird; d. h. daß mit „seiend“ nichts als die völlig unbestimmte Variable „x” gemeint ist, so daß erst durch die Ersetzung von „seiend“ durch Gegenstand, Eigenschaft, Relation... Aussagen entstehen. Ähnliches gilt für den Pseudoprädikator „existierend“, der zu den Quantoren gehört (es gibt ein x derart, daß... oder: für alle x gilt, daß...). Nach L. „dürften Begriffen wie ‚seiend‘, ‚existierend‘ keine Psycheme zugrunde liegen. Ihnen korrelieren also keine Begriffe“. (II 497) M. a. W.: mit „seiend“, „existierend“ wird nichts gedacht, es sei denn, diese Worte werden durch „Gegenstand, Eigenschaft, Relation“ und dergleichen ersetzt[8]. Gleichwohl herrscht zwischen allen Begriffen einer O-Semantik Analogie (II 498). Das heißt aber doch, daß alle für „seiend“, „existierend“ einsetzbaren Begriffe einem gemeinsamen Gesetz folgen oder einen gemeinsamen Bezugspunkt haben, ohne den sie nicht in Analogie zueinander stehen könnten, wie immer man diesen Bezugspunkt faßt. Es ist nicht ersichtlich, warum man dieses Gesetz der Analogie nicht auch von den Analogaten selbst aussagen und in einem Psychem denken kann. Eben das aber geschieht, wenn wir sagen: Gegenstände (unbestimmt oder konkrete besondere), Eigenschaften oder Relationen seien „seiend“ oder „existierend“, selbst wenn man die Weise des „seiend-seins“ nicht näher bestimmt, so daß das „seiend-sein“ möglicherweise ein bloßes „gedachtseiendes“ ist, was aber wieder auf mögliches Denken und dieses auf wirkliches Denken zurückverweist.

Ein weiterer Abschnitt (II 500–512) behandelt das Problem der Ansich-Erkenntnis im Ich-Außen. Seine Überlegungen sind zwar schlüssig, verbleiben aber im Rahmen der eingeschränkten O-Wahrheit. Bemerkenswert im Hinblick auf die oben dargelegte Kritik ist es jedoch, welchen Gebrauch der Verf. in seinem Aufweis der Möglichkeit O-wahrer Aussagen über das Ich-Außen (II 511) von der Tatsache macht, daß „ein Einrichten“ des Ich „*gegen* die Erscheinung“ zur Kollision mit der Erscheinung führt, wobei

[8] Man vergl. damit aber den Gebrauch, den der Verf. selbst von dem Wort „existiert“ macht, z. B. II 500.

sogar das Ich gefährdet wird, während „ein Einrichten" in Übereinstimmung *mit* der Erscheinungswelt diese Gefährdung minimalisiert. Da nun aber die Erscheinung als bloße, vom Ich allein konstitutierte Erscheinung „die Existenz des Ich nicht gefährden kann, sondern die Gefährdung nur aus einer Kollision des Ich-Ansich mit anderen ‚Gegenständen an sich' oder Eigenschaften von ‚Gegenständen an sich' kommen kann", bedeutet das notwendig ein Einrichten in der Welt an sich (II 511). Hier wird O-Wahrheit über eine Soseins-Konstanz hinaus als echte *Existenz* an sich erfaßt, die sich im Wirken („aktivem Zurechtfinden") und Gegenwirken („Kollision") bekundet. Hier wäre ein primärer Ansatz einer Ontologie zu suchen, während O-Wahrheit im oben definierten Sinn eine solche nur in einem abkünftigen, sekundären Sinne ist.

III

Nachdem die Beziehung der WTh zur Erkenntnistheorie erörtert wurde, insofern diese eine Begründung für eine Ontologie geben soll, sei nun die Beziehung der WTh zur *Ontologie* selbst zum Gegenstand unserer Untersuchung gemacht. L. handelt davon im 2. Abschnitt der Kritik einzelner Wissenschaften. Die Ontologie hat dort ihren Platz als exemplarisch für Wissenschaften über das Ansich von Tatsachen (II 519). In der Einleitung zur Kritik der Einzelwissenschaften sagt L., dabei seien die Wissenschaften womöglich von ihrem Selbstverständnis her zu konzipieren. Modifikationen, die u. U. anzubringen wären, seien nicht Sache der WTh, sondern könnten von den Vertretern der Einzelwissenschaften akzeptiert oder verworfen werden (II 517). Des weiteren aber heißt es, die zu behandelnden Beispiele beanspruchten nicht, in jedem Fall bestehende Wissenschaften zu treffen, sondern seien ganz oder teilweise Konstrukte in der Absicht, die Methode der wissenschaftstheoretischen Wissenschaftskritik darzustellen. Die so konstruierten und benannten Wissenschaften stünden nur in einem lockeren Zusammenhang mit den Wissenschaften, die traditionell diesen Namen tragen (II 518–19). Lassen sich aber diese beiden Absichten (bei der Kritik der Wissenschaften von deren Selbstverständnis auszugehen, und: diese Wissenschaften zu konstruieren und dann mit den Mitteln der allgemeinen WTh zu überprüfen) ohne Widerspruch vereinen? Und wie ist zu entscheiden, wenn das Konstrukt mit dem Selbstverständnis einer Wisenschaft, in unserem Fall mit der Ontologie, in Widerspruch steht?

Nach L. versteht die Ontologie sich als Grundlage und zugleich als Schlußstein aller Einzelwissenschaften: als Grundlage, insofern sie das Spezielle aller Wissenschaften in seiner allgemeinen Struktur wissenschaftlich erforscht und absichert; als Schlußstein, insofern sie das ihnen Gemeiname behandelt (II 545). Diese Formulierung ist anfechtbar. 1. versteht sich die Ontologie nicht als Grundlage der Einzelwissenschaften selbst in dem Sinne, daß die Einzelwissenschaften ohne Ontologie keine Grundlage und keine Möglichkeit des Bestehens hätten, was offensichtlich nicht der

Fall ist. 2. wird der Eindruck erweckt, als ob es sich in der Ontologie nur um Verallgemeinerungen der von den Einzelwissenschaften erarbeiteten Strukturen handle.

a) Als erstes behandelt der Verf. dann das *Objektgebiet* der Ontologie (II 545–60), indem er zuerst einen Überblick über die ontologischen Auffassungen der Antike und der Scholastik gibt. Er vermutet, daß diese Formen der Ontologie ermöglicht wurden durch „die sprachlich-primitiven Möglichkeiten oder aber die sprachlichen Defizienzen dieser Sprachen", nämlich des Standard Average European: SAE (II 545). Unverständlich ist der Tadel, daß die Übersetzung „ens" für das griechische *ὄν* von den späteren Aristoteleskommentatoren „unkritisch" übernommen worden sei, was es ermöglicht habe, daß sich die Ontologie zu einer „ausufernden Wissenschaft" entwickeln konnte (II 554). Ausführlich behandelt L. die Ontologie der Scholastik bezüglich der zwei Fragen: Wie ist das Seiende von seinen Eigenschaften unterschieden? und: Wie sind die Merkmale im Begriff „Seiend" enthalten, so daß es auf alles anwendbar ist? Nach L. war die Scholastik unfähig, diese beiden Probleme zu lösen. Daß sich diese Ontologie dennoch halten konnte, sei nur auf außerphilosophische, theologische Interessen zurückzuführen. Dennoch müsse man die scholastische Ontologie kennen, um die modernen Ontologien und „Philosophien" verstehen zu können (II 555). – Wenn aber dies der Fall ist, dann scheinen die beiden Probleme und ihre Lösungsversuche doch einen philosophischen Gehalt zu haben. Außerdem sind sie eine notwendige Folge der antiken Gestalten der Ontologie, wo theologische Interessen offenbar noch keine Rolle gespielt haben, es sei denn in der Form, in der diese zum Wesen der Philosophie selbst gehören.

Zur *ersten Frage* nach dem Seienden und seinen Eigenschaften. L. formuliert die Frage so: Wie sind die transzendentalen Notionen mit dem Seienden verbunden (relatio), wie von ihm verschieden (distinctio), und er prüft die historisch gegebenen Lösungen des Problems mit Hilfe dreier Schemata: (I) relatio rationis – distinctio rationis; (II) relatio transcendentalis – distinctio formalis; (III) relatio categorialis – distinctio realis (II 556). – Das Schema III. historisch vertreten durch Petrus Aureoli, scheitere daran, daß die Notionen darin der Transzendentalität entkleidet werden (II 556, 558). Schema II, historisch vertreten durch Duns Scotus, habe den Vorteil, daß die Notionen in ihrem je besonderen Eigenstand bewahrt blieben, den Nachteil aber, daß die distinctio formalis ex natura rei konsequent weitergedacht in eine distinctio realis einmünde. Der Grund dafür: die Transzendentalien stünden zueinander in transzendentaler Beziehung (II 556–57). Schema I endlich, nach L. historisch vertreten durch Thomas von Aquin, ordne den Transzendentalien nur eine Pluralität in Worten zu, die *einen* Begriff bezeichnen. „Gut" oder „wahr" besagen als ontologische Prädikatoren über „Seiend" hinaus nichts, bringen keinen Erkenntnisfortschritt. Die Notionen sind Synonyma im strengsten Sinn (II 556). Thomas von Aquin habe sich für die relatio mere rationis und für die distinctio stricte rationis entschlossen, um die Kategorialisierung der

Transzendentalien zu vermeiden (II 557). Damit „sind alle Versuche als gescheitert anzusehen, die Transzendentalienlehre aus der Zwickmühle ‚distinctio – relatio' zu befreien. Das Festmachen der thomistischen Position ist nach Scotus und Aureoli nicht mehr mit gutem (wissenschaftlichem) Gewissen durchzustehen" (II 558).

Die so gefährliche „Zwickmühle" besteht zum Glück nur im „Konstrukt" von L., nicht oder doch nicht in allen historischen Formen der scholastischen Ontologie. Zunächst einmal schließen sich distinctio und relatio nicht von einander aus. Denn auch die distinctio, die Unterschiedenheit *von etwas* ist, ist eine Art der Beziehung, wie anderseits Beziehung immer auch irgendeine Unterschiedenheit besagt; denn was in keiner Weise unterschieden ist, kann nicht *auf etwas* bezogen sein. Das gilt auch für die Beziehung der Identität, die ohne wenigstens vorgestellte Verdoppelung nicht denkbar ist. – Das bei L. zutage tretende, grundlegende Mißverständnis bezieht sich vor allem auf das Schema I, insofern es mit der Position von Thomas von Aquin identifiziert wird. Nach diesem Schema sind die transzendentalen Notionen nur dem Worte nach verschieden, da diese nur „einen" Begriff bezeichnen. „Gut "oder „Wahr" bezeichnen *nichts* Reales über „Seiend" hinaus; sie sind bloße Synonyma. Gleichwohl ist die Rede von „idealer" Differenz dieser Worte und einer Begriffsanalyse des Begriffs „Seiend", der zu den transzendentalen Notionen führen soll. Wie ist das zu verstehen, wenn man nicht zwischen Wort, Begriff und Begriffenem, bzw. zu Begreifendem unterscheidet? Offenbar unterchiebt hier Lay Thomas eine konzeptualistische Begriffsauffassung, die diesem fremd ist. Nach Thomas ist der Begriff (species intelligibilis) nicht „*id quod* intelligitur", sondern „*id quo* intelligitur aliquid" (vgl. Summa theologica I q 85 a 2)[9]. Die Analyse, die zur Erfassung der transzendentalen Notionen führt, setzt nicht beim Begriff des „Seienden" an, sondern beim „Seienden selbst" als dem zu Begreifenden, das „als Seiendes" zwar schon anfänglich und immer, aber nur unvollkommen begriffen ist, so daß ein weiterer begrifflicher Fortschritt möglich und notwendig ist. Ontologie ist demnach keine „Begriffswissenschaft" in dem Sinn, daß ihr Objekt Begriffe wären, sondern eine, ja sogar *die* Realwissenschaft, obgleich sie sich mit den Mitteln einer Begriffsanalyse vollzieht. In ihr werden nicht *Begriffe*, sondern *durch* Begriffe die Wirklichkeit selbst begriffen.

Ein weiteres Mißverständnis L. s betrifft die Rolle der Relationen[10]. Sie sind bei Thomas und bei Duns Scotus das Mittel, um „Wahr" und „Gut'

[9] Dies macht es möglich, daß ein Wirkliches durch verschiedene Begriffe mehr oder weniger erfaßt und ausgedrückt werden kann, ohne daß der Unterschiedenheit der Begriffe notwendig auch eine gleiche Unterschiedenheit des zu Begreifenden entsprechen müßte.

[10] Daß dieses Mißverständnis bei Lay vorliegt, zeigt seine Anm. 54 (II 557) zu Lotz. In der Tat ist die Position von Duns Scotus in der Frage der transzendentalen Notionen von der des Thomas von Aquin nicht in der Sache, sondern nur in der Terminologie verschieden. Die transzendentalen Relationen, die bei Aristoteles und Thomas implizit bleiben (z. B. Verweis des Akzidens auf die Substanz als ens entis), werden von Duns Scotus explizit als solche erkannt, was sein bleibendes Verdienst ist.

in ihrem besonderen Sosein, das relational zu Erkennen und Streben ist, zu begreifen – anders liegt der Fall bei der Einheit, die nicht auf etwas vom Seienden verschiedenes relational ist – nicht aber das Mittel, um die Notionen mit dem Seienden zu „verbinden", den Fall der Identität ausgeschlossen, wo „verbinden" zu wenig ist. Jeder Bezug einer realen, kategorialen oder transzendentalen Relation der Notionen zum Seienden würde ihre und des Seienden Transzendentalität implizit verneinen. Denn eine reale Relation zu etwas schließt auch eine reale Distinktion ein. Wie aber soll etwas real distinkt vom Seienden *als solchem* sein? Doch nur als Nichtseiendes! Wie aber soll ein Nichtseiendes eine reale Relation zu etwas haben (kategorial) oder sein (transzendental)? Dazu müßte es im selben und formalen Sinn der Worte seiend und nichtseiend sein.

Die *zweite Frage* (die als erste hätte behandelt werden müssen) betrifft das „Seiende" und seine Merkmale (II 558–60). L. formuliert die Frage: „wie denn die Merkmale im Wort (oder Begriff) ‚Seiend' enthalten seien", so daß er transzendental, jeden Gattungsbegriff übergreifend bleibe. Unklar bleibt in der Frage, was mit den Merkmalen gemeint ist: die konstitutiven Merkmale des „Begriffs des Seienden" selbst oder weitere Merkmale des Seienden, das begriffen werden soll. Traditionell wurde die Frage so gestellt: ob die Differenzen des Seienden auch schon und wie sie im Begriff des Seienden enthalten seien. L. stellt für die Beantwortung der Frage drei typische Modelle vor. Nach dem *ersten* sind alle Bestimmungen aller Gegenstände aktuell, aber unklar im Begriff „Seiend" enthalten, so daß sie sich nicht aus ihm analytisch erheben lassen. Nach dem *zweiten* Modell sind sie nur potentiell im Begriff des Seienden enthalten. Dies läßt aber nach L. zwei Möglichkeiten offen: die Bestimmungen sind entweder von „Seiend" grundsätzlich verschieden oder in „Seiend" mitenthalten, Im ersten Fall bedeuten sie „Nichts". „Seiend" wird zu einem Leerterm, der erst in der Anwendung einen Inhalt bekommt. (Man fragt sich allerdings, welchen, wenn die Bestimmungen „Nichts" sind.) Im zweiten Fall, wenn die Bestimmungen nicht vom Seienden, d. h. von seinem Begriff, unterschieden werden, liege die Annahme der Univozität nahe. Nach dem *dritten* Modell enthält der Begriff „Seiend" die Begriffe einzelner Seiender und deren Bestimmungen virtuell, so daß sie aus der inneren Dynamik des Begriffs „Seiend" entfaltet und ausgedacht werden können. Dies sei nach allgemeinerer Ansicht die Position von Thomas und Suarez. In diesem Fall werde meist auch die Analogie des Begriffs des „Seienden" behauptet. – Es dürfte wohl noch nie jemand in den Sinn gekommen sein, alle Bestimmungen des „Seienden" – das wäre schließlich die Gesamtheit aller möglichen Aussagen über „Seiendes" – aus dessen bloßem Begriff herzuleiten. Bei der Frage, ob die Bestimmungen des Seienden virtuell in seinem Begriff enthalten seien, hat es sich immer nur um die sog. ersten Bestimmungen gehandelt, das sind jene, in denen sich das Seiende in seiner Grundstruktur abwandelt, also die höchsten Gattungen und Kategorien; aber auch diese lassen sich nicht aus dem bloßen Begriff des Seienden herleiten, ohne daß man auf Seiendes selbst blickt, wobei dann im Vergleich der

Forderung, die im Begriff des Seienden als solchen liegt, und der Konkretisierung eines vorliegenden Seienden, z. B. im relativen Wandel seiner selbst, die besondere Struktur dieses Seienden als eines Seienden erkennbar wird, d. h. Seiendes einer bestimmten Kategorie. Alle weiteren Bestimmungen sind dann in diesem Seienden der Kategorie nur potentiell enthalten und nur a posteriori erkennbar, was aber keineswegs heißt, daß sie „Nichts" sind, wohl aber, daß sie dem Seienden derselben Kategorie im Hinblick auf die Seinsweise (auf die Beziehung zum Sein) grundsätzlich im selben, univoken Sinn zukommen.

In einem Kompromiß von realistisch und konzeptualistisch orientierter Ontologie faßt L. seine eigene Position so zusammen: „Seiend" (als Generalbegriff) hat ein einziges (reales) Merkmal: „Sein zukommen" „Sein zukommen" ist eine Chiffre für eine bestimmte Gegenstandsqualität, nämlich der ontologischen, wodurch die Gegenstände (reale, ideale, aktuelle, potentielle) von nicht-ontologischen (abstrakten, fiktiven...) unterschieden werden. Real und ideal beziehen sich dabei nicht auf Erscheinung, sondern auf an sich Seiendes[11]. Diesem allein kommt die transzendentale „Eigenschaft" Sein zu. „Sein" bedeutet so, daß ein Gegenstand nicht ontologisch nicht ist. Durch diesen Term werden alle Gegenstände dieser Art logisch aufeinander bezogen. Alle weiteren Bestimmungen enthält erst der konkret angewandte Begriff (II 560).

Zunächst sei angemerkt, daß L. hier dem Term „Sein" und damit auch dem Term „Seiend", entgegen dem früher (II 497, hier S. 277) Geäußerten doch einen Gedanken, also ein Psychem, zuordnet, nämlich einen Gegenstand zu bezeichnen, der zur Dimension des „An sich" gehört. Weiter sei vermerkt, daß Lay den oben (II 511, hier S. 277) angezeigten Ansatz, das Sein vom Wirken her zu verstehen, nicht weiter verfolgt hat, sondern beim „An sich" im Sinne einer bloß relativen So-Beschaffenheits-Konstante stehen geblieben ist, was zur Konstitution einer echten Ontologie nicht ausreicht, zumal wenn „Sein" als ein Term gesehen wird, der bloß eine doppelte Negation bezeichnet, daß etwas nicht nicht sei.

Wie aber wäre für eine Ontologie, die diesen Namen verdient, das „Seiende" und das „Sein" zu fassen, ohne daß man schon eine konkrete Form der Metaphysik voraussetzt? Eine solche Ontologie muß *zwei Forderungen* genügen: sie muß schlechthin allumfassend und sie muß in ihrem Kern eine Wirklichkeitswissenschaft sein. Da ihr Gegenstand, das „Seiende", vom „Sein" her bestimmt wird, müssen sich jene beiden Forderungen vom „Sein als solchem" her ergeben. Es werde dabei vorausgesetzt, daß wir in einem SAE (s. oben S. 279) sprechen, daß aber der begriffliche Gehalt jeder Sprache in jede andere übersetzbar ist, was schon daraus hervorgeht, daß das SAE von anderen Standards unterschieden und deren Unterschied

[11] Es sei daran erinnert, daß in der Sprechweise Lays „realer Gegenstand" ein „beobachtbarer Gegenstand" ist, und „idealer Gegenstand" sprachlogische Gebilde meint, wie „Aussagen über..." (vgl. II 513). Ob solche Gegenstände als Erscheinung oder als an sich seiend zu betrachten sind, bleibt in dieser Terminologie noch offen.

definiert werden kann. Dies vorausgesetzt ist „Sein" der Infinitiv des Zeitworts „ich bin, du bist, er, sie, es ist..." Dieses Zeitwort kann absolut, ohne Prädikatsergänzung, und als Hilfszeitwort, mit Prädikatsergänzung, gebraucht werden. In absolutem Gebrauch bezeichnet es ohne Zweifel die Existenz von „ich *bin*, du *bist*, er sie es *ist*...". Als Hilfszeitwort wird „ist" betont oder es bleibt unbetont. Unbetont ist es die – auch anders ausdrückbare – Kopula, die Verbindung einer Aussagefunktion mit einer Konstanten zu einer Aussage, die als wahr oder falsch beurteilt werden kann. Wo sie im losgelösten Prädikator aufscheint, bezeichnet sie die Möglichkeit einer solchen Verbindung und damit den Prädikator als Aussagefunktion. Betont wird die Kopula zum Zeichen der Behauptung der Wahrheit der Aussage und so zum Zeichen für das Urteil. – Die Verbindung dieser verschiedenen Bedeutungen im Gebrauch des Zeitworts „Sein" (das übrigens über die Zeitmodi der Existenz hinaus auch in überzeitlicher Weise gebraucht werden kann, wie dies auch im Sinne der Kopula der Fall ist) liegt im *Moment des Absoluten*. Dieses tritt offen zutage im absoluten Gebrauch der Existenzussage. Was existiert, von dem kann man absolut nur sagen, daß es „ist", nicht aber, daß es nicht ist. Das ist keine leere Verdoppelung von „nicht", sondern der Ausdruck der Unmöglichkeit, daß etwas, sofern es ist, nicht ist. Diese Notwendigkeit zu sein, die nichtsein ausschließt, ist entweder selbst absolut, oder sie verweist als hypothetische – in irgendeinem, weiter festzustellenden Modus – auf absolute Notwendigkeit, zu sein im Sinne der Existenz. Dasselbe Moment des Absoluten, Unbedingten liegt aber auch im Urteil vor (in der Aussage nur als Form der Möglichkeit von Urteil). Das, was als wahr beurteilt wird (in allen Modi der Wahrheit, gegebenenfalls unter inhaltlicher Abschwächung von empirischer, historischer oder anderen Formen der Wahrheit), wird letztlich als unbedingt wahr hingestellt, d. h. aber als mit dem „Sein" übereinstimmend oder dazu ein bestimmtes Verhältnis habend. Die Absolutheit dieser Setzung leugnet nicht die vielfache Bedingtheit des Gesetzten durch anderes, intendiert aber, daß diese Bedingungen bis zum Letzten, Unbedingten erfüllt seien, und stellt damit die Forderung auf, sie, soweit noch unbekannt, kennen zu lernen. Sie leugnet auch nicht die Abhängigkeit des Urteilenden von Bedingungen seines Urteils, sondern nimmt sie in der Reflexion in den Bezug zum letzten Unbedingten hinein. Dieser Modus der Absolutheit ist für jedes Urteil, auch wenn es als bloß wahrscheinlich behauptet, aber eben als solches behauptet wird, konstitutiv und innere Bedingung seiner Möglichkeit. Aus diesem Bezug zum Absoluten (wie immer man es näherhin definieren mag) kann keine Existenz und kein Urteil herausfallen.

Die Absolutheit des „Seins" als *Existenz* (sei es als unbedingte Existenz oder als einschlußweiser Bezug auf sie) ist nicht ohne weiteres identisch mit der Absolutheit der *Urteilswahrheit*. Wahrheit gibt es in vielfältigen Dimensionen, nicht nur im Bereich der Wirklichkeit und der realen Existenz. Da Wahrheit jedoch immer ein bestimmtes Verhältnis zum „Sein", zu dem, was ist, insofern es (in irgendeiner Dimension des Seins) ist, besagt, hat sie, da „Seiendes" immer zuletzt auf „Sein" in der absoluten Bedeutung bezogen ist, auch einen letzten, wenngleich oft sehr vermittelten Bezug zu „Sein“ in der absoluten, will sagen in der Existenz-Bedeutung. Dadurch erweist sich die Ontologie als Wissenschaft vom Seienden, insofern es seiend, also Seins-bezogen ist, als *Wissenschaft vom Wirklichen* oder dem, *was* in letzter Analyse und oft vielfach vermittelt Wirklichkeits-bezogen ist. Existenz ist demnach nicht beziehungslos, zu dem, *was* existiert, sondern je und je verschiedene Existenz *von* etwas, wenngleich diese Differenz im Unbedingten selbst zur Identität aufgehoben ist.

Wie aber steht es mit der *Allumfassendheit* der Ontologie? Sie ergibt sich aus dem notwendigen Zusammenhang von „Sein“ und „Wahrheit“. Wie jedes Urteil den Anspruch erhebt, daß eine Aussage – sei es an sich selbst oder gegebenenfalls in der Bindung an die subjektiven Möglichkeiten der Erkenntnis – also als wahrscheinlich, fraglich, bezweifelbar – wahr sei, so ist jede Aussage die mögliche Form einer Wahrheitsbehauptung. Damit umschreibt es aber eine mögliche Form des „Seins“ oder ein „Seiendes“. Was immer daher als Subjekt oder Prädikat in eine Aussage eingehen kann, hat auch in irgendeiner Dimension die Bedeutung eines „Seienden“. Die Ontologie ist daher allem direkt oder (in Rückbeziehung auf das behauptende Subjekt) indirekt Behauptbaren und Aussagbaren gegenüber schlechthin allumfassend. „Seiend“ in diesem transzendentalen Sinn meint nicht nur das Ansich, wie es L. umschrieben hat, sondern auch die Erscheinung, auch den Schein, das Abstrakte und das Fiktive, auch literarische Gegenstände wie den „Macbeth“ Shakespeares und dergl. Nicht einmal das Nichts, sogar das absolute Nichts, ist davon ausgeschlossen; denn wir sprechen davon, wir behandeln es wenigstens „wie Etwas“. Auch das sogenannte „ens rationis“, das nicht wirklich existieren kann, steht als Grenzbegriff noch in logischer Beziehung zum Wirklichen. Der Fehler der traditionellen Ontologie war es, die Ontologie auf das reale Seiende und als solches Mögliche eingeschränkt und einseitig nach dem Modell des naturhaften Körperseins gesichtet zu haben. Das real Seiende ist zwar zentral für die Seinsordnung, wie wir gesehen haben, aber es ist nicht der einzige Seinsmodus. Zu einer vollständigen Ontologie gehören auch die regionalen Ontologien des Gesellschaft-Seins, Kunst-Seins und dergleichen. – Das bedeutet jedoch keineswegs, daß „Seiend“ nur ein Term oder ein leerer Begriff eines „x“ in einer beliebigen Aussagefunktion sei. Das „Sein“ ist nicht ein allgemeiner Brei von „Seiendem“, nicht die Nacht, in der alle Kühe schwarz sind. Es drückt im Gegenteil die Forderung und das Gesetz der universalen und geordneten Vermittlung zum Absoluten des „Seins“ aus. Die Typentheorie, die fordert, daß die Gegenstandsarten in den Aussagen nicht vermischt werden, gilt uneingeschränkt. Aber diese Typen haben ihrerseits eine geordnete Verbindung und einen Bezug zum Absoluten des „Seins“, und die Ontologie ist die Wissenschaft, deren Aufgabe es ist, diese Ordnung der verschiedenen Dimensionen des „Seienden“ zu entdecken und zu erforschen. Genau das macht ihre transzendentale und analoge Allgemeinheit und zugleich ihren höchsten Wirklichkeitsbezug aus. Sie ist zwar eine besondere, d. h. von andern unterschiedene

Wissenschaft, aber eine des Allgemeinsten und darum keine Einzelwissenschaft neben anderen.

b) Nach der Behandlung des Objektgebiets der Ontologie stellt L. die Frage nach ihr *als Wissenschaft* (II 560–62). Von seiner Objektbestimmung ausgehend (der abstrakte Begriff „Seiend" als „x" in einer Aussagefunktion mit der Auflage, daß diese sich nur auf Sachverhalte „an sich" beziehe), meint er, sie hypostasiere weder die Kopula noch einen Existenzquantor. (Das ist auch in der eben dargelegten, anders aufgefaßten Gestalt der Ontologie nicht der Fall.) Skeptisch ist L. gegen die sog. ontologischen Prinzipien (Alles Seiende ist erkennbar und erstrebbar). Dies lasse sich nur synthetisch aposteriorisch feststellen, was eine Folge davon ist, daß er statt des Seienden den Begriff des Seienden zum Objekt der Ontologie gemacht hat. Unlogisch ist es aber, dann zu sagen, diese Eigenschaften der Erkennbarkeit und (positiven oder negativen) Erstrebbarkeit kämen den genannten Gegenstandstypen des an sich Seienden zu, „*insofern* ihnen auf die erwähnte Weise ‚Sein zukommt', bzw. sie ‚seiend' sind" (II 561). Denn diese Eigenschaften sind nach L. logisch und ontologisch von der Eigenschaft „Sein zukommend" real unterschieden – logisch, weil weder analytisch noch synthetisch a priori aus „Sein zukommend" erhellbar – ontologisch, weil „Sein zukommend" und „Erkennbar seiend" nicht notwendig verbunden sind und die Verbindung daher möglicherweise falsifizierbar ist. Diese real unterschiedenen Bestimmungen (Erkennbarkeit, Erstrebbarkeit) sind mit dem „ens in communi" durch kategoriale Relationen verbunden. Daß dies widersinnig ist, wurde schon oben (S. 280) dargetan.

Die Wissenschaftlichkeit einer Ontologie im Sinne Lays sieht dieser darin begründet, daß sie 1. mit keiner Forderung der Wissenschaftslogik in Widerspruch stehe, insbesondere nicht in Konflikt gerate mit der Typentheorie oder dem Theorem von Church (nach dem es durch keinen Kalkül entscheidbar=beweisbar ist, ob eine gegebene Formel im quantifikatorischen Sinne [„alle"] gültig ist); mit letzterem nicht, da keine logische (=analytische) Wahrheit ontologischer Sätze behauptet werde. Weiter sieht er die Wissenschaftlichkeit seiner Ontologie darin begründet, daß sie 2. ein scharf umrissenes Gegenstandsgebiet angebe (das an sich Gegenständliche) mit einem exakten Formalobjekt und einer brauchbaren Methode, die Eigenschaften ihrer Gegenstände zu erheben und intersubjektiv kommunikabel zu machen (II 561).

Eine Ontologie im Sinne L.s scheint zwar die aufgezählten Bedingungen der allgemeinen WTh zu erfüllen, aber weder ist sie als Ontologie, wie wir gesehen haben, mit sich konsistent, noch ist sie Ontologie im Selbstverständnis der traditionellen Ontologie. Die oben skizzierte Ontologie als allumfassende Wirklichkeitswissenschaft wird den verlangten Bedingungen nicht weniger gerecht. Sie steht nicht in Widerspruch zur Typentheorie[12].

[12] Vgl. dazu oben S. 284 und R. *Carls,* Idee und Menge. Der Aufbau einer kategorialen Ontologie als Folge aus den Paradoxien des Begriffsrealismus in der griechischen Philosophie und in der modernen mathematischen Grundlagenforschung (München 1974) (Pullacher Philos. Forschungen, 11).

Sie faßt ihre Prinzipien nicht als analytische Urteile, da ihr Objekt nicht der Begriff des Seienden, sondern das Seiende selbst in der ganzen Breite der Analogie ist. Sie behauptet nicht, daß alle ihre Sätze (z. B. das Nichtwiderspruchsprinzip) beweisbar seien, wohl aber, daß sie, soweit nicht beweisbar und dennoch als wahr angenommen, einsichtig sind und in jedem Urteil implizit mitvollzogen werden. Sie definiert ihren Gegenstandsbereich nicht durch Abgrenzung, sondern durch das (in jeder Abgrenzung implizierte) Moment der Allumfassendheit. Sie gibt ein exaktes Formalobjekt an (den Bezug zum Sein als dem schlechthin Unbedingten). – Welches ist die Methode dieser Ontologie? Wie kommt sie zu ihren weiteren Aussagen über das Seiende? Diese Methode besteht darin, die im Nichtwiderspruchsprinzip zum Ausdruck kommende Forderung der Identität mit der im gegebenen Seienden und seinen Dimensionen sich kundtuenden Nicht-Identität zum Ausgleich zu bringen. Wäre das Seiende in den Weisen, in denen es uns gegeben oder zugänglich ist, selbst das Sein, so wäre kein Verfahren nötig; die Ontologie wäre keine Wissenschaft, sondern eine Schau des Seins selbst. So aber muß das Denken der Vermittlung von Identität und Nichtidentität des (unmittelbar oder mittelbar) Gegebenen in Gang gesetzt werden. Dieses dialektische Vermittlungsdenken bekundet sich schon in der ontologischen Differenz von Seiendem und Sein. Es setzt sich fort in der Scheidung der verschiedenen Seinsmodi und Dimensionen des Seienden, die nicht im Verlust der Rückbeziehung auf das Konkrete zur Trennung werden darf. Diese Dialektik der Identität und Nichtidentität ist nur die dynamische Seite der statisch ausgedrückten Analogie des Seienden, sie setzt das Nichtwiderspruchsprinzip nicht außer Kurs, sondern hat in ihm ihr Prinzip und ihre Norm[13].

Nachbemerkungen

Komplexe Wissenschaftstheorie und Philosophie: Erkenntnistheorie und Ontologie

Dieser aus einer Besprechung (s. Anm. 1) hervorgegangene Beitrag erschien zuerst unter dem Titel „Komplexe Wissenschaftstheorie in ihrer Beziehung zu Philosophie, Erkenntnistheorie und Ontologie“ in: Theologie und Philosophie 50 (1975) 242–254. Wegen seiner grundsätzlichen, über eine Rezension hinausgehenden Bedeutung für die Beziehung von Wissenschaftstheorie und Philosophie wurde er hier aufgenommen.

[13] Rez. übergeht den Exkurs L.s zur Ontologie von St. Lesniewksis (II 562–65).

METHODE DER METAPHYSIK UND DER EINZELWISSENSCHAFTEN

Zur Einführung

1. Geschichtlicher Überblick

Der Gegensatz zwischen metaphysischer Erkenntnis und Erfahrungserkenntnis ist nicht erst in der Neuzeit aufgetreten. Er findet sich schon in grauer Vorzeit. Zeuge dafür ist *Parmenides.* In seinem Lehrgedicht unterscheidet er zwischen dem „unerschütterlichen Herzen der vollendeten Wahrheit" und den „Meinungen[1] der Sterblichen, denen verläßliche Wahrheit nicht innewohnt"[2]. Obwohl der Nachdruck seiner Lehre auf der ersten Art der Erkenntnis liegt, will die Göttin ihn doch auch darüber belehren, wie sich derjenige, der die erscheinenden Dinge in jeder Weise zu erfahren sucht, bei deren Prüfung und Beurteilung zu verhalten hat[3].

Man wird wohl nicht fehlgehen, wenn man einen ähnlichen Gegensatz auch bei *Heraklit* findet, nach dem die Weisheit in *einem* besteht, im Wissen um den Logos der Weltordnung, im Gegensatz zum Wissen um viele Dinge, der Polymathia[4]. *Platons* Unterscheidung der Ideenerkenntnis und der Doxa zielt in dieselbe Richtung. Zu beachten ist dabei nur, daß die Doxa nicht nur die auf praktischen Erfolg ausgehenden Annahmen, nicht nur das eingebildete Scheinwissen der Sophistik, sondern auch die dem werdenden, welthaften Sein zugeordnete Erkenntnisweise meint[5]. Obwohl *Aristoteles* die Ideen als Formen in die werdenden Dinge selbst verlegt, so unterscheidet doch auch er zwischen der Ersten und Zweiten Philosophie, wobei es der Ersten Philosophie zukommt, über alles Welthafte hinaus zum unbeweglichen Sein des ersten Bewegers vorzudringen. „Wenn es über das Sinnenfällige hinaus nichts anderes gibt, dann gibt es kein erstes Prinzip, keine Ordnung, kein Entstehen [der Lebewesen], keine Himmelsbewegung, sondern immer nur einen Ursprung aus einem anderen, wie bei allen Theologen und Physikern" (den theogonisierenden Mythologen und den ionischen Naturphilosophen)[6]. *Leibniz* unterscheidet Tatsachen- und Vernunftwahrheiten *(vérités de fait* und *vérités de raison)* oder notwendige und zufällige Wahrheiten, von denen die ersten durch Vernunft, genauer durch Analyse des Subjektsbegriffs, die zweiten durch Erfahrung erkannt werden.

[1] *Diels* übersetzt *doxa* mit Wahngedanken. Dieser Ausdruck ist zu abwertend; denn nach Parmenides handelt es sich um zwar schwankende menschliche Auffassungen, die jedoch nicht auf Wahn und Einbildung beruhen, sondern auf Beobachtung und Erfahrung.

[2] *Diels,* Fr. 1, 29–30.

[3] Fr. 1, 31–32.

[4] Vgl. *Diels,* Fr. 40, 41, 1.

[5] So am deutlichsten in der „*Politeia*"; vgl. dazu *C. Huber,* Anamnesis bei Plato (München 1964) 534 ff.

[6] Metaphysik, Λ 10, 1075 b 24–27.

Zu den Vernunftwahrheiten zählt er sowohl die metaphysischen wie die geometrischen Wahrheiten[7].

Es ist nun nicht so, daß der genannte und sich durch die ganze Geschichte der Philosophie hinziehende Gegensatz, wie er soeben bei einer Reihe von Philosophen aufgewiesen wurde, genau dieselbe Bedeutung hätte. Man kann diesen Gegensatz auch nicht geradezu mit dem Gegensatz von „Philosophie" und „Wissenschaft" (d. i. Bereich der Einzelwissenschaften), wie wir ihn heute verstehen, identifizieren. Denn was dem zweiten Glied des Gegensatzes entspricht, das war im Altertum und Mittelalter und noch lange in der Neuzeit nicht *Naturwissenschaft* im heutigen Sinn, sondern *Naturphilosophie* oder eine Mischung von Naturphilosophie und Naturbeschreibung oder -beobachtung, wobei die Naturphilosophie ihrerseits eine Mischung von Metaphysik und spekulativen Hypothesen der Naturerklärung war[8]. Erst mit *Galilei* und der Einführung des methodischen Experiments und der Mathematisierung der Erfahrung beginnt die reine, philosophiefreie Naturwissenschaft. Mehr und mehr gliederten sich die einzelnen Wissenschaften aus dem Bereich der Philosophie, von der sie bis dahin betreut worden waren, aus und emanzipierten sich von ihr in ihren Arbeitsweisen. Diese Sachlage forderte die erkenntnistheoretische und methodologische Reflexion *Kants* heraus, der nun die *Transzendentalphilosophie* und die *Naturwissenschaften* unterschied, wobei die Transzendentalphilosophie – unter geänderten erkenntnistheoretischen Vorzeichen – an die Stelle der früheren Metaphysik trat. Während die genannten großen Philosophen des Altertums die Zuverlässigkeit der Metaphysik gegenüber den schwankenden Hypothesen der Naturphilosophie betonten, gerät in der Neuzeit hingegen die Metaphysik in das Zwielicht des ungewiß Schwankenden, und die Naturwissenschaft gewinnt den Nimbus des unbedingt Verläßlichen, den sie bei den Massen, trotz der vorsichtigen Zurückhaltung der Naturwissenschaftler in der Formulierung ihrer Aussagen, bis heute behalten hat.

2. Fragestellung

Gegenstand der folgenden Überlegungen soll vor allem die *Methode* der Metaphysik sein. Die Methodik der Einzelwissenschaften soll nur so weit

[7] Vgl. Nouveaux essais sur l'entendement humain, 1. Buch; oder: Über die Freiheit, in: *Leibniz*, Hauptschriften zur Grundlegung der Philosophie (ed. *E. Cassirer*) II, 500–502 (Leipzig 1924).

[8] *W. Leinfellner* weist darauf hin, „daß es bis *Aristoteles* die erste Aufgabe der Philosophie war, die Wirklichkeit zu erkennen, eine Aufgabe, in die sich im Verlauf der europäischen Entwicklung immer mehr und mehr die naturwissenschaftlichen Disziplinen teilten, während die Philosophie als Erkenntnistheorie und Wissenschaftstheorie, d. h. als das, was man früher unter dem Namen ‚Naturphilosophie' zusammenfaßte, zu einer wissenschaftlichen Methode der Erfassung der naturwissenschaftlichen Methoden wurde" (*W. Leinfellner*, Die Entstehung der Theorie. Eine Analyse des kritischen Denkens in der Antike [Freiburg 1966] 19). Letzteres stimmt allerdings erst für die Neuzeit und auch da nur für gewisse Richtungen der Philosophie.

zur Sprache kommen, als dies nötig erscheint, um das Eigentümliche der metaphysischen Methode kenntlich zu machen. Die Frage, die uns beschäftigt, lautet nun:

Gibt es eine wissenschaftliche Metaphysik mit einem verbindlichen Wahrheitskriterium und einer konstitutiven Methode –

oder beruht sie auf unverbindlicher Spekulation, auf bloßen Denkkonstruktionen, die man nach Belieben annehmen oder verwerfen kann?

Insbesondere: Welchen Ausgangspunkt hat sie? Wie gewinnt sie diesen?

Inwiefern präjudiziert ihr Grundansatz ihren Inhalt? – ihre Methode? – ihr Kriterium? – ihren Unterschied von anderen Arten der Erkenntnis? – einen bestimmten weltanschaulichen Standpunkt? Inwiefern ist dieser Grundansatz frei oder notwendig?

3. Begriffsklärungen

Zur Beantwortung unserer Frage sind einige Vorfragen zu klären.

a) Welchen Sinn haben in dem Ausdruck „Gibt es eine wissenschaftliche Metaphysik?" die Worte „gibt es"? Ist damit ein geschichtliches Vorhandensein von Formen der Metaphysik, die diesen Anspruch erhoben haben, gemeint? Das genügt offenbar nicht, da diese Tatsächlichkeit nichts für das „Zu-Recht-Bestehen" des Anspruchs, für seine Erfüllung oder Erfüllbarkeit beweist – sowenig wie die Astrologie durch ihr Vorhandensein ihre Berechtigung erweist.

Ist mit diesen Worten „es gibt" das menschlich-notwendige Vorhandensein der metaphysischen Tendenz gemeint? Gibt es mit anderen Worten eine Metaphysik als Naturanlage? Ja. – Aber die Frage geht weiter, nämlich: Kann die Metaphysik als Naturanlage ihren Anspruch als zu Recht bestehend, als prinzipiell erfüllbar nachweisen?

b) Welchen Sinn hat hier „Metaphysik"? Mit Metaphysik ist hier eine Erkenntnis gemeint, die danach strebt, schlechthin universal und allumfassend zu sein, eine Erkenntnis, die mit unbedingter Radikalität nach unhintergehbaren Antworten fragt und diese Antworten allein durch ihre Selbstbetätigung zu finden trachtet. Damit ist Metaphysik gegenüber allen Einzelwissenschaften und auch der Offenbarungstheologie abgegrenzt.

c) Welchen Sinn hat hier „wissenschaftlich" als Bestimmungswort zu „Metaphysik"? Zunächst sei gesagt, was damit nicht gemeint ist. *Nicht gemeint* ist damit die Erkenntnisweise der Einzelwissenschaften; nicht gemeint ist damit die Wissenschaftlichkeit gemäß dem Typ einer besonders ausgezeichneten Einzelwissenschaft, etwa der Physik oder der Biologie; nicht gemeint ist damit die wissenssoziologische Anerkennung, sei es im Bereich der Wissenschaften überhaupt, sei es im gleichzeitigen oder geschichtlichen Bereich der Philosophie. Gemeint ist damit, daß die Metaphysik ein verbindliches Wahrheitskriterium nachweisen kann und eine konstitutive Methode besitzt, welche die mögliche Anwendung dieses Kriteriums garantiert (die tatsächliche Anwendung prinzipiell möglich macht). Das weitere, tatsächlich bestehende Problem der wissenssoziologischen Anerkennung oder Nichtanerkennung bleibt hier ausgeklammert.

Mögliche Ausgangspunkte für die Frage nach der Metaphysik

Welchen Ausgangspunkt hat nun die Frage nach der konstitutiven Methode einer wissenschaftlichen Metaphysik in dem angegebenen Sinne? Welchen hat sie, kann sie und muß sie haben? Muß die Möglichkeit der Metaphysik dabei schon vorausgesetzt werden, so daß man nur noch fragen könnte, wie sie möglich ist, oder kann man von dieser Voraussetzung abstrahieren? Da man vom Gegenstand einer Untersuchung nicht wohl abstrahieren kann, geht man wohl am besten so voran, daß man die Frage sowohl unter der Voraussetzung stellt, daß es eine solche Metaphysik gibt, als auch zusieht, was unter der entgegengesetzten Voraussetzung, daß es sie nicht gibt, folgt.

Wir gehen also zunächst von der Voraussetzung aus, daß eine Metaphysik möglich ist. Als mögliche Wege einer Untersuchung bieten sich dann folgende an:

a) Zusammenfassung aller Einzelerkenntnisse –
b) Zuwendung zu einem beliebigen Erkenntnisgegenstand –
c) Zuwendung zu einem besonders ausgezeichneten Erkenntnisgegenstand.

Alle diese Wege sind möglich, aber nicht gleichwertig.

a) Auf diesem Wege wäre zu fragen: Was ist das *Gemeinsame* aller Einzelwissenschaften, was sie zusammenbindet? Es kann nicht ein abstrakt Gleiches, begrifflich Allgemeines im univoken Sinne sein; das widerspricht der Vielfalt und Verschiedenheit ihrer Gegenstandsgebiete. Es kann auch keine „Addition“ der Einzelbereiche sein, kein bloßes Gefüge, das sein Prinzip innerhalb eines der einzelnen Bereiche hätte; denn das würde eine gewaltsame Angleichung der Bereiche auf einen einzigen bedeuten, eine Wesensentfremdung der Einzelbereiche. Es muß demnach etwas sein, was alle Einzelbereiche transzendiert. Was aber ist dieses? Um es als das „Gemeinsame“ aller Bereiche zu erkennen, muß man es schon in etwa kennen, einen Vorbegriff von ihm haben. Wie aber kommen wir zum Bewußtsein dieses Vorbegriffs? Von den Einzelwissenschaften her kann er sich kaum erschließen. Darum scheint *dieser* Weg weniger ratsam zu sein.

b) Wenn überhaupt ein Ausgriff der Erkenntnis, der schlechthin universal ist, möglich sein soll, dann muß er von jedem *beliebigen Erkenntnisvollzug* und von jedem beliebigen Erkenntnisgegenstand her möglich sein; denn nur wenn alles mit allem zusammenhängt, kann alles zusammen ins Auge gefaßt werden. Diese Situation ist in etwa derjenigen ähnlich, die aus der Hypothese entsteht, daß unser Weltall aus einem Urknall entstanden sei. Unter dieser Voraussetzung müßte man nämlich erwarten, daß die damals freigesetzte Strahlungsenergie sich auch heute noch bemerkbar macht, und zwar in der Form, daß sie von allen Seiten und Richtungen her auftritt, eine Erwartung, die sich auch experimentell zu bestätigen scheint[9].

Obwohl nun von jedem beliebigen Erkenntnispunkt her der Angirff auf das schlechthin Universale möglich ist, so zeichnet sich doch ein Ort der Erkenntnis aus, von dem aus dieser Ausgriff nicht nur möglich ist, sondern sich geradezu aufdrängt. Es ist

c) der *Mensch* selbst, genauer sein Erkenntnisstreben zum Unbedingten und Allumfassenden, sowie seine Konfrontation als sittliche Person mit der unbedingten Verpflichtung, kurz: seine Naturanlage zur Metaphysik[10]. Wenn Metaphysik als Wissenschaft möglich sein soll, muß sie sich in der Reflexion auf die Metaphysik als Naturanlage als möglich erweisen lassen.

Dabei ist jedoch Metaphysik als Naturanlage nicht mit Metaphysik als Wissenschaft gleichzusetzen. Die *Metaphysik als Naturanlage* äußert sich in aller menschlichen Erkenntnis: Sie ist der geheime Motor, der das Erkenntnisstreben des Menschen in Gang hält; sie ist, wie *Kant* richtig gesehen hat, das regulative Prinzip aller wissenschaftlichen, immer weiter greifenden Bewegung. Sie ist es, welche die Wissenschaftler antreibt, die Ergebnisse ihrer Wissenschaften zu extrapolieren, Weltbilder zu formen. Sie treibt die verschiedenen Formen der letzten Standpunkte und der Weltanschauungen hervor. Gerade daran aber zeigt es sich, daß sie nicht identisch ist mit der Metaphysik als Wissenschaft. Zur Metaphysik als Wissenschaft kann sie erst werden, wenn sie über sich selbst reflektiert und sich selbst kritisch betrachtet.

Wir haben bisher die Frage, welches der Ausgangspunkt einer Metaphysik als Wissenschaft sein müsse, unter der Voraussetzung gestellt, daß es eine solche Metaphysik als Wissenschaft geben könne. Wie aber, wenn wir versuchsweise einmal die gegenteilige Voraussetzung machen? Wenn wir einmal voraussetzen, es könne eine solche Metaphysik als Wissenschaft gar nicht geben? Dann ist es natürlich sinnlos, nach einem Ausgangspunkt für eine Metaphysik als Wissenschaft zu fragen. Es bleibt aber die Metaphysik als Naturanlage, und es bleibt die Möglichkeit und Notwendigkeit, auf sie zu reflektieren und sich über ihre Tragweite klarzuwerden. Das aber ist schon ein Anfang einer Metaphysik als Wissenschaft, die vielleicht nur in einer agnostischen Antwort bestünde, wie etwa in der Transzendentalphilosophie *Kants*, die aber gleichwohl eine erkenntnistheoretische Antwort auf eine metaphysische Frage wäre.

Daß die Frage nach der Metaphysik als Wissenschaft einen Ausgangspunkt haben könne, heißt nichts anderes, als daß es einen oder auch mehrere Erkenntnisinhalte gebe, von denen aus die Frage nach der Metaphysik als Wissenschaft sinnvoll gestellt werden könne. Als ein solcher Inhalt hat sich uns mindestens die Metaphysik als Naturanlage gezeigt. Bezüglich ihrer ist die Frage sinnvoll, weil sie notwendig ist. Die gemachte Voraussetzung

[9] Vgl. *W. Büchel,* Urknall-Strahlung, Gravitationskollaps, Quasars, in: Stimm Zeit (Nov. 1966) 372–373.

[10] Vgl. *Kant,* Kritik der reinen Vernunft, Einl. VI (B 22).

der Unmöglichkeit einer Metaphysik als Wissenschaft erweist sich so als in sich selbst inkonsistent. *Metaphysik als Wissenschaft* ist mindestens als Reflexion auf die Metaphysik als Naturanlage möglich.

Direktes oder indirektes Wissen um das metaphysische Objekt

Welchen Ausgangspunkt wir in der Metaphysik zu nehmen haben, steht demnach fest. Aber wie kommen wir von dort weiter? Läßt sich die Frage nach der Metaphysik als Wissenschaft nur im agnostischen Sinn beantworten, oder gibt es einen Weg, zu inhaltlichen Erkenntnissen über das Objekt der Metaphysik zu gelangen? Wir dürfen dieses Objekt, wonach wir fragen, mit der klassischen Tradition und mit *Kant* als das Allumfassende, Unbedingte betrachten. Gibt es nun ein Wissen vom Allumfassenden, Unbedingten, worauf die metaphysische Intention geht? Gemeint ist ein unmittelbares, *direktes Wissen* außer und neben jeder anderen Art des Wissens und der Erkenntnis. Diese Frage muß man *verneinen*. Ein solches Wissen würde entweder bedeuten, daß wir das Allumfassende, Absolute, Unbedingte in seiner inhaltlichen Fülle in unserem Bewußtsein vollziehen, worüber dann bei niemand ein Zweifel oder eine Frage bestehen könnte, oder es müßte die Möglichkeit bestehen, sie mit einer systematischen Idee abzubilden und uns über diesen Abbildcharakter zu vergewissern. Das erste wird schon dadurch ausgeschlossen, daß wir nach diesem Wissen fragen können und fragen müssen. Das zweite würde zu der Antinomie führen, daß das Allumfassende einer abbildenden Idee gegenüberträte, wodurch die Frage nach der Wahrheit als der übergreifenden Idee beider entstünde, wodurch das Gegenüber aber seiner Absolutheit entkleidet wäre[11]. Ein solches Wissen als direkte adaequatio intellectus et rei ist demnach unmöglich. Damit ist schon *eine* Gestalt der Metaphysik a limine abgewiesen, nämlich die des neuzeitlichen *Rationalismus*. Wieviel Wind dadurch der Kritik an der Metaphysik schon aus den Segeln genommen ist, wird deutlich, wenn man bedenkt, daß alle neuzeitliche Ablehnung der Metaphysik immer diese rationalistische Metaphysik im Auge hat. Was dieser Form der Metaphysik gegenüber mit Recht ins Feld geführt wird, kann aber nicht unbesehen auf jede andere Form der Metaphysik übertragen und gegen sie eingewandt werden.

Wenn es kein direktes Wissen vom Objekt der metaphysischen Intention gibt, dann gibt es von ihm, wenn überhaupt, nur ein *indirektes Wissen*[12], d. h. ein Wissen nur auf dem Umweg über das direkt Erkannte, was immer es sei, über anderes, was sicher und gewiß erkannt wird. Das bedeutet nicht, daß wir das metaphysische Objekt nicht direkt in Gedanken anzielen könn-

[11] Vgl. zu dieser Antinomie *W. Brugger*, Das Unbedingte in Kants „Kritik der reinen Vernunft" in: *J. B. Lotz* (Hrsg.), Kant und die Scholastik heute (Pullach 1955) insbes. 137–139.

[12] Vgl. dazu *E. Coreth*, Metaphysik (München ^{2}1964) 55–94 (1961): Das Methodenproblem der Metaphysik.

ten, das tun wir ja, wenn wir nach ihm fragen. Aber erkennen können wir es nicht in dieser Direktheit, nicht ohne den Weg über das, was uns Menschen zumindest näherliegt.

Die metaphysische Einstellung

In welchem Erkenntnismodus muß uns etwas gegeben sein, daß es uns eine Vermittlung zur Erkenntnis des metaphysischen Objekts werden kann? Welcher Art die direkte Erkenntnis ist, ist ziemlich gleichgültig, solange die Frage nicht weiter präzisiert, sondern so allgemein gestellt wird. Entscheidend aber ist, daß der direkt erkannte Gegenstand, um Mittler zu einer metaphysischen Erkenntnis werden zu können, explizit in die metaphysische Intention hineingenommen wird. Dadurch wird er nicht vergewaltigt. Denn wie wir gesehen haben, steht er immer schon, wenn auch unausgesprochen, in der Richtung des universalen Erkenntnisstrebens, von dem alle Schritte des Erkenntnislebens reguliert, d. h. aber ausgerichtet, in die Richtung des metaphysischen Strebens gebracht werden. Dies wird jetzt jedoch explizit gemacht und auf das, was in ihm impliziert ist, untersucht. Eine metaphysische Erkenntnis kann nur dort beginnen, wo das Ersterkannte unter der Rücksicht anvisiert wird, die entscheidend ist für die *metaphysische Intention,* das aber ist die Beziehung auf das Absolute, schlechthin Allumfassende, schlechthin Unbedingte.

Wenn bisher vom metaphysischen Streben, von metaphysischer Intention, von der Richtung und Beziehung zum Objekt der Metaphysik die Rede war, so muß diese Rede, obwohl sie notwendig war, um sich verständlich zu machen, nun doch einer Korrektur unterzogen werden. Unsere bildliche Ausdrucksweise ist in einem hohen Grade inadäquat. Sie läßt immer wieder an ein Gegenüber denken, an eine Subjekt-Objekt-Opposition, bei der das metaphysische Objekt uns oder sonst einem Subjekt *gegenübersteht.* So vorgestellt, wird aber, das, worum es geht, verfälscht und geradezu widersprüchlich. Jenes Allumfassende, Unbedingte, Absolute umfaßt und transzendiert eben gerade auch Subjekt und Objekt. Man blickt nach ihm nicht, wenn man in *eine* Richtung schaut, in die andere aber nicht. Man blickt vielmehr in jeder Richtung zu ihm; man geht auf es zu, sowohl wenn man von sich wegschaut als wenn man in sich hineinschaut; es ist vor mir und hinter mir, in mir und außer mir zu finden. Man kann ihm in keiner Richtung entgehen[13].

Noch ein Weiteres ist zu beachten. Der Bezug zum Allumfassenden, Absoluten, Unbedingten ist einerseits das Allgemeinste, jedem sonst

[13] Dies ist insbesondere beim Seinsbegriff zu bedenken. Sein und Geist sind keine Gegensätze, von denen der eine dem anderen geopfert werden müßte, wie dies im Materialismus und Idealismus geschieht. Eine ontologische Metaphysik und eine Transzendentalphilosophie schließen sich nicht aus, sondern unter je verschiedenen Gesichtspunkten ein. Vgl. dazu *J. de Vries,* Der Zugang zur Metaphysik: Objektive oder transzendentale Methode?, in: Schol 36 (1961) 481–497.

noch so Verschiedenen zukommende und insofern das *Abstrakteste,* über jede Besonderung Hinausreichende – anderseits jedoch ist er das *Konkreteste,* weil er sich in jede Besonderung hinein erstreckt, keine ausläßt, sie alle umfaßt und doch dabei transzendiert. Dieser Bezug ist formaler als jede Form, weil durch ihn jede Form als Form sich von jeder anderen unterscheidet, denn sie ist die je besondere Art und Weise dieses Bezuges, zugleich aber begründet dieser Bezug mittels der Form auch jeden Inhalt und jeden Stoff. In diesem Bezug steht sowohl das Allgemeine in seiner Allgemeinheit wie auch das Besondere in seiner Besonderheit[14].

Weltanschauliche Neutralität

Die metaphysische Fragestellung ist aber noch nicht identisch mit irgendeiner inhaltlichen weltanschaulichen Stellungnahme. Sie schließt noch keine inhaltlichen weltanschaulichen Standpunkte aus. Der *Positivismus* allein ist mit ihre unvereinbar. Liegt darin eine unwissenschaftliche weltanschauliche Vorentscheidung? Das wäre dann der Fall, wenn die Ablehnung des Positivismus sich nicht wissenschaftlich rechtfertigen ließe. Diese Ablehnung läßt sich aber rechtfertigen. Man kann nämlich zeigen, daß der Positivismus sich selbst widerspricht, wenn er das Verifikationsprinzip als alleiniges Kriterium wissenschaftlicher Erkenntnis behauptet. Diese Behauptung selbst läßt sich nämlich nicht durch die Erfahrung verifizieren. Ausserdem ist die positivistische Behauptung selbst eine absolute Stellungnahme und insofern metaphysisch. Dies allerdings im schlechten Sinn des Wortes, nämlich als eine Äußerung des metaphysischen Strebens, deren Form als Positivismus sich nicht rechtfertigen läßt, sondern, wie gesagt, sich selbst widerspricht und damit als nichtig erweist.

Vom Positivismus abgesehen, ist jedoch noch keine andere weltanschauliche Stellungnahme inhaltlich und formal gesetzt oder ausgeschlossen. Denn alle, auch die entgegengesetztesten Standpunkte haben dies gemeinsam, daß sie ihre Auffassung in einen schlechthin absoluten Raum setzen (Raum natürlich bildlich verstanden). Das gilt auch vom Materialismus und Atheismus. Es gilt sogar vom Agnostizismus. Sie alle schließen eine absolute Stellungnahme ein. Diese präjudiziert demnach nicht von sich aus in einer unzulässigen Weise die Wahl einer bestimmten Weltanschauung. Die Diskussion der absoluten Stellungnahme in formaler Hinsicht kann demnach in weltanschaulich neutraler Weise geführt werden. Dasselbe gilt für die Diskussion auch der bestimmten inhaltlichen Formen der absoluten Stellungnahme, das ist der weltanschaulichen Grundpositionen. Über diese

[14] Darum bietet eine so verstandene Metaphysik nicht nur Raum für die Aufstellung abstrakter Wesensgesetze, sondern auch für die Anwendung einer ontologischen Hermeneutik des Konkreten, Individuellen und der Geschichte. Vgl. dazu *H.-G. Gadamer,* Wahrheit und Methode (Tübgenin ²1965).

kann man demnach, entgegen dem allgemeinen Vorurteil, in einer echt wissenschaftlichen Weise diskutieren.

Das bedeutet nicht, daß die Teilnehmer einer solchen Diskussion selbst keinen weltanschaulichen Standpunkt haben dürften. Daß dies unmöglich ist, wurde schon bei der Zurückweisung des Positivismus gezeigt. Aber die weltanschauliche Position ist an sich ebensowenig ein Hindernis für eine solche wissenschaftliche Diskussion wie die Tatsache, daß sich ein Nahrungsmittelchemiker, der über den Nährwert des Brotes diskutiert, sich selbst vom Brote ernährt, das ihm diese Diskussion ermöglicht.

Der Übergang von der metaphysischen Einstellung zur metaphysischen Erkenntnis

Hat die so beschriebene metaphysische Einstellung eine Erkenntnisbedeutung, und wie kommt diese *Erkenntnis* zustande? Wie schon eben gezeigt wurde, hat die metaphysische Einstellung für sich allein bloß eine formale, keine inhaltliche Bedeutung; sie gibt von sich aus noch kein Objekt zu erkennen („Objekt" mit der erwähnten Korrektur verstanden), so daß man Aussagen, die wahr oder falsch sind, formulieren könnte. Inhaltliche Bedeutung kann die metaphysische Einstellung erst gewinnen durch die Rückbeziehung auf sonstige Erkenntnisvollzüge und deren Inhalte. Durch diese Rückbeziehung auf diese Inhalte lassen sich metaphysische Aussagen, etwa einer Metaphysik der Erkenntnis und der Subjektivität, der Sittlichkeit und Ethik, der Natur oder der philosophischen Anthropologie gewinnen. Man kann aber diese Inhalte auch unter der Rücksicht der Realitätsgehaltes überhaupt befragen, und man kommt so zu einer analogischen allgemeinen Ontologie. Diese muß ohne Zweifel ihren festen Standort in dem nehmen, was uns in der Erkenntnisordnung zuerst und zumeist eine Wirklichkeit als Wirklichkeit ausweist, und dies ist das Wirken, das wir selbst in unserem unmittelbaren Bewußtsein vollziehen, ohne daß damit die Kommunikation dieses Wirkens mit außerbewußter Realität geleugnet würde. Über diese Priorität der Erkenntnisordnung hinaus aber stellt sich kraft der metaphysischen Einstellung gebieterisch die Frage nach der Priorität an sich, das ist nach dem absoluten Prius aller Wirklichkeit. Es ist die Grundfrage der Metaphysik schlechthin und (von der Beantwortung dieser Frage her gesehen) der philosophischen Theologie.

Ausschluß der Hypothesenbildung

Wie verfährt nun die Metaphysik, um aus der Begegnung besonderer Inhalte oder auch allgemeiner Grundzüge der Erkenntnisinhalte mit der metaphysischen Einstellung zu metaphysischen Erkenntnisaussagen zu kommen? Eine unmittelbare Identifizierung ist nicht möglich, da die metaphysische Einstellung formale Einheit besagt, während das Gegebene vielfältig ist. Es bedarf daher einer begrifflichen Vermittlung. Wie vollzieht sich diese? Nach der landläufigen Auffassung geschieht das so, daß man über das Absolute, Umfassende und Unbedingte im Hinblick auf die gegebenen Inhalte bestimmte Annahmen, *Hypothesen* und Theorien macht[15] und sie mit den Gegebenheiten der Welt, des Menschen, der Wissenschaften, der Kultur in einen erklärenden Zusammenhang bringt, derart, daß die Gesamtheit dieser Annahmen = A sich zur Gesamtheit der zu erklärenden Fakten=B verhält wie der Bedingungszusammenhang: Wenn A, dann B. Dieses Verfahren scheint dem Verfahren der Theorienbildung in den empirischen Wissenschaften ähnlich zu sein, unterscheidet sich aber von ihm grundsätzlich dadurch, daß die Hypothesenbildung nach dem Schema „Wenn A, dann B" in den Naturwissenschaften nur der erste Schritt ist, dem der zweite, entscheidende Schritt der *Verifikation* folgen muß. Diese besteht darin, daß dem A entsprechende isomorphe Zustände A_1, A_2, usw. in der Natur durch das Experiment hergestellt werden und die jenen Zuständen kraft der Hypothese A folgenden Zustände B_1, B_2 auf ihre Isomorphie mit B überprüft werden[16]. Eine solche Verifikation scheint aber in der Metaphysik unmöglich zu sein. Wenn sich aber ihre Hypothesen nicht durch Verfikation in wohlbegründete, vielleicht nicht absolut sichere, so doch begründete wahrscheinliche Theorien überführen lassen, beruht das Verfahren der Metaphysik auf leerer Spekulation, auf einem bloßen *possum mihi fingere*. Es ist, mit *Platon* zu sprechen, nicht Wissen, ja sogar weniger als *Doxa*.

Das Gesagte sei durch konkrete *Beispiele* erläutert. Der *Dialektische Materialismus* z. B. entscheidet sich bei der Frage nach der Art der Grundwirklichkeit für die Materie. Sie ist nach ihm die einzige, selbständig mögliche Art der Wirklichkeit. Außer ihr gibt es noch andere Arten der Wirklichkeit, die von ihr wesentlich verschieden sind, die aber nicht ohne sie und nur im Entspringen und in Abhängigkeit von ihr möglich sind. Jede Art von spiritualistischer Metaphysik, von den Autoren des Dialektischen Materialismus in schlechter Terminologie Idealismus genannt, geht von der entgegengesetzten Annahme aus: daß nämlich der Geist die Grundwirklichkeit sei, die für sich allein bestehen kann, während alle Materie als ein defizienter Modus des Seins vom Geist ausgehen und nur in Abhängigkeit von ihm Bestand haben kann. Beide Hypothesen lassen Geist und Materie gelten; aber sie bewerten sie grundverschieden. Die Tatsachen lassen sich, wie es scheint, sowohl mit der einen wie mit der

[15] Wie wenig deutlich das Methodenbewußtsein bei der Unterscheidung von Naturwissenschaft und Philosophie ist, zeigt sich auch in dem Tagungsbericht über „Tragweite und Grenzen der wissenschaftlichen Methoden", in: Naturwissenschaft und Theologie, 5 (Freiburg 1962). Klar und deutlich ist es jedoch in den Diskussionsbemerkungen von *B. Thum* hervorgetreten (109) zum Vortrag von *H. Dolch,* Über das Werden und die Eigenart der physikalischen Begriffe und Methode, ebd. 95–104; Diskuss. 105–119.

[16] Vgl. dazu *F. Asselmeyer,* Grenzen der physikalischen Erkenntnis, in: Grenzprobleme der Naturwissenschaften (Studien und Berichte der Katholischen Akademie in Bayern, 37) (Würzburg 1966) 41–62.

anderen Hypothese in Einklang bringen. Die eine Theorie tut sich mit den einen, die andere mit den anderen Tatsachen schwerer. Wo Schwierigkeiten auftreten, werden zusätzlich Hypothesen eingeführt, bis alles stimmt. Wie aber läßt sich die eine Theorie gegenüber der anderen als wahr oder als falsch erweisen?

Ein anderes Beispiel. Die Welt selbst kann mit den Insignien des Absoluten, Allumfassenden, Unbedingten versehen werden, sei es als einheitlicher Geschehenszusammenhang im *Atheismus* oder als eine allen Phänomenen zugrunde liegende, sie tragende Urwirklichkeit im *Pantheismus;* es kann aber auch das Absolute, Allumfassende, Unbedingte als in sich selbst stehende, welttranszendente Wirklichkeit angesehen werden, von der die Welt notwendig hervorgeht, wie im *Panentheismus,* oder in freier Entscheidung hervorgebracht wird, wie im personalen *Theismus.* Alle diese Hypothesen lassen die Welt, wie sie erscheint, wie sie alltäglich erlebt oder wissenschaftlich erklärt wird, bestehen, wie sie ist. Kein Faktum wird von der Stelle gerückt. Es wird nur unter eine andere Hypothese gestellt, nur anders gedeutet und bewertet. Daß das *logisch* möglich ist, ergibt sich aus den Gesetzen der Logik selbst, da „Wenn A, dann B“ nicht unmöglich wird dadurch, daß gilt „Wenn C oder D, dann B“. Das wird durch eine inhaltliche Überlegung bestätigt. A übersteigt nämlich, wenn es als Hypothese von B gefaßt wird, aus der B hergeleitet werden soll, den Weltinhalt B nur um den Betrag der zu B hinzugefügten Alternativen X oder Y oder Z, so daß „A=(B+X) oder (B+Y) oder (B+Z)“. In „Wenn A, dann B“ kann demnach A durch „(B+X) oder (B+Y) oder (B+Z)“ substituiert werden, so daß „wenn (B+X) oder (B+Y) oder (B+Z), dann B“. Umgeformt: „Wenn B+(X oder Y oder Z), dann B.“ Dann aber auch: „Wenn B ohne (X oder Y oder Z), dann B“, d. h. B ergibt sich aus B, weil es mit ihm identisch ist, gleichviel ob man dazu noch X oder Y oder Z annimmt, ohne Rücksicht also auf eine beliebige Hypothese, die nur hinzugedacht wird, ohne sich durch den Weltinhalt B in eine Erkenntnis zu verwandeln. So geht es also nicht.

Und doch ist das die landläufige Auffassung von der Metaphysik und der *spekulativen Methode,* und es lassen sich genug Beispiele aus der Gegenwart und der Geschichte dafür erbringen, daß die Metaphysik oder das, was sich dafür ausgibt, tatsächlich oft eine solche Methode angewandt hat. Das Urteil über die Unwissenschaftlichkeit der Metaphysik ist demnach historisch nicht ohne Fundament[17].

[17] Ein Beispiel dafür, das neuerdings untersucht wurde, ist die Philosophie *Bradleys.* Vgl *J. de Marneffe,* La preuve de l'Absolu chez Bradley. Analyse et Critique de la Méthode (Paris 1961). „Le plan de la méthode métaphysique de Bradley: il part d'une hypothèse et examine si elle résiste aux objections“ (50). – „Bradley admet que des idées qui ‚donnent une unité rationnelle à une connaissance qui existe et conduisent à de nouvelles découvertes‘ répondent aux exigences les plus rigoureuses des sciences ... Mais si la métaphysique doit satisfaire l'intelligence, l'élément qui semble être ici surtout demandé est une certitude absolue. Or une hypothèse ne donne jamais certe pleine certitude. D'autant plus que, en métaphysique, la solution proposée

Die Gerechtigkeit fordert jedoch, zu fragen, ob alle und jede Metaphysik so verfährt und solche Verfahrensweisen angewandt hat. Diese Frage muß verneint werden. Die Metaphysik kann anders verfahren, und sie verfährt auch dort, wo sie wissenschaftlich betrieben wird, anders.

Wie verfährt sie? Nicht nach dem *Modus ponens* (Wenn A, dann B), der einen gültigen Schluß nur von A zu B, nicht umgekehrt erlaubt, sondern nach dem *Modus tollens* (Wenn nicht A, dann auch nicht B), der einen logisch gültigen Schluß aus der Wahrheit von B auf die Wahrheit von A erlaubt. Denn wenn A nicht als *hinreichende Bedingung* für B nachgewiesen werden kann – was in der Tat unmöglich ist, da es von A als direktem Objekt der Metaphysik keine originäre Erkenntnis geben kann –, sondern als *notwendige Bedingung* für die Möglichkeit von B, dessen Tatsächlichkeit feststeht, dann folgt aus dem Bestehen von B auch die Wahrheit von A.

Die *Frage* ist nun: läßt sich jener Zusammenhang zwischen den Tatsachen und den metaphysischen Bedingungen ihrer Möglichkeit feststellen, und zwar so, daß sich daraus Erkenntnisse, wenn auch indirekter Art, über das metaphysische Objekt herleiten lassen, das sind Aussagen, die nach Wahrheit oder Falschheit entscheidbar sind?

Dieser Zusammenhang läßt sich unmöglich feststellen, wenn für die Erkenntnis von A eine von B verschiedene inhaltliche Erkenntnisquelle gefordert wird; er läßt sich nur feststellen, wenn er sich aus der Analyse von B ergibt. Bei dieser Analyse muß allerdings B im Lichte der *metaphysischen Einstellung* betrachtet werden. Daß diese Einstellung möglich ist und daß sie als Naturanlage notwendig ist, wurde oben schon gezeigt. Ist diese Einstellung auch „objektiv" notwendig? Gemeint ist damit nicht, daß kein Objekt erkannt werden könne ohne eine ausdrückliche metaphysische Einstellung, sondern nur, daß nichts in gültiger Weise erkannt oder auch nur als gültig zu erkennend angestrebt, befragt oder bezweifelt werden könne ohne diese implizite Einstellung; daß nichts behauptet, in Frage gestellt oder bezweifelt werden könne im Widerspruch zur metaphysischen Einstellung; daß demnach das Streben des Geistes nach dem Absoluten, Allumfassenden und Unbedingten, das sich in der metaphysischen Einstel-

---

par l'intelligence ne peut être vérifiée que par l'intelligence et non pas par les faits comme dans les théories scientifiques qui peuvent être contrôlées par l'observation ou par l'expérimentation" (104). – „Au vrai, il n'est pas tellement difficile d'être partout cohérent si l'on adopte des assomptions convenables et si l'on choisit des vues qui peuvent orienter toute la théorie" (101). – „La métaphysique de l'Absolu proposée par Bradley est certainement très ingénieuse et sérieusement défendue; elle ne s'impose cependant pas comme la seule solution possible, même si l'on admet avec lui que ce qui satisfait l'intelligence est réel et vrai" (107). – *Leinfellners* Untersuchungen hingegen (s. Anm. 8) scheinen dem Unterschied zwischen Bedingungen, aus denen heraus etwas erklärt werden kann, und notwendigen Voraussetzungen oder Möglichkeitsbedingungen – die auch ontologischer Natur sein können – nicht genug Rechnung zu tragen und die Struktur z. B. der Aristotelischen Physik der Struktur einer modernen erklärenden Theorie allzusehr gleichzusetzen (vgl. *Leinfellner,* Die Entstehung der Theorie, 137–138).

lung bekundet, die innere, unaufhebbare Bedingung der Möglichkeit jeder Erkenntnis und Erkenntnisbemühung, gleichviel welcher Art, ist.

Etwas in gültiger – wenngleich auf das erkennende Subjekt zurückbezogener – Weise zu erkennen besagt nämlich notwendig eine absolute Stellungnahme und den Anspruch auf allgemeine – nicht bloß menschlich intersubjektive – Anerkennung. Alle noch so verklausulierten Aussagen sind von einem letzten, unaufhebbaren „Es ist so" umschlossen, oder es sind keine Aussagen. Auch das Fragen, Zweifeln, ja sogar das noetische Verzweifeln an der Wahrheit ist immer noch eine unformulierte Aussage, und zwar nicht nur über einen bloß subjektiven Vollzug, sondern auch eine Aussage über einen zu jenem unbedingten „Es ist so" sich ausstreckenden Bezug. Er ist die Bedingung der Möglichkeit jedes intentionalen Vollzugs. Dieser Bezug ist aber nicht anderes als die allen intentionalen Vollzügen immanente metaphysische Einstellung.

In ihr nun bekundet sich das Streben des Geistes nach dem Absoluten, dem (großzuschreibenden) Unbedingten, und zwar in seinem An-sich-Sein. Was nämlich „ist" und „so ist" muß mit allem anderen, was auch „ist" und „so oder anders ist", vereinbar sein. Möglich ist nur dasjenige, dessen Setzung nicht die Verneinung von anderem Möglichen zur logischen Folge hat (*Aristoteles,* Metaphysik Θ 3, 1047 a 24–26). Die unbedingte Setzung erfolgt notwendig im Hinblick auf die unumschränkte Ordnung des Allumfassenden, das seinerseits (da es seiner Vielheit wegen, die es einschließt, nicht selbst das Unbedingte sein kann) das Unbedingte als Prinzip seiner Einheit voraussetzt. Daß aber dieses Unbedingte nicht nur, wie *Kant* meinte, eine Idee *des* Unbedingten ist, sondern das Unbedingte an sich selbst, geht daraus hervor, daß die Idee *des* Unbedingten sonst vom Unbedingten selbst unterschieden (d. i. nicht das Unbedingte an sich selbst) und zugleich nicht unterschieden (d. i. nicht auf das – von ihm unterschiedene – Unbedingte bezogen) wäre[18].

Wahrheit, ob behauptet oder verneint, ob erfragt oder angezweifelt, ob in Annäherungen der Wahrscheinlichkeit oder direkt in sich selbst ausgesprochen, ob als möglich anerkannt oder als unmöglich bestritten, Wahrheit in all diesen Modalitäten verliert mit diesen zugleich jeden Sinn, wenn sie nicht *auf das Absolute bezogen* wird. Dieser Bezug ist demnach die Bedingung der Möglichkeit jeder Erkenntnis und Erkenntnisbemühung[19].

[18] Vgl. dazu *J. B. Lotz,* Die transzendentale Methode in Kants „Kritik der reinen Vernunft" und in der Scholastik, in: *J. B. Lotz* (Hrsg.), Kant und die Scholastik, heute, 101 ff., und bei *W. Brugger,* Das Unbedingte..., ebd. 140–141.

[19] *Kant* will das *apagogische Verfahren* in der Metaphysik nicht zulassen; er erlaubt es nur in den Wissenschaften, „wo es unmöglich ist, das Subjektive unserer Vorstellungen dem Objektiven, nämlich der Erkenntnis desjenigen, was am Gegenstande ist, unterzuschieben" (B 819), was aber in der Metaphysik nicht zutreffe, wo im Gegenteil gerade diese Unterschiebung herrschend sei (vgl. Kritik der reinen Vernunft, Die Disziplin der reinen Vernunft in Ansehung, ihrer Beweise, B. 817–822). Ist aber das metaphysische Streben ein *konstitutives Prinzip* jeder Erkenntnis, dann ist das, was dieses Streben in logischer Konsequenz aufhebt, nicht nur in bezug aufs Subjekt, sondern schlechterdings unmöglich, und das Bedenken *Kants* entfällt.

Es ist daher legitim in jedem Sinne der Erkenntnistheorie und Wissenschaftslehre, jede Erkenntnisgegebenheit auch unter metaphysischem Gesichtswinkel zu betrachten und nach ihrer metaphysischen Bedeutung zu befragen. Die im metaphysischen Sinne notwendigen Bedingungen der Möglichkeit von B lassen sich demnach aus B nur herleiten, wenn B, wie es legitimer Weise möglich ist, in metaphysischer Einstellung befragt wird; wenn also B in dem, was es ist oder wie es ist oder wie es sich in den verschiedenen Wissenschaftsbereichen kundgibt, nach dem befragt wird, was es in bezug auf das Absolute, Allumfassende und Unbedingte ist und kundgibt. Wenn sich dann A als Bedingung der Möglichkeit für B herausstellt, dann ist dies nur dadurch möglich, daß A nicht zwar notwendig real, aber doch *gnoseologisch virtuell* in B enthalten ist, d. h. eine Aussage über A ist in legitimer Weise nur möglich, wenn sie schon in gewissen gültigen Aussagen über B dem Wahrheitswert nach enthalten ist. Damit soll nicht gesagt sein, daß Aussagen über A nicht dem Begriffe nach über die Begriffe, die B bestimmen, hinausgehen könnten, sondern nur, daß das Verhältnis der Aussagen über A und B derart ist, daß sich aus der Verneinung von A mit logischer Stringenz die Verneinung von B ableiten läßt, wobei jedoch die Wahrheit von B zugleich unwiderstehlich feststeht, so daß A mit der gleichen Notwendigkeit angenommen werden muß wie B.

Das würde beispielsweise bedeuten, daß zwar die unveränderliche Wirklichkeit nicht identisch ist mit der veränderlichen Wirklichkeit, daß auch kein objektiv gültiger Begriff der Unveränderlichkeit sich aus dem *Begriff* einer veränderlichen Wirklichkeit herleiten läßt, daß aber die *Behauptung* einer veränderlichen Wirklichkeit die Behauptung einer unveränderlichen Wirklichkeit einschließe derart, daß die unveränderliche Wirklichkeit nicht geleugnet werden könne, ohne damit zugleich die veränderliche Wirklichkeit zu leugnen, wobei diese jedoch ihrerseits nicht geleugnet werden kann, da sie für unsere Erfahrung offensichtlich ist. Die Unmöglichkeit aber, die unveränderliche Wirklichkeit ohne die veränderliche Wirklichkeit zu leugnen, muß aus dem Bezug des veränderlichen Wirklichen zur metaphysischen Behauptung des Absoluten erwiesen werden, indem gezeigt wird (was hier nicht näher ausgeführt werden soll), daß eine nur veränderliche Wirklichkeit ohne alle unveränderliche Wirklichkeit nicht Gegenstand einer absoluten, metaphysischen Behauptung sein kann, daß Veränderliches als solches über sich hinaus auf anderes verweist, und zwar unter dem Gesichtspunkt der Veränderlichkeit anderes, d. i. aber auf das Unveränderliche. Wird dieses demnach nicht in die metaphysische Behauptung miteinbezogen, dann wird auch das Veränderliche in seiner Veränderlichkeit nicht metaphysisch behauptet, was aber, wie gezeigt worden ist, die Bedingung der Möglichkeit seiner Erkennbarkeit überhaupt ist.

An diesem Beispiel wird auch klar, daß die metaphysische Analyse, obwohl sie sich mit Hilfe von Begriffen vollzieht, doch nicht die *Begriffe* zu ihrem Objekt hat, sondern die *Wirklichkeit selbst*. Denn nicht der Begriff der Veränderlichkeit oder veränderlicher Wesen führt zur unveränderlichen Wirklichkeit, sondern die Wirklichkeit der veränderlichen Wesen selbst, sofern sie von einer gültigen Behauptung angezielt wird. Der Begriff veränderlicher Wesen führt nur zu dem problematischen Begriff der Unveränderlichkeit, wobei aus dem Begriff allein keineswegs feststeht, ob es so etwas gibt oder geben kann. Nur weil ein veränderliches Wesen *als veränderliches* ohne den Bezug zu anderem, und zwar unter der Rücksicht der Veränderlichkeit anderem, nicht *sein* kann, deshalb erweist sich die Unveränderlichkeit, und zwar nicht nur dem Begriffe nach, sondern in der Wirklichkeit selbst, als notwendig, und zwar zunächst als notwendig *zu* etwas, als notwendige Bedingung für die Wirklichkeit des Veränderlichen; in letzter Folgerung aber auch *an sich* selbst notwendig im Sein, da ohne diese Seinsnotwendigkeit an sich das Unbedingte nicht erreicht und das Absolute nicht metaphysisch behauptbar ist.

Die Rolle der Erfahrung

Beruft sich die Metaphysik, so könnte man hier fragen, nicht doch zuletzt auf die *Erfahrung*, so daß ihre Aussagen an der Erfahrung verifiziert werden müssen? – Natürlich stützt sich die Metaphysik auf Erfahrung überhaupt und auch auf bestimmte Arten und Grundzüge der Erfahrung; nur so kann sie wissenschaftliche Erkenntnis sein. Aber das Entscheidende ist bei ihr nicht das Erfahrene als bloß Erfahrenes, Festgestelltes, durch Messung in rationale Beziehung zu anderem Gebrachtes, sondern das Erfahrene, sofern es etwas Unerfahrbares impliziert, ohne das es kein Erfahrenes oder doch nicht diese bestimmte Art des Erfahrenen sein könnte.

Außerdem schließt die Möglichkeit der empirischen *Verifikation* in den empirischen Wissenschaften immer auch die grundsätzliche Möglichkeit einer *Falsifikation* ein. Diese Möglichkeit gibt es in der Metaphysik nicht. Denn wenn sie von der Erfahrung überhaupt ausgeht, dann kann es keine Falsifikation durch irgendeine bestimmte Erfahrung geben, da diese wieder Erfahrung ist. Geht sie hingegen von einer bestimmten Erfahrung aus, die nicht zutrifft oder falsch aufgefaßt wurde (wenn man etwa von einem geozentrischen Weltbild ausgehen würde), so fiele zwar die Erfahrungsgrundlage weg und die dafür aufgestellte notwendige Bedingung bliebe unbegründet, sie wäre aber keineswegs als falsch erwiesen, da sich im *Modus tollens* aus dem verneinten Bedingten keine Verneinung der Bedingung erschließen läßt. Obwohl metaphysische Erkenntnis ohne Erfahrung nicht möglich ist, so läßt sich doch das Verifikationsprinzip der empirischen Wissenschaften auf sie nicht anwenden.

Die Metaphysik steht jedoch zur Erfahrung noch in einem anderen Bezug: nicht von ihren Aussagen, deren Wahrheitskriterium gesucht wird, sondern von ihrer *Begriffsbildung* her. Ihre Begriffe sind nicht unmittelbar Strukturen der Erfahrung, sonst würde sie sich nicht von den empirischen Wissenschaften unterscheiden. Sie sind aber auch nicht bloß methodologische Reflexionsbegriffe, sondern Artikulierungen nicht nur des Denkens, sondern des Gedachten selbst in seinem Sein, ohne die das Gedachte nicht so erscheinen könnte, wie es in der Erfahrung tatsächlich gegeben ist. Diese Artikulierungen sind nicht isomorph mit den Artikulierungen der Erfahrung, haben aber, soweit sie konstitutiv in die Erfahrungswelt eingehen, einen Begründungsbezug zu den Artikulierungen der Erfahrung. Das schlechthin Unbedingte ist allerdings für unsere Erkenntnis nur zugänglich als *conditio sine qua non* für die erfahrene Gesamtwirklichkeit und kann ebendies nur sein, wenn es von sich aus keine ontische Relativität zu dieser Wirklichkeit besagt, sondern so transzendent ist, daß es uns in seinem positiven und zugleich absoluten Ansichsein unerkennbar bleibt. Anders verhält es sich mit den konstitutiven Prinzipien der Erfahrung. Sie sind, wenn sie nach der oben beschriebenen metaphysischen Methode festgestellt werden, einerseits notwendig Bedingungen der Erfahrung, auf die aus der Erfahrung zurückgeschlossen wird, anderseits aber auch Prinzipien, die von sich aus eine positive, ontische Relation zu den Objekten der Erfahrung besagen, so daß von ihnen her – die primäre, konstitutive Methode vorausgesetzt – in einer sekundären Methode (im *modus ponens*) auch auf die Wesensnotwendigkeit bestimmter Modi der Erfahrungswirklichkeit geschlossen werden kann. Daß diese sekundäre Methode, auf die hier nicht näher eingegangen werden soll, ihre besonderen Probleme und Gefahren hat und keineswegs dieselbe Art der Gewißheit garantiert wie die primäre Methode, sei hier nur eben erwähnt.

Mit der Rückbezogenheit der Prinzipien der Erfahrung auf die konkreten Erscheinungen der Erfahrung hängt es auch zusammen, daß für die Begriffe, in denen jene Prinzipien gedacht werden (z. B. Materie – Form, Substanz – Akzidens usw.), in der konkreten Vorstellung Modelle oder Schemata aufgewiesen werden können und müssen (z. B. das Diffuse der Raumvorstellung im Verhältnis zu den Raumbegrenzungen; die relative Permanenz der Dinge gegenüber ihren Veränderungen usw.). Dabei muß man sich aber hüten, Begriffe und Schemata miteinander zu verwechseln.

Selbstbescheidung der Metaphysik

Die Erkenntnisse der Metaphysik, die auf indirektem Wege gewonnen werden, sind *positiv,* aber nur vergleichweise, analog, und *negativ,* nur in Abhebung und Abgrenzung von dem unmittelbar Erkannten, möglich. Sie sind und bleiben als indirekte Erkenntnisse ein Erkennen wie im Spiegel und Gleichnis, das unser Erkenntnisstreben nicht sättigt. Nicht nur die Naturwissenschaften müssen sich bescheiden, wenn sie nach dem Erkenntniswert ihrer Aussagen befragt werden; auch die Metaphysik muß es. Wie die Naturwissenschaften das methodisch gesicherte Ergebnis nur gewinnen können, wenn sie sich damit begnügen, zu sagen, wie sich die Dinge einem rational denkenden Wesen durch die Sinneserkenntnis kundgeben, statt zu sagen, wie sie an sich selbst sind, so kann ähnlich die Metaphysik nur methodisch gesicherte Aussagen machen um den Preis dessen, daß sie darauf verzichtet, zu sagen, wie das Unbedingte positiv und eigentlich an sich selbst ist, und sich statt dessen damit begnügt, es als analogen Grund der Möglichkeit dessen aufzuweisen, was wir in unmittelbarer und direkter Weise erkennen.

Nachbemerkungen

Diese Untersuchung war zuerst Gegenstand eines Vortrags auf der Thomasfeier (7. 3. 1967) der „Hochschule für Philosophie" (Berchmanskolleg) in Pullach bei München. Sie wurde dann gedruckt in „Theologie und Philosophie" (zuvor „Scholastik") 43 (1968) 1–17.

a] „Der Plan der metaphysischen Methode Bradleys: er geht von einer Hypothese aus und prüft, ob sie den Einwänden gegen sie standhält." (50) – „Bradley nimmt an, daß Ideen, die ‚einer bestehenden Erkenntnis eine vernünftige Einheit geben und zu neuen Entdeckungen führen', den strengsten Anforderungen der Wissenschaften entsprechen. ... Aber wenn die Metaphysik der Vernunft genugtun soll, ist das Element, das hier am meisten verlangt zu werden scheint, eine absolute Gewißheit. Nun gibt aber eine Hypothese diese volle Gewißheit niemals. Dies umso mehr, als in der Metaphysik die von der Vernunft vorgeschlagene Lösung nicht anders als durch die Vernunft als wahr erwiesen werden kann und nicht durch die Tatsachen wie in den wissenschaftlichen Theorien, die durch Beobachtung oder Experiment kontrolliert werden können." (104) – „In Wahrheit ist es nicht so schwer, überall in Übereinstimmung mit sich zu bleiben, wenn man entsprechende Annahmen macht und Gesichtspunkte wählt, die der ganzen Theorie eine Ausrichtung zu geben vermögen." (101) – „Die Metaphysik des Absoluten, die Bradley vorlegt, ist gewiß sehr einfallsreich und wird ernsthaft verteidigt; sie drängt sich aber nicht als die einzig mögliche auf, selbst wenn man mit ihm annimmt, daß das, was der Vernunft Genüge tut, auch wirklich und wahr ist." (107) –

VI. ONTOLOGIE UND METAPHYSIK

METAPHYSIK ALS STRENGE WISSENSCHAFT

Besprechung zu: Scholz, H., Metaphysik als strenge Wissenschaft, Köln 1941

In seiner Schrift »Was ist Philosophie?« hat sich Sch. dafür eingesetzt, die Philosophie als exakte Grundlagenforschung zu betrachten (vgl. Schol 16 [1941] 133 f. u. 367–379). Im vorliegenden Werk will er nun ein Probestück der neuen Metaphysik entwickeln. Als solches dient eine in einer wohldefinierten, logistischen Kunstsprache vorgetragene Theorie der Identität und Verschiedenheit, deren Inhalt jedoch mit Rücksicht auf den technisch ungeschulten Leser verhältnismäßig eng beschränkt bleiben mußte. Damit sichtbar werde, worum es geht, seien zwei Beispiele identitätstheoretischer Sätze angeführt, wobei aus drucktechnischen Gründen das dreistrichige Identitätszeichen durch ein zweistrichiges ersetzt und das Behauptungszeichen ausgelassen werden mußte. 1. Satz: Ox_0Ox_1 ($x_0=x_1$ seq $x_1=x_0$); d. h. für jedes x_0 und für jedes x_1 gilt: wenn x_0 identisch ist mit x_1, dann ist x_1 auch mit x_0 identisch, d. i. also der Satz von der Umkehrbarkeit der Identitätsbeziehung. 2. Satz: $Ox_0Ox_1Ox_2$ ($x_0=x_1$ et $x_1=x_2$ seq $x_0=x_2$), d. h. für jedes x_0, x_1, x_2 gilt: wenn x_0 identisch ist mit x_1 und x_1 mit x_2, dann ist auch x_0 mit x_2 identisch, d. i. also der Satz: wenn zwei mit einem dritten identisch sind, so sind sie auch unter sich identisch (109, 133). Diese Identitätstheorie wird vom Verf. mit mustergültiger Strenge und Genauigkeit dargelegt (§ 2–6). Die Sprache ist aber an einigen Stellen so knapp, daß selbst ein einigermaßen vorgeschulter Leser es schwer hat, überall zu folgen.

Ziel des Probestücks ist der Nachweis, daß es Sätze und Theorien gibt, die zugleich metaphysisch und vom Range einer »strengen«, will heißen mathematisch-deduktiven Wissenschaft sind. Die Metaphysik, von der hier die Rede ist, bietet keine Aussagen über das Weltganze, noch über die Seele, noch über die Existenz eines höchsten Wesens. Sie ist auch keine Ontologie im Sinn einer Theorie vom Seienden als solchen. Sie ist vielmehr eine »Theorie, welche die Gesamtheit der Wahrheiten umfaßt, die in der Sprache, über die wir uns hier verständigen werden, formuliert werden können für Dinge, die sinnvoll als Individuen aufgefaßt werden können, und so, daß diese Wahrheiten nicht auf irgendwelche Individuenbereiche oder Welten beschränkt, sondern von unbeschränkter Gültigkeit sind« (13 f.).

Das entscheidende Kap. des Buches ist § 7, wo der metaphysische Charakter und die erkenntnistheoretische Bedeutung der identitätstheoretischen Sätze nachgewiesen werden sollen. Für den metaphysischen Charakter eines Satzes stellt der Verf. zwei Forderungen auf: 1. daß er auf eine eindeutige Art über den Horizont eines physikalischen Satzes hinausgehe, und 2. daß er hinter einem physikalischen Satze an Genauigkeit und Standfestigkeit nicht zurückstehe. Den physikalischen Sätzen ist es eigentümlich, daß sie sich auf einen Ausschnitt der sogenannten wirklichen Welt, der wir angehören, beziehen. Außerdem sind sie von der Genauigkeit, welche den Gebrauch der Präzisionssprachen der Mathematik zur Voraussetzung hat (139). Nun können aber die Sätze der vorgelegten Identitätstheorie mit wenigstens dem Genauigkeitsgrad eines physikalischen Satzes in einer Präzisionssprache formuliert werden. Sie sind ferner allgemeingültig, d. h. gültig in jeder möglichen Welt (140). Folglich ist die vorgelegte Identitätstheorie und mit ihr alle Theorien von wohlbestimmten Arten allgemeingültiger Aussagen, die heute schon entwickelt worden sind, »auf eine ehrliche Art« eine Metaphysik (141).

Das letzte Kap. behandelt die Stellung der neuen Metaphysik im Gesamtgefüge der Philosophie. Neben der allgemeinen Metaphysik, die als Inbegriff der formalen Wahrheiten zugleich Logik und Mathematik in einem ist und für alle möglichen Welten gilt, soll es auch eine philosophische Auseinandersetzung mit der wirklichen Welt geben dürfen. Diese Realphilosophie könne aber nicht die Stufe einer Wissenschaft, geschweige denn einer »strengen« Wissenschaft erreichen. Sie biete zwar reiche Anregungen für den denkenden Geist, bleibe aber subjektgebunden. Dennoch wünscht der Verf., daß diese beiden Gestalten der Philosophie nicht auseinandergerissen werden, weil das unnatürlich und für den Forscher in beiden Bereichen nicht vorteilhaft sei.

Kehren wir zu § 7, dem ausschlaggebenden Kap. des Buches zurück. Der hier versuchte Nachweis, daß die vorgetragene Identitätstheorie eine neue Metaphysik sei, ist die eigentlich metaphysische Theorie des Buches, während die Identitätstheorie in ihrer logistischen Form noch nicht Metaphysik ist, sondern nur das Material dazu. Nun wird aber dieser Nachweis frei von jedem logistischen Rüstzeug, also nicht in einer künstlichen Präzisionssprache geführt. Die metaphysische Theorie des Buches ist demnach, um eine Folgerung aus den Forderungen des Verf. zu ziehen, nicht »streng« wissenschaftlich.

Und ein zweites ist bemerkenswert: die als Probestück vorgetragene Identitätstheorie muß nach dem Zeugnis des Verf. gar nicht als eine Metaphysik interpretiert werden; man kann sie auch als eine neue Logik auffassen (174). Woher kommt das? Allen identitätstheoretischen Sätzen liegt der identitätstheoretische Atomausdruck »$\xi_i = \xi_k$ zugrunde. Er wird mit den Worten eingeführt: »Wir verständigen uns zunächst über die identitätstheoretischen Ausdrücke. Jede Zeichenreihe von der Gestalt »$\xi_i = \xi_k$«, wo ‚i' und ‚k' durch zwei nicht notwendig voneinander verschiedene Ziffern zu ersetzen sind, soll ein solcher Ausdruck sein. Die Menge der identitätstheoretischen Atomausdrücke soll durch diese Zeichenreihen erschöpft sein« (34). Es ist nun klar, daß es bei dieser Festsetzung in jedermanns Belieben gestellt ist, ob er bei ξ an einen bloß gedachten, oder an einen an sich seienden Gegenstand denken will, ob also der Ausdruck und damit die ganze daraus gebaute Identitätstheorie sich bloß auf Gegenstände als gedachte, oder auch auf Gegenstände an sich beziehe. Im ersten Fall wird die Theorie als Logik, im zweiten Fall als Metaphysik interpretiert. Wie aber muß interpretiert werden? Das sagt uns der Verf. leider nicht. Die dargelegte Theorie kann nach ihm als Metaphysik interpretiert werden. Wenn dieses »kann« mit der Theorie notwendig verknüpft ist, dann muß sie auch so interpretiert werden – »muß« nicht im psychologischen, sondern logischen Sinn verstanden. Ist dieses »kann« aber nicht notwendig mit der Theorie verbunden, dann bleibt ihre metaphysische Interpretation eine unverbindliche Meinung.

Aber gibt der Verf. nicht den oben dargelegten Nachweis für den metaphysischen Charakter seiner Theorie? In diesem Nachweis heißt es, metaphysische Sätze müßten auf eine eindeutige Art über den Horizont physikalischer Sätze hinausgehen (139). Der Verf. bringt darüber keine nähere Bestimmung. In der Tat gehen die Sätze seiner Theorie auf eine mehrdeutige Art über den Horizont physikalischer Sätze hinaus, nämlich im rein logisch-formalen und im gegenstandstheoretischen Sinne. Daß sie in diesem zweiten Sinne über den Horizont physikalischer Sätze hinausgehen, bedarf eines eigenen Nachweises. Dort, wo der Verf. die Frage stellt, woher wir wissen, daß eine Aussage gültig ist in jeder möglichen Welt, beruft er sich jedenfalls nicht auf ein Beweisverfahren, sondern denkt an eine »Erleuchtung«, die er glaubt »als den Effekt eines göttlichen Funkens« für sich interpretieren zu dürfen (169–171). Das Ziel, Metaphysik als strenge Wissenschaft zu erweisen, ist also weder mit logistischen Mitteln, noch auf eine eindeutige Art erreicht worden.

Gewiß hat der Verf. bei der Charakterisierung der Metaphysik keinen logisch unerlaubten Gebrauch seiner Identitätstheorie gemacht. Das hindert aber nicht, daß er psychologisch so sehr der logistisch-mathematischen Denkweise zugewandt ist, daß er den Anspruch anderer Methoden nicht mehr anzuerkennen vermag. Es gehört zum Wesen der Metaphysik, »erste« Philosophie zu sein, um mit Aristoteles zu sprechen. Als solche kann sie nicht auf dem Fundamente anderer Wissenschaften ruhen, auch nicht auf dem der Logik oder Logistik. Ihre Aufgabe ist es, sich selbst zu begründen und den Grund aller übrigen Wissenschaften zu legen. Dazu bedarf sie einer Methode, die von der der übrigen Wissenschaften wesentlich verschieden ist. Aber braucht sie dazu nicht auch die Logik? Gewiß, als Allgemeinmethode wie jede Wissenschaft, aber nicht als konstitutive Methode. Konstitutiv ist jene Methode, die den eigentümlichen Gegenstand einer Wissenschaft zu Gesicht bringt. Das kann aber die logistische Methode, die sich nicht auf sich selbst und ihre Voraussetzungen zurückwenden kann, nicht.

Gleichwohl hat die logistische Methode noch eine besondere Bedeutung für die Metaphysik, die hier nicht unerwähnt bleiben soll: sie bietet ihr ein wertvolles Untersuchungsmaterial dar, zumal für jenes Philosophieren, das der Verf. als »Auseinandersetzung des menschlichen Geistes mit sich selbst« bezeichnet (157). Eine solche Untersuchung müßte sich gerade den Anfangspunkten der logistischen Ableitungen zuwenden, also den Axiomen und Atomausdrücken, um ihren Sinn, ihre Herkunft, ihre Geltung und ihre metalogischen Bedingungen zu erkennen. Sie würde genau dort beginnen, wo auch die Logistik beginnt, aber in umgekehrter Richtung voranschreiten. Das, was der Logistik als das Gegebene erscheint, müßte sie in Frage stellen. Ferner würde sie jenen Teilen der Logistik, die offensichtlich nicht in die logistische Zeichensprache eingehen, ihr besonderes Augenmerk zuwenden. Dahin gehört z. B. die Frage, welches der gemeinsame Grund für eine Summe bestimmter Umformungsbestimmungen sei. – Das Anliegen des Verfassers ist ernst und verpflichtet uns alle. Metaphysische Sätze dürfen wirklich an Standfestigkeit und Genauigkeit nicht hinter den physikalischen Sätzen zurückbleiben. Diese Standfestigkeit läßt sich dadurch erweisen, daß gezeigt wird, wie die physikalischen Sätze die metaphysischen zur Bedingung ihrer Möglichkeit haben. Die Genauigkeit aber muß von der Art sein, wie sie der Zielsetzung der Metaphysik und nicht der Logistik angepaßt ist. Ich glaube, daß man es einem Philosophen nicht verargen kann, wenn er bei Sätzen, wie es die oben angeführten Beispiele der Identitätstheorie sind, sich mit der natürlichen Einsicht begnügt und sie so, wo er sie braucht, verwendet. An diesen Sätzen zweifelt niemand, nicht einmal Hegel, wenn man sie in ihrer formal-logischen Gestalt nimmt. So angemessen es nun für den Logiker ist, wenn er auch hier die kleinsten und selbstverständlichsten Denkschritte genau unterscheidet, so unangemessen wäre dieses Verfahren für eine nicht formal-logische Wissenschaft wie die Metaphysik.

Nachbemerkungen

Besprechung zu: Heinrich Scholz, Metaphysik als strenge Wissenschaft. 8° (188 S.) Köln 1941, Staufen-Verlag.
Diese Besprechung erschien in der „Scholastik" 17 (1942) 95–98.

DIE TRANSZENDENTALIENLEHRE DER ALTEN ONTOLOGIE

Besprechung von: Bärthlein, Karl, Die Transzendentalienlehre der alten Ontologie. 1. Tl.: *Die Transzendentalienlehre im Corpus Aristotelicum.* Gr. 8° (VIII u. 415 S.) Berlin 1972.

Dieses Werk, dessen erster Teil – eine Habilitationsschrift der Universität
a] Bonn – hier vorliegt, soll in den kommenden Jahren bis zum Ausgang der deutschen Schulphilosophie im 18. Jh. fortgesetzt werden. Als „alte Ontologie" ist nach B. die Ontologie zu verstehen, die sich im lateinisch schreibenden Westen aus dem Kommentieren der „Metaphysik" des Corpus Aristotelicum (CA) zusammen mit den einschlägigen Teilen der mittelalterlichen Summen und Sentenzenkommentare entwickelt hat, die dann in den Werken der spanischen Scholastik und den Ontologie-Lehrbüchern der

protestantischen Scholastik bis Christian Wolff dargestellt und in der auf Thomas von Aquin zurückgreifenden Neuscholastik in systematischer und historischer Hinsicht lebendig gehalten wurde (1–2), während die sog. „Neue Ontologie" (Nicolai Hartmann) durch die Kantische Erkenntnistheorie von der alten Ontologie getrennt ist und die Transzendentalienlehre ablehnt (4–5). Zwei Gründe veranlaßten den Verf., die Geschichte der Transzendentalienlehre, trotz zahlreicher Publikationen über dieses Gebiet, neu darzustellen: einmal der Umstand, daß die bisherigen Darstellungen meist unter dem bestimmenden Gesichtspunkt einer der mittelalterlichen Schulrichtungen standen, so daß bei größerer Distanz zu diesen und bei größerer Kenntnis der metaphysikfreien Transzendentalphilosophie neue Bewertungspunkte zu erwarten sind, dann aber auch die Tatsache, daß die Anfänge dieser Lehre in der Antike und insbesondere bei Aristoteles ungenügend erforscht sind, so daß manche Dunkelheiten der mittelalterlichen Lehre vielleicht durch Diskrepanzen der aristotelischen Lehre erklärt werden können (6).

Die Darstellung der Transzendentalien (Trl) beschränkt sich für den Bereich der Antike auf die sog. einfachen Trl (ens, unum, verum, bonum), im Gegensatz zu den disjunktiven (etwa endlich, unendlich) (7). Was das Verhältnis der verschiedenen Trl untereinander und insbesondere zum Seienden, die Weise ihrer „Hinzufügung" angeht, so zweifelt B., ob dieses Problem richtig gestellt sei, wenn man das Seiende als Träger von Zuständen (passiones) vorstelle (7). Bezüglich des Verhältnisses der Trl zum Seienden werden dann eine Fülle von aporetischen und systematischen Fragen gestellt (8–16), die alle darauf hinausgehen, daß das Seiende als Seiendes, bar noch jeglicher inhaltlicher Bestimmtheit, das logische Minimum and als transzendental Wahres das bloße Beziehungsglied zum minimalen theoretischen Subjekt sei (10–11). Damit ist natürlich jede Abstufung des Seienden und so auch des Einen ausgeschlossen. Das Eine gerät so in Gefahr, mit dem quantitativen Einen oder mit dem metaphysisch Einfachen verwechselt und als Trl verfehlt zu werden (8). Gegen die Zurückführung der transzendentalen Wahrheit auf die Übereinstimmung des Seienden mit dem Verstand des göttlichen Schöpfers wendet B. ein, daß die trl Wahrheit durch eine solche Beziehung auf Transzendentes zu einem kategorial bestimmten Seienden (ens creatum) würde, also nicht mehr als identisch mit dem kategorienjenseitigen Seienden gefaßt werde (9–10). B. rechnet daher mit der Möglichkeit, daß bei der Rezeption des Neuplatonismus durch Augustinus und Thomas eine platonische oder aristotelische Konzeption verändert worden sei. Die Untersuchung des CA dürfe sich daher nicht an der thomistischen Auffassung orientieren (10). Auch die Erörterung des trl Guten kommt zu dem Schluß, daß es (wie das Wahre) nur das Glied einer Minimalbeziehung sei, das Korrelat eines bloßen Stellungnehmens (sei es Erstreben oder Ablehnen), also noch vor dem Gegensatz von gut – schlecht (14–15). Mit der Ablehnung der (vom Seienden verschiedenen) Trl als passiones entis kommt auch die Frage nach der Rangordnung der Trl in Wegfall. „Früheres" und „Späteres" kann nicht konvertibel sein (16–17). Das alles wird zwar in aporetischer Frageform vorgestellt, in der Tat jedoch bildet es den festen, vorgegebenen Interpretationsrahmen für alles Folgende.

Drei Fragen stellt B. bezüglich des CA: Enthält es die Lehre von der trl Wahrheit? (22–76), enthält es den Begriff des trl Gutseins? (77–108), enthält es eine Theorie vom trl Seienden und Einen? (109–370). Er kommt zu folgenden Ergebnissen: Ein zusammenhängendes Lehrstück, wonach das Seiende als Seiendes auch wahr wäre, sucht man im CA vergebens (22). Im einzelnen werden Metaph. II, 1, Metaph. IX, 10 und De Anima III, 6 untersucht. In Metaph. II, 1 werden wahrscheinlich die verschiedenen Seinsweisen auf die verschiedenen Geltungsweisen zurückgeführt und das Seiende also schon als bereits unter Kategorien stehend betrachtet. So ist es nicht mehr konvertibel mit dem trl Wahren, sondern steht unter der Alternative, wahr oder falsch zu sein. Im übrigen ist der Text zu knapp, um eine Hilfe für das Verständnis der trl Wahrheit zu sein. Auch die Vorstellung (De Anima III, 6 und Metaph. IX, 10) von der irrtumsfreien Beziehung zwischen Wahrnehmung und Wahrnehmbarem, Denken und Denkbarem bringt keine unmißverständliche Aussage, obwohl die Analyse im 2. Tl. von Metaph. IX, 10 zur Konvertibilitätsthese vordringen kann (372–373). Auch die Texte des CA, die sich auf das trl Gute beziehen lassen, sind spärlich. Erörtert werden Eth. Nik. I, 6 in Verbindung mit Magna Moralia I, 1 und Eth. Eud. I, 8. Das Gute tritt dort zwar in allen Kategorien auf, aber ohne allgemeine Konvertibilität mit dem Seienden; außerdem wird dieser Ansatz als Lehrmeinung der Akademie hingestellt. Entsprechendes gilt von den Ansätzen in Metaph. XII, 10 und XIV, 4 über das Verhältnis des Guten zum Einen, die als akademisch referiert und zurückgewiesen werden. In der eigenen Lehre schränkt Aristoteles das Gute auf die Naturgegenstände ein und verläßt so die trl Ebene. Außerdem bezieht er dieses Gutsein auf das metaphysisch Erste Gute in ausschließlich positiver Weise, nicht auf ein bloßes Stellungnehmen (373–374).

Erst die Partien, die für das trl Eine einschlägig sind, gehen etwas mehr auf das Verhältnis des Einen zum Seienden ein. Sie betreffen zugleich die Frage nach der „Ersten Philosophie“ als Wissenschaft vom Seienden als Seienden oder als Theologie. Entgegen der Berufung auf Metaph. VI, 1 und XI, 7, um das Verhältnis beider als Identität aufzufassen, kann nach B. gezeigt werden, daß VI, 1 uneinheitlich und XI, 7 von VI, 1 abhängig ist und daher beide Texte nicht als Belege für diese These dienen können. Die Seinslehre in Metaph. IV, 1–2 wird daher ohne Rücksicht auf diese Stücke und die Theologie in Metaph. XII, 6–10 betrachtet. Daher braucht man das „erste Seiende“ in Metaph. IV, 2 nicht mehr als „Substanz“ (Einzelsubstanz) oder gar als höchste, göttliche Substanz auszulegen. Es ist also nur Seiendes als Seiendes, noch unter keiner Kategorie, auch nicht der Wirklichkeitskategorie stehend, sofern es nur mit dem Einen konvertibel ist (nur unter der Form der Identität steht). Es ist das bloße Etwas überhaupt. Auch die „nachfolgenden“ *οὐσίαι* sind keine Einzelsubstanzen, sondern Kategorien: das Quantitative als solches, das Qualitative als solches. Der Plural *ὄντα ᾗ ὄντα* kommt zwar vor; aber sein Gebrauch läßt sich nicht rechtfertigen (375).

Die Rede vom „einen Wissen" erschöpft sich darin, daß das Wissen um das Seiende unabtrennbar ist vom Wissen um das (trl) Eine (die Identität) selbst. Dem entspricht die Darlegung über das unbedingte Prinzip, dem freilich oft negativ formulierten Identitätsprinzip (376). Die weiteren Texte, die sich auf die Konvertibilitätsthese vom Seienden als solchen und dem Einen beziehen, behandeln diese These entweder als ein zu korrigierendes Stück der akademischen Prinzipienlehre oder bringen die Wichtigkeit des Gedankens nicht zum Ausdruck (377). Platon und seine Nachfolger in der Akademie können mit Recht mehr als Väter der Trl-Lehre betrachtet werden (379). (Hier fragt man sich allerdings, warum dann der Verf. seine Geschichte der Trl-Lehre nicht mit einer Abhandlung über Platon begonnen hat.) Die Einstellung des CA zur Trl-Lehre ist unterschiedlich und zum Teil widersprüchlich (380). Es folgen noch ein Ausblick auf die Fortsetzung der Untersuchung, zwei Anhänge (über die Sonderstellung von Metaph. IV; über die akademische Lehre von den Idealzahlen), ein Literaturverzeichnis (dort vermisse ich J. Lotz, Ontologie und Metaphysik: Schol 18 [1943] 1–30) und ein Namenregister. Das Sachregister soll im letzten Band folgen.

Der Eindruck, den das Werk hinterläßt, ist zwiespältig. Auf der einen Seite sind die Analysen eindringlich und scharfsinnig und bekunden eine umfassende Kenntnis der Texte. Der Verf. tritt an den Text mit inhaltlich interessanten, in die Tiefe bohrenden Fragen heran. Auf der anderen Seite kann man sich des Eindrucks nicht erwehren, daß die Argumentationen von einem vorgefaßten Schema dessen ausgehen, was (zu Recht oder Unrecht) eine Trl-Lehre zu sein habe, und daß dabei eine Reflexionsstufe angepeilt wird, die der Intention des vorliegenden Textes nicht gerecht werden kann. Viele Schwierigkeiten und Aporien, die der Verf. im CA findet, haben ihren Grund in dem festen Erwartungshorizont des Verf. Einige Beispiele, die leicht vermehrt werden könnten, mögen dies erläutern.

Die Abweisung der trl Bedeutung des platonischen *ἀληθινός* wird damit begründet, daß es auch von besonderen Substanzen ausgesagt werde und für Qualitäten stehe, die nicht allem Seienden zukommen. Diese Abweisung setzt voraus, daß Seiendes als Seiendes nur einen univoken Sinn haben könne. Damit wird jeder analoge Sinn des Seienden als solchen (mit einem letzten gemeinsamen Bezugspunkt nicht nur formaler, sondern inhaltlicher Art) von vornherein von aller Interpretation ausgeschlossen (24–25).

Die Bezeichnung „wahrste Gründe" ist im ontologischen Sinn nur dann unverständlich, wenn keine analoge Abwandlung von „wahr" zugelassen wird. Die Reduktion der Gründe für das immer wahr Seiende auf die logische Struktur mathematischer Gegenstände (28–29) oder auf bloße Geltungsprinzipen (30–31) widerspricht dem Kontext des in Frage stehenden Textes, insbesondere Metaph. II, 1, 993 b 29–31.

Die Argumentation gegen einen Rangunterschied im trl Guten (93–94) mit der Begründung, daß das vorrangige Gute als alleiniger Grund für alles andere so ausgezeichnet sei, daß darüber hinaus kein trl Gutes mehr angesetzt werden könne (es selbst aber als positiv Bestimmtes das trl Gute auch nicht sein könne), setzt voraus: daß das trl Gute durch einen univoken

Minimalbegriff zu denken sei; daß es daher eine, nicht im absoluten Guten begründete, formale Überordnung (über dem absoluten und relativen Guten) geben müsse.

Die Tatsache, daß in manchen Texten des CA Ontologie und Theologie in notwendiger Verbindung miteinander stehen, so zwar, daß die Theologie die sachliche Begründung für eine allgemeine Ontologie darstellt, ist kein Grund, Ontologie und Theologie in diesen Texten für völlig identisch, oder im Falle einer gewissen Verschiedenheit als miteinander unvereinbar zu halten und daraus literarkritische Folgerungen zu ziehen (vgl. 111). B. fragt: Was hätte die Wissenschaft, die die Gründe für das Seiende als Seiendes untersucht, mit den Gründen für das Sein des Gegenstandes und der Bestimmtheit [nämlich der Einzelwissenschaften] zu tun? (114–115) – Offenbar nichts, wenn man mit B. unter Seiendem bloß den Minimalbegriff des Gegenstandes überhaupt versteht. Sehr viel aber, wenn alle Gegenstände der Einzelwissenschaften und deren Bestimmtheiten, insbesondere die obersten Gattungen (Kategorien), nur verschiedene Arten des Seins sind, so daß sie nicht nur durch die Einzelwissenschaften mittels der Erfahrung näher bestimmt werden müssen, sondern darüber hinaus auch ontologisch gefragt werden muß, warum und inwiefern sie Seiende sind. Das bedeutet aber, daß auch nach den Gründen, zuletzt nach dem Grund alles Seienden gefragt werden muß; daß gefragt werden muß, in welchem Verhältnis die Seienden ihrer Seinsart gemäß zueinander und zum Ersten Seienden stehen. Genau das ist die Fragestellung von Metaph. VI, 1 1025 b 3. Darum auch der Plural *ᾗ ὄντα*. Diese Frage läßt natürlich keine univoke, sondern nur eine analoge Einheit des Seienden als Seienden zu. Die Wissenschaft, die sich auf den ersten Grund dieser Einheit bezieht, ist zwar nicht völlig identisch mit einer Ontologie, die auch das auf jenen Grund der Einheit zurückbezogene Seiende umgreift; sie kann aber auch nicht als eine Einzelwissenschaft wie andere bezeichnet werden. Aus dem Gesagten ergibt sich ferner, daß die (S. 118–119 unter 3) vorgebrachten Einwände hinfällig sind. Von der Ersetzung des Seienden als solchen durch ein ewiges, prozeßfreies und „abgetrenntes" Seiendes kann keine Rede sein. Alle S. 124–125 aufgeworfenen aporetischen Fragen, die dartun sollen, daß der besprochene Abschnitt 1026 a 6–23 nicht hierher gehöre, entstehen nur, wenn die Anfangsfrage (1025 b 3) im oben dargelegten Sinn nicht durchgehalten wird.

S. 153 ersetzt B. den Ausdruck *ᾗ ὄν* wegen des gemeinsamen Gegensatzes zu *κατὰ συμβεβηκός* durch *καθ' αὑτό* und schließt daraus, daß *ὄν καθ' αὑτό* die Isolierung des Seienden gegenüber allen anderen Bestimmtheiten beinhalte. Aus 1003 a 21–22 geht aber hervor, daß mit *ᾗ ὄν*, und dasselbe gilt für *καθ' αὑτό*, keineswegs eine solche Isolierung gemeint ist, sondern verlangt wird, daß alle Aussagen über das *ὄν* in einer Ontologie, auch die Fragen nach deren Gründen (29–31), sich nicht zufällig und äußerlich, sondern innerlich und notwendig auf das Seiende, eben als Seiendes, beziehen müssen.

Es ist dem Verf. gelungen, einen möglichen Gesichtspunkt der aristotelischen Trl-Lehre aufzuzeigen, indem er sie daraufhin analysiert hat, ob sie implizit oder explizit eine Trl-Lehre enthalte, wie er sie im Sinne hat (s. oben). Aber sollte dieser Band nicht das erste Kapitel einer Geschichte der Trl-Lehre der alten Ontologie sein? Kann man jedoch bei der Engführung dieser Methode so etwas wie „alte Ontologie“ überhaupt ins Gesichtsfeld bekommen? Die Lehre des Aristoteles über die Trl ist gewiß unvollständig und in manchem unausgeglichen, was eine zusammenhängende Interpretation erschwert; aber es sind von ihr offensichtlich Impulse ausgegangen, die in geistesgeschichtlicher Kontinuität zu einer Gestalt der Trl-Lehre geführt haben, die anders aussieht als die hier erfragte. Angesichts dessen darf mit Fug und Recht bezweifelt werden, ob man Texte, die in diese Richtung weisen, die aber aus einer auf Geltungstheorie reduzierten Sicht der Ontologie bei Aristoteles nicht verständlich gemacht werden können, deshalb als unecht bezeichnen dürfe. Die geltungstheoretische Auffassung der Trl-Lehre steht hier nicht zur Disskusion; aber auch wenn man sie als eine bestimmte Reflexionsweise der Erkenntnistheorie gelten läßt, so enthebt sie doch keineswegs der Notwendigkeit einer metaphysischen Fragestellung.

Nachbemerkungen

Ob eine philosophische Gotteslehre möglich ist oder nicht, hängt mit davon ab, welcher Sinn und welche Bedeutung den sogenannten Transzendentalien zukommt. Das ist der Grund, warum diese Besprechung, die in „Theologie und Philosophie“ 49 (1974) 561–566 erschienen ist, hier aufgenommen wurde.

a] Vgl. dazu Karl Bärthlein, Von der „Transzendentalphilosophie der Alten“ zu der Kants, in: Archiv für Geschichte der Philosophie 58 (1976) 353–92.

DAS THOMISTISCHE LIMITATIONSPRINZIP

Besprechung von: Gora, Stanislaw, De quibusdam fallaciis principii limitationis. Varsoviae 1950 (e „Collectaneis theologicis“ 21 (1949) exemplar seorsum impressum: 284–358).

Der Verf. nimmt in seiner Schrift Stellung zum thomistischen Limitationsprinzip, daß ein Akt (eine Vollkommenheit) nur durch seine Beziehung zu einer Potenz (einem Subjekt der Vollkommenheit) als begrenzter Akt konstituiert sei. Nach ihm ist dieses Prinzip keineswegs aristotelisch, noch kann es aus der aristotelischen Theorie über Akt und Potenz gefolgert werden. Denn eine solche Folgerung hätte zur Voraussetzung, daß der Akt an sich unendlich sei, eine Voraussetzung, die Aristoteles nicht teile. Das Limitationsproblem könne nur aus der eleatischen These von der einfachen

Aussageweise des Seienden (ens simpliciter dicitur), nicht aber aus der aristotelischen Position des vielfachen Sinnes von Seiendem (ens multipliciter dicitur) entstehen. Das eleatische Problem könnte auch nur auf eleatische Weise (durch Illusionismus) gelöst werden. Die thomistische Lösung durch die Dualität von Akt und Potenz sei unmöglich. Für sich selbst zieht der Verf. die aristotelische Ausgangsstellung vor, bei der das Problem gar nicht entstehe.

Der Verf. zeigt dann weiter, daß bei Aristoteles die Verwendung des Akt-Potenz-Begriffes nur der Erklärung des Werdens, nicht der Erklärung der Endlichkeit dient, worin ihm beizupflichten ist. Der Hauptteil der Abhandlung befaßt sich jedoch unter Ausscheidung der historischen Frage mit dem thomistischen Limitationsprinzip unter rein metaphysischem Gesichtspunkt. Zu diesem Zwecke will der Verf. die thomistische Auffassung zuerst möglichst getreu darstellen, um dann die darin verborgenen „fallaciae" aufzudecken. Unter „thomistisch" versteht er dabei die neueren, ihm leicht zugänglichen Autoren, vor allem die römischen Thomisten, wie etwa: De Maria, Remer, De Mandato, Hugon, Geny, Rozwadowski, Boyer, Arnou, Dezza, Garrigou-Lagrange u. a. In der Ausführung zitiert er reichlich P. Dezza (Metaphysica generalis, Romae 1945).

Die *erste „fallacia"* sieht der Verf. darin, daß die Potenz, die causa limitationis für den Akt sein soll, ihrerseits wieder effectus eiusdem limitationis sei. Denn die von den Thomisten behauptete ontologische Priorität des Aktes vor der Potenz bedeute, daß der Akt in seiner Unendlichkeit eminenter auch die in der Potenz enthaltene Realität einschließe und darum Ursache der Potenz sei. Diese Verursachung der Potenz könne aber nur auf dem Wege einer Limitation des Aktes erfolgen. Gesteht man dies zu, so gibt es schon eine Limitation des Aktes prius zur Potenz (die ihrerseits erst durch diese Limitation entstehen soll); gesteht man es jedoch nicht zu, so gibt es eine Endlichkeit, die nicht per receptionem in potentia entstanden ist, nämlich die der Potenz selbst.

Die *zweite „fallacia"* sieht der Verf. im terminus „limitatur". Diesen versteht er im engsten Anschluß an die sinnliche Vorstellung von einem Gefäß, das aus einer größeren Flüssigkeitsmenge eine kleinere empfängt und sie so durch Teilung begrenzt. Auf analoge Weise begrenze nach den Thomisten die Potenz die unendliche quantitas virtutis des Aktes. Die Limitation wird also vom Verf. als Aktion und Division betrachtet, deren Wirkung der limes des Aktes sein soll, woraus sich der Widersinn ergibt, daß der unendliche Akt durch diese Aktion der Potenz zu einem endlichen werde. Den dazu im Widerspruch stehenden Erklärungen der Neuthomisten wirft der Verf. vor, sie „entleerten" den Begriff der Limitation. Nach ihm ist der limes eines Aktes nicht die Folge einer Limitation, sondern eine absolute Qualität des (endlichen) Aktes.

Weitere „fallaciae" entdeckt der Verf. im terminus „actus". Dieser ist „als solcher" nämlich entweder unendlich oder nicht unendlich. Ist er als solcher unendlich, dann kann er in keiner Weise, weder durch sich noch durch ein anderes Prinzip, limitiert werden; ist er aber als solcher nicht unendlich, dann bedarf er keiner Limitation. Anders genommen: Der Akt muß, um limitiert zu werden, schon limitierbar sein. Ein limitierbarer Akt ist aber kein schlechthin unendlicher Akt. Der Akt „als solcher" sei nach den Thomisten unendlich, ohne doch Gott selbst zu sein, was zu einer doppelten Unendlichkeit führe oder zur falschen Behauptung, daß jeder Akt „als solcher" Gott sei.

Wenn man jedoch die Unendlichkeit des Aktes als solchen nur negativ versteht, so daß der Akt den limes weder ein- noch ausschließe, werde das ontologische Limitationsproblem entleert und der Forderung nach einem Limitationsprinzip jeder Boden entzogen.

Sobald man den Akt und die Potenz als entia quibus (aliquid constituitur) betrachte, müsse man sie ohne weiteres als in sich endlich erfassen, also nicht einer Limitation durch ein anderes bedürftig.

Nach dem Verf. gründet die thomistische Unterscheidung in „entia quibus", insbesondere in Wesenheit und Sein (esse), in der stillschweigend vorausgesetzten und im Widerspruch zur Analogiethese angenommenen eleatischen Univozität des esse ut sic. Denn wer annehme, das esse ut sic sei wahrhaft unendlich, könne das esse nur als ein einziges universales esse betrachten. Der gesuchte Ausweg über die „entia quibus" führe dann nicht mehr aus dem Eleatismus heraus. Entweder bleibe das esse unendlich, oder es werde zerteilt und in unzählige Stücke zerissen. Aus beidem folge der Pantheismus.

Einen *weiteren Widerspruch* der thomistischen Lehre sieht der Verf. insbesondere in der Erklärung der Limitation der reinen Geister. Ihre Wesenheit ist reiner Akt und doch begrenzt. Also könne ein Akt durch sich begrenzt sein. Wenn man diese Begrenzung darauf zurückführe, daß die Wesenheit des reinen Geistes, obwohl an sich Akt, doch in anderer Hinsicht (bezüglich der Existenz) Potenz sei (Remer, Geny, Gredt, Rozwadowski), gebe man das Prinzip auf, daß der Akt an sich, durch sein bloßes Nicht-rezipiert-sein schon unendlich sei. Die andere Auffassung, daß die Wesenheit des reinen Geistes in ordine essentiae unendlich sei, der reine Geist aber (in ordine entis, d. i. der Existenz) durch Rezeption des esse in der Wesenheit endlich (so Gazzana, Arnou, Dezza), sucht der Verf. durch den Hinweis zu entkräften, daß ein actus irreceptus, der doch als solcher unendlich sei, nicht auf eine Ordnung eingeschränkt sein könne, da wahre Unendlichkeit jede Einschränkung ausschließe und übersteige. Einen actus irreceptus im geschaffenen Geist annehmen, hieße Gott zu einem Teil eines nicht-göttlichen Wesens machen. Die Unterscheidung zwischen actus superior (esse) und actus inferior (essentia) liege vor aller receptio und irreceptio des Aktes und sei damit auch logisch unabhängig vom Limitationsprinzip.

Abgesehen davon, daß die Herkunft der Potenz (wie oben schon gezeigt) eine Selbstlimitation des unendlichen Aktes voraussetze, also überhaupt etwas Begrenztes unmittelbar als solches, ohne Limitation, gesetzt werden könne, enthalte die Differenzierung der Potenzen neue Schwierigkeiten: entweder wird die Verschiedenheit des Aktes aus der Potenz und die

Verschiedenheit dieser wieder aus der des Aktes hergeleitet, was ein circulus vitiosus ist, oder man nimmt eine innere Verschiedenheit der Potenz an. Diese aber bleibt unverständlich, da die Potenz aus sich nur Negation und Privation besagt. Die Komposition zweier Unendlichkeiten, einer unendlichen Vollkommenheit und einer unendlichen deficientia könne höchstens ein ens compositum, nicht aber eine Vielheit und Verschiedenheit erklären. Wenn man die essentiae als seipsis diversae annehme, stelle man sich schon auf den suarezianischen Standpunkt, daß der actus auch durch sich endlich sein könne.

Der letzte Teil der Schrift geht auf die *neuthomistischen Begründungen des Limitationsprinzips* ein. Daraus, daß der Begriff der Vollkommenheit den Begriff der Verneinung nicht einschließe, werde darauf geschlossen, daß er eine solche Verneinung als von sich aus erfolgend ausschließe. Die Verneinung (Limitation) könne also nur in einem anderen Prinzip (der Potenz) gesucht werden.

Dagegen macht der Verf. geltend, eine Vollkommenheit, die an sich unendlich sei (Gott), könne auch durch ein anderes Prinzip nicht endlich werden. Die Grenze sei nur ein ens rationis, dessen Fundament einschlußweise und ununterschieden im positiven Seinsbestand dieser Vollkommenheit liege. Man verwechsle Verneinung „jeder" mit Verneinung „weiterer" Vollkommenheit. Aus dem Nichteinschließen der Verneinung aus sich und durch ein anderes könne nicht einseitig nur die Ausschließung der Verneinung aus sich gefolgert werden. – Die weitere Diskussion der einzelnen Begründungsformen wiederholt dieselben Gedanken, ohne neue Gesichtspunkte hinzuzufügen.

Das Verständnis so subtiler Gedankengänge wie deren Beurteilung wird wohl nur dem Leser möglich sein, der einen tieferen Einblick in das thomistische Denken genommen hat. Dennoch soll eine *Beurteilung* versucht und deren Begründung dem Leser, soviel als möglich, nahegebracht werden.

Wer die Widerlegung des Verf. liest, wird ohne weiteres zugeben, daß das was hier widerlegt wird, in sich absurd und mit der christlichen Philosophie vollkommen unvereinbar ist. Er wird sich aber auch höchlichst darüber wundern, daß solche Auffassungen in Rom unter den Augen des höchsten kirchlichen Lehramtes Jahrzehnte hindurch unwidersprochen vorgetragen werden können. Noch mehr wird er sich wundern, wenn er bemerkt, daß offizielle Dokumente der Päpste (wie etwa die bekannten „24 Thesen" oder die Empfehlungen der thomistischen Philosophie) diese Lehren zwar nicht rechtskräftig den kirchlichen Hochschulen vorschreiben und noch viel weniger als Glaubensgut vorstellen, aber doch positiv empfohlen haben. Wie können diese Lehren durch die Praxis der Kirche als „tuto" vertretbar hingestellt werden, wenn sie in der Tat nichts anderes als ein verkappter Pantheismus sind? Die Antwort ist für einen Theologen nicht schwer: was der Verf. hier widerlegt, hat mit den von der Kirche als vertretbar hingestellten Lehren nichts zu tun. Daran ändern auch die im ersten Teil reichlich beigebrachten wörtlichen Zitate aus den römischen Autoren nichts. Die Art und Weise, wie der Verf. mit ihnen nachher umgeht, zeigt, daß er den Kern der Sache nicht verstanden hat.

Vorausgeschickt sei die Bemerkung, daß es zwischen der einfachen (univoken) und der (schlechthin) vielfachen Aussageweise des Seienden noch die analoge Aussageweise gibt, die auch Aristoteles schon kennt, wenngleich die damit verbundenen Probleme bei ihm noch nicht behandelt (und auch bei Thomas von Aquin noch nicht voll ausgearbeitet) sind. Auch Aristoteles kennt trotz des *πολλαχῶς λέγειν* auch ein *κυρίως λέγειν*. Das ist auch auf den Akt anzuwenden.

Der *Hauptirrtum des Verf.* besteht darin, daß er die (thomistische) Limitation als eine an einen schon real seienden unendlichen Akt ansetzende Aktion und Division betrachtet. Daraus ergeben sich alle von ihm angeführten Unmöglichkeiten. Teilweise leistet diesem Irrtum die Ausdrucksweise Vorschub, daß „die Potenz den Akt begrenze". Genauer müßte es heißen, daß der Akt durch seine (ihm immanente) Hinordnung auf die Potenz begrenzt ist. Die Limitation ist keine Sache der Aktion und Division, sondern eine Sache der inneren Konstitution. Der Akt ist dort, wo er begrenzt ist, begrenzter Akt, nicht weil er Akt (Vollkommenheit) ist, sondern weil er zugleich und in einem innerlich relatio ist zu einer von ihm verschiedenen Potenz (Aufnahmefähigkeit). Diese seine Relation ist als eine sog. transzendentale Relation aufzufassen. Daraus erklärt sich auch, daß die Limitation notwendig gegenseitig ist. Der Akt wird in seinem Aktsein durch die Beziehung zur Potenz und diese in ihrer Potenzialität durch ihre Beziehung auf den Akt begrenzt, oder besser: bestimmt. Auf den Grad der Limitation kommt es dabei zunächst nicht an. Denn richtig sieht der Verf., daß das Problem nicht so sehr in der aktuellen Limitation als vielmehr in der Limitierbarkeit des Aktes besteht. Wie kommt es, daß außer dem reinen unvermischten und unendlichen Akt noch ein wirklicher, aber endlicher Akt möglich ist? Wie ist der Akt limitierbar? Das thomistische Limitationsprinzip sagt darauf: durch seine innere Relativität zur Potenz. Das bedeutet nicht, daß der in sich reale unendliche Akt (=Gott) relativiert und limitiert werden soll (daraus würde der Pantheismus folgen). Aber außer dem unendlichen Akt (des Seins) soll noch ein endlicher Akt (des Seins) möglich sein. Die Bedingung dafür ist die Relativität des Aktes und damit die wesentliche innere Dualität alles endlich Seienden. Die Priorität des Aktes vor der Potenz bedeutet, daß ein absoluter, reiner, unendlicher und real in sich stehender Akt jeder realisierbaren Potenz vorausgeht, daß hingegen die Potenz als eine absolute, unbezogene, in sich stehende Potenz unmöglich ist. Daß der Akt „an sich" unendlich ist, ist damit, thomistisch verstanden, genau identisch. Der abstrakte Begriff des Aktes besagt zwar weder Absolutheit noch Relativität, darum auch weder Unendlichkeit noch Endlichkeit. Sobald aber der Akt real ist, ist er entweder absoluter oder in sich relativer, unendlicher oder endlicher Akt. „An sich" kann heißen „abstrakt betrachtet" oder „als absolut real gesetzt". Im ersten Sinn ist der Akt nicht an sich unendlich, sonst wäre er in der Tat überall, wo er vorkommt, unendlich. Im zweiten, thomistischen Sinn ist er an sich unendlich, d. h. wenn er nur als Akt real ist, ohne die ihm als Akt nicht notwendig eignende Relativität zu einer von ihm verschiedenen Potenz, ist er notwendig unendlich.

Was dann den Grad der Limitation des Aktes angeht, so hängt diese, die wesentliche Dualität von Akt und Potenz im endlichen Bereich vorausgesetzt, von der Art und dem Grad der Potenz ab. Quiquid recipitur ad modum recipientis recipitur. Diese Art ist aber nicht nur Negation und Privation, sondern, im Falle der essentia, eine mögliche (analoge) Teilhabe am göttlichen unendlichen Sein. Die essentiae sind seipsis diversae, aber immer unter der Voraussetzung ihrer Bezogenheit auf den actus essendi. Welcher Grad der Limitation verwirklicht wird, hängt natürlich von der Wirkursache ab, die im Falle der Schöpfung nicht zuerst die Potenz hervorbringt (und dann durch diese den Akt limitiert), sondern das ganze, aus Akt und Potenz konstituierte Realseiende.

Ein Weiteres, was dem Verf. entgeht, ist die Denkmöglichkeit, daß etwas in einer gewissen Ordnung und unter gewisser Rücksicht unendlich sein kann, ohne damit schon schlechthin oder in jeder Rücksicht unendlich sein zu müssen. So ist z. B. die Möglichkeit, eine endliche Strecke in Gedanken oder in der Anschauung zu teilen, unbegrenzt, obwohl die Strecke in anderer Hinsicht begrenzt ist. Daß der Verf. eine solche Unendlichkeit in bestimmten Ordnungen nicht anerkennen will, hängt mit seiner Auffassung zusammen, daß der actus essendi, wenn er „an sich" unendlich sei, überall, univok im selben Sinn, unendlich sein müsse. Wo allerdings das Sein eines Wesens in sich real unendlich ist, wie in Gott, kann man nicht mehr von einer Unendlichkeit in verschiedener Ordnung, vom actus entis und einem davon verschiedenen actus essentiae, sprechen.

Nachbemerkungen

Das thomistische Limitationsprinzip
(Besprechung von: Gora, Stanislaw, De quibusdam fallaciis prinipii limitationis)
Die Besprechung Goras untersucht die angeblichen Täuschungen des thomistischen Limitationsprinzips. Sie erschien in der „Theologischen Revue" (Münster, Westf.) 51 (1955) Sp. 75–78.

SUBSTANZ

Vorbemerkung:

Im alltäglichen, außerphilosophischen Gebrauch bezeichnet das Wort »Substanz« einen in seiner chemischen Beschaffenheit nicht näher bestimmten Stoff. Das Wort »Akzidens« kommt im Alltagsgebrauch fast nur noch in der Zusammensetzung »Akzidenz-Druckerei« (oder ähnlichen) vor und bezeichnet dann eine zur Hauptsache, nämlich dem Buchdruck, »hinzukommende« Art des Drucks von anderen Drucksachen. Im gewöhnlichen (auch einzelwissenschaftlichen) Bewußtsein haben diese Worte jeden Bezug zur Philosophie verloren. In der Philosophiegeschichte und in manchen Formen der systematischen Philosophie spielen sie eine bedeutsame Rolle.

1. Entstehung und Diskussion des Substanzbegriffs

Philosophische Begriffe werden nicht von der Erfahrung abgelesen in dem Sinne, daß sie bloß die begriffliche, mehr oder weniger abstrakte Form einer konkreten Anschauung darböten und deshalb unmittelbar an dieser nachgewiesen werden könnten, wie etwa die Begriffsworte »rot«, »grün« oder allgemeiner »Farbe«; oder »größer«, »kleiner«; »drei«, »vier«. Dennoch haben auch die philosophischen Begriffe eine gewisse anschauliche Stütze, sei es durch eine gewisse Analogie wie sie etwa in der Wortzusammensetzung Sub-stanz (von *sub-stare*=darunterstehen) oder Akzidens (von *accidere*=zu-fallen) angedeutet wird, sei es durch Bezugnahme auf gewisse Tätigkeiten oder Verhaltensweisen, wie etwa im Wort »Sein« der Bezug zum »Ist-Sagen« der Aussage liegt.

Wie kam es zur philosophischen Begriffsbildung von »Substanz« und »Akzidens«? Beide treten nämlich zugleich auf, was im Alltagsgebrauch der beiden Wörter nicht mehr sichtbar ist. – Jeder der spricht, denkt, was er erfährt oder sich vorstellt. Wir kontrollieren und korrigieren unser Denken anhand weiterer Erfahrung, um damit im Umgang mit der Welt zurecht zu kommen. Beim Wissenschaftler ist dieses Denken methodisch geschult, auf Theorienbildung ausgerichtet, die es ermöglicht, neue Erfahrungen einzuordnen oder abzuleiten. Es reflektiert jedoch nicht auf sein Grundverhältnis zur Erfahrung und nicht auf die Bedingungen seiner Möglichkeit. Das ist das Geschäft des Philosophen. Seine Begriffe sind nicht Bausteine von Theorien, aus denen sich Ereignisse vorhersehen lassen, durch die sie im Falle des Zutreffens verifiziert, im Falle des Nichtzutreffens falsifiziert werden. Die philosophischen Begriffe dienen vielmehr dazu, die Grundforderungen des Denkens so zu modifizieren, daß die Erfahrung insgesamt oder in besonderen Teilbereichen mit ihnen in Einklang gebracht und so verstanden werden kann.

Parmenides (geb. um 540) und seinen Schülern schien es einleuchtend zu sein, daß nur das Sein gedacht, das Nichtsein hingegen in keiner Weise gedacht werden könne. Zwischen Sein und Nichtsein ist ein unüberbrückbarer Gegensatz. Eine Verbindung beider ist unmöglich. Tatsachen wie Veränderung, in der Sein und Nichtsein eine Rolle spielen, wurden zum leeren Schein und zur Täuschung erklärt. Die Grundforderung des Denkens, daß Sein sei und Nichtsein nicht sei, wurde in ihrer leeren Abstraktheit ohne alle innere Modulation absolut gesetzt, damit aber jedes Verständnis für die konkrete Wirklichkeit abgeschnitten.

Aristoteles (384–322) analysierte die Veränderung auch von der Grundforderung des Denkens her, die er jedoch in einer verfeinerten Form ausgesprochen hat: Ein und dasselbe kann demselben unmöglich zugleich und in derselben Beziehung zukommen und nicht zukommen (Metaphysik IV 3). Vor allem aber zeigte er, daß der Ausdruck »Seiend« (und demgemäß auch »Sein« und »Nichtsein«) in vielfacher – wenn auch aufeinander bezogener – Bedeutung gebraucht wird und daher eine innere (d. h. nicht über das Sein hinausgehende) Modulation zuläßt. Eine dieser für das Verstehen von Veränderung unerläßlichen Modulationen ist die Unterscheidung des Seienden in aktuell und potentiell Seiendes. So ist Samenkorn und Baum ein und dasselbe Seiende, verschieden aber als potentieller gegenüber dem aktuellen Baum. Auch der Lehm ist gegenüber den aktuellen Gegenständen, die aus ihm geformt werden, ein potentiell Seiendes. Augenscheinlich ist diese Potentialität jedoch anderer Natur als im vorigen Beispiel. Das philosophische Denken hat noch weitere Arten der Potentialität entdeckt. Schon daraus geht hervor, daß die Modulierung des Seienden in aktuell und potentiell Seiendes für die Verständlichmachung des Wirklichen (den Ausgleich von Denkforderung und Erfahrung) nicht genügt. Es bedarf dazu noch weiterer Unterscheidungen.

Eine solche ist die von *Substanz* und *Akzidens,* bzw. von substantiell und akzidentell. Betont sei, daß solche Unterscheidungen nicht willkürlich erfunden wurden oder nur verbaler Natur sind, wie es manchmal bei einer äußerlichen Aufzählung scheinen könnte. Es sind Sachprobleme, die zu solchen Unterscheidungen zwingen, wobei nicht von vornherein klar ist, ob sie schon eine volle Lösung der Probleme ermöglichen, oder das Denken nicht vielmehr über sie hinaus zu weiteren Artikulierungen getrieben wird. Mit einer gewissen Vorläufigkeit muß man auf jeder Stufe des Denkens rechnen.

Nicht alle Veränderungen vollziehen sich in derselben Tiefe des Gegenstandes. Einige bleiben mehr an der Oberfläche, andere gehen tiefer. Ein Antlitz errötet, wird bleich; Hände oder Füße werden kalt oder warm. Das sind vorübergehende Zustandsänderungen. Tiefergehend sind Krankheit, Verlust von Gliedern, Verlust des Lebens. Worauf beziehen sich diese Veränderungen? Gibt es dabei eine letzte Grenze? Wovon werden Veränderungen ausgesagt? Um diese Fragen zu beantworten, müssen wir zwischen dem Subjekt der Aussage und dem Subjekt der Veränderung unterscheiden.

Das für uns nächstliegende ist das sprachliche Subjekt, d. i. jenes konkrete Ganze, an dem wir die Veränderung wahrnehmen und von dem wir sie aussagen. In der Scholastik hieß es das *suppositum*, griechisch *ὑπόστασις* (dasjenige, was den Prädikaten »unterlegt« wird, was letztes Subjekt aller Aussagen ist, z. B. dieser Mensch, der »Peter Y« heißt: von ihm wird die Handbewegung, die Krankheit und sogar der Tod – »er ist gestorben« – ausgesagt). Das ist die Ordnung der Sprache.

Wie aber steht es mit der Struktur des durch die Sprache Bezeichneten, mit dem Seienden, das mit Peter Y gemeint ist? Gibt es dort ein Subjekt nicht-sprachlicher Art, ein seinshaftes »Substrat» (*ὑποκείμενον*), in und an dem sich ein Wechsel von Zuständen und *Bestimmungen* vollzieht, die nicht in begrifflichen Prädikaten bestehen, sondern die seinshafte Entsprechung, das Objekt solcher sprachlichen Aussagen sind? Offenbar ist Krankheit ein Zustand (der durch eine Zustandsänderung eintritt), der nicht identisch mit einer Sprachbezeichnung, sondern deren Gegenstand und in Peter vorhanden ist, ob er aktuell prädiziert wird oder nicht.

Der kranke und gesunde Zustand sind nicht miteinander identisch. Sie folgen aufeinander in der Zeit. Sie wechseln miteinander ab. Diese Abfolge schwebt aber nicht in der Luft. Sie vollzieht sich in und am Körper, der der unmittelbare »Träger« dieses Zustandes ist und durch diesen Wechsel selbst, obwohl er dieser mein Körper bleibt, doch ein je anderer wird. Alle Zustände und Eigenschaften sind nur wirklich, sofern sie *in* und *an* etwas sind, das jedoch keineswegs getrennt von ihnen existiert oder gar erfahren werden kann, sondern das in ihnen und durch sie erfahren wird und von dem allein sinnvoll und je für sich gesagt oder gefragt werden kann, was es ist.

Diesem allein kommt, in Gegensatz zu jenem, Selbstand, d. h. Substantialität zu. Dasjenige demnach, was ein jedes in sich und für sich selbst ist, ist eine »Substanz«.

Kennzeichnend für die Substanz ist also eine »gewisse Absolutheit«, daß sie nämlich so etwas ist, daß ihr das Sein in sich und für sich selbst zukommen kann, was man von den unselbständigen Bestimmungen, die sich in ihr und an ihr befinden nicht sagen kann, da diese samt und sonders ihrem Wesen nach relativ zu einem Substrat sind, so daß solche Bestimmungen ohne diese (ihnen innerliche) Bezogenheit jeden Sinn verlieren. Derartige unselbständige Weisen des Seins nennt man »Akzidentia«. Ob diese Seinsweisen zufällig sind oder notwendig aus dem substantiellen Wesen hervorgehen, bleibt hier außer Betracht. Eine Folge der Absolutheit des in sich Seienden ist die geschlossene Einheit und Ganzheit des Soseins und der Wesenheit einer Substanz, kraft deren man fragen kann, was sie in sich und an sich ist. Die Absolutheit der Substanz ist jedoch – von ihrem Begriff her bloß als Substanz – nicht uneingeschränkt. Sie schließt nur aus, daß die Substanz wiederum unselbständige Bestimmung an einem weiteren Substrat ist. Gerade dadurch (als letztes Subjekt) unterscheidet sich die Substanz ihrem Begriffe nach vom bloßen Subjekt oder Substrat, da dieses zwar Träger für weitere Bestimmungen ist (z. B. der Verstand für Verstandesakte), selbst aber nicht notwendig letztes Subjekt ist (da der Verstand Verstand einer Person ist).

Konkrete Teile eines Erfahrungsgegenstandes (wie z. B. die Organe des menschlichen Körpers) sind weder eindeutig und uneingeschränkt Substanzen noch können sie Akzidentien genannt werden. Sie gehören einerseits zur Substanz, da diese ohne sie nicht vollständig ist und ohne Teile überhaupt nicht als körperhafte Substanz existieren kann, andererseits umschließen diese Teile auch Akzidentia, durch die allein sie der Erfahrung zugänglich werden. Die Substantialität kommt ihnen aber in verminderter Weise zu, da sie ihrem Wesen nach nicht in sich und an sich (ohne wesentlichen Bezug zum Ganzen, zu dem sie gehören) gesondert existieren können. Da die Substanz (und ihre konkreten Teile) nur in und mit ihren Akzidentia zur Gegebenheit in der Erfahrung kommen, wird ersichtlich, daß die Sonderung in Substanz und Akzidentia nur durch den analysierenden Verstand möglich ist und – obwohl anhand der Erfahrung gewonnen – doch nicht in der Erfahrung anschaulich ausgewiesen werden kann. Wo von Substanzen im hinweisenden Sinn der Erfahrung die Rede ist, handelt es sich nicht um den philosophischen Begriff der Substanz, sondern um den eingangs genannten Alltagsbegriff. Die Substanz darf deshalb auch nicht mit *Ding* gleichgesetzt werden, da Dinge in der Erfahrung gegeben sind. Im Gegenteil: die Dinge der Erfahrung stellen uns vor die Frage, ob und in welcher Weise das, was wir als Substanz bezeichnet haben, in ihnen vorkommt, insbesondere ob die Dinge jeweils eine oder mehrere Substanzen in sich verwirklichen.

Ob Substanzen »Gegenstände« (oder Objekte) sind, hängt davon ab, was mit »Gegenstand« gemeint ist. Wird Gegenstand dinglich verstanden, dann ist Substanz natürlich kein Gegenstand; wird Gegenstand hingegen nur als das verstanden, worauf sich Denken richtet, dann allerdings sind Substanz und Akzidens Gegenstände.

Schon oben wurde darauf hingewiesen, daß der Substanz Absolutheit nur in gewisser Hinsicht zukommt. Läßt man dies außer acht und betrachtet man die Substanz einzig und allein unter dem Gesichtspunkt der Absolutheit, so kommt man zu der Auffassung *Spinozas* (1632–77), nach dem die Substanz das ist, »was in sich ist und durch sich selbst begriffen wird« (Eth. I, Def. 3), was demnach, um zu sein und so begreifbar zu werden, keines anderen in irgendeiner Hinsicht bedarf, was demnach das Absolute in uneingeschränkter Weise ist. Die pantheistischen Folgerungen, die *Spinoza* aus diesem Absoluten als der einzig möglichen Substanz gezogen hat, hätte man schon aus der Definition *Descartes* ziehen können: »Unter Substanz können wir nur ein Ding verstehen, das zu seiner eigenen Existenz keines anderen Dinges bedarf« (Princ. I 51). Richtig ist diese Definition nur, wenn das Nicht-Bedürfen eines anderen Dinges auf den Träger unselbständiger Bestimmungen bezogen wird.

Obwohl demnach die Absolutheit des Insichstehens die Substantialität ausmacht, so schließt sie dennoch nicht andersgeartete Relativität aus: weder Kausalabhängigkeit im Entstehen noch die Beziehungen, die in der Ordnung der Akzidentia zur Substanz kommen; weder wesenhafte Beziehungen (wie etwa die Wechselbeziehung der Geschlechter) noch die grundlegende Seinsbeziehung zum absoluten und unendlichen Sein. Dem Substanzprinzip, daß nämlich, wenn es überhaupt Seiendes gibt, es auch notwendig ein in-sich und an-sich Seiendes gebe, genügt auch die Spinozistisch verstandene Substanz. Hingegen wird der Spinozistische Substanzbegriff der tatsächlichen Erfahrung nicht gerecht; er ist kein brauchbares Mittel, um die Forderung des Denkens in Ausgleich mit der Erfahrung zu bringen.

Substanz und Akzidens sind nach *Kant* (1724–1804) Kategorien des Verstandes, mit denen wir die »Erscheinungen« beurteilen. Sie betreffen nur das Beharrliche und das Wechselnde in der »Erscheinung« selbst, nicht das den »Erscheinungen« zugrunde liegende »Ding an sich«. Dieses wird durch die Erscheinungen nicht erkannt. *Kant* sieht den Gegensatz Substanz–

Akzidens ausschließlich vom Gegensatz Beharren und Nichtbeharren her und in Unterordnung unter die Zeit (Identität und Nichtidentität in der Zeit). Das Moment des Selbstandes (gegenüber der unselbständigen Seinsweise) entfällt oder wird vielmehr – ohne den Titel »Substanz« – dem Ding an sich zugeschrieben. Der nicht nur terminologische, sondern sachliche Gegensatz zu den obigen Ausführungen besteht darin, daß nach *Kant* die Erscheinungen zwar Erscheinungen des Dings an sich sind, aber es in seinem besonderen Sosein unerkannt lassen, während obige Ausführungen davon ausgehen, daß es eine solche Kluft zwischen Ding an sich und Ding für uns (=Erscheinung) nicht gibt, sondern die Substanz durch die »Erscheinungen« (=Akzidentia in unserem Sinne) wirklich zum Vorschein kommt, und zwar nicht nur in ihrem abstrakten Selbstand (daß Dinge an sich den Erscheinungen in einer uns unerkennbaren Weise zugeordnet sind), sondern daß sie sich auch in ihrem besonderen Sosein kundtut.

Die »Substanz« wie ihr Begriff oben entwickelt wurde, ist demnach kein »Ding an sich« im Sinne *Kants;* bildlich gesprochen keine in sich geschlossene Kugel allseitiger Absolutheit, auf die die Erscheinungen zwar verweisen, ohne jedoch deren Bestimmungen zu sein, sondern ein (unräumliches) Inneres, das sich in den Erscheinungen manifestiert. Darum ist es für uns sinnvoll, nach den besonderen Verwirklichungsweisen der Substantialität zu fragen und den sinngebenden Gehalt dieses Begriffs weiter zu erproben.

2. Der Ort der Verwirklichung des Substanzbegriffs

Die Erfahrung, von der wir ausgegangen sind und deren Analyse uns zum Substanzbegriff geführt hat, war die Selbst- und Fremderfahrung des Menschen. Der Mensch muß sich, um sich zu verstehen (d. h. der eingangs aufgestellten Denkforderung zu entsprechen), unter anderem durch die Begriffe von Substanz und Akzidens denken. Ist das auch bezüglich anderer Seiender notwendig? – Auch dort gibt es mehr oder weniger tiefgehende Veränderungen. Wie tief können sie gehen? Gibt es auch dort bei aller Veränderung ein letztes Subjekt, und zwar nicht nur etwa im Sinne der Aristotelischen ersten, bestimmungslosen Materie, sondern als ein von Veränderungen betroffener, aber doch in einem gewissen Selbstand verharrender Kern und Träger, der sich in den Veränderungen in einem bestimmten Sosein durchhält, wenn er aber in diesem grundlegenden Sosein verändert wird, seine Identität und damit sein grundlegendes Sein selbst verliert? Dann wäre auch in solchem Seienden Substantialität gegeben. Daß allem Seienden wenigstens zuletzt Substantialität zugrunde liegt (Substanzprinzip), haben wir schon gesehen. Die Frage lautet hier aber, ob es außer dem Menschen und dem (transzendenten) Absoluten noch andere in und für sich seiende Substanzen gibt.

Diese Frage stellt sich zunächst für die Seienden, die zumeist ein solches Insich-und-für-sich-Sein zu bekunden scheinen: die Tiere und, wenn auch gemindert, die Pflanzen. Die Frage muß aber auch an die anorganischen

Körper und an die Werke des Menschen gestellt werden. Ob sie für alle, und mit welchem Sicherheitsgrad sie beantwortet werden kann, bleibe einstweilen dahingestellt. Am meisten zeigen die Tiere, zumal die höheren, Substantialität, ihre Verhaltens- und Reaktionsweisen sind den menschlichen in der sogenannten sinnlichen, begrifflich unreflexen Sphäre so ähnlich, daß man ihnen ein dem entsprechendes Bewußtsein und ein psychisches Innenleben zuschreiben muß. Da das Sein und die Seinsart eines jeden sich im Wirken und den Wirkweisen bekundet, kann den Tieren daher auch ein gewisses In-sich-sein und damit Substanzsein nicht abgesprochen werden. Weniger deutlich ist die Substantialität der Pflanzen, obwohl auch sie eine spezifische Ganzheit der Lebensfunktionen aufweisen, die wohl ohne eine entsprechende substantielle Seinsgrundlage nicht möglich ist. Schwieriger wird die Entscheidung über die Substantialität, genauer die Grenzen der Substanzen, bei den anorganischen Körpern.

Neuere Untersuchungen haben gezeigt, daß sie sich fast wie bloße Teile des Weltganzen verhalten. Auf jeden Fall tritt das Moment des je besonderen Fürsichseins nicht so stark wie beim Lebendigen hervor. Dennoch fehlt es nicht ganz. Identische Partikel gehen durch verschiedene Zustände hindurch, verlieren sich also nicht ganz im Prozeß. Das spezifische Fürsichsein betrifft jedoch nicht nur Elementarteilchen, sondern auch Zusammensetzungen verschiedener Stufen wie Atome, Molekel und Kristalle. Obwohl sie infolge allgemein geltender Gesetzlichkeiten zusammentreten, ohne daß dazu ein besonderes, über die Struktureigenschaften der Teile hinausgehendes Prinzip der substantiellen Einheit gefordert werden müßte, bilden sie doch »Ganzheiten verschiedener Stufe«, die nicht bloß auf eine Vielheit von Substanzen zurückgeführt werden können, die miteinander in zusätzlichen Relationen stehen. Vielmehr einen sich die Teile kraft ihrer immanenten Struktur und bilden eine Mehreinheit, die eine in den Teilen angelegte, virtuelle Ganzheit aktualisiert. Die Verbindung mit dem gemeinsamen Weltgrund bleibt dabei erhalten, ähnlich wie sich auch die Tiere und Pflanzen (und der menschliche Körper) nicht aus der Verbindung mit der körperlichen Gesamtwelt loslösen, sondern in ihr verbleiben, als diese besonderen Gestalten jedoch aus ihr hervortreten.

Hier wie auch im folgenden, wo es sich um mehrstufige Ganzheiten und Vieleinheiten handelt, muß man sich fragen, ob die Substantialität nur den sich integrierenden Teilen oder auch der höherstufigen Ganzheit selbst zukommt. Die Frage wird drängend, wenn und insofern die Struktur der Ganzheit nicht mehr additiv aus den Strukturen der Teile verstanden werden kann, wie bei den Werkgegenständen und den sozialen Gebilden.

Die Werke des Menschen (Gebilde des Handwerks und der Technik sowie die Schöpfungen der Kunst) sind am ehesten den höherstufigen anorganischen Körpern vergleichbar. Der Unterschied besteht darin, daß die Naturkörper kraft der ihnen von Natur aus eigenen Strukturen und Gesetzmäßigkeiten unter bestimmten Bedingungen spontan zusammentreten, während die menschlichen Gebilde ihre besondere Form und Gestalt durch die intentional bestimmte menschliche Tätigkeit erhalten, sei es im

Hinblick auf bestimmte zweckdienliche Funktionszusammenhänge (Werke des Handwerkes und der Technik), sei es im Hinblick auf die Eignung, bestimmte, als ästhetisch beurteilte Eindrücke in unserer Wahrnehmung oder in unserer Vorstellungskraft hervorzurufen. Ohne Zweifel haben alle diese Gebilde eine substantielle Grundlage. Die Frage ist nur, ob es genügt, diese in den anorganischen Teilen allein zu sehen. Form und Gestalt dieser Gebilde sind nicht Akzidentia (unselbständige Bestimmungen) weder der letzten Bausteine der Materie als der je einzelnen (was unsinnig wäre: die Gestalt des Hauses ist nicht eine summative Eigenschaft der Atome) noch einer sozusagen »monolithischen« Substanz, sondern eben einer Vieleinheit, die in der sogenannten »Ordnung« der Teile ihre besondere »Wesenheit« und den Identitätsgrund bei Veränderungen hat, die die »Wesenheit« etwa eines Hauses nicht beseitigen.

Man könnte hier argumentieren, daß es sich bei den menschlichen Gebilden um Ganzheiten „akzidenteller« Ordnung handelt. Akzidentell (d. h. nicht notwendig) mögen diese Ordnungen für die in sie eingehenden anorganischen Substanzen sein; das schließt aber nicht ein, daß diese Ordnungen bloß Akzidentia der anorganischen Substanzen sind. Vielmehr bilden die Teile das Material zu einer neuen Ganzheit, die nicht auf die Teile und ihre Eigenschaften reduzierbar ist, obwohl diese Eigenschaften die neue Ganzheit ermöglichen.

Die oben aufgeworfene, aber nicht beantwortete Frage nach der »Substantialität« solcher höherstufigen Ganzheiten kann hier nicht mehr umgangen werden. Es bereitet keine Schwierigkeit, von der »Wesenheit« eines Hauses zu sprechen, die zwar die Teile des Hauses als Material impliziert, aber nicht aus ihnen resultiert. In vielen seiner Eigenschaften ist vielmehr das Material des Hauses (z. B. ob Holz oder Stein), obwohl diese Beschaffenheiten für das Material selbst wesentlich sind, für das Wesen »des Hauses« gleichgültig. Die Wesenheit des Hauses kann ferner identisch bleiben, obwohl das Haus in vielem verändert wird. Insofern spielt diese Wesenheit (Grundgestalt, Form) des Hauses die Rolle der »Substanz« gegenüber den Akzidentia, den – trotz der spezifischen Identität – auswechselbaren Bestimmungen. Kommt dieser Form des Hauses aber auch ein Selbstand zu? Ist sie nicht wesentlich unselbständig und damit ein Akzidens? Die Entscheidung scheint unvermeidlich: denn ein Seiendes ist entweder selbständig oder unselbständig. Im ersten Falle ist es Substanz, im zweiten Falle Akzidens. Ein von den Teilen unabhängiges Sein kommt aber der Form des Hauses nicht zu. Also ist sie unselbständig im Sein und daher Akzidens.

Dennoch folgt das nicht. Zwischen selbständigem und unselbständigem Sein (beide im selben Sinne genommen) gibt es zwar kein Drittes. Aber das unselbständige Sein wird negativ bestimmt. Die Seinsart des Akzidens hingegen ist positiv. Sie besteht darin, Bestimmung einer Substanz zu sein, deren Potentialität sie aktualisiert. Das Akzidens gehört so je einer Substanz an. Keine Substanz, die als Teil zu einem Hause gehört, kann jedoch in ihrem Für-sich-sein Träger der Form eines Hauses sein. Diese ist vielmehr wesentlich auf eine Vielheit von Teilen angewiesen, mit denen zusammen sie eine neue Ganzheit bildet. Die Form dieser Ganzheit ist nicht Akzidens einer Einzelsubstanz (eines Teiles des Hauses). Ist sie zusammen mit den Teilen eine neue Substanz höherer Ordnung? Oder kommt ihr eine andere Seinsweise zu, die weder Substanz noch Akzidens ist? Zur Substanz fehlt ihr die volle Selbständigkeit, zum Akzidens die Zuordnung zu einer Substanz. Die Begrifflichkeit muß erweitert werden. Werkgegenstände haben eine eigene Seinsweise, die man als *Mitsein*[1] bezeichnen kann. Das Mitsein kommt Gegenständen zu, deren Form eine Vieleinheit konstituiert. Diese Form bestimmt nicht eine einzelne Substanz (auch nicht in Beziehung zu je einer anderen), sondern eine Vielheit von Substanzen in ihrem Zusammensein in einer neuen, nicht aus dem Sosein der Einzelsubstanzen resultierenden spezifischen Art. Das Mitsein (als Form und Akt einer Vieleinheit) partizipiert sowohl an der Substantialität durch spezifische Eigenart und Identität als auch am Akzidenssein durch Bezug auf die tragenden Einzelsubstanzen, ohne jedoch mit einem der beiden vollkommen zusammenzufallen.

Da den durch das Mitsein konstituierten Gegenständen jedoch ein wirkliches In-sich und Für-sich-sein zukommt (das die jeweiligen substantiellen Komponenten, obwohl unter sich auswechselbar, als Vorstufe voraussetzt), könnte man von einer »analogen Substantialität« sprechen oder von Substanzen höherer Stufe. Diese Abwandlung der Begriffe ist notwendig, da Begriffe nicht Selbstzweck sind, sondern Mittel, um Gegebenes zu verstehen und auf die Grundforderungen des Denkens zu beziehen.

In Analogie zur besonderen Ganzheit der menschlichen Werke ist auch die besondere Ganzheit und »Substantialität« der sozialen Gebilde zu verstehen. Selbstverständlich sind sie nicht »Substanzen« getrennt von den Menschen, die ihre Glieder sind. Ihre »Substantialität« ist die einer zweiten oder höheren Stufe gegenüber der »Substantialität« der Einzelpersonen. Sie ist auch nicht so zu verstehen, als ob die Personen in ihr ihre einmalige Personalität verlören. Dennoch haben sie (wenn auch in verschiedener Weise und in verschiedenem Grade) ein spezifisches (vom Willen der Individuen teils abhängiges, teils bis zu einem gewissen Grade unabhängiges) Eigensein und eine im gesellschaftlichen Wirken sich bekundende Ganzheit, ein Mitsein, das nicht auf die bloße Vielheit der Personen und ihre Willensintentionen zurückgeführt werden kann. Auch hier kann man von einer Substantialität im analogen Sinne sprechen.

Literatur

Aristoteles, Kategorien, Kap. 5; Metaphysik, Buch 7.
Thomas von Aquin, In metaphysicorum librum VII. lectio 1.

[1] *W. Brugger,* Das Mitsein. Eine Erweiterung der scholastischen Kategorienlehre, in Scholastik 31 (1956), S. 370–383.

I. Kant, Kritik der reinen Vernunft B 218–264.
B. Bauch, Das Substanzproblem in der griechischen Philosophie, Heidelberg 1910.
R. *Jolivet,* La notion de substance, Paris 1929.
J. Hessen, Das Substanzproblem in der Philosophie der Neuzeit, Berlin 1932.
R. *E. McCall,* The reality of substance, Washington 1956.

Nachbemerkungen

Dieser Beitrag, dessen zweiter Teil in enger Beziehung zu meiner Arbeit über das „Mitsein" steht – hier S. 326, – erschien zuerst im „Handbuch philosophischer Grundbegriffe", hrsg. von H. Krings, H. M. Baumgartner und Ch. Wild, Bd. III: München, Kösel 1974, S. 1449–1457. Der Verlag Kösel gab freundlicherweise die Erlaubnis zum Wiederabdruck.

DAS MITSEIN

Eine Erweiterung der scholastischen Kategorienlehre

1. Zur Einführung des Problems

a) Das Weltbild der scholastischen Kategorienlehre

Das Weltbild, das sich auf Grund der traditionellen scholastischen Kategorienlehre ergibt, sieht ungefähr folgendermaßen aus[1]: Die grundlegende Seinsweise ist die Substanz der Dinge, die ihr Sein in sich selbst haben. Daß diese Substanzen teils bloß Dinge im Sinne des „Vorhandenen" sind, teils Subjekte, die eine eigene Umwelt begründen, kann hier außer Betracht bleiben. Auf den Substanzen bauen sich in zweiter Linie die Akzidentien auf, zunächst die Bestimmungen der Substanzen an sich selbst und dann weiter in Beziehung zu anderen Substanzen, sei es durch transzendentale, sei es durch prädikamentale Beziehungen. Größere Einheiten, die mehrere Substanzen umfassen, wie die Natureinheiten etwa von Gebirgen, Seen, von Familien, Gattungen u. a. wie die Erzeugnisse des menschlichen Schaffens oder die gesellschaftlichen Gebilde, werden entweder durch wirkursächliche Abhängigkeit, linear oder wechselseitig[2], oder durch finale Zuordnung erklärt. Alle diese Ganzheiten oder Gebilde werden also schließlich auf die Substanz und die verschiedenen Akzidentien als die einzigen

[1] Dieser Überblick wie überhaupt die ganze Arbeit setzt die Vertrautheit mit der scholastischen Begriffswelt voraus, ohne deren genaue Kenntnis Sinn und Tragweite des Gesagten unzugänglich bleiben.

[2] Über die Schwierigkeiten, die sich hierbei ergeben, vgl. W. Büchel S. J., Individualität und Wechselwirkung im Bereich des materiellen Seins: Schol. 31 (1956) 1–30.

ursprünglichen Weisen endlichen Seins zurückgeführt. Ihre größere oder geringere Einheit aber faßt man als eine in der Linie der Akzidentien erfolgende und unter dem Einfluß von Wirk- und Zweckursachen konstituierte Ordnungseinheit auf.

b) Die Lehre von der kollektiven Substantialität

Der traditionellen Kategorienlehre stehen andere Auffassungen gegenüber, die hier nicht im einzelnen beschrieben oder historisch nachgewiesen, sondern nur kurz durch ihre gemeinsame Richtung kenntlich gemacht werden sollen. Ohne Rücksicht auf das aristotelisch-scholastische Kategorienschema fassen sie die Individuen sowohl im untermenschlichen wie im menschlichen Bereich zu Einheiten zusammen, denen sie eine Art kollektiver Substantialität nach der Weise der Organismen zuschreiben, wobei die Individuen zu bloßen Teilen des übergeordneten Ganzen werden oder gar überhaupt erst aus dem ursprünglichen Ganzen wie aus ihrem Wurzelgrund entstehen. Obwohl man auf scholastischer Seite die zwischen den Organismen und jenen Einheiten herrschenden Ähnlichkeiten nicht verkennt und sich dieser Analogien auch zur Beschreibung der sozialen Gebilde bedient, so betont man doch mit Recht den wesentlichen Unterschied beider, ohne den die personale Eigenständigkeit und Würde des Menschen verlorengeht. Während im Organismus das Ganze dem Seinsrang und dem Ziel nach vor den Teilen ist (die als integrierende Teile ihre vorige Ganzheit verlieren), ist bei den menschlichen Sozialgebilden das Ganze im Hinblick auf Seinsrang und Ziel den Teilen (die hier auch als integrierende Teile ihre ursprüngliche Ganzheit bewahren) nachgeordnet. Bei dieser Betrachtungsweise werden die Analogien zu bloßen Beschreibungsmitteln. Zu verwundern ist nur, daß man dieser Analogien doch nicht ganz entraten kann, was darauf hinzudeuten scheint, daß hier ein mittlerer Bereich des Seins vorliegt, der weder auf dem Wege einer kollektiven Substantialität noch durch bloße Reduktion auf die Kategorien der Substanz und der verschiedenen Akzidentien in angemessener Weise erfaßt wird.

c) Ausschließender Gegensatz von Substanz und Akzidens?

Der Hauptgrund, warum man auf scholastischer Seite an der genannten Reduktion, unbeirrt durch alle Schwierigkeiten, die nicht unbemerkt bleiben, festhält, besteht darin, daß man von der logisch adäquaten Einteilung des endlich Seienden in die Kategoriendualität der Substanz und der Akzidentien fest überzeugt ist. Nichts scheint einleuchtender, als daß einem *ens ab alio*, das also mit seinem *esse* nicht schlechthin identisch ist, das *esse* entweder in sich *(in se)* oder in einem anderen *(in alio)* zukommt. Eine dritte Möglichkeit scheint nicht zu bestehen. Und doch zeigt eine genaue Anwendung des Prinzips vom ausgeschlossenen Dritten, daß man mit einer solchen Möglichkeit rechnen muß. Das genannte Prinzip schließt ein Drittes apodiktisch nur aus zwischen kontradiktorischen Gegensätzen.

Esse in se und *esse in alio* sind aber keine kontradiktorischen Gegensätze. Wenn man entgegenhält, daß es sich dabei zumindest innerhalb des *ens* und des *esse* um ausschließende Gegensätze der Differenzen *in se* und *in alio* handelt, so ist auch das nicht in jeder Beziehung richtig. Genaugenommen besteht nur zwischen *in se* und *non in se* ein ausschließender Gegensatz. Nun meint man aber, das *non in se* sei bei einem positiven *esse* ohne weiteres gleichbedeutend mit *in alio*. Soweit man dieses *in alio* ganz unbestimmt auffaßt, ist dies auch richtig. Dann aber kann es ausgelegt werden als *in uno* oder *in pluribus*. Stillschweigend hält man aber das *esse in pluribus,* als eigene Wirklichkeitsweise genommen, wenn man überhaupt daran denkt, für unmöglich und setzt dann *in alio* einfach gleich mit *in alio uno*. Mag es nun mit der Möglichkeit oder Unmöglichkeit des *esse in pluribus* stehen wie man will, so ist doch eines gewiß, daß man sich für den ausschließenden *logischen* Gegensatz von *esse in se* und *esse in alio (uno)* keineswegs auf das Prinzip vom ausgeschlossenen Dritten berufen kann. Dieses Prinzip läßt vielmehr den Platz für ein *esse in pluribus* offen.

d) Einwände

Vielleicht wird hier jemand einwenden, das *esse in pluribus* gehöre, wenn man seine Möglichkeit einmal einräumt, auf jeden Fall zu den Akzidentien. Denn alles, was die konstituierte Substanz weiterbestimmt, sei in der Ordnung der Akzidentien. – Auch hier ist darauf zu achten, ob der Ausdruck „Akzidens" ganz unbestimmt genommen wird als jede zusätzliche, über die Ordnung der Substanzen hinausgehende Bestimmung (daher der Name) oder ob damit eine in und an *einer* Substanz sich findende ontische Bestimmung gemeint ist. Dies letztere aber ist der Fall, wenn in der Ontologie die Rede von Akzidentien ist. So unterscheidet man dort z. B. zwischen Subjekt und Terminus einer prädikamentalen Beziehung, je nachdem ob die Beziehung in einer Substanz ein reales Fundament – und damit ein *esse in reale* – hat oder nicht. Der realen prädikamentalen Beziehung kommt also kein *esse in pluribus,* sondern nur ein *esse in uno* zu. Wenn jedoch die Beziehung wechselseitig in mehreren Subjekten ist, ist sie damit auch real vervielfältigt, also ohne ein *esse unum in pluribus* zu sein. Das zeigt hinreichend, daß mit dem Akzidens der traditionellen Ontologie nur das *ens, cui competit esse in aliquo uno,* gemeint ist.

Man könnte ferner einwerfen, es gebe doch Akzidentien in zusammengesetzten Substanzen, denen insofern auch ein *esse in pluribus* zukomme; so wenn etwa die Sinnesvermögen die organische Natur eines Tieres und seine Organe bestimmen. – Hier ist aber daran zu erinnern, daß jede akzidentelle Bestimmung die Konstituierung der Substanz, in unserem Falle also die Information des Leibes durch die substantielle Seele, voraussetzt und darum die Akzidentien die Vielheit der Teile nur weiterbestimmen, sofern sie bereits eine substantielle Einheit bilden. Das *esse in pluribus* kommt den *plura* hier nicht zu, sofern sie Viele, sondern insofern sie zuvor schon

Eines (eine substantielle Vieleinheit) sind. Es handelt sich also auch hier um ein *esse in aliquo uno,* obwohl dieses Teile hat.

Zwar setzt das *esse in pluribus* substantielle Subjekte voraus, ohne die es nicht wirklich sein kann, so daß man hier an ein Akzidens in einem kollektiven *subiectum inhaesionis* denken könnte. Aber dem steht entgegen, daß in unserem Falle das kollektive Subjekt als solches erst durch das *esse in pluribus* konstituiert wird, was bei einem *subiectum inhaesionis* nicht der Fall ist. Das kollektive Subjekt des *esse in pluribus* hat als ein kollektives Subjekt mehr Ähnlichkeit mit einem *subiectum informationis* als mit einem *subiectum inhaesionis.*

Aus dem Gesagten erhellt, daß die Einteilung des *ens ab alio* in Substanz und Akzidentien – diese in ihrer Realdefinition genommen – nicht adäquat ist und daß das problematische *esse in pluribus* nicht mit den Akzidentien vieleinheitlicher Substanzen verwechselt werden darf.

e) Denkmöglichkeit oder Realmöglichkeit des „Mitseins"?

Die entscheidende Frage ist nun, ob das *esse in pluribus,* das „Mitsein" (als Abkürzung von „Miteinandersein"), nur eine – allerdings widerspruchslose – Denkmöglichkeit ist oder ob es sich dabei um etwas Realmögliches und Wirkliches handelt. Die Frage der Realmöglichkeit läßt sich in unserem Falle wohl nur an Hand der vorgefundenen Wirklichkeit entscheiden. Die Wirklichkeit des Mitseins aber bedarf eines Aufweises an den Phänomenen. Die Schwierigkeit dieses Aufweises gründet in der Eigenart des Mitseins, das gerade wegen seiner Eigenart durch keinen Vergleich mit irgendeinem anderen Sein sichtbar und zugänglich gemacht werden kann.

Man könnte hier meinen, dann müsse der Aufweis ja leicht sein; ein Hinweis auf dieses einzigartige, unverwechselbare Sein müsse genügen, um es jedermann sichtbar zu machen. Dabei vergißt man jedoch, daß es sich hier nicht um ein sinnliches, sondern um ein intelligibles Sein handelt. Unsere Frage ist ontologisch; sie betrifft das ens qua ens, das als solches nicht sinnlich, sondern nur durch den reflektierenden Verstand erkennbar ist. Es genügt also nicht, sich passiv einem Eindruck zu überlassen, den die Phänomene auf einen machen, sondern diese sind im Licht der metaphysischen Prinzipien zu denken, wobei es durch dieses Denken erst an den Tag kommen muß, ob diese Phänomene nur mit Hilfe der Annahme des Mitseins oder auch ohne seine Annahme ohne Widerspruch gedacht werden können. Da es sich bei dieser „Denkmöglichkeit" nicht mehr um den bloßen Nominalbegriff handelt, sondern um einen Begriff im Hinblick auf die Wirklichkeit, die ohne diesen Begriff (genauer: bei Verneinung dieses Begriffs) nicht ohne Widerspruch gedacht werden kann, ist unter dieser Voraussetzung nicht die bloß logische Denkmöglichkeit, sondern auch die reale Seinsmöglichkeit und Wesensnotwendigkeit des Mitseins gewährleistet.

f) Methode

Unsere Methode wird also die sein, daß wir nach einer kurzen Erläuterung, was unter dem Mitsein näher zu verstehen ist, an Hand einiger Beispiele zeigen, daß die darin aufgewiesenen Sachverhalte durch den Begriff des Mitseins widerspruchslos gedacht werden können, daß hingegen Widersprüche mit den Phänomenen oder den Forderungen der allgemeinen Metaphysik auftreten, sobald man das Mitsein leugnet bzw. die Phänomene ausschließlich auf die traditionellen Kategorien der Substanz und der Akzidentien zurückführt.

2. Zur Lösung des Problems

a) Nähere Kennzeichnung des Mitseins

Das Mitsein läßt sich als jene besondere Art des Seins bestimmen, die mehreren Substanzen in realer Gemeinschaft zukommt. Es setzt das substantielle Sein und die reale Vielheit der Glieder voraus und hebt sie nicht auf. Es setzt auch vielfältige akzidentelle Bestimmungen, Beziehungen und Tätigkeiten der Glieder voraus und ist von ihnen abhängig, ohne doch in ihnen aufzugehen und zu bestehen. Wesentlich für das Mitsein ist, daß es eine neue ontische, übergreifende Einheit der Glieder konstituiert, eine neue, unableitbare Ganzheit, die weder die einer Substanz ist, in der die Substantialität der Glieder untergehen müßte, noch ein sogenanntes *unum per accidens,* das additiv aus den Gliedern entspringen würde. Diese Einheit müßte man *unum per se* nennen, vorausgesetzt, daß man künftig *per se* und *in se* nicht mehr wechselweise für die Einheit der Substanz gebraucht, sondern der Substanz das *in se* vorbehält, während man das *unum per se* als eine allgemeine Bestimmung betrachtet, die sowohl der Substanz wie dem Mitsein (auf je verschiedene Weise) zukommt.

b) Das Mitsein als allgemeine Kategorie

Die Ausführungen über den Begriff des Mitseins wurden absichtlich abstrakt gehalten und ohne Beispiel gegeben. Obwohl sich konkrete Beispiele geben lassen (und alsbald vorgeführt werden), so handelt es sich hier doch um eine Kategorie, d. h. eine der Grundweisen endlichen Seins, von der zu erwarten ist, daß sie nicht nur in *einem* Bereich, etwa dem der menschlichen Gemeinschaften, verwirklicht ist. Konkrete Beispiele dürfen nicht dazu verführen, das Mitsein begrifflich einzuengen und ihm Merkmale zuzuschreiben, die vielleicht nur für *einen* Bereich seiner Verwirklichung zutreffen, für einen anderen aber nicht. Für das Mitsein schlechthin als Kategorie endlichen Seins kommen nur die oben angeführten Bestimmungen in Betracht, durch die es hinreichend von der Substanz und den Akzidentien abgegrenzt ist. Alle weiteren in den Phänomenen etwa sichtbar werdenden Bestimmungen gehören schon den Sonderbereichen zu. Man darf daher nicht aus solchen Sonderbestimmungen schließen, daß sie auch in den anderen Bereichen vorkommen müßten.

c) Sonderbereiche des Mitseins – das soziale Sein

Bei diesen Sonderbereichen des Mitseins könnte man neben den men-
schlichen Gemeinschaften auch an Tier-oder Pflanzengemeinschaften den-
a] ken. Als weiterer Anwendungsbereich kämen die Kulturschöpfungen des
Menschen, also all das in Frage, was man objektiven und objektivierten
Geist nennt. Ob sich das so verhält, muß jedoch im einzelnen nachgewiesen
werden und bedarf eigener Untersuchungen, die im Rahmen dieses Auf-
satzes nicht möglich sind. Wir wollen uns im folgenden auf den Bereich
der menschlichen Gemeinschaften beschränken, auf das *esse sociale,* für das
unsere Frage besonders dringlich ist. Die Absicht der Untersuchung geht
jedoch, wie gesagt, über diesen und jeden Sonderbereich hinaus auf die
Kategorie des Mitseins, des *esse unum in pluribus* schlechthin, von dem das
esse sociale, wie es scheint, nur ein Sonderfall ist. An diesem Sonderfall aber
soll das Allgemeine aufgewiesen werden.

d) Abgrenzung gegen das „Mitsein" Heideggers

Der Ausdruck „Mitsein" stammt von Heidegger[3]. Er wird jedoch hier in einem anderen, wenngleich verwandten Sinn gebraucht. Bei Heidegger ist das „Mitsein" eine Struktur des Daseins (des Menschen im Vollzug) überhaupt, die den Modus des alltäglichen Selbstseins, des Man, begründet. Das „Mitsein" ist bei ihm existential, nicht kategorial zu verstehen. Das Dasein ist selbst von je und wesentlich „Mitsein". Das „Mitsein" anderer gehört zur Struktur der Weltlichkeit der Welt.

Abgesehen von dem wesentlichen Unterschied der Blickrichtung Heideggers, der auf das „Mitsein" als Existential, also auf seine ursprüngliche Erschlossenheit im Seinsverständnis des Daseins, geht, betrifft das „Mitsein", wie er es sichtbar macht und versteht, nicht bestimmte, geschlossene und geprägte Ganzheiten wie die Sozialkörper der Gemeinschaften, sondern nur das unbestimmte Man, die dem Menschen immer wesentliche Sozialstruktur, die zwar Grundlage aller Gesellschaftung, aber noch nicht diese selbst ist. In unserer Arbeit aber geht es – wenigstens in dem gewählten Paradigma – gerade um diese, und zwar, abgesehen vom Selbstverständnis des Daseins, um die kategoriale Eigenart des gesellschaftlichen Seins an sich selbst.

e) Formale und konkrete Bedeutung des Mitseins

Wir wollen uns also zunächst fragen, ob sich das gesellschaftliche Sein als Mitsein im oben dargelegten Sinn verstehen lasse, ohne daß dabei Widersprüche auftreten oder den Tatsachen Gewalt geschieht. Zuvor ist jedoch daran zu erinnern, daß das gesellschaftliche Sein (wie jedes andere) konkret

3 M. Heidegger, Sein und Zeit, 113–130.

oder formal verstanden werden kann. Konkret genommen, gehören zu einer Gesellschaft oder Gemeinschaft natürlich vor allem die Personen, aus denen sie besteht. Im übertragenen Sinn spricht man von der „Materie" der Gesellschaft. Der Ausdruck ist insofern berechtigt und beansprucht mehr als bloß eine Metapher zu sein, als trotz der personalen Bestimmtheit der Glieder einer Gesellschaft diese Personen doch hinsichtlich der Gesellschaften, denen sie angehören können, an sich – wenigstens in gewisser Hinsicht – unbestimmt sind. Sie können diesen oder anderen, sogar auch mehreren Sozialkörpern angehören. Damit aus ihnen, der (relativ) unbestimmten „Materie", ein Sozialkörper wird, bedürfen sie einer „Form". Nach dieser Form und dem Sein, das durch sie bestimmt wird, fragen wir, wenn vom gesellschaftlichen Sein im formalen Sinn die Rede ist. Wir fragen nach dem, was die Gesellschaft eigentlich und innerlich als konstitutives Prinzip zur Gesellschaft macht.

f) Das Mitsein mit den Tatsachen vereinbar

Daß ein solches Mitsein, das eine Gesellschaft formal-innerlich konstituiert' im Hinblick auf die Entgegensetzung von Substanz und Akzidens ohne ontologischen Widerspruch gedacht werden kann, ist oben schon dargetan worden. Es ergeben sich jedoch auch keine Widersprüche zu den Phänomenen. Eine Gesellschaft hat eine ihr eigene Einheit, die nicht aus der Addition der Personen entspringt und die daher auch ein eigenes Sein haben muß. Dies ist ein allen, sofern sie Glieder der Gesellschaft sind, gemeinsames Sein, aus dem dann auch ein der Gesellschaft als solcher eigenes Wirken hervorgeht. Wenn ein Staat mit einem anderen einen Vertrag abschließt, haben nicht die einzelnen Bürger der beiden Staaten miteinander einen Vertrag geschlossen. Die Gesellschaft ist Rechtsperson, d. h. letzte Trägerin von Rechten und Pflichten. Wie kann sie das, wenn sie kein eigenes Sein hat? Selbstverständlich ist dieses Sein kein Natur-Sein, obwohl es gegebenenfalls – wie bei den natürlichen Gesellschaften – von der Wesensnatur des Menschen her in seinen allgemeinen Wesensstrukturen vorgezeichnet ist. Daß das Mitsein einer Gesellschaft dem freien Tun der Menschen entspringt, ist für sein Eigensein ebensowenig ein Einwand wie die Tatsache, daß freies Tun der Menschen zur Entstehung eines Menschen führt. Dem Menschen wird dadurch keine Schöpfung im eigentlichen Sinn des Wortes zugeschrieben. Denn das Mitsein ist ein durchaus von anderen, substantiellen Seinsgrundlagen abhängiges Sein. Daß man das Eigensein einer Gesellschaft nicht sinnlich wahrnehmen kann, dürfte nur für den eine Schwierigkeit sein, der irrigerweise annimmt, das wirkliche Sein sei auf das sinnlich Wahrnehmbare eingeschränkt.

Aber was für eine Art von Sein ist es denn, wenn es weder ein Körper noch ein Geist noch eine Verbindung beider ist? Konkret genommen, ist es tatsächlich eine Verbindung beider, nur nicht in der Einzahl, sondern in der Vieleinheit. Formal genommen aber, gehört es dem Geist, und zwar dem objektiven Geist, zu, allerdings nicht nur als idealer Form, sondern

als wirklichem Produkt des Geistes, hervorgebracht in und an bestehenden Personen durch geistige, intentionale Akte des Verstandes und des Willens, sofern diese Personen dadurch in eine bestimmte Weise der Verbindung gebracht werden und eine neue Art des Seins, nämlich das Mit-einander-
b] Einssein, erhalten.

g) Die Verneinung des Mitseins mit den Tatsachen unvereinbar

Somit wäre dieses Mitsein im Bereich des Sozialen ohne Widerspruch einsichtig zu machen. Daß ich mir jedoch etwas ohne Widerspruch denken kann, ist zwar ein negatives und unerläßliches, aber noch kein positives und letztentscheidendes Kriterium der Möglichkeit. Die Wahrheit eines solchen Mitseins läßt sich letzten Endes nur dadurch erweisen, daß seine Verneinung entweder sich selbst oder die Phänomene aufhebt. Eine begriffliche Selbstaufhebung findet in der Verneinung des Mitseins nicht statt. Denn das Mitsein ist nicht Bedingung der Möglichkeit jenes Aktes, durch den es verneint wird. Anders steht es mit den sozialen Gegebenheiten selbst. Ein Versuch, das Mitsein ernstlich zu leugnen, führt mit logischer Folgerichtigkeit zu deren Aufhebung und Verneinung.

Die – hypothetisch vorgenommene – Verneinung des Mitseins hat zur Folge, daß die Gegebenheiten des gesellschaftlichen Seins auf andere Kategorien des Seins zurückgeführt werden müssen. Eine solche Zurückführung ist unumgänglich, solange man an einem realistischen Wahrheitsbegriff festhält. Eine Aussage ist wahr, wenn sie sagt, was ist, und wenn sie verneint, was nicht ist. Sie hat ihr Maß am Sein. Das gilt auch für die Aussagen über die gesellschaftlichen Gebilde.

aa) Das Recht der Gesellschaft gegenüber dem Einzelnen. – Man sagt ganz zu Recht, der Mensch habe eine gesellschaftliche Natur, er habe von Natur die Fähigkeit, Gesellschaften zu bilden, sich mit anderen zu einem „Sozialkörper“ zusammenzuschließen. Was soll das aber heißen, wenn diesem „Sozialkörper“ kein eigenes, die Einzelnen verbindendes, wirkliches Sein zukommt? Dann besteht ein solcher „Sozialkörper“ nur in unserer Einbildung; dann ist er nicht mehr als ein wesen- und kraftloses Bild. Diesem „Sozialkörper“ werden den Gliedern gegenüber Rechte zugeschrieben, die sich nicht aus den Befugnissen der Einzelnen ergeben können, wie z. B. das Recht des Staates, im Hinblick auf das Gemeinwohl gegebenenfalls vom Einzelnen Opfer bis zum Verluste seines Vermögens oder gar seines Lebens zu verlangen. Kommt dem Staat aber kein Eigensein zu, dann fehlt der Träger solcher Rechte, und diese werden damit hinfällig. Ein Ganzes hat gegenüber den Teilen nur Rechte, die es auch gegen den Willen der Teile „mit Recht“ durchsetzen kann, wenn es selbst wirklich ein Ganzes ist, d. h. aber als Ganzes – natürlich mit Einschluß der Glieder – ein Eigensein hat. Hat es kein solches Eigensein, ist es nur ein *totum per accidens,* dann kann es gegenüber den Gliedern auch keinen irgendwie gearteten Vorrang beanspruchen. Die Beifügung „als Ganzes“ wird dann hinfällig.

bb) Die moralische Verbindung der Glieder. – Es geht um das „Sein“ der Gesellschaft. Dieses wird in den besten Handbüchern der scholastischen
c] Tradition definiert als *iunctio plurium in communem aliquem finem suis actibus conspirantium*[4]. Die Art der Verbindung wird dann näher angegeben als *iunctio moralis et constans*. Der Beschreibungswert dieser Definitionen soll nicht bestritten werden. Das Sein der Gesellschaft ist ein Verbindungssein, ein Mitsein. Dieses ist ferner nicht in der äußeren Natur vorfindbar, nicht
d] physisch. Die Verbindung wird *moralis* genannt, *quae vinculis moralibus seu spiritualibus, nimirum intellectus et voluntatis nectitur*. Daß die gesellschaftliche Verbindung den Menschen in der Ebene des Geistes betrifft oder mitbetrifft und daß der Mensch oft Gesellschaften mittels „moralischer“ Akte stiftet oder in sie eintritt und in ihnen tätig ist, das ist nicht zu leugnen. Die Frage ist nur, ob diese Akte des Verstandes und Willens die Gesellschaft als solche formal konstituieren. Das muß mit Fug und Recht geleugnet werden. Denn die gesellschaftliche Bindung ist diesen Akten teils vor, teils nachgeordnet und besteht überdies zuweilen ohne sie. Die gesellschaftliche Bindung ist diesen Akten nachgeordnet, wo die Gesellschaft erst durch diese Akte entsteht, also eine Folge der Akte und darum nicht mit ihnen identisch ist. Sie ist ihnen vorgeordnet, wo jemand durch einen freien Akt einer schon bestehenden Gesellschaft beitritt oder wo er kraft seiner schon bestehenden Zugehörigkeit zu einer Gesellschaft tätig wird. Zugehörigkeit zu einer Gesellschaft ohne alle moralischen Akte besteht im Falle der neugeborenen Glieder einer Familie und eines Staates. Die aktuelle Betätigung des Verstandes und Willens kann also nicht das Verbindungssein der Gesellschaft konstituieren. Das wird auch durch den Zusatz der Definition ausgeschlossen, daß die Verbindung *constans*, dauernd sein müsse.

cc) Die Verpflichtung zum gesellschaftlichen Wirken. – Aber vielleicht haben wir bei dieser *iunctio moralis* an die Verpflichtung zu denken *conspirandi in communem finem*. Jedoch auch für diese Verpflichtung gilt, daß sie dem Sein der Gesellschaft entweder vorangeht oder ihm nachfolgt, auf keinen Fall aber mit ihm identisch ist. Vorauf geht z. B. die Verpflichtung zur Vergemeinschaftung bei einer Staatsgründung. Nachfolgend aber ist die Verpflichtung zum gesellschaftlichen Zusammenwirken für die Glieder des schon gegründeten Staates. Formal konstitutiv kann diese Verpflichtung deshalb nicht sein, weil sie sowohl das Sein der Gesellschaft voraussetzt – denn was nicht ist, hat auch kein Ziel – als auch das Sein der Glieder als Glieder. Denn wer nicht Glied einer Gesellschaft ist, kann auch zu keiner Verwirklichung des Gesellschaftsziels verpflichtet sein. Damit kommen wir also nicht weiter.

dd) Die Hinordnung der Glieder auf das gesellschaftliche Ziel. – Man könnte nun daran denken, das Wesentliche der Gesellschaft in der Hinordnung der Glieder auf das zu erkennende und zu erstrebende gemeinsame Ziel zu sehen, die ontisch der aktuellen Verpflichtung und den moralischen

[4] Th. Meyer, Institutiones iuris naturalis ^{2}I, nr. 310; ähnlich Liberatore und Taparelli.

Akten voraufgeht. Damit wäre man der Schwierigkeit enthoben, wie jemand ohne persönliche moralische Akte zu einer Gesellschaft gehören könnte (vgl. oben den Fall der Neugeborenen). Von dieser Lösung wären aber im vorhinein die freien Gesellschaften auszuschließen, bei denen eine solche ontische Hinordnung vor allen moralischen Akten nicht stattfindet. Aber auch für die natürlichen Gesellschaften reicht diese Lösung nicht hin. Denn auch diese sind zwar von der Natur des Menschen in ihren Wesenszügen vorgezeichnet, bedürfen aber zur konkreten Entstehung des freien Eingreifens. Weder der konkrete Staat noch die konkrete Familie entsteht automatisch aus einer Vielzahl von Menschen, sondern nur mittels ihrer Erkenntnis und freien Entscheidung. Damit ergeben sich aber dieselben Schwierigkeiten, die oben aufgezeigt wurden, wenn man kein besonderes Sozialsein annimmt.

ee) Das Ordnungssein der Gesellschaft. – Könnte das Sozialsein nicht ein „Ordnungssein" sein, desen Entstehung von der Mitwirkung derer abhinge, die eine Gesellschaft bilden? Ohne Zweifel ist das gerade mit dem Mitsein gemeint, wenn es als das Sein einer Vieleinheit bezeichnet wird. Ordnung ist nichts anderes als Vieleinheit. Nur kann dann dieses Ordnungssein nicht bloß das „Resultat" einer Vielheit sein: weder der vielen Teilnehmer noch ihrer Verpflichtungen, noch ihrer moralischen Akte. Auch ein bloßes Beziehungsgefüge prädikamentaler Beziehungen genügt dazu nicht. Denn Beziehungen sind real nur von ihrem Fundament her und in ihren Subjekten. Die Vielheit realer Beziehungen als solcher schafft keine reale Einheit. Es bedarf vielmehr eines Prinzips der Einheit, und zwar eines Prinzips, das der Gesellschaft immanent und in dieser Immanenz je schon wirklich ist. Das trifft aber für das ideale, noch zu verwirklichende Ziel nicht zu. Das Ziel *(Telos)* soll erst angestrebt, verwirklicht werden, und zwar durch die schon wirkliche Gesellschaft. Die Form, welche dieses der Gesellschaft wesentliche Streben bestimmt und die in ihr als Leitidee ihres Wirkens wirklich ist, muß also (als transzendentale Beziehung) auf das Ziel ausgreifen und es als „En-tel-echie" vorwegnehmen. Da diese Form aber nicht die Einzelnen als solche, sondern in ihrer Gemeinschaft, ihrem Mit-einander-Sein betrifft, ist sie eben das gesuchte Mitsein, und zwar als Wesensform der Gesellschaft, während das Mitsein als Sein der Existenz natürlich nicht dieser Form an sich, sondern nur der Gesellschaft
e] in der Konkretion mit ihren substantiellen und persönlichen Gliedern zukommt.

ff) Die Gesellschaft als moralische und juridische Person. – Die Gesellschaft wird *suppositum collectivum*[5] und, da sie der Ebene der Vernunftwesen zugehört, auch *Person* genannt, zum Unterschied von der sogenannten physischen Person des Einzelmenschen jedoch moralische oder auch (als Subjekt von Rechten und Pflichten) juridische Person. Es ist jedoch nicht einzusehen, mit welchem Recht man hier von *suppositum,* Person und einem Subjekt von Rechten und Pflichten reden könnte, wenn die Gesell-

[5] Th. Meyer, Institutiones iuris naturalis, ^{2}I, nr. 349.

schaft als solche nur ein *esse per accidens,* das aus irgendwelchen Akten, Zuständen oder Relationen der Einzelnen resultiert, besäße. Dann könnte man nämlich nicht die Einzelnen von der Gesellschaft, sondern nur die Gesellschaft von den Einzelnen aussagen. Nun kann man aber gerade das erste, nicht aber das zweite. Denn die Einzelnen gehören der Gesellschaft
f] an, nicht umgekehrt. Also kommt der Gesellschaft als solcher nicht nur ein *esse per accidens* zu, das aus den Einzelnen und ihren akzidentellen Bestimmungen resultiert.

gg) Gesellschaftliches Wirken. – Aus dem Wirken erkennt man das Sein, d. h., was wirkt, bezeugt sich damit als wirklich, und die Art und Weise seines Wirkens offenbart uns die Art und Weise seines Seins. Nun wirkt aber die Gesellschaft als Ganzes in Unterschiedenheit vom Wirken der Einzelnen als Einzelnen. Also kommt der Gesellschaft als Ganzem in Unterschiedenheit vom Sein der Einzelnen ein eigenes Sein, das Mitsein, zu.

Man kann dagegen einwenden, die Gesellschaft werde doch nur wirksam durch ihre natürlichen Personen. Darum komme ihre kein eigenes Wirken und kein eigenes Sein zu. – Der Einwand, der hier gemacht wird, behält seine ganze Kraft gegenüber einer Gesellschaftslehre, die der Gesellschaft ein eigenes substantielles Sein zuspricht, in dem das personale Sein des Einzelnen untergeht wie die assimilierte Speise im Leib. Er ist jedoch in keiner Weise durchschlagend gegenüber dem Mitsein, das, konkret genommen, immer die natürlichen Personen in ihrer substantiellen Eigenständigkeit beläßt, sie voraussetzt und sogar einschließt. Wie das Mitsein der Existenz nur dem konkreten Sozialkörper zukommt, so auch das Wirken. Das Mitsein, formal genommen, kann ebensowenig für sich allein wirken, wie es für sich allein existieren kann. Denn das hieße, eine Gesellschaft könne ohne Gesellschafter sein und ohne Gesellschafter wirksam werden.

hh) Gesellschaftliche Verantwortung. – Ebensowenig aber wie es eine Gesellschaft ohne Gesellschafter geben kann, kann es Gesellschafter und gesellschaftliche Verantwortung geben ohne Gesellschaft. Das haben diejenigen nicht bedacht, die z. B. nach dem Zusammenbruch des Deutschen Reiches von der kollektiven Schuld des deutschen Volkes sprachen. Natürlich ist jede Einzelperson auch als solche für das verantwortlich, was sie in ihrer Eigenschaft als Glied einer Gesellschaft oder eines Staates tut oder getan hat, und diese Verantwortlichkeit der natürlichen Person bleibt auch nach dem Untergang der betreffenden Gesellschaft; aber gesellschaftliche Verantwortung als solche in irgendeiner juridisch faßbaren Form, sei es der Gesellschaft oder der Gesellschafter, kann es nur geben, solange die betreffende Gesellschaft existiert. Hat sie zu existieren aufgehört, kann man sie ebensowenig in einer juridisch gültigen Weise anklagen, als man einen Toten vor ein irdisches Gericht ziehen kann. Anders ist es mit den Vertragspflichten und -rechten und der Haftpflicht. Diese können und müssen u. U. auf eine Nachfolgegesellschaft übergehen.

ii) Gesellschaftliche Autorität. – Der Schwierigkeit, daß ein objektives und ideales Ziel als inneres, konstitutives Prinzip einer Gesellschaft nicht genüge, hat man durch die Unterscheidung der metaphysischen und physischen Form der Gesellschaft zu begegnen gesucht[6]. Als metaphysische Form betrachtete man die schon besprochene *unio constans moralis,* als physische Form hingegen die *auctoritas socialis.* Ihre Aufgabe ist es, die Glieder der Gesellschaft wirksam und beständig auf das zu verwirklichende Ziel der Gesellschaft hinzuleiten. Das aber ist bei freien Wesen nur möglich durch die moralische Bindung der Pflicht, d. h. einer eingesehenen und vernünftig begründeten Notwendigkeit. Abstrakt betrachtet, besteht die Autorität in dem Recht, die Glieder der Gesellschaft zur gemeinsamen, tätigen Verwirklichung des gemeinsamen Zieles der Gesellschaft zu verpflichten und anzuhalten. Konkret und real genommen, ruht dieses Recht in einem Rechtsträger, der entweder eine natürliche Einzelperson oder ein Kollegium ist, also wiederum eine moralische Kollektivperson, die aber den anderen Gliedern der Gesellschaft, eben als Träger jenes Rechtes, übergeordnet ist.

Ohne Zweifel ergibt sich das alles aus dem Wesen einer Gesellschaft mit Notwendigkeit; aber es setzt, wie man deutlich sieht, eben das Wesen der Gesellschaft immer schon voraus, kann also dieses nicht ursprünglich konstituieren, sondern nur mit Notwendigkeit (in der Wesens- bzw. Existenzordnung) aus ihm entspringen. Es ist also das, was man ein *pro-*
g] *prium* nennt. Die Autorität verhält sich zur Gesellschaft ähnlich wie die Seelenvermögen zur Seele. Obwohl sie, wie schon ihre Vielheit zeigt, nicht mit der Seele identisch sind, so wäre doch die Seele ohne sie nicht seins- und wirkmöglich. Eben deshalb entspringen sie mit Notwendigkeit aus ihr. Dasselbe gilt von der gesellschaftlichen Autorität. Das Recht jemanden zur gesellschaftlichen Tätigkeit zu verpflichten, setzt immer schon die Gesellschaft und die Zugehörigkeit des zu Verpflichtenden zu ihr voraus. Darum kann die Autorität die Gesellschaft nicht ursprünglich konstituieren und daher auch nicht ihre physische Form sein.

Damit ist aber zum wiederholten Mal erwiesen, daß die Verneinung des Mitseins, die in jedem Ersatz, den man dafür beibringt, eingeschlossen ist, zur Aufhebung der augenscheinlichsten Gegebenheiten dessen führt, was man Gesellschaft nennt. Diese Verneinung ist also unmöglich und die Bejahung des Mitseins (in der beschriebenen Form) objektiv notwendig und begründet.

h) Das Mitsein im Hinblick auf den Universalismus Othmar Spanns

Wenn wir dem gesellschaftlichen Sein als solchem gegenüber dem bloßen Sein der Einzelnen eine besondere Realität zugeschrieben haben, so trifft sich diese These zwar mit dem Anliegen des Universalismus Othmar Spanns[7], welcher den gesellschaftlichen Gebilden – nicht ohne, sondern in ihren Gliedern – ebenfalls eine wahre Wirklichkeit zuerkennt, zugleich aber unterscheidet sich unsere Auffassung wesentlich von der Spanns, sofern bei ihm das „Ganze“ soviel ist wie das Allgemeine, die Idee als solche,

[6] Th. Meyer, Institutiones iuris naturalis, ^{2}I, nr. 350 ff.
[7] O. Spann, Kategorienlehre 1924.

während das Mitsein, wie es hier verstanden wird, auch im formalen Sinn immer die Form einer konkreten Vielheit ist, nicht aber eine Idee als solche.

h] Eine Idee kann in vielen wirklich sein, so daß jedes als Einzelnes sie auf seine Weise verwirklicht oder so daß nur eine Mehrheit (kollektiv oder organisch genommen) die Idee zum Ausdruck bringt. Die Menschheit als „Ganzes", als Idee, ist nicht dasselbe wie die Menschengemeinschaft, die Menschenfamilie. Nur wenn dieses Zweite, das Mitsein einer Gemeinschaft, gegeben ist, kann man den Einzelmenschen Glied dieser Gemeinschaft nennen, nicht hingegen im ersten Fall, wo er bloß Individuum eines Allgemeinen ist. Daß Spann beide Fälle nicht unterscheidet, zeigen die von ihm gewählten Beispiele[8], die (je nach Bedarf) bald den einen, bald den anderen Fall betreffen.

Der tiefere Grund der genannten Vermengung liegt darin, daß Spann einseitig nur die Form und die formale Determination kennt – diese sichtbar zu machen, darin ist er allerdings Meister –, während die thomistische Metaphysik die Form immer von der Aktualität des Seins her und als Weise der Existenz versteht, weshalb in ihr neben der formalen Determination auch die Wirkursächlichkeit ihren Platz und ihr Recht behält.

Schlußbemerkung. – Zum Schluß sei nochmals nachdrücklich daran erinnert, daß diese Analyse des gesellschaftlichen Mitseins nur den Zweck hatte, die Realität der Kategorie des Mitseins an einem Einzelfall aufzuweisen. Das Mitsein hat sich damit prinzipiell als eine mögliche, von der Weise substantiellen und akzidentellen Seins verschiedene Seinsweise erwiesen. Damit soll diese Kategorie aber nicht auf das soziale Sein eingeschränkt werden. Ob es sich darüber hinaus noch in anderen Wirklichkeitsgebieten nachweisen läßt, muß weiteren, besonderen Untersuchungen vorbehalten bleiben.

Nachbemerkungen

Diese Untersuchung erschien zuerst in der „Scholastik" 31 (1956) 370–383. Eine englischsprachige Zusammenfassung brachte „Philosophy today" (Cartagena, Ohio) 1 (1957) 22–26. Zum selben Problem hatten sich schon früher geäußert José María Díez-Alegria, El problema ontologico de las sociedades trastemporales, in Actes du XIme Congrès internationale de Philosophie, Bruxelles 1953, Vol. IX, 50–54, besonders aber H. Ed. Hengstenberg, Hat die Gemeinschaft ein Sein, das vom Sein der Glieder zu unterscheiden ist?, ebd. Vol IX. 42–49. – Über eine gewisse Weiterführung meines Gedankens siehe [a]. – Die Fragestellung der Untersuchung und ihrer Analyse ist streng ontologisch. Sie führt daher zu einer notwendigen Bedingung der Möglichkeit gewisser Gebilde, bietet aber keine „Erklärung", aus der sich soziologische Gesetzmäßigkeiten oder Verhaltensweisen herleiten ließen.

[8] Vgl. etwa Kategorienlehre, 54–55, 58–59.

a] Vgl. meinen Beitrag „Substanz" – hier S. 317., wo ab S. 323. gezeigt wird, daß das „Mitsein" auch für das ontologische Verständnis anderer Gebilde wie die anorganischen Substanzen höherer Ordnung und die menschlichen Werkgegenstände unentbehrlich ist.

b] Es dürfte einleuchten, daß das hier gemeinte Mitsein nicht schon in einer bloßen Menge realisiert ist, die hier und jetzt etwa durch einen Demagogen zu einer Gewalttat hingerissen wird. Denn hierbei handelt es sich um ein Geschehen, bei dem viele bloß vorübergehend zu einem Tun in gemeinsamer Richtung motiviert werden.

c] Die Verbindung mehrerer zu einem gemeinsamen Zielgut, das sie durch ihre Tätigkeit gemeinsam erstreben.

d] Die durch moralische oder geistige Bindungen, nämlich des Verstandes und des Willens hergestellt wird. – Moralisch meint dabei die sittlich zu verantwortende Dimension des Willens.

e] Eben dieser Konkretion mit ihren substantiellen und persönlichen Gliedern, nicht additiv, sondern nach ihrer historischen Gestalt genommen (d. i. nach Zeit und Ort der Geschichte), entspringt ihre jeweilige Individualität. Diese aber ist bezogen auf ihre jeweilige Form des Mitseins, z. B. des Staates, der Familie, des frei gewählten Vereins u. s. w., so daß dieselben personalen Individuen mehreren Gemeinschaften angehören können, ohne mit deren sozialer Individualität in Konflikt zu kommen.

f] „L'État c'est Moi!" Genau das ist absurd.

g] Proprium: eine das Sosein des Ganzen nicht konstituierende, aber aus ihr notwendig entspringende und jenes Sosein kennzeichnende Eigenschaft.

h] Z. B. Tanne und Wald.

DIE LIEBE ALS GRUNDKRAFT DES ALLS

Im zweiten Teil des „Faust", fünften Akt, läßt Goethe den Pater Profundus sprechen:

Wie Felsenabgrund mir zu Füßen
Auf tiefem Abgrund lastend ruht,
Wie tausend Bäche strahlend fließen
Zum grausen Sturz des Schaums der Flut,
Wie strack mit eignem kräftigen Triebe
Der Stamm sich in die Lüfte trägt:
So ist es die allmächtige Liebe,
Die alles bildet, alles hegt.

Im Lasten des Abgrundes, im Fließen der Bäche, im grausen Sturze der Flut, im kraftvollen Wuchse des Baumes, kurz im ganzen Weltgeschehen sieht der Dichter die alles bildende und alles umhegende, allmächtige Liebe. Ist das nur ein dichterisches Bild, eine poetische Redensart? Oder ist es eine in die Tiefe dringende, das innerste Wesen der Dinge erfassende Schau? Und wenn es das ist: läßt sich zu dieser Schau des Dichters auch von der nüchternen Klarheit und unbestechlichen Notwendigkeit philosophischen Denkens ein Zugang finden? Wir einnern uns, bei Empedokles Liebe und Haß als die bewegenden Kräfte der Mischung und Trennung der Elemente zu finden, aber wir halten diese Auffassung vielleicht vorschnell für ein Überbleibsel mythischen Denkens. Weniger bekannt ist es, daß die Scholastik im sogenannten „appetitus naturalis", dem *Naturstreben,* ein Prinzip des Weltgeschehens gefunden hat, das alle Bereiche des Alls durchwaltet. Dadurch gelingt es ihr, die in der Abstraktion als ruhend gedachten Wesenheiten in Wirklichkeit als Kraftzentren der Bewegung und Tätigkeit zu erkennen.

Wenn ich nun versuche, Ihnen, meine Damen und Herren, eine umfassende Schau dieser Philosophie des „appetitus naturalis" unter dem Namen der „Liebe" zu geben, so fühle ich mich durch den Gedanken behindert, daß eine solche Darlegung notgedrungen an manchen Stellen nicht genügend begründet erscheinen muß. Ich werde zumal im zweiten Teil meines Vortrages manchmal Übergänge in einem einzigen Satz machen müssen, die der Vermittlung durch kompliziertere Gedankengänge bedürften, was jedoch den Rahmen eines Vortrages sprengen würde.

Die Hauptschwierigkeit für den Anfang besteht darin, daß Sie gewohnt sind, von Liebe im menschlichen Bereich, vielleicht auch noch im tierischen und, wenn Sie religiöse Menschen sind, in Gott zu sprechen, wobei viele schon die Liebe in Gott nur als uneigentlich und als Vermenschlichung empfinden werden. Dem gegenüber gilt es zunächst, den Begriff der „Liebe" so zu bestimmen und auszuweiten, daß er sinnvoll auf so verschiedene Bereiche, wie das Menschliche, das Anorganische und das Göttliche angewandt werden kann. Zugleich und ineins damit soll die Berechtigung dieser Anwendung aufgezeigt werden. Noch eines: ich möchte Ihnen zeigen, daß es sich dabei überhaupt nicht um eine äußerliche „Anwendung" handelt, sondern um eine durch die Abwandlung des Begriffs der „Liebe" erfolgende Durchleuchtung und Erhellung der Tatbestände, die selbst zu dieser Begriffsbildung Anleitung geben, kurz: daß es sich dabei um eine Wesenserfassung handelt.

Wie man Worte abwandeln, deklinieren kann, so auch Begriffsinhalte. Solche Begriffe heißen in der Scholastik „analoge Begriffe". Sie spielen in der Philosophie, aber auch im täglichen Leben und in allen Wissenschaften eine große Rolle. Die Scholastik hat, auf *Aristoteles* fußend, am Beispiel des innerlich analogen Seinsbegriffs eine vollständige, logische und erkenntnistheoretische Theorie der *Analogie* und der analogen. Erkenntnis ausgebaut. Wir können hier nicht darauf eingehen, sondern wollen uns das, was wir für das weitere Verständnis brauchen, an einem oder dem anderen Beispiel klarmachen.

Wir sprechen z. B. von der geometrischen Figur des Kreises, verwenden das Wort „Kreis" aber auch anders, so z. B., wenn wir vom Landkreis München oder von einem Arbeitskreis sprechen. Gebrauchen wir hier nur zufällig dasselbe Wort, wie wenn wir z. B. mit „Rappen“ das eine Mal ein schwarzes Pferd, das andere Mal die kleine Münzeinheit der Schweiz meinen? Der Rappe als Pferd und der Rappen als Münze haben keinen gemeinsamen Begriffsinhalt. Anders wenn wir „Kreis“ als geometrische Figur, als Verwaltungsbezirk und als Arbeitskreis nehmen. Der Kreis als Figur ist der geometrische Ort für alle Punkte, welche dieselbe Entfernung von einen bestimmten Punkte haben. Unter Landkreis verstehen wir einen Verwaltungsbezirk, hier eine Gemeinschaft von Gemeinden, die von einer übergeordneten Behörde geleitet wird. In dieser Behörde, dem Landratsamt, haben sie ihren Mittelpunkt, dem sie zugeordnet sind und zu dem sie alle in demselben rechtlichen Verhältnis stehen. Wenn wir so von einem Landkreis sprechen, haben wir nichts anderes getan, als die „Punkte“ in der geometrischen Kreisdefinition durch andere Gegenstände und die „gleiche Entfernung“ durch ein bestimmtes, gleiches Rechtsverhältnis ersetzt, wobei wir im übrigen die Definition als Gestaltganzes unangetastet ließen. Dieses Verfahren ermöglicht es uns, den Begriff des „Kreises“ über den Bereich des bloß Geometrischen auszudehnen, ohne dabei jeden gemeinsamen Aussagegehalt zu verlieren. Dieser Aussagegehalt ist dabei allerdings mehrdeutig geworden, aber nicht regellos und willkürlich, sondern, wie Sie gesehen haben, in einem genau angebbaren und beabsichtigten Sinn. Die Scholastiker nennen daher die analogen Begriffsworte auch „aequivoca a consilio“, die absichtlich (und darum genau bestimmbaren) Äquivokationen, im Gegensatz zu den „aequivoca a casu“, den bloß zufälligen Äquivokationen oder mehrdeutigen Ausdrücken, wie z. B. der Rappen als Münzeinheit und als Pferd.

Nach dieser notwendigen Erläuterung kehren wir zu unserem Thema zurück, zur Liebe als Grundkraft des Alls. Sie werden es nun verstehen, wenn ich sage, dieses Thema sei überhaupt nicht in Angriff zu nehmen, außer man verständige sich darüber, daß man von „Liebe“ in einem abgewandelten, analogen Sinn sprechen darf. Wenn man den unter diesem Wort gedachten Gehalt nur auf eine eindeutige Weise gebrauchen dürfte, wäre eine Ausweitung auf die verschiedensten Bereiche der Wirklichkeit ausgeschlossen. Wenn umgekehrt die Ausweitung auf alle Bereiche den gemeinsam aussagbaren Gehalt völlig zum Verschwinden brächte, dann wäre diese Ausweitung wiederum unmöglich.

Aber noch eine Klippe gilt es zu vermeiden: die bloß auf ein äußerliches Merkmal sich gründende Bedeutungsgemeinsamkeit. Der Rappe ist ein schwarzes Pferd. Man spricht aber auch von „Schusters Rappen“ und meint damit die (meist) schwarzen Schuhe, auf denen wir uns bewegen. Hier liegt eine Analogie vor, aber nur nach sehr äußerlichen Merkmalen. Der Erkenntnisgehalt solcher Analogien ist darum äußerst gering. Anders wenn der analog gemeinsame Gehalt das Wesen und die Tiefenschicht einer Sache betrifft, wie es gerade bei der Liebe der Fall ist.

Am bekanntesten ist die Liebe ohne Zweifel, wie wir sie in uns selbst erfahren. Sie ist in ihrer vollmenschlichen Form ein Gesamtvollzug des Menschen, der ein Du um dessen selbst willen bejaht. Als Gesamtvollzug umfaßt sie die sinnliche und geistige Sphäre, so jedoch, daß das Geistige führt und das Sinnliche durchformt. Im Du aber wird der personale Wert bejaht, die einmalige Person nicht in ihrer Vereinzelung, sondern sofern sie offen ist für den Kosmos der Werte und an ihm teilhat. So schafft die Liebe eine Gemeinsamkeit der Liebenden, die in deren Teilhabe am selben Wertkosmos gründet.

Da die Liebe in ihrer vollmenschlichen Form ein komplexes Gebilde ist, in das mehrere Elemente eingehen, kann sie je nach der Beteiligung dieser Elemente verschiedene Gestalten annehmen. So kann etwa das sinnlich-geschlechtliche Element überwuchern und die personale Wertschätzung verdrängen; dann entartet der Eros zum bloßen Sexus. Oder die geistige Wertschätzung kann sich so sehr über die sinnliche Sphäre erheben und nach so allgemeinen Maßstäben urteilen, daß die sinnlichen Qualitäten für diese Liebe, etwa die allgemeine Menschenliebe oder die Agape, die den Menschen in seiner Gottbezogenheit sichtet, bedeutungslos werden. Da ferner der Geist die Fähigkeit der Rückwendung auf sich selbst besitzt und da er sich selbst auch in vielfacher Weise als Wertträger erkennt, ist auch eine Rückbeziehung der Liebe als Selbstliebe, Selbstbejahung möglich, ja, ohne die Voraussetzung der Selbstliebe ist überhaupt keine andere Liebe möglich. Allerdings kann die Selbstliebe aus dem Rahmen der objektiven Wertordnung heraustreten und so zur Selbstsucht entarten. Endlich sind die Teilkräfte und Teilstrebungen zu beachten, die der komplexen Struktur des Menschen entsprechen. Aus ihnen entspringt der (bei richtiger Wertschätzung geordnete) gesamtmenschliche Vollzug. Der Mensch kann sich jedoch in seiner Freiheit und wider bessere Einsicht einer aus ihnen, z. B. dem Verlangen nach materiellem Besitz, nach einem sinnlichen Genuß und dergleichen ausliefern, sich mit ihr identifizieren und so aus der sittlichen Ordnung heraustreten.

Von der Liebe im vollmenschlichen Sinn sind wir so zu anderen Gestalten der Liebe gelangt, die zum Teil als entartete Liebe bezeichnet werden müssen. Wie verhalten sich diese verschiedenen Gestalten der Liebe zueinander? Dürfen wir sie noch Liebe nennen?

Die psychologische Forschung hat als Einzelwissenschaft das Bestreben, die psychischen Betätigungen und Zustände immer klarer zu unterscheiden, immer mehr zu differenzieren. Sie wird, um die Unterschiede wissenschaftlich zu fixieren, für jeden typischen Sachverhalt womöglich auch einen eigenen Namen bereitstellen und schon darum nicht geneigt sein, den Namen „Liebe“, den sie schon für die vollmenschliche Form der Liebe gebraucht hat, auch bei den andern, geschweige denn bei den entarteten Formen der Liebe zu gebrauchen, sondern lieber andere Termini dafür prägen (wie Eros, Sexus, Agape usw.).

Die ontologisch-metaphysische Betrachtung dieser Sachverhalte hingegen hat ein entgegengesetztes Ziel. Sie sucht gerade das Verbindende, Gemeinsame, die tiefere Wurzel, aus der die verschiedenen Formen der Liebe hervorgehen. Zumindest kann bei verschiedenen oberirdisch getrennten Schößlingen die Frage gestellt werden, ob sie nicht unterirdisch doch einen gemeinsamen Wurzelstock haben. Die philosophische Betrachtung will nicht das, was wirklich verschieden ist, in der Sphäre, in der es verschieden ist, ineins werfen, und die mit vieler Mühe festgestellten Unterschiede wieder verwischen. Sie geht nur darauf aus, im Verschiedenen bei Wahrung seiner Verschiedenheit den tieferen, gemeinsamen Grund zu suchen.

Das kann aber offenbar nicht dadurch geschehen, daß man durch bloße Abstraktion einen möglichst inhaltsarmen Oberbegriff von „Liebe" bildet, der in allen Gestalten der Liebe auf dieselbe Weise verwirklicht ist und nur durch hinzukommende Merkmale näher zu diesen Gestalten bestimmt wird. Die Liebe ist diesen Gestalten gegenüber kein Gattungsbegriff. Das Gemeinsame kann hier nicht durch Wegstreichen von Merkmalen gewonnen werden, sondern nur durch eine vertiefende Schau des Wesentlichen. Das aber ist nur möglich, wenn die Liebe von den allgemeinsten ontologischen Grundbegriffen her, wie etwa „Streben", „Gut", „Einheit", „Vollzug" und dergleichen gesichtet, oder besser: wenn die Analyse bis zu den allgemeinsten Grundbegriffen fortgeführt wird. Diese Begriffe sind mehrdeutig, weil sie auf mehrfache Weise verwirklicht sein können. Welcher Sinn jeweils vorliegt, ist an den Phänomenen abzulesen. Die Mehrheit des Sinnes ist jedoch weder zufällig noch chaotisch, sondern geordnet. Wenn demnach von Liebe im analogen Sinn die Rede ist, so handelt es sich um eine geordnete Bedeutungsmannigfaltigkeit, so daß die einzelnen, für sich klar umrissenen Bedeutungen zueinander in ein bestimmtes Verhältnis gesetzt werden können. Diese geordnete Bedeutungsmannigfaltigkeit kann man von einer Grundbedeutung ausgehend, auch mit einem gemeinsamen Namen bezeichnen, mit einem analogen Terminus, was wir hier mit dem Wort „Liebe" getan haben. Welchen Weg man einschlägt, ob man das Wort „Liebe" der vollmenschlichen Liebe vorbehält und für die anderen Gestalten eigene Termini wählt oder ob man eine analog gemeinsame Bezeichnung anwendet, hängt vom Ziel ab, das man verfolgt: ob man die Verschiedenheit oder ob man die wurzelhafte Gemeinsamkeit in der Verschiedenheit sichtbar machen will.

Das gemeinsame Element aller bisher betrachteten Gestalten der Liebe ist das „Zusammenstreben in die konkrete Einheit". Am offensichtlichsten ist das beim Eros. Doch ist es auch bei den anderen, selbst bei den entarteten Gestalten der Liebe zu erkennen. Zu beachten ist dabei nur, daß sich dieses Element bei jeder Gestalt der Liebe anders, je nach der besonderen Weise der betreffenden Gestalt, verwirklicht. So ist der Sexus ein Zusammenstreben in die konkrete Einheit, aber eingeschränkt auf die Sexualsphäre. So führt die Agape in eine gottbezogene Gemeinsamkeit (konkrete Einheit), aber ohne Beteiligung der sinnlichen Sphäre. Selbst die Teilkräfte und Teilstrebungen, Trieb, Drang und dergleichen sind je auf ihrer Ebene ein Streben in die konkrete Einheit mit dem Erstrebten. Die Selbstliebe ist Selbstbejahung, Selbstbehauptung, also Wille zur konkreten Einheit seiner selbst. Da dieses Selbst eine Person ist, die auf Wertverwirklichung angelegt ist, bedeutet das zugleich ein Streben nach Wertverwirklichung, also ein Streben in die konkrete Einheit von Wertträger und Wert.

Zwischen all diesen Gestalten der Liebe herrscht also trotz der nicht zu leugnenden tiefgreifenden Verschiedenheit eine durch sie hindurchgehende Ähnlichkeit, eine Analogie.

Dieser Fall der Analogie ist deshalb so lehrreich, weil hier beide Glieder der Analogie innere Erfahrungsgegebenheiten sind, während wir nachher auf Fälle stoßen werden, wo nur das eine Glied der Erfahrung von innen her zugänglich ist, während das andere in seiner analogen Bezogenheit erst erschlossen werden muß. Das Beispiel der verschiedenen Gestalten der Liebe zeigt also überzeugend, daß eine solche Analogie der Liebe überhaupt möglich ist.

Wir wollen nun dazu übergehen, die Grenzen der uns unmittelbar bewußten Liebe zu überschreiten. – Aber gehört das *Bewußtsein,* sinnliches oder geistiges, nicht notwendig zum Wesen der Liebe? Wir wollen uns darüber klar sein, daß wir hier den gewöhnlichen Sprachgebrauch verlassen. Dieser versteht unter Liebe in der Tat meist nur die geistige oder sinnliche Liebe. Andere Formen der Liebe kennt er nicht. Zuweilen allerdings wird diese Grenze überschritten. So z. B. wenn man sagt: Diese Pflanze liebt das Licht. Man meint damit, sie habe von Natur aus einen Drang nach dem Sonnenlicht, ohne damit ohne weiteres behaupten zu wollen, die Pflanze habe ein Bewußtsein von diesem Drang. Ist diese Redeweise, die wir bei den Dichtern öfter treffen, nur eine ziemlich bedeutungslose Übertragung und eine philosophisch nicht zu rechtfertigende Vermenschlichung, oder wird hier der Gehalt dessen, was Liebe zutiefst meint, noch, wenn auch auf andere Weise, gewahrt?

Um diese Frage zu beantworten, kehren wir zur sinnlichen und geistigen Liebe zurück. Ohne Zweifel sind beide Arten in ihrem Vollzug bewußt. Aber erschöpft sich die Liebe in diesem bewußten Vollzug? Steigen die bewußten Regungen der Liebe nicht vielmehr wie die Wellen des Meeres aus einer unbewußten Tiefe auf? – Ich will nicht in den Fehler verfallen, die Region des Unbewußten nach Art der Freudschen Psychoanalyse zu einem unteren Stockwerk der Seele zu machen, in dem sich Erkenntnisse und Strebungen ganz auf dieselbe Weise vorfinden wie im bewußten Teil, unbewußte Erkenntnisse und Strebungen, die nur ins Licht des oberen Stockwerks zu treten brauchen, um dort, ohne sonstige Veränderung, als bewußte zu gelten. Zumal für die Erkenntnis ist das sicher unmöglich, aber auch für jene Strebungen, die wenigstens zum Teil auf Erkenntnissen beruhen.

Dennoch bleibt es wahr, daß unsere Erkenntnisse und Strebungen im unbewußten Ich geboren und erst in ihrer Geburt bewußt werden. Diese Geburt hat ihre Vorbereitungen. Die Erkenntnisse und Strebungen müssen ausgetragen werden. Erst wenn die Liebesregung eine gewisse Reife erlangt hat, kann sie bewußt werden. Die Zuneigung der bewußtgewordenen Liebe ist schon in jener vorbewußten Tiefe grundgelegt und vorbereitet. In der Liebe liegt das Bewußtsein der Zusammengehörigkeit der sich Liebenden. Diese Zusammengehörigkeit selbst aber ist mehr als Bewußtsein. Sie gehört zuerst dem Sein an. Gerade weil zwei Menschen, etwa in ihrem körperlichbiologischen oder auch geistigen Sein, zusammengehören und sich irgendwie ergänzen, lieben sie sich.

Kann man dieses Auf-einander-abgestimmt-sein schon Liebe nennen? Wenn man es bloß statisch als ein Zueinander-passen auffaßt, wohl nicht. Anders wenn man es in seiner Dynamik, im Vollzug des Zueinanderstrebens betrachtet, auch wenn dieser Vollzug noch nicht die Schwelle des Bewußtseins überschritten hat. Dann haben wir jene Erscheinung vor uns, daß zwei Wesen aus dem Drang ihrer Natur heraus zueinander streben, auf irgendeine Weise eins zu werden suchen. Das aber ist, soweit wir bisher gesehen haben, der Grundbestand der Liebe; wenigstens offenbart sie sich uns daran am deutlichsten.

Die Liebe ist demnach – in diesem weiten Sinn betrachtet – nicht auf das Bewußtsein beschränkt. – Findet sie an der vorbewußten Tiefe des sinnlich-geistigen Lebens ihre Grenze, oder können wir sie darüber hinaus auch im *vegetativen Bereich* finden? – Betrachten wir den Hunger. Er gehört als Organempfindung dem sinnlichen Leben an. Normalerweise ist er jedoch eine Äußerung des Nahrungsbedürfnisses. Die Ernährung aber ist eine vegetative Funktion. Der in der sinnlichen Sphäre sich kundgebende Hunger weist also auf ein tieferliegendes, der vegetativen Schicht angehörendes Bedürfnis, ein Naturstreben, hin. Dieses Streben gründet auf der Verwandtschaft der Energiequellen in und außerhalb des Organismus, sowie auf der Notwendigkeit und der Kraft des Organismus, sich die außerhalb liegenden, in den Nahrungsmitteln aufgespeicherten Energiequellen nutzbar zu machen. Der dem Hunger zugrunde liegende Naturtrieb zielt ab auf Einigung des Organismus mit jenen Energiequellen durch deren tätige Aufnahme in den eigenen Körperverband. Insofern dürfen wir diesen Trieb auf analoge Weise Streben und Liebe nennen. Auch die Pflanze liebt auf diese Weise ihre Nahrung, obwohl ihr das nicht zum Bewußtsein kommen kann wie uns. Auch sie dürstet – auf ihre Weise – nach Wasser und sehnt sich nach Licht. Genauer müßte man allerdings sagen: sie liebt im Nahrungs- und Selbsterhaltungstrieb sich selbst, im Fortpflanzungstrieb ihre Art, also wiederum ihr tieferes Selbst.

Wir haben damit noch nicht den ganzen Raum der analogen Liebe durchschritten. Unser Körper hat auch *physikalisch-chemische Eigenschaften.* So besitzen unsere Glieder eine gewisse elastische Festigkeit, die gegen Druck, Schlag und Dehnung bis zu einem gewissen Grade Widerstand leistet. Der auf unsere Glieder ausgeübte Druck weckt die elastischen Gegenkräfte, die den störenden Körper nicht eindringen lassen und ihn aus dem geschlossenen Körperganzen fernhalten. Auch hier haben wir eine „Tendenz", ein „Streben" nach Einheit vor uns. Denn die Abwehr des störenden Körpers setzt das Zusammenhalten und den Vollzug der physikalisch-chemischen Einheit der Teile unseres Körpers voraus. Unser Körper behauptet sich auch in dieser Sphäre in sich selbst.

Mit dieser Überlegung sind wir aber zu einem Bereich vorgestoßen, der die ganze sichtbare Natur umspannt. Überall finden wir dort Kräfte, die entweder die Einheit des Vorhandenen bewahren oder den Ausgleich mit dem Ganzen zu schaffen bestrebt sind. Die Dinge werden nicht bloß geschoben, sondern antworten auf die Einwirkungen mit eigenen Kräften, eigenen Tendenzen, zuletzt mit ihrer eigenen Natur. Die Teile und Kräfte eines Körpers halten zusammen; sie behaupten sich in ihrer Einheit. Wir haben hier das *Analogon der Selbstliebe* vor uns.

Der Einheitsvollzug der anorganischen Körper ist jedoch nicht so tiefgehend wie bei den lebenden Wesen. Man möchte das vielleicht angesichts des viel stärkeren Zusammenhalts mancher anorganischer Körper, wie etwa der Metalle und der Mineralien oder der teilweise ungemein starken Bindekräfte der Molekel und Atome, bestreiten. Aber es kommt hier nicht allein auf die Größe der Kraft an, sondern vor allem auf die Art und Weise, wie sie sich betätigt. Die einigende Kraft wird beim anorganischen Körper durch eine um weniges größere, von außen eindringende Kraft überwältigt. Die verlorene Einheit kann von innen her nicht mehr wiederhergestellt werden. Der Organismus hingegen weicht zerstörenden Kräften, denen er nicht gewachsen ist, aus. Störungen, die schon eingetreten sind, beseitigt er von innen her. Und vor allem, seine einigende Formkraft bindet eine viel größere Mannigfaltigkeit von Stoffen und Kräften als dies je der Fall ist im anorganischen Bereich. Es sei nur an die unübersehbare Mannigfaltigkeit der organischen Chemie erinnert.

Das stoffliche, allen Körpern gemeinsame Element macht sich demnach bei den anorganischen Körpern stärker bemerkbar. Mächtiger als das Einheitsstreben des Einzelkörpers ist das Streben nach Ausgleich. So sehen wir, wie überall in der Natur das Geschehen in der Richtung des Energiegefälles geht. Die Elektrizität z. B. fließt vom Punkt der höheren zum Punkt der niederen Spannung. Dieses Geschehen darf man nicht als ein passives Sich-gehen- und Treiben-lassen betrachten. Das ist es bloß vom Standpunkt unseres organischen Lebensgefühls aus: wer ruht, greift weniger in die physikalisch-chemischen Prozesse des eigenen Leibes ein, als wer sich bewegt und tätig ist. An sich aber ist alles Geschehen der anorganischen Natur von einem machtvollen „Streben" beherrscht, das seinen Grund in einer letzten Gemeinsamkeit der Körper hat und das auf eine umfassende Einheit der gesamten Natur abzielt.

Weder das Phänomen der allgemeinen Massenanziehung noch die chemische Affinität lassen sich z. B. beschreiben ohne Verwendung von Ausdrücken wie: „die Massen haben das Bestreben sich einander zu nähern", oder „die chemischen Umsätze vollziehen sich so, daß dabei möglichst stabile Verbindungen erzielt werden". Die Lehrbücher der Physik und Chemie bieten genug Beispiele dafür. In den mathematischen Formeln freilich finden wir nichts mehr von diesen sogenannten Anthropomorphismen.

Aber diese Formeln sind Produkte einer Abstraktion, die wissenschaftlich durchaus berechtigt ist, das Gesichtsfeld des Philosophen jedoch nicht einschränken dürfen. Das, wovon hier abstrahiert wird, mag für den Naturwissenschaftler ohne Bedeutung sein; für den Philosophen, der nicht den mathematisch-funktionalen, sondern den Seins- und Wirklichkeitsvollzug im Auge hat, ist gerade dieses, wovon abstrahiert wird, wesentlich.

Sahen wir in der Selbstbehauptung der Körper ein Analogon der Selbstliebe, so dürfen wir umgekehrt in dem die ganze anorganische Natur durchwaltenden Streben nach Ausgleich ein *Analogon der Gemeinschaftsliebe* sehen, die das Eigene dem Gemeinsamen sozusagen zum Opfer bringt, weil das Einzelne im Gemeinsamen die tieferen Wurzeln seines Wesens hat und im Gemeinsamen sein tieferes Selbst bejaht. Nachdem wir die Liebe als kosmisches Prinzip bis in die untersten Bereiche des körperlichen Seins verfolgt haben, wollen wir nun versuchen, sie auch als Grundkraft des seelischen und geistigen Lebens kennenzulernen. Es genügt ja nicht für unser Thema, daß wir die Liebe dort überhaupt vorfinden, was selbstverständlich ist; wir müssen auch zeigen, wie sie die Grundkraft und der alles bewegende Beweger unseres ganzen Seelenlebens, wie sie die geheime *Quelle aller psychischen Vorgänge* ist.

Beschränken wir uns dabei zunächst einmal auf die eigentlichen *Gemütsbewegungen*. Von der Willens- und Erkenntnissphäre sei nachher die Rede.

Daß wir im Bereich des Sinnlichen und Geistigen Liebe in den verschiedensten Formen antreffen, ist uns aus der inneren Erfahrung geläufig. Oft stellt man jedoch die eigentlich personale Liebe allen anderen Arten von Zuneigung gegenüber und behält ihr, in scharfer Abhebung davon, allein den Namen der Liebe vor. Das Recht dazu sei unbestritten. In unserem Zusammenhang jedoch betrachten wir die Liebe als den einfachsten und elementaren Vollzug, der sich einem wie immer gearteten Gute, sei es eine Person, eine Sache oder ein zu verwirklichender Wert, zuneigt.

Thomas von Aquin hat in genialer Weise gezeigt, wie sich aus diesem Grundakt die ganze Skala der Gemütsbewegungen ableiten läßt (Summa theol. I. II. q 23–48). Das erste, wovon er ausgeht, ist der Gegensatz des Guten und des Übels. Das Gute ist aber seiner Natur nach früher als das Übel. Denn das Übel ist nichts anderes als der Mangel des Guten. Was ein Übel, etwa Krankheit, ist, kann nur am entgegengesetzten Guten, der Gesundheit, verständlich gemacht werden, während das Gute, etwa die Gesundheit, durch sich selbst verständlich ist. Wenn aber das Gute seiner Natur nach das Ursprüngliche ist, dann gehen auch die Gemütsbewegungen, die sich auf das Gute richten, denjenigen, die sich gegen das Übel wenden, ihrer Natur nach voraus. Das heißt aber: der *Haß* gründet in der *Liebe;* nicht umgekehrt. Die Krankheit wird natürlicherweise gehaßt, weil man die Gesundheit liebt. Ohne Liebe zur Gesundheit kann man die Krankheit nicht ihrer selbst willen hassen. Wohl aber kann man die Gesundheit lieben, ohne die Krankheit zu kennen, wenngleich natürlich am Verlust der Gesundheit ihr Wert noch mehr zum Bewußtsein kommt.

Wenn sich eine Gemütsbewegung auf das Gute richtet, hat sie im Guten ihr Ziel. Nichts kann aber von Natur aus ein Ziel anstreben, was nicht von Natur aus eine Ausrichtung, eine Zupassung zu diesem Ziel hat. Diese Zupassung eines Strebens auf ein Gut hin, das sich als Wohlgefallen daran kundgibt, ist der Grundakt der Liebe. Aus ihm geht das Verlangen nach dem Guten hervor und aus dem Verlangen das Erreichen des Guten im tätigen Genuß, so daß diese drei auseinander folgen: die *Liebe* als Grundakt des Wohlgefallens am Guten, das *Verlangen* als Bewegung hin zum Guten und endlich der *Genuß* als tätiger Besitz des Guten.

Ein jungen Mann etwa möchte Pianist werden. Das Verlangen danach ist in ihm entstanden durch das Wohlgefallen an diesem Beruf, vielleicht durch die Begeisterung für einen großen Pianisten. Aus der Liebe zu diesem Beruf entwickelt sich das Verlangen und dieses führt ihn endlich ans Ziel seiner Wünsche: er übt den Beruf aus, er erfreut sich seiner im tätigen Besitz.

Der Übergang vom Verlangen zum Genuß des Guten kann jedoch mit Schwierigkeiten und Hindernissen verbunden sein. Der junge Mann muß, um bei unserem Beispiel zu bleiben, ein Examen bestehen. Das erstrebte Gut ist nicht nur einfach ein Gut, sondern ein „schwierig zu erlangendes Gut". Wenn das schwierige Gut dennoch als erreichbar erscheint, so wird das Verlangen zur *Hoffnung;* wenn es als unerreichbar vorgestellt wird, hört es auf und wird zur *Verzweiflung*. Die drohenden Schwierigkeiten erregen zuerst die *Furcht,* das erstrebte Ziel nicht zu erreichen und wecken den *Mut* und die Kühnheit, sie zu überwinden. Die Überwindung aber führt zur *Freude*. Gelingt die Überwindung der Schwierigkeiten jedoch nicht, so folgt aus diesem Übel die *Trauer*. Diese aber kann zum *Zorn* führen gegen die Ursache des Übels; in unserem Beispiel etwa gegen die Examinatoren, oder, wenn die Nachlässigkeit bei der Vorbereitung des Examens als Ursache erkannt wird, gegen sich selbst.

Alle diese so verschiedenen Gemütsbewegungen aber haben ihren gemeinsamen Grund, ihre letzte Wurzel in der Liebe zum Beruf. Diese ist in ihnen allen wirksam; ohne sie wäre keine von ihnen möglich. Die Liebe ist also der Grundakt und der überall wirksame Antrieb aller Gemütsbewegungen.

Schon von hier aus wird ersichtlich, wie die Auffasung der Liebe als der Grundkraft des Alls keine Verharmlosung der Welt, kein Wegdisputieren ihrer vielfachen Übel, keinen wirklichkeitsfremden Optimismus bedeutet. Wie die Liebe als Grundakt der Gemütsbewegungen Furcht und Hoffnung, Verzweiflung, Trauer und Zorn nicht ausschließt, sondern ihnen vielmehr zugrundeliegt, so bleibt auch eine Welt, deren Grundkraft die Liebe ist, eine Welt, die Himmel und Hölle, Tugend und Laster, Frieden und Kriegslärm in sich schließt.

Die Liebe ist der Grundakt der Gemütsbewegungen. Ist sie auch der Grundakt des Wollens? Unterscheidet man nicht Gemüts- und Willensmenschen? Ist der Mann der kalten und berechnenden Entschlüsse nicht das gerade Gegenteil des liebenden Menschen? – Um diese Frage zu beantworten, erinnern wir uns wieder, in welchem Sinn wir hier von Liebe sprechen. Wir meinen damit nicht jenen Gesamtvollzug, der sich mit harmonisch geeinten Kräften einer anderen Person zuneigt und sie in ihrem personalen Wert umfängt und bejaht, sondern nur jenes Grundelement aller Gemütsbewegungen, auch des Hasses, das irgend einen Wert bejaht. Beiden, der personalen Liebe und der Liebe als Grundakt, ist gemeinsam, daß in ihnen ein Wert bejaht wird. Bei der personalen Liebe ist dieser Wert der Selbstwert der geliebten Person und die ihm entsprechende Bejahung, der alle Kräfte zusammenfassende Gesamtvollzug des Liebenden. Bei der Liebe als Grundakt hingegen handelt es sich nicht notwendig um den Selbstwert einer Person, sondern auch um beliebige andere Werte und um ein bloßes Element unseres Gesamtvollzugs, aber um ein solches, das bildend und treibend in jedes andere Element eingeht und darum als Grundakt bezeichnet werden muß.

Der einseitige und gemütsarme Willensmensch steht demnach im Gegensatz zum Menschen der personalen Liebe. Das schließt aber nicht aus, daß auch im Willensmenschen die Liebe als elementarer Grundakt die treibende Kraft des Wollens ist. Ob wir nun das Wollen in seinen spontanen, dem Entschluß vorangehenden Äußerungen oder als förmlichen, auf Überlegung, ja sogar Berechnung fußenden Entschluß nehmen: alle diese Willensbewegungen sind vom Element der Liebe als ihrem Grundakt getragen. Denn die spontanen Regungen des Willens beruhen auf der Hinneigung und Liebe, sei es zum vorgestellten Gut oder doch zu sich selbst. Ebenso richten sich die Entschlüsse nach den Zielen, die jemand verfolgt. Diese aber stellen ein in Liebe bejahtes Gut irgendwelcher Art dar. So finden wir die Liebe denn auch als Grundakt des Wollens. Wir haben schon oben betrachtet, wie die aktuellen Strebungen und Gemütsbewegungen aus tiefer liegenden Urstrebungen hervorwachsen. Aus diesen eigentlichen Triebkräften unseres Seelenlebens geht auch unsere *Erkenntnis* hervor. Diese wird zwar von außen durch ihre Gegenstände angeregt und zum Teil bestimmt. Aber diese Anregung hat eine aufnahme- und wirkfähige Anlage im Subjekt der Erkenntnis zur Voraussetzung. Das erkennende Subjekt antwortet auf die erhaltenen Eindrücke nach seiner Eigenart, erhebt diese zunächst materiellen Eindrücke zu einer höheren, intentionalen und bewußten Seinsweise. Die Erkenntnis ist keineswegs eine bloße Spiegelung der Dinge in unserem Bewußtsein, der es sich passiv hingibt. Das erkennende Subjekt hat den Drang, die Welt für sich zu erobern, sie sich in der Form des Bewußtseins einzuverleiben. So befindet sich die Erkenntnis in ständigem Fluß. Die Richtung, die sie nimmt, wird beim Tier durch seine vitalen Interessen bestimmt. Beim Menschen treten dazu geistige Strebungen. Wir denken, wann wir wollen. Es gibt in uns einen reinen Erkenntnistrieb. Der Verstand selbst „verlangt" nach Einsicht und Wahrheit. Er hungert und dürstet nach ihr. Hierin aber zeigt sich im Wesen der Erkenntnis selbst ein eigentümlicher Strebecharakter, der zwar nicht als ein Verschwimmen von bewußter Erkenntnis und bewußtem Streben gedeutet werden darf, der aber doch zeigt, wie auch der Verstand als Anlage zum Denken und Erkennen ein naturhaftes Streben nach Erkenntnis und Wahrheit ist. Auch der Verstand wird durch die Liebe regiert, die Liebe zur Wahrheit.

Wir haben nun alle Bereiche der Wirklichkeit, soweit sie unserer Erfahrung zugänglich sind, durchschritten und gesehen, wie in ihnen überall die Liebe in einer, wenn auch noch so analogen Form am Werke und die eigentlich treibende Kraft alles Geschehens ist. Wir sind also berechtigt, in einem bestimmten, angebbaren, wenn auch von Fall zu Fall sich wandelnden Sinn die Liebe als *Grundkraft des Alls* zu bezeichnen. – Es gilt nun im folgenden die so gewonnene Idee zu vertiefen und sie für eine Sinndeutung des Alls auszuwerten.

Bisher haben wir die Liebe auf den verschiedenen, analogen Stufen der Wirklichkeit als Einheitsvollzug und als Einheitsstreben kennengelernt; als Vollzug im Besitz, als Streben in der Abwesenheit des geliebten Gutes. Die Frage erhebt sich nun, was die Liebe in erster Linie ist: *Vollzug* im Besitz oder *Streben* nach dem Besitz?

Vor allem ist daran festzuhalten, daß der Besitz des geliebten Gutes oder der geliebten Person nicht weniger Liebe ist als das Verlangen danach. Das Ruhen im liebenden Besitz des Guten ist keine Untätigkeit. Es handelt sich hier ja nicht um ein rein juridisches, sondern um ein genießendes Besitzen und Haben. Genuß aber ist Tätigkeit. Von ruhendem Genießen spricht man nur, weil der Genuß seinem Wesen nach weder Übergang vom Nicht-Wirken zum Wirken, noch ein Ergreifen des Guten ist, das man vorher noch nicht besaß. Ruhe und Veränderung schließen sich dem Begriff nach aus; nicht hingegen Ruhe und tätiges Wirken. Die Flamme ist tätiger Vollzug des Brennens. Dennoch unterscheidet man die ruhig brennende und die unruhig flackernde Flamme. So gibt es auch zwei Formen der Liebe. In einem Gedicht des japanischen Dichters Atsutada heißt es:

Liebe ist mehr
Als Sehnsucht noch.
Denn wie sehr
Hab' ich Sehnsucht gehabt
Nach Dir.
Nun da ich bei dir bin
Und mein Sehnen erfüllt,
Lieb' ich Dich doch.

Dies vorausgesetzt, kehren wir zu unserer Frage zurück: Ist Liebe zuerst Vollzug *im* Besitz oder Streben *nach* dem Besitz? Ohne Zweifel geht dem Vollzug im Besitz der Zeit und Entstehung nach das Verlangen, das zum Besitz führt, voraus. Der Idee nach aber geht der Vollzug im Besitz dem Verlangen voraus. Denn das Verlangen nach dem Besitz ist nur vom Vollzug des Besitzes her verständlich. Was ist Verlangen, wenn es nicht Verlangen nach dem Besitz des Guten ist?

Jedoch auch der Entstehung nach ist das Verlangen nicht das schlechthin Erste. Früher ist das Angelegt- und Abgestimmtsein auf den Besitz des Guten. Weil z. B. ein Lebewesen auf die Nahrung angelegt und abgestimmt ist, weil es ihrer naturnotwendig bedarf, verlangt es nach ihr. Das Verlangen steigt aus den Tiefen einer Natur auf, die nicht nur einen bestimmt umrissenen Seinsbestand hat, sondern zugleich einen weiteren, dazugehörigen Vollendungszustand umschreibt und das so beschaffene Wesen daraufhin ausrichtet. Dieses auf den tätigen Besitz des Guten hin Angelegtsein der Dinge ist innerhalb der Dinge und der Entstehung nach das Erste, so daß wir drei Momente der Liebe unterscheiden können: am Anfang: die Liebe als Anlage; am Ende: die Liebe als tätige Verwirklichung der Anlage;

in der Mitte: die Liebe als Verlangen und Übergang von der Anlage zu ihrer Verwirklichung. Diese drei gehören zusammen. Sie bilden eine Drei-Einheit.

Ist diese Auseinanderfaltung der Liebe in Anlage, Verlangen und tätigem Besitz das Letzte, was sich über die Liebe sagen läßt? Stehen wir hier vor einer nicht weiter zurückführbaren Erscheinung? Im Reiche des Gegebenen und der Erfahrung sind wir hier ohne Zweifel am Ende. Aber unser Verstand hat noch Fragen zu stellen, deren Beantwortung uns allerdings über die Grenzen der möglichen Erfahrung hinaustreibt. Eine dieser Fragen lautet: Wie und unter welchen Bedingungen ist es möglich, daß die Liebe als Anlage sich durch das Verlangen hindurch in den tätigen Besitz des Guten setzt? Offenbar bedarf es dazu eines Guten und einer Korrelation zwischen der Liebe als Anlage und dem Guten derart, daß die Anlage ihrem Wesen nach auf das Gute ausgerichtet ist und das Gute seinem Wesen nach so beschaffen ist, daß es jene Anlage auszufüllen vermag. Zwischen beiden herrscht demnach eine Wesensverbindung; das aber ist soviel wie die Gemeinsamkeit einer beide umfassenden *Idee*. Inhalt dieser gemeinsamen Idee ist die konkrete Einheit beider, d. i. die durch den Besitz des Guten erfüllte Anlage. Ist nun diese, die Anlage mit dem Guten verbindende Idee bloß ein Begriff unseres Verstandes? Das ist nicht wohl möglich. Denn wir haben diese Idee als die Bedingung der Möglichkeit erkannt, daß die Liebe als Anlage sich verwirklichen könne. Unsere zufälligen und nachträglichen Begriffe gehören aber sicher nicht zu den Bedingungen dieser Möglichkeit. Die Idee, die jene Zuordnung von Liebe als Anlage und jenem Guten, das diese Anlage erfüllt, begründen soll, muß eine *seinsmächtige* Idee sein; sonst könnte sie die Wesensausrichtung der Grundkraft alles Geschehens nicht bestimmen. Ein freischwebendes Reich von Geltungen und Wesensbeziehungen kann aber nicht den Anspruch erheben auf Seinsmächtigkeit. Eine Idee ist nur seinsmächtig, wenn sie aufgenommen wird durch einen *Willen,* der sie zur Verwirklichung bringt. Wo aber ein Wille ist, da ist auch *Liebe*. Die innerweltliche Liebe in ihrer Drei-Einheit von Anlage, Verlangen und Erfüllung gründet demnach in einer überweltlichen Liebe.

Kurz zusammengefaßt ist dies unser Gedankengang: Wir gehen aus von den drei Gestalten der Liebe, sofern sie Anlage, sofern sie Übergang zum Besitz durch das Verlangen und sofern sie tätiger Besitz eines Guten oder tätige Verwirklichung eines Wertes ist. Die diesen Formen der Liebe zugrundeliegende Wesensverbindung führt uns auf eine seinsmächtige, weder mit unseren Begriffen noch mit einem abstrakten Reich der Geltungen verwechselbaren Idee. Seinsmächtig aber ist diese Idee durch einen Willen, dessen Grundakt wiederum die Liebe ist. Der Grund der innerweltlichen Liebe ist demnach eine überweltliche Liebe. Daß wir in diesem Grunde der Möglichkeit innerweltlicher Liebe wieder auf die Liebe treffen, darf uns nicht wundern. Denn das Begründete muß ja mit seinem Grunde in einer gewissen Verwandtschaft stehen. Ich darf also auch den überweltlichen Grund der innerweltlichen Liebe *Liebe* nennen.

Doch erhebt sich hier eine neue Schwierigkeit. Müssen wir für die überweltliche Liebe nicht noch einmal die Frage nach dem Grunde ihrer Möglichkeit stellen? – Das Begründete muß allerdings mit seinem Grund in einer Verwandtschaft stehen. Aber diese Verwandtschaft kann nicht eine vollkommene Gleichheit sein. Sonst würde die Frage nach dem Grunde allerdings zurückkehren ohne Ende. Ebenso wie das Begründete mit seinem Grunde verwandt sein muß, muß es auch von ihm verschieden sein, nicht nur der Zahl nach, sondern auch in seiner vom Grunde verschiedenen Art und Weise zu sein. Dasjenige nämlich, was machte, daß wir bei der innerweltlichen Liebe nach dem Grund ihrer Möglichkeit fragen mußten, gerade das muß bei diesem Grunde selbst fehlen.

Was war es nun, was uns veranlaßt hat, nach einem Grunde für die Möglichkeit der innerweltlichen Liebe zu fragen? Es war die Dreigliederung der Liebe in Anlage, Verlangen und Erfüllung. Das forderte jene alle Glieder umfassende und seinsmächtige Idee, die uns auf die überweltliche Liebe geführt hat. Diese Dreigliederung ist demnach bei der überweltlichen Liebe zu überwinden, ohne dabei die positiven Momente, die sich in ihr finden, zu verneinen. Das geschieht dadurch, daß wir die überweltliche Liebe als tätigen Besitz eines Guten denken, der nicht durch ein Verlangen aus einer bloßen Anlage hervorgegangen ist, wie bei der innerweltlichen Liebe, sondern der ihr wesenhaft zukommt, so daß der tätige Vollzug identisch ist mit dem umfaßten Guten. Kurz, wir müssen diese Liebe auf der Linie des Wollens analog denken zu dem, was *Aristoteles* in der Linie der Erkenntnis ausgedrückt hat mit den Worten „*νόησις νοήσεως*“, „die in der Einsicht sich selbst umfassende Einsicht“; hier also: „die in der Liebe sich selbst umfassende Liebe.“ Die Identifizierung dieser „subsistierenden Liebe“, wie die Scholastiker sagen, mit *Gott* ist nicht allzu schwer, würde uns hier jedoch in der Einzeldurchführung zu lange aufhalten.

Unsere Überlegungen haben uns an die Grenzen unserer Vorstellungskraft geführt, oder vielmehr: haben sie uns schon überschreiten lassen. Doch dürfen wir darin nicht einen Einwand, sondern eher eine Bestätigung für die Richtigkeit unserer Gedanken erblicken. Denn ein Überweltliches, das nach irgendeiner Art des uns Bekannten vorgestellt werden könnte, wäre gewiß nicht der gesuchte und seinem Wesen nach überweltliche Grund der Möglichkeit für die innerweltliche Liebe. Wir haben in der überweltlichen Liebe, in der durch ihr Wollen seinsmächtigen Idee, den *Ursprung* und das Urbild der innerweltlichen Liebe erkannt. Wie aber kommt die subsistierende, in sich selbst wesende Liebe dazu, sich auf etwas außer ihr, auf ihr Abbild in der Welt zu richten? Wird hier die Liebe nicht wiederum in einen Übergang, in einen Prozeß hineingezogen?

Im innerweltlichen Bereich wird die Liebe als Vollzug der Wesenseinheit zur Liebe, die sich auf etwas außer ihr richtet, dadurch, daß kein endliches Wesen sich selbst genügt; dadurch, daß alle Wesen in Querverbindungen zueinander stehen, daß sie von Natur aus aufeinander angewiesen sind; dadurch, daß keines sein eigenes Wesen vollziehen und verwirklichen kann, ohne damit in Gemeinschaft mit anderen zu treten, sei es, daß es mit anderen Wesen in Wechselwirkung tritt, wie im Reich des Anorganischen, sei es, daß es andere Wesen sich unterordnet und dienstbar macht, wie die Lebewesen bezüglich der Nahrung, der Beute usw., sei es endlich, daß es im anderen die gleiche, personale Würde anerkennt und so im anderen eine neue Verwirklichung seiner selbst bejaht, wie in der personalen Liebe des Menschen.

Diese Weise der Ableitung, der Fremd- aus der Selbstliebe, ist jedoch bei der überweltlichen, subsistierenden und sich selbst vollkommen genügenden Liebe nicht möglich. Sie schließt jede Ergänzungsbedürftigkeit bei sich und jede Ebenbürtigkeit in anderen aus. Wenn sie sich dennoch auf etwas außer ihr richtet, so setzt sie dabei das Endliche nicht voraus, – sonst wäre sie von ihm abhängig, – sondern sie bringt es durch ihre Liebe hervor, dies aber nicht aus einer inneren oder äußeren Notwendigkeit, sondern in höchster *Freiheit*. Wäre diese Hervorbringung nicht frei, so stünde sie unter einer Notwendigkeit, einem Gesetz, so würde die überweltliche Liebe und ihr endlicher Gegenstand von einer beiden übergeordneten Idee regiert. Diese Idee der Gemeinsamkeit aber würde uns von neuem die Aufgabe stellen, ein erstes Prinzip zu suchen. Wenn die überweltliche Liebe nicht frei ist in ihrer Liebe zur Welt, dann ist sie nicht das erste Prinzip, dann ist sie nicht die subsistierende Liebe.

Wie aber alle Wesen in der überweltlichen Liebe ihren Ursprung haben, so haben sie in ihr auch ihr *Ziel*. Alle streben ja aus der Anlage durch das Verlangen in den tätigen Besitz des Guten. Alle streben so darnach auf ihre Weise der höchsten Liebe, die reine Selbsttätigkeit ist, ähnlich zu werden. Alle Wesen vollziehen zunächst ihre eigene Einheit mit sich selbst. Das aber schließt, wie wir gesehen haben, auch die Bejahung jenes gemeinsamen Wesensgrundes ein, aus dem sie hervorgehen und dem sie angehören. Das ist im Anorganischen die Gemeinsamkeit der raum-zeitlichen Welt, im Organischen die Art, der auch die Individuen dienen. Die vernünftigen Wesen endlich sind befähigt, sich als in der letzten Gemeinsamkeit alles Seienden stehend zu erkennen und dazu berufen, in der sittlichen Lebensführung diese letzte Gemeinsamkeit zu bejahen. Sie allein sind auch befähigt und dazu berufen, die Wurzel dieser letzten Gemeinsamkeit, die überweltliche Liebe, zu erkennen und ihr mit personaler Hingabe zu antworten.

So durchwaltet die Liebe in ihren verschiedenen analogen Stufen das ganze Universum. Sie ist die Kraft, die „die Welt im Innersten zusammenhält", die ihr Harmonie und Schönheit verleiht. Von ihr sagt Dante, daß sie „bewege Sonne, Mond und Sterne" (Paradies, letzter Gesang).

Nachbemerkungen

Dieser Vortrag wurde am 18. 11. 1950 vor einer Ärzte-Vereinigung gehalten und dann als Beitrag gedruckt in der „Festschrift zur Feier des 350-jährigen Bestehens des Heinrich-Suso-Gymnasiums Konstanz", Konstanz

1954, Merk, S. 33–48. Schon vorher war er, von Júlio Fragata ins Portugiesische übersetzt, unter dem Titel „O Amor Força intrinseca de tudo“ in der Revista Portuguesa de Filosofia 9 (1953) 3–20 erschienen.

BILD

I. Begriffsanalyse

Von bilden, gestalten (idg. Bhei=schlagen; vgl. Beil; mhd. billen=hauen); gr. *εἴδωλον*, *εἰκών*; lat. imago). Das Gestaltete, Gebildete, dessen So-Bestimmtheit seine Form und Gestalt ist, heißt Bild, sofern die Gestalt etwas zum Ausdruck bringt, sei es einen inneren Gehalt, eine Wesensart, sei es, daß sie auf eine Vorlage durch eine gewisse Identität der Form hinweist: B. als ↗Abbild, während die Vorlage das Urbild ist. – In der Kunst insbesondere trägt das B., selbst wo es auf ein Sujet, einen außer ihm liegenden Gegenstand hinweist, seinen Sinn vor allem in sich selbst. Das B. kann aber auch, ohne Selbstdarstellung eines inneren Gehaltes zu sein, auf einen sinnlich nicht wahrnehmbaren Gehalt hinweisen; es ist dann mittels einer gewissen Ähnlichkeit und konventionellen Festlegung Sinnbild (↗Symbol). Im praktischen Leben wird das B. durch individuelle Gestaltidentität zum Mittel der Vergegenwärtigung oder der Identitätsfeststellung (Paßbild, Fingerabdrücke). Die genannten Bezüge, die zuerst am menschlichen Gebilde bemerkt werden, lassen sich auch auf Naturgebilde und überhaupt auf die Ebene des Ontologischen übertragen und als Aussagemittel über die Natur und das Seiende überhaupt verwenden. Das geschieht sowohl in den metaphorischen (↗Metapher) wie in den eigentlich analogen Aussagen (↗Analogie).

II. Geschichtliche Hinweise

Der B.begriff wird in der ↗Abbildtheorie schon früh zur Erklärung der Wahrnehmung verwendet (vgl. Leukipps [Diels 54 A 29] und Demokrits *εἴδωλα*). Bei Platon begegnet der Versuch, die Sprache als B. der Dinge oder des Verständnisses der Dinge aufzufassen (Krat. 385 ff., Theait. 208 C). Wichtiger aber ist bei ihm die Verwendung des B. begriffs, um sowohl das Verhältnis des Sinnlichen zum Übersinnlichen auszudrücken (das dem schwankender Spiegel- oder Schattenbilder zu stabilen Körpern ähnlich ist) als auch das Verhältnis des hypothetischen Begriffsdenkens zur absoluten Idee (das sich wiederum wie Schattenbild zum Urbild verhält: vgl. C. Ritter, Platon, Mch 1930, II 13 f.) In der gleichen Weise verwendet Plotin den B. begriff (z. B. Enn. II, 4; Kap. 5, 18; Enn. V, 2; K. 1, 20: der Geist B. des Einen). Aristoteles definiert *εἰκών οὗ γένεσις διὰ μιμήσεως* (Top. 140 a 14). Das B. folgt der Sache, die es nachahmt, während *παράδειγμα* als Urbild der Sache vorausgeht (vgl. Met. M 1079 a 35).

Das patristische und mittelalterliche Denken knüpft an Gn 1,26 an (Lasset uns den Menschen machen nach unserem Bild, uns ähnlich), um den Menschen kraft seiner Vernunft als imago Dei über die unvernünftigen Geschöpfe zu stellen (so z. B. Thomas v. Aq., S. Th. I q 3, a 1, ad 2). Die Verwendung des B. Gedankens in der Trinitätslehre hat ihren Ursprung in Röm 8,29 (die er vorhererkannte, hat er auch vorherbestimmt, gleichförmig zu werden der Bildgestalt (*τῆς εἰκόνος*) seines Sohnes. Nach Augustinus ist das Bild der Trinität schon von Natur aus im Geiste des Menschen eingeprägt (de Trin. IX u. X).

In der Neuzeit wendet sich Hobbes (Lev. 649) gegen die Verwendung des B. begriffes zur Beziehung auf das Unendliche, da das Bild nur Darstellung von etwas Sichtbarem sein könne (648). Für den Idealismus hat der B. begriff immer eine bedeutsame Rolle gespielt. So faßt Fichte das „Dasein" als B.bewußtsein auf (Bestimmung des Menschen, S. 172; vgl. Anweisung zum seligen Leben, Dritte Vorl. S. 52–55). Hegel hat einen bemerkenswerten Text, der sich mit dem Prozeß des B. vom bewußtlosen Zustand bis zur Sprache befaßt (Jenenser Realphilosophie II, S. 180–183, ed. Hoffmeister). E. Cassirer (I 1–52, bes. 21) handelt vom B. als Selbstdarstellung des Geistes. L. Klages hingegen läßt den Strom der Bilder aus dem anonymen Leben hervorgehen, E. Rothacker aus dem erlebenden Es. Die Aufschließung und Deutung der Bildsymbole ist für die ↗Psychoanalyse ein wichtiges Orientierungsmittel. Die Tiefenpsychologie C. G. Jungs verfolgt den Ursprung der Bilder zurück bis in das kollektive Unbewußte der Menschheit. – E. Husserl setzt sich mit der B. theorie der Wahrnehmung auseinander (↗Abbildtheorie), die er zurückweist. B. und Abbild sind die Schlüsselbegriffe für den Immaginismo Stefaninis.

Bibl.: Th. Hobbes, Leviathan IV, c. 45 (ed. Molesworth, Englisch Works, III 648–50). E. Husserl, Ideen zu einer reinen Phänomenologie und phänom. Phil. Hl ²I 1922, 209–10, 226. E. Cassirer, Phil. der symbolischen Formen, Tü 1923, Neudr. Da 1953. L. Stefanini, Immaginismo come problema filosofico, Padova 1936. E. Paci, Esistenza e immagine, Mai 1947. E. Rothacker, Die Schichten der Persönlichkeit, Bo ⁵1952. G. Siewerth, Wort und Bild, eine ontologische Interpretation, Dü 1952. L. Klages, Der Geist als Widersacher der Seele, 1932, Neudr. Mch ⁴1960, 175 ff., 801 ff. F. Leist, Der Mensch im Banne der Bilder, Mch 1962. R. Heiß u. a., B. und Begriff, Mch 1963. H. W. Bartsch, Entmythologisierung und B., Hb 1964. H. Schrade, Die Wirklichkeit des Bildes, Mch 1966. L. Scheffczyk (Hgb.), Bild Gottes (Wege der Forschung, 124), Da 1969.

Nachbemerkungen

Der Text wurde für das geplante, aber nicht verwirklichte „Lexikon der Philosophie" verfaßt; daher die Verweise auf andere Artikel. Sie blieben hier stehen, um das ganze Begriffsfeld abzustecken, dessen Grundbegriff hier kurz begriffsgeschichtlich dargestellt wird.

VII. NATURPHILOSOPHIE

DIE ONTOLOGISCHE PROBLEMATIK DER ENTWICKLUNG UND DER DIALEKTISCHE MATERIALISMUS

a] Das Entwicklungsproblem ist ungemein vielschichtig. Zunächst erhebt
b] sich die Tatsachenfrage, um die sich nicht nur die Naturwissenschaft, sondern auch die *Wissenschaftskritik* bemüht, indem sie die von den Naturwissenschaften angewandten Methoden auf ihre logische Struktur und ihre Tragweite hin untersucht, um so festzustellen, in welchem Umfang die Entwicklung gesichert ist und wieweit sie nur als Hypothese angenommen werden kann. Wie schwierig diese Fragen sind, kommt dem Philosophen vielleicht mehr zu Bewußtsein als dem Naturwissenschaftler, der, von der Annahme einer Entwicklung geleitet, sein Material immer schon in diesem Lichte deutet. *Naturwissenschaftlich* gesehen, stellt sich weiter die Frage nach dem Wie der Entwicklung, nach ihrem „Mechanismus", nach den Wegen und Verzweigungen der Entwicklung. Innerhalb der Naturwissenschaft kann die Beantwortung dieser Fragen nur mit den rein naturwissenschaftlichen Methoden erfolgen. Mit ihnen sind aber untrennbar auch *ontologische* Probleme verbunden. Die Frage nach der Kausalität der Entwicklung hat im Munde des Philosophen eine andere Bedeutung als im Munde des Naturwissenschaftlers. Wenn dieser vielleicht von der Frage nach der Finalität abstrahieren kann, so kann das der Philosoph sicher nicht, da, ontologisch gesehen, die Wirk- und Zielursächlichkeit nur zwei Seiten desselben Kausalgeschehens sind. Inwieweit kann an der Entwicklung zufälliges Geschehen beteiligt sein und wieweit ist sie auf innere Determinanten zurückzuführen? Schließt beides sich aus oder läßt es sich miteinander vereinbaren und wie? Welche Rolle spielt bei der Entwicklung die Form und welche die Materie? Welches sind die individuellen, welches die überindividuellen Grundlagen für eine Entwicklung zu einer neuen Art? Genügen dafür weltimmanente Ursachen oder bedarf es dazu einer welttranszendenten Kausalität? Diese und andere Fragen stellen sich einer ontologischen Betrachtung der Entwicklung und deren verschiedenen Arten.

Die *philosophiegeschichtlichen* Bezüge der Frage sind nicht weniger reich. Von älteren Theorien abgesehen, sei nur an den dialektischen Materialismus, an Bergson und an Teilhard de Chardin erinnert. Nach dem *dialektischen Materialismus*[1] befindet sich schlechterdings alles in Entwicklung. Wie

[1] Vgl. dazu I. M. Bocheński, Die dogmatischen Grundlagen der sowjetischen Philosophie [Stand 1958]. Zusammenfassung der ‚Osnovy Marksistikoj Filosofii' mit Register, Dordrecht 1959. Siehe Register unter „Entwicklung". – G. A. Wetter, Der dialektische Materialismus. Seine Geschichte und sein System in der Sowjetunion. 4., bearbeitete und erweiterte Auflage, Wien 1958, und die dort verzeichnete Literatur 645–669. – Zur Bibliographie 1947–1956 vgl. Sovietica, Heft 1 und 2, Dordrecht 1959.

die Materie selbst, so hat auch die Entwicklung nie begonnen und wird nie aufhören. Sie durchzieht den Bereich des Anorganischen wie den des Lebens. Nicht nur die verschiedenen Formen des pflanzlichen und tierischen Lebens entwickeln sich auseinander, sondern auch der Mensch aus dem Tierreich, die Tiere aus den Pflanzen und diese aus der anorganischen Materie. Sie umfaßt beim Menschen nicht nur das Körperliche, sondern auch das Geistige und sein gesellschaftliches Sein. Der Übergang von der einen zur anderen Art des Seins vollzieht sich nach längerer Vorbereitung durch quantitative Veränderungen im dialektischen Sprung zu einer neuen Qualität. Triebkraft der Entwicklung sind die in jedem Seienden verborgenen Gegensätze. Jede außerweltliche Ursache der Gesamtentwicklung erübrigt sich.

Bergsons Philosophie[2] geht von der Kritik des Intellektualismus aus. Die einzige der Wirklichkeit gemäße Form der Erkenntnis ist die Intuition. Das Sein ist wesentlich Werden und Bewegung, konkrete Dauer, sei es in der aufsteigenden Bewegung des Lebens, sei es in der fallenden Bewegung der Materie. Der Élan vital bricht sich an der Materie und zerlegt sich so in die Vielheit der Individuationen. Das Leben selbst ist das durch die Materie geschleuderte Bewußtsein. Es ist bekannt, wie sehr die Beziehung des Élan vital zum transzendenten Gott im Zwielicht der Bergsonschen Aussagen verblieben ist. Seine Lehre über die mystische Erfahrung Gottes kann darüber nicht hinwegtäuschen.

Während die Entwicklung bei Bergson ganz vom Lebensimpuls her bestimmt ist und jede teleologische Ausrichtung von ihm zurückgewiesen wird[3], ist diese sozusagen das einzig Bestimmende für die Entwicklung, wie *Teilhard de Chardin* sie sieht[4]. Die Materie befindet sich nach ihm in einem Aufstieg zu immer zentrokomplexeren Ordnungen bis hin zum Menschen. Parallel damit geht eine immer größere Bewußtheit, da die ganze Welt, auch die anorganische Materie, psychoid, irgendwie beseelt und bewußt ist, eine Innenseite hat. Endpunkt der Entwicklung ist die Verbindung mit Gott. Gott als Ziel hält die ganze Entwicklung in Gang. Dies aber ist nur möglich, wenn er immer schon das Ganze belebt, ohne in den Strom der Entwicklung einbezogen zu sein.

Wenn man bedenkt, wie grundlegend der *Entwicklungsgedanke* für den dialektischen Materialismus ist, wie stark und weit das Echo war, das die Schriften von Teilhard de Chardin gefunden haben, wie sehr das Denken und Forschen der biologischen Wissenschaften vom Entwicklungsgedanken beherrscht sind und wie sehr dieses Denken der Versuchung des mechanistischen oder dialektischen Materialismus ausgesetzt ist, so bedarf es keiner

[2] Vgl. Bergson, L'évolution créatrice 1907, besonders 252–262.

[3] Évolution créatrice, 116.

[4] A. Brunner, Pierre Teilhard de Chardin: Stimmen der Zeit 165 (1959/1960) 210–222; vgl. 216. – Teilhard de Chardin, Le Phénomène humain, Paris 1955; deutsch: Der Mensch im Kosmos, München 1959; ferner: Geheimnis und Verheißung der Erde. Reisebriefe, Freiburg i. Br. 1958; Pilger der Zukunft. Neue Reisebriefe 1939–1955, Freiburg i. Br. 1959.

besonderen Begründung mehr, sich philosophisch mit diesem schwierigen Problem zu beschäftigen. Der philosophischen Fragen sind viele, und die christliche Philosophie hat sich mit ihnen bisher noch nicht genügend auseinandergesetzt. Gewiß, es sind Demarkationslinien gezogen worden, die metaphysischen Prinzipien vom zureichenden Grund und der Kausalität werden mit Recht geltend gemacht. Man will auf festem Boden stehen und sich nicht von einer Woge der Begeisterung wegschwemmen und auf den unsicheren Boden eines Mystizismus tragen lassen. Aber man vermißt allzuoft positive Angaben darüber, wie man sich ontologisch die Entwicklung etwa der Arten zu denken habe. Der Versuch dazu soll hier unternommen werden auf dem Boden der klassischen Seinsmetaphysik. Die Entwicklung, die zum Gegenstand der Untersuchung gemacht werden soll, ist nicht die Ontogenese, die individuelle Entwicklung eines Organismus, sondern die Phylogenese, die Entwicklung, die zu einer neuen Art führt, und die Frage nach einer Entwicklung der großen Lebensstufen, des pflanzlichen, tierischen und menschlichen Lebens, sowie der Entstehung des Lebens überhaupt[5].

Das erste Hindernis, das sich einem solchen Unternehmen entgegenstellt, ist der schwankende Boden der Erfahrung, die Unbestimmtheit, ja Dürftigkeit der *empirischen Grundlage*[6]. Für die Individualentwicklung, die hier nicht zur Debatte steht, hat der Philosoph ein eindeutiges und gesichertes Material vor Augen. Bei der Artentwicklung ist das anders. Was dabei empirisch gesichert ist, ist wenig. Zwar wissen wir heute, daß durch Chromosomen- und Genom-Mutationen sämtliche bei einem Organismus vorkommenden Einzelmerkmale und Eigenschaften abgeändert werden können[7]. Dabei sind die Gen-Mutationen schon nicht mehr beobachtet, sondern nur erschlossen worden[8]. Die Annahme einer Gesamtevolution hingegen ist auch heute noch mit zahlreichen Dunkelheiten und bedeutenden Schwierigkeiten verbunden. Das Werden der organisatorischen Großpläne des Tierreichs z. B. ist uns völlig unbekannt, da jegliche Fossilfunde, die darüber Auskunft geben könnten, fehlen. Der Stamm der Wirbeltiere tritt im Silur unvermittelt zum ersten Male auf. Auch das Werden der verschiedenen

[5] Für die empirischen Grundlagen sei verwiesen auf A. Haas (Hrsg.), Das stammesgeschichtliche Werden der Organismen und des Menschen, Band I: Deutung und Bedeutung der Abstammungslehren, Freiburg i. Br. 1959, und auf die dort aufgeführte Literatur: 63 375–387 512–514. – Das Werk enthält folgende Abhandlungen: Fr. Lotze, Die Geschichte des organischen Lebens, S. 9–63; J. Haas, Die Entstehung des Lebens auf der Erde, S. 64–109; J. Haas, Die cytologischen Grundlagen der Evolution, S. 110–165; P. Overhage, Keimesgeschichte und Stammesgeschichte, S. 166–197; P. Overhage, Das Problem der Abstammung des Menschen, S. 198–284; P. Overhage, Das Problem der Anthropogenese, S. 285–387; K. J. Narr, Die Abstammungsfrage im Licht der Kulturgeschichte, S. 388–452; A. Haas, Naturphilosophische Betrachtungen zur Finalität und Abstammungslehre, S. 453 bis 514. – Um die Zitation einfacher zu gestalten, wird im folgenden nur mit Haas I und Seitenzahl zitiert. Verfasser und Titel der Abhandlung ergeben sich aus der angegebenen Seitenverteilung.

[6] Das gilt besonders für die Entstehung des Lebens. Vgl. dazu Haas I 62 und 96.

[7] Haas I 161.

[8] Haas I 112.

Stämme der Wirbellosen bleibt verborgen, weil sie schon in den ältesten Schichten, die überhaupt Fossilien führen, in hochentwickelten Vertretern zum Vorschein kommen. Die Hauptgruppen der Pflanzen- und Tierwelt treten diskontinuierlich auf. Für eine Verbindung durch Entwicklung (für die allmählichen quantitativen Veränderungen im Sinne des dialektischen Materialismus) fehlen die Dokumente. Die durchgängige Entwicklung der Pflanzen und Tiere ist demnach nur eine Hypothese, um die gradweise abgestufte Formenmannigfaltigkeit und Formenverwandtschaft, die nicht übersehen werden kann, zu deuten. Sie stützt sich jedoch nicht auf direkte Beobachtung weder an jetzt lebenden Arten noch an den fossilen Organismen, sondern nur auf indirekten Indizienbeweis. Sie ist keine unumstößliche Tatsache, sondern eine begründete Auffassung, die dem Naturforscher als heuristisches Prinzip dienen kann und die vom Philosophen und Theologen ernst genommen zu werden verdient[9].

Wenn im folgenden nun die ontologische Problematik der Artentwicklung aufgerollt und eine philosophische Lösung der Fragen versucht wird, so ändert sich an der Tatsachenfrage damit gar nichts. Die *Hypothese der Artentwicklung* erhält dadurch nicht den geringsten Zuwachs an Sicherheit. Den Rang einer gesicherten Theorie kann sie allein von der Erfahrung her erhalten. Man könnte nun einwenden, bevor die Tatsachenfrage entschieden sei, verlohne es sich gar nicht, die Frage nach der ontologischen Möglichkeit und all dem, was sie impliziert, zu stellen. Dem müßte man zustimmen, wenn der Entwicklungsgedanke nicht ein so brennendes weltanschauliches Interesse fände und wenn aus der Entwicklungshypothese, auch ohne daß sie gesichert ist, nicht so weittragende philosophische und weltanschauliche Folgerungen gezogen würden. Der christlich orientierte Forscher steht dabei nicht nur unter einem schwer vorstellbaren Druck der öffentlichen Meinung und seiner wissenschaftlichen Kollegen, sondern wird dabei natürlich auch von dem Gedanken bedrängt, was werden wird, wenn sich die Hypothese als Tatsache herausstellt. Es ist bekannt, wie sehr eine erwünschte oder befürchtete Deutung den Forscher schon beim Auffinden der Tatsachen fördern oder hindern kann. Allerdings ist es nicht so, daß weltanschauliche Voraussetzungen nur beim christlichen Forscher wirksam wären. Sie sind es auf nicht-christlicher Seite nicht weniger und auf die vielfältigste Weise, meistens ohne daß die Betreffenden es selbst merken. Auch derjenige, der meint, er habe keine Philosophie, hat eine, nur ist es meist eine schlechte[10].

Daß die Welt und das Geschehen in ihr nicht rein weltimmanent verstanden werden kann, dies kann begreiflich und einsichtig gemacht werden, ohne daß man dazu die Entscheidung über die Entwicklungshypothese abwarten müßte[11]. Aber es ist trotz alledem eine mißliche Sache und sieht

[9] Haas I 201–203.

[10] Über die Gefahren der Ursprungsforschung vgl. Haas I 285–291.

[11] Vgl. W. Brugger, Theologia naturalis, Pullach 1959, nr. 29–37. Vgl. jetzt auch meine „Summe einer philosophischen Gotteslehre“, München 1979, Nr. 121.

allzusehr nach einer *Verlegenheitslösung* aus, wenn man nicht nur beim Übergang vom Anorganischen zum Lebendigen und vom Pflanzen- zum Tierreich, vom Menschen ganz zu schweigen, sondern auch für das Entstehen der verschiedenen Tierstämme glaubt, eigene Schöpfungstaten Gottes annehmen zu müssen. Wenn sich, bei aller Wahrung der Erstkausalität Gottes, zeigen ließe, daß dies keineswegs nötig ist, wäre das ein Ergebnis, das dem christlichen Forscher in den Entwicklungsfragen eine weitaus größere Unbefangenheit als bisher gestatten würde.

Ziel des folgenden Versuchs ist es jedoch nicht, sozusagen in Konkurrenz zur Naturwissenschaft zu treten und eine „kausale“ *Erklärung* der Entwicklung zu geben, so daß man aus den Prinzipien, die hier namhaft gemacht werden, die Phänomene herleiten könnte, wie das bei einer wissenschaftlichen Hypothese geschieht[12]. Die Aufgabe der Naturphilosophie ist eine ganz andere. Sie geht von den Phänomenen oder, wie in unserem Fall, von einer naturwissenschaftlichen Hypothese aus und sucht die *ontologischen Bedingungen ihrer Möglichkeit* auf. „Ontologische Bedingungen“ meint hier keineswegs „beliebige reale Bedingungen und Ursachen“, schon gar nicht Ursachen, die in sich selbst wiederum in der Erfahrung nachweisbar und so einer direkten Nachprüfung zugänglich wären. Die ontologischen Bedingungen der Möglichkeit suchen heißt vielmehr ein Phänomen oder eine Hypothese so in den Gesamtzusammenhang des Seins einordnen, wie dies vom Formalobjekt der Ontologie, dem *Sein als Sein,* unbedingt erforderlich ist, daß also dem Phänomen oder der Hypothese all die Modalitäten des Seins und all die Ursachen zugeschrieben werden, deren Verneinung auch die logisch notwendige Verneinung des Phänomens oder der Hypothese zur Folge hätte. Dieses Verfahren hat dabei das Phänomen nicht nur überhaupt als seiend, sondern auch nach all seinen besonderen Soseinsmodalitäten zu untersuchen.

Gegen die Notwendigkeit eines solchen Verfahrens könnte man einwenden, abgesehen vielleicht von einer Letztbegründung im Sein überhaupt, werde das Wesen des Phänomens schon hinreichend durch die Erfahrung umschrieben und alle weiteren, ontologischen Bestimmungen könnten nur noch subjektive Zutaten, eine hinzugedachte Hinterwelt sein. Dieser *Einwand* verkennt jedoch die Natur der Erfahrung und des wissenschaftlichen Arbeitens mit ihr. In der äußeren Erfahrung ist zunächst nur das sinnliche Phänomen gegeben. Zwar wird dieses immer schon auf das Sein überhaupt (nach anderen auf einen Gegenstand überhaupt) bezogen. Aber dieser Bezug wird in der bloß naturwissenschaftlichen Betrachtung nicht thematisch und differenziert ausgearbeitet. Die Differenzierungen des Phänomens sind zunächst nur in der Korrelativität zu einem sinnlich-körperlichen Subjekt und damit als Determinierungen einer Raum-Zeit-Mannigfaltigkeit gegeben. Die Naturwissenschaft untersucht sie nur nach funktionalen und quantitativen Methoden. Die eigentliche *Seinsbedeutung* bleibt ausgeklammert. Diese kann erst erkannt werden, wenn auch das

[12] Haas I 107–109.

sinnlich-körperliche Subjekt als solches in die Betrachtung einbezogen wird. Diese transzendentale Betrachtungsweise ist jedoch nicht mehr naturwissenschaftlich, sondern philosophisch.

Es ist das große *Mißverständnis* der antiken und weitaus auch der mittelalterlichen Naturphilosophie gewesen, diese Sachlage noch nicht durchschaut und die Gegenstände der Naturwissenschaft und Naturphilosophie sowie ihre konstitutiven Methoden noch nicht geschieden zu haben. Zwar findet die Naturwissenschaft in der Neuzeit allmählich ihren besonderen Gegenstand und ihre Methode, unterliegt aber immer noch demselben Mißverständnis über ihr Wesen, indem sie sich für eine neue Naturphilosophie hält. Aus diesem Grund lehnt sie nicht nur das antik-mittelalterliche Weltbild, d. i. das Resultat einer überholten und unzulänglichen Naturwissenschaft, ab, sondern weist damit in Bausch und Bogen auch die ganze bisherige Naturphilosophie zurück. Leider konnte sich die Naturwissenschaft bis heute nicht von diesem Mißverständnis und dem daraus folgenden Vorurteil gegen die Naturphilosophie des Aristoteles und der Scholastik befreien. Allerdings wurde ihr das auch schwer gemacht, da diese Sachlage auch bei vielen Vertretern einer scholastischen Naturphilosophie noch immer nicht genügend durchschaut und gewürdigt wird. Ohne Beseitigung dieses Mißverständnisses ist aber die folgende Untersuchung in keiner Weise möglich oder auch nur nachvollziehbar.

Eine eigene, von der naturwissenschaftlichen verschiedene Fragestellung ist demnach für die Naturphilosophie unumgänglich. Obwohl sie nicht zu kausalen Erklärungen im Sinne der Naturwissenschaft führt und ihre Ergebnisse nicht in eine naturwissenschaftliche Theorie eingebaut werden können, so hat doch die *Naturwissenschaft* ein erhebliches *Interesse* an einer naturphilosophischen Betrachtung der Phänomene, und zwar nicht nur im Hinblick auf ein subjektives Bedürfnis des Naturforschers, der seine Kenntnisse über den Bereich seiner Erfahrungen und Theorien hinaus abrunden und in eine Weltanschauung einordnen möchte, sondern auch und vor allem in objektiver Hinsicht, da eine ontologisch folgerichtig aufgebaute Naturphilosophie nicht nur eine tiefere, ganzheitliche Auffassung des naturwissenschaftlich festgestellten Materials, sondern auch wertvolle Hinweise für die weitere Forschung und Untersuchung, neue Fragestellungen für Experiment und Beobachtung zu bieten vermag.

Welches ist nun die besondere *Problematik* bezüglich der Entwicklung in dem oben geschilderten Umfang? Bei der Art-Entwicklung, dieses Wort im weitesten Sinn verstanden, soll nicht ein Individuum aus einem Individuum derselben Art, sondern eine Art aus einer anderen Art entstehen. Die Art existiert jedoch nur in ihren Individuen. Bei der Art-Entwicklung entsteht demnach aus dem Individuum der einen Art ein Individuum einer anderen Art, sei es in einem Schritt (einer Zeugung), sei es in vielen allmählichen Schritten. Welches von beidem der Fall ist, kann nicht a priori, sondern nur anhand von Tatsachen entschieden werden. Für das philosophische Problem, das dabei zu lösen ist, spielt das jedoch gar keine Rolle. Bei vielen kleinen Schritten geschieht im ganzen und wesensmäßig das gleiche wie bei einem einzigen Schritt. Wir können daher für unseren Zweck die Art-Entwicklung so betrachten, als ob sie in einem einzigen Schritt (einer einzigen Ontogenese) geschehe. Die Schwierigkeit liegt nun darin, daß ein Organismus, der von Natur aus einen Organismus derselben Art zeugt, nun statt dessen einmal (oder auch öfter oder sogar immer) einen Organismus anderer Art hervorbringt. (Ob man dabei überhaupt noch von Zeugung im eigentlichen Sinn sprechen kann, bleibe dahingestellt.) Von einer neuen *Art* wollen wir dabei, wie üblich, sprechen, wenn die so entstehenden Organismen mit den vorangegangenen nicht mehr zusammen zeugungsfähig sind, sich aber von da ab wieder in relativer Beständigkeit in derselben Art fortpflanzen[13]. Wie ist es nun möglich, daß ein Organismus, dessen spezifische Natur eine ebenso spezifische Zeugungsrichtung, nämlich auf ein Individuum derselben Art hat, diese Richtung wechselt? Unterscheidet sich ein solcher Organismus konstant von einem anderen derselben Art, der die Zeugungsrichtung nicht wechselt? Wenn ja, dann ist er selbst schon ein Organismus anderer Art, und die Frage wird nur rückwärts um eine Generation verschoben. Wenn nein, wie können Organismen derselben Art verschiedene Arten, nämlich dieselbe und eine davon verschiedene hervorbringen? Die Einführung einer weiteren Kausalität oder irgendeiner ontologischen Determinante ist unvermeidbar. Die Organismen, die bisher in ihrer Zeugungskausalität univok waren, sind äquivok geworden. Woher kommt diese Änderung ihrer Kausalitätsart? Und wenn man annehmen wollte, sie seien schon immer in latenter Weise äquivok gewesen, wie ist dann diese kausale Äquivozität zu begründen und warum bleibt sie über so lange Zeiträume hinweg latent?

Man kann hier natürlich im Sinne des Darwinismus (oder auch des Lamarckismus) auf *äußere Ursachen* (Änderungen der Umwelt und dergleichen) verweisen. Aber abgesehen davon, daß damit nur auslösende, nicht aber die dem Organismus inneren Ursachen benannt werden, so kommt dazu noch die Frage, warum denn unter denselben äußeren Umständen, die einen Organismen in die Art-Entwicklung eintraten, die anderen aber nicht. Denn neben den reich entwickelten Arten finden sich in der Natur, zum Teil von den ältesten Zeiträumen bis heute, noch ganz urtümliche Arten.

Wenn man nicht in dogmatischer Weise im vorhinein auf ein materialistisches und atheistisches Vorurteil festgelegt ist, ist es kein Wunder, daß viele Forscher und Philosophen bei einer solchen Ausweglosigkeit an einen überweltlichen, *schöpferischen Eingriff Gottes* denken, dessen Wirkungen zwar in der Natur wahrnehmbar sind, dessen Kausalität sich jedoch
c] in keiner Weise in die Natursachen und deren Gesetzmäßigkeit einordnen läßt. Es mag dazu die Überlegung gekommen sein, daß in der Tat keine innerweltliche, endliche Ursache jemals unter der allgemeinsten Rücksicht des Seins ursächlich wirksam ist, sondern ihre Wirksamkeit sich auf das Sein und Entstehen der Wirkung nur unter einem endlichen Ge-

[13] Vgl. Haas I 110–112.

sichtspunkt des Soseins erstrecken kann[14]. Jede substantielle Soseinsänderung mußte demnach von vornherein der unmittelbaren Schöpferkraft Gottes zugeschrieben werden. Dabei hat man jedoch *das geschöpfliche Sein* zu sehr einem starren und unveränderlichen Sosein untergeordnet, während doch umgekehrt das Sosein keine ursprüngliche Eigenständigkeit besitzt, sondern ganz und gar im Seinsakt gründet und von seinen Gnaden lebt. Man hat sich dabei vielleicht auch von der Vorstellung täuschen lassen, als ob Gott das Sein in eine vorliegende Soseinsform gieße und dadurch begrenze, während dieses Sosein doch erst aus dem Sein, sofern es von Gott geschaffen wird, entspringt und erst als entsprungenes Sosein Subjekt des Seins wird. Das Sein als Sosein-entspringenlassendes hat von sich aus keine Begrenzung. Damit kommt ihm aber – immer unter der Voraussetzung der schöpferischen Kausalität Gottes – eine schöpferische Macht zu, die unter Umständen über die Grenzen eines bestimmten Soseins hinausreicht. Das Entscheidende dabei ist, daß die Kausalität Gottes, die ja von ihm in seinem transzendenten Sein nicht verschieden ist, keine geschaffene, innerweltliche Kausalität ausschließt, sondern sie vielmehr begründet. Weder die transzendente Kausalität Gottes noch die Wesensgrenzen machen deshalb eine Artumwandlung von innen her von vornherein unmöglich.

Die über die einzelnen Wesensgrenzen hinausdrängende Dynamik des Seins – gemeint ist immer der geschaffene Seinsakt – läßt sich auch durch eine Überlegung über das, was Wirken ist, dem Verständnis näherbringen. *Wirken* ist der zweite, *auf* das Sein und *aus* dem Sein eines Seienden folgende Akt[15]. Im Ursprung, d. h. im unendlichen actus purus des Seins, sind sie notwendig identisch: reines Sein ist reines Wirken. Das reine und unendliche Sein ist keiner Ergänzung durch ein Wirken fähig, sondern enthält schon dessen Vollkommenheit und Positivität. Sein und Wirken sind nur unterschieden im endlichen Seienden, wo der einem bestimmten substantiellen Sosein zugeordnete Seinsakt ein Seiendes noch nicht ganz wirklich macht, sondern dazu noch des Wirkens bedarf. Wie aber kann eine weitere Aktualisierung eines schon substantiell Wirklichen verstanden werden? Nicht im Sinne von zusätzlichen, akzidentellen Soseinsbestimmungen. Denn das Wirken liegt nicht in der Linie des Soseins, sondern des Seins. Aber auch nicht als das Sein solcher Soseinsbestimmungen, es sei denn gerade als Wirken. Denn das dem substantiellen Sosein zusätzliche akzidentelle Sosein erweist sich in letzter Analyse gerade als Modalität des Wirkens. Wie also kann ein schon in sich wirklich Seiendes noch weiter wirklich werden, denn das wird es doch durch sein Wirken? Nur dadurch, daß es nicht nur in sich, sondern irgendwie im Ganzen des Seins wirklich wird, also in bezug *auf* und in Gemeinschaft *mit* anderem. Das ist auch ohne weiteres aus dem Sein als solchem verständlich. Denn das Sein als solches

[14] W. Brugger, Theologia naturalis, nr. 417. Ferner meine „Summe", Nr. 324. 412.

[15] Zum Verhältnis von Sein und Wirken vgl. J. B. Lotz, Metaphysica operationis humanae methodo transcendentali explicata, Romae 1958, 170–176.

ist unendlich und nicht auf ein bestimmtes Sosein eingeschränkt[16]. Kein Seiendes also hätte Sein, wenn dieser Akt es nur und ausschließlich in seinem endlichen Sosein bestimmen würde. Eine radikale Isolierung des Seins im endlichen Sosein würde das Sein sich völlig selbst entfremden und so vernichten. Aus demselben Grund wird aber auch ersichtlich, warum das Sein, wenn es vollkommen bei sich ist wie beim actus purus, notwendig und in Identität Wirken, das heißt aber vollkommene Wirklichkeit in der unendlichen Totalität des Seins ist.

Das Wirken geht also immer über die engen Grenzen des jeweils Seienden hinaus. Dies geschieht natürlich auf verschiedene Weisen, je nach der verschiedenen Wesenheit und Vollkommenheitshöhe der endlich Seienden. Auf Einzelheiten muß hier verzichtet werden. Wichtig aber ist, daß das Wirken, wie immer es beschaffen sein mag, aus dem Seinsakt eines Seienden hervorgeht, daß es aus ihm als dessen notwendige Ergänzung entspringt und so die über die Grenzen des jeweiligen Soseins hinausdrängende *Dynamik des Seins* offenbart, von der wir gesprochen haben.

Einen weiteren Zugang zur inneren Dynamik des Seinsaktes bietet die metaphysische Analyse des Strebens, genauer des *Naturstrebens*. Alles endlich Seiende, so haben wir gesehen, findet seine Ergänzung in einem Wirken; es ist auf vielfältige Weise auf Wirken angelegt. Dieses Wirken ergibt sich aus seiner Spontaneität. Die besonderen Wirkanlagen bestimmen nicht nur das grundlegende Sosein des Wirkens in der Beziehung auf das sogenannte Formalobjekt, sondern sind in sich selbst aktuelles Hingespanntsein auf das naturgemäße Wirken. Damit offenbaren sie sich aber als Streben, nicht als intentional bewußtes, sondern als *konstitutives Naturstreben*. Die verschiedenen Wirkanlagen gründen aber im substantiellen Sein eines Seienden und sind nur aus ihm verständlich. Insofern ist auch dieses Sein ein *substantielles Streben*. Das nächste Ziel dieses Strebens ist die Selbstverwirklichung (mit all den Abstufungen und Abminderungen, die dem Selbst insbesondere materieller Dinge eigen sind). Das letzte Ziel hat dieses Streben aber im unendlichen Sein. Denn alles Streben setzt eine Selbstentfremdung des Seinsaktes voraus. Wo der Seinsakt vollkommen bei sich ist, bleibt kein Streben mehr übrig; da ist er in sich ruhender aktueller Selbstbesitz. Wo hingegen das Sein in irgendeinem Grad sich selbst entfremdet ist (was bei allem endlichen Sein der Fall ist), da ist es und kann es nur sein unter der Bedingung, daß es unterwegs ist zu sich selbst in der reinen Identität mit sich selbst. Endliches, substantielles Sein ist daher immer substantielles Streben ins Unendliche. Ein solches Streben hat seinen letzten Quellgrund im actus purus. Daher sind sowohl das substantielle Streben des endlichen Seins wie auch das konstitutive Streben der Wirkanlagen unter dieser Rücksicht, als abhängig vom wirksamen actus purus, auch *substantielle und konstitutive Bewegung*.

All das zeigt nun zwar, daß vom Seinsakt endlicher Seiender her ein Überschreiten der Wesensgrenzen nicht unmöglich ist; es läßt aber die

[16] W. Brugger, Theologia naturalis, nr. 53–58, und meine „Summe", Nr. 123. 5.

Frage offen, welches der besondere Grund einer solchen Überschreitung ist. Denn die notwendige Vorbedingung, die immer und überall verwirklicht ist, ist noch keine bestimmende Ursache. Sonst wäre ja auch kein Grund gegeben, warum die einen Seienden innerhalb ihrer Wesensgrenzen verbleiben, die anderen gemäß unserer Annahme aber nicht. Überdies muß eine solche Möglichkeit nicht nur vom Seinsakt, sondern auch von der *substantiellen Form* her begreiflich gemacht werden. Andernfalls wäre eine Entwicklung über die Artgrenzen hinaus zwar durch göttlichen Eingriff, aber eben nur als ein Geschehen, das über alle Naturgesetzlichkeit hinausgeht, oder als Wunder möglich. Denn die Naturgesetzlichkeit gründet in der Form und Wesenheit der Dinge.

Wenn das Problem jetzt unter der Rücksicht der Wesensform gesichtet wird, so müssen wir uns zuvor darüber klarwerden, daß es sich dabei nur um eine *Form in der Materie* handeln kann, um ein bestimmendes substantielles Soseinsprinzip, dem in derselben substantiellen Ebene ein Prinzip der relativen Soseins-Unbestimmtheit gegenübersteht, mit dem zusammen es erst die materielle Substanz konstituiert. Eine solche Substanz ist dadurch charakterisiert, daß sie sich für unsere Sinne in Raum und Zeit bemerkbar macht. Obwohl also die Substanz als solche – und vielleicht auch noch weitere vor-konkrete Stufen – nicht in sich selbst raum-zeitlich ist, so erfolgt doch ihre dynamische Begegnung mit anderen Substanzen oder Substanzteilen und insbesondere auch mit unserer Sinnlichkeit im Medium des Raumes und der Zeit. Erst diese voll konkretisierte, sogenannte „zweite Materie" ist die unserer Erfahrung unmittelbar zugängliche Materie. Das Verhältnis der Form gegenüber der „ersten Materie" aber kann nicht richtig erfaßt werden, wenn dabei nicht beachtet wird, daß die Form die Mannigfaltigkeit ihrer Soseinsbestimmtheit der Materie sozusagen *in verschiedenen Stufen* mitteilt, derart daß die Materie, sofern sie durch die Form in der einen Stufe determiniert ist, zu weiteren stufenweisen Determinationen in der Potenz verbleibt.

Die Notwendigkeit, außer der Form auch die *erste Materie* als Gegenprinzip anzunehmen, beruht darauf, daß ohne diese Annahme die Entwicklung nicht als substantieller Werdeprozeß verständlich gemacht werden kann. Diese Notwendigkeit hat die Entwicklung mit jeder anderen substantiellen Veränderung gemeinsam. Für die nähere Begründung kann auf Aristoteles[17] verwiesen werden.

Zwischen der *Form*, die das Sosein einer Art im Sein bestimmt, und dem *Begriff*, der die Bestimmtheit der Art für die Erkenntnis zum Ausdruck bringt, besteht natürlich eine gewisse inhaltliche Identität, sofern das, was der Begriff seinem Inhalt nach besagt, wenn auch auf andere, nicht abstrakte Weise, im Gegenstand verwirklicht ist, wie der gemäßigte Realismus lehrt. Aber es wäre doch verhängnisvoll, wollte man vergessen, daß es sich dabei keineswegs um eine totale oder erschöpfende Identität handeln kann. Beide sind nicht weniger verschieden als etwa der abstrakte und dünne Begriff,

[17] Metaphysica Z 7–8; A 1–3.

den wir von einem Düsenflugzeug haben, und die konkrete, umfassende und reich gegliederte Idee, die ein Konstrukteur von Düsenflugzeugen hat. Diese Idee reicht nicht nur hin, die Entstehung und das Sein wirklicher Flugzeuge zu bestimmen, sondern kann auch als Grundlage für weitere, abweichende Konstruktionen dienen. Die Form eines Seienden haben wir daher nicht so sehr nach Analogie unserer abstrakten Begriffe, sondern vielmehr in Ähnlichkeit zu solchen konstruktiven Ideen zu denken.

Die Form determiniert die Materie zu einem bestimmten spezifischen Sosein, und diese Determination konkretisiert sich weiter im akzidentellen Bereich raum-zeitlich in verschiedenen *Erscheinungsweisen*. Die Form[18] darf jedoch nicht mit dieser raum-zeitlichen Konkretisierung der Materie gleichgesetzt werden, noch ist ihre Virtualität auf eine einzige Konkretisierung eingeschränkt. Diese Virtualität umfaßt vielmehr bei der Ontogenese sämtliche Stadien der Entwicklung und bei der Metamorphose so verschiedene Gestaltungen und Organisationen wie die einer Raupe und eines Schmetterlings. Während aber hier verschiedene Erscheinungsweisen derselben Art und deren Umwandlung von der substantiellen Form determiniert werden, handelt es sich bei der Art-Entwicklung um die Umwandlung der Art selbst, wobei verständlich gemacht werden muß, wieso die folgende Form in der vorangegangenen begründet sein kann.

Zunächst ist zu bedenken, daß die Formen eines Naturreiches, der Pflanzen oder der Tiere, sich nicht disparat zueinander verhalten. Sie enthalten gemeinsame Grundzüge, die in den verschiedenen Arten abgewandelt werden. Diese Gemeinsamkeit besteht nicht nur in unseren abstrakten Begriffen; sie hat einen realen Grund in den Formen der Dinge selbst. Diese formale Gemeinschaft ist zwar eine der Vorbedingungen für die Art-Entwicklung, aber sie erklärt noch nicht, wie die spezifische Artung in einer anderen enthalten sein und so von ihr ausgehen könne. Dies ist nicht möglich als Verhältnis des Allgemeinen zum Besonderen. Wohl aber sind Besonderungen immer nur als Bestimmungen eines Gemeinsamen möglich und durch dieses Gemeinsame auch gegenseitig aufeinander bezogen. Besonderungen in einem Gemeinsamen sind nur als relative Gegensätze zueinander möglich und denkbar. Wenn etwas durch seine Form einer Gemeinsamkeit zugehört und zugleich in ihr eine besondere Stelle hat, so ist das durch eine *relative und dialektische Entgegensetzung* bedingt, und zwar nicht nur in unseren Gedanken, sondern auch in der Wirklichkeit der Form selbst. Es gibt keine isolierten Formen. Die Positivität der einen Form ist zugleich die Negativität der anderen Formen, dies nicht nur im allgemeinen und unbestimmten, wie in unserem bloßen Begriff der Form, sondern

[18] In der Terminologie des dialektischen Materialismus entspricht der scholastischen Wesensform besser der Ausdruck „Inhalt“, während „Form“ dort gerade die Struktur und Organisation meint. Vgl. Bocheński, Die dogmatischen Grundlagen 8. 41: „Der Inhalt ist der Grund, der hauptsächlichste Aspekt des Gegenstandes, welcher seine qualitative Art bestimmt und in allen seinen Elementen erscheint.“ 8. 42: „Die Form ist die Art und Weise der Existenz des Inhaltes, seine innere Organisation, die Struktur des Inhalts, die sein Bestehen möglich macht.“

auf formal-konkrete Weise und in der Ordnung und Stufenfolge, die sich aus den möglichen Weisen der materiellen Determination und der Partizipation am Sein ergeben. Wegen der nur sehr unvollkommenen Identität unserer Begriffe mit den Formen der Dinge können wir diese Ordnung und Stufenfolge nicht a priori deduzieren, sondern müssen uns durch die Erfahrung zu ihr führen lassen. Obwohl also die Materie durch ihre aktuelle Form geprägt ist, so liegt in dieser Prägung doch auch ein *virtueller und realer Hinweis* auf andere, verwandte Prägungen eingeschlossen.

Die dargelegte dialektische Beziehung[19] besteht jedoch nicht nur auf Grund der Formen – so wäre sie bloß statisch und würde vor allem keine bestimmte Entwicklungsrichtung festlegen –, sondern ebensosehr *auf Grund des Seins*. Denn die Formen verhalten sich zu diesem nicht äußerlich, sondern gehen aus ihm hervor. Sie sind daher in die allgemeine Strebebewegung des endlichen Seins, die wir beschrieben haben, hineingenommen und nehmen so an ihr und ihrer Ausrichtung teil. So wird verständlich, warum die Art-Entwicklung vom Unvollkommenen zum Vollkommeneren, vom Unbestimmten zum Bestimmteren, vom Unspezialisierten zum Spezialisierteren aufsteigt. Dieser *Aufstieg* ist ebenso wie das substantielle und das konstitutive Streben nur möglich infolge der Bewegung durch den actus purus, die selbstverständlich die Schöpfung der gesamten Natur voraussetzt. Aber die Art und Weise dieser Bewegung, der Weg, den sie geht, ist in den Formen der Dinge vorgezeichnet, er ist gesetzmäßig und naturhaft.

Damit der Vorgang der Art-Entwicklung allerdings in vollem Sinn als naturhaft bezeichnet werden kann, ist noch ein weiteres nötig, daß nämlich auch die *Zeitstellen,* an denen das Entwicklungsgeschehen jeweils ansetzt, wo also die Kontinuität der Zeugung nach derselben Form übergeht in Hervorbringungen, die von der vorigen Form – sei es in großen oder kleinen Schritten – abweichen, im Naturbereich selbst vorgezeichnet sind. Diese Markierungen[20], an denen die stets latent vorhandene virtuelle Entwicklungstendenz aktuell hervortritt und in der Erfahrung sichtbar wird, können, wenn anders sie naturhaft sein sollen, nichts anderes als notwendige und bei einer gewissen Intensität oder Häufung hinreichende *Dispositionen* sein. Welches aber diese Dispositionen im einzelnen sind und wie ihr kausaler Einfluß aufzufassen ist, das kann nicht ontologisch deduziert, sondern muß anhand der Erfahrung festgestellt werden. Ob unsere Kenntnisse der Paläontologie bei dem spärlichen Material, das uns zur Verfügung steht, jemals ausreichen werden, um diese Fragen mit Sicherheit oder auch nur mit großer Wahrscheinlichkeit beantworten zu können, mag zweifelhaft sein. An der Aufgabe als solcher und ihrer Natur ändert das nichts.

Bei unseren Überlegungen blieb die Frage, ob individuell erworbene Veränderungen phänotypischer Art vererbt werden oder nicht, außer acht.

[19] Zum Problem der Dialektik und besonders der materialistischen Realdialektik vgl. H. Ogiermann, Materialistische Dialektik, 1958.

[20] Haas I 44–45.

Wir haben weder das eine noch das andere vorausgesetzt. Eines ist allerdings sicher, daß *Umweltseinflüsse* Mutationen hervorrufen können[21]. Daß solche Umweltseinflüsse auch dort, wo sie nicht gleich zu einer Mutation führen, im Genotyp akkumuliert werden können und erst bei einer folgenden Generation, nachdem eine gewisse Akkumulationsschwelle erreicht ist, zur Mutation führen, ist, von der Ontologie her gesehen, zu erwarten, bedarf aber der experimentellen Nachprüfung. Ein solches Verhalten der Organismen würde auf jeden Fall gut erklären, warum gewisse Organismen derselben Art in die Art-Entwicklung eintreten, während andere Individuen konservativ bleiben.

Es kann die Frage aufgeworfen werden, ob unsere Darlegungen Partei ergreifen für die sogenannte *Orthogenese*[22]. Man versteht darunter einen gesetzmäßig verlaufenden autonomen Entfaltungsprozeß, der aus inneren Ursachen ganzheitlich ausgerichtet ist. Die Orthogenese ist umstritten. Nicht wenige Forscher vertreten die Ansicht, daß die Art-Entwicklung sich durch ungerichtete Mutationen vollziehe, wobei die Ausrichtung auf bestimmte Arten einzig durch den biologischen Ausleseprozeß zustande komme. Es ist nicht unsere Aufgabe, in das Für und Wider der Argumente aus dem Erfahrungsbereich einzugreifen. Unsere Theorie nimmt aus philosophisch-ontologischen Gründen eine innere Gerichtetheit der Artentwicklung an, die allerdings nicht einseitig linear verstanden werden darf, sondern als Prozeß einer reichen und vielgestaltigen Formentfaltung. Da es sich um die Entfaltung einer materiellen Form handelt, diese also immer schon durch die Vermittlung der Materie mit der gesamten Umwelt im Wirkaustausch steht, müssen sich bei einer solchen *Formentfaltung* auch die *Umweltsfaktoren,* die von sich aus keine eindeutige Beziehung zur Art-Entwicklung haben, mit all ihren Zufälligkeiten bemerkbar machen. Diese Umweltseinflüsse sind ein integrierender Bestandteil unserer Theorie.

Oft wird gegen eine innere Ausrichtung und Finalität der Art-Entwicklung die Tatsache geltend gemacht, daß die Entwicklung manchmal tastend, gewissermaßen versuchsweise vor sich gehe, daß man also nicht von einem fixen Plan sprechen könne, der vom Schöpfer ein für allemal in die Natur gelegt sei. Dies letztere wird von uns auch nicht behauptet. Im Gegenteil ist es der Sinn dieser Ausführungen, zu zeigen, daß sich dieser Plan in der Natur selbst erst entwickelt hat, also gerade nicht von Anfang an fix und fertig in ihr vorlag. Mit dem Werden dieses Planes aus einer Urform sind gewisse *tastende Versuche* und sogar Sackgassen der Entwicklung[23], wo es nicht mehr weitergeht, ebensosehr vereinbar, wie solche Phänomene auch mit dem bewußten Planen des Menschen vereinbar sind. Wenn der menschliche Konstrukteur ein reiner Geist wäre, der die Ausgestaltungen seiner Idee mit einem Male intuitiv überschauen könnte, wäre er nicht auf Versuche, sei es im Gedankenexperiment oder in der Wirklichkeit, angewiesen,

[21] Haas I 113.

[22] Haas I 54–55; I 488–495.

[23] Haas I 157.

sondern könnte das weniger Brauchbare von vornherein ausscheiden und geradlinig auf das Gewünschte zusteuern. Daß er das nicht kann, beruht darauf, daß er seine Idee nicht anders als in der Zuordnung zu sinnlich-anschaulichen Vorstellungen, also in einer gewissen Materialisierung, erfassen kann. Wenn wir von der Bewußtheit des menschlichen Konstrukteurs absehen, so befindet sich die entwicklungsfähige Form in der Natur in einem analogen Verhältnis zur Materie; sie ist nämlich dort nur in gewissen Konkretisierungen möglich und von diesen in ihrem Sein und ihrer Entwicklungsfähigkeit abhängig. Dazu tritt weiter die Abhängigkeit von den Umwelteinflüssen. Tastende Versuche und sogar Sackgassen der Entwicklung sind daher kein Beweis gegen eine innere, von der Form her bestimmte Ausrichtung der Entwicklung.

e] Obwohl es die eigentliche Aufgabe dieser Abhandlung ist, das, was bisher von scholastischer Seite zum Entwicklungsproblem gesagt wurde, weiterzuführen und dabei die Lehren über die Kontingenz des welthaften Seins und über die Weltschöpfung im Ganzen vorausgesetzt werden konnten, soll doch im Hinblick auf den dialektischen Materialismus, der die Entwicklung über alle Naturreiche hin aus bloß innerweltlichen Ursachen erklären zu können meint, die *Notwendigkeit einer* vom actus purus ausgehenden *Bewegung* für jede Höherentwicklung noch eigens begründet werden.

Daß es sich beim Übergang vom Nicht-Lebendigen zum Lebendigen und bei den Übergängen zu den höheren Lebensstufen, von der Pflanze zum Tier, vom Tier zum Menschen, um einen Aufstieg zu qualitativ Höherem handelt, kann nicht bezweifelt werden. Inwieweit echte, qualitative Höherentwicklung auch bei der Phylogenese im engeren Sinn vorliegt, soll hier nicht untersucht werden. Wenn aber im folgenden von Bewegung die Rede ist, soll darunter immer der Übergang vom Unvollkommeneren zum Vollkommeneren, vom qualitativ Niederen zum qualitativ Höheren verstanden sein.

Verlangt nun die so verstandene Bewegung einen letztlich *welttranszendenten Beweger?* Diese Frage bezieht sich nicht auf das Woraus oder die Materialursache, sondern auf das Wodurch oder die Wirkursache. In der Ordnung der Entstehung und der Materialursache, also bei der Frage, woraus im Laufe der Entwicklung etwas entstanden ist, gilt der Grundsatz, daß im Rahmen der Entwicklung das Unvollkommene dem Vollkommenen an sich vorausgeht, wobei zufällige Rückschläge außer Betracht bleiben können und eine absteigende Devolution das Absterben und Ende einer Entwicklung bedeutet. In der Ordnung der Wirkursachen hingegen gilt der entgegengesetzte Grundsatz: Das, was etwas Unvollkommenes zur Vollkommenheit führen, das Mehr an Vollkommenheit real begründen und bewirken soll, muß dem Unvollkommenen darin überlegen sein. In dieser Ordnung geht das Vollkommene dem Unvollkommenen voraus, zwar nicht notwendig der Zeit, wohl aber dem Seinsrang und der Begründung nach.

Wo es sich nicht um Erschaffung aus Nichts, sondern um Werden und Entwicklung, also um das Entstehen aus einem vorliegenden Material handelt, sind beide Ordnungen notwendig miteinander verbunden. Nichts entsteht innerhalb dieser Welt auf innerweltliche Weise als aus etwas schon Vorhandenem. Das bloße Vorhandensein als solches jedoch begründet noch kein Entstehen des anderen. Dazu bedarf es außer der Anlage, daß aus ihm das andere werden kann, der Wirk- und Triebkräfte, sei es im Vorhandenen selbst, sei es außer ihm, um die Anlage zu aktualisieren. Wenn es sich jedoch um ein Werden im Sinn der Entwicklung handelt, wo also etwas *sich* entwickelt, muß dieses Werden und Anderswerden *von innen* her erfolgen.

Die Frage ist nun: Sind diese Wirkkräfte, die sich in dem sich Entwickelnden finden, für sich allein ausreichend, um eine Entwicklung und eine Bewegung zu qualitativ Höherem vollständig zu begründen Oder bedarf es dazu noch einer weiteren, von dem sich Entwickelnden verschiedenen Wirkursache?[24] Wir wollen versuchen, diese Frage daran zur Entscheidung zu bringen, daß wir einmal annehmen, eine solche weitere Wirkursache sei nicht vorhanden, das sich zu einem qualitativ Höheren Entwickelnde sei für die gesamte dazu erforderliche Wirkkausalität ganz auf sich selbst angewiesen (wobei wir jedoch voraussetzen können, daß die übrigen zur Entwicklung nötigen Vorbedingungen, die nicht eigentlich kausal einwirken, gegeben sind). Diese Annahme gilt es auf ihre Seinsmöglichkeit zu prüfen.

Da das Wirken endlicher Wesen nicht mit ihrem substantiellen Sein identisch ist, sich aber aus ihm ergibt, gehört das Wirken seiner Art nach derselben Seinsstufe an wie das substantielle Sein des Wirkenden. Es ist seiner Wesenheit kongruent. Das Sein eines Seienden bestimmter Wesenshöhe begründet daher nur ein Wirken derselben Wesenshöhe. Zwar bezieht sich ein Seiendes durch sein Wirken, wie wir oben gesehen haben, irgendwie auf das Sein im Ganzen, aber – außer im Falle der Höherentwicklung – eben doch nur im Rahmen seiner Wesenheit. Bei der Höherentwicklung aber handelt es sich um ein Wirken, durch das eine größere Wesenshöhe erreicht werden soll. Wir haben das oben auf den Seinsakt des Seienden zurückgeführt, nicht sofern er seiner Wesenheit kongruent ist, sondern sofern er über sie hinausstrebt.

Woher kommt ihm dieses Streben zu? Man kann sich dafür nicht bloß auf seine Wirklichkeit berufen. Denn der Seinsakt ist im Endlichen nur wirklich in einer bestimmten Wesenshöhe[25]. In der Höherentwicklung strebt er jedoch über das, worin er wirklich ist, zu dem hin, worin er noch nicht

[24] Vgl. H. Ogiermann, Materialistische Dialektik, 1958, S. 205 ff. und 217 ff.

[25] Widerrufen wir damit, was oben über die Dynamik des über seine Wesensgrenzen hinausstrebenden Seins gesagt worden? Keineswegs. Der Seinsakt eines Seienden kann betrachtet werden, insofern er sich in einer Wesenheit bestimmter Art konkretisiert und sich dieser Wesenheit gemäß auswirkt und als daseiend kundtut; er kann und muß aber auch betrachtet werden, insofern er Seinsakt ist und *als solcher* auf keine bestimmte Wesensgrenze eingeschränkt sein kann. Ist er als solcher unmittelbar (ohne eine Wesensvermittlung) wirklich, so ist er aktuell unendlich; ist er nur in der Vermittlung durch eine endliche Wesenheit wirklich, so ist er Streben ins Unendliche und hat als solches, wie der Text zeigt, eine Wirkursache (das aktuell unendliche Sein) zur Voraussetzung.

wirklich ist. Das Weniger an Sein strebt zum Mehr an Sein und erreicht es auch. Weniger wird Mehr. Kann das Weniger aus sich allein Mehr werden, d. h. nicht nur als das, *was* Mehr wird, sondern auch als das, *wodurch* Mehr wird? Kann das Weniger-Sein und Weniger-Wirken das Mehr-Sein und Mehr-Wirken-Können des anderen hervorbringen? Wenn das möglich ist, dann erübrigt sich die Wirkursache überhaupt in jedem Bereich. Da ferner das Weniger sich vom Mehr, auch qualitativ genommen, nur durch das unterscheidet, worin das Mehr das Weniger übertifft, was also im Mehr sich findet, im Weniger jedoch nicht, so würde das, was *nicht* im Weniger ist, das begründen, wodurch das Mehr als Mehr wirklich ist; das heißt aber: im Weniger findet sich *keine* Begründung für das, wodurch das Mehr ein wirkliches Mehr ist. Eine weitere, von dem, was sich zum Höheren entwickelt, verschiedene Wirkursache ist also unbedingt notwendig.

Wenn das zunächst bei der Lebenstätigkeit und Lebensentwicklung anders zu sein scheint, so kommt das daher, daß die Lebensentwicklung ein Werden und eine *Bewegung von innen* ist, der die Notwendigkeit einer vom sich entwickelnden Lebewesen verschiedenen Wirkursache zu widersprechen scheint. Dieser Widerspruch und damit der gegenteilige Anschein verschwinden jedoch sofort, wenn man sich klar macht, was hier „innen" heißt und welche vom Lebewesen verschiedene Wirkursache hier allein in Frage kommt.

„Von innen" ist nicht räumlich, sondern *ontisch* zu verstehen, d. h. nach der Ordnung der inneren, ein Wesen aufbauenden Seinsprinzipien. Innen und außen sind relative Begriffe. Da die Akzidentien die Substanz voraussetzen und sie näher real bestimmen, verhalten sie sich zu ihr wie Außen zu Innen. Eine Einwirkung auf die Substanz über die Akzidentien – die innerweltlich einzig mögliche – erfolgt daher von außen nach innen. Auf diese Weise kann eine Lebensbewegung, die von innen erfolgt, zwar modifiziert, nicht aber eigentlich verursacht und bewirkt werden. Innerhalb der materiellen substantiellen Wesenheit verhält sich Materie und Form wiederum wie Außen und Innen. Denn aus der Materie folgt die Quantität, durch die die Substanz ein räumliches Außen hat. Innerlicher aber noch als die Form bzw. die Wesenheit ist der substantielle Seinsakt; denn durch ihn ist die Wesenheit in sich selbst wirklich. Da nun das lebendige Wirken aus der Seinsmitte des Lebendigen erfolgt und im Wirkenden selbst verbleibt, ist die Lebensbewegung notwendig eine von innen erfolgende und sich auf dieses Innen zurückbeziehende Bewegung. Sie kann durch kein Außen verursacht werden.

Die einzige Wirkursache, die zur Realbegründung einer Lebensbewegung und Höherentwicklung außer dem Lebewesen selbst in Frage kommt, ist eine solche, die sich zum Seinsakt des Lebendigen nicht wie ein Außen verhält[26]. Das aber ist allein der *actus purus des Seins*. Zwar ist er wegen seiner reinen Aktualität, absoluten Identität und Überweltlichkeit vom

[26] Man lasse sich nicht durch den Gleichklang „von außen" (ab extra) und „außer" (praeter; = verschieden von) täuschen.

endlichen Seinsakt des Lebewesens verschieden. Dennoch bewegt er ihn nicht von außen. Denn erstens ist er selbst in keine von ihm verschiedene Wesenheit und in kein von ihm verschiedenes Wirken entäußert, und zweitens bewegt er nicht dadurch, daß seine Aktualität sozusagen in das zu Bewegende erfließt, was ihn als actus purus aufhöbe, sondern nur dadurch, daß er im Modus der freien Entscheidung das zu Bewegende sein läßt, was es in sich selbst ist, nämlich Seinsakt und substantielles Streben in transzendentaler Abhängigkeit *von ihm*, als Bewegung *durch ihn*, den allein Unabhängigen und Absoluten.

Zusammenfassend läßt sich nun sagen, daß eine Entwicklung der Arten ontologisch gesehen ermöglicht ist einmal durch die Auffassung des endlichen Seinsaktes als eines substantiellen, seiner Richtung nach über alle endlichen Schranken hinausgehenden *Strebens,* beziehungsweise in umgekehrter Richtung als einer vom actus purus her erfolgenden substantiellen und virtuellen *Bewegung;* zum anderen durch die aus der Beziehung auf das unendliche Sein notwendig folgende *Korrelativität aller* die Materie bestimmenden *Formen,* kraft deren jede von ihnen mittelbar oder unmittelbar auf jede andere dialektisch bezogen ist. Als drittes Moment, das aus der Beziehung der Formen auf die gemeinsame an sich unbestimmte Materie folgt, tritt dazu die Bedingtheit aller Formumwandlungen durch die *Umweltseinflüsse.*

Zwar setzt die Art-Entwicklung wie jedes innerweltliche Geschehen die Schöpfung der Welt, und zwar so, wie sie ist, wenn statisch, als eine statische, wenn sich entwickelnd, als eine sich entwickelnde, voraus. Die von der Art-Entwicklung als solcher geforderte göttliche Mitwirkung ist hingegen, wenn wir das Entstehen der Geistseele ausnehmen, *keine Schöpfung*, da durch Schöpfung ein kontingent Seiendes rein als aktuell Seiendes im Gegensatz zum bloßen Nichtsein, ohne Rücksicht auf seine innerweltlichen Kausalzusammenhänge, gesetzt wird[27]. Die für die Art-Entwicklung geforderte *göttliche Mitwirkung* ist aber auch nicht einfach identisch mit der allgemeinen Mitwirkung Gottes zum Wirken aller Geschöpfe, da dieses sich bloß auf das Wirken als solches bezieht[28], während bei der Art-Entwicklung eine Bewegung gefordert wird, die eine qualitative Veränderung vom weniger Vollkommenen zum Vollkommeneren, gegebenenfalls auch über echte Wesensgrenzen hinweg, erklärt. In diesem Sinne ist die göttliche Bewegung eine besondere, wie auch die Tätigkeiten und Prozesse, die zur Formumwandlung führen, besondere, von den in der Spezifität verbleibenden verschiedene sind. Dagegen ist die zu diesen Tätigkeiten von innen her führende substantielle und virtuelle Bewegung, die den Lebens charakter der Artentwicklung garantiert, nicht vom Seinsakt des endlich Seienden verschieden. Diese göttliche Bewegung kann auch *nicht Wunder*[29] genannt

[27] Thomas v. Aquin, S. Th. I q. 45 a. 8; W. Brugger, Theologia naturalis, nr. 399–401. Ferner: „Summe", Nr. 321. 1–3.

[28] W. Brugger, Theol. nat., 413–419; „Summe" Nr. 324. 1– . 522.

[29] W. Brugger, Theol. nat., nr. 423; „Summe" Nr. 324. 54.

werden, da sie nicht über den naturgesetzlichen Rahmen hinausführt, sondern innerhalb dessen verbleibt.

f] Die Entstehung der menschlichen *Geistseele* nimmt insofern eine Sonderstellung ein, als sie zwar im Rahmen einer naturgesetzlichen Artentwicklung oder Individualzeugung entsteht und darum kein Wunder im strengen Sinn des Wortes ist, aber doch wegen ihrer Geistigkeit und seinsmäßigen Unabhängigkeit von der Materie nicht durch bloße Umwandlung der Materie von einer anderen Form her entstehen kann, was die seinsmäßige Abhängigkeit beider von der gemeinsamen Materie voraussetzen würde, sondern nur durch einen wirklich *schöpferischen Eingriff Gottes* im strengen und besonderen Sinn des Wortes. Damit hebt sie sich auch von der allgemeinen Schöpfung der ganzen Natur ab. Denn diese schließt die besonderen Kausalzusammenhänge zwischen den geschaffenen Wesen nicht aus, sondern ermöglicht sie. Die Schöpfung der Geistseele hingegen schließt jede geschöpfliche Mitwirkung aus, die sich unmittelbar auf das Entstehen der Seele richten würde. Nicht ausgeschlossen sind hingegen die mit der Zeugung verbundenen dispositiven Einwirkungen auf den die Seele aufnehmenden Leib[30].

Es erhebt sich nun die weitere Frage, *wie weit* die vorgetragene ontologische Theorie der Art-Entwicklung trägt; ob sie ausreicht nicht nur für die Entstehung der Arten im weiteren, rein naturwissenschaftlichen Sinn, sondern auch für die Entstehung neuer Organisationspläne, für den Übergang von einem Naturreich zum anderen und vielleicht auch gar für die Entstehung des Lebendigen aus Nicht-Lebendigem. Gewiß sind die genannten Übergänge sehr verschieden, was die Tiefe der Umwandlung angeht. Allen aber ist gemeinsam der Übergang von einer relativ konstanten Qualität zur anderen, den beiden zuletzt genannten auch ganz klar und deutlich der Übergang von einer qualitativ niederen zu einer qualitativ höheren Wesenheit. Gerade auf diesen Umstand aber zielte unsere Theorie ab. Wenn sie daher überhaupt etwas leistet, leistet sie auch alles, d. h., sie ist prinzipiell auf alle genannten Übergänge anwendbar, womit nicht ausgeschlossen ist, daß sie bei der Anwendung auf die besonderen Übergänge noch modifiziert oder auch ergänzt werden muß[31]. Insbesondere ist

[30] W. Brugger, Tractatus philosophicus de Anima humana, Pullach 1958, nr. 278–283.

[31] Eine solche Ergänzung dürfte z. B. notwendig sein für den Übergang vom Nicht-Lebendigen zum Lebendigen. Der Übergang von einer Art des Lebendigen zur anderen vollzieht sich nämlich schon von Substanz zu Substanz, während beim Übergang vom Nicht-Lebendigen zum Lebendigen ein Hiatus besteht, sofern aus einer Vielheit von Substanzen in den organischen Verbindungen, die noch keine Lebewesen sind, eine diese virtuell umfassende Gesamtsubstanz entsteht. Dieser Übergang scheint einer vorherigen vorbereitenden Einigung vielheitlicher Substanzen auf nichtsubstantieller Ebene zu bedürfen. Wie eine solche Einigung ontologisch zu denken ist, das soll einer besonderen Untersuchung vorbehalten bleiben, die jedoch erst möglich ist, nachdem zuvor die Seinskonstitution der Dinge, die der menschlichen Fertigung ihre Entstehung verdanken, geklärt ist (vgl. dazu einstweilen W. Brugger, Das Mitsein. Eine Erweiterung der scholastischen Kategorienlehre: Schol 31 [1956] 370–383); hier S. 326, – und Art. „Substanz“, in „Handbuch philosophischer Grundbegriffe“ III, München 1974, S. 1449–1457; hier S. 317.

dazu eine Durchführung der oben bloß im Prinzip angeführten Form-Dialektik notwendig.

Es bleibt noch übrig, die hier skizzierte ontologische Lösung des Entwicklungsproblems mit den eingangs angeführten Lösungsversuchen zu konfrontieren und von ihnen abzuheben. Vom *dialektischen Materialismus* unterscheidet sich unsere Theorie dadurch, daß sie das Sein weder auf die Materie noch auf das Werden zurückführt. Sie geht aber so weit mit dem dialektischen Materialismus, daß sie einmal versuchsweise die Entwicklung auf die gesamte materielle Welt ausdehnt. Keine Weltentwicklung vom Niederen zum Höheren kann aber ohne welttranszendente Ursache auskommen, wenn der Forderung des ontologischen Kausalitätsprinzips Genüge geschehen soll. Daß damit die Entwicklung nicht zur Schöpfung oder zum Wunder wird, ist oben dargetan worden. Ferner wurde gezeigt, daß der Geist nicht bloßes Entwicklungsglied sein kann. Die Vorstellung, daß qualitative Übergänge nach längerer Vorbereitung durch quantitative Veränderungen in dialektischem Sprung erfolgen, kann verwertet werden. Die in jedem endlich Seienden vorhandenen Gegensätze allein genügen nicht zur Erklärung einer Höherentwicklung, wenn nicht eine über die Wesensunterschiede hinausdrängende Tendenz angenommen wird, die ihrerseits ohne transzendente Ursache nicht denkbar ist.

Auch bei *Bergson* muß betont werden, daß das Sein materieller Wesen zwar bis ins Innerste hinein an der Bewegung teilhat, aber als Sein nicht wesentlich Werden und Bewegung ist. Nur so ist es möglich, die von Gott kommende Lebensbewegung von Gott klar zu unterscheiden. So kann auch die mystifizierende Einheit von Leben und Bewußtsein vermieden werden.

g] Gegenüber *Teilhard de Chardin* betonen wir nicht nur die teleologische Ausrichtung der Entwicklung auf Gott, sondern mehr noch das Ausgehen aller Entwicklung aus einem von Gott geschaffenen und bewegten Sein. Eine schon von allem Anfang an in der anorganischen Materie vorhandene, aber noch latente Bewußtheit lehnen wir ab, nicht nur weil sie nicht bewiesen ist, sondern weil sie das, was Entwicklung eigentlich ist, wieder zunichte macht. Denn wenn die anorganische Materie von vornherein schon im Verborgenen beseelt und bewußt ist, findet keine wahre Entwicklung zum Leben und zum Bewußtsein statt, ganz abgesehen davon, daß auf diese Weise eine Entwicklung zum Geist sicher nicht möglich ist. Daß eine Entwicklung von Innen her über alle diese Stufen hin dennoch ontologisch denkbar ist, glauben wir sichtbar gemacht zu haben.

Endpunkt der Entwicklung ist nach Teilhard de Chardin die Inkarnation und die durch diese vermittelte Einigung der Welt mit Gott. Was die Inkarnation angeht, so ist unbedingt daran festzuhalten, daß diese ein streng übernatürliches, aus keinem Naturgesetz zu folgerndes oder diesem irgendwie unterworfenes Faktum ist, das aus freiester Liebe Gottes gesetzt wird. Man kann allerdings aus der Offenbarung zeigen, daß die Inkarnation das Ziel der ganzen Schöpfung ist[32], aber daraus folgt nicht, daß die Inkarnation ihrerseits ein von der Gesetzmäßigkeit des Naturverlaufs geforderter

Teil des Naturzusammenhangs ist. Die Beziehung der Welt auf die Inkarnation besteht einzig und allein durch den souveränen Willen Gottes, der in diesem Falle auch seiner Wirkung nach keinen naturgesetzlichen Bedingungen unterliegen kann. Ähnliches gilt für die von Gott beabsichtigte und durch Christus und in Christus sich vollziehende Einigung der Welt mit Gott[33]. Sie umfaßt weder die gesamte materielle Welt noch die ganze Schöpfung, noch alle Menschen, sondern nur die Auserwählten, ein Begriff, der schlechterdings mit jedem Naturalismus unvereinbar ist[34].

Unsere Ausführungen über die ontologische Problematik der Entwicklung haben vielleicht mehr Fragen offengelassen als beantwortet. Eine erschöpfende Antwort auf die Gesamtheit der mit der Entwicklung gegebenen ontologischen Probleme konnte auch nicht das Ziel einer kurzen Abhandlung sein. Was gezeigt werden sollte, war nur die grundsätzliche *Möglichkeit einer ontologischen Deutung* selbst einer umfassenden Entwicklungshypothese auf dem Boden der scholastischen Ontologie und in einer Weise, die alle Nebelhaftigkeit und Mystifizierung vermeidet[35].

Nachbemerkungen

Der Text erschien unter diesem Titel in der „Scholastik" 35 (1960) 321–340. Als Vortrag in spanischer Sprache gehalten wurde er unter dem Titel „El origen del hombre y el problema de la evolución" am 5. 8. 1960 an der Universidad Internacional „Menendez Pelayo" in Santander (Spanien). Davon erschien ein Sonderdruck (Santander 1961), ein Abdruck in „Crisis" (Madrid) 7 (1960 15–39 und in „El Hombre y lo Humano en la Cultura contemporanea", Madrid 1961, 15–39 [sic!]. – Der spanischen Fassung ist

[32] Vgl. z. B. Kol 1, 15–16: [Christus] der Erstgeborene vor aller Schöpfung, denn in ihm wurde alles geschaffen, was im Himmel und auf der Erde ist, das Sichtbare und das Unsichtbare.

[33] Jo 17, 21: „Damit alle eins seien, wie du, Vater, in mir und ich in dir, damit auch sie in uns eins seien." – Diese Bitte richtet Christus an den Vater für die Apostel und für die, die durch ihr Wort an ihn glauben (V. 20). Wenn aber in 1 Kor 15, 28 gesagt wird, daß am Ende „Gott alles in allen" sein werde, so ist aus dem Kontext (V. 24–28) klar, daß dies in sehr verschiedener Weise der Fall sein wird. Es ist hier nicht in erster Linie von Einigung, sondern von unbedingter Unterwerfung die Rede.

[34] Mit diesen Ausführungen soll nicht behauptet werden, daß Teilhard de Chardin einen solchen Naturalismus lehre, sondern daß es notwendig ist, sich gegen jede Art einer solchen Deutung oder Mißdeutung abzugrenzen.

[35] Weitere neuere Literatur: M. Sancipriano, L'evoluzione ideale. Fenomenologia pura e teoria dell'evoluzione, Brescia 1957. – G. Siegmund, Über den Begriff „Entwicklung": Festschrift für H. Conrad-Martius (PhJb 66 [1958] 149–157). – J. Kälin, Zur Frage der Kausalität in der Makroevolution: Naturwissenschaften 46 (1959). – E. Ruffini, The Theory of Evolution Judged by Reason and Faith (aus dem Italienischen), London 1959, Herder. – Symposion on Evolution, Duquesne University (USA) 1959). – B. M. Kedrow, Gibt es eine Höherentwicklung? Über das Gesetz der Negation der Negation (aus dem Russ., populär), Leipzig 1959. Vgl. weiter das Lit. Verz. in: W. Brugger, Der dialektische Materialismus und die Frage nach Gott, München 1980, Joh. Berchmans Verlag.

eine zusätzliche Einleitung vorgeschaltet, die hier als Zusatz [a] in deutscher Sprache wiedergegeben ist. Als Vortrag gehalten wurde der Text mit Zusätzen und einigen Abänderungen (hier als Zusatz b–g) unter dem Titel „Schöpfungstheologie und Entwicklung. Naturphilosophische Möglichkeiten einer Theorie der Aszendenz" in der Evangelischen Akademie Berlin (West-Bln) auf einer Tagung über Teilhard de Chardin am 6.5. 1961.

Zusätze:

a] Die Frage nach dem Ursprung des Menschen kann man nicht von der Frage nach seiner Natur trennen, da der Ursprung jedes Naturwesens sein Werden ist und das Werden der Weg zum Sein ist. Wie nämlich das Sein und die Natur eines Wesens zusammenstimmen, so auch ihre Werden und ihr Ursprung. Der Mensch aber hat eine vielschichtige Natur. Sein Sein kann man nicht in einer einzigen Dimension erfassen. Was deshalb für das Werden und Entstehen des Menschen in einer bestimmten Seinsrichtung gilt, gilt daher nicht notwendig auch für die anderen Dimensionen seines Seins.
Nun ist aber das Charakteristische der Einzelwissenschaften die Eindimensionalität der Betrachtung und – damit verbunden – ein gewisser methodologischer Monismus. Das Eigentümliche der Philosophie jedoch ist es, die verschiedenen Blickrichtungen der Einzelwissenschaften in eine höhere Einheit zusammenzuführen und so die Gefahren des methodologischen Monismus zu vermeiden.
Vorausgesetzt, daß der Mensch in seiner Körperlichkeit in einem Entstehenszusammenhang mit den Organismen steht, kann auch die Art der Entstehung nicht völlig verschieden sein von der der übrigen Organismen. Das gilt nicht nur für die Entstehung der Individuen, sondern auch für die Entstehung der Art. Insofern man sich diese als Resultat einer Entwicklung zu denken hat, führt das zur Frage nach dem Hervorgang des Menschen aus dem Tierreich. Wenn die Theologen und christlich orientierten Philosophen bei diesem Problem von vornherein zwischen dem Ursprung des Leibes und der Geistseele unterscheiden, bedeutet das keine Einmischung in den Zuständigkeitsbereich der Naturwissenschaften, da der Mensch ein Wesen mehr als bloße Natur ist [das „no" im spanischen Text ist irrtümlich gesetzt]; in der Tat kann er in der Weise des Seins, die ihm eigentümlich ist, keineswegs nach den Methoden der Naturwissenschaften ausgelegt werden. Er nimmt durch seine Teilnahme am Geist und durch sein Personsein einen besonderen Platz ein unter allen Wesen der Gesamtnatur, was Folgen hat nicht nur für die Entstehung seiner Art, sondern auch des einzelnen Menschen. – Im folgenden untersuchen wir den Ursprung des Menschen im Rahmen des Gesamtproblems der Evolution.

b] In der Vorrede zu „Le Phénomène Humain" verwahrt sich Teilhard de Chardin (vgl. Anm. 4. des Textes hier) dagegen, daß man sein Buch als ein Werk der Metaphysik oder der Theologie betrachte (21; vgl. 29). Was er darin bieten will, ist eine, allerdings großartige, Zusammenschau der Phänomene. Er will nur das Phänomen beschreiben, aber das ganze

Phänomen. Aber ist das ganze Phänomen überhaupt beschreibbar, als Ganzes beschreibbar? Ist nicht vielmehr die Ganzheit des Phänomens nur in der Idee erschaubar? Und sind wir damit nicht schon inmitten der Metaphysik? Teilhard de Chardin würde das bestreiten. Was er aber nicht bestreitet, ist die legitime Aufgabe, die einer wissenschaftlichen Metaphysik gegenüber seiner ganzheitlichen Schau verbleibt (gl. S. 21). Diese Schau läßt sich, wenn auch unvollkommen und auf eine abstrakte Form gebracht, in einem Satz aussprechen: Der Mensch ist nicht das statische Zentrum der Welt, sondern das sinngebende Ziel ihrer Entwicklung (S. 30).

Was hat einer solchen Schau der Welt und des Menschen gegenüber die Metaphysik, eine ontologische Schöpfungsmetaphysik zu sagen? Schöpfungstheologie und Entwicklung heißt der Titel meines Vortrags. Dabei ist das Wort „Schöpfungstheologie" in dem doppelten Sinn zu verstehen, daß es eine Theologie der Schöpfung und eine aus der Schöpfungsordnung heraus ermöglichte und in ihr beschlossene Theologie meint, in Abhebung von einer uns erst und ausschließlich durch das Wort der Offenbarung zugänglichen Theologie. Die so verstandene Schöpfungstheologie soll hier in eine Beziehung zu einer Weltschau der Entwicklung gesetzt werden, wie sie Teilhard de Chardin vorschwebte. Dabei ist es aber meine Absicht, nicht bei einer bloßen Zusammenschau zu verharren, sondern die eigentlich metaphysische und in ihrer Anwendung auf die naturwissenschaftlichen Phänomene naturphilosophische Frage nach dem Grunde der Möglichkeit einer Entwicklung vom Niederen zum Höheren zu stellen, was im Untertitel meines Vortrags angedeutet wird: Naturphilosophische Möglichkeiten einer Theorie der Aszendenz. Gegenstand der Untersuchung ist nicht die Ontogenese, die individuelle Entwicklung eines Organismus, sondern die Phylogenese, die Entwicklung, die zu einer neuen Art führt, und die Frage nach einer Entwicklung der großen Lebensstufen, des pflanzlichen, tierischen und menschlichen Lebens, sowie der Entstehung des Lebens überhaupt.

c] Ein unmittelbares, schöpferisches Eingreifen Gottes legt sich in der Tat aus verschiedenen Gründen nahe, wenigstens wo es sich um den Übergang vom unbelebten zum belebten Stoff oder vom vegetativen zum sinnlichen Leben und von diesem zum Geist handelt. Denn hierbei werden Wesensgrenzen überschritten und es entsteht etwas, was jeweils das Vorangegangene an Seinsgehalt, Wert und Wirkweise wesentlich übertrifft. Daß ein Lebewesen ein anderes Lebewesen zeugt, ist wunderbar; aber schließlich verbleibt doch das erzeugte Lebewesen in derselben Seinsart. Die Zeugung als Wirkvorgang entspricht der Seinsart und Seinsweise des Zeugenden. Anders das Wirken des Schöpfers. Während der Schöpfer als actus purus des Seins alle Seinsarten übersteigt und so auch in seinem Bewirken an keine Wesensgrenzen des zu Bewirkenden und in seinem Sein Hervorzubringenden gebunden ist, scheint es dem endlich Seienden eigentümlich zu sein, daß es niemals etwas unter der allgemeinsten und unendlichen Rücksicht des Seins hervorbringt, sondern nur gemäß seiner eigenen Begrenzung und unter der Rücksicht seines eigenen je endlichen Soseins.

Die Bindung des geschöpflichen Seinsaktes an sein bestimmtes Sosein scheint unaufhebbar zu sein.
Dennoch sollte man sich vor einer zu starren und statischen Auffassung des Seienden hüten. Gewiß kann das geschöpfliche Sein sich nicht von seinem Sosein in der Weise lösen, daß es ganz in sich selbst stünde – das ist gerade die Seinsweise Gottes, des reinen, unbegrenzten und in sich selbst stehenden Seins – aber andererseits darf das geschaffene, endliche Sein auch nicht ganz verendlicht und seinem Sosein nicht so zugeordnet werden, daß es sich in dieser Zuordnung erschöpfen würde. Denn so würde alles Seiende in eine unaufhebbare, radikale und äquivoke Vielheit auseinander fallen, es würde die gemeinsame Beziehung zum Schöpfer als dem actus purus des Seins völlig verlieren und so in das absolute Nichts der Unmöglichkeit versinken. Der Akt des geschöpflichen Seins transzendiert demnach immer schon sein bestimmtes endliches Sosein. Er transzendiert es kraft seines Ursprungs vom actus purus des Seins her und auf ihn hin.

d] Vielleicht ist es nützlich, hier den Gedankengang kurz zu unterbrechen, um Ihnen zu zeigen, wie die aristotelisch-scholastische Philosophie den inneren Aufbau des endlichen Seienden versteht. Obwohl die Übersicht, die ich Ihnen jetzt geben will, den Anschein erwecken könnte, als ob man in dieser Philosophie das Konkrete aus abstrakten Prinzipien deduziere, so ist doch das Gegenteil der Fall. Das Konkrete, in der Erfahrung Gegebene, ist der Ausgangspunkt, die Prinzipien, aus denen es sich aufbaut und von denen her es dann verstanden wird, das Resultat. Sie sind nicht das, was man a priori oder in der Form einer Hypothese ansetzt, sondern das, worauf man durch die radikal gestellte Seinsfrage geführt wird und was man dann als Bedingung der Möglichkeit des Gegebenen erkennt. Das Erfahrungsgegebene wird dabei nicht unter der Rücksicht der Zahl und der Meßbarkeit und der daraus entspringenden Beziehungen betrachtet, ein Verfahren, das zur Konstitution der modernen Naturwissenschaften geführt hat, sondern unter der Rücksicht des Seins und der Begriffe, die im Sein des Seienden impliziert sind, wie z. B. Identität und Andersheit, Selbständigkeit und Unselbständigkeit, Sein und Sosein und andere.
Die Analyse der Endlichkeit eines Seienden zeigt nun, daß diese bedingt ist durch die auf einander bezogene Dualität von Seinsakt und Wesenheit. Kein Seiendes kann mit sich identisch sein, wenn es nicht in seiner Art irgendwie bestimmt ist. Das Prinzip dieser seiner Soseinsbestimmtheit ist die Form, genauer seine Wesensform. Die Analyse des körperlich Seienden zeigt jedoch, daß dessen Wesenheit keine bloße Soseinsbestimmtheit sein kann, sondern wiederum in sich die Dualität eines Prinzips der Soseinsbestimmtheit oder der Form und eines entgegengesetzten Prinzips der Soseinsunbestimmtheit oder Materialität enthält.
Muß ich noch besonders betonen, daß die genannten Prinzipien selbstverständlich nicht konkrete, anschauliche Teile sind, die einer direkten Erfahrung zugänglich wären? Daß sie aber andererseits auch nicht mit den abstrakten Begriffen verwechselt werden dürfen, durch die wir sie denken, sondern objektiv notwendige Bedingungen sind, ohne die das in der Er-

fahrung Gegebene und Analysierte nicht so, wie es ist und sich in der Erfahrung zeigt, möglich wäre. Diese das Seiende konstituierenden Prinzipien sind auch nicht Etappen des Werdens, die in der Zeit durchlaufen werden. Sie sind nicht Stadien einer Entwicklung. Wohl aber muß alles Werden und alle Entwicklung sowohl ontologisch unter dem Gesichtspunkt des Seins betrachtet als auch im Hinblick auf diese Prinzipien befragt werden.

e] Wir haben bei unseren bisherigen Überlegungen die Seinskontingenz des welthaften Seins und die Weltschöpfung vorausgesetzt und uns bloß gefragt, wie die Entwicklung über verschiedene Wesensstufen des Seins hinweg ohne besondere Schöpfungstaten Gottes, aber doch unter der Voraussetzung der Weltschöpfung im Ganzen möglich sei. Wir müssen uns nun weiter fragen, ob die Entwicklung über mehrere Naturreiche hinweg nur eine schon geschaffene Welt voraussetzt, im übrigen aber aus bloß innerweltlichen Ursachen erklärbar ist, oder ob dazu eine vom actus purus ausgehende Bewegung notwendig ist. Wir haben zwar schon bisher von einer solchen Bewegung gesprochen, sie aber noch nicht begründet.

f] Im Hinblick auf die weiter fortgeschrittene Diskussion über die Entstehung der Geistseele (vgl. dazu Béla Weissmahr, Gottes Wirken in der Welt. Ein Diskussionsbeitrag zur Frage der Evolution und des Wunders [Frankfurter Theologische Studien, Bd. 15], Frankfurt 1973 S. 31–39) wurde der in dem Vortrag „Schöpfungstheologie und Entwicklung“ gebrachte Zusatz [f] hier geändert. Er lautet jetzt: Von einer seinsmäßigen Unabhängigkeit der Geistseele von der Materie kann man insofern nicht sprechen, als die Geistseele von ihrem Wesen her kein reiner Geist ist, sondern als Geist*seele* wesentlich Leib- und Materie-bezogen ist. Leib-unabhängig ist jedoch das Sein der *Geist*seele insofern, als das Wirklichsein der Geistseele nicht nur in der jetzigen Leibgestalt möglich ist. Denn ihr Personsein besagt, daß sie vom Schöpfer nicht bloß als Bestandstück der uns umgebenden materiellen Welt intendiert ist, sondern in und durch diese Welt hindurch als ein Du ins Gegenüber zu ihm selbst gerufen ist. Diese Unmittelbarkeit zum Unendlichen hin charakterisiert den Geist und konstituiert ihn als Person, was aber seine leiblich bedingte und durch menschliche Zeugung hervorgebrachte Individualität nicht aus-, sondern einschließt. In diesem Sinne sind auch die Ausführungen im Text über die Entstehung der Geistseele zu verstehen und gegebenenfalls zu korrigieren. Die Entstehung der Geistseele ist unmittelbare Schöpfung im besonderen Sinne nicht durch ein zur Schöpfung der übrigen Gesamtwelt zusätzliches Eingreifen Gottes, sondern in dem Sinne, daß ein jedes geschaffene Wesen so, wie es ist, geschaffen ist: d. h. in dem Maß als es ist und Anderes und Besonderes ist, in dem Maß ist es auch – durch ein und denselben Schöpfungsakt, der von Gott selbst nicht verschieden ist – in besonderer Weise von Gott geschaffen. Wenn etwas und insofern etwas unmittelbar zu Gott hin ist, ist es insofern auch unmittelbar von Gott her, was jedoch Mittelbarkeit in anderer Hinsicht nicht ausschließt.

g] Wie verhält sich nun die hier skizzierte Lösung des Entwicklungsproblems zu den Anschauungen Teilhards de Chardin? Vor allem ist zu bemerken, daß wir nur ein Teilproblem seines auch auf das Theologische übergreifenden Versuchs einer Gesamtschau des Weltgeschehens behandelt haben. Die Einordnung der Welt- und der Lebensentwicklung in die übernatürliche Telelologie des kosmischen Christus blieb außer Betracht. Wir haben das Problem der Entwicklung rein philosophisch und ontologisch behandelt und außerdem mehr im Hinblick auf die Wirkursächlichkeit als auf die Finalität. Auf dieser Ebene zeigte sich jedoch, wenn auch kein Beweis für die Richtigkeit der diesbezüglichen Anschauungen Teilhards de Chardin, so doch bei etwa gegebenen Voraussetzungen vonseiten der Naturwissenschaft die ernst zu nehmende Möglichkeit einer ontologischen Theorie der Entwicklung.

In einem Punkt allerdings möchte ich mein Verhältnis zu Teilhard de Chardin noch etwas genauer fassen: in der Frage nach der latenten, von Anfang an in der anorganischen Materie vorhandenen Bewußtheit. Sie scheint mir nicht nur nicht begründet zu sein, sondern auch den eigentlichen Gedanken der Entwicklung auszuhöhlen. Denn wenn die anorganische Materie von vornherein schon im Verborgenen beseelt und bewußt ist, findet keine wahre Entwicklung zum Leben und zum Bewußtsein statt, ganz abgesehen davon, daß auf diese Weise eine Entwicklung zum personalen Geist sicher nicht möglich ist.

Natürlich muß man, wenn man eine Entwicklung des Lebens aus der anorganischen Materie annimmt, auch eine „prévie“, wie Teilhard sich ausdrückt, annehmen. Aber „prévie“ ist nicht „vie“. Ebensosehr aber dürfte man dann auch nicht von einer „conscience“ der anorganischen Materie sprechen, sondern nur von einer „préconscience“, wogegen nichts einzuwenden ist. Was aber bedeutet das, wenn man nicht bei bloßen Worten stehen bleiben will? Was bedeutet das „Innen“ oder die „Innenseite“ bei der Materie? Man sollte hier nicht ungebührlich psychologisieren. Ich will damit nicht behaupten, daß Teilhard dies tue. Aber manche, die von ihm gehört haben, tun es. Das Psychologische ist keine transzendentale ontologische Seinsbestimmung, sondern dient als Kategorie, um unsere spezifische Erfahrung der Bewußtheit zu charakterisieren. Die wirklich ontologische Bedeutung einer „Innenseite“ in allen Wirklichkeitsstufen und auch in der Materie scheint mir in dem zu liegen, was ich oben über die Bewegung der Lebewesen von innen her ausführte (S. 371). Ohne alle ungebührliche Übertragung psychologischer Kategorien auf den Bereich des materiellen Seins können wir auch bei diesem noch von einem, wenn auch abgeschwächten, „Innen“ sprechen, sofern auch das Materielle notwendig vom Seinsakt her in seiner Substantialität entspringt und sich nur von dort her zu einem in das „Außen“ von Raum und Zeit gewandten Körper konstituiert.

Kann Regelmäßigkeit durch Zufall entstehen? Die Frage soll hier in einem ganz bestimmten Rahmen betrachtet werden, der durch folgende Thesen umrissen ist: 1. Es gibt keinen absoluten Zufall, sondern es gilt das metaphysische Kausalitätsprinzip, nach dem jeder kontingente, d. h. nicht im Wesensgefüge eines Seienden selbst begründbare Tatbestand auf eine Wirkursache zurückzuführen ist. Das gilt nicht nur für die Existenz, sondern auch für jedes kontingente Soseinsmoment. – 2. Der relative Zufall wird definiert als ein kontingentes Ereignis, das aus mehreren Ursachenreihen resultiert, ohne daß dieses Zusammentreffen die Folge einer besonderen, dafür spezifischen Naturursache noch einer menschlichen Absicht wäre. – 3. Alle Ereignisse werden bestimmt a) durch bestimmte Soseinsqualitäten der beteiligten Agentien; b) durch die alle raum-zeitlichen Ereignisse betreffenden allgemeinen Naturgesetze; c) durch individuelle Konstellationen, die weder in den konstanten Soseinsqualitäten der Agentien noch in allgemeinen oder in besonderen, für diese Ereignisse spezifischen, Naturgesetzen gründen. In allen Ereignissen durchdringen sich daher Regelmäßigkeit (in a und b gründend) und Zufälligkeit (in c gründend).

Frage: Gibt es unter diesen Voraussetzungen noch eine andere Regelmäßigkeit als die durch a und b bestimmte, die auf den Zufall im Sinne von 2. zurückzuführen wäre?

Antwort: Von Regelmäßigkeit spricht man beim menschlichen Verhalten, wenn eine Handlung (und ihr Ergebnis) unter ein besonderes Richtmaß, eine Norm gestellt, wenn sie einer besonderen, vorgestellten Sobestimmtheit, einer Idee angeglichen wird. Dementsprechend sind auch andere Ereignisse, deren Sobestimmtheit eine Folge ihrer Agentien oder der Sobestimmtheit von Naturgesetzen sind, regelmäßig zu nennen. Zum Begriff der Regelmäßigkeit gehört demnach, daß die eine Sobestimmtheit die Folge einer anderen ist. Da dem relativen Zufall definitionsgemäß eine solche Soseinsbestimmtheit fehlt, kann Regelmäßigkeit im definierten Sinn niemals durch Zufall entstehen. Es gibt jedoch außer der definierten, echten Regelmäßigkeit auch eine scheinbare, und die Frage ist, wie die echte sich von der scheinbaren unterscheiden läßt.

Was mit der *scheinbaren Regelmäßigkeit* gemeint ist, werde durch ein Beispiel erläutert. Wenn der Wind Strohhalme durcheinander weht, entstehen durch die sich überkreuzenden Halme geometrische Figuren, etwa Dreiecke, Vierecke, Fünfecke. Es wird dabei nicht ausbleiben, daß auch rechwinklige oder gleichseitige Figuren entstehen, die also ganz besondere Grenzfälle mathematischer Gesetze verwirklichen. Diese Figuren sind aber durch relativen Zufall entstanden, obwohl sie geometrischen Gesetzen gemäß sind. Es scheint also Regelmäßigkeit durch Zufall entstanden zu sein. Ein anderes Beispiel wären etwa jene merkwürdigen organischen Bildungen an Bäumen, bei denen die auffallende Ähnlichkeit mit einem menschlichen Antlitz nicht übersehen werden kann. Die anscheinende Regelmäßigkeit ist jedoch von der oben definierten wohl zu unterscheiden, da sie nicht darauf beruht, daß die eine Soseinsbestimmtheit aus einer anderen folgt, sondern bloß mit ihr koinzidiert. Sie ist darum, mit der oben definierten verglichen, bloß eine scheinbare, unechte Regelmäßigkeit, der Regel zwar tatsächlich gemäß, aber nicht aus ihr folgend oder durch sie als durch eine einheitliche Norm bestimmt.

Wie aber lassen sich die beiden Formen der Regelmäßigkeit, wenn man nicht schon zuvor im Einzelfall um die Entstehungsart weiß, unterscheiden? Gibt es Kriterien für eine solche Unterscheidung? Wir kommen diesen Kriterien vielleicht auf die Spur, wenn wir die vorgebrachten Beispiele noch einmal betrachten. Die „Gesetzmäßigkeiten" der zusammengewehten Strohhalme erklären sich leicht aus dem Sosein der beteiligten Agentien und aus der allgemeinen Struktur der raumfüllenden Materie. Die Strohhalme sind gewöhnlich von Natur aus geradlinig begrenzt. Der Wind hat zwar die Kraft, sie herumzuwirbeln und dadurch in beliebige Raumrichtungen zu bringen, jedoch ist er kein geeignetes Agens, um ihre geradlinige Begrenzung zu ändern. Die verschiedenen geometrischen Figuren erklären sich daher hinreichend aus den Soseinsbestimmtheiten der beteiligten Agentien, ohne daß man dafür auf das Zufällige des Zufalls zurückgreifen müßte (vgl. oben 3 c).

Strohhalme werden vom Winde bald so bald anders hingeweht. Angenommen aber, manche der Figuren würden trotz verschiedener Windrichtung und Windstärke sich in ihrer Lage konstant erhalten, während die anderen Figuren sich ständig änderten, so müßte dieses unterschiedliche Verhalten auch einen unterschiedlichen Grund haben. Vielleicht würde man ihn darin finden, daß die Unterlage an jenen Stellen, wo die Figuren konstant blieben, klebrig war. Damit würde man sich zufrieden geben, da dieser Grund zur Wirkung proportioniert ist. Angenommen aber weiter, der Boden, auf dem die Figuren trotz des Windes fest liegen blieben, wäre nur an den Stellen klebrig, wo diese Figuren in einer auffallenden Weise besonderen geometrischen Bedingungen entsprechen, z. B. wo sie vollkommen gleichwinklig sind, so würde die bloße Tatsächlichekit des klebrigen Untergrundes für diese auffällige Auswahl kein proportionierter Grund sein und man würde für die geometrische Konfiguration des klebrigen Untergrundes ohne Zweifel nach einem weiteren, hinreichenden Grund suchen.

Wenn wir an einem Baum ein Gebilde finden, das einem menschlichen Antlitz ähnlich ist, so handelt es sich um eine reine Gestaltkoinzidenz. Wir haben keinen Grund anzunehmen, daß die Gestaltganzheit des menschlichen Antlitzes irgendeinen bestimmenden Einfluß auf die organische Gestaltung des Baumes gehabt hätte. Würden wir hingegen eine solche Gestaltung an allen Bäumen einer bestimmten Art wahrnehmen, so würden wir auf ein gestaltendes Naturprinzip schließen, ohne daß daraus ein ontischer Bestimmungszusammenhang mit dem menschlichen Antlitz folgen würde.

Wo immer wir eine auffällige, vieleinheitliche Soseinsgestaltung oder Sobestimmtheit eines Ablaufs finden, müssen wir uns zuerst fragen, ob die wahrgenommene Vieleinheit primär der Synthesis unserer Einbildungskraft entspringt oder ob diese besondere Synthesis uns durch den Gegenstand selbst gegeben ist. Wenn wir an der Verdickung eines Baumstammes ein menschliches Antlitz zu sehen glauben, so wird die Synthesis unserer äußeren Wahrnehmung schon von der zuvor gehabten Vorstellung eines menschlichen Antlitzes geleitet. Sie hat war objektive Anhaltspunkte. Die Koinzidenz der Gestalt wird erlebt. Sie kann nicht an beliebigem anderen Material erlebt werden. Daraus folgt jedoch nicht, daß die von uns erlebte Einheit der Gestalt einen von unserer Auffassung unabhängigen Grund im Baume selbst hat. Anders ist der Fall, wenn bestimmte Zusammenhänge sich nicht durch die Vermittlung einer vorgestellten Gestalt von ihrer Umgebung abheben, sondern unabhängig davon gegenüber dem Wechsel der Umwelt relativ konstant bleiben, sei es daß sie gegenständlich dauern oder daß sie sich im Prozeß auf dieselbe Weise wiederholen. Hier findet eine Abhebung statt, die ganz vom Objekt her begründet werden muß. Wir finden z. B. einen Winkel, wie er zum geometrischen Zeichnen gebraucht wird. Nehmen wir einmal an, wir wüßten nichts um die Art seiner Herstellung und um den Zweck, zu dem er gebraucht wird, so daß wir bloß auf die Analyse seiner Gestalt und seines Materials angewiesen wären. Wir würden feststellen, daß er aus einem besonderen Holz besteht, das an dem Ort, wo wir ihn finden, gar nicht in irgendeiner Baumsorte vorkommt. Wir würden seine Glättung, seine geraden Kanten, wir würden außer dem großen rechten Winkel der Holzflächen auch die rechten Winkel der verschiedenen Kanten zueinander wahrnehmen. Wir könnten sehen, daß er aus drei Stücken zusammengefügt ist, daß diese Fügung eine ganz bestimmte Gestaltung zur Voraussetzung hat, so daß die vorspringenden Teile genau auf die zurückspringenden Teile passen; daß ferner an den Berührungsstellen der Zusammenfügung sich eine Leimbindung findet. Selbst wenn wir nur ein einziges Mal ein solches Stück vor Augen hätten, könnten wir durch den Vergleich mit den dafür in Frage kommenden Naturursachen feststellen, daß es keine solche Naturursachen gibt. Nicht nur gibt es keine solchen für die einzelnen Umstände, die wir an dem Stück festgestellt haben – noch kein Baum ist je durch bloße spontan wirkende Ursachen in gleich große, vollkommen glatte und rechtwinklig gekantete Stücke zerfallen –, sondern insbesondere gibt es keine Natursache, die zu dem bestimmten Ablauf der Ereignisse proportioniert wäre, durch den allein ein solches Winkelstück entstehen kann. Wir sind daher vollkommen sicher, daß wir es hier nicht mit einem Naturgegenstand zu tun haben.

Kann ein solcher Gegenstand durch Zufall entstanden sein? Jeder sieht ein, daß dies äußerst unwahrscheinlich ist; aber ist es unmöglich? Dem beschriebenen Gegenstand kommt im Vergleich zu seiner Umwelt und den auf ihn von dort her zufällig einwirkenden Ursachen eine relative Konstanz zu. Worauf beruht diese Konstanz? Zum Teil auf dem Material. Zum Teil aber auch auf dem Gefüge als solchen. Obwohl der Winkel aus drei Stücken besteht, verhält er sich in der Umwelt doch wie *ein* Stück. Dies ist aber nur durch besondere Eigenschaften möglich, die dem Holz als Material zufällig sind. Zu dieser besonderen Fügung der Holzstücke gibt es nicht nur keine angebbare Naturursache, sondern auch keinen der Wirkung auch nur entfernt proportionierten Zufall. Wie wir vorausgesetzt haben, gibt es keinen absoluten Zufall, weder im Sinne einer absoluten Ordnungslosigkeit noch im Sinne einer absoluten Ursachlosigkeit der Ereignisse. In diesen durchkreuzen sich vielmehr Elemente der Ordnung und der Unordnung, wobei die Elemente der Ordnung auf Soseinselemente der beteiligten Agentien und Materien sowie auf die allgemeinen Naturgesetze zurückzuführen sind. Nur die Unordnung als solche, das Zufällige des Zufalls (siehe 3 c) darf auf Rechnung des Zufalls, d. i. des ungeordneten Zusammenspiels der Ursachenketten zurückgeführt werden. Ein Winkel der beschriebenen Art ist aber eine wohlgeordnete materielle Vielleinheit, die nur durch einen ganz bestimmten Geschehensablauf zustandekommen kann, der ebenfalls geordnet ist, da seine Phasen in einem ganz bestimmten Verhältnis des Früher und Später stehen. Der Zufall aber hält solche bestimmten Phasen niemals ein. Er ist daher einem solchen wohlgeordneten Ganzen gegenüber durchaus unproportioniert und darum auch nicht seine Ursache. Es ist nicht nur praktisch, sondern auch theoretisch gewiß, daß durch einen zufälligen Auto-Zusammenstoß niemals ein drittes Auto entsteht, obwohl die beteiligten Materialien dazu vielleicht ausreichen würden. Ordnung als solche entsteht nicht durch Unordnung. Das höchste, was durch Zufall und Unordnung entstehen kann, ist eine bloß tatsächliche, ihrer Natur nach vorübergehende Koinzidenz mit Ordnung. Wo aber die Beständigkeit einer Ordnung in der Anordnung und Bindung der Teile selber gründet, gründet diese Beständigkeit nicht im Zufall.

Die Kriterien für die Unterscheidung echter und unechter, wirklicher und bloß scheinbarer Regelmäßigkeit lassen sich demnach folgendermaßen umschreiben. Tritt eine gegenständliche, sinnvolle (einheitlich und ideell interpretierbare) Vieleinheit konstant (im Vergleich zur Umwelt) auf, so muß diese Konstanz einen Grund haben. Beruht dieser nicht auf der zufälligen Beständigkeit des Materials (wie z. B. in der schweren Masse eines Findlingblocks), sondern auf einer besonderen Anordnung und Bindung der Teile, so kann diese Konstanz nicht im Zufall gründen, sondern es muß dazu eine der Ordnung als solcher proportionierte Ursache, sei es in der Natur oder in der menschlichen Absicht, angenommen und gesucht werden. Analog dasselbe gilt für relativ konstante Wiederholungen von Geschehensabläufen. Können diese nicht aus zufälligen konstanten Umweltsituationen (z. B. abschüssiges Gelände und dergl.) erklärt werden, so muß für die sich wiederholenden, sinnvoll gegliederten Ereignisabläufe entweder eine proportionierte Naturursache oder, wenn diese nicht möglich ist, menschliche Absicht vorausgesetzt werden. Regelmäßigkeit entsteht nicht durch Zufall.

Nachbemerkungen

Der Text ist hier zum ersten Mal gedruckt.

VIII. PHILOSOPHISCHE ANTHROPOLOGIE

DER MENSCH, DAS FRAGENDE WESEN

Was ist der Mensch? Eigentlich beantwortet sich diese Frage selbst. Denn der Mensch ist ein fragendes Wesen, genauer ein sich selbst, nach sich selbst fragendes Wesen. Er lebt nicht fraglos und unreflektiert dahin, wie das Tier. Er wird sich sogar selbst fragwürdig, sowohl in dem abwertenden Sinn der Unsicherheit und des Zweifels an sich selbst als auch in dem wertschätzenden Sinn des Forschens. Der Mensch ist sich nicht fraglos durchsichtig, wie es ein Wesen wäre, dem eine selbsterfassende Schau gegeben wäre. Die erste Sicht des Menschen ist umwelt- und weltgerichtet. Erst auf dem Umweg über sie kommt er zu sich selbst. Aber er *kann* zu sich selbst kommen, er vermag sich auf sich selbst zu besinnen. Daß er sich erst mühsam besinnen muß, das grenzt ihn ein, daß er es jedoch kann, das macht ihn frei.

Man hat den Menschen scherzhaft als *animal quaerens cur* definiert, als das Lebewesen, das immer fragt: Warum? Daher seine Unrast, sein unsteter Drang, jedes Ergebnis zu überschreiten, alles Gefundene als wertlos hinter sich zu lassen und immer nach Neuem zu suchen. Denn jedes Darum hat immer wieder sein Warum in sich, und aus *einem* gelösten Problem wachsen zehn neue hervor. Je weiter die Wissenschaften kommen, desto mehr verzweigen sie sich.

Aber nicht nur die Wissenschaften leben von der Frage, auch die Metaphysik lebt von ihr. Erst kürzlich hat Emerich Coreth seine »Metaphy-
a] sik« ganz von einer Besinnung auf das Fragen und von der Frage her entwickelt. Die Wissenschaften streben in die sich immer mehr verzweigende Weite, die Metaphysik hingegen in die immer kompaktere Einheit. Wie kann das Fragen, das den Menschen bewegt, zu beiden führen? Muß nicht das eine dem anderen geopfert werden? Schließt nicht das eine das andere aus? Es gibt extreme Richtungen der Philosophie, die das meinen. Herrschte in früheren Zeiten die Ansicht vor, die Philosophie sei soviel wie Wissenschaft und die Naturphilosophie soviel wie Naturwissenschaft, so heute die entgegengesetzte Auffassung, daß die Wissenschaften und ihre Ergebnisse die Philosophie überflüssig gemacht hätten, oder drauf und dran seien, sie immer mehr überflüssig zu machen, daß Naturphilosophie und Naturwissenschaften in einem unüberbrückbaren Gegensatz stünden und der Naturphilosoph einen verlorenen Posten verteidige, ja noch mehr, daß eine metaphysische Philosophie überhaupt sinnlos sei.

Offenbar versteht man in beiden Lagern unter der Frage und der Frage nach dem Warum nicht dasselbe. Daraus folgt jedoch nicht ohne weiteres, daß sich die beiden Auffassungen ausschließen. Schon allein die Tatsache, daß es mehrere Auffassungen von der Frage und dem Fragwürdigen (Fragenswerten) gibt, ist anthropologisch bedeutsam. Eine philosophische

Anthropologie kann offenbar nicht nur von einem Teil der menschlichen Phänomene ausgehen, sondern muß ihren Untersuchungen die unbeschnittene Fülle aller menschlichen Phänomene zugrunde legen, dazu gehört aber die Frage in jeder Form, in der der Mensch sie stellt.

Nun ist zwar auch das Fragen nicht die Fülle der menschlichen Phänomene. Ebenso wichtig wären zum Beispiel das moralische Phänomen, das Phänomen der personalen Liebe und der Freiheit. Aber eine Teiluntersuchung der philosophischen Anthropologie ist nicht an das Programm der gesamten Anthropologie gebunden. Eine Unterteilung von Problemen ist solange gefahrlos, als sie sich dessen bewußt bleibt, eben nur Teil eines größeren Ganzen zu sein. Aber beim Teilproblem, das man behandelt, muß man auf dessen Ebene, und das ist hier die der Frage, die Gesamtheit der Phänomene berücksichtigen.

Wie kommt der Mensch von der naiven, bloß dem gegenwärtigen Eindruck hingegebenen Schau zur Frage? Fragen ist Bewegung, Unruhe, es ist ein Streben, das sich mit dem bloß intentionalen Haben von etwas nicht zufriedengibt, das über die Dimension des Gegenwärtighabens hinausstrebt. Wie kommt es dazu? Was veranlaßt, was reizt das Bewußtsein zu diesem Streben, das wir Fragen nennen? Die Genesis des individuellen wie die des wissenschaftshistorischen Bewußtseins geben darauf dieselbe Antwort. Der Gegenstand ruht nicht, sondern befindet sich in Bewegung. Das Bewußtsein geht notwendig mit. Es ändert sich, wandelt sich. Damit aber droht es seine Einheit und damit sich selbst zu verlieren. Aber als intentionales Bewußtsein ist es objektbezogen. Um seine Einheit zu bewahren, ist es genötigt, auch die Einheit des Objekts zu suchen. Es beginnt zu fragen. Die erste Antwort auf sein Fragen bietet sich ihm dadurch dar, daß es wahrnimmt, das Objekt habe sich trotz seiner Veränderung nicht ganz und vollständig gewandelt. Das erste Objekt hat nicht einfach aufgehört zu bestehen; es ist nicht einfach durch ein anderes total verschiedenes ersetzt worden. Etwas von ihm ist geblieben und in das veränderte Objekt eingegangen. Seitdem fragt das Bewußtsein bei allem, was wird: woraus ist es geworden? und bei allem, was geworden ist: woraus besteht es? Es ist die Frage nach dem Stoff und der Materialursache, die am Anfang der Philosophiegeschichte steht.

Die Frage nach der Materialursache zielt auf den Zusammenhang in den sich ändernden Dingen. Die konkrete und bestimmte Angabe der jeweiligen Materialursache beantwortet diese Frage hinreichend. Sie kann aber für den Gegenstand, aus dem etwas geworden ist, wiederholt werden. Veranlassung dazu ist die Beobachtung, daß auch dieser Gegenstand, aus dem etwas geworden ist, selbst geworden ist. Wenn nun von diesem dasselbe angenommen wird, daß er nämlich aus einem anderen geworden ist, so kann das nicht immer auf Beobachtung beruhen; denn die Beobachtbarkeit der Werdevorgänge ist begrenzt. Dennoch wird die Annahme gemacht, daß alles Veränderliche aus einem anderen Veränderlichen hervorgegangen ist. Es wäre jedoch voreilig, wollte man hier von bloßer Gewohnheit oder von einer unbegründeten Extrapolation sprechen. Das naive

Bewußtsein macht hier eine Voraussetzung, von der es allerdings noch kein reflexes Wissen hat. Die Frage nach dem Woraus bewegt sich auf ihrer Ebene ins Endlose fort, ohne daß es auf dieser Ebene zu einer neuen Frage käme. Diese entsteht erst durch eine weitere Beobachtung, daß sich nämlich etwas eine Zeitlang in Ruhe befindet, dann aber in einen andern Zustand übergeht, sich ändert. Wie kommt es dazu? Welches ist der Ursprung, wovon her eine solche Veränderung anhebt? Man findet ihn in der Analogie zu dem, was wir erleben, wenn wir selbst eine Veränderung einleiten. Damit sich etwas in uns oder außer uns ändert, müssen wir etwas tun. Der Grund, woher eine Veränderung sich einleitet, ist ein Tun, eine Tätigkeit. Aber auch diese hebt an. Was ein anderes verändert, verändert auch sich selbst, und gerade das Anfangen einer Tätigkeit ist eine solche Veränderung. Die Frage nach dem Woher der Veränderung der Wirkursache wiederholt sich. Auch hier ergibt sich zunächst ein Fortgang ins Endlose.

Weitere Beobachtungen führen zu neuen Fragen. Trotz der Gleichheit dessen, woraus etwas unter der Einwirkung einer Wirkursache entsteht, ergibt sich manchmal etwas Verschiedenes. Die Tätigkeit einer Wirkursache kann demnach trotz gleichen Materials eine verschiedene Richtung haben, oder es können bei gleichem Material verschieden gerichtete Wirkursachen tätig werden und zu einem verschiedenen Resultat führen. Das, was entsteht, ist bei gleichem Material und gegebener Wirkursache durch diese Richtung bestimmt. Bei jeder Veränderung erhebt sich so die Frage nach dem Woraufhin oder dem Ziel der Veränderung.

Die verschiedenen Fragen nach den Ursachen und Ursachenarten der Veränderung sammeln sich schließlich in der Frage nach der Dingkonstitution. In allen Veränderungen zeichnen sich Gegenstände mit einer relativen Konstanz ab: die Dinge. Wie ihre Entstehung zeigt, ist ihre Einheit nicht einfach und fraglos. Sie befinden sich nicht in einer nahtlosen Identität mit sich selbst. Sie sind vieleinheitlich nicht nur im Sinne einer äußerlichen und wahrnehmbaren Zusammensetzung. Sie enthalten Prinzipien der Zusammensetzung, die nicht wiederum selbst dinglicher Natur sind. Das Material, das durch mehrere Veränderungen hindurchgeht, wird mehr oder weniger tiefgehend verändert. Es zeigen sich dabei mehrere Niveaus und Stufen der Veränderung. Auch hier scheinen sich endlose Tiefen aufzutun. Auf jeden Fall aber sind die Dinge nicht nur durch ein Material konstitutiert, aus dem sie bestehen, das sie aus einem vorherbestehenden Ding (oder Dingen) erhalten haben und das sie in andere, aus ihnen entstehende Dinge weitergeben, sondern auch durch ein ihr jeweiliges besonderes Sosein konstituierendes Wassein.

An diesem Punkt aber entsteht eine Erregung des Denkens, die geradezu explosiv ist und zu einer kaum mehr übersehbaren Fülle von Fragen und Problemen führt. Das Wassein kommt nicht nur dem Entstandenen, sondern auch dem zu, woraus etwas entstanden ist. Nicht immer jedoch sind beide im Wassein verschieden. Was zeugt, zeugt ein anderes, aber doch in derselben Washeit. Wenn sie aber in der Washeit gleich sind, wodurch unterscheiden sie sich? Ferner: wie kann dieselbe Washeit mehreren zukommen und wie können diese sich dennoch unterscheiden? Die Washeit steht auch in besonderer Beziehung zur Wirkursache und zum Ziel. Insofern die Washeit das ist, was wird, aber noch nicht geworden ist, ist sie noch nicht an sich wirklich, aber doch schon das, worauf die Wirkursache bezogen, worauf diese ausgerichtet ist. Wie kann aber etwas Wirkliches auf etwas Nicht-Wirkliches bezogen sein? Doch nur, sofern dieses Noch-nicht-Wirkliche ein Sein-Sollendes ist. Sein-sollend ist dieses Noch-nicht-Wirkliche aber nur, sofern seine Wirkursache das Wirklich-Sein des Noch-nicht-Wirklichen anstrebt, und sofern die Form dieses Strebens identisch ist mit seiner Ausrichtung auf die Washeit des Noch-nicht-Wirklichen, aber Sein-Sollenden, das ist aber die Ausrichtung auf das Ziel. Die Washeit dessen, was wird, aber noch nicht ist, jedoch von seiner Wirkursache her sein soll, ist demnach das Ziel. Die Zielbezogenheit aber ist nur möglich, wenn die Wirkursache das Ziel ihrer Tätigkeit in ihrem Sosein als Wirkursache vorwegnimmt. Diese Washeit des Zieles ist demnach auch das Prinzip des Soseins der Wirkursache, insofern sie Wirkursache ist. Ist sie auch Prinzip des Soseins der Wirkursache, sofern diese ein Ding ist? Bei den Naturursachen scheint dies der Fall zu sein, nicht hingegen beim ursächlich wirkenden Menschen, die biologische Zeugung ausgenommen. Alle Fragen nach dem, woraus etwas wird, nach dem Prinzip seiner Veränderung, nach der Zielrichtung seiner Ursache, nach der Konstitution seines Soseins sind Ausfaltungen der einen Frage, warum etwas wird und so wird und warum es so ist, wie es ist.

Die beschriebene Frageweise ist die des Alltags, aber auch die der klassischen Philosophie und Naturphilosophie. Die Frageweise der heutigen empirischen Wissenschaften ist eine andere. Sie beruht auf der Messung und der mathematischen Funktion. Das Sosein der Dinge und ihrer Wirkweisen ist nicht rein qualitativ und läßt sich daher nicht nur intuitiv erfassen. Es besagt immer auch einen Quantitätsbezug; es ist zwar nicht nur, aber auch zahlenmäßig bestimmte Quantität. Diese unterliegt dem messenden Vergleichen. Die Meßgrößen aber lassen sich miteinander in vielfältige mathematische Beziehungen setzen, die zumindest in ihrer Gesamtheit auch eine Abbildung realer Beziehungen sind. Auf diese Weise entsteht in den Wissenschaften eine immer weiter fortschreitende Differenzierung der Raum-Zeit-Welt, die mathematisch erfaßbar und technisch manipulierbar ist. Die messende Erfassung macht dabei vor dem Lebendigen nicht halt, sondern bezieht es in sein Koordinatensystem mit ein. Qualitativ ganzheitliche Vorgänge werden in ihre Einzelkomponenten zerlegt und deren Zusammenspiel statistisch erfaßt. Gefragt wird hier nicht mehr nach den Seinsgründen des Werdens, sondern nur nach den mathematischen Funktionen der Zustandsgrößen.

Die Verschiedenheit der eben beschriebenen und der vorigen Frageweise springt in die Augen. Die Vertreter der einen mißtrauen den Vertretern der anderen. Mehr noch: die eine Frageweise bestreitet der andern oft überhaupt das Daseinsrecht. Die beiden Sichtweisen entspringen einer verschiedenen Haltung zur Wirklichkeit und führen zu einem sehr verschiedenen Weltbild. Trotzdem sind sie nicht unvereinbar. Sie verhalten sich komplementär zueinander. Die Aufgabe der Zukunft wird es sein, beide Sichtweisen harmonisch miteinander zu verbinden. Die Verbindung kann nicht darin bestehen, daß die eine Sichtweise die andere unterjocht und sich einverleibt, sondern daß die eine die andere neben sich bestehen läßt, und ihr relatives Recht anerkennt.

Der Mensch hat die Möglichkeit, nach den Seinsgründen des Werdens und Bestehens zu fragen. Er hat die Möglichkeit, nach den mathematisierbaren Zusammenhängen der verschiedensten Zustandsgrößen zu fragen. Er hat aber auch die Möglichkeit, nach dem Verhältnis so verschiedener Frage- und Sichtweisen zu fragen. Schließlich aber richtet er sein Fragen auch auf sich selbst und seine Beziehung zu allem übrigen Befragten, und dies nicht nur, sofern er eines, wenn auch ein besonderes, unter all den Befragten ist, sondern auch insofern er ein Fragender und zum Fragen Befähigter ist. Gewiß kann der Mensch nicht alles, was er ist und in sich trägt, zur vollkommenen Reflexion bringen – gerade dann wäre die Reflexion nicht mehr Reflexion, sondern Intuition –, er trägt Tiefen in sich, die ihm verborgen bleiben; aber er ist imstande, auf sein Fragen und seine Frageweisen zu reflektieren; er weiß um sich selbst als Wissenden. Er kann sein Wissen selbst wissen. Dieses sein Wissen ist kein gegenständliches Wissen in dem Sinne eines Gegenüber von Wissendem und Gewußtem. Gerade deshalb ist aber auch das Gewußte für den Menschen nicht nur Objekt, nicht nur relatives Gegenüber, nicht nur Widergespiegeltes. Indem er um sich selbst weiß, weiß er, daß er *ist* und daß auch das von ihm verschiedene Gewußte in irgendeiner Weise *ist*. Was aber ist, ist im Ganzen des Seienden, und das Ganze des Seienden ist auf irgendeine Weise absolut. Die Weise, *wie* es absolut ist, ist zunächst noch verborgen; aber *daß* es absolut ist, ist mit dem Selbstbewußtsein, das sich als wirklich Seiendes erfaßt, gewiß. Daraus ergibt sich aber, daß alles Fragen sich immer im Raum des Absoluten und auf das Absolute hin bewegt. Aus diesem Umstand wird auch erklärlich, warum die Frage nach den Werdegründen in jeder Richtung ins Boden- und Endlose ging, warum aus jeder Antwort durch eine Ursache sich immer wieder die Frage nach einer anderen weiteren Ursache erhob, und warum es in diesem Fragen, solange man in der Ebene der gewordenen Ursachen bleibt, kein Ende gibt, noch geben kann. Die Frage zielt nämlich im Grunde genommen überhaupt nicht auf eine beliebige andere Ursache, sondern auf die Ursache für die ganze Dimension der gewordenen Ursachen: sie geht auf das Ungewordene. Nur weil sie immer schon über alle gewordenen Ursachen hinaustendiert, kann sie endlos nach den gewordenen Ursachen fragen. Diese Betrachtung gilt nicht nur für die Wirkursachen, sondern für alle Seins- und Werdegründe des Gewordenen, die wiederum der Dimension des Gewordenen angehören.

Nachdem wir so den Umfang und die Dimensionen abgeschritten haben, in denen sich das menschliche Fragen bewegt, können wir die *Folgerungen* ziehen, die sich daraus für das Wesen des Menschen ergeben. Alles, was ist, offenbart sich in seinem Wirken. Durch sein Wirken tut es sich als Wirkliches kund und in der Art seines Wirkens zeichnet sich die Art seines Seins ab. Der Mensch ist ein aus innerer Spontaneität fragendes Wesen. Aus der Spontaneität des Menschen ist die ganze menschliche Kultur, ist insbesondere alles Forschen und Wissen hervorgegangen. Durch die Spontaneität des Fragens unterscheidet sich der Mensch auch von seinen funktionellen Nachahmungen, wie sie heute in den sogenannten Elektronengehirnen, den Computers, vor uns stehen und uns durch ihre Leistungen verblüffen. Ein Elektronengehirn kann so eingerichtet werden, daß es bei einer Aufgabe, zu der ihm ungenügende Daten geliefert wurden, Rückfrage nach den fehlenden Daten anzeigt. Aber diese Rückfrage ist keine ursprüngliche Frage. Obwohl in ihrem besonderen Inhalt von der Maschine formuliert, ist sie doch nicht spontan aus ihr hervorgegangen, sondern ihr als Teilaufgabe durch ein eingegebenes Programm vorgeschrieben. Der Mensch hingegen fragt aus innerer Spontaneität. Das Programm seines Fragens ist ihm nicht vorgegeben, sondern er schafft es selbst. Durch seine Spontaneität erweist er sich als ein von allen Maschinen verschiedenes Naturwesen und durch die besondere Art seiner schöpferischen Spontaneität als ein Lebewesen. Er ist kein absolutes Wissen und darum auch kein absolutes Subjekt, weder des Wissens noch des Seins.

Indem der Mensch sein Fragen auch auf sich selbst richtet, stellt er einerseits fest, daß er in *einer* Hinsicht, nämlich sofern er seiner Sinneserkenntnis gegeben ist, sich nicht von andern Gegenständen der Sinneswelt unterscheidet, außer dadurch, daß er in seiner leiblichen Organisation am meisten den Tieren ähnlich ist. Der Unterschied bekundet sich jedoch darin, und zwar auch von den Tieren, daß er ein *sich selbst Fragender* ist. Dadurch hebt er sich von jedem anderen Wesen der sichtbaren Welt ab. Ein Hund richtet einen erwartungsvollen, fragenden Blick auf seinen Herrn, wenn dieser Miene macht, ihm ein Fangholz vorzuwerfen. Aber dieses Fragen ist ganz dem Objekt zugewandt. Es kehrt nicht zu sich selbst zurück. Der Mensch kehrt im Fragen zu sich selbst zurück. Er weiß um sein Fragen. Er kann es zum Gegenstand seiner Untersuchung machen. Wie müssen die Tätigkeit und das Subjekt einer solchen Tätigkeit beschaffen sein, damit sie ontisch möglich sind? Eine irgendwie entlang einer Strecke sich fortbewegende Tätigkeit genügt dazu nicht. Es genügt dazu auch nicht der Akt einer Potenz gerade unter der Rücksicht, unter der diese Potenz im Akt zu einer weiteren Aktualisierung hingespannt bleibt (die Aristotelische Kinesis), da dieser Akt immer wesentlich unvollendet ist und so gerade nicht bei sich sein und das Subjekt zu sich selbst bringen kann. Das Subjekt eines solchen Aktes kann daher auch nicht ausgedehnt und körperlich sein. Wenn hier von Subjekt die Rede ist, so wird dieses jedoch nicht als Subjekt der Attribution (oder scholastisch ausgedrückt als suppositum) verstanden, sondern als dasjenige, was in und durch einen solchen Akt (des Selbstbewußtseins) in sich selbst bestimmt ist und durch einen solchen Akt sich seiner selbst bewußt wird. Daß der Mensch sich seiner selbst bewußt ist, ist daher nur möglich, wenn sich seine Wirklichkeit nicht im Körperlichen und sein Wirken nicht in körperlichen Betätigungen erschöpft, sondern nur wenn sich in ihm eine zwar wesentlich zu ihm gehörige Wirklichkeit findet, die jedoch *nicht körperlicher Natur* ist. Positiv ist sie als diejenige Seinsweise zu bezeichnen, die einen so hohen Grad der Einheit in der Fülle der Objekt-gerichteten und intentionalen Vollzüge hat, daß sie trotz dieser Fülle und durch ihre Vermittlung auf tätige Weise bei sich ist und verbleibt und gerade dadurch diese Fülle in der Einheit mit sich selbst besitzt.

Der Mensch fragt – so haben wir gesehen – nach dem Woraus der Dinge, nach dem Woher der Veränderungen und nach ihrem Woraufhin, was schließlich zur komplexen Frage nach dem Was und der Wesenskonstitution der Dinge führt. Aus all diesen Frageweisen geht hervor, daß das fragende Subjekt als ein fragendes nicht bloß ein Ding unter Dingen sein kann. Denn Dinge treten zueinander nur in tätige Beziehung, sofern sie schon als Dinge konstitutiert sind. Für die Sinneserkenntnis sind sie nur Dinge. Ihre Wesenskonstitution ist nicht einmal vorstellbar. Nur das fragende Denken reicht an sie heran. Damit erweist es sich wiederum als einer anderen Wirklichkeitsweise als der körperlich konstituierten zugehörig. Auch kann es sich nicht darin erschöpfen, nur ein konstitutiver Bestandteil eines Dinges, z. B. des Menschen als eines Körperwesens, zu sein. Denn was bloß Ausfluß eines konstitutiven, partiellen Prinzips ist, reicht nicht weiter als dieses Prinzip. Das fragende Denken hingegen übersteigt alle besonderen Prinzipien, nach denen es fragt; es sucht nicht nur nach deren komplementären Einheit, sondern will diese noch in weitere Zusammenhänge einbetten.

Diese Zusammenhänge zwischen Dingen und Zuständen an Dingen gleicher Art, aber in räumlicher Unterschiedenheit und zeitlicher Abfolge, haben zu der funktionellen Betrachtungsweise der Kausalzusammenhänge und ihrer mathematischen Bearbeitung durch die moderne Naturwissenschaft geführt. In dieser Bearbeitung gibt sich das fragende Denken als mathematisierendes Denken kund. Für dieses Denken liegt in der unendlich offenen Ursachenreihe keine Schwierigkeit. Jede Veränderung wird auf eine andere Veränderung zurückgeführt. Daß das Denken und Fragen sich auf die Ebene des Mathematischen selbst einschränken und bewußt und gewollt auf dieser Ebene verharren kann, daran besteht kein Zweifel. Für ein solches Denken und Fragen fallen alle Fragen der ontischen Dingkonstitution und alle Fragen nach einer absoluten und unverursachten Ursache weg. Sobald jedoch ein solches Denken nach sich fragt, übersteigt es auch schon sich selbst und hört auf, nur mathematisches Denken zu sein. Erst recht übersteigt es sich, wenn es über sich selbst Aussagen macht oder sich allen andern Fragen gegenüber als absolut und einzig legitim erklärt. In dieser Art von Transzendenz wird es illegitim, und zwar sowohl im mathematischen wie im philosophischen Sinn, indem es seiner eigenen wie auch der philosophischen Gesetzlichkeit widerspricht.

Obwohl also die Frage nach dem Woraus und Woher, wie wir gesehen haben, in der Ebene dieser Fragen verbleibend ins Endlose führt, ohne daß man berechtigt wäre, irgendwo Halt zu machen und eine der Ursachen als letzte zu bezeichnen, so kann doch die Ebene dieser Fragen, die ja komplementär zu anderen sind, niemals als letzte erklärt werden. Die Frage nach dem absolut Letzten kann sich nur im Hinblick auf das Ganze des Seienden erheben. Dort aber erhebt sie sich auch mit Notwendigkeit. Da das Fragen eine Tendenz ist, kann sie nicht ohne ein Ziel sein. Das Ziel alles Fragens, sofern es Fragen und Tendenz ist, kann aber nur das in sich selbst Fraglose sein. Denn dasjenige, dessen Erreichung neue Fragen aus sich gebiert, ist noch nicht das Ziel allen Fragens, sondern höchstens eine Zwischenstation, die das Fragen in der oder jener Hinsicht, aber nicht schlechthin zur Ruhe bringt. Das Fraglose ist das absolut Selbstverständliche und sich selbst vollkommen Verstehende. Solange ein solches Ziel alles Fragens nur angezielt wird, wird jede Antwort zwar auch neue Fragen aus sich heraustreiben, aber diese Fragen werden nicht mehr vom Ziel alles Fragens wegweisen, sondern in ihm selber zu kreisen beginnen. Das an sich Fraglose wird in unserem fragenden Geist um sich selbst bewegt. Dieser Zustand ist unbefriedigend. Er erweckt die Sehnsucht nach einem fraglosen Zustand, der jedoch durch die Fragebewegung selbst nicht hervorgebracht werden kann, da er eine Einigung mit dem Fraglosen voraussetzt, von der das fragende Bewußtsein sich keinen Begriff machen kann, da dieser »Begriff« mit jener zwar ersehnten, aber nicht vollzogenen Einigung identisch wäre.

Der hier beschriebene Modus des Fragens mit seiner Tendenz ins Fraglose ist nur möglich, wenn der fragende Mensch als fragender nicht schlechthin identisch ist mit dem Fraglosen. Denn die schlechthinnige Identität mit ihm würde eine solche Tendenz zu ihm ausschließen. Anderseits ist das Fragen jeder Art, da es notwendig aus der Tendenz ins Fraglose hervorgeht und von dort her alle Kraft seiner Spontaneität erhält, auch nicht möglich außer durch seine Beziehung zum Fraglosen. Der Mensch als fragender ist demnach wesentlich bezogen auf das Fraglose, das nur deshalb fraglos ist, weil es das vollkommen bei sich seiende, sich selbst verstehende Ende alles Fragens, die alle Dimensionen des Fragens übersteigende Fülle aller möglichen Antworten ist. Der Mensch als fragender erweist sich so zutiefst als religiöses Wesen, das nur deshalb fragen kann, weil es als seiende Frage vom Fraglosen in die Wirklichkeit gestellt und zu ihm als der alle Fragen übersteigenden Antwort gerufen ist.

Gegen diese Deutung des Menschen als eines fragenden Wesens könnte man einwenden, sie setze die Legitimität der aufgezeigten Fragerichtungen und die Beantwortbarkeit, ja sogar die richtige Beantwortung der aufgeworfenen Fragen voraus, eine Voraussetzung, die erst bewiesen werden müsse. Dem ist jedoch nicht so. Ob diese Fragen nun beantwortbar sind oder nicht, eines ist sicher: diese Fragen sind gestellt worden; der Mensch kann sie stellen. Die geschichtlichen Tatsachen beweisen es. Damit ist aber auch erwiesen, daß die Bedingungen der Möglichkeit, unter denen sie gestellt werden können und ohne die sie unmöglich wären – die condiciones sine qua non –, erfüllt sind. Zu diesen Bedingungen gehört eine ontische Konstitution des Menschen, die den Auffassungen des Materialismus, aber auch des Positivismus entgegengesetzt ist. Diese Richtungen haben sich daher als unfähig erwiesen, dem Gesamtphänomen des Menschen als eines fragenden Wesens, wie er uns aus der Geschichte der Menschheit bekannt ist, gerecht zu werden.

Nachbemerkungen

Zuerst unter dem Titel „Man, the inquiring being" in: Memorias XIII Cong. Internac. Filos., vol. II: México 1963, 29–37, dann als Beitrag in: Epimeleia. Die Sorge der Philosophie um den Menschen (Helmut Kuhn zum 65. Geburtstag), hrsg. von Franz Wiedmann, München 1964, 19–29.

a] Emerich Coreth, Metaphysik. Eine methodisch-systematische Grundlegung, Wien–München 1961.

WERTBINDUNG UND FREIE SELBSTBESTIMMUNG

Werte sind sowohl als Selbstwerte wie auch als Nutzwerte, die nur der Selbstwerte wegen gewollt werden, mögliche Ziele des Strebens und Wollens. Die unmittelbare und strenge Korrelation besteht nur zwischen *Wert und Wollen*, nicht zwischen Wert und Freiheit. Die Beziehung zwischen Wert und Freiheit setzt die Beziehung zwischen Wert und Wollen voraus, und jene ist nur auf dem Hintergrund dieser möglich und verständlich. Wer die Grundrelation zwischen Wert und Freiheit anzetzt, muß entweder die Freiheit in der Notwendigkeit des Wertes oder den Wert in der Kontingenz der Freiheit untergehen lassen.

Werte, sagen wir, sind mögliche Ziele des Strebens und Wollens. Möglich wird hier nicht im Gegensatz zu wirklich oder verwirklicht genommen, sondern in der weiteren Bedeutung, die auch das Wirkliche als ein Mögliches einschließt. Verwirklichte Ziele sind nicht weniger Werte, im Gegenteil, es sind verwirklichte, *aktualisierte Werte*. Der Wert hat demnach zwei Zustände: als bloß erst mögliches und als verwirklichtes Ziel eines Wollens. Indem der Wert ein Wollen aktuell erfüllt, ist auch seine Möglichkeit als Wert erst erfüllt und verwirklicht, und zwar in Einheit mit dem erfüllten Wollen. Diese seine Wirklichkeit hat der Wert nur in der Wirklichkeit des Wollens. Daraus folgt jedoch nicht, daß der Wert (als bloß erst mögliches Ziel) in sich keine Seinswirklichkeit haben könne. Nicht alle Werte werden so verwirklicht, daß sie durch ihre Wertverwirklichung erst in ein wirkliches Dasein treten. Solcher Art ist zwar z. B. die Entstehung eines Hauses, das gebaut wird, nicht aber der Erwerb eines schon gebauten Hauses durch Kauf. Im ersten Fall besteht der erstrebte Wert in dem noch nicht wirklichen, bloß erst möglichen Hause. Im zweiten Fall hingegen besteht er in einem schon wirklichen Hause, das jedoch unter der Rücksicht des Wertes vor meinem Wollen erst ein mögliches Ziel meines Wollens ist.

Bei diesen Beispielen liegt der Einwand nahe, das Haus selbst sei überhaupt kein Wert, sondern nur ein Gut, dem bestimmte Werte, seien es Nutzwerte als Wohnung oder als Vermögensanlage, seien es ästhetische oder andere Werte, zukommen oder gar erst beigelegt werden. Natürlich besteht zwischen *Gut und Wert* ein Unterschied, sofern der Wert dasjenige tis, was ein Gut zum Gut und darum wertvoll macht, wobei dieser Wert bei ein- und demselben Gut in verschiedener Richtung liegen kann. Aber diese Werte schweben nicht in platonischer Höhe über den Dingen noch werden sie ihnen bloß durch ein aktuelles Wollen oder durch Konvention zugeschrieben, sondern sie gründen in deren Seinsvollkommenheiten und den durch sie grundgelegten möglichen Beziehungen zu einem möglichen Wollen, d. h. sie sind Werte, sofern sie mögliche Ziele eines möglichen Wollens sind.

Wenn zwischen Wollen und Wert eine unmittelbare und strenge Korrelation besteht, heißt das, daß das Wollen auf nichts anderes als auf Werte gehen kann und daß Werte notwendig auf einen möglichen Willen beziehbar sind. Wie wir soeben sahen, schließt das nicht aus, daß die Werte im Sein fundiert sind, ebensowenig wie das Wollen wegen seiner wesentlichen Wertbezogenheit aufhört ein Seinsvollzug des Wollenden zu sein. Diese beiderseitige *Seinsfundierung* wird durch die Wert-Wollen-Korrelation nicht nur nicht ausgeschlossen, sondern von ihr sogar gefordert. Nichts nämlich wäre ein Wert, wenn es nicht auch möglicherweise sein könnte. Wenn es in keiner Weise sein kann, dann ist es auch nur ein vermeintlicher Wert. Wird aber der Wert absichtlich nur als ein vorgestellter erstrebt, wie etwa in der Dichtung, so hat er sein Sein eben in diesem Vorgestelltsein, das seinerseits ein Seinsvollzug eines existierenden Erkennenden ist. Denn das Sein als solches transzendiert jede besondere Art des Seins und ist keinesfalls gleichbedeutend mit einem toten, aus jedem Erkenntnis- und Wollenszusammenhang losgelösten Ding an sich. Wert und Wollen sind nur Wert und Wollen im Sein. Aber auch das Sein ist nicht ohne Wert und Wollen möglich, was zu zeigen, allerdings über den Rahmen dieser Arbeit hinausgeht.

Wir haben den Wert als Korrelat des Wollens bestimmt. Kann man aber nicht auch Unwerte wollen, z. B. die Täuschung oder den Untergang des anderen? Es ist schon zu oft gezeigt worden, daß es sich dabei immer um das Wollen eines Wertes handelt, bei dem ein anderer Unwert in Kauf genommen wird, als daß wir uns bei dieser Schwierigkeit länger aufhalten dürften. Es gibt auch eine dem Willen gemäße Haltung gegenüber dem Unwert: die Ablehnung. Beides aber, die wollende Bejahung und Verneinung betrifft dieselbe Sphäre; denn der *Unwert* ist nur die Privation des Wertes. Es bleibt also bestehen, daß der Wille in der Bejahung nur auf Werte gehen kann.

Der möglichen Ziele und Werte gibt es unendlich viele. Was ist es nun, um dessentwillen der Wille sie bejaht? Wir wissen, der Ausdruck «Wille» ist eine Abkürzung für den Menschen, sofern er wollend tätig ist. Wir können darum ebenso fragen: warum bejaht der Mensch ein mögliches Ziel? Darauf gibt es ebenso viele Antworten wie es Ziele gibt. Aber gibt es nicht etwas Gemeinsames, was jeder Mensch je für sich in allen Werten bejaht? Man wird geneigt sein darauf zu antworten, er bejahe in allen Zielen zuletzt sich selbst. In der Tat wird man nicht bestreiten können, daß der Mensch, jeder Mensch, bei all seinen Zielsetzungen auch sich selbst mitbejaht und aus dieser *Selbstbejahung* nie heraustreten kann. Denn bei jeder Wertbejahung wird ohne Zweifel auch die Bejahung und das Wollen des Wertes mitbejaht, und die Bejahung des eigenen Wollens ist ineins auch die Bejahung des eigenen Selbst. Aber diese notwendig eingeschlossene Bejahung seiner selbst muß nicht notwendig auch Thema und Motiv der Wertbejahung sein. Es gibt Fälle, wo ein Wert nicht um seiner Rückbeziehung auf das wollende Subjekt, sondern wirklich um seiner selbst willen bejaht wird, wie z. B. in der *Liebe*. Auch hier ist der Wert Ziel eines Wollens, aber wirklich um seiner selbst willen. Das ist etwas Wunderbares, sehr Verschiedenes von allem Bedürfniswollen. Es ist dasjenige Wollen, dem sich das untergeistige Streben am meisten unterordnet. Hier kommt das Wesen des Wollens am deutlichsten zum Vorschein.

Wenn wir am Anfang sagten, Werte seien mögliche Ziele eines Strebens oder Wollens, so schien es, als ob die Werte dadurch subjektiviert würden. Wenn wir jedoch das Phänomen der personalen Liebe betrachten, sehen wir, daß dem nicht so ist. Werte sind mögliche Ziele nicht je meines Willens, sondern eines Wollens überhaupt. Nur dadurch ist es mir möglich, einen anderen in seinem personalen Selbstsein ohne alle motivierende Rücksicht auf mich selbst zu bejahen, ihn in seinem Selbst sein zu lassen, daß ich ihn nicht auf mein subjektives Wollen und damit auf mich beziehe, sondern daß ich ihn in meinem Wollen genau wie mich selbst als *Wert an sich* bejahe, was eine Funktion nicht meines Wollens, sofern es das meine, sondern sofern es Wollen überhaupt ist, darstellt.

Geraten wir aber mit dem *Wollen überhaupt* nicht wieder in eine platonische oder neukantianische Verstiegenheit? Vor diesen beiden Interpretationen sichert uns die Seinsfundierung des Wollens. «Wollen überhaupt» ist zunächst nichts anderes als das Wollen als Wollen, das Wollen in seinem eigentlichen Wesen. Dieses eigentliche Wesen des Wollens ist transsubjektiver Natur, ebenso wie und in derselben Art wie das Sein als solches transsubjektiv ist. Damit ist aber auch gegeben, daß der Wert als solcher transsubjektiver Art ist. Werte können daher als Werte nicht gewollt werden, außer wenn sie auf transsubjektive Weise gewollt werden. Das aber heißt, was immer jemand nicht nur begehrt, sondern wirklich will, das will er im Hinblick auf Sein und *Wert überhaupt,* das will er nie ohne eine gewisse Einordnung in die Gesamtheit des Seienden und Wertvollen. Daß er es unter diesem formalen Gesichtspunkt will und sich niemals bei seinem Wollen ganz partikularisieren und «privatisieren» kann, das folgt notwendig aus dem Wesen des Wollens und ist jedem Einzelwollen als unverlierbare Wesensstruktur eingezeichnet.

Dies auch ist es, was den Menschen zu einem *sittlichen Wesen* macht: daß er nämlich jede seiner Wertungen und Zielsetzungen im Angesicht eines letzten, allumfassenden Werthorizontes treffen muß. Wie er jedoch diese Wertung vollzieht, wie er seine Ziele in die Gesamtheit des Seins und der Werte einordnet, welche Struktur er ihr im einzelnen gibt, das ist in seine freie Entscheidung gestellt. Durch seine Entscheidung gibt er dem Werthorizont eine Gliederung, verleiht er der Gesamtordnung des Wertvollen einen absoluten Schwerpunkt. Noch einmal: daß er das tut, ist notwendig; wie er es tut, worin er diesen letzten Schwerpunkt setzt, in sich oder ein anderes Wesen, darin ist er frei. Dafür liegt weder auf Seiten der sich als möglich zeigenden Werte noch im Wollen selbst eine Nötigung vor.

Damit soll nicht gesagt sein, daß die Werte nicht von sich aus im Hinblick auf mögliches Wollen eine Gliederung besäßen, daß es nicht einen absoluten, die ganze Wertordnung objektiv bedingenden Wert gebe, dessen Nachweis allerdings hier nicht unsere Aufgabe ist. Aber weder ist mit dieser Wertordnung jede Zuordnung eines konkreten Wertes zu einem Einzelwollen eindeutig vorgezeichnet noch garantiert die *objektive Wertordnung* und der absolute objektive Wert, daß sich jeder Einzelwille notwendig der objektiven Ordnung entsprechend orientiert.

Der Grund dafür liegt in der multivalenten Realisierbarkeit der Werte im Hinblick auf den absoluten Wert und in der dem Menschen in diesem Leben eigentümlichen Verdecktheit des absoluten Wertes. Auch dort wo ein Mensch sich für einen bestimmten Schwerpunkt im Wertefeld, wo er sich für ein letztes Ziel entschlossen hat, bleibt noch vieles andere zu entscheiden. Dies umso mehr je reicher und unabhängiger der zugrundegelegte Letztwert ist. Diese *Freiheit* gegenüber dem Zweitwerten erreicht ihr Maximum, wo der objektiv absolute und unendliche Wert als Letztwert angezielt wird. Der Umstand aber, daß dieser absolute und unendliche Wert in seiner eigentlichen Gestalt in etwa verborgen bleibt, daß er uns in diesem Leben nicht unmittelbar in seinem Ansichsein gegeben ist und nur mittelbar, gegebenenfalls auch durch Verzicht auf endliche Werte, erreicht werden kann, ermöglicht eine Betrachtungsweise, in der auch dieser Wert zugleich unter einer gewissen Rücksicht als Unwert erscheinen kann. Wo immer aber ein Wert zugleich und untrennbar mit einem Unwert verbunden ist, sei es auch nur, weil zwei Werte nicht zugleich realisiert oder angezielt werden können, wo also der eine den anderen ausschließt, da ist das Wollen von seinem Wesen aus nicht eindeutig auf einen der beiden Werte festgelegt, da muß es sich entscheiden und in der Entscheidung sich selbst bestimmen. In diesem Fall gibt sich das Wollen als Existenzvollzug sein eigenes Wesen und Sosein. Denn das besondere Sosein des Wollens ist nichts anderes als seine Ausrichtung auf einen bestimmten Wert.

Wie ist es aber, wenn mehrere Werte sich zwar so vorstellen, daß sie nicht zusammen, sondern nur der eine mit Ausschließung des anderen gewollt werden können, wird dann nicht derjenige Wert notwendig vorgezogen, der sich, zu Recht oder Unrecht, als der *höhere Wert* darstellt? Das scheint aus dem allgemeinen Wesengesetz des Wollens zu folgen, nach dem das Wollen auf den Wert als Wert abzielt. Wo aber ein größerer Wert vorliegt, da muß der kleinere Wert, insofern er kleiner ist, als Unwert erscheinen. Der Unwert als solcher aber wird notwendig abgelehnt. Oder kann das Wollen den kleineren Wert nur wählen, wenn es seine Augen vor dem größeren Wert verschließt? Aber dann hätten wir – die Unkenntnis des größeren Wertes vorausgesetzt – keine Wahl, oder man müßte sie in eben jenem Verschließen der Augen sehen, dem aber ein Sehen der beiden Werte vorangegangen ist, wobei die Frage nach der Möglichkeit einer solchen Wahl mit sehenden Augen zurückkehrt.

Zur Lösung dieser Schwierigkeit ist vor allem zu unterscheiden zwischen einem bloß quantitativen und einem qualitativen Wertunterschied. Wer z. B. unter der Voraussetzung eines sittlich ungehemmten Gewinnstrebens vor der «Wahl» steht, einen kleineren oder größeren Gewinn zu machen, der hat in Wirklichkeit keine Wahl mehr, es sei denn, er betrachte die Sache unter einem anderen Gesichtspunkt als dem des bloßen Gewinnstrebens. Dann handelt es sich aber nicht mehr um einen bloß quantitativen Wertunterschied. Wenn jedoch qualitative Wertunterschiede in Frage kommen, wie z. B. Gewinn und Gerechtigkeit, dann ist trotz der eindeutigen objektiven Höherwertigkeit des einen Wertes vor dem anderen doch eine echte Wahlmöglichkeit gegeben, eben weil qualitativ verschiedene Werte nicht einfach größenmäßig verglichen werden können und weil auch der Vorzug, der einem weniger hohen Wert gegeben wird, sinnvoll in einen umfassenden Wertkosmos eingeordnet werden kann. Ein solcher vom Subjekt her geordneter Wertkosmos setzt voraus: erstens ein letztes Ziel oder einen Wert, dem das Subjekt den absoluten Vorzug vor allen anderen Werten gibt, und zweitens die Möglichkeit, die anderen Werte diesem absoluten oder doch absolut gesetzten Wert in verschiedener Weise zuzuordnen. Notwendig ist hierbei nur eine solche *Zuordnung überhaupt*. Wenn jedoch zwei Werte, von denen jeder für sich dem absoluten Wert zugeordnet werden kann, dennoch nicht beide zusammen verwirklicht werden können, besteht eine *echte Wahlfreiheit* auch zugunsten des objektiv niederen Wertes. Freilich kann das Wollen den niederen Wert nicht deshalb vorziehen, weil er der niedere Wert ist, wohl aber *obwohl* er als niederer Wert erkannt ist, da der Grund seiner Wahl nicht im Vergleich mit dem anderen Wert, sondern in seiner Beziehbarkeit auf den absoluten Wert liegt. Dieser aber wird seinerseits nicht eigentlich gewählt, sondern bloß uneingeschränkt gewollt.

In einem Fall allerdings könnte auch der niedere Wert als solcher vorgezogen werden, wenn nämlich das Wollen auf sich selbst reflektierend im Vorziehen des niederen Wertes eben dieses Wollen des niederen Wertes als einen *Erweis seiner Unabhängigkeit* von allen besonderen Werten betrachten wollte.

Wenn man nun schließlich die Frage stellt, ob der Wert aus der Freiheit oder diese aus dem Wert hervorgehe, so können diese Fragen nicht mit einem einfachen Ja oder Nein beantwortet werden. Die Ausrichtung auf den Wert überhaupt konstituiert und spezifiziert zunächst den Selbstvollzug des Geistes als Wollen. Soweit der Wert als solcher in Frage kommt oder der Wille in einem Grundwollen sich letzten Endes auf die unbestimmt vorgestellte Fülle aller Werte ohne jede Wertverneinung richtet, ist das Wollen notwendig und geht in dieser Ausrichtung jeder Entscheidung als ihr Ermöglichungsgrund voraus. Denn vermöge dieses Grundwollens ist der Wille jedem besonderen Wert, oder Wertaspekt gegenüber grundsätzlich überlegen und daher nicht an ihn gebunden. Die Freiheit des Wollens gegenüber den besonderen Werten und gegenüber der besonderen für es geltend zu machenden Struktur des Wertfeldes geht demnach aus der *Bindung des Wollens an den Wert überhaupt* hervor und gründet in ihm.

Wenn aber weder der Wert überhaupt noch die unbestimmt vorgestellte Wertfülle noch die Freiheit als solche in Frage steht, sondern die einzelnen Werte und ihre Aktualisierung im Wollen sowie der einzelne Freiheitsvollzug, so geht diese Aktualisierung der Werte durch das Wollen in ihrem Sosein aus dem *Freiheitsvollzug* hervor, sofern die Freiheit in und durch ihren Entscheidungsvollzug diese Werte als die ihren und damit sich selbst als diese Werte umfassend konstituiert.

Nachbemerkungen

Dieser Vortrag wurde auf dem vom 12.–18. September 1958 in Venedig tagenden „Internationalen Philosophenkongreß" gehalten. Der Text erschien in den „Atti del XII Congr. Intern. di Filosofia (Venezia 1958)", Voll. III (1960) 77–83. Der Abdruck hier enthält einige Wortkorrekturen, die in den „Atti" unterblieben waren.

DIE VERLEIBLICHUNG DES WOLLENS

Das Wollen des Menschen ist ohne Zweifel seinem innersten Kern nach eine Betätigung des geistigen Willens. Dennoch kann sinnvoll gefragt werden, ob dieses Wollen gleichsam frei über den übrigen Schichten des Menschseins schwebe oder mit ihnen eine enge, wesensgemäße und sie gestaltende Verbindung eingehe. Da das Wirken aus dem Sein erfolgt und in seiner Art das Wesen des Seins zur Ausprägung bringt, ist zu erwarten, daß auch das Wollen des Menschen als ein menschliches das Wesen des Menschen in sich darstellen werde. Es ist das auch zu erwarten wegen der Analogie, in der das menschliche Wollen zur menschlichen Einsicht steht. Wie die menschliche Einsicht sich im sinnlich Gegebenen vollzieht, so dürfte auch das menschliche Wollen in einer innigen und wesentlichen Beziehung zum sinnlich Aufgegebenen stehen. Die folgenden Gedanken wollen dieser Frage nachgehen[1].

Um die Frage deutlicher zu machen, sei sie an einem Beispiel erläutert.

[1] Zur Untersuchung dieser Frage wurde der Verf. durch ein Gespräch mit Karl Rahner S. J. angeregt, der die Frage nach der Verleiblichung des Willens im Hinblick auf die am Ende des Artikels berührten theologischen Probleme der Heilsgewißheit und der Begierdetaufe stellte.

Ich habe mich z. B. entschlossen, heute alle freie Zeit dem Nachdenken über das Problem der Verleiblichung des Wollens zu widmen. Das war eine Betätigung meines Willens, die von meinem Ich ausging und sich wieder auf mein Ich zurückbezog. Denn sie richtete sich auf eine Betätigung meines Verstandes in der bestimmten Richtung auf das Problem der Verleiblichung des Wollens, stellte also das Streben nach einer geistigen Selbstverwirklichung dar. Ich wollte im Grunde genommen *mich*, in der bestimmten Weise des Nachdenkens. Inwiefern kommt in diesem Wollen die Struktur und das Wesen des Menschseins zum Ausdruck?

Zunächst ist an diesem Wollen außer dem Willen auch der Verstand beteiligt. Denn ich kann nicht wollen, ohne *etwas* zu wollen. Und ich kann nicht etwas wollen, ohne daß der Verstand mir dieses Etwas vorstellt. Dieses vorgestellte Etwas bleibt aber dem Wollen nicht etwa äußerlich, es geht als Inhalt, der die Betätigung des Wollens formt, in diese ein. Diese Verbindung ist wesentlich für die Willensbetätigung. Welche Seite des substantiellen Seins bringt sie zum Ausdruck? Durch die Vorstellung des Verstandes hat die Willensbetätigung ihr bestimmtes Sosein, vom Willen die wirkliche Hinbewegung auf Sein und die Verwirklichung diese sSoseins. Verstand und Wille entspringen als reale Akzidentien der realen Substanz der Seele, der Verstand aber folgt der Seele unter der Rücksicht des Wesens (des Soseins), der Wille unter der Rücksicht des Seins (der Existenz). Die innige Verbindung von Verstandesvorstellung und Willensbetätigung im Willensakt spiegelt demnach die konkrete Einheit von Wesen und Sein wider, die nicht bloß für den Menschen, sondern für alles geschaffene Seiende grundlegend ist.

Wenn oben gesagt wurde, daß der Verstand mein Wollen durch die Vorstellung des zu erstrebenden Gegenstandes präge, so ist das nicht ohne Einschränkung wahr. Mein Verstand kann (unter den gewöhnlichen Wirkbedingungen) nichts auf rein geistige Weise denken, ohne sich dabei an ein sinnlich Gegebenes zu wenden. In der Tat enthält auch der Gegenstand meines Entschlusses, über das Problem der Verleiblichung des Wollens nachzudenken, notwendig Beziehungen zu sinnlich Gegebenem in sich. Was z. B. Verleiblichung ist, kann man sich nicht ohne Hilfe einer Phantasievorstellung denken. Die Frage ist, ob damit schon eine Verleiblichung des Wollens gegeben ist. Auf jeden Fall wäre sie dann nur eine indirekte, über den Verstand, der sich in den sinnlichen Vorstellungen gleichsam verleiblicht. Die sinnlichen Vorstellungen, die bei der Auffassung des Gegenstandes eine Rolle spielen, können jedoch nicht selbst als prägendes Moment in den geistigen Willensakt eingehen. Eine direkte Verleiblichung des Wollens ist nur in der Linie des Strebens möglich. Diese wollen wir nun näher ins Auge fassen.

Mein Wille[2] kann sich auf dreierlei Güter richten: auf rein sinnliche,

[2] Diese und ähnliche verkürzte Ausdrucksweisen dürfen nicht dahin mißverstanden werden, als ob die Seelenvermögen selbständige Wirkzentren wären. Was wirksam wird, ist die Person durch ihre Wirkvermögen, wobei diese aber ihre die Form des Wirkens bestimmende Eigengesetzlichkeit haben.

rein geistige und gemischt sinnlich-geistige. Richtet er sich auf rein sinnliche Güter (unter dem Gesichtspunkt des Guten überhaupt), so kann er das nur über das sinnliche Strebevermögen. Indem etwas Sinnliches ein Gut für die sinnliche Natur ist, wird es als solches vom Verstand erfaßt und kann dann auch durch den Willen gewollt werden. Dies kann auf doppelte Weise geschehen: entweder indem sich das Streben von unten nach oben aufbaut oder von oben nach unten ereignet.

Von unten nach oben baut sich das Streben auf, wenn das sinnliche Strebevermögen z. B. durch die sinnliche Vorstellung eines sinnlichen Gutes geweckt wird. Daraus ergibt sich ohne weiteres eine gewisse Hinneigung zu dem sinnlichen Gut. Die Fähigkeiten der Seele werden jedoch nicht als einzelne wirksam und können sich nicht beliebig für sich allein durchsetzen, sondern nur im Lebensganzen integriert. Das heißt natürlich nicht, daß jedes Vermögen, dessen der Mensch fähig ist, in jedem Akt betätigt wird, sondern daß die Betätigung eines Vermögens bei einem gesunden Wesen nicht aus dem Lebenssinn des Ganzen herausfällt. Die spezifische Ganzheit des Menschen ist aber vom Geist her bestimmt. Die Einzelfunktion wird daher beim geistig gesunden und voll wachen Menschen bis zu einem gewissen Grade immer vom Personkern durch den freien Willen beherrscht und geformt werden. Darum kann sich die sinnliche Strebung nicht ohne Kontrolle des freien Willens wirksam durchsetzen und entfalten. Die auftauchende Strebung wird durch den Verstand bemerkt. Wohl kann der Wille sie vielleicht nicht ganz unterdrücken und läßt sie insofern vielleicht gewähren, ohne sich für oder gegen sie zu entscheiden. Sobald sie jedoch wächst und das Personganze zu bestimmen sucht, wird eine Stellungnahme für oder gegen durch den Willen als die spezifische Funktion der freien und verantwortlichen Selbstbestimmung unumgänglich. Eine passive Indifferenz würde jetzt einer Zustimmung gleichkommen. Wird die sinnliche Strebung vom Willen als ein Gut des Menschen bejaht, dann erst kann sie sich (nach Maßgabe der vom Willen befohlenen Ordnung) entfalten und zur Geltung bringen. Wird sie verneint, so bedeutet das eine Hemmung, gegebenenfalls ein Auslöschen oder eine Umorientierung des sinnlichen Strebens. Bekanntlich kann das nicht durch direkten Willensbefehl (dominium despoticum) geschehen, sondern nur indirekt auf dem Wege der Gegenvorstellungen (dominium politicum). Kraft der Unterordnung der Phantasie unter den Verstand kann dieser durch seine abstrakten Begriffe in der Phantasie die diesen zugehörigen konkreten Vorstellungen wecken und so dem sinnlichen Strebevermögen das in Frage stehende Objekt auch unter der Vorstellung des Übels erscheinen lassen. Das sinnliche Strebevermögen verlangt z. B. nach einer Speise unter der Vorstellung der Schmackhaftigkeit, der Verstand veranlaßt die Gegenvorstellung der üblen Folgen für das leibliche Befinden. (Etwas anderes ist natürlich die bloße Unterbindung der Ausführung des Verlangens, obwohl dieses als Verlangen bestehen bleiben kann. Hier handelt es sich jedoch um den Einfluß des Willens auf das sinnliche Verlangen selbst).

Wie stellt sich nun das Zusammenspiel des Willens und des sinnlichen Begehrungsvermögens dar, wenn der Wille die Initiative ergreift? Nicht wesentlich anders als bei der nachträglichen Beeinflussung. Wie er eine schon bestehende Strebung umorientieren kann, so kann er sie auch neu hervorrufen auf dem Wege der willkürlich hervorgebrachten sinnlichen Phantasievorstellungen.

Wenden wir uns nun den rein geistigen Gütern zu, wie z. B. Erwerbung von Wissenschaft, Tugend, Liebe zu Gott. Kann sich der Wille solchen Gütern zuwenden ohne Beteiligung des sinnlichen Strebevermögens? Es scheint darin keine Schwierigkeit zu liegen. Die mit den Begriffen dieser Güter verbundenen sinnlichen Vorstellungen mögen gelegentlich eine schwache Strebung zur Folge haben, die jedoch für die Konstitution des Willensaktes belanglos ist, nur nebenher läuft. So liegt die Sache auf jeden Fall, solange man bloß die Zuwendung des geistigen (vom Verstand durchformten) Willens zu den geistigen Werten betrachtet. Diese Betrachtung ist jedoch unvollständig. Der Mensch will in der Zuwendung zu geistigen Werten nicht nur diese, er will auch sich selbst, die wollende Person, und zwar notwendig, da das Wollen das Naturstreben zur Voraussetzung und Wurzel hat, von der es sich niemals loslösen kann. Je nach den Gütern und Werten, denen sich ein Mensch mit seinem Willen zuwendet, wird er ein anderer Mensch. Wohlverstanden: der *Mensch* wird ein anderer, nicht nur der Wille. Wollen heißt sich selbst bestimmen. Wollen ist, solange der Mensch noch nicht fertig ist (und fertig ist er erst in und durch den Tod), „Menschwerdung", „Personwerdung". Wenn aber der Mensch in jedem freien Willensakt (und insbesondere in der entscheidenden Zuwendung zu gewissen Werten) sich selbst formt, dann muß jeder freie Willensakt auf das Menschsein in seiner ganzen Breite und nach Maßgabe seiner Schichtenordnung einen bestimmenden, formenden oder umformenden Einfluß ausüben. Naturgemäß wird sich dieser Einfluß zuerst auf die Schicht erstrekken, die dem Willen und dem Geistigen am nächsten liegt: auf das sinnliche Begehren. Es ist ja nicht damit getan, daß der Mensch sich einmal für einen Wert entscheidet. Es gilt, diese Entscheidung im menschlichen Leben inmitten anderer Strebungen durchzusetzen und zur bestimmenden Mitte des Lebens zu machen.

Wir wollen uns dies am einen oder anderen Fall anschaulich zu machen versuchen. Ein Mensch strebt z. B. nach Wissenschaft, konkret etwa nach gründlicher Kenntnis der Botanik. Kann er das, ohne vielfältigen und dauernden Gebrauch von seinen sinnlichen Vorstellungs- und Erkenntniskräften zu machen? Kann er das, ohne botanische Exkursionen zu machen, dabei seinen Körper anzustrengen, Wind und Wetter zu trotzen? Kann er das, ohne dabei auch sein sinnliches Strebevermögen in Dienst zu stellen? Die dauernde Beschäftigung mit seinem Fach wird ihn selbst umformen an Leib und Seele. – Das war der Fall einer Erfahrungswissenschaft. Nehmen wir nun den Fall einer so abstrakten Wissenschaft wie die Metaphysik. Metaphysisches Denken erfordert eine erhebliche Konzentration der Aufmerksamkeit und des Denkens. Es kann nicht ohne den

Gebrauch sinnlicher Vorstellungen vor sich gehen, die jedoch den Erfordernissen des Denkens aufs strengste untergeordnet bleiben müssen. Eine solche Askese des inneren Menschen ist aber nicht möglich ohne eine entsprechende Askese auch des übrigen sinnlichen und äußeren Menschen. Ein Schüler Hegels schreibt über den ersten Eindruck, den der Philosoph auf ihn machte: „Den ersten Eindruck des Gesichtes werde ich niemals vergessen... Die ganze Vergangenheit eines Tag und Nacht verschwiegen fortarbeitenden Denkens spiegelte sich in ihm wider; ... der rastlose Drang, den frühen Keim früh entdeckter Wahrheit immer reicher und tiefer, immer strenger und unabweisbarer zu entfalten, hatte die Stirn, die Wangen, den Mund gefurcht." – Daß sich ein Mensch, der sich entschieden der Tugend zuwendet, damit auch verpflichtet, einen tiefgreifenden Einfluß auf sein sinnliches und leibliches Leben zu nehmen, bedarf keiner besonderen Begründung. Die Legende vom Jüngling, der Leonardo da Vinci einst als Modell für den Christus des Abendmahles diente, später aber, nach Jahren des Lasterlebens, für Judas Iskariot, ist bekannt. – Hat auch die Zuwendung zu religiösen, ganz und gar transzendenten Werten (abgesehen vom Einfluß auf das sittliche Leben) Folgen für das sinnlich-leibliche Leben? Die Zeit, da man meinte, Religion sei eine rein innere, bloß geistige Angelegenheit, ist vorüber. Die Religionsgeschichte belehrt uns eines anderen. Überall sucht die innere religiöse Bewegung ihren sinnlich konkreten Ausdruck. Und wiederum prägt die religiöse Übung den ganzen Menschen an Leib und Seele durch alle Schichten des Seins hindurch. Es sei nur an die menschenformende Wirkung des Chorals und der Liturgie erinnert. Es ist kein Zufall, daß man Geistliche (ähnlich wie Angehörige anderer Berufe) meist an ihrem ganzen Gehaben erkennt, selbst wenn sie nicht klerikal gekleidet sind.

Nach dem Gesagten bedarf die Zuwendung zu gemischten, sinnlich-geistigen Werten, wie z. B. der Tanzkunst, keiner besonderen Erörterung mehr. – Es gibt auch keine rein geistige, bloß übernatürliche Liebe zum Nächsten. Die personalen Werte das Menschen geben sich in seiner äußeren Erscheinung, seinem sinnenfälligen Gehaben kund. Der Leib ist ja das Ausdrucksfeld des Geistes. Die konkrete Einheit von Leib und Geist weckt aber eine ebenso konkrete Einheit der sinnlich-geistigen Zuneigung, wobei der Anteil beider verschieden sein kann und bei geordneter Zuneigung das sinnliche Element gewiß vom geistigen durchformt sein muß. Es ist daher sicher nicht richtig, sondern ein Rückfall in den Manichäismus, wenn die von vielen Ordensregeln erhobene Forderung, die „fleischliche" Zuneigung zu den Verwandten in eine „geistliche" zu verwandeln, dahin ausgelegt wird, der Ordensmann dürfe zu seinen Verwandten nur eine rein gesitige, in keiner Weise mehr sinnliche Liebe haben. Weder ist „geistlich" dasselbe wie „geistig", noch schließt die „geistliche" Liebe das sinnliche Element aus. „Fleischlich" und „geistlich" sind hier vielmehr im paulinischen Sinn zu verstehen, nach dem das „Fleisch" die sich selbst überlassene und durch die Erbsünde gestörte menschliche Natur bedeutet, der „Geist" aber den vom Geiste Gottes in uns gewirkten übernatürlichen Geist[3].

Der Wille kann sich in der Tat keinem Wert entschieden zuwenden, ohne dabei alsbald das sinnliche Strebevermögen, ja den ganzen Menschen in Dienst zu nehmen und sich in ihm darzustellen.

Ein besonderes Augenmerk sei noch auf die Verleiblichung des Willens in der willkürlichen Körperbewegung gerichtet. Viele seiner Ziele kann der Wille nicht ohne die Ortsbewegung des Leibes erreichen. Andere Ziele sind zwar der Körperbewegung nicht selbst erreichbar (wie z. B. Wissenschaft), aber auch nicht ohne Vorbereitung durch Körperbewegung (wie z. B. das Ergreifen eines Buches). Indem der Wille solche Körperbewegungen veranlaßt, schafft er seinem Streben eine Verleiblichung. Man kann oft geradezu sehen, was ein Mensch will.

Geschieht die Veranlassung der Körperbewegung unmittelbar durch den Willen oder bloß mittels des sinnlichen Begehrungsvermögens? Die Erfahrung scheint zu zeigen, daß auch die willkürliche Körperbewegung wesentlich eine ideomotorische Bewegung ist. Der Wille veranlaßt (in der oben gezeigten Weise) im sinnlichen Vorstellungsvermögen das Auftauchen und Festhalten einer konkreten Bewegungsvorstellung. Diese reizt kraft des empfangenen Willensantriebes das Nervenzentrum des Bewegungsapparates, in dem die übrigen Prozesse dann eigengesetzlich ablaufen und normalerweise zur Ausführung der vorgestellten und befohlenen Bewegung führen. Der vom Willen ausgehende Impuls kann aber dem Nervenzentrum durch die Bewegungsvorstellung nicht ohne Beteiligung des sinnlichen Strebevermögens vermittelt werden. Denn keine obere Kraft teilt sich einer entfernteren mit außer durch Vermittlung der nächsten.

Eine Schwierigkeit bietet jedoch der Fall, wo der Wille eine Körperbewegung veranlaßt, obwohl diese dem sinnlichen Strebevermögen stracks zuwiderläuft. Gemeint ist hier nicht die Selbstüberwindung, bei der das sinnliche Widerstreben zuerst gewandelt wird, sondern der Fall, wo die Ausführung des Willensbefehls auch trotz des fortdauernden sinnlichen Widerstrebens durchgeführt wird, z. B. wenn jemand trotz heftigen Widerstrebens eine bittere Arznei zu sich nimmt. Wie kann man da noch sagen, daß der Wille das sinnliche Streben in seinen Dienst nimmt, um das Zusichnehmen der Arznei zu besorgen? Möglich ist das bloß, indem das sinnliche Streben in diesem Fall „geteilt" wird[4]. Einerseits verharrt es kraft der unwillkürlichen Vorstellungen in seinem Widerstreben, andererseits steht es unter dem Einfluß der durch den Willen hervorgerufenen Vorstellungen, die ihm das Zusichnehmen der Arznei wenigstens in seinen Folgen als begehrenswert erscheinen lassen. Gelingt es diesen Vorstellungen (hinter denen der zielstrebig wirkende Wille steht), sich für eine kurze Zeit durchzusetzen, was im Normalfall immer möglich ist (so daß die Nichtaus-

[3] Vgl. F. Prat, La Théologie de Saint Paul, [28]II 34 ff.

[4] Ein anderes Beispiel eines solchen Widerstreits im sinnlichen Teil bringt Thomas von Aquin in der Q. disp. de Veritate 24 a. 10 c. ca. med.: Si aliquis habet concupiscibilem per habitum luxuriae corruptam, ex ipsa irascibili incitatur ad aliquid arduum aggrediendum, cuius exercitatio mollitiem luxuriae tollit.

führung mit Recht als mangelnde Entschlossenheit des Willens aufgefaßt wird), dann erfolgt die Ausführung der Bewegung auf die oben dargestellte Weise.

Weil der Wille die konkrete Durchführung seiner Pläne, die dem sinnlichen Begehrungsvermögen oft unangemessen, ja zuwider sind, nur unter Zuhilfenahme desselben Begehrungsvermögens erreichen kann, ist es von der größten Bedeutung, daß ihm dazu Vorstellungen zu Gebote stehen, die einerseits konkret, sinnlich und anschaulich sind, anderseits aber auch eine innere Beziehung zu höheren Vorstellungen und Werten in sich tragen, d. h. symbolische und analoge Vorstellungen, die zunächst etwas Sinnliches *vorstellen* (z. B. ein Gastmahl), dann aber kraft ihres Symbolgehalts etwas Übersinnliches *meinen* (etwa die Sättigung des Geistes). Daher kommt es (wenigstens zum Teil), warum die Religion, die diese Bedingung erfüllt, so großen, die abstrakte Philosophie dagegen so geringen Einfluß auf das Leben der Menschen hat.

Wie die Menschenseele zugleich Geist und Seele, in sich selbst stehendes Geistwesen und doch der Potentialität des Stoffes zugewandt ist, so kommt sie im Verstand nur zu sich über den Weg des Außen; ihr Verstand ist wesentlich passiver Verstand, aus dem darum notwendig eine Sinnlichkeit entspringt[5]. Ebenso aber ist auch der geistige Wille der Materie zugewandt und kann nur durch Überwindung ihres Widerstandes zu seinen Zielen und zur Selbstverwirklichung gelangen. Passiven Widerstand der Materie aber kann der gesitige Wille nicht unmittelbar überwinden. Dazu bedarf er Kräfte der materiellen Ordnung. Denn nur so kann man von Überwindung sprechen. Wenn ein *reiner* Geist seine Ziele in der Materie verwirklicht, dann erreicht er sie nicht gegen die Materie und eigentlich in Überwindung der Materie, sondern gleichsam an ihr vorbei, von ihr unangefochten. Widerstand und Überwindung von Widerstand, wie er sich in der menschlichen Seele begibt, kann nur in einer gemeinsamen Seinsebene stattfinden. Auf diese Seinsebene begibt sich der Wille durch das sinnliche Strebevermögen, das zugleich der materiellen und übermateriellen Ordnung angehört. Soweit es der übermateriellen Ordnung angehört, ist es ein durchaus fügsames Werkzeug des Willens; Zwiespalt und Kampf (der auf dem Feld der sich widerstreitenden Regungen des sinnlichen Vermögens, unter Beteiligung des Willens, ausgefochten wird) findet sich nur infolge der materiellen Dispositionen des sinnlichen Strebevermögens. Weil so der Wille seine Ziele nur in Überwindung der materiellen Passivitat erreichen kann, ist ein entschiedener, in der moralischen Einschätzung (nicht in der äußeren Durchführung) wirksamer Willensakt immer schon auch eine Überwindung materieller Passivität, wenigstens im Ansatz, und so ein in die „Leiblichkeit“ des sinnlichen Strebevermögens hineinreichender Akt.

Bestätigt werden diese Überlegungen durch den empirischen Nachweis, daß für jeden Willensakt ein bestimmtes Quantum psychophysischer

[5] Vgl. K. Rahner, Geist in Welt, 1939, 175 ff.

Energie notwendig ist. Diese Energie nennt die neuere Psychologie „Vitalität“[6].

Aus dem Gesagten ergeben sich nun verschiedene Folgerungen auch theologischer Art. Die erste ist, daß der rein geistige Willensakt nie vollkommen bei sich selbst ist, sondern immer schon in seiner „Leiblichkeit“, seiner sinnlichen Erscheinung. In ihr wird er offenbar, durch sie wird er aber auch notwendig verdunkelt. Diese „Leiblichkeit“ läßt sich von ihm durch keine Reflexion vollkommen ablösen. Daher läßt sich auch nie mit letzter, metaphysischer Gewißheit unterscheiden, was im konkreten, schon verleiblichten Willensakt nun rein geistige Spontaneität ist, und was etwa auf Kosten der bis zu einem gewissen Grad nicht aufhebbaren oder abänderbaren sinnlichen Bedingungen zu setzen ist. Als Beispiel diene der Akt der sittlichen Entrüstung über ein Unrecht. Was entstammt in diesem Akt dem rein intelligiblen sittlichen Urteil und was anderen irrationalen Quellen? Daß etwas in diesem Akt der Entrüstung auch aus irrationalen Quellen stammt, trübt seine sittliche Reinheit noch nicht (vgl. den Zorn Christi bei der Tempelreinigung oder beim Tadel Petri); aber wird dieses Irrationale nun auch vollkommen durchformt und durchgeistigt vom sittlichen Urteil? Das mit letzter und vollkommener Gewißheit zu wissen, ist grundsätzlich unmöglich, was jedoch eine wahre, sogenannte moralische Gewißheit nicht ausschließt. Damit ist aber auch gesagt, daß diese vollkommene Gewißheit keinem Urteil des subjektiven Gewissens zukommen kann, so daß der Mensch (trotz jener moralischen Gewißheit) wirklich nicht weiß, ob er des Hasses oder der Liebe würdig ist (Eccle. 9, 1 Vulg.), und daher trotz der Liebe, die die Furcht austreibt (1 Joh. 4, 18), sein Heil mit Furcht und Zittern wirken soll (Phil. 2, 12). D. h. die Liebe bannt diese Furcht, daß sie sich nicht erhebt und die Seele verwirrt, aber sie vernichtet sie (unter den gewöhnlichen Bedingungen) niemals ganz und so, daß sie sich nicht mehr erheben könnte. Es ist deshalb auch ein Verkennen der dem Menschen wesentlichen Existenzweise, wenn Luther nach einer absoluten Heilsgewißheit im Fiduzialglauben strebte.

Eine zweite Folgerung kann man aus dem Gesagten für das sog. votum baptismi, die Begierdetaufe, ziehen, vorausgesetzt, daß zwischen Christus und den Menschen (auch den ungetauften) dem Leibe nach schon eine gewisse, vorsakramentale (nicht bloß nicht-sakramentale, sondern die eigentlich sakramentale vorbereitende) Einigung besteht. Dann nämlich ist die Begierdetaufe nicht bloß ein rein subjektiver Akt, ein in sich selbst
b] bleibendes Verlangen, sondern ist, weil im Medium einer Leiblichkeit und damit in die vorsakramentale Ordnung hineinreichend gewirkt, schon eine objektive Anbahnung der Verbindung mit Christus, ein schon nach außen tretendes, anfangendes Ergreifen der Taufe, so daß ein durch Begierdetaufe geretteter Mensch durch eine objektive Verbindung mit der Taufe, und damit in einem wahren Sinn *durch* die Taufe, nicht etwa bloß durch seinen rein subjektiven Akt gerettet wird.

[6] Vgl. J. Lindworsky, Experimentelle Psychologie, 1922, 248 u. 250, sowie E. Rothacker, Die Schichten der Persönlichkeit, Bonn 1948. 97 ff.

Diese kleine Untersuchung wurde zuerst in der „Scholastik“ veröffentlicht: 25 (1950) 248–253. Über ihren Anlaß s. Anm. 1.

a] „Wenn z. B. bei jemandem das Begehrungsvermögen (concupiscibile) durch habituelle [durch Gewohnheit erworbene] Üppigkeit verdorben ist, so wird er durch das Vermögen affektiver Reaktion (ex ipsa irascibili) dazu angestachelt, etwas Schwieriges in Angriff zu nehmen, dessen Ausführung die Weichlichkeit des Wohllebens aufhebt.“ (Übers. von Edith Stein).

b] Das gilt nicht nur für die formelle Begierdetaufe, die als solche erkannt und ausgesprochen wird, sondern auch für die virtuelle Begierdetaufe, die in anderen, auf Gott und das Heil bezogenen Haltungen und Gewissensentscheiden eingeschlossen ist.

WIEDERVERKÖRPERUNG

Die Wertschätzung des Seelischen im überbiologischen Sinn des Wortes tritt heute wieder mehr in das Bewußtsein der Menschen. Es ist das eine gesunde Gegenwirkung gegen den Bankrott und die Gemütsverödung des Materialismus und Biologismus. Das Ungenügen der äußeren Lage drängt zu einer Überwindung von innen her.

Das Ergebnis dieser Gegenwirkung ist jedoch nicht ohne weiteres und nicht überall eine Rückkehr zu den Glaubenslehren der Kirche. Zu weit haben sich viele Menschen vom Christentum entfernt, zu vielerlei und zu fremdartig sind die Einflüsse, die sie erfahren, als daß sie so einfach den Rückweg zur Offenbarungswahrheit fänden. Dazu kommt der Mangel an Kritik, die geringe geistige Durchbildung, die keine hohen Anforderungen an Begründung stellt, die durch das moderne Leben aufgestachelte Neugier, die das alte Wahre wenig anziehend findet. Man will nicht glauben und festhalten, sondern sehen und erfahren.

All diese Umstände führen heute wie nach dem ersten Weltkrieg zu einem Aufwuchern der Sekten, zu einer weiten Verbreitung des populären Okkultismus, zu Wundersucht und Prophetenmanie; sie geben der Anthroposophie neuen Aufschwung und lassen Ausschau halten nach östlicher, exotischer Weisheit.

Im Zusammenhang mit der Anthroposophie oder auch ohne ihn wird heute die Lehre von der Wiederverkörperung eifrig erörtert.

Die folgenden Ausführungen über Reinkarnation oder Seelenwanderung haben nicht in erster Linie den Zweck, eingeschworene Anhänger dieser Lehre von deren Unhaltbarkeit zu überzeugen. Diese haben ihre phantastischen Anschauungen meist in ein System gebracht, an dem eine Einzeluntersuchung, die ihnen nicht auf all den vielverschlungenen Nebenwegen nachgehen kann, wirkungslos abgleitet. Sie sind von ihren vermeintlichen höheren Einsichten so erfüllt, daß sie darüber nur schwer zu klarem Denken und Urteilen kommen. Die Überlegungen wenden sich vielmehr vor allem an jene, die zwar die Lehre von der Wiederverkörperung als fremdartig empfinden und ablehnen, die aber doch ihr gegenüber ein gewisses Unbehagen und eine Unklarheit verspüren, so daß sie nicht recht wissen, wie sie den vorgebrachten Scheingründen oder auch nur anmaßenden Behauptungen entgegentreten sollen. Diese Zeilen wollen ihnen helfen, für sich persönlich zur Klarheit zu kommen, Schwankende zu stützen und die fanatischen Vertreter dieser Lehre in ihre Schranken zu weisen. Aus diesem Grunde soll die Lehre der Wiederverkörperung sowohl vom Standpunkt der Philosophie wie der Theologie untersucht werden.

I. Was sagt die Philosophie zur Wiederverkörperungslehre?

Die Anschauung, alles Leben sei ein Kreislauf, der sich ohne Aufhören wiederholt, findet sich als Ausdruck einer magischen Welt- und Lebensauffassung bei vielen primitiven Volksstämmen, so z. B. bei den Alt-Preußen und Kelten, oft ohne jede Heilsbedeutung. Eine positive Bewertung erfährt dieser Kreislauf im ägyptischen Totenbuch, nach dem die Verwandlung in andere Gestalten, auch Tiergestalten, erwünscht ist. Meist aber wird der Kreislauf negativ bewertet und die Freiheit der Seele vom Körper und seinen Zufällen als Heilsgut betrachtet. Die Reihe der aufeinanderfolgenden Existenzen ist ein Läuterungsweg, die einzelne Wiedergeburt eine Folge der Sünde. So vor allem bei den Griechen und Indern.

In Indien ist die Wiederverkörperungslehre den ältesten Schriften des Veda unbekannt; der Gedanke der Seelenwanderung tritt zuerst in den Upanishaden auf und wird seitdem beherrschend für das indische Geistesleben. Er ist sozusagen die selbstverständliche Voraussetzung für alles Philosophieren und für alle indischen oder von Indien ausgehenden Religionsformen, für den Buddhismus und Jainismus nicht weniger als für den Brahmanismus und Hinduismus.

Wahrscheinlich geht der Seelenwanderungsgedanke bei manchen griechischen Sekten, wie den Pythagoreern, den Orphikern, und bei einzelnen Philosophen, wie Empedokles, Plato und später den Neuplatonikern, auf einen Einfluß des Ostens zurück, wenngleich auch Altägypten nicht außer Betracht bleiben darf. Weiter wurde der Seelenwanderungsglaube vom Gnostizismus und manchen außerarabischen Sekten des Islams und in neuerer Zeit durch die von Indien her inspirierte Theosophie und Anthroposophie übernommen. Mit dem kirchlichen Lehramt kam die Wiederverkörperungslehre zuerst in Berührung durch den Origenismus, nach dem die Menschenseelen vor der Geburt als reine Geister existieren, dann aber in der Liebe Gottes erkalteten und zur Läuterung sich mit menschlichen Leibern verbinden mußten. Ähnlich im Priszillianismus.

Oft steht die Wiederverkörperungslehre in enger Verbindung mit dem Pantheismus und stellt in einigen seiner Formen nur eine notwendige Folge aus ihm dar. So etwa, wenn der Brahmanismus das Rad der Geburten als ein ewig sich wiederholendes Ausströmen aus dem Brahma und wieder Zurückströmen ins Brahma auffaßt. Wie schon angedeutet, findet sich der Seelenwanderungsglaube aber auch losgelöst vom Pantheismus, sei es im Polytheismus, sei es in Verbindung mit theistischer Gottesauffassung, indem man sich vorstellt, Gott gebe dem Menschen wiederholt Gelegenheit zur Selbstvervollkommnung und zur Erreichung des ewigen Heils.

Obwohl die Wiederverkörperungslehre je nach den systematischen Zusammenhängen, in denen sie auftritt, verschiedene Formen annimmt – der Buddhismus z. B. kennt überhaupt keine bleibende Einzelseele, sondern nur eine gesetzmäßige Verknüpfung der Existenzen auf Grund der vergangenen Taten – so kann doch als annähernd Gemeinsames festgehalten werden, daß dieses gegenwärtige irdische Leben normalerweise für uns weder das erste noch das letzte Leben auf Erden ist. Das Wesen des Menschen besteht nicht in der Verbindung der einen Seele mit dem einen Körper, sondern in der Seele selbst, die eine Reihe von Körpern annimmt und ablegt, wie man ein Kleid wechselt. Die Seele geht dabei nicht unmittelbar, sondern erst nach einem langen Läuterungsweg von einem Körper zu einem anderen über. Die Art dieses Läuterungsweges und die Art künftiger Wiedergeburt wird bestimmt durch das im vergangenen Erdenleben angehäufte Endergebnis der guten und hösen Taten. Nach indischer Auffassung besteht zwischen der Summe der guten und bösen Taten einerseits und dem Läuterungsweg und der Art der Wiedergeburt andererseits ein gesetzmäßiger, jedem Eingriff eines persönlichen Gottes entzogener Zusammenhang. Dieses aus den guten und bösen Taten mit Naturnotwendigkeit wirksame Schicksal nennt man Karma.

Es ist klar, daß damit die Schichtung der arm, krank, sozial unterdrückt und psychisch belastet Geborenen einerseits und der reich, gesund und sozial gehoben Geborenen anderseits zugleich eine Schichtung des sittlichen Adels zum Ausdruck bringt. Die sittliche und die natürliche Weltordnung sind hier unmittelbar gekoppelt – mit welcher Gefahr des Pharisäismus, liegt offen zutage. Manche abendländische Anhänger der Wiederverkörperung mildern die Strenge der indischen Karmalehre jedoch, indem sie den Menschen dem blinden Wirken des Karmagesetzes nur so lange ausgeliefert sein lassen, als er sich nicht selbst zu Gott wendet, und indem sie auch andere Ursachen als die sittliche Schuld für die Verkörperung zulassen. Ziel der wiederholten Geburt und des wiederholten Lebens ist die Befreiung der Seele von der Notwendigkeit erneuter Wiedergeburt, die vollendete Geistigkeit. Auf die Art und Weise, wie diese erreicht wird, – durch sittliche Makellosigkeit, Aszese oder höheres Wissen – kann hier nicht näher eingegangen werden.

Von der hier vorgetragenen Wiedergeburtslehre ist der christliche Auferstehungsglaube wesentlich verschieden. Bei der Auferstehung des Leibes handelt es sich um die durch Gottes Allmacht bewirkte einmalige Wiederverbindung der einen Seele mit dem einen Körper, in dem der Mensch den Lohn seiner guten und bösen Taten nicht nach einem blind wirkenden Gesetz, sondern nach dem Richterspruch des gerechten, aber auch im Hinblick auf den Opfertod Christi barmherzigen Gottes entgegennimmt.

Die Frage, die wir zu stellen haben, kann nicht die sein, ob man sich so etwas wie die Seelenwanderung überhaupt vorstellen oder irgendwie denken kann. Daß man das kann, zeigt die Geschichte. Es geht uns auch nicht in erster Linie um die innere Möglichkeit einer Wiederverkörperung in einem irdischen Leben, sondern um deren Tatsächlichkeit. Wir fragen: Können wir die Tatsächlichkeit einer wiederholten Geburt unserer Seele mit solcher Gewißheit erkennen, daß wir darauf unser Leben und unser ewiges Heil gründen können? Um diese durchaus praktische Gewißheit geht es, nicht um eine bloß theoretische Möglichkeit. Die mag einem spielerischen Denken genügen, nicht aber dem Lebensernst, aus dem heraus diese Frage zu stellen ist.

Wenn nun auch die innere Möglichkeit einer Wiederverkörperung nicht das Ziel unserer Frage ist, so können wir ihre Behandlung doch nicht ganz außer acht lassen. Denn sollte sich die Wiederverkörperung (in der Form eines gesetzmäßigen Zusammenhangs) als innerlich unmöglich und widerspruchsvoll herausstellen, so wäre damit auch über die Tatsächlichkeit schon das Urteil gesprochen. Ein innerer begrifflicher Widerspruch im Gedanken der Wiederverkörperung wird sich nicht leicht erweisen lassen, oder er ist so subtil, daß er für ein ungeschultes Denken fast alle Überzeugungskraft verliert. Die Wiederverkörperungslehre steht jedoch in Beziehung zum Gottesgedanken einerseits und zum Wesen des Menschen anderseits.

Wir haben schon bemerkt, daß manche Formen der Reinkarnationslehre die notwendige Folge gewisser Arten des Pantheismus sind, wobei der Pantheismus nicht immer in der krassen Gestalt einer unterschiedslosen Gleichheit von Gott und Welt vertreten, sondern oft bloß der unaufhebbare Naturzusammenhang zwischen Gott und Welt betont wird, kraft dessen Gott nicht sein kann, ohne die Welt einmal oder zu wiederholten Malen aus sich hervorgehen zu lassen. Diese Formen der Wiedergeburtslehre stehen und fallen natürlich mit dem Pantheismus. Aber auch jene Auffassungen der Wiederverkörperung, die den Pantheismus ausdrücklich ablehnen, jedoch irgendeine Art von blindwirkendem Karma vertreten, widersprechen dem Gedanken eines persönlichen, die Geschicke der Menschen in freier Souveränität lenkenden Gottes. Sie lassen keinen Platz für Gnade und Barmherzigkeit.

Alle Formen der Wiederverkörperungslehre stehen aber auch im Widerspruch zur Wesenseinheit des Menschen. Freilich, wenn sich die Seele zum Körper nur wie ein Wagenlenker zum Wagen verhielte, wäre die Wiederverkörperung ohne weiteres möglich. Aber dieses Verhältnis ist wesentlich anders. Die Seele hat mit ihrem Leibe wirklich wesensgemeinschaftliche Funktionen, wie die vegetativen und Sinnesvorgänge zeigen. Die Artung des Leibes und die Artung der Seele stehen in einem tiefen Zusammenhang. Man kann zwar fragen, ob die Artung des Leibes die Artung der Seele bedingt, oder die Artung der Seele die Artung des Leibes. Aber eines ist auf jeden Fall gewiß, daß äußere mechanische oder chemische Störungen der Leibesentwicklung auch tiefgehende Störungen des seelischen Ablaufes bewirken können. Nach thomistischer Auffassung ist die mit der Empfängnis gegebene Individuation der Seele undenkbar ohne ihre einmalige Leibbezogenheit. Eine Übersiedlung der Seele in einen anderen Leib ist daher unmöglich.

Solche Überlegungen systematischer Art werden für jeden überzeugend sein, der die Grundvoraussetzungen teilt. Wer hierin jedoch nicht klar zu sehen vermag, wird auch den Folgerungen nicht ohne weiteres beistimmen. Aber er wird zumindest sehen, daß sich gegen die Wiederverkörperungslehre von der Systematik her gewichtige Einwände erheben lassen.

Wenden wir uns nun der Tatsachenfrage zu, wobei wir noch einmal daran erinnern, daß die Beweislast auf der anderen Seite liegt. Denn angenommen, ich irre mich darin, daß ich nur einmal zu leben habe, so kann mir das niemals schaden. Ich werde Ernst machen mit meinem Leben, mit seinen Freuden und mit seiner Verantwortung. Irre ich mich jedoch in der Erwartung eines wiederholten Erdenlebens, so werde ich der Verführung kaum entgehen, die einzige Zeit der Entscheidung, die mir zur Verfügung steht, zu vergeuden.

Welche Gründe führt die Wiederverkörperungslehre für sich ins Feld?

1. Begreiflicherweise fragt man sich, woher es kommt, daß die meisten Menschen sich in keiner Weise an ein früheres Dasein erinnern können. Demgegenüber wird nun gerade diese Erinnerung angeführt, die freilich nicht allgemein, sondern nur gewissen ausgezeichneten, hellseherisch begabten Individuen möglich sein soll. Mit anderen Worten, wir sind auf den Glauben verwiesen. Manche, wie Rudolf Steiner, fügen allerdings hinzu, dieses Hellsehen sei nach gehöriger Vorbereitung jedem zugänglich. Schade nur, daß zu dieser Vorbereitung wiederum der Glaube an das gehört, was da gesehen werden soll. Wer sind diese Hellseher, daß wir ihnen Glauben schenken sollen, wodurch weisen sie sich als glaubwürdig aus?
Man wird hier vielleicht auf den ähnlich gelagerten Fall der christlichen Offenbarung hinweisen, die auch auf Treu und Glauben hingenommen werden muß. Hier aber liegen die Dinge wesentlich anders. Abgesehen von dem Erweis an Kraft und Fruchtbarkeit, den die christliche Lehre seit zwei Jahrtausenden an all denen erbracht hat, die sich ihr aufrichtigen Herzens ergaben, ist niemand verpflichtet, auf bloß menschliche Behauptungen hin die christlichen Geheimnislehren anzunehmen. Gott selbst hat durch Beweise seiner Allmacht die Glaubwürdigkeit seiner Boten erwiesen, und er hört nicht auf, sie immer wieder durch Wunder zu bestätigen, deren Tatsächlichkeit in der ununterbrochenen Kette von Heiligsprechungsprozessen festgestellt wird.

Daß dem Menschen für gewöhnlich die Wiedererinnerung an ein früheres Leben abgeht, ist eine Tatsache, die im Falle der Wiederverkörperung einer besonderen Erklärung bedarf. Nach Rudolf Steiner liegt sie darin, daß das Ich, nachdem es den Astralleib um sich gegliedert hat, sich bei der Bildung des äußeren Ätherleibes und des physischen Körpers nach außen wendet, wodurch es in einen Zwischenzustand der Bewußtlosigkeit versinkt, der so lange dauert, bis die zur äußeren Wahrnehmung notwendigen Organe ausgebildet sind. Wieso aber eine bei der Wiederverkörperung eintretende und vorübergehende Bewußtlosigkeit ein völliges Vergessen der früheren Existenzen zur Folge haben soll, ist nicht einleuchtend, wie ja auch der Schlaf keineswegs die Erinnerungsfähigkeit des Erwachenden auslöscht.

Was aber die vorgebliche Wiedererinnerung mancher Personen an ihr früheres Leben angeht, so ist es zumindest merkwürdig, daß sie fast durchwegs Personen von historischem Rang und Namen gewesen sein wollen. So haben sich z. B. nach den Untersuchungen von Duglas Home zwölf Personen gleichzeitig als die wiedergeborene, in der französischen Revolution umgebrachten Königin Marie Antoinette ausgegeben, sieben für Maria Stuart, zwanzig für Alexander den Großen oder Caesar. Niemand aber will ein Säufer oder Mörder, kaum jemand ein unbekannter Arbeiter oder Bauer gewesen sein. Gewiß gibt es auch Fälle, die jedoch überaus selten sind, daß Menschen von unantastbarer Ehrlichkeit glauben, schon einmal existiert zu haben, wie das von Pythagoras berichtet wird, der sich für einen trojanischen Helden hielt. Aber auch ein ehrlicher Charakter kann nicht vor Autosuggestionen und Erinnerungstäuschungen schützen. Auf die Rückerinnerung im Tiefschlaf bei „entsprechend gelenkter Hypnose“ braucht hier wohl nicht näher eingegangen zu werden.

2. Da die ausdrückliche Wiedererinnerung an frühere Existenzen, die, wenn überhaupt möglich, doch allgemeiner verbreitet sein müßte, wenig überzeugend ist, ziehen sich die Verfechter der Wiederverkörperung auf eine mehr einschlußweise auftretende Art der Wiedererinnerung zurück. Eine solche Wiedereinnerung liege gleichsam als Ergebnis früherer Betätigung in den verschiedenen Anlagen und Neigungen der Menschen vor. Die väterliche Gesinnung eines Menschen, der nicht Vater ist, weise darauf hin, daß er früher Vater war; seine Neigung zur Musik, daß er früher Musik ausgeübt habe; der weibische Charakter eines Mannes zeige an, daß er in einem früheren Leben eine Frau gewesen sei usw.

Solche und ähnliche „Beweise“ vergessen, daß es zur Erhärtung einer Theorie nicht genügt, für unbestreitbare Tatsachen irgendeine plausible Erklärung zu finden, sondern daß die aufgestellte Hypothese als die im vorliegenden Falle einzig mögliche zu erweisen ist. Es ist aber klar, daß die eben genannten Tatsachen ebenso gut auf andere Weise erklärt werden können. Das gleiche gilt auch für die ins Feld geführte, häufig zu beobachtende Tatsache, daß manche Personen bei der ersten Begegnung mit einer Sache oder Person dennoch ein lebhaftes Bekanntschaftsgefühl haben. Die Psychologie zeigt, daß diese Tatsache verschiedene Ursachen haben kann, ohne daß man nötig hätte, auf ein früheres Leben zurückzugreifen.

3. Aber es gibt doch, so sagt man weiter, reich veranlagte Menschen, die in diesem Leben nur einen Teil ihrer Anlagen verwirklichen können. Viele sehen sich in den Jahren der Entwicklung und der Reife vor die oft schmerzliche Wahl gestellt, manche ihrer Anlagen verkümmern zu lassen, um den andern zum Durchbruch zu verhelfen. Mit steigender Verwirklichung wird die Basis des Möglichen, noch Ausbildungsfähigen schmäler. Ist das nicht ein Hinweis darauf, ja liegt hierin nicht ein zwingender Grund dafür, daß

der Mensch mehr als ein kurzes Leben von wenigen Jahrzehnten zur Verfügung haben muß, um die Fülle seines Menschseins zu verwirklichen? Warum sollte es z. B. einem frühverstorbenen Kinde verwehrt sein, in einem anderen Leben auch die reiferen Stufen des Menschseins zu durchlaufen?

Gewiß, die Anlagen sind ihrer Verwirklichung wegen da; aber auch der Entscheidung wegen. Sie sollen ein Feld der Möglichkeiten eröffnen, innerhalb dessen der Mensch über die Gestaltung seines Wesens und seiner Zukunft selbst entscheiden soll. Kein Mensch kann die Möglichkeiten der menschlichen Natur, auch wenn er unzählige Male wiedergeboren würde, voll ausschöpfen. Die menschliche Natur als solche kann nur auf endliche Weise, damit aber in der Verteilung auf viele Einzelwesen und durch selbstbegrenzende Entscheidung verwirklicht werden. Ihre Vollverwirklichung ist unmöglich und kann daher auch nicht das Ziel des Menschen sein. Dieses Ziel liegt über der menschlichen Natur. Im Hinblick darauf wird auch die durch die Entscheidung bedingte Nichtverwirklichung mancher Anlagen des Menschen sinnvoll.

4. Einen spekulativen Grund für die Annahme, daß die Seele schon vorher in einem anderen Leben existiert habe, führt man an in dem „Axiom“: Was unzerstörbar ist, ist auch ungeworden. Wenn die Seele unsterblich und ihrer Fortdauer nach überzeitlich ist, dann ist sie auch zeitlos dem Anfang nach. Und umgekehrt: was ungeworden ist, ist auch unvergänglich. Ja die Unsterblichkeit der Seele gründet eigentlich in ihrer Ungewordenheit. Wer diese leugnet, muß auch jene leugnen.

An diesem Gedankengang ist eines richtig: die menschliche Seele ist ihrer Substanz nach nicht im eigentlichen Sinn veränderlich. Sie unterliegt nicht den Gesetzen des Entstehens und Vergehens wie die Dinge der Natur. Keine Naturursache kann sie hervorbringen und keine sie zerstören. Sie ist geistig, aber deshalb nicht auch ewig oder wesensnotwendig. Einer nur kann sie ins Dasein rufen, und einer nur könnte sie wieder ins Nichts zurücksinken lassen: Gott. „Die Seele ist unsterblich“ heißt: sie ist von solcher Natur, daß sie, wenn sie einmal durch Gottes Allmacht existiert, nicht kraft natürlichen Ablaufs wieder vergehen muß. Auch Gott wird sie nicht vernichten, nachdem er sie mit der Fähigkeit und dem Streben nach unbegrenzter Dauer erschaffen hat. Der Grundsatz: Was unvergänglich ist, ist auch ungeworden, gilt streng nur für das wesensnotwendige Sein Gottes.

5. Vielleicht der gewichtigste Grund, den die Wiederverkörperungslehre für sich vorbringt, ist die Ungleichheit der Menschen und der menschlichen Schicksale, und zwar von Geburt an, noch ehe persönliches Verdienst oder Mißverdienst in diesem Leben sie erklären könnte. Wie ist eine solche Ungleichheit möglich? Der eine wird reich, gesund, von vornehmen Eltern, mit vortrefflichen natürlichen und sittlichen Anlagen geboren, der andere krank, im Elend, als Idiot oder zum Verbrecher prädestiniert. Wie läßt sich das mit der Güte, ja auch bloß mit der Gerechtigkeit Gottes vereinbaren? Wird nicht alles einsichtig und begreiflich, wenn jeder in den Umständen seiner Geburt die Früchte seines früheren Tuns, seiner

früheren Existenzen erntet? Muß nicht jeder Mensch am Anfang dieselben Startmöglichkeiten gehabt haben?

Die Ungleichheit der Menschen vor jedem persönlichen Verdienst oder Mißverdienst ist eine unbestreitbare Tatsache. Wollte man sie jedoch durch die Taten eines vergangenen Lebens erklären, so müßte den Menschen auch das Bewußtsein von Verdienst oder Schuld in dieses Leben folgen, ohne das eine sittliche Umkehr nicht möglich ist. Ein solches allgemeines Bewußtsein läßt sich aber, wie wir gesehen haben, in der Menschheit nicht feststellen.

Wieder aber kommt es nicht darauf an, ob die Ungleichheit der Menschen durch ein vergangenes Leben erklärt werden kann, sondern ob es dadurch erklärt werden muß. Das ist jedoch nicht der Fall, auch nicht im Hinblick auf die Güte und Gerechtigkeit Gottes. Voraussetzung ist allerdings, daß das Ziel des Menschen nicht diesseitig, sondern jenseitig in Gott zu suchen ist. Die Gerechtigkeit und Güte Gottes verlangt bloß, daß kein Mensch ohne seine persönliche Schuld von dem Ziel ausgeschlossen werde, für das ihn Gott geschaffen hat. Die Gerechtigkeit Gottes fordert aber keineswegs die Gleichheit der Chancen für alle. Er ist der Herr und Schöpfer, der mit dem Seinigen tun kann, was er will (vgl. Mt 20, 1–16). Hat er jedem gegeben, was recht ist und ihm zusteht, so kann er unbeschadet seiner Gerechtigkeit bevorzugen, wen er will. Was aber jene angeht, die mit verringerten Geisteskräften oder mit verbrecherischen Neigungen geboren werden, so beurteilt Gott sie nicht nach dem äußeren Schein. Entweder läßt ihnen ihre pathologische Veranlagung noch soviel Spielraum, daß sie einer wirklichen Verantwortung fähig sind; dann können sie nicht ohne eigene Schuld verloren geben. Oder sie läßt diesen Spielraum nicht; dann ist Gott mächtig genug, ohne ihre Mitwirkung zu ersetzen, was ihnen in diesem Leben abging.

Ist es aber, wendet man weiter ein, mit der Vaterliebe Gottes vereinbar, daß er neugeschaffene, also doch wohl unschuldige Geister, indem er sie „willkürlich zu Nachkommen Adams ernennt", der Erbsünde und den angeborenen und schicksalhaften Übeln unterwirft? Sind nicht Seelenwanderung und Karma eine Annahme, die mehr befriedigt als die Erbsündenlehre der Kirche? Dieser Einwand vergißt, daß die Seele zwar geistig, aber kein reiner Geist ist. Sie ist vielmehr, trotzdem sie ihrem Sein nach vom stofflichen Leib unabhängig ist, dennoch wesenhaft leibbezogen, Wesensform des Leibes, und darum zugleich Seele und Geist. Gott kann sie nur ihrem Wesen gemäß erschaffen, also als Wesensform eines Leibes. Die Erschaffung der Menschenseele in den Generationszusammenhang Adams hinein, mit allen Folgen der natürlichen Übel und dem durch die Erbsünde bedingten Verlust der Gnade, ist demnach keine „willkürliche Ernennung zum Nachkommen Adams". Gott gibt durch die erbsündliche Ordnung auch kein Vorbild für eine barbarische Sippenhaftung. Denn die Erbsünde besteht im Mangel jener Gnade, die ihrem Wesen nach keinem Menschen, ja keinem Geschöpf überhaupt, von Rechts und Natur wegen zusteht.

Aber verlangt die Gerechtigkeit nicht, daß, womit jemand gesündigt hat, er damit auch gestraft werde (Weish 11, 17): Daß also der Übeltäter dieselbe Missetat, die er andern zugefügt, auch an sich selbst erfahre, der reiche Wucherer in einem andern Leben Opfer eines Wucherers, der Mörder in einem weiteren Leben ermordet werde? – Aber sieht man nicht, wohin das folgerichtig führt? Dahin nämlich, daß die Gerechtigkeit verlange, ein anderer Mensch müsse schuldig werden? Gewiß kann Gott schon in diesem Leben den Sünder mit dem bestrafen, womit er gesündigt hat, und er tut es auch oft, um uns ein Mahnzeichen seiner Gerechtigkeit zu geben. Aber einen unabänderlichen Grundsatz daraus machen kann man nicht. Manche Sünden lassen überhaupt keine gleichartige Vergeltung zu. Womit sollte etwa eine Gotteslästerung vergolten werden? Schuld und Sühne müssen sich nach Größe und Schwere, nicht aber notwendig auch in der Art entsprechen.

6. Diese Leben, so kann man endlich hören, ist eine Prüfung. Wer wird aber so grausam sein, einem Prüfling, der durchgefallen ist, nicht noch einmal einen Versuch zu gestatten? Doch man kann die Gegenfrage stellen: Wer wird einem Prüfling die Wiederholung des Examens unbeschränkt oft gestatten? Was ist der Sinn eines Examens? Herauszubringen, was der Prüfling weiß und kann. Es können sich aber ungünstige Bedingungen zufälliger Art einstellen, die den Prüfling hindern, sein Können zu zeigen. Dem trägt man Rechnung, indem man ihm eine Wiederholung des Examens zubilligt. Wenn die Fehlerquellen der Beurteilung jedoch auf eine andere Weise hinreichend beseitigt werden können, ist es keineswegs unbillig oder der Gerechtigkeit widersprechend, wenn der Ausgang des Examens von einer einzigen Prüfung abhängig gemacht wird, zumal dort, wo es sich nicht bloß um den Erweis von Wissen, sondern auch um den Beweis des vollen Einsatzes der Person handelt. Gerade darum geht es aber bei der Lebensprüfung. Wäre sie nicht einmalig und unwiderruflich, so würde ihr das Wesentlichste, nämlich der Ernst der Entscheidung, fehlen. Im übrigen ist der menschlichen Schwäche genügend Rechnung getragen, indem die Entscheidung des Menschen über sich selbst nicht in einem einzigen Akt erfolgt, sondern in einer zeitlichen Folge von Akten, die innerhalb gewisser Grenzen noch Änderungen zuläßt und erst mit dem letzten Akt ihren unabänderlichen Abschluß erhält.

So mögen die Gründe, die für eine Wiederverkörperung vorgebracht werden, zwar den Schein der Notwendigkeit eines anderen Lebens erwecken, aber einer unbestechlichen Prüfung der Vernunft können sie nicht standhalten.

II. Wie stellt sich die Theologie zur Wiederverkörperungslehre?

Für die Lehre von der Wiederverkörperung weist man auf verschiedene Stellen den Heiligen Schrift hin, die diese Lehre angeblich nahelegen oder doch zum mindesten nicht zurückweisen.

1. So spreche z. B. der hl. Jakobus vom „Rad der Geburt" (3, 6), ein

Ausdruck, der den orphischen Mysterien entnommen sei, wobei er also offenbar die Lehre von der Wiedergeburt als allgemein bekannt und selbstverständlich voraussetze.

Es ist richtig, daß der Ausdruck „Rad der Geburt“ in den orphischen Mysterien als Bild der Wiederverkörperung gebraucht wurde. Es ist aber ebenso richtig, daß der vom hl. Jakobus verwandte griechische Ausdruck schon lange sprichwörtlich in der veränderten Bedeutung vom Auf und Ab des Lebens in Gebrauch war. Es läßt sich sogar eine jüdische Sentenz vom Rad der Welt nachweisen, die wahrscheinlich durch die griechische Redeweise bedingt ist und wohl unmittelbare Quelle für die Ausdruckweise des hl. Jakobus war. Daß er damit die orphische Lehre gemeint habe, dem widerspricht sowohl der nähere wie der weitere Zusammenhang seines Briefes. (Vgl. Gerhard Kittel, Theologisches Wöterbuch zum Neuen Testament, Stuttgart 1933, zum Wort *γένεσις*).

2. Als Jesus seine Jünger fragte: „Für wen halten die Leute den Menschensohn?“, gaben sie ihm zur Antwort: „Die einen für Johannes den Täufer, die andern für Elias, andere aber für Jeremias oder einen aus den Propheten“ (Mt 16, 13–14). Die Juden hielten also ganz allgemein Jesus für die Wiedergeburt eines Großen früherer Zeiten; demnach war ihnen die Lehre von der Wiederverkörperung nicht fremd. Jesus aber weist sie nirgends zurück. Es kommt hinzu, daß Jesus selbst Johannes den Täufer den wiedergeborenen Elias nennt. Er sagt zu den Volksscharen: „Alle Propheten und das Gesetz bis auf Johannes haben geweissagt, und wenn ihr es annehmen wollt: er ist Elias, der da kommen soll. Wer Ohren hat zu hören, der höre“ (Mt 11, 13–15). Deuten nicht die letzten Worte auf eine verborgene esoterische Lehre hin? Und wiederum fragten ihn einmal die Jünger: „Wieso sagen die Schriftgelehrten, daß Elias zuerst kommen müsse?“ Er aber antwortete ihnen: „Elias wird allerdings kommen und alles wiederherstellen. Ich sage euch aber, daß Elias bereits gekommen ist, und sie haben ihn nicht erkannt, sondern mit ihm gemacht, was sie wollten. So wird auch der Menschensohn von ihnen leiden.“ Da verstanden die Jünger, daß er über Johannes den Täufer zu ihnen gesprochen hatte (Mt 17, 10–13).

Was ist von diesen Stellen zu halten? Sie finden eine einfache Erklärung in der „typischen“, dem Orientalen noch mehr als uns geläufigen Redeweise. So sprechen wir ja auch etwa von Petrus Canisius als einem zweiten Bonifatius, ohne dabei an eine Wiedergeburt zu denken. Elias wird nach dem Zeugnis der Schrift allerdings wiederkommen, „bevor der Tag des Herrn erscheint, der große und schreckliche“ (Mal 3, 23). Aber Elias ist nicht gestorben; er ist in feurigem Wagen zum Himmel gefahren (2 Kön 2, 11). Von einer Wiedergeburt ist nicht die Rede. Christus aber unterscheidet ein doppeltes Kommen des Elias: ein künftiges („Elias wird allerdings kommen und alles wiederherstellen“) und ein im Gegentyp des Johannes bereits eingetretenes („Ich sage euch aber, daß Elias bereits gekommen ist“). Darum auch die Wendung: „Und wenn ihr es annehmen wollt: er ist Elias, der da kommen soll“, d. h. er verhält sich zu meinem ersten Kommen, wie Elias nach der Verheißung sich zu meinem zweiten Kommen verhalten wird. Der Ausruf: „Wer Ohren hat zu hören, der höre!" macht die Juden auf die Bedeutung der Stunde aufmerksam, in der es um die Entscheidung für oder gegen den Messias, für oder gegen das Himmelreich geht. Jedem Zweifel aber über die Auslegung dieser Stellen macht die klare Aussage des Täufers selbst ein Ende. Auf die Frage, die die Abgesandten der Schriftgelehrten und Hohenpriester aus Jerusalem an ihn stellen: „Bist du Elias?" gibt er zur Antwort: „Nein, ich bin es nicht" (Jo 1, 21).

3. Im Vorübergehen sah Jesus einen Mann, erzählt uns das Johannesevangelium (9, 1–3), der von Geburt an blind war. Da fragten ihn seine Jünger: „Rabbi, wer hat gesündigt, dieser Mann oder seine Eltern, daß er als Blinder geboren worden ist?" Statt daß er den Jüngern antwortet: Ihr stellt eine unmögliche Frage; ein Blindgeborener kann doch gar nicht vorher gesündigt haben – antwortet er vielmehr: „Weder dieser hat gesündigt noch seine Eltern; vielmehr sollen die Werke Gottes an ihm offenbar werden." Jesus stellt also die Möglichkeit, daß der Blindgeborene selbst gesündigt und so schon einmal gelebt habe, nicht in Abrede, und auch die Jünger rechnen offenbar mit ihr.

Man kann natürlich dieser Stelle die Idee der Wiedergeburt unterlegen und sie dann wieder herauslesen; aber eine unbefangene Auslegung des Textes nach seinem Zusammenhang ist das nicht. Zunächst: wären die Jünger von der Wiederverkörperung überzeugt gewesen, dann hätten sie überhaupt nicht so gefragt. Das Schicksal des Blindgeborenen wäre ihnen dann gar kein Problem gewesen. Die Alternative: wer hat gesündigt, dieser Mann oder seine Eltern, wird weder von den Jüngern im Ernst aufgestellt, noch von Jesus im Ernst angenommen, sondern dient nur dazu, um das von den Rabbinen diskutierte Problem des Weiterwirkens der Schuld der Eltern scharf hervorzuheben. Wie ferne Jesus der Gedanke an ein zweites irdisches Leben lag, zeigen seine unmittelbar anschließenden Worte: „Wir müssen die Werke dessen tun, der mich gesandt hat, solange es Tag ist; es kommt die Nacht, da niemand mehr wirken kann" (Jo 9, 4).

4. Der entscheidende Text aber gegen die Wiederverkörperungslehre findet sich im Hebräerbrief: „Es ist den Menschen gesetzt, einmal zu sterben, und danach ist das Gericht" (Hebr 9. 27). Die ganze Beweiskraft gewinnt der Text aus dem Zusammenhang. Es ist dort die Rede von der Einheit des blutigen Opfers Jesu. Mit ihr wird die Einheit des Todes in Vergleich gesetzt. „Nun ist er aber nur einmal am Ende der Weltzeiten erschienen, um die Sünde durch sein Opfer zu beseitigen. Und so gewiß es den Menschen bestimmt ist, einmal zu sterben, danach aber das Gericht, ebenso wird auch Christus, nachdem er ein einziges Mal (im Griechischen steht hier dasselbe Wort *ἅπαξ*) als Opfer dargebracht worden ist, um die Sünden vieler wegzunehmen, zum zweitenmal ohne Sünden(last) denen, die auf ihn warten, zum Heil erscheinen" (Hebr 9, 26–28). Der Text bedarf keiner weiteren Auslegung. Die Lehre der Schrift steht im schroffsten Gegensatz zur Lehre von der Wiederverkörperung.

Zusammenfassend kann gesagt werden, daß die Idee einer Wiederverkörperung der Heiligen Schrift des Alten und Neuen Bundes unbekannt ist. Auch dem offiziellen Judentum zur Zeit Christi war sie unbekannt, wie das Erstaunen des Pharisäers Nikodemus, der Mitglied des Hohen Rates war, zeigt, als Jesus zu ihm sagte: „Wahrlich, wahrlich, ich sage dir: Wenn jemand nicht von neuem geboren wird, kann er das Reich Gottes nicht sehen." Nikodemus entgegnete ihm: „Wie kann jemand geboren werden, wenn er ein Greis ist? Kann er etwa zum zweitenmal in den Schoß seiner Mutter eingehen und geboren werden?" Jesus antwortete: „Wahrlich, wahrlich, ich sage dir: Wenn jemand nicht aus Wasser und Geist geboren wird, kann er nicht in das Reich Gottes eingehen" (Jo 3, 3–5). Jesus meinte damit die Wiedergeburt durch die Taufe. Es soll natürlich nicht geleugnet werden, daß unter den damaligen Juden unter dem Einfluß der Griechen und Ägypter auch manche populäre Wiedergeburtsideen verbreitet gewesen sein mögen. Nur lassen sie sich durch die oben angeführten Schriftstellen keineswegs nachweisen.

Wenn man einen Blick auf die kirchliche Lehre wirft, so scheint es vielleicht zuerst, als ob die Kirche nichts über unseren Fragepunkt entschieden habe. Worte wie „Wiederverkörperung", „Wiedergeburt" (im Sinne eines wiederholten irdischen Lebens), „Palingenese", „Seelenwanderung" und dergleichen kommen wohl nirgends in den Dokumenten der kirchlichen Lehrverkündigung vor. Aber die Sache, um die es sich handelt, wird nichtsdestoweniger unzweideutig verworfen. Sie widerspricht auch dem allgemeinen Glaubensbewußtsein der Gläubigen.

Mit einer Art von Vorexistenz der Seelen hatte es die Kirche schon im eingangs erwähnten Origenismus zu tun. So lehrte die Versammlung der konstantinopolitanischen Kirchenprovinz, deren Entscheidungen von Papst Vigilius bestätigt wurden, 543: „Wer sagt oder daran festhält, die Menschenseelen hätten ein Vorleben gehabt, d. h. sie seien zuvor Geister und heilige Gewalten gewesen, sie seien aber der göttlichen Anschauung satt geworden, hätten sich dem Bösen zugewandt ... und seien zur Strafe dafür in die Körper gebannt worden, der sei ausgeschlossen" (Neuner-Roos, Der Glaube der Kirche in den Urkunden der Lehrverkündigung, 2. Aufl. 1948, Nr. 199). Und weiter: „Wer sagt oder glaubt: die Strafe der bösen Geister und gottlosen Menschen sei nur zeitlich und werde nach bestimmter Zeit ein Ende nehmen, und dann komme eine völlige Wiederherstellung der bösen Geister und gottlosen Menschen, der sei ausgeschlossen" (ebd. Nr. 808).

Entscheidend für unsere Frage ist das Glaubensbekenntnis des Florentiner Unionskonzils 1274. Dort heißt es unter anderem: „Die Seelen derer aber, die in einer Todsünde, oder auch nur in der Erbsünde verschieden, steigen sofort (mox=alsbald, unverzüglich) hinab in die Hölle, empfangen aber ungleiche Strafen" (Neuner-Roos, Nr. 843). Von einer Wiederverkörperung kann also keine Rede sein: das diesseitige Leben schließt ab mit dem besonderen Gericht, in dem die Entscheidung fällt über ewiges Heil oder ewige Verdammnis. Für die in der Gnade Abgeschiedenen kann zwar noch eine Reinigung folgen, aber nicht in einem zweiten irdischen Leben.

Die Frage der Wiederverkörperung ist demnach für den Katholiken und jeden bibelgläubigen Christen keine Frage. Aber auch von der Vernunft her können, wie wir gesehen haben, keine stichhaltigen Gründe angeführt werden, die zu einer Gewißheit hinreichen und eine tragfähige Grundlage bilden würden für die Lebensgestaltung des Menschen und seine Entscheidung über ewiges Heil oder Unheil.

Der eigentliche, aber kaum je ausgesprochene Grund, warum die Lehre von der Wiederverkörperung heute so viele Anhänger findet, ist wohl der, daß viele Menschen mit ihrem Leben nicht fertig werden, daß es ihnen nicht gelingt, zu einer eindeutigen Entscheidung für Gott und das Gute zu kommen. Darum der Wunsch nach einem weiteren Leben und rückwirkend damit der Gedanke an ein früheres Leben. Die Anhänger der Wiederverkörperung machen nicht Ernst mit diesem Leben und darum auch nicht Ernst mit dem Tode. Das aber ist gerade die Größe des Menschen, daß er, zwischen Geburt und Tod gestellt, über eine Ewigkeit entscheiden soll. Man sage nicht, ein solcher Ernst müsse den Menschen erdrücken, er sei seinen schwachen Kräften nicht angepaßt. Wir sind nicht allein; wir sind nicht unseren schlechten Anlagen, nicht einmal unserem Versagen hilflos ausgeliefert. Wir haben einen Retter in Christus dem Herrn.

Nachbemerkungen

Der Text wurde unter dieser Überschrift zuerst in den „Stimmen der Zeit", 142. Bd., 1948 (S. 252–264) veröffentlicht. Er blieb unverändert, obwohl er in der einen oder anderen Hinsicht, wie etwa der Erbsündenlehre, nicht auf neuere Sichtweisen eingeht, da dies die Behandlung des Hauptthemas nicht wesentlich verändern würde. – Zum selben Thema vgl. meinen Art. „Seelenwanderung" in: Lexikon für Theologie und Kirche, Bd. IX, ²1964, Sp. 576–578, der hier nicht abgedruckt wird.

Das von Helen Wambach verfaßte Buch „Leben vor dem Leben" (aus dem Amerikanischen übers., München 1980, Wilhelm Heyne Verlag (Heyne Buch 7123) trägt den Untertitel „verblüffende Testergebnisse beweisen: Es gibt ein Leben vor der Geburt". Wambachs an vielen Gruppen vorgenommenen Hypnose-Befragungen sind zwar ernst gemeint und sorgfältig beschrieben, aber wissenschaftstheoretisch wegen der Fremd- und Selbstsuggestion und jedem Mangel an geschichtlicher Kontrolle alles andere als ein gesicherter Beweis der Reinkarnation.

LEBEN WIR NUR EINMAL?

Zum Thema der Wiedergeburt

Der Geist sagt ausdrücklich, daß in späteren Zeiten manche vom Glauben abfallen werden, da sie irreführenden Geistern und Lehren der Dämonen Gehör geben: 1 Tim 4,1.

Das sind die Geister der Dämonen, die Wunderzeichen bewirken: Geh. Off. 16,14.

Denn es werden falsche Christusse und falsche Propheten auftreten, um wenn möglich (auch) die Auserwählten irrezuführen. Ihr aber seht euch vor; ich habe euch alles vorausgesagt: Mk 13, 22 f.

So wie es den Menschen bestimmt ist, einmal zu sterben, wonach aber das Gericht kommt, so (ist es) auch mit Christus, der ein einziges Mal als Opfer dargebracht worden ist ...: Hebr. 9, 27.

Angenommen, ich wäre ein Dämon, der darauf aus ist, die Gläubigen unserer Tage zu verführen, dann hätte ich mich in den letzten Monaten etwa so verhalten, wie es das folgende Tagebuch beschreibt.

Tagebuch eines Dämonen

30. 12. 1977. Das war eine „Abreibung" des Chefs, die sich gewaschen hat! Aber der hat gut reden. Was sollen wir denn noch tun? Die Menschen sterben, das kann niemand bestreiten. Selbst die größten Schweine und Schurken merken das einmal und werden mürbe, gehen in sich und kriechen zu Kreuze. Sie müssen sich endlich einmal entscheiden, können nicht mehr ausweichen. Nur die wenigsten bleiben uns treu. Um das Böse war es ihnen eigentlich nie zu tun. Aber sie ließen sich blenden von der Lust, von der Macht, vom Glanz der Öffentlichkeit oder irgendetwas anderem. Angesichts des Todes aber müssen sie Farbe bekennen. Und dann entwischen sie uns meistens und nehmen das Angebot des Anderen an, den wir hassen.

Da hat uns der Chef aufgetragen, den Menschen den Gedanken an die Einmaligkeit des irdischen Lebens auszutreiben; sie die Notwendigkeit vergessen zu lassen, in diesem ihrem Leben die Entscheidung über ewiges Heil oder Unheil zu suchen. Wir sollen sie lehren, die Entscheidung zwischem Jenem, den wir hassen und uns vor sich herzuschieben und bis zum Lebensende unentschieden zu bleiben. Wir wissen ja, daß dies eine Entscheidung *für uns* ist. Denn Jener hat gesagt: Wer nicht für mich ist, ist wider mich.

Mit den Hindus und Buddhisten haben wir es da leichter. Einige suchen zwar den Weg, der aus den ewigen Wiedergeburten herausführt, aber vielen kommt die Lehre von den Wiedergeburten zupaß: da kann man die Entscheidung zwischen Gut und Böse immer noch einmal hinausschieben. Diese Lehre sollen wir nun auch in Amerika und Europa verbreiten. Natürlich gibt es da viele Gruppen, die auf so etwas einsteigen. Aber diese verfluchten Europäer sind wissenschaftsgläubig und die meisten lassen sich auf so etwas Exotisches nicht leicht ein. Wenn wir da von manchen erzählen lassen, sie erinnerten sich an ihre früheren Leben, schütteln sie ungläubig mit dem Kopf und sagen: Ich finde keine solchen Erinnerungen in mir vor. Was sollen wir da nur machen? Der Chef hat da gut reden. Soll er es doch einmal selbst versuchen, statt uns herunter zu putzen, weil wir nichts zustande bringen.

15. 1. 1978. Großartig! Die haben mich auf eine Idee gebracht. Schmeißfliegen sind es zwar, die sich auf jeden Mist setzen, aber manchmal haben sie doch so etwas wie eine Idee in ihrem knautschigen Gehirn. Das wird ein Erfolg! Der Chef wird staunen. – Also da haben doch einige Journalisten vom Fernsehen die Idee gehabt, die Parapsychologie und Hypnose einzusetzen, um dahinter zukommen, ob man aus dem Unterbewußtsein ihrer Versuchsobjekte nicht Erinnerungen an ein früheres Leben herauskitzeln
a] könnte. Da kann schon einiges herausschauen. Erinnerungsmaterial an das, was früher – nicht in einem früheren Leben, sondern in diesem Leben – erlebt, gelesen, zusammenphantasiert wurde und längst ins Unterbewußtsein abgesunken, sozusagen fremd geworden ist, gibt es genug. Wir können da ja noch ein wenig nachhelfen. Die früheren Zeiten sind uns ja noch gegenwärtig genug. Wir haben sie ja mitgestaltet, ohne daß diese Esel es wußten.

Aber da ist noch etwas anderes. Diese Kerle bilden sich ja mächtig viel auf ihre Wissenschaft ein, und die, die keine Ahnung von ihr haben, schwören am meisten auf sie. Sie wollen wissenschaftlich nachprüfbare Tatsachen. Sie sollen sie haben. Wir werden sie ihnen schon liefern. Da wir über das Vergangene genügend Bescheid wissen, werden wir dafür sorgen, daß den befragten Personen, die Verstand und Willen ausgeschaltet haben und durch die Hypnose ganz offen für uns sind, Personen, Daten und konkrete Umstände aus vergangenen Zeiten in den Sinn kommen, die für die hochgelehrten Professoren, die in dieser Sache bemüht werden, nicht allzu schwer nachprüfbar sind. Wenn diese Nachprüfung Erfolg hat, werden diese Herren bedächtig mit dem Kopf wackeln und sagen: Schau mal da an! Wer hätte geglaubt, daß es so etwas gibt! Also ist doch etwas daran an dem Seelenwanderungsglauben. Die Journalisten werden sich beeilen, ihn als wissenschaftlich gesichert zu verkünden. Und was einmal so verkündet wurde, geht nicht mehr so schnell aus den Köpfen heraus. Woher sollten die Hypnotisierten, werden sie argumentieren, denn sonst um diese Geschehnisse, Orte und Daten wissen, wenn sie nicht schon einmal vor ihrem jetzigen Leben gelebt haben? Oh, diese Ahnungslosen! Sie begreifen nicht, daß sie selbst das von den Hypnotisierten Gesagte nicht anders nachprüfen können als durch Tatsachen der Gegenwart, seien es Bücher, die über Vergangenes berichten, seien es Sachdokumente, die Zeugnis von der Vergangenheit geben. Davon können die Hypnotisierten jedoch in ihrem Unterbewußtsein eine parapsychologische Kenntnis erhalten, wenn nicht von sich aus, dann durch uns. Daß sie solche Kenntnisse und Vorstellungen auf sich und auf ein früheres Leben beziehen, dafür sorgt schon die Befragung in der Hypnose, und sollte das nicht genügen, können wir ihnen das Weitere leicht suggerieren. Das alles kommt diesen neunmalklugen Professoren, von den Journalisten ganz zu schweigen, nicht in den Sinn. Uns aber kann das nur recht sein. Je mehr man uns übersieht, desto ungehinderter können wir arbeiten. Mein Kollege, der auf die Exegeten angesetzt ist, wird mir das bestätigen.

8. Mai 1978. Die Sache läuft. Die Experimente sind gelungen. Die Versuchspersonen haben in unserem Sinne geredet.

6. Juni 1978. Die ersten Bestätigungen der Aussagen der Versuchspersonen sind festgestellt worden. Das Staunen ist groß.

13. Juli 1978. Das Fernsehen übernimmt die Sendung. Im September wird es soweit sein. Da werden sich die Seelenhirten hübsch drehen und wenden, wenn die verstörte Herde sie befragt. Es wird ihnen die Sprache verschlagen. Sie werden sich mit allerlei „wenn" und „aber" zu helfen suchen. Nur auf eines werden sie nicht kommen: auf uns! Dafür haben ja
b] die Exegeten gesorgt. Das wäre nicht „wissenschaftlich". In dieser Situation vergessen sie sogar das einzige, was ihnen da noch helfen könnte: nämlich das Wort Gottes, wie es steht, zu verkünden. Dieses läßt ja an Klarheit nichts zu wünschen übrig. Aber wer denkt schon daran. Nun, wir haben kein Interesse an dieser Klarheit. Das Pulver, das wir hineingeschüttet haben, wird noch manches Jahr das Wasser trüben. Da können wir in aller Ruhe fischen.

Ende des Tagebuches – Nachwort: Dämonen pflegen keine Tagebücher zu führen. Aber wenn ich ein Dämon wäre, ich glaube, ich würde nicht anders denken und handeln. Und du? Willst du ihm in die Schlinge gehen?

Nachbemerkungen

Meiner Erinnerung nach wird das fingierte „Tagebuch eines Dämonen" hier zum ersten Mal publiziert. Die Daten hatten einen äußeren Anlaß, der jedoch für den Text unerheblich ist. Die Form wurde angeregt durch Clive Staples Lewis' „The Screwtape Letters" (deutsch: Dienstanweisung für einen Unterteufel, Herderbücherei Band 19).

a] Dieses Material genügt übrigens schon, um sich ein Vorleben vor unserem Leben suggerieren zu lassen. Vgl. dazu oben die Nachbemerkung zu „Wiederverkörperung".

b] *Die* Exegeten: die typische Verallgemeinerung des Satan.

IX. PHILOSOPHISCHE GOTTESLEHRE

DAS GOTTESPROBLEM IN DER GESCHICHTE

1. *Zusammenhang mit dem religiösen Leben.* – Die Philosophie findet den Gottesgedanken im religiösen Leben, sei es des Philosophen selbst, sei es einer Überlieferung vor. Dies gilt sowohl für die Anfänge des philosophischen Denkens wie für alle späteren Phasen der Philosophie. Daraus folgt nicht, daß die Philosophie keine eigenen Zugänge zu dem hätte, was sich als letzten Gegenstand der religiösen Intention darbietet und was man Gott nennt. Aber sie findet es, ihren eigenen Antrieben folgend, unter sehr verschiedenen Begriffen, wie z. B. die Idee des Guten, der erste Beweger, das Eine u. s. w. Darf man das, was die Philosophen mit diesen Begriffen letztlich meinen, mit dem identifizieren, was die Religion mit Gott meint? Und wo liegt das Maß für diese Identifikation? Da der Gottesgedanke von der Philosophie im religiösen Leben vorgefunden wird, liegt es bei der Religion. Aber bei welcher Religion? Je nach der Religionsform, die dem Vergleich untergelegt wird, kann die Antwort auf die Frage nach der Identifikation verschieden ausfallen. Die Antwort auf diese Frage wird darauf Rücksicht nehmen müssen, ob das Maß an dem genommen wird, was eine Religion an Aussagen über Gott impliziert und was sie – vielleicht im Gegensatz zu diesen Aussagen – aus ihrer allgemeinmenschlichen Verfassung und Sinnrichtung letztlich intendiert. Die Frage wird sich demnach nicht ohne eine kritisch sichtende Religionsphilosophie beantworten lassen. Je nachdem, wie diese Frage beantwortet wird, wird die bekannte Unterscheidung Pascals vom Gott der Philosophen und dem Gott Abrahams, Isaaks und Jakobs eine sehr verschiedene Bedeutung erhalten und sich entweder auf die verschiedene Art beziehen, wie Gott den einen und den andern gegenwärtig ist, oder Religion und Philosophie einem gegenseitigen Verdammungsurteil ausliefern, ohne Hoffnung je einen Schiedsrichter finden zu können.

2. *Geschichtliche Anfänge.* – Überall, in den östlichen wie in den westlichen Kulturen, ging das religiöse Leben und eine religiöse Tradition dem philosophischen Denken voraus. Während es jedoch im Orient meist mit dem religiösen Leben in inniger Verbindung blieb, spaltete es sich im Westen oft von diesem ab und geriet sogar zuweilen in Gegensatz zu ihm. Dennoch war, wie Werner Jaeger überzeugend dargetan hat (Die Theologie der frühen griechischen Denker, Stuttgart 1953), Wurzel und Anfang der Philosophie das Denkenwollen des Göttlichen, was sich nicht nur in dessen Bejahung, sondern auch in der Verneinung, im Zweifel oder der agnostischen Resignation bekundet. Der Drang zum Denken des Göttlichen hebt schon an mit den Theogonien, die zwar die Antwort auf die Frage nach dem Woher aus der Tradition geben, jedoch nicht ohne rationale Verarbeitung. Im beginnenden Selbstdenken der ionischen Naturphilosophie wird das

Mythische ausgeschieden. Falsch aber wäre es, darin eine Ablehnung der Beschäftigung mit dem Göttlichen zu sehen und die „Naturphilosophie" der Ionier auf das Erfahrbare zu beschränken, während sie es doch mit der Physis als dem Ursprung aller Dinge zu tun hat. Einen wichtigen Schritt voran tat Anaximander mit der Idee des Apeiron, das mit keinem vorhandenen Ding verwechselt werden und aus dem die Unermeßlichkeit der Dinge hervorgehen konnte. Gewiß suchten diese, und auch spätere Denker, eine Vermittlung mit dem herrschenden Polytheismus, aber ihr philosophisches Denken geht in dieselbe Richtung wie ihr tieferes religiöses Streben. In schärferem Gegensatz zur Vielgötterei steht Xenophanes. Einen neuen Ansatz im Denken bildet das On des Parmenides mit seiner Betonung der absoluten Einheit und Transzendenz gegenüber dem Schein der Sinneswelt. Wohl wegen seiner Unpersönlichkeit wird es nicht mit Gott gleichgesetzt .Heraklit wird im Gegensatz zu Parmenides und, seit Platon und Aristoteles, als Durchgang zu diesen meist einseitig als Philosoph des Werdens gesehen. Freilich ist das Werden anders als bei Parmenides für ihn kein Schein, sondern Wirklichkeit. Aber das Letzte, Absolute dieser Wirklichkeit ist der Logos, das alles Werden, alle Gegensätze umfassende und in ihnen waltende Gesetz. Das Eine ist nicht chaotischer Anfang (Physiologen), nicht über allen Gegensätzen (Xenophanes), nicht ohne alle Gegensätze (Parmenides), sondern in allen Gegensätzen. Trotzdem klingt die Transzendenz an: daß das allein Weise etwas von allem Getrenntes ist (Fragm. B 108). Es „will nicht und will doch mit dem Namen Zeus genannt werden" (B 32). Es ist zugleich kosmisches Prinzip und Grund aller menschlichen Gesetze. Bei Empedokles darf man neben der rationalen Elementenlehre nicht die von orphischen Ideen gespeiste Frömmigkeit übersehen. Er umfaßt in sich beide Denkformen. Er fragt nicht nach der Existenz des Göttlichen, sondern nach seiner Gestalt, die er sowohl in den kosmischen Potenzen als auch in dem (vorübergehenden) Vollendungszustand des Weltprozesses, dem Sphairos, sieht. Viel mehr reiner Gelehrter als Empedokles war Anaxagoras, der das Werden als Mischung und Trennung der Stoffe erklärte. Das einzige Unvermischte ist der Geist (Nus). Er ist das alles lenkende und planende Prinzip.

3. *Entfaltung*. – Die bei den Vorsokratikern angeklungenen Motive kommen zur Entfaltung in der Philosophie Platons und seines Schülers Aristoteles. Sie werden nicht äußerlich zusammengestellt, sondern überprüft und in eine neue höhere Synthese eingebaut. Auf vielfach gewundenen Wegen führt das Denken Platons immer wieder hinauf zum transzendenten Einen und zur Idee des Guten. Zwar lassen sich die Gedanken, die er sich von ihm und vom Demiurgen macht, nur schwer vereinen, aber kein Zweifel kann darüber bestehen, daß der Eros Platons nur Eines gesucht hat. Alle klassischen Gottesbeweise des Aristoteles und des Mittelalters (mit Ausnahme des sog, ontologischen Gottesbeweises) finden sich bereits bei ihm, den Bewegungsbeweis nicht ausgenommen (vgl. Nomoi X 893–899; Phaidros 245c–e; Phaidon 72c–e; Symposion 210e–211e; Politeia 505–520; Philebos 28c–e; Timaios 28 ff.) Für Aristoteles charakteristisch ist der Bewegungs-

beweis, der jedoch nur in der „Metaphysik" (Λ 6 ff.) ganz zu Ende geführt wird. Bemerkenswert ist, daß Aristoteles den ersten Beweger erst an der Stelle Gott nennt, wo er sein Selbstbewußtsein und seine Glückseligkeit nachgewiesen hat. Obwohl Platon und Aristoteles nahe an den Gedanken der Schöpfung herangekommen sind (vgl. Timaios 28b, 38b; Physik Θ 6, 258b 16 – 259a 6), so wurde diese Idee doch erst durch das Christentum beherrschend. Am nachhaltigsten wirkte dieses jedoch durch den Gedanken der personalen Freiheit Gottes. Augustinus suchte den Weg zu Gott vor allem aus dem Innersten des menschlichen Geistes. Sein Denken setzt sich fort im Augustinismus des Mittelalters, besonders der Franziskanerschule. Die Frühscholastik ist gekennzeichnet durch den kühnen und umstrittenen Versuch Anselms von Canterbury, das Dasein Gottes schon aus dessen Begriff (id quo maius cogitari non potest) zu erweisen. Die Hochscholastik greift in Thomas von Aquin die aristotelische Thematik (durch Avicenna und Moses Maimonides vermittelt) wieder auf (Quinque viae). Zu beachten ist jedoch, daß die Gottesbeweise im Ganzen des theologischen Denkens nur einen geringen Raum einnehmen. Das Interesse gilt mehr der Entfaltung der Gottesidee. Gott wird zwar als Ursache des welthaften Seins erschlossen, aber ohne daß er durch diese Kausalität definiert werden könnte.

4. *Kritik und neue Wege.* – Die Geschichte des Gottesproblems ist aufs engste mit der Gesamtgeschichte der Philosophie verbunden. Das gilt auch für die Neuzeit, wie W. Schulz (Der Gott der neuzeitlichen Metaphysik, Pfullingen 1957) nachgewiesen hat und wie es auch bei J. Collins (God in modern Philosophy (London 1960) offen zutage tritt, so daß eine umfassende Darstellung hier unmöglich ist (vgl. daher die einzelnen Denker und Denkrichtungen). Insbesondere ist das Gottesproblem mit den Stellungnahmen der Erkenntnistheorie verflochten. Die Gotteslehre eines Descartes, Spinoza, Leibniz ist von deren Rationalismus bestimmt. Gott erhält in ihrem System einen entscheidenden Funktionswert, um das deduktive System und dessen Anwendung auf die Wirklichkeit zu garantieren. Da dieses System die begründende Rolle der Erfahrung allzu sehr vermissen läßt, erhält der Empirismus (Locke, Hume) Auftrieb. Gott wird nicht mehr als Garant des Systems benötigt und infolge davon ganz aus der Philosophie ausgeschlossen. Kants Kritizismus sucht einen Mittelweg zwischen Rationalismus und Empirismus. Seine Kritik der Gottesbeweise hat die rationalistische Position im Auge. Die klassische Auffassung der Scholastik kennt er nicht. Dem Empirismus gesteht er zu, daß über Gott kein Wissen von der Welt her möglich ist. Die Überzeugung von der Existenz Gottes bindet er darum an den moralischen Glauben. In der Vermittlung durch Kants Transzendentalphilosophie kehrt der Deutsche Idealismus zu einer neuen Art von Rationalismus zurück, in dem das Absolute (bei Hegel: die Totalität des Systems) an die Stelle Gottes zu treten scheint. Die materialistische „Umkehrung" Hegels führte zum Atheismus (Feuerbach, Marx, Nietzsche, Dewey). Dessen Stärke beruhte nicht auf der Verneinung Gottes, sondern darin, daß er sich humanistische, soziale und

wissenschaftliche Interessen zunutze machte, denen der Hegelianismus kein Genüge leisten konnte. Nach dem Positivismus sind alle vermeintlichen Aussagen über Gott „sinnlos", zumindest haben sie keine intersubjektive Geltung. Das durch Kant und die folgende Philosophie geschaffene neue Problembewußtsein stellt an die Gotteslehre die Forderung einer Neubesinnung und Neubegründung. Ihr ist da die Neuscholastik auf verschiedene Weise, am besten wohl im Anschluß an die Methode Joseph Maréchals (Le point de départ de la métaphysique, cah. V, Louvain ²1949) und Augustinus, entgegengekommen.

Nachbemerkungen

Der Text wurde für das geplante und nicht verwirklichte „Lexikon der Philosophie" verfaßt. In einer etwas gekürzten Form wurde er in italienischer Übersetzung als Teil des Artikels „Dio" in die 2. Auflage der „Enciclopedia Filosofica" II (Firenze ²1967, Sp. 470–472) aufgenommen. Hier steht die ursprüngliche Fassung.

HENRY DUMÉRY UND DAS PROBLEM DER GOTTESERKENNTNIS

Im Jahre 1957 erschien von H. Duméry eine Reihe von Werken, die zusammen ein Ganzes bilden. Es sind: Critique et Religion. Recherche sur la méthode en Philosophie de la Religion, Paris 1957, die Grundlage für alle folgenden; Le Problème de Dieu en Philosophie de la Religion. Examen critique de la catégorie d'Absolu et du schème de transcendance[1]; Philosophie de la Religion. Essai sur la signification du Christianisme, Paris 1957 (2 Bände), das die Folgerungen für die Interpretation des Christentums zieht, und La foi n'est pas un cri, Tournai 1957[2]. Le Problème de Dieu ist sozusagen die Mitte dieses Corpus, von der das Ganze in etwa überblickt werden kann. Sämtliche vier Schriften wurden am 17. Juni 1958 indiziert. Frühere Schriften des Verfassers, der zur Zeit am Centre national de la recherche scientifique in Paris tätig ist, befaßten sich vor allem mit Blondel.

Widersteht die Gottesidee und Gottesbehauptung dem Feuer der Kritik und kann Gott durch die Kategorie des Absoluten und das Schema der Transzendenz gedacht werden? Das sind die Grundfragen des Buches „Le Problème de Dieu". In einem ersten Kapitel untersucht Duméry die Antinomie des Gottes der Philosophen und des lebendigen Gottes. Diese Antinomie besteht nach ihm nicht zu Recht. Philosophie ist nichts anderes als Reflexion auf das Leben. Gewiß, schon das Leben selbst schließt ein gewisses Selbstverständnis, Ideen und Werte, ja sogar eine gewisse Reflexion ein,

[1] Textes et Études philosophiques. kl. 8⁰ (142. S.) Brügge 1957, Desclée de Brouwer. 63.–bFr.
[2] Vgl. zu ihm G. Dejaifve, La foi n'est pas un cri: NouvRevTh 80 (1958) 468–494.

aber diese steht im Dienst des Lebens, der Tat, sie ist nicht systematisch, nicht uninteressiert; es fehlt das Wissen um die Reflexion. Diese bringt erst die Philosophie. Gottesidee und Gottesglauben sind nicht das Werk der Philosophie, sondern des spontanen Bewußtseins. Die Kritik der Philosophie bezieht sich auf den konkreten Theismus, ohne seine spezifische Eigenart zu verändern. Ihr Gegenstand ist der Gott der Tradition und des konkreten Lebens, das ist für einen westlichen Denker der Gott des Christentums. Die Philosophie findet die Religion nicht nur vor, sie analysiert und beurteilt sie auch als menschliche Tätigkeit, und dies ohne jede Einschränkung. Gegen diesen Anspruch sträubt sich der Apologet und versucht, den Absolutheitsanspruch Gottes auch auf die logischen Instrumente, die er gebraucht, auszudehnen.

Die Religion enthält nicht nur den Glauben an Gott, sondern auch die Kategorie (den Grundbegriff) des Absoluten und das Schema der Transzendenz als imaginative Leitvorstellung, in der sich die Kategorie des Absoluten verleiblicht. Der Glaube als Weg zu Gott ist ein Akt sui generis. Seine Kritik ist nur möglich, wenn zuerst seine Objekte kritisiert werden. Der gewöhnlich eingeschlagene Weg dazu ist die Absonderung und Überprüfung des im Glauben immanenten rationalen Elementes oder der Gottesbeweis. Dies Verfahren ist nur so lange legitim, als es dem Glauben untergeordnet bleibt. Sobald man ihm eine eigenständige Bedeutung zumißt, setzt man dabei eine Teilung in Glaubens- und Vernunftwahrheiten und die Begrenzung der philosophischen Autonomie auf einen von der Dogmatik umgrenzten Bezirk eben jener Vernunftwahrheiten voraus. Dieser Dualismus ist jedoch abzuweisen. Denn so würde man auf Gott willkürlich zwei Gesichtspunkte projizieren, den der Beweisbarkeit seiner Existenz und den der Zugänglichkeit seines Innersten nur vom Glauben her. Dabei würde man vergessen, daß auch die sogenannten transzendenten Wahrheiten sich nur immanent ausdrücken lassen. Entweder ist Gott Mysterium, oder er ist Prinzip der Explikation; beides zusammen kann er nicht sein. Der konkrete Glaube und das kritische Wissen beziehen sich auf dieselbe Realität, den Gott der lebendigen Spiritualität.

Duméry kritisiert dann die explikative und notionale Idee des Absoluten. In regressiver Analyse, durch Zurückgehen in der Reihe der endlichen Ursachen, gelangt man nie zu Gott. Gott darf nicht objektiviert und verdinglicht werden; so würde man das Absolute relativieren. Das nachträglich angewandte Schema der Transzendenz hilft dann nicht weiter. Gott als Explikation der inneren oder äußeren Erfahrung führt entweder zur Homogenität oder zur Heterogeneität. Das erste ruiniert die Gottesidee, das zweite das Verfahren einer solchen Explikation.

Dumérys eigene Anschauungen sind an der Phänomenologie Husserls und an Plotin orientiert. Sie führen ihn zu einer betont negativen Theologie. Gott läßt sich nicht beweisen, sondern nur in einer henologischen Reduktion finden. Die henologische Reduktion hat zu ihrer Voraussetzung die eidetische, die transzendentale und die konstitutive Reduktion. Unter eidetischer Reduktion versteht Duméry mit Husserl die Zurückführung des

Inhalts des Bewußtseins auf dessen notwendige und wesenhafte Elemente, auf die Bedeutungen. Die transzendentale Reduktion zeigt uns, daß diese eidetischen Elemente nichts anderes gemeinsam haben als den Bezug auf das Subjekt, dem sie zugehören. Auf dieser Stufe der Reduktion stehen sich immer noch Passivität und Spontaneität gegenüber. Der Geist als solcher ist jedoch reine Spontaneität. Die konstitutive Reduktion zeigt daher, daß der Inhalt des Bewußtseins letzlich vom Subjekt selbst gesetzt ist. Obwohl jedes Subjekt die Gesamtheit der Bedeutungen setzt, so befindet es sich doch im Dialog mit anderen Subjekten, von denen jedes die Gesamtheit der Bedeutungen unter einem je besonderen Gesichtspunkt aus setzt. Weil so jedes Subjekt in sich eine Vieleinheit ist und neben sich andere Subjekte hat, kann keines von ihnen der letzte Grund der Einheit sein. Es ist daher eine weitere Reduktion nötig, durch die wir zur reinen Einheit, dem Hen, gelangen. Dieses ist in keiner Weise mehr Vieleinheit oder Ordnung. Es ist transordinal und dasjenige, wodurch Ordnung überhaupt möglich und wirklich ist. Ihm kommt keine Determination zu, da eine solche auf ihr Gegenteil hinweisen und so eine weitere Reduktion nötig machen würde. In der reinen Einheit gibt es keine Möglichkeit der Unterscheidung und der Attribution. Es gibt in ihm auch kein Sein und keine Existenz, da diese immer Existenz einer Wesenheit ist und so hinter der reinen Einheit zurückbleibt.

Von der reinen Einheit empfangen die Subjekte die Macht, sich selbst und die Ordnung der Wesenheiten und Werte zu setzen, dies nicht willkürlich, sondern als Bedingung der Möglichkeit ihrer Ausrichtung auf die reine Einheit. Duméry will so dem Anliegen der Sartreschen Freiheit gerecht werden, ohne dessen Atheismus zu verfallen. Der Prozeß der Subjekte von der reinen Einheit her darf aber nicht als analoge Teilnahme im Sein verstanden werden. Es findet keine Seinsübergabe statt.

Das Werk Dumérys hat bald nach seinem Erscheinen eine rege Auseinandersetzung hervorgerufen[3]. Wohl am eingehendsten hat sich mit ihm bisher *L. Malevez S. J.* (Löwen) beschäftigt. Er tat dies zuerst in einem Artikel der NouvRevTh[4] und dann in einem Buch[5].

Das Buch von M. bietet eine sorgfältige und zuverlässige Darstellung

[3] In der „Orientierung" (Zürich) vom 31. Juli und 31. August 1958 erschien ein Beitrag über Dumérys Religionsphilosophie unter dem Titel: Entschematisiertes Christentum? von *L. Boros*, der nach Darlegung der Methodologie und der Philosophischen Gotteslehre Dumérys auch dessen Folgerungen für die Grundlehren des Christentums beleuchtet.

[4] 80 (1958) 806–839: La connaissance de Dieu selon M. H. Duméry.

[5] Transcendance de Dieu et création des valeurs. L'Absolu et l'homme dans la philosophie de Henry Duméry (Museum Lessianum, Sect. Philos., 46) gr. 8° (137 S.) Paris-Louvain 1958, Desclée de Brouwer. 110–bFr. – In das Buch ist der Artikel der NouvRevTh seinem ganzen Umfang nach aufgenommen worden. Neu sind darin jedoch S. 42–53 mit den ausführlichen Darlegungen de l'Acte-Loi (d. i. die wesensetzende Tätigkeit des transzendentalen und konstitutiven Subjekts), S. 65–81 (vor allem mit der Frage, ob der von Duméry vorgeschlagene Weg als reflexive Intuition oder als Deduktion aufzufassen ist) und schließlich fast der ganze Text von S. 93 bis zum Ende (mit dem Kap. über Dumérys Anthropologie).

der Gedanken Dumérys, soweit sie sich auf die natürliche Theologie und die Anthropologie beziehen. Für Dumérys Interpretation der Christologie und die Bedenken, die sich dagegen erheben, verweist M. auf den obengenannten Artikel von *G. Dejaifve*.

Malevez widmet seinem Gegenstand drei Kapitel: La théologie hénologique – La théologie ontologique – L'anthropologie. Den berechtigten Anliegen kommt er so weit als möglich entgegen, indem er da und dort die bei Duméry verschobenen Akzente richtig setzt. Mit Recht bedauert er, daß Duméry seine Kritik am Gebrauch der via positiva so vorbringt, als ob sie vor ihm noch nie erfolgt sei. Man fragt sich bei der Kritik Dumérys in der Tat oft, welche Lehrer in der Philosophie und Theologie er gehabt hat, daß er er so grobe Mißverständnisse als allgemein verbreitet voraussetzt.

Malevez' Zweifel beziehen sich zunächst auf Dumérys Weg zu Gott. Besteht er in einer Intuition par signe, so daß der Geist sich intuitiv als auf Gott den Einen und Unendlichen bezogen erkennt? Wozu aber dann die Husserlschen Reduktionen? Oder handelt es sich um einen Beweis? Dieser wäre von dem Satz abhängig, daß das Streben nach dem Unendlichen die objektive Realität des aktuell Unendlichen voraussetzt. Auf ihn stützt sich Duméry tatsächlich, ohne ihn jedoch kritisch zu rechtfertigen. Ein solcher Beweis wäre wiederum unabhängig von den Husserlschen Reduktionen und der Vielheit der transzendentalen Subjekte. Der Umweg über diese Vielheit ist auch nicht notwendig, um Gott als reine Einheit zu erkennen. Die Einfachheit in Gott ist ohne weiteres mit der transdétermination en acte gegeben.

Gewiß, alle unsere Namen, Schemata, Begriffe und Aussagen über Gott bedürfen der „Reinigung“. Aber dieser Reinigung sind sie nicht nur in der Henologie, sondern ebensogut in der ontologischen Theologie fähig, wie Malevez im einzelnen zeigt. Ohne ihre Anwendung auf das Eine kommt auch Duméry nicht aus, wenn er z. B. behauptet, daß das Eine auto-discernement oder générosité pure sei. Freilich erschöpfen diese Kategorien Gott nicht, sie sind in ihm keine sich ergänzenden Bestimmungen. Nach Duméry jedoch können sie, obwohl sie sich in Gott finden, nicht einmal von ihm ausgesagt werden, da jede Aussage additiv sei. Aber wenn unsere Aussageform auch additiv ist, so folgt daraus doch nicht, daß wir deshalb das Ausgesagte selbst in Gott als additiv verwirklicht ansehen.

Dumérys Henologie ist nicht an sich selbst falsch, sondern sofern sie meint, die Ontologie ausschließen zu müssen. Diese Ausschließung ist mit dem Gedanken Dumérys selbst unvereinbar. Wenn das Eine auto-discernement und générosité ist, wie kann man dann von ihm das Sein verneinen? Wenn in Gott Bewußtsein, Erkenntnis und Liebe auf eine nicht-objektivierende und überhaupt nicht auf eine kreatürliche Weise sind, warum kann ihm dann das Sein nicht auch auf eine nicht-kreatürliche Weise zugeschrieben werden? Wird es nicht implizit in jenen Bestimmungen mitbehauptet? Und wenn Gott das Über-Sein ist, muß er dann nicht auch das Über-Eine genannt werden? Der Zwiespalt bei Duméry bleibt. Um der Ontologie zu entgehen, betont er die Unerkennbarkeit Gottes und schwächt die Bedeutung der perfectiones simplices in Gott bis zum äußersten ab; damit und insbesondere durch die Ablehnung jedes echten Dialogs mit Gott gerät er aber in gefährliche Nähe eines pantheistischen Absoluten. Zuweilen aber führt er wieder Ausdrücke ein, die auf die Verwirklichung der perfectiones simplices in Gott hinweisen, dagegen seine Ablehnung der Ontologie unverständlich machen.

Die ontologische Theologie gefährdet in keiner Weise die Transzendenz und einfache Einheit des Absoluten. Die Analogie wird von ihr nicht erst nachträglich eingeführt. Sie ist schon im ersten konstitutiven Schritt der Ontologie impliziert. In jeder Tätigkeit unseres Geistes verrät sich seine Ausrichtung auf das reine Sein als Bedingung der Möglichkeit für die Konstitution seiner Objekte. Malevez zeigt das in einer sehr lesenswerten Darlegung, die sich an de Moré-Pontgibauds Buch Du Fini à l'Infini (Paris 1957) anschließt.

Zur Ablehnung der Ontologie wird Duméry nicht nur bestimmt durch die Sorge um die Transzendenz Gottes, sondern auch durch die Sorge um die Freiheit des Menschen in dem von ihm verstandenen Sinn einer Selbstsetzung und der durch das Subjekt erfolgenden Konstitution der Wesens- und Wertordnung. Mit einer Seinsteilnahme wäre es um diese beiden geschehen. – Malevez gesteht Duméry zu, daß ein Geistwesen nicht wie eine Sache geschaffen ist, daß man ihm eine relative Selbstsetzung einräumen muß, wie sie etwa in der thomistischen Ontologie in der Mitteilung des Seins an den Leib, dem Hervorgang der Seelenvermögen aus der Seele, und der Setzung der Akte, die auch reflexive Selbstsetzung ist, zum Ausdruck kommt. Auch die Wesenheiten und Werte findet der Geist nicht als ein System in sich oder in der Wesenheit Gottes präformiert vor. Wir selbst sind es, die das mathematische, moralische und ästhetische Universum formen. Aber all das widerspricht nicht der richtig verstandenen subjektiven und objektiven Partizipation des Seins. Alle jene Ordnungen sind nur der partikularisierte, rationale Ausdruck der mit Gott selbst identischen überrationalen Norm. Duméry aber möchte die Selbstsetzung des Ich in einem absoluten Sinn verstehen. Das ist jedoch unmöglich, wenn man zugleich, wie Duméry es tut, in irgendeinem Sinn an der Schöpfung, an einem Hervorgehen der Subjekte aus dem Einen festhält. Noch weniger kann man an jener absoluten Freiheit festhalten, wenn man sie von jeder Willkür reinhalten will. Wenn diese Willkür dadurch ausgeschlossen ist, daß die Wesens- und Wertsetzung der Subjekte vom Einen ausgeht und auf es ausgerichtet ist, was heißt das anderes, als daß die Subjekte vom Absoluten ihr Wesen und ihr Sein haben?

Vollkommen wäre unsere Selbstsetzung nur dann, wenn sie in die Aseität der göttlichen Freiheit überginge. Daß dies geschieht, kann die Philosophie nach Duméry nicht von sich aus wissen. Es kann ihr nur aus der lebendigen Spiritualität des Glaubens bekannt sein. Die Philosophie kann nur untersuchen, ob das Übernatürliche mit dem Wesen des Geistes vereinbar ist. Auf jeden Fall sagt sie uns, daß dieser Übergang nur durch die Gnade möglich ist. Die Vieleinheit des Geistes kann sich nicht selbst die reine

Einheit geben. Denn das Eine ist absolute Indetermination. Die übernatürliche Berufung zur absoluten Freiheit Gottes besteht jedoch nicht darin, daß der geschaffene Geist aufhören würde, persönliches Subjekt zu sein, das in sich eine Vieleinheit von Determinationen verwirklicht, sondern darin, daß er diese Vieleinheit in der Perspektive ihres eigentlichen Ursprungs aus der reinen Einheit sieht und aus ihr verwirklicht.

Wird in dieser Auffassung des Übernatürlichen, fragt Malevez, die Ungeschuldetheit der Gnade gewahrt, nicht nur in dem Sinne, daß es dem geschaffenen Ich nicht möglich ist, sich jene höhere Einheit zu geben, sondern daß ihm auch die Ausrichtung darauf ungeschuldet ist? Duméry behauptet das. Aber da diese „Begnadigung" das einzige Mittel des Geistes ist, die Selbstachtung zu wahren, erscheint diese Ungeschuldetheit doch gefährdet.

Nicht nur diese jedoch, auch die Art dieser Begnadigung erscheint bedenklich. Die Produktivität der l'acte-loi, die vom Einen ausgeht, soll nun von uns selbst ausgehen, und zwar ursprünglich. Diese Auffassung der Gnade ist nicht der lebendigen Religiosität eines Paulus oder der Mystiker abgelauscht, die die Passivität des Begnadigten betonen, sondern scheint vielmehr eine abstrakte Konstruktion zu sein, um einer selbstgeschaffenen Schwierigkeit zu begegnen. Aber wenn man die Teilnahme an der Schöpfermacht Gottes vielleicht auch richtig verstehen kann, so bleibt doch bestehen, daß diese Teilnahme frei von Gott geschenkt ist und so l'acte-loi viel weniger unser Werk ist, als wenn er uns als Natur gegeben wäre. Sobald das Absolute als Quelle anerkannt wird, kann der Geist nur noch als Teilnahme an ihm gedacht werden. Dann aber ist die absolute Freiheit des Geistes im Sinne der Atheisten unmöglich. Das ist nicht gegen die Würde des Geistes, es sei denn, daß man ihn zuerst zum Gott gemacht hat.

Zwei Gedanken sind für Dumérys Religionsphilosophie beherrschend: der Ausgang vom bloßen Bewußtsein und die Reduktion der Vielheit auf die Einheit, das eine im Anschluß an Husserl, das andere im Gefolge Plotins. Plotin trennt die Einheit vom Sein. Husserl gibt Duméry die Begründung dafür in der eidetischen Reduktion. Denn darüber muß man sich klar sein: Dumérys Methode ist lückenlos, sobald er die erste Stufe der Reduktion vollzogen hat. Damit daß er in der eidetischen Reduktion das konkrete Seiende (sei es auch nur des Bewußtseins) auf das Eidos (die Bedeutungen des Bewußtseins) reduziert hat, ist ihm das Sein des Seienden völlig entglitten. Das einzige, was diese Bedeutungen und Inhalte noch verbindet, ist ihre Beziehung auf das Subjekt; aber auch dieses nicht als Seiendes genommen, sondern eben nur als das Einheitsprinzip von Bedeutungen (Intentionen). Duméry begeht damit denselben Fehler wie Husserl: er macht aus einem zu gewissen Zwecken brauchbaren Verfahren eine für die Philosophie konstitutive Methode, aus einer Abstraktion eine Negation. Er übersieht, daß die Beziehung aller Bewußtseinsgehalte auf das Sein (was mehr ist als bloße „Existenz") grundlegender ist als ihre Verbindung in einem Subjekt und daß die Beseitigung dieser Beziehung die Gehalte selbst aufhebt. Wie Plotin vermengt Duméry ferner das Sein mit dem

Objekt, während es doch die Subjekt-Objekt-Beziehung transzendiert und in dieser Eigenschaft das Selbstbewußtsein, die Selbsterfassung des Subjekts, das auto-discernement zuallererst möglich macht.

Obwohl das Werk Dumérys, wie die Ausführungen Malevez' gezeigt haben, Grund zu vielen kritischen Bemerkungen gibt, so kann es dennoch dem in diesen Problemen bewanderten Leser viel Anregung und Anlaß zur Selbstprüfung geben. Das Buch von Malevez vermag ihm dabei gute Dienste zu leisten.

Nachbemerkungen

Der Text wurde zuerst in der „Scholastik" 34 (1959) 233–239 veröffentlicht und unverändert übernommen.

GOTTESERKENNTNIS UND GOTTESGLAUBE

Die Interpretation der Welt kann durch Erkenntnis oder Glauben versucht werden. Die modernen, empirischen Wissenschaften lassen sich beim Erkennen der Weltzusammenhänge ausschließlich von der Erfahrung leiten. Was dabei zustande kommt, ist eigentlich keine Interpretation der Welt. Denn die Welt wird als solche überhaupt nie Gegenstand der Erfahrung, da die Erfahrung sowohl als erfahrende wie als erfahrene selbst ein Stück der Welt ist. Erfahrung bewegt sich immer *in* der Welt, da sie als aktiv-passive Begegnung mit ihrem Gegenstand mit diesem immer in einer Korrelation steht, die das Umgreifen der Korrelate ausschließt. Wo dies Umgreifende zum Bewußtsein kommt, geschieht es immer schon, ob thematisch oder unthematisch, in einer Reflexion *auf* Erfahrung.

Die wissenschaftliche Erfahrung hat es außerdem mit Kausalbezügen zu tun, die derart sind, daß aus der wissenschaftlich erfaßten Ursache die Wirkungen abgeleitet werden können. Solche Kausalverhältnisse sind, ob man sie nun rein mathematisch-funktional oder ontisch betrachtet, innerweltlicher Natur. Sie können nicht auf das Weltganze übertragen werden, weder um eine Kausalrelation zu einem Transzendenten auszusagen, noch um sie zu verneinen. Sie sind in dieser Hinsicht einfach nicht-betreffend. Aus der Tatsache, daß keine noch so lange Verlängerung der empirischen Kausalketten je das Transzendente erreicht, kann man mit keiner Logik, am wenigsten mit einer wissenschaftlichen Methodologie erschließen, daß es kein Transzendentes gibt, nicht einmal, daß das Transzendente unerkennbar sei. Was daraus folgt, ist nur, daß man das Transzendente, wenn es erkennbar ist, sicher nicht mit den Methoden der Einzelwissenschaften erkennen kann. Seine Erkenntnis und seine Erkennbarkeit muß also, wenn sie überhaupt sinnvoll ist, auf andere Weise bestimmt werden. Mehr und mehr wird das auch den Naturwissenschaftlern, sofern sie auf ihre Methode reflektieren, bewußt.

Zu einer Weltinterpretation kommt es nur dort auf dem Gebiet der empirischen Wissenschaften, wo deren Methoden irrtümlich als die einzig möglichen Weisen jeder gültigen Erkenntnis hingestellt werden, obwohl sich diese Behauptung ihrerseits niemals mit empirischen Methoden verfizieren läßt. Die Welt an sich wird dann in einer unbegründeten und infolge der gemachten Voraussetzungen auch unbegründbaren Weise mit der empirisch-wissenschaftlich verifizierbaren Welt und beide zusammen mit der Wirklichkeit überhaupt in eins gesetzt. Eine solche Weltinterpretation ist »Glaube«, und zwar irrationaler Glaube, den man daher genauer Aberglaube nennen müßte. Wo jedoch eine solche irrationale In-eins-Setzung nicht stattfindet, bleibt der Platz offen nicht nur für eine andere Art von Glauben, sondern auch für eine Weltinterpretation durch eine Erkenntnis, die anderer Art ist, als die empirisch-wissenschaftliche.

Wie aber ist das Verhältnis von Glaube und Erkennen zu bestimmen, wenn die Welt erkennend durch das Transzendente, näherhin durch Gott interpretiert wird? Ferner: Ist diese Interpretation eine zwar mögliche, aber beliebige, oder ist sie von der Sache her notwendig? *Kant* war der Auffassung, er könne dem Glauben nur dadurch Platz schaffen, daß er das Wissen um Gott aufhebe,[1] genauer: Daß er es als kein apodiktisch gültiges Wissen erweise. Nach Kant schließt sich demnach Wissen um Gott und Glauben an Gott aus. Entweder weiß man, daß Gott ist, oder man glaubt an ihn. Zwar billigt und fordert die praktische Vernunft diesen Glauben, der darum kein irrationaler Glaube ist, aber die Begründung geschieht nur indirekt aus den praktischen Erfordernissen des sittlichen Lebens, nicht aus der Einsicht, daß Gott ist.

Etwas anders geartet ist die Position von *Jaspers*.[2] Ein eigentlicher Gottesbeweis ist auch nach ihm nicht möglich. Das scheint ihm nach Kant unbestreitbar zu sein. Er gibt jedoch zu, daß die Gottesbeweise Weisen der Vergewisserung des Transzendenten sind. Aus solchen Vergewisserungen folge aber die Annahme des Transzendenten keineswegs wie die Schlußfolgerung aus einem Syllogismus, sondern durch einen je und je persönlichen, existenziellen Aufschwung des philosophischen Glaubens, der sich auf keine Begriffe fixieren lasse, der keiner begrifflich-allgemeinen Überprüfung zugänglich sei und der keinerlei positive Aussagen über das Transzendente zulasse. Jeder in einem Bekenntnis formulierte Glaube ist demnach schon ein Abfall vom philosophischen Glauben oder zumindest der unzulängliche Versuch derer, die zum philosophischen Glauben nicht fähig sind, beziehungsweise sich zu ihm noch nicht durchringen konnten. Wissen als innerweltliches Erscheinungswissen ist zwar mit dem philosophischen Glauben vereinbar, nicht aber der philosophische Glaube und seine ihm innewohnende Vergewisserung um das Transzendente mit einem Glauben, der sich auf eine (vermeintliche) Offenbarung gründet. Diese Ausschließlichkeit gilt jedoch nur für die einzelne Person; denn im Menschheitsganzen haben

[1] *Kant, Kritik der reinen Vernunft,* B XXX.

[2] *Karl Jaspers, Einführung in die Philosophie,* 1953, S. 40–41.

beide Arten des Glaubens nicht nur ihren Ort, sondern auch eine positive Funktion, indem der religiöse Glaube den philosophischen vorbereitet, und der philosophische Glaube durch seine Kritik den religiösen läutert.

Bei *Kant* hatte der Glaube die Bedeutung einer (heute sagen wir) existentiellen Bejahung Gottes auf Grund des subjektiv notwendigen Zusammenhangs dieser Bejahung mit den Forderungen des Sittengesetzes (praktischer Vernunfglaube). Bei *Jaspers* ist diese Bejahung im philosophischen Glauben nicht auf den Zusammenhang mit dem Sittengesetz eingeschränkt; dafür bleibt das Ziel dieses Glaubens begrifflich unbestimmt: nicht eigentlich »Gott«, sondern das Transzendente ist sein Thema. Von diesem philosophischen Glauben unterscheidet er den religiösen Glauben, der sich auf einen Mythos oder eine vermeintliche Offenbarung bezieht. Ein eigentlicher Offenbarungsglaube setzt hingegen die Wahrheit einer Offenbarung voraus. So wird der Glaube in der dialektischen Theologie verstanden.

Die *dialektische Theologie*[3] begründet den Gegensatz zwischen Glauben und Wissen aus der Theologie und der theologischen Anthropologie. Aus der Theologie folgt die Unmöglichkeit eines natürlichen Wissens um Gott, weil Gott als der ganz Andere mit der Welt nicht unter ein Begriffssystem gebracht und seine Existenz nicht aus Prinzipien gefolgert werden kann, die ihn zusammen mit der Welt umfassen und bedingen. Eine solche über Gott und Welt stehende »Seinsordnung« wäre sonst das eigentliche Absolute. Gott wäre entthront und an seine Stelle ein Götze, das »absolute Sein« gesetzt. Aus der theologischen Anthropologie folgt die Unmöglichkeit einer natürlichen Gotteserkenntnis und das Angewiesensein auf die Offenbarung Gottes, weil der gefallene Mensch immer schon falsch zu Gott, zur Welt und zu sich selbst steht, so daß er mit einem »natürlichen« Hang zur »natürlichen Theologie« greift, die sich anstelle Gottes einen Götzen schafft. Die angebliche Gotteserkenntnis wird durch die Offenbarung entlarvt und durch den Glauben ersetzt, auf dessen Grundlage erst die Welt einen Zugang zu Gott eröffnet. Die dialektische Theologie sieht sich so als den legitimen Erben des anselmischen »Credo ut intelligam« und als schärfsten Gegner Hegels, der den Glauben im absoluten Wissen aufheben wollte.

Wie sehen die mittelalterlichen Scholastiker das Verhältnis von Wissen und Glauben? Klassisch geworden im katholischen Bereich ist die Lehre, die *Thomas von Aquin* in den ersten Kapiteln des ersten Buches der »Summa contra Gentiles« entwickelt und die der Substanz nach im I. Vatikanischen Konzil definiert wurde. Demnach sind zwei Stufen religiöser Wahrheiten zu unterscheiden: Solche, die der natürlichen Vernunft zugänglich sind, und solche, die ihr ohne die Hilfe der göttlichen Offenbarung unzugänglich sind und selbst nach der Offenbarung nicht vollständig einsichtig werden können. Bezüglich dieser zweiten Art von Wahrheiten, den eigentlichen Mysterienwahrheiten (wie etwa Trinität, Inkarnation und ähnlichen) hat der Glaube den Vorrang vor der Erkenntnis. Für sie gilt das anselmische

[3] *Karl Barth, Die kirchliche Dogmatik,* II, 1 (^{2}1946), §§ 25 und 26.

»Credo ut intelligam«, wobei aber die Erkenntnis nie so weit vorzudringen vermag, daß sie des Glaubens entbehren könnte.

Für die erste Art der Wahrheiten hingegen ist die Offenbarung und der Glaube nur eine zusätzliche Hilfe, um der erbsündigen Schwäche und der durch die Sünde desorientierten menschlichen Vernunft nachzuhelfen, damit viele Menschen ohne allzugroße Schwierigkeiten und ohne die sich sonst gewöhnlich einstellenden Irrtümer die Wahrheiten, vor allem die, welche die Existenz und die Eigenschaften Gottes betreffen, erreichen. An sich sind demnach diese Wahrheiten nicht außer der Reichweite der menschlichen Vernunft, unter den konkreten Bedingungen der Menschheitsgeschichte bedarf die menschliche Vernunft jedoch zu ihrer sicheren Erkenntnis der Hilfe der Offenbarung und der inneren Gnadenhilfe. Man kann, wie das meist geschieht, das »an sich« betonen und die Aussage über die Rolle der Offenbarung in existenzieller Hinsicht mit Stillschweigen übergehen. Aber so wird die Darstellung dieser Lehre verfälscht.

Man hat in diesem »katholischen System«[4] einen fehlerhaften logischen Zirkel sehen wollen. Um zu glauben, müsse man nach katholischer Auffassung zuerst Gott und seine Offenbarung mit natürlichen Kräften erkennen. Um aber Gott erkennen zu können, bedürfe es wiederum der Offenbarung und des Glaubens. Man übersicht bei diesem Vorwurf aber zweierlei: Erstens die Verschiedenheit der logischen und psychologischen Bedingungen, von denen eine Erkenntnis abhängt, und zweitens die verschiedene Art des Einflusses der Offenbarung im Hinblick auf die natürlich erkennbaren Wahrheiten und die Mysterienwahrheiten. Daraus, daß die logischen Bedingungen für eine Erkenntnis gegeben sind, folgt nicht, daß diese Erkenntnis auch in psychologischer Hinsicht möglich ist. Alle Theoreme der höheren Mathematik sind logisch möglich und erreichbar kraft der Prinzipien, die im menschlichen Denken liegen. Kein Mathematiker hat je andere angewandt. Alle Ergebnisse der modernen Wissenschaften sind kraft der Methoden, die aus demselben Denken entwickelt wurden und mit Hilfe der methodisch gemachten Erfahrungen logisch möglich. Folgt daraus, daß jedermann sie ebensogut aus eigenen Kräften ohne äußere Hilfe durch Schule und Unterricht erreichen kann? Dann wäre aller Unterricht überflüssig. Das Einmaleins beruht auf logisch einsichtigen Operationen, die dem menschlichen Verstand seiner Natur nach zugänglich sind. Dennoch wird es in den Schulen gelehrt und zwar zunächst nur assoziativ eingetrichtert. Das Verständnis kommt später. Es wird aber durch jenen Lernvorgang vorbereitet, psychologisch ermöglicht. Zur psychologischen Ermöglichung gehört sogar eine gewisse physiologische Disposition, ohne die das Verständnis ausbleibt. Die logische Geltung der Arithmetik hat jedoch nichts mit der Physiologie zu tun. Sie ist rein inhaltlicher Art. Ebenso behindert eine Belehrung durch Offenbarung oder eine innere Gnadenhilfe, die den gei-

[4] *Karl, Adam, Von dem angeblichen Zirkel im katholischen Lehrsystem oder von dem einen Weg der Theologie,* in: *Wissenschaft und Weisheit,* 6 (1939), S. 1–25; *Joseph de Vries, Theologia naturalis,* Pullach ²1949/50 (als Ms.), nr. 2–10.

stigen Blick auftut, nicht im geringsten die objektiv-logische Geltung eines Gedankenganges, der von der Erkenntnis der Welt zur Bejahung Gottes führt. Obwohl solche Gedankengänge unter Umständen psychologisch und historisch nur möglich sind, wenn eine Offenbarung vorausgegangen ist und eine innere Aufschließung des Geistes erfolgte, so kann und muß bei der Erörterung solcher Gedankengänge doch vollständig von diesen psychologischen und historischen Bedingungen abstrahiert werden, ähnlich wie man bei einer Erörterung über Arithmetik nicht im mindesten Bezug nehmen darf auf die physiologischen Bedingungen, ohne die doch diese Erörterung selbst nicht möglich wäre.

Das andere, was zu beachten ist, ist die Rolle, welche die Offenbarung hier spielt. Sie ist eine andere als bei den Mysterienwahrheiten. Da zur Verbürgung der Mysterienwahrheiten ihrer Natur nach keine menschliche Autorität je hinreicht, ist es wesentlich, daß Gott selbst als ihr Bürge erkannt wird. Diese Erkenntnis Gottes ist zwar nicht Beweggrund für die Annahme jener Wahrheiten – das ist allein Gottes sich bezeugende Wahrheit – wohl aber ist sie Bedingung der Vernunftgemäßheit eines solchen Glaubens. Bei den religiösen Wahrheiten, die an sich der menschlichen Vernunft nicht unzugänglich sind, ist das anders. Das Zeugnis dafür kann auch durch Menschen, denen man diese Erkenntnis zutraut, erbracht werden. Überdies vollzieht sich der Einfluß, den die Offenbarung hier zum Zustandekommen der Erkenntnis Gottes ausübt, gar nicht in erster Linie durch den formalen Glauben, so daß der oben genannte Zirkel entstünde, sondern durch einen auf natürliche Weise erkennbaren Hinweis. Indem die Offenbarung Gottes stattgefunden und sich in Worten und Schriften der unmittelbaren Offenbarungsempfänger objektiviert hat, ist dies Zeugnis Gottes über sich, sein Dasein, seine Eigenschaften und seine Erkennbarkeit aus der Schöpfung, so vorhanden, daß es auch von denen wahrgenommen werden kann, die diese Botschaft nicht formal als Zeugnis Gottes betrachten. Sie sind damit auf Möglichkeiten verwiesen, an die sie sonst vielleicht nicht gedacht hätten, die sie aber jetzt ausprobieren können. Es ist ihnen jetzt etwas psychologisch-historisch möglich geworden, was an sich und unabhängig davon logisch möglich ist. Seit es eine israelitische und christliche Offenbarung gibt, mag diese nun als Offenbarung anerkannt werden oder nicht, ist die Situation der Menschheit im Hinblick auf die Gotteserkenntnis eine andere geworden, auch für die Philosophie. Das ist eine offensichtliche historische Tatsache. Die genannte Situation sei durch einen Vergleich erläutert. Die indische Yogaliteratur legt Zeugnis ab von einer Reihe von Möglichkeiten körperlichen und psychologischen Trainings, von denen die abendländische Kultur früher nichts wußte. Die Hindus werden diese Lehren als Resultat einer Offenbarung betrachten. Wir im Westen tun das nicht. Dennoch nehmen wir die Lehren zur Kenntnis. Wir sind jetzt instand gesetzt, sie selbst zu erproben. Wir können die Kraft, die in ihnen liegt, durch den Selbstvollzug erschließen. Diese Übungen waren uns immer schon an sich zugänglich; sie liegen in den Möglichkeiten unserer Natur. Aber erst die Begegnung mit den Zeugnissen der Yogis haben sie uns psychologisch-historisch zugänglich gemacht. Angenommen, die Hindus hätten recht mit ihrer Behauptung, daß jene Lehren auf göttliche Offenbarung zurückgehen, so müßte man sagen, daß der Zugang zu jenen Übungen uns durch göttliche Offenbarung ermöglicht wurde, obwohl diese Übungen nicht außer der Reichweite der menschlichen Natur liegen. Das wäre ohne jeden logischen Zirkel möglich.

Nach dem bisher Gesagten scheint es, als ob nach katholischer Auffassung der Glaube an Gott auf die Mysterienwahrheiten beschränkt sei, im Bereich der mit der Vernunft erkennbaren Wahrheiten jedoch überhaupt keine Rolle spiele, da der Einfluß der Offenbarung auf die Erkenntnis dieser Wahrheiten nicht über den Glauben an sie vermittelt werde. Dem ist jedoch nicht so. Obwohl der Einfluß der Offenbarung auf die Erkenntnis dieser Wahrheiten nicht notwendig durch den Glauben an eine Offenbarung vermittelt wird, so kann doch der formale Glaube an eine Offenbarung die existentielle Zustimmung zur erkannten Existenz Gottes verstärken. Dies geschieht dann aber nicht so sehr dadurch, daß diese Existenz eine im Wort bezeugte ist, sondern dadurch, daß Gott hier in der von ihm gewirkten und in der Geschichte objektivierten Offenbarung dem sie gläubig Erfassenden auf neue Weise als sprechender und damit sich in seiner Existenz bezeugender Gott begegnet. Ähnlich wie im *Cogito ergo sum* das *Cogito* der Erkenntnis das *sum* impliziert, so impliziert ein gesprochenes Wort auch die Existenz des Sprechenden. Und ähnlich wie aus der naturhaften Schöpfung der Schöpfer erkannt werden kann, so kann auch aus der erfolgten und als konkreter Tatsache geschichtlich erkennbaren Offenbarung der Offenbarer, aus der spezifischen Wirkung die spezifische Ursache erkannt werden. Diese Erkenntnis ist zugleich Glaube. Erkenntnis ist sie, weil sie auf Einsicht beruht, sogar auf einer Einsicht, die sich logisch in einer Schlußfolgerung entwickeln läßt, obwohl sie sich psychologisch mehr als eine konkrete Intuition vollzieht. Glaube aber ist sie, weil sie nicht das Werk des bloßen Verstandes, sondern eine ganzmenschliche, freie Antwort ist.

Wie ist das möglich? Die alten Scholastiker haben sich mehrfach die
a] Frage gestellt: *utrum ea quae sunt fidei possint esse scita? Thomas von Aquin* hat die Frage verneint.[5] Um den Sinn dieser Verneinung zu verstehen, ist es jedoch nötig, mehreres zu beachten. Zunächst versteht Thomas darunter nur den eigentlichen Zeugnisglauben. Die Existenz Gottes kann aber niemals durch bloßes Zeugnis Gottes im Sinn eines inhaltlich Bezeugten ursprünglich und als logisch Erstes erfaßt werden. Schon im innerweltlichen Bereich kann mir niemand durch ein bloßes Zeugnis im Sinne des inhaltlich Bezeugten Kenntnis von seiner Existenz geben. Die sogenannten »Lebenszeichen,« ein Brief oder eine Grußbotschaft, die etwa besagen »ich lebe, ich bin«, geben nur Gewißheit von dem so Bezeugten, wenn aus anderer Quelle, zum Beispiel aus der erkannten Identiät der Handschrift, feststeht, daß das Zeugnis »echt« ist. (Die Erkenntnis der Echtheit eines Zeugnisses schließt dann freilich die Erkenntnis des Daseins des Bezeu-

[5] S. Theol. II. II., q. 1, a. 5.

genden ein.) Es muß demnach Echtheitskriterien geben außer dem bloßen Inhalt des Bezeugten. Das gilt selbst, wenn sich jemand, der anklopft, durch seine Stimme »ich bin es« zu erkennen gibt. Das bloße »ich bin es« besagt nichts, wenn dazu nicht der Klang der Stimme kommt, und es täuscht sogar, wenn diese Stimme nachgemacht wird. Erst recht gilt das, wenn das Zeugnis des offenbarenden Gottes sich eines Offenbarungsmittlers bedient. Dieser und sein Zeugnis muß sich als echt erweisen durch Kriterien, die nicht formal identisch sind mit dem Inhalt des Zeugnisses, mag dieses auch beinhalten: Ich, der transzendent Offenbarende, bin. Was demnach den eigentlichen Zeugnisglauben angeht, kann auf jeden Fall die Existenz Gottes keine geglaubte, sondern nur eine gewußte sein. Denn indem das Zeugnis als Zeugnis Gottes (*vor* allem Glauben) erkannt wird, wird implizit die Existenz Gottes erkannt. Bei der Ver-
b] neinung der Frage: *utrum idem possit esse scitum et creditum?* ist jedoch außerdem zu beachten, daß es dabei um die Gegenstände geht, die ihrer Natur nach deshalb unter den Glauben fallen, weil sie menschlich nicht gewußt werden können, das sind aber die Mysterienwahrheiten, nicht die Existenz Gottes.

Der Glaube wurde jedoch auch in der alten Scholastik nicht überall so eng genommen wie bei Thomas von Aquin. *Petrus Joannis Olivi* zum Beispiel versteht unter Glaube die Gottesverehrung, die gesamtmenschliche Realisierung der Gottesbeziehung.[6] Diesen Glauben sieht Olivi allerdings in einem scharfen Gegensatz zum Wissen über Gott. Die rein theoretische Haltung ist dem Göttlichen gegenüber unangebracht; die wissenschaftliche Gesinnung ist durch unreligiöse und freche Autonomie und Anmaßung gekennzeichnet. Dennoch schließt der Glaube, wie ihn Olivi versteht, eine Erkenntnis, ja sogar eine aus notwendigen Gründen beweisende Erkenntnis Gottes nicht aus. Nur kann eine solche Erkenntnis von sich aus nicht eine ganzmenschliche, personale Hinwendung zu Gott bewirken. Dazu bedarf es des gnadenhaften Glaubens, der jedoch anders als bei Thomas von Aquin nicht schlechthin zur übernatürlichen Ordnung der Mysterienwahrheiten, sondern zur menschlichen Natur[7] gehört. Das bloße Wissen reicht nicht aus, um alle Schwankungen und Zweifel zu verhindern, die durch die Bindung unseres Denkens an die sinnliche Vorstellung in uns entstehen. Das bloße Wissen macht sich, indem es dem eigenen statt dem Lichte Gottes folgt, Gott gegenüber autonom; sein Stolz schließt die religiöse Haltung gegen Gott aus. Die Festigkeit der Anerkennung Gottes

[6] Vgl. *Ernst Stadter, Das Glaubensproblem in seiner Bedeutung für die Ethik bei Petrus Joannis Olivi OFM* († 1298). *Ein Beitrag zur Geschichte der Ethik und Religionsphilosophie des Mittelalters*, Franz. Stud., 42 (1960), S. 225–296. – Über die existentielle Aneignung der Wahrheit und den Glauben siehe auch: *Romano Guardini, Unterscheidung des Christlichen*, ^{2}1963, S. 279–306: *Der Glaube in der Reflexion.*

[7] Zu beachten ist, daß Olivi die Natur anders als Thomas von Aquin, aber ähnlich wie Augustinus, nicht als grundlegende, jeder Berufung zur unmittelbaren Gottesgemeinschaft vorausliegende Wesenheit versteht, sondern historisch und heilsgeschichtlich als die ursprüngliche, in der Menschheitsgeschichte von Anfang an gegebene konkrete Verfassung des Menschen sieht.

wird außerdem noch dadurch bedroht, daß diese nur unter einer Bedingung, nämlich des schlüssigen Beweises und nur so lange als die aktuelle Einsicht dauert, gegeben wird. Dennoch schließen sich Glaube und Wissen nicht aus, weil sich weder der Glaube auf etwas vollständig Uneinsichtiges bezieht, noch das Wissen auf etwas in jeder Hinsicht Unbezweifelbares. Der Glaube kann daher das Wissen um Gott vervollkommnen.

Im Hinblick auf den Glaubensbegriff Olivis wollen wir im folgenden unsere Frage nach der Beziehung von Gotteserkenntnis und Gottesglaube noch einmal aufnehmen, indem wir unter Glauben jetzt nicht den Zeugnisglauben an die von Gott geoffenbarten Mysterienwahrheiten verstehen, sondern den Gottesglauben im weiteren Sinn als eine ganzmenschliche, den freien Willen einschließende Stellungnahme zur Existenz Gottes. Kann man sagen, daß dieser Glaube die Erkenntnis Gottes ausschließe, beziehungsweise daß die Erkenntnis und das Wissen um Gott einen solchen Glauben unmöglich machen?

Um diese Frage zu beantworten, wollen wir die verschiedenen, oben dargelegten Standpunkte, die eine solche Unvereinbarkeit vertreten, auf ihren Sinn und ihre Begründung hin untersuchen. Denn es ist nicht von vornherein gewiß, daß sie alle dasselbe mit denselben Worten meinen.

Beginnen wir mit *Kant*. Er wollte Platz für den Glauben schaffen, nicht nur weil seiner Auffassung nach das Wissen um Gott nicht möglich war und deshalb keine Grundlage für die Sittlichkeit bieten konnte, sondern weil er in ihm geradezu ein Hindernis für die wahre sittliche Gesinnung sah. Wenn die menschliche Natur dazu bestimmt ist, zum höchsten Gut zu streben, argumentierte er, so muß auch das Maß und das Verhältnis der Erkenntnisfähigkeiten zu diesem Zwecke passen. Nun zeigt aber die Kritik der reinen spekulativen Vernunft, daß sie sich zwar ihrem großen Ziele nähern, es aber doch, selbst mit der Beihilfe der größten Naturerkenntnis, niemals erreichen kann. Die Natur scheint uns hierin stiefmütterlich behandelt zu haben. Darin sieht Kant jedoch einen Vorteil. Gesetzt, die Natur wäre unserem Wunsch willfährig gewesen und hätte uns die Einsichtsfähigkeit erteilt, die wir gern besitzen möchten oder in deren Besitz sich einige wähnen, so würde uns Gott und die Ewigkeit mit ihrer furchtbaren Majestät unablässig vor Augen liegen, denn was wir beweisen können, gilt uns, was die Gewißheit angeht, soviel als wovon wir uns durch den Augenschein versichern können. Wenn wir die Natur des Menschen, wie sie jetzt ist, im übrigen voraussetzen, würde die Übertretung des Gesetzes dann freilich vermieden, aber um den Preis der Gesinnung, da der Stachel der Tätigkeit sogleich bei der Hand und äußerlich wäre. Die zwar gesetzmäßigen Handlungen würden meist aus Furcht, nur wenige aus Hoffnung und gar keine aus Pflicht geschehen; ein moralischer Wert der Handlungen würde gar nicht existieren. Nun jedoch, da wir mit aller Anstrengung unserer Vernunft nur eine sehr dunkle und zweideutige Aussicht in die Zukunft haben und das Dasein des Weltregierers nur mutmaßen, nicht erblicken oder klar beweisen können, dagegen das sittliche Gesetz unsere Achtung fordert, ohne uns etwas mit Sicherheit zu verheißen oder zu drohen, ist eine wahrhaft sittliche, dem Gesetz unmittelbar geweihte Gesinnung möglich. Somit ist die unerforschliche Weisheit, durch die wir existieren, nicht minder verehrungswürdig in dem, was sie uns versagt hat, als in dem, was sie uns zuteilwerden ließ.[8]

Kant setzt den Agnostizismus der theoretischen Vernunft und den praktischen Vernunftglauben einer angenommenen perfekten Beweisbarkeit Gottes, die einem Augenschein gleichkommt, so schroff gegenüber, daß man bei der Ausschließlichkeit einer solchen Alternative keinen Zweifel haben kann, welche Seite für die sittliche Gesinnung vorzuziehen sei.[9] Die Frage ist aber, ob es eine solche Ausschließlichkeit der Alternative gibt. Das Wissen von Gott, das der sittlichen Gesinnung des Menschen gefährlich werden könnte, hat es in der Tat niemals gegeben. Beweise im Sinne der Mathematik oder der modernen Experimentalwissenschaften wären, wie *Kurt Schilling* mit Recht sagt, im Hinblick auf die Existenz Gottes sowohl zuviel wie zuwenig. Zuviel, weil die »Gottesbeweise« keine psychologisch zwingende Evidenz bewirken sollen noch bewirken; zuwenig, weil es sich bei ihnen nicht bloß um Identitätsverhältnisse zwischen Sätzen und um weit mehr als eine vorläufige Verifizierbarkeit handelt.[10]

Kurt Schilling sieht die Eigenart des »Beweises«, wenn von Gottesbeweis die Rede ist, auch darin, daß hier die Notwendigkeit, mit der Gott erschlossen wird, im Unterschied zu jedem mathematischen Beweis, synthetisch sein und auf einen Wesenszusammenhang ausgehen muß, weil hier das zu Beweisende die Voraussetzungen grundsätzlich übertrifft oder übersteigt (S. 68). Ontisch betrachtet, ist es zwar richtig, daß die Existenz Gottes die Existenz der Welt übersteigt. Das Verfahren scheint demnach synthetisch und dem logischen Beweis, der analytisch ist, entzogen zu sein. Aber dieser Schein trügt. Wer sagt, daß die Welt oder irgend etwas in der Welt existiert, der setzt etwas absolut, das heißt, in sich selbst.[11] Damit aber setzt er es auf unbedingte Weise, also mit Einschluß dessen, worin und wodurch es – trotz all seiner etwaigen Bedingtheit – unbedingt ist, also auch mit dem schlechthin Unbedingten. Dieses aber ist Gott. Im Gottesbeweis wird nur diese einschlußweise Setzung explizit gemacht. Es wird dem Geiste bloß gezeigt, daß er in seinen Vollzügen immer schon zu Gott gegangen ist. Das ist auch der tiefere Sinn der Analogie (ana-logon: hinauf zum Logos, zum Grund).[12] Soweit ein Gottesbeweis in formulierten Sätzen vorliegt, ist er so analytisch wie jeder andere Beweis: Er folgt einfach den Beweisregeln, die Regeln der Umformung einer Gesamtheit von Sätzen sind. Die

[8] Vgl. *Kritik der praktischen Vernunft,* ed. 1787, S. 264–266.

[9] Auf die Frage, wieweit Sittlichkeit nur im Hinblick auf das formale Gesetz, nicht aber auch im Hinblick auf das der sittlichen Ordnung selbst angehörige höchste Gut möglich sei, soll hier nicht eingegangen werden; vgl. dazu meinen Aufsatz »*Kant und das höchste Gut*«, in: *Zschr. f. philosophische Forschung,* 18 (1964), S. 50–61; hier S. – 195.

[10] Vgl. dazu *Kurt Schilling, Der Platz für den Glauben. Zur Problematik der Gottesvorstellungen im Anschluß an Kants »Kritik der reinen Vernunft«,* B XXX, in: *Kantstudien,* 51 (1959/60), S. 67–84.

[11] Vgl. *Kritik der reinen Vernunft,* B 626.

[12] Die eigentliche Etymologie: nach Verhältnis.

dem Nachvollzug der Gottesbeweise eigentümliche Schwierigkeit liegt nicht in dieser formalen Ebene, sondern in der Einsicht in die zugrunde liegenden inhaltlichen Prinzipien, die nicht analytisch im Sinne einer Begriffsanalyse sind, sondern auf einer Sachanalyse beruhen. Das Denken kann im Gottesbeweis nur in die Richtung blicken, in welche diese Sachanalyse weist. Nicht hingegen kann es das, worauf es so verwiesen wird (Gott), in seinen Begriff und seine Vorstellung bannen, um es so in sich zu begreifen.

Nach *Kant* »sieht die Vernunft nur das ein, was sie selbst nach ihrem Entwurf hervorbringt.«[13] Eine solche Einsicht können wir von Gott nicht haben; und hätten wir sie, so wäre Gott nicht Gott. Nach Kant »ist es ein wesentliches *Prinzip* alles Gebrauchs unserer Vernunft, ihre Erkenntnis bis zum Bewußtsein ihrer Notwendigkeit zu treiben (denn ohne diese wäre sie nicht Erkenntnis der Vernunft). Es ist aber auch eine ebenso notwendige *Einschränkung* ebenderselben Vernunft, daß sie weder die *Notwendigkeit* dessen, was da ist oder was geschieht, noch dessen, was geschehen soll, einsehen kann, wenn nicht eine *Bedingung,* unter der es da ist oder geschehen soll, zum Grunde gelegt wird ... Und so begreifen wir zwar nicht die praktische unbedingte Notwendigkeit des moralischen Imperativs, wir begreifen aber doch seine *Unbegreiflichkeit;* welches alles ist, was billigermaßen von einer Philosophie, die bis zur Grenze der menschlichen Vernunft in Prinzipien strebt, gefordert werden kann.«[14] Was Kant hier von der praktischen Notwendigkeit des moralischen Imperativs sagt, gilt auch von der absoluten Seinsnotwendigkeit Gottes.[15] Was wir von Gott begreifen, ist seine Unbe-
c] greiflichkeit. In diesem Sinne heißt es schon bei Thomas von Aquin: non possumus considerare de Deo quomodo sit, sed potius quomodo non sit.[16] Thomas ist sich dessen bewußt, daß Gottes Existenz in ihrer Unterschiedenheit von allem welthaften Sein und mit all den Bedingungen, ohne die er nicht Ursache der Welt sein könnte, erkannt werden kann; im übrigen aber
d] hält er dafür: Illud est ultimum cognitionis humanae de Deo, quod sciat se Deum nescire.[17]

Selbst wenn sichere Aussagen über die Existenz Gottes und sonstige analoge Aussagen über ihn möglich sind, so kommen sie doch nie an den Augenschein heran. Ihre Evidenz ist psychologisch nicht zwingend, sondern frei, da trotz einer logisch einwandfreien Begründung solcher Aussagen doch auch große Schwierigkeiten dagegen vorgebracht werden können – man denke nur an das Problem des Übels und des Bösen –, deren positive und restlose Lösung eine Einsicht in das Sein Gottes voraussetzt, die wir

[13] *Kritik der reinen Vernunft,* B XIII.

[14] *Grundlegung zur Metaphysik der Sitten,* IV, 463 (Akademieausgabe).

[15] Vgl. darüber meinen Beitrag »*Das Unbedingte in Kants Kritik der reinen Vernunft*«, in: *J. B. Lotz* (Hrsg.), *Kant und die Scholastik heute,* Pullach 1955, S. 109–154; hier S. 159–195.

[16] S. Theol. I, q. 3, prooem.

[17] De Pot. q. 7, a. 5, ad 14; vgl. auch *Henri-Dominique Robert, Connaissance et inconnaissance de Dieu, au plan de la raison,* in: *L'existence de Dieu,* Tournai ²1963, S. 331–351.

nicht besitzen. Bei der Stellungnahme zur Existenz Gottes und deren Festhalten trotz entgegengesetzter Denkbewegungen hat demnach der Wille einen entscheidenden Einfluß. In diesem Sinne ist die Gewißheit frei und als solche (natürlicher) Glaube. Allerdings muß der Einfluß des Willens nicht notwendig so gefaßt werden, wie es bei Kant geschieht. Es kann sich ebensosehr um eine persönliche Liebe zu Gott handeln, die der Reinheit der sittlichen Gesinnung keinen Eintrag tut.[18]

Jaspers Ablehnung der Gottesbeweise ist nicht anders zu beurteilen als die Kants. »Mathematisch« einsichtige Beweise für die Existenz Gottes gibt es nicht. Jaspers gibt, zu daß es Weisen der Vergewisserung des Transzendenten gibt. Sie sind jedoch keiner intersubjektiven begrifflich-allgemeinen Überprüfung zugänglich. Begriffe sind endliche Erkenntnisformen, die dem Transzendenten unangemessen sind. Es kann darum keine positiven Aussagen über das Transzendente geben. Der einzige Zugang zum Transzendenten ist das Transzendieren, der existentielle Aufschwung, der alle Begrifflichkeit und alle Aussagen hinter sich läßt und je darüber hinausstrebt.

Jaspers muß aber wohl zugeben, daß er um dieses Transzendieren weiß, indem er davon Zeugnis ablegt und dazu auffordert. Diese Aufforderung ergeht zwar an je und je andere Existenz und fordert sie zu je und je anderem Transzendieren auf, ohne wissen zu können, wie es in sich beschaffen ist. Doch liegt in dieser Aufforderung auch die Überzeugung, daß das echte Transzendieren nur *eine* Richtung, nämlich die zu dem einen Transzendenten, nehmen kann. Ist diese Überzeugung nur existentiell oder ist sie darin, daß sie existentiell ist, nicht auch gewußtes Existential? Wenn anders Jaspers nicht Prophet, sondern Philosoph ist, ist sie ein gewußtes Existential. Jaspers weiß um die Grundmöglichkeit des Menschen, alle seine endlichen Begriffe zu transzendieren und so das Transzendente anzuzielen, ohne es in Begriffe eingrenzen zu können. Indem Jaspers dies weiß und auch ausspricht, bewegt er sich in Reflexionsbegriffen, welche das Transzendieren und, in einer weiteren Reflexionsstufe, auch das Transzendente selbst zum Thema haben. Diese Begriffe grenzen, da sie in die Bewegung des Transzendierens selbst hineingenommen sind, nichts mehr ein. Selbst wenn ihr Gehalt, wie es durchaus möglich ist, weiter artikuliert wird, so ist sich der Philosoph doch dessen bewußt, daß dieser im Begriff notwendigen Artikulierung keine gleichartige Artikulierung im Transzendenten selbst entspricht.[19] Mit anderen Worten, begriffliches Denken über das Transzendieren und die Transzendenz und gemeinsames Überprüfen solcher Aussagen, in denen das Transzendente nicht eingefangen, sondern nur angezielt wird, sind möglich, ohne daß dadurch das Transzendente in seiner Transzendenz beeinträchtigt wird. Aber auch so bleibt

[18] Vgl. Anmerkung 9.

[19] Verschärft wird das hier berührte Problem in den raumzeitlich fixierten Aussagen der Offenbarung und im menschgewordenen Wort Gottes. Dazu vgl. R. *Guardini, Unterscheidung,* S. 398–410: *Die Offenbarung und die Endlichkeit.*

Jaspers' Aussage bestehen, daß aus den Vergewisserungen des Transzendenten die Annahme des Transzendenten keineswegs wie die Schlußfolgerung aus einem Syllogismus folgt, sondern eine persönliche, freie Tat und damit Glaube ist; allerdings eine Tat, deren Unterlassung sich einer Einsicht in das eigene Wesen, das selbst schon Transzendieren besagt, entgegensetzen würde.

Die Verdammung der sogenannten »natürlichen Theologie« durch die *dialektische Theologie*[20] ist aus den Prämissen über das angenommene Verfahren der natürlichen Theologie durchaus verständlich. Verführe die natürliche Theologie so, wie Karl Barth es angibt, dann wäre ihr Gott wirklich nicht der wahre Gott, sondern ein Götze. Aber verfährt sie so? Muß sie so verfahren? Vielleicht hat es manchmal den Anschein, sie verfahre so. In der Tat gibt es keine Gott und die Welt umgreifende und beide unter sich befassende Seinsordnung. Gott ist kein Bestandstück einer Ordnung, auch kein besonders ausgezeichnetes. Zwischen Gott und der Welt gibt es keine Korrelation. Das welthaft Seiende ist wesentlich Gott-bezogen. Gott selbst ist unbezogen. Selbst dies, daß er erste Ursache, daß er Schöpfer aus freier Tat ist, bedeutet für ihn keine Realbeziehung zur Welt. Daß er Ursache der Welt ist, bedeutet zwar, daß die Welt in ihrer Realität auf ihn als Bedingung der Möglichkeit ihres Realseins verweist, weil sie es ihm wirklich verdankt, aber ohne daß dadurch sein Sein als ein auf eine Wirkung hin bezogenes bestimmt würde. Die analoge »Gemeinsamkeit« des Seins ist keine irgendwie ihm selbst vorgängige, sondern nach Möglichkeit und Wirklichkeit ganz von ihm her gesetzte Ähnlichkeit in je größerer Unähnlichkeit.

Auch erkenntnistheoretisch liegt die Sache nicht so, daß man, um von der Welt her die Existenz Gottes zu erschließen, zuerst Begriffe und Prinzipien voraussetzen müßte, die – sei es univok oder analog – für Gott und die Welt gelten, sondern die von der Welt und aus der Besinnung des Geistes auf sich selbst gewonnenen ontologischen Begriffe und Prinzipien enthalten, trotz ihres welthaften Ursprungsortes, eine von allen Grenzen abstrahierende und sie transzendierende Offenheit, nach deren Bedingung der Möglichkeit gefragt werden muß. Die Beantwortung dieser Frage zeigt, daß die Verneinung Gottes nicht möglich ist, weil mit ihr auch die schon festgestellte Offenheit jener Begriffe und Prinzipien verneint würde. Ontologisch gesehen, heißt das aber, daß Gott die notwendige Bedingung der Möglichkeit dessen ist, was unser Verstand in dieser Welt und an sich selbst begreift, ohne deshalb in diese Begreifbarkeit selbst als ein Bestandstück einzugehen. Er ist nicht die »Erklärung der Welt«, die Welt ist nicht seine »Definition« (Hegel!). Ein solches Wissen um Gott schließt den Glauben, hier als Offenbarungsglauben verstanden, nicht aus, sondern macht den Menschen dafür bereit, da dieses Wissen selbst schon ein Wort ist, das Gott durch die Erschaffung in die Schöpfung und den Menschen hineingesprochen hat. Die Fähigkeit, Gott in einer über die Schöpfung hinausgehenden

[20] Vgl. *Xavier Tilliette, La foi philosophique et le langage des chiffres selon K. Jaspers,* in: *L'existence de Dieu,* Tournai ²1963, S. 77–94.

Offenbarung hören zu können, kommt von Gott selbst. Die Bereitschaft, Gottes Wort auch dann aufzunehmen, wenn es über das philosophisch Verstehbare hinausgeht, wird nicht nur von Gottes zuvorkommender Gnade geschenkt, sondern auch durch jene Erkenntnis der Unerforschlichkeit und Unbegreiflichkeit Gottes, die selbst ein Geschenk Gottes ist, vorbereitet.

Aus all dem ergibt sich, daß der rationalistisch aufgefaßte Gottesbeweis nicht nur, wie Kant gezeigt hat, nicht zum Ziele führt, sondern daß er wegen seines Rationalismus auch dem religiösen Glauben, sowohl im Sinne der personalen Überzeugung wie auch des Glaubens an eine die Schöpfung übersteigende Offenbarung, im Wege steht. Nicht hingegen besteht ein ausschließender Gegensatz zwischen einer Gotteserkenntnis, die den Zusammenhang mit der konkreten Wirklichkeit des Geistes wahrt, und dem religiösen Glauben. Der Gott der Philosophen ist nicht notwendig verschieden vom Gott der Bibel.[21] Im Gegenteil: Die Erkenntnis Gottes, und zwar gerade die philosophisch reflektierte Erkenntnis Gottes, endigt im Geheimnis, im Dunkel der uns in ihrem positiven Ansichsein verborgen bleibenden Wesenheit Gottes und fordert so den Glauben an Gott von uns, den Glauben als anbetende Verehrung, beziehungsweise den Glauben an den aus seinem Geheimnis und über sein Geheimnis zu uns sprechenden Gott.

Nachbemerkungen

Die Arbeit ist zuerst als Beitrag zur Guardini-Festschrift erschienen: Interpretation der Welt. Romano Guardini zum 80. Geburtstag, herausgegeben von Helmut Kuhn, Heinrich Kahlefeld, Karl Forster, Würzburg 1965, S. 190–204.

a] Ob das, was Gegenstand des Glaubens ist, auch gewußt werden könne.

b] Ob dasselbe gewußt und geglaubt werden könne.

c] Bei Gott können wir nicht darüber nachdenken, wie er beschaffen ist, sondern vielmehr wie er nicht beschaffen ist.

d] Das ist der Gipfel der menschlichen Erkenntnis von Gott, zu wissen, daß sie Gott nicht weiß.

[21] Vgl. *Claude-J. Geffré, Théologie naturelle et révélation dans la connaissance du Dieu un,* in: *L'existence de Dieu,* ²1963, S. 297–317; ferner: *Henri Bouillard, Le Refus de la théologie naturelle dans la théologie protestante contemporaine,* in: *L'existence de Dieu,* ²1963, S. 95–108, der auf die spezifisch theologischen Gründe der dialektischen Theologie eingeht. – Die Aussage, daß Gott der Welt gegenüber frei, daß er ein lebendiger, persönlicher Gott ist, überschreitet noch nicht die philosophischen Möglichkeiten. Erst mit dem faktisch-existentiellen Sinn, der diesen Aussagen gegeben wird, überschreitet man diese Grenze. Darüber, daß Gott für diese Welt und diesen Menschen dieser Gott sein will, weiß die Philosophie nichts, noch kann sie etwas wissen. Das kann uns allein der sich offenbarende Gott sagen. – Vgl. dazu R. *Guardini, Unterscheidung,* S. 266–269, 332.

DAS ZIEL DES MENSCHEN UND DAS VERLANGEN NACH DER GOTTESSCHAU

Bemerkung:

Dieser Artikel wurde in der „Scholastik" 25 (1950) 535–548 veröffentlicht. In diese „Kleinen Schriften" wurde er *nicht* aufgenommen, da er das Ziel des Menschen zu sehr im festen Rahmen einer Wesens- und Naturordnung sieht und der Besonderheit der Person zu wenig Rechnung trägt. Die Ausführungen behalten zwar für die Erörterung der Frage, indem sie eine der vorgeschlagenen Lösungsmöglichkeiten entfalten, einen gewissen Diskussionswert, für den jedoch die bisherige Publikationsweise genügt. Sachlich und korrigierend ist zu der im Artikel behandelten Problematik zu sagen:

Eine Natur und Wesenheit, die auf ein Ziel hingeordnet ist, das wie eine Ergänzung zu ihr gehört, so daß auch Schlüsse für die Ermöglichung der Zielerlangung daraus gezogen werden können, ist nur möglich in einer Seinsordnung, die dieses Ziel selbst mit umschließt, in der dieses Ziel – wenn auch als Höchstes – mit einbeschlossen ist. Ein solcher Einschluß ist jedoch bei Gott, der durch sein absolutes und unendliches Sein selbst Grund und Ziel, aber eben darum nicht ein Bestandstück der Seinsordnung ist, unmöglich. Aber auch der Mensch ist darin, daß er Person ist, nicht bloße Natur und nicht bloß Bestandstück einer Naturordnung. Durch seine personale, die Person selbst konstituierende, unmittelbare Beziehung zum Unendlichen und Absoluten überschreitet er ursprünglich und immer schon jede natur- und welthaft geschlossene Zielordnung. Er ist offen für ein freies Angerufensein durch den in seiner unendlichen Freiheit über allen Naturordnungen stehenden Gott, offen auch für die unmittelbare Gottesschau, die ihm jedoch nur als freiestes Geschenk zuteil werden kann. „Seine (des Menschen) Natur ist eben so", sagt Karl Rahner, „daß sie ihre Erfüllung als Gnade erwarten muß und, weil so, von sich aus mit der *sinnvollen* Möglichkeit des Ausbleibens einer absoluten Erfüllung rechnen muß." (Natur und Gnade, in: Schriften zur Theologie, Bd. IV 208–236; das Zitat S. 235.)

DIE ROLLE DER WELTIDEE IN DER THEOLOGIA NATURALIS

Die Betrachtung der Welt von der *Theologia Naturalis* aus ist für den christlichen Philosophen ebenso abstraktiver Natur wie die Theologia Naturalis selbst. Für das christliche Glaubensbewusstsein ist Gott immer schon der transzendente persönliche Gott und die Welt seine freie Schöpfung. Sobald der Christ jedoch philosophiert, muss er sozusagen hinter seinen Glauben zurücktreten, sich in den Zustand der Vernunft versetzen, die noch nicht glaubt, die sich ihrer erst bewusst wird, um überhaupt glauben zu können.

Wenn sie so unter Einklammerung des Glaubens, zu denken anhebt, findet sie sich zunächst in der Welt. Daß sie sich in ihr befindet, ist ihr selbstverständlich. Vielleicht ist sie zuerst geneigt, die Welt einfach mit christlichen Augen zu sehen, nicht gerade als Schöpfung, aber vielleicht als das, was verschieden ist von Gott. Will sie aber nun bestimmen, was Gott ist, so gerät sie damit in einen *circulus vitiosus*. Gott kann als überweltliches Wesen nur bestimmt werden, wenn man zuvor bestimmt hat, was man unter Welt versteht.

Ein nicht-christlicher Philosoph, dem die Scheidung Gott und Welt nicht so selbstverständlich ist, wird vielleicht geneigt sein, unter Welt das zu verstehen, was immer ihm in seiner Vernunft auf irgendeine Weise erreichbar ist, etwa das «Umgreifende», um mit Jaspers zu sprechen, oder das Seiende überhaupt. Hier wird Sein soviel wie Weltsein, und Weltsein soviel wie Sein überhaupt. Diese gefährliche Gleichung vollzieht *Nicolai Hartmann*. Nominaldefinitionen scheinen harmlos zu sein, und doch können sie verhängnisvoll werden. Es wird nichts mit ihnen behauptet, aber unter Umständen wird durch sie der Blick gegen gewisse Bereiche der Wirklichkeit abgeschirmt, und zwar so, dass sie im weiteren Philosophieren überhaupt nicht mehr vorkommen können. Wenn man Weltsein und Sein überhaupt ineinssetzt, dekretiert man damit im vorhinein den Atheismus. Eine unvoreingenommene Betrachtung muss vorsichtiger vorangehen.

Mag man unter Welt was immer verstehen, zur Welt gehören zumindest Ich und das mir in der Erfahrung Zuhandene, darüber hinaus aber auch all das, was erfahrbar, in die Einheit meiner Erfahrung integrierbar ist. Mag man diesen Bereich ausdehnen, soweit man will, man wird das, was zur Welt gehören soll, doch immer in Beziehung zur Erfahrung setzen, es in die Erfahrung integrieren müssen. Wenn nun das Sein überhaupt mit einer so beschaffenen Welt notwendig eins ist, schliesst sich das Weltsein in sich ab; jede Möglichkeit einer Welttranszendenz wird unmöglich. Wieso aber in einer solchen Welt überhaupt der Gedanke an eine Welttranszendenz gefasst werden kann, dieses Problem wird ebenso unlösbar.

Wie also ist die Idee der Welt zu bestimmen, wenn wir die genannte Gefahr vermeiden wollen? Wir haben die Lösung schon angedeutet. Die Welt ist für mein Bewusstsein zunächst das «Zuhandene», das mir in der äusseren Erfahrung Gegebene. Da aber diese äussere Erfahrung nie ohne die innere besteht und diese durch eine einfache Rückwendung und Reflexion ebenso leicht zugänglich ist, muss man auch diese zur Welt rechnen. Der Mensch lebt jedoch niemals in einer nur punktförmigen Gegenwart. Er hat Erinnerung und Vorschau, er umfasst in seinem Bewusstsein Vergangenheit, Gegenwart und Zukunft. Was er erfährt, deutet er immer schon auf Grund des schon früher Erfahrenen; das Zukünftige, das in der Erfahrung auf ihn zukommt, fügt er in die immer offene Ganzheit seiner bisherigen Erfahrung ein. All das gehört mit zu seiner Welt. Sie ist das gegenwärtig Erfahrene, aber bedingt durch das früher Erfahrene und offen für das zukünftig Erfahrbare.

Die Welt, so verstanden, ist immer noch auf das eigene aktuelle Erleben bezogen. Im Denken des Menschen wird jedoch diese Sphäre überschritten. Der Mensch vermag sich zu denken, dass es etwas gibt, was niemals weder in Vergangenheit, noch Gegenwart, noch Zukunft in seine aktuelle Erfahrung eintritt, was er niemals erlebt hat, noch jemals erleben wird. Mehr noch, er erkennt, dass manches dieser Art, was niemals für ihn zur aktuellen Erfahrung wird, Bedingung der Möglichkeit seiner aktuellen Erfahrung ist. Dazu gehören z. B. unsere Vorfahren aus dem 16. Jahrhundert. Dieses für uns persönlich niemals Erfahrbare ist jedoch prinzipiell und objektiv betrachtet derselben Art wie das für uns einmal Erfahrbare. Auch dieses müssen wir, sowohl seiner Gleichartigkeit wegen, wie auch wegen der bloss zufälligen Grenze zu dem von uns Erfahrenen, zu unserer Welt rechnen. Dass wir z. B. einen unserer Grossväter gekannt haben, den anderen aber nicht, hing nur davon ab, dass jener länger lebte, dieser aber nicht, oder davon, dass dieser in einer weit entfernten Weltgegend weilte. Grundsätzlich sind alle diese Gegenstände derart, dass sie, abgesehen von den Zufälligkeiten der Verteilung in Raum und Zeit, Gegenstände unserer Erfahrung werden könnten.

Wenn wir aber schon einmal über das aktuelle Erleben hinausgehen und auf das grundsätzlich Gleichartige des Erfahrbaren abzielen, so ist leicht einzusehen, dass damit die Beziehung der Welt zu mir als einem empirischen, d. h. sich selbst in einer Erfahrung gegebenen Subjekt der Erfahrung, hinfällig wird. Im Begriff der Erfahrbarkeit liegt zwar immer noch die Beziehung auf ein Subjekt der Erfahrung, nur muss dieses nicht gerade mein empirisches Subjekt sein. Im Gegenteil, diese Beziehung geht grundsätzlich auf jedes Subjekt, das einer Erfahrung gleich der meinen fähig ist. «Gleich der meinen» will dabei nicht die individuelle Gleichheit aussagen, die unmöglich ist, sondern die formale Identität desselben Modus der Erfahrung überhaupt. Worin dieser besteht, kann einstweilen dahingestellt bleiben. Die Beziehung zur formalen Identität der Erfahrung kann man die Beziehung zum transzendentalen Subjekt der Erfahrung nennen, ohne dass wir diesem Ausdruck damit die besondere kantische Färbung geben wollen.

Sind wir damit schon am Ende unserer Bestimmung der Weltidee angelangt? Für gewöhnlich und im alltäglichen Leben genügt die bisher durchgeführte Bestimmung. Objekte, die wir nicht aus der Welt, wie sie oben bestimmt wurde, herleiten können, nennen wir überweltlich. Nehmen wir z. B. an, jemand habe eine Erscheinung, sagen wir eines längst Verstorbenen. Wenn und soweit ein solches Erlebnis in den Zusammenhang der äusseren und inneren Welt so eingebettet werden kann, dass man es aus diesen Zusammenhängen herleiten kann, ist dieses Erlebnis innerweltlich und seine vorgebliche Überweltlichkeit eine blosse Täuschung. Wenn und soweit diese Möglichkeit jedoch nicht besteht, muß man es als einen Einbruch der Überwelt in unsere Welt betrachten. Ich habe mich vorsichtig ausgedrückt «wenn und soweit diese Möglichkeit nicht besteht». Es ist nämlich nicht gesagt, dass diese Möglichkeit der Herleitung aus den innerweltlichen Zusammenhängen nur entweder besteht oder allseitig nicht besteht. Es ist der weitere Fall denkbar, das unter gewissen Gesichtspunkten,

z. B. was das Material der Vorstellungen anlangt, eine solche Herleitung wohl möglich ist, in anderer Hinsicht, z. B. was die besondere Einheit oder die Nachwirkung angeht, jedoch nicht. Dieser Fall ist aber nicht nur denkbar, sondern sogar als Regelfall anzunehmen. Die Herleitung eines solchen Erlebnisses aus innerweltlichen Zusammenhängen und seine Integrierung in die Ganzheit des seelischen Lebens ist nämlich nicht identisch. Eine Integrierung muss bei einem gesunden Seelenleben immer zustande kommen, eine vollständige Herleitung aus innerweltlichen Zusammenhängen jedoch nicht. Blosse Innerweltlichkeit oder Schizophrenie sind also nicht die einzigen Möglichkeiten. Zunächst allerdings ist man versucht zu formulieren: überweltlich ist das, was nicht in diese Welt, wie sie bisher bestimmt wurde, integriert werden kann. Was aber nicht integriert wird, ist schizophrenes Erleben. So hat man oft geurteilt. Das Überweltliche ist aber nicht von der Unmöglichkeit einer solchen Integration her zu definieren, sondern einzig durch die Unmöglichkeit ein Erleben seinem Ursprung nach bloss auf innerweltliche Zusammenhänge zurückzuführen. Die geschichtliche Existenz Christi, des Sohnes Gottes z. B. ist ein in die Welt integrierbares, und damit wirklich geschichtliches, nicht aber ein aus weltlichen Ursachen allein herleitbares Ereignis.

Wie aber ist es mit den übererfahrbaren Prinzipien der Erfahrung selbst bestellt? Sie spielen im gewöhnlichen Bewusstsein keine Rolle, wohl aber für das philosophische Denken, das sich die Frage stellen muss, ob diese Prinzipien noch der Welt zuzurechnen sind. Sie gehören nicht zur Welt in dem Sinne, dass sie dinglich konkret in den Erfahrungszusammenhang integriert werden könnten. Aber diese Art der Integration ist nicht die einzige. Wir werden fragen müssen, ob diese Prinzipien dem, was der Erfahrungszusammenhang dem Sein nach ist, innerlich zugehören, ob sie konstitutiv für das Sein der Welt sind, so wie diese bisher bestimmt wurde. Nicht hingegen könnte man ein Prinzip, das zwar Bedingung der Möglichkeit der Welt ist, aber ohne von seiner Seite auf die Welt bezogen zu sein, als welthaft bezeichnen. Zwar kann man die Transzendenz eines solchen Prinzips, wie sie dem überweltlichen Gott zukommt, nur in Beziehung zur Welt begrifflich bestimmen, aber diese Relativität kann dem transzendenten Prinzip nicht an ihm selbst real zukommen, will man nicht in einen *circulosus vitiosus* geraten.

Bei der Bestimmung der Transzendenz Gottes ist allerdings noch eines zu beachten. Sie darf nicht nur in Bezug auf unsere Welt erfolgen. Dasjenige, was in Bezug auf unsere Welt transzendent ist, muss nicht notwendig in Bezug auf jede mögliche Welt transzendent sein. Ein reiner Geist etwa ist nach obigen Bestimmungen der Weltidee weder ein Bestandstück möglicher welthafter Erfahrung noch ist er ein inneres konstitutives Prinzip unserer Welt. Er ist in Bezug auf diese Welt also transzendent. Mit der Transzendenz Gottes aber meinen wir wesentlich mehr. Wenn wir sagen, Gott sei transzendent, wollen wir damit sagen, dass er nicht nur unsere, sondern jede mögliche Welt übersteige, dass er in keinen welthaften Beziehungen stehen könne.

Was meinen wir dann aber mit dem Wort «Welt»? Wir können die Welt in diesem Zusammenhang nicht mehr in Bezug auf unsere Erfahrung bestimmen. Wir können sie auch nicht gut in Bezug auf irgendeine, von der unseren verschiedene Erfahrung bestimmen, da wir von einer solchen keinen Begriff haben und nicht voraussetzen können, dass es in jeder möglichen Welt eine der unseren gleichartige Erfahrung geben könne oder müsse. Wie also können wir überhaupt die Idee einer möglichen, von der unseren verschiedenen Welt bilden? Das ist nur durch die Analogie zu unserer Welt und zu unserer Erfahrungsart möglich. Unsere Welt aber ist wesentlich eine Vieleinheit. Etwas vollkommen Einfaches nennen wir, insofern es einfach ist, niemals eine Welt. Ohne Vielheit gibt es keine Welt. Zugleich besagt aber Welt einen Inbegriff, und zwar einen realen Inbegriff. Diesen Ingriff haben wir im Falle unserer Welt durch die Beziehung auf die formale Einheit möglicher Erfahrung bestimmt. Nun können wir zwar nicht wissen, ob und wie die Erfahrung in einer anderen Welt möglich ist. Aber wenn sie möglich ist und den Namen einer Erfahrung in analoger Weise verdienen soll, muss das Erfahrene zum Erfahrenden in einer ähnlichen Beziehung stehen wie in unserer Welt. Diese Beziehung aber ist die Beziehung des Bestimmens und des Bestimmtwerdens aufgrund einer Tätigkeit des Bestimmenden und einer Rezeptivität des Bestimmtwerdenden. Welcher Art diese Rezepjtivität ist, ob sie eine materielle oder andersartige ist, wird damit noch nicht gesagt.

Wenn wir hingegen von jeder, noch so analog gefassten formalen Einheit der Erfahrung und der Beziehung auf sie abstrahieren, so bleibt als realer möglicher Weltzusammenhang nur noch die gegenseitige kausale Abhängigkeit der Wesen, die eine Welt konstituieren. Eine bloss unilaterale Abhängigkeit könnte man nicht mehr gut eine allen Wesen gemeinsame Welt nennen. Die Frage, ob verschiedene Welten oder Wesen möglich sind, die zwar von einem gemeinsamen realen Prinzip abhängen, ohne unter sich in der einen oder anderen Richtung in Kausalbeziehungen zu stehen, bleibe hier unerörtert. Wenn wir Gott als absolut transzendent betrachten, so heisst das also, dass er in keiner Weise Teil einer Welt sein kann in dem Sinn, dass zwischen ihm und anderen Wesen eine gegenseitige Kausalität oder eine gemeinsame kausale Abhängigkeit von einem Dritten bestünde.

a] Prof. *Guardini* hat in seinem Beitrag mit Recht darauf hingewiesen, dass es für eine christliche Weltbetrachtung nicht genügt. Gott bloss als absolutes Wesen aufzufassen. Die Geschichte lehrt uns auch, dass die in freier Entscheidung sich zeigende Personalität Gottes erst durch die christliche Offenbarung sichtbar wurde. Dennoch stellt sich dem christlichen Philosophen die Aufgabe, beides auch von der Vernunft her zu durchleuchten und sichtbar zu machen. Gott als absolutes Wesen wurde allerdings von den Philosophen oft als impersonales Wesen gedeutet. Aber diese Deutung ist nicht nur irrig, sondern sie lässt sich auch durch die Philosophie als irrig erweisen. Denn aus der unbedingten Absolutheit Gottes lässt sich seine Personalität und unter der Voraussetzung der tatsächlichen Existenz der Welt deren freie Schöpfung herleiten.

Personalität ist Selbstand der vernünftigen Natur. Zwar wird die geschaffene Person nur durch einen personalen Anruf des Schöpfers konstituiert. Dass aber die Ich-Du-Beziehung überhaupt zur Personalität gehört und daher auch Gott zugesprochen werden muss, können wir rein philosophisch nicht wissen. Die trinitarische Personalität Gottes bleibt Geheimnis. Auf ein daraus sich ergebendes wichtiges Problem werden wir alsbald zu sprechen kommen. Betrachten wir aber zuerst die Personalität Gottes als absoluten Selbstand. Einen solchen erkannte schon Aristoteles dem *actus purus* zu, der ja nach ihm nicht nur *νόησις νοήσεως* ist, sondern auch subsistierendes Leben und Glück (*Metaphysik,* Buch. *Λ*, Kapt. 7). Bemerkenswert ist es, dass Aristoteles zum ersten Mal in der Metaphysik an dieser Stelle den ersten Beweger Gott nennt. Er war sich dessen also sehr wohl bewusst, dass ein Absolutes, das nicht Person ist, den Namen Gottes nicht verdient. Was bei Aristoteles fehlt, ist, abgesehen vom Schöpfungsgedanken, die klar ausgesprochene Freiheit Gottes gegenüber der Welt. Gerade diese aber ergibt sich bei weiterem Eindringen mit zwingender Notwendigkeit aus der Absolutheit Gottes. Die Welt kann von Gott nicht im Sinne einer Naturnotwendigkeit hervorgehen, wie immer man sich dieses Hervorgehen im übri-
b] gen denken mag. Denn ein naturhaftes Hervorgehen der Welt von Gott würde diesen real auf die Welt beziehen und damit seine Absolutheit aufheben. Die Welt kann nur von seinem Willen, und zwar vom Willen seiner freien Entscheidung abhängen, da sonst ein Bedingungszusammenhang von der Existenz der Welt zu ihm entstünde, sodass gelten würde: wenn die Welt nicht ist, ist auch Gott nicht; während doch nur gilt: Wenn Gott ist, ist die Welt oder sie ist nicht, dh. Gott ist die vom Sein oder Nichtsein der Welt vollkommen unberührte Entscheidung über Sein oder Nichtsein der Welt.

Wenn wir so die Personalität Gottes als absoluten Selbstand einer vernünftigen und frei entscheidenden Natur nachgewiesen haben, so stellt sich uns im Hinblick auf die aus dem Glauben bekannte trinitarische Personalität Gottes doch die Frage, ob wir mit unseren Denkbemühungen überhaupt den wahren einen Gott, den wir als Christen anbeten, erreicht haben. Man könnte nämlich sagen, entweder ist dieses personale Wesen identisch mit einer der drei göttlichen Personen, oder nicht. Im ersten Falle würden wir dennoch den Anspruch erheben, die innertrinitarischen Beziehungen rein philosophisch erkannt zu haben; denn da die göttlichen Personen subsistierende Relationen sind, kann keine von ihnen ohne die anderen erkannt werden. Im zweiten Fall bestünde keine objektive Identität zwischen dem Gott der Philosophen und dem Gott der Christen. Die Lösung dieser Schwierigkeit kann hier nur kurz skizziert werden. Sie schliesst sich an die Lösung einer analogen Schwierigkeit in der Theologie an. So sieht die Theologie sich vor die Frage gestellt, welche göttliche Person eigentlich gemeint ist, wenn im Alten Testament von Gott ohne weitere Angaben die Rede ist oder wenn das Neue Testament auf diesen Gott des Alten Testaments Bezug nimmt. Karl Rahner hat nachgewiesen, dass das Neue Testament in all den Fällen, wo Gott mit den Worten *ὁ θεός* eingeführt wird, immer die erste Person Gottes, den Vater meint[1]. Die Schwierigkeit aber, wieso der Vater ohne die Beziehung auf den Sohn bezeichnet werden kann, löst sich dadurch, dass der Vater sowohl durch seine Beziehung zum Sohn als auch durch seine Ursprungslosigkeit gekennzeichnet ist. Diese Ursprungslosigkeit von einem anderen innergöttlichen Prinzip kommt ihm allein unter den drei göttlichen Personen zu. Durch sie ist er eindeutig, wenn auch nur unvollkommen und negativ bestimmbar. Wenn der Philosoph von Gott als einem persönlichen Wesen spricht, meint er notwendig die erste Person der Gottheit, nicht sofern sie auf andere bezogen ist, sondern sofern sie Ursprung ohne Ursprung ist.

Wir haben gesehen, dass Sein oder Nichtsein der Welt von der göttlichen Entscheidungsmacht abhängt. Die Abhängigkeit von Gottes Freiheit ist jedoch umfassender; sie betrifft nicht nur die Existenz, sondern auch das konkrete Sosein der Welt. Dies ist nicht bloss im Sinne einer Auswahl unter vorgegebenen Möglichkeiten zu verstehen. Ohne Zweifel gibt es eine intelligible, metaphysisch notwendige Struktur des endlichen Seins, die allein in der Wesenheit Gottes gründet und nicht in Gott, sofern er freie Entscheidung ist. Aber diese Strukturen stellen nur die entfernten Bedingungen der Möglichkeit endlichen Seins dar. Die volle Konkretisierung sowohl zu einer geistigen Person wie auch zu den materiellen, individuell bestimmten Wesen ist nicht ohne die Intervention des freien Schöpferwillens möglich. Diesem bleibt also nicht nur die Wahl unter verschiedenen im Verstand Gottes entworfenen Welten und deren Setzung in der Wirklichkeit, sondern sein freies Wollen ist beim Entwurf dessen, was er schaffen will, mit beteiligt.

Die einmalige Eigenart eines personalen Wesen übersteigt alle wiederholbaren Soseinsbestimmungen. Das konkrete Verhältnis zum letzten Ziel, das für ein personales geschaffenes Wesen kennzeichnend ist, lässt sich nicht aus seiner Wesenheit ableiten. Ein persönliches Wesen ist nur durch eine Person, Freiheit nur durch Freiheit möglich. Aber auch die Unbestimmtheit der Materie, die alle möglichen Verhältnisse der Form zu ihr zuläßt, verlangt nach einer freien Willensdetermination. Dies umso mehr, als die materielle Welt als Umwelt den personalen Wesen zugeordnet ist, im Falle des Menschen derart, dass seine qualitative materielle Individuation, die aus dem biologischen Generationszusammenhang resultiert, von Gott aus gesehen der Ausdruck dessen ist, was Gott aus einem Menschen machen wollte.

Wenn so schon das Sosein sowohl der materiellen wie der geistig personalen Welt weitgehend Ausdruck des freien personalen Willens Gottes ist, sodass die Welt in ihrer konkreten Bestimmtheit auch eine andere sein könnte als sie wirklich ist, so gilt das alles noch mehr von der finalen Einheit der Welt, von der Welt als Werk der göttlichen Vorsehung. Wohl kann der Philosoph die Notwendigkeit einer Vorsehung und Weltregierung

[1] *Karl Rahner, «Gott» als erste trinitarische Person im Neuen Testament,* in «Zeitschrift für katholische Theologie», *66* (1942), 71–88.

überhaupt nachweisen, aber ihre konkrete Gestalt offenbart sich erst in der Geschichte.

Ist diese Geschichte nur ein Drama, das sich vor den Augen Gottes abspielt, oder tritt er selbst als Partner seiner Geschöpfe auf ihrer Bühne auf? Diese Frage übersteigt wiederum die Zuständigkeit der Philosophie. Die Philosophie kann nur zeigen, dass diese Frage sinnvoll gestellt werden kann und angesichts der Geschichte vom Menschen gestellt werden muss. Das Problem ist hier nicht, ob der freie Gott und das freie Geschöpf sich begegnen; eine solche Begegnung ist mit der Schöpfung freier Geschöpfe ohne weiteres gegeben. Die Frage ist vielmehr, ob Gott sich sozusagen in das Weltgetriebe begeben und dort im eigentlichen Sinn des Wortes z. B. gegen widergöttliche Mächte kämpfen kann. Von der absoluten Transzendenz Gottes her scheint das unmöglich zu sein. Alle Mächte und Kräfte in dieser Welt, ob sie sich nun für oder gegen Gott entschieden haben, hängen in gleicher Weise von Gottes Allmacht, von seiner Erhaltung und seiner Mitwirkung ab. Ein Kampf zwischen Gott und seinen Geschöpfen ist auf dieser Ebene, die eben keine solche ist, unmöglich. Nicht unmöglich hingegen ist es, dass Gott sich mit seinen besonderen Gaben oder mit seiner Autorität hinter eines seiner Geschöpfe stellt und in ihm und durch es einen Kampf mit widergöttlichen Mächten aufnimmt, einen Kampf, der im einzelnen nicht nur Sieg, sondern auch Niederlagen kennt. Ob das Kommen Gottes in die Geschichte hinein so weit geht, dass er in Person sich mit einer geschaffenen Natur eint, wie wir es im Glauben als in Jesus Christus geschehen annehmen, das allerdings auch nur in seiner Möglichkeit zu ergründen, geht weit über die Möglichkeiten der Philosophie hinaus. Eines aber vermag die Philosophie auf jeden Fall zu zeigen: dass die Welt und der Mensch offen ist für das Kommen Gottes in diese Welt.

Nachbemerkungen

Der Text wurde in italienischer Sprache als Vortrag gesprochen unter dem Titel „La funzione significante dell'idea di ‚Mondo' nella scienza filosofica di Dio" auf der 14. Tagung des „Centro di Studi filosofici di Gallarate" (vom 2.–4. September 1959). Auf italiensich ist er gedruckt in den „Studia Patavina" 6 (1959) n. 3., 441–449; auf deutsch in den „Atti del XIV Convegno del Centro di Studi filosofici tra professori universitari – Gallarate 1959", die unter dem Titel „*Il Mondo* nelle prospettive cosmologica, assiologica, religiosa" in Brescia 1960 erschienen sind; dort S. 390–316.

a] in dem Einleitungsreferat „Teologia del Mondo" in „Il Mondo" Brescia 1960, S. 275–285.

b] Die Rück- und Einbeziehung Gottes in den Zusammenhang der Welt ist die Ursache dafür, daß die moderne Philosophie mit dem Gottesproblem nicht zurecht kommen konnte. Vgl. dazu Walter Schulz, Der Gott der neuzeitlichen Metaphysik, 1957.

DIE BESONDERE NATUR DES GOTTESBEWEISES

Die Frage nach der besonderen Natur des Beweises der Existenz Gottes, durch die sich dieser Beweis von anderen Beweisarten unterscheidet, kann in verschiedener Hinsicht gestellt werden: unter psychologischer, ethischer, religiöser, methodenkritischer und ontologisch-metaphysischer Rücksicht. Sie wird hier in metaphysischer Hinsicht gestellt: bezüglich des Wesens
a] der Metaphysik und daher im Lichte der gesamten Metaphysik.

I.

Um das Eigentümliche des Gottesbeweises besser zu verstehen, ist zuerst darauf zu achten, was wir überhaupt beabsichtigen, wenn wir etwas beweisen wollen. Unterschiede werden nicht wirklich verstanden, wenn nicht gezeigt wird, wie sie nach einer bestimmten Regel aus einer gemeinsamen Wurzel hervorgehen.

Offenbar müssen Beweise nicht notwendig dazu dienen, um eine erste
b] Gewißheit über einen Sachverhalt zu erlangen. Denn wir führen Beweise auch bezüglich dessen, worüber wir uns schon gewiß sind. Der Beweis zielt nicht in erster Linie auf die Gewißheit selbst ab, sondern auf die Vermittlung der Einsicht, welche die Gewißheit begründet. Dennoch ist der Beweis nicht bloß und ausschließlich Mittel zur Einsicht für den Fall,
c] daß diese nicht auf unmittelbare Weise möglich ist. Mittelbar und unmittelbar schließen sich nämlich nicht aus; es sei denn, man nimmt sie streng formal unter derselben Hinsicht. Derselbe Sachverhalt kann in verschiedener Rücksicht unmittelbar und mittelbar einsichtig sein. Daß eine elektrische Lampe brennt kann zugleich vom selben Erkenntnissubjekt unmittelbar gesehen und mittelbar kausal durch den Beleuchtungseffekt erkannt werden. Durch den Beweis wird erreicht, daß eine Wahrheit als Wahrheit erkannt wird in ihren Beziehungen zu anderen Wahrheiten. Das ist auch der Grund, warum in der Philosophie dieselbe Wahrheit mit Nutzen durch verschiedene Beweise erhärtet wird. Daraus ist ferner ersichtlich, daß jene Beweise, welche mit der Sache auch deren Ursachen erkennbar machen, die Erkenntnis und Wissenschaft mehr fördern. Die Verbindung zwischen verschiedenen Wahrheiten kann aber auf doppelte Weise erkannt werden: einmal indem die Wahrheiten oder Sachverhalte zunächst je für sich in ihrer Verschiedenheit festgestellt und dann erst miteinander verbunden oder unter eine bestimmte Regel gestellt werden, was das Verfahren der Induktion ist; zum andermal aber so, daß man von einem Sachverhalt oder einer Wahrheit ausgeht und eine andere Wahrheit sucht, was einer Deduktion im weiteren Sinne entspricht (oder im engeren Sinne, wenn die Herleitung der gesuchten Wahrheit aus dem erfolgt, was seinsmäßig früher ist).

Wenn das Gesagte auf den Gottesbeweis bezogen wird, zeigt es sich, daß er keine Induktion sein kann, da die Existenz Gottes nicht unabhängig von der Welterkenntnis bekannt ist und auch nicht mit der Welt zusammen

einem gemeinsamen Gesetz im eigentlichen Sinne unterliegen kann. Der
d] Gottesbeweis kann daher nur eine Deduktion im weiteren Sinne sein.

II.

Kennzeichnend für das deduktive Verfahren ist es, daß die Gewißheit von einer Wahrheit auf eine andere so ausgedehnt wird, daß die erste nicht bejaht und die zweite nicht zugleich ohne Widerspruch verneint werden kann, daß man dies jedoch nicht notwendigerweise muß umdrehen können. Die Folgeverbindung selbst sagt nichts aus über den Vollzug der Bejahung oder die Behauptung des einen oder des anderen, sondern bestimmt nur die Möglichkeit ihrer Qualität (als Bejahung oder Verneinung) in ihrer gegenseitigen Beziehung. Sie verbindet die Behauptbarkeit der beiden Wahrheiten, indem sie zugleich den Ausgangs- und den Endpunkt angibt. Diese Verbindung wird in einem Bedingungssatz ausgesprochen:

Wenn der Satz p wahr ist, ist notwendigerweise auch der Satz q wahr.

Oder andersherum ausgedrückt:

Wenn der Satz q nicht wahr ist, kann auch der Satz p nicht wahr sein.

Die Notwendigkeit der Verbindung und die daraus folgende Unmöglichkeit der zugleich bestehenden Wahrheit des Vordersatzes und der Falschheit
des Folgesatzes ist nicht notwendigerweise metaphysischer Art, sondern
e] kann an sich auch der physischen oder moralischen Ordnung angehören.
Sobald jedoch diese Verbindung (von p und q) im einzelnen verwirklicht ist und auch die Wahrheit des Satzes p feststeht, ist es metaphysisch unmöglich, daß der Satz q nicht wahr ist. Außer der Verbindung von p und q muß daher auch die gesonderte Behauptbarkeit des Satzes p feststehen, damit daraus der Satz q abgeleitet werden kann.

III.

Die Einseitigkeit der Verbindung zwischen p und q, infolge deren zwar q aus p, nicht aber ohne weiteres auch p aus q abgeleitet werden kann, hat darin ihre Rechtfertigung, daß die Behauptbarkeit des Satzes q in der Behauptbarkeit des Satzes p ihr Fundament hat, nicht aber umgekehrt. Ein Satz kann aber behauptet werden, wenn sein Gegenstand oder Objekt
(p°, q°) *ist* (auf seine Weise Sein hat). Weil aber die sogenannten Gedanken-
f] dinge letztlich ebenfalls in einer Wirklichkeit begründet sind, d. h. von ihr
ihren Grad der Gegenständlichkeit empfangen, können wir auch sagen: p oder q können als wahr behauptet werden, wenn p° oder q° wenigstens letztlich in der Wirklichkeit begründet sind. Deshalb also scheint q aus p, nicht aber p aus q ableitbar zu sein, weil q° seinem wirklichen oder in einem gewissen Grad gegenständlichen Sein nach auf irgendeine Weise vom wirk-
g] lichen oder objektiven Sein von p° abhängt.

Das Gesagte scheint einzuleuchten, enthält aber dennoch zwei Schwierigkeiten: 1. ist das Ziel einer Deduktion die gesonderte Behauptbarkeit des Satzes q. Der Bedingungszusammenhang stellt jedoch nur eine relative Behauptbarkeit fest. Es bleibt daher zu untersuchen, woher jene absolute Behauptbarkeit von q kommt und wie sie sich zur relativen Behauptbarkeit verhält. – 2. Entsprechend dem oben Gesagten wäre jede Deduktion im strengen Sinn zu verstehen, d. h. daß sie auf etwas ontisch Früheren beruht. Daraus würde aber die Unmöglichkeit jedes Beweises der Existenz Gottes aus der Welt folgen, was ja auch der extreme Rationalismus behauptet.

IV.

Um diese Schwierigkeiten zu lösen, ist folgendes zu beachten: etwas anderes ist die Beziehung der Behauptbarkeit *zweiter* Sätze, etwas anderes die relative Behauptbarkeit *eines* Satzes. Im Bedingungssatz, der den Obersatz des Schlusses bildet, wird die Beziehung der Behauptbarkeit zweiter Sätze (p, q) festgestellt. Im Untersatz wird p^{o} gesondert behauptet. Daraus folgt die relative Behauptbarkeit des Gegenstandes q^{o}. Kraft der bloßen Deduktion kann ihm keine andere Behauptbarkeit zukommen.

h] Es fragt sich nun, wie dennoch eine absolute und gesonderte Behauptung des Schlußsatzes, die doch das Ziel der Beweisführung ist, möglich ist und wie der Zugang zu ihr geschieht. Wie wir sahen, ist das dem deduktiven Schluß innere und wesentliche Ziel nichts anderes als die Behauptung einer relativen Behauptbarkeit. Der Beweis macht es jedoch kund, daß die Behauptung des Erschlossenen vernünftigerweise auch *gesondert* erfolgen *kann*. Mehr noch: das beweisende Schlußverfahren zeigt, daß die absolute Behauptung darin schon einschlußweise erfolgt ist. Denn der Schlußsatz q kann für sich selbst nicht verneint werden, ohne daß mit logischer Folgerichtigkeit auch p verneint wird; die Verneinung von q bei Geltung von p ist gleichwertig mit dem Widerspruch „zugleich p und nicht —p". Dasjenige also, was für unser Denken behauptbar ist in Beziehung auf eine absolut behauptete Prämisse, wird als das verstanden, was auch an sich selbst und absolut behauptbar ist. Die ausdrückliche und aktuelle Behauptung ist jedoch ein Akt, der verschieden ist von der bloßen Schlußfolgerung; sie ist daher trotz der gültigen Schlußfolgerung frei und kann unterlassen werden.

Wenn wir das auf den Beweis der Existenz Gottes anwenden, sehen wir, daß er wegen dieser Natur des Schlusses nicht direkt zur Anerkennung Gottes führt, sondern bloß zu einem Urteil über ihre (logisch) notwendige Behauptbarkeit: der Vernunft ensprechend kann sie behauptet, nicht aber mit Recht verneint werden.

i] Was nun die Lösung der anderen Schwierigkeit angeht, ist zu bemerken, daß zwischen der Behauptbarkeit eines Sachverhalts an sich und für unser Erkennen zu unterscheiden ist. Was nach seiner Behauptbarkeit an sich betrachtet wird, kann nur dann von etwas anderem hergeleitet werden, wenn es auch in der wirklichen oder wenigstens in der gegenständlichen

Ordnung von jenem anderen abhängt (Deduktion im strengen Sinne ist). So aber kann die Existenz Gottes nicht von der Existenz der Welt hergeleitet werden. Anders verhält es sich, wenn die Behauptbarkeit nur in Bezug auf unser Erkennen betrachtet wird, da diese nicht notwendig ineinsfällt mit der Behauptbarkeit einer Sache an sich. Von mir aus gesehen, kann nämlich etwas nicht einfachhin deswegen schon mit Recht als wahr behauptet werden, weil es an sich selbst wirklich oder gegenständlich ist, sondern nur wenn es mir sein Wirklichsein oder seine Gegenständlichkeit kundtut. Sein Wirklichsein aber bekundet eine Sache nicht notwendig durch ihre Ursache und kann es auch nur, wenn diese Ursache zusammen mit ihrem notwendigen oder aktuellen Vollzug schon anderswoher bekannt ist. Meist aber bekundet mir etwas sein Wirklichsein nur durch sein wahrgenommenes Wirken oder seine wahrgenommenen Wirkungen, ein bloß Gegenständliches aber sein Sosein dadurch, daß es durch Gesetze geregelt wird, die nicht von mir oder dem Belieben irgendeines anderen endlichen denkenden Subjekts abhängen. Die Abhängigkeitsverbindung der Sätze p und q ist also nicht notwendig identisch mit der Abhängigkeitsverbindung ihrer Gegenstände, die wir mit p° und q° bezeichnet haben.

V.

In den Beweisen für die Existenz Gottes, wie sie z. B. von Thomas von Aquin in den „Fünf Wegen“ dargelegt werden, wird von einer Existenz auf eine andere geschlossen. Sehen wir nun näherhin, wie diese Beweisart sich von anderen Existenzbeweisen unterscheidet. Wie wir gesehen haben, kann bei einem Existenzbeweis die durch den Satz q bezeichnete Existenz deshalb nicht verneint werden, weil dann mit logischer Folgerichtigkeit auch die durch den Satz p bezeichnete Existenz zu verneinen wäre, obwohl p, an sich selbst betrachtet, schon behauptet wurde. Jene logische Folgerichtigkeit hat ihren Grund in dem Bedingungssatz, der den Obersatz bildet und der im Falle eines Existenzbeweises die ursächliche Verbindung von p° und q° ausdrückt, wobei p° und q° sowohl Ursache und Wirkung als auch Wirkung und Ursache sein können. Da die Existenz Gottes keine Ursache haben kann, unterscheidet sich der Gottesbeweis schon dadurch von jedem Existenzbeweis, der etwas aus einem ontisch Früheren herleitet.

k] Wo unter p° eine Wirkung, unter q° aber eine Ursache verstanden wird, handelt es sich um eine ursächliche Beziehung mit physischer oder metaphysischer Notwendigkeit. Betrachten wir zuerst den Fall der physischen Notwendigkeit, der den Naturgesetzen eignet. (Entsprechendes gilt für die moralische Notwendigkeit oder Regelmäßigkeit.) In einem Naturgesetz wird festgestellt, daß bei einem bestimmten realen Phänomen p° es in der realen Ordnung auch seine bestimmte Ursache q° gibt. Die Verbindung besteht also nicht nur zwischen der Wirkung und irgendeiner Ursache, sondern zwischen einer bestimmten Wirkung und einer entsprechenden bestimmten, also endlichen Ursache. Wenn eine solche ursächliche Verbindung wirklich besteht (d. h. wenn eine wirkliche Hervorbringung des Sachverhalts p° durch die Ursache q° stattfindet), ist es allerdings metaphysisch unmöglich, daß q° nicht ist. Denn was nicht ist, das kann auch kein Wirken vollziehen. Die Verneinung der Ursache schlösse daher einen Widerspruch ein. Der Obersatz (wenn p, dann q) spricht jedoch im vorliegenden Fall nicht aus, daß jene Ursachenverbindung verwirklicht ist, sondern nur, daß die Natur der Dinge eine entsprechende Ursache fordert. Diese Forderung bleibt aber metaphysisch gesehen hypothetisch: wenn nicht eine andere, gegebenenfalls auch die erste Ursache, dazwischen tritt. Deshalb bleibt auch der genannte Widerspruch hypothetisch. Im Falle eines Wunders wäre q° wirklich aus der Kausalität der ersten (und/oder einer anderen Mittelursache) ohne die Ursache p°.

Anders verhält sich die Sache, wenn die im Obersatz ausgesprochene Verbindung aus einer metaphysischen Notwendigkeit gilt, wie bei dem metaphysischen Kausalitätsprinzip. Mittels dieses Prinzips kann, wenn wir einstweilen von der ersten Ursache absehen, nicht auf eine bestimmte, sondern nur unbestimmt auf irgendeine hinreichende Ursache überhaupt geschlossen werden. Wenn eine Ursache in einem solchen Falle trotz des Bestehens der realen Wirkung verneint würde, würde sich aus den Voraussetzungen der Widerspruch ergeben, daß eine Wirkung ohne reale Ursache unmöglich ist und daß es dennoch keine reale Ursache gibt. Die Verneinung der Schlußfolgerung, d.i. der Existenz einer Ursache, ist dann im vorliegenden Fall identisch mit der Leugnung jeder beliebigen Ursache und schließt daher auch die Leugnung des im Obersatz ausgesprochenen Bedingungszusammenhangs, also des Kausalitätsprinzips ein. Dieselbe Verneinung findet auch im Falle der Leugnung der ersten Ursache statt. Denn mit der Verneinung der ersten Ursache werden folgerichtig alle Ursachen verneint.

Der Beweis für die Existenz Gottes als erster Ursache unterscheidet sich daher vom Beweis einer bestimmten Naturursache dadurch, daß jener Beweis – eine Wirkung vorausgesetzt – auf einer metaphysischen und absoluten Notwendigkeit beruht, dieser aber nur eine physische (naturhafte) und hypothetische Notwendigkeit zur Grundlage hat. Wie aber ganz allgemein jede physische Notwendigkeit irgendeine metaphysische Notwendigkeit voraussetzt und einschließt, so schließt auch der Beweis einer bestimmten physischen Ursache immer auch die Notwendigkeit einer Ursache im allgemeinen und darum auch der ersten Ursache ein, ohne die es überhaupt keine Ursache gäbe.

Vom Beweis der Existenz einer unbestimmt genommenen Ursache aber unterscheidet sich der Beweis für die Existenz der ersten Ursache dadurch, daß diese Existenz und damit auch ihr Beweis ausdrücklich Rechenschaft gibt von der Bedingung der Möglichkeit jener.

VI.

Der Beweis für die Existenz Gottes unterscheidet sich von anderen Existenzbeweisen nicht nur dadurch, daß er – die Existenz einer Wirkung vorausgesetzt – mit metaphysischer Notwendigkeit schließt, sondern auch darin, daß das Beweisziel den Gegensatz von Existenz- und Wesensordnung schlechthin überschreitet und in sich selbst mit metaphysischer und absoluter Notwendigkeit seiend ist. Mehr noch: da in ihm sich keine Unterscheidung zwischen dem, wodurch, und dem, was es ist, mehr findet, muß man es die absolute Notwendigkeit selbst nennen, und zwar nicht nur jene, die den Wesensbeziehungen im allgemeinen zukommt, sondern jene, welche die jenseitige Quelle aller metaphysischen Notwendigkeit ist.

Wenn sich die Sache aber so verhält, dann darf man sich nicht darüber wundern, daß man auch aus den verschiedenen metaphysischen Notwendigkeiten (den metaphysisch notwendigen Beziehungen) auf die transzendente metaphysische Notwendigkeit, die nicht mehr einer Existenzordnung gegenübersteht, sondern das reine Sein-selbst ist, schließen kann. Wir haben oben gesehen: Wer bei Behauptung des Obersatzes (des Bedingungssatzes) den Schlußsatz verneint, verneint mit logischer Notwendigkeit auch den Untersatz p oder widerspricht sich vielmehr in ihm, wenn er ihn dennoch setzt. Und umgekehrt: Wer bei Gültigkeit von p den Schlußsatz verneint, verneint damit einschlußweise auch den Bedingungssatz oder widerspricht sich in ihm, wenn er ihn dennoch behauptet. In dem Fall jedoch, da der Bedingungssatz nur einen Natur- oder Sittenzusammenhang ausdrückt, ist eine solche Verneinung an sich möglich, nicht aber, wenn dort eine metaphysisch notwendige Verbindung dargestellt wird. Weiter haben wir schon oben gesehen: Wer bei Behauptung des metaphysisch notwendigen Kausalzusammenhangs (also bei Gültigkeit des metaphysischen Kausalitätsgesetzes) die erste Ursache (nicht jene, nach der andere sind; sondern jene, vor der nichts anderes ist!) verneint, der verneint jede beliebige Ursache und daher kraft dessen (sich widersprechend) den metaphysisch notwendigen Kausalzusammenhang überhaupt und folgerichtig auch die absolut transzendente Notwendigkeit. Aus dem metaphysischen Kausalitätsprinzip allein
1] läßt sich daher die Existenz der ersten, in sich selbst absolut notwendigen Ursache nachweisen. Dadurch unterscheidet sich der Existenzbeweis Gottes am meisten von jedem anderen Existenzbeweis.

VII.

Der Gottesbeweis unterscheidet sich aber auch von jedem Wesensbeweis. In jedem Beweis der Wesensordnung geht zwar die Verneinung des Schlußsatzes folgerichtig über in einen formalen Widerspruch zu irgendeinem Vordersatz. Dieser Widerspruch ist jedoch von seinem Objekt her endlich, wie jede Wesensbestimmung im allgemeinen endlich ist. Im Beweis der Existenz Gottes, der von der metaphysischen Wesensordnung (wie oben

aus dem Kausalitätsprinzip) ausgeht, ist jedoch der Widerspruch, der aus
m] der Verneinung des Schlußsatzes folgt, von seinem Objekt her unendlich. Denn dieser Widerspruch behauptet und hebt zugleich die absolute und transzendente Notwendigkeit selbst auf, die unendlich ist: er behauptet sie, insofern er in den Vorsätzen eine Wesensverbindung, die in jener transzendenten Notwendigkeit gründet, einschlußweise setzt; er hebt sie auf, insofern er eben diese transzendente Notwendigkeit verneint. Wenn aber jeder beliebige formale und einschlußweise Widerspruch von seinem Objekt her innerlich unmöglich ist (kein Objekt haben kann), dann gilt das am meisten vom unendlichen Widerspruch, durch den nicht bloß die eine oder andere Möglichkeit, sondern jede Möglichkeit und Gegenständlichkeit aufgehoben würde. Da jedoch die vom Objekt her betrachtete Gewißheit an der Notwendigkeit des Objekts und der Unmöglichkeit seiner Verneinung gemessen wird, muß man sagen, daß die Gewißheit der Existenz Gottes, objektiv betrachtet, die größte und eine wahrhaft unendliche Gewißheit ist, die größer als die jeder beliebigen Existenz, sogar der eigenen ist; größer auch als die Gewißheit der metaphysischen Prinzipien der Erkenntnis. Obwohl wir nämlich durch diese zu jener gelangen, sehen wir dennoch ein, daß diese alle, und zwar nicht nur an sich selbst, sondern auch was ihre Erkennbarkeit anbelangt, in jener gegründet sind.

VIII.

Im vorangehenden war mehrfach die Rede vom einschlußweisen (virtuellen) Widerspruch, d. i. vom Widerspruch, der sich mit logischer Folgerichtigkeit von der Verneinung des Schlußsatzes aus auch auf den einen oder anderen Vordersatz überträgt. Eine solche Übertragung, wie überhaupt jede logische Folgerung und Ausdehnung der Gewißheit von einem Satz auf einen anderen, setzt irgendeine Identität in den so gemeinsam bejahten oder verneinten Inhalten und Objekten voraus. Denn mit welchem Recht sonst könnte eine Behauptung vom einen zum anderen Satzobjekt übergehen? Ein Beweis ist in der realen Ordnung deshalb möglich, weil das Objekt der verschiedenen Sätze in sich eins und seinsmäßig verbunden ist, so daß derjenige, der über einen Satz Gewißheit hat, wegen dieses seinshaften Zusammenhangs und wegen der Untrennbarkeit der Wahrheit
n] beider Sätze auch zur Gewißheit des anderen Satzes gelangen kann. Der Beweis gründet also in dem Verhältnis des Satzes oder vielmehr des Urteils, das durch ihn bezeichnet wird, zum Seienden an sich.

Von einem Urteil kann ich in der Wirklichkeitsordnung also deshalb auf ein anderes schließen, weil das Urteil wesentlich auf die Ordnung des an sich Seienden bezogen ist und weil die an sich seienden Wesen unabhängig von dem, was von ihnen formell erkannt und in unseren Begriffen ausgedrückt wird, in sich zusammenhängen. Das aber, wodurch das Urteil formell die Beziehung zur Ordnung des an sich Seienden besagt, ist die *Setzung* des im Prädikat ausgedrückten Objekts als eines wahren und daher zur Ordnung des an sich Seienden gehörigen, oder das Element der Behauptung, das in jeder Bejahung oder Verneinung enthalten ist und beide übersteigt, wodurch von dem Gesagten behauptet wird, daß es *sei* ,was ist, oder das *nicht sei,* was nicht ist.

Diese Setzung wird zwar formell umschrieben und begrenzt durch den Begriff des Prädikats, geht aber in seiner Kraft über jeden so umschriebenen Inhalt hinaus und pflanzt ihn sozusagen in die Ordnung des an sich Seienden ein. Wer immer nämlich etwas ernstlich behauptet, unterliegt damit der Notwendigkeit und anerkennt sie, keinem anderen Inhalt, der von dem selben Subjekt urteilend behauptet wird, zu widersprechen. Er anerkennt daher, daß alles, was von ihm behauptet wird, in der Ordnung des an sich Seienden durch das gemeinsame Gesetz des Nicht-Widerspruchs zusammenhängt, d. h. daß es zur Ordnung des Seins gehört. Er anerkennt, daß die Ordnung des Seienden in sich *eins* ist. Er anerkennt und behauptet kraft dessen das Einheitsprinzip der Seinsordnung, ohne das eine solche Seinsordnung unmöglich wäre; er anerkennt damit die reine Identität und die transzendente Notwendigkeit. Er anerkennt und behauptet damit Gott.

Abschließend ist also zu sagen: Der Beweis der Existenz Gottes unterscheidet sich von allen anderen Beweisen dadurch, daß er dasjenige in verschiedener Weise zum Ausdruck bringt, was einschlußweise allen anderen Beweisen zugrunde liegt und ihnen ihre Stärke verleiht.

Nachbemerkungen

Dieser Artikel wurde zuerst in lateinischer Sprache unter dem Titel „Considerationes quaedam de indole propria probationis Dei“ veröffentlicht in: Studi Filosofici intorno all' „Esistenza“, al Mondo, al Trascendente (Analecta Gregoriana, Vol. LXVII, Roma 1954, p. 265–271). Die Frage nach der Eigenart des Gottesbeweises kann sinnvoll nur gestellt werden, wenn die Gültigkeit eines oder mehrerer Gottesbeweise feststeht. Dies konnte für den Leserkreis der Erstveröffentlichung vorausgesetzt werden. Zur Vorfrage der Gültigkeit von Gottesbeweisen vgl. hier „Der Gottesbeweis aus der Kontingenz“ S. 481, oder meine „Summe“ Nr. 1. – Der Text steht hier in meiner deutschen Übersetzung. An einigen Stellen war sinngemäß nur eine freie Übersetzung möglich. Einige scholastische Fachausdrücke werden in den Nachbemerkungen verdeutlicht.

a] Gemeint ist das Ziel der Untersuchung; der Weg dazu schließt methodenkritische Überlegungen nicht aus, sondern ein.

b] Z. B. daß im Dreieck die Winkelsumme 180° ist.

c] Er ist nicht nur Mittel zum Zweck, sondern hat einen Eigenwert für die Erkenntnis.

d] Deduktion wird als Beweis mit Hilfe schon bekannter allgemeiner Sätze hier so weit gefaßt, daß sie im Bereich des Beweises nur der Induktion gegenüber steht. Zur Frage nach der Deduktion im engeren Sinn des Wortes s. unten IV.

e] Unter der physischen Ordnung werden die regelmäßigen Zusammenhänge der uns in der äußeren Erfahrung gegebenen Ereignisse und Gegenstände verstanden; unter der moralischen Ordnung wird hier nicht die ethische Ordnung der sittlichen Pflichten verstanden, sondern die auch bei freiem Handeln im einzelnen dennoch bei großer Zahl auftretenden psychologischen und sozialen Regelmäßigkeiten.

f] Gedankendinge, entia rationis, sind nicht nur „gedachte Dinge", sondern „Nur gedachte und nur denkbare Dinge", die selbst nicht real sein können, so wie sie gedacht werden, z. B. abstrakte Allgemeinbegriffe in der Form ihrer Allgemeinheit.

g] Daß dies nicht immer der Fall ist, wird in IV. dargetan.

h] Im lateinischen Text wurde, zumindest sprachlich, nicht genügend zwischen Schluß und Beweis unterschieden. Im bloßen Schluß geht es nur um das Beziehungsgefüge von Aussagen, im Beweis um die erschlossene Wahrheitsbehauptung. Die deutsche Wiedergabe sucht dem Unterschied besser Rechnung zu tragen.

i] Der hier folgende Abschnitt wurde der besseren Verständlichkeit halber nicht wörtlich, sondern sinngemäß frei übersetzt.

k] Auch hier freiere Übersetzung.

l] Dagegen spricht nicht, daß wir dieses Prinzip nicht kennen würden, ohne irgendeine wirkliche Kausalbeziehung zu erkennen. Denn die Beweiskraft beruht nicht auf diesem Erkenntniszugang, sondern auf der ontologischen Gültigkeit des Prinzips selbst.

m] Die Verneinung, von der hier die Rede ist, ist selbstverständlich nur der dialektische Versuch, der die Kraft des Beweises zum Vorschein bringt.

n] Denn keine Wahrheit kann einer anderen im letzten widersprechen.

EXISTIERT GOTT?

Zu dem gleichnamigen Buch von Hans Küng

Existiert Gott? und: Wer ist Gott? Auf beide Fragen will das Buch eine Antwort geben und diese Antwort begründen (17). Küng läßt die Fragen und Zweifel der ganzen Neuzeit ausgiebig in Zitaten und deren Erläuterung zu Wort kommen. Er spielt sie gegen einander aus, um die gegebenen Antworten durch Gegenfragen erneut in Frage zu stellen. Gleichwohl bezieht er Position: Ja, Gott existiert, und zwar der christliche Gott. Man kann vernünftig an ihn glauben; die Antworten sollen eindeutig, aber nicht fertig sein (19). Das Buch bietet viele Einstiegsmöglichkeiten; es ist im Sinne des Autors, dort anzufangen, wo es einem Spaß macht (19). In der Tat ist das Buch interessant, wo immer man es aufschlägt. Überall findet man überraschend lebendige Schilderungen der verschiedensten Stationen der Geistesgeschichte, Aperçus, denen man gerne zustimmt; dazwischen Urteile, die zur Ablehnung reizen. Doch davon später.

In Teil A, Vernunft oder Glaube? stellt K. die so gegensätzlichen Positionen von Descartes (23–63) und Pascal (64–118) einander gegenüber und sucht dann unter Einbeziehung der wissenschaftstheoretischen Diskussion (L. Wittgenstein, R. Carnap, K. Popper, Th. S. Kuhn) mit Thesen zur neuzeitlichen Rationalität zu einer ersten Zwischenbilanz zu kommen (119–154). – Teil B über das neue Gottesverständnis stellt den Gang der Geistesgeschichte von Spinoza bis Hegel in fesselnder Weise dar (155–190), ausmündend in die Frage nach dem weltlichen und geschichtlichen Gott und die zweite Zwischenbilanz zum Thema (211–220). – Teil C behandelt die Herausforderung des Atheismus in drei Abschnitten, die L. Feuerbach (221–250), K. Marx (251–298) und S. Freud (299–362) gewidmet sind und zur dritten Zwischenbilanz mit Thesen zum Atheismus führen. – Teil D geht über den Nihilismus als Konsequenz des Atheismus (381–469); darin über Nietzsche und seine (zuerst mit, dann gegen Schopenhauer und R. Wagner ausgesprochene) Kultur- und Religionskritik, ausmündend in eine (vierte) Zwischenbilanz mit Thesen zum Nihilismus. – Teil E. spricht, als Alternative zum Nihilismus, das Ja zur Wirklichkeit aus. Nach Klärung, was mit Ich, Wirklichkeit und Freiheit einer Grundeinstellung gemeint sei, und der Konfrontation von Ja und Nein zur Wirklichkeit spricht sich K. für die ursprüngliche Vernünftigkeit im Vollzug des Grundvertrauens aus und erweist es als Basis der Wissenschaft, der Ethik und des religiösen Glaubens (471 bis 528). – Teil F spricht dann, in Alternative zum Atheismus, das Ja zu Gott aus. Im Abschnitt über den mehrdimensionalen Menschen und seine Transzendenz setzt sich K. auseinander mit E. Bloch, M. Horkheimer, M. Heidegger und L. Wittgenstein (531–560), im Abschnitt „Theologische Diskussion" mit Vaticanum I, K. Barth, der Nouvelle Théologie und der Gotteserkenntnis der nichtchristlichen Religionen (461–582), im Abschnitt „Gott beweisen?" mit Argumenten pro und contra (583 bis 589) und I. Kant (590–606). Der letzte Abschnitt dieses Teils heißt „Gott existiert". Nach einer Hinführung wird Gott als Hypothese und das Ja zu Gott, zum Grund und Ziel der Wirklichkeit und des menschlichen Lebens als rational verantwortbar vorgestellt (607–640). – Teil G endlich behandelt das Ja zum christlichen Gott, dem Gott Jesu Christi, auf dem Hintergrund des Gottes der nichtchristlichen Religionen und der Bibel (641–767). – Anmerkungen mit reichen, spezifizierten Literaturangaben bis 1977 einschließlich (769–859) und ein Namenregister beschließen das Werk.

Nicht nur der große Umfang des Buches, auch seine Darstellungsweise machen eine theoretische Auseinandersetzung mit ihm schwer. Das ist kein Zufall, sondern in der Zielsetzung des Buches begründet. K. s Bestreben geht dahin, den heutigen Menschen durch den Dialog mit der neuzeitlichen Geistesgeschichte dort aufzusuchen, wo er ist, und ihm die Kunde von Gott so nahezubringen, daß er zu einem ganzmenschlichen, existentiellen Ja des freien Vertrauens zu Gott kommt. Seine Kunst ist nicht das Beweisen, sondern das Überreden im guten Sinn des Wortes. Dagegen wäre nichts einzuwenden, wenn K. dabei ein streng theoretisches Verfahren in der Gottesfrage nicht zugleich zurückwiese, und zwar nicht auf streng theoretische Weise, sondern auf seine, rhetorische Weise, durch Häufung von Suggestiv-Fragen, durch pejorative Vergleiche und Bildausdrücke. So, wenn er etwa von der Glaubensanalyse der Neuscholastik als einer „Vivisektion des Glaubensaktes“ spricht (44) oder die Neuscholastik als „naiven Rationalismus“ abqualifiziert (45).

Wie gesagt, enthält das Buch manche Stellen, die zum Widerspruch reizen. Einige davon seien kurz erwähnt. Kann man der Psychoanalyse mit Recht „eine eigene kritische Instanz“ einräumen, „vor der die Theologie über den Realitätsgehalt vieler ihrer Aussagen Rechenschaft ablegen muß“? (350) – K. ist Meister in der einfühlenden, alle positiven Seiten heraushebenden Darstellung der verschiedensten gegnerischen Positionen, die er nicht müde wird als „ernstzunehmend“ zu bezeichnen, mögen sie noch so unbegründet sein. Dasselbe wohlwollende Verständnis für andere theologische Richtungen, für die Tradition als Glaubensquelle und für das lebendige kirchliche Lehramt, das nun einmal in der Kirche eine andere Funktion hat als der theologische Lehrer und eine schwere Verantwortung für die Identität und Kontinuität des Glaubens trägt, vermißt man an nicht wenigen Stellen. Ein anderes: Mancher, der das Buch nach dem Rat Küngs da oder dort, etwa bei Hegel (157) aufschlägt, wird durch die Art der Darstellung zur Meinung kommen, daß sich der Verf. weitgehend mit Hegels Auffassungen identifiziert. Wird er aber auch die Kritik an Hegel lesen (196–198), die seinen Irrtum berichtigt? Gewiß, man kann nicht alles in einem Satz sagen. Aber K. s Darlegungen sind nicht selten, um das wenigste zu sagen, ungeschützt.

Gehen wir nun näher auf einige der Thesen ein, in denen K. jeweils seine Ausführungen, meist in dialektischer Gegenüberstellung, zusammenfaßt. – Den Thesen zur neuzeitlichen Rationalität (147–152) kann man im großen und ganzen zustimmen, obwohl es auch hier angreifbare Formulierungen gibt: Eine verabsolutierte Vernünftigkeit sei abzulehnen, meint K.; mit der Vernunft seien auch Wollen und Fühlen, Phantasie und Gemüt, Emotionen und Passionen, die nicht einfach auf Vernunft reduziert werden können, zu berücksichtigen (147). So weit, so gut; aber wäre denn eine solche Reduktion vernünftig? Weist nicht gerade die Vernunft eine solche Reduktion zurück? – Ein anderer Fall: Mathematisierung, Quantifizierung und Formalisierung reichen nicht aus, um die Welt des Qualitativen und spezifisch Menschlichen zu erfassen. Es gibt viele Methoden; ihre Wahl hängt von der jeweiligen Problematik ab (148) – was man übrigens schon bei Aristoteles nachlesen kann. Wenn das so ist, wie kann man dann aber für alle Bereiche eine neutrale Methode nach eigenen Gesetzen verlangen (auch 148)? Die dialektische Gegenüberstellung ist nicht vermittelt. – Die exakten Forschungen von der Atomphysik bis zur Astrophysik, von der Mikrobiologie bis zur Genetik und Medizin(!) können so weit vorangetrieben werden, daß möglichst mathematische Gewißheit erreicht wird, meint K. (149). Von mathematischer Gewißheit kann natürlich in diesen nicht-mathematischen Wissenschaften nicht die Rede sein, obwohl sie zur Untersuchung ihrer Gegenstände auch mathematische Methoden verwenden. Auch die Epizyklen des ptolemäischen Weltbildes waren mathematische Modelle. – Einig sind wir natürlich mit K. in der Feststellung, daß es keine mathematisch-naturwissenschaftlichen Kriterien gibt, nach welchen metaphysisch-theologische Sätze als sinnlos erklärt werden können (149). Mit Recht plädiert K. für kritische Rationalität und gegen einen ideologischen Rationalismus. Mit Recht betont er die Vieldimensionalität der Wirklichkeit und die Notwendigkeit, nach der Einheit und Wahrheit der Wirklichkeit zu fragen, die zur Gottesfrage führt (153).

In den Thesen der zweiten Zwischenbilanz über die Weltlichkeit und Geschichtlichkeit Gottes betont K., die Gottesfrage müsse unter heutigen Verstehungsbedingungen gestellt werden, nicht unter griechischen, mittelalterlichen oder frühneuzeitlichen Bedingungen (211). Soll das heißen, die Gottesfrage hätte früher nicht gültig gestellt und beantwortet werden können? Folgt aus dieser Unterstellung nicht, daß eine heutige Antwort schon morgen, in einer neuen geistesgeschichtlichen Situation wieder ungültig werden kann? Wäre das nicht ein Historismus, der jede überzeitlich gültige Wahrheit und Gewißheit verneint, gleichwohl aber selbst überzeitliche, für jede Zeit gültige Wahrheit beansprucht? Zugegeben, daß die metaphysische Wahrheit jeweils im Durchschreiten des Physischen und damit des jeweiligen Weltbildes erreicht und damit auch in der Ausdrucksweise gefärbt wird. Wer daraus schließt, daß damit das als metaphysisch Erkannte selbst in die Relativität des Physischen hineingezogen werde, behauptet damit, daß das Metaphysische grundsätzlich nicht erreichbar sei. Er setzt dabei voraus, daß das Metaphysische nur eine Hypothese (vgl. 617) zur Erklärung des jeweils als physisch gültig Erkannten sei. Darin mißversteht er aber das Verfahren der Metaphysik, das keine Hypothesen bildet für das jeweilige Weltbild, die dann mit diesem zusammen hinfällig werden können. Die Metaphysik sucht nicht Hypothesen, die zu solchen Weltbildern passen, sondern die Bedingungen der Möglichkeit für jedes mögliche Weltbild, für jede mögliche Erfahrung (vgl. dazu in dieser Zeitschrift 43 [1968] 1–17). Das gilt für jede Metaphysik, auch für die Platons oder des Aristoteles (ob sie nun dort ganz oder nur zum Teil gelungen ist oder nicht), nicht minder als für Kant oder Hegel. Eben dadurch unterscheidet sich Metaphysik von jeder Art luftiger Spekulation und ideologischen Überbaus.

Trotz vieler Einwände gegen Hegel, gibt K. diesem Recht, „wenn er... das Werden Gottes und die Dialektik in Gott ernstzunehmen versucht" (214). Weiß K., was er damit sagt? K. s Thesen über die „Weltlichkeit Gottes" sind so formuliert, daß jeder darin finden kann, was er will. „Gott ist nicht das statische Sein selbst, das jedes Werden und jede echte Zukunft ausschließt: kein Gott, der zwar die Welt erkennt und liebt [das wäre doch wohl nicht statisch!], in sich jedoch unbeweglich und unveränderlich bleibt" (218). Daß mit der Unveränderlichkeit im Lateranense IV und Vaticanum I kein statisches Sein im Gegensatz zu Wirken, wohl aber der Ausschluß von Werden im eigenen Sein Gottes, nicht jedoch im andern seiner selbst (z. B. in der menschlichen Natur des Sohnes Gottes) gemeint ist, müßte K. wissen, und er weiß es auch an anderer Stelle. Warum spricht er hier dann so mißverständlich? Daß Gott geschichtsmächtig ist und trotz seiner Unveränderlichkeit in der Geschichte und durch seine Schöpfung auf die verschiedenste Weise handelt und auf unser Tun reagiert, hat man in der Kirche und Theologie immer schon gewußt, ohne auf Hegel warten zu müssen.

Was K. über Marx und Freud und ihre Religionskritik sagt – die breite, differenzierte Darlegung, eingebettet in die biographische Entstehung und die historische Entwicklung dieser Kritik –, kann man mit großem Gewinn lesen. Dabei zeigt es sich immer wieder, daß alle soziologischen und psychologischen Erwägungen schließlich an den Punkt führen, wo die Frage nach der Wirklichkeit Gottes an sich selbst in einer Weise gestellt werden muß, die den Rahmen der Möglichkeiten jener Methoden übersteigt. In der Zwischenbilanz III zum Atheismus stellt K. fest, daß es beim Gottesglauben letztlich um die volle, strenge Wahrheit geht. Die von den Atheisten ins Feld geführten Beweise reichten zwar aus, um die Existenz Gottes fragwürdig, nicht aber um seine Nicht-Existenz fraglos zu machen. Die Frage nach Gott erscheint als offene Frage (367–370). In welchem Sinn diese Frage keineswegs überholt ist, zeigt K. in einer guten Formulierung (374).

Der Atheismus ist ernst zu nehmen (378–80). Er ist nicht generell gewollter „Abfall von Gott". Er dürfe aber auch nicht als verborgener „Glaube an Gott" theologisch vereinnahmt, der Atheist nicht arrogant als „anonymer Christ" bezeichnet werden, meint K. – Dazu ein klärendes Wort. Selbstverständlich muß ich die ehrliche Überzeugung eines Atheisten respektieren und sie als das nehmen, was er damit sagen will. Aber folgt daraus, daß der Atheist auch selber all das weiß, was Bedingung der Möglichkeit seiner Überzeugung ist? Er lehnt Gott ab, weil er – im Fall des subjektiv ehrlichen Gewissens – die Wahrheit liebt, den Irrtum meiden will. Angenommen, daß Gott dennoch ist und die absolute Wahrheit ist, ist dann Gott nicht die Bedingung der Möglichkeit für die Existenz des Atheisten, für seine Liebe zur Wahrheit und damit auch das Ziel für seine, obwohl als atheistisch irrige, aber damit eben doch nicht total von der Wahrheit – von Gott – abgewandte Überzeugung? Wieso ist das arrogant oder komisch? Und wenn es das ist, ist es dann nicht ebenso „arrogant" zu behaupten, wie das der Verf. (370) – mit Recht – tut, daß der Atheismus aus einem unbeweisbaren Glauben lebt?

K.s Thesen über den Nihilismus, das Beharren auf der Nichtigkeit alles Seienden, lauten: Der Nihilismus ist möglich, faktisch und grundsätzlich; er ist unwiderlegbar; er ist aber auch unbeweisbar. – Nach K. gibt es kein rational zwingendes Argument gegen den Nihilismus. Zwingend im Sinne der psychologischen Nötigung gewiß nicht. Niemand kann gezwungen werden, vernünftig zu handeln, wenn er es selbst nicht will. Aber kann rational zwingend nicht auch heißen: so vernünftig, daß das Gegenteil unvernünftig ist? In diesem Sinne ist der Nihilismus sehr wohl widerlegbar. Es ist eben doch zumindest möglich, daß letztlich alles nichtig ist, meint K. Daß dies der Nihilist meint, sei zugegeben. Aber meint K. das selbst?

Doch wohl nicht; warum aber dann die Behauptung „es ist möglich"? – Die Tatsache, daß der Satz von der Nichtigkeit alles Seins ausgesprochen werde, könne nicht als Selbstwiderspruch gegen den Nihilisten eingewendet werden, da diese Tatsache für den Nihilisten eben sinnlos sei. Warum spricht er ihn dann aus? Alles Tun ist sinngerichtet. Es geht hier freilich nicht um einen begrifflichen Widerspruch, sondern um einen Widerspruch im Vollzug, ähnlich dem, der sagt: Ich bin nicht. In seiner Begründung der These, der Nihilismus sei unbeweisbar, schießt dann K. allerdings weit übers Ziel hinaus, indem er den Nihilismus tatsächlich widerlegt – obwohl er sich dagegen verwahrt. Warum eigentlich? Daß ein existentielles Ja, eine in Grenzen freie Entscheidung, nicht einfach ein logischer Folgesatz ist, ist analytisch evident, wenn man weiß, was ein existentielles Ja ist. Die Frage ist aber: ist dieses Ja so vernünftig, daß ein Nein unvernünftig wäre, oder ist es in der Weise vor-vernünftig, daß die Vernunftgründe nur im nachhinein geliefert werden, und dies nicht nur in ihrer reflektierten Begrifflichkeit, was bei Lebensvollzügen immer der Fall ist, sondern so, daß sie in ihrem Gehalt und ihrer Geltung von einem bloßen Vertrauen abhängen? Das zweite scheint K. zu behaupten, wenn er unter Berufung auf Stegmüller von einer „vorrationalen Urentscheidung" spricht (471); dann aber bestreitet er, daß diese Entscheidung irrational sei (488). Es ist doch so, daß der, welcher die Wirklichkeit *wegen* ihrer grundlegenden Zwiespältigkeit, Sinnlosigkeit, Wertlosigkeit, Nichtigkeit ablehnt und zu ihr Nein sagt, dies deshalb tut, weil er Identität, weil er Sinn und Wert sucht, weil er im Nein zum Nicht das Sein sucht und suchend bejaht.

Warum muß man – das ist unsere Frage an K. – um des existentiellen Ja willen leugnen, daß ein psychologisch mögliches Nein, das, wie K. selbst dartut, auf nichtigen Gründen beruht, selbst unaufhebbar als Bedingung seiner Möglichkeit ein Ja zur Wirklichkeit enthält, das alles Nein als unvernünftig entlarvt? Genau das ist aber theoretische Evidenz und Gewißheit. Allerdings ist es ein Ja, das bei der vordergründigen Wirklichkeit nicht stehenbleiben kann. Das zeigt dann K. selbst im nächsten Teil.

Leider krankt auch die Auseinandersetzung mit dem Atheismus an der soeben gerügten methodischen Unklarheit. „Die Wahrheit des Gottesglaubens darf nicht nur behauptet, sie muß bewahrheitet werden" (581). Aber was heißt „eine Wahrheit bewahrheiten"? Einen Beweis der Existenz Gottes „d. h. eine Gedankenfolge, die durch logische Verbindung bekannter Sätze ein Unbekanntes erschließt" (584) lehnt K. ab. Das Unbekannte steht hier für die mit Gott selbst identische Existenz Gottes, der Beweis für eine logisch geordnete Satzfolge, die natürlich niemals an Gott selbst herankommt. Aber so ist ein Gottesbeweis nun einmal nicht beschaffen. Wer einen Satz der Geometrie beweist, handelt nicht von einem Unbekannten, sondern er zeigt, daß der fragliche Satz so mit anderen Sätzen logisch verbunden ist, daß er nicht verneint werden kann, ohne daß mindestens einer der Vordersätze, die zuvor zugestanden wurden, mit logischer Notwendigkeit mit verneint wird. Auch im Gottesbeweis muß schon bekannt sein, was der Satz „Gott existiert" bedeutet (übrigens auch bei seiner Verneinung oder Bezweiflung). Der Gottesbeweis besteht in nichts anderem, als daß durch logische Analyse, die viele Formen annehmen kann, gezeigt wird, daß der Gottesleugner in Konsequenz seiner Gottesleugnung irgendeine, wenn nicht gar alle Wirklichkeit leugnen muß. Daß dies so ist, ist leicht einzusehen. Ich argumentiere jetzt unter der Voraussetzung (also: wenn – dann) der Existenz Gottes: Wenn Gott wirklich der Grund aller Wirklichkeit ist, dann kann niemand etwas als wirklich behaupten, ohne darin implizit, wenn auch auf unbestimmte Weise, den unbedingten Grund aller Wirklichkeit mitzubehaupten, was dann durch eine logische Analyse (=Gottesbeweis) auch aus seiner ersten Behauptung herausgeholt werden kann. Denn Wirkliches kann als Wirkliches nur in der unbedingten Weise des „es ist" behauptet werden.

Die Darstellung der Gottesbeweise von sieben großen Denkern beschränkt sich bei K. auf eine bloße Aufzählung und beansprucht in seinem Buch keine zwei Seiten (584/5). Diese Grundlage ist zu schmal für eine gründliche Auseinandersetzung mit den Gottesbeweisen. Der Haupteinwand gegen deren Gültigkeit: keiner von ihnen werde – im Gegensatz etwa zu den geometrischen Beweisen – allgemein angenommen (585). Dieser Unterschied erklärt sich jedoch leicht: bei den geometrischen oder sonstigen Beweisen der Einzelwissenschaften handelt es sich um Gegenstände, die in der Anschauung vorkommen oder doch vorgestellt werden können, beim Gottesbeweis um ein Jenseits des Anschaulichen, obwohl nicht ohne Rückbezug auf das Anschauliche. Dem Unendlichen gegenüber, das bloß vermittelt durch das Endliche zugänglich ist, bleibt der Mensch frei. Von „anbeweisen" kann keine Rede sein. Nicht Gott wird erschlossen, sondern erschlossen wird, daß ich – daß jeder, der denkt – schon immer auf ihn bezogen ist. Wenn man natürlich schon in der Nihilismusfrage keine theoretisch vollgültige Widerlegung zuläßt, dann erst recht nicht in der Atheismusfrage.

Noch einige Anmerkungen: Es stimmt nicht, daß Kant in seiner Schrift „Der einzig mögliche Beweisgrund zu einer Demonstration des Daseins Gottes" (1763) das ontologische Argument breit entwickelt hat (591/2). Es handelt sich dort um das Argument aus der realen Möglichkeit nicht Gottes, sondern der Dinge. Kant hat das ontologische Argument aus dem bloßen Begriff Gottes zu keiner Zeit als gültig anerkannt. Wie wenig Kants Argumente gegen die Gottesbeweise schlüssig sind, zeigt der Ref. in seiner im Druck befindlichen „Summe einer philosophischen Theologie."

K. schließt seine Ausführungen über „Gott als Hypothese" ab mit den Worten: „*Wenn* Gott existierte, dann wäre die Bedingung der Möglichkeit dieser fraglichen Wirklichkeit gegeben... *Wenn!* Aber es ist ein alter Satz der Logik: Ab esse ad posse valet illatio, non autem viceversa! Von der Wirklichkeit läßt sich auf die Möglichkeit schließen, aber nicht umgekehrt" (624). Hier hat K. in verhängnisvoller Weise „Möglichkeit" mit „Bedingung der Möglichkeit" verwechselt. Der Gottesbeweis schließt – den „ontologischen" ausgenommen – nicht aus der Möglichkeit Gottes (etwa als denkmöglicher Hypothese) auf die Wirklichkeit Gottes (als Zutreffen der

Hypothese), sondern aus der Wirklichkeit der Dinge (in dieser oder jener Qualifikation), die deren reale Möglichkeit selbstverständlich einschließt, auf deren notwendige Bedingung der Möglichkeit (auf die condicio sine qua non), die demnach nicht mehr verneint werden kann, ohne daß das Bedingte (die Wirklichkeit der Dinge) damit zugleich verneint wird. So argumentiert übrigens auch K. selbst bezüglich der Sittlichkeit (638–9).

Wenn K. sagt: „Der Atheismus vermag keine Bedingung der Möglichkeit der fraglichen Wirklichkeit anzugeben" (627), so ist das zu wenig. Der Atheismus verneint diese Bedingung als eine welttranszendente und behauptet damit, daß sie welt-immanent ist, was mit der von K. gut hervorgehobenen Fraglichkeit der Weltwirklichkeit (gewöhnlich „Kontingenz" genannt) unvereinbar ist. Eine Wirklichkeit, welche alle Bedingungen ihrer Möglichkeit schon in sich trägt, ist unbedingt und nicht weiter hinterfragbar. So aber ist die Welt gerade nicht, wenn man nicht auf alles Denken verzichtet.

Hier zeigt es sich aber auch, wie unklar und verfänglich die nicht weiter entwickelte, dialektische Redeweise K.s von der „Transzendenz in der Immanenz", vom „Absoluten im Relativen" ist (216). Daß die Welt die „Transzendenz", die unbedingte Bedingung ihrer Möglichkeit in sich enthalte („in der Immanenz"), kann bedeuten: die Welt selbst hat einen bedingten und unbedingten Aspekt; sie ist trotz der Bedingtheit der Einzelwesen als Ganzes unbedingt, ohne auf ein von ihr unterschiedenes Unbedingtes zu verweisen (= Atheismus) – oder: Die Welt ist von Gott geschaffen, wird von seiner freien Allmacht getragen; Gott durchwaltet sie als die unbedingte Bedingung ihrer Möglichkeit, die aber in sich selbst unbedingt ist, nicht etwa bloß im Ganzen der Welt, also eine „Transzendenz", welche die „Immanenz" (im nicht-räumlichen Sinn!) umgreift und übersteigt (= Theismus). So drückt sich K. auch andernorts (659) unzweideutiger aus.

„Nie ist der Gottesglaube gegenüber dem Atheismus durch rationale Argumente unangreifbar und krisenfest abgesichert. Der Gottesglaube ist stets bedroht" (631), meint K. Wenn damit nur gesagt sein soll, daß sich gegen den Gottesglauben jederzeit Schwierigkeiten theoretischer oder existentieller Art erheben können, so ist dem zuzustimmen. Der Gottesglaube enthält eine Grundauffassung der Wirklichkeit, die schlechthin alles betrifft, aber keineswegs eine Schau der Wirklichkeit von ihrem Zentrum, von Gott her, die alle Schwierigkeiten beheben würde. Darum können ständig Fragen des Typs auftauchen „*Wie* ist es möglich, daß..., wenn Gott existiert?", ohne daß es dem einzelnen oder auch grundsätzlich möglich wäre, sie alle auf konkrete Weise zu beantworten. Werden dadurch die Gottesbeweise in ihrer Gültigkeit infrage gestellt? Keineswegs. Die Tatsache, daß ich nicht weiß, *wie* sich meine Lebensvorgänge vollziehen, ist kein „rationales Argument" gegen ihren Vollzug. Die Tatsache, daß ich nicht weiß, *wie* Seele und Leib eine Einheit bilden, ist kein Beweis gegen ihre Einheit. Ebenso beim Gottesbeweis. Ein Beweis ist nur gültig, wenn erkannt wird, daß das kontradiktorische Gegenteil des Bewiesenen, hier des Satzes „Gott existiert“ angesichts des Beweismaterials unmöglich ist. Eine solche Einsicht ist ihrer Natur nach definitiv und von sich aus keiner Revision fähig, in diesem Sinne also krisenfest abgesichert. Wenn man hingegen von der Vernunft selbst her immer mit einem Zusammenbruch der Einsicht rechnen müßte, wäre ein unbedingtes Ja des Glaubens rational und sittlich nicht zu verantworten.

Was K. über den Gott der nichtchristlichen Religionen und die negative Theologie sagt, verdient Anerkennung. Bei der Unterscheidung von mystischer und prophetischer Religion folgt er jedoch Fr. Heiler und James zu unkritisch. Gott ist in der Mystik keineswegs ein Passivum, demgegenüber der Mensch „tätig“ ist (669); im Gegenteil: in der Mystik überläßt sich der Mensch dem souverän tätigen Gott. Der Unterschied zur Prophetie liegt anderswo: In der Prophetie kann die Kundgebung und Selbstmitteilung Gottes nicht überkategorial bleiben. In der Offenbarung, die auf eine Mitteilung an andere bezogen ist, muß notwendig eine Kategorialisierung der Sprache eintreten. Mit Licht allein ist hier nicht geholfen; es muß zum Bild und Wort zusammenfließen.

Die Vorbehalte gegen Gott als „Person“ mit den Verengungen, die dieses Wort in der Gegenwart erfahren hat, baut K. auf geschickte Weise ab (692–3). Die Behandlung des Wunders ist hingegen historisch und philosophisch unzureichend. Historisch, weil K. nicht auf die in Lourdes oder in den Heiligsprechungsprozessen der jüngsten Vergangenheit eindeutig erwiesenen Tatsachen eingeht. Philosophisch: Gewiß wirkt Gott den ganzen Weltprozeß als weltimmanent-weltüberlegener Lenker der Welt. Aber kann man sagen „unter voller Respektierung der Naturgesetze“, auch wenn er deren Ursprung ist (709)? Weder ist das Geschehen nach den Naturgesetzen durch diese vollkommen determiniert – was auch nach K. nicht naturwissenschaftlich erwiesen, sondern ein spinozistisch begründeter Glaube ist (687/8) – noch wäre auch eine innerweltlich vollständige Determination ein Hindernis für den freien Weltenschöpfer, sich durch einen naturgesetzlich nicht zu erwartenden Verlauf der Dinge dem Menschen zeichenhaft bemerkbar zu machen. Wie anders sollte er sich über die bloße Schöpfung hinaus, im Wort offenbaren? Worte sind intra- oder extramentale Formungen, die zwar den Naturgesetzen, auch denen der Psychologie, entsprechend sind, aber nicht aus ihnen abgeleitet werden können. Dasselbe gilt nicht anders auch für menschliche Worte.

Was K. über Jesus als den Sohn Gottes von Ewigkeit sagt (746), könnte man so auch von einem anderen Menschen, z. B. Paulus sagen. Meint K. nicht mehr, wenn er es von Jesus sagt? Ohne Zweifel. Das geht aus seiner ausdrücklichen Zustimmung zum nizänischen Glaubensbekenntnis hervor (855: A. 11 zu S. 744). Allerdings will K. dessen Inhalt dem heutigen Menschen verständlich machen. Man kann nach K. Funktionsaussagen – über Jesus als Wort und Sohn Gottes – vorziehen und doch sagen: er *ist* es, und er ist es nicht nur für mich, sondern auch in sich (750). „Die hellenistischen Begriffe von damals möchten heute manche für ihren Glauben lieber nicht mehr gebrauchen“, sagt K. (750). Die Frage ist nur, ob sie heute oder zu irgendeiner Zeit vermieden werden können, wenn man mit den Kirchenwätern den Glauben der Bibel nicht nur leben, sondern auch mit der Vernunft denken und unmißverständlich darüber reden will. Vernunftbegriffe sind trotz des historischen Kontextes, in dem sie zuerst gebraucht wurden, ihrem Inhalt nach überzeitlich.

Über die Auferstehung Jesu sagt K.: „Jesus ist nicht ins Nichts hinein gestorben, sondern ist im Tod und aus dem Tod in jene unfaßbare ... Wirklichkeit hineingestorben, ... die wir mit dem Namen Gott bezeichnen“ (741), eine reichlich vage Umschreibung, die man genauso vom Tod eines jeden sagen könnte, dessen Seele von Gott in Gnaden aufgenommen wird. Es ist anzunehmen, daß K. mehr damit meint. Aber warum sagt er es nicht deutlicher, unmißverständlicher? Es ist nicht so, daß nur Bischöfe oder Theologen dies vermissen. Viele Gläubige vermissen es.

Die Einwände, die oben gemacht wurden, dürfen die Fülle des von K. gut und trefflich Gesagten nicht verdecken. Sein Werk ist eine Respekt gebietende Leistung. Es wird, zumal in der Hand dessen, der das oft an weit auseinanderliegenden Stellen Gesagte zu überschauen vermag, ein wertvolles Hilfsmittel für den Glaubensunterricht sein. Es ist geeignet, dem Menschen von heute einen Zugang zur Frage nach der Existenz Gottes zu eröffnen und ihm viele Orientierungshilfen zu geben in der Auseinandersetzung des Glaubens mit den neuzeitlichen Geistesströmungen.

Nachbemerkungen

Zu dem gleichnamigen Buch „Existiert Gott?“ von Hans Küng, München-Zürich 1978. Der Beitrag erschien zuerst in „Theologie und Philosophie“ 53 (1978) 556–563.

GIBT ES GÜLTIGE GOTTESBEWEISE?

I.

Daß heute die Frage nach Gott lebendig ist, geht aus vielen Anzeichen hervor. Zeuge dafür ist das große Interesse, das das neue Buch von Hans Küng „Existiert Gott“? gefunden hat. Zeuge dafür ist die in den letzten Jahren steigende Anzahl von Veröffentlichungen über die Gottesproblematik.[1] Daß wir guten Grund haben, an Gott zu glauben, sucht das Buch von Küng vor allem daraus zu erweisen, daß dieser Glaube allein unserem Leben einen bleibenden Sinn verleiht. Aber, so könnte man hier fragen, können wir auch um Gott wissen, oder ist die Gottesfrage nur eine Glaubens-

[1] Der Verfasser konnte dies feststellen, als er die in den letzten Jahrzehnten erschienene Literatur zu den Themen seiner „Summe einer philosophischen Gotteslehre“ sammelte (München 1979). Von den 583 Seiten des Buches betreffen 113 Seiten das Literaturverzeichnis.

frage? Damit soll der Glaube an Gott als Glaube nicht abgewertet werden, Glaube hier nicht als Antwort auf eine Wortoffenbarung verstanden, sondern als die ganzmenschliche, frei gewollte Überzeugung von der Existenz Gottes und als vertrauensvolle Hingabe an ihn. Daß Religion ohne einen solchen Glauben und durch bloßes Wissen um die Existenz Gottes nicht möglich ist, steht außer allem Zweifel.

Die Frage nach einem Wissen um Gott wird aber dadurch nicht überflüssig. Denn eine freie, ganzmenschliche Bejahung Gottes, wie sie der Glaube an Gott ist, muß auch ein intellektuelles Element enthalten, muß begründet sein durch irgendeine Einsicht, Intuition, Erfahrung oder wie immer man das nennen mag, sonst ist sie nicht ganzmenschlich und nicht verantwortbar. Die im konkreten Lebensvollzug selbst enthaltene Begründung kann nun zwar von den wenigsten Menschen klar und deutlich artikuliert und in den Begriff erhoben werden. Sie kann von ihnen bezeugt, aber meist nicht als ein Wissen vermittelt werden. Die Frage ist aber: ist das grundsätzlich unmöglich?

Nehmen wir einmal an, es sei so: Die im konkreten Lebensvollzug des an Gott glaubenden Menschen enthaltene „Begründung" seines Glaubens lasse sich in keiner gültigen – und unter etwa geforderten und gegebenen Voraussetzungen – allgemein einsichtigen Weise zum Wissen erheben, also in keine Erkenntnis der Wahrheit, die den Grund ihrer Wahrheit kennt, verwandeln. Was würde daraus folgen? Die subjektive Ehrlichkeit der Glaubenden müßte nicht bezweifelt werden. Die so Glaubenden könnten sich auch im gemeinsamen Bekenntnis ihres Glaubens zu religiösen Gemeinschaften zusammenschließen. Der Glaube käme auf diese Weise nie in Konflikt mit irgendeinem Wissen; nicht weil die Möglichkeit des Zusammenbestehens beider erkannt wäre, sondern weil sie sich nirgendwo begegnen könnten, ebensowenig wie rein subjektive Traumbilder mit wissenschaftlichen Erkenntnissen oder subjektive Kälteempfindungen mit einer gemessenen Temperatur je in Konflikt treten können.

Nicht möglich wäre es unter der gemachten Voraussetzung jedoch, sinnvoller Weise nach der Wahrheit des Glaubens zu fragen oder sich oder anderen eine Rechenschaft von seinem Glauben zu geben, die Anspruch darauf erheben könnte, mehr als eine rein subjektive Meinung zu sein. Unmöglich wäre – bei grundsätzlicher Unmöglichkeit, um das Geglaubte, hier um die Existenz Gottes, *auch zu wissen* – eine echte, vollmenschliche Integration von Glauben und Wissen, obwohl eine solche Integration um der Einheit des Menschen willen angestrebt werden muß. Dies ist auch eine Forderung des Glaubens selbst. Denn dieser verlangt, daß der Bereich dessen, worauf sich die Alltagserfahrung und die Wissenschaften beziehen, in einem wirklichen, seine ganze Realität konstituierenden Bezug zu Gott als Schöpfer steht. Entweder besteht dieser geglaubte Bezug der Erfahrungswirklichkeit zu Gott, dem Schöpfer, wirklich, oder er besteht nicht wirklich. Ist das erste der Fall, dann ist das Gewußte, die Erfahrungswirklichkeit, real identisch mit dem Geglaubten, mit dem von Gott Geschaffenen. Dann findet sich die Gemeinsamkeit von Glauben und Wissen nicht nur im Subjekt des Glaubens und Wissens, sondern hat ein real identisches Objekt in dem Gewußten und dem Geglaubten selbst. Ist das zweite der Fall, dann ist die erfahrbare Welt nicht von Gott erschaffen, dann ist Gott nicht der Schöpfer der Welt, dann ist er gerade nicht der, als der er geglaubt wird. Der Glaube an ihn ist dann nicht nur subjektiv in dem Sinne, daß bloß nicht ausgemacht werden könnte, ob er zutrifft oder nicht, sondern er ist dann offensichtlich falsch und nicht zutreffend. Man könnte sich zwar in der zweiten Alternative unter Gott noch ein absolutes Wesen vorstellen, zu dem jedoch weder der Mensch noch die Welt, in der er lebt, einen realen Bezug hätte; das wäre aber ein Glaube, der keine Religion begründen könnte. Ein solcher Gott ginge uns nicht das mindeste an.

Wenn Hans Küng die These aufstellt, weder die Existenz noch die Nichtexistenz Gottes sei beweisbar, und ihr die andere hinzufügt, der Glaube an die Existenz Gottes sei nicht unbegründet, sondern vor der Vernunft verantwortbar, so ergibt sich aus dem Gesagten, daß diese beiden Thesen miteinander unvereinbar sind. Entweder trifft die eine zu oder die andere. Das Problem der Gottesbeweise ist durch seine Darlegungen nicht aus der Welt geschafft.

Aus der Annahme, daß es grundsätzlich kein Wissen um Gott geben könne, folgt weiter, daß der Glaube an Gott für ein vernünftiges Wesen nicht im Gewissen verantwortlich wäre. Die im Glauben geschehende, unbedingte Bejahung Gottes ist nämlich nur vernünftig begründet, wenn der Grund, auf den sie sich stützt oder um derentwillen sie geschieht, so beschaffen ist, daß er mit der Nicht-Existenz Gottes unvereinbar ist, daß er also, wenn die Nicht-Existenz Gottes zuträfe, auch selbst folgerichtig mitverneint werden müßte. Die Einsicht in einen solchen Zusammenhang ist aber Wissen und, wenn sie diskursiv vermittelt ist, ein Beweis.

Nun ist es zwar durchaus möglich und es trifft auch in den meisten Fällen zu, daß dieses Verhältnis von Erkenntnisgrund und Begründetem nicht von jedem mit voller Klarheit durchschaut und begrifflich erfaßt, sondern nur konkret und existentiell erfühlt wird, weshalb man von „Gotteserfahrung" spricht, aber dieses Verhältnis muß in der Reflexion prinzipiell antreffbar sein. Ist es aber dort antreffbar, dann kann der Grund für die Schwierigkeit, „Gotteserfahrung" (in dem beschriebenen Sinne) in Wissen zu verwandeln, nur in der Beschaffenheit des Subjekts, wie immer man diese psychologisch zu umschreiben hat, bestehen und ist daher grundsätzlich überwindbar, nicht aber in der „objektiven" Unmöglichkeit, was heißen würde, in dem Nichtvorhandensein eines solchen Grundes für die Existenz Gottes. Ein solcher „objektiv" unbegründeter Glaube an Gott wäre grundsätzlich immer erschütterbar, er müßte im Namen der Vernunft abgelehnt werden. Duldung könnte er nur so finden, wie auch ein Handeln aus irrigem Gewissen solange geduldet werden muß, als es die Rechte anderer nicht beeinträchtigt. Die Stellung eines „aufgeklärten" Staates gegenüber Gläubigen und Glaubensgemeinschaften solcher Art wäre nicht weit von der entfernt, die man in den kommunistischen Staaten antrifft. Ein solcher „Glaube" müßte bekämpft, die Gläubigen von ihrem „Glauben" befreit werden. Wer einem bloß „subjektiv“ gültigen Glauben an Gott das Wort redet, sollte sich die praktischen Folgen, die sich daraus ergeben, bewußt machen.

II.

Die Frage läßt sich demnach nicht abweisen, ob der Glaube an Gott „objektiv“ begründet ist, ob er sich in ein Wissen um Gottes Existenz verwandeln läßt. Um es nochmals zu sagen: Es soll nicht bestritten werden, daß der Mensch aus seiner Selbst- und Lebenserfahrung heraus eine persönliche Gewißheit von der Existenz Gottes haben kann, die er „Gotteserfahrung“ nennt und durch die er seinen Glauben für sich selbst rechtfertigt, ohne sie selbst in einer begrifflichen Reflexion zu einem intersubjektiv gültigen Wissen erheben zu können. Wenn dies aber, wie wir gesehen haben, grundsätzlich möglich sein muß, da sonst der Glaube an Gott sich möglicherweise als falsch erweisen ließe, dann besteht die Notwendigkeit, diese Verwandlung wenigstens da und dort zu vollziehen und sie denen zugänglich zu machen, die durch natürliche Begabung und durch ihre Bildung dazu imstande sind, solche Gedankengänge prüfend nachzuvollziehen. Ein solcher Versuch soll hier gemacht werden.

Dazu seien einige Vorbemerkungen erlaubt. Was heißt in diesem Zusammenhang Wissen, was „objektiv“, was Existenz und Beweis? Wann können wir von einer Wirklichkeit sagen, sie sei das, was wir im religiösen Glauben „Gott“ nennen? Was heißt „existiert“ in der Anwendung auf Gott? Das sind schulmeisterliche Fragen; man mag sie auch „scholastisch“ nennen. Wer sich aber nicht damit abgeben will, soll die Finger von solchen Untersuchungen lassen, zumal heute im Zeitalter der Sprachanalyse. Wenn wir obige Fragen beantworten, wollen wir nicht einen bestimmten Sprachgebrauch für alle beliebigen Zusammenhänge und für alle Zeiten festlegen und als die einzig mögliche Form, darüber zu sprechen, hinstellen, sondern für unseren gegenwärtigen Sprachzusammenhang die hier gebrauchten Bedeutungen der Wörter so bestimmen, daß der Leser die größtmögliche Gewähr hat, den Gedankengang des Verfassers identisch mitzuvollziehen.

Wenn wir einmal vom Wissen um uns selbst absehen, meinen wir mit Wissen eine besondere Art der Erkenntnis des Anderen. (Bei der Selbsterkenntnis verhält es sich übrigens ähnlich, da sie sich auf das Selbst wie auf ein Anderes bezieht.) In der Erkenntnis des Anderen haben wir in uns einen Eindruck, der auf einen Gegenstand verweist, der den Eindruck der Sinne erzeugt hat, oder ein Vorstellungsbild, das sich auf den vorgestellten Gegenstand bezieht, oder einen unanschaulichen, aber gewöhnlich auf Anschauungen beziehbaren Begriff, der auf das Gedachte hinweist. Dieses Moment des Hinweisens auf das Andere ist aller Erkenntnis wesentlich. Alle Erkenntnis ist intentional, objektgerichtet, auf ein Objekt verweisend. In diesem Sinne ist alle Erkenntnis „objektiv“, nicht nur die wahre, zutreffende, sondern auch die falsche, ihr vermeintes Objekt nicht treffende Erkenntnis; Erkenntnis wird hier verstanden als jene Gattung intentionaler

Akte, in denen sich das Subjekt, wenn auch nur vermeintlich, im Urteil auf ein Objekt bezieht durch die Vermittlung eines Sinneneindruckes, einer inneren Vorstellung oder eines Begriffes. Man mag darüber streiten, ob man bei einem Irrtum noch von „Erkenntnis" sprechen kann. Man muß es aber in dem Sinne tun, daß ein theoretischer Irrtum immer ein defizienter Modus der Erkenntnis und nicht einer anderen Art psychischer Akte ist.

In der Erkenntniskritik hat das Wort „objektiv" einen engeren Sinn. Es bezieht sich dort auf die Gültigkeit der Erkenntnis, darauf also, ob die Erkenntnis ihr Maß in dem gefunden hat, worauf sie sich beziehen soll, ob das Urteil das trifft, was es zu treffen vermeint, ob das, was in ihm ausgesagt wird, sich so verhält, wie es ausgesagt wird. Trifft das zu und verhält es sich so, weil die Aussage sich nach dem Objekt ausgerichtet hat, dann besteht erkenntnismäßige Übereinstimmung und Wahrheit, dann ist die Aussage objektiv gültig. Eine Erkenntnis, die auf diese erkenntnismäßige Übereinstimmung reflektiert und die Erkenntnis der ersten Stufe auf ihre Wahrheit hin befragt, ist selbst eine Erkenntnis zweiter Stufe. Dahin gehört das Wissen. Erst in der Reflexion des Wissens wird die Frage gestellt nach dem Grund der Wahrheit des Erkannten – sei es allgemein in der Erkenntnistheorie, sei es in einem besonderen Fall in jeder Wissensfrage. Es wird dabei nach *dem* Umstand des Erkenntnisinhalts und -vorgangs gefragt, der die Gewähr dafür bietet, daß die Aussage nicht subjektiv beliebig ist, sondern sich an dem gemeinten Objekt selbst orientiert hat und daher objektiv gültig ist. Nur wenn es einen solchen Grund gibt, der das Nichtzutreffen des Ausgesagten, der den Irrtum – sei es allgemein, sei es in einem besonderen Fall – ausschließt, kann man von Wissen sprechen.

Es kann nun nicht unsere Aufgabe sein, diese Frage nach der objektiven Gültigkeit der menschlichen Erkenntnis nach all ihren Dimensionen und Methoden darzulegen – das ist die Aufgabe der Erkenntniskritik und Wissenschaftstheorie. Es muß hier nur noch ein besonders eingeschränkter Gebrauch des Wortes „objektiv" angemerkt werden, da er in unserer Frage, ob der Glaube an Gott in ein Wissen verwandelt werden kann, oft eine verhängnisvolle Rolle spielt. Alle wissenschaftliche Erkenntnis ist immer in die gewöhnliche Alltagserkenntnis eingebettet und die Wissenschaftssprache nicht ohne die Alltagssprache möglich. In der Alltagssprache nun ist „objektiv" gewöhnlich das, was einem Objekt der Sinne entspricht, damit aber das sinnlich Konkrete, das Körperliche. In den Wissenschaften ist „objektiv" dem entsprechend das, was sich „objektivieren", d. h. in der Art der Objekte der Alltagssprache darstellen, anschaulich machen, auf das Schema anschaulicher Raum-Zeit-Gebilde zurückführen läßt. Dieses Verfahren hat auf weiten Gebieten der Wissenschaften seinen legitimen Sinn. Aber schon in den Wissenschaften selbst offenbart sich seine Grenze. Die Mikroteilchen der Atomphysik lassen sich z. B. nicht mehr auf diese Weise „objektivieren", sind also nicht mehr in diesem engsten Sinn „objektiv". Dennoch werden die Ergebnisse der Atomphysik mit Recht als objektiv betrachtet in dem allgemein erkenntnistheoretischen Sinn der begründeten Wahrheit – und darüber hinaus auch in dem Sinne, daß die

Mikroteilchen im Zusammenwirken in entsprechend großer Menge wieder dinglich in die Erscheinung treten. Noch weniger objektiv im dinglichen Sinne sind die relevanten Gegenstände der Humanwissenschaften, wie neuere Untersuchungen wieder zeigen, obwohl das Humane selbstverständlich eine leiblich-dingliche Grundlage hat, aber eben nicht bloß darin besteht oder dahin allein auflösbar ist. Noch viel weniger kann erwartet werden, daß Gott „objektivierbar" in diesem Sinne ist. Wäre er es, dann wäre er sicher nicht das, worum es im Glauben und in der Anbetung geht. Ein so geartetes, angebliches „Wissen" um ihn wäre gerade nicht „objektiv" im oben dargelegten erkenntnistheoretischen Sinne.

Wann steht nun die „Existenz" einer „Sache" erkenntnistheoretisch objektiv fest? Diese Frage kann nicht mit einer einzigen Aussage beantwortet werden. Die Antwort darauf hängt nämlich davon ab, wie viele Arten von Existenz es gibt. Die Methode, mit der man einen Gegenstand erforschen will, hängt von der Art des Gegenstandes, darüber hinaus auch von dem ab, was man in und an dem Gegenstand erforschen will. Das physikalische Verhalten der Großkörper kann man nicht mit chemischen Analysen erkunden, die chemische Zusammensetzung der Körper nicht durch bloß physikalische Methoden zur Kenntnis bringen. Die künstlerische Qualität eines Gemäldes mit chemischen Methoden allein erforschen zu wollen, wäre Wahnsinn. Ebenso irrsinnig wäre es, wollte man Gott, den welttranszendenten Schöpfer der Welt, mit naturwissenschaftlichen Methoden erforschen oder auch nur allein mit deren Hilfe etwas über seine Existenz oder Nichtexistenz entscheiden. Ein solches Verfahren enthält kein mögliches Ja oder Nein in sich.

Wenn die „Existenz" Gottes behauptet, verneint, bezweifelt oder kritisch in Frage gestellt wird, muß die Existenz allemale im selben Sinn gebraucht werden, sonst kann man diese Haltungen gegenüber der „Existenz" Gottes überhaupt nicht unterscheiden, die „Existenz" Gottes also weder behaupten noch verneinen, noch bezweifeln oder auch nur nach ihr fragen, da ohne identisch verstandene Existenz Ja und Nein nicht mehr unterscheidbar sind. Weiter können diese Haltungen bezüglich der „Existenz" Gottes auch nicht eingenommen werden, wenn die „Existenz" von Gott ausgesagt in keiner Identitäts- oder Ähnlichkeitsbeziehung zu „Existenz" in einer uns sonst bekannten Weise, insbesondere zu unserer eigenen Existenz steht, die ja vom Glauben oder Unglauben an Gott betroffen wird.

Nun kann die von uns selbst ausgesagte Existenz zwar in verschiedenen Dimensionen ausgelegt werden – eine dieser Möglichkeiten kommt in der sogenannten Existenzphilosophie vor –; allen solchen Auslegungen aber liegt die Aussage des bloßen Existierens zugrunde: daß ich überhaupt *bin*, abgesehen von jeder weiteren Aussage des Wie und Was des „ich bin"; daß in diesem „bin" ein „ist" enthalten ist, das nicht notwendigerweise bei allem, was ist, die Form des Ich hat; daß mir dieses „ist" in jedem Vollzug meines Ich gegeben ist, sogar im Zweifel und in der versuchten Verneinung meiner selbst, die sich durch den Versuch als Widerspruch erweist, zwar nicht im Begriff, aber im Vollzug des Neins, indem dieser Vollzug das Nein zu sich als unmöglich dartut. Ein Ich, das sich so durch seine Vollzüge, durch sein Tun und Wirken als existent erweist, ist „wirklich", und zwar in einer ausgezeichneten Bedeutung dieses Wortes, insofern die Wirklichkeit des Ichs im Vollzug seiner selbst der unhintergehbare Referenzpunkt jeder Wirklichkeitsaussage ist, die ernstgenommen werden will. In der Tat ist das Ich im Vollzug seines Wirkens zwar nicht der ontologische Mittelpunkt der Welt, aber für die Erkenntnis von Wirklichkeit überhaupt steht es im Mittelpunkt alles Wirklichen. Es selbst ist sich in seinem Denken, Fühlen und Wollen unmittelbar gegeben. Auch in der Ich-Du- oder Wir-Beziehung wird die Wirklichkeit der Beziehung und darin die Wirklichkeit des Du und Wir jeweils in der gelichteten Offenheit eines Ichs, in meinem Falle meines Ichs offenbar. Von meiner Wirklichkeit aus blicke ich auf anderes, das auf mich und meine Sinne einwirkt oder auf das ich einzuwirken suche. Es ist die Wirklichkeit meiner Lebenswelt.

Wenn nun von der Existenz Gottes – jetzt ohne Anführungszeichen – die Rede sein soll in irgendeiner der genannten Haltungen der Bejahung, Verneinung oder Bezweiflung, dann geschieht dies nicht ohne Bezugnahme auf wirkliche Existenz in dem oben genannten Sinne, sondern sozusagen durch sie hindurch, indem unter der Existenz Gottes das verstanden wird, was ein im Wirken Stehendes oder gar als ein in sich stehendes Wirken die Bedingung der Möglichkeit für die Wirklichkeit ist, die uns mittelbar oder unmittelbar in der Welt bekannt ist.

Wird nun, so könnte man hier fragen, Gott nicht in einen ihm ungemäßen Zusammenhang mit der Wirklichkeit der Welt gebracht? Werden er und die Welt so nicht einer beide übergreifenden Ordnung eingebunden, die seine absolute Souveränität und Seinsmacht ausschließt, seine Welttranszendenz als der eines freien Schöpfers aufhebt? Ein solcher Gott, der aus einer Gott und Welt umgreifenden Ordnung deduziert würde, wäre nicht der Gott, nach dem wir fragen, wäre auf jeden Fall nicht der Gott des Glaubens. Aber bleibt uns etwas anderes übrig, als Gott so zu betrachten, wenn wir uns „anmaßen", seine Existenz „beweisen" zu wollen? Es bleibt uns ein anderer Weg. Es ist der der schon angedeuteten Bedingung der Möglichkeit des Wirklichseins der Welt, einer Bedingung, die so unbedingt ist, daß sie nicht ihrerseits noch einmal Glied eines Bedingungszusammenhangs wird, wenn man auf sie schließt. Denn worin besteht dieser Schluß auf die Existenz Gottes? Der beweisende Übergang von der Existenz der Welt zur Existenz Gottes findet in der logischen Ordnung statt. Das heißt aber: Der Schlußsatz, hier die Existenzaussage über Gott, muß schon in einer oder in beiden Prämissen enthalten sein. Die logische Folgerung geschieht ja nach dem logischen Widerspruchsprinzip: Wer den Schlußsatz leugnet, der leugnet damit auch mindestens einen der Vordersätze. Was in diesen nicht enthalten ist, kann aus ihnen auch nicht erschlossen werden. Der Fehler der rationalistischen Metaphysik war es, eine Existenz aus einer Wesenheit, eine Wirklichkeit aus einem Begriff erschließen zu wollen. Dieser Fehler kann und muß vermieden werden. Er wird vermieden, wenn die Folgerung eines Existenzsatzes auf der Analyse der Existenzbehauptung beruht, von der sie ausgeht, dermaßen, daß gezeigt wird, daß der fragliche Existenzsatz – hier die Aussage über die Existenz Gottes – immer und notwendig schon in einer anderen, hier sogar in jeder anderen Wirklichkeitsbehauptung enthalten war, also in ihr notwendig mitbehauptet wurde, und zwar so, daß jene bzw. jede Wirklichkeitsbehauptung in sich nichtig und ungültig ist, wenn jene Mitbehauptung ausgeschlossen wird.

Wie kann nun die Notwendigkeit einer solchen Mitbehauptung aufgewiesen werden? Indem man zeigt, daß in jeder Aussage, die etwas als wirklich setzt, immer sehr viel mehr als das im Begriff des Subjekts der Aussage ausdrücklich Gedachte mitgesetzt und mitbehauptet wird: nämlich daß alle Bedingungen der realen Möglichkeit des Wirklichen auch erfüllt sind, gleichviel ob man sie als solche im einzelnen erkannt hat oder nicht. Dieser Schluß ist auch nicht, wie Hans Küng fälschlich meint, ein Schluß von der Möglichkeit auf die Wirklichkeit[2], also keine bloße Hypothese. Denn die Bedingung eines Wirklichen als Wirklichen ist selbst Wirklichkeit. Die Behauptung, daß die Bedingungen der Möglichkeit eines Wirklichen erfüllt seien, ist ihrer Natur nach total; sie läßt keine Einschränkungen zu. Sie ist absolut und läßt in ihrer Totalität keine Rückführung auf weitere Bedingungen zu. Eine absolute Setzung – und das ist Wirklichkeitssetzung immer – ist auch Setzung von Absolutem, wie immer man das nachher weiter begrifflich in logischer Konsistenz definieren mag; ob als absolutes Ich, ob als absolute, jede Transzendenz ausschließende Welt, ob als transzendente, die Welt in Freiheit schaffende Macht. Das Absolute der Wirklichkeitssetzung ist unaustreibbar.

Aber, so könnte man weiter fragen, worin besteht dann die ontologische Grundlage dieser Mitbehauptung des absoluten Wirklichen? Sie besteht zunächst in der totalen Verwiesenheit des als wirklich Behaupteten (z. B. meiner Wirklichkeit) auf die absolute Wirklichkeit selbst – Aufgabe des Gottesbeweises ist es gerade, diese radikale Verwiesenheit und Relativität alles Weltseins zum Absoluten aufzuweisen – zuletzt aber im ontologischen Grund dieser realen Verwiesenheit, und das ist nichts anderes als das absolute Sein selbst. Von einem das relative und absolute Sein umgreifenden Zusammenhang, der das Absolute wieder relativieren würde, kann demnach nicht die Rede sein.

Damit sind die gestellten Vorfragen beantwortet und der Ansatz aufgewiesen, von dem aus wir die Frage beantworten können, ob sich der Glaube an Gott in ein Wissen des Satzes „Gott ist wirklich“ verwandeln läßt.

[2] *H. Küng,* Existiert Gott? München 1978, 624.

III.

Die Grundlage für einen gültigen Gottesbeweis sind Wirklichkeitsaussagen. Im Grunde genommen ist es gleichgültig, von welchen Wirklichkeitsaussagen man ausgeht, wenn man sie nur als Wirklichkeitsaussagen ernst nimmt. Daß das Absolute in jeder Wirklichkeitsaussage unaufhebbar mitbehauptet wird, haben wir bereits gesehen (II). Wenn Gott, an den wir glauben, nicht nur ein allgemeines Absolutes ist, über das nichts weiter ausgemacht werden könnte, sondern eine die Welt übersteigende, trotz der Weltbegründung in sich absolute Wirklichkeit, also nicht ein Absolutes der bloßen, auf nichts anderes verweisenden Weltwirklichkeit ist, dann müssen wir jetzt fragen, ob die Absolutsetzung der Weltwirklichkeit möglich ist oder nicht. Diese Frage kann nur durch den Versuch einer solchen Absolutsetzung der Weltwirklichkeit entschieden werden. Zeigt es sich, daß eine solche Absolutsetzung in sich oder gegenüber den offenbaren Formen der Weltwirklichkeit oder auch nur unserer eigenen Wirklichkeit widersprüchlich ist, so ist der Erweis einer absoluten, welttranszendenten Wirklichkeit erbracht.

Im Hinblick auf die in jeder Wirklichkeitsbehauptung eingeschlossene Behauptung des Absoluten und die Mißverständnisse, die die Behauptung der Welttranszendenz des Absoluten erwecken könnte, sei hier ausdrücklich darauf hingewiesen, daß Welttranszendenz und eine gewisse Weltimmanenz des Absoluten einander nicht ausschließen. Nur die bloße Immanenz – das Bedingtsein des Absoluten durch die wirkliche Welt – schlösse die Welttranszendenz aus. Es ist überhaupt ein weit verbreiteter Irrtum, daß „mittelbar" und „unmittelbar", die natürlich eine verschiedene Bedeutung haben, nicht zusammen verwirklicht sein könnten. Bei drei Kreisabschnitten z. B. ist Abschnitt I von II zugleich unmittelbar und – über III – auch mittelbar erreicht.

Man hat in der Vergangenheit an verschiedenen Qualitäten des uns zugänglichen Wirklichen angesetzt, um zu zeigen, daß sie aller Weltwirklichkeit zukommen, zugleich aber die Absolutheit der Welt ausschließen bzw. ein von ihr verschiedenes Absolutes zur Voraussetzung haben, z. B. die Veränderung oder tiefer noch die Veränderlichkeit u. a. Es ist hier nicht der Ort, sie aufzuzählen oder zu erörtern. Wir müssen uns jedoch entscheiden, welches Merkmal wir wählen wollen – wir haben hier die freie Wahl –, um möglicherweise zum Ziel zu gelangen. Es gibt Merkmale, die leichter oder schwerer zugänglich sind, konkreter oder abstrakter gefaßt sind (aber immer als Merkmale des konkret Wirklichen aufzuweisen sind). Die konkreter gefaßte Wirklichkeit hat den Vorteil, einen gefüllteren Begriff des Absoluten vorzubereiten, aber den Nachteil, ihn auch mehr anthropomorphen Mißverständnissen auszusetzen. Da es sich bei dem Nachweis der Welttranszendenz des Absoluten um eine negative Kennzeichnung handelt, sei hier ein solchen Mißverständnissen eher entrücktes Kennzeichen der Weltwirklichkeit gewählt: die Seinskontingenz.

Diese ist zunächst von der Kontingenz des Geschehens abzuheben. Gewiß, auch dem Geschehen kommt Sein zu, aber Geschehen ist eine besondere Form des Seienden. Bei der Seinskontingenz geht es um die Kontingenz des Seienden selbst in seinem jeweiligen Sein, ob dies nun ein Geschehen ist oder nicht, ein freies oder notwendiges Geschehen oder etwas anderes.

Kontingenz wird hier nicht als beidseitige Möglichkeit zu Sein oder Nichtsein verstanden, sondern rein negativ als Nicht-Notwendigkeit im Sein eines dennoch Wirklich-seienden. Damit ist ein dialektischer Sachverhalt angezielt: daß nämlich einerseits etwas wirklich ist und daher nicht statt dessen nicht sei; daß aber andererseits der Seinsmodus eines als kontingent angenommenen Wirklichen die Notwendigkeit des Seins ausschließt. Beides muß erläutert und die Frage gestellt werden, wie beides zusammen bestehen kann.

Was als wirklich behauptet wird, wird bedingungslos bejaht, und zwar ohne Rücksicht darauf, ob es verursacht ist oder nicht, ob es nach einem notwendigen Gesetz oder ohne ein solches frei verursacht wurde. Die Behauptung oder Verneinung einer Wirklichkeit, die sich als solche bekundet, ist nicht beliebig: Was sich als wirklich bekundet hat, kann nur als wirklich bejaht, nicht verneint werden. Seine Bejahung ist kategorisch und bedingungslos. Dennoch soll es sich der Voraussetzung gemäß bei einem solchen Wirklichen um etwas im Sein Kontingentes handeln, das in seinem wirklichen Sein gegenüber seinem Nichtwirklichsein nicht unbedingt notwendig ist.

Wie kann der Seinsakt eines solchen Wirklichen, der von sich her, wenn er für sich allein genommen wird, nicht unbedingt notwendig ist, eine unbedingte Bejahung dessen begründen, was durch ihn wirklich ist? Dies ist nur dann möglich, wenn dieser selbst nicht unbedingt notwendige Seinsakt einen unbedingt notwendigen Seinsakt sozusagen in seinem Rücken hat und durch ihn begründet ist. Alles kontingent Wirkliche verweist demnach notwendig auf einen weiteren, nicht-kontingenten Grund des Seins als notwendige Bedingung seiner Möglichkeit.

Die Frage ist nun: Bekundet die uns bekannte Wirklichkeit einen solchen Seinsmodus, wie er oben angegeben wurde? Ist die uns bekannte Wirklichkeit seinskontingent und setzt sie daher als die Bedingung ihrer Möglichkeit ein unbedingtes, genauer: das unbedingte absolute Sein, den in sich stehenden, absoluten Akt des Seins voraus?

Wir können diese Frage an unsere eigene Wirklichkeit oder an die Wirklichkeit dessen richten, was uns in der Erfahrung begegnet. All dem ist auf jeden Fall gemeinsam, daß es in verschiedenen Seinsmodi auftritt; daß diese Seinsmodi, wie immer man sie konkret beschreiben mag, dem Sein des wirklich Seienden nicht äußerlich aufgesetzt sind, daß sie es vielmehr innerlich differenzieren, daß das Sein – das, worin und wodurch das Seiende wirklich ist – nicht bloß Sein in sich oder reiner Seinsakt ist, sondern der Seinsakt eines mit ihm nicht völlig identischen Seienden ist. Ein solches Sein ist immer das Sein eines je und je anderen Seienden in verschiedenen Seinsmodi, die als Anderssein nicht das Sein selbst sind, obwohl sie natürlich seinsbezogen und durch ihren jeweiligen Seinsakt wirklich sind. Darin liegt nun nicht nur eine dem Seienden innere Relativität von Seinsakt und Seinsmodus, so daß der Seinsakt immer nur der Akt dieses Modus ist, wie auch der Modus nur wirklich durch seinen Seinsakt ist, sondern dies bekundet unausweichlich auch eine Relativität des Seinsaktes und mit ihm des ganzen Seienden über sich hinaus auf ein absolutes, in sich stehendes Sein. Das heißt: Der Seinsakt eines Seienden, der innerlich auf einen je und je anderen, endlichen Seinsmodus bezogen ist, ist seinerseits niemals der letzte, absolute und unbedingte Abschluß eines wirklich Seienden. Denn dazu müßte er alle Bedingungen des Seins auf unbedingte Weise in sich enthalten. Das ist aber in einem Seinsakt, der auf einen von ihm verschiedenen Seinsmodus bezogen ist, unmöglich. Denn er setzt nicht durch sich allein seine Einheit mit dem Seinsmodus jenes Seienden. Denn wenn er sie setzen würde, wäre er völlig eins und identisch mit seinem Seinsmodus, der dann allerdings nicht mehr endlich, d. h. dieser durch die Verneinung des anderen, wäre, sondern überendlich. So beschaffen ist aber kein Seinsakt der uns zugänglichen Erfahrungswirklichkeit. Diese setzt demnach als unbedingte Bedingung ihrer realen Möglichkeit den unbedingten, durch sein in sich stehendes Sein schon völlig bestimmten, überendlichen Seinsakt voraus, der allein mit absoluter Seinsnotwendigkeit wirklich ist.

Nun könnte man einwenden, das Sein, das innerlich auf verschiedene Seinsmodi, also auf das Andere des Seins bezogen ist, sei zwar nie mit absoluter Notwendigkeit gerade dieses oder jenes Seiende, es gehe von einem Seinsmodus in den anderen über, aber es sei doch mit absoluter Notwendigkeit wirklich, wenn auch in je und je verschiedener Weise; zumindest könne man dies nicht ausschließen. – Es läßt sich aber ausschließen. Wie wir gesehen haben, sind die Seinsmodi dem Sein nicht äußerlich aufgesetzt, so daß sie an ihm eine Vielheit bilden könnten, ohne die Einheit des Seins zu affizieren, ohne sie in die Nichteinheit und Vielheit des Seins hineinzuziehen. Die Nichteinheit des Seins ist aber gerade das Nicht des reinen Seins und damit die radikale Möglichkeit des Nichtseins, der Ausschluß der absoluten Notwendigkeit. Absolute und unbedingte, von keiner zusätzlichen Voraussetzung abhängige Notwendigkeit des Seins (=Unmöglichkeit des Nichtseins) ist bloß durch das reine und absolute Sein denkbar, also durch das Sein, das in sich selbst, ohne innere Beziehung zum Nicht seiner selbst, schon wirklich ist.

Die Seinskontingenz, die sich in der uns bekannten Erfahrungswirklichkeit bekundet hat, durchwaltet die ganze Weltwirklichkeit, wie immer die Welt beschaffen sein mag, ob man sie in Raum und Zeit als unendlich oder endlich annimmt. Denn alles welthafte Sein ist immer vieleinheitlich; es ist immer ein Gefüge aufeinander wirkender Wesen; es ist immer Seiendes von der Art, daß ihm Sein in verschiedenen Modi des Seins zukommt; es ist grundsätzlich – als welthaftes Sein – niemals das reine, absolute, nur selbstbezügliche Sein, das jedes Nicht des Seins von sich ausschließt. Die Welt ist in ihrem ganzen Sein, nicht nur in dem der einzelnen Seienden, kontingent und nicht absolut-notwendig. Ihr Sein garantiert von sich aus, solange es nicht in seiner Relativität zum absoluten Sein betrachtet wird, nicht, daß sie nicht unwirklich ist. Dennoch ist die Welt, bin ich selbst wirklich. Die Nicht-Notwendigkeit des Weltseins ist überwunden in das Sein ihrer Wirklichkeit, das ein Nichtsein der Welt ausschließt, und zwar dynamisch, nicht etwa dem Begriffe nach. Würde die Welt aufhören zu existieren, so wäre es doch in alle Ewigkeit wahr, daß sie einmal existiert hat. Da nun die Welt einmal existiert, ist es unmöglich, daß sie statt dessen nicht existiert. Dieser Ausschluß des Nichtseins wird durch das Sein der Welt, das selbst nicht absolutes Sein ist, nur garantiert durch ein Sein, das selbst absolut ist, genauer durch *das* Sein, das absolut ist, durch *das* Sein, das nicht nur Sein von mehreren möglichen, in verschiedenen, welthaften Modi Seienden ist, sondern als das Sein selbst das einzige, auf überendliche Weise voll bestimmte, wirkliche Sein ist.

Diesem absoluten Sein verdankt alles in verschiedenen Seinsmodi stehende Seiende seine Wirklichkeit, und zwar nicht nur als überhaupt existierend, sondern auch als in seinen verschiedenen Seinsmodi existierend. Dieser Tatsache verdanken wir die Möglichkeit, das überendliche Sein nicht nur negativ zu bestimmen, sondern auch durch Analogie (Hinweis) in verschiedenen positiven Weisen zu denken, seinen Begriff so zu füllen, daß wir es als personales Wesen auffassen können, ohne es zu verendlichen.

Wenn wir jenes absolute Sein als personales Sein denken, dann ist damit nicht eine individuelle Konkretisierung gemeint, was Endlichkeit einschlösse, sondern jene Dimension des Menschen, die den Menschen zur Person macht. Das aber ist sein Selbstand in der Offenheit für das Unendliche sowohl in seiner Erkenntnis wie in seinem Wollen. Die Offenheit für das Unendliche eröffnet ihm, wie wir durch den Versuch festgestellt haben, den Zugang zum Seienden als solchen und darüber hinaus den Ausblick auf das absolute, in sich stehende Sein selbst. Im Wollen aber schenkt ihm diese Offenheit für das Unendliche die Ausrichtung auf den absoluten, vom Sein selbst nicht verschiedenen Wert, die sein Wollen allem Endlichen gegenüber frei macht, sodaß er sich und anderes in dieser Freiheit zu gestalten vermag.[3] Wenn aber der Selbstand in der Offenheit für das Unendliche den Menschen zur Person macht, dann sind wir genötigt, auch das unendliche Sein selbst als personal aufzufassen, personal auch in seiner Freiheit gegenüber dem Sein oder Nichtsein der Welt. Seine Personalität, in dem genannten Sinne genommen, leugnen, hieße seine Absolutheit oder seine Unendlichkeit des Seins leugnen. Dies aber wäre die Rücknahme des absoluten Seins selbst in die Dualität von Sein und Nichtsein des Endlichen und damit der unmögliche Rückfall in die Kontingenz der Welt.

Dem Gesagten steht das christliche Dogma von der Dreieinigkeit Gottes nicht entgegen. Denn die Dreiheit der göttlichen Personen, die gegenseitig aufeinander verweisen, beruht nicht auf der Vielheit endlicher, einander im selben Sein ausschließender Seinsmodi, sondern ist auf überendliche

[3] Zu dieser Freiheit gehört auch seine Haltung Gott gegenüber, die trotz ihres Bezuges zum Unendlichen dennoch in sich endlich ist.

Weise durch das absolute, durch kein Nichtsein betroffene Sein Gottes gesetzt.

Ist mit dem Vorstehenden ein gültiger Gottesbeweis geliefert? Gewiß kein „mathematischer Beweis", was bei einem Nachweis von Wirklichkeit weder möglich noch notwendig ist. Wenn jedoch eine durch verschiedene Denkschritte hindurch vermittelte Erkenntnis, die in allen Phasen überprüfbar ist und letzten Endes darauf beruht, daß die Verneinung des Resultates mit logischer Notwendigkeit auf einen Widerspruch zu unleugbaren Tatsachen führt, ein Beweis ist – und dieser Meinung sind wir –, dann ist der vorgelegte Gedankengang ein Gottesbeweis, und zwar ein gültiger, da er von unleugbaren Tatsachen ausgeht und sein Resultat nicht ohne Widerspruch zu diesen Tatsachen geleugnet werden kann.

Ist es auch ein „zwingender" Gottesbeweis? Gewiß nicht. Denn niemand kann gezwungen werden zu denken. Auch besteht immer die Möglichkeit, daß es bei der schwierigen sprachlichen Vermittlung nicht zu einem adäquaten Nachvollzug dessen kommt, was der Verfasser bei diesem Beweis gedacht hat.

Nachbemerkungen

Der Artikel erschien zuerst in „Zeitschrift für katholische Theologie" (Innsbruck) 101 (1979) 340–350). – Er führt die Auseinandersetzung mit Hans Küngs Buch „Existiert Gott?" (siehe vorangehenden Beitrag, S. 460.) weiter fort und vertieft sie hier.

DER GOTTESBEWEIS AUS DER KONTINGENZ

Überblick: Es soll der Beweis der Existenz Gottes aus der Kontingenz der Welt geführt werden. Nach kurzer Erwägung der durchgängigen Begreifbarkeit des Seins wird als erstes der Nachweis der Existenz eines absolut notwendigen Wesens erbracht aus der unmittelbaren Beziehung, welche die kontingenten Wesen aus ihrer Natur heraus zu jenem Wesen haben. Als zweites wird die wirkliche Unterscheidung des absolut notwendigen Wesens von den kontingenten Wesen bewiesen, sowohl einzeln genommen als auch insofern sie eine Gesamtordnung darstellen. Drittens wird bewiesen, daß die Welt auch nicht durch eine „vorausgehende" Notwendigkeit vom absolut notwendigen Wesen abhängt, sondern im vollen Sinne des Wortes kontingent ist.

Zwischen der natürlichen, vernünftigen Gotteserkenntnis und dem streng wissenschaftlichen Gottesbeweis besteht nicht der Unterschied, daß jene bei Lichte besehen ungültig, dieser aber gültig sei. Beide sind gültig; nur *entwickelt* der wissenschaftliche Gottesbeweis die Gedanken, kraft deren das natürliche Denken zum Dasein Gottes vordringt, und bringt sie zum deutlichen, ausführlichen Bewußtsein. Die Deutlichkeit und Ausführlichkeit dieses Bewußtseins läßt aber viele *Grade* zu. Sowohl die Liebe zur tieferen Erfassung der Wahrheit als die Rücksicht auf die praktische Brauchbarkeit lassen es wünschenswert erscheinen, den Gottesbeweisen eine möglichst vollkommene Form zu geben, die auch verwöhnteren Denkansprüchen zu genügen vermag. Es ist am Ende gleich schädlich, einem unentwickelten Geiste einen verwickelten Beweis vorzulegen, der ihm unverstandene Antworten auf halbverstandene Fragen gibt, und einem entwickelten Geiste einen unentwickelten Beweisgang vorzutragen, der in ihm nur Fragen weckt, ohne die Antwort darauf zu geben.

Im Folgenden soll ein Beitrag zu einer ausführlicheren Darstellung des *Kontingenzbeweises* geliefert werden. Er erhebt nicht den törichten Anspruch, keiner Verbesserung mehr fähig oder das Einzige dieser Art zu sein. Er wird auch mit Gedankenschritten anheben und Begriffsbestimmungen bieten, die er mit den bekannten Darstellungen gemein hat, die aber zur Abrundung des Ganzen und zur sauberen, begrifflichen Durcharbeitung unerläßlich sind.

Vielleicht mißfällt manchem, daß der Beweis an mehreren Stellen auf metaphysischen Voraussetzungen ruht, die nicht von allen Scholastikern geteilt werden. Es soll nicht geleugnet werden, daß ein kurzer *Abriß* des Gottesbeweises von metaphysischen Voraussetzungen absehen kann, die ins einzelne gehen, wie das auch die natürliche Gotteserkenntnis tut; hier aber handelt es sich um eine ausführlichere Darlegung des Gottesbeweises, die Fragen auftauchen läßt, die sich ohne Voraussetzung einer ausgebildeten Metaphysik und damit ohne Stellungnahme zu manchen umstrittenen Problemen *nicht* beantworten lassen. Wächst doch der Gottesbeweis aus der Metaphysik wie die Baumkrone aus dem Baume hervor. Wenn man bemerkt, daß es sich hier bloß um Sicherung der *Existenz* Gottes handle, nicht um die Erkenntnis seines *Wesens*, so darf man dabei nicht vergessen, daß wir die Existenz Gottes nicht einfachhin *feststellen* können, sondern sie *beweisen* d. h. ihre Notwendigkeit als Bedingung der Begreifbarkeit der existierenden Welt einsichtig machen müssen. Ueber Begreifbarkeit und Unbegreifbarkeit der Welt kann man aber nur urteilen auf Grund eines ausgebildeten Systems.

Unter *notwendig* verstehe ich hier dasjenige, was nicht nicht sein kann, sei es in der Wesens- sei es in der Seinsordnung. Daß zum Menschen eine vernünftige Seele gehöre, ist notwendig in der Wesensordnung. Notwendig in der Seinsordnung ist dasjenige, was nicht nicht existieren kann. *Absolut* ist diese Notwendigkeit dann, wenn sie unabhängig ist von jeder etwaigen Voraussetzung. Das trifft dann zu, wenn etwas kraft seiner Wesenheit existiert. *Bedingt* ist diese Notwendigkeit, wenn sie von irgendeiner Voraussetzung abhängt. Derlei Voraussetzungen, die notwendig Existenz mit sich führen, gibt es unendlich viele; es sind alle jene Bestimmungen, die nur in der Existenzordnung angetroffen werden z. B. tatsächlich wirken oder bewirkt werden, eine bestimmte Stelle in der Raum- und Zeitordnung einnehmen u. a. Denn wenn etwas tatsächlich wirkt, so kann es nicht zugleich nicht existieren. Das absolut Notwendige ist somit dasjenige, was kraft seiner Wesenheit nicht nicht existieren kann. *Zufällig* oder *kontingent* hingegen ist dasjenige, was kraft seiner Wesenheit auch nicht existieren kann. Aus dem Gesagten geht hervor, daß etwas seinem Wesen nach zufällig und dennoch unter einer gegebenen Bedingung notwendig sein kann, z. B. kraft des allgemeinen Zusammenhangs der Wirkursachen. Die Unvermeidbarkeit physischer Ereignisse steht also nicht ohne weiteres im Gegensatz zur wesentlichen Zufälligkeit der Dinge. – Ein besonderer Fall der bedingten Notwendigkeit innerlich zufälliger Dinge wird uns noch weiter unten beschäftigen.

Als *Zeichen der Zufälligkeit* werden hauptsächlich die Veränderlichkeit und die wirkliche Abhängigkeit angeführt. Daß der Uebergang vom Sein zum Nichtsein und umgekehrt Kontingenz mit sich führt, ist klar. Nur sind uns solche Uebergänge in der Erfahrung nicht gegeben und können auch nicht von irgend einem Ding ohne dessen vorausgesetzte Existenz bewiesen werden. Sie scheiden als Zeichen der Kontingenz aus. Wesensumwandlungen können hingegen auf Grund der Erfahrung bewiesen werden und sind, da sich hier das substanzielle und spezifische Sein in ein anderes wandelt, Zeichen der Kontingenz. Dasselbe gilt für die akzidentellen Umwandlungen, und zwar für die inneren wie äußeren, wenn auch aus verschiedenem Grunde. *Innere akzidentelle* Umwandlungen setzen im Subjekt eine wirkliche, durch den akzidentellen Akt bestimmbare Empfänglichkeit voraus, diese aber eine substantiale Empfänglichkeit in der Seinsordnung selbst d. h. ein Wesen, das nicht *an sich* Wesen ist und durch sich existiert, sondern nur durch seine innere Beziehung zum Sein, durch das es in der Existentialordnung bestimmt wird. Das *Wesen als solches* ist nichts anderes als der durch das Sein (=Existenz im formalen und wirklichen Sinn) bestimmbare Gedanke. Der bloße Gedanke unterscheidet sich vom Wesen
a] durch die innere Beziehung zum Sein, die beim Wesen eine unmittelbare Empfänglichkeit für das Sein ist. Das Wesen in diesem Sinn ist nicht *an sich* seiendes Wesen. Denn es ist nur durch die Beziehung auf ein anderes, auf das Sein, von dem es bestimmt werden soll, Wesen. *Wesen an sich* ist nur dasjenige, was in Bezug auf sich selbst Wesen ist. Wesen sagt aber notwendig Beziehung zum Sein. Wesen an sich ist also nur das an sich seiende, unbezogene Sein. Dieses allein ist notwendig, weil es kraft seines Wesens auch immer schon wirkliches Sein ist, während die Empfänglichkeit des nicht an sich seienden Wesens durch das sie bestimmende, wirkliche Sein erfüllt sein kann, oder auch nicht. Das *bezogene* Sein ist durch den Bezug auf ein bestimmtes Wesen immer auch *endlich,* auf die Empfänglichkeit seines Wesens eingeschränkt. Nur das endliche Sein kann unter dieser oder jener akzidentellen Rücksicht noch weiter bestimmt werden. Aus der akzidentellen Veränderlichkeit kann also die Endlichkeit der Substanz, aus dieser aber die Kontingenz geschlossen werden.

Es erübrigt noch kurz zu zeigen, daß auch die bloß *äußere,* beziehungsweise Veränderung z. B. die Ortsveränderung als solche ein Anzeichen der Kontingenz ist. Alle diese Veränderungen setzen wechselseitige, wirkliche Beziehungen von in irgendeiner Hinsicht gleichartigen Dingen voraus, damit aber auch deren Endlichkeit und Kontingenz; denn das Unendliche kann mit keinem andern Wesen in irgend einer Hinsicht gleichartig sein, noch mit ihm in wechselseitiger, wirklicher Beziehung stehen.

Die *Abhängigkeit* von einem andern im substanziellen oder akzidentellen Sein bildet mit der eben besprochenen Veränderlichkeit insofern ein einziges Zeichen der Kontingenz, als überall, wo Veränderlichkeit ist, auch wirkliche Abhängigkeit sich findet und umgekehrt. Denn nichts verändert sich durch sich selbst, sondern durch den wirkenden Einfluß eines andern.

Der Gottesbeweis aus der Kontingenz ruht wie auch die übrigen Gottesbeweise letztlich auf dem Grundsatz der *durchgängigen Begreifbarkeit des*
b] *Seins*. Wenn ich die Welt nur hinnehmen, nicht aber begreifen will, führt sie mich nicht über sich hinaus auf etwas Anderes. Dieser Grundsatz ist das Bindemittel jener Urteile, die Kant synthetische a priori genannt hat. Genauer gesagt: er ist der bündige Ausdruck für jene Kraft, die das Prädikat in solchen Urteilen notwendig mit dem Subjekt verbindet. Auf ihm beruhen alle nicht bloß formal-statischen Prinzipien. Er ist die Wurzel aller Metaphysik und in seiner Entfaltung diese selbst.

Diese Satz kann so ausgesprochen werden: alles Seiende ist, insofern es seiend ist, begreifbar. Oder: Was begreifbar ist, ist als solches etwas Seiendes. *Seiend* schließt dabei sowohl das Seinswirkliche als auch das Seinsmögliche ein, wenn auch in verschiedener Weise. *Begreifbar* sagt natürlich mehr als nur: in einer Verstandesvorstellung denkbar. Begreifbar ist dasjenige, was im Denken als dem Wesen der Vernunft gemäß erkannt wird, wobei es sich nicht um meine, sondern um die Vernunft überhaupt handelt.

Auf die *Rechtfertigung* dieses Satzes kann im Rahmen dieser Arbeit nicht näher eingegangen werden. Nur eine kurze Andeutung eines der Wege, die hierzu eingeschlagen werden können, sei gestattet.

Unser konkretes Denken zeigt uns, daß wir nicht weniges, wenn auch unvollständig und unvollkommen, begreifen, daß es also Seiendes gibt, das in irgend einem Grade begreifbar ist. Wenn wir all das, was wir mehr oder weniger begriffen haben in unserem Denken, überschauen und die verschiedenen Grade des Begreifens mit einander vergleichen, stellen wir fest, daß die tiefer begriffenen Dinge uns auch einen größeren Reichtum und eine größere Tiefe des Seins enthüllen; weiter, daß diejenigen Gegenstände, die ihrer Natur nach nur unvollkommen z. B. nur in Beziehung auf andere begriffen werden können, immer auch nur in einem abgeschwächten Sinn seiend genannt werden können; daß also der jeweilige Grad der Begreifbarkeit in einem bestimmten Verhältnis zum jeweiligen Grade des Seins steht und sich mit ihm ändert. Begreifbarkeit und Sein entsprechen sich also; das Seiende ist soweit begreifbar, als es teilhat am Sein. Damit ist aber schon die *objektive* und *transzendentale* Gültigkeit dieses Prinzips ausgesprochen. Sie leuchtet schließlich aus der Metaphysik als *Ganzem* hervor. Metaphysik ist die Wissenschaft, die das Sein als solches zu begreifen sucht. Wenn das Denken bei diesem Geschäft auf sich selbst schaut, entdeckt es das Prinzip von der allgemeinen Begreifbarkeit des Seins. Nur im Begreifen begreift die Vernunft, daß sie das Sein als solches begreift.

Im *ersten* Teil des Beweisgangs soll die *Existenz* des absolut notwendigen Wesens bewiesen werden.

Wenn irgend etwas existiert, existiert auch ein absolut notwendiges Wesen. Im Folgenden wird es oft «das» absolut notwendige Wesen heißen, nämlich dasjenige, dessen Existenz bewiesen wurde, wobei daran gedacht wird, daß seine Einzigkeit streng bewiesen werden kann. Denn was existiert, ist entweder selbst ein absolut notwendiges Wesen, oder es hat ein solches zur Voraussetzung. Ein Wesen, das nicht absolut notwendigerweise existiert, ist kontingent, kann also kraft seiner Wesenheit gedacht und begriffen werden, ohne daß es als existierend gedacht wird. Existiert es nun dennoch, so muß es, wenn es begriffen werden soll, einen entsprechenden Grund seiner Existenz in einem andern haben und zwar *unmittelbar* in einem absolut notwendigen Wesen. Daß ein zufälliges Wesen in einem andern einen Grund seiner Existenz haben müsse, heißt, daß es ein Wirkliches geben müsse, das das zufällige Wesen zur wirklichen Existenz bestimme. Dieses Wirkliche kann ein Anderes nur *gemäß* seinem eigenen substantiellen Sein *zum* substantiellen Sein bestimmen. Denn was wirkt, wirkt, insofern es selbst wirklich ist bezüglich der betreffenden Wirkung. Nichts kann also substantielles Sein bewirken, außer insofern es selbst substantiell wirklich ist und nach dem Maße seiner substantiellen Wirklichkeit. Nun ist aber das substantielle Sein jedes kontingenten Wesens endlich und auf die ihm als Empfänglichkeit zugeordnete Wesenheit beschränkt. Denn das in der Linie des Seins Unendliche ist das *an sich* seiende und absolut notwendige Wesen im oben beschriebenen Sinne. Also kann ein kontingentes Wesen ein anderes nicht zum substantiellen Sein bestimmen. Denn das Maß seiner Wirklichkeit ist die eigene Wesenheit, auf die seine substantielle Wirklichkeit beschränkt ist. Könnte das kontingente Wesen ein anderes auf Grund seines eigenen substantiellen Seins zum substantiellen Sein bestimmen, so wäre jenes substantielle Sein damit nicht mehr auf diese invidueIle Wesenheit eingeschränkt, es wäre unendlich und damit absolut notwendig, was unserer Voraussetzung widerspricht.

Jedes kontingent existierende Wesen steht also in unmittelbarem Zusammenhang mit einem absolut notwendigen Wesen, von dem es zum substantiellen Sein bestimmt wird. Damit ist natürlich ein hinzutretender mittelbarer Zusammenhang nicht ausgeschlossen.

Es ist nun *zweitens* nachzuweisen, daß weder die sichtbare äußere Welt, noch die unsichtbare Welt des eigenen und fremden menschlichen Ichs ein absolut notwendiges Wesen sind.

Dinge, deren existentielle Bestimmungen nicht wesensnotwendig, die vielmehr von anderen darin abhängig und veränderlich sind, sind nicht ein absolut notwendiges Wesen, sondern kontingent. Solcherart sind aber die Dinge der sichtbaren Welt und das menschliche Ich, jeder für sich und alle zusammen. Daß die Zeichen der Kontingenz sich an den Dingen *im Einzelnen* genommen vorfinden, entnehmen wir der Erfahrung. Daß sie aber auch dem Weltganzen als *Ganzem* zukommen, kann man nur a priori beweisen. Denn vom Weltganzen als Ganzem haben wir keine Erfahrung und können sie auch nicht haben.

Das Weltganze im *materiellen* Verständnis des Wortes ist die *Summe* aller Weltdinge. Es ist einleuchtend, daß die Summe vieler abhängiger, veränderlicher, kontingenter Wesen nicht selbst unabhängig, unveränderlich, notwendig sein kann. Das ändert sich auch nicht, wenn man unendlich viele Weltdinge zusammen nimmt. Auch die unendliche Vervielfältigung von Nichtnotwendigem ergibt kein Notwendiges. Dabei ist natürlich vorausgesetzt, daß die Weltdinge in ihrem Sein unterschieden sind, in ihrer Zusammensetzung die *Teile* somit *früher* als das Ganze sind. Die Annahme einer einzigen Weltsubstanz kann aber dem Schluß auf deren Kontingenz auch nicht entgehen. Denn eine solche Substanz wäre auf Grund der Erfahrung zum mindesten als akzidentell veränderlich anzusehen, was nach obigen Angaben über die Zeichen der Kontingenz auch ihre Wesenskontingenz erhärten würde.

Das Weltganze im *formellen* Verständnis des Wortes ist die *Weltordnung*, der Zusammenhang aller Dinge, der jedem seine Stellung in Raum und Zeit und in der Verflechtung der Wirkursachen anweist. Diese Ordnung kann vorerst so gedacht werden, daß sie zwar im Ganzen notwendig, unveränderlich, unabhängig ist, deren Glieder aber, die Weltdinge, jedes für sich genommen, nicht notwendig existieren, da sie ja ihre Existenz beginnen und beenden, veränderlich und vielfältigerweise abhängig sind. Diese Auffassung ist also auszuschließen.

Ordnung ist die durch ein Prinzip der Einheit regierte Vielheit. In ihr ist das Viele in das Eine zusammengebracht durch ein Prinzip der Einheit; denn das Viele als solches kann den Grund seiner Einheit nicht in sich selbst haben. Die verwirklichte Einheit wohnt der Ordnung zwar immer inne, nicht aber das Prinzip der Einheit. So gibt es denn zweierlei Ordnungen: *innerlich* und *äußerlich* bestimmte. Lebende Organismen sind innerlich bestimmte, Maschinen aber äußerlich bestimmte Ordnungen. Bei der Frage, ob das Weltganze eine absolut notwendige Ordnung sei, scheidet
c] die Annahme einer äußerlichen Ordnung vorläufig aus. Die Frage lautet also, ob der Welt ein absolut notwendiges Prinzip ihrer Einheit innewohne. Dieses Prinzip kann nicht im Sinne einer eigentlichen Weltseele aufgefaßt werden, da hiemit eine einzige Weltsubstanz gegeben wäre, deren Kontingenz schon aufgezeigt worden ist. Das Einheitsprinzip der

Weltordnung müßte also in irgend einem einzelnen Wesen der Welt seinen ontologischen Grund haben. Denn was Wirkungen in der Seinsordnung hat und die Dinge in ihr bestimmt, muß auch in der Seinsordnung gegründet sein. Es ist aber ganz unmöglich, daß das absolut notwendige Prinzip der Ordnung in einem kontingenten Wesen gründe, das zudem noch durch dieses Einheitsprinzip in die Ordnung des Ganzen hineingezogen werden müßte, also zugleich bestimmbares Glied der Ordnung und Urgrund der bestimmenden Einheit sein müßte. Das von der Weltordnung geforderte Einheitsprinzip kann also, wenn es absolut notwendig ist, keinenfalls zur Summe der kontingenten Dinge gehörten. Das absolut notwendige Wesen ist also von der Welt notwendig verschieden.

Es möchte scheinen, als ob mit dem Gesagten der Gottesbeweis im Wesentlichen vollendet sei. Natürlich kann man nicht verlangen, daß mit dem Beweis des Daseins Gottes zugleich der vollständige Begriff seines Wesens und seines Verhältnisses zur Welt entwickelt werde. Das hieße die ganze Theodizee fordern Aber seine Existenz muß unter einem solchen Begriff nachgewiesen werden, der ein tragfähiges Fundament für die folgende Begriffsentwicklung bietet. Es gibt verschiedene Begriffe des Absoluten. Nicht jeder eignet sich zu den Ableitungen, die wir nachher in der Theodizee vornehmen. Anderseits dürfen wir diesen Begriff auch nicht willkürlich nach unserem Bedürfnis bestimmen; wir können diesem Wesen nur jene Bestimmungen beilegen, die ihm als dem letzten Grund der Begreifbarkeit der Welt zukommen, denn nur unter diesem Begriff haben wir es als existierend bewiesen.

Gewöhnlich behandelt man die Frage, ob die Welt mit Notwendigkeit aus Gott hervorgehe, in den Abschnitten über die Freiheit Gottes oder den Pantheismus, auf jeden Fall nicht bei den Gottesbeweisen. Hier ist aber die Stelle, wo diese Frage gelöst werden muß, sonst kann man nachher auch die Freiheit Gottes nicht beweisen. Dort wird ohne weiteres vorausgesetzt,
d] daß die Dinge von Gott per modum voluntatis, nicht per modum naturae ausgehen. Nehmen wir aber an, die Dinge gingen mit Notwendigkeit von Gott aus, so ist diese Voraussetzung hinfällig. Wenn man sagt, eine solche Notwendigkeit schließe eine Abhängigkeit Gottes von der Welt ein, die dem Wesen des Absoluten widerspreche, so frage ich, woher man diesen Begriff des Absoluten habe. Doch nur aus den Gottesbeweisen. Also hat man dort nachzusehen, unter welchem Begriff des Absoluten die Existenz Gottes bewiesen worden ist. Absolut kann heißen: dasjenige, was unabhängig ist von jeder Setzung oder Verneinung außer der seiner selbst. Es kann aber auch heißen: dasjenige, was in seinem Sein von keinem andern bestimmt wird. Wir haben die Existenz des absolut notwendigen Wesens bewiesen, d. h. des Wesens, das in seinem Sein von keinem anderen bestimmt wird, das aber alle anderen im Sein bestimmt. Ist damit auch gegeben, daß es unabhängig ist von jeder Setzung oder Verneinung außer der seiner

selbst? Kann man z. B. die Possibilien verneinen ohne zugleich Gott zu
e] verneinen? Sie stehen in notwendigem Zusammenhang mit Gott, nicht
nur so, daß wenn die Possibilien sind, auch Gott ist; sondern auch: daß wenn
Gott ist, die Possibilien sind. Die Verneinung der Possibilien bringt also
auch die Verneinung Gottes mit sich, und doch sind die Possibilien nicht
f] einfachhin Gott. Gott ist notwendig der Grund aller Möglichkeit, ohne
deshalb aufzuhören reine Wirklichkeit zu sein. Warum kann er nicht auch notwendig der Grund aller möglichen Wirklichkeit sein, ohne aufzuhören in sich die reine Wirklichkeit zu sein? Er kann es tatsächlich nicht, aber diese Unmöglichkeit muß beweisen werden und zwar beim Gottesbeweis. Denn ein absolutes Wesen, aus dem die endlichen Dinge mit Notwendigkeit hervorgingen, ist weit entfernt vom christlichen Gottesbegriff. Diese Annahme ist also hier auszuschließen.

Wir fügen also unserem Beweisgang einen *dritten* Abschnitt hinzu, in dem die Annahme ausgeschlossen wird, daß die Welt in dem Sinne notwendig von Gott abhänge, daß wenn Gott sei, auch notwendig die Welt sei.

Diese Annahme läßt die Kontingenz der einzelnen Weltdinge und den wirklichen Unterschied vom absolut notwendigen Wesen bestehen. Die einzelnen Dinge könnten demnach entstehen und vergehen, sich verändern, mit andern im Abhängigkeitsverhältnis stehen. Die Stelle aber im Kosmos, die Zeit in der sie entstehen und vergehen, wäre ihnen mit absoluter Notwendigkeit von außen bestimmt. Zu der Zeit, da sie exstieren, würden sie notwendig existieren, zu anderer Zeit notwendig nicht existieren.

Wir unterschieden oben äußerliche und innerliche Ordnungen. Die Frage ist jetzt, ob die Welt eine durch ein *äußeres* Einheitsprinzip notwendig bestimmte Ordnung sei, wobei die Notwendigkeit nicht von der Bedürftigkeit der bedingten Welt, sondern von der Natur des bedingenden, sich mit Wesensnotwendigkeit auswirkenden äußeren Einheitsprinzips hergeleitet würde; ob die in sich kontigenten Dinge mit bedingter Notwendigkeit existieren, so aber daß diese Bedingung formal als Bedingung immer erfüllt, also selber als solche absolut notwendig sei.

A sei die ontologische Bedingung von B. B hängt also von A ab, nicht aber umgekehrt A von B. Dieses ontologische Verhältnis begründet nun die logische Schlußmöglichkeit: wenn B, dann A, nicht aber ohne weiteres: wenn A, dann B. B ist mit A notwendig verknüpft. Diese Notwendigkeit hat ihren Grund in der Bedürftigkeit des B, das ohne A nicht sein kann. Sie soll *nachfolgende* Notwendigkeit heißen, weil sie im Nachfolgenden, dem Wesen des Bedingten gründet. Wenn jedoch das ontologische Verhältnis von A und B derart ist, daß A aus innerer Wesensnotwendigkeit B bedingt, dann kann auch geschlossen werden: wenn A, dann B. Da diese Notwendigkeit im Voraufgehenden gründet, soll sie *voraufgehende* Notwendigkeit heißen. Die *mögliche* Welt als solche steht mit Gott in Zusammenhang durch nachfolgende und voraufgehende Notwendigkeit. Die *existierende* Welt nur durch nachfolgende. Das soll jetzt gezeigt werden.

Unter *Welt* soll im folgenden die vom absolut notwendigen Wesen wirklich verschiedene Gesamtheit aller kontingenten, jemals existierenden Dinge verstanden werden.

Wenn die Welt mit voraufgehender Notwendigkeit vom absolut notwendigen Wesen abhinge, würde diese Notwendigkeit auch in der Wesenheit der Weltdinge gründen. Dinge aber, die eine solche voraufgehende Notwendigkeit begründen, können kraft ihrer Wesenheit nicht nicht existieren, sind also in sich nicht mehr kontingent. Denn das Zufällige oder Kontingente wurde definiert als dasjenige, was kraft seiner Wesenheit nicht sein kann. Bei dieser Definition wurde keine Einschränkung bezüglich der Zeit gemacht. Es hieß nicht: dasjenige, was zu irgendeiner Zeit nicht sein kann, sondern *absolut:* dasjenige, was kraft seiner Wesenheit überhaupt nicht sein kann; wobei der Zusatz «kraft seiner Wesenheit» hier natürlich nicht wie beim absolut Notwendigen bedeutet: auf Grund seiner Wesenheit, sondern: daß seine Wesenheit *kein* Grund für seine Existenz sei. Das «kraft seiner Wesenheit» bezieht sich also nicht auf ein «nicht können existieren», sondern auf das «können nicht existieren».

Es ist nun nachzuweisen, daß in der Annahme einer voraufgehenden Notwendigkeit, diese nicht nur im absolut notwendigen Wesen, sondern auch in der Wesenheit der Weltdinge begründet sein müßte. Dies geht daraus hervor, daß zwischen Dingen, die mit voraufgehender Notwendigkeit vom absolut notwendigen Wesen abhängen, und solchen, die mit bloß nachfolgender Notwendigkeit von ihm abhängen, ohne Zweifel ein *wesentlicher* Unterschied besteht. Wesentliche Unterschiede gründen aber in der Wesenheit der Unterschiedenen. Also müßte eine solche voraufgehende Notwendigkeit auch in der Wesenheit der Weltdinge gründen.

Vielleicht wendet man ein, daß der genannte Unterschied nicht wesentlich sei, weil er doch von *außen*, vom absolut notwendigen Wesen stamme. Gewiß geht die voraufgehende Notwendigkeit vom absolut notwendigen Wesen aus, aber sie kann die Existenz der Weltdinge nur *mittels* ihrer Wesenheit erreichen. In der Annahme der voraufgehenden Notwendigkeit, wären Weltdinge mit bloss nachfolgender Notwendigkeit überhaupt nicht möglich, also reines Nichts. Die Dinge unterscheiden sich aber vom reinen Nichts durch ihre Wesenheit. Die voraufgehende Notwendigkeit zerstört demnach die schon bewiesene Kontingenz der Weltdinge, ist also unmöglich.

Wir haben die voraufgehende Notwendigkeit der Welt dadurch ausgeschlossen, daß wir sie als mit der Wesenskontingenz der Dinge unvereinbar aufwiesen. Es erhebt sich aber nun die Schwierigkeit, daß die voraufgehende Notwendigkeit jene Eigenschaften der zufälligen Dinge, die wir als Zeichen ihrer Kontingenz aufgefaßt haben, nämlich ihre Veränderlichkeit, ihre Abhängigkeit von anderen Dingen und die Möglichkeit zu
g] irgendeiner Zeit nicht zu existieren nicht ohne weiteres und unmittelbar aufhebt. Es scheint somit zwischen diesen Eigenschaften und der Wesens-

kontingenz kein absolut notwendiger Zusammenhang zu bestehen, womit der dritte Teil des Beweisganges hinfällig würde. Denn die Wesenskontingenz der Weltdinge können wir nur aus den genannten Eigenschaften schließen. In der Tat ist dies die Hauptschwierigkeit, die von unseren Gegnern gegen den Kontingenzbeweis erhoben wird, daß wir die Kontingenz der Welt nicht stichhaltig bewiesen, weil daraus daß ein Ding zu einer Zeit sei, zu einer anderen nicht, noch lange nicht folge, daß es überhaupt, statt zu sein, auch nicht sein könnte. Diese Ausflucht findet in der Annahme einer voraufgehenden Notwendigkeit, die nur auf Grund der schon bewiesenen echten Wesenskontingenz vereitelt werden kann, eine Stütze. Es muß also gezeigt, werden, daß die genannten Eigenschaften auch unter
h] der Voraussetzung der voraufgehenden Notwendigkeit Zeichen der echten Wesenskontingenz sind.

Dinge, deren Wesenheit eine voraufgehende Notwendigkeit forderten, müßten sich auch ihre konkrete und tatsächliche Existenz, also auch alles, was diese einschließt, nämlich ihre bestimmte Stelle in Raum und Zeit und im Kausalzusammenhang der Welt bestimmen. Mit anderen Worten: das Wesen der Dinge müßte es notwendig machen, daß ihnen diese Bestimmungen vom absolut notwendigen Wesen wirklich zuerteilt würden. Bestimmungen des Raumes, der Zeit und des Kausalzusammenhangs sind aber lauter Bestimmungen, die die Dinge nicht an sich, in ihrem absoluten Sein betreffen, sondern nur in ihrem Verhältnis zu anderen Dingen derselben Existenzialordnung. Kein Ding könnte also in dieser Hinsicht bestimmt sein, ohne daß seine Wesenheit auch *andere* Dinge, ja streng genommen *alle* anderen Dinge, die jemals tatsächlich existieren, unter derselben Rücksicht bestimmte. Das ist aber unmöglich; denn die Wesenheit eines
i] Dinges bestimmt nur dieses Ding selbst und zwar absolut, in seinem Ansichsein.

Nichts kann ferner mit der Wesenheit eines Dinges notwendig verknüpft sein, dessen Aufhebung nicht zugleich auch die Wesenheit jenes Dinges aufhebt. Die Aufhebung einer bestimmten Raum- und Zeitstelle, an der ein Ding existiert, hebt aber seine Wesenheit nicht auf. Also sind diese Bestimmungen nicht notwendig mit den Wesenheiten der Dinge verknüpft.

Gegen diese oder ähnliche Erwägungen könnte man den Einwand erheben, daß sie nur für unsere beschränkte Erkenntnisweise durch *Begriffe* Geltung haben. Die Begriffe lassen uns die Wesenheiten der Dinge in ihrer *Vereinzelung* erkennen; eine höhere Erkenntnisweise hingegen würde uns das einige Wesen der Welt als den notwendigen *Zusammenhang aller Dinge* enthüllen. Bestimmungen, die in Bezug auf das Wesen der einzelnen Dinge zufällig sind, könnten in Bezug auf dieses einige Wesen der Welt dann doch notwendig sein.

Diese Anahme kann man nicht mit denselben Gründen zurückweisen, mit denen wir oben die Annahme einer einzigen Weltsubstanz enkräfteten. Dort handelte es sich um die Welt als absolut notwendiges Wesen, während hier die Welt immer noch als abhängig vom absolut notwendigen Wesen gedacht wird.

Der Einwurf leugnet die Erkenntnismöglichkeit durch Begriffe nicht – in diesem Falle wäre er anderswo zu behandeln – er schränkt sie nur auf die Erkenntnis der Dinge in ihrer Vereinzelung ein. Die einzelnen Dinge haben also ein wahres Wesen; aber es ist nicht das Letzte in ihnen. Ihnen allen liegt ein gemeinsames Wesen zugrunde, aus dem sie hervorgehen: das Wesen der Welt. Aussagen über die Welt dürfen *schlechthin* nur gemacht werden auf Grund dieses einigen Wesens. Aussagen, die auf Grund der Einzelwesen über die Welt gemacht werden, gelten also nicht schlechthin, sondern *in gewisser Hinsicht*. *Ontologisch* ausgedrückt heißt das, daß die Welt als Ganzes zwar eine einige Substanz ist, die einzelnen Dinge aber
k] nur ihre Akzidenzien sind.

Wenn jedoch die einzelnen Dinge wirkliche Substanzen sind, dann kann die Welt als Ganzes kein einiges Wesen besitzen; sie ist dann nur ein Ganzes der äußeren Ordnung im oben angegebenen Sinne. Ja, offenbart sich uns auch nur einziges Ding der Welt in seiner wahren Substanzialität, so ist die Annahme eines einigen Weltwesens ein Traum. Es ist aber offenbar, daß jeder von uns ein Ichbewußtsein besitzt, in dem er sich unmittelbar als freitätige Person und damit als Substanz erkennt. Der Nachweis hierfür ist an anderem Ort zu geben. – Die angeführten Zeichen der Kontingenz sind also Zeichen der echten Wesenskontingenz *auch für die Welt als Ganzes*.

Wir haben bei unserem Beweisgang vorausgesetzt, daß überhaupt irgend etwas existiert, ohne zu bestimmen, ob es sich um notwendige oder zufällige Existenz handle. Die Existenz des absolut notwendigen Wesens wurde vielmehr aus der offen bleibenden Disjunktion gefolgert. Es könnte also daran gedacht werden, daß nur das absolut notwendige Wesen existiere, während die Welt als bloß *mögliche* in den Gedanken Gottes lebe, dem Wesen nach also von ihm verschieden, dem Sein nach aber eins mit ihm sei, so wie wir Scholastiker uns das Reich der Possibilien in Gott
l] denken. Diese Annahme wird man nicht ohne weiteres mit dem Hinweis auf die konkreten und individuellen Bestimmtheiten der Welt abtun können z. B. daß mögliche Dinge in der Zeit seien usw. Denn auch die Zeit und alle ihre Verhältnisse sind in den Gedanken Gottes. Das gilt auch von den verschiedenen Formen unseres Selbstbewußtseins und der Sünde, die nicht weniger vollkommen im objektiven Bewußtsein Gottes als in sich selbst
m] enthalten sind.

Der durchschlagende Grund für die wirkliche, von der Existenz Gottes geschiedene Existenz der Welt scheint mir ihre *durchgängige kontradiktorische Bestimmtheit* zu sein, d. h. daß von den bei jeder Bestimmung möglichen kontradiktorischen Fällen, immer nur die eine Seite, unter notwendigem Ausschluß der kontradiktorischen, als gegeben erscheint, was im Reiche der bloßen Möglichkeit unmöglich ist. Diese durchgängige kontradiktorische Bestimmung der Welt kann nur in einem *Willensakt* des absolut nowendigen Wesens seinen Grund haben. Was aber im Gegensatz zum kontradiktorischen Gegenteil Gegenstand des göttlichen Willens ist, muß für irgend eine Zeit eine von der Existenz Gottes verschiedene Existenz haben, da es nur durch seine eigene Existenz von seinem kontradiktorischen Gegenteil unterschieden ist, die göttliche Existenz aber beiden Seiten der konktradiktorischen Möglichkeit in gleicher Weise zukommt.

Es *ist* also ein absolut notwendiges, von der kontingenten Welt dem Wesen und der Existenz nach verschiedenes Wesen, das auch wäre, wenn die Welt niemals existierte.

Nachbemerkungen

Diese – in der Schreibweise etwas schwierige – Abhandlung erschien zuerst in der römischen Zeitschrift „Gregorianum" 18 (1937) 379–394. Das vorausgeschickte lateinische „Summarium" wurde für diese Ausgabe ins Deutsche übersetzt.

a] Gemeint ist mit Gedanke hier sein Inhalt, abgesehen von seiner psychischen Existenz. Durch sie allein wäre der Gedanke ein bloßer Gedanke.

b] Für „durchgängige Begreifbarkeit des Seins" könnte man auch sagen „umfassende Offenheit des Seins für die Vernunft", die sich daraus ergibt, daß die Vernunft „das Vermögen des Unbedingten" (Kant) ist, während das Sein ohne Unbedingtheit ins Nichts fiele.

c] Vorläufig: im Hinblick auf den dritten Schritt des Beweises.

d] Per modum voluntatis: durch Willenssetzung. Per modum naturae: naturhaft.

e] Die Possibilien: die möglichen Wesen als mögliche, abgesehen von ihrer etwaigen Existenz.

f] Vgl. dazu jetzt meine „Summe einer philosophischen Gotteslehre", München 1979, Nr. 311. 242.

g] D. h. nicht offensichtlich, nicht ohne weitere begründende Vermittlung.

h] Gemeint ist der *Versuch* einer solchen Voraussetzung, der sich dann aber, wie gezeigt wird, als unmöglich erweist.

i] Die Wesenheit von Weltdingen ist allerdings immer auch relativ zu den Wesenheiten anderer Weltdinge. Was durch die Wesenheit an sich nicht bestimmt wird, sind die dazukommenden raum-zeitlichen Bestimmungen und Verhältnisse.

k] Soweit der Einwurf.

l] Siehe [a].

m] Vgl. meine „Summe" [f], Nr. 311. 3.

WER DIE NATUR KENNT, MUSS AN GOTT GLAUBEN

Das Thema meines Vortrages „Wer die Natur kennt, muss an Gott glauben" wurde mir von den Veranstaltern dieses Abends gestellt. Ich habe es ohne Diskussion angenommen, obwohl ich es selbst mir *in dieser Form nicht* gestellt hätte. Ich glaubte jedoch, eine Auseinandersetzung mit diesem Thema im Vortrag selbst werde für Sie, meine Zuhörer, nicht ohne Nutzen sein. Halten Sie es einem Schulmeister zugute, dass er jedes Wort der These auf die Goldwage legt. Einverständnis kann ich wohl darüber voraussetzen, was wir in diesem Zusammenhang unter Natur und Gott zu verstehen haben. Unter Natur verstehe ich die gesamte, insbesondere aber die sogenannte äussere, unseren Sinnen zugängliche und in den Naturwissenschaften durchforschbare Erfahrungswirklichkeit; unter Gott ein von der Welt verschiedenes, in seinem Dasein vollkommen unabhängiges, unbedingtes und geistiges Wesen, das als Ursache unserer Erfahrungswelt von uns erkannt, bzw. geglaubt wird.

Damit ist der Sinn der beiden Worte „Natur" und „Gott" hinreichend festgelegt. Was aber heisst in unserem Thema „die Natur kennen", „an Gott glauben" und welcher Art ist das „Müssen", das beide verbindet? Das sind Vorfragen, die beantwortet sein müssen, ehe wir auch nur das Thema selbst als Frage stellen und diese Frage beantworten können. Eine Frage richtig zu stellen ist in der Philosophie – und unser Thema ist doch ein philosophisches – meist entscheidend dafür, ob eine Ant-wort auf sie möglich ist.

Zunächst möchte ich zwischen „Kenntnis" und „Er-kenntnis" der Natur unterscheiden. Etwas anderes ist es einen Menschen zu kennen und ihn zu *er*-kennen, etwa als den und den, als Freund oder Feind, als einen zuverlässigen und treuen Menschen und dergl. Bei der Erkenntnis handelt es sich immer darum, dass etwas, was zunächst verborgen war, zum Vorschein kommt, dass die Sache, die Person in dem, was sie eigentlich ist, erkannt wird. Ähnlich ist es auch bei der Natur. Wir alle kennen sie. Aber erkennen wir sie auch? Und als was erkennen wir sie? Von der oberflächlichen Kenntnis bis zur umfassenden und tiefen Erkenntnis gibt es offenbar viele Stufen und Übergänge. Nicht alle Erkenntnis ist auch ein Wissen und nicht alles Wissen ist schon Wissenschaft. Zum Wissen wird eine Erkenntnis erst, wenn sie gewiss ist und der Wissende auch Rechenschaft ablegen kann von den Gründen seiner Erkenntnis. Wissenschaft aber fordert einen gewissen Umfang, eine relative Abgeschlossenheit und Systematik, wenigstens auf einem begrenzten Teilgebiet der Natur. Bei nur wenigen von Ihnen darf ich wohl wissende und gar wissenschaftliche Erkenntnis der Natur voraussetzen, und auch ich selbst bin kein Naturwissenschaftler. Aber neben dem Fachwissen gibt es eine Teilnahme am Wissen durch Allgemeinbildung und belehrende Lektüre. Vor allem aber gibt es neben dem naturwissenschaftlichen Fachwissen ein philosophisches, sowohl auf den allgemeinmenschlichen Erfahrungen aufbauendes wie auch die naturwissenschaftlichen Ergebnisse verwertendes Wissen.

Welche Art von Kenntnis oder Erkenntnis, welche Art des Wissens über die Natur ist nun ausschlaggebend, um von der Natur zu Gott zu gelangen? Ein neueres Werk (von Bavink) trägt den Titel „Die Naturwissenschaft auf dem Weg zur Religion" (^{6}1947). Ist die Naturwissenschaft selbst ein Weg zu Gott und damit zur Religion? Es gab und gibt viele Naturforscher, denen die Beschäftigung mit der Natur ein immer neuer Weg zu Gott, für welche die Natur mit ihren Wundern ein lautes Zeugnis für den Schöpfergott ist. Es gibt und gab aber auch andere; nicht nur solche, die sich kämpferisch gegen Gott wandten, sondern auch viele, die einfach gestehen, dass Gott ihnen wo immer begegnen mag, aber auf jeden Fall *nicht* in den Formeln und mathematischen Gleichungen der Naturwissenschaft. Offenbar ist es nicht gleichgültig, in welchem Geiste man Naturwissenschaft betreibt. Ich meine damit nicht nur den Unterschied des gläubigen und ungläubigen Forschers; des gläubigen, für den die Naturerkenntnis eine Bestätigung des schon aus anderen Quellen Geglaubten ist, und des ungläubigen, den die Beschäftigung mit den Naturgesetzen immer mehr gegen den persönlichen, freien Schöpfergott verschliesst. Ich meine damit vielmehr die Tatsache, dass kein Forscher an sein Spezialgebiet ohne eine gewisse Philosophie, ohne Voraussetzungen philosophischer Natur über die Wirklichkeit und unsere Möglichkeiten, sie zu erkennen herangeht, ob er sich nun dieser stillschweigend gemachten Voraussetzungen bewusst ist oder nicht, und um so mehr, je weniger er sich ihrer bewusst ist. Wenn ich vorhin sagte, die philosophische Erkenntnis der Natur habe die naturwissenschaftlichen Ergebnisse zu verwerten, so sollte damit keineswegs gesagt sein, sie habe diese Ergebnisse einfach hinzunehmen; nein, diese Verwertung wird zum Teil darin bestehen, die in ihnen einschlussweise enthaltenen philosophischen Gedanken sichtbar zu machen, zu überprüfen und klarzustellen, was nun eigentlich und streng naturwissenschaftlich feststeht.

Welches die Aufgaben dieser Kritik der naturwissenschaftlichen Erkenntnis sind, wird sich am besten zeigen, wenn wir die eine oder andere der Voraussetzungen namhaft machen, die so oft unbemerkt in die naturwissenschaftliche Untersuchung eingehen, um nachher, als Ergebnis der Naturwissenschaft verkleidet, sich der staunenden Welt zu zeigen.

Es gibt Naturwissenschaftler, die bewusst alle philosophischen Annahmen aus der Naturwissenschaft verbannen und nur die positiven, d. h. beobachtbaren Tatsachen beschreiben wollen (daher der Name Positivismus). Die Naturwissenschaft habe keine Erklärungen zu geben, sondern die Phänomene nach ihrem gesetzmässigen Zusammenhang möglichst exakt, dh aber mit Hilfe mathematischer Gleichungen zu beschreiben. Vom wirklichen Naturverlauf kann nach dieser Auffassung nur das in die Naturwissenschaft eingehen, was sich in solchen zeitlosen Formeln und mathematischen Funktionen abbilden lässt. Ja, dies allein sei die wahre Wirklichkeit; alles andere, was man etwa unter den Begriffen „Substanz“, „Wirken“, „Verursachen“ denkt, sei bloss subjektive Zutat und Illusion. Probleme, die sich aus der Anwendung dieser Begriffe ergäben, seien blosse Scheinprobleme. – Es ist eine unbestreitbare Tatsache, dass unter allen Naturwissenschaften die Physik die grössten Fortschritte gemacht hat. Es ist ferner nicht zu übersehen, dass die physikalischen Tatbestände als grundlegendes Substrat in alle anderen Naturbereiche, handle es sich nun um das pflanzliche, das tierische oder auch um das menschliche Leben, nach seiner körperlichen Seite betrachtet, mit eingehen. Daraus wird das Postulat, dass alle Wirklichkeitsbereiche letztlich physikalischer Natur seien und so in den Zuständigkeitsbereich der Physik fielen (der sog. Physikalismus), wenn nicht erkenntnistheoretisch gerechtfertigt, so doch psychologisch verständlich.

Es ist nicht schwer einzusehen, dass solche Auffassungen der Natur, wie sie der Positivismus und der Physikalismus vertreten, *nicht* geeignet sind, von der Natur aus einen Weg zu Gott zu finden. Damit soll nicht gesagt sein, dass die positivistisch eingestellten Naturwissenschaftler niemals ein persönliches Verhältnis zu Gott hätten. Aber wenn sie ein solches haben, so haben sie es trotz, neben und ausser ihrer Naturwissenschaft. Sie meinen reine Naturwissenschaftler zu sein und ahnen nicht, dass sie trotzdem eine Philosophie vertreten, wenn auch eine sehr arme, um nicht zu sagen, armselige. Sie sind sich auch kaum ihrer grösseren geistigen Ahnen bewusst aus dem Bereiche der Philosophie und letztlich der Theologie. Diese Ahnen heissen Kant und Luther. Kant, sofern seine Entleerung der Naturwirklichkeit von jeder seinshaften, an sich seienden Geltung die Voraussetzung und der Mutterboden des Positivismus wurde, Luther, sofern die Trennung der erbsündlich verdorbenen Vernunft von der religiösen Sphäre ihre Fortsetzung fand in der radikalen Trennung der theoretischen und praktischen Vernunft bei Kant und in der schizothymen Spaltung von Forscher und Person in so vielen unserer heutigen Naturwissenschaftler.

Die Erkenntnis Gottes (ohne Zuhilfenahme der Offenbarung) ist eine allgemeinmenschliche und, in wissenschaftlicher Form, eine philosophische Aufgabe. Sie kann deshalb auch nur mit philosophischen, nicht bloss naturwissenschaftlichen und schon gar nicht mit philosophisch unzureichenden Mitteln oder mit einer naturwissenschaftlich getarnten Pseudophilosophie gelöst werden. Nur jene Naturerkenntnis kann Ausgangspunkt für Gotteserkenntnis werden, die philosophisch, dh. die Natur in ihren letzten Gründen betrachtende und nach ihren letzten Zusammenhängen befragende ist. Ob diese Einstellung sich dabei zu wissenschaftlicher Methode und damit zu wissenschaftlicher Philosophie erhebt oder nicht, ist dabei weniger wichtig.

Nachdem wir geklärt haben, welcher Art die Erkenntnis der Natur sein müsse, um von ihr zu Gott zu gelangen, müssen wir uns nun dem Akt zuwenden, mit dem wir Gott auf Grund unserer Naturerkenntnis erfassen. Er wird im Thema als „Glaube“ bezeichnet. Warum im Vordersatz von Kenntnis die Rede ist, im Nachsatz aber von „Glaube“, ist nicht ohne weiteres ersichtlich. Viel eher würde man erwarten, dass nun auch von Gotteserkenntnis die Rede sei. Wir haben oben gesehen, dass es eine Kenntnis der Natur gibt, neben der ohne jeden Zusammenhang ein persönlicher Glaube an Gott steht, und es gibt viele, welche die Natur als Naturwissenschaftler gut kennen, ohne deshalb an Gott zu glauben. Wenn wir aber die fragen, welche die Natur auf philosophische Weise erkennen, so werden sie uns sagen, dass sie nicht nur an ihn *glauben*, sondern dass sie auch um ihn und seine Existenz *wissen*.

Das Wort „glauben“ ist nicht weniger vieldeutig als das Wort „kennen, erkennen“. Es kann damit ein unverbindliches Meinen ausgesagt sein: das „ich glaube schon“ der Alltagssprache. Es kann damit jener geheimnisvolle Akt gemeint sein, mit dem wir von Gott erleuchtet und gezogen, unseren Geist ganz dem sich souverän kundtuenden und seine Geheimnisse uns offenbarenden Gott schenken, um so an seinem Wissen um sich und um unser Heil in Christus teilzunehmen. Keines von beiden ist bei unserem Thema mit dem „Glauben an Gott“ gemeint. Glaube ist aber hier auch nicht bloss Erkennen oder Wissen. Er ist etwas Tieferes, Umfassenderes. Er ist – in diesem Zusammenhang – die entschiedene Ganzhingabe des Geistes an den aus der Schöpfung erkannten Gott. Diese Ganzhingabe des Geistes an Gott geschieht in uns jedoch niemals zwangsläufig, kann gar nicht zwangsläufig geschehen; sie ist immer, wenn sie ist, ein freier, persönlicher Selbstvollzug. Das heisst nicht, dass sie „irrational“, logisch nicht versteh- und begründbar ist. Nur logisch ableitbar ist sie nicht. Denn logisch ableitbar sind nur Denkinhalte, nicht freie Stellungnahmen. Dass aber eine Stellungnahme frei ist, schliesst, wie gesagt, keineswegs aus, dass sie logisch einwandfrei begründet und ihr Inhalt sogar logisch notwendig ist. Solche logische Notwendigkeit sagt nur: wenn man das eine behauptet, kann man das andere nicht ohne Selbstwiderspruch verneinen. Damit dürfte nicht nur hinreichend geklärt sein, in welchem Sinn wir hier von „glauben“ sprechen, sondern auch zugleich, inwiefern hier von einem „müssen“ die Rede sein kann: wer die Natur in dem erkannt hat, was sie eigentlich ist, kann nicht umhin, die Existenz Gottes anzuerkennen, wenn er einen Selbstwiderspruch vermeiden will. Natürlich kann er, psychologisch gesprochen, diesem Widerspruch ausweichen und der sich kundtuenden Wahrheit verschliessen. Insofern kann man hier nicht von einem „müssen“ sprechen. Die personale Freiheit bleibt gewahrt.

Noch einmal: Ich möchte nicht, dass Sie diese Behandlung der Vorfragen als eine Kritik an der Themastellung auffassen. Die besondere Fassung des Themas war mir vielmehr ein willkommener Anlass, einige Fragen zu klären, die in diesem Zusammenhang immer wieder auftauchen und deren Nichtbeantwortung Schwierigkeiten bereitet.

Nun wollen wir uns aber der Durchführung des Themas zuwenden: *Die Natur als Zeuge für das Dasein Gottes*. Der Aufweis dafür könnte an mehreren Punkten ansetzen, wie Veränderung, Endlichkeit, Ursachenverflechtung u. a. Es dürfte sich jedoch empfehlen, wenn wir unsere Kraft auf *einen* Punkt konzentrieren. Ich möchte dafür die Zielbestimmtheit und die Zielgerichtetheit der lebendigen, organischen Natur als Ansatz nehmen.

Wir wollen uns zu diesem Zwecke mit einigen Tatsachen bekannt machen. – Dass das menschliche Auge in seinem Bau und in seiner Funktionsweise einer photographischen Kamera ähnlich ist, dass die auf hohem Halm schwebende, von Windstössen gebeugte und sich wieder aufrichtende Ähre ein Wunder der organischen Röhrentechnik ist, das sind triviale Beispiele der organischen Zweckmässigkeit. Unter der Fülle des weniger

Bekannten seien folgende aus dem Werk „Naturordnung als Quelle der a] Gotterkenntnis“ von Georg Siegmund (Freiburg i. Br. [2]1950) ausgewählt.

„Erstaunlich ist die Instinkthandlung der *Erbsenkäferlarve*. Sie bohrt sich in das weiche Fruchtfleisch der jungen Erbse bis zur Mitte ein und frisst sich dort eine immer grösser werdende Höhle frei. Hat sie eine bestimmte Grösse erreicht, treibt sie einen Stollen bis an die Erbsenhaut vor, die sie kreisförmig einritzt. Dieser Tunnelbau und die Öffnungsanlage in der Erbsenhaut ist eine Vorsorge für die Zukunft. Nur so kann der aus der Larve hervorgehende Käfer einen Weg in die Aussenwelt finden; ohne diese Vorbereitungen müsste er in der mittlerweile hart gewordenen Erbse elend zugrunde gehen.“ (314/15).

Der sogenannte *Trichterwickler* ist ein „Rüsselkäfer, der aus Birkenblättern den Brutraum für seine Eier formt. Der Käfer schneidet das Birkenblatt, aus dem ein Trichter für Eier und Larven gebildet werden soll so zu, dass die S – Kurven, in denen der Schnitt auf dem Blatt geführt wird, ein mathematisch-technisches Gesetz befolgen, das die zweckmässigste Lösung der Aufrollung des Blattes angibt. In dem Zeitraum von etwa einer Minute führt der Käfer vom oberen rechten Blattrand angefangen – das Blatt von unten her betrachtet – einen Schnitt in der Form eines stehenden römischen S mit seinen Kiefern aus. Dann ritzt er den Mittelnerv des Blattes, um die Saftzufuhr zu vermindern, und vollendet schliesslich auf der linken Seite den Schnitt.

Im Blatt bringt der Käfer seine Eier unter, wickelt dann die rechte Blatthälfte zu einer Tüte, und schlägt hernach von der anderen Seite die linke Blatthälfte als Schutzumschlag darüber. In dem Trichter, der an der Blattrippe hängt, hat er seinen Larven einen Brutraum angefertigt, dessen Wände aus mehreren Lagen grüner Blattsubstanz bestehen, mithin ihr nötiges Futter sind. Welkt das zum Trichter geformte Blatt, so fällt es vom Baume und gibt somit den Larven auf der Erde die willkommene Gelegenheit, in den Erdboden zu kriechen und sich zu verpuppen.

Es lässt sich im einzelnen nachweisen, dass jede andere Führung der Schnittlinie das technische Problem der Blattaufrollung erschwert, wenn nicht unmöglich macht.“ (Siegmund 177/8) Es ist auch, wie H. Prell (Der Trichterwickel des Birkenblattrollers, in „Die Naturwissenschaften“ 1925, 656) nachgewiesen hat, „völlig undenkbar, dass ein solch komplizierter Vorgang wie die Trichterrollung schrittweise entstanden ist. Jede grössere Unvollkommenheit an irgendeiner Stelle würde den ganzen Verlauf der Dinge unmöglich machen. Wir stehen vor der notwendigen Annahme, dass solch grosse Komplexe der biologischen Handlungsweise mit einem Schlage in Erscheinung getreten sein müssen.“ (Zit. Siegmund 178. Vgl. auch E. Wasmann, Der Trichterwickler. Eine naturwissenschaftliche Studie über den Tierinstinkt, 1884)

Als letztes Beispiel sei ein Fall der sogenannten „primären Zweckmässigkeit“ bei einem *Regenerationsvorgang* vorgeführt. Unter „primärer Zweckmässigkeit“ versteht man ein zweckentsprechendes Vorgehen eines Organismus, das durch keinen Mechanismus irgendwelcher Art vorgebildet ist, einen Fall, bei dem der Organismus zum ersten Mal einen ganz neuen Weg finden muss. Ein solcher Fall wurde zuerst von Gustav Wolff analysiert und beschrieben (vgl. Siegmund 249/50).

„Bei Tritonen (Molchen) kommen gelegentlich, wenn auch selten, Augenverletzungen vor. Sind sie nicht besonders schwer, so heilen die Augen wieder aus. Nicht nur die Hornhaut, auch die Linse und Teile der Netzhaut können ausfallen, ohne dass das verletzte Tier für immer das Auge einzubüssen braucht. Niemals aber kann in der freien Natur ein isolierter Verlust der Linse allein vorkommen. Nun kann ähnlich wie bei der Staroperation auf eine recht einfache Weise die Linse für sich allein operativ entfernt werden. Ein Schnitt öffnet die Hornhaut, ein leichter Druck auf den Augapfel lässt die Linse herausspringen. Wenige Stunden nach der Operation ist die geringfügige Wunde verheilt; das gesamte übrige Auge hat bei richtiger Durchführung der Operation keinerlei Schaden genommen.

Tatsächlich bildet sich nach der operativen Entfernung der Augenlinse eine neue ohne jedes Versuchen und Tasten. Das verblüffende ist, dass die neue Linse in einer völlig anderen Weise und aus einem anderen Material gebildet wird als in der Embryonalentwicklung. Embryonal entsteht das Auge aus zwei verschiedenen Anlagen. Einmal stülpt sich eine Hirnanlage der Aussenhaut zu vor und bildet den Augenbecher; ihm entgegen wächst eine Wucherung der Epidermis, die zur Linse wird und sich dem übrigen Auge einfügt. Zur Ersatzbildung wird nun ein der Funktion ganz fremdes Gewebe herangezogen; vom oberen Irishautrande aus entsteht eine Wucherung, die sich zu einer neuen Linse ausdifferenziert. Das Eigenartige dabei ist, dass ein völlig ausdifferenziertes Material seine Differenzierung rückgängig macht, um gewissermassen wieder embryonal zu werden. Hatte es zuerst ein völlig undurchsichtiges Organ, die schwarz pigmentierte Lamelle der Regenbogenhaut geliefert, so wird es in der neuen Stellung zu dem durchsichtigsten Organ, das der Körper besitzt." (Siegmund 249/50).

Zur Regeneration des Auges gehört jedoch mehr als nur eine Neubildung des Linsenkörpers. „Dazu gehört auch, dass die neugebildete Linse in die Umgebung funktionsfähig eingefügt wird, ein Vorgang, der wiederum von dem entsprechenden in der Embryonalentwicklung völlig abweichen muss." (250) Dazu gehört „auch die Ausbildung neuer Zonulafasern, die Wiederaufrichtung und Reparation der unteren Ziliarfalte und ihrer Verbindung mit der Linse, überhaupt der ganze Aufhängungs- und Akkommodationsapparat, die genaue Einpassung der Linse in die Pupille unter völlig neuen Verhältnissen. Hier wird also in neuer Lage durch neue Kombination vorhandener Mittel ein Ziel erstrebt und meistens auch erreicht, das in dieser Weise noch nie erstrebt und meistens auch nicht erreicht worden war." (G. Wolff, Leben und Erkennen, 1933, 170; zit. bei Siegmund S. 250/1.)

Diese Tatsachen sind in ihrer Art gewiss bemerkenswert, aber durchaus nicht alleinstehend. Jeder, der sich näher mit dem organischen Leben befasst hat, weiss, dass uns dort solche oder ähnliche Leistungen auf Schritt und Tritt begegnen. Strukturen und Funktionen zu beobachten, die man, will man sie kurz charakterisieren, nicht anders als final, teleologisch oder zielstrebig bezeichnen kann, sind das tägliche Brot des Fochers. Drsass die Natur so vorangeht, *„als ob“* sie Ziele erstrebe, und dabei höchst „intelligent“ verfährt, kann niemand leugnen. Aber verfährt sie *in Wirklichkeit* so, erstrebt sie wirklich Ziele oder ist das, was uns in ihren Ergebnissen so zielgerecht erscheint, nur Resultat, nur zwangsläufiges Ergebnis einer eindeutig bestimmten Naturanlage? Mit anderen Worten: handelt es sich hier um *Kausalität oder Finalität,* um blosse Wirksächlichkeit oder um Zielbestimmtheit? Der Streit um diese Frage wogt seit Jahrtausenden. Ihn zu schildern, würde zu weit führen. Eine genauere, ontologische oder seinswissenschaftliche Untersuchung zeigt, dass die beiden überhaupt nicht miteinander in Konkurrenz stehen, sondern dass sie sich wesensnotwendig ergänzen. Ein Ziel wird immer von einer Wirkursache erstrebt, und eine Wirkursache ist immer eine gezielte. Man muss sich bei den Worten „Ziel“, „Zweck“, „Streben“ nur von gewissen anthropomorphen und physischen Vorstellungen freimachen. Wenn ein Schütze seine Flinte auf einen Hasen richtet, hat die Kugel ein Ziel, das sie aufgrund der bewussten Einstellung des Schützen und seiner Manipulationen mit der Flinte erreichen soll. Aber abgesehen von dieser bewussten und gewollten Einstellung gibt es hier noch ein anderes „Sollen“ und ein „Ziel“ in einem anderen Sinn, wenn wir nämlich den Lauf der Kugel nur auf den Flintenlauf und seine Stellung zum Raum beziehen. Dann „soll“ die Kugel so fliegen, wie es der Stellung des Flintenlaufs und der sich auswirkenden Anziehungskraft der Erde entspricht. Und sie wird auch so fliegen, wenn sich keine anderen störenden Ursachen bemerkbar machen. Den Ort, an den sie so fliegt, kann man – im Hinblick auf die Stellung des Flintenlaufs – ihr „Ziel“ nennen. Nicht mit Unrecht wird man jedoch einwenden, dass es sich hier gerade nicht um ein „Sollen“, sondern um ein „Müssen“, nicht um ein „Ziel“, sondern um ein blosses „Resultat“ handelt. Weil die Wirkursache „so“ beschaffen ist (der Flintenlauf gerade diese Richtung hat), darum ist auch das Ergebnis „so“ beschaffen (darum erreicht die Kugel gerade diesen Ort). Ohne Zweifel ist das so. Denn eine Flinte ist ohne den Schützen, der sich ihrer bedient, jedem Zufall ausgesetzt; sie ist ohne Eigenrichtung. Sie ist Werkzeug, nicht Natursache.

Zu einer Natursache gehört (zumindest im Bereiche des organischen Lebens) eine gewisse Spontaneität, eine Wirkbereitschaft, ein Drang zum Wirkvollzug, und zweitens eine naturgegebene Eigenrichtung des Wirkvollzugs. Obwohl dieser einen gewissen Spielraum haben kann und beim Lebendigen immer hat, so zeigt sich dabei immer eine betonte und charakteristische Eigenrichtung. Hühner bringen nun einmal immer Hühnereier und ein Katzenorganismus immer junge Katzen hervor. Wenn es einmal anders wäre, wären wir bass erstaunt. Dieses gerichtete, auf Wirken und Bewirken Angelegt- und Angepasstsein, aus dessen Spontaneität das Wirken und die Wirkung hervorgeht, nennt man in der scholastischen Philosophie „Naturstreben“ und das, worauf es sich richtet „Naturziel“ und „Naturzweck“. Von Erkenntnis, von Wollen und Bewusstsein ist dabei nicht die Rede, solange nur die Natur der Dinge in Frage steht; ebensowenig wie der

Flintenlauf ein Bewusstsein davon hat oder haben muss, um auf einen bestimmten Raumpunkt ausgerichtet zu sein. Der Trichterwickler hat von Natur aus einen Hang und Drang, das Birkenblatt zu schneiden und einzurollen. Was geschieht, das *soll* geschehen. Es ist überdies sinnvolles Ziel, nicht bloss tatsächliches, beliebiges Resultat und Ergebnis. Das nämlich wäre es auch, wenn es falsch geschnitten wäre. Richtig und Falsch sind hier nicht anthropomorphe Kategorien, sondern Bezeichnungen, die im Hinblick auf die Lebensmöglichkeiten der abgelegten Larven ihren eindeutig objektiven Sinn haben. Der Trichterwickler mag von seinem Drang und seinem Tun ein Bewusstsein haben (das ist sogar wahrscheinlich), aber es ist für die Tatsache eines Naturstrebens im allgemeinen und für die besondere Art des Naturstrebens im Trichterwickler nicht massgebend. Der Regenerationsvorgang bei der Neubildung einer Linse im Triton ist ein vegetativer und als solcher unbewusster Vorgang, wie ja auch die Embryonalentwicklung des Menschen unbewusst ist. Keine Mutter weiss, wie ihr Kind zu seinen Händen und Füssen, wie es zu seinen Augen und Ohren gekommen ist.

Wir sind also berechtigt, von wirklicher Finalität und Teleologie im Sinne eines echten Naturstrebens auf Naturziele zu sprechen. Wir wollen mit diesen Ausdrücken nur einen Vorgang, eine Tatsache exakt beschreiben und wiedergeben, nicht ihn erklären. Man wehrt sich oft gegen diese Ausdrücke, weil man sie schon mit den erklärenden Gedanken an bewusstes Planen oder an eine intelligente überweltliche Ursache belastet. Sollte man sie allerdings deshalb ablehnen, weil man spürt, dass man mit diesen Tasachen einer Logik die Tür öffnet, deren Ergebnisse unerwünscht sind, so hätte das nichts mehr mit Wissenschaft und Wahrheitsliebe zu tun.

Wenn wir nun im Hinblick auf die geschilderten Tatsachen die Ursachenfrage stellen, so tun wir das nicht im selben Sinn, wie das der Naturwissenschaftler tut. Dieser sucht für die Naturvorgänge Ursachen, die prinzipiell wieder dem Naturbereich angehören. Stösst er auf Tatsachen, die sich aus solchen Ursachen des Naturbereichs nicht herleiten lassen, so gesteht er, dass er zu deren Erklärung nicht mehr zuständig ist. Eine solche Tatsache haben wir in den Erscheinungen der Finalität vor uns, wenn wir sie nicht in ihrer Vereinzelung, sondern in ihrer Gesamtheit betrachten. Ein Organismus mag die Eignung zu finalem Verhalten ererbt haben. Aber schliesslich muss ja das Erbgut auch einmal entstanden und verursacht worden sein. Es gab nicht immer organisches Leben auf unserem Planeten. Woher kommt es? Ist es eingewandert? Das würde uns nicht viel weiter helfen. Denn wir wissen, dass unser gesamtes Sternsystem Zustände durchlaufen hat, in denen organisches Leben unmöglich war. – Noch einmal: woher kommt das organische Leben? Welches ist seine Ursache? und zwar nicht nur für seine Enstehung überhaupt, sondern für seine Artung und finale Leistung und Leistungsfähigkeit? M. a. W. wir suchen jene Ursache die zu diesen von uns beobachteten Wirkungen proportioniert ist. Bevor nicht eine solche Proportion der Ursache zur Wirkung gegeben ist, kann das philosophische Denken nicht Halt machen. Wir suchen die allgenugsame, hinreichende und letzte Ursache, jene Ursache, die wirklich *Ur*- sprung und wesentlich *Erst*-ursache ist.

Wie muss eine solche Ursache beschaffen sein, um Erstursache für Finalität zu sein? Sie muss offenbar so sein, dass sie nicht selbst wiederum eine Finalordnung voraussetzt. Sonst wäre sie ja nicht Erstursache für Finalordnung. Damit ist sehr viel gesagt. Um es zu verstehen, wollen wir uns daran erinnern, dass es eine doppelte, wesentlich verschiedene Art zielbestimmten Wirkens gibt. Die eine ist bloss *ausführender* Natur, wie etwa die Wirkung der Flinte in der Hand des Schützen; die andere ist *zielsetzender* Natur, wie das bewusste Wirken des zielenden Schützen selbst. Das zielbe-
b] stimmte Wirken der Natur ist immer ausführender Art. Es setzt seinerseits ein zielsetzendes, Zielordnung schaffendes Wirken voraus. Das zielsetzende Wirken hingegen, wie es sich im Menschen findet, ist nicht rein zielsetzend. Es setzt z. B. die naturhafte Ausrichtung des Verstandes und Willens auf den Aktvollzug des Denkens und Wollens voraus. Unser Verstand entsteht nicht mit dem Akt des Denkens, sondern geht ihm voraus. So scheinen wir uns in einem Zirkel zu drehen: das Naturstreben setzt ein zielsetzendes Wirken voraus, und das zielsetzende Wirken setzt seinerseits eine zielbestimmte Natur voraus. Wie kommen wir aus diesem Zirkel heraus? – Durch die Annahme eines Wirkens, das nicht verschieden ist von einer vorgängigen Natur, aus der es hervorgeht, und das nicht verschieden ist von einem Ziel, auf das es sich ausstreckt. Ein solches Wirken nennt man in der philosophischen Fachsprache ein „subsistierendes Wirken", d. h. ein Wirken, das nicht ein von ihm verschiedenes selbstständiges Wesen zur Voraussetzung hat, sondern das selbst in sich steht, selbstständig ist. Die Erstursache kann Finalität oder Zielordnung der Natur nicht auf naturhafte Art, d. h. ihrerseits nicht aus einem Naturstreben hervorbringen. Denn die Zielordnung, die einem solchen Wirken und Hervorbringen zugrunde läge, bedürfte selbst wieder einer Ursache, sodass wir keine Erstursache der Finalität vor uns hätten.

Warum eine Ursache, die aus einer vorgegebenen Zielordnung heraus wirkt, selbst notwendig verursacht ist, ist nicht so leicht einzusehen. Es bedarf dazu einer sehr abstrakten, seinswissenschaftlichen Überlegung. Der Grund, warum ein Wesen verursacht ist, ist seine *Kontingenz:* der Mangel an Wesensnotwendigkeit. Was wesensnotwendig ist, bedarf keiner Ursache. Wesensnotwendig aber in jeder Hinsicht ist nur das, was absolut (in jeder Hinsicht) *einfach* ist. Was in irgendeiner Weise aus mehreren Teilen, Elementen oder Prinzipien zusammengesetzt ist, ist kontingent, nicht wesensnotwendig. Ein solches Wesen besteht nämlich nur in der konkreten Einheit seiner Teile und Konstituentien. Diese aber ist notwendig mit der Vielheit seiner Teile gegeben. Die Vielheit als solche begründet keine Einheit. Was nur in der Einheit der Zusammensetzung wirklich ist, kann auch nicht zusammengesetzt und damit unwirklich sein. Sein Wesen und seine Idee allein begründet noch nicht seine konkrete Einheit und Wirklichkeit.

Nun ist aber ein Wesen, das durch eine Zielordnung auf sein Wirken ausgerichtet ist, dessen Wirken eine naturhafte Zielordnung vorausgeht, kein vollkommen einfaches Wesen, sondern etwas, indem sowohl Sein und Wirken, sowie Wesenheit und Sein auseinandertreten und nur in ihrem Zusammensein das konkrete Seiende aufbauen. Daher ist ein solches Wesen kontingent und, wenn es existiert, notwendig verursacht.

Eine Erstursache aber kann nicht verursacht, kann nicht kontingent, kann in keiner Weise zusammengesetzt sein. Sie kann nur ein Wirken sein, das eine Zielordnung aus sich entlässt oder setzt, nicht aber ein Wirken, das eine Zielordnung zur Voraussetzung hat.

Die Erstursache der Naturfinalität kann nur ein subsistierendes Wirken sein, das Zielordnungen setzt, ohne selbst von vorgegebenen Zielordnungen abhängig zu sein. – Können wir darüber noch mehr sagen? Können wir insbesondere etwas darüber ausmachen, ob eine solche Ursache und ein solches Wirken intellektueller Natur ist? Zur Beantwortung dieser Frage gehe ich von der Erwägung aus, dass intelligible Wirkungen letztlich intelligente Ursachen zur Voraussetzung haben. Wenn der Birkenblattroller mathematische Aufgaben löst, ohne selbst Intelligenz zu besitzen, so bin ich zu der Annahme berechtigt, dass ihm ein anderer, der hinreichende Intelligenz besitzt, die Aufgabe gemacht hat. Ein modernes Industriewerk verkörpert ein ungeheueres Mass objektivierter, gegenständlicher Intelligenz. Diese objektivierte Intelligenz hat ihre Ursache in subjektiver, bewusst einsehender Intelligenz. Ebenso bin ich berechtigt die in der Natur investierte und objektivierte Intelligenz auf eine subjektive Intelligenz oder, in unseren Falle, auf ein Wirken zurückzuführen, das wesenhaft Akt der höchsten Einsicht und des Wollens ist. Eine solche Ursache der Naturfinalität kann schon wegen ihrer Einfachheit nicht materieller, sie kann bloss *geistiger Natur* sein.

Sie ist auch nicht bloss *Demiurg* oder Weltenbaumeister, sondern eine die *Substanz* der Dinge *hervorbringende* Ursache. Denn die Naturfinalität kommt den Dingen nicht bloss, wie den Werken der Technik, aufgrund einer äusseren Anordnung und Verbindung der Teile zu, sondern als wesenhaft von ihrer Natur unabtrennbare Seinskonstitution. Die Finalität eines Lebewesens betrifft seine Substanz.

Ist die Erstursache der Naturfinalität weltimmanent oder welttranszendent? M. a. W.: Kann sie wie eine Weltseele gedacht werden, oder ist sie weltüberlegen, von der Welt im Sein und Wirken vollkommen unabhängig? – Eine Weltseele würde mit der materiellen Welt ein Ganzes bilden, nicht anders als Leib und Seele ein konkretes Ganze bilden. Eine Weltseele wäre eben als Seele ein zuinnerst der materiellen Welt zugeordnetes Wesen. Eine solche Zuordnung ist aber in ihrer konkreten Verwirklichung kontingent und daher verursacht. Also kann eine Weltseele niemals Erstursache sein. Wir haben aber auf eine Erstursache der Naturfinalität geschlossen. Diese kann also nicht Weltseele sein. Da sie absolutes Sein und subsistierendes Wirken ist, ist sie auch weltüberlegen, weltunabhängig.

Damit ist der Kreis geschlossen und der Nachweis erbracht, dass es ein von der Welt verschiedenes, in seinem Dasein vollständig unabhängiges, unbedingtes und geistiges Wesen gibt, das Ursache unserer Erfahrungswelt und ihrer Finalität ist. Die Natur legt Zeugnis ab für das Dasein Gottes. Wer die Natur wirklich kennt, muss an Gott glauben.

Nachbemerkungen

Dieser Vortrag wurde am 7. 1. 1953 im Kaufmännischen Verein Hansa in München gehalten. Die philosophische Analyse mußte daher verkürzt dargestellt werden.

a] Vgl. auch G. Siegmund, Die Welt als Gottes Spur, Buxheim, Berger, o. J., 2. Aufl.

b] Zur Ausführungsseite der Finalität gehören auch die in den Chromosomen enthaltenen Programme.

NATURKATASTROPHEN – EINE STRAFE GOTTES?

Wahre und falsche Sicht Gottes und der Welt

Vor einiger Zeit kam ich mit einem Mann ins Gespräch, der mich fragte ob uns Gott durch das lang anhaltende schlechte Wetter seinen Zorn kundgebe. Nun ist es ja so eine Sache mit dem „schlechten Wetter". Was der Feriengast für gutes Wetter hält, das ist vielleicht für den Landwirt eine Katastrophe. Aber lassen wir das beiseite! Nehmen wir die Frage wieder auf: zürnt Gott den Menschen, die unter schlechter Witterung zu leiden haben, die bei einer Erdbebenkatastrophe umkommen? Zürnt er, wenn sich die Gewitterwolken zusammenballen und Blitz und Donner zur Erde fahren, wie wir es vielleicht in unserem Unverstand den Kindern einreden? Was für eine Gottesauffassung steht denn hinter solchen Reden?

Die falsche Sicht

In uralten Zeiten haben die Menschen in viel größerer Nähe zur Natur gelebt als wir heute. Da gab es noch keine Technik, keine Städte und Häuser, noch nicht einmal Landwirtschaft, Ackerbau und Viehzucht. Die Menschen, gering an Zahl, lebten vom Sammeln von Früchten, suchten in Höhlen Zuflucht vor den Unbilden der Witterung. Was Wunder, wenn sie in den Naturgewalten, die ihnen, bald freundlich, bald feindlich entgegentraten, die so geheimnisvoll und unberechenbar waren, unmittelbar die Macht Gottes sahen, bald auch nicht mehr *eine* Macht, sondern viele Mächte, viele Götter sahen. Das blieb auch noch später so, als die Menschen die Viehzucht und je nach der Gunst der Gegend den Ackerbau lernten. Auch darin waren sie, nicht anders als die Landwirte heute, viel von den Naturgewalten, von günstiger oder ungünstiger Witterung abhängig. Und überall gab es zuweilen unerwartete Katastrophen, Überschwemmung und Flut an Fluß und Meer oder Erdbeben, die Städte und Häuser zerstörten. Davor rettet uns auch die Technik nicht.

Die falsche Sicht Gottes und der Natur besteht nun darin, zu meinen, Gott stecke wie ein unberechenbarer Dämon in der Natur selbst. Das, was in der Natur und durch die Natur geschehe, sei unmittelbar der Ausdruck der Liebe oder des Hasses, der Güte oder des Zornes Gottes: der Güte in den wohltätigen, des Zornes in den zerstörenden Kräften der Natur.

Nun kann man einwenden: Aber ist Gott nicht der Herr der Natur, geschieht nicht alles nach seinem Willen, gibt es nicht eine Vorsehung und Weltregierung Gottes? So lehrt es doch unser Glaube. – Ganz richtig, das lehrt er, aber wir verstehen es oft nicht recht. – Was ist denn falsch an unserem Verständnis, wie Gott der Herr der Natur ist? – Falsch ist daran, daß wir Gott aus seiner Erhabenheit über Welt und Natur in die Natur herabziehen, ihn sozusagen zur Natur selbst machen, zu einem Stück von ihr; daß wir seine Güte gleichsetzen mit den wohltätigen Wirkungen der Natur, seinen Zorn gleichsetzen mit den zerstörenden Wirkungen der Natur. Er aber ist unendlich erhaben über all das.

Die falsche Sicht Gottes und seines Verhältnisses zur Welt und Natur hat schlimme Folgen für uns. Sie verführt uns dazu, uns selbst, unsere Mitmenschen und unser Verhältnis zu Gott falsch zu beurteilen und daher auch falsch zu handeln. Wieso? Wenn das, was in der Welt geschieht und uns betrifft, unmittelbar Ausdruck für Wohlwollen oder Zorn Gottes ist, dann urteilen wir, daß wir in Gottes Gunst stehen, solange es uns gut geht; dann verfälschen wir unser Gewissen in der Meinung, Gott nehme es nicht so genau, wenn wir die Gebote Gottes übertreten, wenn wir die Pflichten der Religion und der Nächstenliebe vernachlässigen. Wir bilden uns dann auch ein falsches Urteil über Gott und den Nächsten. Wenn unsere Auffassung von Gott so ist, wie ich es geschildert habe, dann müßten doch alle Reichen gut, alle Armen schlecht sein. Das werden wir zwar nicht glauben, aber wir werden Gott für einen ungerechten Tyrannen halten, der es den Guten böse und den Bösen gut ergehen läßt. Und wenn es dann uns einmal schlecht geht, dann werden wir ebenso über Gott urteilen: nämlich: Gott ist ungerecht. Wer ist dann noch gerecht? Natürlich wir selbst! Gerade das, diese Selbstgerechtigkeit, führt uns ins Verderben, verhindert unsere Bekehrung zu Gott.

Die wahre Sicht

Die wahre Sicht Gottes und der Welt muß zwei Gesichtspunkte umfassen, die sich auszuschließen scheinen und die doch untrennbar zusammengehören, so sehr, daß die Sicht falsch wird, wenn man die Sache nur unter einem der beiden Gesichtspunkte sieht. Der eine Gesichtspunkt lautet: Gott ist unendlich erhaben über die Welt – der andere: Gott ist der Welt unendlich nahe.

Gott über der Welt

Wenden wir uns dem ersten Gesichtspunkt zu: Gott ist unendlich erhaben über die Welt. Wie wir schon sahen: er ist kein Teil der Welt, keine innere Kraft der Welt. Er schiebt weder die Wolken noch bewegt er das Meer. Sonne und Mond bewegen sich nach den allgemeinen Gesetzen der Natur. Gott ist unendlich über all das erhaben, weil er der Schöpfer der Welt ist, weil er sie aus dem Nichts erschaffen hat und über dem Nichts hält; weil er sie geschaffen hat, damit sie selbst sei und so sei mit ihren eigenen Kräften und Gesetzen. Uns aber hat er mit ihr erschaffen, damit wir in ihr leben und uns mit dem Verstand und dem Willen, die er uns gegeben, darin einrichten, so gut und manch mal auch so schlecht wir können. Das ist der Gehorsam, den wir dem Schöpfer als Geschöpfe zu leisten haben. Wir dürfen uns die Gesetze und Kräfte der Natur zunutze machen, sie zähmen. Wir müssen uns ihnen aber auch fügen, wo wir an die Grenzen unseres Könnens gelangt sind. Das ist der eine Gesichtspunkt.

Gott in der Welt

Der andere aber lautet: Gott ist uns selbst und den Dingen der Welt unendlich nahe. Das aber ist er aus demselben Grund, wie er über sie unendlich erhaben ist: weil er ihr Schöpfer ist; weil sie ohne ihn nichts sind; weil er alle Gesetzmäßigkeiten der Natur und ihre Folgen bis ins einzelne kennt und nichts ohne ihn geschieht; weil es für ihn keinen Zufall gibt; genauer, weil er uns in allen Dingen dieser Welt begegnen will, und durch alle Geschehnisse, die uns treffen, etwas sagen will. – Aber kommen wir so nicht wieder zu jener Sicht Gottes und der Welt, die wir zuvor als falsch und gefährlich erkannt und verworfen haben? Das ist nicht der Fall, wenn wir die Geschehnisse im Hinblick auf unseren Gewissenszustand prüfen, statt unseren Gewissenszustand nach den Geschehnissen zu beurteilen.

Gottes Güte gegen alle

Wie ist das zu verstehen? Wie wir es nicht machen dürfen, haben wir gesehen. Wie aber sollen wir es machen? Wir sollen das, was uns in der Welt begegnet, im Lichte der Botschaft Jesu verstehen Diese Botschaft lautet: Gott ist unser Vater und liebt uns. So sehr liebt er uns, daß er uns seinen Sohn sandte und am Kreuze dahin gab, um uns von unseren Sünden zu erlösen. Gott liebt uns, ob wir gut oder böse sind. „Der Vater im Himmel läßt seine Sonne aufgehen über Böse und Gute und läßt regnen über Gerechte und Ungerechte" lautet die Botschaft Jesu (Mt 5, 45). Darin allein, daß uns Regen oder Sonnenschein erwünscht oder unerwünscht ist, liegt weder Belohnung noch Strafe. Denn Gott liebt uns, ob wir gut oder böse sind, aber er liebt uns, damit wir gut bleiben, wenn wir durch seine Güte gut sind, und damit wir gut werden, wenn wir durch unsere Bosheit böse sind. Wenn uns also Gutes und Erwünschtes begegnet, sollen wir die Güte Gottes erkennen, ihm danken und darin die Aufforderung an uns sehen, gut zu sein und anderen Gutes zu tun.

Leid als Mahnung

Wie aber, wenn uns Schlechtes und Unerwünschtes begegnet? Dann sollen wir uns prüfen, damit wir erkennen, was uns Gott in seiner Güte damit sagen will: Finden wir, daß wir uns von Gott entfernt haben, daß uns die Güter dieser Welt dazu verführen, seinem Gebot zuwiderzuhandeln, auf ihn zu vergessen, dann soll uns das Übel, das uns begegnet, eine Krankheit, ein Unfall, ein Versagen oder was es sonst sei, eine Mahnung seiner Güte sein, umzukehren von unserem schlechten Weg, heimzukehren zum Vater. Daß solche Begebenheiten einen solchen Sinn haben können, sagt uns unser Gefühl; das sagt uns auch Christus im Evangelium. Er fordert uns auf, die Zeichen der Zeit zu deuten. Zur selben Zeit, heißt es im Lukasevangelium (13, 1–5), kamen einige und berichteten ihm von den Galiläern, deren Blut Pilatus mit dem ihrer Opfer vermischt hatte. Da nahm er das Wort und sprach zu ihnen: „Meint ihr, diese Galiläer seien mehr als alle Galiläer Sünder gewesen, weil sie solches erlitten haben? Nein, sage ich euch, doch wenn ihr nicht umkehrt, werdet ihr alle auf gleiche Weise umkommen. Oder meint ihr, jene achtzehn, auf die der Turm am Siloach stürzte und sie erschlug, seien schuldiger gewesen als alle Bewohner Jerusalems? Nein, sage ich euch; doch wenn ihr nicht umkehrt, werdet ihr alle auf dieselbe Weise umkommen." Wir lernen aus diesen Worten, nicht nur in dem Unglück, das uns selber trifft, eine heilsame Mahnung zur Umkehr zu sehen, sondern auch im Unglück der anderen. Wie oft lesen wir, hören wir von Erdbeben, Sturmfluten, von Verkehrsunfällen und bleiben ungerührt. Erst wenn der Blitz neben uns einschlägt, wenn es an unsere Haut, an unseren Kragen geht, schrecken wir auf, kommen wir zur Besinnung. Wäre es nicht klüger, schon zuvor aus dem Schaden anderer zu lernen?

Leid als Chance der Gottesliebe

Aber gesetzt den Fall, wir hätten uns nichts Ernsthaftes vorzuwerfen und werden dennoch vom Unglück getroffen; es begegnet uns Übles. Was sollen wir dann darin sehen? Wenn unser Gewissen in Ordnung ist, wenn wir Gott aufrichtig und in der Tat geliebt haben, werden wir auch im Leid nicht an seiner Liebe irre werden. Wir werden darin eine Prüfung sehen. Gold wird durch Feuer erprobt; unser Glaube und unsere Liebe durch mancherlei Trübsal, lehrt uns der Apostel Petrus (vgl. 1 Petr. 1, 6–7). Den Nächsten sollen wir wie uns selbst lieben, Gott aber über alles. Also auch mehr als uns selbst? Aber wie soll das an den Tag kommen? Wie soll das in uns wirklich werden? Bliebe das, wenn uns nie eine Prüfung träfe, nicht ein leeres Wort? Fragen wir uns selbst in aller Ehrlichkeit: Könnten wir Gott wirklich und in der Tat mehr lieben als uns selbst, wenn es uns immer gut ginge, wenn uns niemals das entrissen würde, was wir am meisten lieben und schätzen? Menschen, die durch große Prüfungen hindurchgegangen sind, die durch sie geläutert wurden, bezeugen es, daß sie dadurch gewonnen, ein reicheres Leben erhalten haben. Wie hätte sonst ein Solschenizyn im „Archipel Gulag" schreiben können: „Daher sage ich, zu den Jahren meiner Haft gewandt – und es wird meine Mitmenschen verwundern: Sei gesegnet, mein Gefängnis!... Ich wiederhole unbeirrt: Sei gesegnet, Gefängnis, daß du in meinem Leben gewesen bist!" (Folgeband, S. 594).

Leiden mit Christus

Vor allem aber: Wenn wir uns als Christen über den Sinn des Leidens orientieren wollen, dann dürfen wir nicht an Christus vorbeigehen. Ist er nicht den Verbrechertod gestorben, obwohl er der vielgeliebte Sohn Gottes war? Wir wissen, daß er ihn für uns gestorben ist, und danken ihm dafür. Also, werden manche sagen, er hat doch die Strafe von uns genommen, warum leiden wir dennoch Strafe? Wenn wir von der Sünde durch ihn wirklich geläutert sind, dann leiden wir niemals Strafe, sondern nehmen Anteil am Erlösungsgeheimnis seines Kreuzes. Auf denen, die in Christus Jesus sind, liegt keine Verurteilung mehr (Römerbrief 8, 1). Wir danken ihm, haben wir gesagt. Aber was ist das für ein Dank, der bloß in Worten besteht und nicht in der Tat? Die Tat aber ist hier die Geduld, der Anteil an seinem Leiden, an der Erlösung der Welt. Diese ist noch unvollendet; ihre Weitergabe kann uns doch nicht gleichgültig sein. Oder macht unsere Liebe schon halt bei uns selbst?

Gott ist uns also nahe in der Welt. Die Geschehnisse der Welt, ob sie uns wohl oder wehe tun, haben uns etwas zu sagen. Was sie uns zu sagen haben, hängt davon ab, wie wir zu Gott stehen. Nur wenn wir in uns gehen und prüfen, wie es um uns steht, werden wir inne werden, was uns Gott sagen will, werden wir die rechte Sicht Gottes und der Welt gewinnen.

Nachbemerkungen

Naturkatastrophen stellen den Menschen immer wieder vor die Frage, wie er sich dabei Gott als denkender und gläubiger Mensch denken soll. Diesem Teilaspekt des Theodizeeproblems ist diese Erwägung gewidmet. Sie wurde am 3. Okt. 1976 in der „Münchener Kirchenzeitung" und am 24. Okt. 1976 im „Passauer Bistumsblatt‘ abgedruckt.

Übersicht: I. Die Erkenntnis auf dem Hintergrund der allgemeinen Ontologie. – II. Eigenart der expliziten Gotteserkenntnis: a) Elemente und Momente der Gotteserkenntnis: 1. das sinnliche Element; 2. das begriffliche Element; 3. das überbegrifflich intellektuelle Element; 4. das absolut transzendente Element; 5. das sittliche Element; 6. das religiöse Element. – b) Theoretische Voraussetzungen der Gotteserkenntnis. – c) Besondere Schwierigkeiten der Gotteserkenntnis: 1. das philosophische System; 2. die Erkenntnis der Existenz und des Wesens Gottes; 3. Gott und die geschöpfliche Freiheit; 4. Gott und das Böse. – III. Die Möglichkeit des Atheismus und seiner Arten, die sich aus der Art unserer Gotteserkenntnis ergeben: 1. der materialistische Atheismus; 2. der „wissenschaftliche" Atheismus; 3. der rationalistische Atheismus; 4. atheistische Folgerungen aus einer unmetaphysischen Ontologie und Existenzphilosophie; 5. der pragmatische Atheismus; 6. der vermeintliche Atheismus; 7. der postulatorische und humanistische Atheismus; 8. der leidende Atheismus. – Schlußbemerkung.

Für jeden, der die Möglichkeit einer natürlichen Gotteserkenntnis anerkennt, entsteht die Frage nach der Möglichkeit des Atheismus. Wenngleich der Atheismus gegebenenfalls nicht nur von Erkenntnisbedingungen, sondern auch von Willensdispositionen abhängt, so stellt uns die Tatsache des Atheismus doch vor das Problem, wie sich die Tatsache und Möglichkeit des Atheismus zur Tatsache und Möglichkeit der Gotteserkenntnis verhält. Welche Momente der Gotteserkenntnis sind es, die den Atheismus, was seine Erkenntnisbedingungen angeht, möglich machen? Ferner: Welcher Art ist der Atheismus, der durch die besondere Art unserer Gotteserkenntnis möglich gemacht wird, und welches Licht wirft die Möglichkeit des Atheismus wiederum auf die besondere Artung unserer Gotteserkenntnis?

Zunächst allerdings scheint es, daß sich Gotteserkenntnis oder deren Möglichkeit und der Atheismus ausschließen; dabei sei der Atheismus sowohl als Unkenntnis wie auch als Verneinung Gottes verstanden. Wegen einer solchen anscheinenden Unvereinbarkeit hat man den Atheismus oft auf bloßen Mangel an gutem Willen zurückgeführt und ihn als eine moralisch verdammenswerte Haltung betrachtet. Dies Urteil beruhte weniger auf Pharisäismus als auf einer naiven Fehleinschätzung der eigenen wie fremden Möglichkeiten der Gotteserkenntnis. Wie dem aber auch sei: selbst ein moralisch verwerflicher Atheismus setzt eine bestimmte Artung der Gotteserkenntnis und ihr zugrundeliegend bestimmte Erkenntnisbedingungen voraus, ohne die der Atheismus nicht möglich wäre. Die bloße Tatsache, daß manche Menschen Gott nicht mögen und daß sie ihn ihres Lebens wegen zu fürchten haben, erklärt noch nicht die Möglichkeit, warum sie ihn verneinen können. Ein Verbrecher mag den Staatsanwalt hassen und ihn zum Teufel wünschen, aber er wird ihm deshalb nicht die

Existenz bestreiten. Wir müssen also fragen, welcher Art unsere Gotteserkenntnis ist, die so etwas, wie den Atheismus, möglich macht, und wie sie aus unseren allgemeinen Erkenntnisbedingungen erwächst.

I. Die Erkenntnis auf dem Hintergrund der allgemeinen Ontologie

Zwar können wir das Phänomen der Erkenntnis nicht aus allgemeinen ontologischen Bestimmungen ableiten; wohl aber müssen wir es auf allgemeine ontologische Bestimmungen zurückführen, da die Erkenntnis wesentlich zum Sein gehört und alles, was wesentlich zum Sein gehört, sich als eine Modalität des Seienden als Seienden erweisen muß. Obwohl unsere Absicht hier auf die Ontologie einer Erkenntnis überhaupt geht, so eröffnet sich uns der Zugang zu ihr doch nur im Durchgang durch die menschliche Erkenntnis. Diese aber ist uns bekannt in ihrem je und je tätigen Vollzug. Erkenntnis ist ein besonderer Tätigkeitsvollzug, in dem wir uns zusammen mit einem Erkannten in uns selbst finden. Wir vollziehen dabei uns selbst zugleich mit einem Anderen, von dem wir uns abheben und das wir in dieser Abgehobenheit (als Objekt) mit uns selbst (in unserer Subjektivität) zugleich setzen. Wir vollziehen uns selbst in der Subjekt-Objekt-Spannung, in der relativen Subjekt-Objekt-Entgegensetzung, und zwar so, daß die Form des Objekts zur Form unseres Selbstvollzuges wird.

In diesem Selbstvollzug haben wir die Ur-Gewißheit, die die Grundlage und Wurzel jeder anderen Gewißheit ist: die Grundlage, insofern keine andere Gewißheit für uns möglich ist ohne diese, und die Wurzel, insofern jede andere Gewißheit von dieser Ur-Gewißheit ihre Kraft hat, uns zu überzeugen. In dieser Gewißheit wissen wir zuerst um die Wahrheit sowohl in dem Sinne, daß wir darin immer etwas Wahres wissen, nie ohne einen wahren Inhalt sind, als auch in dem Sinne, daß wir darin um das Wahrsein dieses Wahren wissen. Das Wahre, das wir darin wissen, sind wir selbst, nicht als „Substanz", sondern als Ich im Vollzug, aber auch ein von uns verschiedenes Gegebenes, das zwar je und je wechselt, aber niemals in irgendeiner Form fehlt, da es Bedingung der Möglichkeit all unserer Selbstvollzüge ist. Die Wahrheit dieses Wahren aber ist mir bekannt, sofern ich in jedem erkennenden Selbstvollzug bei mir bin als ein in dieser Tätigkeit Seiender und um sein Tätigsein Wissender. Mein Bewußtsein ist nicht nur ein Bewußt-Haben-von Etwas, sondern Sein in der Bewußtheit und Bewußtheit als Sein und Tätigkeit. Ich weiß, daß ich – so tätig – bin und damit so wirklich seiend bin. Außerdem aber weiß ich nicht nur von dieser Identität von Erkennen und diesem Sein, sondern auch um das Sein dieses Seienden und darin um das Sein als Sein. Ich weiß es beiläufig und unthematisch; und daß ich es so weiß, wird durch die Tatsache erwiesen, daß ich es jederzeit zum Ausdruck bringen und zum Thema machen kann. In dem ich aber so, wenigstens implizit um das Sein als Sein weiß, weiß ich mich dem Bereich des Absoluten zugehörig und zwar sowohl in meinem Sein als in meinem Sagen von Sein und meinem Sagen über Seiendes, das immer in Bezug auf Sein gesagt wird.

Ich weiß mich, indem ich um das Sein weiß, als dem Bereich des Absoluten zugehörig. Was heißt hier „Bereich des Absoluten", „dem Bereich des Absoluten zugehören"? Bereich des Absoluten heißt, daß es sich hier um das handelt, was von sich aus auf nichts anderes mehr beziehbar ist, weil es schlechterdings alles umfaßt, so daß eine Beziehung über diesen Bereich hinaus nur noch auf das Nichts im absoluten Sinne, auf das Unmögliche gehen könnte. Eine solche Beziehung ist jedoch selbst unmöglich, da sie eine Beziehung auf etwas wäre, was gar kein Etwas (sondern eben schlechthin nichts) ist. Wenn etwas also seinsunmöglich ist, kann es darauf auch keine irgendwie reale Beziehung geben. Diese Eigenschaften eines absoluten Bereichs kommen aber dem Seienden als solchen zu, also kraft dessen, daß es auf das Sein bezogen ist. Nur deshalb kann etwas auf etwas anderes bezogen sein, weil auch jenes etwas ein Seiendes, ein auf Sein Bezogenes ist. Alle Seienden „kommunizieren" in ihrer Seinsbezogenheit und sind dadurch miteinander verwandt.

Nur das Sein als Sein hat die Kraft, alles so um sich zu versammeln und zu einen. Den Seienden kommt diese Kraft nicht uneingeschränkt und auch nicht von sich aus zu, sondern nur in dem Maß, als sie seiend sind – am Sein Anteil haben – und kraft dieses Anteilhabens. Sie sind nur, was sie sind, durch das Sein, wie immer man dieses „durch" interpretieren mag. Dem Sein aber kommt jene Macht ursprünglich, eben als Sein zu. Denn als solches besagt es nur Setzung ohne jede Verneinung, pure Identität mit sich selbst. Das Andere aber, das von ihm zu unterscheiden ist, ist nicht das schrankenlose absolute „Nichts" – dies wird eben vom Sein unbedingt und notwendig ausgeschlossen, in seine absolute Unmöglichkeit verwiesen und zunichte gemacht. Das Andere, das allein möglich ist, ist das Mögliche, das ist aber das auf Sein Bezügliche, das mit ihm in Gemeinschaft Stehende, was nur ist oder sein kann, insofern und insoweit es an ihm, an seinem Setzungsmoment, an seiner Identität-stiftenden Macht Anteil hat. Das Sein ist so das alles Seiende Beherrschende, in dem es sich allem Seienden hingibt. Es begibt sich damit zum Anderen seiner selbst und gibt sich ihm hin, ohne sich dabei doch selbst aufzugeben und zu verlieren.

Verlöre es sich ganz in das Seiende hinein, sagen wir in dieses oder jenes Seiende, so wären das Andere und die vielen Anderen gerade nicht mehr seiend, weil keinen Anteil mehr habend am Sein. Denn an einem Sein, das gar nicht mehr Sein ist, gibt es auch keinen Anteil. Verschwände nämlich das Sein restlos in diesem Seienden, das ist aber: im anderen seiner selbst, in seiner bestimmten Negation, so würde es aufhören zu sein, was es ist, nämlich Sein und Identität. Das Sein wäre dann als Sein nicht Sein und so das absolute Nichts.

Wie aber, wenn das Sein sich nicht ganz an dieses eine oder diese Seienden verliert, wohl aber an die Gesamtheit alles Seienden, wie offen und unabgeschlossen man diese Gesamtheit auch denken mag (Position des Atheismus)? Auch so würde das Sein vollständig in der Zerteiltheit und Vielheit der Seienden untergehen. Diese würden damit ihre Einheit im Sein verlieren und sich darin als vollkommen nichtig erweisen. Das Mindeste, was dem Sein zugeschrieben werden muß, ist die Notwendigkeit, daß es weder in einem Seienden für sich noch in der Gesamtheit aller Seienden untergehen kann, so daß es trotz aller Anteilgabe an die Seienden auch über ihnen bleibt, ohne als Sein in ihrer Zerteiltheit und Vielheit zu verschwinden.

Ist dies nun so zu denken, daß das Sein dabei ebenso auf die Seienden bezogen ist, wie diese auf das Sein, so daß „das Sein nur im Seienden west" (Position des Pantheismus)? Das würde bedeuten, daß das Sein als Sein, die Identität als Identität das Nicht seiner selbst nicht nur im Anderen hätte, das zu ihm (dem Sein selbst) relativ ist, sondern es unmittelbar in sich selbst und das Sein als Sein affizierend, also zugleich mit Nicht-Sein durchsetzend, setzen würde. Das aber käme darauf hinaus, daß das Sein als Sein die Negation seiner selbst nicht nur als von ihm verschieden, sondern als mit ihm völlig eins setzen würde. Das aber ist unmöglich, weil dies einen uneingeschränkten, bedingungslosen und formalen Widerspruch von Sein und Nicht-Sein bedeuten würde. Das Sein als Sein würde sich vernichten. Indem es aber zur Unmöglichkeit geworden wäre, könnte es auch nicht mehr Quelle der Möglichkeit und des Seins aller Seienden sein.

Es ist leicht einzusehen, wie diese Gedankengänge weiter zur vollen Position des Theismus und zu einer expliziten Gotteserkenntnis ausgebaut werden können. Darauf soll aber hier verzichtet werden. Es kam nur darauf an, zu zeigen, daß die explizite Gotteserkenntnis in der Seinserkenntnis, diese aber im Selbstvollzug des Erkennens impliziert ist. Das bedeutet nicht, daß die Gehalte des gewöhnlichen Erkennens die Gotteserkenntnis begriffsanalytisch enthalten, wohl aber daß der Mensch in seinen Erkenntnisvollzügen seinsorientiert, damit aber auf das Sein als solches und darin auf das Absolute und subsistierende Sein Gottes aktuell bezogen ist, obwohl er – ohne gründliche Analyse dessen, was er tut – davon nichts weiß. Die Letztbegründung der expliziten Gotteserkenntnis liegt ihm daher zugleich nah und fern. Nahe, weil sie mit seinen gewöhnlichen Erkenntnisvollzügen auf implizite Weise aufs innigste verbunden ist; fern, weil der Aufweis dieser Implikation und damit die Letztbegründung aller expliziten Gotteserkenntnis, wie die obigen Ausführungen zeigen, außerordentlich schwierig ist und einen hohen Grad der reflektierenden Abstraktion erfordert.

II. Eigenart der expliziten Gotteserkenntnis

a) Elemente und Momente der Gotteserkenntnis

1. Das sinnliche Element:

Keine menschliche Erkenntnis ist möglich ohne einen Einschlag sinnlicher Erkenntnis. Weltbewußtsein (als sinnliche Erfahrung) ist das notwendige Gegenüber zum Selbstbewußtsein. Wir kommen zu uns, aber indem wir über die Welt zu uns zurückkommen. Die erste Blickrichtung geht auf das Andere der sinnlichen Gegebenheit. Selbst im abstraktesten

Denken bleibt das Sinnliche gegenwärtig, sei es auch nur als schematisches Zeichen. Das sinnlich Gegebene ist uns der Garant der Gegenständlichkeit dessen, was wir uns in uns selbst vorstellen und einbilden. Was wir uns vorstellen, hat soweit realen Wert für uns, als wir ihm in einer sinnlichen Erfahrung begegnen, als wir es er-fahren können.

Die Gotteserkenntnis muß den Bereich des Sinnlichen überschreiten; ein Gott, der im Sinnlichen begegnet, ist darin gerade nicht Gott. Das Sinnliche ist höchstens seine ihm fremde Erscheinungsform, eine Art seiner Vergegenwärtigung. Wenn diese als seine Natur und Wesenheit genommen würde, wäre ein solcher Gott ein falscher Gott, eine solche „Gotteserkenntnis" ein Irrtum. Gott selbst, in seiner eigenen Natur ist ganz unsinnlich, weder ein Ding der Sinnenwelt noch mit sinnlichen Vorstellungen beschreibbar. Er ist unvorstellbar. Er hat keine „leibhaftige" Realität.

Dennoch muß Gott als real gedacht, als real erkannt und anerkannt werden, ja sogar als höchst real, realer als jede andere Realität. Das schließt ein, daß der Mensch, der Gott erkennen soll, den Gedanken an eine andere Realität als die des sinnlich Gegebenen fassen muß. Er könnte Gott nicht eine nicht-sinnliche Realität zuschreiben, wenn er nicht zuvor schon eine nicht-sinnliche Realität kennen würde.

Der Mensch kennt eine solche nicht-sinnliche Realität in sich selbst. Freilich nicht, wenn er sich bloß in seiner leibhaften Realität betrachtet. Auch sein konkretes Bewußtsein mit seinen zeitlichen Abläufen vermittelt ihm noch nicht eine solche Realitätsweise. Erst wenn er auf sich selbst reflektiert und auf gewisse Weisen seiner Realitätsgegebenheit aufmerksam wird, gelingt ein gewisser Überstieg über die Region des Sinnlichen. So zum Beispiel wenn er sich seiner Identität in allen zeitlichen Veränderungen bewußt wird; oder wenn er wahrnimmt, daß sein Ich eine Verantwortung für längst vergangene Taten hat; mehr noch, wenn er erkennt, daß personale Werte, daß personale Liebe nicht durch das zeitliche Ende des körperlichen Lebens begrenzt sein können. Wenn ihm *das* Lebenswerte sind, auf die er in seinem realen Handeln Rücksicht nimmt, ist ihm ein Reales, das übersinnlich ist, kein unvollziehbarer Gedanke mehr.

Obwohl die Gotteserkenntnis die sinnliche Realität übersteigen muß, bleibt auch sie, wenn auch auf ihre besondere Weise, an die sinnliche Erkenntnis gebunden. Die besondere Weise dieser Bindung ist die des Überstiegs. Die Gotteserkenntnis kann bloß zu einem Realen vorstoßen, wenn sie von einem Realen ausgeht. Das Reale aber, von dem sie ausgeht, ist entweder das sinnlich Reale außer uns (wenn auch nicht ohne uns) oder das sinnlich Reale, das wir selber sind, oder das unsinnlich Reale in uns, das uns jedoch nie isoliert gegeben ist, sondern nur in der Konkretheit unserer ganzmenschlichen, das sinnliche Element einschließenden Vollzüge. So bleibt das Sinnliche, wenngleich nicht direkt, sondern indirekt, auch in der Gotteserkenntnis der Garant dafür, daß wir uns nicht in leeren Begriffen und haltlosen Vorstellungen bewegen.

2. Das begriffliche Element der Gotteserkenntnis

Die menschliche Erkenntnis ist zwar in ihrem ersten, unentfalteten Ansatz intuitiv, d. h. der Mensch erfaßt in der Umweltbegegnung die Situation und die sie integrierenden Dinge und Personen in ihrer Lebensbedeutung und versteht sie in einer ungeschiedenen Einheit von Sinnes- und Verstandeserkenntnis. Dabei kann er aber nicht stehenbleiben. Sein intuitives Verständnis muß sich im Denken gliedern und das so Verstandene vom Sinnenfälligen abheben. Erst so wird der die Schranken der jeweiligen Zeit- und Raumstelle übersteigende universelle Gehalt sichtbar. Das menschliche Erkennen entfaltet sich notwendig begrifflich und diskursiv, wenngleich in steter Rückbindung an das Angeschaute. Die Begriffe geben, wie uns Kant gezeigt hat, die Regeln an, wie die sinnliche Vorstellungskraft das gegebene Mannigfaltige zusammenzufassen hat, damit ein Ding zur Vorstellung kommt. Im Ding und seinen Eigenschaften aber werden Weisen des Seins körperlicher Wirklichkeit sichtbar für den Verstand. Die Erfahrungsbegriffe stehen darum in einer doppelten Polarität: Einerseits sind sie als Weisen der Zusammenfassung eines Mannigfaltigen auf das Unbestimmte der Materie bezogen (sie sind ein Quale im Quantitativen), andererseits sind sie als Weisen eines Seienden auf das Sein bezogen (sie sind ein Quale des Seins). Im Vordergrund des Bewußtseins steht die erste Beziehung. Sie verdeckt sozusagen die zweite Beziehung, so daß das Sein für das gewöhnliche Bewußtsein fast mit dem Quantitativen zusammenfällt, was die naive Identifizierung von Realität und sinnlicher Gegenständlichkeit zur Folge hat, von der oben (1.) die Rede war. Dementsprechend wird nur das sinnlich Gegenständliche für begrifflich erfaßbar gehalten. Ein so orientiertes Denken wird nur jenen Begriffen eine Realgeltung zuerkennen, denen eine Anschauung untergelegt werden kann und die in der Erfahrung verifizierbar sind. Menschen dieser Denkart werden zwar zugeben, daß es noch andere Begriffe gibt, werden ihnen aber nur eine auf die Begriffe der ersten Art bezogene und sie ordnende Funktion zuschreiben. Solcher Art sind z. B. die verschiedenen Klassenbegriffe, die nach Gattung und artbildenden Unterschieden gebauten Begriffspyramiden und dergleichen.

Wenn jedoch darauf reflektiert wird, daß wir das, *was* die Dinge sind, nur begreifen, wenn wir erkennen, daß sie *sind*, dann hebt sich der Seinsbezug der Erfahrungsbegriffe ab von ihrem Bezug auf das quantitativ Mannigfaltige (ohne diesen Bezug jedoch zu verneinen). Dann wird sichtbar, daß der Begriff nicht nur eine Regel der Zusammenfassung sinnlicher Daten zur Konstitution einer Dingvorstellung ist, die den fortschreitenden Erfahrungen in der Zeit gerecht werden muß, sondern auch ein Quale des Seins, das den dem Sein immanenten Bedingungen seiner Möglichkeit entsprechen muß. Diese Entsprechung läßt sich in der Frage zusammenfassen: Wie muß ein Ding seinem Sein nach beschaffen sein, daß es zugleich ein Seiendes und ein so in der Erfahrung zur Erscheinung kommendes Seiendes sein kann? Die begrifflichen Bestimmungen, die auf diese Weise zum Vorschein kommen, können hier nicht im Einzelnen dargelegt werden.

(Sie würden eine ausgeführte Ontologie des Körpers erfordern.) Dazu gehören aber (um wenigstens einige zu nennen) etwa die Kategorien der Substanz und des Akzidens oder die Begriffe Akt und Potenz. Begriffe solcher Art sind nicht „real" im Sinne der ursprünglichen konkreten Erfahrungsbegriffe, die ihnen zugrunde liegen; sie stehen aber auch nicht bloß in logischem Zusammenhang mit ihnen, wie die oben genannten Ordnungsbegriffe, sondern sie sind „real" in dem besonderen Sinne, daß die durch sie angezeigten Strukturen immanente Bedingungen der Möglichkeit des Realen sind. Obwohl diese Strukturen rein intelligibel und daher nicht in irgendeiner konkreten Anschauung oder Erfahrung als konkrete Bestandstücke aufweisbar sind, haben sie Realgeltung, weil sie indirekt als Moment der Erfahrung aufgewiesen werden können und weil ohne sie das Reale, dessen Strukturen sie sind, nicht dieses bestimmte Reale sein könnte, das uns in der Erfahrung gegeben ist.

Gewiß sind auch diese ontologischen Konstitutionsbegriffe nicht derart, daß durch sie etwas Übererfahrbares wie Gott gedacht werden könnte. Denn Gott übersteigt die Erfahrung in einem ganz anderen Sinn als die Konstitutionsbegriffe sie übersteigen, da diese deren immanente Bedingungen sind. Aber mittels dieser ontologischen Konstitutionsbegriffe werden die Gegenstände der Erfahrung zum ersten Mal auf eine begriffliche Weise transparent zum Sein, wodurch sich der Weg zu einer begrifflich nachprüfbaren Gotteserkenntnis eröffnet. Die bloßen Erfahrungs- und Ordnungsbegriffe versagen sich dieser Transparenz. Eine noch so große Perfektion dieser Begriffswelt – es ist die der empirischen Wissenschaften, insbesondere der Naturwissenschaften – öffnet für sich allein keine Tür zur Gotteserkenntnis. Das naturwissenschaftliche Denken ist von seiner Methode und seiner Zielsetzung her grundsätzlich und wesensmäßig weltimmanent.

3. Das überbegriffliche intellektuelle Element in der Gotteserkenntnis

Wie im Abschnitt I. über die Erkenntnis auf dem Hintergrund der allgemeinen Ontologie schon dargelegt wurde, ist der Mensch in seinen Erkenntnisvollzügen seinsorientiert und auf das Seiende als solches bezogen. Dies gilt auch für die empirischen Erkenntnisse. Aber dort wird dieser Bezug niemals thematisch. Thematisch wird er erst in der Philosophie und zwar in der Erkenntnistheorie, in der Ontologie und den ontologisch orientierten Disziplinen der Philosophie. Insofern dieser Bezug in den empirischen Erkenntnissen unthematisch ist, ist er dort unbegrifflich und unbegriffen, nicht eigentlich überbegrifflich. Dort wo er thematisch wird, scheint er jedoch notwendig begrifflich zu sein. Man spricht z. B. vom Seinsbegriff. Gerade hier wird aber klar, daß es sich beim Sein um etwas Überbegriffliches, die Region des Begrifflichen Übersteigendes handelt.

Ein Begriff als begriffener Begriff ist immer an das Begreifen eines Begreifenden gebunden. Er ist der Gehalt, der die intentionale Form des Denkens ausmacht, der Gehalt, der im Denken gedacht wird, der identisch ist in verschiedenen Denkenden, der sie im Gedachtsein verbindet, so daß sie *dasselbe* denken und verstehen. Es scheint aber nicht möglich zu sein, daß ein Gehalt, der die Form eines endlichen Denkens ist, selbst unendlich ist. Das Sein als solches aber ist unendlich. Insofern das Sein begriffen, im Seinsbegriff gedacht wird, scheint es demnach immer verendlicht, sich selbst entfremdet zu sein. Das Einzige, was den Seinsbegriff vor der Verendlichung, die eine Verfälschung wäre, retten kann, ist dies, daß der Seinsbegriff die ursprüngliche Tendenz des Geistes auf das Sein zum Ausdruck bringt. Im Seinsbegriff wird demnach *an* das Sein gedacht, nicht aber wird *es selbst* gedacht. Das Seinsdenken ist ein begriffliches Denken. Nicht aber so, daß das Sein im Begriff erfaßt und umfaßt würde. Die Region des Begrifflichen wird im Denken des Seinsbegriffs überstiegen. Insofern ist das Sein in den philosophischen Wissenschaften nicht unbegrifflich, sondern überbegrifflich. Es wird nie in direktem Zugriff erfaßt, sondern nur indirekt vom Seienden als Seienden her *an es* gedacht. Da der Zugang zum subsistierenden Sein Gottes nur möglich ist, wenn das Sein selbst, nicht nur Seiendes, in den Blickpunkt kommt, ist es einsichtig, daß die Gotteserkenntnis immer ein überbegriffliches Element enthält, d. h. sich zwar in Begriffen bewegt, aber so, daß die Vernunft sich mittels dieser Begriffe auf etwas bezieht, was alle Begriffe und Begrifflichkeit übersteigt.

4. Das absolut transzendente Element der Gotteserkenntnis

Überbegrifflichkeit des Seins besagt schon eine Art der Transzendenz, insofern im Denken an das Sein alle Begriffe, sowohl diejenigen, in denen besondere Weisen des Seins, wie auch diejenigen, in denen ganz allgemein überhaupt Weisen des Seins zur Darstellung kommen, überschritten werden. Überschritten wird im Denken an das Sein alles in Differenz zum Sein Befindliche überhaupt. Diese Tranzendenz ist jedoch noch nicht radikal; sie verbleibt immer noch trotz allen Überstiegs in einer Rückbindung an Seiendes überhaupt. In diesem Seinsdenken kommt das Sein nur zum Vorschein, insofern es Sein, zwar nicht dieses oder jenes besonderen Seienden ist, sondern Sein von Seiendem *überhaupt,* aber eben immer noch *von* Seiendem ist. Das Sein, an das so gedacht wird, läßt sich zwar auf kein Seiendes, auf keine noch so große Anzahl, nicht einmal unendlich vieler Seienden zurückführen, aber es gehört doch zum Seienden, da es nur in seiner Funktion, daß alle durch es sind, zu sein scheint. Die Frage erhebt sich daher, ob das Sein nur Sein ist in dieser Rückbindung an die Seienden oder ob es überdies nicht auch vollkommen aus sich selbst und in sich selbst subsistiert, ohne dadurch in die Seinsdifferenz zurückzufallen. Erst dann ist es absolut und radikal transzendent. Diese absolute Transzendenz ist nicht nur ontologisch, sondern eigentlich metaphysisch. Sie ist Gott eigen. Erst dann, wenn eine solche Transzendenz nachgewiesen ist, stößt das Erkennen vor zu Gott, ist es wirklich Gotteserkenntnis.

5. Das sittliche Element in der Gotteserkenntnis

Alles menschliche Tun ist dem sittlichen Urteil und der sittlichen Bewertung unterworfen. Die Erkenntnis ist davon nicht ausgeschlossen. Zwar ist es nicht in die Freiheit des Menschen gegeben, überhaupt zu erkennen; aber was und wie er erkennt, welchen Einfluß er seine Erkenntnisse auf sein Leben gewinnen läßt, das ist seiner Freiheit weitgehend überantwortet. Darum hat auch die wissenschaftliche Erkenntnis ihr eigenes *Ethos:* daß sie sich nicht durch wissenschaftsfremde Motive vom Streben nach Wahrheit abbringen läßt; daß sie exakt und methodisch vorangeht; daß sie sich und anderen Rechenschaft von ihrem Vorgehen gibt. Je mehr eine Erkenntnis den Menschen in seiner Ganzheit, je mehr sie die Wirklichkeit in ihren letzten Zusammenhängen betrifft, desto größere sittliche Bedeutung hat sie, da die Sittlichkeit des menschlichen Wollens darin besteht, daß der Mensch bereit ist, letzte, absolute Normen seines Wollens in Freiheit anzuerkennen. Indem der Mensch Ausschau hält nach dem letzten, tragenden Halt allen Seins, merkt er, daß er damit auch den letzten Normen allen Tuns nahe kommt, da das Tun aus dem Sein erfließt und daher die Normen des Tuns in Einklang stehen müssen mit den letzten Ordnungen des Seins. Je mehr daher ein Mensch in seinem Leben und Tun dem sittlichen Sollen Raum gibt, desto leichter wird es ihm, den Bereich des bloß Empirischen und Faktischen zu übersteigen. Wenn er sich hingegen in seinem praktischen Verhalten nicht an die sittlichen Normen hält und sich den ungeordneten Antrieben seiner Natur überläßt, wird ihm der Zugang zum Übersinnlichen erschwert.

6. Das religiöse Element in der Gotteserkenntnis

Von einem religiösen Element in der Gotteserkenntnis zu sprechen, erscheint zunächst abwegig, sei es, daß man der Meinung ist, das Religiöse könne erst Resultat der Gotteserkenntnis sein, sei es, daß man der Ansicht ist, die Gotteserkenntnis sei an sich selbst religiös, so daß man eine Tautologie begeht, wenn man vom religiösen Element der Gotteserkenntnis spricht; aber dem ist nicht so. Unter dem Religiösen wird hier die persönliche Lebensbeziehung des Menschen zum personalen Gott verstanden. Eine solche Beziehung kann ohne eine persönlich erarbeitete oder gar philosophische Gotteserkenntnis schon durch Erziehung und eine Glaubenstradition gegeben sein. Dies ist sogar gewöhnlich der Fall. Ferner kann die Gotteserkenntnis entweder eine mehr spekulative, vom bloßen Wissensdrang geleitete Angelegenheit sein oder von einem persönlichen Verlangen nach einer vertieften Lebensbeziehung zu Gott getragen werden. Das sittliche Element kann mit dem Religiösen verbunden sein, ist aber von ihm zu unterscheiden. Die sittliche Forderung weist zwar auf eine letzte, absolute Ordnung hin, aber diese wird nicht immer auf ein personales absolutes Wesen, auf Gott zurückgeführt. Im Gegenteil kann gerade das sittliche Element der Gotteserkenntnis zusammen mit einem Mißverständnis dessen, was Person bei Gott heißt, zu einem Hindernis der Gotteserkenntnis werden, so daß zwar ein transzendentes Absolutes, nicht aber ein personaler Gott anerkannt wird. Umgekehrt kann das religiöse Element der Gotteserkenntnis dieser dadurch schädlich werden, daß die Personalität Gottes leicht anthropomorph aufgefaßt wird, was dann bei einer Kritik dieses Anthropomorphismus den Gottesglauben in Gefahr bringt.

b) Theoretische Voraussetzungen der Gotteserkenntnis

Damit es zur Gotteserkenntnis kommt, müssen vom Erkennenden gewisse Voraussetzungen anerkannt sein, sei es, daß sie im Vollzug der Gotteserkenntnis als deren immanente Bedingungen gar nicht beachtet oder mit bejaht werden, sei es, daß sie ausdrücklich im Vorhinein diskutiert und als Grundlagen der Gotteserkenntnis anerkannt werden. Die erste dieser Voraussetzungen ist der erkenntnistheoretische Realismus, nach dem es dem Erkennenden möglich ist, ein Reales im Sinne eines an sich Seienden zu erfassen, sei es auch nur das An-sich-Sein des Erkennenden selbst. Nicht unerläßlich ist der sogenannte Außenweltrealismus. Im absoluten Idealismus hingegen ist die Gotteserkenntnis unmöglich. Denn dort ist dem Erkennenden nichts in seinem An-sich-Sein gegeben, sondern nur und auschließlich als Idee. Alle Absolutheit im absoluten Idealismus ist nur die Absolutheit idealer Wesensstrukturen, ein Gedachtsein, das in sich selbst steht, ohne ein seiendes, denkendes Subjekt. Das Sein wird auf die (ideale) Wesenheit zurückgeführt.

Eine zweite, methodische Voraussetzung der Gotteserkenntnis ist, wie schon gezeigt wurde (vergl. II. a, 2–3), die ontologische Analyse der Erfahrungswirklichkeit. Eine positivistische Erkenntnishaltung, die eine ontologische Seinserfassung der Dingwelt als illegitim ausschließt, schließt damit auch jede Möglichkeit einer Gotteserkenntnis aus.

Eine dritte, wenigstens implizierte, nicht verneinte Voraussetzung der Gotteserkenntnis ist die Möglichkeit der Metaphysik, das ist die Möglichkeit einer auf die Transzendenz bezogenen Ontologie, in der zumindest gewissen ontologischen Begriffen eine positive Beziehung zum Transzendenten gegeben werden kann. Daß die Gotteserkenntnis das Element der Transzendenz einschließt und worin es besteht, wurde schon oben gezeigt (vergl. II a, 4). Um eine Voraussetzung, nicht bloß um ein Resultat der Gotteserkenntnis, handelt es sich darum, weil zwar nicht vor der Gotteserkenntnis gezeigt werden kann, ob gewisse ontologische Begriffe eine metaphysische Bedeutung haben, wohl aber, daß eine solche Bedeutung nicht ausgeschlossen ist. Während demnach die positive Möglichkeit der Metaphysik nur in der Gotteserkenntnis selbst erkennbar wird, ist deren negative Möglichkeit im vorhinein nachweisbar, insofern nämlich gewisse ontologische Begriffe, wie z. B. das Sein selbst oder der Akt und ähnliche, dadurch daß sie versuchsweise als absolut und unendlich gedacht werden, nicht zu Widersprüchen führen. Eine Gefahr des „ontologischen Gottesbeweises" besteht dabei nicht, da nicht aus der bloß negativen Möglichkeit des Begriffs auf die positive Möglichkeit des absoluten Seins selbst geschlossen wird.

c) Besondere Schwierigkeiten der Gotteserkenntnis

Außer den mit den Elementen und Voraussetzungen der Gotteserkenntnis gegebenen Schwierigkeiten sind noch einige andere zu erwähnen, die sich aus dem ergeben, was von einer Gotteserkenntnis tatsächlich verlangt wird oder auch vernünftigerweise verlangt werden muß.

1. Das philosophische System

Sowohl die Elemente und Momente der Gotteserkenntnis wie ihre vielschichtigen Voraussetzungen deuten darauf hin, daß die Probleme der Gotteserkenntnis nur im Rahmen einer philosophischen Systematik bewältigt werden können, die die verschiedenen Erkenntnis- und Seinsmöglichkeiten sowie deren zugeordnete Disziplinen miteinander in einen widerspruchslosen Zusammenhang bringt. Außerdem scheint vielen, dabei nicht nur irgendeine Systematik im Spiel sein zu müssen, sondern ein ganz bestimmtes, historisch gegebenes System: die vor allem durch Platon und Aristoteles begründete und im Abendland entfaltete Metaphysik. Wenn dem aber so ist, wie kann dann die Gotteserkenntnis eine allgemeine Menschheitsangelegenheit sein?

Um diese Frage zu beantworten, ist zwischen der vorphilosophischen und der philosophisch fundierten, explizierten Gotteserkenntnis zu unterscheiden. Die Probleme der Gotteserkenntnis, die eine philosophische Systematik zu ihrer Bewältigung verlangen, entstehen durch die philosophische Methode und Fragestellung selbst. Sie sind daher auch nicht ohne philosophische Methode und – im gegebenen Falle – nicht ohne philosophische Systematik zu lösen. Ob sie nur durch die genannte Philosophie lösbar sind oder ob noch andere Grundansätze, etwa orientalischen Denkens, Lösungsmöglichkeiten bieten, die die anderen ergänzen und ihnen nicht zu widersprechen brauchen, kann hier nicht erörtert werden.

Was die für die Theorie der Gotteserkenntnis notwendige Systematik angeht, sei nur eines kurz erwähnt: Die Notwendigkeit einer philosophischen Systematik und der Hinweis auf ein bestimmtes System bedeuten nicht, daß dieses System geschlossen sei oder geschlossen sein müßte. Die Notwendigkeit geschlossener Systeme folgt aus dem idealistischen Standpunkte, sie besteht jedoch nicht für eine realistische Metaphysik. Diese ist sehr wohl als offenes System möglich, in dem zwar gewisse Grundlinien als Bedingungen der Möglichkeit allen Seins überhaupt festliegen und dem Ganzen einen festen, durch keine Wissenschaftsentwicklung erschütterbaren Halt geben, während in den Sonderbereichen und in dem, was zur weiteren Konkretion der Wirklichkeit gehört, die Bedingungen der Möglichkeit durchaus offen sein können und auch sein müssen für die je neuen Daten der Erfahrung und deren einzelwissenschaftliche Verarbeitung.

Wie aber steht es mit der vorphilosophischen Gotteserkenntnis? Diese vollzieht sich selbst dort, wo sie durchaus legitim ist und einer philosophischen Nachprüfung standhält, auf eine unreflexe Weise, bei der zwar die Momente der Gotteserkenntnis durchaus ins Spiel kommen, aber nicht als solche thematisch erfaßt werden. Eine solche Gotteserkenntnis muß nicht die Form eines Beweises haben. Natürlich gibt es fließende Übergänge von der vorphilosophischen zur philosophischen Gotteserkenntnis, insofern ein Mensch, besonders durch äußere Einflüsse, wie Unterricht, Lektüre und anderes, auf bestimmte Fragestellungen der Philosophie aufmerksam gemacht wird, ohne sich doch die philosophische Fragestellung konsequent und radikal zueigen zu machen. Solchen Fragen kann dann nur unvollkommen durch Belehrung philosophischer Art Genüge geleistet werden, weil zwar die Frage gestellt, aber oft nicht zum vollen Bewußtsein ihres Gehalts und darum auch nicht zur vollen Beantwortung geführt werden kann. Solche schwer zu erledigende Teilprobleme philosophischer Art entstehen auch als Folge der Begegnung empirischer Methoden mit dem ganz anderen Verfahren der Gotteserkenntnis. Sie lassen sich nur bereinigen, wenn es gelingt, dem Partner die Andersartigkeit der Methode, die ihre Legitimität nicht ausschließt, zum Bewußtsein zu bringen.

2. Die Erkenntnis der Existenz und des Wesens Gottes

Was heißt: Gott „existiert" oder „es gibt" einen Gott? Heißt das: Gott ist ein solches Wesen, daß es unmöglich ist, daß dieses Wesen nicht existiert? Das wäre der Weg des ontologischen Gottesbeweises. Oder heißt das: Unter allen existierenden Wesen ist eines anzutreffen, dem man den Namen „Gott" geben muß (wie Kant die Frage stellte)? Es heißt weder das eine noch das andere.

Daß Gott existiert heißt hier vielmehr, daß alles, was als existierend antreffbar ist und angetroffen wird, nur dann wirklich existieren kann, wenn es einen absoluten Grund dieser Existenz gibt, der von dem Existierenden, das antreffbar und durch anderes antreffbar Existierendes bedingt wird, in dessen ganzer Erstreckung verschieden ist. Was aber heißt „es gibt" einen absoluten Grund? Es heißt, daß alles „Gegebene" nicht wirklich „ist", wenn nicht auch dieser absolute Grund auf absolute, unbedingte Weise „ist". Was so „ist", von dem kann man nur dann sagen „es ist nicht", wenn damit alles, was „ist", verneint wird, auch diese Verneinung und der Verneinende selbst. Das aber ist ein Selbst-Widerspruch im Vollzug der Verneinung. Eine solche Verneinung – der Atheismus – ist zwar in Unkenntnis dessen, was er tut, psychologisch möglich; er erweist sich aber gerade in der Analyse dessen, was er tut, als logisch unmöglich.

Was heißt Gottes Wesen erkennen? Kann es überhaupt erkannt werden? Wenn ja, dann heißt das, daß Gottes So-sein unserem Geiste assimiliert werden, daß es ein inneres Moment unseres intellektuellen Lebens werden kann. Dann aber ist Gott endlich, dann ist er nicht Gott. Wenn nein, dann wird auch die Existenz Gottes unerkennbar und es gibt überhaupt keine Gotteserkenntnis. Denn wie soll die Existenz dessen erkannt werden, von dem man gar nicht weiß, was *er* oder was *es* ist? Wie schon oben dargetan wurde (vergl. II a, 3), entzieht sich das Sein überhaupt und erst recht das subsistierende Sein der Umfassung durch Begriffe (dem Begreifen und Umgreifen) und ist nur indirekt mittels gewisser Begriffe anzielbar. Dadurch wird jedoch die dem Erkanntwerden eigentümliche Innerlichkeit des Erkannten im Erkennenden nicht ausgeschlossen. Nur ist sie anderer Art als die Erkenntnis des Endlichen. Sie beruht nicht auf Assimilierung, d. h. der Hereinnahme der Form des Gegenstandes in die Innerlichkeit des Subjektes, sondern viel grundlegender in der Innerlichkeit des Subjektes selbst, insofern dieses sowohl als Seiendes (Existierendes) und als der Erkenntnis fähiges Subjekt auf Gott, den Grund seiner Existenz und den Grund und das letzte Ziel seiner Erkenntnisfähigkeit bezogen ist. Diese Beziehung kommt ihm dabei nicht zusätzlich zu, sondern konstituiert das Subjekt in seinem Wesen. Die von den Geschöpfen hergenommenen Begriffe aber, mittels derer Gott angezielt wird, werden in diese Innerlichkeit des Verstandes, die seine Bewegung zu Gott hin ist, hineingenommen und erhalten dadurch ihre aktuelle Erkenntnisbeziehung zu Gott. Durch diese Art der Begrifflichkeit ist zwar eine Erkenntnis der Realität Gottes möglich, nicht aber eine dingliche Objektivierung im Sinne von Gegenständen, die sich voneinander durch bestimmte Züge abheben. Das So-sein Gottes, das in der Subsistenz seines Seins besteht, wird vielmehr nur als Grund aller solchen Objektivität der Objekte und im Modus der Verneinung aller Arten solcher Objektivität zugänglich.

Scheinbar wird dadurch Gott zu einem reinen Nichts, d. h. nicht-Etwas, weil das Etwas immer ein Was gegenüber einem anderen Was ist, was Gott gerade nicht sein kann. Dennoch verschwindet Gott nicht in völlig unbegriffener Unbestimmtheit. Denn die Begriffe, in denen wir Seiendes denken, artikulieren dieses nicht nur durch Merkmale, die dem einen zukommen, dem anderen aber fehlen, sondern auch durch Bestimmungen, die zwar nicht alles ausdrücken, was dem Seienden zukommt, aber in dem, was sie zum Begriff bringen, das andere, was durch einen anderen Begriff ausgedrückt wird, nicht vom selben Seienden ausschließen, ja nicht einmal behaupten, daß das, was im Begriff auseinandertritt und in eine verständige Synthese gebracht wird, auch im Seienden selbst so zusammengesetzt sei. Von dieser Art sind z. B. die transzendentalen Seinsbestimmungen, wie Seiendheit, Einheit, Wahrheit, Wert. Ähnlich liegt der Fall bei den inneren Bestimmungen des Geistes, wie Erkennen und Wollen, die zumindest im unendlichen Geist keine Unterschiede im Sein selbst bezeichnen, sondern unvollkommener Ausdruck dessen sind, was im Sein Gottes vollendete Einheit ist.

3. Gott und die geschöpfliche Freiheit

Gott ist nur Gott, wenn er allmächtig und allwirkend ist, wenn es außer ihm kein Sein und keine Seinsmodalität gibt, die nicht von seinem Wirken und seiner Freiheit des schöpferischen Wollens abhängig ist. Folgerichtig muß das auch von den menschlichen freien Entscheidungen gelten. Insofern sie sind und wirklich sind, hängen auch sie von der göttlichen Allwirksamkeit ab. Wie können sie aber dann noch *unsere freien* Entscheidungen sein und uns verantwortlich zugerechnet werden? Liegt in einer solchen Abhängigkeit nicht eine Vorentscheidung vonseiten Gottes, eine wirkliche Prädetermination, die jede weitere Entscheidung unsererseits illusorisch macht, als bloßen Schein entlarvt? Gott und geschöpfliche Freiheit scheinen miteinander unvereinbar zu sein. Wer sich hier ins Dunkel des Mysteriums flüchten will, muß sich den Vorwurf gefallen lassen, daß dieses Dunkel ein Mantel sei, unter dem sich ein Widerspruch verberge.

Es kann hier nicht der Ort sein, das schwierige Problem zu entfalten und den Nachweis zu führen, daß das Dunkel, das diesen Gegenstand umhüllt, keinen Widerspruch in sich verbirgt. Ohne systematische Überlegungen, die den Rahmen eines Beitrages überschreiten würden, kann ein solcher Nachweis nicht erbracht werden. Was für unser Thema jedoch wichtig ist, ist die Tatsache, daß dieses Problem unweigerlich im Zusammenhang der Gotteserkenntnis auftaucht, und zwar nicht nur bei Fachphilosophen, sondern, wie die Erfahrung zeigt, auch beim Mann von der Straße. Dabei sei nur eben angemerkt, daß die Schwierigkeiten dann unlösbar werden, wenn das Handeln Gottes, um es zu erklären, Kategorien unterworfen wird, die auf es nicht anwendbar sind. Diesen Fehler begehen nun wiederum nicht nur der Mann auf der Straße, sondern auch Fachphilosophen.

4. Gott und das Böse

Das Übel in der Welt und besonders das Böse bilden wohl den größten Stein des Anstoßes für die Gotteserkenntnis. Man schließt vom endlichen Guten in der Welt auf das unendlich Gute und nennt es Gott. Müßte man nicht auch vom endlichen Übel in der Welt auf ein unendliches Prinzip des Übels schließen? Die klassische Antwort auf diese Frage ist, das Übel sei eine Privation am Guten, der Mangel an einem Seienden, das, sofern es einen gewissen Seinsbestand behält, immer noch ein Gut darstellt, sodaß ein unendliches und absolutes Übel unmöglich ist. Diese Antwort fordert aber, so richtig sie ist, die weitere Frage nach dem Ursprung des Mangels und des Bösen heraus, nachdem die Welt als eine gute und wohlgeordnete von Gott geschaffen ist. Der Hinweis auf den fehlbaren, weil endlichen Willen der freien Geschöpfe wird leicht so verstanden, als ob Gott nur die Wahl gehabt hätte, entweder auf die Erschaffung freier Geschöpfe (die überhaupt die Erschaffung einer Welt erst sinnvoll macht) zu verzichten oder deren Verfehlung zuzulassen. Dadurch wird das Problem jedoch ungebührlich vereinfacht. Gott hätte die freien Geschöpfe ohne ihre Freiheit anzutasten, vor allem Bösen bewahren können: das ist eine Folgerung aus seiner Allmacht, die alles verwirklichen kann, was in sich selbst möglich ist. Gott hat aber das Böse (und im Zusammenhang damit die Übel) in einem Umfang zugelassen, der nicht verharmlost werden kann. Es wird uns selbst unter Zuhilfenahme dessen, worüber wir durch die christliche Offenbarung belehrt sind, nie möglich sein, im einzelnen nachzuweisen, welches die überragenden Werte und Ziele sind, um derentwillen Gott das Böse in diesem Umfang zulassen konnte. Alle Versuche der Theodizee bleiben immer unzureichend. Sie müssen sich schließlich damit begnügen, nachzuweisen, daß Gott notwendig solche Ziele hat, wenn wir sie auch nicht in allem zureichend erkennen können.

III. Die Möglichkeit des Atheismus und seiner Arten, die sich aus der Art unserer Gotteserkenntnis ergeben

Die bisherigen Ausführungen über die Elemente, Voraussetzungen und besonderen Schwierigkeiten der Gotteserkenntnis zeigen zur Genüge, daß es vielfältige Möglichkeiten gibt, vom Weg der Gotteserkenntnis abzuirren. Allgemeiner Grund dafür ist nicht die Unmöglichkeit wahrer und gewisser Gotteserkenntnis, sondern deren geschilderte Eigenart. Aus ihr ergeben sich auch die Möglichkeiten und Arten des Atheismus im einzelnen.

1. Der materialistische Atheismus

Die Notwendigkeit der menschlichen Erkenntnis, irgendwie im Sinnlichen Fuß zu fassen, die auch für die Gotteserkenntnis gilt, in ihr aber anders verwirklicht ist als in der unser Bewußtsein zunächst erfüllenden Erkenntnis der Außenwelt, bietet eine erste Möglichkeit, sich gegen die Realität Gottes zu verschließen und sich zu einem materialistischen Atheismus zu bekennen. Die Versuchung dazu ist für uns moderne Menschen erheblich größer als für die Menschen früherer Zeiten. Die Menschen früherer Zeiten trauten dem Übersinnlichen mehr zu, weil sie die Zusammenhänge der Raum-Zeit-Welt weniger gut erkannten, weil sie die Lücken ihrer Unkenntnis mit der Annahme übersinnlicher Ursachen verschiedener Art zu schließen vermeinten. Der neuzeitliche Atheismus sieht in diesem historischen Umstand ein bequemes Argument für sich, als ob Gott nur solange gebraucht würde, bis alle Lücken der Naturerklärung geschlossen sind. Eine echte Gotteserkenntnis darf aber Gott nicht als Erklärungshypothese für naturwissenschaftliche Fragen einführen. Die Existenz Gottes ist nicht ein Erklärungsgrund, sondern die notwendige Voraussetzung für alle naturwissenschaftlichen Erklärungsgründe. Gott kann weder für sie eintreten noch ihnen entgegen sein.

In den Bereich des materialistischen Atheismus gehört auch ein gewisser anthropomorpher Theismus, worunter hier nicht so sehr die Vorstellung verstanden wird, daß Gott seiner Natur nach wie ein Mensch sei, sondern die Auffassung, die sich Gott nur in irgendeiner sinnenfälligen Form vorstellen kann, die sich also von der menschförmigen Erkenntnisweise der sinnlichen Vorstellung nicht freimachen kann. Ein solcher anthropomorpher Theismus ist in Wahrheit ein verborgener materialistischer Atheismus, der bei der Kritik des ihm zugrundeliegenden verkehrten Gottesbildes ohne weiteres in einen offenen Atheismus übergeht oder doch für einen solchen Übergang sehr anfällig ist. Die unvermittelte Begegnung primitiver Religionen mit dem wissenschaftlichen Weltbild oder dem dialektischen Materialismus liefert dafür genug Beispiele.

2. Der „wissenschaftliche" Atheismus

Er unterscheidet sich vom materialistischen Atheismus, wie er soeben dargestellt wurde, dadurch daß er außer dem Sinnlichen auch andere Wirklichkeitsarten als reale anerkennt, wenn sie durch die Begrifflichkeit der empirischen Wissenschaften faßbar sind. Seine Voraussetzung ist ein Methodenmonismus, der, obwohl er auf keine Weise begründet werden kann, dennoch mit großer Selbstverständlichkeit von vielen Wissenschaftlern und in ihrem Gefolge von vielen unkritischen Zeitgenossen angenommen wird. Im Lichte einer philosophischen Wissenschaftslehre erweist er sich als unwissenschaftlich. Folgen des Methodenmonismus sind teilweise ein dogmatischer, teilweise ein agnostischer oder skeptischer Atheismus.

Dem *dogmatischen Atheismus* dieser Art liegen folgende zwei Prinzipien zugrunde:

1. Alles, was wirklich existiert, ist auch wissenschaftlich erkennbar. Folgerung: Was prinzipiell nicht wissenschaftlich erkennbar ist, existiert nicht.

2. Wissenschaftlich erkennbar ist nur das, was mit empirischen Methoden erkennbar ist. Folgerung: Was nicht Objekt empirischer Wissenschaften werden kann, ist wissenschaftlich nicht erkennbar.

Was also empirisch nicht erforschbar ist, das existiert nicht. Wohlgemerkt: Es heißt nicht: Was nicht empirisch erforschbar ist, existiert nicht für den Naturwissenschaftler, sondern: Das existiert überhaupt nicht. Diese Behauptung geht, da sie absolut ist, über den Bereich des empirisch Erforschbaren hinaus, kann also nach den eigenen Prinzipien des Methodenmonismus gerade keine gültige Aussage wissenschaftlicher Art sein. Der dogmatische „wissenschaftliche" Atheismus widerlegt sich selbst.

Viel subtiler ist der agnostische und der skeptische Atheismus. Sofern der *agnostische Atheismus* allerdings aufgrund des Methodenmonismus dogmatisch behauptet, Gottes Existenz könne nicht erkannt werden, unterscheidet er sich nicht wesentlich vom dogmatischen Atheismus und fällt demselben Widerspruch anheim. Der *skeptische Atheismus* behauptet zwar nicht, Gott existiere nicht oder er könne prinzipiell nicht erkannt werden;

er sagt aber, die Erkenntnis Gottes bleibe, da sie keiner empirischen Verifizierung zugänglich sei, immer bezweifelbar. Dieses Verifizierungsprinzip ist nun allerdings ebensowig empirisch verifizierbar. Insofern gerät auch der skeptische Atheismus mit sich in Widerspruch, sobald er sich in einer These ausspricht. Das braucht jedoch nicht zu geschehen. Die skeptische Haltung, die sich nicht in einer These ausspricht, untergräbt die Gotteserkenntnis nicht weniger. Ihr liegt das Bedenken zugrunde, ohne Verifizierung sei die Behauptung der Existenz Gottes unbegründet und darum gegen das Wahrheitsethos. Diesem Bedenken muß entgegengehalten werden, daß die Rechtfertigung einer Behauptung, wie der Existenz Gottes, die über den ganzen Bereich der Erfahrung hinausgeht, offenbar eine andere sein muß, als bei Aussagen über Teile des Erfahrungsbereiches. Diese können natürlich nur durch das Verhältnis der Teile des Erfahrungsbereiches zueinander, insbesondere zu dem privilegierten Teil, der in unser Bewußtsein hineinragt, nämlich zu unseren Sinnen, als zurecht bestehend, begründet werden. Wenn es sich aber um den Erfahrungsbereich überhaupt handelt, zu dem ja auch unsere Sinne mit all ihren Zuständen gehören, kann eine solche Aussage nicht auf dieselbe Weise begründet werden, sondern nur im Rückgriff auf die Bedingungen ihrer Möglichkeit, deren Verneinung auch zur Verneinung aller Erfahrung überhaupt führen würde.

3. Der rationalistische Atheismus

Nicht jeder Rationalismus umgibt sich mit den engen Schranken einer empirischen Begriffswelt. Es gibt einen Rationalismus, der durchaus bereit ist, mit seinen Begriffen über die Grenzen des Empirischen hinauszugehen und sogar das Göttliche zu denken, aber eben nur mit klaren und deutlichen Begriffen. Die Überbegrifflichkeit, die der Gotteserkenntnis, wie wir gesehen haben, eignet, ist für ihn ein Stein des Anstoßes. Alles Wirkliche ist vernünftig, und die Vernunft legt sich aus im Begriff. Hegel spottet (in der Polemik gegen Schelling) über die Nacht des Absoluten, in der alle Kühe schwarz sind (Phänomenologie, Vorrede). Das Reich der Logik ist für ihn die Wahrheit, wie sie ohne Hülle ist an und für sich selbst, die Darstellung Gottes in seinem ewigen Wesen (Logik, Einleitung, Allgemeiner Begriff der Logik). Hegels Lehre kann zwar nicht atheistisch genannt werden, weil Hegel ein Absolutes in einem überempirischen Sinn anerkennt. Aber seine Forderung der Begreiflichkeit hindert ihn, Gott in jenem Modus der menschlichen Überbegrifflichkeit anzuerkennen, ohne den Gott zu einem Geschöpf des menschlichen Geistes erniedrigt wird. Wie immer man ein solches System benennen mag, es leistet der Verneinung eines wahrhaft unendlichen Gottes Vorschub. Die Perfektion der Erkenntnis, die in einer solchen Philosophie gefordert wird, widerstreitet den menschlichen Möglichkeiten.[1]

Dies gilt auch für den Rationalismus, der Gott ausdrücklich anerkennt, dem er sogar so evident ist, daß er meint, er könne seine Existenz aus bloßen Begriffen deduzieren. Die Versuche eines solchen Rationalismus, nicht nur in Begriffen an Gott zu denken, sondern Gott und seine Attribute in den Begriff zu bringen und das Geschehen in dieser Welt aus dem so „begriffenen" Gott zu erklären, müssen kläglich scheitern, wie Kants Kritik gezeigt hat. Da aber diese Kritik für eine Kritik aller möglichen Gotteserkenntnis gehalten wird und der Mensch auf die Dauer den Zwiespalt von Erkenntnis und Glaube nicht durchhält, liegt auch in dieser Art von Rationalismus eine Versuchung zum Atheismus.

4. Atheistische Folgerungen aus einer unmetaphysischen Ontologie und Existenzphilosophie

Wie wir gesehen haben, bahnt zwar die Überbegrifflichkeit des Seins der Gotteserkenntnis den Weg. Aber vollendet wird dieser Weg erst in der absoluten Transzendenz des subsistierenden Seins. Wo immer die Analyse des Seienden als solchen nicht bis zum Ende geführt wird, verbleibt eine Ontologie im weltimmanenten Sein. Dies kann so geschehen, daß das Sein nur als begriffliches Moment von den verschiedenen Dimensionen des Realen und Idealen abgehoben wird, oder in einer echten onto-logischen Differenz. Man mag dieses Sein göttlich nennen und das Seiende als seine Gabe und Schickung verstehen und so den groben Atheismus einer absolut gesetzten Dingwelt vermeiden, aber in einer solchen Ontologie gibt es dann doch nur eine aus dem Sein erfließende und durch seine Immanenz konstituierte Welt. Die pantheistischen oder auch atheistischen Folgerungen liegen nahe. Sie zu vermeiden scheint dann nur durch einen irrationalen Glauben möglich zu sein.

5. Der pragmatische Atheismus

Die innige Verflochtenheit der Gotteserkenntnis mit der sittlichen und religiösen Ordnung öffnet das Tor zu verschiedenen Arten eines pragmatischen Atheismus. Die praktische sittliche Desorientierung schließt zwar nicht immer auch den Atheismus ein. Das Herkommen, der gute Verstand, aber auch ein gewisser Grad innerer Bejahung der sittlichen Ordnung selbst, trotz ihrer Verletzung, mögen daran beteiligt sein. Oft jedoch wird es dem Menschen unerträglich, eine theoretische Anschauung aufrecht zu erhalten, die im Widerspruch steht zu seinem praktischen und willentlich angenommenen Verhalten. Der Mensch lügt sich die Wirklichkeit – mehr oder weniger bewußt – um, wie er sie zu seinem Tun braucht.

[1] Selbstverständlich kann es hier wie im folgenden nicht die Aufgabe eines kurzen Beitrages sein, sich mit großen philosophischen Systemen in einer diesen angemessenen Weise auseinanderzusetzen. Wenn Namen genannt oder sonst historische Hinweise gegeben werden, dann nur um die Spielarten des Atheismus oder die Wege, die zum Atheismus führen, zu verdeutlichen.

Wie schon erwähnt, kann aber auch die Betonung des Sittlichen selbst mit einer letzten, absoluten Motivierung des sittlichen Imperativs die Gotteserkenntnis gefährden, indem Gott der absoluten Idee des Sittlichen unterworfen und so seiner Göttlichkeit beraubt wird (vgl. oben II a, 6).

6. Der vermeintliche Atheismus

Die vielfältigen systematischen und methodischen Voraussetzungen, die erfüllt sein müssen, wenn es zu einer theoretisch hinreichend geklärten, philosophisch reflektierten Gotteserkenntnis kommen soll, sind auch bei Fachphilosophen oft nur zum Teil vorhanden. So kommt es, daß sich ein sozial relevantes Urteil über die wissenschaftliche Zuverlässigkeit der Gotteserkenntnis nicht ausbilden kann. Die meisten Menschen, die keinen Halt in einer Glaubenstradition haben, sind so einer sozial bedingten Ungewißheit ausgeliefert, die es verhindert, daß ihre spontanen, unverbildeten Gedankengänge sie zu einer festen Überzeugung von der Existenz Gottes führen. Sie erfahren zwar das Zeugnis von der Existenz Gottes in sich, in ihrem ontologisch auf Gott, den letzten Grund ihres Seins und Lebens, bezogenen Wesen, aber sie trauen ihm nicht. Gottesglaube und Zweifel überlagern sich. Sie meinen vielleicht Atheisten zu sein, sind es aber nicht.

Wieder andere werden sich klar darüber, wie anthropomorph und unzureichend die meisten Vorstellungen der Menschen über Gott sind. Sie weigern sich, einen solchen Gott anzuerkennen und zu ihm zu beten. Das Gebet selbst scheint ihnen notwendig solche anthropomorphe Vorstellungen einzuschließen. Sie sehen klar ein, daß Gott keine endliche, keine mit irgendeiner weltlichen Existenz vergleichbare Seinsweise haben kann, daß er auf keine Weise vorstellbar, in keinem ihrer Begriffe definierbar ist. Er erscheint ihnen so wie das Nichts. Wenn dieser Negativität des Denkens auch die mögliche Positivität des analogen Begriffes fehlt, so wird dieses Denken doch von einem Streben getragen, daß tatsächlich die Richtung auf Gott nimmt. Solche Menschen sind keine Atheisten, selbst wenn sie sich so nennen.

7. Der postulatorische und humanistische Atheismus

Die Allwirksamkeit Gottes erscheint vielen Menschen als im Widerspruch zur geschöpflichen Freiheit stehend. Da das Problem zwar leicht einzusehen, die Lösung, soweit sie möglich ist, aber nur mit einem großen spekulativen Aufwand erfolgen kann, scheitert an dieser Schwierigkeit oft der Gottesgedanke. Ohne die Allwirksamkeit ist Gott nicht Gott; mit ihr ist, wie es scheint, der Mensch nicht Mensch. So kommt es zum Postulat des Atheismus im Namen des Menschen und seiner bedrohten Freiheit, wobei diese nicht nur als Freiheit, zu tun und zu lassen, was man will, verstanden wird, wie etwa bei Nietzsche, sondern gerade auch als Freiheit der sittlichen Entscheidung, wie etwa bei Nicolai Hartmann. Gewiß ist der Widerspruch zwischen Gottes Allwirksamkeit und der menschlichen Freiheit nicht vorhanden und kann deshalb auch niemandem wirklich evident sein. Aber gerade in diesem Punkte bleibt unsere Gotteserkenntnis für jeden von uns in große Dunkelheit gehüllt; es ist das Dunkel der überbegrifflichen Seinsweise Gottes. Während der gewöhnliche Mensch sich damit leichter abfindet, ist dieses Dunkel für den Philosophen eine besondere Versuchung zur Ablehnung Gottes, zu der er – wie es ihm scheint – durch sein Wahrheitsethos verpflichtet ist.

8. Der leidende Atheismus

Während das Problem der Freiheit mehr den Philosophen bedrängt, ist die Tatsache und die Übermächtigkeit des Übels und des Bösen in der Welt für jeden von uns eine Prüfung des Gottesglaubens. Wir leiden nicht nur unter dem Übel und dem Bösen, sondern wir leiden auch unter dem *Problem* des Übels und des Bösen in der Welt. Hier besonders tritt offen zutage, daß Gott nicht nur „an sich selbst ist", sondern, sobald eine Welt existiert, auch ein „Sein für uns" hat, und zwar eines, das nicht aus seinem Sein an sich mit Notwendigkeit als dieses folgt, sondern in Freiheit von ihm selbst gewollt wird und an uns die Forderung stellt, uns mit ihm in freier Antwort auseinander zu setzen. Gar mancher fände keine Schwierigkeit darin, Gott anzuerkennen, wenn es nur um dessen Sein an sich ginge; er hat aber solche Schwierigkeiten, sobald es sich um die freien Setzungen und Schickungen Gottes handelt, um sein „Sein für uns", um die Art und Weise, wie er sich einem jeden von uns in dieser Welt zeigt. Die Gotteserkenntnis kann aber nicht beim Sein Gottes an sich selbst stehenbleiben. Sie hat es immer auch, und für jeden Menschen anders, mit dem Sein Gottes für uns, mit seinem Sein für mich persönlich zu tun. Sie ist höchst existentiell.

Die existentielle Bedingung der Gotteserkenntnis bringt es mit sich, daß ein Mensch sagen kann: Ein Gott, der eine solche Welt, wie sie tatsächlich ist, geschaffen hat, der so viel Übel und so viel Böses mit seinen äußersten Folgen bis zur ewigen Verwerfung seiner Geschöpfe zuläßt und all dies durch seine Mitwirkung, ohne die nichts geschehen kann, mit hervorruft, kann nicht sein. Gewiß mißt der Mensch, wenn er so spricht, Gottes Unbegreiflichkeit an seinen menschlichen Begriffen. Er beurteilt das Weltgeschehen, ohne es in seinen innersten Zusammenhängen und ohne es in seinen jenseitigen Auswirkungen zu erkennen. Das ist vermessen, aber es ist menschlich verständlich, besonders solange der Mensch durch das Erlebnis großer Übel an ruhiger Überlegung gehindert wird. Hier vor allem zeigt es sich, ob der Mensch bereit ist, Gott als Herrn und Schöpfer in seinen freien Entscheidungen auch dann anzuerkennen, wenn er sie nicht mehr versteht; ob er bereit ist, Gott in Liebe zu vertrauen und ihn nicht weil er für ihn gut ist, sondern weil er notwendig in sich und an sich gut ist, zu lieben.

Wir stehen am Ende unserer Überlegungen über die Gotteserkenntnis und den Atheismus. Es hat sich gezeigt, daß unsere Gotteserkenntnis unter vielen Rücksichten unvollkommen und dunkel ist, so daß es viele Möglichkeiten der Abirrung zum Atheismus gibt. Unter diesen Möglichkeiten gibt es einige, die uns modernen Menschen besonders naheliegen und den Atheismus in einem Umfang ermöglichen, wie er anderen Zeiten unbekannt war. Es hat sich aber auch gezeigt, wie die Gotteserkenntnis in mannigfacher Weise existentiell bedingt ist, sodaß der Atheismus zwar von der Art unserer Gotteserkenntnis ermöglicht wird, der tatsächliche Atheismus daraus aber nicht notwendig folgt. Diese Situation des Menschen verlangt einen existentiellen Einsatz von ihm, den wir Gottesglauben nennen.[2]

Bibliographie

(aus der Entstehungszeit des Artikels)

Manacorda, Guido, Del „divinum silentium", in: Filosofia e Vita (Torino) 4 (1963) n. 4., 9–19.

Somigliana, Ada, Il Dio ignoto, Sophia 31 (1963) 238–53.

J.-H. Nicolas, Dieu connu comme inconnu. Essai d'une critique de la connaissance théologique, Paris 1966.

Cristaldi, Giuseppe, Il principio di verifica e l'esistenza di Dio, Giorn. di Metaf. 21 (1966) 31–34 .

Muck, Otto, Zur Logik der Rede von Gott, Zeitschr. für kath. Theologie 89 (1967) 1–28.

Gaboriau, Dieu dans le débat des hommes, Paris 1967.

Ogiermann, Helmut, Die Gottesbeweise „in der Sicht des modernen Menschen", Theologie und Philosophie 42 (1967) 89–101.

Berti, E., In quale senso si può parlare oggi di dimonstrazione dell'esistenza di Dio, Doctor communis 20 (1967) 55–60.

Boné, l'homme de science et le problême de Dieu, Revue dioc. Namur 21 (1967) 184–97.

Mc Cord Adams, Marilyne, Is the existence of God a „hard" fact? Philos. Review 76 (1967) 492–503.

Im übrigen vgl. meine „Summe einer philosophischen Gotteslehre," München 1979: zum Text Kl. Nr. 16; zur Bibliographie: Kl. Nr. 160, aber auch allgemein: Kl. Nr. 0.93 und 0.94.

[2] Über die Beziehung beider, die Gotteserkenntnis und den Gottesglauben, vgl. W. Brugger, Gotteserkenntnis und Gottesglaube, in: Interpretation der Welt (Romano Guardini zum 80. Geburtstag), Würzburg 1964, 190–204; ferner hier S. 431.

Der Beitrag wurde für das – in mehreren Sprachen geplante – von Jules Girardi redigierte „Handbuch des Atheismus“ verfaßt. Davon erschien nur die italienische Ausgabe unter dem Titel „L'Ateismo contemporaneo“ Torino 1967–69. Dort findet sich mein Beitrag unter dem Titel „Il Problema della Conoscenza di Dio di fronte all'Ateismo“ in Vol. III 267–287. – Der deutsche Text wird hier zum ersten Mal veröffentlicht.

SPRACHANALYTISCHE REFLEXION ÜBER DEN ATHEISMUS-DIALOG

Wenn hier über den Atheismus-Dialog reflektiert wird, dann soll dies selbstverständlich nicht über den Dialog der Atheisten untereinander geschehen, noch über den Dialog der Theisten über den Atheismus, sondern über den Dialog zwischen Theisten und Atheisten. Man kann den Atheismus in verschiedener Form vertreten, skeptisch, agnostisch oder thetisch. In vereinfachender Weise sei er hier in seiner thetischen Form ins Auge gefaßt. Was geht eigentlich vor sich, wenn Atheisten und Theisten über den A. sprechen?

Das erste, was man wohl sagen wird, ist, daß sie einander widersprechen, einander entgegen sprechen. Was der eine behauptet, verneint der andere. Wozu sprechen sie dann? Entweder um sich ihren entgegengesetzten Standpunkt klar zu machen oder um sich zu widerlegen, den Gegner von der Falschheit seines Standpunktes und der Wahrheit des eigenen zu überzeugen. Ein anderer, rein theoretischer Zweck läßt sich kaum denken. Daß das Gespräch propagandistischen Zwecken, also einem außer ihm selbst liegenden Zweck, der Wirkung auf andere, dienen soll, bleibe hier außer Betracht, denn dadurch wird die eigentliche Gesprächssituation verfälscht. Gegenstand unserer Reflexion ist also das echte Gespräch.

Bei einem solchen Gespräch gilt es, ein Doppeltes zu bedenken: die Entgegensetzung der Standpunkte und ihre Begründung. Den Gesprächspartnern scheint es durchaus selbstverständlich zu sein, daß sie sich widersprechen, daß der eine das behauptet, was der andere verneint. Das ist aber gar nicht so selbstverständlich. Es könnte durchaus sein, daß die Gesprächspartner sich mißverstehen, daß sie aneinander vorbeireden, daß sie unter den selben Ausdrücken, die in den Widerspruch eingehen, etwas anderes verstehen, was zur Folge hätte, daß sie sich gar nicht widersprechen, was weiter zur Folge hätte, daß sie sich unter Umständen in dem, was sie gegenseitig behaupten und verneinen, sogar verständigen und einigen könnten. Der Fall kann natürlich nicht ausgeschlossen werden, daß es Partner gibt, die sich in dieser Weise mißverstehen, während sich andere in echter Weise widersprechen.

Wurzeln möglicher Mißverständnisse können sich im Gebrauch und der Bedeutung des Wortes „Gott“, der Worte „es gibt“ (einen Gott) oder (Gott)

„existiert“ oder endlich in der Beurteilung dessen liegen, was als hinreichend eingeschätzt wird, um die Behauptung oder Verneinung der Existenz Gottes zu rechtfertigen.

Zunächst zum Wort „Gott“. Welche Bedeutung ein Wort hat, hängt von dem Kontext ab, in dem es gebraucht wird. „Großer Bär“ kann je nach dem Kontext, in dem es vorkommt, einen Indianerhäuptling oder ein Sternbild bezeichnen. Die Bedeutungen gehen hier so weit auseinander, daß eine Identifizierung unmöglich ist. In anderen Fällen, erweisen sich die verschiedenem Kontext angehörenden Bedeutungen als verwandt oder in einem sonstigen Zusammenhang stehend (wie etwa das „Geschlecht“ in der Grammatik oder der Biologie). Es kann auch vorkommen, daß die in verschiedenem Kontext verschiedenen Bedeutungen auf einen gemeinsamen Gegenstand hin identifiziert werden können, wie beim „Wasser“ im Zusammhang der Chemie, der Hauswirtschaft und der Energiewirtschaft.

Angenommen ein Atheist versteht das Wort „Gott“ im Sinne des Historischen Materialismus als eine – generisch gesprochen – im Gefolge gewisser ökonomischer Verhältnisse mit gesellschaftlicher Notwendigkeit auftretende, unwissenschaftliche Vorstellung, der außerhalb der Vorstellung keine Wirklichkeit entspricht, dann ist es nicht nur selbstverständlich, daß er die Existenz Gottes verneint, sondern es muß ihm sogar als ein innerer Widerspruch erscheinen, die Existenz Gottes zu behaupten. Natürlich meint der Theist mit dem Wort „Gott“ etwas, das durch einen ganz anderen Kontext in seiner Bedeutung bestimmt wird, sei es daß dieser Kontext die religiöse Erfahrung oder die Ontologie ist. Sieht der Theist aber einmal von dem Kontext ab, der für ihn die Bedeutung des Wortes „Gott“ bestimmt, und setzt er einmal die vom Historischen Materialismus angenommene Bedeutung für dieses Wort ein, so kann er die Existenz Gottes nicht mehr behaupten, sondern muß sie logischerweise verneinen, was ihn aber nicht daran hindert, sie gleichwohl im früheren Kontext zu behaupten. In diesem Fall widersprechen sich der Atheist und der Theist demnach nicht, sondern sie mißverstehen sich: sie verstehen, was sie einander sagen, trotz derselben Worte nicht (ohne ein Bewußtsein des Unverständnisses zu haben) und meinen daher fälschlicherweise, daß sie sich widersprechen. Das heißt aber: sie führen trotz des gegenteiligen Anscheins in Wirklichkeit kein Gespräch miteinander. Solange dies die Situation ist, hat es auch keinen Zweck, sich auf irgendwelche Begründungen der Aussagen einzulassen. Einen gewissen Sinn können solche Begründungen allerdings darin gewinnen, daß sie dazu führen können, das Mißverständnis an den Tag zu bringen. Ein Gespräch über denselben Gegenstand kann jedoch erst dann beginnen, wenn das Mißverständnis bei beiden Gesprächspartnern behoben ist. Daß bloß der eine von ihnen das Mißverständnis durchschaut, genügt nicht. Denn zum Einverständnis gehören eben immer zwei, die sich über ein und dasselbe verständigt haben.

Ein anderes Mißverständnis kann aus dem Gebrauch der Worte „es gibt“ oder „es existiert“ entstehen. Gesetzt den Fall, die Worte „es gibt“ bedeuten für einen Gesprächspartner: „im Kontext der Erfahrung und als ein Bestandstück derselben antreffbar", dann muß ein Theist, der sich dessen bewußt ist, daß Gott, an den er glaubt, ein welttranszendentes Wesen ist, natürlich verneinen, daß es einen Gott (in diesem Sinne) gibt. Denn er würde sich widersprechen, wollte er behaupten, daß Gott, ein welttranszendentes Wesen, ein Bestandstück der Erfahrung sei. Dasselbe kann aber zutreffen, wenn die Worte „es existiert" verwandt werden, sei es, daß diese Worte wiederum das bezeichnen sollen, was in der Erfahrung als Bestandstück derselben vorkommt, sei es, daß sie im Sinne der Existenzphilosophie verstanden die dem Dasein, d. i. dem Menschen, eigentümliche Seinsweise bezeichnen. Denn es ist offenbar unsinnig, zu behaupten. Gott existiere (in seiner eigenen Natur) auf die Weise des Menschen.

Eine weitere Quelle von Mißverständnissen verbirgt sich in den Ansprüchen, die jemand an eine Existenzbegründung stellt. Es gibt Leute, die sich für berechtigt halten, die Existenz eines fraglichen Etwas solange zu bezweifeln, als dieses Etwas sich weder durch die Erfahrung kundtut noch in seiner inneren Möglichkeit begreifen läßt. Ist beides grundsätzlich unmöglich, dann halten sie sich überdies für berechtigt, eine solche Existenz kategorisch zu verneinen. Diese Berechtigung ist jedoch logisch nur konsistent, wenn sich nachweisen läßt, daß etwas nur dann existieren kann, wenn es entweder Gegenstand möglicher Erfahrung oder wenigstens in seiner inneren Möglichkeit begreifbar, rational deduzierbar ist. Viele gehen aber so weit, auch als Gegenstand bloß möglicher oder doch sozial mitteilbarer Erfahrung nur das gelten zu lassen, was in eindeutigen Begriffen rationalisierbar ist. Die religiöse Erfahrung wird damit von vornherein als Instanz für eine Existenzaussage ausgeschlossen.

Andere hingegen sind der Auffassung, daß unter Umständen Existenz bejaht werden muß, obwohl das fragliche Etwas nicht Gegenstand möglicher Erfahrung im gewöhnlichen Sinne und auch nicht in seiner inneren Möglichkeit begreifbar und rational deduzierbar ist, wenn sie nur logisch einwandfreie Gründe dafür erbringen lassen, daß ohne die Annahme der Existenz des fraglichen Etwas, das in der Erfahrung Gegebene unmöglich ist, daß das fragliche Etwas also Quelle der Begreifbarkeit, ja sogar Möglichkeit für anderes ist, obwohl es sich selbst unserer Begreifbarkeit entzieht. Wiederum gilt, daß unter solchen Voraussetzungen ein Verständnis zwischen Atheisten und Theisten unmöglich ist. Denn ohne ein gemeinsames Kriterium für die Wahrheit oder Falschheit einer Aussage, läßt sich nicht ausmachen, ob ein Satz zu bejahen oder zu verneinen ist. Alle Begründungen Für und Wider gehen also ins Leere.

Müssen wir aus all dem schließen, daß ein echter Dialog zwischen Theisten und Atheisten unmöglich ist? Dieser Schluß wäre voreilig; denn er stünde unter verschiedenen, bisher noch nicht analysierten Prämissen. Untersuchen wir daher lieber weiter die Bedingungen der Möglichkeit für einen solchen Dialog.

Gehen wir dabei zuerst von der Tatsache aus, daß Theisten und Atheisten oft mit dem Wort „Gott" verschiedene, nicht auf ein gemeinsames Objekt hin identifizierbare Bedeutungen verbinden. Wenn der Theist zugibt, daß bei einer bestimmten, vom Atheisten angegebenen Bedeutung des Wortes „Gott“ von einer Existenz Gottes nicht die Rede sein könne, er aber gleichwohl an der Existenz Gottes in einem anderen Sinne festhalte, dann ist ein weiteres Gespräch nur möglich, wenn der Atheist auf die vom Theisten angegebene Bedeutung des Wortes „Gott“ eingeht und sie in Gedanken festhält bei der weiteren Erörterung. Das gleiche gilt, wenn der Dissens die Worte „es gibt“ oder „es existiert“ (in der Anwendung auf Gott) betrifft. Beides wird wohl immer Hand in Hand gehen. Der Atheist darf nicht triumphieren, wenn der Theist ihm zugesteht, daß natürlich bei Zugrundelegung der vom Atheisten angenommenen Wortbedeutungen die Existenz Gottes unsinnig sei. Der Theist aber darf nicht einfach seine Argumente wiederholen, wenn er nicht zuvor dafür gesorgt hat, daß sein Gesprächspartner die Worte im selben Sinne nimmt wie er.

Dieses Gespräch selbst zu führen ist hier nicht unsere Sache. Wir wollen nur die Bedingungen seiner Möglichkeit untersuchen. Angenommen, der atheistische Gesprächspartner weigere sich, die vom Theisten angegebenen Wortbedeutungen (etwa, daß „Gott“ bedeute: ein in seinem Sein absolutes, welttranszendentes, personales Wesen) als Diskussionsgrundlage oder gemeinsames gedankliches Bezugsobjekt anzunehmen, dann kann dies mit oder ohne Begründung und Rechtfertigung geschehen. Geschieht diese Weigerung ohne alle Begründung, dann handelt es sich um eine Willensoption, die nicht dem theoretischen Bereich angehört und deshalb aus der gegenwärtigen Betrachtung ausscheidet. Wird aber eine Begründung gegeben, dann kann das Gespräch weitergehen. Unter welchen, der Sache selbst immanenten Bedingungen?

Angenommen, es handle sich um die Bestimmung „ein in seinem Sein absolutes Wesen“, und zwar nicht um die Existenz eines solchen Wesens, auch nicht um seine aus seinem Begriff oder sonstwie deduzierbare Möglichkeit, sondern bloß um diese gedankliche Bestimmung als eines möglichen Fragegegenstandes. Wenn der Atheist verneint, daß ein solches Wesen auch nur ein möglicher Fragegegenstand sein könne, dann meint er mit diesen Worten doch etwas. Er will ja seinem Gesprächspartner seine Meinung darüber kundtun. Das ist aber nur möglich, wenn er sich dabei auf genau dasselbe bezieht wie sein Partner, d. h. auf diesen in seiner Fragemöglichkeit fraglichen Gegenstand (ein in seinem Sein absolutes Wesen). Er verneint die Fragemöglichkeit eines solchen Gegenstandes. Wenn das überhaupt einen Sinn haben soll, dann nur unter der Bedingung, daß er diesen Gegenstand doch wenigstens indirekt, eben als einen in seiner Fragemöglichkeit fraglichen gedacht hat. Sonst würde er etwas verneinen, über dessen Verneinungsmöglichkeit er überhaupt nichts weiß, was wiederum über den theoretischen Bereich hinausführen müßte (etwa nach dem Motto: ich weiß zwar nicht, was der Vorredner gesagt hat, aber ich bin auf jeden Fall dagegen).

Der Theist kann dem Atheisten die Bestimmung „im Sein absolutes Wesen“ nur indirekt und negativ erläutern, und zwar im Ausgang von dem, was beiden direkt und positiv bekannt ist, nämlich von „Wesen, die ihrem Sein nach relativ sind", was das Begriffspaar „relativ" und „absolut", oder m. a. Worten „bezogen" und „unbezogen" voraussetzt. In irgendeinem Sinne bezogen oder relativ sein kann dabei als bekannt oder durch Beispiele erläuterbar vorausgesetzt werden. Was aber in irgendeiner Richtung bezogen ist, ist in einer anderen Richtung auch unbezogen, so daß Relativität auch sinnvoll verneint werden kann. Kann sie auch radikal, in jeder Richtung verneint werden, ohne daß dabei jeder Sinn und jeder Inhalt verloren geht? Das kann gerade der Atheist nicht leugnen. Denn er setzt offenbar mit der Leugnung der Existenz Gottes diese unsere Welt absolut, d. h. auf jede andere Wirklichkeit unbezogen. Der Theist hingegen denkt diese unsere Welt als wesentlich relativ zu einer anderen, absoluten Wirklichkeit. Beide gebrauchen demnach die Denkbestimmung „absolut", wenden sie aber verschieden an. Eine der entscheidenden Voraussetzungen für einen echten Atheismus-Dialog ist demnach jene Reflexionsstufe, auf der die gesamte, immer absolute Wirklichkeit zu Gesicht kommt, d. h. die unumschränkte, absolute Reflexion. Dann entsteht allerdings sofort die Frage nach der Transzendenz, d. i. die Frage, ob diese unsere Welt absolut ist oder auf eine andere von ihr verschiedene Wirklichkeit verweist, die letztlich absolut ist.

Die Frage nach der Transzendenz ist die Frage nach einer anderen als der Weltwirklichkeit. Die Möglichkeit einer solchen Frage ist bedingt durch die begriffliche Differenz von Weltwirklichkeit und Wirklichkeit überhaupt. Der Atheist leugnet die reale Differenz von Weltwirklichkeit und Wirklichkeit überhaupt. Er ist geneigt, auch die begriffliche Differenz beider zu leugnen. Aber kann er das? Oder ist diese Differenz, zumindest auf begrifflicher Ebene, notwendig? Wenn sie unmöglich ist, ist auch die Frage nach der realen Differenz und der Atheismus-Dialog selbst unmöglich: wenn sie notwendig ist, kann sich der Atheist dem Dialog und der Frage nach der realen Differenz nicht entziehen. Wenn die begriffliche Differenz notwendig ist, muß sich die begriffliche Identifizierung als unmöglich erweisen, d. h. der Versuch der begrifflichen Identifizierung muß die Differenz wieder aus sich hervortreiben.

Eine semantische Identifizierung von „Weltwirklichkeit" und „Wirklichkeit" überhaupt ist nur möglich, wenn festgesetzt wird, der Ausdruck „Wirklichkeit" habe die Bedeutung und nur die Bedeutung „Weltwirklichheit", d. h., er solle „keine andere" Bedeutung haben. Damit greift aber das Denken auf etwas „anderes" aus, und zwar notwendig, da nur dadurch die Bedeutung des Ausdrucks „Wirklichkeit" auf „Weltwirklichkeit" festgelegt werden kann. Der durch die semantische Identifizierung gemachte Versuch einer begrifflichen Identifizierung erweist sich so als unmöglich.

Eine andere Überlegung. Mit Welt wird eine Vielfalt von Wirklichkeit bezeichnet; Wirklichkeit überhaupt hingegen abstrahiert von Vielfalt oder Einfachheit. Wenn aber ein Wort Vielfalt sagt, ein anderes hingegen von Vielfalt abstrahiert, können sie nicht vollkommen bedeutungsgleich sein.

Zwischen Weltwirklichkeit und Wirklichkeit überhaupt besteht demnach eine begriffliche Differenz, die die Frage nach der realen Differenz zwar nicht entscheidet, sie aber denkbar macht, so daß der Atheist sich ihr ohne theoretische Begründung nicht entziehen kann. Er muß demnach, wenn er die reale Differenz leugnet, Gründe angeben, warum er sie leugnet, wie auch der Theist, wenn er sie behauptet, Gründe angibt, warum er sie behauptet.

Damit stehen wir beim Problem der Begründbarkeit und der Frage nach den Kriterien für die Wahrheit oder Falschheit der theistischen oder atheistischen Aussage. Nachdem sich die Frage nach der Transzendenz als eine notwendige Frage erwiesen hat, kann die Forderung, daß als existent nur das anerkannt werden könne, was Bestandstück unserer Erfahrung werden könne, nicht weiter erhoben werden. Wie steht es mit der Forderung nach rationaler Begreifbarkeit? Der Theist wird ihr entgegenhalten, daß ein Gott, den wir begreifen, eben nicht Gott sei, daß Gegenstand religiösen Verhaltens, der Anbetung und des Glaubens, nur das sein könne, was unser Begreifen unendlich übersteigt. Der Atheist wird antworten, daß es eben in Frage stehe, ob es so etwas wie Religion, Glaube und Anbetung in einer vor der Vernunft verantwortbaren Form geben könne, die etwas anderes als Aberglaube oder noch Schlimmeres sei. Der Theist postuliert demnach die rationale Unbegreiflichkeit, der Atheist die rationale Begreiflichkeit des letzten Grundes aller Wirklichkeit. Hat hier das Gespräch ein Ende oder wie kann es weitergeführt werden? Es kann nur weitergeführt werden, wenn beide Partner auf die Begründung ihres Postulates reflektieren, und zwar nicht auf Gründe, die den jeweils erwünschten oder unerwünschten Folgen (etwa der Unmöglichkeit der Religion oder des Eingeständnisses der Begrenztheit menschlicher Erkenntnis) entnommen sind, sondern der Natur der Sache selbst.

Was aber ist hier die Natur der Sache? Es ist die Gesamtwirklichkeit nach ihrem absoluten Aspekt. Kann sie, ob transzendent oder nicht transzendent gefaßt, rational begreifbar sein? Schon Kant hat gezeigt, daß die Welt als Ganzes nicht durch kategoriale, rationale Begriffe faßbar ist, daß sie nur durch Ideen denkbar ist, also durch Begriffe, die anderer Art sind, als die Begriffe, die wir gebrauchen, um die Bestandstücke unserer endlichen, begrenzten Erfahrung zu bestimmen. Rational begreifbar ist eine Wirklichkeit, wenn sie in Raum und Zeit gegeben durch unser Denken mathematisierbar ist. Folgt daraus, daß auch Raum und Zeit uns in derselben Weise (als Raum neben Räumen und Zeit in der Abfolge von Zeiten) gegeben und so durch unser Denken mathematisierbar seien? Das folgt nicht nur nicht, sondern es ist sogar unmöglich. Rational begreifbar ist soviel wie aus einem Gesamtzusammenhang herleitbar. Der Gesamtzusammenhang kann aber nicht noch einmal auf dieselbe Weise hergeleitet werden, sonst wird er nicht nach seinem absoluten Aspekt betrachtet. Die Mathematisierbarkeit ist ihrerseits nicht noch einmal mathematisierbar. Die Gesamtwirklichkeit in ihrem absoluten Aspekt betrachtet, fordert demnach eine Begrifflichkeit, die unsere rationale Begrifflichkeit übersteigt, sie ist transrational. Widerspricht das den Forderungen der Vernunft? Offenbar nicht. Denn die Vernunft selbst ist es, die diese Transrationalität fordert, weil es die erste Forderung der Vernunft ist, die Wirklichkeit zu denken, wie sie ist. Sie ist aber anders nach ihrem absoluten Aspekt als nach ihren relativen Teilaspekten, mit denen es der rationale Verstand gewöhnlich und in seiner einzelwissenschaftlichen Betätigung zu tun hat. Transrationalität ist demnach kein Grund, das Gespräch über den absoluten Aspekt der Gesamtwirklichkeit zu unterbrechen.

Ein letztes Mißverständnis gilt es noch zu bedenken: daß der Theist Gott als persönliches Wesen bezeichnet. Daß Personalität nicht dasselbe ist wie Individualität, Einzelheit neben Einzelheiten, sei nur am Rande bemerkt. Personalität schließt Vernunft, Liebe, Freiheit und Geist ein. Daraus folgt nicht, daß die Setzung einer Welt durch ein personales Wesen nur eine Setzung im Gedanken und in der Idee sein könne, also die Schöpfung einer materiellen Welt ausschließe. Das folgt ebensowenig, wie die ideelle Tätigkeit eines Menschen die Realisierung seiner Gedanken in der Materie ausschließt. Ebensowenig schließt die freie Schöpfung einer materiellen Welt die Naturgesetzlichkeit der Weltvorgänge aus. Diese ist vielmehr die notwendige Folge der freien Setzung, ähnlich wie das Funktionieren einer Maschine die notwendige Folge eines frei geschaffenen und in der Materie realisierten Entwurfs der Maschine oder der notwendig ablaufende Prozeß einer datenverarbeitenden Maschine die notwendige Folge eines frei entworfenen und eingegebenen Programms ist. Was frei ist in der einen Ebene, kann durchaus notwendig sein in einer anderen Ebene. Die Naturgesetzlichkeit der Weltvorgänge braucht daher kein Hindernis für die Erörterung der Personalität Gottes zu sein.

Zusammenfassend können wir sagen, daß der Dialog zwischen Theisten und Atheisten zwar von vielen Mißverständnissen bedroht ist, die, wenn sie nicht beseitigt werden, ein echtes Gespräch zwischen beiden unmöglich machen und zu einem unfruchtbaren Aneinander-Vorbeireden führen, daß diese Mißverständnisse aber grundsätzlich behebbar und ein echtes Gespräch der beiden Partner daher möglich und auf theoretischer Ebene sogar notwendig ist.

Nachbemerkungen

Als Vortrag gesprochen am 6. 9. 1968 auf dem XIV. Internationalen Kongreß für Philosophie in Wien, gedruckt in den „Akten des XIV. Internationalen Kongresses für Philosophie, Wien 2. – 9. Sept. 1968." V: Wien 1970, S. 375–383.

ZUR KRITIK DER MATERIALISTISCHEN NATURDIALEKTIK

Man kann darüber streiten, welches das wichtigere Element im Dialektischen Materialismus ist, der Materialismus oder die Dialektik. Im Hinblick auf das Gottesproblem jedoch ist die Lehre von der Dialektik als dem vollkommen weltimmanenten und von keiner überweltlichen Ursache abhängigen Zusammenhang von Bewegung und Veränderung das Ausschlaggebende.

1. Der Gesamtzusammenhang

In seiner „Dialektik der Natur"[1] nennt Engels die Dialektik die „Wissenschaft des Gesamtzusammenhangs" oder auch „Wissenschaft von den Zusammenhängen im Gegensatz zur Metaphysik". Bei Lenin lautet das 8. Element der Dialektik: „Die Beziehungen jedes Dings (Erscheinung etc.) sind nicht nur mannigfaltig, sondern allgemein, universell. Jedes Ding (Erscheinung, Prozeß etc.) ist mit *jedem* verbunden."[2] Dasselbe besagt der erste Grundzug der marxistischen dialektischen Methode nach Stalin: „Im Gegensatz zur Metaphysik betrachtet die Dialektik die Natur nicht als zufällige Anhäufung von Dingen, von Erscheinungen, die voneinander losgelöst, voneinander isoliert und voneinander nicht abhängig seien, sondern als zusammenhängendes einheitliches Ganzes, wobei die Dinge, die Erscheinungen miteinander organisch verbunden sind, voneinander abhängen und einander bedingen."[3] Ob man nun diesen ersten Grundzug eine „Binsenwahrheit" (nach Wetter) nennen will oder darin schon den ausschließlich materiellen Zusammenhang aller Erscheinungen findet (nach Klaus), das hängt davon ab, ob man den Satz nimmt, wie er liegt, oder ob man schon die folgenden Grundzüge in ihn hineinliest. In diesem zweiten Fall ist er allerdings, wie schon Ogiermann gezeigt hat, eine bloße Behauptung[4], die sich als falsch erweisen läßt. Ob man ferner den Weltzusammenhang im *Gegensatz zur „Metaphysik"* sieht, hängt davon ab, welchen Sinn man diesem Wort gibt, ob den auf wenige Philosophen des 17. und 18. Jahrhunderts eingeengten, oder den der klassischen Tradition der Philosophie. „Für den Metaphysiker ist jedes Ding, jede Erscheinung eine von inneren Widersprüchen geläuterte, tote, abstrakte Identität", schreibt M. M. Rosental.[5] Eine solche Auffassung von „Metaphysik" hat aber nichts zu tun mit der aristotelischen Lehre vom Aufbau der Substanz

[1] Berlin ²1955, S. 3 und 53.

[2] Aus dem philosophischen Nachlaß. Exzerpte und Randglossen. Berlin 1949, Dietz (2. dt. Ausgabe), S. 145 (Zur Kritik der Hegelschen „Wissenschaft der Logik").

[3] Stalin, Über dialektischen und historischen Materialismus, in: Fragen des Leninismus, Berlin 1955, S. 648.

[4] Helmut Ogiermann, Materialistische Dialektik. Ein Diskussionsbeitrag, München 1958, Pustet, S. 40. – Ogiermann kam es in seinem Buch darauf an, die Idee der materialistischen Dialektik zu klären und den Nerv seines wesentlichen kritischen Einwandes gegen sie zu formulieren. Er merkt an, wie schwierig das erste war (S. 265), da seine Gesprächspartner noch lange nicht zu voller Klarheit durchgedrungen seien. Seine Arbeit kommt uns hier zunutze. Im übrigen werden wir jeweils, wo es nötig erscheint, die verschiedenen Deutungsversuche der Dialektik zugrundelegen und jeden von ihnen diskutieren.

[5] Die marxistische dialektische Methode, Berlin 1955, Dietz, S. 243.

aus der ersten Materie und der substantiellen Wesensform, der einen substantiellen Zusammenhang aller körperlichen Wesen und der Möglichkeit ihrer Verwandlung ineinander begründen soll. Eine Seinsmetaphysik ist auch nicht bloß darauf angewiesen, den Zusammenhang des Weltganzen durch bloße Aneinanderreihung von faktischen Einzelzusammenhängen zu begründen – so wichtig deren Kenntnis für die Erkenntnis der besonderen Natur der Werdezusammenhänge ist –, sie kann diesen Gesamtzusammenhang vielmehr aus der Natur des Seins und insbesondere des materiellen Seins als notwendig erweisen.

Die Tatsache des Weltzusammenhangs und seiner Naturnotwendigkeit sagt jedoch nichts aus darüber, ob das, was in einer Stufe notwendig zusammenhängt, nicht von einer anderen Ebene her determiniert oder beeinflußt werden kann, ohne seinen Zusammenhang in sich zu verlieren, wie etwa ein Produktionsvorgang durch eine Gedenkminute für verunglückte Arbeitskameraden unterbrochen, aber als Produktionszusammenhang nicht aufgehoben wird, noch auch darüber, ob dieser Zusammenhang, wie er sich der Erfahrung darbietet, vollkommen autonom und absolut, oder statt dessen durch ein in sich Absolutes real gesetzt ist.

Ein Geschehen, das ganz zufällig wäre, das gar kein Moment des Notwendigen enthielte, wäre kein einheitlicher Zusammenhang. Mehr noch, es wäre sogar als bloß zufälliger Geschehensablauf unmöglich. So zufällig man sich auch eine Reihe von Geschehnissen vorstellen mag, so schließt sie doch Geschehnisse bestimmter Artung ein, die in sich diese bestimmten sind und daher auch bestimmte Beziehungen zu anderen Geschehnissen begründen, die nicht beliebig sein oder nicht sein, so oder anders sein könnten. Anderseits ist der Weltzusammenhang, wie er sich uns in der Erfahrung darbietet, auch kein starres Gefüge von bloßer Notwendigkeit, sondern ein Spiel des Zufälligen, durchwirkt von Gesetzmäßigkeit und Notwendigkeit. Der Dialektische Materialismus hat das Verhältnis von Notwendigkeit und Zufälligkeit gut beschrieben. „*Notwendig* ist das, was aus dem Wesen, aus dem inneren Zusammenhang der Dinge hervorgeht und unvermeidlich geschehen muß. Das Gegenteil der Notwendigkeit ist der Zufall. *Zufällig* ist das, was nicht beständig ist, was nicht unmittelbar mit dem Wesen eines Prozesses zusammenhängt. Eine zufällige Erscheinung kann sein, kann aber auch nicht sein, sie kann sich so oder anders vollziehen. Die Notwendigkeit hat ihre Ursache in sich selbst, der Zufall in etwas anderem. (231) ...Die Behauptung, daß alles absolut notwendig sei, ist gleichbedeutend mit der entgegengesetzten Behauptung, daß alles zufällig sei. Wer alles für notwendig erklärt, der löst die Notwendigkeit als spezifische Form des Zusammenhangs zwischen den Erscheinungen in eine Masse von Zufällen auf. (233) ... Es genügt aber nicht, die objektive Existenz der Notwendigkeit und des Zufalls einfach anzuerkennen. (234) ... In Wirklichkeit (dagegen) offenbart sich die Notwendigkeit durch unzählige Zufälle, wie das Allgemeine sich durch Einzeldinge offenbart (234) ... Hegel war daher durchaus im Recht, wenn er den dialektischen Zusammenhang zwischen Zufall und Notwendigkeit hervorhob: Das Zufällige ist notwendig, und die Notwendigkeit bahnt sich durch Zufälle hindurch ihren Weg."[6]

Diese Auffassung von der gegenseitigen Durchdringung von Notwendigkeit und Zufall im Weltgeschehen wird wiederum der „Metaphysik" entgegengestellt, nach der sich Notwendigkeit und Zufall ausschliessen oder doch bloß zusammenhanglos nebeneinander bestehen sollen. Auch hier wird „Metaphysik" ausschließlich auf eine kleine Zahl philosophischer Schulen wie die Materialisten des 18. Jahrhunderts oder auf Christian Wolff bezogen. Dem gegenüber ist zu bemerken, daß schon Aristoteles[7] das Verhältnis von *causa per se* und *causa per accidens* untersucht hat und wußte, daß sich Naturnotwendigkeit und Zufall bei allem irdischen Geschehen durchdringen, sodaß das, was von der naturhaften Form her bestimmt ist, nicht ausnahmslos, sondern nur zumeist geschieht, weil es durch andere Ursachen zufälliger Art behindert werden kann. Die klassische Definition des Zufalls wird schon von Boethius[8] gegeben. Er ist das Resultat verschiedener von der Natur oder durch menschliche Zielsetzung bestimmter Kausalketten, die sich durchkreuzen, ohne daß die Art der Durchkreuzung von der Natur der Dinge gefordert oder durch menschliche Ziele bestimmt wäre. Die bestimmten Kausalketten aber vorausgesetzt, ist auch die Durchkreuzung oder der Zufall notwendig, eine hypothetische Notwendigkeit, die schließlich allem Geschehen, insofern es ist, zukommt, da nichts, sofern es ist, nicht nicht sein kann. „Es ist nämlich durchaus nicht dasselbe, zu sagen: Alles ist mit Notwendigkeit, wenn es einmal ist, und überhaupt: Alles ist mit Notwendigkeit."[9]

Nach dem Dialektischen Materialismus besteht ein Unterschied zwischen *Wesen und Erscheinung*. Notwendig, haben wir gehört, ist das, „was aus dem Wesen, aus dem inneren Zusammenhang der Dinge hervorgeht". Die Dinge haben demnach ein Äußeres und ein Inneres, ein Äußeres der Erscheinung mit der zufälligen Koinzidenz von Raum- und Zeitstellen verschiedener Kausalketten und ein Inneres, das sich bestimmend, wenn auch nicht allein bestimmend, auf die Art und Weise des Geschehens auswirkt. Da nun die Erscheinung einerseits vom Wesen her bestimmt ist, anderseits aber durch wesensfremde Einflüsse bestimmbar bleibt, ist auch das Wesen der Dinge, das sich in ihren Erscheinungen kundgibt, einerseits von sich aus bestimmt und die Erscheinung bestimmend, anderseits aber zugleich auch bestimmbar und die Erscheinung zu weiterer Bestimmung durch anderes freigebend. Sie enthält also zugleich ein Prinzip der Soseins-

[6] Grundlagen der marxistischen Philosophie, Berlin 1959, S. 231–234.

[7] Physik II 4–6; Metaphysik VI 2 und VII 7. – Vgl. Enciclopedia Filosofica, Venezia ²1967, I (Artikel „Caso").

[8] De consolatione philosophiae V, 1: Licet igitur definire casum esse inopinatum ex confluentibus causis, in his quae ob aliud geruntur, eventum. „Der Zufall läßt sich deshalb als ein Ereignis definieren, das aus zusammenfließenden Ursachen entsteht bei Dingen, die um eines anderen Zieles willen unternommen werden."

[9] Aristoteles, Peri hermeneias, Buch I, Kap. 9 (19 a 25–26).

bestimmtheit und der Soseinsindifferenz. In der aristotelischen Scholastik bezeichnet man diese beiden Prinzipien aller körperlichen Dinge als substantielle Wesensform und als erste Materie. Die Lehre des Dialektischen Materialismus von Notwendigkeit und Zufall im körperlichen Geschehen bezogen auf Wesen und Erscheinung führt demnach in gerader Folgerichtigkeit zum aristotelischen *Hylemorphismus*.

Die Soseinsbestimmtheit der Gegenstände oder das Notwendige in allem Zufälligen ist ferner dasjenige, was wir durch unsere Begriffe von ihnen erfassen können. Den Gegenständen kommt daher ein intelligibler, durch Intelligenz erfaßbarer Inhalt zu. Sie sind selbst *objektiv intelligibel*. Daß sie das sind, verdanken sie nicht unserem Begreifen. Vielmehr ist unser Begreifen nur möglich, weil sie von sich aus begreifbar sind. Allerdings hat diese Begreifbarkeit ihre Grenzen, sofern die Soseinsbestimmtheit der Dinge zugleich in Beziehung zu einer Soseinsunbestimmtheit steht. Die Dinge sind also nicht bloß intelligible Gehalte. Als solche müßten sie sich selbst verstehen können. Sie sind vielmehr in das Relative ihrer selbst entäußert und bedürfen daher, um in ihrem intelligiblen Gehalt erfaßt zu werden, der Abstraktion vom Zufälligen, der Reduktion vom Äußeren auf ihr soseinsbestimmtes Wesen. Daß sie so erkennbar sind, bedeutet aber auch, daß der abstrakte Begriff immer wieder auf die konkrete Erscheinung zurückbezogen werden muß.

Die Stellungnahme zum Positivismus war in der Geschichte des Dialektischen Materialismus nicht immer klar und eindeutig.[10] Darum konnten darüber auch in dessen eigenen Lager Kontroversen entstehen. Die heutige offizielle Sowjetphilosophie lehnt den Positivismus jedoch entschieden ab.[11] Sie anerkennt ein Allgemeines in den Dingen, das nur dem Denken, wenngleich auf der Grundlage der Sinneserfahrung zugänglich ist.

Dieses *Allgemeine in den Dingen,* das der Grund für das Moment des Notwendigen im Geschehen ist, kann nun im Hinblick auf die einzelnen Dinge, die in die Ursachenverflechtung eingehen, betrachtet werden und im Hinblick auf diese Ursachenverflechtung im Ganzen. Im einzelnen Ding findet sich das Allgemeine, seine Wesenheit so, daß es das Wirken und die Wirksamkeit des Dinges nicht allein bestimmt, sondern es zugleich für die Begegnung mit anderen Dingen und deren gleichfalls das Wirken nicht allein bestimmende Wesenheit freigibt. Das in der Begegnung sich vollziehende Wirken ist daher sowohl kontingent als auch in mancherlei Hinsicht von Wesenheiten und Gesetz bestimmt. Grundsätzlich gilt dies nach dem Dialektischen Materialismus auch für das freie Wirken des Menschen. Auch diejenigen, welche die Freiheit des Menschen als echte Selbstbestimmung und als Wahlfreiheit verstehen, können dies zugeben. Denn auch das freie, in Selbstbestimmung sich vollziehende Wollen und Wirken ist nicht in jeder Hinsicht kontingent. Es sind ihm wesenhafte oder

[10] Vgl. dazu die Kontroverse zwischen Gustav Wetter (Der dialektische Materialismus, [3]1956, 17–18 und 160–162) und Georg Klaus, Jesuiten, Gott, Materie, 1957, S. 56–58.

[11] Vgl. Grundlagen der marxistischen Philosophie 1959, S. 331–333.

auch gewohnheitsmäßige Bestimmungen zueigen, aus denen sich die Möglichkeit der sogenannten Moralstatistik ergibt.

Das Moment des Zufälligen und Notwendigen findet sich aber auch an der Ursachenverflechtung im Ganzen oder im Gesamtzusammenhang. Dieser Zusammenhang ist, sofern er ist oder schon vollzogen ist, ein ganz bestimmter. Daraus folgt noch nicht, daß er nicht anders sein konnte, als er war. Nach dem Dialektischen Materialismus konnten zwar alle Einzelgeschehnisse anders sein, als sie waren. Aber die Richtung, die das Geschehen im Ganzen nimmt, kann nach ihm keine andere sein, als sie tatsächlich ist. Nur so ist eine Vorhersagbarkeit des geschichtlichen Geschehens im Ganzen möglich, mit der der Historische Materialismus – und mit ihm, als Voraussetzung, auch der Dialektische Materialismus – steht und fällt. Die Richtung des Weltgeschehens im Ganzen ist demnach notwendig.

Welcher Art ist diese Notwendigkeit? Ist das den Weltzusammenhang umfassende Allgemeine, auf dem diese Notwendigkeit beruht, ein solches, daß es in sich und absolut bedingungslos es selbst ist und nicht anders sein kann, als es ist? Oder ist es nur faktisch so, wie es ist, obwohl es anders sein könnte, und bedeutet seine Notwendigkeit nur eine Notwendigkeit für das noch folgende Geschehen, nachdem das bisherige einmal so ist, wie es eben ist? Etwa so, wie ein Apparat notwendig so funktioniert, wie er eben eingerichtet ist, obwohl er auch anders eingerichtet sein könnte. Auch in diesem zweiten Fall ist eine Vorhersagbarkeit möglich.

Fassen wir zunächst den *ersten Fall* ins Auge. Auch hier muß das Allgemeine so aufgefaßt werden, daß eine Kontingenz des Einzelgeschehens möglich bleibt. Das Allgemeine und Formale im ganzen Zusammenhang und an sich betrachtet, bietet keine solche Möglichkeit. Sein Sosein ist notwendig mit sich identisch. Kontingenz eines von ihm bestimmten Geschehens ist nur möglich, wenn es relativ zu einem Anderen seiner selbst, zu einem Nicht-Formalen, betrachtet wird. Dann aber erhebt sich die Frage, wie beschaffen das Verhältnis des Formalen im Ganzen zu dem Nicht-Formalen ist. Wenn dieses Verhältnis entweder vom Formalen oder von einem anderen übergeordneten Prinzip her notwendig und eindeutig bestimmt ist, dann hört die Kontingenz auf, Kontingenz zu sein. Sie ist dann nur noch eine zum Formalen relative Scheinkontingenz, das Geschehen im Ganzen und im Einzelnen wirklich und an sich absolut notwendig. Was geschieht, kann dann nicht anders geschehen, als es geschieht. Es folgt der absolute Fatalismus, die Unmöglichkeit freier menschlicher Entscheidung und die Sinnlosigkeit aller Imperative zur Umwandlung der Welt. Diese wandelt sich dann auch ohnehin. Eine solche Auffassung widerstreitet den Absichten des Dialektischen Materialismus.

Gehen wir nun zum *zweiten Fall* über. Hier gibt es keine Notwendigkeit des Allgemeinen an sich, sondern nur die Notwendigkeit für etwas, was an sich nicht notwendig ist. Das Allgemeine im Ganzen ist relativ zum Nicht-Allgemeinen, das Formale zum Nicht-Formalen. Das Verhältnis des Formalen zum Nicht-Formalen ist zwar ein faktisch bestimmtes, aber es läßt sich weder aus dem Allgemeinen an sich noch aus einem übergeordneten

Prinzip einsehen. Es muß so, wie es ist, hingenommen werden, etwa so, wie eine Apparatur vorgefunden wird. Es ist im Ganzen kontingent, und zwar in einer Kontingenz höherer Ordnung, die von der Kontingenz des zum Formalen relativen Nicht-Formalen wohl zu unterscheiden ist. Es ist die Kontingenz nicht des Einzelgeschehens bezüglich der Gesetzmäßigkeit des Allgemeinen, sondern die Kontingenz des Gesamtgeschehens.

Wie gesagt, bleibt dabei die Voraussagbarkeit der Richtung des Gesamtgeschehens gewahrt für den, der einmal anhand dessen, was tatsächlich geschieht, Kenntnis genommen hat von dieser Richtung, wie sie in einem Teilabschnitt des Gesamtgeschehens eingehalten wird. Das impliziert jedoch gewisse davon unabtrennbare Bedingungen der Möglichkeit. Die erste besteht darin, daß das Allgemeine des Ganzen auch den Teilen innewohnen und sich in dem Teilgeschehen, das uns allein zugänglich ist, ausprägen muß. Eine Extrapolation auf das (unendlich) Vergangene und das (unendlich) Zukünftige wäre sonst unmöglich. Wenn aber das Allgemeine des Gesamtgeschehens sich schon in jedem Teilgeschehen ausprägt und die Richtung des künftigen Geschehens schon im Gegenwärtigen (und Vergangenen) erkennbar ist – wie anders könnten wir sonst von diesem Zukünftigen etwas wissen –, dann ist das Zukünftige schon, bevor es wirklich ist, dasjenige, was wirklich sein soll, d. h. es gibt eine *objektive Finalität* und Teleologie.

Das Zweite, was in einer Voraussagbarkeit der Richtung des Gesamtgeschehens impliziert ist, ist eine in irgendeiner Dimension notwendige *Wesenskonstanz*. Selbst wenn man annimmt, daß das Wesensallgemeine, wie es sich in einzelnen Dingen und Dinggruppen findet, also konkret genommen, nur relativ, für lange Zeit, konstant ist, und sich, aufs Ganze der Zeit gesehen, ändert, indem gewisse Dinggruppen zu einer Zeit sind, zu einer anderen Zeit nicht sind, oder ihre Art in eine andere Art übergeht, so besteht doch ein allgemeines Gesetz, nach dem sich dies im Ganzen vollzieht und das, bei allen sonstigen Zufälligkeiten, diesen Ablauf bestimmt. Das Gesetz aber, das den Ablauf des Geschehens im Ganzen des Weltzusammenhangs bestimmt, kann nicht selbst dem Ablauf der Zeit unterworfen sein. Es ist durch keinerlei Abwandlung in der Zeit veränderlich und dennoch, nach dem oben Gesagten, kontingent.

Was besagt diese *Kontingenz des Gesamtzusammenhangs?* Sie besagt die echte Möglichkeit des Nichtseins. Sie besagt, daß dieses Allgemeine (und ebenso seine Beziehung zum Nicht-Allgemeinen) nicht von sich aus im Sein ist. Sie besagt, daß dieses Allgemeine keine Letztbegründung für den Gesamtzusammenhang enthält. Sie besagt, daß dieses (weltimmanente) „Allgemeine" des Formalen überhaupt nicht das höchste und absolute Allgemeine sein kann, da es nicht den Gegensatz von Sein und Nichtsein umfaßt. Eine Philosophie, die bei diesem „Allgemeinen" des bloß Formalen und zum Nicht-Formalen Dialektischen stehen bleibt, kann keine Letztbegründung geben. Sie scheitert damit gerade an der Forderung, welche das Wesen der Philosophie zum Ausdruck bringt, nämlich eine Letztbegründung der Wirklichkeit zu suchen. Eine solche Letztbegründung ist im Gesamtzusammenhang des Weltgeschehens nicht zu finden. Sie muß daher außer ihm gesucht werden.

2. Transzendenz der Letztbegründung

Aber wiederholen sich dort nicht dieselben Schwierigkeiten? Sie wiederholen sich nur, wenn man nicht Ernst macht mit der Transzendenz des letzten Grundes. Der Gesamtzusammenhang des Weltgeschehens enthält, da er selbst kontingent ist, *keine Letztbegründung*. Bei ihm stehenbleiben heißt vor den Forderungen einer wissenshaftlichen Philosophie zu kapitulieren. Die Kontingenz des Weltzusammenhangs ist, um es zu wiederholen, als Kontingenz höherer Ordnung zu verstehen, die durchaus eine relative Notwendigkeit und Gesetzmäßigkeit des Allgemeinen gegenüber dem Einzelgeschehen zuläßt. Sie ist also von der Kontingenz des Einzelgeschehens zu unterscheiden. Der Weltzusammenhang steht von sich aus nicht notwendig im Sein. Dennoch ist er wirklich und kann, insofern er ist, nicht statt dessen nicht sein. Die Bedingung der Möglichkeit dafür, daß er eher ist als nicht ist, kann nicht wieder derselben Kontingenz wie der Weltzusammenhang unterliegen. Diese Bedingung muß aus sich und durch sich notwendig seiend sein. Der letzte Grund ist als letzter nur möglich, wenn sein „Allgemeines" und seine Wesenheit in keiner wie immer gearteten Differenz zu Sein und Wirklichkeit steht, wenn das Sein selbst sein Wesen, sein zugleich „Allgemeines" und Letztbestimmtes ist. Das Sein, von dem hier die Rede ist, muß über der Ordnung dessen stehen, dem seiner Möglichkeit nach Sein oder Nichtsein zukommen kann. Es muß aber diesen Gegensatz nicht nur übersteigen, sondern auch *als Prinzip* umfassen.Dies aber ist nur möglich im Modus der Entscheidung über alles mögliche Seiende, das sein oder nicht sein kann. Das absolute Sein ist demnach auch die Entscheidung über das Sein oder Nichtsein des Weltzusammenhangs und weiter auch die Entscheidung über die besondere Konkretisierung des Weltzusammenhangs in der Dialektik des Allgemeinen, Formalen zum Nicht-Formalen. Das aber bedeutet, nachdem die Welt wirklich ist und diese bestimmte ist, daß die Welt (der Weltzusammenhang als Ganzes) vom absoluten und transzendenten Sein durch dessen Entscheidung, d. i. *von Gott* – denn so nennen wir ein solches Sein – *in freier Willenstat* erschaffen ist.

Das konkrete Verhältnis des Allgemeinen und Formalen zum Nicht-Formalen ließ sich im Ansatz der bloßen Weltimmanenz weder aus dem Allgemeinen allein, noch aus einem übergeordneten Prinzip (das unter jener Voraussetzung notwendig fehlen mußte) herleiten. Die Annahme eines welttranszendenten Absoluten im Modus der freien Entscheidung bietet zwar auch keine Möglichkeit einer Herleitung in der Form eines logischen Prozesses (denn dadurch würde die Kontingenz des Weltzusammenhangs im Ganzen und infolgedessen auch die Kontingenz des Einzelgeschehens unmöglich, ferner das Absolute seiner Transzendenz beraubt und damit alle Unmöglichkeiten einer bloßen Weltimmanenz aufs neue heraufbeschworen), wohl aber ist mit dem welttranszendenten Absoluten im Modus der freien Entscheidung die *notwendige Bedingung der Möglichkeit* für das unableitbare konkrete Verhältnis des Formalen zum Nicht-Formalen des Weltzusammenhangs gegeben. Die Annahme dieses konkreten Verhältnisses schließt demnach die Annahme des freien Schöpfergottes notwendig und mit logischer Folgerichtigkeit ein.

Man könnte demgegenüber *einwenden,* ein welttranszendentes Absolutes schließe schon im Begriff die Beziehung zur Welt (wenn auch im Modus der Transzendenz) ein. Mehr noch gelte das vom Absoluten im Modus der Entscheidung über Sein und Nichtsein und über So- oder Anderssein der Welt. – Darauf ist zu *antworten,* daß die Notwendigkeit einer Rückbeziehung des Absoluten zur Welt zwar begrifflich notwendig ist, daß aber diese Notwendigkeit ihrerseits nicht im Gegenstand dessen gründet, worauf wir uns durch diese Begriffe beziehen, sondern in den Bedingungen unserer Erkenntnisweise des Absoluten. Denn dieses ist unserem begrifflichen Denken nicht unmittelbar in seinem Ansichsein zugänglich, sondern nur durch die Vermittlung des welthaften Seins hindurch. Unsere Erkenntnis des Absoluten ist analog. Unser Denken kann sich nur dadurch auf das Absolute beziehen, daß es der Beziehung, die allem welthaften Sein zum Absoluten hin innewohnt, folgt. Darum schließt zwar der Begriff der Welttranszendenz eine begriffliche Beziehung zur Welt ein, obwohl gerade mit Hilfe dieses Begriffes jede reale Beziehung zur Welt, die dem Absoluten an sich zukäme, von ihm verneint wird.

Ebensowenig kann die Entscheidung des Absoluten über Sein oder Nichtsein der Welt durch eine Beziehung zur Welt konstituiert sein (wenngleich wir sie von uns aus nicht anders als mit Zuhilfenahme einer logischen Beziehung denken können), weil eine solche reale Beziehung entweder eine Vermehrung des absoluten Seins bedeuten würde, was unmöglich ist, oder mit dem Absoluten völlig identisch genommen, dieses in seiner positiven Entscheidung von einer äußeren Bedingung (dem Sein der Welt) abhängig machen würde, was gleichfalls unmöglich ist. Das Sein, wodurch die letzte und absolute Entscheidung konstituiert ist, liegt notwendig über der Ebene des Gegensatzes von Ja und Nein, von Sein und Nichtsein der Welt, da Ja und Nein erst durch die Entscheidung, die mit dem Absoluten identisch ist, geschieden werden.

3. Dynamik und Bewegung

Der Weltzusammenhang ist nicht statisch, sondern dynamisch, bewegt. Dabei versteht der Dialektische Materialismus unter Bewegung nicht nur die mechanische Ortsveränderung, sondern jede Veränderung überhaupt, auf welchem Niveau sie auch stattfindet. Darin ist diese Auffassung der aristotelischen und scholastischen konform. Vom Dialektischen Materialismus wird sie jedoch ausschließlich der Materie zugeordnet, während Aristoteles und die Scholastik Bewegung auch im Bereich des endlichen, immateriellen Geistes anerkennen. Die Bewegung ist nach dem Dialektischen Materialismus „kein zufälliger Zustand der Materie, sondern ihre inhärente, allgemeine, ewige Eigenschaft, ihre Daseinsweise, ihr Attribut.“[12] Vermöge ihrer spezifischen Bewegungsform sind die Dinge, was sie sind. Wie die Materie selbst, so ist auch die Vielfalt ihrer Bewegungsformen unerschöpflich. Es gibt keine einfachste, letzte Bewegungsform der Materie, wie es keine einfachste Materie, kein letztes Wesen der Dinge gibt. Trotzdem gibt es im allgemeinen Fluß der Veränderungen Momente der relativen Ruhe. Diese beziehen sich jedoch nur auf das einzelne materielle Objekt, das ohne diese Ruhe zerfließen würde, und auf einzelne Bewegungsformen, niemals jedoch auf alle in den Dingen vorkommenden und in ihnen sich überlagernden Bewegungsformen. Früher oder später, wenn vielleicht auch erst nach langen Zeiträumen, wird jeder Ruhezustand durch die universale Bewegung wieder beseitigt und aufgehoben.

Wie die Materie nicht ohne Bewegung sein kann, so auch die Bewegung nicht ohne die Materie. Denn wenn keine Materie da ist, existiert überhaupt nichts. Wenn aber nichts existiert, kann sich auch nichts bewegen. Den physikalischen Energetismus lehnen die dialektischen Materialisten ab. „Da die Materie selbst ewig, unzerstörbar und unerschaffbar ist, so ist auch die Bewegung ewig, unzerstörbar und unerschaffbar. ... Der naturwissenshaftliche Ausdruck der Unzerstörbarkeit der Bewegung der Materie ist das Gesetz der Erhaltung und Verwandlung der Energie. ... Nichts, kein ‚Wunder‘ ist imstande, etwa durch 426,9 Meterkilopond Arbeit mehr oder weniger als eine Kilokalorie Wärme hervorzubringen, also mehr oder weniger als die Menge, die das Gesetz von der Erhaltung und Umwandlung der Energie angibt.“[13] Die *Unzerstörbarkeit der Bewegung* der Materie ist nicht nur quantitativ, sondern auch qualitativ zu verstehen. „Unter der Unzerstörbarkeit der Bewegung im qualitativen Sinne versteht Engels die unverlierbare Fähigkeit der Materie, sich immer wieder aufs Neue von einer Form in die andere zu verwandeln.“[14] Aus der Ignorierung der qualitativen Seite der Unzerstörbarkeit der Bewegung befürchten die dialektischen Materialisten die allgemeine Anwendung des Entropiegesetzes, die daraus resultierende Theorie vom Wärmetod des Alls und den sich daran anschließenden Gedankengang von einem ersten, von außen her erfolgten Anstoß der Weltbewegung und der Energieumsätze. Zuversichtlich behaupten sie: „Die Physik aber hat neue Beweise für den Satz von der qualitativen Unzerstörbarkeit der Bewegung, für die Universalität des Gesetzes von der Erhaltung und Verwandlung der Energie

[12] Grundlagen der marxistischen Philosophie 1959, S. 138.

[13] Vgl. Grundlagen, S. 140–146. – Was bei der Annahme eines ‚Wunders‘ zu sagen ist, siehe bei Béla Weissmahr, Gottes Wirken in der Welt. Ein Diskussionsbeitrag zur Frage der Evolution und des Wunders, Frankfurt 1973.

[14] Grundlagen, S. 146.

geliefert."[15] Soweit die Darlegung des Dialektischen Materialismus. Sie enthält Wahres und Bestreitbares.

In der Analyse der Bewegung vermißt man vor allem das Moment der Tätigkeit und des Wirkens. Bewegung ist Veränderung, d. h. Anderswerden unter dem Einfluß eines Prinzips, durch das etwas anders wird. Selbst wenn etwas „von selbst", d. h. ohne erkennbare äußere Ursache anders wird, muß zumindest in ihm selbst ein Prinzip angenommen werden, von dem her etwas anders wird. Der Einfluß des Prinzips, von dem her etwas anders wird, beruht aber auf dessen Tätigkeit und Wirken. Vielleicht steht diese Tätigkeit in ihm auch im Modus des Anderswerdens oder ist doch mit einem Anderswerden verbunden, indem sie etwa anhebt oder aufhört. Aber Tätigkeit und Wirken ist nicht einfach dasselbe wie Übergang in die Andersheit. Es lassen sich sogar Tätigkeiten aufweisen, die in ihrer spezifischen Eigenart gar kein Übergang in die Andersheit sein können. Dahin gehört z. B. das Verständnis eines Satzes. Wer einen gesprochenen Satz hört, geht zwar vom Verständnis des Subjekts zum Verständnis des Prädikats über; dann aber erfaßt er trotz deren Verschiedenheit auch deren objektbezogene Identität; er erfaßt sie als in der Sache eins. Ein solches Verständnis ist in sich selbst kein Übergang von einem Zustand in einen anderen, sondern das einigende Umfassen solcher Übergänge im Akt des Verstehens.

Das Entscheidende im *Prinzip einer Veränderung* ist nicht, daß es sich selbst auch in Veränderung befindet, sondern seine Tätigkeit, kraft deren es einem anderen, das etwas werden kann, dazu verhilft, es wirklich zu werden. Prinzipien einer Veränderung, die in ihrer Tätigkeit selbst einer Veränderung unterliegen, sind darin eigentlich nicht Prinzipien, Anfang und Urheber von Veränderung, sondern bloß Vermittler verändernder Einflüsse. Da die Veränderungen verschiedenartig sind und die Bewegung viele Bewegungsformen hat, kann man solche Prinzipien, die selbst in einer anderen Bewegungsform verändert werden, nur in einem relativen Sinn Prinzipien der Veränderung nennen.

Die Frage stellt sich aber nach einem *Prinzip aller Veränderungen* und Veränderungsformen im Ganzen. Der Dialektische Materialismus spricht von einer unendlichen Vielfalt von Bewegungsformen und von ewiger Bewegung, die nie angefangen hat und nie aufhört. Er verneint ein erstes Prinzip aller Veränderungen. Bei genauerem Zusehen bezieht sich diese Verneinung jedoch nur auf ein erstes Prinzip, das im Bewirken der Veränderung selbst einer Veränderung unterliegt. Die Notwendigkeit, der Ge-

[15] Grundlagen S. 147. – Auf eine Diskussion der Anwendung des Entropiegesetzes auf das Weltganze kann hier verzichtet werden, da ein Gottesbeweis nicht auf schwankendem Boden errichtet werden soll. Angemerkt sei nur, daß eine Abweichung von der qualitativen Unzerstörbarkeit der Bewegung sowohl in der Richtung auf die wachsende wie auch in der Richtung auf eine abnehmende Entropie für den Dialektischen Materialismus tötlich wäre. Vgl. dazu Wolfgang Büchel, Entwicklung und Entropie, in: „Stimmen der Zeit" 170 (1962) 186–199, H. 9 („Im realphysikalischen Sinn muß man also eher von einer Vermehrung und nicht von einer Erhaltung der Energie und ebenso der Masse sprechen" S. 197.)

samtheit der Veränderungen (obgleich sie der Zeit nach keinen Anfang haben sollen) doch ein Prinzip zu geben, das selbst, indem es Prinzip ist, doch nicht anhebt, Prinzip zu werden, wird auch im Dialektischen Materialismus verspürt. Dieser Notwendigkeit trägt er dadurch Rechnung, daß er die Bewegung zu einer ewigen und notwendigen Eigenschaft und Daseinsweise der Materie macht. Da diese Eigenschaft der Materie nicht von außen her zuerteilt wurde, entspringt sie aus dem Wesen der Materie, sie ist ihr Wesensattribut. Die Materie ist demnach nicht nur das gemeinsame Subjekt aller Bewegung, sondern auch das Prinzip aller Bewegungen und Bewegungsarten. Sie verbleiben in und an ihr; sie gehen aber auch mit Notwendigkeit aus ihr hervor. Sie gehören zu ihr wie die Wesenseigenschaft zum Wesen.

Die notwendige Verbindung von Materie und Bewegung ist dem scholastischen Denken nicht so fremd, wie die dialektischen Materialisten meinen. Allerdings wird es dort in dem weiteren Zusammenhang von (substantiellem) Sein und Wirken gesehen. Das Axiom lautet: Das Wirken folgt aus dem Sein. Gemeint ist damit nicht nur, daß das Wirken ein Sein zur Voraussetzung hat, daß das, was nicht existiert, auch nicht wirken kann, sondern auch in dem Sinne, daß aus einem Sein auch immer ein Wirken folgt (oder mit ihm identisch ist), daß also ein notwendiger Zusammenhang zwischen Sein und Wirken besteht.[16] Dieser Zusammenhang ist nicht abstrakt-begrifflicher Art. Denn aus dem bloßen Begriff des Seins folgt nicht der Begriff des Wirkens, ebensowenig wie aus dem bloßen Begriff der Materie schon der Begriff der Bewegung folgt. Außerdem wäre damit nichts erreicht; denn der erwähnte Zusammenhang will nicht eine Begriffs-, sondern eine Realfolge zum Ausdruck bringen. Das Axiom besagt demnach, daß ein (substantiell) Seiendes kein Seiendes ist, wenn es nicht Wirken ist oder aus ihm kein Wirken folgt. Die Begründung dafür steht hier nicht zur Diskussion. Was uns hier beschäftigt, ist der Sinn des Axioms, der analog ist zur Behauptung des Dialektischen Materialismus von der Bewegung als notwendiger Eigenschaft der Materie.

Schließt nun, fragen wir weiter, das genannte Axiom wegen der notwendigen Folge des Wirkens aus dem Sein jede Bewegung des Seienden durch ein anderes Seiendes, jede Verursachung seines Wirkens durch ein anderes Seiendes aus? Zunächst möchte es so scheinen. Dem ist aber nicht so. Daß das Wirken aus dem Sein eines Seienden folge, heißt, daß dies notwendig so geschehe; es sagt aber nichts darüber aus, unter welchen Bedingungen dies möglich sei. Nur eines wird ausgesagt, daß diese Bedingungen, wenn ein Seiendes wirklich ist, auch wirklich gegeben sind, und zwar mit der Notwendigkeit, die mit der Ordnung des Seienden überhaupt gegeben ist. Ob aber alle Bedingungen im Sein eines besonderen Seienden gegeben sind, das da wirkt, wird damit nicht gesagt. Gesagt wird nur, daß dieses Seiende

[16] Dem widerspricht nicht die Freiheit geistiger Wesen. Denn diese Freiheit bezieht sich nicht auf das Wollen als Akt überhaupt, sondern auf das Wollen oder Nichtwollen bestimmter Gegenstände des Wollens.

kraft seines wirklichen Seins auch Prinzip von Wirken ist; nicht aber, daß es adäquates, sich selbst allein genügendes Prinzip ist. Freilich, wenn ein Seiendes wirkt, gibt es auch ein *adäquates Prinzip* seines Wirkens; aber ob dieses Seiende selbst dieses adäquate Prinzip ist, oder ob ihm noch ein anderes, letztes Prinzip zugrunde liegt, bleibt offen. Eines allerdings folgt aus dem Axiom: wenn ein Seiendes, das Prinzip seines Wirkens ist, nicht selbst adäquates Prinzip dieses Wirkens sein kann, dann setzt ein solches Wirken auch die Wirklichkeit eines weiteren, letzten und adäquaten Prinzips voraus.

Dies, daß nämlich ein Wirkendes *nicht adäquates Prinzip* des Wirkens ist, ist nun allerdings immer und überall der Fall, wo ein Wirken entweder selbst Veränderung ist, oder doch mit einer irgendwie gearteten Veränderung aus dem Wirkenden hervorgeht. „Die Möglichkeit kann allein nicht zur Wirklichkeit werden."[17] Das heißt aber: alles Bewegte wird, auch wenn es selbst bewegend ist, insofern es zugleich bewegt ist, von einem anderen bewegt, wobei die Andersheit des Bewegenden nicht beliebiger und zufälliger Art ist, sondern sich auf den Umstand bezieht, der eine Andersheit des Bewegers notwendig macht; das aber ist die Bewegtheit selbst. Das adäquate Prinzip der Bewegung kann daher nur ein in Bezug auf Bewegtheit selbst Anderes und daher nur ein unbewegtes Prinzip sein; ein Prinzip, dem zwar Tätigkeit und Wirken, nicht aber eine irgendwie geartete Veränderung oder Bewegung zukommt. Ein solches Prinzip kann nicht mit der Materie identisch sein, da diese nicht nur Prinzip der Bewegung, sondern ebensosehr Prinzip des Bewegtwerdens ist. Die Rückführung der Bewegung auf die Materie als deren notwendige Eigenschaft und Wesensattribut schließt demnach einen ersten unbewegten und von der Materie verschiedenen Beweger nicht aus, sondern setzt ihn als notwendige Bedingung dafür, daß sie die Bewegung als ihre Eigenschaft besitzt, voraus. Ob dann die Materie und ihre Bewegung als ewig, d. i. als in der Zeitrichtung anfanglos, angenommen wird, spielt dabei keine Rolle, da ein erster unbewegter Beweger in keinerlei Zeitbeziehungen zur Welt steht noch stehen kann. Denn Zeit schließt die Möglichkeit von Veränderungen ein. Ebensowenig kann natürlich der erste unbewegte Beweger zur materiellen Welt ein Raumverhältnis haben. Darum erfolgt die Bewegung auch nicht als ein „Anstoß von außen" (Engels). Da der Schluß auf den unbewegten Beweger aus der Bewegtheit als solcher hervorgeht, ist er nicht auf das Durchlaufen einer (endlichen oder unendlichen) Zahl von Bewegern angewiesen. Wie immer man sich diese auf Grund von Tatsachen vorstellen oder auf Grund von Hypothesen denken mag, so setzen sie doch in ihrer Gesamtheit einen *transzendenten unbewegten Beweger* voraus.

[17] M. M. Rosental, Die marxistische dialektische Methode, Berlin 1955, S. 165 f.

Der Dialektische Materialismus sucht die Selbstbewegung der Materie durch die der Materie innewohnenden *Gegensätze* zu erklären. „Bedingung der Erkenntnis aller Vorgänge in der Welt in ihrer ‚Selbstbewegung', in ihrer spontanen Entwicklung, in ihrem lebendigen Sein ist die Erkenntnis derselben als Einheit von Gegensätzen. Entwicklung ist ‚Kampf' der Gegensätze ... (Spaltung des Einheitlichen in einander ausschließende Gegensätze und das Wechselverhältnis zwischen diesen). ...Bei der zweiten [hier zitierten] Auffassung richtet sich die Hauptaufmerksamkeit gerade auf die Erkenntnis der *Quelle* der ‚Selbst'bewegung. ...nur sie liefert den Schlüssel zum Verständnis der ‚Sprünge', der ‚Unterbrechung der Kontinuität', der ‚Verwandlung in das Gegenteil', der Vernichtung des Alten und der Entstehung des Neuen. Die Einheit (Zusammenfallen, Identität, Wirkungsgleichheit) der Gegensätze ist bedingt, zeitweilig, vergehend, relativ. Der Kampf der sich gegenseitig ausschließenden Gegensätze ist absolut, wie die Entwicklung, die Bewegung absolut ist."[18]

Wie geht die Bewegung, Veränderung, Entwicklung nach dem Dialektischen Materialismus aus der Einheit der Gegensätze hervor? Zunächst: wie hat man sich diese Einheit vorzustellen? Das Zusammenfallen und die Identität ist nicht in dem abstrakten Sinn zu verstehen, daß der eine Gegensatz mit dem anderen identisch ist, so daß es gar kein anderer und damit gar kein Gegensatz (außer vielleicht in unserem Denken) wäre. Die Einheit beider ist vielmehr Wirkungsgleichheit, so daß ein stabiles Gebilde entsteht, das nach außen nur als Einheit wirkt. Die Stabilität ist jedoch nur zeitweilig. Das Gleichgewicht kann von außen und von innen gestört werden. Von innen, weil der Kampf der sich gegenseitig ausschließenden Gegensätze absolut ist. Das kann aber nur heißen, weil jeder Gegensatz ohne Rücksicht auf den anderen (von dem er nur durch Gegenwirkung in Schach gehalten wird) zur totalen Herrschaft und zur Einheit strebt. Dies gilt jedoch ebensosehr vom anderen Gegensatz. Da die Dinge jedoch nicht isoliert sind, sondern in ständigem Wirkaustausch miteinander stehen, wird das Gleichgewicht der Gegensätze nie vollkommen sein, so daß der eine den anderen modifizieren, zurückdrängen oder gar überwältigen kann.

Was ist mit dieser Theorie erklärt? Es wird *erklärt*, wie aus etwas relativ Ruhigem eine Bewegung entsteht, wie etwas Stabiles in eine Umwandlung gerät, wie aus etwas Altem etwas Anderes, Neues entsteht, wie der kontinuierliche Gang des Geschehens in eine neue Bahn gelenkt wird. Was aber wird dabei immer vorausgesetzt und deshalb nicht begründet? Die Bewegung und das Bewegtsein als solches. Denn vorausgesetzt werden immer schon Gegensätze, die sich in einem dynamischen Wechselverhältnis miteinander befinden, deren Wirkungsgleichheit ein gegenseitiges Wirken einschließt. Das wird dann auch offen gesagt, indem der Kampf und die Bewegung als absolut erklärt wird. Die Zurückführung der Bewegung auf den

[18] Lenin, Aus dem philosophischen Nachlaß, Berlin 1949, S. 285 f.

Kampf der Gegensätze ist demnach die Begründung einer Art der Bewegung durch eine andere, keineswegs aber eine Begründung der Bewegung und des Bewegtseins als solchen. Die Theorie vom Kampf der Gegensätze kann daher den Nachweis eines unbewegten Bewegers, den wir oben gegeben haben, keineswegs entkräften.[19]

Der unbewegte Beweger ist zwar ohne Bewegung, aber nicht ohne Tätigkeit. Er schließt nicht die Tätigkeit, sondern nur den Modus der Veränderung an der Tätigkeit aus. Mehr noch: er besitzt nicht nur Tätigkeit, sondern er *ist* substantielle Tätigkeit. Denn nur unter dieser Bedingung schließt er jede Möglichkeit eines Übergangs in die Andersheit des Tätigseins aus. Nach Lenin schmuggelt der Versuch, die Bewegung ohne Materie zu *denken,* den von der Materie losgetrennten *Gedanken* ein, und das eben sei *philosophischer Idealismus.*[20] Da wir die Materie und ihre Bewegung sein lassen, was sie in sich und an sich ist, nämlich eine von unserem Denken unabhängige Wirklichkeit, und da die Schöpfung der Materie und die damit verbundene Mitteilung der Bewegung als eine aus ihr erfolgende die Materie und ihre Bewegung nicht zu einem Gedankending im Geiste Gottes machen, sondern ihnen eine Wirklichkeit in sich und an sich selbst verschaffen, kann hier keine Rede von philosophischem und erkenntnistheoretischem Idealismus sein. Wohl aber folgt aus der substantiellen Tätigkeit des unbewegten Bewegers, daß diese immateriell und geistig ist; es folgt, daß der unbewegte Beweger Selbstbewußtsein und Erkenntnis besitzt, denn er ist ja in seiner Tätigkeit vollkommen bei sich und sich selbst umfassend; es folgt, daß ihm Wollen zukommt, denn eine erkennende, geistige Tätigkeit, durch die ein Ansichsein gesetzt wird, ist Wollen; genauer: der unbewegte Beweger besitzt nicht nur Erkennen und Wollen, sondern er *ist* es substantiell. Er ist erkennender und wollender Selbstand und damit *Person.* Ein solches überweltliches Wesen nenen wir mit Recht *Gott.*

5. Veränderlichkeit der Materie und Notwendigkeit des Seins

Wie wir gesehen haben, kann die Materie nicht letztes aktives Prinzip der Bewegung sein, selbst dann nicht, wenn die Bewegung zu ihrem Wesen gehört; denn dann gehört es eben zu ihrem Wesen, daß sie, wenn sie überhaupt ist, vom ersten unbewegten Beweger die Bewegung erhält. Diese aber erhält die Materie nicht zusätzlich, zufällig, sondern mit ihrem Sein. Aber erhält sie das Sein? Die Materie ist durch und durch bewegbar, veränderlich nach dem Dialektischen Materialismus und nicht nur nach ihm. In einer Hinsicht allerdings ist sie nach dem Dialektischen Materialismus unveränderlich: sie kann weder vom Sein zum Nichts noch vom Nichts

[19] Eine ausführliche Darlegung der Problematik der dialektischen „Selbstbewegung" bietet H. Ogiermann, Materialistische Dialektik, München 1958, S. 205–214 und die Problemlösung S. 214–216.

[20] Vgl. Lenin, Materialismus und Empiriokritizismus, Berlin 1957, S. 258.

in das Sein übergehen. „Der Marxismus lehnt unveränderliche Wesenheiten ab. Die einzige unveränderliche Wesenheit, die er überhaupt anerkennt, ist die Materie. Und selbst für sie wird der Begriff der Unveränderlichkeit nur in *einer* Beziehung anerkannt, nämlich: die Materie ist insofern unveränderlich, als sie weder entstehen noch vergehen kann. Das gilt damit automatisch auch für ihre Daseinsweise, die Bewegung."[21]

Kann die Materie so veränderlich sein, wie sie es wirklich ist, und dennoch unveränderlich in Bezug auf Entstehen und Vergehen überhaupt? Es leuchtet ein, daß die Materie als Ganzes nicht im Sinne eines Naturprozesses entstehen oder vergehen kann. Denn hierbei entsteht immer etwas aus einem anderen, schon Bestehenden, aus einer Materie, und es vergeht immer in etwas anderes, Neues, eine andere Materie. Es ist auch nicht die Frage, ob die Materie als Ganzes einmal tatsächlich begonnen hat zu existieren oder einmal aufhören wird zu existieren, sondern ob dies ihrer Natur nach möglich ist oder von ihrer Wesenheit ausgeschlossen wird, wobei das eine oder das andere nicht von vornherein in ihre Nominaldefinition hineingesteckt, sondern einzig von dem aus beurteilt werden darf, was wir durch Erfahrung wissen, nämlich ihre Veränderung und durchgängige Veränderlichkeit, und aus dem, was sich daraus mit zwingender Notwendigkeit ergibt. Die Frage ist also, ob die Materie aus ihrer Wesenheit heraus *notwendig existiert*. Dies aber darf nicht in dem Sinne verstanden werden, als ob irgendeine Existenz notwendig aus einer Wesenheit real folgen, als Bestandstück zu ihr gehören, oder aus einer Wesensdefinition gefolgert werden könnte, sondern in dem einzig legitimen Sinne, daß die Wesenheit eines notwendig existierenden Wesens eben in seiner Existenz, seinem aktuellen Wirklichsein besteht. Wie tief die Veränderlichkeit der Materie geht, braucht hier nicht näher bestimmt zu werden. Diese Veränderlichkeit ist nach dem Dialektischen Materialismus unbegrenzt, wenn man den Umschlag in das totale Nichtsein ausnimmt. Aber auch wenn man bloß akzidentelle Veränderungen der Materie als einer bleibenden Wesenheit annehmen wollte (was hier nicht geschieht), so müßte man doch zugeben, daß ein bleibendes Subjekt der Veränderung nicht dasselbe ist wie ein unveränderliches Subjekt und daß eine akzidentelle Veränderung zwar keine Veränderung der Substanz zu einer anderen spezifischen Wesenheit, aber doch eine Veränderung *der Substanz selbst* ist. Denn so wie ein Akzidens kein Sein in und an sich selbst hat, sondern nur in und an einer Substanz und darum Beschaffenheit der Substanz selbst ist, so ist auch eine auf ein Akzidens bezügliche Veränderung eine solche in und an der Substanz. Wie immer man nun die Veränderungen der Materie auffassen mag, ob als bloß akzidentell oder als substantiell und in welcher Tiefe, so ist doch eines gewiß, daß die Wesenheit der Gesamtmaterie nicht mit ihrem Seinsakt, nicht mit ihrer vollen aktuellen Wirklichkeit identisch ist. Denn dieser Seinsakt ist in seiner reinen Identität mit sich selbst keiner weiteren

[21] Georg Klaus, Jesuiten, Gott, Materie. Des Jesuitenpaters Wetter Revolte wider Vernunft und Wissenschaft, Berlin 1957, S. 264.

Bestimmung und darum auch keiner Veränderung fähig. Dieses geht nicht etwa aus dem bloßen, leeren und abstrakten Begriff des Seins hervor, der natürlich keinen anderen Gegensatz hat als bloß das Nichtsein, sondern daraus, daß jede weitere Bestimmung des reinen und durch sich wirklichen Seinsaktes in ihm eine Potentialität im Hinblick auf diese weitere Bestimmung voraussetzt, eine solche aber nur möglich ist im Hinblick auf eine besondere, begrenzte Seinsweise, die an diesem reinen Seinsakt sozusagen eine Leerstelle wäre, die noch durch ein zusätzliches Sein ausgefüllt werden könnte. Eine solche Leerstelle ist aber weder in noch an einem reinen Seinsakt möglich. Nicht *in* ihm, denn das würde ein unerfülltes Sosein bedeuten und damit die Dualität von Sosein und Seinsakt, da ein unerfülltes Sosein unmöglich identisch sein kann mit dem reinen Seinsakt, der die Erfüllung jedes möglichen Soseins ist; nicht *an* einem reinen Seinsakt, weil ein zusätzliches Sosein ein substantielles Sosein zur Voraussetzung hat, das von sich aus und ohne ein solches zusätzliches Sosein und Sein, noch nicht alle ihm mögliche Seinserfüllung hat, was wiederum in die Dualität von Sosein und Seinsakt führt, die im reinen, mit sich vollkommen identischen Seinsakt unmöglich ist. Nur wo Seinsakt und Seinsweise nicht ganz identisch sind, kann ein Seiendes, das bereits Sein hat, es noch auf andere Weise gewinnen oder verlieren. Im reinen Seinsakt sind mehrere unterschiedliche Seinsweisen, sei es kumulativ oder alternativ, unmöglich. Was veränderlich ist, ist daher *nicht reiner Seinsakt,* es ist nicht das wesenhafte Sein, sondern es ist so, daß in ihm Wesenheit und Sein verschieden sind; es ist kontingent, was sein Wirklichsein angeht. Es steht von sich aus weder notwendig im Sein noch im Nichtsein. Wenn es dennoch im Sein steht, so hat es das nicht von sich aus, sondern durch ein anderes. Die veränderliche Materie der Welt aber steht eindeutig im Sein. Sie hat einen inneren Grund ihres Wirklichseins, aber sie ist nicht reiner Wirklichkeitsakt; ihr Wesen besagt auch nicht, daß sie einen Wirklichkeitsakt hat, sondern nur daß sie ihn haben kann. Der innere Grund ihres Wirklichseins ist nicht identisch mit ihrem letzten Grund, sondern setzt einen solchen von ihr verschiedenen Grund voraus. Ohne einen solchen wäre ihr innerer Seinsgrund auch ohne weiteres ihr letzter Seinsgrund. Das aber kann der Seinsakt der Materie in der Unterschiedenheit von der Wesenheit der veränderlichen Materie und seiner wesentlichen Beziehung auf sie nicht sein. Um der Wesenheit der veränderlichen Materie nicht nur als innerer, sondern auch als letzter Grund Wirklichkeit zu verleihen, müßte er in sich und durch sich, *in absoluter Identität mit sich selbst* wirklich sein. Das ist er aber nicht als innerer Seinsgrund der veränderlichen Materie. Denn als solcher ist er wesentlich relativ auf die von ihm verschiedene Wesenheit der Materie, also sich selbst entfremdet, durch etwas von ihm Verschiedenes bedingt, also gerade nicht absoluter Akt des Seins. Die existierende Materie setzt also, weil und insofern sie veränderlich existiert, einen von ihr verschiedenen, absoluten Seinsakt voraus.

Der Seinsakt, den die Materie *als verschieden* von ihrem eigenen Seinsakt *voraussetzt,* ist von ihr verschieden in der Hinsicht, in der sie ihn als einen verschiedenen voraussetzt. Sie setzt ihn aber nicht als einen verschiedenen voraus, insofern sie einfachhin ist, sondern insofern sie auf kontingente und veränderliche Weise existiert. Der Seinsakt, den sie voraussetzt, ist demnach in seinem Sein notwendig und unveränderlich, und zwar unveränderlich nicht nur im Hinblick auf Sein und Nichtsein, sondern auch im Hinblick auf jede Art von Anderswerden. Da er nicht veränderlich ist, ist er auch nicht materiell. Denn die Veränderlichkeit gehört zur Wesenheit der Materie. Ein unveränderlicher Seinsakt, der Voraussetzung für die Wirklichkeit der Materie ist, ist selbst wirklich und steht selbst im Wirken, allerdings nicht in einem Wirken, das von ihm ausgeht und von ihm verschieden ist, sondern in einem Wirken, das mit seinem Sein vollkommen identisch ist.

Da das Sein der Materie als ein kontingentes vom absoluten Seinsakt abhängt, hängt von diesem ebensosehr auch ihr Nichtsein ab. Denn nur unter dieser Bedingung hat der absolute Seinsakt wirklich Macht über ihr Sein. Denn wenn das Nichtsein der Materie nicht ebensosehr vom absoluten Seinsakt abhinge wie ihr Sein, wäre ihm die Seinsabhängigkeit der Materie von ihm vorgegeben. Dem absoluten Seinsakt kann jedoch nichts vorgegeben sein, nicht einmal sein eigenes Wesen, denn dieses ist bei ihm und nur bei ihm gerade dieses, daß er selbst *ist:* sein aktuelles Sein ist sein Wesen. Wenn aber vom absoluten, in sich selbst unveränderlichen Seinsakt sowohl das Sein wie das Nichtsein der Materie abhängt, (was nicht heißt, daß die Materie in ihrer grundlegenden Existenz zugleich sein und nicht sein könnte), dann ist der absolute Seinsakt, von der Existenz, bzw. der möglichen Nichtexistenz der Materie her betrachtet, ein Akt der absoluten und *absolut freien Entscheidung*. Da die Materie wirklich ist, wissen wir, wie diese Entscheidung lautet. Sie hätte aber, was ihren Gegenstand angeht, auch anders lauten können, ohne daß der absolute Seinsakt dann in sich ein anderer wäre. Denn sein Sein und Sosein ist absolut und unbedingt wirklich, also auch nicht bedingt durch Sein oder Nichtsein der Materie oder unserer Erkenntnis von ihr.

Nachbemerkungen

Dieser Text war ursprünglich als Kapitel V meines Buches „Der dialektische Materialismus und die Frage nach Gott“ (Johannes Berchmans Verlag, München 1980) verfaßt. Da er eine Zeitlang verloren gegangen war, wurde jenes Kapitel von mir neu verfaßt. Der ursprüngliche Text wurde hier für eine selbständige Publikation redigiert.

APORETIK, ANALOGIE UND RELIGION

Zur Grundlegung der Religionsphilosophie von Hans Wagner (geb. 10. 1. 17)

Scharfes Fragen und unerbittliche Herausarbeitung der Aporien sind charakteristisch für das Werk, in dem *Hans Wagner* die Grundlagen der Religion untersucht[1]. Der vorliegende Band ist nur das erste Stück einer auf mehrere Bände berechneten Religionsphilosophie. Daß es nur ein Stück ist und daß
a] außerdem die dazugehörige Fundamentalphilosophie weder aus den wenigen Anmerkungen des Vorworts noch aus dem Buch selbst hinreichend ersichtlich wird, ist mißlich und macht eine gerechte Beurteilung des Werkes schwierig. Dennoch ist sowohl im Hinblick auf seinen Inhalt, insbesondere die Kritik der Analogielehre, wie auch wegen der starken Beachtung, die es gefunden hat[2], und der Tatsache, daß es bis heute noch nicht fortgesetzt wurde, eine Auseinandersetzung mit ihm notwendig.

Wagner beginnt seine Darlegungen mit den *Einleitungsfragen* der Religionsphilosophie. Sie soll nach ihm keine religiöse Philosophie sein. Die Gretchenfrage unterdrücke alle echten und wichtigen Fragen. Dazu gehört die Wahrheitsfrage, die Frage nach dem, was Religion eigentlich ist, die Frage nach Unterscheidung und Beziehung von Glaube und Wissen. Wagner fordert als Voraussetzung für eine Religionsphilosophie die absolute und praktische Toleranz gegenüber jeder Stellungnahme zur Religion. Er beklagt sich über den Kulturfaschismus, der den erforderlichen Raum für eine Theorie der Religion nicht freigebe. Eine merkwürdige Klage in einem Buch, das mit Unterstützung der Deutschen Forschungsgemeinschaft gedruckt worden ist und das sich in seinen Formulierungen wahrhaftig keine ängstliche Zurückhaltung auferlegt.

Die *Aporien* der Religionsphilosophie betreffen diese selbst in ihrer Möglichkeit, die Beziehung von Glauben und Wissen, die Wahrheits- und die Wertfrage der Religion. Diese Aporien werden hier nur glaubhaft gemacht. Der Nachweis ist erst am Ende der Untersuchung erbringbar und dann auch schon erbracht, denn echte Aporien führen zwangsläufig nicht zur Auflösung der Antinomien: bestenfalls ist noch eine Sinndeutung in einem größeren Zusammenhang möglich. Das Ausweichen vor der Aporie der Wahrheitsfrage führt um so mehr in die Aporie der Wertfrage. Die Religion als solche verwirklicht nicht nur Werte, sondern vernichtet auch erwiesene Werte um eines fraglichen willen.

Als *Aufbauplan* der Religionsphilosophie bleibt nur eine hypothetische Problemordnung; denn Theologie und Metaphysik kann eine gegenwärtige Religionsphilosophie überhaupt nicht mehr sein. An ihrem Ende steht

[1] Existenz, Analogie und Dialektik. Religio pura seu transcendentalis. 1. Halbband (Religionsphilosophie, Bd. 1). gr. 8⁰ (227 S.) München und Basel 1953, Reinhardt.

[2] Vgl. die Besprechungen im Hochland 47 (1954) 88 f.: Religion und N_2O, sowie in der Philosophischen Rundschau 2 (1954/55) 70–82 (R. Schäffler).

die vollkristallisierte Hypothesis. Nicht als ob sie selbst nicht Wissen wäre; aber ihr Wissen ist Wissen um eine Hypothesis, die in sich selbst Hypothesis bleibt. Denn ihre Gegenstände sind vom Glauben gesetzte Gegenstände und bleiben dies auch. Sonst würden ihre Gegenstände andere, nämlich gewußte. Erst Glaube oder Unglaube machen aus der Hypothese eine bejahte These oder deren Verwerfung. Die Religionsphilosophie aber bleibt jenseits von beiden. – Der *erste Teil* der Religionsphilosophie (von dem der vorliegende Halbband erst einen Teil darstellt) ist notwendig philosophisch-aporetisch; er stellt die transzendentale Wahrheits- und Geltungsfrage, indem er nach der Möglichkeit und dem Recht der Religion fragt. Zugleich soll er dialektisch-hypothetisch die für die Wahrheitsfrage entscheidenden fundamentalen Kategorien der Religion erarbeiten. Der *zweite Teil* bringt den vollen Ausbau der Phänomenologie und Kategorienlehre der Religion; er beantwortet die Frage: Was ist Religion? Der *dritte Teil* soll eine Philosophie des Christentums sein. Sie ist nicht nur wegen der Auseinandersetzung mit der Geschichtstheologie, die der Religionsphilosophie jede Berechtigung abspricht, nötig, sondern vor allem wegen der Lücke zwischen der allgemeinen Religionsphilosophie und den konfessionellen Theologien des Christentums, die durch eine unabhängige Theorie des Christentums ausgefüllt werden muß. Ihre Themen sind die Offenbarung, Natur und Übernatur, Wesen und Sinn *einer* Kirche in mehreren Konfessionen u. a. Sie fragt transzendental-logisch, wie sind theologische Urteile möglich, und transzendental-ontologisch, wie sind Christus und der Christ möglich?

Obwohl die Kategoriologie erst auf die Transzendentalproblematik der Religion folgen soll, sieht sich Wagner doch genötigt, schon zuvor die wichtigsten Ergebnisse der Kategorienlehre der Religion zu *antizipieren*. Die Transzendentalproblematik hängt ja von der kategorialen Struktur der Religion ab. Ohne einen gültigen Begriff der Religion kann die Wahrheitsfrage nicht gestellt werden.

Während die Ethik, Ästhetik und andere Disziplinen der Kulturphilosophie einer aus der Idee der Kultur abgeleiteten apriorischen Gesetzlichkeit unterliegen, trifft dies für die Religionsphilosophie nicht zu, da die Religion weder ontologisch noch axiologisch dem Begriff der Kultur subordiniert werden kann. Die Religion steht und fällt mit den von ihr behaupteten Setzungen eines Jenseitigen, dem sie ihr Entstehen verdankt. Es gibt also keinen reinen Religionsbegriff. Ebensowenig gibt es den Begriff einer reinen Religion im Sinne der Aufklärung. Der bloß empirische Begriff aber bleibt hilflos. Es bleibt nur die Möglichkeit eines quasi-reinen Religionsbegriffs durch Erfahrung und kategoriale Methodik. Aus der kategorialen Verarbeitung der Erfahrung (die ja erst folgen soll) antizipiert Wagner *drei Grundsätze,* durch die Religion hinreichend und notwendig bedingt ist: 1. Es gibt ein *Jenseits,* das mindestens ebenso wichtig ist wie das Diesseits. 2. Es gibt ein *Transzendieren* ins Jenseits, das Pflicht ist. 3. Dieses Transzendieren ist nicht möglich ohne *Gnade*.

Aus den Grundsätzen und Grundbegriffen der Religion ergeben sich

Aporien nach allen Seiten. Die Religion spaltet die Wirklichkeit radikal in ein Diesseits und Jenseits. Das Diesseits wird um des Jenseits willen in der Unabhängigkeit seiner Existenz und in seiner definitiven Sinnhaftigkeit problematisch. Der Sinn des Handelns muß verschwinden, sobald die natürlichen Kausalketten unberechenbar werden unter der dauernden Gefahr unvorhergesehener Eingriffe aus dem Jenseits. Es verbleibt der Fatalismus oder die gehetzte Angst. Aus dem zweiten Grundsatz ergibt sich das Streben der Religion nach universaler Herrschaft des Transzendierens, das sogar auf das theoretische Gebiet der Philosophie übergreift, von der Gottesbeweise verlangt werden. Dieses Machtstreben kann nur durch den Gegendruck der profanen Mächte in Schach gehalten werden. Nach dem dritten Grundsatz ist Transzendieren aus Eigenem, also etwa Metaphysik oder Sittlichkeit, nicht Religion. Alles theoretische Transzendieren kommt nur durch eine Cis-szendenz zustande, das ein ursprünglich religiöses Transzendieren voraussetzt. Die Ausrede, daß die Gottesbeweise zwar logisch stringent seien, aber psychologisch unwirksam, verfängt nicht, da die Gottesbeweise auch unvoreingenommene Denker nicht überzeugen. Die Gottesbeweise stehen unter dem Dilemma: wenn sie logisch stringent sind, dann ist der Atheismus keine Schuld, sondern nur ein Denkfehler, und die Gottesüberzeugung ist nicht Glaube noch Verdienst, sondern eben nur Wissen; sind sie hingegen nicht logisch stringent, so sind sie keine Beweise. Wissen und Glauben schließen sich aus. Aus der Frage nach der ontologischen Möglichkeit der Gnade ergibt sich weiter ein ganzer Hexenkessel von Problemen: die Gnade (als gratia efficiens und movens) bedroht die Freiheit, die gratia illuminans beeinträchtigt die Vernunft.

Aus den drei Grundsätzen lassen sich die übrigen fundamentalen *Kategorien der Religion* ableiten bzw. schon hier glaubhaft machen. Der für die Religion wesentliche Gegensatz von Diesseits und Jenseits bezieht sich nicht auf die Erfahrung, sondern auf das Wissen. Diesseits ist alles für das Wissen Wirkliche (ob der realen oder idealen Sphäre angehörig), Jenseits ist das nach der Religion eigentlich Wirkliche, das Ziel und Ursprung des Diesseitigen ist, in der Tat aber das Jenseits alles Wissens. Für die philosophische Betrachtung bleibt der dem Jenseits zugeordnete Glaube unaufhebbar ein Für-wahr-Halten ohne sachlich streng zureichende Gründe. Er ist von der Philosophie nur als Bewußtseinshaltung ernst zu nehmen. Dementsprechend besteht auch zwischen Heiligkeit und Wert ein unaufhebbarer Gegensatz. Die von religiöser Seite versuchte Begründung der Werte in Gott beruht auf Ciszendenz (Herabkunft) So ist z. B. die Schuld ethisch unaufhebbar, die Sünde jedoch religiös vergebbar. Die Antinomie zwischen Autonomie (Freiheit, Verantwortung) und Gnade ist auch in der katholischen Tradition nicht gelöst. Soweit etwas Geschenk ist, ist es nicht Ver-
b] dienst, und soweit es frei und Verdienst ist, ist es nicht Gnade. Einzig Luther scheint hier konsequent zu sein.

Die religösen Kategorien machen aber nicht allein das Reich der jenseitigen Gegenstände aus. In den Aufbau der jenseitigen Welt gehen auch die Kategorien des Diesseits ein, aber alle sind dort modifiziert durch die allein neue und ausschlaggebende Kategorie des Jenseits. Diese allein ist dort autochthon, während die Kategorien des Diesseits heterochthon bleiben. Man hat aus den heterochthonen Elementen, welche die Religion bis in ihre sublimsten Regionen durchsetzen, schon oft Argumente gegen oder für die Religion genommen, beides zu Unrecht. Denn entscheidend ist nur das autochthone Element.

Die Kategorie der *Gnade* enthält vier Stufen. Zuerst bedeutet sie die Liebe von oben, das Dasein als Gottesgeschenk. So ist sie der Prototyp aller Ciszendenz. Die Erfahrung des Übels führt zu einer Erweiterung des Gnadenbegriffs. Sie bedeutet jetzt Hilfe aus der Not der unfühlenden Natur durch Ausnahme oder gar durch Wunder. Ins Sittliche verlagert wird sie Hilfe zum Guten und Vergebung des Bösen, was eine Relativierung der Grundkategorien der sittlichen Person zur Folge hat. Im Christentum endlich vermittelt sie das übernatürliche Endziel des consortium divinae naturae in Christus.

Die bisher behandelten Kategorien der Religion wurden am Selbstverständnis der Religion abgelesen. Ihnen ist eine *zweite Kategorientafel* gegenüberzustellen, welche die Kategorien enthält, wie sie sich aus der Reflexion der Religionsphilosophie ergeben. Die drei Grundsätze, aus denen sie folgen, lauten: 1. Religion hängt an Divination und Transparenz; 2. Religion hat zum Inhalt den fundamentalen Gegensatz und Zusammenhang von Gott und Welt; 3. Divination und Transparenz sind erst durch den Menschen in der Welt. Divination ist das religiöse Grunderlebnis, in welchem eine hinter der unmittelbaren Realität verborgene Welt eines Gottes oder von göttlichen Wesen irgendwie erfahren, erlebt oder wenigstens geahnt wird. Der Divination entspricht auf der Gegenstandsseite die Transparenz. Das Verhältnis der fundamentalen Opposition und Kohärenz ist dialektisch: Entgegengesetztsein von Zusammenhängendem und Zusammenhängen von Entgegengesetztem. Die Fundamentalopposition ist der Index der Autochthonie aller autochthonen Kategorien. Da diese außer der Religion völlig fehlen, ja undenkbar, in der Religion aber beherrschend sind, stehen Religion und nichtreligiöse Bezirke im Verhältnis der fundamentalen Opposition. Die Fundamentalkohärenz hingegen ist Index für das Durchhalten der heterochthonen Kategorien im Bereich der Religion. Dieser ist daher in sich selbst dialektisch, und die Methode der Religionsphilosophie kann demnach auch nur dialektisch sein. Da die Kategorien des Diesseits in das Jenseits hineinragen, muß das Jenseitige eine mit der Seinsweise des Diesseitigen verwandte, aber ihr überlegene Seinsmodalität haben. Da aber anderseits die Kategorien des Diesseits im Bereiche der Religion immer von der leitenden Kategorie des Jenseits modifiziert werden, so zeigt sich, daß die Glaubens-„Wahrheiten" nicht einfach Wahrheiten, d. h. im eindeutig definierten Sinn theoretische wahre Urteile sind. Entsprechendes gilt für die Werte. Beide verlieren im Zeichen der Überweise jene Ausweisung und Legitimierung, die den Wahrheiten und Werten eignet, bedürfen also einer ganz anderen.

Die phänomenologische und architektonische Methode zusammen führen zu einer prinzipiellen *Lösung der Möglichkeitsaporie der Religionsphilosophie*.

Diese ist möglich, sofern sie in der Religion das Phänomen als solches betrachtet. Die Wahrheitsfrage ist damit allerdings weder gelöst noch zu umgehen. Vornehmste Aufgabe der Religionsphilosophie ist es, die Realität Gottes aufzuweisen. Aber selbst die Methode dazu bleibt vorläufig völlig im Dunkel.

Die zweite Abteilung *Die Analogieproblematik in der Religion* (Der Transzendentalproblematik erster Hauptteil) greift nun die Wahrheitsfrage auf. Die mitteilalterliche und offiziell-katholische Lehre von der Analogie des Seins stellt nach deren Auffassung eine, ja sogar *die* Lösung dieser Problematik dar. Sie wird nun einer *Kritik* unterzogen. Auf eine kurze Formel gebracht, ist dieses Kernstück der katholischen Philosophie (mitsamt den Gottesbeweisen) auf ihrem Boden unanfechtbar, ohne diesen Boden aber untragbar, da sie das Sein Gottes voraussetzt. Die Spekulation der analogia entis ist nie widerlegt, aber auch nie kritisch bewiesen worden. Um so dringlicher ist die Beschäftigung mit ihr für den Religionsphilosophen.

Wagners Darstellung der formalontologischen Problematik der *Analogia entis* ist zwar nicht in allem unanfechtbar, doch kann ihre Erörterung hier unterbleiben, soweit sie nicht von Einfluß ist auf die Analogie zwischen Gott und Welt. In dieser Hinsicht aber ist wichtig, daß Wagner die analogia attributionis von vorneherein ablehnt. Die Berufung auf Thomas von Aquin ist fehl am Platze, da sie nicht beachtet, daß dieser Terminus damals nur die sogenannte attributio externa zum Ausdruck brachte. Was sachlich mit der analogia attributionis interna gemeint ist, steht
c] deutlich genug z. B. in S. Th. 1 q. 13 a. 2 c: Cum igitur dicitur, Deus est bonus, ... est sensus, id quod bonitatem dicimus in creaturis, praeexistit in Deo; et hoc quidem secundum modum altiorem. Es ist nicht richtig, daß die analogia attributionis begriffsgleich ist mit der analogia plurium ad unum. Es ist auch nicht richtig, daß die Unmöglichkeit eines tertium
d] commune über Gott und Kreatur die Unmöglichkeit der analogia attributionis zur Folge hat. Alle kreatürlichen Seinsweisen haben vielmehr ihren
e] gemeinsamen Zielpunkt in Gott selbst. Die analogia attributionis internae und die analogia proportionalitatis propriae schließen sich keineswegs aus, sondern sind die logischen Teilaspekte ein und desselben Sachverhalts.

Doch folgen wir weiter der Darstellung Wagners. Nicht im Sein kommen Gott und Welt nach der analogia proportionalitatis überein, sondern in dem Verhältnis, das sie zu dem jeweils eigenen Sein, das unendlich und radikal voneinander verschieden ist, haben. Dieses Verhältnis muß in beiden sowohl gleich wie auch verschieden gedacht werden. Als Ausdruck der Ähnlichkeit ist es positiver Grund der Analogie, als Ausdruck der Unähnlichkeit ist es negativer Grund der Analogie, d. h., es liegt darin ein unaufhebbar dialektisches Moment: Übereinstimmung und Entgegensetzung, Identität und Widerspruch. Die Beziehung ist schlechterdings *eine*, aber gleichzeitig Beziehung der Identität und des Widerspruchs, ohne daß die Möglichkeit besteht, zwischen der Identität in der einen und dem Widerspruch in der anderen Hinsicht zu unterscheiden. Entweder nämlich kommen Gott und Welt in dieser Beziehung (zum je eigenen Sein) nicht überein; dann ist Gott vollkommen undenkbar. Also muß die Gleichheit des Verhältnisses gesetzt werden. Oder sie kommen (aus dem genannten Grunde) darin überein. Dann herrscht Univokation, und es muß ein tertium über Gott und Welt angenommen werden, was unmöglich ist. Also muß die Gleichheit des Verhältnisses verneint werden. Da ein Übergang in eine höhere Ebene, in der die Antinomie zur Auflösung gebracht werden könnte, unmöglich ist, ist der Widerspruch der Analogie zwischen Gott und der Welt unaufflösbar – und doch notwendig, wenn sowohl Gott wie die Welt *ist*. Wie dieses Verhältnis sich im Geiste Gottes darstellt, wissen wir nicht, da es im Begriff des Dialektischen liegt, daß es nur dort aufzutreten vermag, wo das endliche Denken mit den Kategorien, die ihm allein gegeben sind, das Unendliche denken muß, weil das Problem selbst in das Unendliche einmündet.

Die Analogia entis läßt sich zwar formalontologisch im Bereich des Endlichen nachweisen (z. B. bzgl. Substanz und Akzidens). Um sie jedoch auf Gott und Welt anzuwenden, ist der Nachweis nötig, daß Gott, und zwar als Schöpfer, *ist*. Die Garantie für das Analogieverhältnis ist das Schöpfungsverhältnis. Man hat versucht, dieses aus dem Axiom der Kausalitätskategorie zu gewinnen (omne agens inquantum huiusmodi agit sibi simile). Dieses Axiom ist jedoch nicht evident. Denn es setzt das Geschehen zwischen Substanzen voraus, statt dieses Geschehen als einen Gesamtprozeß der Welt aufzufassen. Der Horizont möglicher Ursachen für das Gesamtgeflecht der realen Welt enthält einen Bereich von Faktoren, die sich dem Wissen nie erschließen, die jenseitig sind. Ist in diesen Faktoren auch eine unendliche Ursache enthalten? Eine solche zu setzen, um das Dasein endlicher Wirkungen zu erklären, ist durchaus nicth nötig. Es ist vielmehr äußerst problematisch, ein unendlich gütiges Wesen als einzige Ursache für eine so fragwürdige Wirkung, wie sie die Welt mit ihren Übeln ist, anzunehmen.

Ebensowenig leistet aber das Selbstmitteilungsaxiom: bonum est diffusivum sui. Es setzt die Auffassung des malum als privatio boni voraus. Diese Erklärung ist jedoch für den christlichen Schöpfergedanken prinzipiell unannehmbar. Denn was ist, ist notwendig gut, weil es Gottes Werk ist. Die Analogiekonzeption gewinnt die Überzeugung der absoluten Güte Gottes nicht aus der Betrachtung der Welt, sondern aus dem christlichen Offenbarungsglauben.

Die Gott-Welt-Analogie ist demnach mittels dieser Axiome nicht erweisbar. Beide setzen den Schöpfungsgedanken voraus, können ihn also nicht begründen. Ohne Schöpfung aber ist die Gott-Welt-Analogie grundlos. Die Analogie-Metaphysik begründet Religion durch Religion. Ein unendliches Sein setzen, heißt nicht, es zu wissen. Daß der Überschwang im Denken möglich ist, beweist nicht das Dasein des Unendlichen. Es kann auch ein gläubiges, aber grundloses Setzen geben.

Die Analogiekonzeption schließt das Prinzip eines Idealismus ein, der für Gott ein absoluter, für den endlichen Geist ein analoger Idealismus ist. Für die Religionskategoriologie aber liefert sie, allerdings mit einer nicht unwesentlichen Abänderung, die erste Formulierung für das Interkategorialgesetz aller Religion: gratia non destruit, sed supponit et perficit naturam. Dabei stehen gratia für das Autochthone, natura für das Heterochthone; das perficere ist jedoch nur als ein modificare zu interpretieren ohne jede Bewertung.

Die *Kritik der Gottesbeweise* verschiebt Wagner auf die Dialektik der Religion. Nur eines steht ihm fest: Wer das Dasein eines Weltgrundes erwiesen hat, hat noch nicht die Existenz dessen erwiesen, was für die Religion Gott ist. Er gibt Scheler recht, nach dem der Gott der Religion und der Weltgrund der Metaphysik zwar realidentisch sein mögen; als intentionale Gegenstände aber sind sie wesensverschieden. Da die Analogie selbst in die Gottesbeweise eingeht, ist es äußerst problematisch, ob diese stringent sein können. Das Gesamturteil ist unabänderlich: die Analogiekonzeption kommt aus einem sublimen Zirkel nicht heraus. Mit einem einzigen Sprung ist der Regreß, sobald er die Welt verläßt, gleich bei Gott (hoc omnes dicunt esse Deum). Was als Grund und Ursache gesetzt wird, wird im bloßen Überflug, also nicht kritisch gültig gesetzt. Dieser Überflug ist das Gegenteil von Wissenschaft und Philosophie. Zu wünschen wäre, daß die ciszensive Metaphysik sich in eine transzensive verwandle.

Der Nachweis jedoch, daß eine religiöse Idee nicht aus dem Gewußten notwendig folgt, ist noch kein Nachweis ihrer Ungültigkeit überhaupt. In einem weiteren Schritt muß der Nachweis versucht werden, daß eine Idee auf dem Felde der Religion selbst legitimiert, d. h. nach den Strukturgesetzen der Religion notwendig ist. Die Kritik der religiösen Ideen in diesem Sinne ist Sache der Religionskategoriologie. Über Recht oder Unrecht der religiösen Ideen entscheidet jedoch in letzter Instanz erst die Untersuchung über Recht oder Unrecht der Religion als Ganzes. In dieser Absicht hat die Religionsphilosophie folgende Sätze zu prüfen: 1. Die religiöse Setzung hat notwendig die Struktur einer überfliegenden Setzung. 2. Was im Glauben gesetzt wird, ist notwendig ein dem Wissen Jenseitiges. 3. Eine Metaphysik, die in ciszensiver Weise Glaubensgegenstände zum Ansatz bringt, ist Glaubensmetaphysik, d. h. Glaube, der sich lediglich mit den formalen Mitteln der Wissenschaft auslegt. Mit dem ersten Satz ist identisch: Glauben (fides qua creditur) besagt eine Setzung, in welcher die Bindung an die Prinzipien theoretischer Gültigkeit (d. h. der Wahrheit) zum mindesten eingeschränkt ist, indem die heterochthonen Prinzipien in ihrer Verbindung mit den autochthonen partiell aufgehoben sind. Glaube ist dann weniger als Vernunft; denn diese ist der Inbegriff aller Prinzipien theoretischer Wahrheit. Trotzdem ist dann Religion nicht unmöglich. Nur ist dann die Geltungsuntersuchung der Religion in der Weise zu führen, daß man die Religion fragt, was sie als Ersatz für die fehlende theoretische (oder axiologische) Gültigkeit zu bieten habe, und auch dieses wieder der Gültigkeitsprüfung unterzieht. – Damit schließt der erste Halbband.

Religiöse Gegenstände als solche können ihrem Wesen nach nicht gewußt werden; die religiöse und die wissende Einstellung sind voneinander fundamental verschieden und schließen sich aus. Diese These Wagners beherrscht das ganze Buch. Sie ist nicht nur Ergebnis, sondern auch Voraussetzung. Darauf ist die ganze Methode ausgerichtet. Sie bestimmt den Geist des Werkes.

Daß die Grundlegung einer Wissenschaft durch die in der Sache selbst liegenden oder aus den bisherigen Stellungnahmen sich ergebenden Aporien eingeleitet werde, ist eine jahrtausendealte und erprobte Methode; sie dient dem Wissen um die Sache, gegebenenfalls auch dem Wissen um die Grenzen unserer Erkenntnis. Wagner formuliert die Einwände gegen die Religion mit äußerster Schärfe. Eine Lösung dieser Einwände erfolgt nirgends, denn es handelt sich nach ihm um echte Aporien, die keiner Lösung fähig sind. Er hat es sich daher selbst zuzuschreiben, wenn man diese Einwände für seine eigene Meinung über die Religion hielt. Denn obwohl er ihnen ebenso viele Gründe, die für die Religion sprechen, gegenüberstellt, so bringt er doch beide Seiten nicht zum Ausgleich. Die Religionsphilosophie bleibt jenseits des Ja und Nein zur Religion; sie läßt die Religion als etwas stehen, das durch keinen Verstand und kein Wissen gerechtfertigt werden kann. Wagner deutet zwar eine andere Legitimation der Religion an, gibt aber keinen Hinweis, wie sie wohl beschaffen sein wird. Wenn ein Autor ein Buch so veröffentlicht, muß er es sich gefallen lassen, daß man seinen Vermögenszustand nach dem beurteilt, was er bis zur Stunde davon aufgewiesen hat.

Was die Methode Wagners angeht, so stellt er zwar die Transzendentalproblematik an die Spitze, antizipiert aber dann doch die wichtigsten Ergebnisse der Kategoriologie. Er meint allerdings, er könne sie in dieser verkürzten Form glaubhaft machen. Aber abgesehen davon, daß es merkwürdig ist, das Wissen auf das Glaubhafte gründen zu wollen – und in der Religionsphilosophie soll es sich doch im Gegensatz zur Religion um Wissen handeln –, so ist ihm auch der Nachweis der Glaubhaftigkeit nicht gelungen. Denn die hauptsächlichsten Kategorien der Religion werden aus den drei fundamentalen Grundsätzen abgeleitet (66), diese aber auf einen quasi-reinen Begriff der Religion gegründet, für den Erfahrung das Material, kategoriale Methodik aber die Gültigkeitsform geliefert haben (59).

Von den drei Grundsätzen nun (siehe oben S. 554), die hinreichend und notwendig für Religion überhaupt sein sollen, ist zu sagen, daß der erste Grundsatz nicht hinreichend und der dritte nicht nötig ist. Selbst einmal davon abgesehen, daß der Ausdruck „Jenseits", für den später „Jenseits des Gewußten", also das Nicht-Wißbare eingesetzt wird (211), in dieser Bedeutung hier in keiner Weise kritisch gerechtfertigt ist, ist der erste Grundsatz nicht hinreichend. Denn Religion ist nicht in erster Linie durch die Beziehung zu einem wie immer beschaffenen Jenseits, sondern durch die Beziehung zum Absoluten charakterisiert. Das Jenseits, wie man es auch fassen mag, ist immer seinem Begriff nach relativ und als bloßes Relativum gerade nicht geeignet, das Wesen der Religion zum Ausdruck zu

bringen. Der Ausdruck „das Absolute" ist zunächst gewiß noch mehrdeutig. In dieser Unbestimmtheit und Undifferenziertheit aber ist er gerade geeignet, sehr verschiedene Arten der Religion, nicht nur den Monotheismus, unter sich zu fassen. Anderseits hat er den Vorteil, in logisch folgerichtiger Weise nur in der Richtung auf den Monotheismus ausdenkbar zu sein[3]. Das Absolute ist zwar ein Jenseits (der Erfahrung); aber daß
g] es dieses ist, ist keineswegs konstitutiv für es. Auf der anderen Seite ist das Diesseits zwar als verschieden vom Absoluten erweisbar – darin besteht das Transzendieren –, aber es ist keineswegs in sich selbst möglich ohne das Absolute, weshalb die Setzung des Diesseits immer schon und zugleich eine Setzung des Absoluten ist, wenngleich als solche noch nicht erkannt. Auf diese Weise aber wird die Wirklichkeit keineswegs so heillos und radikal in zwei verschiedene Bereiche gespalten, wie Wagner das in seinen Aporien glaubhaft machen will.

Wenn so der erste Grundsatz auf das Absolute bezogen wird, ergibt sich aus ihm sofort der zweite, ebenfalls geänderte Grundsatz: daß das Transzendieren ins Jenseits als das wahrhaft Absolute Pflicht für den Menschen ist, der ja in sich selbst nur ist, sofern er vom Absoluten ist, und der sein Sein nur dann wahrhaft versteht, wenn er es hin zum Absoluten und Jenseitigen versteht.

Der dritte Grundsatz aber ist in der Form, wie er von Wagner interpretiert wird, nicht notwendig für Religion überhaupt. Denn Gnade schließt
h] nach Wagner auch das consortium divinae naturae, also Gnade im streng übernatürlichen Sinne, ein. Diese aber ist für die Konstitution von Religion überhaupt nicht notwendig. Wenn man jedoch unter Gnade nur das versteht, was Wagner ihr in einer ersten Stufe zuordnet: die Abkunft des Diesseitigen vom Jenseitigen bzw. Absoluten, so ist gegen ihn nichts einzuwenden.

Die Mehrdeutigkeit des Ausdrucks „Gnade" bei Wagner ist bezeichnend für sein Bestreben, auch das Christentum, nicht nur als Religion, sondern auch in seiner besonderen Einmaligkeit, in seine Religionsphilosophie einzubeziehen. Das verleiht seinen Ausführungen eine Konkretheit und eine Tiefe, die weit über die blassen und abstrakten Theorien der Aufklärung hinausreichen. Religion in der Fülle des Lebens, nicht zurechtgeschnitten nach den Schablonen einer reinen Vernunftreligion, will er untersuchen. Anderseits aber verleitet ihn dieses Bestreben dazu, Formulierungen und Lösungen, die nur für den Bereich des streng Übernatürlichen und Übervernünftigen möglich sind, auf Religion überhaupt anzuwenden und so Natur und Gnade, Wißbares und Mysterium gleichzusetzen mit Diesseits und Jenseits, mit Wissen und Religion.

[3] Dies übersehen alle jene Kritiker, die mit Wagner Anstoß daran nehmen, daß Thomas von Aquin seine Gottesbeweise in der Summa theologiae (1 q. 2 a. 3) mit den Worten et hoc omnes intelligunt Deum oder ähnlichen Wendungen schließt. Thomas antizipiert damit nur das Ergebnis der unmittelbar folgenden Quaestiones, in denen dieser begriffliche Übergang ausführlich und ohne jeden Zirkelschluß begründet wird. Wie dies von einem Leser, der die Texte im Zusammenhang gelesen hat, übersehen oder vergessen werden kann, ist unbegreiflich.

Was das Verhältnis der heterochthonen und autochthonen Kategorien angeht, so ragen nach Wagner jene zwar in den Bereich der Religion hinein, diese aber, die eigentlich entscheidend für die Religion sind, sind vollkommen „jenseits" in dem doppelten Sinn des Jenseits aller Erfahrung und des Wißbaren. Kategorien sind nach Wagner nicht die nicht mehr weiter zurückführbaren Grundweisen endlichen Seins – als solche wären sie nicht auf den Gegenstand der Religion anwendbar –, auch nicht bloß jene Stammbegriffe des menschlichen Verstandes, die nach Kant Bedingungen der Möglichkeit diskursiven Denkens sind, sondern in der Erweiterung, die Nicolai Hartmann dem Kategorienbegriff gibt, Grundbegriffe und Grundurteile, die als Leitfäden der sachgebundenen Wissenschaft dienen. Sie sind, mit Ausnahme vielleicht der „Stammbegriffe", sogar abwandelbar. Die autochthonen Kategorien der Religion sind nicht nur allein für die Religion entscheidend, sie finden sich auch nur dort. Damit ist gesagt, daß der Gegenstand der Religion dieser ausschließlich zugehört.

Es ist nun allerdings richtig, daß der Gegenstand der Religion im religiösen Akt auf eine Weise gemeint und intendiert wird, die für keinen anderen Lebensbereich in derselben Weise konstitutiv ist. M. a. W. es gibt einen spezifisch religiösen Akt. Keineswegs aber ist damit ausgeschlossen, daß der Gegenstand der Religion, obgleich auf andere Weise, auch anderen Lebensbereichen, z. B. der Sittlichkeit, dem intellektuellen Leben oder was immer für einem Bereich, zugehört. Im Gegenteil, es läßt sich nachweisen, daß das Absolute – und zwar in seiner logisch konsequenten Auslegung bis zum personalen Gott – auch oberste Bedingung der Möglichkeit jedes anderen Bereiches, insbesondere der Erkenntnis und der Sittlichkeit, ist[4]. Dies aber nicht auf Grund einer kritisch anfechtbaren Ciszendenz, sondern in strengem und echtem Transzendieren. Ciszendenz herrscht allerdings in ontologischem Sinn: das erkennende Subjekt und sein Transzendieren wäre nicht, wenn es nicht von Gott geschaffen und als erkennendes Subjekt konstituiert wäre. Dies aber ist keineswegs eine Glaubensvoraussetzung, so daß Religion durch Religion begründet würde, sondern eine in kritischer Analyse erarbeitete und gewisse These.

Nun soll aber nach Wagner das Gewußte kein Geglaubtes sein können und Wissen und Religion sich ausschließen. Es handelt sich hier nicht um die Frage, inwieweit etwas Gewußtes auch Gegenstand des Glaubens an eine Wortoffenbarung sein könne, eine Frage, die bekanntlich auch in der Scholastik viel erörtert und eine verschiedene Beantwortung gefunden hat. Hier handelt es sich um den „Glauben" im weiteren Sinn, als intellektuellen, aber unter dem Einfluß des Willens stehenden Grundakt der Anerkennung der Existenz Gottes. Gemeint ist das, was Newman als real assent im Gegensatz zum notional assent bezeichnet hat. Es ist gar nicht einzusehen, warum ein real assent nicht auch einen notional assent oder dessen Erkenntnisgrundlage seinem positiven Gehalt nach einschließen und gegebenenfalls

[4] Für die Erkenntnis sei z. B. auf J. B. Lotz (Hrsg.), Kant und die Scholastik heute, Pullach 1955, und darin vor allem auf die Beiträge von Lotz und Brugger verwiesen.

voraussetzen soll. Wissen allein ist allerdings noch nicht Glauben und Religion, aber beide können aus dem Wissen um Gott erwachsen. Daß die gewisse Erkenntnis Gottes, auch wenn sie in reflektierter, wissenschaftlicher Form auftritt, nicht von derselben Art und demselben Charakter wie das „diesseitige" Wissen sein kann, ist für Philosophen wohl eine Binsenwahrheit. Daraus folgt aber nicht, daß es kein Wissen ist. Wissen ist nicht einmal im „Diesseitigen" nur einerlei Art.

Reale und intentionale Identität sind allerdings nicht dasselbe. Aus der Tatsache, daß es ein und derselbe Gott ist, der gewußt und geglaubt wird, folgt nicht, daß Wissen und Glauben dasselbe sind. Aus der intentionalen Verschiedenheit folgt aber ebensowenig, daß die den verschiedenen Intentionen (z. B. Glaube und Wissen) entsprechenden Gegenstände nicht miteinander in logische Beziehungen gesetzt werden dürfen. Dies ist sogar bei festgestellter realer Identität unbedingt notwendig.

Da alles Wissen im Absoluten den letzten Grund seiner Möglichkeit hat, ist eine radikale Entgegensetzung von Glauben und Wissen unmöglich. Die radix, der Grund und die Wurzel, ist ja ein und dieselbe. Im Glauben, auch im Offenbarungsglauben, ist demnach die Bindung an die Prinzipien theoretischer Gültigkeit in keiner Weise eingeschränkt. Nur reichen diese Prinzipien allein nicht hin, um das auf Grund von Offenbarung Geglaubte auch zu einem Gewußten zu machen.

Wagners Auffassung von der dialektischen und aporetischen Natur der Religion stützt sich hauptsächlich auf seine Kritik der *Analogiekonzeption*. Soweit die analogia attributionis dabei ins Spiel kommt, sei auf das oben (S. 557) Gesagte verwiesen. In der analogia proportionalitatis sieht Wagner einen unaufhebbaren Widerspruch. Dieser folgt schon daraus, daß das Sein Gottes und der Welt nicht nur unendlich, sondern auch radikal verschieden voneinander sein sollen. Radikal verschieden heißt *im Grund* verschieden. Gott und Welt haben allerdings keinen gemeinsamen, aber auch keinen je verschiedenen Grund, sondern Gott ist der ontische Grund der Welt, nicht durch seine Wesenheit, sondern durch seine freie Entscheidung. Man kann also nicht sagen, daß das Sein Gottes und der Welt „radikal" verschieden seien. Daß sie es *nicht* sind, eben das bringt die analogia attributionis, die eine wesentliche Ergänzung der analogia proportionalitatis ist, zum Ausdruck.

Das Verhältnis der Welt zu *ihrem* Sein und Gottes zu *seinem* Sein muß in beiden, meint Wagner, sowohl als gleich wie als verschieden gedacht werden. Es besage sowohl Ähnlichkeit und damit Analogie als auch Unähnlichkeit und damit Aufhebung der Analogie. – Darauf ist zunächst zu sagen, daß Analogie nicht nur Ähnlichkeit, sondern zugleich und in einem auch Unähnlichkeit ist. Was aber die Setzung und Aufhebung der Ähnlichkeit betrifft, so bezieht sie sich nicht auf dasselbe unter derselben Rücksicht. Die Ähnlichkeit bezieht sich auf das Sein, das beiden zukommt; die Unähnlichkeit auf die Weise, in der das Sein beiden zukommt. Nun ist es allerdings richtig, daß dieses Sein kein tertium ist, das sozusagen über Gott und der Welt schwebte. Das Sein, das uns zunächst allein bekannt ist, ist nur das Sein der Welt, nicht das Sein Gottes. Aber das Sein der Welt ist uns eben nicht nur als *Welt*sein, sondern darüber hinaus immer auch schon mit dem Verweis auf *Sein überhaupt,* auf Sein im absoluten Sinn bekannt, obgleich noch mit der offenen Alternativfrage, ob Weltsein mit Sein im absoluten Sinne adäquat identisch ist oder nicht. Wenn diese Frage im verneinenden Sinn beantwortet wird, was Sache der Gottesweise, nicht der Analogiekonzeption, ist, so besteht die Möglichkeit, vom Sein Gottes als einem Sein, worauf von der Welt her verwiesen wird, und seiner Weise zu sprechen und diese negativ als eine von der Weise des Weltseins verschiedene zu bestimmen. Da diese Unterscheidung zwischen Sein und Seinsweise aber notwendig zu einem unmöglichen tertium oder einem regressus in infinitum führen würde, wollte man sie als in Gott selbst begründet annehmen, so bleibt nur die *eine* Möglichkeit, die Weise des göttlichen Seins in der adäquaten Identität mit seinem Sein zu sehen. Da uns dieses Sein aber nur im Verweis von der Welt her zugänglich ist, in dem aber, was es positiv an sich selbst ist, verborgen bleibt, so bleibt uns auch die Weise Gottes in dem, was sie positiv und an sich selbst ist, verborgen und nur negativ durch den Gegensatz zur Weise des Weltseins bestimmbar. Gott ist uns nur so weit bekannt, als er sich in der Welt bekannt gegeben hat. Das hat weiter zur Folge, daß uns der Gesichtspunkt, unter dem Ähnlichkeit und Unähnlichkeit zwischen Gott und der Welt zu unterscheiden sind, rational nur vom unteren Ende der Analogie her faßbar ist: sofern der Seinsakt keines uns gegebenen Seienden als Seinsakt durch sein Sosein, das allein in den Begriff eingeht, erschöpfbar ist, sofern also das Sein überhaupt immer das Weltsein transzendiert.

Die analogia entis behält, auf das ens a se bezogen, in der Tat etwas Dialektisches an sich, weil und insofern sie in einem endlichen Verstand gedacht wird. Zugleich kann aber der endliche Verstand, der intentional immer unendlich, d. h. wesentlich auf das Unendliche bezogen ist, auch wissen, daß das Dialektische im Unendlichen selbst (im analogatum princeps) auf eine überrationale, d. i. überbegriffliche Weise aufgehoben ist.

Die Erkenntnis der Analogiekonzeption hat demnach *drei Stufen.* Auf der *ersten* wird innerweltlich erfaßt, daß Seiendes als solches, d. h. aber in der Weise des Seins selbst, grundsätzlich auf verschiedene Weisen möglich ist (z. B. als Substanz und Akzidens). Eine *zweite* Stufe, die Wagner ausläßt, stellt in der Reflexion auf die Natur unseres Verstandes und die Bedingungen seiner Möglichkeit die absolute, aber noch unbestimmte Transzendenz des Seinsbegriffes fest. Was immer und auf welche Weise immer Gegenstand irgendeines Verstandes oder einer Beurteilung wird, sei es in einer Erfahrung gegeben oder nicht, sei es gewußt, geglaubt oder gemeint, bezweifelt oder erfragt, kann dies nur sein, sofern es auf Seiendes überhaupt und damit letzten Endes auf Sein in einem absoluten Sinn bezogen oder doch beziehbar ist. Erst in einer *dritten* Stufe, die mit den Gottesbeweisen gewonnen wird, wird dann erkannt, daß jenes absolute Sein nicht mit dem Sein der erfahrbaren Welt, ja überhaupt mit keiner Welt identisch sein kann und transzendent zu allen besonderen und in sich selbst rational erfaßbaren

Weisen des Seins ist. Hier wird die analogia entis zwischen ens ab alio und ens a se thematisch. Damit ist auch klargestellt, inwieweit die analogia entis dem Gottesbeweis vorausgeht und inwieweit sie ihm folgt.

Das von Wagner sogenannte Axiom der Kausalitätskategorie (omne agens inquantum huiusmodi agit sibi simile) begründet demnach die analogia entis nicht schlechthin, sondern folgt aus ihr, so wie sie sich auf der *zweiten* Stufe darstellt. Dasselbe gilt für das Selbstmitteilungsaxiom, wie Wagner es versteht[5]. Ontologisch gesehen, hat die Unendlichkeit des absoluten Seins (in Gott) dessen ideale Auslegung im göttlichen Verstand
i] zur Folge. In dieser idealen Abkunft gründet die Ähnlichkeit alles Seienden mit dem absoluten Sein zuerst. Daraus ergibt sich dann notwendig auch die Ähnlichkeit alles in der Tat Gewirkten mit dem absoluten Sein Gottes. Erkenntniskritisch hingegen ist das erste die Erkenntnis des Endlichen, wirklich Bestehenden, das als Seiendes nur erkennbar ist im Vorgriff auf das Sein überhaupt, und zwar sofern es in leerer, noch unbestimmter Weise alles besondere Seiende umgreift und übersteigt (vgl. oben die zweite Stufe). In der Reflexion auf die Bedingungen der Möglichkeit dieses Tatbestandes wird dann das absolute Sein Gottes erkennbar und von dorther die ideale Vermittlung zum endlich Seienden.

Abschließend kann gesagt werden, daß Wagners Kritik die Analogiekonzeption der Scholastik und damit deren Religionsbegründung keineswegs aus den Angeln gehoben hat. Was er sich selbst unter einer Legitimation der Religion vorstellt, hat er uns noch nicht gesagt, wenn es nicht in der Art und Weise angedeutet ist, wie er die Position Kants darstellt.

Nachbemerkungen

Dieser Artikel, der Bezug nimmt auf Wagners Werk „Existenz, Analogie und Dialektik" (vgl. Anm. 1), erschien zuerst in der „Scholastik" 30 (1955) 554–563.

a] Diese Fundamentalphilosophie hat Wagner 1959 in dem Werk „Philosophie und Reflexion" veröffentlicht. Vgl. dazu die Besprechung dieses Werkes hier S. 38–45.

b] Frei – vonseiten des Menschen.

c] „Wenn also gesagt wird, Gott ist gut, ... ist der Sinn der: das, was wir in den Geschöpfen das Gutsein nennen, existiert in Gott voraus, und zwar in einer höheren Weise."

d] Gemeint ist mit dem tertium commune das im logischen Sinne analog (d. h. durch Hinweis) Gemeinsame, nicht ein dritter, Gott und Schöpfung umschließender Realgrund.

e] Zu diesen Ausdrücken vgl. meine „Summe einer philos. Gotteslehre"

[5] Angemerkt sei jedoch, daß der Ausdruck bonum est diffusivum sui bei Thomas von Aquin nicht die Wirkkausalität, sondern die Finalität betrifft: Alles Gute ist wert, daß es nicht nur an sich selbst sei, sondern auch vervielfältigt in anderen.

nr. 212.2 und 215.5 oder J. Lotz „Analogie“ in meinem „Philos. Wörterbuch“.

f] Die Gnade zerstört die Natur nicht, sondern setzt sie voraus und vervollkommnet sie.

g] Keineswegs konstitutiv für es: d. h. weder für seinen formalen Begriff noch für seine Wirklichkeitsweise.

h] Teilhabe an der göttlichen Natur.

i] Von einer idealen Auslegung und idealen Abkunft würde ich heute nicht mehr sprechen. Zu dem schwierigen Sachverhalt vgl. jetzt meine „Summe“ nr. 311.24.

X. KULTURPHILOSOPHIE

PHILOSOPHIE UND WIRTSCHAFT

Auf den ersten Blick scheint Philosophie, und schon gar scholastische Philosophie, für die Wirtschaft wenig oder nichts zu bedeuten; denn die Theorien über die Wirtschaft ändern an der Wirtschaft, wie sie einmal ist, doch nichts. Eine eingehendere, nicht nur auf Theorien, sondern vor allem auch auf den Tatsachen beruhende Untersuchung führt jedoch zu einem anderen Ergebnis. Theorien, auch weit entlegene Theorien, haben auf die Gestaltung der Wirklichkeit einen stillen, aber nachhaltigen Einfluss, der sich zum Segen oder Verderben auszuwirken vermag. Nach Schopenhauer ist die Philosophie, eigentlich und wohlverstanden, auch die gewaltigste materielle Macht, jedoch sehr langsam wirkend (Parerga und Paralipomena, § 316). Darum ist es auch für den Mann der Wirtschaft nicht gleichgültig, welches die herrschende Philosophie von morgen ist. Das lässt sich an Beispielen der Geschichte nachweisen. So macht Prof. Rostovzeff in seinem Werk „Wirtschaft und Gesellschaft des römischen Kaiserreichs" (Leipzig 1931) auf den grossen Einfluss der Stoa auf das römische Wirtschaftsleben aufmerksam.

Die Wirtschaft des Einzelbetriebs ist eingebettet in die Volkswirtschaft, und diese in die Weltwirtschaft. Dem Einzelbetrieb kann es auf die Dauer nicht gut gehen, wenn die Volkswirtschaft zerrüttet ist, und die Volkswirtschaft ist weitgehend abhängig von den Verhältnissen der Weltwirtschaft. Die ganze Wirtschaft aber ist verflochten in die soziale Struktur der Völker. Ob aber die Autarkie eines Staates oder Staatenblocks oder der Freihandel vertreten wird, hängt nicht nur von wirtschaftlichen Gegebenheiten ab, sondern ebenso sehr und noch mehr von den Ideen der wirtschafttreibenden Völker und Individuen über Ziel und Zweck der Wirtschaft und über die anzustrebende soziale Ordnung der Völker. Diese ideellen Auffassungen aber werden wiederum durch das bestimmt, was man vom Wesen und Ziel des menschlichen Lebens, was man vom Menschen und seiner Stellung zu sich, zu Natur und Kultur und endlich zu Gott oder einem anders umschriebenen absoluten Wert hält. Was man aber davon hält, ist grossenteils schon von der Stellungnahme in den grundlegenden erkenntnistheoretischen Fragen bedingt. Nach Aristoteles, auf den sich Thomas von Aquin beruft (De ente et essentia, cap. I), wird ein Irrtum, so klein er am Anfang ist, am Ende doch gross. Wer sich auch nur wenig vom geraden Weg entfernt, kommt, wenn er lange fortgeht, am Ende weit davon ab.

Wie bitter sich z. B. der Rechtspositivismus in den letzten Jahrzehnten ausgewirkt hat, zeigen seine verheerenden Folgen im sozialen, politischen und wirtschaftlichen Leben. Ohne die Begründung des Rechts in einer überzeitlichen, jeder menschlichen Willkür entzogenen Wesensordnung der

Dinge, lassen sich jedoch die theoretischen und praktischen Folgerungen des Rechtspositivismus nicht vermeiden.

Man sage nicht, die wenigsten Menschen träfen ihre Entscheidungen aus solchen grundsätzlichen Tiefen heraus. Leider ist das nur allzu wahr. Aber es ist gar nicht nötig, dass die beschriebenen Zusammenhänge in je einem Individium gedacht werden und zur Geltung kommen. Die abstrakte Theorie, die der eine heute im Hörsaal vorträgt, wird vom andern morgen auf ein anderes, dem konkreten Leben näherliegendes Gebiet angewandt und so fort, bis schliesslich Entscheidungen getroffen werden über Wohl und Wehe von Millionen von Menschen, ohne dass der Letztentscheidende sich der ideellen Hintergründe seines Handelns klar bewusst wird. Nach Plato steckt in der Vernunft jedes Menschen eine Art von Philosophie (Phädrus 279a). Obwohl nicht sehr differenziert und selten wissenschaftlich geklärt, ist sie doch da und wirkt sich aus.

Nicht jede Philosophie entspricht in gleicher Weise der Wirklichkeit und dem Wesen der Dinge. Nicht jede Philosophie steigt in die gleiche Tiefe des Menschseins hinab. Es gibt Philosophien, die mehr an der Oberfläche bleiben, die nur Teilbereiche des Wirklichen zu Gesicht bringen, die andere Bereiche nur verzerrt wiedergeben. Es ist deshalb nicht gleich, welche Philosophie man hat und pflegt. Allerdings ist hier nicht der Ort, die Vorzüge und Nachteile der vielen philosophischen Systeme gegeneinander abzuwägen oder die Frage nach ihrem Wahrheitsgehalt zu entscheiden. Es sei hier nur auf einige Eigentümlichkeiten der scholastischen Philosophie hingewiesen, welche die Aufmerksamkeit gerade der wirtschaftlich denkenden Kreise verdienen.

Nach dem Zeugnis des führenden Werkes für die Geschichte der Philosophie ist die Gedankenarbeit der Vorzeit in hohem Masse in die Neuscholastik eingegangen. Es sind Probleme erhalten worden, die sonst in der neueren philosophischen Entwicklung vielfach vernachlässigt worden sind. Manche weitverbreiteten naturalistischen und psychologischen Irrtümer fanden nie Eingang (Überweg IV 628). Die scholastische Philosophie hat es verstanden, sich in der wachsenden und auch in der Philosophie auswirkenden Spezialisierung einen allseitigen Problemkreis und eine reiche, alle Wirklichkeitsgebiete umfassende Systematik zu wahren. Aus ihrer ontologisch fundierten Anthropologie ergeben sich sowohl die Forderungen des für die Politik, die Sozialethik und Wirtschaft so grundlegenden Naturrechts wie auch dessen Ergänzung durch das auf die konkrete Vielfalt des Lebens eingehende positive Recht. Für die Nationalökonomie sei nur auf das grundlegende Werk von Heinrich Pesch „Lehrbuch der Nationalökonomie“ (5 Bde, [5]1925) verwiesen. Die scholastisch orientierte philosophia perennis zeigt dabei, angefangen von den Grundlegungen bei Plato und Aristoteles bis zu den Arbeiten von heute, eine Kontinuität der Forschung und weitgehend auch der Forschungsergebnisse, die in der Geistesgeschichte einzig dasteht. Sie haben sich dabei als tragfähige, durchaus lebenswirkliche Grundlagen erwiesen. Vielleicht das Empfehlendste, was über die scholastische Philosophie gesagt werden kann, ist das Wort des Pragmatisten James, sie sei die Philosophie des gesunden Menschenverstandes.

Noch eine andere Auswirkung der scholastischen Philosophie sei zum Schluss kurz erwähnt. Die Wirtschaft verfolgt ihre Ziele durch Menschen. Es kann ihr nicht gleichgültig sein, wie diese Menschen intellektuell und moralisch beschaffen sind. Die Philosophie hat aber auch hier eine wichtige Erziehungsaufgabe. Dass diese Erziehung über Erwarten wirksam ist, sei durch eine Tatsache belegt. In den U. S. A. hören die Studenten aller Fakultäten in den Jesuitenkollegien auch scholastische Philosophie. Öfter fragen nun die Vertreter weltbekannter Firmen in New York und Chicago bei der Leitung der Kollegien an, welche Studenten in der Philosophie die besten Leistungen aufweisen, um sie für ihre Betriebe zu gewinnen. Sie begründen ihre Anfrage damit, dass die besseren Denker auch die besseren
a] Kaufleute seien. Die Schulung in der scholastischen Philosophie erziehe zu klarem und folgerichtigem Denken.

Nachbemerkungen

Der Text war ursprünglich wohl ein Vortrag aus dem Anfang der 50-er Jahre. Es geht darin nicht um die Darstellung einer Wirtschaftsphilosophie, sondern um den Einfluß der Philosophie auf die Gestaltung der Wirtschaft.

a] Ein seinerzeit bekannter Bankdirektor hat mir spontan dasselbe geäußert.

NATUR UND GESCHICHTE

Auf dem Deutschen Philosophenkongress in Kiel 1972 war das Generalthema „Natur und Geschichte“. Zu beidem gab es viele Beiträge. Für das Thema „Natur *und* Geschichte“ war aber kein Raum vorgesehen. Diesem Thema, dem Zusammenhang von Natur und Geschichte, gilt diese Untersuchung.

Selbst ohne eine Vorklärung der beiden Begriffe zu geben, ist es offensichtlich, daß es zwei Dimensionen der Wirklichkeit gibt, die man als Natur und Geschichte bezeichnet. Welches ist ihr Zusammenhang, welches sind ihre Beziehungen zueinander? Die Beantwortung dieser Fragen und die Differenzierung der Fragen selbst erfordern allerdings eine Erläuterung der angewandten Begriffsworte und die Festlegung ihrer Bedeutungen.

Unter Natur verstehe ich im folgenden die Gesamtheit werdender Wesen, die unserer Erfahrung prinzipiell zugänglich sind, soweit sie das, was sie sind, tun und werden, nicht durch freie menschliche Entscheidung sind, tun und werden. Unter Geschichte verstehe ich den Gesamtzusammenhang des menschlichen Geschehens, soweit dieser von eigenen, freien und persönlichen Entscheidungen bestimmt und beeinflußt ist. Damit glaube ich die beiden Dimensionen der Wirklichkeit Natur und Geschichte so abgegrenzt zu haben, wie man die beiden Worte, wenn sie selbständig (ohne einschränkenden Genetiv-Bezug) gebraucht werden, gemeinhin versteht. Ich bin mir dessen bewußt, daß man sie auch anders interpretieren kann und dann dem genannten Thema einen anderen Sinn geben wird. Um mein Thema zu begrenzen, gehe ich jedoch von der getroffenen, allerdings nicht willkürlichen, sondern begründbaren Festlegung aus.

Um die Beziehungen von Natur und Geschichte zu klären, bedarf es nicht nur einer zureichenden begrifflichen Unterscheidung nach charakteristischen Merkmalen, sondern auch einer mengentheoretischen Klärung. Gesamtmenge sind die der Erfahrung prinzipiell zugänglichen werdehaften Wesen und Geschehnisse. Dabei soll unter Wesen und Geschehnissen verstanden werden, was dinglich oder geschehnishaft in irgendeiner bestimmten Abgrenzung von Anderem in der Erfahrung angetroffen wird. Zu dieser Gesamtmenge gehört als Teilmenge sowohl die Natur als Menge der Wesen und Geschehnisse, die nicht von freien menschlichen Entscheidungen bestimmt sind, als auch die Menschen als Träger der Geschichte mit dem von ihnen und ihren freien Entscheidungen bestimmten Geschehen. Diese beiden Teilmengen sind jedoch nicht gegenseitige Restmengen, da zu ihnen als Ergänzungsmenge die Gegenstände gehören, die zwar nicht von eigenen, wohl aber von fremden, nämlich menschlichen freien Entscheidungen und ihrem Sein, Tun und Werden bestimmt sind. Zu beachten ist ferner, daß der Mensch, teils ohne sein freies Zutun etwas ist, tut und wird, teils aber durch sein freies Tun, so daß die Menschen und was in ihnen geschieht, nicht nur eine Teilmenge zu der genannten Gesamtmenge der erfahrbaren Wesen und Geschehnissen, sondern auch zu den Naturwesen bilden. Weiter ist zu beachten, daß auch das, was vom Menschen her bestimmt wird, diese Bestimmung immer nur zum Teil vom Menschen her erfährt, und diese Gegenstände daher ebenfalls eine Teilmenge der Natur bilden. Schon von da aus ist ersichtlich, daß weder der Mensch als Geschichtswesen noch die vom Menschen her bestimmten Gegenstände und Geschehnisse sich zur Natur wie eine Restmenge verhalten, noch ihr wie ein ganz außerhalb ihrer selbst befindlicher Bereich der Wirklichkeit gegenüber stehen. Die Geschichte ist zwar nicht Natur, aber sie bewegt sich immer im Raume der Natur.

Da menschliches freies Tun niemals ohne Auswirkung auf den Menschen selbst oder auf seine Umwelt bleibt, ist die Geschichte immer auch und notwendig die Natur verändernd. Diese Veränderung, ob sie nun den Menschen (und damit den Geschichtsträger) selbst oder die von ihm verschiedene Natur betrifft, kann wesentlich verschiedene Auswirkungen haben.

Zunächst einmal ist zwischen absichtlichen Einwirkungen und unbeabsichtigten, wenngleich gesehenen und in Kauf genommenen Nebenfolgen des geschichtlichen Tuns zu unterscheiden. Das, was so durch das Tun des Menschen in ihm und außer ihm als Folge bleibt, wird für den Menschen wieder zur Natur, sozusagen zur zweiten Natur; nicht weil sie ursprünglich wäre, denn das ist sie nicht, sondern weil sie ihm für sein weiteres Tun, für seine weitere Geschichte vorgegeben ist wie die Natur. Die absichtlichen Einwirkungen erfolgen zum Teil ohne Prägung und Formung dessen, worauf eingewirkt wird, z. B. durch bloße Ingebrauchnahme, durch Sammlung und Bereitstellung von Rohstoffen u. s. f.; zum Teil erfolgt jedoch eine Formung und Prägung von Geschehensabläufen im Menschen selbst, wie etwa im Tanz, oder von Gegenständen oder Geschehensabläufen außer ihm, sei es daß diese als Mittel zu bestimmten, außer ihnen liegenden Zwecken vom Menschen gebraucht werden, sei es daß in ihnen Ideen dargestellt werden. Der Mensch schafft sich auf diese Weise eine zweite Welt der Zivilisation oder, soweit er Ideen darstellt, der Kultur (als Teilbereich der Zivilisation). Was so durch das geschichtliche Tun des Menschen als Zivilisation entstanden ist, hat dieselben Beziehungen zur Natur wie die Geschichte selbst. Auch die Dinge und Geschehnisse der Zivilisation und Kultur können nicht losgelöst von der Natur existieren; auch sie stehen zu ihr in einem dialektischen Gegenüber. Bei den Gegenständen der Kultur ist dabei genau zwischen ihrer Form als Gestaltung der beabsichtigten Idee und deren Eigengesetzlichkeit und dem Material, das aus der Natur stammt und als Material ihren Gesetzen unterworfen bleibt, zu unterscheiden. Aus dem Gesagten ergibt sich, daß die Beziehungen zwischen Natur und Geschichte auch die Beziehungen zwischen Natur und Zivilisation umgreifen müssen.

I.

Nach diesen Vorüberlegungen wollen wir uns der Frage nach den Grundbeziehungen von Natur und Geschichte zuwenden, wobei die Zivilisationsauswirkungen auf die Seite der Natur (zweite Natur), die Zivilisation und Kultur selbst aber auf die Seite der Geschichte zu setzen sind, beides aber schon als Produkt und Resultat der beiderseitigen Grundbeziehungen. Was nun diese Grundbeziehungen selber angeht, so lassen sich vom Ansatz her folgende Alternativen denken: Natur und Geschichte sind:

a) völlig getrennte, in sich autonome Bereiche mit rein zufälligen Beziehungen (Veränderungen, Einwirkungen), die weder von der einen noch von der anderen Seite her wesensnotwendig sind;
b) sie sind in keiner Weise von einander gesonderte Bereiche, sondern völlig integriert zu einer gleichgesetzlichen, „gleichberechtigten", vollkommenen Einheit.
   Dies aber läßt sich so denken, daß
   1. entweder die Gesetzlichkeit der Natur auch die Gesetzlichkeit der Geschichte ist; oder
   2. daß die Gesetzlichkeit der Geschichte auch die der Natur ist; oder
   3. daß es eine beide Gesetzlichkeiten übergreifende und beide aus sich entlassende Gesetzlichkeit gibt.
c) Natur und Geschichte haben ihre je eigene Gesetzlichkeit (für die

Geschichte ist dies die Ordnung bedingter Freiheit) derart, daß die Natur der Geschichte einseitig übergeordnet ist und vor ihr in jeder Beziehung den Vorrang hat:

1. sei es in kausaler Hinsicht der Macht,
2. sei es in finaler Hinsicht des Zielwertes;

oder derart,

d) daß dieser einseitige und ausschließliche Vorrang bei der Geschichte liegt,
   1. sei es in kausaler Hinsicht der Macht,
   2. sei es in finaler Hinsicht des Zielwertes.
e) Zwischen Natur und Geschichte bestehen genetisch-dialektische Beziehungen eigener Art, ohne daß die Natur auf die Geschichte oder die Geschichte auf die Natur zurückgeführt werden könnte.

Die Vollständigkeit dieser Alternativen ergibt sich aus folgenden Überlegungen. Die beiden Bereiche sind

1 entweder völlig getrennt (=a)
2 oder nicht völlig getrennt; in diesem Falle
21 entweder gleichgesetzlich
22 oder nicht gleichgesetzlich.

Im Falle 21 beruht die Gleichgesetzlichkeit
211. entweder auf der Gesetzlichkeit eines der beiden Bereiche, und zwar
.1 auf der der Natur (=b1)
.2 oder auf der der Geschichte (=b2)
212 oder auf der Gesetzlichkeit keines der beiden Bereiche; demnach auf einer anderen, dritten, übergeordneten (=b3).

Im Falle 22 besteht
221. entweder eine einseitige Überordnung
.1 entweder der Natur; und zwar
.11 entweder in kausaleffizienter (=c1)
.12 oder in finaler Hinsicht (=c2)
.2 oder eine Überordnung der Geschichte:
.21 in kausaler Hinsicht (=d1)
.22 in finaler Hinsicht (=d2);
222 oder keine einseitige Überordnung, sondern eine in verschiedener Hinsicht gegenseitige reale Bedingtheit und Einflußnahme, die demnach genetisch-dialektisch ist (=e).

Die Alternativen sind demnach vollständig.

II.

Im folgenden gilt es nun die genannten Alternativen anhand der Tatsachen zu überprüfen und unbrauchbare Alternativen auszusondern. Brauchbar sind jene Alternativen, die einen Verstehenshorizont eröffnen, in den sich die Tatsachen einordnen lassen, ohne daß man sich gezwungen sieht, sie umzubiegen und ihnen Gewalt anzutun.

a) Die Alternative völliger gegenseitiger Isolierung von Natur und Geschichte hat keinerlei Chance. Sie widerspricht zu offensichtlich den Tatsachen. Die Natur erst ermöglicht die Geschichte. Deren Träger, der Mensch, wird von der Natur getragen. Die Geschichte mobilisiert im Zivilisationsgeschehen die Kräfte der Natur. Zugleich wird sie in ihren Möglichkeiten durch die Naturgesetze beschränkt. Aber auch der Mensch verändert in seiner Geschichte die Natur in vielfältiger Weise (Bepflanzung, Kulturlandschaft, Klimaveränderungen, Umweltschäden; Veränderung von menschlichen Erbanlagen). Die Isolierung der beiden Bereiche hat ihre (relativ berechtigte) Stelle nur in der Methodik und Abstraktion der den beiden Bereichen zugeordneten Wissenschaften. Die Gesetze etwa der Physik und Chemie brauchen keinen Bezug zu nehmen auf die Geschichte des Menschen. Sie gelten unabhängig von ihm, obwohl manche Stoffe nur durch menschlichen Eingriff im Labor zustande kommen.

b1) Daß die Gesetzlichkeit der Natur auch die Gesetzlichkeit der Geschichte ist, wäre die Position eines konsequenten Naturalismus, in simplifizierter Form etwa des Physikalismus oder Chemismus. Eine solche Position hebt im Grunde genommen das Problem der Beziehung von Natur und Geschichte auf, tut es als irrelevant, als Scheinproblem ab. Es braucht nicht betont zu werden, daß diese Alternative den Tatsachen der Geschichte Gewalt antut. Dies auch in dem Fall, daß die ganze Vielfalt der Naturgesetze bemüht wird und daß man die Unmöglichkeit, das geschichtliche Geschehen aus den Naturgesetzen herzuleiten durch die ungeheure Kompliziertheit der Vorgänge erklärt, welche etwa die komplizierten Wellenbewegungen des Meeres um Dimensionen übersteigt. Diese Alternative ist deshalb unbrauchbar, weil es sich bei der Geschichte nicht nur um die aus vorgegebenen Zuständen unableitbare Faktizität der Vorgänge handelt, sondern darum weil diese Fakten trotz ihrer Faktizität und individuellen Freiheit dennoch historisch verstehbar sind und so das Objekt einer eigenen Wissenschaft bilden.

b2) Die Alternative, daß die „Gesetzlichkeit" der Geschichte auch die der Natur ist, bedarf bezüglich des Menschen keiner besonderen Widerlegung, da offensichtlich aufs Ganze gesehen die Macht des Menschen durch die Natur, nicht aber umgekehrt die der Natur durch den Menschen begrenzt und eingeschränkt wird.

b3) Eine dritte, beide Gesetzlichkeiten der Natur und Geschichte übergreifende Macht und Gesetzlichkeit zeigt sich im Bereich der Welterfahrung nicht. Soweit sich im Weltgeschehen der Natur oder Geschichte Hinweise auf eine solche dritte Macht, die weder Natur noch Geschichte ist, finden oder vermuten lassen, würden sie die Frage der Transzendenz stellen, die unten eigens erwogen werden soll (IV).

c1) Einseitig kausaler Vorrang der Natur vor der Geschichte: aus methodischen Gründen soll der kausale Vorrang gesondert von der Frage nach dem finalen Vorrang gestellt werden, obwohl, wie schon Aristoteles (Phys. II, 7) dargetan hat, beide Fragestellungen (nach der Effizienz und Finalität) zur vollen Erfassung der Kausalität gehören. Ein einseitig kausal-effizienter Vorrang würde nicht nur bedeuten, daß der Träger der Geschichte nach den Gesetzen der Natur aus dieser hervorgegangen ist, sondern daß ineins überall bloß ein kausaler Einfluß in der Richtung von der Natur auf die Geschichte stattfände und jeder Einfluß, der scheinbar von der Geschichte her auf die Natur stattfindet, in Wirklichkeit wieder nur ein naturgesetzlich gebundener Einfluß wäre. Diese Alternative entpuppt sich demnach als identisch mit der schon zurückgewiesenen Position des Naturalismus (s. zu b1).

c2) Die hier angezielte Alternative würde die totale Unterordnung jeder menschlichen und geschichtlichen Initiative unter die Dynamik der bloßen Natur bedeuten, also gleichfalls auf die schon zurückgewiesene Alternative von b1) hinauslaufen.

d1 und d2)
Die Alternative des einseitigen und ausschließlichen Vorrangs der Geschichte vor der Natur ist sowohl in kausal effizienter wie finaler Hinsicht ebenso unmöglich wie die bereits zurückgewiesene Alternative b2). Weder befindet sich die ganze Natur in der Macht und effizienten Verfügbarkeit des Menschen noch kann er der Natur als Ganzem seine begrenzten geschichtlichen Ziele aufzwingen. Ob aber die Natur als Ganzes einen finalen Grundbezug zum Menschen und seiner Geschichte hat, ist wiederum eine Frage der Transzendenz, die hier noch nicht zur Diskussion steht (siehe IV).

e) Die einzige, wenn wir von der Transzendenzfrage einstweilen absehen, noch verbleibende und innerweltliche Alternative ist die der genetisch-dialektischen Beziehung zwischen Natur und Geschichte. Sie ist in je verschiedener Hinsicht gegenseitig und läßt, wiederum in je verschiedener Hinsicht, sowohl die Priorität der Natur wie der Geschichte zu. Sie gilt es im folgenden zu beschreiben.

III.

Die methodologisch notwendige Trennung der Naturwissenschaften und der Geschichts- und Kulturwissenschaften, die nur gelegentlich aufeinander Bezug nehmen, darf nicht über die enge Verzahnung der beiden Bereiche Natur und Geschichte hinwegtäuschen. Betrachten wir der Reihe nach die Beziehungen beider zuerst von der Natur, dann von der Geschichte her.

Die Natur ist, wie es schon der Name besagt, wenigstens im Umkreis der Erfahrung, das Ursprüngliche, Vorgegebene. Sie gibt den Schauplatz für Geschichte, das Material für alle Zivilisation und Kultur. Der Mensch, der Träger der Geschichte, entsteht aus ihr und hat in dem, was ihm in ihm selbst vorgegeben ist, Teil an ihr.

Entsteht er aber auch in dem, wodurch er Träger der Geschichte ist, in seiner Fähigkeit zur Selbstgestaltung und Weltgestaltung, in der Freiheit und Entscheidungsmacht aus ihr, und zwar sofern er das Andere der bloßen Natur ist? Konsequent zu dem oben über den Naturalismus Gesagten muß das verneint werden, und zwar obwohl das den gängigen Vorurteilen über die Entwicklung des Menschen, die dem zeitlichen Nacheinander verhaftet bleibt, widerspricht. Eine gewisse, untergeordnete Kausalität braucht der Natur bei der Menschwerdung nicht abgesprochen zu werden, aber sie betrifft gerade nicht das, worin der Mensch und sein Tun nicht nur *das* Andere, sondern *der* Andere der bloßen Natur ist.

Folgt daraus, daß der Mensch darin, worin er der Andere der Natur ist, ein Produkt der Geschichte oder ein Produkt seiner selbst als Träger der Geschichte ist? Das wäre ebenso widersinnig. Endet unsere Frage im absoluten Widersinn? Unter einer Bedingung allerdings, nämlich der, daß eine Auflösung des Widersinns nur im Umkreis möglicher Erfahrung gesucht werden dürfte. Das führt uns wieder zur Frage der Transzendenz (siehe IV).

Die Natur *ist* demnach in *einem* Sinn, im anderen aber auch *nicht* Ursprung und Urgrund der Geschichte und der Kultur. Wie steht es umgekehrt mit der Ursprungsbeziehung der Geschichte und Zivilisation zur Natur? Eine solche Ursprungsbeziehung gibt es teilweise, da der Mensch, der Geschichte macht und Zivilisation hervorbringt, damit und dadurch die Natur sowohl in sich wie auch in seiner Umwelt verändert, sie sich anpaßt, oft auch durch Maßlosigkeit verdirbt. Wie schon gesagt, schafft er dadurch eine zweite Natur. In anderer, grundlegender Hinsicht aber ist er nicht Ursprung der Natur, da er aus ihr und in ihr entsteht und und in allem in vielfältiger Weise an sie gebunden bleibt.

Wenn man das Wort „Geschichte" im weiteren Sinn von „Entwicklung" nimmt, haben sowohl der Mensch wie auch die Natur ihre Geschichte. Beide sind auch irgendwie Geschichte, aber nicht im selben Sinn. Die Natur *hat* eine Geschichte, der Mensch *hat* nicht nur eine Geschichte, er *macht* auch Geschichte. Die Geschichte, die der Mensch und die Natur haben, besteht darin, daß die späteren differenzierteren Formen nicht nur zeitlich aufeinander folgen, sondern daß sie aus allgemeineren, undifferenzierteren Anlagen hervorgehen und aus ihnen je nach den geographischen, klimatischen oder sonstigen Umweltsbedingungen entfaltet werden. In diesem Sinne gehen auch die kulturellen Entwicklungen durch lange Zeit den Weg immer größerer Differenzierungen. Der Mensch aber hat nicht nur eine Geschichte, er macht sie auch. Die Geschichte, die er macht, unterscheidet sich von der, die er mehr oder weniger bloß hat, dadurch, daß diese in ihrem Verlauf weitgehend als von außen her bedingt erscheint, während jene durch Umschwünge hindurchgeht, die echten, unvorhersehbaren Entscheidungscharakter tragen. Beide Formen der Geschichte überschneiden sich.

Eine besondere Berücksichtigung erfordert der Finalitätsbezug der beiden Bereiche. Eine vollkommen einseitige Finalitätsbeziehung, sei es der Geschichte auf die Natur, sei es der Natur auf die Geschichte haben wir bereits oben (c2, d2) ausgeschlossen. Wie aber steht es mit einem gegenseitigen, wenn nicht totalen, so doch partiellen Finalitätsbezug? Ohne Zweifel nimmt der Mensch in seiner geschichtlichen Entwicklung die Natur und ihre Kräfte in seinen Dienst. Er ordnet sie partiell seinen Zielen unter. Er betrachtet sie sogar universell als das potentielle Reservoir für die Entnahme der Mittel zur Stillung seiner Bedürfnisse und zur Erreichung seiner Ziele, die er selbsttätig entwirft und setzt. Er prägt weiterhin der Natur seine Mittel-Zweck-Ordnung auf. Dies auch dort, wo das Gleichgewicht der natürlichen Kräfte (des Klimas, der Gewässerreinigung, des biologischen Gleichgewichts von Pflanzen und Tieren), das sich ohne Zutun des Menschen durch Rückkoppelung einstellt, durch seine Eingriffe mehr oder weniger tiefgehend und dauernd gestört wird.

Wie verhält sich die Natur zu dieser Indienstnahme? Kommt sie ihr durch eine eigene dynamische Zuordnung entgegen? Die Tatsache, daß der Mensch die Kräfte der Natur in seinen Dienst nimmt, bedeutet an sich selbst noch nicht, daß die Natur die Tendenz hat, sich dafür bereitzustellen. Die Katastrophen, bei denen die Kräfte, die der Mensch gebändigt hat, außer Kontrolle geraten, wie überhaupt alle Katastrophen, welche Menschen, Kultur- und Zivilisationswerte zerstören, beweisen sogar das Gegenteil. Gewiß sind manche Tierarten geeignet, vom Menschen domestiziert zu werden. Aber daraus folgt ebensowenig, daß die Natur sie zu diesem Zweck so hervorgebracht hat, wie aus der Tatsache, daß eine vom Feind verlassene Geschützstellung sich zur Beschießung des fliehenden Feindes gut eignet, folgt, daß dieser die Geschütze gerade zu diesem Zweck an diese Stelle gebracht hat.

Gewisse biologische Verzahnungen der leiblichen Seite des Menschen mit der übrigen lebenden Natur fallen nicht aus dem Rahmen der sonstigen biologischen Zuordnungen in der lebenden Natur und gehören in den Gesamtbereich der Natur selbst.

Natur und Geschichte können auch nach dem Verhältnis ihrer Umfassung befragt werden. Umfaßt die Natur die Geschichte oder die Geschichte die Natur? Auf den ersten Blick scheint es so zu sein, daß zwar die Natur die Geschichte, nicht aber die Geschichte die Natur umfaßt. Denn der Raum der Natur ist größer und umfassender als der Raum der Geschichte, die auf die Erde oder doch das Sonnensystem eingeschränkt ist. Dasselbe gilt für die Zeit. Die Natur war vor der Entstehung des Menschen und seiner Geschichte. Und es ist abzusehen, daß nach entsprechend langer Zeit die Schaubühne der Geschichte und mit ihr der Mensch und seine Lebensbedingungen durch kosmische Veränderungen einmal zerstört werden, während der Kosmos deshalb nicht aufzuhören braucht und auch durch keine bloß naturhaften Änderungen ganz aufhören kann zu existieren. So liegt der Fall, wenn die Umfassung in Raum und Zeit betrachtet wird.

Die Umfassung kann jedoch auch anders gesehen werden. Die Tatsache, daß hier ein Mensch in einem geschichtlichen Tun nach der Umfassung der Geschichte durch die Natur in Raum und Zeit fragt, beweist, daß auch die Geschichte und der Mensch der Geschichte, wenngleich in anderem Sinn, die Natur und ihre gesamte Raum-Zeit-Dimension (trotz deren Unendlichkeit) im Erkennen und Denken umfassen kann. Diese Umfassung ist aber nicht nur anderer, sondern auch höherer Ordnung, was sich daran zeigt, daß die Natur dabei nicht in der Dimension umfaßt wird, in der sie selbst umfassend ist, sondern daß diese Dimension selbst zusamt der in ihr befindlichen Natur vom Denken umgriffen wird, und zwar so, daß es sich dabei nicht an seinen Gegenstand, die Erstreckung in Raum und Zeit verliert, sondern sich dabei über Raum und Zeit erhebt und in sich selbst verbleibt.

Wenn nun nach dem *Sinn* von Natur *und* Geschichte gefragt wird, so kann dieser sich nach dem Gesagten nicht von der Natur her ergeben, sondern nur vom Menschen her, da die Dimensionen der Natur vom Menschen her, nicht aber umgekehrt, umfaßt werden. Voraussetzung dafür ist allerdings, daß der Mensch und sein Tun selbst einen Sinn haben. Außerdem bleibt die hier nicht mehr zu erörternde Frage, ob die Natur außer ihrer Umfassung vom Menschen her noch einen weiteren Sinn habe. Unter Sinn verstehe ich dabei einen *Zielwert*, der verdient um seiner selbst willen bejaht zu werden und geeignet ist, das, was ihm zugeordnet ist, in seinem Sein, Sosein und Werden verständlich zu machen.

Die Sinnfrage bezüglich des Menschen ist das zentrale Problem einer philosophischen Anthropologie. Sie umfassend zu beantworten, ist hier nicht der Ort. Hier können nur einige formale Umrisse aufgewiesen werden, die sich aus dem Verhältnis von Natur und Geschichte ergeben. Dieses Verhältnis führte uns schon mehrfach an die Frage nach der Transzendenz heran.

IV.

Die Frage der Transzendenz trat jeweils in unseren Gesichtskreis, wenn eine Überordnung der Geschichte über die Natur als Alternative zu erörtern war (vgl. oben zu b3 und d2). Obwohl eine solche Überordnung in ausschließlicher und einseitiger Weise dort zurückgewiesen wurde, stellt sich die Frage im Rahmen eines genetischdialektischen Verhältnisses beider Bereiche aufs neue, zumal ein Gesamtsinn nur vom Bereich des Menschen und seiner Geschichte her als möglich erscheint. Die Frage nach der Transzendenz lautet hier: ist dieser Sinn rein weltimmanent, also innerhalb der oben beschriebenen Gesamtmenge denkbar oder verweist dieser Sinn über diese Gesamtmenge hinaus?

Um der Antwort näher zu kommen, nehmen wir zunächst einmal an, dieser Sinn sei weltimmanent, also in der Geschichte und ihren Produkten oder in der Natur durch die Geschichte vermittelt zu finden.

Ein solcher Sinn muß ein Selbstwert sein, der das übrige auf ihn Bezügliche verständlich macht. Wie schon dargetan, kann dies nicht die Natur selbst sein. Sind es die Zivilisation und Kultur, also die Produkte der menschlichen Geschichte? Die bloße Zivilisation mit Ausschluß des Teilbereiches der Kultur kommt dafür nicht in Frage, da es sich dabei immer um Mittel zu Zwecken handelt, die mittelbar oder unmittelbar den Menschen und seine Verwirklichung selbst zum Ziel haben. Die Werke der Kultur aber sind ebenfalls Selbstverwirklichung und Entfaltung des Menschen und haben darin ihre Sinnerfüllung oder sie weisen als Darstellung von Ideen über den realen Zusammenhang von Geschichte und Natur hinaus und haben so eine transzendente Sinnrichtung. Diese beiden Sinnrichtungen schließen sich nicht notwendig aus. Die erste kann sich zur zweiten hin öffnen, allerdings aber auch in sich verschließen. Es hängt also alles davon ab, ob die Selbstverwirklichung des Menschen und seine Entfaltung nicht nur ein möglicher Sinn, sondern ein letztmöglicher Sinn von Geschichte und damit auch (wenigstens teilweise) der Natur sind. Diese Frage zielt jedoch nicht die Möglichkeit an (die ohne Zweifel besteht), daß der einzelne Mensch seine (oder der Menschheit) Selbstverwirklichung als absolut letzte und in sich geschlossene Sinngebung betrachtet und sich dementsprechend verhält. Vielmehr wird gefragt, ob ein solches Verhalten nicht eine Depravation der menschlichen Sinngebung ist, die sich als an sich widersinnig erweisen läßt. Dies ist in der Tat der Fall.

Der Sinn menschlicher Geschichte kann sich nicht innerweltlich im Ablauf der Geschichte selbst erfüllen, da dieser Ablauf einmal ein Ende nehmen und der Mensch mitsamt seiner Geschichte aus der Welt, wie sie jetzt besteht und unserer Erfahrung zugänglich ist, verschwinden wird. Was aber einmal definitiv und in jeder Hinsicht aufhört zu sein, hat seinen letzten Sinn ebensowenig in sich selbst, wie es seinen Ursprung aus sich selbst haben kann. Wird der Sinn der Geschichte jedoch vollständig auf den Sinn des je einzelnen Menschen zurückbezogen, so ergibt sich bei der Annahme einer restlosen Weltimmanenz dieselbe Unmöglichkeit. Außerdem bliebe bei einer solchen Annahme völlig ungeklärt, wie der Gesamtverlauf der Geschichte ihrem Sinne nach auf den je einzelnen Menschen zurückbezogen sein könnte, da die einzelnen Menschen einen solchen Grundbezug, der Vergangenheit und Zukunft umgreift, von sich aus und ihrer Zeitgebundenheit wegen nicht herstellen können. Wenn daher der Mensch und seine Geschichte und sein Bezug zur Natur nicht ohne letzten Sinn und damit völlig sinnlos sein sollen, dann bleibt als einzige Möglichkeit, diesen Sinn von Natur und Geschichte in der Transzendenz zu suchen.

Aber müssen wir uns nicht vielleicht mit dieser Sinnlosigkeit abfinden oder eine letzte Sinngebung allenfalls einem frommen Glauben überlassen? Müssen wir uns nicht damit begnügen, in uns, in unserem Leben, in dem Teil der Geschichte, den wir beeinflussen können, soweit wir können, Sinn zu verwirklichen? – Die Frage ist jedoch nicht, ob wir uns damit begnügen wollen, sondern ob dies überhaupt ohne Widerspruch möglich ist. Wer Sinn verwirklicht, setzt und anerkennt damit alle Bedingungen der Möglichkeit seines Tuns, und wenn er diese nachträglich dennoch leugnet, widerspricht er sich selbst. Wer, wie immer auch, Sinn verwirklicht oder auch nur verwirklichen will, kann dies nicht tun, ohne sich auch selbst als Sinnverwirklichung zu wollen. Diese Sinngebung setzt er als eine letzte, wenn er sie, wie die Annahme will, nicht weiter auf etwas anderes bezieht. Wer aber total und definitiv vergänglich und vollkommen weltimmanent ist, widerspricht sich selbst, wenn er sich als letzte Sinnverwirklichung will. Denn er setzt sich damit zugleich als absolut und nicht absolut. Die Transzendenz der Sinngebung ist demnach für den Menschen und seine Geschichte sowie für seine Grundbeziehung zur Natur die unabdingbare Bedingung der Möglichkeit, ein sinnstiftendes Wesen und damit ein Mensch zu sein.

Nachbemerkungen

Diese Abhandlung wurde am 19. 3. 1978 Frau Dr. Gertrud Kahl-Furthmann zum 85. Geburstag als Beitrag für ihre Festschrift „Die Aktualität philosophischer und historischer Reflexion“ im Manuskript überreicht. Sie wird hier zum ersten Mal gedruckt.

XI. ETHIK UND MORALTHEOLOGIE

BEMERKUNGEN ZUR UNVERÄNDERLICHKEIT UND VERÄNDERLICHKEIT DER MENSCHLICHEN NATUR UND DES SITTENGESETZES

Ist die menschliche Natur – und im Gefolge davon – das natürliche Sittengesetz – unveränderlich oder veränderlich oder beides? Und in welchem Sinne?

Unveränderlichkeit. – Zunächst sei die Unveränderlichkeit erwogen. Sie betrifft nicht die sogenannte physische, individuelle Natur, die veränderlich ist bis zur Aufhebung des Vernunftgebrauchs und bis zum Tode, die auch in den biologischen Abläufen tiefgehenden Eingriffen unterliegt. Es geht um die sogenannte metaphysische Natur, um das grundlegende Verhältnis zum Sein, um jene Seinsweise, welche die Identität des Menschen als Menschen trotz aller sonstigen Veränderungen garantiert. Sie sagt nicht aus, wie das physische Wesen des Menschen tatsächlich beschaffen ist, sondern wie der Mensch sein soll (ja sein muß), damit man ihn als „Menschen" bezeichnen kann. Das metaphysische Wesen des Menschen (im Hinblick auf die Dynamik des Tuns auch Natur genannt) ist nicht absolut notwendig, da diese Notwendigkeit nur dem subsistierenden Sein zukommt. Es ist aber notwendig als Garant und Bedingung der Möglichkeit der Identität des Menschen als Menschen mit sich selbst. Die Einsicht in diese Notwendigkeit muß ihren Ausgang nehmen von der faktisch wahrgenommenen und hingenommenen Identität, in der der Mensch (d. i. jeder darüber Befragte) die Identität seiner selbst (trotz aller Veränderungen) und die allgemeine Identität seiner selbst mit anderen Menschen bei aller sonstigen Verschiedenheit der Sprache, Kultur und Geschichtsepochen erkennt. Durch alle noch so großen Verschiedenheiten hält sich etwas durch, was es erlaubt, ja fordert, von menschlicher Sprache, menschlicher Kultur und menschlicher Geschichte zu sprechen. Freilich wird man dabei im Dunkel der Frühgeschichte auch auf Wesen stoßen, bei denen es zweifelhaft sein mag, ob es sich um Menschen handelt. Dies aber nicht deshalb, weil man gar nicht wüßte, was ein Mensch ist oder sein soll, sondern weil die erhaltenen Spuren zu dürftig sind, um eine eindeutige Antwort auf die Frage zu geben.

Welches nun ist die Bedingung der Möglichkeit dieser Identität? D. h. welches ist das Mindestmaß an Soseinsbestimmtheit, unter dem diese Identität allein möglich ist? Der Mensch gehört zu den Wesen, die in der sogenannten Außenerfahrung begegnen können, die aber, analog zu dem, was jeder in sich erfährt, auch ein Innenleben, Bewußtsein und Selbstbewußtsein haben, die sich in der Begegnung verständigen, in der Zuwendung zu Gegenständen in einem gewissen Ausmaß begrifflich denken und das begrifflich Erfaßte formalidentisch vollziehen und durch Zeichen zum Ausdruck bringen können: die sich endlich als Selbstand gegenseitig zu bejahen und zu respektieren vermögen. Was so umschrieben wird, ist nichts anderes als das alte, meist als banal empfundene „animal rationale", das der Vernunft fähige Lebewesen. Wenn wir aber Lebewesen antreffen, die diese Kennzeichen nicht oder nicht alle tragen, die wir aber dennoch als Menschen betrachten, dann tun wir das einzig deshalb, weil wir Grund zu der Annahme haben, daß es sich dabei um Fälle von noch unentwickelten, unfertigen, oder aber in ihrer Entwicklung schwer gestörten Individuen handelt, in denen das grundlegende Sosein zwar vorhanden, aber nicht zur Auswirkung gekommen ist. Wenn diese Annahme zutrifft, handelt es sich um Menschen; wenn sie nicht zuträfe, wäre das keine Instanz gegen das oben umschriebene grundlegende Sosein des Menschen, das – auch in seiner Kurzform ausgedrückt – keineswegs banal und nichtssagend ist, hier jedoch nicht willkürlich vorausgesetzt, sondern am Phänomen ausgewiesen wurde.

Wir haben vom Mindestmaß gesprochen, unter dem allein es möglich ist, die festgestellte Identität des Menschen als Menschen zu wahren. Ist die metaphysische Wesenheit des Menschen, sein spezifisches Grundverhältnis zum Sein mit einem solchen Mindestmaß identisch? Das folgt keineswegs. Wir haben diese Wesenheit nur als Mindestmaß angepeilt, um unsere Frage zu beantworten. Die so bestimmte Wesenheit grenzt zwar ab gegenüber dem nicht-menschlichen Sein, läßt aber die Frage nach ihrem Tiefengehalt und nach ihren maximalen Möglichkeiten offen. Diese Möglichkeiten lassen sich nicht a priori zu ihren Verwirklichungen in der Geschichte bestimmen. Indessen zeigt uns diese Geschichte schon eine Fülle von verwirklichten Strukturen. Welche von ihnen gehören zum metaphysischen Wesen des Menschen? Gibt es dafür einen Maßstab? Nehmen wir z. B. die Freiheit. Unabhängig von und vor ihrem Vollzug läßt sie sich nicht erkennen. Ist sie aber einmal vollzogen, so läßt sich zeigen, daß ihre grundsätzliche Verneinung auch zur Verneinung der Vernunft führt, da eine allseitige Festlegung, auch dort, wo die Vernunft verschiedene Möglichkeiten aufzeigt, unvernünftig wäre. All jene Möglichkeiten, Modalitäten und Seinsweisen, deren Verneinung zu einer Verneinung des als Mindestmaß erkannten Soseins führen müßten, gehören zum metaphysischen Wesen des Menschen und sind deshalb ebenso notwendig wie dieses. Wo aber Notwendigkeit ist, da ist auch Unveränderlichkeit, und zwar in dem Maße und in der Weise, wie sie der Notwendigkeit des Wesens zukommt. Diese Notwendigkeit aber bestimmte sich als die Notwendigkeit, Bedingung der Möglichkeit des Menschen zu sein, wie er sich in der Wirklichkeit zeigt. Der Mensch ist veränderlich, aber innerhalb seines bleibenden Menschseins! Die Notwendigkeit und Unveränderlichkeit seines Wesens ist demnach die Bedingung der Möglichkeit der Veränderung und Veränderlichkeit des Menschen gerade auch als Mensch und in seinem Menschsein; nicht um aufzuhören, Mensch zu sein, sondern um *auf andere Weise* Mensch zu sein.

Veränderlichkeit. – Gehen wir nun die Sache vom entgegengesetzten Pol an. Daß der Mensch vielfach veränderlich ist, ist eine Trivialität. Daß diese Veränderlichkeit nicht die metaphysische Wesenheit angreifen kann, ist aus dem Obigen klar, da sie sich sonst selbst – durch die Verneinung der

Bedingung ihrer Möglichkeit – aufheben würde. Aber wie weit geht diese Veränderlichkeit? Im einzelnen wird man das nur durch die geschichtliche Verwirklichung erkennen können. Aber auch hier fragen wir: gibt es einen Maßstab, um das prinzipiell Mögliche vom Unmöglichen zu unterscheiden, und welches ist er? Es kann kein anderer sein als der für die Bestimmung der Unveränderlichkeit angegebene. All das nämlich, was sich nicht als zur metaphysischen Natur des Menschen in der oben angegebenen Weise zugehörig nachweisen läßt, ist zumindest *negativ* möglich; d. h. es läßt sich ohne Widerspruch zum Menschsein *denken*. Ob es *real* möglich, d. h. durch den Menschen oder andere Kräfte der Natur bewirkbar ist, läßt sich nicht a priori, sondern nur durch den Versuch oder die Beobachtung feststellen. Nehmen wir einmal – um der Phantasie freien Lauf zu lassen – an, es gelänge in der Zukunft, die Erbmasse des Menschen so zu verändern, daß er Nachkommen in der Gestalt und zoologischen Art von Vögeln zeugen würde. Man wird kaum beweisen können, daß diese oder eine andere zoologische Art mit der Vernunft und ihrer Betätigung schlechterdings unverträglich wäre. Oder nehmen wir den Fall, daß durch entsprechende Reize menschliche Eier ohne Besamung zur Entwicklung gebracht werden. Das Produkt wären ohne Zweifel Menschen. Noch so tiefgehende biologische Veränderungen heben das Menschsein nicht auf, solange das biologische Substrat für Sinnestätigkeiten geeignet ist – es müssen nicht dieselben sein wie die unseren –, die ihrerseits Instrument und Material für Vernunfttätigkeit sind.

Vieles, was zum Menschen gehört – die meisten Strukturen seiner Umwelt, Gewohnheiten, Mittel zum Lebensunterhalt, Formen der Selbstdarstellung, soziale Gestalten –, ist ihm nicht von Natur und ohne sein Zutun gegeben, sondern ist weithin durch seine Freiheit gestaltet. Sie sind das Feld der Geschichte. Die Natur des Menschen ist selbst geschichtlich. D. h. nicht, daß sie selbst als metaphysische Wesenheit veränderlich oder dem freien Gestalten des Menschen unterworfen sei. Es heißt aber, daß sie als solche, als metaphysische Wesenheit freies Gestalten des Lebensraumes, freie Selbstbestimmung und Selbstgestaltung des Menschen ermöglicht und fordert. Das aber, was so in der Geschichte und durch die Geschichte geworden ist, kann für den Menschen einer bestimmten geschichtlichen Stunde wie eine zweite Natur vorgegeben und nicht von heute auf morgen änderbar sein.

Was ergibt sich aus der dargelegten Veränderlichkeit und Unveränderlichkeit der menschlichen Natur für die Veränderlichkeit und Unveränderlichkeit des natürlichen *Sittengesetzes?* Sowenig wie die menschliche Natur in jeder Hinsicht veränderlich sein kann, ebensowenig das natürliche Sittengesetz. Es enthält absolut unveränderliche Prinzipien, die mit der wesentlich zu wahrenden Würde der Person und den sie ermöglichenden Beziehungen zum Unbedingten zusammenhängen (vgl. Thomas v. Aquin, de Ver. q. 16, a. 1 c et ad 9). Neben den principa legis naturalis der Synderesis, denen unveränderliche Wahrheit zukommt, kennt Thomas jedoch auch den Begriff des *status naturae,* und zwar gerade in Beziehung auf das Ge-

setz (vgl. S. Theol. I.II. q. 106, a. 4 c; III q. 84 a. 7 ad 2). Die Menschen können zu ein und demselben Gesetz (z. B. das Geschlechtsleben vernünftig zu gestalten) je nach ihrer Position in der Menschheitsgeschichte ein verschiedenes Verhältnis haben. Sie sind generell und zeitbedingt in der Lage, es vollkommener oder unvollkommener zu beobachten und darum auch gehalten, bzw. nicht gehalten, es auch zu tun. Das gilt für den Alten im Vergleich zum Neuen Bund, es gilt aber auch innerhalb des Neuen Bundes (I.II. q. 106 a. 4). Diesen Status definiert Thomas ganz allgemein: status,
a] proprie loquendo, significat quandam positionis differentiam secundum quam aliquid disponitur secundum modum suae naturae, quasi in quadam immobilitate (S. Theol. II.II. q. 183 a. 1 c). Die menschliche Natur ist also nach Thomas nicht so eindeutig und ohne Rücksicht auf ihre geschichtliche Position ausdifferenziert, daß durch sie die Normen der Verhaltensweisen ein für alle Mal, ohne Rücksicht auf die Zeit-, Kultur- und Religionsstufen, gegeben wären. Daß etwas zu einer bestimmten Zeit Brauch ist, genügt allerdings nicht zum status naturae; außer der faktischen immobilitas gehört zum status auch die rectitudo, d. h. daß sich die fragliche Verhaltensweise von der Vernunft als ein möglicher modus naturae rechtfertigen läßt. Thomas wendet die Idee des status naturae verschiedentlich an, um Verhältnisse und Tatsachen des Alten Bundes, die den Anschauungen des Neuen Bundes widersprechen, als *zu ihrer Zeit* berechtigt aufweisen zu können (z. B. II.II. q. 154 a. 9 ad 3 et obi. 3; q. 154 a. 2 ad 2).

Diese Kasuistik ist nicht um ihrer selbst willen interessant; sie könnte aber, auf ihre Prinzipien zurückgeführt, Licht werfen auf das heutige Problem der Veränderlichkeit des natürlichen Sittengesetzes.

Der Begriff des „status" naturae zeigt einerseits, daß die aus ihm sich ergebende Forderung mit Recht „Gesetz" genannt werden kann im Gegensatz zu einem Imperativ, der sich aus einer einmaligen Situation ergibt, denn „status" besagt nach Thomas eine gewisse Beständigkeit (quandam immobilitatem). Anderseits ist diese Beständigkeit als „dispositio" naturae nicht einfachhin mit der metaphysischen Natur gegeben und schließt daher eine Veränderung nicht aus.

Nachbemerkungen

Diese „Bemerkungen" erschienen zuerst in „Theologie und Philosophie" 46 (1971) 554–556.

a] „Status, ‚Stand' im eigentlichen Sinne bezeichnet den Unterschied einer gewissen Stellung von etwas, dergestalt daß es nach der Weise seiner Natur mit einer gewissen Beständigkeit eingerichtet ist."

VERÄNDERLICHKEIT DES NATURRECHTS?

Daß das Naturrecht sich in einer Krise befinde, ist heute beinahe ein Gemeinplatz. Allerdings würde man besser sagen, unsere Auffassungen vom Naturrecht befinden sich in einer Krise. Hier ist nicht der Ort, sich mit diesen verschiedenen Auffassungen auseinanderzusetzen. Es sollen nur einige Erwägungen angestellt werden, die das Thema von der Metaphysik und der philosophischen Anthropologie her beleuchten. Sie werden erkennen lassen: einmal, daß es ein inhaltliches vorpositives Recht gibt, dann aber auch, daß Naturrecht nicht identisch ist mit einem starren, jeder Geschichtlichkeit enthobenen Wesensrecht[1].

Man hat in der Vergangenheit das Naturrecht als einen Katalog von Rechtssätzen betrachtet, die jedermann, der guten Willens ist, aus seiner Menschennatur ablesen und die man sofort im Rechtsleben anwenden kann. So einfach ist die Sache selbstverständlich nicht. Zum Naturrecht, das mit der Natur des Menschen ursprünglich und vorpositiv gegeben ist, gehören jedenfalls alle formalen Rechtsprinzipien, die Bedingungen der Möglichkeit von Recht überhaupt sind, ohne die daher auch positives Recht auf keine Weise überhaupt Recht sein könnte. Dazu gehören aber auch inhaltliche Rechte, d. h. sittliche Befugnisse, etwas zu tun oder zu lassen mit dem Anspruch, daß andere diese Befugnis achten und nicht behindern. Dadurch wird gegebenenfalls eine Positivierung nicht ausgeschlossen, sondern im Gegenteil postuliert.

Die inhaltlichen Naturrechte haben ihren Grund und damit auch die Bestimmung ihres Umfangs darin, daß sie Bedingungen der Möglichkeit sind, das Wesen (die Natur) des Menschen in Vollzug zu bringen, da jeder Mensch das ursprünglichste Recht darin hat, überhaupt ein Mensch zu sein. Dieser Vollzug schließt zunächst ganz grundsätzlich die Befugnis ein, seine Fähigkeiten in biologischer, sinnlicher, intellektueller und moralischer Hinsicht überhaupt zu gebrauchen. Es schließt weiter in sich, da der Mensch von Natur aus ein Sozialwesen ist, daß dieser Gebrauch sozial möglich sei. Da der Mensch kein instinktgebundenes Wesen ist, da seine Instinkt- und Sozial-Instinkt-Anlagen für ihn vielmehr ein Material sind, das er weitgehend in freier Verantwortung gestalten kann, schließt das weiter ein, daß der sozial mögliche Gebrauch der Anlagen des Menschen auf einer Ordnung der Freiheitsverhältnisse beruhen muß, daß also die Freiheit eines jeden mit der Freiheit jedes anderen in Bezug gesetzt werden muß, soweit es sich um denselben Lebensraum handelt.

[1] Ausführliche Literaturangaben zu diesem Thema finden sich in: Rechtstheorie, hrsg. v. Arthur Kaufmann (Karlsruhe 1971) 81 f.

Da das Naturrecht und das natürliche Sittengesetz (in das das Naturrecht eingebettet ist) Grund und Norm in der menschlichen Natur haben, ist die Frage nach der Veränderlichkeit des Naturrechts im Grund identisch mit der Frage nach der Veränderlichkeit der menschlichen Natur, eine Frage also der philosophischen Anthropologie. Veränderlichkeit des Naturrechts kann natürlich nicht heißen Beliebigkeit, weder im individuellen Sinn, was das Recht als Recht aufheben würde, noch im sozialen Sinn einer beliebigen Positivierung, was das Naturrecht als Naturrecht aufheben würde. Die Frage ist aber, ob das Naturrecht nicht im Lauf der Geschichte durch verschiedene, relativ stabile Modi seiner selbst hindurchgehen kann. Transponiert auf die Natur des Menschen heißt das, ob diese Natur des Menschen durch verschiedene Modi ihrer selbst hindurchgehen kann.

Wenn man bedenkt, daß Natur das Wesen des Menschen in dynamischer Hinsicht meint, genauer die grundlegende Form seiner Gesamtdynamik, so könnte man meinen, daß eine Veränderlichkeit überhaupt nicht in Frage komme, da die Form als Form etwas Statisches ist, genauer: als Form einer Dynamik gerade das statische Element einer Dynamik meint. Das trifft zwar für die Form, insofern sie abstrakt betrachtet wird, zu, nicht jedoch für die reale Form unter ihren konkreten Bedingungen. Die mathematisch formulierte Bewegungsgestalt etwa eines Raumschiffs ist zwar eine statische Form, das hindert jedoch nicht, daß die reale Bewegungsgestalt real abgeändert wird. Die Beantwortung der Frage, ob die Natur des Menschen änderbar sei, hängt davon ab, ob bei einer solchen Änderung die Beziehung auf den Menschen erhalten bleibt, ob der Mensch als Mensch sich dabei identisch bleibt, oder ob bei einer solchen Änderung der Mensch aufhört, Mensch zu sein, so daß das geänderte Wesen nicht mehr den Menschen, sondern etwas anderes kundtut. Damit scheint die Frage auf die Identität des Menschen verschoben zu sein. Fragen wir jedoch, ob der Mensch mit sich identisch bleibt bei Veränderungen, so sehen wir uns alsbald genötigt, zwischen wesentlichen und unwesentlichen Änderungen zu unterscheiden, wobei wir wieder beim Ausgangspunkt der Fragestellung angelangt sind, uns also im Kreis bewegt haben.

Das ist nun ein Anzeichen dafür, daß es sich hier um eine typisch philosophische Frage handelt, nämlich um eine Frage, die ihre Antwort in sich selbst enthält. Eine solche Frage kann nur beantwortet werden, wenn man die Frage selbst bis ans Ende durchdenkt. Eine Frage ist nämlich nichts anderes als der Wille, etwas wissen zu wollen. Nun gibt es zwar Fragen, bei denen die Antwort nicht notwendig zur Frage gehört, sondern kontingent ist, so daß die Antwort (bei genügend scharfer Fragestellung) ja oder nein sein kann. Welches von beiden der Fall ist, kann dann nur von außen, aufgrund von zusätzlicher Information durch Erfahrung festgestellt werden. Bei eigentlich philosophischen Fragen hingegen ist die Antwort auf eine Frage nicht kontingent, sondern mit ihr notwendig verbunden, so daß wer genau weiß, wonach er fragt, dieses eben auch weiß und damit die Antwort in Händen hält.

Veränderung ist etwas anderes als der vollständige Ersatz einer Sache durch eine andere. Ein Kleid wird nicht dadurch „geändert", daß man es verbrennt und ein anderes dafür kauft. Änderung besagt zwar Anderswerden, aber Anderswerden von etwas, das sich in irgendeiner Hinsicht beim Anderswerden durch-hält. Die Momente der Andersheit und Selbigkeit können dabei einen sehr verschiedenen Anteil haben, und zwar nicht nur quantitativ, sondern auch qualitativ. Das soll uns hier nicht im einzelnen beschäftigen. Die Frage ist für uns, wann und unter welchen Bedingungen sich etwas wesentlich oder unwesentlich ändert. Diese Frage läßt sich nicht unabhängig von der Beziehung zum Wort und zu dem dadurch angezeigten Begriff behandeln. Ein und dieselbe Wirklichkeit kann z. B. als Mensch, Beamter, Sohn, Ehemann, gesund, schlank und vieles andere bezeichnet werden. Durch diese Bezeichnungen werden einer identischen Wirklichkeit verschiedene Begriffe zugeordnet und gegebenenfalls ausgesagt, diese Wirklichkeit sei das, was diese Begriffe in ihrem Inhalt besagen. Wir können dann z. B. fragen, was denn wesentlich dazu gehöre, daß jemand Beamter sei, und was nicht, und wir meinen dabei jenes Gefüge von Merkmalen, das zur Definition gehört: jene Merkmale, ohne die die Definition unvollständig ist, mit Ausschluß jener Merkmale, die dafür überflüssig sind, so daß im Hinblick auf die durch das Wort „Beamter" bezeichnete Wortdefinition eindeutig entschieden werden kann, ob die genannte Wirklichkeit dem definierten Begriff des Beamten entspricht oder nicht. Wesentlich oder unwesentlich nimmt dabei immer Bezug auf eine Wortdefinition. Beides wird auf die genannte Wirklichkeit immer nur bezogen, insofern sie als Beamter anvisiert wird. Ähnlich ist es mit den anderen Bezeichnungen, wenn wir die Bezeichnung „Mensch" einmal ausnehmen. Dies auch dann, wenn es vielleicht nicht so leicht sein wird, wie der Begriff „schlank" zu definieren sei. Hier muß man sich oft mit einem unscharfen Begriff begnügen.

Wie aber ist es mit der Bezeichnung „Mensch"? Natürlich kann die Frage nach wesentlich oder unwesentlich auch dort auf die *Wortdefinition* bezogen werden. Welche Merkmale gehören wesentlich zu der durch das Wort „Mensch" bezeichneten Definition? Wir können die Frage nach dem Wesen und dem Wesentlichen aber auch bezüglich der durch die genannten Begriffe anvisierten *Wirklichkeit selbst* stellen und fragen, ob es ihr Wesen sei, Mensch, Beamter, Ehemann zu sein, und wir werden es für das Menschsein bejahen, für Beamter- und Ehemann-Sein verneinen. Wir meinen damit – wie immer man das Menschsein definieren mag –, daß dies die Bedingung der Möglichkeit sei, die es erlaubt, eine gegebene Wirklichkeit im eigentlichen Sinn „Mensch" zu nennen, daß sie hierin bei allen sonstigen Veränderungen und Modifikationen ihre Grundidentität habe, wobei wir die Wortdefinition für „Mensch" schon voraussetzen. Eine solche Grundidentität des Soseins ist die Bedingung der Möglichkeit für jede Veränderung. Bleibt sie nicht erhalten, so hat sich die Sache nicht geändert, sondern sie ist zerstört.

Wenn sich etwas ändert, obwohl es in seinem Wesen identisch bleibt, so darf dies nicht so aufgefaßt werden, als ob dabei sozusagen eine Schicht unverändert bleibe, während andere Schichten, die zusätzlichen Qualitäten und Beziehungen, ausgetauscht würden, wie etwa ein Bürotisch „verändert" wird, indem man die darauf liegenden Akten und Utensilien austauscht. Der Tisch bliebe dabei in sich völlig unverändert. Die Veränderungen eines Organismus, der heranwächst, krank wird, altert, sind innere Veränderungen, die alle Dimensionen des Menschseins, auch seiner Psyche und seines Geistes betreffen. Aber sie betreffen – wenn wir einmal vom Tod absehen, der besondere Probleme stellt – nicht das Moment der Soseinsidentität. Dies schon deshalb nicht, weil diese Soseinsidentität auch das Gesetz der Entwicklung, des Austauschs mit der Umwelt und der dabei möglichen Störungen bis zur leiblichen Zerstörung umfaßt.

Die Soseinsidentität schließt demnach, wie schon gesagt, die Dynamik und deren Änderungen nicht aus, sondern ist deren Gesetz. Sie ist nicht eine besondere Schicht, sondern die innere Form aller Schichten in ihrer Beziehung zum Ganzen. Die konkrete, physische, individuelle Natur des Menschen, wie sie der Erfahrung und den Wissenschaften zugänglich ist, ist in allen ihren konkreten Teilen veränderlich, wobei jedoch das grundlegende Verhältnis zum Sein, jene Seinsweise, welche die Identität des Menschen als Menschen garantiert, erhalten bleibt. Wir nennen sie die metaphysische Natur und Wesenheit des Menschen. Sie ist nicht gesondert von der physischen und veränderlichen Natur erfahrbar. Wohl aber ist sie die Bedingung der Möglichkeit dafür, daß die Natur des Menschen veränderlich und darin zugleich als identisch erfahrbar ist.

Wesenszüge der menschlichen Natur

Wenn wir aus der metaphysischen Natur des Menschen für die Frage nach der Veränderlichkeit oder Unveränderlichkeit des natürlichen Sittengesetzes und des Naturrechts Folgerungen ziehen wollen, ist es unerläßlich, daß wir die Natur des Menschen nicht nur, wie bisher, rein formal, sondern auch inhaltlich bestimmen. Wir müssen wissen, worin jene Soseinsidentität besteht, die aller Veränderlichkeit des Menschen zugrunde liegt. Hierbei ist zu beachten, daß wir hier nicht mit willkürlichen Wortdefinitionen operieren können, denn es geht um das Wesen einer Realität selbst. Wir können auch keine natur- oder einzelwissenschaftliche Methoden anwenden, da diese es gerade mit dem Veränderlichen, mit den Momenten des Nicht-Identischen im Menschen zu tun haben. Wir haben aber auch keinen fertigen Begriff des Menschen in uns liegen, noch können wir einen solchen aus irgendeinem philosophischen System beziehen, was kritikloser Dogmatismus und unbegründbare Ideologie wäre.

Das einzige, was uns bleibt, ist dies, daß wir Menschen sind und unser Menschsein im Leben und Handeln vollziehen und so immer schon in einem Vorgriff „wissen", was wir sind und tun, und zwar in einer durch alle Veränderungen sich durchhaltenden Selbstidentität, nicht nur unserer individuellen Person, sondern auch in unserem Wesen als Mensch, wodurch wir uns von allem Nichtmenschlichen unterscheiden. Allerdings muß dieses Wissen im Vorgriff oder Vorwissen begrifflich geklärt werden, wenn wir es philosophisch nutzbar machen wollen. Dieses Vorwissen ist auch nicht ungefährdet. Als ein existentielles Wissen hängt es von der Reinheit und Ungestörtheit unserer Lebensvollzüge ab. Je mehr diese von der Ganzheit der menschlichen Selbstidentität geprägt sind, desto durchsichtiger sind sie auf diese Selbstidentität hin. Je stärker und tiefergehend jedoch die Störungen der Lebensvollzüge sind, desto schwieriger wird es sein, diese Soseinsidentität in den Verzerrungen der Lebensvollzüge zu erkennen. Sage mir, was du für ein Mensch bist, und ich will dir sagen, was du dir für ein Menschenbild machst. Zum Glück sind wir jedoch nicht auf uns allein angewiesen. Die Erfahrung der Menschheit und die Denkergebnisse früherer Denker stehen uns zur Verfügung, die zumindest hierin alle konvergieren, so daß wir einige Richtpunkte ausmachen können.

Diese Richtpunkte sind in der bekannten Definition des Menschen enthalten, nach der der Mensch ein *sinnenhaftes Vernunftwesen* ist. Daß sich daraus auch inhaltliche Naturrechte herleiten lassen, wurde schon gesagt. Inwiefern liegt nun hierin eine unveränderliche Regel der Selbstidentität vor und inwiefern nicht? Indem der Mensch als Sinnenwesen bestimmt wird und dies gewiß „eine", wenn auch nicht „die" allein hinreichende Bedingung dafür ist, daß wir von einem „Menschen" sprechen können, wird der Mensch seiner Natur und seinem Wesen nach in den lebendigen Kosmos und seine Gesetzlichkeiten eingeordnet, was bei entsprechender Begründung auch das Entstehen seiner leiblichen Organisation durch Evolution einschließt. Leibliches Sinnenwesen aber ist er nicht in der naturimmanenten Abgeschlossenheit des Tieres, sondern in der Offenheit zur freien Gestaltung eines Kulturwesens, und zwar nicht nur als Möglichkeit, sondern als notwendige Bedingung seiner Existenz. Selbst rein biologisch gesehen kann er nicht ohne ein Minimum von selbstgeschaffener Kultur leben und im Kampf ums Dasein bestehen. Kultur und Geschichte gehören zu seinem Wesen und zu seiner Natur, wobei diese hier selbstverständlich nicht im Gegensatz zur Kultur definiert ist, sondern als das dynamisch betrachtete Wesen des Menschen verstanden wird. Wie immer die Zoologie den Menschen bestimmen mag, seine Leiblichkeit und Sinnlichkeit gehören zur eigentümlichen Natur des Menschen, insofern sie die Bedingungen der Möglichkeit für einen Geist sind, der seine Inhalte und seinen Realitätsbezug nur dadurch gewinnen kann, daß ihm etwas zum Denken gegeben wird, der sogar zu sich selbst nur durch Reflexion gelangen kann, d. h. durch den Umweg über eine gegebene Welt. Keine biologische Veränderung des Menschen kann seine Identität als Mensch aufheben, solange diese Bezüge zum Geist erhalten bleiben. Sie charakterisieren den menschlichen Geist als einen menschlichen.

Auch die *Gesellschaftsbezogenheit* der menschlichen Natur ist nicht nur eine Folge seiner Leiblichkeit, die es mit sich bringt, daß er gezeugt wird im Schoß einer Familie und deren Hilfe und Pflege bedarf, sondern ebenso in seiner spezifischen Art des Geistes, der vom Ursprung her „tabula rasa“ ist und der sozialen Hilfe zu seiner Entfaltung bedarf, und zwar, zumindest in der Form des Dialogs, der Auseinandersetzung und Kontrolle, sein ganzes Leben hindurch. Der Mensch ist, auch in seinen schöpferischen Fähigkeiten, auf Tradition angewiesen.

Das Unveränderlichste aber am Menschen ist nicht das, worin er Mensch ist, sondern das, worin der Mensch sein Menschsein unendlich übertrifft: daß er Anteil hat am *Geist als* Geist. Gewiß, unser Geist ist menschlich. Aber daß er menschlich ist, macht ihn nicht zum Geist. Das Menschliche am Geist ist die sepzifische Weise, wie unser Geist Geist ist. Sie äußert sich z. B. (außer dem schon zuvor Gesagten) darin, daß wir nicht Geist *sind*, sondern Geist *haben*. Wenn hier von Geist die Rede ist, dürfen wir dabei nicht bloß an Verstand, Intellekt, Vernunft denken, sondern haben den Geist in seiner ganzen Dynamik zu sehen, die ebensosehr Wille, Freiheit und Liebe ist. Im Geist, der so verstanden wird, liegt nun nicht nur die unveränderliche Norm alles individuellen und sozialen Verhaltens, die alles kategorisch verbietet, was den Geist als Geist aufheben würde, da der Geist die Dimension des Absoluten und Unendlichen ist, sondern auch die Quelle einer indefiniten, nicht passiven, sondern in Freiheit aktiven Selbstveränderung. Da der Geist in uns aber kein reiner, sondern eben menschlicher Geist ist, entstehen aus solchen aktiven Selbstveränderungen Grenzen, die, nachdem sie einmal entstanden sind, nicht mehr ohne weiteres beseitigt werden können. Es entstehen Strukturen, sei es im Individual-, sei es im Sozialkörper, die unabdingbare Voraussetzung für weiteres Handeln sind, die es in der einen Richtung erleichtern, in der anderen aber auch unmöglich machen können. Solche Strukturänderungen können so tiefgehend und dauernd sein, daß sie eine Änderung der bisherigen sittlichen und rechtlichen Normen mit sich bringen.

Geschichtliche Naturrechtsveränderungen

Obwohl die Möglichkeit solcher Strukturänderungen einsichtig ist aus dem Gesagten, so lassen sie sich doch nicht in ihrer konkreten Gestalt ableiten. Erst wenn sie eingetreten sind, kann man auf sie hinweisen. Sie treten auch nicht plötzlich auf, und in der Übergangszeit kann man über sie und ihre sittliche oder rechtliche Relevanz im Zweifel sein. Ein Beispiel solcher Strukturveränderung, das verdient, klassisch zu heißen, ist der Umschwung, der infolge des Bevölkerungszuwachses und der Ursachen, die ihn bewirkt haben, in der Beurteilung der geschlechtlichen Fruchtbarkeit des Menschen eingetreten ist. Durch die ganze Vorgeschichte, Frühgeschichte und viele Jahrtausende der Geschichte hindurch war das Menschengeschlecht durch Krankheiten. Tiere und übermächtige Umwelteinflüsse so sehr in seinem Bestand bedroht, daß eine Trennung der Fruchtbarkeit vom Vereinigungsakt vor der Vernunft nicht verantwortet werden konnte, und zwar nicht wegen der biologisch gesehen natürlichen Verbindung zwischen beiden,

sondern eben wegen der nicht verantwortbaren Folgen. Heute hat sich die Sachlage, wenigstens für das Ganze der Weltbevölkerung und insbesondere für die meisten Entwicklungsländer, ins gerade Gegenteil verkehrt. Der Weiterbestand des Menschengeschlechts scheint, wenigstens zum Teil, nur dadurch möglich zu sein, daß die Fruchtbarkeit eingeschränkt, das aber
a] heißt, daß sie vom Vereinigungsakt, dessen Sinnbezogenheit auf andere Ziele bestehen bleibt, abgetrennt wird. Eine solche, verantwortungsbewußte Abtrennung kann heute nicht mehr als sittlich schlecht bezeichnet werden. Dies hat aber auch naturrechtliche Folgen, da z. B. kein Ehepartner bei solcher Sachlage vom andern den Willen zur rein biologisch möglichen unbeschränkten Fruchtbarkeit verlangen kann.

Die Formen des Ehe- und Familienrechts werden meist als rein positiv und manche von ihnen als Abirrungen vom Naturrecht betrachtet, wie z. B. die Polygamie. Die Verdeutschung „Vielweiberei" hat erst recht einen verächtlichen Unterton. Aber schon die Tatsache der Polygamie bei den auch im Neuen Testament als Heiligen verehrten Erzvätern des Alten Testaments sollte da vorsichtig machen im Urteil. Soweit ich weiß, tritt die Polygamie nur im Trockengürtel der Erde auf. Wahrscheinlich hängt sie ursächlich mit dieser Klimabeschaffenheit zusammen. Das es in diesen Gegenden nur wenig Milchvieh gibt, sind die Frauen genötigt, ihre Kinder lange, mehrere Jahre hindurch, zu stillen. Die Entwöhnung wird dann durch ein besonderes Fest gefeiert. So heißt es Gen 21,8: „Der Knabe wuchs heran und wurde entwöhnt; und Abraham veranstaltete am Tag der Entwöhnung Isaaks ein großes Mahl." In all diesen Jahren aber war die stillende Frau unfruchtbar. Der Verkehr mit Nebenfrauen hatte diese für den Bestand der Bevölkerung gefährliche Lücke auszufüllen. Die Polygamie war so eine von der Vernunft unter diesen Verhältnissen geforderte Einrichtung und damit eine zeit- und kulturbedingte Form, ein Modus des Naturrechts.

Ein anderes Beispiel geschichtlicher Naturrechtsveränderung scheint mir die Zinsforderung zu sein. In einer reinen Naturalwirtschaft oder in einer primitiven Wirtschaft, wo Geld gewöhnlich nur zur Überbrückung vorübergehender Not und für den Konsum entliehen wurde, mußte die Forderung von Zins über die Rückgabe des Entliehenen hinaus als offenbar ungerecht beurteilt werden, da es gleich war, ob das Geld vorübergehend im Umlauf war oder ungenutzt in der Truhe lag. Anders in einer entwickelten Wirtschaft, wo mit Geld produktive Wirtschaftgüter oder produktive Arbeit bezahlt werden kann. Hier muß um der Gerechtigkeit willen auch der entgangene mögliche Gewinn rückerstattet werden. Es ist leicht verständlich, daß eine solche Strukturveränderung und ihre sittlichen wie rechtlichen Folgen lange Zeit nicht durchschaut wurden und daß es so Anlaß zu Unsicherheiten gab, die zum Teil durch die Positivierung des Rechts, den sogenannten „titulus legalis" des Zinses, behoben wurden.

Ein weiteres Beispiel ist das Umweltrecht. Luft, Wasser, Sonnenlicht und Sonnenwärme sind Güter, ohne die wir nicht leben können. Sie standen hunderttausende von Jahren hindurch – beim Wasser allerdings mit Einschränkungen – der Menschheit in unbegrenzter Menge und ohne gefährdet zu sein zur Verfügung. Ihre Verunreinigung war so geringfügig, daß man sie vernachlässigen konnte. Das ist heute anders geworden. Wer diese für uns so notwendigen allgemeinen Güter um des partikulären Nutzens willen schädigt, vergeht sich nicht nur gegen das natürliche Sittengesetz, das fordert „Was du nicht willst, daß man dir tu, das füg auch keinem andern zu", sondern auch gegen strenges, vorpositives Recht, so z. B. wenn eine Fabrik am Oberlauf eines Flusses Chemikalien in den Fluß schüttet, durch die die Fische getötet und die Fischerei am weiteren Flußlauf unmöglich gemacht werden, und zwar auch dann, wenn es darüber keine positiv-rechtliche Bestimmungen geben sollte. Solche positiv-rechtliche Bestimmungen sind natürlich nötig und werden gerade auch vom Naturrecht gefordert, um ihm durch Sanktionen Nachdruck zu verleihen und Rechtsunsicherheit zu beseitigen.

Grenzen und Bedingungen der Veränderung

Wie wir an diesen Fällen sehen, sind das natürliche Sittengesetz und das Naturrecht anpassungsfähig. Daraus könnte jemand auf den Gedanken kommen, „daß man damit alles machen könne". Das ist jedoch nicht der Fall. Die Modalitäten des Naturrechts lassen sich zwar nicht aus den Prinzipien des Naturrechts ableiten, sie müssen sich aber auf die Prinzipien des Naturrechts als Bedingungen ihrer Möglichkeit zurückführen lassen. Das heißt, es muß sich unter gegebenen Umständen zeigen lassen, daß ein bestimmtes Verhalten (etwas zu tun oder zu unterlassen) sittlich bzw. rechtlich notwendig ist: daß also die Verneinung eines solchen Verhaltens die Verneinung formaler oder inhaltlicher Prinzipien der Sittlichkeit oder des Rechts impliziert.

Nehmen wir als Beispiel den Schwangerschaftsabbruch. Man kann ihn unter den verschiedensten Rücksichten der Güterabwägung für Mutter und Kind sehen. Was immer dabei herauskommen mag, eines bleibt bestehen: daß es sich dabei um die Beseitigung eines Rechtsträgers handelt, die aus einem Rechtsbereich heraus erfolgt, dem der betreffende Rechtsträger bereits eindeutig zugeordnet ist. Das aber steht im Widerspruch zu allen Prinzipien des Rechts, von denen das erste, ist, daß alle Rechtsträger *als solche* – vor allen materialen Unterschieden – *gleich* sind und in einer Rechtsgemeinschaft (der Staat ist eine solche) niemals bloß als Mittel zu einem Zweck behandelt werden dürfen.

Das Handeln bezieht sich immer auf das Konkrete, und die sittliche und rechtliche Beurteilung muß daher immer auch auf die konkreten Umstände Rücksicht nehmen. So könnte es scheinen, daß die oben angeführten Fälle von Naturrechtsabänderung nichts anderes seien als die Anwendung dieser allgemeinen Rechtsregel auf Einzelfälle. Das ist jedoch nicht der Fall. Denn bei den angeführten Fällen handelt es sich um Dauerzustände, die auf lange Zeit unveränderbar sind und in den Zeitgenossen jeweils den Eindruck erwecken, sie gehörten zur Menschennatur selbst, was in einem gewissen Sinn auch richtig ist, wenn die Menschennatur nach ihrer geschichtlichen Dimension betrachtet wird.

Der Gedanke einer modalen Abwandlung der menschlichen Natur mit eben solchen Abwandlungen des natürlichen Sittengesetzes taucht schon bei Thomas von Aquin auf. Neben den „principia legis naturae“, denen unveränderliche Wahrheit zukommt, kennt Thomas den Begriff des „status naturae“, und zwar gerade in Beziehung auf das Gesetz (vgl. S. Theol. I, II, q. 106, a. 4; III, q. 84, a. 7 c ad 2). Die Menschen können zu ein und demselben Gesetz (etwa das Geschlechtsleben vernünftig zu gestalten) je nach ihrer Position in der Menschheitsgeschichte ein verschiedenes Verhältnis haben. Sie sind generell und zeitbedingt in der Lage, es vollkommener oder unvollkommener zu beobachten. Das gilt für den Alten im Vergleich zum Neuen Bund, es gilt aber auch innerhalb des Neuen Bundes (I, II, q. 106, a. 4). Diesen Status definiert Thomas ganz allgemein: „Zustand bedeutet, im eigentlichen Sinn, den Unterschied eines Standes (Stehens), insofern dieser (Unterschied) etwas nach der Weise seiner Natur zu einer gewissen Unbeweglichkeit disponiert“ (II, II, q. 183, a. 1 c).

Die menschliche Natur ist also nach Thomas nicht so eindeutig und ohne Rücksicht auf ihre geschichtliche und kulturelle Position ausdifferenziert, daß durch sie die Normen der Verhaltensweisen ein für alle Mal, ohne Rücksicht auf die Zeit-, Kultur- und Religionsstufen, gegeben wären. Solche Religions- und Kulturstufen brauchen sich übrigens nicht gleichmäßig in der ganzen Menschheit zu folgen, sie können für verschiedene Teile der Menschheit gleichzeitig sein. Daß etwas zu einer bestimmten Zeit und an einem bestimmten Ort Brauch ist, genügt Thomas allerdings nicht zum „status naturae“; außer der faktischen Unbeweglichkeit gehört zum „status naturae“ auch die „rectitudo“, d. h. daß sich die betreffende Verhaltensweise vor der Vernunft als ein zu der Zeit notwendiger oder doch möglicher „modus naturae“ rechtfertigen läßt. Thomas wendet die Idee des „status naturae“ verschiedentlich an, um Verhältnisse und Tatsachen des Alten Bundes, die den Anschauungen des Neuen Bundes widersprechen, als zu ihrer Zeit berechtigt aufweisen zu können (z. B. II, II, q. 154, a. 9 ad 3; q. 154, a. 2 ad 2).

Der Begriff des „status naturae“ zeigt einerseits, daß die aus ihm sich ergebende Forderung mit Recht „Gesetz“ genannt werden kann, im Gegensatz zu einem Imperativ, der sich aus einer einmaligen Situation ergibt; denn „status“ besagt nach Thomas eine gewisse Beständigkeit, die zur betreffenden Zeit nicht änderbar ist. Andererseits ist diese Beständigkeit als
b] „dispositio naturae“ nicht einfachhin mit der metaphysischen Natur gegeben und schließt daher eine Veränderung nicht aus.

Trotz der überzeitlichen Prinzipien des Naturrechts sind die menschliche Natur und das auf ihr beruhende Naturrecht also nicht etwas Starres. Metaphysische Natur des Menschen und Geschichtlichkeit des Menschen schließen sich nicht aus, da die Geschichtlichkeit des Menschen in eben dieser Natur des Menschen gründet. Mit einer solchen Auffassung des Naturrechts lassen sich auch recht schwierige Tatbestände bewältigen und der aus einer starren Auffassung des Naturrechts folgende Hiatus zwischen Naturrecht und positivem Recht schließen.

Nachbemerkungen

Dieser Artikel erschien zuerst in den „Stimmen der Zeit" 192 (1974) 771–779.

a] Eine solche Sinnbezogenheit liegt z. B. im Ausdrucksgeschehen der gegenseitigen personalen Hingabe. Man hat argumentiert, daß gerade diese personale Hingabe den Hervorgang einer neuen Person, des Kindes, das die beiden Partner verbindet, nicht ausschließen dürfe. Diese Argumentation ist jedoch nicht mehr schlüssig, wenn sie auf eine unbeschränkte Vermehrung ohne Rücksicht auf die Gesamtsituation sowohl der betreffenden Familie wie des Entwicklungsstandes der sie umschließenden Bevölkerung ausgedehnt wird.

b] Vgl. dazu oben S. 580–583.

ZUR SITTLICHEN BEURTEILUNG DER ABTREIBUNG

Die Beurteilung erfolgt hier nur grundsätzlich durch eine Folge von Orientierungspunkten. Sie will in keiner Weise vollständig sein, vernachläßigt daher viele Aspekte und beschränkt sich auf einige Folgerungen aus der ontologischen Verfaßtheit der menschlichen Natur und Personalität. Zur Schwangerschaftsverhütung, die vom Schwangerschaftsabbruch wohl zu unterscheiden ist, wird hier nicht Stellung genommen.

1. Beim Schwangerschaftsabbruch ist zu unterscheiden zwischen der Zerstörung des vorgeburtlichen biologischen Lebens, das noch nicht ein voll konstituierter Mensch, aber auf die Entstehung eines Menschen hin orientiert ist, und der Zerstörung eines Lebewesens, das als Mensch voll konstituiert ist, wenngleich es seine menschlichen Lebensfunktionen vor der Geburt noch nicht oder – wie auch nachher noch lange nicht – voll auszuüben vermag.

2. Diese Unterscheidung ist nicht rein begrifflicher Art; das nur biologisch menschliche und das überdies persönlich menschliche Leben kommen auch in einer realen und zeitlichen Folge vor, was zumindest im Hinblick auf die noch getrennten ovula und spermata allgemein anerkannt wird.

3. Auch die Zerstörung biologischen Lebens, das auf die Entstehung eines Menschen hin orientiert ist, muß, soweit die Auflösung nicht spontan eintritt, vor der Vernunft und dem Gewissen verantwortet werden und das umso mehr, ja näher es an das personale menschliche Sein heranführt und je schwieriger es von diesem zu unterscheiden ist; es ist aber nicht gleichbedeutend mit der Lebensberaubung einer Person, da diese der Voraussetzung nach noch nicht existiert und damit auch keine personalen Rechte haben kann.

4. Kein Rechtsgut, auch nicht das zeitliche und leibliche Leben des Menschen, ist absolut und unbeschränkt. Dennoch ist es für den Staat kein Rechtsgut wie andere, sondern konstitutiver Bestandteil der Person, sofern diese Teil des Staates ist. Denn dies ist die Person nur durch die Vermittlung ihres leiblichen Lebens.

5. Der Staat kann als Rechtsgemeinschaft von menschlichen Personen, a] die als solche und als Teile des Staates, gleich sind, nicht indifferent sein gegen die Beseitigung von Personen, gleichviel in welchem biologischen Zustand sie sind, da er sich sonst als Rechtsgemeinschaft verneinen würde. Der sonst berechtigte Grundsatz, daß der Staat nicht alles sittlich Verwerfliche – aus wichtigen Gründen nicht einmal jeden Rechtsbruch – bestrafen muß, kann daher hier keine Anwendung finden. Obwohl der Staat gegen die ungerechte Tötung von Personen nicht indifferent sein darf, schließt das doch nicht alle rechtspolitischen Erwägungen aus, wenn z. B. dargetan wird, daß in gewissen Fällen das Strafgesetz nicht angewandt werden kann.

6. Die Frage, wann das bloß biologische Leben übergeht in ein personal konstituiertes Leben, kann nicht durch die Angabe von Zäsuren der Entwicklung bloß biologischer Art beantwortet werden, da es deren mehrere gibt (Befruchtung, Einnistung, Hervortreten von Organen, Beginn einer gewissen Sinnestätigkeit, Geburt), sodaß der bloß naturwissenschaftliche Befund seiner Natur nach keine Antwort auf die gestellte Frage geben kann.

7. Die einzige bisher als ontologisch relevant zu deutende Zäsur ist der Augenblick, von dem an durch weitere Teilung von Zellgruppen keine Verdoppelung des ganzen Organismus mehr stattfinden kann. Hier zumindest ist jene in diesem Sinne unteilbare Einheit des Leibes erreicht, durch die der Leib sich als Leib einer unteilbaren Geistseele erweist.

8. Obwohl im Falle der eineiigen Zwillinge die spätere aktuelle Aufspaltung in zwei ganze Organismen schon vor der atkuellen Aufspaltung vorprogrammiert zu sein scheint, ist eine vor der aktuellen Spaltung erfolgende Information durch zwei personale Geistseelen nur dann anzunehmen, wenn die den beiden entsprechenden Substrate in dem Zustand sind, daß sie nicht mehr je für sich zu einer weiteren Verdoppelung des je ganzheitlichen Organismus führen können.

9. Soweit der Zeitpunkt, von dem an eine weitere Teilung in ganze Organismen menschlicher Art nicht mehr möglich ist, feststeht, ist die Abtreibung wahrscheinlich eine Tötung personal-menschlichen Lebens. Soweit dieser Zeitpunkt mit Gewißheit noch nicht erreicht ist, d. h. wenn es gewiß ist, daß er noch nicht erreicht ist, ist die Abtreibung sicher keine Tötung personal-menschlichen Lebens. Wenn hingegen eine Abtreibung zu einer Zeit erfolgt, wo die Möglichkeit einer ganzheitlichen Teilung (in dem oben definierten Sinn) nicht feststeht, ist eine Abtreibung möglicherweise eine Tötung personal-menschlichen Lebens, auf die der Probabilimsus b] nicht angewandt werden kann, da es sich nicht um eine quaestio iuris, sondern um eine quaestio facti handelt und auch zweifelhaft menschliches Leben Anspruch auf Rechtsschutz hat.

10. In dem Falle, daß das Leben oder die Gesundheit der Mutter durch die Leibesfrucht gefährdet ist, über deren personal-menschliches Leben aber zu einem gegebenen Zeitpunkt Ungewißheit besteht, kann die Abtreibung vorgenommen werden nach dem Grundsatz, daß das zweifelhafte Recht, auch wenn es auf der Ungewißheit eines Faktums beruht, dem unzweifelhaften Recht, in diesem Fall der Mutter auf ihr Leben oder ihre Gesundheit, weichen muß.

11. Wenn nach dem Eintritt des personal-menschlichen Lebens der Leibesfrucht die Sachlage sich ergibt, daß notwendig entweder beide, Mutter und Kind sterben müssen, oder eines von beiden, Mutter oder Kind, nur mit Todesfolge des anderen gerettet werden können, so muß das geringere Übel gewählt werden, d. h. die Rettung wenigstens eines der beiden, wobei der Tod des anderen dem, der den Eingriff macht oder ihn veranlaßt, falls er zuständig ist (s. 12), nicht zur Last gelegt werden kann, da er den Tod nicht als Tod intendiert, sondern nur als unvermeidbare Nebenfolge der Rettung des anderen zuläßt. Für die Beurteilung dieses Falles muß beachtet werden, daß die gleiche Unmittelbarkeit der Wirkungen nicht physikalisch, sondern moralisch intentional zu betrachten ist (was m. E. die Entscheidung des Sacrum Officium vom 24. 7. 1895 – Denzinger-Schönmetzer Nr. 3298 nicht beachtet). Das gilt, unter der Voraussetzung, daß die Leibesfrucht nicht anders entfernt werden kann, auch für die Kraniotomie. Mit den heutigen Mitteln der Chirurgie dürfte es jedoch fast immer möglich sein, die Kraniotomie zu vermeiden. Daß die Tötung der Leibesfrucht als solche nicht Mittel zum Zweck ist, sondern Mitfolge der operativen Handlung zur Rettung der Mutter, läßt sich an einem Gedankenexperiment zeigen: wenn nämlich trotz des Eingriffes und nach der Entfernung der Leibesfrucht aus dem Mutterleib die Leibesfrucht am Leben bliebe, würde das die Rettung der Mutter nicht beeinträchtigen. Die Tötung als solche ist demnach in solchem Falle nicht Mittel zum Zweck.

12. In der unter 11. genannten Situation, wo also das geringere Übel gewählt werden muß, entweder das Leben der Mutter oder das Leben des Ungeborenen, das jedoch lebensfähig wäre, zu opfern, können darüber nur die Eltern (im Konfliktfalle, die Mutter) entscheiden, da sie von den unmittelbar Betroffenen allein einer Entscheidung fähig sind. Die Benachteiligung des Kindes, das nicht gefragt werden kann, liegt in der Natur der Sache begründet, wie auch sonst in vielen Lebensfragen die Eltern über unmündige Kinder entscheiden müssen. Allgemeingültige, objektive Kriterien lassen sich für diese Entscheidung nicht angeben. Daß eine solche Entscheidung über Leben und Tod sittlich gerechtfertigt werden kann und sogar notwendig ist, läßt sich daraus folgern, daß eine Nicht-Entscheidung in diesem Falle wiederum eine Entscheidung wäre, nämlich die, das größere Übel zu wählen.

Diese Orientierungspunkte wurden im Zusammenhang mit den Auseinandersetzungen über die Abänderung des § 218 des Strafgesetzbuches verfaßt. M. W. sind sie bisher noch nicht veröffentlicht worden.

a] Dieser Satz ist fundamental und entscheidend für die sittliche und rechtliche Beurteilung jeder möglichen Tätigkeit des Staates gegenüber seinen Gliedern. Er steht über allen religiösen oder weltanschaulichen Gegensätzen. Wer ihn verneint, beseitigt den Staat in jeder möglichen sittlichen Bedeutung. – Angemerkt sei, daß damit allein jedoch die Frage nach der grundsätzlichen sittlichen Möglichkeit der Todesstrafe – abgesehen von der geschichtlichen Bedingungen unterworfenen Tunlichkeit – noch nicht beantwortet ist.

b] Nach dem Probabilismus legt ein Gesetz, dessen Geltung mit guten Gründen bezweifelt werden kann (quaestio iuris), keine Gewissenverpflichtung auf. Bei der quaestio iuris bezieht sich der Zweifel auf die Geltung des Gesetzes selbst. Bei der quaestio facti jedoch darauf, ob der Tatbestand vorliege, auf den das Gesetz sich bezieht. Dieser Zweifel entbindet nicht von der Pflicht, das durch das Gesetz zu schützende Gut nach Möglichkeit in seinem Handeln zu respektieren und zu schützen. Solange z. B. ein todkranker Mensch noch nicht zweifelsfrei gestorben ist, muß er wie ein lebender Mensch, darf er nicht wie ein Leichnam behandelt werden. Analoges gilt beim Beginn menschlichen Lebens; analoges, weil in umgekehrter Zeitrichtung. Um beginnendes Leben erlaubterweise töten zu können, muß zweifellos feststehen, daß es noch nicht menschlich-personales Leben ist.

WAS IST TOLERANZ?

Toleranz kommt von *tolerare, dulden.* Toleranz ist demnach Duldsamkeit. Nächstenliebe freilich, die Toleranz einschließt, besagt mehr und geht über die Toleranz hinaus. Hier jedoch soll nur das Besondere und Spezifische der Toleranz herausgearbeitet werden. Damit ist schon gesagt, daß der Gegenstand der Toleranz in den Augen des auf Toleranz Angesprochenen etwas ist, das er von sich aus und im Hinblick auf die ihm zugänglichen objektiven Maßstäbe nicht billigen kann, was er innerlich ablehnen muß, weil es in seinen Augen entweder der Wahrheit oder dem Guten widerspricht. Von Toleranz oder Intoleranz kann man nur sprechen, wo der Gegensatz zwischen Wahr und Falsch, zwischen Gut und Böse, zwischen Nützlich und Schädlich in einem objektiv erkennbaren Sinn festgehalten wird[1]. Die relativierende Toleranzidee ist, auch wenn sie sich nur auf die

[1] Über die relativierende Toleranzidee, ihre Geschichte und ihre Zurückweisung vom katholischen Standpunkt aus vgl. *A. Hartmann,* Toleranz und christlicher Glaube (Frankfurt 1955) 9–50.

Metaphysik und die Religionsphilosophie bezieht, für den Katholiken wie überhaupt für jede auf einer realistischen Erkenntnistheorie aufbauende Seinsphilosophie unannehmbar. Die Indifferenz gegen Wahr und Falsch, gegen Gut und Böse des Agnostikers, des Skeptikers oder des Relativisten ist etwas anderes als Toleranz, obwohl sie ihr in ihren Äußerungen manchmal ähnlich sieht und daher mit ihr verwechselt wird. Allerdings nur manchmal; denn es gibt auch eine Intoleranz des Indifferentisten gegenüber dem, den er gerne „Dogmatiker“ schilt. Oder was ist es anderes als Intoleranz, wenn dem sich freiwillig und aus Überzeugung an eine als wahr erkannte Lehre bindenden Menschen von vornherein die wissenschaftliche Qualität abgesprochen und daraus sehr handgreifliche, auf eine Unterdrückung hinauslaufende Folgerungen gezogen werden? Hier macht der Indifferentist seinen Indifferentismus selbst zum „Dogma“, und zwar zu einem intolerant festgehaltenen „Dogma“.

Toleranz ist also nicht dasselbe wie Indifferentismus, Agnostizismus oder Wahrheits-Relativismus. Im Gegenteil: echte Toleranz setzt einen Geist voraus, der sich an der erkannten Wahrheit und am erkannten Wert orientiert; sie steht durchaus nicht im Widerspruch mit einer eindeutigen und für wahr gehaltenen Welt- und Lebensanschauung. Allerdings ist sie mit ihr auch nicht identisch. Eine innerlich bejahte Welt- und Lebensanschauung, ein bewußter religiöser Glaube können tolerant oder intolerant vertreten werden.

Erkannte Gegensätze beleuchten sich gegenseitig. Was Toleranz ist, erkennen wir am besten durch ihren Gegensatz, die Intoleranz. Oft hört man: der Intolerante lasse die Ansicht des anderen nicht gelten. Das ist noch keine Intoleranz. „Gelten lassen“ hieße „als gleich wahr anerkennen“. Das gehört, wie wir sahen, nicht zum Wesen der Toleranz. Intolerant wird das Verhalten erst, wenn die Mißbilligung einer Ansicht ohne weiteres auf die Person dessen, der sie hat, übertragen wird, wenn der eine dem anderen seine eigene Ansicht aufdrängt, wenn er bei der Verbreitung seiner Auffassungen statt vernunftgemäßer Überzeugungsgründe Zwang anwendet oder wenn er seine Überzeugungsversuche gegen den erklärten Willen des anderen unternimmt oder weiterführt. Wer seine eigene Überzeugung mit vernunftgemäßen Gründen vertritt oder das, wovon andere überzeugt sind, mit ebensolchen Gründen angreift, ist nicht intolerant. Es muß ja angenommen werden, daß jedermann die Wahrheit liebt und sucht[2].

[2] Vernunftgemäße Gründe sind nicht dasselbe wie die sogenannten bloßen „Vernunftgründe“ im Gegensatz etwa zu den Pascalschen „Gründen des Herzens“ oder zu einer Begründung aus der Bibel oder aus dem kirchlichen Lehramt. Solche Gründe sind nicht der bloßen, natürlichen Vernunft entnommen, aber sie sind oder können doch vernunftgemäß sein. Das heißt, die Vernunft muß anerkennen, daß man sich unter Umständen auf solche Gründe berufen kann, und zwar sowohl dem Ungläubigen gegenüber, wenn man es z. B. unternimmt, die Unterwerfung unter eine Glaubensautorität als von der Vernunft und Geschichte geboten oder doch zugelassen nachzuweisen, wie erst recht gegenüber dem, der dieselbe Autorität anerkennt.

Es ist nun allerdings möglich und gar nicht so selten, daß der, welcher vom Besitz der Wahrheit fest überzeugt ist, bei ihrer Geltendmachung anderen gegenüber das rechte Maß der Selbstbescheidung überschreitet und anderen dadurch lästig wird. Das ist zwar ein Fehler, aber solange die Grenzen der Gerechtigkeit nicht überschritten werden, ist es keine Intoleranz. Nicht jede Geschmacklosigkeit ist ein Fehler gegen die Gerechtigkeit. Die Toleranz aber gehört zur Gerechtigkeit. Jedermann hat das Recht auf eine eigene Überzeugung und darauf, sie kundzutun, sie zu begründen, dafür, soweit die gleichen Rechte anderer nicht verletzt werden, zu werben, sich nach ihr – unter der gleichen Bedingung – in seinem Verhalten zu richten und dabei nicht gestört zu werden.

Hier aber beginnt das eigentliche Problem. Wie ist dieses Recht als ein allgemein und objektiv gültiges zu begründen? Wie ist es insbesondere zu verstehen unter der Voraussetzung, die oft genug zutrifft oder doch ganz selbstverständlich gemacht wird, daß die zu tolerierende Überzeugung falsch, schädlich, manchmal sogar sittlich verwerflich ist? Können denn Wahrheit und Irrtum, Wert und Unwert dasselbe Recht haben? Wird die Toleranz dadurch nicht eigentlich zur verwerflichen Indifferenz? Dieses Argument verwandten vor allem unsere spanischen Glaubensbrüder, um die Ausschließung aller nichtkatholischen Kulte aus dem öffentlichen Leben zu rechtfertigen. Es beruht aber auf einer Begriffsverwirrung. Weder Wahrheit noch Irrtum, weder Werte noch Unwerte haben Rechte. Nur Personen können Rechte haben, und zwar gegenüber anderen Personen oder Persongemeinschaften[3].

Aber, wird man einwenden: kann jemand ein Recht auf den Irrtum, auf das Böse, auf das Schädliche haben? Darauf ist zu erwidern: es geht hier gar nicht um die Abstrakta: *den* Irrtum, *das* Böse, *das* Schädliche, sondern um konkrete Tätigkeiten und Handlungen, und um diese nicht, insofern und weil sie irrig, böse oder schädlich sind, sondern obwohl sie es sind. Ferner geht es nicht um diese Handlungen und Tätigkeiten in ihrem Verhältnis zu den objektiven Normen der Wahrheit und Sittlichkeit und um die Frage, ob eine Person, die diesen Normen unterworfen ist, ein „Recht“ darauf hat, ihnen entgegenzuhandeln, sondern um diese Handlungen, sofern sie zum Gegenstand für eine andere Person oder eine Gemeinschaft werden. Gefragt ist also, ob eine Person ein Recht darauf hat, in ihren Handlungen von einer anderen Person oder von einer Gemeinschaft nicht gestört oder gehindert zu werden, obwohl diese Handlungen vielleicht auf einem Irrtum beruhen oder einen Irrtum zum Ausdruck bringen bzw. böse sind und der Person, an der sie sich finden, schaden. Es kann außer Betracht bleiben, ob jemand z. B. ein „Recht“ darauf hat, sich durch unmäßiges Rauchen zu schaden, aber kein Zweifel besteht daran, daß er das Recht hat, in seinem Tun so lange nicht von andern gehindert

[3] Vgl. dazu *A. Hartmann,* Toleranz und christlicher Glaube 176–180 und 218. Im selben Sinn (wenn auch im weiteren Zusammenhang mit Unrichtigem vermischt) äußert sich *Henri-L. Miéville,* Toleranz und Wahrheit, ein philosophisches und politisches Problem (Bern 1955) 69.

zu werden, als er die Rechte Dritter durch sein Tun nicht beeinträchtigt. Niemand hat einen Rechtsanspruch darauf, daß alle Welt vernünftig und richtig handelt.

Bisher wurde unterstellt, daß die fraglichen Handlungen in Wirklichkeit auf einem Irrtum beruhen oder in der Tat böse seien und daß dies offenkundig und allgemein anerkannt sei. Noch viel mehr gilt das Recht, in solchen Handlungen – immer unter der Bedingung, daß sie die anerkannten sonstigen Rechte Dritter nicht berühren – nicht gestört zu werden, wenn der Irrtum oder die sittliche Verwerflichkeit gar nicht offenkundig und allgemein anerkannt sind. Mit welchem Recht will sich eine private Person zum Richter über eine andere Person erheben? Sie ist ihr nicht über-, sonsondern gleichgeordnet. Beide sind von Natur aus fehlbar in ihren Urteilen. Beide sind allerdings auch Vernunftwesen. Sie können daher die Handlungen der anderen, soweit sie offenkundig sind, nach allgemeinen und objektiven Normen beurteilen. Darin liegt kein Eingriff in die Rechtssphäre des anderen. Anders bei einer versuchten Behinderung. Diese stellt einen Einbruch in die Sphäre des anderen dar, für die unter den gemachten Voraussetzungen kein Rechtsgrund namhaft gemacht werden kann. Denn es gehört zu den natürlichen Grundrechten einer Person, d. i. eines selbständigen Vernunftwesens, ihrer Einsicht nach zu handeln, was bei einem fehlbaren Wesen auch einschließt, dem unüberwindbar irrigen Gewissen zu folgen und dabei nur den Schranken zu unterliegen, die den Personen derselben Ordnung gemeinsam oder durch diese Ordnung selbst gesetzt sind. Sowohl die Freiheit nach außen, die sogenannte Handlungsfreiheit, wie auch deren Einschränkungen beruhen wesentlich auf dem Grundsatz der proportionalen Gegenseitigkeit. Freilich entstehen material verschiedene Verpflichtungen, wenn die Beziehungen zu einem Rechtsgut verschieden sind. Der Verkäufer hat andere Verpflichtungen als der Käufer, die Eltern andere als die Kinder. Aber die Verpflichtungen sind trotz der proportionalen Verschiedenheit immer gegenseitig. Wo Rechte sind, da sind auch Pflichten und umgekehrt. Es kann kein sittliches Verhältnis unter Personen geben, bei denen die Personwürde eines Partners außer Betracht bleiben könnte. Diese äußert sich aber wesentlich in der Freiheit, aus Einsicht zu handeln. Diese Freiheit ist daher unverzichtbar. Auf sie zu verzichten hieße auf die Würde einer sittlichen Person verzichten[4].

Wie aber steht es um das Verhältnis der Einzelperson und der Gemeinschaft, insbesondere um die natürlichen und notwendigen Gemeinschaften der Familie und des Staates? Werden hier nicht wesentliche Unterordnungsverhältnisse sichtbar, die das Gesagte für diese Bereiche in Frage stellen? Gewiß müssen dem unmündigen und selbst noch dem heranwachsenden Kind wegen seiner mangelnden Einsicht engere Schranken gezogen werden

[4] Es braucht wohl kaum noch einmal besonders darauf hingewiesen zu werden, daß der Glaubensgehorsam keineswegs einen solchen Verzicht zur Voraussetzung hat. Denn der Glaubensgehorsam setzt sowohl die Einsicht voraus, daß er zu leisten, wie auch die Unterscheidung und das Urteil, wo und warum er zu leisten ist.

für sein Handeln, ob es dies nun versteht oder nicht. Sobald und soweit aber eine Einsicht vorhanden ist, ist auch mit ihr zu rechnen und an sie zu appellieren. So schwer dies manchen Eltern fallen mag, so gibt es doch auch den heranwachsenden, zur geistigen Selbständigkeit erwachenden Kindern gegenüber eine Pflicht zur Toleranz, die freilich nicht mit Gleichgültigkeit verwechselt werden darf. Auch dort, wo Irrtümer geduldet werden, muß dies im Dienst an der Wahrheit geschehen, in der Erwägung, daß Zwang gerade beim Jugendlichen den Zugang zur Wahrheit eher verschließt als öffnet.

Erst recht muß der Staat seinen Gliedern gegenüber tolerant sein. Seine erste Pflicht ist es ja, die Rechtsordnung zu wahren. Deshalb darf er nicht selbst unabdingbare Rechte verletzen. Zwar ist das Glied dem ganzen Staatskörper ein- und untergeordnet, dies aber nur in bezug auf die gemeinschaftlichen Belange und im Hinblick auf das Staatsziel, das gerade darin besteht, eine solche Gemeinschaftsordnung zu schaffen, daß den Gliedern des Staates ein selbstverantwortliches, persönliches Leben und Handeln – ohne Beeinträchtigung der Rechte anderer – möglich wird. Der Einzelne geht nicht unter in der Gliedschaft am Staate. Er ist Person mit ihrem unverlierbaren Bezug auf die objektiven Ordnungen des Wahren und Guten, an denen sowohl der Einzelne wie der Staat partizipiert; er ist darum als Person selbst Ziel des Staates.

Man könnte nun einwenden, daß das Gemeinwohl, dem der Staat zu dienen hat, eine gemeinsame Welt- und Lebensauffassung, eine gemeinsame Religion oder Konfession oder auch, je nach der zugrunde gelegten Weltanschauung, den Ausschluß aller Religion verlange. Nur zu oft hat in Vergangenheit und Gegenwart die Staatsräson aus diesem Grund die religiöse oder weltanschauliche Einheit eines Volkes mit Gewalt durchgesetzt und Minderheiten oder sogar Mehrheiten verfolgt. Soweit eine solche Forderung aus der kollektivistischen oder rechtspositivistischen Einstellung erwächst, daß der Einzelmensch überhaupt keine ursprünglichen, vom Staat unabhängigen Rechte besitze, sondern seine Rechtspersönlichkeit nur von Gnaden des Staates erhalte, ist sie mitsamt ihrem Fundament als irrig zurückzuweisen. Wenn aber die Einzelperson als ursprünglicher Rechtsträger anerkannt wird, sind Einschränkungen der persönlichen Freiheit so weit zulässig, als sie sich vom Gemeinwohl her als notwendig und damit als der Einsicht und Vernunft zumutbar erweisen. Gewiß erwachsen die Staaten immer aus gewissen Gemeinsamkeiten der Abstammung, der Sprache, der Kultur, des gemeinsamen Schicksals. Aber nicht jede beliebige Geschlossenheit eines Staatsvolkes, z. B. in Rasse, Nationalität, Sprache oder Religion, die wünschenswert erscheinen mag, ist deshalb auch schon eine notwendige Bedingung des Gemeinwohls. Nur eine solche aber kann die Zwangsgewalt des Staates sittlich rechtfertigen. Auf keinen Fall aber dürfen Güter, die nicht notwendig mit dem Gemeinwohl verbunden sind, vom Staat gegen seinen ursprünglichen Zweck, eine allgemein verbindliche Rechtsordnung zu begründen, angestrebt werden.

Man kann auch nicht einwenden, dem Staat komme wenigstens hypothetisch, in der rein natürlichen Ordnung und abgesehen vom übernatürlichen Auftrag der Kirche eine Souveränität in der Ordnung der religiösen Angelegenheiten zu, die er nur in der übernatürlichen, aber tatsächlich einzig geltenden Offenbarungsordnung an die Kirche abzugeben habe. Dies wurde oft auch von katholischen Theologen vertreten. Das ist jedoch eine nicht nur nicht bewiesene, sondern auch eine gefährliche Auffassung. Nach ihr müßte die Kirche ihre Sendung erst dem Staate als solchem, nicht nur den Einzelmenschen nachweisen. Man beruft sich bei der genannten Auffassung auf den Grundsatz, daß der Mensch nicht nur zur privaten Ausübung der Religion, sondern auch zum öffentlichen Kult Gottes verpflichtet sei. Diese Pflicht besteht zwar, aber öffentlicher Kult ist nicht dasselbe wie Staatskult. Gewiß, auch der Staat als solcher ist zur öffentlichen Anerkennung Gottes verpflichtet. Dieser Pflicht kommt er jedoch seinem Wesen gemäß dadurch nach, daß er den oder die öffentlichen Kulte schützt durch die gemeinsame Rechtsordnung, die ihrer Natur nach von jedem besonderen Bekenntnis unabhängig ist, indem er ihr Zusammenbestehen ermöglicht und den Vertretern der staatlichen Autorität die Ausübung des je eigenen Kultes auch in ihrer öffentlichen Eigenschaft als Staatsbeamte möglich macht.

Verschärft wird das Toleranzproblem, wenn einer der religiösen Partner den Anspruch auf absolute und unfehlbare Wahrheit seiner weltanschaulichen Position erhebt, wie das im Christentum und erst recht bei der katholischen Kirche der Fall ist[5]. Der Anspruch auf Wahrheit kann seiner Natur nach nicht auf eine Gemeinschaft beschränkt werden; er hat, wenn überhaupt, dann allgemein für jedermann Geltung. So ist das kirchliche Lehramt, was die Interpretation des natürlichen Sittengesetzes angeht, nicht nur für die Gläubigen, sondern für die ganze Menschheit zuständig. Das schließt natürlich keine juridische Unterordnung der Ungläubigen unter die Kirche ein, sondern ist nur der Ausdruck dafür, daß niemand die tatsächlich bestehenden und mit der Vernunft an sich erkennbaren Wahrheiten in einer objektiv zutreffenden Weise aussprechen und auf ihre Gründe hinweisen kann, ohne damit für jeden, der seine Vernunft gebrauchen will, eine führende und belehrende Funktion auszuüben. Erschwerend für die Lösung des Toleranzproblems ist aber auch der Umstand, daß der Glaubensakt zwar psychologisch frei ist, daß aber dieser Akt, wenn die notwendige Kenntnis der Offenbarungstatsache vorausgesetzt werden kann, auch Pflicht ist, und zwar für den, der Glied der Kirche geworden ist, eine Pflicht auch mit sozialer Relevanz. Die nicht von Menschen geschaffene, sondern von Gott ausgehende und als solche erkannte Lehrautorität der Kirche vorausgesetzt, kann die Kirche den inneren Glauben und das äußere Bekenntnis bestimmter formulierter Lehrinhalte von ihren Glie-

[5] Zum Problem der Toleranz in bezug auf die Ausschließlichkeit des Christentums und der katholischen Kirche vgl. *A. Hartmann,* Toleranz und christlicher Glaube 51–111. – *H. Schomerus* u. a., Pluralismus, Toleranz und Christentum (Nürnberg 1961) kam mir erst nach Abschluß dieser Arbeit zu Gesicht.

dern verlangen, ohne gegen die oben aus dem unveräußerlichen Persönlichkeitsrecht begründete Toleranz zu verstoßen.

Folgt aber aus dem Anspruch des unfehlbaren Lehramtes nicht notwendig die Intoleranz nach außen, gegen die, welche die Lehrautorität der Kirche nicht anerkennen und nach Lage der besonderen Unstände gar nicht erkennen können? Die nichtkatholischen Theoretiker des Toleranzproblems haben dies schon oft behauptet. Oft leiten sie daraus auch die Folgerungen ab, daß die katholische Kirche selbst kein Gegenstand der Toleranz sein könne. So z. B. John Locke im „Brief über Toleranz"[6]. Julius Ebbinghaus hat zu diesem Brief[7] eine Einleitung geschrieben und darin auf die mannigfachen Inkonsequenzen der Lockeschen Toleranzlehre wie überhaupt auf die Schwierigkeiten einer philosophischen Toleranztheorie hingewiesen. Er meint, eine auf Offenbarungsüberzeugung gegründete Religion biete keinen Raum für eine irgendwie geartete gesetzliche Reziprozität der Toleranz[8]. Ebbinghaus macht jedoch bei seiner Begründung eine bemerkenswerte Voraussetzung, daß es sich nämlich um eine aller möglichen Gesetzlichkeit entzogene Offenbarungsüberzeugung handelt. Wenn die Offenbarung so verstanden wird, dann allerdings ist, wie Ebbinghaus überzeugend dargetan hat, keine Toleranz mehr aus Prinzipien möglich, sondern nur noch ihr pragmatistisches, mit doppeltem Maß messendes Zerrbild. Die von Ebbinghaus gemachte Voraussetzung trifft jedoch nicht für die Offenbarung zu, wie sie von der katholischen Kirche verstanden wird. Denn nach katholischer Lehre bezieht sich die Offenbarung nicht nur auf transzendente Wahrheiten der rein übernatürlichen Ordnung, sondern impliziert in den Aussagen über die christlichen Glaubensgeheimnisse auch die Grundlinien der natürlichen Ordnung des Seins, der menschlichen Natur, der sittlichen wie überhaupt all der Normen, die dem Geiste als solchem immanent sind. Obwohl dieser ganze, ausdrücklich oder in den übrigen Glaubenswahrheiten einschlußweise geoffenbarte Wahrheitsbestand durch sein Geoffenbartsein für den Gläubigen eine zusätzliche Bestätigung erhält, so ist er doch grundsätzlich für die natürliche Vernunft jedes Menschen zugänglich und bietet darum ein gemeinsames naturrechtliches Fundament des menschlichen Zusammenlebens und die Möglichkeit einer reziproken Toleranz für Gläubige und Nicht-Gläubige[9].

[6] Englisch-deutsche Ausgabe, übersetzt, eingeleitet und in Anmerkungen erläutert von *Julius Ebbinghaus* (Hamburg 1957) 93–95.

[7] In der von ihm veranstalteten, soeben zitierten Ausgabe.

[8] Vgl. S. XXXV.

[9] Daß die hier skizzierte Auffassung von der Offenbarung die amtliche der Kirche selbst
a] und nicht bloß eine theologische Sondermeinung ist, dafür bürgt das Vaticanum I (D 1795–1799). Im übrigen beruht die ganze Argumentation bei Ebbinghaus auf der von ihm für jede Offenbarungsreligion angenommenen Voraussetzung eines theologischen Moralpositivismus, welcher der katholischen Auffassung durchaus fremd ist. Selbst bei den Theologen, welche den Grund der sittlichen Verpflichtung unmittelbar im Willen Gottes sehen, wird dieser Wille in seinen Grundforderungen als notwendiger Ausdruck der göttlichen Wesenheit betrachtet, so daß diese für jede Vernunft einsichtigen Forderungen durch keinerlei Willkür oder weitere

Meine Aufgabe ist es nun nicht, das Toleranzproblem vom theologischen Standpunkt aus mit den Mitteln der theologischen Wissenschaft zu behandeln. Meine Sicht ist vielmehr die des Philosophen, der jedoch auch diese Seite des Problems (wie einem offenbarungsgläubigen Katholiken ein tolerantes Verhalten möglich ist) anzuvisieren hat. Dabei darf der Philosoph das Problem nicht dadurch verkürzen, daß er die katholische Auffassung nur als eine beliebige unter vielen vermeintlichen Unfehlbarkeitsauffassungen betrachtet. Der nicht-gläubige Philosoph, der zur dieser Stellungnahme neigt, löst das Problem durch die allgemeine Irrtumsanfälligkeit des Menschen und durch die Annahme, daß der katholische Standpunkt einer unfehlbaren Offenbarung den objektiven Tatsachen nicht entspreche. So wird jedoch das wahre Problem umgangen[10]. Auch vom nicht-gläubigen Philosophen kann man verlangen, daß er bei der Toleranzproblematik einmal hypothetisch von der Annahme ausgeht, die katholische Kirche habe mit ihrer Selbstauffassung recht. Um so mehr wird natürlich der katholische Philosoph das Problem unter dieser Voraussetzung angehen. Ist nun, wenn man diese Voraussetzung macht, Toleranz überhaupt noch möglich? Eine skeptische, agnostische, relativistische Toleranz sicher nicht. Aber wir haben schon gesehen, daß dies Formen der unechten Toleranz

---

positive Gebote unwirksam gemacht werden können. – Daß im Laufe der Kirchengeschichte von Kanonisten und Theologen Thesen verfochten wurden, die den Prinzipien einer möglichen reziproken Toleranz widersprechen, ist bekannt. Sie haben jedoch keinen dogmatisch bindenden Niederschlag gefunden. Zu ihrem geschichtlichen Verständnis vgl. *A. Hartmann,* Toleranz und christlicher Glaube 172–249.

10 Diesen Vorwurf muß man auch *Erich Keller* in seinem Beitrag „Die Toleranz als philosophisches Problem“: Toleranz, eine Grundforderung geschichtlicher Existenz, hrsg. von der Freien Akademie (Nürnberg 1960) 52–72 machen. Mit vielem zwar, was darin gesagt wird, können wir einverstanden sein. So mit der Ablehnung des Wahrheitsrelativismus. So mit der Begründung der Toleranz auf dem Rechte der Person, sich aus ihrer eigenen Einsicht in ihrem Handeln zu bestimmen. So auch mit der allgemeinen Charakterisierung des menschlichen Wissensfortschritts mit Einschluß der Religionswissenschaft und der Bewertung der religiösen Mythen. Aber der katholische Glaube und die ihn explizierende Glaubenstheologie sind keine Religionsphilosophie noch eine Mythologie, noch überhaupt in ihrem Wesenskern auf die immanenten Kräfte der Welt- und Geistesgeschichte zurückführbar. E. Keller leugnet diesen Wesenskern des christlichen und katholischen Glaubens nicht nur, er hält ihn für unmöglich. Nicht geschichtliches Wissen hindert ihn an der Anerkennung echter Offenbarung, sondern eine falsche Philosophie. Er kennt keine echte Transzendenz Gottes. Offenbarung, Wunder und dergleichen können daher nur Produkte einer mythenbildenden Phantasie sein. Auf Grund seiner auf Schleiermacher und Hegel aufbauenden Religionstheorie über die Relativität aller geschichtlichen Religionen kommt Keller zu dem Schluß, eine auf absolute Geltung ihrer Lehren dringende Religion könne nicht tolerant sein. Da aber die geschichtlichen Religionen nach ihm gemeinhin diesen absoluten Standpunkt vertreten, während seine Religionstheorie immer nur einer kleinen Minderheit „Wissender“ zugänglich sei, muß man wohl schließen, daß die Toleranz nur bei dieser Elite zu Hause ist und bei ihr auch nur gegenseitig, nicht bezüglich der geschichtlichen Religionen. Zwar betont Keller die Toleranz auch den dogmatisch gebundenen Religionen gegenüber (S. 65). Aber wenn er gleich im nächsten Satze sagt, die Absolutheitsbehauptung der Religionen bedeute im Grund die Verneinung „unserer geistigen Existenz“, so ist das nicht mehr Toleranz, sondern Intoleranz. Der Liberalismus, wie er hier vertreten wird, kennt Toleranz nur gegen sich.

sind. Wie aber steht es mit der echten Toleranz? Ist diese dem aufrichtigen Katholiken möglich? Wir meinen damit nicht nur eine politisch-taktische Toleranz, die etwa dort angestrebt wird, wo die Katholiken nicht die Macht besitzen oder keine Aussicht haben, sie in absehbarer Zeit zu erlangen. Wir meinen aber auch nicht jene Wahl des geringeren Übels, die auch in katholisch regierten Staaten Toleranz gewährt, aber nur aus dem Grund, damit sie in pluralistischen Staaten nicht gefährdet wird. Wir meinen vielmehr die echte und aus theoretisch einsichtigen Gründen allgemein und unabhängig von allen geschichtlichen Machtkonstellationen zu gewährende Toleranz, trotz der als unfehlbar und verpflichtend angenommenen Glaubensposition und trotz der Voraussetzung, daß diese Position objektiv berechtigt sei.

Es ist klar, daß es sich dabei nicht darum handelt, zu behaupten, die Kirche und ihre Führer hätten, geschichtlich gesehen, immer und zu allen Zeiten eine so klare Position bezogen und seien nie einem mehr oder weniger offenkundigen Opportunismus in der Toleranzfrage verfallen[11]. Die Glaubensunfehlbarkeit der Kirche ist ja nicht identisch mit einer Unfehlbarkeit der moralischen Handlungsweise, noch hat sie diese zu ihrer notwendigen Folge. Ferner ist es auch möglich, daß Implikationen der Glaubenswahrheiten oder Folgerungen aus ihnen oder aus den natürlichen Grundsätzen erst allmählich deutlicher in das Bewußtsein der Kirche treten.

Die philosophische Sicht der vorliegenden Problematik bringt es mit sich, daß keine Lösung des Problems aus zusätzlichen Grundsätzen, die dem Glauben entnommen sind, möglich ist, sondern daß das Problem mit den Mitteln der Philosophie selbst gelöst werden muß. Das hindert jedoch nicht, sondern bringt es im Gegenteil mit sich, daß der Philosoph sich von der katholischen Kirche darüber belehren läßt, wie sie selbst ihren Glauben auffaßt. Sonst würde er Gefahr laufen, die eine Hälfte der Problemgegebenheit nicht oder nicht richtig zu sehen, und so das Problem selbst verfehlen. Der gewöhnliche Fehler der nicht-gläubigen Philosophen besteht darin, daß sie das nicht beachten.

Der übernatürliche Glaube ist nach katholischer Lehre der Akt einer göttlichen Tugend. Das bedeutet, daß nicht nur der hauptsächliche Gegenstand eines solchen Aktes Gott selbst ist (wir glauben an Gott, den Dreifaltigen, den Heilbringer), sondern daß der sich und seine Offenbarung bezeugende Gott auch das Formalobjekt, das eigentliche Bewegende, Bestimmende, das Fundament unseres Aktes, ist. Beim Glauben heißt das näherhin: daß wir an Gott und seine Offenbarung glauben im Hinblick auf Gott selbst als die absolute und alles andere begründende Wahrheit und daß dies – nämlich Gott selbst als erste Wahrheit, von der jede andere, natürliche oder geoffenbarte, Wahrheit hat, daß sie Wahrheit ist – daß dieser Gott auch das Fundament unseres Glaubens ist, das ihm allein Un-

[11] Wobei ein solches Verhalten ein „dogmatischer Opportunismus“ sein konnte, weil er auf einem dogmatischen Lehrprinzip beruhte, aus dem allerdings für die Praxis falsche Folgerungen gezogen wurden.

fehlbarkeit und unerschütterliche Festigkeit verleiht. Ein solcher Glaube ist jedoch nicht möglich, ohne daß sich der Mensch zunächst mit seiner Vernunft davon überzeugt hat, daß Gott ist, daß er sich geoffenbart hat und daß die Zeugen seiner Offenbarung, insbesondere das Zeugnis der Kirche, glaubwürdig sind. Das sind die sogenannten praeambula fidei, d. i. all das, was der Mensch erkennen muß, um als Vernunftwesen einen freien, von der Vernunft gebilligten Akt des Offenbarungsglaubens setzen zu können[12]. Jedoch ist nicht die Erkenntnis dieser praeambula fidei, sondern Gott selbst als erste und sich bezeugende Wahrheit das primäre oder, wie es nach einer anderen theologischen Schule besser ausgedrückt wird, sogar das einzige Fundament, das einzige den Glauben in seiner Übernatürlichkeit hervorbringende und in seiner Eigenart bestimmende Prinzip. Die Erkenntnis der praeambula fidei, wie die natürliche Erkenntnis Gottes, die Erkenntnis der Offenbarung Gottes in Christus und der Kirche als des von Christus ausgehenden Lehrorganismus, die ja oft recht unvollkommen ist, tritt nicht in das Glaubensgeschehen selbst ein, sondern ist nur dessen Vorhof, die Vorbedingung dafür, daß Gottes Wahrheit und Licht sich einem Vernunftwesen so unvollkommener Art, wie der Mensch es ist, in begrifflich formulierbarer Weise mitteilen kann. Natürlich können die praeambula fidei ihrem Inhalt nach, nachdem der grundlegende Akt des Glaubens vollzogen ist (oder in zeitlicher Einheit mit ihm), auch Gegenstände des Glaubens werden (und müssen es auch, sofern Gott sie bezeugt hat), aber sie verlieren auf der anderen Seine nie ihre logische Vorordnung als Glaubensbedingung. Sie gehören gewissermaßen zwei Sphären an: der Sphäre der natürlichen Vernunft und der des übernatürlichen Glaubens. Für diesen ist ihre natürliche Erkenntnis zwar Bedingung, nicht aber Fundament. Fundament des Glaubens ist der sich bezeugende und offenbarende Gott allein. Die Notwendigkeit einer gewissen, wenn auch unvollkommenen Erkenntnis der praeambula fidei (die jedoch anderseits einer wissenschaftlichen Prüfung muß standhalten können) gründet letztlich darin, daß es dem Menschen als einem für seine freien Handlungen verantwortlichen Vernunftwesen nicht erlaubt sein kann, die vollständige geistige Hingabe seiner selbst an eine Lehrautorität zu vollziehen und eine als unwiderruflich gewollte Zustimmung zu einer Lehre zu geben, wenn er nicht eine praktische, die gegenteilige begründete Wahrscheinlichkeit ausschließende Gewißheit hat, daß der Lehranspruch, dem er sich beugen soll, zu Recht besteht. Die geistige Hingabe des Glaubens kann ferner nicht an eine bloß menschliche Institution geleistet werden[13], sondern nur an den sich offenbarenden Gott,

[12] Über die Art dieser Erkenntnis, ob diskursiv oder intuitiv, ob rein natürlich oder schon unter dem Einfluß der helfenden Gnade, soll nichts festgesetzt werden. Für unseren Gedankengang genügt die Feststellung, daß eine solche Erkenntnis überhaupt nötig ist und daß ihre Gegenstände die natürliche Erkenntniskraft an sich nicht übersteigen.

[13] Die Lehrautorität der Kirche kann darum auch nicht auf einem Kontrakt beruhen, den *Kant* in seiner Schrift „Was ist Aufklärung?" (Ges. Schriften VIII 38–39) mit Recht ablehnt. Vgl. dazu *Heinz Schlötermann*, Toleranz und Freiheit: Toleranz, eine Grundforderung geschichtlicher Existenz 51, der sich dort auf Kant beruft.

der auch das letzte Prinzip aller Vernunft ist. Aller Glaubensgehorsam, der der Kirche erwiesen wird, gilt dieser nur, sofern sie selbst sich als von Gott autorisiert und vom Gottesgeist durchweht der prüfenden Vernunft erwiesen hat. Der so zustande kommende Glaube verstößt weder gegen die transzendentale Gesetzlichkeit der Vernunft, noch liegt die zu ihm führende Überlegung außerhalb von ihr; er ist aber auch nicht eine bloße Applikation dieser Gesetzlichkeit, sondern er erfolgt unter ihrer Voraussetzung aus freier, von der Vernunft gebilligter Entscheidung.

Die Unterscheidung des Glaubensaktes und der Erkenntnis der praeambula fidei zeigt, daß eine zweifache Sicht des Glaubens und der Glaubensgegenstände möglich ist: eine von innen, vom Glauben und der Glaubenslehre selbst her, und eine gleichsam von außen, von der Erkenntnis der praeambula fidei her. Obwohl von der Erkenntnis der praeambula fidei keinerlei begründeter Verdacht auf die Wahrheit des Glaubens fällt noch, wenn sie richtig erkannt sind, fallen kann, so beruht die unbeirrbare Festigkeit des Glaubens doch nicht auf ihr, ist aber auch nicht das Ergebnis eines irrationalen Wollens, sondern des allein in Gott selbst gründenden Lichtes der Glaubensgnade.

Die innere Sicht des Glaubens begründet aber nicht nur die Sicherheit und Festigkeit des Einzelnen in seiner je subjektiven Einsamkeit, sondern auch die Geschlossenheit und Glaubenseinheit des Kirchenleibes, der von dem einen Geist der Wahrheit beseelt wird. Von diesem Geist stammt sowohl die Autorität des Lehramts wie die Glaubensbereitschaft der Gläubigen. Vom Glauben seiner inneren Dimension nach geht daher eine gemeinschaftsbildende Kraft aus, die dort, wo die Autorität der Kirche in ihrem Ursprung aus dem Gottesgeist erkannt wurde, zu einem gemeinsamen Glaubensbekenntnis führt, darüber hinaus aber eine verschiedene Grade der Klarheit und Intensität annehmende Bewegung zum Glauben der Kirche erzeugt.

Die äußere Sicht des Glaubens hingegen, von der Erkenntnis der praeambula her, ist prinzipiell allen Menschen, auch den Nicht-Gläubigen[14], möglich, da sie auf den allen Menschen gemeinsamen Prinzipien und Erkenntnisquellen beruht. Gleichwohl kann sie durch Hindernisse, die hier nicht weiter erwogen werden können, zumal was den geschichtlichen Anteil angeht, hintangehalten oder doch in ihrer Bedeutung als Heils- und Glaubensdisposition vereitelt werden. Da die Möglichkeit dieser äußeren Sicht des Glaubens jedoch allgemein besteht, hat sie eine soziale Relevanz, die die gesamte Menschheit umfaßt. Worin besteht diese soziale Relevanz, und wie hebt sie sich von jener ab, die von der inneren Dimension des Glaubens her gebildet wird?

Da die Garantie der Unfehlbarkeit nicht im menschlichen Bemühen, weder des Glaubens als eines freien menschlichen Tuns noch in der dem Glauben logisch vorgeordneten Erkenntnis der praeambula fidei ihren

[14] Mit Absicht sage ich „Nicht-Gläubige", da im Wort „Ungläubige" ein privatives Moment anklingt, während es hier bloß auf den kontradiktorischen Gegensatz ankommt.

Grund und ihr Fundament hat, so kann diese Unfehlbarkeit dem Glaubensakt nur von seiner inneren Dimension zukommen, sofern nämlich Gott, die erste und sich in ihrer Offenbarung bezeugende Wahrheit, selbst sein bestimmendes Prinzip und sein Garant ist. Die Erkenntnis der praeambula fidei und die äußere Sicht des Glaubens leistet das nicht. Sosehr diese Erkenntnis aus Gründen, die wir schon erwogen haben, zum Glauben nötig ist, so ist der Glaube doch keine bloße Schlußfolgerung aus ihr; sonst könnte seine Gewißheit die Gewißheit der Prämissen nicht übersteigen. Von außen her sieht das dann so aus, als ob jener Sicherheitsgrad, der sich aus der Erkenntnis der praeambula nicht mehr rechtfertigen läßt, nur noch rein subjektive Beweggründe habe. Dieses von außen her notwendige Mißverständnis muß der Gläubige als eine Last auf sich nehmen. Er weiß es in seinem Glauben und durch seinen Glauben besser. Hier gibt es eine Schranke zwischen Gläubigen und Nicht-Gläubigen, die nicht mehr überschritten werden kann, solange die Nicht-Gläubigen nicht zum Glauben kommen oder die Gläubigen nicht zum Unglauben abfallen. Über diese Schranken hinweg aber gibt es die gemeinsame Menschennatur, die gemeinsame Vernunft, aber auch die gemeinsame Hinfälligkeit und Irrtumsfähigkeit. Zwar können die praeambula fidei, als Objekt betrachtet, nur auf die Wahrheit des katholischen Glaubens, wenn wir diese einmal voraussetzen, hinweisen, weshalb auch ihre Erkenntnis, übrigens wie jede andere wahre Erkenntnis und im Sinne einer Tautologie, objektiv unfehlbar ist. Aber das erkennende Subjekt hat, selbst wenn es gläubig ist, in seinen menschlichen Akten hier, wo es sich nicht um die allerersten Erkenntnisprinzipien, sondern um eine unanalysierte intuitive Gesamtauffassung oder – in der wissenschaftlichen Analyse – um einen komplizierten Erkenntnisvorgang handelt, in diesem, bloß subjektiv betrachtet, keine Gewähr der absoluten Unfehlbarkeit. Erst recht kommt natürlich der äußeren geschichtlichen Sicht des Glaubens, wie sie dem nicht-gläubigen Beobachter eignet, keine Unfehlbarkeit zu, zumal sie oft mit Irrtümern vermischt ist. Von der bloß äußeren Sicht des Glaubens her befindet sich daher auch der gläubige Katholik in einer alle Menschen umfassenden Gemeinschaft vernünftiger, die Wahrheit suchender, aber auch des Irrtums fähiger Wesen, für deren gegenseitiges tolerantes Verhalten Regeln gelten müssen, die sich von dieser gemeinsamen Basis her ergeben.

Außerdem weiß der Katholik, daß der Grund, der ihn selbst veranlaßt, den Glauben nur unter der Vorbedingung einer wenigstens summarischen Erkenntnis der praeambula fidei anzunehmen, für seinen nicht-gläubigen Nebenmenschen, dem diese Erkenntnis zwar an sich möglich, unter seinen besonderen Lebensumständen jedoch tatsächlich nicht verwirklichbar ist, ein Grund ist, der den Nicht-Katholiken moralisch zwingt, den katholischen Glauben nicht anzunehmen, da dies eine Tat wäre, die er sittlich nicht rechtfertigen könnte. Es ist aber sittliche, auch den Katholiken bindende Pflicht, niemanden zu zwingen oder zu nötigen, etwas zu tun, wovon er, ob zu Recht oder Unrecht, auf unüberwindliche Weise überzeugt ist, daß es sittlich unerlaubt ist. Es sind demnach dieselben, auch der natürlichen und philosophierenden Vernunft zugänglichen Gründe, die einen Menschen unter gewissen Umständen veranlassen, den Glaubensgehorsam im katholischen Sinn zu leisten und an die Unfehlbarkeit der katholischen Kirche zu glauben, und die demselben Menschen die sittliche Pflicht der Toleranz gegen den auferlegen, der überzeugt ist, diesen Glaubensgehorsam verweigern zu müssen[15]. Die Tatsache, daß der Katholik von dem höheren Ursprung und der göttlichen Garantie seines Glaubens überzeugt ist, schließt demnach die Toleranz gegen Anders- oder Nicht-Gläubige keineswegs aus; im Gegenteil, die Reflexion auf die Bedingung, unter der allein sein Glaube sittlich möglich ist, zeigt ihm, daß diese selbe Bedingung auch die Toleranz gegen die, welche seinen Glauben nicht teilen, notwendig macht. Natürlich kann die objektiv zutreffende Erkenntnis der praeambula fidei in jedem Stadium ihres Zustandekommens auch durch den schlechten Willen des dabei Beteiligten behindert und der Glaubensgehorsam auch bei vollgültiger Erkenntnis der praeambula in schuldhafter Weise verweigert werden. Das Gericht darüber aber entzieht sich jeder menschlichen Kompetenz. Frühere Zeiten, denen die verwickelten psychologischen Bedingungen der menschlichen Erkenntnis, insbesondere bei Weltanschauungsfragen, nicht so bekannt waren wie uns und denen daher jede Ablehnung des Glaubens als offenkundige sittliche Schuld erscheinen mußte, haben der Versuchung zur Unduldsamkeit, unter dem Schein des Guten, oft in erschreckender Weise nachgegeben. Wir können das historisch und psychologisch zu verstehen suchen, müssen es aber, objektiv betrachtet, als eine schwere Verrirung beurteilen.

Eine weitere Frage, die wir nun erwägen müssen, ist die nach den Grenzen der Toleranz. Gibt es solche Grenzen? Welches sind sie, und wie sind sie zu begründen? – Zunächst stellt sich die Frage nach den Grenzen der Toleranz für den kirchlichen Raum selbst. Aus der Tatsache, daß die katholische Kirche eine von Christus, dem Sohne Gottes, gestiftete, von ihm mit einer Lehrautorität ausgestattete und durch seinen Geist belebte und geleitete Gemeinschaft ist, die als solche im Glauben festgehalten und anerkannt wird, ergeben sich offensichtlich Grenzen der Meinungsfreiheit im Raume der Kirche und gegebenenfalls auch Gründe für ein Einschreiten der kirchlichen Führung gegen diejenigen, welche diese Grenzen nicht beachten. Das sieht zwar wie Intoleranz aus, ist aber keine, sondern bloße, notwendige Konsequenz des Glaubens. Jedermann hat zwar das Recht, seiner eigenen Einsicht zu folgen. Daraus begründeten wir die Pflicht der Toleranz. Es bleibt aber ebenso jedermann unbenommen, sich aus eigener Einsicht in die Vernünftigkeit solchen Tuns einer anderen höheren Einsicht anzuschließen und sich durch ihre Vermittlung der Wahrheit zuzuwenden. Die Lehrautorität der Kirche, die einer

[15] Ob diese zwar irrige, aber doch mögliche Überzeugung bei einem Menschen auftritt, der noch nicht zum Glauben gekommen ist, oder bei einem Menschen, der schon geglaubt hat, das wirft zwar theologische Probleme auf, die weitere Unterscheidungen fordert, ist aber für die grundsätzliche Lösung des Toleranzproblems aus der philosophischen Sicht nicht entscheidend.

solchen Vermittlung dient, stammt zwar nicht aus der Bejahung und dem Bekenntnis der Gläubigen, sie ist nicht demokratisch von unten, sondern hierarchisch von oben. Aber die Bedingung der Möglichkeit, daß diese Autorität eine Anwendung auf einen konkreten Menschen findet, ist eben doch dessen Glauben an sie, dann aber auch mit allen Konsequenzen[16]. Man kann nicht ohne inneren Widerspruch eine Lehrautorität aus übermenschlichen, göttlichen Prinzipien im allgemeinen anerkennen, dann aber im Einzelfalle, obwohl alle Bedingungen für deren Gültigwerden vorliegen, doch wollen, daß man dieser Autorität nicht unterliege. Es handelt sich demnach bei einem Einschreiten der kirchlichen Obrigkeit gegen unbotmäßige Glieder der Kirche weder um Intoleranz noch um eigentliche Grenzen der Toleranz, sondern um die Wahrnehmung einer gerechten Ordnung, wenngleich dabei, wie in allen menschlichen Dingen, das rechte Maß in der Durchführung überschritten werden kann.

Wo aber sind, um wieder auf die allgemeine Thematik der Toleranz zurückzukommen, die wirklichen Grenzen der Toleranz? Gibt es solche, und wie lassen sie sich begründen? Wiederum ist es klar, daß solche Grenzen nicht willkürlich und nicht aus äußeren, zufälligen Gründen, rein

[16] Durch diese Konsequenz wird an den Wissenschaftler keine unbilige, seine wissenschaftliche Ehrlichkeit bedrohende Forderung gestellt. Denn entweder betreffen die Glaubensforderungen übernatürliche Geheimnisse im strengen Sinn des Wortes; dann übersteigen sie alles menschliche Fassungsvermögen derart, daß eine Kollision mit dem, was die Vernunft einsehen kann, überhaupt nicht möglich ist. Oder es handelt sich um Gegenstände, die an sich auch menschlichem Wissen zugänglich sind, wie etwa die historische Existenz Christi. Von nicht-gläubiger Seite wird eingeworfen, hier könnten für den gläubigen Forscher Konflikte entstehen derart, daß er als Gläubiger etwas als Tatsache annehmen, als Wissenschaftler aber dieselbe Tatsache verwerfen müsse. Dieser Konflikt besteht nur unter der Voraussetzung, welche die Nicht-Gläubigen regelmäßig machen, daß nämlich der katholische Glaube falsch und irrig oder in seinem Prinzip ungeprüft übernommen sei. Dies anzunehmen bleibt ihnen zwar unbenommen. Aber sie müssen doch zugeben, daß der Konflikt nur unter dieser Voraussetzung entstehen kann, in der katholischen Voraussetzung hingegen unmöglich ist. – Steht das Zeugnis einer Glaubensquelle, rein historisch gesehen, in Widerspruch zu einer profanen Quelle, so steht zunächst Zeugnis gegen Zeugnis, und es ist nicht einzusehen, wieso das eine dem anderen gegenüber grundsätzlich im Unrecht sein müsse. Steht aber eine Tatsache nach allgemeiner Auffassung geschichtlich fest, die mit einer Aussage der Offenbarung nicht auf derselben historischen Ebene in Einklang gebracht werden kann, so ist das ein Anzeichen dafür, daß jenes vermeintliche geschichtliche Zeugnis der Offenbarung von ihr gar nicht in einem gewöhnlichen geschichtlichen Sinn gemeint sein konnte. Wie immer aber ein Forscher sich unter dem Einfluß des Glaubens in einer strittigen Frage einstellen mag, in der wissenschaftlichen Diskussion mit Nicht-Gläubigen kann er keine Glaubens-, sondern nur profanwissenschaftliche Gründe für seine Ansicht geltend machen. An der nötigen Kontrolle hieran wird es die nicht-gläubige Kritik nicht fehlen lassen. – Die wissenschaftliche Ehrlichkeit des gläubigen Forschers wird also durch den Offenbarungsglauben in keiner Weise ausgeschlossen und durch ihn nicht mehr bedroht als durch irgendeine andere weltanschauliche Auffassung. Der Glaube z. B. oder die philosophische Überzeugung, daß Wunder möglich seien, hat noch niemanden gezwungen, bestimmte einzelne Ereignisse als historische Tatsachen anzunehmen. Wohl aber hat das gegenteilige, philosophisch nicht begründbare Vorurteil schon viele Forscher bewogen, gewisse gut bezeugte Tatsachen nur deshalb abzulehnen, weil sie nicht in ihr philosophisches Konzept passen.

pragmatisch gezogen werden dürfen. Sie müssen sich, wenn überhaupt, dann aus demselben Prinzip ergeben, aus dem die Toleranz gefolgert wurde, aus dem Rechte des Menschen, seine Handlungen nach seiner Einsicht zu bestimmen. Die Toleranz hört dort auf, wo dieses Recht selbst, sei es tatsächlich oder grundsätzlich, sei es praktisch oder theoretisch, etwa als Folgerung aus einem System, aber wirklich bestritten wird. Gegenüber Weltanschauungen, welche die menschliche Persönlichkeit und die Unverletzlichkeit der Person als Träger von Rechten und Pflichten verneinen, kann es keine Toleranz geben. Das heißt natürlich nicht, daß nicht auch in ihren Vertretern die Würde der menschlichen Person geachtet werden müsse, daß nicht auch sie Träger von Rechten und Pflichten seien. Aber ein tolerantes Verhalten gegen solche Vertreter, *insofern* sie eine solche Auffassung vertreten und verbreiten, wäre der Selbstmord der Toleranz. Denn die Toleranz kann nirgendwo in der Welt geübt werden, wenn ihr Prinzip nicht mehr anerkannt wird. Gegenüber der Verneinung aller Toleranz gibt es nur noch die Notwehr.

Es handelt sich bei einer solchen Notwehr nicht um Gewalt, sondern um die wirksame Durchsetzung eines Rechtes. Wer aus berechtigter Notwehr handelt, braucht nicht zu warten, bis sein Angreifer zur Einsicht seines Unrechtes gelangt ist. Man darf zwar niemanden, der aus einem unüberwindbar irrigen Gewissen handelt, dazu zwingen, etwas gegen seine Überzeugung zu tun, wohl aber darf man ihn notfalls auch mit Gewalt daran hindern, etwas zu tun, das unzweifelhaft gegen die Rechte anderer ist. Wer sein Leben durch einen Geisteskranken bedroht sieht, kann und darf es auch ihm gegenüber durch Abweisung der Gewalt schützen, ohne sich den Vorwurf zuzuziehen, sich auf den Boden der bloßen Gewalt zu stellen.

Wenn hier das Recht und die Pflicht einer Notwehrhaltung gegenüber allen Auffassungen vertreten wird, welche das Toleranzprinzip selbst theoretisch oder praktisch verneinen, so ist dies von diesen Auffassungen selbst und ihren Vertretern so weit zu verstehen, als sie diese Auffassungen anderen gegenüber zur Geltung bringen wollen. Man braucht sich ihnen gegenüber nicht nur auf Überzeugungsgründe zu beschränken, sondern man kann und soll sie, selbstverständlich unter Innehaltung der öffentlichen Ordnung und durch gesetzliche Mittel, an der Vertretung ihrer Ansichten hindern, und zwar auch dort, wo sie ihre übrigen Persönlichkeitsrechte für ihre Propaganda und ihr Vorgehen mißbrauchen.

Wie aber ist es mit jenen Systemen zu halten, aus denen zwar mit logischem Recht Folgerungen gegen das Wesen der menschlichen Rechtspersönlichkeit gezogen werden können, die aber von deren Vertretern nicht gezogen oder nicht einmal gesehen werden? Zwar greifen sie die Toleranz nicht unmittelbar und in ihrer Person an, auch sind sie für die mittelbare Gefährdung der Toleranz, die von ihnen ausgeht, nicht verantwortlich zu machen, solange sie die Folgerungen, die sich gegen die Wurzel der Toleranz richten, nicht sehen. Gleichwohl gefährden sie die Toleranz nicht wenig und bahnen den Weg für ihre Vernichtung. Wie soll man sich ihnen gegenüber verhalten? Liegen hier schon die Grenzen der Toleranz? Solche Systeme sind z. B. der Atheismus und Materialismus. Eine in logischer Folgerichtigkeit die Toleranz aufhebende Theorie liegt auch im Rechtspositivismus vor. Denn wenn der Staat die alleinige Quelle der Rechtspersönlichkeit ist, ist alle Toleranz des Staates ein bloßes Gnadengeschenk, und der Anspruch des Einzelnen und der weltanschaulichen und politischen Gruppen auf Toleranz ist kein unveräußerliches Recht. Es ist zwar ein Widersinn, wenn ausgerechnet Rechtspositivisten im Namen der Toleranz und der Freiheit der Wissenschaft das Recht beanspruchen, den Rechtspositivismus auf den Hochschulen zu lehren; aber muß man so weit gehen, ihnen dieses Recht zum Schutz der Toleranz abzusprechen und sie an ihrem Tun zu hindern? Wenn man so weit gehen wollte, alle Systeme, aus denen sich Folgerungen gegen die Grundlagen des Toleranzprinzips ergeben, von der Toleranz auszuschließen, so käme man bei der notwendigen Einheit und Bezogenheit aller philosophischen Wahrheiten bald dahin, vielleicht nur die Wahrheit eines einzigen Systems oder einer einzigen Weltanschauung als Maßstab für das Verhalten gegen die Vertreter anderer Systeme gelten zu lassen. Dadurch aber wäre das Toleranzprinzip selbst aufgehoben. Ein endloser Streit über die Systeme und die Folgerungen, die sich aus ihnen ergeben, würde anheben und so alle Toleranz, die ja dem vorausgesetzten Irrtum gegenüber zu üben ist, hinfällig machen. Die Toleranz hat ihrem inneren Wesen nach nur dort eine Grenze, wo das Persönlichkeitsrecht unmittelbar, theoretisch oder praktisch, verneint wird.

Die Toleranz verlangt, daß der Andere oder die andere Gruppe, die eine für irrig gehaltene Ansicht vertritt, nicht mit Gewalt oder List oder durch irgendeine andere Einschränkung der allgemeinen gesetzlichen Freiheit, also auch durch keine Sondergesetzgebung, an deren Vertretung gehindert werde; sie verlangt außerdem, daß der Andere oder die andere Gruppe nicht um ihres Irrtums willen mißachtet oder verunglimpft werde[17]. Keineswegs aber schließt die Toleranz den Kampf der Überzeu-

[17] Manche, wie *J. W. Hauer*, wollen sich damit nicht zufriedengeben, sondern verlangen darüber hinaus in der Haltung zu Andersgläubigen „eine unbedingt positive Stellung zum Wesentlichen ihres Glaubens. Dieses Wesentliche wird allerdings nicht in diesen oder jenen Glaubensartikeln gesehen, die vielleicht der Kritik unterworfen sind, sondern in der innersten Erfahrung des Letzthin-Wirklichen, die den Menschen in eine Lebens- und Tatgemeinschaft mit göttlichen Schöpferkräften stellt" (Wesen, Wurzeln und Reichweite echter religiöser Toleranz: Toleranz, eine Grundforderung geschichtlicher Existenz 75). Die Aussagen über das Letzthin-Wirkliche teilt Hauer ein in „theologische" und „theiologische", wobei „theologisch" die spezielle Interpretation auf einen persönlichen Gott, „theiologisch" aber Aussagen „allgemeinster religiöser Art" meint. Da es aber Religionsformen und Religionsphilosophien ohne persönlichen Gott gibt, werden diese speziellen Religionsformen und Religionstheorien (zu denen auch Hauers Theorie gehört) durch diese terminologische Festsetzung zur allgemeinen Norm des „Wesentlichen" der Religion gemacht. Der Glaube hingegen an einen persönlichen Gott und erst recht an die Gottheit Christi fällt unter das Unwesentliche. Die Toleranzforderung Hauers enthält daher nichts Geringeres, als daß der Christ seinen Glauben an den persönlichen Gott und die

gungen mit Gründen, die sich an die allen gemeinsame Vernunft wenden, aus. Auch die Toleranz muß letztlich im Dienste der Wahrheit, genauer des Suchens der Wahrheit, stehen. Wenn sie den Irrtum zuläßt, dann nur deshalb, weil sich der Mensch vom Irrtum nur durch die Vermittlung der eigenen Einsicht befreien kann und gewöhnlich einer aufgedrungenen Überzeugung erst recht Widerstand leistet. Die theoretische und weltanschauliche und gegebenenfalls auch politische Auseinandersetzung ist jedoch um so wichtiger und dringlicher, je schädlicher und für die Toleranz gefährlicher die Folgerungen sind, die sich aus gewissen Systemen ergeben.

Nachbemerkungen

Diese Abhandlung erschien zuerst in der Festgabe für Karl Rahner zum 60. Geburtstag „Gott in Welt", Bd. II: Freiburg Herder 1964, S. 592–609.

a] D=Denzinger–Schönmetzer, Enchiridion Symbolorum et Declarationum de rebus fidei et morum, 35. ed. Ad. Schönmetzer, Freiburg Herder 1973, 3015–3019 (in der alten Zählung: 1795–1799). – Vgl. damit auch die „Erklärung" des II. Vatikanischen Konzils „über das Verhältnis der Kirche zu den nichtchristlichen Religionen", insbes. Nr. 5: „So wird also jeder Theorie oder Praxis das Fundament entzogen, die zwischen Mensch und Mensch, zwischen Volk und Volk bezüglich der Menschenwürde und der daraus fließenden Rechte einen Unterschied macht. Deshalb verwirft die Kirche jede Diskriminierung eines Menschen oder jeden Gewaltakt gegen ihn um seiner Rasse oder Farbe, seines Standes oder seiner Religion willen, weil dies dem Geiste Christi widerspricht." Dt. Ausg. Trier, Paulinus 1966.

Gottheit Christi für etwas religiös Unwesentliches halte, was einer Glaubensverleugnung gleichkommt. Eine solche Toleranzlehre müssen wir nicht nur im Namen des Christentums, sondern auch im Namen einer sauberen philosophischen Toleranztheorie entschieden zurückweisen. Denn eine allgemeingültige Toleranztheorie kann nicht auf dem Verzicht auf irgendeine besondere Religionsform beruhen. Gemeinhin nennt man nämlich die Gewährung von „Toleranz" bloß unter dieser Bedingung Intoleranz.

XII. THEOLOGIE

DIE UNION DER KIRCHEN[1]

Die ökumenische Bewegung ist lebendig. Sie betätigt sich in der vielfältigsten Weise. Man spürt, daß der Geist Gottes in ihr am Werk ist. Das gibt auch die Zuversicht, trotz aller Schwierigkeiten, deren man sich – nicht im Volk, aber in den führenden Kreisen – bewußt ist, doch einmal, vielleicht erst in ferner Zukunft, zum Ziel zu gelangen. Vorurteile werden abgebaut, Gemeinsames erarbeitet. Progressive Reformbewegungen der Katholischen Kirche identifizieren sich mit den ursprünglichen Antrieben der Reformation – also der Spaltung! – und gehen noch darüber hinaus, was von der Kirchenleitung nicht zu Unrecht als kein positiver Beitrag zur Ökumene angesehen wird. Denn die Einheit der Kirche kann nicht aus dem Abbau des Glaubens hervorgehen, sondern wird die Frucht des Heiligen Geistes sein, nicht das Resultat menschlicher Berechnung und politischen Kompromisses.

So sehr dies wahr ist, darf darüber doch nicht vergessen werden, daß der Geist Gottes sein Werk nicht wie ein deus ex machina und nicht als ein Mirakel tut. Er wirkt durch die, denen er gegeben ist. Seine Kausalität steht nicht in Konkurrenz mit der menschlichen. Der Gottesgeist ist vielmehr die Ursache, daß *wir* Ursachen sind. Wir sind also nicht aus unserer Veranwortung entlassen, sondern durch ihn zur eigenständigen Tat gerufen.

Das heißt aber, daß wir Mittel und Wege zur Einheit suchen müssen, und zwar nicht erst morgen, sondern heute. Mittel und Wege können nur gesucht werden, wenn man das Ziel kennt. Vielleicht meint man, das Ziel sei längst bekannt, eben die Einheit der Kirche, die innigste Einheit, wie der Vater und der Sohn eins sind, die vollendete Einheit (vgl. Joh 17, 22–23). Das zu wünschen, das anzustreben, darin sind sich alle einig. Aber wie soll diese Einheit konkret ausschauen? Denn anders als in concreto kann sie nicht verwirklicht werden. Obst als solches kann man weder kaufen noch essen. Es müssen Äpfel oder Birnen..., diese Äpfel, diese Birnen sein, um den Hunger zu stillen. Die abstrakte Einheit der Kirche bietet keinen Anhaltspunkt, um die nötigen Mittel und Wege zu ihrer Verwirklichung zu finden. Sobald die Einheit aber konkret gedacht wird, beginnt auch schon der Dissens. Soll sie eine Einheit nur im Geist sein, ohne alle Einheit der Organisation? Dann wäre sie wohl schon heute weitgehend erreicht und weitere Schritte würden sich erübrigen. Oder soll sie sich organisatorisch äußern? Als Kirchenbund gleichberechtigter Kirchen? Als

[1] Die hier niedergelegten Gedanken sind als ein persönliches Bekenntnis zu werten. Sie haben nicht das Gewicht eines wissenschaftlich durchgearbeiteten theologischen Traktats, sondern sind ein Denkmodell, das eingehender Überprüfung bedarf. Sie wollen zum Nachdenken, aber auch alle Beteiligten zur ernsten Gewissenserforschung anregen.

Bundeskirche mit relativer Autonomie der Gliedkirchen? Als zentralistische Papstkirche mit abhängigen Territorien? Ist das Ziel der Zusammenschluß bestehender Kirchen, wie immer er aussehen mag, oder ist es die Einschmelzung aller anderen Kirchen in eine der bestehenden oder aber in eine erst zu organisierende Einheitskirche, und dies mit minimalem oder maximalem Glaubensbekenntnis? So verschieden werden die Zielvorstellungen, sobald man versucht, sie konkret zu fassen. Welche dieser Zielvorstellungen man auch ins Auge fassen und zur Realisierung vorschlagen mag, so kann es nicht ausbleiben, daß sich einer kleineren oder größeren Gruppe, die sich damit identifiziert, alle anderen kampfbereit und nicht ohne gute Gründe entgegenstellen werden. Die Situation scheint, menschlich gesehen, ausweglos zu sein.

Dennoch darf man vor der Schwierigkeit nicht kapitulieren. Man muß es versuchen, eine Zielvorstellung – nicht notwendig nur eine der genannten – zu entwickeln, und zwar mit Gründen, die von allen, die sich vom Geist Gottes leiten lassen, anerkannt werden. Was die Kirchen heute noch trennt ist – wenigstens nach dem Bewußtsein der leitenden Kreise – nicht Prestigedenken und Machtstreben, sondern die Bindung an die erkannte Wahrheit oder das, was man in aller Ehrlichkeit dafür hält. Denn darüber sind sich wohl alle im klaren, daß die Wahrheit selbst nicht trennt, sondern einigt. Was trennt, ist die Wahrheit auf der einen und der – für Wahrheit gehaltene – Irrtum auf der anderen Seite, wobei selbstverständlich die eigene Position mit der Wahrheit, die andere, fremde aber mit dem Irrtum identifiziert wird. Gründliches Studium hat allerdings bei Einsichtigeren auf allen Fronten schon zu der Erkenntnis geführt, daß die Grenzen der Wahrheit und des Irrtums (zumindest soweit dabei die Beurteilung fremden Denkens im Spiel ist) nicht so eindeutig mit den Grenzen der Bekenntnisse, auch nicht der Bekenntnisse der Katholischen und der nicht-katholischen Kirchen zusammenfallen.

Bestärkt wurde man in dieser vorsichtigen Zurückhaltung durch die Lehre des Zweiten Vatikanischen Konzils (vgl. Dekr. über die Offenbarung, Nr. 6 und 8), daß zwischen dem Gehalt der Offenbarung, der unausschöpfbar ist, und den Glaubenssätzen oder Formulierungen, die den Offenbarungsgehalt nie ganz, sondern komplementär umschreiben können, zu unterscheiden ist. Die Offenbarungsquellen selbst enthalten schon akzentuierte Formulierungen, die, isoliert behauptet, in unvereinbarem Gegensatz zu anderen treten können und gerade deshalb nur in der Synthese miteinander den Wahrheitsgehalt offenbaren (vgl. die Lehre vom Glauben und den Werken bei Paulus [Röm 3] und Jakobus [Jak 2], die Lehre von Furcht und Zittern bei Paulus [Phil 2, 12] und der Liebe ohne Furcht bei Johannes [1 Joh 4, 17–18]).

In diesem Zusammenhang ist es nützlich, die logische Eigentümlichkeit der positiven und negativen Sätze zu reflektieren und auf das Verhältnis positiver Sätze zueinander, insofern sie positiv sind und insofern sie zugleich negative Sätze implizieren. Alle ausschließenden Sätze enthalten eine zugleich positive und negative Aussage. Die Behauptung der einen ist

nicht identisch mit der Behauptung der anderen. Wer sagt, Taufe und Abendmahl sind die einzigen Sakramente, sagt zweierlei: a) Taufe und Abendmahl sind Sakramente; b) es gibt keine weiteren Sakramente. Positive Sätze
a] als solche schließen sich niemals aus. Wer die Behauptung aufstellt, es gibt sieben Sakramente, der setzt sich nicht in Gegensatz zum obigen Satz a), sondern nur zu Satz b). Die Glaubensbekenntnisse der christlichen Konfessionen stehen niemals durch ihre positiven Behauptungen zueinander in Gegensatz, sondern nur durch Negationen, die entweder ausdrücklich aufgestellt werden oder in anderen Sätzen impliziert sind. Wer die Einheit der Kirchen im Glauben sucht, wird daher vor allem die positiven Aussagen suchen und bei den negativen Aussagen sorgfältig darauf achten müssen, ob sie um der Wahrheit willen so notwendig sind, wie es den Anschein hat. Positive Sätze sind durch ihr Prädikat auf eine bestimmte Bedeutung und eine besondere Sphäre der Geltung hin eingeschränkt. Negative Sätze teilen ihrem Subjekt keine bestimmte Bedeutung zu. Es wird nur eine der Bedeutungen abgewehrt. Der Umfang ihrer Geltung ist im übrigen unbeschränkt. Hierin liegt ihre Gefahr, zu allen möglichen positiven Sätzen des betreffenden Bereichs in Gegensatz zu treten. Negative Sätze müssen daher sorgfältig daraufhin geprüft werden, in welcher Hinsicht sie gemeint sind. Nach Paulus wird der Mensch durch den Glauben ohne Werke gerechtfertigt (Röm 3, 28). Welche Werke sind gemeint? Doch nicht der Glaube selbst, der ja auch ein Tun ist, aber mich nicht deshalb rechtfertigt, weil er *mein* Tun ist. Sind es Werke, die einen gesetzlichen Anspruch begründen, oder Werke, die aus der Rechtfertigung selbst hervorgehen? Daß wir ohne Werke gerechtfertigt werden, kann heißen, daß keine zur Rechtfertigung vorgängigen Werke die Ursache unserer Rechtfertigung sind; es könnte aber auch heißen, daß die Rechtfertigung ohne Werke bleibt, in denen sie sich bekundet (wogegen sich Jakobus wendet: Jak 2, 18). Dies sei nur beispielhalber gesagt. Verständigung, d. i. Übereinkunft im Verstehen, und Verstand ist nicht möglich ohne Berücksichtigung der Logik, welche die Gesetze des Logos, des Verstandes umfaßt. Denn diese dem Logos wesenhaft eigenen Gesetze sind Gesetze der Einheit des Verstehens in der Vielheit des Verstandenen und der Verstehenden.

Wenn eine Kirchenunion der bestehenden Kirchen zustande kommen soll, wird man sich mit der Verschiedenheit der Glaubensbekenntnisse auseinanderzusetzen haben. Man wird nicht warten können, bis die letzte kirchliche Gemeinschaft sich zum selben Text eines vereinbarten allumfassenden Glaubensbekenntnisses durchgerungen hat. Eine gewisse Vielfalt der Glaubensbekenntnisse der Kirchen wird sich auch bei einer Union nicht umgehen lassen. Diese Vielfalt muß jedoch einer Grundbedingung genügen: daß trotz der Verschiedenheit des von verschiedenen Geglaubten die notwendige Einheit des Glaubens und des Logos – denn Gott ist *der* Logos ebenso wie er *die* Liebe ist – nicht verletzt wird. Dazu aber kann die genannte Unterscheidung der positiven und negativen Aussagen und die Beachtung ihres Verhältnisses zueinander hilfreich sein. Welche konkreten Folgerungen daraus gezogen werden müssen, darüber siehe weiter unten.

Eine Union sich nach Wunsch zu träumen ist sinnlos. Sie muß von realen Voraussetzungen und Gegebenheiten ausgehen. Sie muß die unaufgebbaren Bedingungen und Forderungen aller Beteiligten berücksichtigen und in ihren Plan aufnehmen. Das sieht zwar zunächst aus wie die Quadratur des Zirkels. Dennoch ist es möglich, da das Ziel von Christus, dem Sohn Gottes, gefordert und also auch notwendigerweise möglich sein muß. Freilich wird das nicht ohne Zugeständnisse von allen Seiten zu erreichen sein. Aber diese Zugeständnisse dürfen nicht rein pragmatischer oder gar machtpolitischer Art sein. Sie müssen sich durch eine theologische und zugleich historische Argumentation als von der Sache her notwendig erweisen und überzeugend darstellen lassen.

Theologisch bedeutsam ist in diesem Zusammenhang die Unterscheidung zwischen der mehr oder weniger explizit erkannten Offenbarungswahrheit einerseits und dem formulierten und zum Kriterium der Kirchenzugehörigkeit erhobenen Bekenntnis der Wahrheit anderseits[2]. Was als Offenbarungswahrheit erkannt ist, kann nicht verleugnet werden. Ob von einer Kirche formuliert und zum Bekenntnis erhoben oder nicht, wir schulden Gott bezüglich ihrer unbedingten Glauben. Nicht alles aber, was von einer Glaubensgemeinschaft als geoffenbart erkannt ist, muß auch zum bindenden Bekenntnis erhoben werden. Daß beides legitimer Weise trennbar ist, bezeugen die Verhandlungen, die zu den Definitionen der päpstlichen Unfehlbarkeit und der Himmelfahrt Mariens führten. Beide Male wurden die Bischöfe zuvor nicht nur gefragt, ob sie diese Lehren als in der Offenbarung enthalten bezeugen könnten, sondern auch, ob sie deren Definition für opportun, den Forderungen und Nöten der Zeit angemessen hielten. Wenn also beide Fragen nicht identisch sind – manche Bischöfe haben die erste Frage bejaht, die zweite verneint – und wenn es zwar gegebenenfalls für die Lehre selbst eine Offenbarungsgrundlage gibt, nicht aber für die Opportunität, dann ist mit der Unfehlbarkeit und Irreformabilität der Lehrentscheidung selbst nicht auch die Opportunität der Lehrentscheidung auf eine unfehlbare Weise gegeben.

Eine Kirche, auch die römisch-katholische Kirche, kann demnach mit einem gewissen Ermessensspielraum die Grenzen dessen, was sie von dem erkannten Offenbarungsgut zum allgemein verpflichtenden Bekenntnis macht, enger oder weiter stecken. Die Tendenz der letzten Jahrhunderte seit der Reformation ging in der römisch-katholischen Kirche dahin, diese Grenzen auszuweiten, d. h. mehr und mehr differenzierte Glaubensinhalte als ausdrücklich zu glaubende und zu bekennende vorzuschreiben und sich mit ihrer Hilfe scharf von den anderen Bekenntnissen abzugrenzen. Höhepunkt dieser Entwicklung ist wohl das Glaubensbekenntnis Pauls VI. Es ist leicht einzusehen und unbestreitbar, daß eine solche Entwicklung,

[2] Vgl. dazu Thomas von Aquin, De Ver. q 14, a 11: Utrum sit necessarium aliquid explicite credere.

von sich aus und ohne korrigierende Faktoren, einer Union der Kirchen diametral entgegengesetzt ist. Paul IV. selbst spürte das, wenn er einmal bedauernd geäußert hat, daß der Papst der doch der Mittelpunkt der Einheit der Kirche sein solle, wie es scheine, zu deren Hindernis geworden sei.

Diese beiden Tatsachen, daß das Petrusamt die Einheit der Kirche als eine von Christus gestiftete Institution garantieren soll, daß dieses selbe Amt aber die konkrete geschichtliche Einheit offenbar behindert, fordert zur Reflexion heraus. Was behindert die Einigung der Kirchen? Ist es das Amt selbst nach seiner von Christus konzipierten Idee oder die geschichtlich gewordene Gestalt dieses Amtes sowie der damit verbundene Stil seiner Geltendmachung? Die Kirchengeschichte zeigt uns, daß die Gestalt dieses Amtes und seine konkrete Geltendmachung sich im Lauf der Jahrhunderte gewandelt haben. Würde der Papst so regieren, wie die Päpste der ersten Jahrhunderte regiert und die Gesamtkirche verwaltet haben, so hätten die orthodoxen und sogar die reformatorischen Kirchen wohl wenig dagegen einzuwenden.

Aber ist das Bedenken oder gar der Wunsch nach einer solchen Gestalt des Petrusamtes nicht völlig illusorisch? Das Rad der Geschichte läßt sich nicht zurückdrehen! Das ist richtig, aber hier gar nicht gemeint. Gemeint ist nur, daß die Kirchengeschichte uns die Unterscheidung zwischen dem Petrusamt, das immer in irgendeiner geschichtlichen Gestalt verwirklicht ist, und eben diesen wechselnden Gestalten lehrt und damit die Möglichkeit eröffnet, – nicht zu einer früheren Gestalt zurückzukehren – wohl aber eine neue, den Notwendigkeiten der Kirchenunion besser entsprechende Gestalt zu finden.

Von der Glaubensseite her müßte eine Kirchenunion der doppelten Forderung Genüge leisten, daß zwar niemand gezwungen würde, der einmal erkannten Wahrheit zu widersprechen, daß aber das Bekenntnis der Gesamtkirche sich auf das für die kirchliche Einheit Notwendige beschränkt. Man sollte meinen, daß dazu das sogenannte apostolische Glaubensbekenntnis, das Symbolon der Einheit, das die Urkirche entwickelt hat, hinreicht.

Schwierigkeiten macht in diesem Symbolon eigentlich nur der Ausdruck „katholische“ Kirche. Von seinem ursprünglichen Sinn her bezeichnet er die *Gesamtkirche*. Die historische Entwicklung und der Sprachgebrauch engten diesen Sinn aber auf die römisch-katholische *Stammkirche* ein. Daraus ergibt sich mit logischer Folgerichtigkeit, daß der Ausdruck katholische Kirche, soll er einer Kirchenunion dienen, nur heißen kann „allumfassende Kirche“. Sinnvoll ist das allerdings nur, wenn diese Worte als Ausdruck und Folge einer Kirchenunion, nicht aber als bloße Übersetzung von „katholische“ Kirche verstanden werden.

Möglichkeiten der Union

Von der geschichtlichen Seite her gesehen, müßte eine Union der Kirchen der geschichtlichen Situation Rechnung tragen, die darin besteht, daß einerseits eine Vielzahl von Kirchen gegeben (und als solche auch vom II. Vatikanischen Konzil [Dekr. über den Ökumenismus, Nr. 3] anerkannt) ist, die nicht einfach rückgängig gemacht werden kann, daß anderseits eine dieser Kirchen, abgesehen von allen dogmatischen Ansprüchen, eine unübersehbare, einmalige Einheit und sichtbare Kontinuität zur Urkirche hat, deren sich keine andere Kirche rühmen kann. Es ist historisch ganz und gar unmöglich, die römisch-katholische Kirche – bei aller Kritik, die man außer- oder innerkirchlich an ihr üben mag – einfach in die Reihe der übrigen Kirchen zu stellen. Der Versuch einer Kirchen-Union, der dieser Sonderstellung nicht Rechnung trägt, ist schon aus historischen Gründen von vornherein zum Scheitern verurteilt. Historisch gesehen – und dies hat eben auch seine heilsgeschichtliche Bedeutung – ist die römisch-katholische Kirche die *Stammkirche,* zu der die anderen als abgeleitete Äste, Zweige und Aufspaltungen der einen selben Gesamtkirche gehören. Damit ist nichts gegen eine lebendige Kontinuität dieser Kirchen mit der Urkirche gesagt. Denn diese Kirchen werden hier nicht als abgeschnittene Zweige betrachtet, da sie ja durch die Taufe von jeher ein gemeinsames Leben mit der Stammkirche besessen haben. Was fehlt und wieder hergestellt werden muß, ist die sichtbare Kontiniutät in der Anerkennung der Einheit der Ämter und der Einheit des Bekenntnisses.

Welche Art von Kirchenunion würde sich unter diesen Voraussetzungen und aus den genannten Prinzipien über die Glaubens- und Bekenntniseinheit ergeben? Zunächst würden die bestehenden Kirchen bestehen bleiben und als bestehende Kirchen in die Union eintreten. Da die römisch-katho-
c] lische Kirche historisch die Stammkirche ist, ist sie notwendigerweise das Zentrum der Union, also jene Kirche, mit der nach Irenäus (Adv. haereses, 3, 3, 2) alle Kirchen des Liebesbundes übereinkommen müssen. Die Übereinkunft in der Lehre aber geschähe nach dem apostolischen Glaubensbekenntnis Darüber hinaus würde den von der *Stammkirche* verschiedenen *Gliedkirchen* kein weiteres positives, differenziertes Glaubensbekenntnis auferlegt. Die römisch-katholische Kirche würde allerdings an der einmal erkannten, reicher differenzierten Glaubenswahrheit festhalten dürfen und müssen (und in der Lehrentwicklung auch weitere, differenzierte Einsichten für die Zukunft nicht ausschließen). Sie würde aber das differenziertere Bekenntnis nicht zum Kriterium der Zugehörigkeit zur *Gesamtkirche* machen. Ihre Identität als Stammkirche erfordert allerdings, daß ihr reicheres Bekenntnis zumindest das Kriterium der Zugehörigkeit, wenn nicht überhaupt zu ihr selbst, so doch zu ihr als der lehrenden Stammkirche bleibt. Ihre Glaubensdefinitionen würden keinesfalls hinfällig. Was durch ausdrückliches Dekret wegfallen müßte, wären die Anathemata, wäre der Ausschluß derer, die sich nicht dazu bekennen können, aus der christlichen Gesamtkirche. Ihr Auftrag zu lehren, die volle Glaubenswahrheit zu verkünden, auch und gerade in den Raum der Gliedkirchen hinein, verbleibt ihr unaufhebbar. Eine Fluktuation im Glaubensbewußtsein der römisch-katholischen Gläubigen, die sich von der offiziellen Lehre mehr oder weniger aneignen, muß trotz aller Unvollkommenheit, als Faktum wohl hingenom-

men werden. Wer allerdings im Namen der römisch-katholischen Kirche lehrt und verkündet, kann dies nur in der vollen Anerkennung ihres Lehrauftrags und im vollständigen Bekenntnis ihrer Lehre tun. Aber auch für die anderen Gläubigen gilt: wer den Lehrauftrag der Kirche voll erkannt hat, ist in seinem Gewissen auch zur vollen Aneignung und zum integralen Bekenntnis verpflichtet. Welchen Sinn aber soll es haben, bei mangelnder Einsicht in den Lehrauftrag der Kirche ein bloßes Lippenbekenntnis zu verlangen?[3]

Welche Folgerungen sind aus den genannten Prinzipien für die anderen *Gliedkirchen* zu ziehen? Erstens, daß sie alle mit der Stammkirche im apostolischen Glaubensbekenntnis übereinkommen. Zweitens, daß es ihnen freisteht, darüber hinaus ein differenzierteres, auch auswählendes, mehr oder weniger akzentuiertes positives Offenbarungsverständnis zu entwickeln, wobei sich die Kirchen zueinander komplementär verhalten mögen. Drittens, daß diese Freiheit ihre Grenze dort hat, wo gegebenenfalls ausdrücklich Verneinungen zur Lehre der Stammkirche zum Vorschein kommen. Der Nachdruck ist dabei auf „ausdrücklich" zu legen. Gemeint sind demnach nicht „Konsequenzen" aus positiven Sätzen, die sich nur bei einer ausschließenden Interpretation dieser Sätze ergeben würden. Aus der Tatsache, daß eine Kirche nur zwei Sakramente nennt, darf also nicht geschlossen werden, daß sie die anderen Sakramente der Stammkirche leugnet. Aus dem Umstand, daß nach der Lehre mancher Kirchen die Gläubigen sich im Hl. Geist zur Gemeinde zusammenschließen – was sicher ein legitimer Aspekt der Kirche ist, aber nicht ihr ganzes Wesen zum Ausdruck bringt –, darf nicht geschlossen werden, daß diese Kirche die „Stiftung" der Kirche durch Christus leugnet.

Daß dies „nicht geschlossen werden darf", bedeutet hier nur, daß eine solche Konsequenz zwar die Meinung einzelner Glieder einer Kirche sein kann, aber nicht notwendig die offizielle Lehre dieser Kirche sein muß und nach erfolgter Union auch nicht sein darf. Eine ausdrückliche Verneinung einer ausdrücklichen Lehre der Stammkirche müßte nach der hier dargelegten Konzeption aus Gründen der Gewissensfreiheit als private Meinung zwar geduldet, dürfte aber von niemand als offizielle Lehre einer Gliedkirche proklamiert werden, da dies der Einheit des Glaubens der Gesamtkirche widersprechen würde. Diese Einschränkung des Bekenntnisrahmens der Gliedkirchen ist das notwendige Gegenüber zur Einschränkung des Bekenntnisumfangs der Stammkirche, ohne die es kein für alle Teile tragbares Gleichgewicht der Kräfte geben kann. Ihre biblische Grundlage hat sie in dem Worte des Herrn „Wer nicht gegen uns ist, ist für uns" (Mk 9, 40)[4]. Nochmals sei betont, daß der Verzicht auf eine Bekenntnisforderung

[3] Noch viel weniger dürfen bloße theologische Lehrmeinungen zum Bekenntnis erhoben werden. Sie sind dort wo sie hingehören, nämlich im Bereich der Wissenschaft, legitim. Aber Tatsache ist, daß uns öfter als wir meinen der Glaube eint während theologische Lehrmeinungen, die nicht selten beiderseits irrig sind, trennen.

[4] Das andere Wort des Herrn „Wer nicht mit mir ist, der ist gegen mich, und wer nicht mit mir sammelt, der zerstreut", kann in diesem Zusammenhang nicht gegen die vorgetragene Auffassung

nicht identisch ist mit dem Verzicht auf die erkannte Wahrheit, auf die niemals verzichtet werden kann.

Die Eucharistie

Ein anderer Punkt, der die Union der Kirchen, zumindest der protestantischen Kirchen, erschwert, ist die mangelnde Gemeinsamkeit der *Eucharistie.* Es erscheint grotesk, daß – ähnlich wie das Papsttum, das doch Angelpunkt der Einheit sein soll und doch anscheinend größtes Hemmnis dafür ist – auch die Eucharistie, das Sakrament der Einheit und Liebe, so viele Christen am meisten trennt und die Theologen bei allem guten Willen hier die größten Schwierigkeiten finden und, wie es scheint, keinen Ausweg wissen.

Oft wird darauf verwiesen, die Eucharistie könne nicht gemeinsam sein, solange über sie so verschiedene Auffassungen bestünden. Die gemeinsame Eucharistie sei das Zeichen der vollendeten Einheit und Gemeinschaft im Glauben und dürfe daher nicht vor dieser vorweggenommen werden. Beide Gründe scheinen nicht stichhaltig zu sein. Im dritten und vierten (neuen) Hochgebet wird die Eucharistie ausdrücklich als Mittel für die Einheit des Geistes bezeichnet. Das Mittel aber muß angewandt werden, um das Ziel zu erreichen. Gewiß, die Eucharistie ist das Zeichen der kirchlichen Einheit; aber sie ist wirksames und für alle, die guten Willens sind, bewirkendes Zeichen[5]. Die Einheit des Glaubensbekenntnisses der Gesamtkirche müßte an sich zur gemeinsamen Eucharistie genügen, und man müßte von ihr eine wachsende Annäherung der Stamm- und der Gliedkirchen und eine immer größere Gemeinsamkeit des ausdrücklichen Glaubens ohne allen äußeren Zwang erwarten können.

Man „müßte" das erwarten können? Warum wird das im Irrealis gesagt? Weil es scheint, daß es sich nicht um dieselbe Eucharistie handelt, wenn Katholiken und Protestanten die Eucharistie feiern. Was der protestantischen Eucharistie, abgesehen von allen verschiedenen Glaubensauffassungen über sie, fehlt, ist die in apostolischer Sukzession durch Handauflegung erfolgte Weihe des Vorstehers der Eucharistie, die ihm die nötige Vollmacht des „Tut dies zu meinem Andenken" zueignet. Aber, so möchte man fragen, wird diese apostolische Vollmacht nicht gerade durch die Union der Gliedkirchen mit der Stammkirche mitgeteilt? Durch diese Union

---

angerufen werden, da es sich seiner Natur nach auf den Gewissensbereich bezieht, auf die innere Einstellung zu Christus selbst, während die Markusstelle eine unmittelbare Verhaltensnorm im sozialen Bereich, im Verhältnis zu den Aposteln zum Ausdruck bringt.

[5] Vgl. dazu die Ausführungen von Wolfhart Pannenberg. Das Abendmahl – Sakrament der Einheit, in: Publik 1970, Nr. 44, S. 23. – Für den Katholiken gelten selbstverständlich die bestehenden amtlichen Verlautbarungen über die Interkommunion. Die Kirchenleitung aber sollte überlegen, ob hier nicht – mit entsprechender Belehrung der Gläubigen – weitere vorbereitende Möglichkeiten geschaffen werden können.

d] soll doch die etwa mangelnde oder unterbrochene apostolische Sukzession durch die Verbindung mit der Stammkirche wiederhergestellt werden.

Man kann hier einwenden, eine Union der Gliedkirchen mit der Stammkirche sei ein Akt der Jurisdiktion der Stammkirche. Das wäre jedoch ein abstrakter, und in seiner Verselbständigung sogar verfälschter Aspekt der Union, die nicht auf einseitige Rechtshandlungen zurückgeführt werden kann, sondern eine konkrete Lebensbewegung der Gesamtkirche ist. Die Unterscheidung der Jurisdiktions- und der Weihegewalt ist legitim, solange der gemeinsame Lebensgrund, aus dem beide erwachsen – und übrigens auch historisch erst allmählich auseinander getreten sind – nicht vergessen oder gar verneint wird. Die Ämter der Kirche sind aus ihrer Gesamtsendung und Vollmacht zum Heil der Menschen („macht sie zu meinen Jüngern") gemäß den Notwendigkeiten eines organisierten Leibes differenziert und aufgegliedert worden. Die Union der Kirchen im dargelegten Sinn aber wäre sozusagen eine Wiedergeburt, die den Rückgang in einen der embryonalen Wirklichkeit ähnlichen Zustand voraussetzt. Zwar kann man mit Nikodemus fragen: Kann der Mensch zum zweiten Mal in den Schoß seiner Mutter eingehen und geboren werden? Aber auch hier gilt die Antwort Jesu: Was aus dem Geist geboren ist, ist Geist; der Wind weht wo er will, aber du weißt nicht, woher er kommt, noch wohin er weht (Joh 3, 4–8). Was die Kirche in ihrem Ursprung gekonnt hat, das kann sie auch heute in einer dem Urzustand ähnlichen Ausnahmesituation. Vielleicht wird der Papst als Haupt der Stammkirche den evangelischen Bischöfen – ohne alles weitere Rituell einer Bischofsweihe – als wirksames Zeichen der Union die Hände auflegen und diese das Zeichen der Einigung ihren Vorstehern weitergeben. Die Union muß ja notwendig in einem sichtbaren Zeichen bekundet werden und dieses Zeichen könnte der Träger und Kanal all der Vollmachten und Gewalten sein, die eine gemeinsame
e] Eucharistie der Gesamtkirche ermöglichen. Hüten müßte man sich nur, diesem Ritus jene differenzierte Gestalt zu geben, die der römisch-katholischen Stammkirche zwar legitimer Weise zu eigen ist, die aber den Gliedkirchen nicht aufgenötigt werden sollte. Das unbedingt Notwendige ist hier wohl das Optimum.

Nachbemerkungen

Der Aufsatz erschien zuerst in den „Stimmen der Zeit" 188 (1971) 190–198, dann auf ungarisch in dem ungarischen Digest „Mérleg" 1 (1973) 40–49. Er führte zu einem Echo, auf das in den folgenden Nachbemerkungen zum Teil Bezug genommen wird.

a] Allerdings enthält auch der Satz von den sieben Sakramenten Verneinungen: nämlich „nicht mehr und nicht weniger".

b] Thomas differenziert seine Antwort nach den verschiedenen Phasen der Heilsgeschichte, unterscheidet aber auch für „die Zeit der Gnade" zwischen den maiores, die dazu bestimmt sind, im Glauben zu unterrichten, und den minores, die im Glauben unterrichtet werden. Diese sind gehalten, ausdrücklich nur an die allgemeinen Glaubensartikel zu glauben: daß Gott dreifaltig und einer ist, daß der Sohn Gottes Mensch geworden, daß er gestorben und auferstanden ist, sowie das, was in den Festen der Kirche gefeiert wird. Dies alles aber sozusagen pauschal, in quadam generalitate (ad 3). Alles andere, genauere, was noch glaubwürdig ist, muß nur von den maiores ausdrücklich geglaubt werden.

c] Der Ausdruck „Stammkirche" hat manche nicht-katholische Leser irritiert. Zu seiner Rechtfertigung zwei Gedanken: Einmal handelt es sich bei den Überlegungen über die Möglichkeiten einer Union der Kirchen um den Beitrag eines Katholiken, der natürlich die Sichtweise der Kirche, der er selbst angehört, mit nicht weniger Recht als jeder andere die seine, in eine solche Überlegung mit einbringt. Zum anderen kann von jedem bibelgläubigen Protestanten erwartet werden, daß er Ernst macht mit der Verheißung Christi über die Kirche: „Die Pforten der Hölle werden sie nicht überwältigen" (Mt 16, 18) und „Siehe, ich bin bei euch alle Tage bis ans Ende der Welt" (Mt 28, 20). Er wird also auch dann, wenn er die Kirchen oder eine der Kirchen der Reformationszeit für die wahre Kirche Christi hält, nicht umhin können, zwischen ihr und der Kirche der Urzeit (oder auch einer späteren Zeit) keine kirchenlose Kluft anzunehmen. Genau das aber ist mit der historisch greifbaren „Stammkirche" gemeint. Weniger passend ist der Ausdruck „Stammkirche" für die römisch-katholische Kirche vielleicht im Vergleich mit den orthodoxen Kirchen des Ostens, besonders im ersten Jahrtausend vor der Spaltung. Sie alle waren zusammen die eine allumfassende Kirche mit einem allseits anerkannten Petrusamt, obwohl dieses sich nicht überallhin in gleicher Weise auswirkte und obwohl die Kirchen dazu ein der historischen Entwicklung entsprechend verschiedenes Verhältnis hatten.

d] Die zu diskutierende Überlegung könnte an dieser Stelle noch weiter gehen: daß nämlich der Vollzug der Wiedervereinigung, der sinnenfällig sichtbar erfolgen und die prinzipielle Anerkennung des Petrusamtes einschließen müßte, die apostolische Sukzession der Ämter nicht eingetlich mitteilt, sondern nur für alle offenbar macht und so das Hindernis für eine gemeinsame oder wechselseitige Teilnahme an der Eucharistie beseitigt. Wie ist das zu verstehen? Die Sache muß natürlich von zwei Seiten her betrachtet werden: von der römisch-katholischen (die sich hierin von der Sicht der orientalischen orthodoxen Kirchen nicht unterscheidet) und von der protestantischen Seite her. Von der römisch-katholischen und der orthodoxen Kirche her gesehen, mangelt den protestantischen Kirchen im Hinblick auf das Amt und den Vorsteher der Eucharistie die apostolische Sukzession. Von der protestantischen Seite her gesehen, wird diese Sukzession durch den Auftrag der Gemeinde selbst vermittelt. Von den Protestanten würde bei einer Union gefordert, daß sie die Kontinuität der apostolischen Sukzession des Amtes in der katholischen Kirche anerkennen, ohne sie von der persönlichen Würdigkeit und dem Lebenswandel des Amtsinhabers abhängig zu machen. Läßt sich das aus dem Prinzip der von

Christus gewollten Heilsfürsorge (analog dem Prinzip der Rechtssicherheit im Staat) nicht begreifbar machen? Von der katholischen Seite müßte zwischen der Zeit des Übergangs aus der Einheit in die Spaltung und der späteren Zeit unterschieden werden. Der katholischen Seite könnte unbenommen bleiben, die Entstehung des Protestantismus (ohne die eigene Schuld zu leugnen!) aus objektiver und historischer Sicht als ungerechtfertigte Abspaltung, als Häresie und Schisma zu betrachten, ohne deshalb ein Urteil über die innere Gewissensentscheidung der Reformatoren zu fällen, was Gott allein zukommt. Wie ist es aber mit der späteren Zeit, wann immer sie begonnen haben mag, mit der Zeit als die protestantischen Christen ohne allen Zweifel guten Glaubens waren, die Fortsetzung der wahren Kirche Christi zu sein?Man erlaube mir, hier ein *Gleichnis* einzuführen, um meinen Gedanken deutlich zu machen. – Ein katholischer Priester wurde durch einen Schiffbruch auf eine Insel im Ozean verschlagen. Er bekehrte dort die Einwohner zum Christentum und feierte mit ihnen die Eucharistie. Dann starb er, bevor die Insel irgendeine Beziehung zu anderen Teilen der Kirche aufnehmen konnte. Nehmen wir an, das sei so durch Jahrhunderte geblieben. Die Christen hatten keinen Bischof und keinen Priester. Sie kannten aber aus der Predigt den Eucharistiebericht und die Aufforderung Jesu: Tut dies zu meinem Gedächtnis! Sie taten es, wählten einen Vorsteher und feierten Eucharistie. Dieser Vorsteher bestellte wieder andere, um den Fortgang der Eucharistie zu sichern. Wie würde das von einem Protestanten bewertet werden? Ohne Schwierigkeit würde er diese Eucharistiefeier als vollgültig bewerten nach den Worten des Herrn: Wo zwei oder drei in meinem Namen versammelt sind, da bin ich mitten unter ihnen. – Wie würde, besser: wie müßte das die katholische Kirche und der Papst bewerten? Im Grunde nicht anders als der Protestant. Es handelt sich um eine Ausnahmesituation, die mit keiner anderen vergleichbar ist, da keine Möglichkeit einer Handauflegung durch einen Bischof bestand. Die apostolische Sukzession war in diesem Fall gegeben durch die Taufe und den Glauben der Christen, die der einen wahren und apostolischen Kirche angehörten und angehören wollten. Die Autorisierung und Legitimierung des Amtsträgers und Vorstehers der Eucharistie kam trotz der Personenbestimmung durch Wahl aus dem Willen Jesu Christi, der befahl „Tut dies zu meinem Gedächtnis!“ und der auf keinen Fall wollte, daß die Getauften durch Generationen hindurch seiner sakramentalen Gegenwart entbehrten; sie kam aus dem Willen Christi, den man in dieser Situation nicht anders interpretieren konnte, dem auch der Wille des Papstes und der Gesamtkirche konform gewesen wäre, wenn sie vom Sachverhalt gewußt hätten. – Da wird die Insel entdeckt, die Situation wird dem Papst bekannt. Wird er die Weihe der jetzigen Vorsteher verlangen? Kann er es, wenn er den einmaligen sakramentalen Charakter der bisherigen Vorsteher anerkennt? Könnte er es, ohne jenen Christen damit zu sagen, sie hätten bisher ohne Eucharistie gelebt und Unrecht getan? Müßte er sie nicht einfach als eine Gliedkirche anerkennen und durch den Vollzug der Union die bestehende apostolische Sukzession sichtbar machen? – Soweit das Gleichnis. Befinden sich die Gläubigen der protestantischen Kirchen heute nicht in derselben Lage wie die Gläubigen jener Insel, weil sie seit langer Zeit im guten Glauben das taten, was jene taten? Gewiß, sie befanden sich nicht in der physischen Unmöglichkeit, die Vorsteher der Eucharistie durch einen Bischof, der in der apostolischen Sukzession stand, weihen zu lassen, wohl aber in einer ebenso wirksamen moralischen Unmöglichkeit, also in derselben Ausnahmesituation wie jene Inselbewohner. Was hindert daran, daß bei einer Union der Papst die Protestanten ähnlich behandelt, wie er im Gleichnis jene Insulaner behandelt? Er würde eine tatsächliche apostolische Sukzession iuridisch anerkennen. Er würde ein Amt und eine sinnenfällig vollzogene Amtsübergabe, die sich der Sache nach nicht von dem unterschied, was Christus dadurch in jenen Amsträgern bewirken wollte, für alle als gültig offenbar machen. – Für die hier angestellte Überlegung gilt selbstverständlich das in der Anmerkung zur Überschrift Gesagte nicht weniger als für den ganzen Artikel.

e] Nach dem unter [d] Gesagten würde es sich nicht um die Mitteilung der Amtsvollmacht oder eine nachträgliche Weihe handeln, sondern um die Anerkennung vorhandener Vollmachten. – Daß hierin keine Verleugnung der katholischen Lehre vom Amt und Weihesakrament liegt, wenn man die unter [d] geschilderte Ausnahmesituation voraussetzt, das müßte allerdings dem gläubigen katholischen Volk sorgfältig auseinandergesetzt werden.